本卷由中國敦煌石窟保護研究基金會資助出版

饒宗頤先生紀念專號

敦煌吐魯番研究

Journal of the Dunhuang and Turfan Studies

第十八卷

Volume XVIII

中國敦煌吐魯番學會
首都師範大學歷史學院
香港大學饒宗頤學術館
北京大學東方學研究院
合辦

上海古籍出版社
二〇一九年・上海

卷首語

2018年2月6日，本刊主編、享譽海内外的學界泰斗和書畫大家饒宗頤先生以101歲高齡仙逝。噩耗傳來，本刊及國際敦煌學界的同仁都沉浸在巨大的悲痛和哀思之中！

饒宗頤先生博學多才，在傳統經史研究、考古、宗教、藝術、文獻整理与研究等多個學科均有重要貢獻，在書法和繪畫創作等方面也取得了卓越的成就，在當代國際學術界享有崇高聲望。

在敦煌吐魯番學研究方面，饒先生也在多個領域取得了重要成果。他還不遺餘力地提攜中青年學者。很多大陸的中青年學者被他邀請到香港從事學術研究，這些學者後來成爲大陸敦煌吐魯番學界的骨幹力量。

他大力推動敦煌吐魯番學術成果的出版工作，很多中青年學者的著作被納入他主編的叢書中出版。本刊也是在饒先生直接推動下創辦的。1994年，北京大学榮新江教授訪港期間，與饒先生商定，把原本由中華文化促進中心資助《九州學刊》敦煌學專號的經費，轉到北京，單獨辦一份《敦煌吐魯番研究》專刊。1995年，榮新江在季羨林、周一良和饒宗頤等先生支持下，和北京的一些朋友謀劃創辦了《敦煌吐魯番研究》，以書代刊。該刊於1996年正式出版，季羨林、周一良和饒宗頤三位先生任主編，榮新江主持編輯部工作。

需要説明的是，季羨林、周一良和饒宗頤三位老先生雖然是《敦煌吐魯番研究》雜誌的主編，但並不過問具體的審稿和編輯工作。約稿、審稿均由編委會負責，具體的編輯工作則由編輯部負責。前六卷(1996—2002年)的編輯工作由榮新江主持。2004年以後，由我以編輯部主任的身份主持雜誌的編輯工作，編輯部也由北京大學移到了首都師範大學。

本刊的三位原主編雖然不過問刊物的具體事務，但如季先生的學生王邦維教授所言，季羨林先生、周一良先生和饒宗頤先生等三位主編“作爲我們學術和精神的導師，對於《敦煌吐魯番研究》，一直給我們鼓勵和指導”。周一良先生和季羨林先生去世以後，作爲本刊的最後一位創刊主編，饒先生仍一如既往地支持本刊的編輯和出版工作，還一直通過香港饒宗頤學術館等機構爲雜誌的出版提供經費支持。

可見，没有饒先生的大力推動和長期支持，就不會有《敦煌吐魯番研究》雜誌的創刊及其後來的發展。飲水思源,我們永遠不會忘記饒宗頤先生對敦煌吐魯番學研究和本刊的創建、發展做出的巨大貢獻。爲了紀念饒先生,編委會決定將本卷辟爲"饒宗頤先生紀念專號",這個倡議得到了國内外敦煌吐魯番學界的大力支持。所以,本卷第一組文章爲紀念文和"饒宗頤先生敦煌吐魯番學論著目録"。

去年是國際敦煌吐魯番學界巨星接連隕落的年份。饒宗頤先生之外,謝和耐先生、宿白先生、金維諾先生、王克芬先生、唐耕耦先生、陳國燦先生、王卡先生等也先後駕返道山。爲紀念這幾位先生,本卷組織的第二組文稿或爲紀念文、或爲去年去世的學者有關敦煌吐魯番學研究的論著目録。

饒宗頤先生去世以後,編委會推舉我爲本刊新任主編,編委會和編輯部也做了改組,增加了一批中青年學者。我深感肩上的擔子很沉重,責任重大。我深知,饒先生等老一輩離開造成的空白是難以彌補的。無論學識、胸襟還是眼界,我們對饒先生等先輩都只能是"高山仰止"。但新陳代謝是我們無法抗拒的自然法則,老一輩通過燃燒自己點亮了我們,我們就要努力把自己這一棒跑好,把先輩鍾愛的敦煌吐魯番學的薪火一代一代地傳下去。

我們深知,只有把敦煌吐魯番學不斷推向前進,把《敦煌吐魯番研究》辦得更好,纔是對饒先生等先輩最好的紀念。爲此,本刊將繼續實行面向世界、面向未來的辦刊方針。所謂面向世界,就是把本刊辦成全世界敦煌吐魯番學研究者發表具有原創性新作的園地。所謂面向未來,就是注意扶持新苗,在保證稿件質量的前提下向青年學者傾斜,向處女作傾斜。我們真誠地歡迎國内外研究者特别是青年學者踴躍賜稿!

爲保證刊物的品質,本刊將繼續實行編委會制,即由編委會集體討論確定約稿、審稿和用稿等事宜。編委既有審稿和參與確定稿件取捨的權利,也有組稿和撰稿的義務。希望通過我們大家共同的努力,把刊物越辦越好,以告慰饒宗頤先生的在天之靈!

郝春文

2019年2月於海南五指山下

目　録

書評論文

Contents

《敦煌吐魯番研究》第十八卷
2018 年,1—4 頁

追憶饒宗頤先生的敦煌緣

樊錦詩

敬愛的饒宗頤先生於 2018 年 2 月 6 日與世長辭,得知噩耗,我深感悲痛,哀思不已,饒公與敦煌結緣、我與饒公交往的往事一幕幕地映現在我的眼前。

先生對祖國的歷史文化懷有崇高的使命感和責任感,對學術秉持著深厚的敬意與真切的熱愛。饒先生幼承家學淵源,學養深厚,終身潛心治學,其治學廣博深湛,横無際涯,博古通今,學貫中西,宏通人文學科的十餘門學科,取得巨大學術成就,爲國學發展作出卓著貢獻,成爲海内外景仰的國學泰斗。

先生治學具有極爲廣博的視野,對每一項研究都力求窮其源流,崇尚求真務實,不作蹈空之論,無不以扎實的文史資料的考證和調查爲基礎,並融會貫通各人文學科,故先生在諸多學科領域所取得的成就,達到了許多人很難企及的學術高峰。如以與先生結緣甚深的敦煌學爲例,他對敦煌石窟所出的經卷文物,"喜歡運用貫通的文化史方法,利用它們作爲輔助的史料,指出它歷史某一問題上關鍵性的意義",所以在敦煌學的許多領域都作出了首創性的研究和開拓性的貢獻。如先生最早於 20 世紀 50 年代校録、箋證倫敦所藏敦煌本《老子想爾注》這部反映早期天師道思想的千載秘笈,闡明原始道教思想,引發後來歐洲道教研究的長期計劃;首次將敦煌寫本《文心雕龍》公之於世;首次據英倫敦煌寫卷講禪宗史上的摩訶衍入藏問題;最早提出"敦煌白畫"的概念,把散佈在敦煌寫卷中的白描、粉本、畫稿等有價值的材料編成《敦煌白畫》一書,填補了敦煌藝術研究上的一項空白;先生所著《敦煌曲》《敦煌曲續論》是敦煌曲子詞研究的先驅之作;先生也是研究敦煌寫卷書法第一人,所編撰《敦煌書法叢刊》(共 29 册)是最早對敦煌書法予以系統整理、介紹的著作,對敦煌書法乃至中國書法史研究影響深遠。先生被學界譽爲當代"導夫先路"的敦煌學大師。

令我和敦煌研究院同仁永遠懷念的是,由於對敦煌歷史文化的價值具有廣泛深刻的體認,先生對敦煌懷有深厚的感情,與敦煌結下不解之緣。1980 年,先生第一次親臨敦煌考察,或流連於洞窟之中,或查閲經卷於研究所内,閑暇之餘,先生漫步於大泉河畔,寄情於三危山峰。在離開莫高窟前,先生萬分感慨,寫下了著名的《莫高窟題詩》:"河湟入夢若懸旌,鐵馬堅冰紙上鳴。石窟春風香柳緑,他生願作寫經生。"表達了先生對敦煌歷史文化深摯的熱愛追慕之情。後來,先生被敦煌研究院聘任爲榮譽研究員,先生對敦煌研究院的學術研究工作更是關愛有加。先生於1983年、1987年、2000年三度應邀親臨莫高窟參加我院主辦的敦煌學國際會議,發表精彩的學術演講,令我院學人親炙先生國際學術大師的風采。2000年8月,當先生第四次來到敦煌莫高窟時,正逢紀念敦煌藏經洞發現百年國際學術盛會,先生興奮地賦詩《重到鳴沙山》:"東寺能容百丈佛,西關曾貢雙頭雞。情牽欄外千絲柳,不怕鳴沙没馬蹄。"並將此詩書贈我院,表達了對敦煌的一往情深。2010年8月先生以95歲高齡蒞臨莫高窟,參加由我院與香港大學饒宗頤學術館、中央文史研究館聯合在莫高窟隆重舉辦的"莫高餘馥:饒宗頤敦煌書畫展"、"饒宗頤先生95華誕慶壽晚會"、"敦煌學國際學術研討會——慶賀饒宗頤先生95華誕"三項活動。先生的歷次壽誕紀念學術活動均在香港舉辦,唯有九五華誕紀念學術活動安排在敦煌舉辦,格外彰顯出先生對敦煌情有獨鐘。特别難忘的是,在舉辦活動當日,甘肅省舟曲縣發生嚴重的泥石流災害,先生在祝壽晚會上當場宣佈將香港各界爲其賀壽的160萬元捐贈甘肅省舟曲縣救災,先生的大愛之心令現場500餘名與會代表深爲感動,掌聲如雷,在莫高窟的歷史上寫下了濃墨重彩的一筆。

令我和敦煌研究院同仁永遠感恩的是,先生長期關注、鼎力支持敦煌文化遺産保護事業。2000年8月,先生與覺光大師等人爲首發起"香港敦煌佛跡防護功德林"募款活動,先生帶頭拿出自己的書畫作品參加義賣,將募集的100萬人民幣捐贈敦煌研究院,用於支持建設莫高窟崖頂風沙防護林帶,爲莫高窟風沙防治發揮了重要作用。2010年5月,在先生的號召下,由香港一羣愛國人士發起成立了"香港敦煌之友"基金會。2010年11月,先生又帶頭捐出10幅書畫作品拍賣,將所籌的善款602萬港元捐贈敦煌研究院,用於建設文物數字化研究所科研樓;2011年7月,建築面積2455平方米的科研樓竣工投入使用;2016年6月由先生親自題字冠名的"饒宗頤樓"舉行了冠名揭牌儀式,"饒宗頤樓"不僅極大地改善提昇了敦煌石窟數字化工作的基礎設施和工作環境,也在莫高窟人心中樹立了一座豐碑。在先生的感召下,"香港敦煌之友"基金會成立之後,持續募集資金支持敦煌文物保護工作,先後爲敦煌研究院捐贈善款1485萬元,用於資助敦煌石窟數字化工程、敦煌學學術交流、人才培養等工作,特别是其中資助1138萬元用於敦煌49個洞窟的數字化採集、加工、制作洞窟檔案,爲推進敦煌文化遺産數字化事業的發展提供了强有力的支持。“香港敦煌之友”基金會的諸位先生和女士們,不僅不遺餘力爲敦煌石窟文物保護募集善款,還爲傳承弘揚敦煌文化藝術做出了不懈努力。他們通過持續舉辦講座、展覽、音樂會、編寫普及讀物、編寫中小學教材,使代表中華民族優秀傳統文化的敦煌文化藝術在香港得以廣泛傳播,啓發了許多香港市民、香港青年學子關心敦煌、瞭解敦煌、學習敦煌的熱情,在香港形成了敦煌熱。“香港敦煌之友”基金會的一系列善舉,助力敦煌石窟文化藝術“永久保存、永續利用”,功在當代,利在千秋,意義重大,我和敦煌研究院的同仁感銘於心。

令我永志難忘的是,我對先生的道德文章一直懷著崇敬仰慕之情,尊敬先生爲師長,引爲治學爲人的楷模。我有緣與先生多次過從交往,面承教誨,受益良多。1980 年饒先生在中山大學曾憲通先生陪同下第一次來到莫高窟考察,我有幸第一次面見先生,並作爲主人接待先生。1983 年、1987 年、2000 年我院在莫高窟舉辦“敦煌學國際學術研討會”,饒先生三次蒞臨莫高窟參會,我作爲會議主辦者接待先生,並聆聽先生發表精彩演講。2000 年先生在莫高窟參加敦煌藏經洞發現 100 周年國際學術會時,在與文化部孫家正部長交談中,以莫高窟對面的三危山爲例説明中國西北的山水很有特色,提出中國山水畫應有西北宗,並答應“爲文張之”。2006 年先生撰成《中國西北宗山水畫説》大作,應我的邀請,先生將此文惠賜我院《敦煌研究》學術期刊發表,在學術界首創中國山水畫的“西北宗”之説。2005 年、2015 年,香港大學爲紀念先生九十華誕、百歲華誕先後隆重舉辦國際學術研討會,我兩次赴港參會,躬逢其盛,並在會議上發表論文,爲先生賀壽獻上了一份心意。先生對我這個後學晚輩也一直是關愛有加。我與先生多次交往中,先生對我總是諄諄教誨與殷切鼓勵。2007 年先生將《饒宗頤藝術創作彙集》(12 册)惠賜予我,2009 年又惠賜我《饒宗頤二十世紀學術文集》(14 卷 20 册),我多次拜讀這兩部文集,更加深了對先生學藝雙絶的理解。2009 年先生爲我親筆題詞:“極深研幾。”我明白這是先生引用《易・繫辭上》“夫易,聖人之所以極深而研幾也”之語,勉勵我在學術研究中要追求鑽研深刻、細緻,我把這個題詞鄭重地掛在辦公室牆壁上,用以時時提醒自己。2011 年,我將由我主持敦煌研究院考古團隊歷經十餘年工作編成出版的《敦煌石窟全集》第一卷《莫高窟第 266—275 窟考古報告》寄呈先生指教,先生親筆回信:“既真且確,精緻絶倫,敦煌學又進一境,佩服之至。”我理解這是先生對我這樣的晚輩敦煌學人取得一點成果的關愛鼓勵,因爲先生平生對後學一向扶持獎掖、關愛有加,敦煌學者中如姜伯勤、項楚、榮新江、趙和平、黄征等先生都曾得到先生熱情的獎掖鼓勵。2015 年香港大學饒宗頤學術館爲先生編輯《選堂集林・敦煌學》文集,來函索序於我。我深知,先生學問精深廣博,像我這樣淺薄孤陋者實在没有資格寫序,遂多次予以辭謝,竟未獲免,只得勉力爲之。有幸的是,這也促使我有機會再一次認真細緻地拜讀先生有關敦煌學的50餘篇論文,進一步加深了對於先生在敦煌學領域的學術成果和治學精神的理解,遂以《從敦煌學研究來看饒宗頤先生的治學精神》爲題闡述了我對先生治學精神及其對後學啓發示範意義的理解,並在2015年12月4—5日參加在香港舉辦的"饒宗頤教授百歲華誕國際學術研討會"中做大會發言,得到與會代表的肯定。

饒先生數十年來對敦煌學的傑出貢獻,業已得到國内外學術界的高度尊崇,得到黨和政府的高度褒揚。2000年8月,在莫高窟舉辦的"敦煌莫高窟藏經洞發現暨敦煌學100年紀念活動"期間,國家文物局與甘肅省政府隆重舉行了"敦煌文物保護研究特殊貢獻獎頒獎儀式",頒予先生"敦煌文物保護研究特殊貢獻獎",那莫高窟九層樓廣場燈火輝煌的頒獎場面令人難忘。

……

這一幕幕難忘的情景還在眼前,而先生卻已溘然長逝,永遠地離開了我們。

但可以告慰於先生之靈的是,先生的業績永在,功德長存。莫高窟、鳴沙山將長久地見證先生的功績,敦煌研究院的同仁將銘記先生的恩德,繼承先生的遺志,把世界文化遺産莫高窟的保護、研究和弘揚事業做好。先生將長久地活在敦煌人的心中。

(作者單位:敦煌研究院)

《敦煌吐魯番研究》第十八卷
2018年,5—10頁

重温饒公五信

柴劍虹

丁酉歲臘月廿一日淩晨,百齡饒公宗頤在香江飛仙。雖是喜喪,學界仍爲痛失大師而悲悼不已。作爲後學晚輩,我有幸結識饒公三十餘年,嘗親炙教誨,獲益匪淺。憶及歷歷往事,一一浮現腦海,又難以一文述全。2004年,爲慶賀饒公米壽,我曾寫過一篇短文《融匯中西　會通百家》,表述對饒公學問的敬仰之心。玆謹以重温饒公賜我的五封親筆信爲綫索,追敍一二,以表達我的敬仰之意和寄托深切的緬懷之情。

凡事均有因緣。我與敦煌有緣,亦因敦煌學研究得以結緣饒公。1982—1983年,我在中華書局文學編輯室審讀有關敦煌學論著書稿時,得知饒宗頤先生與法國漢學家戴密微教授於1971年在巴黎合編出版了《燉煌曲》(*AIRS DE TOUEN－HOUANG*)一書,其中整理刊佈了蘇聯列寧格勒所藏敦煌《長安詞》寫本,我頗感興趣,並發現英、法所藏敦煌卷子中有內容近似之寫本,饒、戴著似未提及,遂做了札記。1985年夏,中國敦煌吐魯番學會在新疆烏魯木齊舉辦學術研討會,這也是學會自1983年成立後舉辦的第一次國際性會議,邀請了若干位國外和我國港臺地區的學者與會,饒公乃欣然赴會。我向會議提交的論文即根據之前札記撰寫的《列寧格勒藏敦煌〈長安詞〉分析》,文中對饒公相關論述提出了補正的意見。本來,會務組安排我在分組討論中發言,孰料季羨林會長看到我的論文打印稿後,覺得正好可求得與會饒公的指導,就特別指示會務組安排我大會發言。結果,饒公對我這篇文章很感興趣,不僅給予了肯定,還鼓勵我會後和他多多聯繫、交流。

受饒公的鼓勵、啓發,我在業餘時間進一步搜尋相關資料,結合新出版的《全唐五代詞》(張璋、黄畬編)中"敦煌詞"一卷的缺漏,於1987年初與徐俊編輯合作,撰寫了《敦煌詞輯校四談》一文,交予國務院古籍整理出版規劃小組編的《古籍整理出版情況簡報》第174期(1987.4.20)刊發。饒公看到我們的文章後,寄來一信:

劍虹先生：

近時於《古籍簡報》174 期讀大文《敦煌詞輯校四談》，至佩精審。前閲黄、張君合編巨著，亦有同感。彼似未見過拙書，否則未嘗細讀，其中尚有不少問題，容暇再論之。記先生有談舞譜一文，恨至今尚未見到，便中請檢賜惠下，無任感企。

S.7111 號《曲子別仙子拍段慢三急三慢二急三》，語及“別仙子三首”，洵近日一重要發見，茲托冀女士轉呈拙稿，幸諟正之。匆頌

著綏

弟　饒宗頤　再拜　八月二日

饒公信中提到的“談舞譜一文”，即是發表在 1987 年第 4 期《敦煌研究》雜志上的拙撰《敦煌舞譜的整理分析（一）》。饒公曾於 50 年代中期與第一位整理敦煌舞譜的日本學者水原渭江有過交往，並在《敦煌琵琶譜》論著中述及琵琶譜與舞譜之關係，故敏鋭地感到我們在《敦煌詞輯校四談》中提及的 S.7111 號卷背中“曲子別仙子拍段慢三急三慢二急三”文字，與 S.5643、P.3501 等敦煌舞譜殘卷中的序詞相類似，可爲分析研究唐五代時期的詞作與樂舞的關係提供重要綫索，故希望看到我之前整理與分析敦煌舞譜的文章。於是，1987 年秋，我將拙作《敦煌舞譜的整理分析（一）》的複印件寄給了饒公[1]。

正是在 1987 年 12 月，聯合國教科文組織將敦煌莫高窟列入“世界文化遺産名録”。爲了宣傳和普及敦煌文化藝術知識，1988 年初，我與敦煌研究院段文傑院長商定：書局《文史知識》編輯部與敦煌研究院合辦一期“敦煌學專號”，要請當時國内外最有代表性的敦煌學研究者來撰寫文章。港臺地區，決定約請饒公和潘重規（石禪）先生。於是，我趕緊又給饒公發了約稿信。3 月初，饒公就寄來回信與釋讀敦煌寫本詞語的《“輾軛”説》一文，表示了對《文史知識》辦專號弘揚敦煌學的肯定：

劍虹先生文席：

疊椾拜悉。大著《舞譜分析（一）》亦拜收，十分有用，當采入拙作，謝謝。

先生主編《文史知識》，嘉惠學林，發揚敦煌學，甚盛事也。徵文及於下走，謹將邇日札記短文一篇奉上，未知可用否？潘石禪教授處，未知能答應相助否？甚念。匆頌

〔1〕 此文續篇《敦煌舞譜的整理分析（二）》刊發於《敦煌研究》1988 年第 2 期，後合爲《敦煌舞譜的整理與分析》，收入拙著《敦煌吐魯番學論稿》，杭州：浙江教育出版社，2000 年，116—159 頁。

文祺

饒宗頤 拜　三月一日

1988 年 8 月,《文史知識(敦煌學專號)》如期刊行,受到學界及廣大讀者歡迎,除郵局按訂户正常發行外,段文傑院長又決定由敦煌研究院出資加印兩萬册,我致信饒公報告此消息,饒公因未及時收到刊物,即寫信給我:

劍虹先生左右:

前奉手書,言即將寄贈拙文刊出之貴編刊物,久久未收到,至爲企望。又聞有專號不止一種,極受讀者歡迎。日前在西安,晤紹良兄,托轉達鄙誠,想蒙垂注,幸有以報我。寧可先生去英,未知抵達否? 甚念。匆頌

時安

弟　饒宗頤　再拜　十一月廿日

記得周紹良先生從西安回到北京後,即打電話給我轉達饒公希望讀到《文史知識》已出各種專號的口信,雜志編輯部很快寄去了已出刊的專號。爲了在國内影印出版英藏敦煌文獻,1987 年 8—11 月,中國社會科學院宋家鈺、張弓先生在倫敦與英國國家圖書館相關人員經過友好而艱苦的商談,達成合作出版英藏漢文佛經以外部分敦煌文獻的協議。1988 年 11 月,中國敦煌吐魯番學會的秘書長寧可教授啓程飛赴倫敦,進行編印相關卷子的篩選工作,連同寫本拍攝,計劃爲期一年,學會秘書處的工作由我和徐自强先生分擔。饒公深知這項工作在敦煌學學術史上有開創意義,故在信中用“甚念”二字表達了他的關切。

1996 年夏,啓功先生的親友、學生籌劃想在第二年出版一本祝壽文集,以祝頌啓功先生的 85 歲華誕。啓先生得知後,開始並不贊成,經一些人勸説後勉强同意,於是擬定了一批作者名單,分頭約稿。向季羡林、周紹良、饒宗頤等先生約稿的任務交給了我。約稿函發出後,得到許多學者的積極響應,饒公很快就完成了《産道與産氣》一文的寫作。大約是這年的秋天某一日吧,啓功先生打電話讓我去師大紅六樓他的寓所,説有要事相告。原來是師大中文系有一位老教授在啓功先生面前發牢騷説:“你有學生幫助張羅出慶壽文集,我可没有啊!”遂使啓功先生決定不出該文集了,讓我趕緊告知一些被約稿的先生。我馬上照辦,並在給饒公寫信的同時,寄去了書局出版的“法國西域敦煌學名著譯叢”中的《古代高昌王國物質文明史》(〔法〕莫尼克·瑪雅爾著,耿昇譯)一書。饒公即於 12 月初覆信給我:

劍虹吾兄侍者:

賜書及惠貽耿昇譯法人《高昌物質生活》一書,拜收,至紉隆誼。爲啓老頌壽

之作,已草成一篇:《產道與産氣——》,原爲讀帛書易傳《要》而作,如來書所言,該集作罷,弟擬寄山東大學《易學》雜志,仍注明爲啓老八十五壽慶,以示吾兩人之交誼。

前在北圖申請之件,倘荷郵賜,至感。明夏清和陽曆四月初,弟或應北大之邀,晉京一行,再謀良覿。專此

布謝,並頌纂祺。

中華出版《中外交通史籍叢刊》弟處不齊,除《大唐西域記》、《南海寄歸内傳》、《兩程海道經》、《往五天竺國傳》、《釋迦方志》外,擬請與謝方兄代爲覓得全帙,需款若干,容匯上。王邦維之《西域求法高僧傳》,急用請先寄。

饒宗頤　再拜　96.12.4

信中所言"在北圖申請之件",是指饒公爲報鄉梓之情,其時正在補編他五十多年前總纂的家鄉方志《潮州志》,爲重印該志做準備,需要複印北京圖書館所藏《康熙潮州志》,托我向北圖善本部代爲申請。因該志係館藏善本,篇幅較大,複印有難度,需費時較多,但北圖的同仁還是盡力相助,在饒公此信收到前不久,就完成了此項工作;我接饒公信後,即將取得的複印件寄送饒公。至於饒公希望補齊書局《中外交通史籍叢刊》所缺各書,在謝方先生支持下,書局也及時做了安排。

饒公信裏提到的"或應北大之邀晉京",第二年4月如期成行。這是因北京大學新開設"湯用彤學術講座",請饒公來擔任第一位主講教授。1997年4月7日下午,季羨林先生致講座開幕辭,饒公以《梁僧祐論》爲題,從八個方面對僧祐名著《出三藏記集》相關問題作了精彩的演講。9日下午,饒公又以《老子師容成氏遺説鉤沉——先老學初探》爲題作了第二場演講。藉此機會,季羨林先生還特意在北大東語系會議室召集了一次中國敦煌吐魯番學會的座談會,就學會開展學術交流活動等事宜聽取饒公的意見。從當時拍攝的照片看,與會者除季老、饒公、寧可先生及我外,還有張錫厚、郝春文、榮新江、鄧文寬、徐俊等八九位同仁。那次座談會的一些談話細節,我已經記不清了,但可以肯定的是,如何推進創辦不久的《敦煌吐魯番研究》的編輯出版,以及開展香港地區與大陸學者的交流,應是主要議題。饒公擔任名譽會長的香港中華文化促進中心承擔了《敦煌吐魯番研究》的部分出版經費,該刊第二卷於1997年10月正式出版(我於9月3日提前拿到樣刊)。經饒公指示,香港中華文化促進中心自1992年起,在香港開展"敦煌吐魯番專題研究計劃",邀請大陸學者到港進行相關學術交流。就在這次會後,陳明、李均明、余欣、榮新江、陳應時等學者就先後到中心舉辦了專題講座。在我的記憶

中,在北大的這個座談會規模雖小,卻成爲學會工作中成果頗豐的一次會議。

就在這次饒公赴京前不久,爲編輯《文史知識》"潮汕文化專號",我和雜志編輯部黄松等幾位編輯一起,到廣東潮汕地區參觀、采訪、組稿。其間,協助我們做組稿編輯工作的當地學者杜經國先生特地陪我們到潮州 1994 年底落成的"饒宗頤學術館"參觀。我提出這期專號應有饒公及介紹饒公的文章,於是轉請杜經國先生向饒公及中山大學姜伯勤教授約稿。回京後,我也寫信向饒公報告了這次潮州之行的收獲。1997 年 3 月,即收到饒公回信:

劍虹尊兄左右:

奉手教欣悉。文駕惠臨潮州,至小館參觀,欣怍無已。

《文史知識》"潮州文化專號"聞説需要小引一篇,兹寄上拙稿,已另印一份送杜經國兄。

《康熙潮(州)志》,得兄代印巨册以感。庶幾既記前次與新江同至北圖,曾申請《明季佛教》一小册,至今尚未辦妥,不知可代爲催促否?良晤在近,無任翹企。

匆頌

著祺

饒宗頤　再拜　三月十四日

《文史知識》(潮汕文化專號)於 1997 年 9 月出刊發行,饒公專爲此期撰寫的新作《地方史料與國史可以互補》以及姜伯勤教授的《選堂先生與選學及潮學》都得到了讀者的好評。信中提及申請複印北圖之《明季佛教》,似即陳垣先生抗戰期間所著《明季滇黔佛教考》的 1940 年 8 月輔仁大學刊印本,此書雖後來有 1965 年科學出版社版、1962 年中華書局版,可能饒公還希望能複制北圖所藏之早期印本以供參照。

饒公治學領域廣博,貫通古今中外,其學術成就與治學經驗,已有許多學者予以翔實評介,我亦無足夠的學識贅述其十一,以上僅以五封饒公親筆信的内容,補綴一二。這些信件給我最真切的感受,就是一位耄耋學者時刻關注學界信息、動態,虚心好學、不恥下問的學術品格。2012 年 11 月初,我第二次應香港城市大學中國文化中心之邀,到那裏作爲期一周的敦煌學講座,正好四川大學的霍巍教授也在該中心講西藏地區的佛教藝術,饒公得知,特意請我們到位於他家附近的酒店用餐敍談,一位 95 歲高齡的老人,依然精神矍鑠,思維敏捷,談興頗濃,他除了依舊關注學術動態和敦煌學研究的新成果外,還當場簽名贈送我們二人他 2010 年出版的新著《西南文化創世紀:殷代隴蜀部族地理與三星堆、金沙文化》,提攜後輩學人之心溢於言表。

爲在中國美術館舉辦“蓮蓮吉慶——饒宗頤教授荷花書畫巡回展”,2017 年 11 月 17 日,饒公這位百歲老人再次飛赴北京。我遵香港饒宗頤學術館的邀請和遠在美國講學的郝春文會長之囑托,聯絡了中國敦煌吐魯番學會的一些同仁出席第二天的開幕式。開幕式場面熱烈,而此時坐在主席位置上的饒公沉静安詳,雖已無言語表達,臉上仍不時透出笑意,那應該是久經學術磨煉後堅毅内心的反映。回家後,我翻開此展圖册,饒公的一段話赫然入目:

> 對事物的追求是無限的,人生是有涯的,以有涯追逐無涯,莊子説殆矣,覺得很傷心。我覺得不一定,以有涯追逐無涯,反而有無限的境界,可以擴張自己的精神輻射。

掩卷深思,我覺得這段深含哲理的話,正體現了饒公“老驥伏櫪,壯心不已”的精神境界。

饒公已駕鶴仙逝,他的學術精神、品格、成果永存。饒公千古!

(作者單位:中華書局)

《敦煌吐魯番研究》第十八卷
2018 年,11—20 頁

鑒千秋三致意　參萬歲一成純
——深切緬懷饒公選堂先生

王　素

2018 年 2 月 6 日,一代儒宗饒公選堂先生在香港寓所壽終正寢,宣告大師時代正式結束。我與饒公有著二十多年的文字之交,受饒公恩化亦深,撰文緬懷,自是應有之義。我有三部著作、七篇論文,均與饒公有關。回憶這些論著的撰寫過程,實際也就是緬懷與饒公的交往行誼。這裏就按時間先後,記述如下。

(一)《S.6251 號北涼玄始九年隨葬衣物疏補説》[1]

我最早見到饒公,大約是在 1991 年春天。當時我任職的古文獻研究室還在沙灘紅樓。一日,饒公應李均明先生之邀,來到古文獻研究室,參觀正在整理中的《居延新簡》;我應李均明先生之請,參與接待和座談。記得在座談中,我介紹自己正在編輯《吐魯番出土文書》圖文本的有關情況,饒公很感興趣,問了一些關於本書整理及出版的問題,十分專業,令我頗爲欽佩。

1992 年歲末,榮新江先生應饒公之邀,到香港中文大學中國文化研究所,協助饒公做敦煌學研究,其間一項工作是協助饒公編輯《九州學刊》"敦煌專號",向我約稿。我撰寫本文,對大陸學者從未留意、僅日本學者關注過的英國斯坦因第三次中亞探險從吐魯番阿斯塔那 2 墓區 1 號墓掘獲的北涼玄始九年(420)隨葬衣物疏的學術史進行了詳細梳理,對其價值與意義進行了新的發覆。饒公讀後較爲欣賞,1993 年 5 月 2 日給我回信(圖 1),全文爲:

王素教授史席:

《九州學刊》敦煌專號之輯刊,疊蒙鼎力支持,遠惠佳製,高文讜論,沾溉無涯。

[1] 王素《S.6251 號北涼玄始九年隨葬衣物疏補説》,原載香港《九州學刊》第 6 卷第 4 期(敦煌專號三),1995 年,149—153 頁,增訂收入《中國古代社會經濟史論——黄惠賢先生八十華誕紀念論文集》,武漢: 湖北人民出版社,2010 年,349—353 頁。

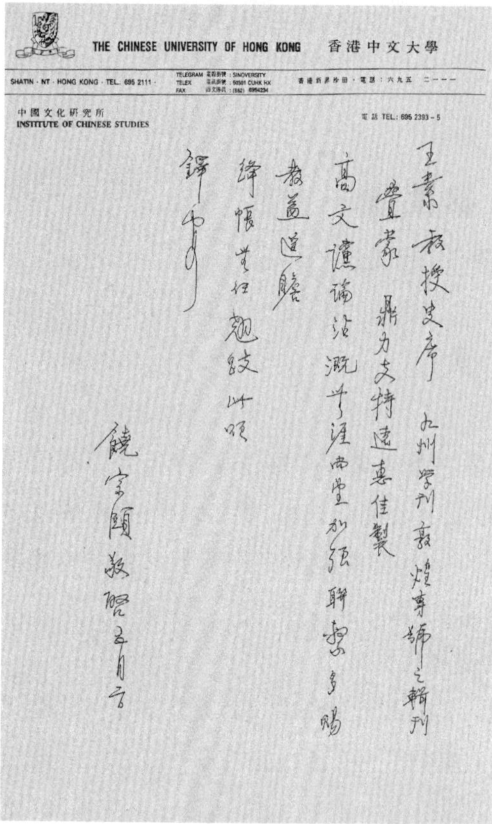
THE CHINESE UNIVERSITY OF HONG KONG 香港中文大學
SHATIN · NT · HONG KONG · TEL. 695 2111 · TELEGRAM : SINOVERSITY TELEX : 50301 CUHK HX FAX
中國文化研究所
INSTITUTE OF CHINESE STUDIES
電話 TEL: 695 2393－5

王素教授史席：九州學刊敦煌專號之輯刊，
費蒙鼎力支持，遠惠佳製，
高文讜論，沾溉[illegible]尚望加强聯繫，多賜
教益。遙瞻
絳帳，無任翹跂。此頌
鐸安。
饒宗頤敬啓五月二日

圖1　1993年5月2日
饒公第一次寫給本文作者的親筆書信

尚望加强聯繫，多賜教益。遥瞻絳帳，無任翹跂。

此頌　鐸安。

饒宗頤敬啓五月二日

這是我第一次收到饒公的親筆書信。饒公書信格式猶存古風，使用“平闕式”一絲不苟，這裏爲了製版方便大多省略(下同)，辜負了饒公的用心。還值得一提的是，饒公爲本專號撰寫《引言》，對拙文“用心之細”亦給予了表彰。

(二)《才人之詩·學人之詩·詩人之詩——〈選堂詩詞集〉窺管》[1]

1995年7月至10月，我應饒公之邀，到香港中文大學新亞書院敦吐研究中心工作四個月(另詳下文)，其間，饒公以《選堂詩詞集》(臺北新文豐1993年版)一部爲贈。我幼從先君學習詩詞，在背誦、賞析、寫作方面下過很大的工夫，雖若干年後轉而治史，此調不彈也久，但畢竟是童子功，恢復起來亦不太難。當時白天在新亞書院工作，晚上回到宿舍就誦讀饒公的詩詞，本集收詩詞一千數百首，等到工作完成，準備返京，集中詩詞亦將誦讀完畢。

我以爲饒公的詩詞，如同他的學問，浩瀚精深，難以管窺蠡測。錢仲聯先生係近代詩詞名家，爲《選堂詩詞集》作序，以學人詩較學人詩，謂觀堂詩早歲從劍南入，取徑未高，寒柳挽觀堂詞號稱名篇，亦不過長慶體而已，皆不如饒公之詩，上溯典午，下逮天水，上自嗣宗、康樂，下及昌黎、玉局，所承至博至大。此論固然不錯，但我以爲尚不足以概括饒公之詩。饒公之詩，非僅學人詩，實則才人詩、詩人詩兼而有之。思慮及此，不覺技

〔1〕 王素《才人之詩·學人之詩·詩人之詩——〈選堂詩詞集〉窺管》，原載《華學》第2輯，廣州：中山大學出版社，1996年，370—373頁；收入郭偉川編《饒宗頤的文學與藝術》，香港：天地圖書有限公司，2002年，95—104頁；增補再刊王素主編《陶鑄古今——饒宗頤學術藝術展暨研討會紀實》，北京：故宫出版社，2012年，174—187頁。

癢，遂撰成本文，寄請饒公哂正。饒公1996年10月29日給我回信[1]，頗多謬獎，正文爲：

王素吾兄左右：

得手示及大作，論拙詩，深入腠理，令人驚嘆！向知兄沈潛鄭氏論語，不意詩學之極深研幾如是，佩服之至！

近人重學而輕文，力求事之曲折，故考據之業確能邁越前古；但文學修養，則微嫌不足。尊論能造淵微境地。才人學人詩人三者之分，古來立論多落於一邊，作者各有偏勝，畸陰畸陽，人各有其所好，無可如何！乃謂弟能兼之，萬不敢當。平生爲學，喜從難中求易。於詩亦有同然，故步韻之作特多，兄一語中的，殊獲其心。知音之難，今古同嘆！敢布區區，尚祈垂察。

此頌　著安。

弟宗頤再拜 10,29

紙下附言："大文已寄曾君憲通矣。"曾憲通先生當時正在編輯《華學》，即謂已推薦《華學》發表。故本文兩月後即在《華學》第2輯刊出。

此後，我在詩詞方面，雖與饒公仍偶有互動，譬如饒公16歲曾撰《優曇花詩》五古二首，當時稱爲"神童詩"，久佚，後從網絡搜索復得，饒公傳真給我，我步韻追和之。但深知自己才力有限，不似饒公能够縱横捭闔，學藝兼修，惟恐顧此失彼，荒怠本業，態度總難積極。饒公似有察覺，1997年2月20日給我寫信，特別附言："王素兄詩學根柢湛深，望勿放棄，可以餘力從事，必有所成，敢斷言也。"但我依然不甚積極。直至近年整理箋注業師《唐長孺詩詞集》[2]，纔不得已再作馮婦。辜負了饒公對我的期望。

（三）《吐魯番出土高昌文獻編年》[3]

（四）《魏晉南北朝敦煌文獻編年》[4]

此二書均爲饒公主編，屬"補資治通鑑史料長編稿系列叢書"之第三和第四種。饒公《總序》認爲：我國歷史最重時間，故先秦史書多以《春秋》爲名，至司馬温公著《通

〔1〕此信圖版及全文，已刊王素主編《陶鑄古今——饒宗頤學術藝術展暨研討會紀實》，183、187頁。有興趣者可以參閲。

〔2〕王素箋注《唐長孺詩詞集》，北京：中華書局，2016年。按：我目前正在整理本書增訂本，預計可在2021年亦即唐長孺師誕辰110周年出版。

〔3〕王素《吐魯番出土高昌文獻編年》，臺北：新文豐出版公司，1997年。

〔4〕王素、李方《魏晉南北朝敦煌文獻編年》，臺北：新文豐出版公司，1997年。

鑑》另創新制,編年史書更受重視。頻年地不愛寶,新資料不斷出土,然非繫年排比,使如散錢之就串,學者終難取捨會通。本叢書即有意爬梳新出土資料,掇拾史事,考證時間,仿《通鑑》之例,按年編排,原始要終,得其條貫,提供給學術界充分利用者〔1〕。

前書即本文前云1995年7月至10月,我應饒公之邀,到香港中文大學工作四個月的具體成果。前書完成,饒公審讀後,頗爲满意,希望我能再接再厲,對同一時期敦煌文獻也進行整理編年。我同意後,就有了後書。不同的是,後書是在北京整理編著的。饒公原想請我再赴香港中文大學一趟,認爲這樣便於集中時間工作,我考慮再三,認爲還是在北京工作查找資料比較方便。饒公是極爲通情達理之人,表示尊重我的意見。當時我任職的古文獻研究室已併入中國文物研究所,内子李方與我同在該研究所工作。就這樣,我與李方聯手,用了不到一年時間,完成了後書。故前後二書,同在1997年出版,前書在1月,後書在12月。從此,我能幹活、能出活,給饒公留下很深的印象(另參下文)。順帶説一下,此二書的《前言》都是饒公寫的,高屋建瓴,富有啓發意義。

(五)《西晉索紞寫〈道德經〉殘卷續論——兼談西晉張儁寫〈孝經〉殘卷》〔2〕

西晉索紞寫《道德經》殘卷的真僞,是敦煌學十分著名的公案。相關學術史人所共知,這裏毋庸細述。該殘卷原有1948年黄賓虹、葉恭綽等名家題跋,均謂洵可寶貴。此後,遂有饒公之研究長文〔3〕。然而過了不久,即有學者撰文質疑〔4〕。饒公自此很長一段時間未對該殘卷發表意見。1994年,我撰寫了一篇短文,主要介紹該殘卷,順便對常見的幾點質疑進行了合理的解釋〔5〕。但我從未向饒公提起,饒公也並不知道。1996年秋,饒公赴京開會,我前往駐地拜謁,饒公拿出一頁紙,對我説:"這是你寫的談索紞寫本的文章。姜伯勤先生剛複印給我的。很好!很好!"像找到知音一樣,非常高興。饒公返港之後,1997年2月20日,給我寄來一册前揭研究索紞寫本長文,附信説:"索紞寫本,弟之舊作,謹奉一册,以供存覽,尚乞指正。"

---

〔1〕饒宗頤《補資治通鑑史料長編稿系列總序》,收入鄭會欣編《選堂序跋集》,北京:中華書局,2006年,83—90頁。

〔2〕王素《西晉索紞寫〈道德經〉殘卷續論——兼談西晉張儁寫〈孝經〉殘卷》,原載《首都博物館叢刊》第17期,北京:燕山出版社,2003年,3—11頁,收入《漢唐歷史與出土文獻》,北京:故宫出版社,2011年,209—208頁。

〔3〕饒宗頤《吴建衡二年索紞寫本〈道德經〉殘卷考證——兼論河上公本源流》,《東方文化》第2卷第1期,香港大學,1955年,1—71頁。

〔4〕主要有日本神田喜一郎(1962年)、香港梅應運(1970年)等先生,不具録。

〔5〕王素《西晉索紞寫〈道德經〉殘卷》,《中國文物報》1994年4月3日第3版。

2001年8月中旬,我和饒公都到長沙參加"長沙三國吴簡暨百年來簡帛發現與研究國際學術研討會"。當時我已參加長沙三國吴簡整理工作,會間拜謁饒公,我對饒公説:"吴簡時代與索紞寫本很近,二者書體頗多吻合之處,可以從吴簡集字,與索紞寫本做逐字比較。"饒公高興地説:"這項工作很有意義,應該抓緊做。"但由於種種原因,這項工作直到現在也没有完成。

2002年9月中旬,饒公給我寫信,説不久將來北京,邀我與内子李方前往駐地一聚。後來,我與李方到東長安街饒公下榻的賓館見了饒公。饒公翻開一本首都博物馆藏品圖册,指著裏面的一件西晉太康四年(283)張儁寫《孝經》殘卷圖版[1],對我説,這本圖册是他不久前去首博參觀時買的,這件張儁寫《孝經》殘卷,時代和書風,與索紞署吴建衡二年(270)寫《道德經》殘卷十分相近,非常值得研究。我仔細審閲張儁寫本圖版,感覺確有意義。於是我們商定,以張儁寫本爲切入點,各寫一篇文章,續談索紞寫本真僞問題,一併刊佈。

過了不久,10月17日,我正在上班,單位辦公室通知我,説有我的傳真,我取回一看,是饒公的來信和他已完成的文章。信云:

王素、李方賢伉儷侍者:

在京時間雖暫,得獲聆教片刻,忭慰無量。

拙文論索紞卷已草就,請斟酌指正。尊文亦盼儘快寫出,俾可一併刊佈。

(中述轉托李均明先生諸事,暫略)

儷福

宗頤拜啓2002年10月17日

可見饒公心情之迫切。過了半個月,又收到饒公10月24日來函:

王素吾兄:

回港拜誦10月6日手書,謹悉程功。日前寄上談索氏拙文,矩園題跋及可園印記,二字皆"園"字。可園有粤人張敬修,官江西布政(中大有其遺稿,卒於同治三年),及陳作霖(詞家)。弟疑《孝經》跋或經張蔭桓手,但張氏於1900年被殺,恐不確。拙跋請候查出"可園"事跡再論定之。望兄細看該《孝經》卷原物,内尚有始藏印,可仔細研究,再告知詳細。至感至感。

---

〔1〕首都博物館《首都博物館二十周年紀念館藏精品擷英》,北京:燕山出版社,2001年,204頁。

匆頌　著安

宗頤手啓 10 月 24 日

我遵囑找到首博葉渡先生,承他厚意,得以親睹原卷。於是我撰成本文。饒公和我的文章都在首博館刊發表[1]。我的文章下文還會談到,這裏就不多説了。

(六)《略談選堂先生對於吐魯番學的貢獻》[2]

2005 年是饒公米壽。饒公是《敦煌吐魯番研究》的創刊主編,本刊 2004 年就開始組稿,準備爲饒公祝壽。我考慮,饒公對敦煌學研究的貢獻人所熟知,對吐魯番學研究的貢獻知道的人就不太多了,於是撰寫了本文。

饒公關於吐魯番學的成果雖然不多,粗略統計約有九篇,但對於吐魯番學的開拓之功卻不容低估。譬如:(一)《京都藤井氏有鄰館敦煌殘卷紀略》(1957 年),是關於日本有鄰館藏敦煌、吐魯番文獻來源及數目的最早記録;(二)《穆護歌考——兼論火祆教入華之早期史料及其對文學、音樂、繪畫之影響》(1978 年),對古代吐魯番的火祆、摩尼二教進行了開創性的研究;(三)《説鍮石——吐魯番文書札記》(1983 年),是迄今爲止關於《吐魯番出土文書》所記"鍮石"研究的唯一的一篇論文;(四)《敦煌與吐魯番寫本孫盛晉春秋及其"傳之外國"考》(1986 年),是最早將敦煌與吐魯番兩地出土的《晉春秋》殘卷合在一起進行研究的成果。此外還有:(五)《寫經別録》(1987 年),(六)《柏林印度藝術博物館藏經卷小記》(1992 年),(七)《吐魯番:丟了頭顱的廾廾(菩薩)》(1993 年),(八)《〈吐魯番出土高昌文獻編年〉序》(1997 年),(九)《〈吐魯番出土唐代文獻編年〉序》(2002 年),對吐魯番出土的《論語》、佛教寫經、文書文物,進行的專門考釋和通識研究,都能够給人留下深刻印象。

(七)《陶鑄古今——饒宗頤學術藝術展暨研討會紀實》[3]

2002 年 9 月,鄭欣淼先生初任文化部副部長兼故宫博物院院長,即給我打電話,表示希望調我進故宫。但直到 2005 年,我纔決定離開工作二十五年的中國文物研究所古文獻研究室。此次調動,饒公一直非常關注。2006 年 1 月,我正式在故宫報到上班。同年 12 月中旬,我與鄭院長赴香港大學,參加"學藝雙修・漢學大師——饒宗頤教授九

〔1〕 饒宗頤《索紞寫本〈道德經〉殘卷再論》,《首都博物館叢刊》第 17 期,北京:燕山出版社,2003 年,1—2 頁。

〔2〕 王素《略談選堂先生對於吐魯番學的貢獻》,《敦煌吐魯番研究》第 8 卷,北京:中華書局,2005 年,13—21 頁。

〔3〕 王素主編《陶鑄古今——饒宗頤學術藝術展暨研討會紀實》,北京:故宫出版社,2012 年。

十華誕國際學術研討會”。饒公特别對鄭院長説:“你把王素先生調到故宫博物院,太好了,他可是幹活的好手呀!”

2008年10月底,故宫博物院與香港大學饒宗頤學術館聯合主辦“陶鑄古今——饒宗頤學術藝術展”與相關研討會,饒公親到故宫現場,並捐贈10幅書畫給故宫永久收藏,羣賢畢至,少長咸集,成爲當年京城文化界的一件盛事。我參觀了展覽,參加了研討會,對饒公“學藝雙修”特别是書畫藝術方面的思想和造詣深感震撼。展覽與研討會結束,按故宫慣例,應給捐贈者編一部紀實性圖文集,作爲永久紀念。故宫專家對饒公不太瞭解(其實直到現在,整個大陸,除甲骨、簡帛、敦煌等幾個領域外,對饒公瞭解亦不多。關於這個話題,下文還將涉及),於是,我主動承擔主編本書。不僅如此,爲了突出饒公在書畫藝術方面的修養和成就,我還自編了一份《饒宗頤教授書畫類論著目録》收入本書[1]。本書的出版,對大陸學術藝術界瞭解饒公起到普及作用。

(八)《選堂書畫與齊物思想——從“參萬歲而一成純”引起的思考》[2]

本文原是前揭“陶鑄古今——饒宗頤學術藝術展”研討會參會論文。2010年8月上旬,中央文史館、敦煌研究院和香港大學饒宗頤學術館聯合在莫高窟舉辦“慶賀饒宗頤先生九五華誕敦煌學國際學術研討會”和“莫高餘馥——饒宗頤敦煌書畫藝術特展”,由於本文當時尚未發表,内容與特展主題相關,故又以本文作爲莫高窟參會論文。本文受到會議主辦方的重視,被推薦作爲大會主題報告。值得一提的是,本文除了故宫和莫高窟兩個會議文本外,還有兩個本子:

一個是摘要本[3]。莫高窟會議結束後,《中國社會科學報》向會議約稿,主辦方推薦了本文。我應報紙要求,對原文本進行了較大壓縮,整理出一個摘要本,在《中國社會科學報》發表。摘要本是本文最早發表的一個本子。

一個是講座本[4]。2013年9月,香港大學饒宗頤學術館在天津美術館舉辦“雄偉氣象——饒宗頤教授天津書畫展”。這次展覽爲了表現饒公的廣闊胸襟與無比創作

[1] 王素《饒宗頤教授書畫類論著目録》,《陶鑄古今——饒宗頤學術藝術展暨研討會紀實》,381—391頁。

[2] 王素《選堂書畫與齊物思想——從“參萬歲而一成純”引起的思考》,《陶鑄古今——饒宗頤學術藝術展暨研討會紀實》,310—318頁;《慶賀饒宗頤先生九十五華誕　敦煌學國際學術研討會論文集》,北京:中華書局,2012年,30—35頁。

[3] 王素《選堂書畫與齊物思想——從“參萬歲而一成純”引起的思考》,《中國社會科學報》2011年5月26日第12版。

[4] 王素《選堂書畫與齊物思想——從“參萬歲而一成純”引起的思考》,《天津美術館美術講堂一百期紀念文集》,2018年,108—113頁。

力,展出的書畫作品多爲巨幅宏制。當時,天津美術館提出:天津觀衆對饒公不太瞭解,希望香港方面能够派人前來,舉辦講座介紹饒公。香港方面向饒公請示,饒公説:"請故宫博物院的王素先生去講一場吧。"我就於9月28日下午,到天津美術館舉辦了本講座。過了幾年,天津美術館給我來信,説希望我能提供一個講座文本,他們想公開發表。我就根據館方要求和講座内容,整理了本講座本。講座本内容與會議文本大不相同,實際上是兩篇不同的文章。

(九)《略談選堂先生對東南亞華文碑銘整理的功績——從〈星馬華文碑刻繫年〉説起》[1]

本文是2013年12月上中旬,我應邀赴香港大學,參加"第二届'饒宗頤與華學'暨香港大學饒宗頤學術館十周年館慶國際學術研討會",提供的參會論文。本文是第一篇系統揭示饒公對東南亞華文碑銘進行開創性整理功績的論文,但範圍並不局限於此,還對饒公前撰《新加坡古事記》的價值以及稍後與許雲樵先生就新加坡古地名"蒲羅中"問題的論戰進行了新的研究,認爲:饒公對東南亞的學術發展,功績是多方面的,其中,《星馬華文碑刻繫年》的整理出版固然開當地金石學之先河,《新加坡古事記》提供的治史新體例以及"蒲羅中"論戰展現的嚴謹求實的學風,無疑也對東南亞的學術發展起到推動作用。

(一〇)《關於西晉索紞寫〈道德經〉殘卷的通信——以牟復禮先生回復馬泰來先生的電郵爲中心》[2]

2013年12月上中旬,我應邀赴香港大學,參加"第二届'饒宗頤與華學'暨香港大學饒宗頤學術館十周年館慶國際學術研討會"時,初次見到聞名已久的美國普林斯頓大學東亞圖書館館長馬泰來先生。與馬泰來先生寒暄時,他幾次提到前揭饒公的《索紞寫本〈道德經〉殘卷再論》和我的《西晉索紞寫〈道德經〉殘卷續論——兼談西晉張儁寫〈孝經〉殘卷》二文,給他留下了深刻印象。

會議結束,馬泰來先生返美,12月22日,給我發來一封電郵,其中談道:"2004年12月我看到您的文章後,即和饒(宗頤)師的文章一同影印,寄給牟復禮教授。他的回

〔1〕 王素《略談選堂先生對東南亞華文碑銘整理的功績——從〈星馬華文碑刻繫年〉説起》,《饒學與華學——第二届饒宗頤與華學暨香港大學饒宗頤學術館成立十周年慶典國際學術研討會論文集》(上册),上海辭書出版社,2016年,105—111頁。

〔2〕 王素《關於西晉索紞寫〈道德經〉殘卷的通信——以牟復禮先生回復馬泰來先生的電郵爲中心》,《敦煌吐魯番文書與中古史研究——朱雷先生八秩榮誕祝壽集》,上海古籍出版社,2016年,19—25頁。

信見後。其實當日他的身體已甚衰弱,旋入醫院。2005 年 2 月 10 日謝世。他對您的評價極高!"牟復禮(F. Mote)先生是歐美漢學界的泰斗,著述甚多,與杜希德(Denis Twitchett)先生共同主編的上下二卷《劍橋中國明代史》尤爲人所熟知〔1〕,無須多作介紹。牟復禮先生回覆馬泰來先生的電郵寫於 2004 年 12 月 29 日,内稱收到馬泰來先生寄來的前揭饒公和我的論文,便"立刻認真地閱讀",感覺"意義非同一般",自己"非常欣喜地看到,大量依據王素先生的論述,饒宗頤先生又回到了他起初的論斷。我認爲王素先生的論文堪稱證僞論真的典範之作,論辯有據,言之成理"。

關於西晉索紞寫《道德經》殘卷的真僞,不僅如前所説是敦煌學十分著名的公案,還一直是十分敏感的問題。原因之一,恐怕是涉及饒公和牟復禮先生兩位重量級人物。大家都知道饒公是最早研究索紞寫本的專家。牟復禮先生則是索紞寫本入藏美國普林斯頓大學美術館後最早介紹該殘卷的專家〔2〕。本文主要是梳理相關學術史,説明我的《西晉索紞寫〈道德經〉殘卷續論——兼談西晉張儁寫〈孝經〉殘卷》,同於我較早發表的《西晉索紞寫〈道德經〉殘卷》短文,主旨都不是辨别索紞寫《道德經》殘卷的真僞,而都只是"解惑釋疑之作",作爲結果,也只是"將學界對於索紞寫《道德經》殘卷的種種質疑,都一一給予了合理的解釋。在此基礎上,提出了敦煌吐魯番寫卷'證僞論真'應有的標準"。

此外,與饒公的交往,還有幾件事值得一説。一是 2012 年 6 月 13 日,我接受騰訊網絡電視《饒宗頤: 萬古不磨意,中流自在心》節目組訪談,提出大師需要家學,現在已無世家,"君子之澤,一世而斬",出不了饒公這樣的大師,制作者將我的論説以"這是一個很難出大師的時代"爲題播出,産生了一定的影響。二是同月 27 日,我應邀赴上海,參加"海上因緣——饒宗頤教授上海書畫展"開幕式,在西郊賓館會議中心會客

圖 2　2012 年 6 月 27 日
本文作者與饒公在上海西郊賓館最後一次合影

〔1〕"杜希德"爲 Denis Twitchett 爲自己取的中文名字,大陸、港、臺多據英文原名譯作"崔瑞德"或"崔維澤"。

〔2〕F. Mote, *The Oldest Chinese Book at Princeton*, *The Gest Library Journal* Ⅰ-1, 1986, pp.34-44.

室見到饒公，合影時，饒公要我坐在沙發扶手上，用雙手緊緊抱住我的右手（圖2），不願放開，似有很多話想對我説，可惜當時人太多，没有機會説話。三是 2017 年 11 月 18 日，饒公繼是年初夏，遠赴巴黎舉辦書畫展覽後，復蒞臨北京中國美術館，參加"蓮蓮吉慶——饒宗頤教授荷花書畫巡迴展"開幕式。當時我正在北京某賓館參加某基金評審會，本來没有時間參加該展開幕式，但我一直有種預感，饒公前赴巴黎辦展是想與歐洲的朋友告别，此次蒞臨北京是想與大陸的朋友告别，故仍抽暇趕到中國美術館參加該展開幕式，雖然明知只能在人海中遠遠地看饒公一眼，但内心感到滿足和再無遺憾！

饒公一生，學藝貢獻，人所熟知，可以不論。從外而言，始終熱愛中國傳統文化，尊重中華人文精神；從内而言，夙慕莊生"參萬歲而一成純"之義，而一直躬身行之。饒公壽終正寢當日，我給香港大學饒宗頤學術館與饒宗頤教授治喪委員會發去唁電，深表哀悼，最後附銘辭曰：

巍巍我公，皇皇儒宗；陶鑄天人，夙夜匪躬。

巍巍我公，赫赫罔窮；參透萬歲，成純御風。

特别以"參萬歲而一成純"落腳。相信饒公天上有知，一定會感到欣慰！

（作者單位：故宫博物院）

《敦煌吐魯番研究》第十八卷
2018 年,21—31 頁

選堂先生與敦煌的兩件往事

谷輝之

今年初春,選堂饒宗頤先生與世長辭。接西泠印社通知,我參加了該社爲緬懷其第七任社長所舉辦的追思會。正是這堂追思會,引發了我對於所親歷的選堂先生兩件往事的回憶,這兩件往事都發生在世紀之交時期,而都與敦煌有關。先生做事之旨意,誠未可仰望者也。今不揣譾陋,勉力成文,謹以志悼念。

一　倡議編纂出版"浙藏敦煌文獻"

(一)

饒宗頤先生關於編纂出版浙江所藏敦煌文獻的倡議,緣於對浙江圖書館的一次訪書。

1998 年 4 月 10 日上午,我接到柴劍虹先生電話,柴先生告訴我,饒宗頤先生和馮其庸先生在浙江省博物館開會,建議浙江圖書館請兩位先生就近到古籍部看書作鑒定,以後怕是没有機會了。我在博物館門口迎到了柴先生一行,柴先生引我見了兩位先生,對他們説:"這是浙江圖書館古籍部主任,館長隨後就到。"

浙圖善本庫和善本閲覽室那年還安置於孤山山麓之陽的一座原私家别業中,東以文瀾閣爲鄰,西與西泠印社相毗連。那天請饒先生一行觀摩鑒定的藏品,清一色爲敦煌寫經,有《妙法蓮華經·如來壽量品》《金剛般若波羅密經》《金光明經》《佛説如來相好經》等十種唐人寫經,以及北朝寫經《增壹阿含經》。這十一件敦煌經卷書體古樸、繕寫工整,它們於藏經洞出土後的第一個五十年,自敦煌大漠先後流落至浙江、散藏於民間,而收歸國有、集中存放於浙圖後,又一個五十年即將過去,其面目始終不爲敦煌學界所識,柴劍虹先生將這種狀況比作"養在深閨人未識"[1]。

[1] 柴劍虹《獻給敦煌學百年的厚禮——〈浙藏敦煌文獻〉出版感言》,《柴劍虹敦煌學人和書叢談》,上海古籍出版社,2013 年,167—170 頁。

時至20世紀末,境外英、法、俄等國所藏敦煌文獻的中文版,以及保存於中國國家圖書館、北京大學、上海博物館等國内庋藏機構的敦煌與西域文獻,皆已陸續出版,六卷本的《甘肅藏敦煌文獻》也正在編纂之中。而比況現狀,浙江圖書館所藏敦煌遺經,乃至浙江一地所存莫高窟故物,何以跟上時代,結束其與世隔絶的封閉狀態,全貌公之於世,則需要一個推動力,期待一位倡導者,擔當這位倡導者的,正是饒宗頤先生。饒先生在這些敦煌文獻出土將近百年之時、保存尚且完好之際,把握時機,由浙圖之藏品,推及至浙江全省之公藏,提議浙江公藏機構編纂出版一部"浙藏敦煌文獻"。

饒先生回香港後,在電話中對我説:"你把浙江圖書館收藏的敦煌卷子整理公佈出來。"我稟報先生,館藏敦煌經卷並不多,只有二十件,方廣錩、徐永明二位做過著録,以後會發表[1]。原以爲饒先生聽説即將發表的浙圖藏品不是圖録本,會提出看攝影件的要求,然而,饒先生並不措意爲個人獲取敦煌文獻資料,而是説:"那就擴大範圍,統一編例,把'浙藏敦煌文獻'做出來。"饒先生此舉考慮周密,提議而外,還有具體指導,在電話中一一作了交代,諸如著録要包括你們的考證結果,一定要出圖録本,拍攝的圖片要清晰呈現原物面貌,這樣纔能提供研究者使用。饒先生的這個提議涉及全省範圍的普查和著録編輯工作,絶非以我一己之力甚或浙圖一館之力所能夠承擔,先生不見應答,開導我説:"敦煌卷子出土近百年了,流傳保存至今很不容易,每一件都很珍貴,浙江圖書館有二十件已經不少了,這些東西過去都爲私人所有,現在歸公了,公藏單位有責任來做整理公佈這件事情。"

經饒先生垂詢再三,我向柴劍虹先生求助。柴先生時任中國敦煌吐魯番學會秘書長,得知饒宗頤先生有編纂出版"浙藏敦煌文獻"這個提議,還有具體交代以及對浙江公藏單位的囑托,十分重視,開始進行多方聯絡。中國敦煌吐魯番學會首先對饒先生的提議作出響應,於當年出面提出"浙藏敦煌文獻"的編纂出版規劃,並組建了編纂委員會的領導班子、工作班子和顧問班子,毛昭晰先生擔任編纂委員會主任,季羡林、啓功、饒宗頤、周紹良先生擔任學術顧問。

在京的三位學術顧問季羡林、啓功、周紹良先生囑咐呈送聘書的柴劍虹、谷輝之帶話給編委會,要求《浙藏敦煌文獻》在品質上要超過已出版的(同類出版物),在學術上要慎重,要多聽聽各方面專家的意見[2]。饒先生在南京大學講學期間,編委會派遣責

〔1〕 方廣錩、徐永明《浙江圖書館所藏敦煌遺書目録》,《敦煌研究》1998年第4期,124—133頁。

〔2〕 見《〈浙藏敦煌文獻〉編委會紀要》。

任編輯鄭廣宣與我專程赴寧呈送聘書，饒先生的聘書雖然是最後送達的，可是先生對《浙藏敦煌文獻》在編纂、出版方面的要求和囑咐，已由編委會貫徹到編纂出版規劃與編例的制定工作之中。

經柴劍虹先生聯繫浙江教育出版社徐忠良編審，請該社將《浙藏敦煌文獻》列入當年選題申報計劃，隨即浙江教育出版社與《浙藏敦煌文獻》編纂委員會於 1998 年末 1999 年初，正式"建議浙江的文化界與出版界聯手合作，共同整理編纂收藏於浙江的敦煌文獻，並在浙江出版，用一部浙藏、浙編、浙版的《浙藏敦煌文獻》紀念敦煌藏經洞發現 100 周年"〔1〕。浙江省文化廳與浙江省新聞出版局接受了編委會與浙江教育出版社的上述建議，饒宗頤先生一年前關於編纂出版"浙藏敦煌文獻"的提議，繼中國敦煌吐魯番學會，得到浙江省文化界與出版界的積極響應。

（二）

1999 年 5 月 16 日，《浙藏敦煌文獻》編纂委員會工作會議在杭州召開。編纂委員會聽取了谷輝之和黄征分别彙報的關於編纂《浙藏敦煌文獻》之緣起及籌備工作。中國敦煌吐魯番學會秘書長柴劍虹先生從世界敦煌學研究的角度介紹了中國敦煌學的歷史和現狀，柴先生特别强調了浙江籍學者對敦煌學的貢獻，指出浙江至今仍是中國敦煌學的研究中心之一，浙藏敦煌文獻的出版，無疑是浙江對敦煌學研究的又一重要貢獻〔2〕。

編委會主任毛昭晰教授以自己幾十年在浙江從事文化研究和領導工作的經驗，要求編纂者、出版者高度重視這項工作，編好、出好這本書。沈才土、羅鑒宇兩位副主任以文化廳、新聞出版局領導的身分，對編纂出版工作表示全力支持。沈廳長説，編纂《浙藏敦煌文獻》，本來就應該是收藏有敦煌卷子的浙江圖書館、浙江省博物館的工作，現在這項工作已經展開，浙圖、浙博都應支持，並且參與進來，以此促進本單位學術活動的開展。羅鑒宇局長認爲，浙江的出版社出版浙藏的敦煌文獻，是義不容辭的歷史責任，不管經濟效益如何，一定要出好，不出則已，要出就出精品。浙江教育出版社社長駱丹在發言中也提到，對《浙藏敦煌文獻》一類有重大文獻價值、學術價值的圖書"要出成精品"〔3〕。

〔1〕 見《〈浙藏敦煌文獻〉編委會紀要》。
〔2〕 同上。
〔3〕 同上。

編纂委員會工作會議後,普查工作首先列入了工作規劃。經過尋訪,編委會没有能夠如願從民間徵集到敦煌文獻,公藏單位除了浙江圖書館、浙江省博物館之外,僅杭州市文物保護管理所上報了四件唐代經卷,温州博物館上報的唐寫本與五代寫本各一件,皆由本省古塔出土,不能編入正文,後來是作爲附録收編的。浙江圖書館所藏敦煌文獻二十件,悉爲經卷,數量有限,家底已清,工作進展十分順利。浙江省博物館作爲本省敦煌文獻的主要庋藏單位,其收藏量決定了《浙藏敦煌文獻》一書之規模,根據廳領導在編委會工作會議上提出的要求,浙博領導參與了這項工作,由編委曹錦炎親自主持該館普查工作,曹館長諳熟館藏,組織人員對每件藏品逐一進行清點,浙博最終入編《浙藏敦煌文獻》一百七十六件藏品,遠遠高於方廣錩、查永玲《浙江博物館所藏敦煌遺書目録》的四十個編號〔1〕,在數量上將近《浙藏敦煌文獻》的九成之多。正是出於這個緣故,饒先生在爲《浙藏敦煌文獻》撰寫的序言中稱道:"浙省所蒐得石室遺書,竭浙江圖書館、浙江省博物館、杭州市文物保護管理所、靈隱寺等公藏單位所有。"〔2〕其中特意用了一個"竭"字。

編委會還對可能藏有敦煌文獻的公藏單位作上門尋訪。有鑒於莫高窟出土文物以佛教文獻爲主,以及南方寺院藏有零散敦煌遺經之事實,我們對靈隱寺藏經樓心存希冀。我與編委杭州市圖書館副館長褚樹青一行專程赴靈隱寺尋訪遺經,未料藏經樓所有藏品業已裝箱封存,連目録都看不到。好在接待我們的靈隱寺監院根源法師説了一句"藏經樓最早的一本經是唐人寫經",令我們喜出望外,要求著録拍攝這個經卷,根源法師對此表示爲難,説啓封開箱須經寺院上層集體商議,其權限只能爲我們打開一個箱子,箱號可以由我們任選。所幸的是,這件在靈隱寺藏經閣秘藏數十年之久的唐人寫經《摩訶般若波羅蜜經·燈炷品》,正在所選的一號箱内,後來被編入《浙藏敦煌文獻》。我們的收穫雖然有限,我們的工作確實是從普查做起的,因此,《浙藏敦煌文獻》堪稱一部"爲二十世紀敦煌文獻的普查與整理工作畫上一個句號"的收官之作〔3〕。

《浙藏敦煌文獻》的編纂工作得到各方大力協助,尤其是啓功、王堯先生在百忙之中幫助審訂部分寫卷,使此編得以順利出版。

饒宗頤先生力主裒集兩浙公藏敦煌文獻公之於世的倡議終於修成正果,《浙藏敦煌文獻》於2000年6月面世,收録浙江省博物館、浙江圖書館、杭州市文物保護管理所、

〔1〕 方廣錩、查永玲《浙江博物館所藏敦煌遺書目録》,《敦煌學輯刊》1998年第1期,60—76頁。
〔2〕《浙藏敦煌文獻》"序",杭州:浙江教育出版社,2000年。
〔3〕《浙藏敦煌文獻》"前言"。

靈隱寺等四家機構所藏敦煌出土文獻計二百零一件。先生欣然題序,序文未及千字,尺幅之間,有對莫高窟百年劫難之痛祭,有對浙江一地劫餘故物集腋成裘之慶賀,更有對新世紀敦煌文獻工作之厚望。在序言的最後一段,饒先生憶及1998年的孤山之行,"余於年前,漫遊杭州,與馮其庸、柴劍虹同至浙館訪問,瀏讀經卷,略窺館藏滄海一粟,忻快無比"[1],繼而對編纂人員推許有加:"今悉浙江省博物館、圖書館及杭州市文物保護管理所諸君子,合力纂訂,一年之間,成此偉構。網羅放失,張惶幽眇,有功于敦煌學,意義至爲重大。固樂爲之表彰。"[2]饒先生於序言結尾處提出,"仍冀他省庋藏餘品,有人賡續其事"[3],對其他省份庋藏機構公開發出呼籲,希望相繼有人出面,對當地尚未公佈的敦煌出土文獻,組織整理刊佈之役——一部《浙藏敦煌文獻》,由對公藏單位的呼籲而開啓,亦以對公藏單位的呼籲作爲結語。

2000年7月30日,《浙藏敦煌文獻》首發式作爲藏經洞發現一百周年紀念大會活動之一,在敦煌研究院舉行,參加者有饒宗頤先生、樊錦詩院長、王堯先生、黄征教授及浙江新聞出版局局長羅鑒宇、浙江教育出版社社長駱丹等六十餘人,柴劍虹先生代表中國敦煌吐魯番學會主持了首發儀式。首發式同時還是贈書儀式,百年前從藏經洞流入浙江的二百零一件出土文獻,以彙編影印成帙的方式回歸敦煌,入藏位於莫高窟的敦煌研究院,而接受這份來自家鄉禮物的敦煌研究院院長,正是被稱作"敦煌女兒"的杭州人樊錦詩。

爲我國敦煌學發其端緒者羅振玉、王國維,是浙江人[4],被譽爲"敦煌守護神"的常書鴻,誕生在浙江杭州,藏經洞發現一百周年紀念的一份厚禮,同樣來自浙江。這並非歷史巧合,浙江人的敦煌情結,維繫了整整一個世紀之久。當晚饒宗頤先生親臨首發式現場,作了簡短而熱情洋溢的發言,在回顧了我國敦煌學的發展歷史之後,先生面對一部凝聚了幾代浙江人心血的《浙藏敦煌文獻》,爲浙江人的百年敦煌情結所感激,發出了一句"敦煌學在浙江"之感慨[5]。饒宗頤先生還在發言中提出,希望浙江學者繼續做好"浙江與敦煌學"這個有意義的大論題。

饒先生的呼籲擲地有聲。《浙藏敦煌文獻》刊行後,作爲對"繼續做好'浙江與敦煌

[1] 《浙藏敦煌文獻》"序"。

[2] 同上。

[3] 同上。

[4] 羅振玉,浙江上虞人;王國維,浙江海寧人。

[5] 《〈浙藏敦煌文獻〉入藏敦煌聖地》,《錢江晚報》2000年7月31日。

學'論題"主張的響應之一,黄征教授花費三年時間,對《浙藏敦煌文獻》所載二百餘件文獻的著録提要及真跡攝影件,逐一進行録文校注,完成了《浙藏敦煌文獻》由帶敍録的圖録本到帶校注的録文本這一跨越性提昇。《浙藏敦煌文獻校録整理》一書於2012年出版[1],繼《浙藏敦煌文獻》,爲"浙江與敦煌學"論題的延伸與深化提供了更爲廣闊的嶄新空間。

二　向西方推進早期詞研究

(一)

《浙藏敦煌文獻》首發式後,饒宗頤先生又交給我一件與敦煌有關的任務。2000年9月我應邀赴美國哈佛大學哈佛燕京圖書館,於該館中文善本部沈津主任麾下撰寫善本書志。饒先生於香港中文大學中國文化研究所工作時,即與沈津先生相稔,得知我是哈佛燕京學社當年邀請的訪問學者,將在哈佛燕京圖書館工作一年。在電話中對我説:"哈佛大學東亞系有位歐文(Stephen Owen,中文譯名斯蒂芬·歐文)教授,長期研究中國唐詩,我希望聽到他對早期詞的看法,要讓他發聲,讓他講出來。你去見他,對他説,我提議他與你合作一個早期詞的研究項目,問他是否有興趣,有興趣的話,建議你們向哈佛燕京學社申請研究基金。"

歐文教授爲當代西方唐代文學研究權威,曾於20世紀70年代率先對我國初唐時期詩歌作出系統研究,《初唐詩》爲其成名作。

業師吴熊和教授一向敬重饒宗頤先生,得知這位詞學前輩將於八十高齡、向西方推進其早期詞研究計劃,尤爲感佩。吴老師鼓勵我説:"饒先生安排你參與前期合作,促使歐文教授發聲早期詞,這是一個做學問的機會,希望聽到你的好消息。"

饒先生早期詞研究計劃在哈佛大學首先得到韓南(Patrick Hanan)教授的支持與幫助。韓南教授是著名漢學家,長期從事中國小説研究,曾任哈佛大學東亞系主任,爲前任哈佛燕京學社社長。我向韓南教授諮詢,饒先生給歐文教授的提議在哈佛是否可行,韓南教授認真地想了一下,然後用地道的漢語對我説:"我看没問題。"韓南教授希望我向哈佛燕京學社社長杜維明先生介紹這個合作項目的背景,説:"饒先生的事找杜先生是最好的,只要有可能,他一定會幫助你。"韓南教授還提議我去找東亞系主任包弼得

[1] 黄征、張崇依《浙藏敦煌文獻校録整理》,上海古籍出版社,2012年。

(Peter Bol)教授,請他幫助聯繫歐文教授。

聽從韓南教授的指點,我兩次預約求見哈佛燕京學社杜維明社長,第二次是在次年的3月15日,杜維明先生表示還記得之前我介紹的饒宗頤先生給予歐文教授的提議,包括向哈佛燕京學社申請研究基金的建議。這次我向杜維明先生轉述了韓南教授"饒先生的事找杜先生是最好的"那句話,杜維明先生聽了説"是的",表示認可,接著便説:"讓歐文交報告。"我問什麼時候討論,杜維明先生告訴我:"4月份討論。"

包弼得教授爲美國著名的中國歷史研究專家,他十分崇仰饒宗頤先生,很樂意幫助饒先生在哈佛大學實施其研究計劃,他告訴我,歐文是"西方最優秀的中國古代文學教授",並給了我歐文教授的郵箱地址,建議我儘快聯繫他,以啓動饒先生的研究計劃。我用包弼得教授給我的郵箱地址給歐文教授發了電子函件,書面傳達了饒先生給他的提議。歐文教授隨即用電子郵件覆函,指定了面談時間。

4月10日下午,是歐文教授每周一次的接待時間。歐文教授對我説,他需要知道我對早期詞的看法,那天我談了三點,歐文對我的談話内容反應迅速,往往一句話剛説完,他就發表自己的意見,每次都準確地捕捉我一句話中的關鍵詞發表看法,或者重複這個詞以示肯定,或者加上自己的分析和評論。對我所談的三點有關早期詞的看法,歐文教授表示贊同。接著歐文開始談自己對早期詞的見解,他是直接從敦煌説起的,看得出來,他想説的話很多。談了不久,歐文教授停下來問我,能否用英語與我交談,得知我尚無法用英語與他交談,便明確告訴我,他願意接受饒先生的提議,與我合作早期詞研究。我説:"早期詞是饒先生給的題目。"提起饒先生,歐文教授説:"我對饒先生極其佩服,他來講學,我本來有機會聽他的課,可是那時我不在,錯過了。"饒宗頤先生於耄耋之年向西方推行的早期詞研究計劃,得到了三位致力於中國文化研究的哈佛大學教授的支持與響應。

歐文教授親自到哈佛燕京學社提出早期詞合作研究計劃後,於4月18日發郵件告訴我,哈佛燕京學社表示,不能爲其提出的合作研究項目提供基金資助,原因是研究者的資格問題——只有該學期教授唐代文學課程的教授,纔可以申請與唐代文學有關的研究基金,而歐文教授那個學期没有教授唐代文學。歐文希望在哈佛燕京學社允許範圍内,開展饒先生的早期詞合作研究計劃,給了我另一位東亞系教授的聯繫方式,建議我與之聯繫,這位教授當時正在教授唐代文學課程。歐文的這個想法被饒先生的三個字打消了,先生在電話那頭説"不必了",並重申"我想聽的只是歐文的看法",後面還有一句——"再爭取吧"。

一年後,2002年5月饒先生蒞臨哈佛講學,講的是詩經、樂,卻依舊牽掛著敦煌,牽掛著敦煌詞研究。6月我於逗留香港期間,順道去先生府上鳳輝閣寓所看望先生,先生告訴我,5月份剛去過哈佛,歐文、包弼得、杜維明這幾個人都見到了,説歐文和包弼得在致辭和介紹中,講的話都很特别,令其十分感動。饒先生又告訴我,這次在哈佛大學專門問了哈佛燕京學社,去年對歐文的早期詞合作研究項目不予提供研究基金的原因爲何,哈佛燕京學社回話説:“主要因爲經費問題,還有一些新的規定。”饒先生那天詳細地問了歐文與我關於早期詞的談話内容,最後不無遺憾地告訴我,歐文可能要離開哈佛了。

(二)

饒宗頤先生曾於1998年2月在《我和敦煌學》一文中寫下了這段話:“莫高窟儲藏的經卷圖像早已散在四方……這些秘笈爲吾國文化史增加不少的研究新課題,同時開拓了不少新領域,爲全世界學人所注目。”〔1〕

數百首敦煌曲的發現,開啓了一門新課題——敦煌曲研究。饒宗頤先生於《敦煌曲·引論》提出,“敦煌寫卷中,唐五代歌辭之發現爲近半世紀中國文學史研究之一大事”〔2〕,在先生多項敦煌學專題研究中,有關敦煌曲子詞的研治,歷時最久,成就至高。

敦煌曲子詞保留了詞的早期形態,是迄今最爲豐富的早期詞實物文獻。饒宗頤先生將敦煌曲子詞用於對詞體的溯源,以其敦煌曲校録研究成果爲基礎,開拓出一方新領域——早期詞研究。

《敦煌曲·引論》指出:“敦煌曲在寫作技巧上固未臻成熟,然在文學史上有其重要貢獻。所發現之新資料,可以説明詞在産生與發展之過程中,民間曲子作品之流行情形,及其如何保存於寺院之實際狀況,對於詞之起源與佛曲之關聯問題,可提供若干答案,本書引論將從此一端作詳細之研究。”〔3〕饒宗頤先生運用敦煌曲寫本所提供的新資料與大量傳世史料,從“詞之起源與佛曲之關聯問題”一端入手,展開“詳細之研究”,並將這一研究成果——早期詞研究範疇的開山之作,編入其《敦煌曲》一書。《敦煌曲》於1971年出版,其中“中篇”與“下篇”所收,爲早期詞研究著述。

〔1〕 饒宗頤《我和敦煌學》,張世林編《學林春秋》,北京:中華書局,1998年,604頁。按該文撰寫時間由張世林先生提供。

〔2〕《饒宗頤二十世紀學術文集》卷八下,北京:中國人民大學出版社,2009年,464頁。

〔3〕 同上。謹按本則引文末“本書引論將從此一端作詳細之研究”中“引論”二字,或爲衍文。

《敦煌曲》“中篇”以“詞與佛曲之關係”爲題，收有七篇專論，分別以詞之起源與佛曲（讚詠）、詞與法樂（法曲）梵唱、偈讚與長短句、讚詠與曲子之分途、詞之和聲運用、敦煌曲與樂舞及龜兹樂、敦煌曲與寺院僧徒等方面的關聯，系統地溯源，對詞之起源，詞之產生、發展與演進過程，作出全面考究論述。

“中篇”内容所涉，並不限於詞與佛曲的關係。《和聲之形態及其在詞上之運用，兼論佛曲之樂府》篇中，唐詞和聲之例用皇甫松《竹枝詞》，《竹枝》爲地方民間曲子用作唐宋詞調者。又如《敦煌曲與樂舞及龜兹樂》篇，彙集了作者對於敦煌曲與西域音樂之關係的考證實例。

《敦煌曲》“下篇”題作“詞之異名及長短句之成立”，由四篇論述組成。《詞在早期目録書中之地位，兼論其功用與歌訣》一文中，將“詞在早期目録書中之地位”納入研究視野，旨在從同時期的學術體系層面揭示詞體、詞籍之地位（未得立類）與類屬（列於集部總、别集類或經部樂類）；《詞之異稱》篇通過對宋代以前（包括兩宋）詞之異名的考察與歸納，總結宋詞發展所循之“塗轍”。又有《敦煌卷中“詞”字之異議》與《結語》篇。

“下篇”對“中篇”内容有所補充，在詞與樂府的關聯方面，“中篇”諸文多有述及，然並無專論，“下篇”於《結語》篇中，以詞與樂府關係的演變爲主綫，闡發了“宗教詞”、“樂工詞”與“文人詞”迭更演進的過程，並輔以《詞與樂府關係之演變表》〔1〕，勾勒出這一演進綫索。

饒宗頤先生的一部《敦煌曲》，同時奠定了早期詞研究領域之基础，篳路藍縷，爲這門新學科的創立與構建導夫先路。

《敦煌曲》刊佈後，饒宗頤先生有關早期詞後續研究的理論著述，所知見於1996年結集出版的《敦煌曲續論》。先生在《敦煌曲續論·小引》中稱：“歷年以來，余對《雲謡集》及唐昭宗諸作，多所討論……拙文散在海外各雜誌，搜覽不易，今聚而觀之，前後商榷：‘曲子’與‘詞’含義、性質之異同，與夫詞體發生、演進之歷程，暨樂章之形成及整理之經過，凡此種種，或於早期詞史之認識，不無小補。”〔2〕早期詞課題在《敦煌曲續論》中，同樣佔有重要位置，《敦煌曲》有關早期詞研究之理論建樹，在《敦煌曲續論》中得到充實、完善與拓展。

---

〔1〕《饒宗頤二十世紀學術文集》卷八下，506頁。

〔2〕同上書，621頁。

饒宗頤先生於2000年公開向西方推進的早期詞研究專題,其內容與規模,已非三十年前附於《敦煌曲》發表的早期詞研究著述、包括《敦煌曲續論》中的有關篇章命題所能夠涵蓋和限制,自不待言。

將早期詞課題引入國際學術交流平臺,包括採用與西方學者合作研究的形式公佈其个人的早期詞研究新成果,這一舉措是饒宗頤先生新世紀敦煌學與詞學研究規劃中的一個重要步驟。韓南教授最初就認定,饒先生給予歐文的提議,並非臨時起意,這是饒先生的計劃。

饒先生選定歐文作爲其早期詞研究之合作者,首先因爲他具備了對於唐代詩歌的整體把握,先生對我説:“哈佛教授是有自己領域的,歐文是研究唐代的,研究詩的,早期詞課題哈佛只有歐文有可能,他有《初唐詩》,有《盛唐詩》。”

饒先生提議歐文發聲早期詞,還基於認爲歐文發表其早期詞研究成果的時機已臻成熟的判斷,這個評估顯然是準確的,此後我便見證了歐文教授欣然接受饒先生的提議,關於早期詞,關於敦煌和敦煌詞,他確實有話要説。

更重要的是,饒先生認爲歐文對於詩詞有其獨特的看法,先生還告訴我:“歐文有許多他自己獨特的看法,譬如他認爲英語‘詩’的概念與中國不同,我個人是讚同他這個觀點的,那麼他對詞一定也有他獨特的看法。”饒先生認爲歐文“對詞一定也有他獨特的看法”,並非完全出於推測。

三年之前,歐文教授就已經對唐詞及其與宋詞的關係,對詞學史研究,提出過一個全新的論斷。1997年歐文教授接受採訪,在談及前代文學與後代文學的關係時指出:“比如詞,唐代能唱的東西,有聲詩,有律詩,也有長短句。到了宋代,由於把唐詩中唱的那一部分完全排除了,所以宋詞是一種被重建起來的文體,是對唐詞的回溯式的重建。”〔1〕他同時認爲:“有意義的問題應該這樣提:既然唐代詩歌的形態有多種多樣,爲什麼最後只發展出一種可能來?我覺得這樣或許可以爲詞史的研究提供另一條思路。”〔2〕

饒宗頤先生曾經在《“唐詞”辨正》中申明:“唐代究竟有没有‘詞’,是文學史上的一件大事,理應辨明。”〔3〕歐文認爲唐代是有“詞”的(“其實用宋詞的標準衡量,唐代的

〔1〕 張宏生《“對傳統加以再創造,同時又不讓它失真”——訪哈佛大學東亞語言與文明系斯蒂芬·歐文教授》,《文學遺産》1998年第1期,111—119頁。

〔2〕 同上。

〔3〕 《饒宗頤二十世紀學術文集》卷八下,747頁。

一些東西也都符合,不妨稱之爲詞"[1]),然否認唐宋詞之間源與流的聯繫。此外,歐文教授還擅長在寫作中以設置對話的形式來突破歷史的與主觀敘述的局限,對西方浪漫主義的辯證法對話方式十分欣賞,認爲"這種對話不像柏拉圖的對話那樣有對錯之分,而是讓不同的觀點充分展示出來"[2]。

由此可見,饒宗頤先生所以選定歐文作爲其早期詞研究計劃中的合作者,主要出於對歐文獨到的思考方式和治學風格之注重與屬意,先生挑選和等待的,是一位於中國詩詞學有自己獨特見解的西方學者,是一位主張"讓不同的觀點充分展示出來"的對話者。先生開闊的治學視野與學者襟懷,亦於此了然可見。

饒宗頤先生與歐文教授有關早期詞、敦煌詞的世紀對話與合作研究,若按計劃展開,可以想見,東西方兩代學者因不同學術背景與思維方式、所必然導致的於學術見解方面的分歧與切磋,對於新世紀世界敦煌學之進展,必將起到積極的推動作用。所惜先生此舉未能如願實施,然其發端之功,不可泯也。

這兩件往事只是選堂先生漫長學術生涯所留下的兩步足跡,卻足以幫助我們瞭解其對於敦煌學的研究基礎——文獻資料工作之重視態度,足以幫助我們體悟其對於新世紀敦煌學發展的高瞻遠矚及其身體力行之實踐。

選堂先生千古

(作者單位:浙江圖書館)

〔1〕 張宏生《"對傳統加以再創造,同時又不讓它失真"——訪哈佛大學東亞語言與文明系斯蒂芬·歐文教授》,111—119頁。

〔2〕 同上。

《敦煌吐魯番研究》第十八卷
2018 年,33—55 頁

饒宗頤先生敦煌吐魯番學論著目録

鄭會欣　王　鵬

一、著　　作

1.《敦煌六朝寫本張天師道陵著〈老子想爾注〉校箋》,《選堂叢書》之二,香港:東南書局,1956 年。

【增訂本】《老子想爾注校證》,上海古籍出版社,1991 年。收入鄭學檬、鄭炳林主編《中國敦煌學百年文庫·文獻卷(1)》,蘭州:甘肅文化出版社,1999 年,323—378 頁;《饒宗頤二十世紀學術文集》(卷 5·宗教學),臺北:新文豐出版公司,2003 年,415—640 頁。

2. "Airs de Touen-Houang"《敦煌曲》(with an adaptation into French by Prof. Paul Demiéville), *Centre National de la Recherche Scientifique*, Paris, 1971. 收入《饒宗頤二十世紀學術文集》(卷 8·敦煌學),臺北:新文豐出版公司,2003 年,679—926 頁。

3. "Peintures Monochromes de Dunhuang" (Dunhuang baihua)《敦煌白畫》(avec une introduction en chinois par Jao Tsong-yi; adaptée en francais par Pierre Ryckmans; Préface et Appendice par Paul Demiéville),Pblications de *l' École française d' Extrême-Orient Memories Archeologiques XIII*(法國遠東考古學院考古學專刊 8),Paris:École française d' Extrême-Orient, 1978;《敦煌藝術——敦煌白畫》,臺北:里仁書局,1981 年。文字内容收入《饒宗頤二十世紀學術文集》(卷 8·敦煌學),臺北:新文豐出版公司,2003 年,615—678 頁。

【重印中文本】《燉煌白畫》(新增英、日譯本)(饒宗頤著;鄧偉雄主編)

【英文版】The Line Drawing of Dunhuang(杜英華譯)

【日文版】《燉煌白畫》(香港國際創價學會譯)

香港大學饒宗頤學術館、饒宗頤基金有限公司、香港國際創價學會,2010 年。

4.《中印文化關係史論集・語文篇——悉曇學緒論》,香港中文大學中國文化研究所、三聯書店(香港)有限公司,1990 年。部分文章收入《饒宗頤二十世紀學術文集》(卷 5・宗教學),臺北:新文豐出版公司,2003 年,645—790 頁。

5.(編)《敦煌琵琶譜》,“香港敦煌吐魯番研究中心叢刊”之一,臺北:新文豐出版公司,1990 年。

6.(編)《敦煌琵琶譜論文集》,“香港敦煌吐魯番研究中心叢刊”之二,臺北:新文豐出版公司,1991 年。

7.《〈老子想爾注〉校證》,上海古籍出版社,1991 年。

8.《梵學集》,上海古籍出版社,1993 年。有關文章分類收入《饒宗頤二十世紀學術文集》,臺北:新文豐出版公司,2003 年。

9.(編纂)《法藏敦煌書苑精華》,廣州:廣東人民出版社,1993 年。收入《饒宗頤二十世紀學術文集》(卷 8・敦煌學)時易名爲《法京所藏敦煌羣書及書法題記》。

10.《敦煌曲續論》,《敦煌叢刊二集(8)》,臺北:新文豐出版公司,1996 年。收入《饒宗頤二十世紀學術文集》(卷 8・敦煌學),臺北:新文豐出版公司,2003 年,927—1128 頁。

11.(編)《敦煌吐魯番本〈文選〉》,北京:中華書局,2000 年。

12.《饒宗頤二十世紀學術文集》(卷 8・敦煌學)(上、下册),臺北:新文豐出版公司,2003 年。

13.《饒宗頤新出土文獻論證》,上海古籍出版社,2005 年。部分文章分類收入《饒宗頤二十世紀學術文集》,臺北:新文豐出版公司,2003 年。

二、主編期刊或叢書

1.《香港大學中文學會慶祝大學金禧年紀念特刊》(文心雕龍研究專號),香港大學中文學會,1962 年。

2.《敦煌書法叢刊》(共 29 册),林宏作日譯,東京:二玄社,1983—1986 年。

【中文版】《法藏敦煌書苑精華》(共 8 册),廣州:廣東人民出版社,1993 年。(按:此輯據《敦煌書法叢刊》重新整理及編訂。)文字内容收入《饒宗頤二十世紀學術文集》(卷 8・敦煌學),臺北:新文豐出版公司,2003 年,305—613 頁。

3.《九州學刊》(敦煌學專輯),第 4 卷第 4 期(1992 年 4 月);第 5 卷第 4 期(1993 年

6 月);第 6 卷第 4 期(1995 年 3 月),香港: 九州學刊雜誌社。

4.《香港敦煌吐魯番研究中心叢刊》,臺北: 新文豐出版公司。

(1) 饒宗頤主編《敦煌琵琶譜》,1990 年。收入《饒宗頤二十世紀學術文集》(卷 8 · 敦煌學),臺北: 新文豐出版公司,2003 年,1133—1329 頁。

(2) 饒宗頤主編《敦煌琵琶譜論文集》,1991 年。集内著作收入《饒宗頤二十世紀學術文集》(卷 8 · 敦煌學),臺北: 新文豐出版公司,2003 年,1330—1375 頁。

(3) 饒宗頤主編,姜伯勤、項楚、榮新江合著《敦煌邈真贊校録並研究》,1994 年。

(4) 饒宗頤主編,榮新江編著《英國圖書館藏敦煌漢文非佛教文獻殘卷目録(S.6981－13624)》,1994 年。

(5) 饒宗頤主編,張涌泉著《敦煌俗字研究導論》,1996 年。

(6) 饒宗頤主編,黄征著《敦煌語文叢説》,1997 年。

(7) 饒宗頤主編,楊銘著《吐蕃統治敦煌研究》,1997 年。

(8) 饒宗頤主編,池田温、姜伯勤等著《敦煌文藪》(上、下册),1999 年。

(9) 饒宗頤主編,趙和平著《敦煌本〈甘棠集〉研究》,2000 年。

(10) 饒宗頤主編,陳明著《敦煌出土胡語醫典〈耆婆書〉研究》,2005 年。

(11) 饒宗頤主編,郝春文著《中古時期社邑研究》,2006 年。

5.《補資治通鑑史料長編稿系列》,臺北: 新文豐出版公司,其中有關敦煌吐魯番研究者有以下幾種:

(1) 饒宗頤、李均明合著《敦煌漢簡編年考證》,1995 年。收入《饒宗頤二十世紀學術文集》(卷 3 · 簡帛學),臺北: 新文豐出版公司,2003 年,443—664 頁。

(2) 饒宗頤、李均明合著《新莽簡輯證》,1995 年。收入《饒宗頤二十世紀學術文集》(卷 3 · 簡帛學),臺北: 新文豐出版公司,2003 年,665—934 頁。

(3) 王素著《吐魯番出土高昌文獻編年》,1997 年。

(4) 王素、李方合著《魏晉南北朝敦煌文獻編年》,1997 年。

(5) 陳國燦著《吐魯番出土唐代文獻編年》,2002 年。

(6) 李均明著《居延漢簡編年 · 居延編》,2004 年。

6. (主編之一)《敦煌吐魯番研究》(1—17 卷),1996—2017 年。

三、書 畫 集

1.《沙州餘韻：敦煌書畫》,《饒宗頤藝術創作匯集》(第7册),香港大學饒宗頤學術館,2006年。收入《饒宗頤書畫大系》(第7卷),深圳出版發行集團,2014年。
2. 孔曉冰、鄧偉雄編《我與敦煌——饒宗頤敦煌學藝展》,深圳：海天出版社,2009年。
3. 鄧偉雄編《莫高餘馥——饒宗頤敦煌書畫藝術》,香港大學饒宗頤學術館、敦煌研究院,2010年。
4.《晉唐風致》,鄧偉雄編《饒宗頤書道創作匯集》(第3册),香港大學饒宗頤學術館,2012年。收入《饒宗頤書畫大系》(第16卷),深圳出版發行集團,2014年。

四、論 文

1.《隋僧道騫〈楚辭音〉殘卷校箋》,《楚辭書録·外編·楚辭拾補》,香港：東南書局,1956年,105—116頁。
2.《京都藤井氏有隣館藏敦煌殘卷紀略》,《金匱論古綜合刊》第1期,香港亞洲石印局,1957年,96—100頁。收入《選堂集林·史林》(下册),中華書局香港分局,1982年,998—1010頁;《饒宗頤二十世紀學術文集》(卷8·敦煌學),臺北：新文豐出版公司,2003年,197—209頁。
3.《敦煌本〈文選〉斠證》(1)、(2),《新亞學報》第3卷第1、2期,香港：新亞研究所,1957年8月及1958年2月,333—403頁及305—328頁。又見陳新雄、于大成主編《昭明文選論文集》,臺北：木鐸出版社,1976年,97—196頁;鄭阿財、顔廷亮、伏俊璉主編《中國敦煌學百年文庫·文學卷(2)》,蘭州：甘肅文化出版社,1999年,1—66頁。收入《饒宗頤二十世紀學術文集》(卷11·文學),臺北：新文豐出版公司,2003年,549—641頁。
4.《敦煌琵琶譜讀記》,《新亞學報》第4卷第2期,香港：新亞研究所,1960年2月,243—277頁。收入《敦煌琵琶譜論文集》,臺北：新文豐出版公司,1991年,36—65頁;林保堯、關友惠主編《中國敦煌學百年文庫·藝術卷(3)》,蘭州：甘肅文化出版社,1999年,152—167頁;《饒宗頤二十世紀學術文集》(卷8·敦煌學),臺北：新文豐出版公司,2003年,1333—1367頁。
5.《記大英博物館藏敦煌舞譜》,《新亞學報》第4卷第2期,1960年2月,273—277頁。又見《舞蹈藝術》第39輯,1992年第2期,165、164頁。收入《饒宗頤二十世紀學術文集》(卷8·敦煌學),臺北:新文豐出版公司,2003年,1364—1368頁。

6.《敦煌寫卷之書法》,《東方文化》(1959至1960年第5卷第1、2期合刊),香港大學東方文化研究所,1961年2月,41—44頁。收入《饒宗頤二十世紀學術文集》(卷13·藝術),臺北:新文豐出版公司,2003年,37—67頁,附敦煌書譜圖版及目録共26頁。

7.《唐寫本〈文心雕龍〉景本跋》,《香港大學文學會年刊》,香港大學文學會,1962年。後以《唐寫本〈文心雕龍〉(景本及説明)》爲題收入《香港大學中文學會慶祝大學金禧年紀念特刊》(文心雕龍研究專號),香港大學中文學會,1962年,95—106頁。另以《敦煌唐寫本〈文心雕龍〉景本跋及後記》作爲《〈文心雕龍〉原道篇疏》之附録,收入《文轍》(上册),臺北:臺灣學生書局,1991年,407—408頁;《饒宗頤二十世紀學術文集》(卷11·文學),臺北:新文豐出版公司,2003年,1018—1020頁。

8.《敦煌寫本〈登樓賦〉重研》,《大陸雜誌》第24卷第6期,臺北:大陸雜誌社,1962年3月,1—3頁。又見《大陸雜誌》(特刊第2輯·慶祝朱家驊先生七十歲論文集),臺北:大陸雜誌社,1962年,511—514頁。收入《文轍》(上册),臺北:臺灣學生書局,1991年,267—275頁;《饒宗頤二十世紀學術文集》(卷11·文學),臺北:新文豐出版公司,2003年,532—540頁。

9.《敦煌舞譜校釋》,《香港大學學生會金禧紀念論文集》,香港大學學生會,1962年,9—14頁。又收入《舞蹈藝術》1992年第2期,166—172頁。

10.《四聲非印度圍陀三聲論》,《東方》第13期,香港大學中文學會,1962年10月,2—3頁。改訂版《印度波儞尼仙之圍陀三聲論略——四聲外來説平議》刊於《中國語文研究》第9期,香港中文大學中國文化研究所吴多泰中國語文研究中心,1987年9月,1—7頁。收入《中印文化關係史論集·語文篇——悉曇學緒論》,香港中文大學中國文化研究所、三聯書店(香港)有限公司,1990年,11—22頁;《梵學集》,上海古籍出版社,1993年,79—92頁;《饒宗頤二十世紀學術文集》(卷5·宗教學),臺北:新文豐出版公司,2003年,664—677頁。

11.《神會門下摩訶衍之入藏兼論禪門南北宗之調和問題》,《香港大學五十周年紀念論文集》(上册),香港大學中文系,1964年,173—181頁。收入《選堂集林·史林》(中册),中華書局香港分局,1982年,697—712頁;楊富學、楊銘主編《中國敦煌學百年文庫·民族卷(2)》,蘭州:甘肅文化出版社,1999年,87—94頁;《饒宗頤二十世紀學術文集》(卷8·敦煌學),臺北:新文豐出版公司,2003年,86—103頁。

12.《想爾九戒與三合義——兼評新刊〈太平經合校〉》,《清華學報》新 4 卷 2 期, 1964 年,76—83 頁。收入《老子想爾注校證》,上海古籍出版社,1991 年,103—114 頁。

13. "The Four Liquid Vowels Ṛ、Ṝ、Ḷ、Ḹ of Sanskrit and Their Influence on Chinese Literature. (Note on Kumārajiva's T'ung Yun. Tun-huang Manuscript S. 1344)", *The Adyar Library Bulletin*, Vol.31 - 32,(Prof. Brahnavidya 頌壽集), Madras, India, 1968, pp.580 - 592. (按: 此文原爲先生於 1966 年 5 月在倫敦大學東方與非洲研究所發表的演講稿)

【日文版】(附論)《サンスクリットの四つの流母音Ṛ̇、Ṝ、Ḷ̇、Ḹとその中國文學への影響》,金文京譯,《中國文學報》(第 32 册),京都大學文學部中國語學中國文學研究室内中國文學會,1980 年 10 月,37—46 頁(按: 此文以英文原文的下半部分爲藍本進行改訂,並參照同期《中國文學報》先生之《中國古代文學之比較研究》一文中的補充資料,又增添若干新資料而譯成)。

【中文版】《梵文四流音(Ṛ̇、Ṝ、Ḷ̇、Ḹ)與其對中國文學之影響——論鳩摩羅什〈通韻〉(S.1344)》,許章真譯,侯健編《國外學者看中國文學》,臺北:"中央"文物供應社,1982 年,179—193 頁(按: 譯者許氏按先生的建議,參照金氏日譯本與《中國古代文學之比較研究》一文,並重新混合及整理内文而譯成;文中對金氏日譯增訂之處,均於附注中説明)。收入《選堂集林・史林》(下册),中華書局香港分局, 1982 年,1445—1467 頁。又以《梵語Ṛ̇、Ṝ、Ḷ̇、Ḹ四流音及其對漢文學之影響》爲題收入《中印文化關係史論集・語文篇——悉曇學緒論》,香港中文大學中國文化研究所、三聯書店(香港)有限公司,1990 年,29—38 頁;《饒宗頤史學論著選》,上海古籍出版社,1993 年,367—380 頁;陳歷明、林淳鈞編《明本潮州戲文論文集》,香港: 藝苑出版社,2001 年,351—358 頁;《梵學集》,上海古籍出版社,1993 年,187—198 頁;《饒宗頤二十世紀學術文集》(卷 5・宗教學),臺北: 新文豐出版公司,2003 年, 733—744 頁。

14.《敦煌本謾語話跋》,《東方》(中國小説戲曲研究專號),香港大學中文學會,1968 年 3 月,1—4 頁。收入《文轍》(上册),臺北: 臺灣學生書局,1991 年,443—450 頁;《饒宗頤二十世紀學術文集》(卷 8・敦煌學),臺北: 新文豐出版公司,2003 年, 234—240 頁。

15.《維州在唐代蕃漢交涉史上之地位》,《中研院歷史語言研究所集刊》(第 39 本下册・李方桂先生六十五歲祝壽論文集),臺北:中研院歷史語言研究所,1969 年,87—94 頁。收入《選堂集林・史林》(中册),中華書局香港分局,1982 年,656—671 頁;《饒宗頤二十世紀學術文集》(卷 8・敦煌學),臺北:新文豐出版公司,2003 年,42—59 頁。

16.《跋敦煌本〈白澤精怪圖〉兩殘卷(P.2682、S.6261)》,《中研院歷史語言研究所集刊》第 41 本第 4 分,臺北:中研院歷史語言研究所,1969 年,539—543 頁。收入《畫䪫——國畫史論集》,臺北:時報文化出版企業有限公司,1993 年,199—208 頁;《饒宗頤二十世紀學術文集》(卷 13・藝術),臺北:新文豐出版公司,2003 年,329—338 頁。

17.《〈老子想爾注〉續論》,福井博士頌壽記念論文集刊行會編輯《福井博士頌壽記念東洋文化論集》,東京:早稻田大學出版部,1969 年,1155—1172 頁。後以《〈老子想爾注〉考略》爲題收入《選堂集林・史林》(上册),中華書局香港分局,1982 年,329—359 頁;《饒宗頤史學論著選》,上海古籍出版社,1993 年,266—297 頁;傅傑編《二十世紀中國文史考據文録》(下册),昆明:雲南人民出版社,2001 年,1294—1301 頁。終以《〈老子想爾注〉續論》爲題收録於《〈老子想爾注〉校證》,上海古籍出版社,1991 年,115—134 頁。又收入《饒宗頤二十世紀學術文集》(卷 5・宗教學),臺北:新文豐出版公司,2003 年,555—575 頁。

18.《王錫〈頓悟大乘政理決〉序説並校記》(附説:摩訶衍及四川之曹溪禪兼論南詔之禪燈系統),《崇基學報》第 9 卷第 2 期,香港中文大學崇基書院,1970 年 5 月,127—148 頁。收入《選堂集林・史林》(中册),中華書局香港分局,1982 年,713—766 頁;藍吉富主編《禪宗全書》第 94 册"雜集部(11)",臺北:文殊文化有限公司,1990 年,117—172 頁;《饒宗頤二十世紀學術文集》(卷 8・敦煌學),臺北:新文豐出版公司,2003 年,104—171 頁。

19.《論敦煌陷於吐蕃之年代——依〈頓悟大乘正理決〉考證》,《東方文化》第 9 卷第 1 期,香港大學出版社,1971 年 1 月,1—14 頁。收入《選堂集林・史林》(中册),中華書局香港分局,1982 年,672—696 頁;楊富學、楊銘主編《中國敦煌學百年文庫・民族卷(1)》,蘭州:甘肅文化出版社,1999 年,224—232 頁;《饒宗頤二十世紀學術文集》(卷 8・敦煌學),臺北:新文豐出版公司,2003 年,60—85 頁。

20. "Airs de Touen-Houang"《〈敦煌曲〉引論》, *Centre National de La Recherche*, Paris, 1971.收入《饒宗頤二十世紀學術文集》(卷 2・甲骨),臺北:新文豐出版公司,

2003 年,683—686 頁。

21.《曲子〈定西蕃〉——敦煌曲拾補之一》,《新社學報》第 5 期,新加坡: 新社,1973 年 12 月。收入《敦煌曲续論》,臺北: 新文豐出版公司,1996 年,1—4 頁;《饒宗頤二十世紀學術文集》(卷 8 · 敦煌學),臺北: 新文豐出版公司,2003 年,932—934 頁。

22.《李白出生地——碎葉》,《東方文化》(第 12 卷 1、2 期),香港大學中文學院,1974 年,41—58 頁。收入《選堂集林 · 史林》(中册),中華書局香港分局,1982 年,614—655 頁;《饒宗頤二十世紀學術文集》(卷 12 · 詩詞學),臺北: 新文豐出版公司,2003 年,51—92 頁。

23.《孝順觀念與敦煌佛曲》,《敦煌學》(第 1 輯 · 戴密微先生八秩大壽祝壽專號),香港新亞研究所敦煌學會,1974 年 7 月,69—78 頁。收入《敦煌曲續論》,臺北: 新文豐出版公司,1996 年,5—20 頁;鄭阿財、顔廷亮、伏俊璉主編《中國敦煌學百年文庫 · 文學卷(3)》,蘭州: 甘肅文化出版社,1999 年,95—102 頁;《饒宗頤二十世紀學術文集》(卷 8 · 敦煌學),臺北: 新文豐出版公司,2003 年,935—949 頁。

24.《長安詞、山花子及其他——大英博物館藏 S.5540 敦煌大册之曲子詞》(《大英博物院藏 S.5540 敦煌大册之曲子詞——長安詞、山花子及其他》),《新亞學報》(第 11 期上册 · 慶祝錢穆先生八十歲專號),香港: 新亞研究所,1974 年 9 月,49—59 頁。

【法文版】"Note Sur le Tch'ang-Ngan Ts'eu"《論長安詞》(Traduction D'Hélène Vetch), *T'oung Pao*(Vol.LX,1-3),Paris, 1974, pp.173-181.

收入《敦煌曲續論》,臺北: 新文豐出版公司,1996 年,21—32 頁;鄭阿財、顔廷亮、伏俊璉主編《中國敦煌學百年文庫 · 文學卷(2)》,蘭州: 甘肅文化出版社,1999 年,271—275 頁;《饒宗頤二十世紀學術文集》(卷 8 · 敦煌學),臺北: 新文豐出版公司,2003 年,950—959 頁。

25. "Note sur le Tch'ang-Ngan Ts'eu"《論長安詞》,D. Hélène Vetch, *T'oung Pao*(Vol. LX, 1-3),Paris,1974.

26. "Le plus Ancien Manuscript daté (471) de la Collection Pelliot Chinois de Dun-huang P.4506" (une copie du Jinguangming Jing,《金光明經》), *Journal Asiatique* (Tome CCLXIX),Fascicules 1 et 2, Paris,1981, pp.109-118.(按: 論文初於 1979 年 10 月巴黎舉行之敦煌學會議上宣讀)

【中文版】以《巴黎藏最早之敦煌寫卷〈金光明經〉(P.4506)跋》爲題,收入《選堂集林・史林》(上册),中華書局香港分局,1982 年,411—420 頁;《饒宗頤二十世紀學術文集》(卷 8・敦煌學),臺北:新文豐出版公司,2003 年,5—13 頁。

27.《論敦煌殘本〈登真隱訣〉(P.2732)》,《敦煌學》(第 4 輯),香港新亞研究所敦煌學會,1979 年 7 月,10—22 頁。收入《饒宗頤二十世紀學術文集》(卷五・宗教學),臺北:新文豐出版公司,2003 年,200—218 頁。

28.《〈燉煌白畫〉導論》,《燉煌白畫》,法國遠東考古學院考古學專刊 8,1978 年。改訂版載《雄獅美術》(第 102 卷),臺北:雄獅美術月刊社,1979 年 8 月,64—85 頁。原文後收入《畫頵——國畫史論集》,臺北:時報文化出版企業有限公司,1993 年,139—186 頁;《饒宗頤二十世紀學術文集》(卷 8・敦煌學),臺北:新文豐出版公司,2003 年,615—678 頁。

29.《〈穆護歌〉考——兼論火祆教入華之早期史料及其對文學、音樂、繪畫之影響》,《大公報在港復刊三十周年紀念文集》(下卷),香港:大公報,1978 年 9 月,733—771 頁。收入《選堂集林・史林》(中册),中華書局香港分局,1982 年,472—509 頁;《文轍》(下册),臺北:臺灣學生書局,1991 年,463—496 頁;《饒宗頤史學論著選》,上海古籍出版社,1993 年,404—441 頁;《饒宗頤東方學論集》,汕頭大學出版社,1999 年,82—112 頁;《饒宗頤二十世紀學術文集》(卷 12・詩詞學),臺北:新文豐出版公司,2003 年,7—43 頁。

30. "Les sept planets et les onze planets. Étude sur un manuel astrologique daté de 974 par K'ang Tsouen: le manuscript P.4071"《論七曜與十一曜——敦煌開寶七年(974)康遵批命課簡介》, *Contributions aux Études sur Touen-Houang*, Geneve-Paris: Librairie Droz, 1979. 收入《選堂集林・史林》(中册),中華書局香港分局,1982 年,771—793 頁;《饒宗頤史學論著選》,上海古籍出版社,1993 年,570—593 頁;《饒宗頤東方學論集》,汕頭大學出版社,1999 年,113—131 頁;鄧文寬、馬德主編《中國敦煌學百年文庫・科技卷》,蘭州:甘肅文化出版社,1999 年,63—75 頁;《饒宗頤二十世紀學術文集》(卷 8・敦煌學),臺北:新文豐出版公司,2003 年,172—196 頁。

31. "Fong Hi des Wei du Nord et les manuscripts bouddhiques trouvés à Touen-houang. Étude sur le manuscript S.996"《北魏馮熙與敦煌寫經——魏太和寫〈雜阿毘曇心經〉跋》, *Contributions aux Études sur Touen-Houang*, Geneve-Paris: Libraririe Droz, 1979. 收入《選堂集林・史林》(上册),中華書局香港分局,1982 年,421—429 頁;《饒宗頤史學論著選》,上海古籍出版社,1993 年,481—490 頁;楊曾文、杜斗城主編

《中國敦煌學百年文庫・宗教卷(1)》,蘭州:甘肅文化出版社,1999年,46—50頁;《饒宗頤二十世紀學術文集》(卷8・敦煌學),臺北:新文豐出版公司,2003年,14—23頁。又見《普門學報》(二十世紀佛教文選・學者篇專輯),臺北:普門雜誌社,2010年1月,165—173頁。

32.《〈敦煌曲〉訂補》,《中研院歷史語言研究所集刊》第51本1分(慶祝中研院成立五十周年紀念論文),臺北:中研院歷史語言研究所,1980年3月,115—123頁。收入《敦煌曲續論》,臺北:新文豐出版公司,1996年,39—54頁;鄭阿財、顏廷亮、伏俊璉主編《中國敦煌學百年文庫・文學卷(二)》,蘭州:甘肅文化出版社,1999年,391—398頁;《饒宗頤二十世紀學術文集》(卷八・敦煌學),臺北:新文豐出版公司,2003年,965—979頁。

33.《從"睒變"論變文與圖繪之關係》,池田末利博士古稀記念事業會實行委員編輯《池田末利博士古稀記念東洋學論文集》,廣島:池田末利博士古稀記念事業會,1980年,627—640頁。收入《饒宗頤史學論著選》,上海古籍出版社,1993年,386—403頁;《中印文化關係史論集・語文篇——悉曇學緒論》,香港中文大學中國文化研究所、三聯書店(香港)有限公司,1990年,123—137頁;《梵學集》,上海古籍出版社,1993年,319—336頁;《饒宗頤東方學論集》,汕頭大學出版社,1999年,190—204頁;樊錦詩、劉玉權主編《中國敦煌學百年文庫・考古卷(二)》,蘭州:甘肅文化出版社,1999年,7—16頁。

34.《敦煌資料與佛教文學小記》,此文爲先生於1980年秋在北海道大學之演講稿。收入《敦煌曲續論》,臺北:新文豐出版公司,1996年,55—58頁;《饒宗頤二十世紀學術文集》(卷8・敦煌學),臺北:新文豐出版公司,2003年,980—983頁。

35.《巴黎藏最早之敦煌寫卷〈金光明經〉(P.4506)跋》,《選堂集林・史林》(上册),1982年,411—424頁。

36.《三教論及其海外移殖》,《選堂集林・史林》(下册),中華書局香港分局,1982年,1207—1249頁。

37.《〈老子想爾注〉考略》,《選堂集林・史林》(上册),中華書局香港分局,1982年,329—359頁。

38.《論敦煌石窟所出三唐拓》,《圖書副刊》第159、160、163號,1983年3月。又見敦煌文物研究所編《1983年全國敦煌學術討論會文集文史・遺書編》(上册),蘭州:甘肅人民出版社,1987年,298—304頁。收入《饒宗頤史學論著選》,上海古籍出版社社,1993年,495—503頁。修改稿收入《法京所藏敦煌羣書及書法題記》,《饒宗頤二十世紀學術文集》(卷八·敦煌學),臺北:新文豐出版公司,2003年,308—317頁。

39.《説鍮石——吐魯番文書札記》,北京大學中國中古史研究中心編《敦煌吐魯番文獻研究論集》(第2輯),北京大學出版社,1983年,627—630頁。收入《固庵文録》,臺北:新文豐出版公司,1989年,166—171頁;《饒宗頤史學論著選》,上海古籍出版社,1993年,381—385頁;《饒宗頤東方學論集》,汕頭大學出版社,1999年,137—140頁;《饒宗頤二十世紀學術文集》(卷14·文録、詩詞),臺北:新文豐出版公司,2003年,55—60頁。

40. "Le'Voeu de la Capitale de L'Est'(東都發願文)de L'Empereur Wu des Liang(梁武帝)", *Contributions aux Études de Touen Houang* (Vol.Ⅲ, Vol.CXXXV), Paris: École française D'Extrême-Orient, 1984, pp.143-154.

41.《跋唐拓〈温泉銘〉》,《書譜》第10卷第1期,香港:書譜出版社,1984年,62—70頁。

42.《敦煌琵琶譜〈浣溪沙〉殘譜研究》,《中國音樂》1985年第1期,46—47頁。收入《敦煌琵琶譜論文集》,臺北:新文豐出版公司,1991年,289—296頁;林保堯、關友惠主編《中國敦煌學百年文庫·藝術卷(3)》,蘭州:甘肅文化出版社,1999年,324—327頁;《饒宗頤二十世紀學術文集》(卷8·敦煌學),臺北:新文豐出版公司,2003年,1369—1375頁。

43.《〈文心雕龍·聲律篇〉與鳩摩羅什〈通韻〉——論四聲説與悉曇之關係兼談王斌、劉善經、沈約有關諸問題》,《中華文史論叢》1985年第3輯,215—236頁。收入《中印文化關係史論集·語文篇——悉曇學緒論》,香港中文大學中國文化研究所、三聯書店(香港)有限公司,1990年,66—90頁;《梵學集》,上海古籍出版社,1993年,93—120頁。又以《論四聲説與悉曇之關係兼談王斌、劉善經、沈約有關諸問題——〈文心雕龍·聲律篇〉書後》爲題載《古漢語研究》(第1輯),中華書局,1996年,290—313頁。收入《饒宗頤二十世紀學術文集》(卷11·文學),臺北:新文豐出版公司,2003年,1021—1049頁。

44.《敦煌曲子中的藥名詞》,《明報月刊》第20卷第9期,香港明報有限公司,1985年9月,68—69頁。收入《敦煌曲續論》,臺北:新文豐出版公司,1996年,59—66頁,文後附補記;《饒宗頤二十世紀學術文集》(卷8·敦煌學),臺北:新文豐出版公司,

2003 年,984—991 頁。

45.《與謝和耐教授書》,原文撰於 1985 年。收入《固庵文録》,臺北：新文豐出版公司,1989 年 9 月,338—339 頁;《饒宗頤二十世紀學術文集》(卷 14 · 文録、詩詞),臺北：新文豐出版公司,2003 年,175 頁。

46.《敦煌曲與樂舞及龜兹樂》,《新疆藝術》1986 年第 1 期,17—20 頁。收入《敦煌曲續論》,臺北：新文豐出版公司,1996 年,67—76 頁;林保堯、關友惠主編《中國敦煌學百年文庫 · 藝術卷(3)》,蘭州：甘肅文化出版社,1999 年,396—400 頁;《饒宗頤二十世紀學術文集》(卷 8 · 敦煌學),臺北：新文豐出版公司,2003 年,992—1000 頁。

47.《"法曲子"論——從敦煌本〈三皈依〉談"唱道詞"與曲子詞關涉問題》,《中華文史論叢》1986 年第 1 輯,53—60 頁。又見《中國史研究》1986 年第 1 期,64—68 頁;《中國古代、近代文學研究》(1986 年第 8 期)。收入《敦煌曲續論》,臺北：新文豐出版公司,1996 年,77—90 頁,文後附補記;鄭阿財、顔廷亮、伏俊璉主編《中國敦煌學百年文庫 · 文學卷(4)》,蘭州：甘肅文化出版社,1999 年,245—250 頁;《饒宗頤二十世紀學術文集》(卷 8 · 敦煌學),臺北：新文豐出版公司,2003 年,1001—1014 頁。

48.《敦煌與吐魯番寫本孫盛〈晉春秋〉及其"傳之外國"考》,《漢學研究》第 4 卷第 2 期(敦煌學國際研討會論文專號),臺北：漢學研究中心,1986 年 12 月,1—8 頁。收入《饒宗頤東方學論集》,汕頭大學出版社,1999 年,471—478 頁;《饒宗頤二十世紀學術文集》(卷 8 · 敦煌學),臺北：新文豐出版公司,2003 年,30—41 頁。

49.《水原渭江著〈敦煌舞譜の解讀研究〉書評》,《志學》第 17 期,大阪：大谷女子大學,1986 年 12 月,98—100 頁。

50.《唐以前十四音的遺説考》,《中華文史論叢》1987 年第 1 期,179—191 頁。收入《中印文化關係史論集 · 語文篇——悉曇學緒論》,香港中文大學中國文化研究所、三聯書店(香港)有限公司,1990 年,97—112 頁;《梵學集》,上海古籍出版社,1993 年 7 月,159—178 頁;《饒宗頤二十世紀學術文集》(卷 5 · 宗教學),臺北：新文豐出版公司,2003 年,690—707 頁。

51. 林謙三、平出久雄《琵琶古譜之研究——〈天平〉、〈敦煌〉二譜試解》,饒宗頤譯,李鋭清等校,《音樂藝術 · 上海音樂學院學報》1987 年第 2 期,1—15 頁。收入《敦煌琵琶譜論文集》,臺北：新文豐出版公司,1991 年,1—35 頁。

52.《寫經别録》,《敦煌吐魯番文物》,上海博物館、香港中文大學文物館,1987 年,11—

15 頁。後以《寫經别録引》爲題收入《固庵文録》,臺北：新文豐出版公司,1989 年,397—412 頁;《饒宗頤二十世紀學術文集》(卷 8・敦煌學),臺北：新文豐出版公司,2003 年,210—225 頁。

53.《港大馮平山敦煌寫卷展小引》,香港大學馮平山博物館,1987 年。

54.《敦煌琵琶譜史事的來龍去脈涉及的史實問題》,《音樂研究》1987 年第 3 期,45—47 頁。後以《琵琶譜史事來龍去脈之檢討》爲題收入《敦煌琵琶譜》,臺北：新文豐出版公司,1990 年,141—146 頁;林保堯、關友惠主編《中國敦煌學百年文庫・藝術卷(4)》,蘭州：甘肅文化出版社：1999 年,235—238 頁;《饒宗頤二十世紀學術文集》(卷 8・敦煌學),臺北：新文豐出版公司,2003 年,1290—1297 頁。

55.《敦煌琵琶譜與舞譜之關係》,1987 年 6 月於香港召開"國際敦煌吐魯番學術會議"發表之論文,改定本收入《敦煌琵琶譜》,臺北：新文豐出版公司,1990 年,1—22 頁;林保堯、關友惠主編《中國敦煌學百年文庫・藝術卷(4)》,蘭州：甘肅文化出版社,1999 年,7—23 頁,篇名和出處皆有誤,同册之 223 至 234 頁再録此文;《饒宗頤二十世紀學術文集》(卷 8・敦煌學),臺北：新文豐出版公司,2003 年,1136—1161 頁。

56.《劉薩訶事跡與瑞像圖》,此文首於 1987 年 9 月 21 日至 27 日在敦煌莫高窟舉行的"敦煌石窟研究國際討論會"上發表,摘要刊於《敦煌研究》1988 年第 2 期,42、43、46 頁。全文見於段文傑主編,趙敏、樊錦詩副主編《1987 年敦煌石窟研究國際學術研討會文集》(石窟考古編),瀋陽：遼寧美術出版社,1990 年,336—349 頁。收入《畫頵——國畫史論集》,臺北：時報文化出版企業有限公司,1993 年,115—138 頁;《饒宗頤東方學論集》,汕頭大學出版社,1999 年,260—278 頁;樊錦詩、劉玉權主編:《中國敦煌學百年文庫・考古卷(3)》,蘭州：甘肅文化出版社,1999 年,1—9 頁;《饒宗頤二十世紀學術文集》(卷 13・藝術),臺北：新文豐出版公司,2003 年,293—316 頁。

57.《論▭・與音樂上之"句投(逗)"》,《中國音樂》1988 年第 3 期,1—2 頁。收入《敦煌琵琶譜》,臺北：新文豐出版公司,1990 年,105—110 頁;《饒宗頤二十世紀學術文集》(卷 8・敦煌學),臺北：新文豐出版公司,2003 年,1247—1254 頁。

58.《〈雲謡集〉一些問題的檢討》,《明報月刊》第 23 卷第 6 期,1988 年 6 月,57—63 頁。增訂版收入《敦煌曲續論》,臺北：新文豐出版公司,1996 年,91—114 頁;《饒宗頤二十世紀學術文集》(卷 8・敦煌學),臺北：新文豐出版公司,2003 年,1015—1035 頁。

59.《敦煌石窟中的誐尼沙》,《明報月刊》第 23 卷第 6 期,1988 年 6 月,55—56 頁。又見紀念陳寅恪教授國際學術討論會秘書組編《紀念陳寅恪教授國際學術討論會文集》,廣州:中山大學出版社,1989 年,478—483 頁。後以《談敦煌石窟中的誐尼沙(Ganesa)》爲題刊於《學術研究》1989 年第 3 期,62—64 頁。收入《畫𩑈——國畫史論集》,臺北:時報文化出版企業有限公司,1993 年,109—114 頁;《饒宗頤東方學論集》,汕頭大學出版社,1999 年,172—177 頁;樊錦詩、劉玉權主編《中國敦煌學百年文庫·考古卷(2)》,蘭州:甘肅文化出版社,1999 年,294—297 頁;《饒宗頤二十世紀學術文集》(卷 13·藝術),臺北:新文豐出版公司,2003 年,286—292 頁。

60.《〈文心〉與〈阿毗曇心〉》,《中國文藝思想史論叢》(3),北京大學出版社,1988 年 6 月,101—106 頁。又見《暨南學報(哲學社會科學)季刊》第 38 期,1989 年 1 月,19—21 頁;《中國古代、近代文學研究》1989 年第 6 期。收入《中印文化關係史論集·語文篇——悉曇學緒論》,香港中文大學中國文化研究所、三聯書店(香港)有限公司,1990 年,91—96 頁;《文轍》(上册),臺北:臺灣學生書局,1991 年,367—372 頁;《梵學集》,上海古籍出版社,1993 年,179—185 頁。終以《〈文心雕龍〉與〈阿毗曇心〉》收入《饒宗頤二十世紀學術文集》(卷 11·文學)》,臺北:新文豐出版公司,2003 年,1050—1056 頁。

61.《軛軓説》,《文史知識》(敦煌專號)1988 年第 8 期,101 頁。收入《敦煌琵琶譜》,臺北:新文豐出版公司,1990 年,139—140 頁;林保堯、關友惠主編《中國敦煌學百年文庫·藝術卷(4)》,蘭州:甘肅文化出版社,1999 年,221—222 頁;《饒宗頤二十世紀學術文集》(卷 8·敦煌學),臺北:新文豐出版公司,2003 年,1287—1289 頁。

62.《〈浣溪沙〉琵琶譜發微》,《中國音樂》第 4 期,1988 年 12 月,7 頁。收入《敦煌琵琶譜》,臺北:新文豐出版公司,1990 年,135—139 頁;林保堯、關友惠主編《中國敦煌學百年文庫·藝術卷(4)》,蘭州:甘肅文化出版社,1999 年,218—220 頁;《饒宗頤二十世紀學術文集》(卷 8·敦煌學),臺北:新文豐出版公司,2003 年,1283—1286 頁。

63.《唐末的皇帝、軍閥與曲子詞——關於唐昭宗御製的〈楊柳枝〉及敦煌所出他所寫的〈菩薩蠻〉與他人的和作》,《明報月刊》第 24 卷第 8 期,1989 年 8 月,86—90 頁。收入《敦煌曲續論》,臺北:新文豐出版公司,1996 年,131—148 頁;《饒宗頤二十世紀學術文集》(卷 8·敦煌學),臺北:新文豐出版公司,2003 年,1051—1067 頁。

64.《鳩摩羅什〈通韻〉箋》,杭州大學主編《敦煌語言文學論文集》,杭州:浙江古籍出版社,1988 年,13—31 頁。收入《中印文化關係史論集・語文篇——悉曇學緒論》,香港中文大學中國文化研究所、三聯書店(香港)有限公司,1990 年,39—60 頁;《梵學集》,上海古籍出版社,1993 年,121—142 頁;《饒宗頤二十世紀學術文集》(卷 5・宗教學),臺北: 新文豐出版公司,2003 年,708—732 頁。

65. "The Vedas and Murals of Dunhuang", *Orientations*(No.47), Hong Kong: Orientations Magazine Ltd, 1989.3, pp.71 – 76.

66. 《〈雲謠集〉的性質及其與歌筵樂舞的聯繫——論〈雲謠集〉與〈花間集〉》,《明報月刊》第 24 卷第 10 期,1989 年 10 月,90—94 頁。收入《敦煌曲續論》,臺北: 新文豐出版公司,1996 年,115—130 頁;《饒宗頤二十世紀學術文集》(卷 8・敦煌學),臺北: 新文豐出版公司,2003 年,1036—1050 頁。

67. 《記唐寫本〈唵字贊〉》,《固庵文録》,臺北: 新文豐出版公司,1989 年,172—173 頁。收入《饒宗頤東方學論集》,汕頭大學出版社,1999 年,159—160 頁;《饒宗頤二十世紀學術文集》(卷 8・敦煌學),臺北: 新文豐出版公司,2003 年,229—230 頁。

68. 《敦煌〈大學〉寫本跋》,《固庵文録》,臺北: 新文豐出版公司,1989 年,155 頁。收入《饒宗頤二十世紀學術文集》(卷 8・敦煌學),臺北: 新文豐出版公司,2003 年,233 頁。

69. 《再論□・與頓住——敦煌樂譜與姜白石旁譜》,《敦煌琵琶譜》,臺北: 新文豐出版公司,1990 年,111—120 頁。收入《饒宗頤二十世紀學術文集》(卷 8・敦煌學),臺北: 新文豐出版公司,2003 年,1255—1266 頁。

70. 《三論□・與兩記號之涵義及其演變》,《敦煌琵琶譜》,臺北: 新文豐出版公司,1990 年,121—128 頁。又見《中國音樂》1990 年第 1 期,4—5 頁。收入《饒宗頤二十世紀學術文集》(卷 8・敦煌學),臺北: 新文豐出版公司,2003 年,1267—1275 頁。

71. 《四論□・及記譜法之傳承——敦煌樂譜與西安鼓樂俗字譜之比較》,《敦煌琵琶譜》,臺北: 新文豐出版公司,1990 年,129—134 頁。收入《饒宗頤二十世紀學術文集》(卷 8・敦煌學),臺北: 新文豐出版公司,2003 年,1276—1282 頁。

72. 《再談梁幸德與敦煌琵琶譜》,《敦煌琵琶譜》,臺北: 新文豐出版公司,1990 年,147—154 頁。收入《饒宗頤二十世紀學術文集》(卷 8・敦煌學),臺北: 新文豐出版公司,2003 年,1298—1303 頁。

73. 《西川寧先生を追憶しその著作集に寄せる》,林宏作日譯,《ダイジエスト》第

1333 號,1990 年 4 月 1 日。

【中文版】《悼念西川寧先生》收入《饒宗頤二十世紀學術文集》(卷 13・藝術),臺北:新文豐出版公司,2003 年,122—123 頁。

74.《慧琳論北涼曇無讖用龜兹語説十四音》,《中印文化關係史論集・語文篇——悉曇學緒論》,香港中文大學中國文化研究所、三聯書店(香港)有限公司,1990 年,113—117 頁。收入《梵學集》,上海古籍出版社,1993 年,199—203 頁;《饒宗頤二十世紀學術文集》(卷 5・宗教學),臺北:新文豐出版公司,2003 年,745—750 頁。

75.《〈禪門悉曇章〉作者辨》,《中印文化關係史論集・語文篇——悉曇學緒論》,香港中文大學中國文化研究所、三聯書店(香港)有限公司,1990 年,138—142 頁。收入《梵學集》,上海古籍出版社,1993 年,205—208 頁;《饒宗頤二十世紀學術文集》(卷 5・宗教學),臺北:新文豐出版公司,2003 年,332—336 頁。

76.《論悉曇入華之年代與河西法朗之"肆曇"説》,《中印文化關係史論集・語文篇——悉曇學緒論》,香港中文大學中國文化研究所、三聯書店(香港)有限公司,1990 年,23—28 頁。後以《論悉曇異譯作"肆曇"及其入華年代》爲題收入《梵學集》,上海古籍出版社,1993 年,143—152 頁;《饒宗頤二十世紀學術文集》(卷 5・宗教學),臺北:新文豐出版公司,2003 年,678—684 頁。

77.《北方澤州惠遠所述之〈悉曇章〉》,《中印文化關係史論集・語文篇——悉曇學緒論》,香港中文大學中國文化研究所、三聯書店(香港)有限公司,1990 年,61—65 頁。收入《梵學集》,上海古籍出版社,1993 年,153—158 頁。終以《北方譯刊惠遠所述至〈悉曇章〉》爲題收入《饒宗頤二十世紀學術文集》(卷 5・宗教學),臺北:新文豐出版公司,2003 年,685—689 頁。

78.《圍陀與敦煌壁畫》,中國敦煌吐魯番學會編《敦煌吐魯番學研究論文集》,上海:漢語大詞典出版社,1990 年,16—26 頁。收入《書顫——國畫史論集》,臺北:時報文化出版企業有限公司,1993 年,97—108 頁;《饒宗頤東方學論集》,汕頭大學出版社,1999 年,161—171 頁;《饒宗頤二十世紀學術文集》(卷 13・藝術),臺北:新文豐出版公司,2003 年,273—285 頁。

79.《絲綢之路引起的"文字起源"問題》,《明報月刊》第 25 卷第 9 期,1990 年 9 月,47—50 頁。

【英文版】"Questions on the Origins of Writing Raised by the 'Silk Road'" (Translated by Denis C. Mair and Victor H. Mair), *Sino-Platonic Papers* (No. 26),

Philadelphia, PA, USA: Department of East Asian Languages and Civilizations, University of Pennsylvania, sept.1991, pp.1－10.

80.《敦煌琵琶譜寫卷原本之考察》,《音樂藝術》1990 年第 4 期,1—2 頁。收入《敦煌琵琶譜》,臺北: 新文豐出版公司,1990 年,23—26 頁;林保堯、關友惠主編《中國敦煌學百年文庫·藝術卷(4)》,蘭州: 甘肅文化出版社,1999 年,205—206 頁;《饒宗頤二十世紀學術文集》(卷 8·敦煌學),臺北: 新文豐出版公司,2003 年,1162—1164 頁。

81.《關於〈斬春風〉的出典》,《明報月刊》第 26 卷第 2 期,1991 年 2 月,56—57 頁。收入《饒宗頤二十世紀學術文集》(卷 8·敦煌學),臺北: 新文豐出版公司,2003 年,1114—1118 頁。

82.《後周整理樂章與宋初詞學有關諸問題——由敦煌舞譜談後周之整理樂章兼論柳永〈樂章集〉之來歷》,《中國文哲研究集刊》(創刊號),臺北: 中研院中國文哲研究所籌備處,1991 年 3 月,25—38 頁。又以《代序——敦煌舞譜與後周之整理樂章兼論柳永〈樂章集〉之來歷》爲題載《中國音樂》1991 年第 3 期,9—10 頁;又作爲席臻貫著《古絲路音樂暨敦煌舞譜研究》代序,蘭州: 敦煌文藝出版社,1992 年,1—3 頁;又載《舞蹈藝術》1992 年第 2 輯,110—112 頁。收入《敦煌曲續論》,臺北: 新文豐出版公司,1996 年,177—196 頁;林保堯、關友惠主編《中國敦煌學百年文庫·藝術卷(4)》,蘭州: 甘肅文化出版社,1999 年,296—298 頁;《饒宗頤二十世紀學術文集》(卷 12·詩詞學),臺北: 新文豐出版公司,2003 年,207—226 頁。

83.《從敦煌所出〈望江南〉、〈定風波〉申論曲子詞之實用性》,《第二届敦煌學國際研討會論文集》(漢學研究中心叢刊論著類第 2 種),臺北: 漢學研究中心,1991 年,395—400 頁。收入《敦煌曲續論》,臺北: 新文豐出版公司,1996 年,149—176 頁,文後附補記;鄭阿財、顔廷亮、伏俊璉主編《中國敦煌學百年文庫·文學卷(4)》,蘭州: 甘肅文化出版社,1999 年,374—378 頁;《饒宗頤二十世紀學術文集》(卷 8·敦煌學),臺北: 新文豐出版公司,2003 年,1068—1094 頁。論文摘要收入王國良等主編《唐代文學研究論著集成》(第 8 卷),西安: 三秦出版社,2004 年,1023—1025 頁。

84.《〈敦煌琵琶譜論文集〉小引》,"香港敦煌吐魯番研究中心叢刊"之二,臺北: 新文豐出版公司,1991 年。收入《饒宗頤二十世紀學術文集》(卷 8·敦煌學),臺北: 新文豐出版公司,2003 年,1330—1332 頁。

85.《四論想爾注》,《老子想爾注校證》,上海古籍出版社,1991 年,135—146 頁。又收入《饒宗頤二十世紀學術文集》(卷 5·宗教學),臺北: 新文豐出版公司,2003 年,576—589 頁。

86.《"唐詞"辨正》,《九州學刊》第 4 卷第 4 期,1992 年 4 月,109—118 頁。收入《敦煌曲續論》,臺北: 新文豐出版公司,1996 年,201—218 頁。又以《"唐詞是宋人喊出來"的嗎? 説"只怕春風斬斷我"》爲題收入《文化之旅》,香港: 牛津大學出版社,1997 年,122—136 頁;鄭阿財、顔廷亮、伏俊璉主編《中國敦煌學百年文庫·文學卷(4)》,蘭州: 甘肅文化出版社,1999 年,423—431 頁;《饒宗頤二十世紀學術文集》(卷 8·敦煌學),臺北: 新文豐出版公司,2003 年,1098—1118 頁(按: 此文爲《爲"唐詞"進一解》、《唐詞再辨——談印行〈李衛公望江南〉的旨趣和曲子詞的欣賞問題》及《關於〈斬春風〉的出典》三文之合篇及修訂版)。

87.《敦煌詞札記》,《九州學刊》第 4 卷第 4 期,1992 年 4 月,119—120 頁。收入《敦煌曲續論》,臺北: 新文豐出版公司,1996 年,197—200 頁;《饒宗頤二十世紀學術文集》(卷 8·敦煌學),臺北: 新文豐出版公司,2003 年,1095—1097 頁。

88.《柏林印度藝術博物館藏經卷小記》,《九州學刊》第 4 卷第 4 期,1992 年 4 月,161—162 頁。後以《神璽三年光世音贊跋——柏林印度藝術博物館(Museum für Indische Kunst)藏經卷題識》爲題收入《饒宗頤二十世紀學術論文集》(卷八·敦煌學),臺北: 新文豐出版公司,2003 年,24—29 頁。

89.《上代塞種史若干問題——〈于闐史叢考〉序》,《中國文化》第 8 期,1993 年 6 月,165—170 頁。收入《饒宗頤東方學論集》,汕頭大學出版社,1999 年,68—81 頁。後以《胡里安(Hurrian)與"胡"之來源——上代塞種史若干問題》爲題收入《饒宗頤二十世紀學術文集》(卷 1·史溯),臺北: 新文豐出版公司,2003 年,346—363 頁。

90.《〈梵學集〉小引》,上海古籍出版社,1993 年,1 頁。收入《饒宗頤東方學論集》,汕頭大學出版社,1999 年,350 頁。

91.《吐魯番: 丢了頭顱的卄卄(菩薩)》,《明報月刊》第 28 卷第 9 期,1993 年 9 月,39 頁。收入《文化之旅》,香港: 牛津大學出版社,1997 年,41—43 頁;《饒宗頤二十世紀學術文集》(卷 14·文録、詩詞),臺北: 新文豐出版公司,2003 年,235—237 頁。

92.《(法)蒲德侯(Jean Bottéro)著〈對美索不達米亞文獻中有關"火"的記載之解釋〉讀後記》,《華學》(創刊號),廣州: 中山大學出版社,1995 年,266 頁。後以《西亞文獻中的火讀後記》爲題收入《饒宗頤二十世紀學術文集》(卷 1 · 史溯),臺北: 新文豐出版公司,2003 年,502—504 頁。

93. 《〈九州學刊〉敦煌專號(3)引言》,《九州學刊》第 6 卷第 4 期,1995 年 3 月。

94. 《敦煌所出北魏寫本〈國語 · 周語〉舊注殘葉跋》,載段文傑主編《1990 年敦煌學國際研討會文集 · 石窟史地、語文編》,瀋陽: 遼寧美術出版社,1995 年,522—525 頁。又載《敦煌吐魯番研究》第 1 卷,297—300 頁;敦煌研究院編《敦煌研究文集: 敦煌研究院藏敦煌文獻研究篇》,蘭州: 甘肅民族出版社,2000 年,143—146 頁。後以《北魏出土敦煌本〈國語〉伶州鳩章舊注跋》爲題收入《饒宗頤二十世紀學術文集》(卷 4 · 經術、禮樂),臺北: 新文豐出版公司,2003 年,400—405 頁。

95. 《敦煌研究業績小結及其發展方向》,徐林典編《漢學研究之回顧與前瞻: 新加坡國立大學中文系主辦國際漢學會議論文選集》(下册 · 歷史哲學卷),北京: 中華書局,1995 年,66—68 頁(按: 此會議於 1991 年 6 月 18 至 21 日舉行)。收入馮志文、楊際平主編《中國敦煌學百年文庫 · 綜述卷(3)》,蘭州: 甘肅文化出版社,1999 年,347—349 頁。

96. 《論古代香藥之路——鬱與古熏香器》,北京圖書館敦煌吐魯番學資料中心、臺北南海雜誌社合編《敦煌吐魯番學研究論集》,北京: 書目文獻出版社,1996 年,373—377 頁。收入《饒宗頤二十世紀學術文集》(卷 7 · 中外關係史),臺北: 新文豐出版公司,2003 年,137—146 頁。

97. 《法藏敦煌曲子詞四種解説》,《敦煌曲續論》,臺北: 新文豐出版公司,1996 年,219—230 頁。收入《饒宗頤二十世紀學術文集》(卷 8 · 敦煌學),臺北: 新文豐出版公司,2003 年,1118—1126 頁。

98. 《〈敦煌曲續論〉小引》,《敦煌叢刊二集(8)》,臺北: 新文豐出版公司,1996 年。收入《饒宗頤二十世紀學術文集》(卷 13 · 藝術),臺北: 新文豐出版公司,2003 年,931 頁。

99. 《我和敦煌學》,張世林編《學林春秋——著名學者自序集》,北京: 中華書局,1998 年,597—604 頁。又載張世林編《學林春秋初編》(下册),北京: 朝華出版社,1999 年,652—660 頁。收入《饒宗頤二十世紀學術文集》(卷 8 · 敦煌學),臺北: 新文豐出版公司,2003 年,291—300 頁。節選本《我的學術自述——以敦煌學爲例》(鄭煒明、邵曉峰整理),見《民族藝術》2013 年第 3 期,5—7 頁。

100. 《從出土資料談古代養生服食之道》,楊秀萍主編《第五届中國飲食文化學術研討會論文集》,臺北：財團法人“中國”飲食文化基金會,1998 年,1—14 頁。收入《饒宗頤二十世紀學術文集》(卷 5・宗教學),臺北：新文豐出版公司,2003 年,157—176 頁。

101.《唐代文選學略述》,《唐研究》第 4 卷,北京大學出版社,1998 年,47—66 頁。以《唐代文選學略述——〈敦煌吐魯番本文選〉代前言》爲題收入《敦煌吐魯番本文選》,2000 年,1—20 頁;收入《饒宗頤二十世紀學術文集》(卷 11・文學),臺北：新文豐出版公司,2003 年,722—751 頁。

102.《由懸泉置漢代紙帛法書名跡談早期敦煌書家》,《出土文獻研究》第 4 輯,北京：中華書局,1998 年,1—3 頁。又見祝遂之主編《國際高等書法教育論壇論文集》,杭州：中國美術學院出版社,2003 年,6—8 頁。收入《饒宗頤新出土文獻論證》,上海古籍出版社,2005 年,257—260 頁;《饒宗頤二十世紀學術文集》(卷 13・藝術),臺北：新文豐出版公司,2003 年,9—13 頁。

103.《敦煌本〈立成孔子馬坐卜占法〉跋》,《敦煌學輯刊》1999 年第 1 期,1—2 頁。收入《饒宗頤二十世紀學術文集》(卷 8・敦煌學),臺北：新文豐出版公司,2003 年,226—228 頁。

104.《敦煌本〈瑞應圖〉跋》,《敦煌研究》1999 年第 4 期,152—153 頁。收入《饒宗頤二十世紀學術文集》(卷 8・敦煌學),臺北：新文豐出版公司,2003 年,231—232 頁。

105.《談佛教的發願文》,《敦煌吐魯番研究》第 4 卷,1999 年,477—487 頁。收入《饒宗頤二十世紀學術文集》(卷 8・敦煌學),臺北：新文豐出版公司,2003 年,255—272 頁。

106.《〈敦煌吐魯番本文選〉敍録》,《敦煌吐魯番本文選》,北京：中華書局,2000 年,1—9 頁。收入《饒宗頤二十世紀學術文集》(卷 11・文學),臺北：新文豐出版公司,2003 年,752—766 頁。

107.《港臺地區敦煌學研究的回顧與展望》,論文初於 2000 年 7 月 29 日至 8 月 3 日在敦煌莫高窟舉行的“敦煌學國際學術討論會”上提出,刊於《敦煌研究》2000 年特刊,52—54 頁。收入《饒宗頤二十世紀學術文集》(卷 8・敦煌學),臺北：新文豐出版公司,2003 年,283—290 頁。

108.《從出土文獻談古代樂教》,劉述先主編《中國文化的檢討與前瞻：新亞書院五十周年金禧紀念學術論文集》,香港：八方文化企業公司,2001 年,160—169 頁(按：此文首於 1999 年 7 月 13 日至 14 日在香港中文大學新亞書院舉行之“中國文化的檢討與前瞻：新亞書院五十周年金禧紀念學術研討會”提交）。

109.《敦煌〈悉曇章〉與琴曲〈悉曇章〉》，此文首於 2001 年 11 月 1 日至 4 日在臺灣中正大學、逢甲大學聯合主辦“二十一世紀敦煌學國際學術研討會”（2001 年 11 月 1—4 日，臺灣嘉義）上發表。收入《饒宗頤二十世紀學術文集》（卷 4 · 經術、禮樂），臺北：新文豐出版公司，2003 年，627—638 頁；項楚、鄭阿財主編《新世紀敦煌學論集》，成都：巴蜀書社，2003 年，234—238 頁。

110.《由出土銀器論中國與波斯、大秦早期之交通》，《華學》第 5 輯，廣州：中山大學出版社，2001 年，1—13 頁。收入《饒宗頤二十世紀學術文集》（卷 7 · 中外關係史），臺北：新文豐出版公司，2003 年，167—192 頁。

【法文版】“Les relations entre la Chine et le monde iranien dans l'Antiquité: historiquement revisitées à la lumière des découvertes archéologiques du dernier quart de siècle”（co-au-thored with Léon Vandermeersch），*Bulletin de l'École française d'Extrême-Orient*, 2006, pp.207 - 245.

111.《塞種與 Soma——不死藥的來源探索》，《中國學術》第 12 輯，北京：商務印書館，2002 年，1—10 頁。收入《饒宗頤二十世紀學術文集》（卷 7 · 中外關係史），臺北：新文豐出版公司，2003 年，152—166 頁。

112.《新文獻的壓力與智識開拓》，二十一世紀中華文化世界論壇籌備委員會編《文化自覺與社會發展——二十一世紀中華文化世界論壇論文集》，商務印書館（香港）有限公司，2005 年，9—10 頁。又題《敦煌學應擴大研究範圍》（鄭煒明博士整理），《敦煌吐魯番研究》第 9 卷，北京：中華書局，2006 年，1—5 頁。

113.《中國西北宗山水畫説》，《敦煌研究》2006 年第 6 期，10—12 頁。

五、序　　跋

1.《〈老子想爾注校箋〉自序》，香港：東南書局，1956 年。收入《固庵文録》，臺北：新文豐出版公司，1989 年，65—66 頁；《饒宗頤二十世紀學術文集》（卷 14 · 文録、詩詞），臺北：新文豐出版公司，2003 年，324—325 頁。

2.《戴密微教授八十壽序》，《敦煌學》第 1 期，香港新亞研究所敦煌學會，1974 年 7 月，6—9 頁。又載《華學月刊》，臺北：中華學術院國際華學會議秘書處，1975 年 1 月，13—14 頁。收入《固庵文録》，臺北：新文豐出版公司，1989 年，78—80 頁；《饒宗頤二十世紀學術文集》（卷 14 · 文録、詩詞），臺北：新文豐出版公司，2003 年，329 頁。

3.《〈敦煌書法叢刊〉序》,《拓本》(第1卷),東京: 二玄社,1983年。按: 中日文并序。中文版收入《饒宗頤二十世紀學術文集》(卷八·敦煌學),臺北: 新文豐出版公司,2003年,305—306頁。

4.《王堯、陳踐〈吐蕃時期的占卜研究——敦煌藏文寫卷譯釋〉序》,香港中文大學出版社,1987年。收入《固庵文録》,臺北: 新文豐出版公司,1989年,263—267頁;《饒宗頤東方學論集》,汕頭: 汕頭大學出版社,1999年,141—144頁;《饒宗頤二十世紀學術文集》(卷14·文録、詩詞),臺北: 新文豐出版公司,2003年,120—123頁。

5.《〈中印文化關係史論集·語文篇——悉曇學緒論〉前言及後記》,香港中文大學中國文化研究所、三聯書店(香港)有限公司,1990年。收入《饒宗頤二十世紀學術文集》(卷5·宗教學),臺北: 新文豐出版公司,2003年,645—646頁及788—790頁。

6.《〈敦煌琵琶譜〉序言》,《香港敦煌吐魯番研究中心叢刊》之一,臺北: 新文豐出版公司,1990年,1—3頁。收入《饒宗頤二十世紀學術文集》(卷8·敦煌學),臺北: 新文豐出版公司,2003年,1133—1135頁。

7.《林聰明〈敦煌文書學〉序》,臺北: 新文豐出版公司,1991年。收入《饒宗頤二十世紀學術文集》(卷8·敦煌學),臺北: 新文豐出版公司,2003年,244—245頁。

8.《〈法藏敦煌書苑精華〉序》,廣州: 廣東人民出版社,1993年。

9.《〈敦煌邈真讚校録並研究〉序並跋》,臺北: 新文豐出版公司,1994年。

10.《水原渭江〈敦煌舞譜の解讀研究〉序》,京都: 朋友書店,1994年。收入《固庵文録》,臺北: 新文豐出版公司,1989年,273—274頁;《饒宗頤二十世紀學術文集》(卷14·文録、詩詞),臺北: 新文豐出版公司,2003年,127頁。

11.《史與禮——補資治通鑑史料長編系列總序》,與李均明合著《敦煌漢簡編年考證》,臺北: 新文豐出版公司,1995年。又見《傳統文化與現代化》1996年第5期,17—21頁。收入《饒宗頤二十世紀學術文集》(卷4·經術、禮樂),臺北: 新文豐出版公司,2003年,228—239頁。

12.《〈敦煌俗字研究〉序》,《中國文化》第11期,1995年,267頁。又見張涌泉《敦煌俗字研究導論》,臺北: 新文豐出版公司,1996年。收入《饒宗頤二十世紀學術文集》(卷8·敦煌學),臺北: 新文豐出版公司,2003年,246—247頁。

13.《王素〈吐魯番出土高昌文獻編年〉序》,臺北: 新文豐出版公司,1997年。

14.《黄征〈敦煌語文叢説〉序》,臺北: 新文豐出版公司,1997年。收入《饒宗頤二十世紀學術文集》(卷8·敦煌學),臺北: 新文豐出版公司,2003年,248—249頁。

15.《楊銘〈吐蕃統治敦煌研究〉序》,臺北:新文豐出版公司,1997年。收入《饒宗頤二十世紀學術文集》(卷8·敦煌學),臺北:新文豐出版公司,2003年,253—254頁。
16.《敦煌出土鎮墓文所見解除慣語考釋——王素、李方〈魏晉南北朝敦煌文獻編年〉序》,臺北:新文豐出版公司,1997年。又見《敦煌吐魯番研究》第3卷,1998年,13—18頁。收入《饒宗頤二十世紀學術文集》(卷8·敦煌學),臺北:新文豐出版公司,2003年,273—282頁。
17.《趙和平〈敦煌本甘棠集研究〉序》,臺北:新文豐出版公司,2000年。又見《敦煌吐魯番研究》第4卷,北京大學出版社,1999年,561—562頁;《人海燈》(嶺東佛學院院刊)1999年第4期,2—5頁。收入《饒宗頤二十世紀學術文集》(卷8·敦煌學),臺北:新文豐出版公司,2003年,250—252頁。
18.《浙藏敦煌編委會編〈浙藏敦煌文獻〉序》,杭州:浙江教育出版社,2000年。
19.《陳國燦〈吐魯番出土唐代文獻編年〉序》,臺北:新文豐出版公司,2002年。後以《略論李唐西北邊政之得失——陳國燦〈吐魯番出土唐代文獻編年〉序》爲題載《西域研究》2004年第1期,1—3頁。
20.《〈饒宗頤新出土文獻論證〉自序》,上海古籍出版社,2005年。
21.《陳明〈敦煌出土胡語醫典《耆婆書》研究〉序》,臺北:新文豐出版公司,2005年。

(作者單位:鄭會欣,香港中文大學中國文化研究所;王鵬,首都師範大學歷史學院)

《敦煌吐魯番研究》第十八卷
2018 年,57—62 頁

考古撼大地　文獻理遺編

——紀念宿白先生

榮新江

2018 年 2 月 1 日早上,考古學家宿白先生不幸離世,享年 96 歲。從早上看到杭侃教授發來的信息,我就無法安心做其他事情了,不時翻閱著宿白先生留下的各種著作:

《白沙宋墓》,文物出版社 1957 年第一版,2002 年再版,三聯書店 2017 年新版。

《中國石窟寺研究》,文物出版社 1996 年出版。

《藏傳佛教寺院考古》,文物出版社 1996 年出版。

《唐宋時期的雕版印刷》,文物出版社 1999 年出版。

《張彦遠和〈歷代名畫記〉》,文物出版社 2008 年出版。

《中國古建築考古》,文物出版社 2009 年出版。

《漢文佛籍目録》,文物出版社 2009 年出版。

《中國佛教石窟寺遺跡——3~8 世紀中國佛教考古學》,文物出版社 2010 年出版。

《漢唐宋元考古——中國考古學》(下),文物出版社 2010 年出版。

《考古發現與中西文化交流》,文物出版社 2010 年出版。

《魏晉南北朝唐宋考古文稿輯叢》,文物出版社 2011 年出版。

……

我是 1978 年 9 月入學北京大學歷史系的,當時歷史系有三個專業:中國史、世界史、考古學,我在中國史班。因爲 77 級是 78 年 2 月纔入學的,所以我們 77 和 78 級兩個年級的所有班,加上中文系 77 級古典文獻專業的一個班,都在一起上“中國通史”的大課,而那時的“中國通史”講得很細,要上很長時間,所以我們和考古專業的同學也混得蠻熟。

等到考古專業的“中國考古學”上到魏晉一段時,我已經漸漸想把自己的專業放在中古史和敦煌學上了,所以宿白先生開始講“中國考古學”魏晉以下時,我申請選修。

經過宿先生的嚴格考察和盤問,我被允許參加他的課程,要求除了下考古工地,一切繪圖、敲瓷片等課内外的活動都必須按時參加。這個課,上下來非常累,但也收穫極大。宿先生講課,是慢條斯理地念事先寫好的稿子,剛好是我們一般記録的書寫速度,没有半句廢話,哪一句都不能放過。最具挑戰的是,他時而拿出一片紙,在黑板上補繪一幅圖,把最近的考古材料介紹給我們。這張紙,常常是他吸煙後的煙盒紙,所以我們知道他一段時間裏抽什麽煙。可是他拿出煙卷盒這麽一描,我們就要拼命跟著畫。好在我小時候練過畫畫,大體上可以跟上,但一節課下來,握筆的胳膊總是酸酸的,但頭腦充實了很多,獲得的知識總是讓人愉悦半天。

這個課的内容,從魏晉到唐宋,面面俱到,同時也有許多新的視角,並非平鋪直敍。記得講鮮卑人的考古遺跡,根據當時已經發現的材料,從大興安嶺到平城,勾勒出一條鮮卑人的遷徙路綫,聽來十分有啓發。更有意思的是,後來不久,就在宿先生在大興安嶺畫的鮮卑起源地的圈子中,發現了嘎仙洞遺址。這真是讓我們這些對考古還啥也不懂的學子,感到十分過癮。

真正和宿先生有較多的接觸,是我上大學二三年級的時候。當時北大的一些先生開始大力推動敦煌學研究,把北京圖書館新獲的法國國立圖書館伯希和文書、英國圖書館斯坦因文書和北京圖書館藏敦煌文書的縮微膠卷購置回來,放在圖書館 219 房間,同時又從圖書館書庫中,調集五百多種中外文敦煌學方面的圖書,包括《西域文化研究》等大部頭著作。我當時被指派在這個研究室裏值班,有老師、學生來看書,就關照一下。如果哪位老師需要找縮微膠卷中哪個號的文書,我就事先把膠卷摇到那個號的位置,等老師來看。記得有一次宿先生來看 P.2551《李君莫高窟佛龕碑》,結果因爲是淡朱筆抄寫,膠卷上一個字都不顯示,讓宿先生很失望。對於我來説,這種老師們來的時候,是我問學的最佳時機。因此,前前後後,從宿先生那裏獲得許多敦煌學的知識。

到 1982 年 5 月,由鄧廣銘先生牽頭,北大成立了中古史研究中心,宿先生也是中心的創辦人之一,和鄧先生一起商議,把敦煌吐魯番文書研究,作爲中心的四項規劃之一,並且首先開展起來。宿先生和鄧先生在朗潤園 10 公寓住對門,我們經常在鄧先生家見到宿先生,有時候也順道去宿先生家裏坐坐。這年 9 月,我開始讀隋唐史專業的研究生,重點仍然是敦煌文書,所以有機會就更專業的問題向宿先生討教。85 年我畢業的那年,考古專業已從歷史系分出去,宿先生出任首届考古系主任。雖然人員分了,但學術未斷,我畢業後留在中古史中心工作,宿先生也是中心的導師之一,所以還有很多機會向他問學。

有一次我從鄧先生家出來,從三樓下來見到回家的宿先生,他讓我隨他上樓,説是給我看一件東西,就是《日本雕刻史基礎資料集成・平安時代・造像銘記篇》第1卷(東京,1966年)所收京都清涼寺藏"新樣文殊"版畫,這是北宋時日本求法僧奝然從五臺山帶回去的。我當時剛剛發表《從敦煌的五臺山繪畫和文獻看五代宋初中原與河西、于闐間的文化交往》(載《文博》1987年第4期),利用敦煌藏經洞保存的紙本畫稿、印本文殊像,輔以敦煌《五臺山讚》等文獻,考證1975年敦煌文物研究所自莫高窟第220窟重層甬道底層發現的後唐同光三年(925)翟奉達出資彩繪的"新樣文殊"像,是根據來自中原五臺山的畫稿,而不是如考古簡報所説的畫稿來自于闐。這一結論得到宿先生的肯定,並且提供給我大體同時奝然從五臺山帶回日本的大致相同的版畫,强化了我的看法。而且,宿先生在《敦煌莫高窟密教遺跡札記》(《文物》1989年第9期)一文中,説到"五代初,新樣文殊即西傳莫高",將拙文作爲依據。這給我莫大的鼓勵,因爲我這篇文章曾經投給一個所謂"核心刊物",被退稿,後來通過考古所的一位長輩的關係,發表在陜西文管會辦的《文博》上。没想到,這篇文章卻得到宿先生的肯定,那被退稿的沮喪心情也就一筆勾銷了。

還有一事也浮現在腦海,那是我寫了一篇《五代洛陽民間印刷業一瞥》的小文,發表在《文物天地》1997年第5期,只有兩頁紙,很不顯眼。没想到不久宿先生就讓李崇峰來找我,想看一下我發表的圖版的清晰照片。這件帶有題記的《彌勒下生經》刻本殘片,原是德國吐魯番探險隊所得,二戰前流失,被日本學僧出口常順在柏林買到,入藏大阪四天王寺。1978年,京都大學藤枝晃教授應邀整理,編成《高昌殘影——出口常順藏吐魯番出土佛典斷片圖録》,精印一百部,未公開發行,由出口氏分送友好和研究機關。這書當然在國内很難見到,宿先生也没有看到過。1990—1991年我在日本龍谷大學訪問半年,在西域文化研究會的研究室裏看到這部書,用Photocopy方式複製了一本。因爲我讀過宿先生大多數有關雕版印刷的文章,發現這是一件新材料,於是做了一篇札記,考證這是五代洛陽民間書鋪所印,特别有價值的是"裝印"和"雕字"分屬朱、王兩家,表明印刷術在五代時期的進步。我把Photocopy的這件殘片的圖剪下來,交給崇峰兄,複印了一份留底。後來宿先生編印《唐宋時期的雕版印刷》,把這件圖片收入其中,並轉述了我的文章結論。這既是對我的鼓勵,也説明宿先生在做學問時,對於任何一個紙片,對於任何一篇小小的札記,都不會放過。

此外,宿先生還叫我到他家,詢問過德國Otto Franke發表的《涼王大且渠安周造祠碑》的清晰圖版,因爲這座碑銘對於他所提出的"涼州模式"的西漸,是最好的證明。原

圖 1907 年發表在《普魯士皇家科學院通報》上,我用的是放在外文樓三層閣樓上東語系圖書館裏陳寅恪舊藏的抽印本。宿先生還幾次詳細詢問歐洲和日本對於摩尼教石窟壁畫的研究情況,這與他推進吐魯番摩尼教石窟的考古調查有關。每次去他家,我都要做充分的準備,回答問題,就像是被老師考試;而這也是請教問題的好機會,所以每次都不會錯過。

關於宿先生的學問,考古方面,我不敢奢談,這方面已有他的弟子們寫過一些文章,其中尤以徐蘋芳先生的《重讀宿白〈白沙宋墓〉》《中國石窟寺考古學的創建歷程——讀宿白先生〈中國石窟寺研究〉》最爲經典。徐先生是最瞭解宿先生學問的人,在中國與哈薩克、吉爾吉斯斯坦聯合申報絲綢之路世界文化遺産的過程中,我有很多機會聽徐先生講宿先生的學問,受益良多。我在歷史系和中國古代史研究中心從事教學和研究,當然更偏重於文獻方面,在我學習中古史、研究敦煌吐魯番文書的過程中,對於宿先生在文獻方面的功力,包括對版本、對石刻文獻的熟悉,更是體會深刻,敬佩莫名。

宿先生利用文獻材料推進考古學研究的最好例子,是大家熟悉的利用金皇統七年(1147)曹衍撰《大金西京武州山重修大石窟寺碑》(簡稱《金碑》),重建了雲岡石窟的年代體系和後期的營建歷史。我讀宿先生的相關文字,最大的感受是,這麼一方《金碑》,原石早已毁滅,連拓本都不存在,可是元朝末年的熊自得撰《析津志》時,過録了這方碑文。《析津志》撰成未及刊印,明初編《永樂大典》時,分韻抄録《析津志》文字。到清光緒十二至十四年(1886—1888),繆荃孫從國子監借抄《永樂大典》天字韻所收《析津志》文字計八卷,《金碑》即在其中。後來相關部分的《永樂大典》又毁於庚子(1900)八國聯軍,只有繆荃孫抄本保存下來,經李盛鐸而入藏北大圖書館,爲宿先生發現其價值。僅此一失再失的文本,轉抄而秘藏的文獻,就已經讓人看得頭暈目眩,更何況發現其中所記,原本是有關山西大同雲岡石窟的一篇重要的文字,而這篇文字是做了幾十年雲岡考古的日本學者壓根也不知道的雲岡石窟營建史料。這没有一定的文獻功力,怎可能慧眼相識。

其實,這樣的發現不止於此。對於敦煌莫高窟營建史的研究,最重要的文獻是原立於 332 窟前室南側的《李君莫高窟佛龕碑》(簡稱《聖曆碑》),可惜在 1921 年,碑石被流竄來敦煌的白俄軍人折斷,上截碑石已佚,下截殘碑現存敦煌研究院陳列中心。宿先生卻在北大圖書館收藏的數萬張拓本中,找到劉喜海、繆荃孫遞藏的碑石未斷時拓本,再利用法藏 P.2551 敦煌抄本,復原出原碑形式,並整理出完整的碑文。在此基礎上,宿先生利用碑文所記從樂僔、法良,到東陽王、建平公,在相關的系列文章中,對莫高窟早期的營建史,做出自成體系的解説。如果不是對石刻文獻爛熟於心,是無法從大海裏撈到這樣的珍寶的。

同樣的例子還有北宋吕大防主持刻製的《長安圖》碑,原石金元時已毁,拓本也不見流傳。清末有殘石在西安出土,旋又散失,但有拓本流傳。此前學界所利用的材料,是20世紀30年代日本學者前田直典據邵章所藏拓本拍攝的照片,以及1955年平岡武夫據這套照片所繪製的綫描圖。事實上,邵章舊藏拓本保存在北大圖書館善本部,而且北大還藏有一套散裝的未曾發表過的殘石本,其中有邵章藏本缺失的内容,還多出一塊西南郊的殘石。也是宿白先生在2001年發表的《現代城市中古代城址的初步考查》(《文物》2001年第1期)一文中,首次提到並利用北大收藏的這兩種《長安圖》拓本,推動了長安城的考古研究。現在,北大圖書館善本部金石組的胡海帆先生已經把這兩組拓本整理發表在《唐研究》第21卷上,對於長安考古、歷史等方面的研究,一定會産生更大的影響。

在唐宋墓葬考古方面,文獻材料的重要性更爲重要,特别是堪輿家撰寫的地理葬書,更直接有助於解剖墓葬内部結構。宿先生在發掘、整理白沙宋墓時,就利用了北宋仁宗時王洙等奉敕編撰的《地理新書》,在所著《白沙宋墓》一書中,特别説明此書在考古學上的特殊價值。我們知道,《地理新書》在金明昌年間由張謙校正刊行,但現在所藏只有國家圖書館和原中央圖書館兩個清代影抄本。北大圖書館李盛鐸舊藏書中,有元覆金本,這當然不會逃過宿先生的法眼。更重要的是,他不僅讀過,而且將其合理運用到考古學研究當中。過去我讀《白沙宋墓》,對此書印象深刻,但保存在善本書庫的書,畢竟不方便閲覽。臺灣集文書局在1985年影印了原"中央圖書館"藏抄本,我立刻托友人鄭阿財先生購得一部,在後來的教學、研究中起到很大的作用。如此這般,都是承蒙宿先生的學恩。

宿先生對北大圖書館寶藏的熟悉,並不僅僅限於文獻、石刻,數量不多的敦煌吐魯番文書寫卷,他也非常熟悉。他在内部發行的考古學教材中,曾提到北大圖書館藏的北涼貲簿,引起朱雷先生的注意。朱雷在宿先生的幫助下,在北大圖書館得見原件,撰寫了《吐魯番出土北涼貲簿考釋》(《武漢大學學報》1980年第4期),結合科學院圖書館所藏同組文書,考證其爲《北涼高昌郡高昌縣都鄉孝敬里貲簿》,大大推進了十六國時期的田畝賦役制度的研究,也爲後來吐魯番文書的整理,提供一件標本性的文書。這件對於敦煌吐魯番研究頗有意義的成果,也應當説是拜宿先生之賜。

翻閲宿先生的考古著作,文獻材料不時躍然紙上。今天,我們擁有更好的考古工具,也有更爲强大的文獻資料庫,但閲讀纔有發現,發現纔有創新。宿先生一生教書育人,桃李滿天下,他給我們留下的研究方法,在新的條件下,必將産生更大的效力和影響。

2018年2月1日初稿,7月30日改定

(作者單位:北京大學中國古代史研究中心)

《敦煌吐魯番研究》第十八卷
2018年,63—71頁

筆路藍縷　學林馨香
——淺談金維諾先生的學術貢獻和教育思想

邵　軍

2018年2月17日,金維諾先生離開了我們。先生生於1924年12月9日,在九十餘年的人生歷程中,他始終專注於學術研究,在美術史、敦煌學、美術文獻學、藏學等領域卓有成就,是在學術領域鋭意開拓、永遠進取的美術史論大家。他從20世紀40年代即開始從事教育事業,70餘年來培養了一批又一批優秀人才,直到逝世前,名下仍有一名博士生在讀。金維諾先生與老一輩美術史學者共同創辦了我國的第一個美術史系——中央美術學院美術史系,親自搭建起了我國美術史論教學和人才培養的基本框架,是名副其實的新中國美術史論教學的奠基人。作爲學生,我們更好地去總結先生在學術上的成就和貢獻,體會先生在教書育人上的思想和方法,加以傳承和發揚,我想,這是對先生最好的懷念。

金維諾先生1942年在重慶考入武昌藝術專科學校,主修油畫,他的老師有唐一禾、楊立光、劉依聞等先生。唐義精、唐一禾兩位先生對金維諾先生十分照顧,2000年夏金維諾先生去武漢進行學位論文答辯,專程去看望熊明謙先生,談到兩唐先生當年對自己的照顧,金先生潸然淚下。由於家境的原因,在張肇民先生的安排下,從1943年起,金先生開始半工半讀,爲學校管理圖書。他利用這一機會閱讀了大量的書籍,這也爲他後來從事學術研究打下了較好的文史基礎。1946年,武昌藝專遷回武漢,先生也隨校回到武漢。金先生還曾向筆者回憶起當年遷回武漢後,在武昌藝專水陸街校址歌笛湖打撈沉在湖中的圖書及設備的往事。武昌藝專畢業後數年間,金先生主要從事黨的地下工作。解放後,金先生在《中南工人日報》擔任編輯和美術文藝組組長,1953年進入中央美術學院擔任理論教學工作,先後任政治經濟學教員、理論教研組組長,後兼任民族美術研究所助理研究員,先生正式的教學和學術研究工作始於此時。此後數十年間,金先生經歷了各種政治運動,反右傾、挨批鬥、住牛棚、下幹校,歷經磨難,但他數次考察敦煌,積累大量資料和學術成果,又在歷史博物館、故宫等處研究書畫,成績斐然;十年動亂期間,他仍不忘閲讀整理畫學文獻,關注於考古新發現;新時期以來,先生多次調查新疆等地區石窟,到歐美講學,探訪美術博物館,研究其藏品,成果豐碩;90 年代以後,年近古稀進入西藏考察美術遺跡,完成大量的研究和出版工作;21 世紀以來,先生仍研究成果不斷,令人矚目。數十年來,金先生始終堅持教學,未有絲毫懈怠。他參與創辦美術史系,招收第一屆本科生,擔任美術史系的領導和管理工作,招收碩士博士研究生,爲美術史專業從本科、碩士到博士研究生的培養建立了規範。回顧金先生一生的學術和教育事業,可謂篳路藍縷,矻矻窮年,他開拓進取,砥身礪行,其貢獻嘉惠學林,滿園馨香。

金維諾先生的學術貢獻首先是在宗教美術上,尤其是敦煌美術的研究,更是有開拓之功。1955 年,金先生參加民族美術研究所敦煌藝術考察團,對敦煌石窟進行了爲期兩個月的考察,次年他再赴敦煌考察一個多月。這兩次考察使金先生深入全面地認識到敦煌美術對於研究中國美術史的重要意義。金先生曾對弟子們説:“我爲什麽要搞敦煌? 因爲它是連續不斷的中國美術史畫廊,中國各時期的美術都在這裏得到不同程度的反映,搞中國美術史不能不搞敦煌。”本著這樣的認識,金先生開始了他的敦煌學研究之路。從 1955 年開始,先生陸續發表了《豐富的想象　卓越的創造》《智慧的花朵》等介紹敦煌藝術成就的文章,這兩篇文章是中國學者討論敦煌藝術的最早文獻。1957 年至 1959 年,金先生對敦煌藝術的關注轉到了對具體問題的考證和研究上。《佛本生圖的内容與形式》《祇園記圖考》《祇園記圖與變文》《壁畫〈維摩變〉的發展》等一組論文的發表,備受學界關注,誠如羅世平先生在《鑒古開今　永遠進取——金維諾教授的學術生涯》一文中所説:“敦煌美術研究也從此在敦煌學中有了一席之地。”在 20 世紀 50 年代的這批論文中,最爲引人注目的是《敦煌窟龕名數考》。此文係據一張敦煌寫經殘本裱褙紙上的臘八燃燈分配窟龕的名數所作的研究,考證出了北宋大中祥符四年(1011)敦煌石窟部分洞窟的準確位置、洞窟的名屬以及修建年代。此文聯繫現存洞窟的位置、壁畫和造像加以研究考訂,對其後敦煌石窟的洞窟名稱、年代、内容、功德主等各方面的研究以及考古發掘工作都具有深遠的影響。對敦煌石窟中維摩變圖像的研究,是金先生佛教美術研究中另一突出的成果。這一佛教繪畫題材的研究以日本學者起步較早,金先生《壁畫〈維摩變〉的發展》《敦煌晚期的〈維摩變〉》兩文不僅全面的統計了北朝末期至宋代莫高窟的所有《維摩變》的圖像遺存,還結合雲岡和龍門石窟遺存的維摩詰圖像,系統研究了早期維摩詰圖像的發展綫索,又結合壁畫實例,對晚期

《維摩變》所表現出來的情節性特點進行了探討和研究，改變了這一課題的研究只有日本學者的現狀。

金維諾先生在宗教美術方面的學術貢獻還表現在對新疆地區石窟寺的調查研究、對青州地區出土佛像的研究以及藏傳佛教美術研究等幾個方面。70 年代末及 80 年代中期，金維諾先生多次帶領學生考察新疆地區的佛教石窟壁畫，基本摸清了新疆地區石窟壁畫的遺存情況，並陸續撰文研究了這些壁畫的主要題材和風格特點，爲新疆地區佛教美術的研究奠定了基礎。《新疆的佛教藝術》《龜茲壁畫的藝術成就》兩文就于闐、鄯善等地遺存的寺院和佛教壁畫進行了全面的研究，尤其對於龜茲石窟壁畫藝術中不同風格的並存及其交互發展的研究，揭示了龜茲佛教藝術的獨特性質和創造性成就，成爲研究新疆佛教藝術的基礎性文獻。90 年代以來，青州地區的佛教考古日益引起學者的注意，尤其龍興寺窖藏佛像的出土，成爲熱點。金維諾先生先後就青州佛像的問題發表了《南梁與北齊造像》《南梁與北齊造像的成就與影響》《青州龍興寺造像的藝術成就——兼論青州背屏式造像及北齊"曹家樣"》等一系列的研究文章，將成都萬佛寺等地出土的南梁造像與青州佛像聯繫在一起加以研究，揭示了青州造像與中原北朝的不同之處及其受到的南朝影響，確認了"曹衣出水"的基本樣式特徵。金先生對青州佛像的研究及相關認識，與學界關於北齊造像和"曹家樣"來源的許多觀點都有不同之處，它不但推進了青州佛教造像的學術研究，而且豐富了學界有關北齊佛教藝術及其風格來源的學術認知。金維諾先生一直關注於邊疆少數民族美術的研究，對藏傳佛教美術展開研究，成爲他多年的心願。《吐蕃佛教圖像與敦煌的藏傳繪畫》一文，是金先生 2000 年爲紀念敦煌藏經洞發現一百周年而撰寫的論文，從中不但可以看出先生在"獨煞神堂"壁畫研究上的新意及貢獻，更可以看出先生早在 20 世紀 60 年代之前即已關注藏傳佛教美術。1992 年，金先生得以進入藏區考察藏傳佛教美術遺跡，之後他發表了《古格王國及其寺院藝術》《古格王國的寺院壁畫》《吐蕃時期的佛教藝術》《藏傳佛教造像》等論文，對西藏地區佛教寺院的美術遺存進行了系統的描述，對古格王國寺院壁畫、紮塘寺壁畫風格的發展脈絡進行了重點研究，對西藏地區各教派的寺院藝術風格特徵進行了總體區分，爲藏傳佛教美術的發展打下堅實基礎，搭好了學術框架。先生對西藏佛教美術的研究，在他其後的博士研究生培養中發揮了重要且深遠的影響，謝繼勝、廖暘等一批學者相繼在先生開闢的學術道路上取得重要的學術成果。此外，先生關注寺觀壁畫、水陸畫等研究領域，撰寫了《中國古代寺觀壁畫》《寺觀水陸法會圖的形成與發展》等一系列論文，全面研究了中國寺觀壁畫遺存的地域分佈及題材、風格的發展變化，爲此後此一領域的繼續研究奠定了基礎。

金維諾先生的另一學術貢獻是有關美術文獻的研究，其中又以書畫史籍的研究最有特色。金先生在美術史研究中，非常重視有關文獻的重要意義和價值。他反對那種看圖講故事的浮泛，重視文獻與實物的結合。先生深切認識到繪畫史籍和古代畫論既相區别又密切聯繫的關係，認爲二者皆具有繪畫史籍的價值。出於美術史研究的需要，金先生在文獻上可謂是下了死功夫。他手抄了早年間能見到的各種書畫史籍，寫下了大量的讀書筆記和心得。從 1979 年起到 80 年代初，先生先後發表了《早期的繪畫史籍》《歷代名畫家與唐朝名畫録》《北宋時期的繪畫史籍》《宋元繪畫收藏著録》等一系列繪畫史籍的研究文章。這批研究論文囊括了自六朝至明清主要的繪畫史籍，對史籍的主要成就與特色加以深入的研究和評析。金先生對史籍的研究，絶不僅僅只是簡單的文獻學考察，而是深入探究和評估其美術史價值，並同時關注這些著作中相應的畫史概念、審美範疇與繪畫理論，從史與論兩方面的成就來認識史籍的重要作用。如在早期的繪畫史籍研究中，先生非常重視那些儘管原書散佚但仍有一定數量文字保存下來的文獻，如孫暢之《述畫》、李嗣真《畫後品》、張懷瓘《畫斷》等，由於文獻整體不存，歷來並不爲人重視，先生卻從存世的文獻條目中分析出其中的重要信息和史論價值，引起學界和研究者的高度重視。金先生認爲孫暢之《述畫》“開創了傳記體繪畫史的端緒”，其記顧愷之“畫冠冕而亡面貌”，與謝赫《畫品》中對顧愷之的評價可以印證，爲歷史地認識顧愷之提供了重要信息；其中記載還可以與北朝大量石窟及其他美術遺物相互參證，證實了北朝的理論活動及水準；書中記載的南朝畫家也反映了北朝文化接受了來自南朝文化的影響，等等。這些研究不但彌補了學界對於北朝畫學文獻缺失的遺憾，還某種程度上使得對北朝美術的研究獲得文獻上的支撑。這種研究和心得使得他的佛教美術研究、書畫研究總是充滿真知灼見和新的認識。《有關寺院藝術的幾部史籍》《史籍載遼金時期的美術》等後來的研究論文中都能看到金先生這一學術特點的影響和成就。

金先生在繪畫史籍研究中特别强調書法與繪畫的相互關係及書法典籍在繪畫發展中的重要引領作用。《唐代在書畫理論上的繼承和發展》就是這類研究的代表性文章。先生早年對《歷代名畫記》傾注心力加以研究，但先生在其後的各類研究中慢慢感覺到《歷代名畫記》的局限性及其受到書法文獻的深重影響，他爲此重新閲讀了大量的書學文獻，寫下了大量筆記。此後先生從書、畫兩個方面重新認識了其在唐代的發展和變化，某種程度上對《歷代名畫記》的理論貢獻進行了重新認識，這對於我們認識唐代在書畫創作和理論發展方面有著重要的參考價值。

卷軸畫史是美術史研究的重要方面,也是金維諾先生用力尤多、特點鮮明且成就斐然的領域。早在20世紀50年代,金先生就寫過《〈紈扇仕女圖〉與周昉》等文章研究唐代的卷軸畫史和畫家。60年代之初,金先生又發表了《〈職貢圖〉的時代與作者》《張擇端及其作品的時代》《〈步輦圖〉與〈凌煙閣功臣像〉》《唐代畫家程修己墓誌》等系列研究論文。其中《〈職貢圖〉的時代與作者》一文從《隋書》《唐書》《梁書》《宋書》等文獻中清理有關《職貢圖》中所載諸國,確定該作應作於梁武帝時(大通二年以後),又從《歷代名畫記》《藝文類聚》等文獻的記載結合《石渠寶笈》的著録,進一步確定其爲梁元帝蕭繹所繪及原畫狀貌。這些文章爲其後更豐富的研究成果的取得打下了基礎,體現出金先生卷軸畫史研究的基本特點。概括來説,在三個方面:一是著重於宋以前的畫史和畫家研究;二是善於結合考古出土材料對卷軸畫和畫家進行全面研究;三是善於從文獻中發現有關題材和畫風記載的各種信息並與傳世畫跡進行比對研究。這些特點較充分地體現在先生七八十年代的卷軸畫史研究中,其各項研究皆取得突出成就。《和林格爾東漢壁畫墓年代的探索》《談長沙馬王堆三號墓帛畫》《唐代西州墓中的絹畫》《從楚墓帛畫看早期肖像畫的發展》等文章都是從墓葬繪畫中來認識繪畫史的發展,如《唐代西州墓中的絹畫》將墓葬中的出土品作爲繪畫史的重要作品加以研究,認爲它"彌補了美術史上這個時期繪畫實物的欠缺",推進了唐代人物畫的研究。在此基礎上,《〈搜山圖〉的内容與藝術表現》《〈古帝王圖〉的時代與作者》《曹家樣與楊子華風格》《論吴道子及吴家樣之光輝成就》以及"歐美訪問散記"系列文章等研究成果,都是將傳世畫跡與考古出土品相聯繫,又從繪畫史籍等文獻中獲取有關信息,將相關畫作和畫家的研究推向深入。如《曹家樣與楊子華風格》一文將《北齊校書圖》《畢少董翻經圖》等作品與婁睿墓壁畫、北齊佛教造像相結合,確定了婁睿墓壁畫與《北齊校書圖》及楊子華之間的密切關係,明確了楊子華畫風的基本風格特徵,大大推進了北齊畫史及楊子華研究,受到國内外學者的廣泛關注。

金先生還利用訪問歐美各大學和博物館的機會,研究了大量海外所藏中國繪畫作品,將其中部分作品與國内的藏品進行比對研究,其成果令人矚目。先生先後研究了《搗練圖》《北齊校書圖》《搜山圖》《琉璃堂人物圖》《早秋圖》《八公圖》《宫中圖》《睢陽五老圖》等一系列歷代流散海外的珍貴卷軸畫作品,對部分作品的題材内容進行考訂,對其作者和年代問題發表看法,對畫作的風格特徵提出自己的見解,解決了許多繪畫史上懸而未決的問題。現存於大都會博物館的《琉璃堂人物圖》,其後半部分與現藏於北京故宫博物院的《文苑圖》完全相同,先生通過比對研究,確認了"所謂

《韓滉文苑圖》就是周文矩的《琉璃堂人物圖》的殘存部分，無可懷疑”，並對《琉璃堂人物圖》中的文士身分進行了詳細研究。傳爲唐代陳閎的《八公圖》，歷來存在畫中形象、時代、作者等各種疑問，金先生先從畫中所畫人物著手，考證其的確是北魏八公，畫面也保存有北朝樸拙的風格，肯定其是一幅北魏名臣圖的傳摹本，對於瞭解北朝人物畫提供了絹畫實例。這些研究所涉及的歷代名作衆多，有些雖然没有做具體周詳的論爭，但觀點鮮明，見解獨到。如根據大都會博物館所藏元王振鵬所臨《馬雲卿畫維摩不二圖草本》，提出北京故宫藏《維摩演教圖》係金人馬雲卿所作，而不是此前認爲的宋李公麟，等等。

此外，金維諾先生還在墓室壁畫、古代版畫、民間美術、書畫理論與批評等領域取得各種成果。先生的學術成果多數集中在《中國宗教美術史》《中華佛教史·佛教美術卷》以及《中國美術史論集》等中，這是我們今天研究先生的學術成就的基本文獻。

金維諾先生不但是成就卓著的美術史大家，還是傑出的美術教育家。筆者有幸跟隨先生攻讀學位，親身體會和感悟了先生在美術史論人才培養方面的教學實踐和具體做法，又通過閱讀先師阮璞先生留下來的日記（其中多次記録了金先生在全國美術史論教學會議上的演講和發言）等其他途徑，瞭解到先生早年主持中央美院美術史系的一些教學觀念和做法，對於先生的教育思想有了一點體會。概括而言，大致包括了以下幾點：

一是大美術史思想。金先生始終認爲，中國美術史的任何一項具體研究，都必須建立在對整個中國美術通史各個方面熟知的基礎之上。雖然美術史的研究總是會有所側重，但是即使是具體的問題，卻都總是以美術史的整體發展和大的時期特徵爲基礎的，這就要求研究者具備對美術史發展的全面認識和整體理解能力。因此，金先生在教學中，常常對學生强調不要畫地爲牢，搞繪畫史的也要熟悉書法史、建築史、雕塑史和工藝史，它們是一個整體。就筆者體會，金先生在教學中，總是針對一個具體問題在各種美術門類和各類型材料中來回勾連比較，高屋建瓴地啓發學生思考問題。金先生在研究和教學中重視考古出土品，重視民間美術、民間壁畫和畫工畫，重視邊關少數民族美術遺存等材料，把它們看成是相關美術史的重要部分，我想這些都是與先生在教學和研究中具有的一種大美術史的思想不無關係的。國内外當今的中國美術史學界，由於學術風氣、人才培養以及知識結構等方面的影響，一些學者和研究生在學術生涯的開端，總是習慣性地選擇一個具體的領域或者課題來展開研究，並從此作爲這一方面的專家從事學術活動，其他的一概選擇性忽視，其局限性顯而易見。金先生嘗説：“中國美術史學科本來就不大,若没有整體的認識,格局就太小了。”現在回過頭來看先生在教學中的這一思想,其現實意義仍值得我們深思。

在此基礎之上,金先生總是提倡美術史研究要有戰略眼光。先生在人才培養中之所以要求學生對美術史的各個方面有全面整體的認識,是旨在培養學生的一種全面、整體的學科意識和學術眼光。先生從自身學術研究經歷和體會出發,深切認識到學術研究不能盲目,要從國家文化建設發展的需要來看待問題,要善於從學科發展的薄弱環節來展開研究課題,也要明確深入課題研究之關鍵所在。先生在學術研究上能不斷創新,不斷開闢新的研究領域和路徑,在許多學術領域成爲最早的意見發表者並展開深入研究,應該都與他的這一思想有關。20 世紀五六十年代他從敦煌學入手,成爲敦煌最早的學者之一;70 年代結合國家的考古發現和在故宫研究學習的機會,在墓室壁畫以及出土書畫、傳世書畫研究方面取得突出的成果,滕固先生在《唐宋繪畫史》中所説的“必須廣泛地從各時代的作品裏抽引結論,庶爲正當”,在金先生的研究中得到有力實踐;80 年代先生又對畫學古籍展開研究,他對其中的繪畫史籍從畫史研究的需要出發所做的工作,是美術文獻研究的新貢獻;此後他展開新疆石窟寺研究、藏傳佛教美術研究等,都能看到他的戰略眼光和學術敏感。他的這種研究經歷和體會,對學生而言,是寶貴的經驗,也會在弟子們的學術研究事業中不斷焕發出學術活力。

二是美術史論人才培養應融通文史哲的基礎。金先生在早年參與創建中央美術學院美術史系及後來主持美術史系的工作中,都從文史哲領域聘請名師前來授課,爲學生打下良好的文史哲基礎。啓功先生、馮其庸先生、宿白先生、王世襄先生、李澤厚先生等都先後在美術史系給學生上過各種課程。在一次訪談中,金先生説:“做美術史研究必須要對歷史學、古典文學、文獻學、考古學等其他學科有綜合的瞭解。由於美術史系在美院,不是在綜合性大學,所以在美院内部就没有相關學科的支持……我就把在北京有成就的考古學專家、歷史學專家、文獻學專家都請來。”這樣做的目的是“讓學生有機會多見識一下各領域的名家,面對面地看看這個領域的研究情況是怎麼樣的,看看他們是怎麼做研究的”。筆者曾讀到阮璞先生 1977 年 4 月 3 日的日記,記載了金先生在一次會議上的發言,其中談到了對湖北藝術學院美術史學科建設的意見:“湖藝應加緊培養自己的美術史力量,(教師和學生)都可以從中文系、歷史系找最好……”可以看出金先生對美術史論教學和人才培養應有深厚的文史基礎這一思想有著清楚的認識和堅持。

三是美術史論人才培養應注重藝術實踐和藝術感受能力的獲得,培養實事求是的研究精神。金先生强調歷史科學必須實事求是,必須建立在實際調查和具體感知的基礎之上展開深入研究。金先生從武昌藝專美術教育系畢業,主修油畫,在後來的研究實踐中,他深深感受到這段經歷帶給他對造型形象和藝術風格的準確感知力和把握能力。阮璞先生在 1978 年 11 月 28 日的日記中記載了金先生在教育部關於美術史論教學會議上的一段話:"有的同志到新疆不是到生活中去,而是去畫臉型、畫衣裝。我們要向搞音樂的同志學習,音樂不容易採取生活表面的東西。希望搞史搞論也要到生活中去,多多關心現狀。"史論研究和人才培養不能脱離實際,不能没有實際調研和具體感受,正是基於此一認識,金先生主持中央美術學院美術系的教學過程中,始終堅持進行藝術實踐的教學,並堅持進行藝術遺跡的實地考察和教學。1962 年金先生帶當時的本科學生深入到龍門石窟、麥積山石窟進行考察調研,並對壁畫等材料進行了綫稿的臨摹。此後金先生多次帶學生去到新疆克孜爾、山西永樂宫等各種美術遺跡進行考察和調研,直到 1996 年中央美院美術史還與耶魯大學學生組織了聯合考察組對北京、河北、山西等地美術古跡進行了實地調查。中央美院美術史系的這一教學傳統的形成,是金先生教學思想的一種具體體現,在後來全國各地開辦的美術史系、美術學專業的教學中,得到了一定程度的承繼和發揚,在美術史論人才的培養方面,發揮了巨大的作用。

四是金先生認爲美術史論教學應該視爲樹立正確藝術觀和取得美術專業知識的重要途徑。我們今天已經不怎麽提藝術觀的問題了,特别是教學中不提了,但是美術史、美術理論對於從事美術創作和研究工作的學生來説,就是其藝術觀念形成的重要引導和參照,這非常重要。金先生説:"美術史論課程應該視爲樹立正確藝術觀和取得美術專業知識的課程,這很重要。但領導和同學重視了,我們自己教不好,也仍然得不到重視。要求要盡可能講清楚,問題本身有疑問的也要對學生説明。要打破顧慮,樹立信心,不要妄自菲薄。"(阮璞先生日記)無論對創作爲主的還是研究爲主的學生,史論教學都在其中扮演重要角色。金先生從樹立藝術觀的角度來看待美術史論教學,是深切認識到了史論教學在美術院校的基礎性地位和重要作用。金先生在自己的教書育人之中,將這一思想付諸實踐,把思想道德、人格魅力和藝術觀念統一起來,影響了一代又一代的學生,幫助他們樹立正確的人生觀、藝術觀,成長爲祖國各方面所需要的人才,這或許正是金維諾先生教育思想的精髓之所在。

金維諾先生離開了我們,但他的學術貢獻和教育思想必將成爲學界的寶貴財富,光照後人。他的一生坎坷而豐富,他將自己的學術研究與國家建設、學科發展和教育教學緊密聯繫起來,以高尚的情操和堅韌的意志,在學術的道路上和教學的生涯中披荆斬棘,篳路藍縷,取得了卓越的成就,作出了傑出的貢獻。先生的成就和精神也必將會激勵後生學子們去取得更大的成就。

(作者單位:中國傳媒大學)

《敦煌吐魯番研究》第十八卷
2018 年,73—85 頁

陳國燦教授簡歷(附論著目録)

劉安志

陳國燦教授(1933—2018),湖北鄂城人。1933 年 10 月 24 日生於湖北省鄂城縣。1951 年考入武漢大學歷史系,本科畢業後師從史學大師唐長孺先生攻讀研究生。1958 年研究生畢業,分配到内蒙古大學歷史系任教,從事中國古代史教學及北方民族關係史研究。1975 年調回武漢大學歷史系,先後任副教授、教授、博士生導師,2002 年正式退休。2018 年 6 月 7 日於湖北省武漢市中南醫院不幸因病去世,享年 85 歲。曾兼任中國敦煌吐魯番學會副會長,中國唐史學會顧問,中國古都學會理事,甘肅敦煌研究院兼職研究員,新疆吐魯番學研究院專家委員會委員,蘭州大學敦煌學研究所兼職教授、學術委員,北京師範大學歷史學院客座教授,臺灣政治大學、東吳大學、中國文化大學、中興大學客座教授,《西域研究》《敦煌學輯刊》編委,《吐魯番學研究》顧問。

在學術研究方面,陳國燦教授長期致力於中國古代史暨敦煌吐魯番文書的整理與研究工作,辛勤耕耘,碩果纍纍,除主編《〈全唐文〉職官叢考》《吐魯番文書總目·日本收藏卷》《吐魯番柏孜克里克石窟出土漢文佛教典籍》,參與編纂《吐魯番出土文書》《敦煌吐魯番文書初探》《中國大百科全書·歷史卷》《敦煌學大辭典》等工作外,還撰著出版了《斯坦因所獲吐魯番文書研究》《日本寧樂美術館藏吐魯番文書》《唐代的經濟社會》《敦煌學史事新證》《吐魯番出土唐代文獻編年》《論吐魯番學》《陳國燦吐魯番敦煌出土文獻史事論集》等學術專著,在《歷史研究》《中國史研究》及日本《東洋學報》與美國 *Early Medieval China* 等中外學術刊物上發表論文一百五十餘篇,相關成果先後獲得首届國家社科基金項目優秀成果獎一等獎、國家教委首届全國高等學校人文社會科學研究優秀成果獎一等獎、教育部普通高等學校第二届人文社會科學研究成果獎二等獎、教育部第六届高等學校科學研究優秀成果獎(人文社會科學)三等獎,在中外學界産生了重要而深刻的影響,爲推動中國敦煌吐魯番學的發展,尤其是吐魯番學的創建與繁榮作出了卓越貢獻!

在人才培養方面,陳國燦教授長期堅守在教學第一綫,師德高尚,誨人不倦,先後在武漢大學多次開設"中國古代史"、"魏晉南北朝隋唐五代史"、"唐代經濟史"、"敦煌吐魯番文書概論"、"隋唐史專題"、"吐魯番文書研究"等課程,培養了一大批本科生和多批碩士、博士生,1995 年被評爲武漢大學"優秀研究生指導教師"。他注重科研與教學有機結合,授課深入淺出,循循善誘,極富親和力與感染力,深受歷屆廣大學生好評。不僅如此,陳國燦教授還於 20 世紀 80 年代多次應邀赴蘭州大學開設專業課程和學術講座,培養了一批敦煌吐魯番學研究者。2002 年退休以後,他又多次應邀赴臺灣講學,擔任臺灣政治大學、中國文化大學、東吴大學、中興大學等多所高校的客座教授,講授敦煌吐魯番學及隋唐史等專業課程,受到廣泛稱譽。

在學術交流方面,陳國燦教授經常參與專業性的國際國内學術交流和會議,先後應邀在敦煌研究院、吐魯番學研究院、新疆博物館、北京大學、廈門大學、蘭州大學、内蒙古大學、華中師範大學、香港中文大學、臺灣政治大學和日本東京大學、京都大學、美國耶魯大學等作過學術講座或講演,爲推進國内外同行的學術交流作出了積極的貢獻!

陳國燦教授的學術研究,高度重視傳世文獻、出土文獻與實地調查的有機結合。自 20 世紀 80 年代以來,他曾多次率領武漢大學中國古代史專業研究生赴西北考察。即使在八十歲高齡以後的晚年,仍堅持每年赴吐魯番考察一月左右,先後撰著發表多篇吐魯番地名考釋的高水平論文,引起學界同仁廣泛關注!

2012 年,在上海古籍出版社出版的學術專著《陳國燦吐魯番敦煌出土文獻史事論集》一書"學術自述"中,陳國燦教授明確指出,他的一生堅守著一則信條,即"恭謹敬業,矢志不渝;生命不息,奮鬥不止"。誠哉斯言!即使在 2017 年 8 月生病動手術之後,陳教授仍以堅强毅力伏案工作,堅持完成國家社科基金重大招標項目"絲綢之路出土各族契約文獻整理及其與漢文契約的比較研究"的結項工作,他用自己的實際行動充分證明了這一點。這種"生命不息,奮鬥不止",矢志追求學術事業的精神,令人敬佩,值得學習!

附:陳國燦教授論著目録

一、專著

1.《斯坦因所獲吐魯番文書研究》,武漢大學出版社,1994 年。臺灣古籍出版有限公司 2004 年再版,列入"出土思想文物與文獻研究叢書"之十八。

2.《日本寧樂美術館藏吐魯番文書》,北京:文物出版社,1997年。
3.《唐代的經濟社會》,臺北:文津出版社,1999年。
4.《敦煌學史事新證》,蘭州:甘肅教育出版社,2002年。
5.《吐魯番出土唐代文獻編年》,臺北:新文豐出版公司,2002年。
6.《論吐魯番學》,上海古籍出版社,2010年。
7.《陳國燦吐魯番敦煌出土文獻史事論集》,上海古籍出版社,2012年。

二、主編、參編著作

1.《吐魯番出土文書》釋文本1—10册,北京:文物出版社,1981—1991年。圖文本1—4册,北京文物出版社,1992—1996年(唐長孺主編,個人參編)。
2.《民族融合　締造中華》(合著,主編),武漢大學出版社,1995年。
3.《〈全唐文〉職官叢考》(合著,主編),武漢大學出版社,1997年。
4.《敦煌學大辭典》(季羨林主編,個人參編),上海辭書出版社,1998年。
5.《吐魯番文書總目(日本收藏卷)》(合著,主編),武漢大學出版社,2005年。
6.《吐魯番柏孜克里克石窟出土漢文佛教典籍》(合著,主編),北京:文物出版社,2007年。
7.《唐安西都護府史事編年》(石墨林編著,個人校訂),烏魯木齊:新疆人民出版社,2012年。
8.《新疆博物館新獲文書研究》(劉紹剛、侯世新主編,個人參編),北京:中華書局,2013年。

三、學術論文

(一)敦煌吐魯番學

1.《西夏天慶間典當殘契的復原》,《中國史研究》1980年第1期,143—151頁;收入《西夏史論文集》,銀川:寧夏人民出版社,1984年,320—334頁。
2.《跋〈武周張懷寂墓誌〉》,《魏晋南北朝隋唐史資料》第2輯,1980年,18—22頁;《文物》1981年第1期轉載,47—50頁。
3.《敦煌所出諸借契年代考》,《魏晋南北朝隋唐史資料》第4輯,1982年,8—16頁;《敦煌學輯刊》第5輯轉載,1984年,1—9頁。
4.《唐代的民間借貸——敦煌吐魯番所出唐代借貸契券初探》,《敦煌吐魯番文書初探》,武漢大學出版社,1983年,217—274頁。
5.《從吐魯番出土的質庫帳看唐代的質庫制度》,《敦煌吐魯番文書初探》,武漢大學出版社,1983年,316—343頁。

6.《對唐西州都督府勘檢天山縣主簿高元禎職田案卷的考察》,《敦煌吐魯番文書初探》,武漢大學出版社,1983年,455—485頁。

7.《吐魯番出土的〈諸佛要集經〉殘卷與敦煌高僧竺法護的譯經考略》,《敦煌學輯刊》第4輯,1983年,6—13頁。

8.《對未刊敦煌借契的考察》,《魏晉南北朝隋唐史資料》第5輯,1983年,20—26頁。

9.《唐瓜沙途程》,《魏晉南北朝隋唐史資料》第6輯,1984年,16—23頁。

10.《吐魯番文書在解放前的出土及其研究概況》,《中國史研究動態》1984年第6期,19—29頁。

11.《唐朝吐蕃陷落沙州城的時間問題》,《敦煌學輯刊》第7輯,1985年,1—7頁。

12.《吐魯番出土的東晉(?)寫本〈晉陽秋〉殘卷》(與李徵合撰),《出土文獻研究》第1輯,北京:文物出版社,1985年,152—158頁。

13.《敦煌出土粟特文信札的書寫地點和時間問題》,《魏晉南北朝隋唐史資料》第7輯,1985年,10—18頁。

14.《敦煌吐魯番文書與魏晉南北朝隋唐史研究》,《中國敦煌吐魯番學會研究通訊》1986年第1期,2—16頁;收入朱紹侯主編《中國史研究入門》,鄭州:河南人民出版社,1989年,312—339頁。

15.《武威在歷史上的地位》,《紅柳》(甘肅武威)1986年第2期。

16.《武周瓜沙地區的吐谷渾歸朝事蹟——對吐魯番所出敦煌軍事文書的探討》,《1983年全國敦煌學術討論會文集》(上),蘭州:甘肅人民出版社,1987年,1—26頁。

17.《唐代的論氏家族及其源流》,《中國史研究》1987年第2期,119—141頁。

18.《八、九世紀間唐朝西州統治權的轉移》,《魏晉南北朝隋唐史資料》第8輯,1986年,15—19、25頁。

19.《魏晉至隋唐河西胡人的聚居與火祆教》,《西北民族研究》1988年第1期,198—209頁。

20.《對高昌某寺全年月用帳的計量分析——兼析高昌國的賦税制度》,《魏晉南北朝隋唐史資料》第9、10合輯,1988年,4—12頁。

21.《從葬儀看道教"天神"觀在高昌國的流行》,《魏晉南北朝隋唐史資料》第9、10合輯,1988年,12—18頁。

22.《從敦煌吐魯番學看傳統文化的時代價值》,《武漢大學學報》(社會科學版)1989年第4期,73—76頁。
23.《唐五代敦煌縣鄉里制的演變》,《敦煌研究》1989年第3期,39—50頁。
24.《略論日本大谷文書與吐魯番新出墓葬文書之關聯》,《敦煌吐魯番研究論文集》,上海:漢語大辭典出版社,1990年,268—287頁。
25.《武周時期的勘田檢籍活動——對吐魯番所出兩組敦煌經濟文書的探討》,《敦煌吐魯番文書初探二編》,武漢大學出版社,1990年,370—418頁。
26.《吐魯番舊出武周勘檢田籍簿考釋》,《敦煌吐魯番文書初探二編》,武漢大學出版社,1990年,419—439頁。
27.《唐五代瓜沙歸義軍軍鎮的演變》,《敦煌吐魯番文書初探二編》,武漢大學出版社,1990年,555—580頁。
28.《長安、洛陽よりトゥルファンに將來された唐代文書について》,(日)《東洋學報》第72卷第3、4號,1991年,235—263頁。
29.《高昌國的占田制度》,《魏晉南北朝隋唐史資料》第11輯,武漢大學出版社,1991年,226—238頁。
30.《新出土的吐魯番文書與中亞史研究》,在"第十二屆亞洲歷史學家會議"上的學術報告,香港,1991年6月。
31.《由雛型走向定型化的契約——談吐魯番出土契卷》,《文史知識》1992年第8期,24—30頁。
32.《吐魯番出土文漢文文書與唐史研究》,香港大學亞洲研究中心編《隋唐史論文集》,1993年,295—301頁。
33.《唐麟德二年西域道行軍的救于闐之役——對吐魯番阿斯塔那四號墓部分文書的研究》,《魏晉南北朝隋唐史資料》第12輯,武漢大學出版社,1993年,27—36頁。
34.《東訪吐魯番文書紀要(一)》,《魏晉南北朝隋唐史資料》第12輯,武漢大學出版社,1993年,37—45頁。
35.《中國吐魯番文書的研究進展與展望》,《中國敦煌吐魯番學會研究通訊》1994年第1期,1—9頁;收入《敦煌文藪》(下),臺北:新文豐出版公司,1999年,139—158頁。
36.《對赤井南明堂藏二敦煌寫卷的鑒定》,《敦煌學輯刊》1994年第2期,1—4頁。
37.《唐喬師望職官年譜》,《魏晉南北朝隋唐史資料》第13輯,武漢大學出版社,

1994 年,44—47 頁。

38.《東訪吐魯番文書紀要(二)》,《魏晉南北朝隋唐史資料》第 13 輯,武漢大學出版社,1994 年,32—43 頁。

39.《唐五代敦煌四出道路考》,《1990 敦煌學國際研討會文集》,瀋陽:遼寧美術出版社,1995 年,216—236 頁。

40.《唐開元西州諸曹符帖目中的西域"警固"事》,《西域研究》1995 年第 1 期,28—32 頁。

41.《吐魯番出土元代杭州"裹貼"紙淺析》,《武漢大學學報》(社會科學版)1995 年第 5 期,41—44 頁。

42.《關於唐初喬師望守安西都護的時間問題》,《魏晉南北朝隋唐史資料》第 14 輯,武漢大學出版社,1996 年,86—88 頁。

43.《東訪吐魯番文書紀要(三)》,《魏晉南北朝隋唐史資料》第 14 輯,武漢大學出版社,1996 年,153—166 頁。

44.《新出吐魯番文書的意義及其歷史價值》,《西域研究》1996 年第 4 期,1—3 頁。

45.《德藏吐魯番出土端拱三年歸義軍"都受田簿"淺釋》,《段文傑敦煌研究五十年紀念文集》,北京:世界圖書出版公司北京分公司,1996 年,226—233 頁。

46.《安史亂後的唐二庭四鎮》,《唐研究》第 2 卷,北京大學出版社,1996 年,415—436 頁。

47.《韓樂然與新疆文化藝術考古》(與侯燦、李徵合撰),《西北美術》1997 年第 2 期,22—23 頁。

48.《敦煌五十九首佚名氏詩歷史背景新探》,《敦煌吐魯番研究》第 2 卷,北京大學出版社,1997 年,87—100 頁。

49.《美國普林斯頓所藏幾件吐魯番出土文書跋》,《魏晉南北朝隋唐史資料》第 15 輯,武漢大學出版社,1997 年,109—117 頁。

50.《略論高昌國負麥、粟帳的年代與性質》,《出土文獻研究》第 3 輯,北京:中華書局,1998 年,179—188 頁。

51.《略論唐五代的各類"地子"及其演變》,《中國古代社會研究——慶祝韓國磐先生八十華誕紀念論文集》,廈門大學出版社,1998 年,163—185 頁。

52.《吐魯番出土文獻所見之唐代軍府》,《魏晉南北朝隋唐史資料》第 16 輯,武漢大學出版社,1998 年,73—84 頁。

53.《敦煌吐魯番學的研究進展與展望》,(香港)《新亞生活月刊》第 25 卷第 5 期,1998 年,7—8 頁。

54.《從庫車出土文書看唐安西都護府府治地區的政治、經濟生活》(與劉安志合撰),在"唐代西域文明——安西大都護府國際學術討論會"上的學術報告,1998 年 9 月 12 日。

55.《關於〈唐建中五年(784)安西大都護府孔目司帖〉釋讀中的幾個問題》,《敦煌學輯刊》1999 年第 2 期,6—13 頁。

56.《從吐魯番出土文書看唐前期户税》,《敦煌吐魯番研究》第 4 卷,北京大學出版社,1999 年,465—476 頁。

57. The Worship of Daoist Celestial Deities in the Kingdom of Gaochang: A Study in Burial Customs, *Early Medieval China*, Volume 5, 1999.12, U.S.A. Published by The Early Medieval China Group, pp.36 – 54.

58.《唐西州蒲昌府防區内的鎮戍與館驛》,《魏晉南北朝隋唐史資料》第 17 輯,武漢大學出版社,2000 年,85—106 頁。

59. The Turfan Documents at Princeton's Gest Library, *Early Medieval China*, Volume 6, 2000.12. U.S.A. Published by The Early Medieval China Group, pp.36 – 54.

60.《敦煌莫高窟北區新出的幾件文書》,在"紀念敦煌藏經洞發現一百周年敦煌學國際研討會"上的學術報告,香港,2000 年 7 月 25 日。

61.《遼寧省檔案館藏吐魯番文書考釋》,《魏晉南北朝隋唐史資料》第 18 輯,武漢大學出版社,2001 年,87—99 頁;又載《吐魯番學研究》2001 年第 1 期,3—14 頁。

62.《莫高窟北區新發現的兩件唐户籍殘片》,《敦煌學與中國史研究論集——紀念孫修身先生逝世一周年》,蘭州:甘肅人民出版社,2001 年,113—117 頁。

63.《莫高窟北區第 47 窟新出唐告身文書研究》,《敦煌研究》2001 年第 3 期,83—89 頁。

64.《莫高窟北區第 47 窟新出唐〈貸錢折糧還納帳〉的性質》,《敦煌研究》2001 年第 4 期,99—104 頁。

65.《莫高窟北 47 窟新出〈唐開元廿四年(736)後丁租牒〉的復原與研究》,《敦煌研究》2002 年第 2 期,1—10 頁。

66.《略論吐魯番出土的敦煌文書》,《吐魯番學研究》2002 年第 1 期,1—15 頁;又載《西域研究》2002 年第 3 期,1—9 頁。

67.《從敦煌吐魯番所出早期寫經看佛教的東傳西漸》,《普門學報》第 7 期,高雄:臺灣佛光山文教基金會,2002 年,57—68 頁。

68.《姜亮夫〈莫高窟年表〉魏晉寫經繫年訂補》,《魏晉南北朝隋唐史資料》第 19 輯,武漢大學文科學報編輯部,2002 年,188—196 頁;又收入《姜亮夫、蔣禮鴻、郭在貽先生紀念文集》,上海教育出版社,2003 年,45—52 頁。

69.《〈唐李慈藝告身〉及其補闕》,《西域研究》2003 年第 2 期,37—43 頁。

70.《從吐魯番出土文獻看高昌王國》,臺湾政治大學《史學年報》第 20 期,2003 年,33—54 頁;又載《蘭州大學學報》(社會科學版)2003 年第 4 期,1—9 頁。

71.《吐魯番學研究和發展芻議》,《西域研究》2003 年第 3 期,1—8 頁。

72.《唐代行兵中的十馱馬制度——對吐魯番所出十馱馬文書的探討》,《魏晉南北朝隋唐史資料》第 20 輯,武漢大學文科學報編輯部,2003 年,187—198 頁。

73.《俄藏敦煌 Дx.12012 號〈書儀〉疏證》,(臺灣)《敦煌學》第 25 輯,2004 年,407—418 頁。

74.《自卷簾衣延草色　欲回春氣入書叢——對唐長孺師研究出土文獻方法的體會》,《魏晉南北朝隋唐史資料》第 21 輯,武漢大學文科學報編輯部,2004 年,88—94 頁。

75.《〈俄藏敦煌文獻〉中吐魯番出土的唐代文書》,《敦煌吐魯番研究》第 8 卷,北京: 中華書局,2005 年,105—114 頁。

76.《敦煌莫高窟與藏經洞的發現》,(臺灣)《歷史文物月刊》2005 年 3 月號。

77.《從庫車出土文書看唐安西都護府府治地區的政治、經濟生活》(與劉安志合撰),《龜兹文化研究》第 1 輯,香港天馬出版公司,2005 年,95—129 頁。

78.《鄯善新發現的一批唐代文書》,《吐魯番學研究》2005 年第 2 期,3—15 頁;又載《敦煌吐魯番研究》第 9 卷,北京: 中華書局,2006 年,123—141 頁。

79.《唐代的"執衣"與執衣錢》,《魏晉南北朝隋唐史資料》第 22 輯,武漢大學文科學報編輯部,2005 年,139—145 頁;又載《中華文史論叢》2006 年第 3 期,235—246 頁。

80.《唐代安西都護府對龜兹的治理》(與劉安志合撰),《歷史研究》2006 年第 1 期,34—48 頁。

81.《略論敦煌吐魯番文獻研究中的史學斷代問題》,《敦煌研究》2006 年第 6 期,124—129 頁。

82.《唐西州在絲綢之路上的地位和作用》,《唐史論叢》第 9 輯,西安: 三秦出版社,2006 年,145—159 頁;又載《吐魯番學研究》2006 年第 2 期,69—78 頁。

83.《唐代的"神山路"與撥換城》,《魏晉南北朝隋唐史資料》第 24 輯,武漢大學文科學報編輯部,2008 年,197—205 頁;又載《龜兹學研究》第 3 輯,烏魯木齊: 新疆大學出版社,2008 年,39—49 頁。

84.《吐魯番出土文獻研究的新進展》,《華學》第 9、10 合輯,上海古籍出版社,2008 年,846—853 頁。

85.《略論吐魯番出土文書與中國古代史研究的關係》,《吐魯番學研究》2008 年第 1 期,12—19 頁。

86.《唐安西四鎮中"鎮"的變化》,《西域研究》2008 年第 4 期,16—22 頁。

87.《古高昌大乘信仰盛況的再現——對旅博藏吐魯番出土佛經整理評介》,2008 年 6 月在蘭州中國敦煌吐魯番學會年會上的報告。

88.《西州回鶻時期漢文〈造佛塔記〉初探》(與伊斯拉菲爾・玉蘇甫合撰),《歷史研究》2009 年第 1 期,174—182 頁。

89.《論高昌文化與中華文化的一體性》,束迪生等主編《高昌社會變遷及宗教演變》,烏魯木齊: 新疆人民出版社,2010 年,63—83 頁。

90.《新博新集出土古漢文文書綜論》,2010 年 5 月在"新疆博物館文書研討會"上的報告。

91.《對新疆博物館新集高昌券契的認識》,《魏晉南北朝隋唐史資料》第 27 輯,武漢大學文科學報編輯部,2011 年,545—552 頁。

92.《唐安西都護府與新和縣的歷史遺存》,新和縣文化體育廣播電視管理局編《絲路印記——絲綢之路與龜兹中外文化交流》,蘭州: 甘肅人民出版社,2011 年,44—50 頁。

93.《新見的兩則敦煌文卷〈春秋後語・秦語〉》,《慶賀饒宗頤先生 95 華誕敦煌學國際學術研討會論文集》,北京: 中華書局,2012 年,424—429 頁。

94.《庫車出土漢文文書與唐安西都護府史事》,《龜兹學研究》第 5 輯,烏魯木齊: 新疆大學出版社,2012 年,165—172 頁。

95.《讀〈杏雨書屋藏敦煌秘笈〉社會文書札記(一)》,《魏晉南北朝隋唐史資料》第 28 輯,武漢大學文科學報編輯部,2012 年,249—262 頁。

96.《對新出一批高昌券契的認識》,《新疆博物館新獲文書研究》,北京: 中華書局,2013 年,311—317 頁。

97.《讀〈杏雨書屋藏敦煌秘笈〉札記》,《史學史研究》2013 年第 1 期,113—122 頁。

98.《唐安西都護府駐軍研究》,《新疆師範大學學報》2013 年第 3 期,55—61 頁。

99.《〈北涼高昌郡高寧縣條次烽候差役更代簿〉考釋》,《吐魯番學研究》2013 年第 2

期,1—9頁。

100.《敦煌學與吐魯番學相得益彰》,《中國社會科學報》2014年2月28日。

101.《玄奘與高昌王國》,《吐魯番學研究》2014年第2期,6—12頁。

102.《略論佉盧文契約中的人口買賣》,《西北師大學報》2015年第3期,46—50頁。

103.《對高昌國諸城"丁輸木薪額"文書的研究——兼論高昌國早期的諸城分佈》,《吐魯番學研究》2015年第1期,14—22頁。

104.《吐魯番地名的開創期——吐魯番地名研究之二》,《吐魯番學研究》2015年第2期,33—39頁。

105.《對吐魯番地名發展演變規律的探討——吐魯番古代地名研究之一》,《吐魯番學研究:吐魯番與絲綢之路經濟帶高峰論壇暨第五届吐魯番學國際學術研討會論文集》,上海古籍出版社,2016年,66—73頁。

106.《對敦煌吐蕃文契約文書斷代的思考》,《西域研究》2016年第4期,1—6頁。

107.《高昌王國對郡縣的擴建——吐魯番地名研究之三》,《吐魯番學研究》2016年第1期,17—24頁。

108.《唐西州的四府五縣制——吐魯番地名研究之四》,《吐魯番學研究》2016年第2期,10—24頁。

109.《試論吐蕃佔領敦煌後期的鼠年變革——敦煌"永壽寺文書"研究》,《敦煌研究》2017年第3期,1—7頁。

110.《西州回鶻時期吐魯番地名的音變——吐魯番古代地名研究之五》,《吐魯番學研究》2017年第1期,26—38頁。

111.《對高昌東部諸古城遺址的查訪——吐魯番古代地名研究之六》,《吐魯番學研究》2017年第2期,12—21頁。

112.《對絲綢之路上佉盧文買賣契約的探討》(與乜小紅合撰),《西域研究》2017年第2期,64—78頁。

113.《"和合而同"——論中國古代契約的"貴和"思想》(與李洪濤合撰),《中國經濟史研究》2018年第4期,67—79頁。

114.《古絲路上的國際商城——高昌"末胡營"考》(與吾邁爾·卡德爾合撰),《西域研究》2018年第3期,14—24頁。

(二)中國古代史

1.《隋代的社會階級矛盾與隋末農民起義諸特點的關係》,《光明日報·史學》1959年

7月9日。

2.《大黑河諸水沿革考辨》,《内蒙古大學學報》1964年第2期,105—120頁。

3.《魏晉間的烏丸與"護烏丸校尉"》,《魏晉南北朝隋唐史資料》第1輯,1979年,21—26頁。

4.《明初航向東西洋的一部海道針經——對〈順風相送〉的成書年代及其作者的考察》,《武漢大學史學論文集》第1輯,武漢大學出版社,1978年,167—177頁;後收入《四庫全書研究》創刊號,1992年。

5.《統一多民族中國的歷史不容篡改》(署名陳葛),《江漢歷史學叢刊》第1期,1979年,1—14頁。

6.《唐乾陵石人像及其銜名的研究》,《文物集刊》第2集,北京:文物出版社,1980年,189—203頁;修訂稿收入林幹主編《突厥與回紇歷史論文選集》,北京:中華書局,1987年,375—407頁。

7.《論西突厥部族與隋唐王朝的關係》,《歷史教學》1981年第7期,44—48頁。

8.《唐代的鹽户》,《中國古代史論叢》第3輯,福州:福建人民出版社,1982年,236—253頁。

9.《唐乾陵及其石人羣像》,《文史知識》1985年第2期,125—129頁。

10.《古代荆沙地區的經濟發展及演變》,《古代長江中游的經濟開發》,武漢出版社,1988年。

11.《六朝時期江陵大族的替變》,谷川道雄編《地域社會在六朝政治文化上所起的作用》,東京:玄文社,1989年,159—166頁。

12.《諸葛亮躬耕地及故宅考》,《諸葛亮躬耕地望論文集》,北京:東方出版社,1991年,144—153頁。

13.《略論江陵在中國古都中的地位》,《中國古都研究》第7輯,太原:山西人民出版社,1991年,192—201頁。

14.《關於唐丘玄素撰〈天王道悟禪師碑〉》,《魏晉南北朝隋唐史資料》第15輯,武漢大學出版社,1997年,156—160頁。

15.《中國古代租佃關係與租佃契約淺論》,《中國前近代史理論國際學術研討會論文集》,武漢:湖北人民出版社,1997年,391—402頁。

16.《烏海市所出西夏某參知政事碑考釋》,《内蒙古大學學報》1997年第4期,10—18頁。

四、評介、序言及其他

1.《乾陵石人羣》,《中國建設》1983 年第 8 期,69—73 頁。

2.《唐長孺教授(學術小傳)》,《武漢大學學報》(社會科學版)1986 年第 3 期,1—2 頁。

3.《笑裏藏刀的李義府》,《奸臣傳》上册,鄭州: 河南人民出版社,1988 年,353—363 頁。

4.《弄權干政的仇士良》,《奸臣傳》上册,鄭州: 河南人民出版社,1988 年,456—468 頁。

5.《近年中國における唐史研究と敦煌吐魯番文書研究》,(日本)《唐代史研究會會報》第 4 號,1991 年,10—17 頁。

6.《忠信獲罪的長孫無忌》,《外戚傳》下册,鄭州: 河南人民出版社,1992 年,18—30 頁。

7.《評〈敦煌社會經濟文獻真蹟釋録〉》,(香港)《九州學刊》第 5 卷第 4 期,1993 年,119—121 頁。

8.《漢光武帝的治世之道》,"1994 年漢光武帝劉秀誕生二千年研討會"上的學術報告,襄陽,1994 年 11 月。

9.《柳洪亮〈新出吐魯番文書及其研究〉序》,烏魯木齊: 新疆人民出版社,1997 年,1—5 頁。

10.《評小田義久先生〈大谷文書の研究〉》,《敦煌吐魯番研究》第 3 卷,北京大學出版社,1998 年,381—391 頁。

11.《李正宇著〈古本敦煌鄉土志八種箋證〉序》,《敦煌研究》1998 年第 3 期,164—167 頁。

12.《〈羅田裴氏宗譜〉序》,湖北羅田渌野堂《裴氏宗譜》重印本,1999 年。

13.《〈吐魯番出土磚誌集注〉評介》,《吐魯番學研究》2003 年第 2 期,101—104 頁。

14.《〈吐魯番史〉前言》,《吐魯番史》,烏魯木齊: 新疆人民出版社,2004 年,5—16 頁。

15.《陳月海主編〈義門陳文史考〉序》,南昌: 江西人民出版社,2006 年,1—3 頁。

16.《〈吐魯番柏孜克里克石窟出土漢文佛教典籍〉前言》,北京: 文物出版社,2007 年,1—4 頁。

17.《陳仁春〈華梵人文教育之實踐〉序》,2008 年。

18.《乜小紅〈俄藏敦煌契約文書研究〉序》,上海古籍出版社,2009 年,1—3 頁。

19.《〈高昌社會變遷及宗教演變〉序》,烏魯木齊：新疆人民出版社,2010年,6—9頁。
20.《劉安志〈敦煌吐魯番文書與唐代西域史研究〉序》,北京：商務印書館,2011年,2—3頁。
21.《陳月海、陳剛主編〈義門陳文史續考〉序》,南昌：江西人民出版社,2011年,1—5頁。
22.《探源察變,務實求真——評乜小紅著〈中國中古契券關係研究〉》,《中國社會經濟史研究》2015年第2期,92—95頁。
23.《絲綢之路精神的當代傳承》,《人民日報》2016年1月14日。
24.《〈元代畏兀兒宗教文化研究〉序》,北京：科學出版社,2017年,卷首頁。

後記:《陳國燦吐魯番敦煌出土文獻史事論集》(上海古籍出版社,2012年)一書所附《學術論著目録》,是恩師陳國燦先生生前親自編定的論著目録,詳細記録了他2012年以前撰著發表的論著情況。今在陳師原目基礎上,進一步蒐集他2012年以後發表的論著資料,草成此目,大體可以反映陳師一生的學術成就。需要説明的是,本目的部分頁碼核查,得到博士生李政澄、張恒的幫助,陳師簡歷則得到王素先生的賜正,特此鳴謝!

受業弟子劉安志謹識
二〇一八年九月一日

(作者單位：武漢大學歷史學院)

《敦煌吐魯番研究》第十八卷
2018 年,87—90 頁

唐耕耦先生著述要目

劉　波

一、著　　作

1. (與陸宏基合編)《敦煌社會經濟文獻真蹟釋録》第 1 輯,北京：書目文獻出版社,1986 年;第 2 至 5 輯,北京：全國圖書館縮微複製中心,1990 年。
2. 主編《敦煌法制文書》,北京：科學出版社,1994 年。
3.《敦煌寺院會計文書研究》,臺北：新文豐出版公司,1997 年。

二、論　　文

1.《從敦煌吐魯番資料看唐代均田令的實施程度》,《山東大學學報》(歷史版)1963 年第 1 期,18—39 頁。
2.《關於吐魯番文件中的唐代永業田退田問題》,《山東大學學報》(社會科學版)1964 年第 2 期,42—55 頁。
3. (與宋家鈺、方積六合撰)《歷史上的武則天與"四人幫"的復辟術——評〈法家女皇武則天〉一文的反革命實質》,《光明日報》1977 年 4 月 7 日第 4 版;收入《徹底揭發批判"四人幫"》(八),濟南：山東人民出版社,1977 年,148—157 頁;又收入《評"四人幫"的批儒評法》,廣州：廣東人民出版社,1977 年,180—189 頁。
4.《唐代水車的使用與推廣》,《文史哲》1978 年第 4 期,73—76 頁。
5. (與張秉倫合撰)《唐代茶業》,《社會科學戰綫》1979 年第 4 期,159—165 頁。
6.《邸報：世界上最早的報紙》,《八小時以外》1980 年第 1 期,43 頁。
7.《西魏敦煌計帳文書以及若干有關問題》,《文史》第 9 輯,1980 年 6 月,31—52 頁。
8.《唐代的資課》,《中國史研究》1980 年第 3 期,82—91 頁。
9. (與張秉倫合撰)《試論唐朝茶樹栽培技術及其影響》,《科技史文集》第 3 輯《綜合輯》,上海科學出版社,1980 年,29—32 頁。

10.《唐代前期的户等與租庸調的關係》,《魏晉隋唐史論集》第 1 輯,北京:中國社會科學出版社,1981 年,185—209 頁;收入《敦煌吐魯番文書研究》,蘭州:甘肅人民出版社,1984 年,42—72 頁。

11.《唐代前期的兵募》,《歷史研究》1981 年第 4 期,159—172 頁。

12.《唐代前期的雜徭》,《文史哲》1981 年第 4 期,34—38 頁。

13.《唐代均田制的性質——唐代前期封建土地所有制的形式》,《歷史論叢》第 2 輯,濟南:齊魯書社,1981 年,274—319 頁。

14.《唐代前期的臨時别差科問題的提出》,《中國古代史論叢》第 3 輯,福州:福建人民出版社,1982 年,222—235 頁。

15.《唐代課户、課口諸比例釋疑》,《歷史研究》1983 年第 3 期,65—72 頁。

16.《敦煌四件唐寫本姓望氏族譜(?)殘卷研究》,《敦煌吐魯番文獻研究論集》第 2 輯,北京大學出版社,1983 年,211—280 頁。

17.《敦煌唐寫本天下姓望氏族譜殘卷的若干問題》,《魏晉隋唐史論集》第 2 輯,北京:中國社會科學出版社,1983 年,293—315 頁。

18. "UNE ÉTUDE LA DATE ET DE LA NATURE DU MANUSCRIPT WEI 位 79 DE LA BIBLIOTHÈQUE NATIONALE DE PÉKIN". *CONTRIBUTIONS AUX ÉTUDES DE TOUEN-HOUANG*, VOLUME III. PARIS: ÉCOLE FRANÇAISE D'EXTRÊME-ORIENT, 1984, pp.103 - 142. Traduit par CHOI Hak-kin (蔡克健).

19.《關於唐代租佃制的若干問題——以吐魯番敦煌租佃契爲中心》,《歷史論叢》第 5 輯,濟南:齊魯書社,1985 年,93—129 頁。

20.《唐五代時期的高利貸——敦煌吐魯番出土借貸文書初探》,《敦煌學輯刊》1985 年第 2 期,11—21 頁;1986 年第 1 期,134—153 頁。

21.《吐蕃時期敦煌課麥粟文書介紹》,《中國社會經濟史研究》1986 年第 3 期,125—126、130 頁。

22.《曹仁貴節度沙州歸義軍始末》,《敦煌研究》1987 年第 2 期,14—19 頁。

23.《吐蕃時期敦煌課麥粟文書補》,《中國社會經濟史研究》1987 年第 4 期,98—99 頁。

24.《敦煌所出唐河西支度營田使户口給糧計簿殘卷》,《中國歷史博物館館刊》第 10 期,1987 年,60—66 頁。

25.《關於敦煌寺院水磑研究中的幾個問題》,《文獻》1988 年第 1 期,178—197 頁。

26.《伯二〇三二號甲辰年净土寺諸色入破曆計會稿殘卷試釋》,敦煌吐魯番學北京資料中心編印《敦煌吐魯番文集》,1988 年,1—34 頁。

27.《敦煌寫本中釋教大藏經目録與有關文書(一)》,《圖書館學通訊》1988 年第 3 期,88—96、35 頁。

28.《房山石經題記中的唐代社邑》,《文獻》1989 年第 1 期,74—106 頁。

29.《8 至 10 世紀敦煌的物價》,《紀念陳寅恪教授國際學術討論會文集》,廣州: 中山大學出版社,1989 年,526—554 頁。

30.《李世民是傑出的軍事家嗎?》,《社會科學戰綫》1989 年第 3 期,149—157 頁。

31.《〈古代長江中游的經濟開發〉一書介紹》,《中國史研究動態》1989 年第 6 期,29—31 頁。

32.《敦煌便物曆研究》,《敦煌吐魯番文獻研究論集》第 5 輯,北京大學出版社,1990 年,137—196 頁。

33.《乙巳年(公元九四五年)净土寺諸色入破曆祘會稿殘卷試釋》,《敦煌吐魯番學研究論文集》,上海: 漢語大詞典出版社,1990 年,238—267 頁。

34.《均田制的實質》,《紀念李埏教授從事學術活動五十周年史學論文集》,昆明: 雲南大學出版社,1992 年,196—206 頁。

35.《北圖新一四四六號諸色入破曆算會牒殘卷》,《九州學刊》第 5 卷第 4 期,1993 年,123—130 頁。

36.《敦煌寺院會計文書》,《北京圖書館館刊》1996 年第 1 期,49—57 頁。

37.《敦煌研究拾遺補缺二則》(甲午年五月十五日陰家婢子小娘子榮客目跋;天福二年(公元 937 年)二月十九日河西都僧統龍辯榜綴合),《敦煌研究》1996 年第 4 期,113—119 頁。

38.《四柱式諸色入破曆算會牒的解剖——諸色入破曆算會稿殘卷復原的基礎研究》,《周紹良先生欣開九秩慶壽文集》,北京: 中華書局,1997 年,126—141 頁。

39.《敦煌净土寺六件諸色入破曆算會稿綴合》,《敦煌吐魯番研究》第 2 卷,北京大學出版社,1997 年,259—284 頁。

40.《〈癸卯年(943)正月一日已後净土寺直歲廣進手下諸色入破曆算會稿〉殘卷綴合》,《文獻》1998 年第 3 期,110—125 頁。

41.《北圖新八七〇廣順二年願護等牒跋》,《敦煌文藪》(下),臺北: 新文豐出版公司,1999 年,207—210 頁。

42.《我的“敦煌學”經歷——〈敦煌社會經濟文獻真蹟釋録〉編輯回憶》,《百年敦煌學:歷史・現狀・趨勢》,蘭州:甘肅人民出版社,2009年,143—156頁。
43.《紀念王永興先生》,《通向義寧之學:王永興先生紀念文集》,北京:中華書局,2010年,54—63頁。

(作者單位:國家圖書館)

《敦煌吐魯番研究》第十八卷
2018 年,91—96 頁

金維諾先生敦煌學論著目録*

本刊編輯部

一、專　　著

1.《中國美術史論集》,北京：人民美術出版社,1981 年(臺北明文書局,1984 年初版、1987 年再版;南天書局兩卷版,1995 年;哈爾濱：黑龍江美術出版社三卷版,2004 年)。
2.《古帝王圖》,北京：人民美術出版社,1982 年。
3.《中國宗教美術史》(與羅世平合著),南昌：江西美術出版社,1995 年。
4.《中國古代佛雕——佛教造像樣式與風格》,北京：文物出版社,2002 年。
5.《世界美術全集·中國美術·魏晉至隋唐》,北京：中國人民大學出版社,2004 年。
6.《中華佛教史·佛教美術卷》,太原：山西教育出版社,2013 年。

二、主　　編

1.《中國石窟》(日文版、中文版;合作主編),東京：平凡社/北京：文物出版社,1980—1998 年。
2.《中國美術全集·隋唐五代繪畫》,北京：人民美術出版社,1988 年。
3.《中國美術分類全集·中國壁畫全集·藏傳寺院壁畫》,天津人民美術出版社,1989 年。
4.《中國美術分類全集·中國壁畫全集 32—34·藏傳寺院 2—4》,天津人民美術出版社,1991—1993 年。

* 本目録據羅世平《鑒古開今　永遠進取——金維諾教授的學術人生》(《美術》2018 年第 4 期)文末所附廖暘研究員整理的《金維諾教授(1924—2018)著作目録》編訂而成。

5.《中華文明史·美術編》,石家莊:河北教育出版社,1995年。

6.《中國寺觀壁畫典藏叢書》16册,石家莊:河北美術出版社,2001年。

7.《中國美術分類全集·中國寺觀雕塑全集》5卷,哈爾濱:黑龍江美術出版社,2003—2006年。

8.《世界美術全集》21卷,北京:中國人民大學出版社,2004年。

9.《中國彩塑精華珍賞叢書》15册,太原:山西人民出版社,2004年。

10.《中國美術分類全集·中國寺觀壁畫全集》7卷,廣州:廣東教育出版社,2006—2011年。

11.《中國美術全集·殿堂壁畫》2卷,合肥:黄山書社,2010年。

12.《中國美術分類全集·中國墓室壁畫全集》3卷,石家莊:河北美術教育出版社,2011年。

13.《中國美術史　魏晉至隋唐》,北京:中國人民大學出版社,2014年。

14.《西域美術全集》12卷,天津:天津人民美術出版社,烏魯木齊:新疆文化出版社,2016年。

15.《中華大典·藝術典》5卷,長沙:嶽麓書院,2015—2017年。

三、論　　文

1.《豐富的想象,卓越的創造——論敦煌莫高窟壁畫的成就》,《美術》1955年第10期,37—41頁。

2.《按照美的規律塑造——談莫高窟的彩塑》,《文物參考資料》1956年第2期,11—15頁。

3.《智慧的花朵——談敦煌圖案的藝術成就》,《文物參考資料》1956年第8期,5—7頁。

4.《敦煌本生圖的内容與形式》,《美術研究》1957年第3期,70—76頁。

5.《〈佛本生圖〉形式的演變》,《現代佛學》1963年第2期,22—25頁;收入張曼濤主編《現代佛教學術叢刊》20“佛教藝術論集”,臺北:大乘文化出版社,1978年,197—206頁;又見《中國美術史論集》(下編),哈爾濱:黑龍江美術出版社,2004年,371—378頁。

6.《敦煌壁畫中的中國佛教故事》,《美術研究》1958年第1期,70—76頁;又以《敦煌壁畫裏的中國佛教故事》爲題,收入《中國美術史論集》(下編),哈爾濱:黑龍江美術出版社,2004 年,344—354 頁。

7.《敦煌壁畫〈祇園記圖〉考》,《文物参考資料》1958 年第 10 期,8—13 頁;收入周紹良、白化文編《敦煌變文論文録》,上海古籍出版社,1982 年,341—352 頁;《中國美術史論集》(下編),哈爾濱: 黑龍江美術出版社,2004 年,379—389 頁。

8.《〈祇園記圖〉與變文》,《文物参考資料》1958 年第 11 期,32—35 頁;收入周紹良、白化文編《敦煌變文論文録》,上海古籍出版社,1982 年,353—360 頁;《中國美術史論集》(下編),哈爾濱: 黑龍江美術出版社,2004 年,390—396 頁;吴光正、李舜臣、余來明主編《異質文化的碰撞——二十世紀"佛教與古代文學"論叢》,哈爾濱: 黑龍江人民出版社,2009 年,387—399 頁。

9.《佛教畫中的古代傳説》,《美術》1959 年第 2 期,44 頁。

10.《壁畫〈維摩變〉的發展》,《文物》1959 年第 2 期,3—9 頁;收入《現代佛教學術叢刊》20"佛教藝術論集",臺北: 大乘文化出版社,1978 年,347—365 頁;《中國美術史論集》(下編),哈爾濱: 黑龍江美術出版社,2004 年,409—421 頁。

11.《鹿母夫人(佛經故事)》,《美術》1959 年第 3 期,48 頁。

12.《法海寺壁畫〈帝釋梵天圖〉》,《美術研究》1959 年第 3 期,24—27 頁。

13.《敦煌晚期的〈維摩變〉》,《文物》1959 年第 4 期,54—60 頁;收入張曼濤主編《現代佛教學術叢刊》20"佛教藝術論集",臺北: 大乘文化出版社,1978 年,347—365 頁;又見《中國美術史論集》(下編),哈爾濱: 黑龍江美術出版社,2004 年,409—421 頁。

14.《沙漠上的藝術之宫——敦煌石窟》,《美術研究》1959 年第 4 期,11—15 頁。

15.《敦煌窟龕名數考》,《文物》1959 年第 5 期,50—54、61 頁。

16.《唐代西州墓中的絹畫》(與衛邊合著),《文物》1975 年第 10 期,36—43 頁;收入新疆社會科學院考古研究所編《新疆考古三十年》,烏魯木齊: 新疆人民出版社,1983 年,621—626 頁。

17.《張雄夫婦墓俑與初唐傀儡戲》(與李遇春合著),《文物》1976 年第 12 期,44—50 頁;收入新疆社會科學院考古研究所編《新疆考古三十年》,烏魯木齊: 新疆人民出版社,1983 年,629—634 頁。

18.《唐代的人物畫》,《中國畫》1982 年第 2 期,63—67 頁。

19.《早期的山水畫》,《日本美術史學會論文集》,1983 年。

20.《有關寺院藝術的幾部史籍》,沈鵬編《美術論集》第 2 輯,北京: 人民美術出版社,

1983 年,116—126 頁。

21.《敦煌窟龕名數考補》(提要),《敦煌研究》1988 年第 2 期,5 頁;段文傑主編《敦煌石窟研究國際討論會文集・石窟考古編 1987》,瀋陽: 遼寧美術出版社,1990 年,32—39 頁。

22.《〈西方净土變〉的形成與發展》,《佛教文化》1990 年第 2 期,30—34 頁。

23.《墓室壁畫在美術史上的重要地位》,《美術研究》1997 年第 2 期,38—42 頁。

24.《龜兹藝術的風格與成就》,《西域研究》1997 年第 3 期,1—9 頁;收入張新倫、裴孝曾主編《龜兹文化研究》2,烏魯木齊: 新疆人民出版社,2006 年,630—638 頁;《新疆通史》編纂委員會編《新疆歷史研究論文選編・通論卷》,烏魯木齊: 新疆人民出版社,2008 年,200—210 頁。

25.《先秦至隋唐五代時期的繪畫》,中國古代書畫鑒定組編《中國繪畫全集・先秦隋唐五代》,北京: 文物出版社,1997 年,7—27 頁。

26.《中國佛教藝術對傳統文化的融合與發展》,王堯主編《佛教與中國傳統文化》,北京: 宗教文化出版社,1997 年,512—536 頁。

27.《龜兹藝術的風格與成就》,《中國石窟・克孜爾石窟》3,北京: 文物出版社,1997 年,187—195 頁。

28.《麥積山石窟的興建及其藝術成就》,《中國石窟・天水麥積山》,北京: 文物出版社,1998 年,165—180 頁;收入麥積山石窟藝術研究所編《麥積山石窟研究論文集》,蘭州: 甘肅人民出版社,2006 年,240—256 頁;天水市政協文史資料委員會編《天水石窟文化》,蘭州: 甘肅文化出版社,2014 年,47—66 頁。

29.《唐代在書畫理論上的繼承與發展》,《唐研究》第 4 卷,北京大學出版社,1998 年,349—360 頁。

30.《寺院壁畫的考察與研究》,《文物》1998 年第 4 期,38—52 頁。

31.《敦煌藝術在美術史上的研究地位》,《中國石窟・敦煌莫高窟》5,北京: 文物出版社,1999 年,186—194 頁。

32.《中國新疆早期佛教彩塑的形成與發展》,《雕塑》2000 年第 1 期,32—34 頁。

33.《敦煌藝術與書畫傳統的學習與繼承》,《榮寶齋》2000 年第 2 期,58—62 頁。

34.《吐蕃佛教圖像與敦煌的藏傳繪畫遺存——紀念敦煌藏經洞發現一百周年》,《藝術史研究》第 2 輯,廣州: 中山大學出版社,2000 年,1—26 頁。

35.《寺觀壁畫的普及本》,《美術之友》2003 年第 1 期,30—32 頁。

36.《漢魏時期佛教造像遺跡》,《雕塑》2003 年第 5 期,48—50 頁。

37.《早期的佛教彩塑》,《雕塑》2003 年第 6 期,36—39 頁。

38.《敦煌的彩塑》,《敦煌與絲路文化學術講座》,北京圖書館出版社,2003 年,241—265 頁。

39.《唐代宫廷繪畫及其影響》,《中國書畫》2004 年第 1 期,24—43 頁。

40.《麥積山的北朝造像》,《雕塑》2004 年第 2 期,34—37 頁;收入蘭州大學敦煌學研究所、甘肅省古籍文獻整理編譯中心編《天水麥積山石窟研究論文集》,蘭州: 甘肅文化出版社,2008 年,331—334 頁。

41.《藝壇之雄　永載史册——回憶常書鴻先生》,《敦煌研究》2004 年第 3 期,45—46 頁;收入郝春文主編《2013 敦煌學國際聯絡委員會通訊》,上海古籍出版社,2013 年,111—112 頁。

42.《敦煌的雕塑藝術》,《雕塑》2004 年第 3 期,25—27 頁。

43.《龜兹藝術的創造性成就》,新疆龜兹學會編《龜兹學研究》第 2 輯,烏魯木齊: 新疆大學出版社,2007 年,20—26 頁。

44.《龜兹藝術的創造性成就》,《西域研究》2007 第 1 期,1—5 頁。

45.《段文傑與敦煌壁畫臨摹》,《敦煌研究》2007 年第 4 期,5—7 頁。

46.《從敦煌藝術看佛畫的形式和流派》,吴健等《佛教美術全集 4・敦煌佛影》,北京: 文物出版社,2008 年,36—70 頁。

47.《神祠、寺觀的發展及其壁畫》,羅世平、丁鳳萍主編《中國美術分類全集・中國寺觀壁畫全集 1・早期寺院壁畫》,廣州: 廣東教育出版社,2011 年,1—21 頁。

48.《光輝的一生: 敦煌學的先行者向達先生——在國家圖書館向達先生追思會上的發言》,《美術研究》2011 年第 1 期,10—11 頁。

49.《唐代繪畫的藝術成就及其典範性》,上海博物館編《千年丹青——細讀中日藏唐宋元繪畫珍品》,北京大學出版社,2010 年,77—82 頁;《藝術品》2014 年第 1 期,72—77 頁。

三、序　　言

1. 敦煌研究院編《段文傑敦煌研究五十年紀念文集・序》,北京: 世界圖書出版公司北京公司,1996 年。

2. 熊文彬《中世紀藏傳佛教藝術——白居寺壁畫藝術研究・序》,北京: 中國藏學出版社,1996年。

3. 程曉鐘、楊富學《莊浪石窟·序言》,蘭州:甘肅文化出版社,1999年;《隴右文博》2000年第1期,14、19頁。

4. 謝繼勝《西夏藏傳繪畫:黑水城出土西夏唐卡研究·序》,石家莊:河北教育出版社,2001年。

5. 賈應逸、霍旭初《龜兹學研究》第1輯"序",烏魯木齊:新疆大學出版社,2006年。

6. 鄒清泉《虎頭金粟影——維摩詰變相研究·序言》,北京大學出版社,2013年。

《敦煌吐魯番研究》第十八卷
2018年,97—98頁

王卡先生敦煌學論著目録

張　鵬

一、專　　著

1.《敦煌道教文獻研究——綜述・目録・索引》,北京:中國社會科學出版社,2004年。
2.《道教經史論叢》,成都:巴蜀書社,2007年。

二、論　　文

1.《老子道德經序訣考》,《世界宗教研究》1983年第3期,115—122頁。
2.《敦煌〈正一經〉殘卷》,《宗教學研究》1986年第2期,50—51頁。
3.《道教典籍之流傳與現狀》,《中國哲學史研究》1989年第1期,65—71頁。
4.《〈老子化胡經序〉校跋》,《中國道教》1990年第4期,28—34頁。
5.《敦煌本〈靈寶金録齋儀〉校讀記》,《道教學探索》第9期,1997年,23—56頁。
6.《道藏及道經整理》,曹中建主編《中國宗教研究年鑒・1996》,北京:中國社會科學出版社,1998年,176—182頁。
7.《敦煌道經校讀三則》,陳鼓應主編《道家文化研究》第13輯,北京:生活・讀書・新知三聯書店,1998年,110—129頁。
8.《敦煌道經殘卷綴合與考訂三則》,郝春文主編《敦煌文獻論集:紀念敦煌藏經洞發現一百周年國際學術研討會論文集》,瀋陽:遼寧人民出版社,2001年,581—594頁。
9.《敦煌S.6310號殘抄本綴合定名之誤》,《敦煌吐魯番研究》第5卷,北京大學出版社,2001年,79—80頁。
10.《敦煌殘抄本陶公傳授儀校讀記》,《敦煌學輯刊》2002年第1期,89—97頁。

11.《敦煌本〈老子節解〉殘頁考釋》,《敦煌吐魯番研究》第 6 卷,北京大學出版社,2002 年,98—99 頁。
12.《敦煌本洞玄靈寶九天生神章經疏考釋》,《敦煌學輯刊》2002 年第 2 期,73—75 頁。
13.《敦煌殘抄本〈太上濟衆經〉考釋》,《唐研究》第 6 卷,北京大學出版社,2002 年,57—66 頁。
14.《唐代道教女冠詩歌的瑰寶——敦煌本〈瑶池新詠集〉校讀記》,《中國道教》2002 年第 4 期,10—13 頁。
15.《從〈一切道經〉到〈中華道藏〉》,《中國社會科學報》2004 年 1 月 29 日學術版 003 號。
16.《中國國家圖書館藏敦煌道教遺書研究報告》,《敦煌吐魯番研究》第 7 卷,北京:中華書局,2004 年,345—380 頁。
17.《敦煌道教綜述》,國家圖書館善本特藏部敦煌吐魯番學資料研究中心編《敦煌與絲路文化學術講座》第 2 輯,北京:國家圖書館出版社,2005 年,371—386 頁。
18.《敦煌本〈昇玄内教經殘卷〉校讀記》,《敦煌吐魯番研究》第 9 卷,北京:中華書局,2006 年,63—84 頁。
19.《〈敦煌道教文獻研究·目録〉補正》,《敦煌學輯刊》2007 年第 3 期,1—4 頁。此文後收入鄭開編《水窮雲起:道教文獻研究的舊學新知》,北京:社會科學文獻出版社,2009 年,149—154 頁。
20.《敦煌本〈三元威儀真經〉校補記》,連曉鳴主編《天台山暨浙江區域道教國際學術研討會論文集》,杭州:浙江古籍出版社,2008 年,731—749 頁。
21.《兩件敦煌道經殘片的定名》,《文獻》2009 年第 3 期,36—41 頁。
22.《王玄覽著作的一點考察——爲紀念恩師王明先生百年冥誕而作》,《中國哲學史》2011 年第 3 期,5—14 頁。
23.《南北朝隋唐時期的道教類書——以敦煌寫本爲中心的考察》,《唐研究》第 19 卷,北京大學出版社,2013 年,499—526 頁。此文後收入中國社會科學院世界宗教研究所編《中國社會科學院世界宗教研究所建所 50 周年紀念文集 1964—2014(上)》,北京:社會科學文獻出版社,2014 年,422—441 頁。
24.《敦煌本〈抱樸子殘卷〉的傳世經緯》,《敦煌學輯刊》2013 年第 3 期,1—10 頁。
25.《敦煌本〈洞真高上玉帝大洞雌一玉檢五老寶經〉校讀記》,《敦煌吐魯番研究》第 15 卷,上海古籍出版社,2015 年,427—446 頁。

《敦煌吐魯番研究》第十八卷
2018 年,99—115 頁

兩宋《五來子》曲與西域摩尼教淵源探
——紀念選堂先生名作《穆護歌考》發表四十周年

林悟殊

中國夷教之研究,離不開 19 世紀末、20 世紀初吐魯番、敦煌的考古大發現,尤其是摩尼教研究,更是以該等大發現爲濫觴。夷教研究在 20 世紀下半葉曾沉寂了一段時期。至 1978 年,選堂先生在香港出版物發表名作《穆護歌考——兼論火祆教、摩尼教入華之早期史料及其對文學、音樂、繪畫之影響》[1],石破天驚、振聵發聾,成爲内地夷教研究復甦的先聲。氏文發表之時,余適爲在學研究生,有幸拜讀之,但感視野之開闊、觀點之新穎、資料之豐富,殆不可思議。復考研究史,氏文所討論的夷教音樂,更是前此諸多學者未多措意者,誠可謂導夫先路之作。自拜讀氏文後,余於先生不勝景仰,亦有幸多蒙先生耳提面命、諄諄教誨;在海外期間,更備受先生呵護、獎掖,感戴莫名！而今四十年彈指過去,先生亦於今年 2 月 6 日仙逝,但先生的音容笑貌,歷歷在目;當年在辦公室重新修訂是文時一絲不苟的形象,宛在眼前。適逢《敦煌吐魯番研究》第十八卷爲"饒宗頤先生紀念專號",編者約稿於余,遂重温先生上揭名作,循先生啓示,就夷教音樂在華的影響,以兩宋流行的樂曲《五來子》爲個案,藉助敦煌吐魯番發見的資料,結合傳統漢籍文獻記載,探討該曲與西域摩尼教的淵源。以兹紀念先生,並就教方家。

一 《五來子》成讖原委試釋

就現有的文獻,有關《五來子》曲的最早文獻記載,似見於江少虞(生活於 1131 年

〔1〕 饒宗頤《穆護歌考——兼論火祆教、摩尼教入華之早期史料及其對文學、音樂、繪畫之影響》,《大公報在港復刊卅周年紀念文集》卷下,香港大公報出版,1978 年,733—771 頁;收入《選堂集林・史林》(中),中華書局香港分局,1982 年,472—509 頁;氏著《文轍——文學史論集》(下),臺北: 學生書局,1991 年,463—496 頁;《饒宗頤史學論著選》,上海古籍出版社,1993 年,401—441 頁;《饒宗頤二十世紀學術文集》卷十二,臺北: 新文豐出版公司,2003 年,7—43 頁。

前後)《新雕皇朝類苑》,其卷第四十七"五來子"條下有云:

建隆初京城唱五來子新番之曲,其後下荆州,克湖南,平西蜀,收嶺表,復江左,凡五國來朝,乃其讖也。[1]

爾後馬端臨(1254—1324)《文獻通考》卷三一〇《異考》十六亦載之:

宋太祖建隆(960—963)中,京師士庶及樂工少年競唱歌曰《五來子》。聲調清逸,徧於里巷。自建隆至開寶(968—976),凡平荆、湖、川、廣、江南五國而中原混一矣。[2]

元末編撰《宋史》時,將此事輯入,見卷六六《志》第十九《五行》四:

建隆中,京師士庶及樂工、少年競唱歌曰《五來子》。自建隆、開寶,凡平荆、湖、川、廣、江南,五國皆來朝。[3]

此事清代漢籍亦有輯入,如吴任臣(? —1689)撰的《十國春秋》卷一七[4],康熙帝命允禄、吴襄等纂的類書《子史精華》卷一九[5];至咸豐年間,杜文瀾(1815—1881)更將"五來子"輯入其《古謡諺》。[6] 不過,儘管各書所輯載的情節基本一致,但元、清成書的漢籍,蓋不像宋代《新雕皇朝類苑》的版本那樣,稱《五來子》爲"新番之曲"。或緣彼等編撰所處時代,並非漢人政權,於"番"字較爲敏感之故。當然,今人考察此事,自應以最早的文獻記載爲據。無論如何,此事並非小説家虛構出來,而於其"讖"則歷代咸以爲真,鮮見質疑者。

綜合以上諸記載所提供的信息,可知"五來子"爲曲名,該曲"聲調清逸";來自域外,剛傳入不久,北宋初始流行,故曰"新番之曲";該曲預兆了"五國來朝"。不過,顧建隆爲宋朝開國年號,時還有多個小國未入趙宋版圖。"卧榻之側,豈容他人鼾睡",依宋太祖之雄才大略自要滅諸小國,一統江山。按上揭五國之先後滅亡,均係太祖在位之時:荆(荆南)、湖(馬楚)於建隆四年(963),川(後蜀)於乾德三年(965),廣(南漢)於開寶四年(971),江南(南唐)則於開寶八年(975)。除此五國外,還有位於山西的獨立政權北漢,則滅於宋太宗太平興國四年(979),儘管時宋朝皇帝已更新,不過距南唐之

[1] 江少虞《新雕皇朝類苑》,日本元和七年(1621)活字印本,東京大學東洋文化研究所;又作《事實類苑》,見卷四九,景印文淵閣《四庫全書》本,第874册,418頁下。

[2] 馬端臨《文獻通考》,北京:中華書局影印本,1986年,2431頁下。

[3] 《宋史》,北京:中華書局點校本,1977年,1446頁。

[4] 吴任臣《十國春秋》卷一七,景印文淵閣《四庫全書》本,第465册,180頁下。

[5] 允禄、吴襄《子史精華》,景印文淵閣《四庫全書》本,第1008册,210頁上。

[6] 杜文瀾輯,周紹良校點《古謡諺》卷一三收條"建隆中京師歌",北京:中華書局,1958年,241頁。

亡亦不過四年。若站在大宋王朝的角度，則是六國來朝。

顧歷代漢籍所載的“讖”，是否果有冥冥之中的天意，苟且不論；但偶合而被事後附會者無疑居多；至若人爲策劃，爲成某事而事先造輿論聲勢，如散佈童謡、民諺之類作爲預兆，則屢見不鮮。竊意，《五來子》曲成“五國來朝”之讖，應屬於後者一類。下面試加剖析。

京城競唱五來子新番之曲乃於建隆初，即於趙匡胤發動陳橋兵變，篡周奪位後不久。就陳橋兵變，單依正史的記載[1]，亦畢現趙匡胤之工於心計。事件發生在後周顯德七年(960)春，“北漢結契丹入寇，命出師禦之，次陳橋驛”。兵變顯見事先精心策劃，先假以天象：“軍中知星者苗訓引門吏楚昭輔視日下復有一日，黑光摩蕩者久之。”復假以軍心，將趙匡胤“迫上”皇位：

> 夜五鼓，軍士集驛門，宣言策點檢爲天子，或止之，衆不聽。遲明，逼寢所，太宗入白，太祖起。諸校露刃列於庭，曰：“諸軍無主，願策太尉爲天子。”未及對，有以黄衣加太祖身，衆皆羅拜，呼萬歲，即掖太祖乘馬。

當然，宋太祖畢竟是直追唐太宗的政治家，雄才大略，上位後即嚴飭軍紀，優容舊朝王室、臣僚，籠絡民心等，不題。儘管其兵不血刃，以和平的方式取代後周，但心中到底有愧；蓋緣周世宗柴榮生前待其不薄，其身爲臣子，不“追先帝之殊遇”，報之於幼主周恭帝柴宗訓，反而乘外敵入寇之危，借領軍抵禦之機，藉助兵變，取而代之。不管其如何做足工夫，但無疑爲正統倫理道德所不容。是以，《宋史》關於兵變過程的記載有如下一個細節：

> 太祖進登明德門，令甲士歸營，乃退居公署。有頃，諸將擁宰相范質等至，太祖見之，嗚咽流涕曰：“違負天地，今至於此！”質等未及對，列校羅彦瓌按劍厲聲謂質等曰：“我輩無主，今日須得天子。”質等相顧，計無從出，乃降階列拜。

面對被士兵劫持而來的後周丞相范質，趙氏裝出一副“嗚咽流涕”的樣子，言“違負天地，今至於此”，即謂自己無奈作了逆天之事。既承認其兵變奪位“違負天地”，實際便暴露其心病所在。如何身後不背忘恩負義、大逆不道之罵名，是其登位後所耿耿於懷者。在古代社會裏，面對道德審判，趙氏本人實無從自我辯解，惟藉口天意外，别無他法。是故，趙氏本人不僅將自己直當真命天子，並力圖讓臣民亦信之。於太祖的心思，左右心腹臣子自“聞弦歌而知雅意”。於是，諸多有關太祖爲真命天子的故事，亦就應

[1] 《宋史》卷一《太祖一》，3—4頁。

運而生。茍舉司馬光(1019—1086)《涑水記聞》卷一第7則“太祖微行”爲例:

太祖初即位,亟出微行,或諫曰:“陛下新得天下,人心未安,今數輕出,萬一有不虞之變,其可悔乎?”上笑曰:“帝王之興,自有天命,求之亦不能得,拒之亦不能止。萬一有不虞之變。其可免乎!周世宗見諸方面大耳者皆殺之,然我終日侍側,不能害我。若應爲天下主,誰能圖之?不應爲天下主,雖閉户深居,何益也。”由是微行愈數,曰:“有天命者,任自爲之,我不汝禁也。”於是衆心懼服,中外大安。《詩》稱武王之德,曰:“上帝臨汝,無貳爾心。”又曰:“無貳無虞,上帝臨汝。”漢高祖罵醫曰:“命乃在天。雖扁鵲何益?”乃知聰明之主,生知之性如合符矣。此亦得之先公云。[1]

這則記聞,司馬光在章節附注中申明得之“先公”,即其父親生前傳下的。情節雖非純屬虚構,但在口傳和録成文字過程諒多經加工。太祖喜“微行”,應有其事。趙宋剛立,爲便於體察民情,“微行”自是最佳的選擇,其安全度亦未必遜於張揚擺駕,何況太祖必自恃自己武功,暗中亦必有便衣高手隨行。太祖行蹤,一般臣僚當不敢過問,若果有勸諫者自屬獻媚討好。不過,記聞中所謂勸諫和拒諫的對話,多半應是刻意設計出來,純粹爲了證明太祖之成皇帝乃命中注定。考趙匡胤伺候周世宗時,柴榮正處年富力强、勵精圖治之時,趙匡胤何敢有異志,即便有之,亦當深藏不露。柴榮對趙頗爲倚重,就算其同屬“方面大耳”,亦不會自斷左膀右臂。是以,用世宗不殺太祖來證明其應爲天下主,詭辯耳,完全經不起推敲。然司馬光記載此事,卻引經據典,大加闡發。足見北宋時期,宣傳太祖爲真命天子已成了官方的“主旋律”。臣僚們爲表忠心,咸在這方面各顯神通。《五來子》曲之出爐,當爲這種大氣候下之産物。

文獻稱《五來子》爲“新番之曲”,且言爲“京師士庶及樂工、少年競唱”。按樂工乃服務宫廷,不可能擅自跟風市井;相反的,倒是市井可跟風樂工。因此,帶頭唱該曲者應是樂工,由宫廷而走向社會,以至京師出現“競唱”之熱潮;是以,這一熱潮,實屬官方主導的模式,而非民間的自發行爲。而該曲既源自新番,則意味著新近來華番使中有晉獻樂伎者。那麽,入華時間非周世宗顯德年間(954—960),便當在宋太祖建隆年間(960—963)之前半。吾輩無妨就這段時期到達兩朝帝都開封的番使作一檢視。

番國的含義各時期有所不同,廣義者泛指所有異族國家,以下考察,謹依此廣義。查後周與回鶻素有往來,顯德年間有兩次來使,即在“元年正月壬辰太祖崩”次月,“二

[1] 司馬光撰,鄧廣銘、張希清點校《涑水記聞》卷一,北京:中華書局,1989年,4—5頁。

月庚戌,回鶻遣使者來"[1],此來疑爲弔唁;五年"四月壬申,回鶻、達靼遣使來"[2];來何所爲,並未見載。六年三月己酉,"甘州回鶻來獻玉,卻之"[3],此顯屬中世紀的"朝貢貿易"[4],不題。復有沙州於顯德二年(955)來貢[5];同年"九月,占城國王釋利因德縵使莆訶散來"[6];"六年春正月,高麗王昭遣使者來。辛酉,女眞使阿辨來"[7]。該等來使何爲,均未詳載。

至於建隆年間,來貢最密者當數三佛齊:

建隆元年九月,其王悉利胡大霞里檀遣使李遮帝來朝貢。二年夏,又遣使蒲蔑貢方物。是冬,其王室利烏耶遣使茶野伽、副使嘉末吒朝貢。其國號生留,王李犀林男迷日來亦遣使同至,貢方物。三年春,室利烏耶又遣使李麗林、副使李鵶末、判官吒吒璧等來貢。廻賜以白犛牛尾、白磁器、銀器、錦綫鞍轡二副。[8]

其次則爲回鶻:

(二年)十二月壬申,回鶻可汗景瓊遣使來獻方物。[9]

建隆三年四月,西州回鶻阿都督等四十二人以方物來貢。[10]

此外尚有:

(高麗)建隆三年十月,昭遣其廣評侍郎李興祐、副使李勵希、判官李彬等來朝貢。[11]

(占城)建隆二年,其王釋利因陁盤遣使莆訶散來朝。表章書於貝多葉,以香木函盛之。貢犀角、象牙、龍腦、香藥、孔雀四、大食瓶二十。使廻,錫賚有差,以器幣優賜其王。三年,又貢象牙二十二株、乳香千斤。[12]

(于闐國)建隆二年十二月,聖天遣使貢圭一,以玉爲柙;玉枕一。本國摩尼師

[1] 《新五代史》卷一二《周本紀》,北京:中華書局點校本,1974年,118頁。

[2] 同上書,122頁。

[3] 同上書,123頁。

[4] 參閲蔡鴻生《唐代九姓胡貢品分析》,《文史》第31輯,1988年,99—114頁;另見氏著《唐代九姓胡與突厥文化》,北京:中華書局,1998年,46頁。

[5] 《宋史》卷四九〇《外國六·沙州》,12123—14124頁。

[6] 《新五代史》卷一二《周本紀》,123頁。

[7] 同上。

[8] 《宋史》卷四八九,《外國五·三佛齊》,14088頁;並分見《宋史》卷一《太祖一》,7、9、10、11頁。

[9] 《宋史》卷一《太祖一》,10頁。

[10] 《宋史》卷四九〇《外國六·高昌》,14110頁。

[11] 《宋史》卷四八七《外國三·高麗》,14036頁。

[12] 《宋史》卷四八八《外國五·占城》,14079頁。

貢琉璃瓶二、胡錦一段。[1]

(党項)太祖建隆二年,代州刺史折乜埋來朝。乜埋,党項之大姓,世居河右,有捍邊之功,故授以方州,召令入覲而遣還。[2]

(吐蕃)建隆二年,靈武五部以橐駞良馬致貢,來離等八族酋長越嵬等護送入界,敕書獎諭。[3]

上揭所云諸多來使來貢,除少數或有實質性外交使命外,其他顯爲貿易而來;個中固有宫廷派出者,自更不乏商人冒充。但不論記載詳略,貢物多少,唯均未提及獻藝伎之類。當然,未見載,並不等於歷史上未曾發生。不過,考中外交通史,即便時處戰亂,只要利之所在,往來於海陸絲路的商人仍絡繹不絶。但若言向中原皇帝獻樂舞歌伎之類,則純屬宫廷之間的官方行動,殆發生在中原皇朝處於昇平盛世、各國爭相來朝之時,如玄宗開元年間。而在五代時期(907—960),政權割據,小國林立,不時更替,你爭我奪,戰火不斷,生靈塗炭,如此狀況,何令蠻夷景慕,没用覬覦之心已屬難得,遑論巴結。是以,若言後周末季或趙宋剛立之際,有何番國來晉獻樂伎新曲,洵難置信。

番曲屬於古代的外來精神文明,其傳入的管道無非是官方和民間兩條。以上既否定其時有番國晉獻樂伎,亦即排除了官方管道的可能性;那麽,《五來子》曲之傳入便只能循民間的管道。至於傳入時間,只要存在中外交通,就可能傳入,既可能很早,亦可能新近。不過,即便早已傳入,由於局限於民間底層悄悄傳唱,居廟堂之高者一旦有所聞,亦可能直當新曲;而"讖"的策劃者即便明知此曲乃"舊雨",更會僞托爲"新知"。

以"新番之曲"作讖,當與古代崇尚外來音樂有關。早在唐代,玄宗便青睞新番曲,宋人陳元靚撰《歲時廣記》四十卷,其卷一一有"偷新曲"之目,載曰:

明皇實録:明皇幸上陽新番一曲,明夕正月十五日,潛遊,忽聞酒樓上有笛奏前夕新番曲,大駭之,密捕笛者詰問。且云其夕於天津橋上翫月,聞宫中奏曲,愛其聲,遂以爪畫譜記之,即長安少年李謨也。元稹連昌宫詞云,李謨擫笛傍宫墻,偷得新番數聲曲。[4]

爾後歷代文人便將"新番曲"入詩入詞,尤其在宋代,如沈説《庸齋小集·閨詞二首》,其中一首便云:

---

[1] 《宋史》卷四九〇《外國六·于闐》,14106頁。
[2] 《宋史》卷四九一《外國七·党項》,14138頁。
[3] 《宋史》卷四九二《外國八·吐蕃》,14152頁。
[4] 《續修四庫全書》第885册,227頁上—下。

密幄香燒錦瑟横,佳人半醉覺寒輕;忽思塞下新番曲,彈作黄蘆孤雁聲。[1]

而方夔撰《富山遺稿·李伯時明皇按樂圖》則有"霓裳一闋天上來,三郎自按新番曲"之句[2];韓玉撰《東浦詞·曲江秋》復有"忍聽向晚,菱歌依稀,猶似新番曲"之云[3],不勝枚舉。時尚如此,"讖"的策劃者非稱《五來子》爲新番之曲,亦就不難理解。

二 "五來子"源於"五明子"之蠡測

如果《五來子》曲出自番國,原先又不能登大雅之堂,局限於民間悄悄傳播,則大有可能屬於夷教音樂。三夷教入華,無疑亦夾帶宗教音樂而來,上揭選堂先生的名作《穆護歌考》已多所考論。彼等來自西域,不論廣義狹義,其宗教音樂都可與"番曲"對上號。但有美妙的音樂是一回事,能否被朝野所接受是另一回事。三夷教作爲雜夷之教,兼之曾被敕令嚴禁,因此,無論其音樂多悦耳,亦只能作爲俚俗之物,在坊間暗自流行;而一旦有人將其推薦給宫廷樂工公演,局外人當感覺格外新鮮,誤爲"新番之曲"亦不足奇。

按外來作品名稱之翻譯,音譯或意譯最爲常見,至若音譯孕義,則屬最高的境界;但亦有不少因應讀者對象,據作品内容,另起名稱者。不過,就番曲而言,漢人感興趣的是其迷人的曲調,而非其内容名稱。就如上揭《歲時廣記·偷新曲》所云李謨"聞宫中奏曲,愛其聲,遂以爪畫譜記之"。至於其曲何名,有關文獻則全無提及。依常理度之,國人之悦番曲,乃在其聲,並不關注其内容,即便其配有歌詞,亦不知所云;故若爲其命名,自當音譯耳。如上揭的《李伯時明皇按樂圖》,個中有詩句:

繡帽金童小垂手,堂上合奏甘伊涼;蕃人大眼何曾見,來箑膝前雙舞旋。

其"甘伊涼"自屬番曲名稱之音譯,原爲地名音譯。作爲異域曲調而有地道漢名者,若非在華流傳有年,出於某種需要而名之;則必屬外來宗教所輸入者,其傳教師傳播宗教儀式所用的音樂,爲便於華人信衆接受,自命以漢名。

復考"五來子"一名,則顯非音譯或音譯孕義。緣古代漢籍鮮見用"五"字來對音外來語,與之諧音之"烏"始爲最常用者。"五"爲數詞,各民族之語言皆有之;其既修飾"來子",後者則當爲可數名詞,然中外均無物名可對應之。足見該譯名並非據番曲原

[1] 陳起編《江湖小集》卷二六,文淵閣《四庫全書》本,第1357册,218頁上;又見陳思編陳世隆補《兩宋名賢小集》卷二八四,文淵閣《四庫全書》本,第1364册,266頁下。

[2] 方夔撰《富山遺稿》卷五,文淵閣《四庫全書》本,第1189册,402頁上。

[3] 韓玉撰《東浦詞》,文淵閣《四庫全書》本,第1487册,619頁上。

名,而是爲比附五國來朝而自行杜撰。何況,“來”古代漢語與“徠”通假,作動詞用,意即使來之,招來之,更可附會五國來朝。當然,以漢語之博大精深,可附會征服多國的曲名,自應有盡有,但獨以“五來子”名之,竊意當有名稱近似的現成番曲可資參照。而依上揭所論古代翻譯的一般常識,以地道漢語爲名稱之異域曲調,若非傳入有年,則屬外來宗教樂曲。個中佛教雖同屬外來宗教,但早已華化,其曲若爲梵音,國人自不難辨,策劃者僞托不了;何況,古代番梵之别屬於常識,撰書者更不可能將梵音誤作番曲。是以,該曲自非三夷教莫屬。三夷教中,祆教雖亦有音樂,但畢竟其並不主動向漢人傳教,未見譯經,難以想象其將自家歌曲漢名化〔1〕。景教亦有宗教音樂,但該教崇尚的是三位一體:“三威”、“三才”、“三身”〔2〕,其神譜或義理未見有以五爲組者,故難以想象其讚美詩會有類乎“五來子”之稱謂。既排除了祆教、景教的可能性,就只能求諸摩尼教了。

在中古三夷教中,摩尼教尤以擅長藝術著稱〔3〕,留下諸多珍貴畫作,個中便有不少以樂神、樂師爲主題。1981 年吐魯番文物管理所發掘的一個粟特文摩尼教長卷〔4〕,中間主圖即繪兩位樂神,拱護著象徵摩尼的白色禮帽〔5〕。吐魯番高昌回鶻遺址的大發現中,亦有摩尼教樂師圖〔6〕;而今西方學者甚至復原了其某些樂譜〔7〕。摩尼僧在華傳播其宗教音樂,有敦煌摩尼教禮讚詩《下部讚》爲證〔8〕,其“譯後語”有云:

> 吉時吉日,翻斯讚唄,上願三常捨過及四處法身,下願五級明羣乃至十方賢悊,宜爲聖言無盡,凡識有涯。梵本三千之條,所譯二十餘道;又緣經、讚、唄、願,皆依四處製焉。……(第 415—417 行)

〔1〕 唐宋朝野所熟悉的穆護歌,或被目爲祆教之物,已有學者澄清之,詳參張小貴《“穆護”與〈穆護歌〉考辨》,《文史》2013 年第 2 輯(總 103 輯),53—72 頁。

〔2〕 見敦煌景教寫卷 P.3847,釋文見《敦煌景教寫本伯 3847 之再研究》,《敦煌吐魯番研究》第 5 卷,北京大學出版社,2001 年,59—77 頁;修訂稿《敦煌景教寫本 P.3847 之再考察》,見拙著《唐代景教再研究》,北京:中國社會科學出版社,2003 年 1 月,123—145 頁;《林悟殊敦煌文書與夷教研究》,上海古籍出版社,2011 年,225—247 頁。

〔3〕 參見克里木凱特撰,拙譯《古代摩尼教藝術》,廣州:中山大學出版社,1989 年;臺北:淑馨出版社增訂版,1995 年;周菁葆《中亞摩尼教音樂》,《新疆藝術》1992 年第 3 期,40—46、53 頁。

〔4〕 吉田豐《粟特文考釋》,新疆吐魯番地區文物局編《吐魯番新出摩尼教文獻研究》,北京:文物出版社,2000 年。

〔5〕 見拙著《中古三夷教辨證》圖版十五,北京:中華書局,2005 年,473 頁。

〔6〕 見克里木凱特撰,拙譯《古代摩尼教藝術》,圖版 25。

〔7〕 參拙文《敦煌摩尼教〈下部讚〉經名考釋——兼論該經三首音譯詩》,《敦煌吐魯番研究》第 3 卷,北京大學出版社,1998 年,45—51 頁;修訂本見《中古三夷教辨證》,123—131 頁;《林悟殊敦煌文書與夷教研究》,79—88 頁。

〔8〕 英藏《下部讚》(S.2659)釋文,見拙著《林悟殊敦煌文書與夷教研究》,434—466 頁;相應原卷圖版見 492—506 頁。

個中的"唄"爲梵語 Pathaka 的音譯,謂梵音的歌詠。南朝梁釋慧皎《高僧傳》十三《經師論》言"天竺方俗,凡是歌詠法言,皆稱爲唄"[1]。道明言其譯詩有"唄",表明係用於歌詠,亦就意味著配有音樂曲調。時至元代,承傳唐代摩尼教的寺院式明教還堅持"晝夜七時,唄詠膜拜"[2],足見華夏的摩尼教"番曲"不絶如縷。

更有,在敦煌摩尼教寫經中,就有與"五來子"貼近的"五明子"一詞,兩者僅"來"、"明"一字之差。在摩尼教的創世説中,號稱"五明子"之神,乃最高神大明尊所召喚出來的五子,即京藏摩尼經(宇 56/北敦 00256,以下簡稱《殘經》)所謂"氣、風、明、水、火"等(第 75 行)[3],雅稱爲清净氣、妙風、明力、妙水和妙火。彼等在摩尼的創世説中扮演著重要的角色,摩尼教義的核心二宗三際論,蓋離不開這"五明子"[4]。"五明子",或稱"五明身"、"五明"、"五子",《殘經》有云:"其五類魔,五明身,如蠅著蜜,如鳥被黐,如魚吞鉤。以是義故,净風明使以五類魔及五明身,二力和合,造成世界,十天八地"(第 10—12 行);"先意、净風各五明子"(第 17—18 行);"五明身猶如牢獄,五類諸魔同彼獄囚;净風五子如掌獄官,説聽喚應如喝更者"(第 19—20 行);"先意净風各有五子,與五明身作依止柱。"(第 146—147)"以净風各五明子"(第 207 行)[5]。《下部讚》寫卷除稱"五明子"(412 行)外,復敬稱其爲"五明佛"(第 159 行);簡稱其爲"五明",更有兩疊題爲《嘆五明文》者(見第 235—261 行),亦即"嘆五明子文",凡二十四頌,可見"五明子"在該教宗教儀式中的地位。既有這樣的歌詞,自配有相應的樂譜;由是,摩尼教的宗教音樂中,無疑有以"五明子"爲名的曲譜。只是尚難確認現存的摩尼教曲譜中,是否有可資對號者。復顧歷來之曲譜,業已成名流行者,一般便鮮見改動;至若所配歌詞,則多有因時、地、人而改動甚或重填、翻譯。同理,《五明子》曲作爲摩尼教流行的知名曲調,不同民族、不同時期所搭配歌詞或有不同,但其調子則未必有大異。是故,若能確認宋初開封競唱《五來子》曲之前,當地民間有《五明子》曲遺響的實在可能性,則意味著前者大有可能借用後者。

---

〔1〕 釋慧皎《高僧傳》卷一三,《大正藏》(50),No. 2059,414 頁 c。

〔2〕 拙文《元〈竹西樓記〉摩尼教信息辨析》,曾憲通主編《華學》第 7 輯,廣州:中山大學出版社,2004 年,242—252 頁;修訂稿見《中古三夷教辨證》,142—160 頁,引文見 147 頁。

〔3〕 該寫經最新釋文見拙著《敦煌文書與夷教研究》,409—428 頁;相應原卷圖版見 469—486 頁。

〔4〕 拙文《摩尼的二宗三際論及其起源初探》,《世界宗教研究》1982 年第 3 期,45—56 頁;修訂本稿見林悟殊《摩尼教及其東漸》,12—34 頁;臺北:淑馨出版社增訂本,1997 年,12—32 頁;《林悟殊敦煌文書與夷教研究》,89—112 頁。

〔5〕 《殘經》釋文見拙著《林悟殊敦煌文書與夷教研究》,409—428 頁;相應原卷圖版見 469—486 頁。

查現有文獻,開封在會昌法難之前,未見有摩尼寺之置,顯示其時當地即便有摩尼教流行,亦並非該教之重鎮。至於會昌之後福建所傳之明教,是否曾在宋前入傳開封,迄今亦未見有明晰證據。儘管如此,但仍可以確信在五代時期,開封民衆於摩尼教不會陌生。明代何喬遠《閩書·方域志》"華表山"條下有載:

> 會昌中,汰僧,明教在汰中。有呼禄法師者,來入福唐,授侶三山,遊方泉郡,卒葬郡北山下。至道(995—997)中,懷安士人李廷裕,得佛像於京城卜肆,鬻以五十千錢,而瑞像遂傳閩中。[1]

呼禄法師會昌法難時既到福建重樹教纛,焉會不傳下摩尼佛像,要等到一百多年後始由開封引進?何喬遠畢竟並非教中人,這一記録未必符合實際。不過,其所云開封卜肆擺賣摩尼畫像事,時間、地點、人物明晰,甚至連價格都有之,可信事非子虚烏有。該聖像,或爲唐代摩尼教之遺存,或爲唐後由福建所傳入;但竊意更可能是唐後來華西域,尤其是回鶻摩尼僧之遺物。

會昌初年,奉摩尼教爲國教、"可汗常與共國者也"的漠北回鶻[2],敗於黠戛斯,被迫西遷定居於甘州、吐魯番,唐武宗即乘機取締摩尼教,將摩尼僧殺戮並且驅逐出境。爾後,摩尼教仍在當今西北地區流傳三四百年,在五代時期更臻於全盛。顧回鶻所奉的摩尼教,先已在唐代中國傳播,早已深受華夏文化的熏陶,而其遭會昌法難,其實並非緣於彼等在華有何大奸大惡、傷天害理之行徑,而是出於特定的歷史社會背景和多種原因,成爲回鶻和佛教的替罪羊[3]。至五代時期,事過境遷,中原統治者於摩尼僧自無必持前朝的厭惡態度;相反的,必以華夏傳統文化的大國風度,待之以禮。這有陳垣先生首先徵引的資料爲證,見於《册府元龜》卷九七六後唐明宗天成四年(929)八月條下:

> 癸亥,北京奏葬摩尼和尚。摩尼,回鶻之佛師也,先自本國來太原。少尹李彦圖者,武宗時懷化郡王李思忠之孫也,思忠本回鶻王子盟(温)没斯也,歸國錫姓

〔1〕 何喬遠《閩書》第一册,廈門大學校點本,福州:福建人民出版社,1993年,172頁。"華表山"條下記山麓草庵明教遺址而追敍摩尼教史,從上下文看,此處的佛像、瑞像無疑指摩尼佛像,即草庵所供石佛。

〔2〕《新唐書·回鶻傳上》,北京:中華書局校點本,1975年,6126頁。

〔3〕 參拙文《唐朝三夷教政策論略》,榮新江主編《唐研究》第4卷,北京大學出版社,1998年,1—14頁;修訂本見《唐代景教再研究》,106—119頁;拙文《唐季摩尼僧"呼禄法師"其名其事補説》,朱玉麒主編《西域文史》第11輯,北京:科學出版社,2017年6月,21—30頁。王媛媛《唐後景教滅絶説質疑》,《文史》2010年第1輯,145—162頁;王媛媛《從波斯到中國:摩尼教在中亞和中國的傳播》"會昌法難中的摩尼教"節下,北京:中華書局,2012年,175—179頁。

名。關中大亂之後，彦圖挈其族歸。太祖宅一區，宅邊置摩尼院以居之。至是卒。〔1〕

陳垣先生用是條資料，以證摩尼教在華的“殘留徒衆，尚蒙政府優容”〔2〕。其實，後唐明宗天成四年(929)距會昌(841—846)已逾80年，李彦圖供養的“摩尼和尚”亦非“殘留徒衆”，而是李氏從西域迎養來的，既卒而奏葬，就是請求朝廷給予高規格的葬禮，足見仇視外來摩尼僧的歷史早已翻過頁了。被供養的“摩尼和尚”每天自要面對摩尼佛像禱告，與士人亦難免有所過往。由是在其身後，便存在佛像被輾轉收藏或複製擺賣的可能性。陳垣先生還徵引三條禮待回鶻摩尼僧的記載，其一同見《册府元龜》卷九七六：

(後唐)閔帝應順元年(934)正月，賜回鶻入朝摩尼八人物有差。〔3〕

其二見《舊五代史》卷一三八《回鶻傳》：

梁乾化元年(911)十一月，遣都督周易言等入朝進貢，太祖御朝元殿引對，以易言爲右監門衛大將軍同正，以石壽兒、石論思並爲右千牛衛將軍同正，仍以左監門衛將軍楊沼充押領回鶻還蕃使，通事舍人仇通爲判官，厚賜繒帛，放令歸國，又賜其入朝僧凝盧、宜李思、宜延籛等紫衣。〔4〕

其三亦見《册府元龜》卷九七六：

(晉天福)三年(938)五月回鶻朝貢使都督翟全福，並肅州、甘州專使僧等歸本國，賜鞍馬、銀器、繒帛有差。〔5〕

後兩條没有出現“摩尼”二字，但稱“僧”，然陳垣先生已考定其“僧”即謂摩尼僧無疑〔6〕，不贅。

至於作爲後周和趙宋京城之開封，與其時奉摩尼教的甘州回鶻，尤有密切關係：

周廣順元年(951)二月，遣使並摩尼貢玉團七十有七，白氎、貂皮、犛牛尾、藥物等。先是晉漢已來，回鶻每至京師，禁民以私市易，其所有寶貨，皆鬻之入官，民

---

〔1〕《册府元龜》卷九七六《外臣部·褒異三》“明宗天成四年(929)八月”條，北京：中華書局影印本，1960年，11468—11469頁；《宋本册府元龜》，北京：中華書局，1989年，3887頁上。

〔2〕陳垣《摩尼教入中國考》，見《陳垣學術論文集》第1集，北京：中華書局，1980年，353頁。

〔3〕《宋本册府元龜》，3887頁下；陳垣《摩尼教入中國考》，353頁。

〔4〕薛居正等撰《舊五代史》卷一三八，北京：中華書局點校本，1976年第1版，1842頁。陳垣《摩尼教入中國考》，355頁。

〔5〕《宋本册府元龜》，3888頁上。陳垣《摩尼教入中國考》，355—356頁。

〔6〕陳垣《摩尼教入中國考》，356頁。

間市易者罪之。至是周太祖命除去舊法,每回鶻來者,聽私下交易,官中不得禁詰,繇是玉之價直十損七八。顯德六年(959)二月,又遣使朝貢獻,玉並硇砂等物,皆不納,所入馬量給價錢。時世宗以玉雖稱寶,無益國用,故因而卻之。[1]

是條資料爲沙畹、伯希和所最先徵引[2];至於建隆二年于闐摩尼師參與朝貢事,上面已徵引,不贅[3]。

來華摩尼僧在五代時期既受到禮遇,那麽彼等出於宗教職業習慣,或宗教虔誠心,在華期間有某些宗教言行,自當不會受到干預。由是,即便彼等並無在華行教之心,但若言没在民間留下任何法物、信息或影響,則令人難以置信。尤其是京師開封,大量回鶻人經常到此做生意,其間固不乏一般摩尼信徒,甚且還有摩尼僧雜與其中。在開封期間,彼等難免得依本教禮儀,如在密日舉行宗教祈禱儀式等,除展示本教神像外,自亦歌詠《五明子》之類的歌曲。假如《五明子》曲果爲"聲調清逸",民間自當喜聞樂傳。由是,推度五代時期開封市井有人熟悉該曲,未必是異想天開。

於"讖"的策劃者來説,要憑空制作一首能爲人們喜聞樂唱、迅速傳播的番曲,究實談何容易?既有現成的《五明子》曲,將"明"字信手易爲"來",即可用之,自無必另費心機尋找新曲。當然,策劃者自清楚宋太祖所要征服不止五國,但若要將"五明子"改爲"六來子"甚或更多"子",則容易弄巧成拙。畢竟太祖之征服周邊割據政權,自是先後有序,逐個擊破,一旦有五個小國被成功征服,便足以應驗《五來子》曲,坐實趙匡胤取代後周一統江山符合天意,達到預定的目的。相反的,預期應驗的國家越多,耗費之時日越長,反而不美。總之,此"讖"之策劃,不外是以桃僵李代之手法,將原有《五明子》曲,易名爲《五來子》,讓樂工演唱,並推向社會。其後太祖果以不長不短的十二年時間,征服了五國,成全了該"讖"。

三 《五來子》曲與南宋喫菜事魔

上面之認爲趙宋初年目爲吉兆之曲的《五來子》,易名自摩尼教的《五明子》曲,由

[1] 《舊五代史》卷一三八,外國列傳二,1843 頁;另參《册府元龜》卷九七二,朝貢第五,3861 頁上。

[2] Édouard Chavannes et Paul Pelliot, "Un traité manichéen retrouvé en Chine (Deuxième partie)", *Journal Asiatique*, sér. 11,1, 1913, pp.99-199, 261-394.p.306. 沙畹、伯希和撰,馮承鈞譯《摩尼教流行中國考》,見《西域南海史地考證譯叢八編》,北京:中華書局,1958 年,81—82 頁。

[3] 該條資料亦屬沙、伯氏首引,見 Édouard Chavannes et Paul Pelliot, "Un traité manichéen retrouvé en Chine (Deuxième partie)", *Journal Asiatique*, sér. 11,1, 1913, pp.311-312.沙畹、伯希和撰,馮承鈞譯《摩尼教流行中國考》,見《西域南海史地考證譯叢八編》,84—85 頁。

於未識原曲,畢竟是推證蠡測而已。不過,據有關文獻記載,南宋喫菜事魔者亦習《五來子》之曲;而吾人固知,彼等乃以明教爲中堅,而明教適與西域摩尼教頗有淵源。因此,假如南宋明教徒亦諳於《五來子》曲,其曲又與宋初京師所競唱者同調,則進一步逼近上揭的推斷,坐實該曲與西域摩尼教的聯繫。

就南宋喫菜事魔者習《五來子》曲,最明晰的記載當推南宋出爐的道書《上清靈寶大法》,其間有一段攝召科儀用的經文,既往學者鮮見徵引,過録如次:

> 以今焚香,攝召絶葷之衆,喫菜之徒。或傳《二宗經》,或稱四果教,或云白佛法,或號金剛禪,或歸二會子之師。或習《五來子》之曲,或雜聚男女,或不祀祖宗,或昡左道以爲功,或爇乳香以爲禮。日散其跡,夜集其徒。或即釋氏以爲名,或引道教而掩僞,外托幻變,内事邪魔。
>
> 夫民生而俱禀良心,惟性流而習歸邪教。中人之性,可上可下。不根之説,乃惑乃滋。陷其魄而欲脱無門,隕其生而雖悔何及。且斷葷而戒酒,本是善基。然叛道以遺親,遂成惡果。伏願絶其誑妄,祛彼愚迷,大回遷善之情,毋啓好奇之想。天地之内,正理常存。人鬼之中,本真不滅。赴此潔誠之會,濯兹清浄之風。何必行其所難。行自合悟,其所當悟。俯仰無愧,超脱可期。[1]

上揭録文將相關經文分上、下兩段,下段與本文主旨無關,不題。上段則點示其時喫菜事魔諸宗派名稱及行爲方式、外部形態,頗有資料價值。其間"傳《二宗經》"者,自指民間結社式的明教無疑;其他"四果教"、"白佛法"、"金剛禪"、"二會子"四種,亦多有文獻提及,但稀見具體資料,究屬哪門教法,學界尚有不同意見。但無論如何,該等蓋屬民間自行創立發展的宗教結社,在統治者心目中,與明教一樣同屬喫菜事魔,則毋庸置疑。

覼其所述喫菜事魔的種種表現,於摩尼教學者來説,多似曾相識,緣前輩學者所徵引過的明教文獻資料中,除"習《五來子》之曲"一條外,其他諸如"雜聚男女"、"不祀祖宗"、"昡左道以爲功"、"爇乳香以爲禮"、"日散其跡,夜集其徒"、"即釋氏以爲名"、"引道教而掩僞,外托幻變,内事邪魔"等,均不難發現類似者。其實,不論在主流宗教或官方的心目中,於明教印象最爲深刻,殆目爲喫菜事魔之首魁。是以,其所點示的喫菜事魔諸名堂,自以明教爲首;於喫菜事魔形態之描述,當然亦以明教爲主要參照物。既然該等宗門都屬於明教爲首的"絶葷之衆,喫菜之徒",彼等所用經文、行爲方式等,固有

〔1〕 金允中編《上清靈寶大法》卷三八,引文見《道藏》第31册,604頁上一中。

差異,但亦必多類同。而"習《五來子》之曲",列爲喫菜事魔行爲特徵之首,自然首先針對明教,其他教門自屬"從犯"。

南宋喫菜事魔與《五來子》的聯繫,尚見載於佛書。紹定六年(1233)刊行的良渚《釋門正統·斥僞志》有云:

唯祖宗法令,諸以《二宗經》及非藏經所載不根經文,病大(不)服藥,死則裸葬;非藏經所載不根經文,謂《佛吐戀師》、《佛説滻淚》、《大小明王出世開元經》、《括地變文》、《齊天論》、《五來子曲》之類。原其濫觴,亦别無他法,但以不茹葷酒爲尚。……[1]

釋志磐《佛祖統紀》卷三九"延載元年(694)"條下的"述曰",出於對摩尼教憎惡,在批評該年武則天接見摩尼僧、寬容其在華行教時,徵引上揭良渚這段話,但有所修改:

良渚曰:"準國朝法令,諸以《二宗經》及非藏經所載不根經文傳習惑衆者,以左道論罪。二宗者,謂男女不嫁娶,互持不語,病不服藥,死則裸葬等。不根經文者,謂《佛佛吐戀師》、《佛説啼淚》、《大小明王出世經》、《開元括地變文》、《齊天論》、《五來子曲》之類。其法不茹葷飲酒,晝寢夜興,以香爲信。陰相交結,稱爲善友。……"[2]

兩者所列不根經文名稱,雖略有差異,但就《五來子曲》,則無二致。足證道書所言並非自我杜撰。其實,《五來子曲》被目爲喫菜事魔之物,就現有的文獻,最早的記載應見於南宋前期政論家王質(1127—1189)的《論鎮盜疏》,是疏撰於宋孝宗登基不久,很可能在紹興三十二年(1162)十二月底左右[3]。個中有一段專論江西食菜事魔的文字,爲陳高華先生所最先徵引和闡發[4]。該段文字所列舉的食菜事魔者用書名稱,最是令人矚目,乃前此文獻所未見:

臣往在江西,見其所謂食菜事魔者,彌鄉亘里,誦經焚香;夜則閧然而來,旦則寂然而亡。其號令之所從出,而語言之所從授,則有宗師。宗師之中,有小有大,而又有甚小者。其徒大者或數千人,其小者或千人,其甚小者亦數百人。其術則有雙修二會、白佛金剛禪;而其書則又有《佛吐心師》《佛説涕淚》《小大明王出世開元

〔1〕 宗鑒《釋門正統》第四《斥僞志》,《卍新纂續藏經》(75),No.1513,314頁下。

〔2〕 釋志磐《佛祖統紀》卷三九《法運通塞志》第十七之六《唐·則天武后》節下編年記事"延載元年"條下的"述曰",《大正藏》(49),370頁上。

〔3〕 參王媛媛《試論南宋王質〈論鎮盜疏〉之産生及其弭盜方略》,待刊。

〔4〕 陳高華《摩尼教與喫菜事魔——從王質〈論鎮盜疏〉説起》,《中國農民戰爭史論叢》第4輯,鄭州:河南人民出版社,1983年,97—106頁。

經》《括地變文》《齊天論》《五來曲》。[1]

王質所論江西的食菜事魔，並無點及明教之名，稱“其術則有雙修二會白佛金剛禪”，陳高華先生點斷爲“其術則有雙修、二會、白佛、金剛禪”[2]，專治福建秘密會社的連立昌老先生則點斷爲“其術則有‘雙修二會’、‘白佛金剛禪’”，並解釋道：

> “雙修二會”即從二會修道三會之意，源於佛教彌勒净土異端“龍華三會”的教義，即初會燃燈佛掌世，二會釋迦掌世，三會彌勒佛掌世的教義信仰。是金剛禪、二會子等彌勒會系統秘密教的共同教義，所以金剛禪也稱白佛金剛禪。[3]

上揭引文之“其術”，從語境看當指修持之法。如照連老先生的解讀，則江西喫菜事魔所屬教門，不論爲“雙修二會”抑或“白佛金剛禪”，蓋非明教。個中所列用書名稱，亦未見宣和二年(1120)取締温州明教所舉列者：“明教之人所念經文及繪畫佛像，號曰《訖思經》《證明經》《太子下生經》《父母經》《圖經》《文緣經》《七時偈》《日光偈》《月光偈》《平文策》《漢讚策》《證明讚》《廣大懺》《妙水佛幀》《先意佛幀》《夷數佛幀》《善惡幀》《太子幀》《四天王幀》。”[4]益見與明教有别。然其用書名稱，卻有類乎“五來子曲”的《五來曲》。後者也許是脱漏或省略了一個“子”字。但其既爲書名，則應是一本曲集。作爲一個教派，其用於宗教儀式的樂曲當不止一首，而“五來子曲”或“五來曲”恐屬其中最重要、有代表性者，遂以之作書名。無論如何，從上揭諸記載看，其時與“五來”有關者，不獨是明教，且有喫菜事魔的其他宗門。

儘管江西的喫菜事魔者並非等同明教，但在其教派創立和演變過程，若將摩尼教(明教)的某些成分吸收進去，甚或採用其某些樂曲或經文，都不足爲奇。蓋緣宗教的形成都離不開吸收傳統資料，世界幾大宗教尚且如此，遑論那些尚未自成體系的民間教門。彼等其創建人及傳承者爲了標新立異，吸引信衆，自更蓄意吸收某些異域宗教成分，充實本門内涵。例如，近年霞浦發見的一批科儀鈔本[5]，爲明末清初當地一個號稱靈源法師的羣體(或苟名之“靈源教”)所造所用。鈔本在傳統道教、佛教科儀本的基礎

---

〔1〕 王質《鎮盜論二疏》，收入氏著《雪山集》，見四川大學古籍整理研究所《宋集珍本叢刊》第六十一册，影印自(清)嘉慶元年孔氏微波榭鈔本，556頁上—下；(明)楊士奇、黄淮等編纂《歷代名臣奏議》(“中央圖書館”珍藏善本)，臺北：學生書局，1964年初版；1985年再版，4146頁上。

〔2〕 陳高華《摩尼教與喫菜事魔——從王質〈論鎮盜疏〉説起》，《中國農民戰爭史論叢》第4輯，99頁。

〔3〕 連立昌《福建秘密會社》，福州：福建人民出版社，1989年，22—23頁。

〔4〕《宋會要輯稿》一六五册《刑法》二之七八，“宣和二年(1120)十一月四日臣僚言”條下，北京：中華書局，1975年，6534頁；另參劉琳等校點《宋會要輯稿》第14册，上海古籍出版社，2014年，8325頁。

〔5〕 詳參陳進國、林鋆《明教的新發現——福建霞浦縣摩尼教史跡辨析》，載李少文主編，雷子人執行主編《不止於藝——中央美院“藝文課堂”名家講演録》，北京大學出版社，2010年，343—389頁。

上,還吸收了摩尼教、明教,景教、天主教、祆教甚至印度教的諸多成分[1]。由是,南宋時期的喫菜事魔運動中,不同宗門所用經文内容、樂曲以及行爲方式有雷同者,自不悖常理。尤其是江西,唐代應回鶻之請,曾在洪州(今江西南昌)置摩尼寺,[2]説明其時便已多有回鶻人在此活動,多少有摩尼教的遺響。更有,江西與福建比鄰,兩地喫菜事魔之不同宗門或互有交集,因此,江西的“食菜事魔者”與明教同唱《五來子》,未必不可思議。

按“五來子”一名,在古代華夏流行的各種中外宗教,還有衆多民間教派的義理、神譜等中,無從覓其出實,無義可循;南宋喫菜事魔者流行的樂曲與宋初京師競唱者名稱同,恐難以名稱偶合作解釋。相反的,云同出一調,或更合乎邏輯。考有關南宋喫菜事魔者習《五來子》曲的記載,無論出自佛書、道書或官員,作者蓋爲教外人,彼等所記是否出自第一手資料,抑或根據傳聞,難於考實。但無論如何,當初京城競唱《五來子》曲預兆太祖征服五國一事,官方無疑大加渲染,廣爲宣傳,家喻户曉;是以,人們於其曲調自不陌生。喫菜事魔者所習唱者調子若果與之有異,則文獻即便以是名載之,其表述亦必寄以貶意,冠以“僞托”、“假冒”之類的字眼。此外,上揭北宋取締温州明教,就其用經、畫像名稱列舉詳備,卻獨缺《五來子》之名,實際便反證喫菜事魔者所習《五來子》曲,與北宋初之成讖者應同一調子。蓋緣其時喫菜事魔尚未成氣候,故儘管明教徒雖習此曲,官方未多措意,遂不以爲忤而入禁。時過境遷,至南宋,喫菜事魔運動蓬勃發展,統治者感受到嚴重的威脅,爲了鑒别事魔者,始意識到此曲之“邪”。

如照上面拙論,《五來子》之名易自《五明子》,那麽,南宋喫菜事魔者同唱此曲,又何以名之? 此外,該曲是否配有明教歌詞? 就此,由於現有資料闕載,無從確知。不過,竊意該曲自趙宋初年,便被以《五來子》之名行世,爲朝廷所認可,歷一二百年,彼等即便未數典忘祖,又何必執著原名? 至於歌詞,即便有,也當爲其宗師們所炮製,無非是借用其調耳。畢竟,結社式的明教本來就非唐代摩尼教之正宗傳人[3],其領袖無非是打

〔1〕 參拙文《清代霞浦“靈源法師”考論》,《中華文史論叢》2015 年第 1 期,246—284 頁;《清代霞浦“靈源教”之“夷數和佛”崇拜》,劉東主編《中國學術》,北京: 商務印書館,2016 年,191—226 頁;《霞浦抄本元代天主教讚詩辨釋——附: 霞浦抄本景教〈吉思咒〉考略》,《西域研究》2015 年第 4 期,115—134 頁。張小貴《霞浦抄本所見“蘇魯支”史事考釋》,《文史》2016 年第 1 輯,235—250 頁;拙文《霞浦抄本祆教信息探源——跋〈霞浦抄本所見“蘇魯支”史事考釋〉》,《文史》2016 年第 2 輯,279—287 頁。

〔2〕 贊寧《大宋僧史略·大秦末尼》載曰:“(大曆)六年(771)正月又勅荆、越、洪等州,各置大雲光明寺一所。”《大正藏》(54),253 頁中。

〔3〕 參拙文《唐後結社式明教再認識——以北宋“温州明教”爲個案》,余太山、李錦繡主編《歐亞學刊》新 7 輯(總第 17 輯),北京: 商務印書館,2019 年即出。

著宗教旗號以聚攏羣衆，爲自家所用。倒是潛修式之明教[1]，始可信其仍以《五明子》爲名，歌詞亦當與呼禄法師所傳者無大異。

北宋目爲吉兆之樂曲《五來子》，到南宋卻被歸入喫菜事魔之物，表面看，似乎是天道不測、造化弄人的歷史誤會，但若非兩者因緣有自，何來如此的陰差陽錯。試想，假如該祥瑞之曲本來與摩尼教無涉，民間宗教結社並不熟稔，南宋喫菜事魔者又焉會將該曲作爲自家的主曲。而於統治者來説，當初爲證太祖係真命天子，直將此曲渲染爲"五國來朝"之讖；至南宋則又將其目爲邪教之物，真可謂此一時也，彼一時也。

由於迄今未見有名曰《五來子》或《五明子》的樂曲傳下，上面言兩者名異而實同，便無從鐵證，難成定論。但既然南宋明教等喫菜事魔者所習《五來子》曲，即爲宋初京師所競唱者，而該曲乃屬番曲，則其源非西域摩尼教莫屬。因此，拙文或可爲選堂先生名作所論夷教音樂在華影響添一注腳。

附言：

本文之撰寫，蒙張小貴、王媛媛、殷小平、黄佳欣諸同仁之協助，謹此致謝！

（作者單位：中山大學歷史學系）

〔1〕 參拙文《唐後潛修式明教再思考》，余太山、李錦繡主編《歐亞學刊》新6輯（總第16輯），北京：商務印書館，2018年7月，114—132頁。

《敦煌吐魯番研究》第十八卷
2018年,117—134頁

萬迴神異傳説與萬迴信仰
——以敦煌文獻爲中心的討論*

楊明璋

一 前 言

生於貞觀六年(632)五月五日[1],歷高宗、武后、中宗、睿宗等四帝的萬迴(632—711)和尚[2],高宗起即受到高度禮遇:高宗咸亨四年(673),帝“度爲沙門”;武后垂拱四年(688),后延入宫,“賜錦衣,令宫女給侍”;中宗神龍二年(706),賜號法雲公;睿宗景雲二年(711)十月,詔入宫,“館於集賢院,給二美人奉事”,同年十二月,萬迴逝世,“贈司徒虢國公,圖形集賢院”;而玄宗爲蕃王時,亦曾私謁萬迴[3]。可見在當時,其聲名即已顯赫。而萬迴和尚聲譽之所以雀起,並爲諸位帝王垂青,不少文獻歸之於萬迴具萬里尋親一日而回的能耐,如北宋贊寧撰《宋高僧傳》卷一八《唐虢州閿鄉萬迴傳》云:“年始十歲,兄戍遼陽,一云安西,久無消息……去來萬里。……舉家驚喜。自爾人皆改觀,聲聞朝廷。”[4]南宋祖琇撰《隆興編年通論》卷一五亦云:“初,回幼時,能三千里致兄書,朝往莫歸,因號萬回,高宗聞其名,詔入宫,度爲沙門。”[5]將萬迴的發跡,歸因

---

* 本文爲執行“高僧、動物與佛菩薩:唐宋之際敦煌傳抄的外來僧神異傳説研究”(MOST 106-2410-H-004-155-MY2)專題研究計劃之部分成果。

[1] 本覺編集《釋氏通鑑》卷七,見《卍新纂大日本續藏經》第76册No.1516,東京:國書刊行會,79頁。

[2] 萬迴,又作“萬回”。作“萬迴”的文本,如敦煌文獻P.3490、S.1624二寫本,或唐代張説《唐玉泉寺大通禪師碑銘并序》(姚鉉編《唐文粹》卷六四,四部叢刊景元翻宋小字本,中國基本古籍庫)、胡璩《譚賓録》(清鈔本,中國基本古籍庫)等均是;而作“萬回”的,則如唐代崔湜《唐通大居士張萬回墓誌》(陳思編《寶刻叢編》卷七,清文淵閣《四庫全書》本,中國基本古籍庫)、徐彦伯《唐萬回神跡記》(歐陽修撰《集古録》卷六,清文淵閣《四庫全書》本,中國基本古籍庫)、段成式《酉陽雜俎》(四部叢刊景明本,中國基本古籍庫)等均是。

[3] 以上出自本覺編集《釋氏通鑑》卷八,79頁。

[4] 贊寧《宋高僧傳》卷一八《唐虢州閿鄉萬迴傳》,北京:中華書局,1997年,454頁。

[5] 《卍新纂大日本續藏經》第75册No.1512,181頁。

於一則神足奔越的神異故事，似乎過於簡化。

有關萬迴和尚的研究，較早的是日本學者牧田諦亮，他在1958年發表的《敦煌本三大師傳について》一文，就對敦煌文獻中的S.1624一寫本抄寫包括萬迴在内的三位大師（另二位爲僧伽、寶誌）之神異事跡有過録文，並以爲此一寫本將三位僧人合抄一處，是當時三聖僧信仰的一種反映，同時，也是觀音信仰具象化的表現〔1〕。之後的研究者，凡論及此一寫本，所見大抵不脱牧田氏。張小剛《敦煌佛教感通畫研究》一書的第三章《與漢地有關的佛教感通畫題材》，在討論萬迴和尚時，另還注意到P.3490中一則李神好繪萬迴大師像發願文題記，並據此題記後抄有另一則氾通子天成三年繪觀世音一軀並侍從像的發願文題記，判定李神好繪萬迴像亦應在公元928年前後，同時，以爲它表明了敦煌繪畫中曾存在萬迴大師的造像〔2〕。而筆者則曾於《泗州僧伽和尚神異傳説研究——以敦煌文獻爲中心的討論》一文，將S.1624寫録之萬迴事跡，與贊寧撰《宋高僧傳》比較，發現二者有不少相近之文句，S.1624所抄應該就是贊寧《進〈高僧傳〉表》提到的"遐求事跡，博採碑文"諸多參考事跡、碑文之一〔3〕。

而1966年法國學者施舟人（Kristofer Schipper）在《滑稽神》一文則論及近現代的萬迴信仰，他提到在臺灣、中國大陸，不少地方依然保存萬迴的香火，並舉曾在臺灣江家錦先生處採集到以萬迴爲專管人間和合事之神的祝禱詞爲例，而該祝禱詞正好與《萬法歸宗》卷二"和合咒"相同〔4〕。此後，程薔、董乃斌在《唐帝國的精神文明：民俗與文學》一書的《神靈崇拜與巫術禁忌篇》三《迷信中的實用功利》，利用了萬迴萬里尋親一日而回之事，指出萬迴信仰是爲彰顯孝悌觀念，後來纔逐漸演變爲能預卜吉凶、排憂解難的喜神，之後又與唐僧寒山、拾得二人相合〔5〕。崔小敬《和合神考論》指出萬迴因能一日往返萬里，遂被引申爲祀之可使萬里之外的親人歸來，家人和合喜樂，故於北、南宋戰亂頻仍之際，萬迴由神僧演化爲和合之神，且至遲不會超過明代，和合二仙取代萬迴，成爲和合神信仰的主角〔6〕。之後，崔氏又發表《唐代神僧萬迴考論》一文，是在前文的基礎上作了增補、延伸，以爲萬迴在唐代並未形成某種固定的信仰，尤其還注意到萬迴

〔1〕牧田諦亮《敦煌本三大師傳について》，《印度學佛教學研究》第7卷第1號，1958年12月，250—253頁。

〔2〕張小剛《敦煌佛教感通畫研究》，蘭州：甘肅教育出版社，2015年，271—272頁。

〔3〕楊明璋《泗州僧伽和尚神異傳説研究——以敦煌文獻爲中心的討論》，《中國學術年刊》第39期春季號，2017年3月，51—76頁。

〔4〕施舟人（Kristofer Schipper）《滑稽神》，《中國文化基因庫》，北京大學出版社，2002年，57—69頁。

〔5〕程薔、董乃斌《唐帝國的精神文明：民俗與文學》，北京：中國社會科學出版社，1996年，442頁。

〔6〕崔小敬《和合神考論》，《世界宗教研究》2008年第1期，75—87頁。

其人其事後來成爲文學作品中屢被運用的典故及形象，在詩、文、詞、小説、戲劇等作品中均有所表現，最常見的是借用萬迴"萬里而回"之能，或表讚嘆欽羡，或反用其意[1]。

另有一類佛教造像研究，也論及萬迴，其中又以四川石窟、摩崖造像最多，較早的如羅世平的《四川石窟現存的兩尊萬迴像》，指出北宋英宗治平三年（1066）完工的大足北山第177號窟和大約開鑿於唐末五代夾江千佛崖第91號龕，均有與泗州僧伽、寶誌合龕的萬迴造像[2]。日本學者肥田路美的《四川省夾江千佛岩の僧伽・寶誌・萬迴三聖龕について》也論及北山佛灣第177窟、夾江千佛岩第91龕，以爲前者是靖康元年（1126）營造，後者則是9世紀上半葉開鑿，還注意到四川綿陽魏城鎮北山院石窟11號龕也有三聖僧造像，並據其右側的第13號龕外有"菩薩一身……中和元年"（881）的題記，以爲第11號龕應是晚唐9世紀末期所造[3]。其他像重慶大足石刻藝術博物館、四川安岳縣文物局合著的《四川省安岳縣西禪寺石窟調查簡報》則指出開鑿於唐元和十三年（818）安岳西禪寺西寨門1號龕也有三聖僧像[4]；四川大學考古學系等合著的《四川安岳高升鄉千佛岩摩崖造像調查報告》發現安岳高昇鄉千佛岩摩崖爲晚唐五代開鑿的第13號龕之中有三聖像[5]；四川大學考古學系等合著的《四川安岳長河源石鑼溝摩崖造像調查簡報》提到安岳長河源石鑼溝摩崖造像中五代時期的第7號龕有三聖像[6]。李小强、鄧啓兵合著的《"成渝地區"中東部僧伽變相的初步考察及探略》以爲潼南千佛崖一僧伽變相中層有三尊像，佈局與安岳西禪寺基本相同，故以爲其造像時代應當也接近[7]。徐汝聰的《試論僧伽造像及僧伽崇拜》則是提到宜賓大佛沱石窟三僧

〔1〕 崔小敬《唐代神僧萬回考論》，《宗教學研究》2016年第3期，110—117頁。

〔2〕 羅世平《四川石窟現存的兩尊萬回像》，《文物》1998年第6期，57—60頁。按：大足北山第177號窟的時代，應以北宋靖康元年（1126）較爲準確，見重慶大足石刻藝術博物館等《大足石刻銘文録》，重慶出版社，1999年，27頁。而夾江千佛崖尚可參考四川省文物考古研究院等《夾江千佛岩：四川夾江千佛岩古代摩崖造像考古調查報告》，北京：文物出版社，2012年，234—238頁。

〔3〕 肥田路美《四川省夾江千佛岩の僧伽・寶誌・萬迴三聖龕について》，《早稻田大學大學院文學研究科紀要》第3分册，2013年2月，51—67頁。按：張總《四川綿陽北山院地藏十王龕像》曾謂此龕羣中的10號龕有三聖僧像，指的應該就是肥田路美説的11號龕，見《敦煌學輯刊》2008年第4期，84—92頁。又于春、王婷《綿陽龕窟——四川綿陽古代造像調查研究報告集》以爲11號龕應是北宋時期所開鑿，北京：文物出版社，2010年，111頁。

〔4〕 重慶大足石刻藝術博物館、四川安岳縣文物局《四川省安岳縣西禪寺石窟調查簡報》，《藝術史研究》第10輯，2008年，529—551頁。

〔5〕 四川大學考古學系、成都文物考古研究所、安岳縣文物局《四川安岳高昇鄉千佛岩摩崖造像調查報告》，《南方民族考古》第12輯，2016年，255—277頁。

〔6〕 四川大學考古學系、成都文物考古研究所、安岳縣文物局《四川安岳長河源石鑼溝摩崖造像調查簡報》，《文物》2017年第9期，74—96頁。

〔7〕 李小强、鄧啓兵《"成渝地區"中東部僧伽變相的初步考察及探略》，《石窟寺研究》第2輯，北京：文物出版社，2011年，237—249頁。

龕,分别有天聖六年(1032)十月十五日王昌連刻"志公大聖",天聖六年十二月十五日巡檢使張隆發刻"泗州大聖",天聖六年十二月十八日陳榮刻"萬通(迴)大聖"[1]。另外,也有研究者注意到陝西延安的三聖僧造像,如石建剛等合著的《延安地區宋金石窟僧伽造像考察》指出延安地區的宋金石窟中發現有僧伽造像15例及僧伽造像題記1則,其中屬三聖造像有4例,包括:黄龍花石崖石窟北宋天聖十年(1032)開鑿的第1窟,富縣柳園石窟中層北宋慶曆二年(1042)、三年(1043)雕刻的造像,富縣馬家寺石窟北壁下部北宋元祐三年(1088)所開一方形龕,富縣五神廟石窟第2窟北宋時期雕刻之石壁[2]。

本文即擬在前賢的研究成果之上,從敦煌文獻中的萬迴記載出發,考究其中以萬里尋親一日而回爲主的萬迴傳説之源流,以及其生成文化語境。而萬迴受到唐代五位帝王青睞的最初原因,是如讖記多驗更爲早出現、更爲重要?抑或有其他因素?又萬迴一生主要活動於唐代首都長安,甚至有一段不算短的時間就住在宫中,受到帝王親眷達官貴人的崇敬,如此背景,何以成爲民間信仰崇拜的對象?包括在敦煌、四川、延安、杭州等地,均可見其信仰遺跡,同時,藉這些石窟、龕的萬迴圖像與文獻資料之對比,也可瞭解萬迴信仰的時代。此一轉變和萬迴與(觀音)菩薩結合之關係爲何?又宋以後,萬里尋親一日而回之傳説及萬迴信仰有何變化?兹就以上諸問題,陳述如下,並就教於方家。

二　敦煌本萬迴神異傳説之源流及其生成文化語境

敦煌文獻S.1624正面寫録有泗州僧伽、萬迴、寶誌三高僧之事跡,兹抄録萬迴之事跡如下:

> 謹按《傳記》:唐中宗皇帝時,萬迴和尚者,虢州閿鄉縣人也。俗姓張,父乃轅門列(别)校也。時兄從軍在塞外,乃家中設齋,兄好喫羔(餻)糜,因見羔(餻)糜思兄,遂告母曰:"送少許與兄去。"母曰:"真癡狂人也,此去五十(千)餘里,如何得到?"堅切覓之,母遂與去。傾(頃)刻便歸,家内齋猶未散,衆人不信,乃將出兄迴

[1] 徐汝聰《試論僧伽造像及僧伽崇拜》,《東南文化》2014年第5期,89—100頁。按:上文題記部分係據丁天錫《宜賓大佛沱唐宋摩崖造像》(《四川文物》1996年第4期,51頁),其中"萬通(迴)大聖",丁文僅作"萬通大聖",徐文應是參酌同一龕的另二聖題名,判定"通"爲"迴"之訛,又徐彦伯《唐萬回神跡記》(見後文)謂中宗號萬迴爲"玄通大居士",刻工或也因此混淆。

[2] 石建剛、高秀軍、賈延財《延安地區宋金石窟僧伽造像考察》,《敦煌研究》2015年第6期,30—40頁。

> 信去持汗衫,母自認得縫綆,訝極異事,往來萬里程途,故以萬迴爲號。尋乃爲僧,帝請於内道場供養。帝感夢,云是觀音化身,敕遣二宫官扶侍。至遷化時,唯要本鄉河水,指堦下令掘,忽然河水湧出爲井,飲畢而終。坊曲井水皆鹹,唯此井水甘美,因敕名醴泉坊焉,仍令所司逾真供養。

筆者曾將之與撰成於端拱元年(988)的《宋高僧傳》比較,發現二者有不少相近的文句,可見天福七年(942)前後抄寫的 S.1624 其所據的《傳記》,應也在《宋高僧傳》參考過的諸多事跡、碑文之内[1]。

事實上,S.1624 主要記述的萬里尋親一日而回及坊堦下得甘泉二則傳説,在唐武宗會昌(841—846)時人胡璩所著的《譚賓録》一書即可見到。其中萬里尋親一日而回的傳説,該書有云:

> 迴生而愚……迴兄戍役于安西,音問隔絶,父母謂其死矣,日夕涕泣而憂思焉。迴顧父母感念之甚,忽跪而言曰:"涕泣豈非憂兄耶?"父母且疑且信曰:"然。"迴曰:"詳思吾兄所要者布裘、糗糧、巾履之屬,請悉備焉,某將往覲之。"忽一日,朝齊所備而往,夕返其家,告父母曰:"兄平善矣。"發書視之,乃兄跡也,一家異之。宏農抵安西,蓋萬餘里,以其萬里而迴,故號曰"萬迴"也。[2]

與之時代相近的記載,段成式(803? —863)《酉陽雜俎》、鄭綮(? —899)《開天傳信記》二部典籍亦有之,故可知萬里尋親一日而回的傳説應該是在此時即 9 世紀中葉方出現。三部典籍對萬里尋親一日而回的敍事,均以萬迴兄長的親筆信爲驗證,《譚賓録》和《開天傳信記》的文句又幾乎相同,《酉陽雜俎》則僅簡述。相較之下,S.1624 以萬迴兄長離家當時所持母親縫製之汗衫爲驗證,是其他文獻少見的安排[3]。

而萬迴稱號之由來,還有其他説法。《宋高僧傳》卷一八《唐虢州閿鄉萬迴傳》有云:"年尚弱齡,白癡不語,父母哀其濁氣。爲鄰里兒童所侮,終無相競之態。然口自呼'萬迴',因爾字焉。"[4]這應是比較貼近事實的,只是許多典籍,如《譚賓録》《酉陽雜俎》《開天傳信記》三本認爲萬迴之號的由來,是萬里尋親一日而回的傳説。而《譚賓録》在記述完萬里尋親一日而回的傳説後,還提道:

---

[1] 楊明璋《泗州僧伽和尚神異傳説研究——以敦煌文獻爲中心的討論》,51—76 頁。

[2] 胡璩《譚賓録》(清鈔本,中國基本古籍庫)卷一。

[3] 目前可見之典籍文獻,僅《太平御覽》卷八六〇《飲食部十八》有近似的安排,云:"數日,持襆而至,母發襆,乃戍子衣也。"見李昉等編《太平御覽》(四部叢刊三編景宋本,中國基本古籍庫)卷八六〇《飲食部十八》。

[4] 《宋高僧傳》卷一八《唐虢州閿鄉萬迴傳》,454 頁。

先是,元奘法師向佛國取經,見佛龕題柱曰"菩薩萬迴謫向閿鄉地教化",奘師馳驛至閿鄉縣,問此有萬迴師無,令呼之。萬迴至,奘師禮之,施三衣瓶鉢而去。[1]

"先是"一詞表明的是在這之前,似乎意味著玄奘(602—664)於天竺之聞見較萬里尋親一日而回的傳説爲早。南宋陳思編《寶刻叢編》卷七在徐彦伯於開元二十五年(737)所撰《唐萬回神跡記》一條目下的説明也提及玄奘一事,謂:

萬回,號,人姓張氏。據記: 沙門玄奘嘗西遊天竺,有寺空其一室,問其人,曰:"是僧方生於中,聞其號萬回。"蓋自此而往者,萬回矣。萬回言語悲喜不常,如狂者,所爲多異。高宗延之禁中,中宗號之曰玄通大居士,封法雲公,玄宗爲營居室於醴泉里,後追贈司徒,封虢國公。碑以開元二十五年,萬回弟子沙門還源所立。

此碑徐彦伯撰其事固可怪矣,玄宗英偉之主,彦伯當時名臣也,而君臣相與尊寵稱述如此,欲使庸愚之人不信不惑,其可得乎?[2]

可知《唐萬回神跡記》中敘及玄奘於天竺之神異聞見一事,一方面是用來表明萬迴的神異出身,同時也是用以説明萬迴一稱號的由來。而在敘述完玄奘於天竺之神異聞見一事後,陳思對此碑的内容表示不以爲然[3],顯然是針對該事而發,若《唐萬回神跡記》原碑文同時也提及另一則萬里尋親一日而回的神異故事,陳思理應也會加以摘述,但卻没有。合理地推測,《唐萬回神跡記》並未撰録萬里尋親一日而回的傳説,甚至在當時該傳説尚未出現。

皎然(大曆、貞元,8世紀下半葉)《萬回寺》詩云:

萬里稱逆化,愚惷性亦全。紫紱拖身上,妖姬安膝前。見他拘坐寂,故我是眠禪。吾知至人心,杳若青冥天。[4]

詩中前四句都是用以表述萬迴的生平事跡,其中第三、四句講的即是武后"賜錦衣,令宫女給侍"及睿宗"給二美人奉事"。而第一、二句的"萬里稱逆化,愚惷性亦全","愚惷性亦全"指的則是萬迴生而愚癡,卻仍有真心至性,至於"逆化"的意思是佛菩薩以違逆之方式來教化衆生[5],對萬迴而言,其諸事跡、傳説足以名爲"萬里稱逆化"的,應該就

---

〔1〕 胡璩《譚賓録》(清鈔本,中國基本古籍庫)卷一。

〔2〕 陳思編《寶刻叢編》(清文淵閣《四庫全書》本,中國基本古籍庫)卷七《陝西永興軍路一·京兆府上》。

〔3〕 陳思此段議論的大部分文字,宋代歐陽修《集古録》(清文淵閣《四庫全書》本,中國基本古籍庫)卷六亦可見到。

〔4〕 彭定求等編《全唐詩》(清文淵閣《四庫全書》本,中國基本古籍庫)卷八二〇。

〔5〕 慈怡法師主編《佛光大辭典》:"'順化'之對稱。謂佛菩薩以違逆之方式來教化衆生。"見"佛光大辭典綫上查詢系統"(https://www.fgs.org.tw/fgs_book/fgs_drser.aspx),檢索日期: 2018.6.22。

是上述《唐萬回神跡記》記萬迴乃天竺高僧萬里轉生中土，並以狂異的行爲舉止曉喻世人，也就是《譚賓録》謂玄奘於天竺見佛龕有柱題"菩薩萬迴謫向閿鄉地教化"之事。由此可知，天竺高僧萬里轉生中土一傳説，在徐彦伯、皎然的時代已是人們所熟知的萬迴神異傳説，並用以解釋萬迴稱號的由來。

也就是説，從目前我們所掌握的文獻來看，天竺高僧萬里轉生中土的傳説較萬里尋親一日而回的傳説出現的時間更早，前者 8 世紀上半葉已可見到，後者則要到 9 世紀中葉纔出現，只是後者更能彰顯萬迴的能耐，遂被廣泛地傳播，從而取代前者，用以解釋萬迴稱號的由來，並成爲萬迴最具代表性的事跡傳説。

S.1624 所記另一則坊堦下得甘泉之事，《譚賓録》卷一有之，云：

> 臨終大呼，遣求本鄉河水，弟子徒侣覓無，萬迴曰："堂前是河水。"衆于堦下掘井，忽河水湧出，飲竟而終，此坊井水至今甘美。[1]

可見此一傳説也是在 9 世紀中葉就有了。《宋高僧傳》卷一八亦有記載，云：

> 帝愈知迴非常人也，出二宫人日夕侍奉之，特勅於集賢院圖形焉。暨迴垂卒，而大呼遣求本鄉河水，門人徒侣求覓無所。迴曰："堂前即是河水，何不取耶？"衆於階下掘井，河水湧出，飲畢而終。迴宅坊中井皆鹹苦，唯此井甘美。[2]

S.1624、《譚賓録》、《宋高僧傳》等三種文本的文句時有相似之處，上述諸段引文畫有底綫者即是；《譚賓録》與《宋高僧傳》又均較 S.1624 多出弟子門人與萬迴互動的情節，且文字大體相同；而謂坊中井水皆鹹，則是 S.1624 與《宋高僧傳》纔有的安排。如此看來，時代較早的《譚賓録》及 S.1624 的《傳記》，應對《宋高僧傳》有所影響，而 S.1624 的《傳記》也應該和《譚賓録》有關聯。此則傳説，S.1624 較爲特别的安排還有：將坊堦下得甘泉之事視爲長安醴泉坊命名的由來，且帝王因而"令所司邈真供養"。前文曾引述過的徐彦伯《唐萬回神跡記》，提到"玄宗爲營居室於醴泉里"，而宋代道原纂《景德傳燈録》卷二七則謂"景雲二年辛亥十二月八日師卒於長安醴泉里"[3]，可見萬迴確實是居住於醴泉里，只是該地名的命名和萬迴其實並没有什麽關係。《太平御覽》卷一八九引《兩京記》曰："醴泉坊本名承明坊。開皇初繕築此坊，忽聞金石之聲，因掘得甘泉浪井七所，飲者疾愈，因以名坊。"[4]

---

〔1〕 胡璩撰《譚賓録》（清鈔本，中國基本古籍庫）卷一。

〔2〕 《宋高僧傳》卷一八《唐虢州閿鄉萬迴傳》，456 頁。

〔3〕 大正一切經刊行會編《大正新脩大藏經》（東京：大正新脩大藏經刊行會）第 51 册，No.2076，433 頁。

〔4〕 《太平御覽》（四部叢刊三編景宋本，中國基本古籍庫）卷一八九《居處部十七》。

至於“邈真供養”,指的即是描繪圖像以作爲人們崇敬供養之用,其他典籍與之相近的記載是“於集賢院圖形焉”。如《開天傳信記》有云:“上知萬迴非常人,内出二宫人,日夕侍奉,特敕於集賢院圖形焉。”〔1〕宋代錢易(968—1026)《南部新書》卷九也有:“上知萬迴非常人,内出二宫人侍奉之,時於集賢院圖形焉。”〔2〕當時獲帝王相同對待的,還有被《新唐書·方技傳》評爲“詭行幻怪”的張果,玄宗“有詔圖形集賢院,懇辭,還山”〔3〕。可見在唐代,圖形集賢院是一種殊榮,且應是針對僧、道、術士等身分的人,其意義相當於太宗、代宗、德宗等皇帝圖形長孫無忌、郭子儀、李晟等功臣於淩煙閣〔4〕。圖形集賢院和此處“邈真供養”的時機還是有些不同,後者是在萬迴往生後纔施行的,顯然不同於前者是於萬迴、張果等人還在世時就進行。顯然,10世紀中的寫本S.1624謂“邈真供養”萬迴,已不僅僅是對萬迴的崇敬而已,應當是屬宗教信仰儀式了。

湯用彤在《隋唐佛教史稿》中曾説:“天后時,符瑞圖讖爲上下所同好,自後秘密神異之説風行。萬迴一日行萬里,一行之東水西流,均爲當時所樂道。道宣之記感應,道世之申冥報,亦可見其時之風尚。而特以密宗之傳入爲一大事。蓋玄宗酖嗜神秘。”〔5〕以爲萬迴日行萬里等神異舉止,與武后以來宗尚符瑞圖讖,特别是密宗的傳入,有密切的關係。傳世的唐五代文獻有關日行千萬里的神足密法,確實不少,如初唐智通所譯的《千眼千臂觀世音菩薩陀羅尼神咒經》卷下有“菩薩自在神足印第二十三”,云:“起立,先以左手握左腳大母指如把拳,次以右手握左手腕背上,誦身咒七遍,欲進千里,不以爲難,誦咒之時,勿令聲出。”〔6〕又智通譯的另一本《觀自在菩薩隨心咒經》的“隨心神足印第四十五”,亦云:“先以左手中指無名指屈在掌中,又以大母指押無名指中指甲上,頭指小指直申展之,即誦身咒,作此印已,用摩兩足,日馳千里。作此印時,地神每將七寶華臺承行者足,凡夫肉眼不見,但生大慈悲救護之心,莫爲自求名聞利養,必定感得萬神扶助。”〔7〕都是透過持咒手印,以日馳千里。類似的神足密法敦煌文獻

〔1〕崔令欽《教坊記(外三種)》,北京:中華書局,2012年,92—93頁。
〔2〕錢易《南部新書》(清文淵閣《四庫全書》本,中國基本古籍庫)卷九。
〔3〕《新唐書》卷二〇四《方技傳·張果》,臺北:鼎文書局,1981年影印新校本,5797、5810頁。
〔4〕《舊唐書》卷六三《蕭瑀傳》:“(貞觀)十七年,與長孫無忌等二十四人並圖形於淩煙閣。”卷一二《德宗本紀上》:“代宗即位之年……(李适)與郭子儀等八人圖形淩煙閣。”卷一三《德宗本紀下》:“(貞元五年)九月壬戌,詔以褚遂良已下至李晟等二十七人,圖形於淩煙閣,以繼國初功臣之像。”
〔5〕湯用彤《隋唐佛教史稿》,《湯用彤全集》第2卷,石家莊:河北人民出版社,2000年,30—31頁。
〔6〕《大正新脩大藏經》第20册,No.1057a,89頁。
〔7〕同上書,No.1103a,460頁。

亦可見,如P.3835卷背的《佛説大輪金剛總持陀羅尼法》[1],其中即有一印,寫卷上部有圖,下部則有文字,作:"世尊此印,神足,以沉水香木尅印,方圓一寸三分,以用印足,欲進萬里,不以爲難。若有心指行萬里,若除却疑心,至誠須臾間,即到西方極樂世界,見阿彌陀如來及觀音,大勢至等及十方净土諸佛如來,皆爲受記。"此處雖仍以行進萬里爲訴求,但不是透過手印,而是藉由捺印於足,以達目的。還有一則與開元三大士之一被尊爲中土密宗祖師的善無畏相關的傳説故事,也涉及神足通,唐代李華撰《玄宗朝翻經三藏善無畏贈鴻臚卿行狀》有云:

> 僧寶有達磨鞠多,唐云法護,掌定門之祕鑰,佩如來之密印,顔如四十,已八百年也,乃頭禮兩足,奉爲本師。和上見本師鉢中,非其國食,示一禪僧,禪僧華人也,見油餌尚温,粟飯餘暖,愕而嘆曰:"中國去此十萬八千里,是彼朝熟而午時至,此何神速也。"會中盡駭,唯和上默然,本師密謂和上曰:"中國白馬寺重閣新成,吾適受供而返,汝能不言,真可學也。"乃授以總持尊教,龍神圍繞,森在目前,無量印契,一時頓受。[2]

文中謂善無畏之師達磨鞠多的鉢中有從中土托鉢而得的熱食,可見鞠多亦有神足密法。綜言之,僧人萬迴萬里尋親一日而回的事跡傳説,確實是唐五代符瑞圖讖、密宗盛行的一種反映。

三　萬迴信仰之源流及其與萬迴神異傳説之關係

P.3490於《寺門首立禪師頌》《禰禪師解虎讚》二篇高僧讚頌後,另有一種不同於讚頌的書跡,寫録有《於當居創造佛刹功德記》及包括敬繪萬迴在内的四則發願文題

---

〔1〕《大正新脩大藏經》有日本寬延二年(1749)刊豐山大學藏《佛説大輪金剛總持陀羅尼經》(《大正新脩大藏經》第21册,No.123),但其内容與P.3835《佛説大輪金剛總持陀羅尼法》並不相同。而日本圓仁撰《入唐新求聖教目録》著録有"佛説大輪金剛總持陀羅尼印法一卷(不空)"(《大正新脩大藏經》第55册,No.2167,1079頁),不知是否即P.3835抄録的此部典籍;又P.3835於《佛説大輪金剛總持陀羅尼法》下有小字作"觀世音如意輪王摩尼跋陀别行法",應是此經的别名,而《入唐新求聖教目録》也著録有"如意輪王摩尼跋陀别行法印一卷"(《大正新脩大藏經》第55册,No.2167,1080頁),只可惜兩部典籍僅見於目録,未見内文,無法得知它們與P.3835《佛説大輪金剛總持陀羅尼法》之關係。

〔2〕《大正新脩大藏經》第50册,No.2055,290頁。按:《宋高僧傳》也有記載,該書卷二《唐洛京聖善寺善無畏傳》云:"寺有達摩掬多者,掌定門之祕鑰,佩如來之密印,顔如四十許,其實八百歲也,玄奘三藏昔曾見之。畏投身接足,奉爲本師。一日侍食之次,旁有一僧,震旦人也,畏視其鉢中見油餌尚温,粟飯猶暖,愕而嘆曰:'東國去此十萬餘里,是彼朝熟而返也。'掬多曰:'汝能不言,真可學焉。'後乃授畏總持瑜伽三密教也,龍神圍遶,森在目前,其諸印契,一時頓受。"

記[1],而該功德記及最後一則發願文題記的文末分别署有"于時天成三年(928)歲次戊子九月壬申月十五日丙戌題記","天成三年戊子歲九月十七日題記",表明了功德記、發願文題記撰就的時間分别是在天成三年九月十五日及十七日。今先將P.3490寫録的四則發願文題記録文如下[2]:

竊聞釋宗大歲,闢寶勸勵萌芽,二鼠相侵,四蛇之其昇降。然則十地虚廓,六道交横……厥今有清信弟子某乙,天生别俊,異世英靈……乃見當鎮仏刹,毁壞多年,往來巡遊,不生渴仰,割捨資具,誘化諸賢,崇修不替於晨昏,專心不離而制作。門樓新架,寶刹重添,四廊樑棟而刱(創)新,繪畫不侔於往日,自己就中偏捨,重發勝心。於殿上門額畫某變相,東壁畫文殊師利并侍從,並以周畢。……合鎮官寮(僚),長承富樂……路人唱太平之歌,堅牢願千年不壞。因題標之次,略記歲年,用留遐邇。

弟子當府釋門禪師沙門願智奉爲國界安寧,法輪常轉,尚書萬歲,永蔭蒼生,溥及有情,同霑福分,减捨衣鉢,敬繪　聖賢,一心供養。

弟子歸義軍節度押衙知當州左馬部都虞候銀青光禄大夫檢校太子賓客兼監察御史李神好,奉爲國界安寧,人民樂業,　府主使君長延寶位,次爲己躬吉慶,障沴不侵,合家康寧,所求得遂,敬繪　萬迴大師,願垂悲聖力,救護蒼生,一心供養。

厥有弟子氾通子,出生善世,長發勝心……乃因府主修建龍泉寺,此次大捨不能,謹於俳佪西側,割捨衣食,敬繪觀世音菩薩一軀并侍從,莊(裝)飾功畢……略記歲年,永充供養。　天成三年戊子歲九月十七日題記。

第1、4則爲佛刹、寺院壁畫修建裝飾的發願文題記,而第2、3則未言明繪畫修建裝飾的具體處所,但應當也是佛刹、寺院壁畫修建裝飾,或者是其他紙絹畫的發願文題記,其中李神好發願文題記一則還清楚交代供養人李神好是歸義軍節度押衙。故不論萬迴像的型態是寺院壁畫或紙絹畫,"敬繪　萬迴大師,願垂悲聖力,救護蒼生,一心供養"一段文字,都表明了天成三年的敦煌,已有一如S.1624《傳記》中所謂"邈真供養"萬迴的崇敬信仰儀式,而且是和文殊師利、觀世音等菩薩相提並論的。

前文引述過的8世紀下半葉皎然《萬回寺》一詩,不論是詩題或詩的内容,都顯示

[1] 《敦煌碑銘讚輯釋》對《於當居創造佛刹功德記》有校録,於校釋中逐録四則發願文題記,唯稱四則發願文題記爲"修功德發願文二篇",並謂其"若非與本篇指同事而言,亦乃爲同一人之作品"。參見鄭炳林《敦煌碑銘讚輯釋》,蘭州:甘肅教育出版社,1992年,529—531頁。

[2] 第1、4則篇幅稍長,此節録之。

此一不知坐落於何地的寺院,應是以萬迴爲主祀,纔會以萬迴爲寺名,而詩句歌詠的對象也理所當然地落在萬迴身上,此時距萬迴下世不及百年。而稍早於皎然的王昌齡(698? —757?)則有《香積寺禮拜萬迴平等二聖僧塔》[1],該詩云:“真無御化來,借有乘化歸。如彼雙塔内,孰能知是非。愚也駭蒼生,聖哉爲帝師。當爲時世出,不由天地資。萬迴主此方,平等性無違。今我一禮心,億劫同不移。肅肅松柏下,諸天來有時。”[2]《景德傳燈録》卷二七提到萬迴下世後,在景雲“三年正月十五日窆於京西香積寺”[3],故王昌齡纔會至香積寺禮拜萬迴聖僧塔。相較之下,皎然的《萬回寺》詩更接近於10世紀初P.3490所謂的“敬繪萬迴大師”、“一心供養”,或10世紀中S.1624説的對萬迴的“邈真供養”,只是《萬回寺》詩表述的内容,仍無法讓人清楚地掌握8世紀下半葉的唐人崇敬萬迴較爲具體的情形。而從8世紀下半葉至10世紀初,也就是中唐至晚唐此一時期,唐人對萬迴的崇敬情形,在目前的傳世文獻未見記載,四川石窟、龕造像可補此闕漏。

據前言概述的佛教造像研究顯示,四川所見最早的萬迴造像是開鑿於9世紀初(元和十三年,818)安岳西禪寺西寨門第1號龕中的三聖僧像。之後,有愈來愈多的三聖僧造像,包括:9世紀上半葉開鑿的夾江千佛岩第91龕,9世紀末期所造的綿陽魏城鎮北山院石窟第11號龕,晚唐五代開鑿的安岳高昇鄉千佛岩摩崖第13號龕,五代時期的安岳長河源石鑼溝摩崖造像第7號龕。入宋後,則有天聖六年(1032)雕刻的宜賓大佛沱石窟三僧龕,分别有榜題“志公大聖”、“泗州大聖”、“萬通大聖”;靖康元年(1126)營造的北山佛灣第177窟。又前言也已提過的陝西延安的宋金石窟新發現三聖造像4例,最早的是北宋天聖十年(1032)開鑿的黄龍花石崖石窟第1窟,之後,則有北宋慶曆二年(1042)、三年(1043)雕刻的富縣柳園石窟中層的造像,北宋元祐三年(1088)開鑿的富縣馬家寺石窟北壁下部一方形龕,以及推測爲北宋時期雕刻的富縣五神廟石窟第2窟石壁造像。由此可知,9世紀初(元和十三年,818)包括萬迴在内的三聖僧,已成爲當時四川安岳一帶的人們信仰膜拜的對象,而且它的時間較日本僧人圓仁於長安寺院求得的“壇龕僧伽、誌公、萬迴三聖像(一合)”爲早[4]。圓仁在長安活動的時間是開成

〔1〕 平等聖僧指的或許是僧伽和尚,據《太平廣記》卷九六《異僧十》引本傳及《紀聞録》,謂其於泗州臨淮縣建普照王寺,掘地時得古香積寺銘記,唯此詩的香積寺,指的是長安的香積寺,詳細情況猶待考證。

〔2〕 《全唐詩》(清文淵閣《四庫全書》本,中國基本古籍庫)卷一四一。

〔3〕 《大正新脩大藏經》第51册,No.2076,433b頁。

〔4〕 圓仁《入唐新求聖教目録》云:“壇龕僧伽誌公萬迴三聖像(一合)……右件法門佛像道具等,於長安城興善、青龍及諸寺求得者,謹具録如前。”《大正新脩大藏經》第55册,No.2167,1084c頁。又另一日本僧人安 (轉下頁)

五年(840)至會昌五年(845)[1],故圓仁對三聖僧的見聞應當較安岳西禪寺西寨門第1號龕的開鑿爲晚。也就是説,三聖僧信仰應該就是在9世紀初或更早以前已成型,這也意味萬迴信仰在此一時期有了進一步的發展,祂們本應爲長安一帶的人們所崇敬,後來逐漸傳播擴散至其他地方,如四川、陝北等地。

藉由這些材料也可以知道,在8世紀下半葉至9世紀初成型的萬迴信仰,早於9世紀中纔出現的萬里尋親一日而回的萬迴傳説,故該傳説或許對後來的萬迴信仰、三聖僧信仰具推波助瀾之效,但在此之前,萬迴應有其他爲人所欽服的行事與能耐。

萬迴不論從咸亨四年(673)高宗度爲沙門或是自垂拱四年(688)武后延入宫廷算起,直至其下世(711),大約有四十年的時間受到帝王親眷達官貴人的崇敬,其中最爲要緊的,應該是如元代陶宗儀《南村輟耕録》卷一一敍述一位名爲龍廣寒者,謂其有“預知之術,游湖海間,咸推爲異人”,並舉萬迴爲例,云:“或謂事持寂感報耳秘咒,故爾寂感,即俗所謂萬回哥哥之師號也。”[2]也就是説,萬迴具寂感報耳秘咒的預知能力,且因之爲人所熟知。像《太平廣記·異僧六》引《紀聞録》,謂有一僧人明達,“不知其所自,於閿鄉縣住萬迴故寺,往來過客,皆謁明達,以問休咎,明達不答,但見其旨趣而已”[3]。又像《宋高僧傳》卷二〇《唐潞州普滿傳》謂:“釋普滿者,未知何許人也。於汾晉閑,所爲率意,不拘僧體,或歌或哭,莫喻其旨。以言斥事,往必有徵,故時人以强練、萬迴待之。”[4]二位僧人都具有預知能力,或以言語,或以行爲喻事,與萬迴的“言必讖記,事過乃知”[5]是一致的,故二僧人被視爲萬迴。萬迴讖記多驗的事跡,傳世典籍記載甚多,如《譚賓録》卷一即有云:

> 時張易之大起第宅,萬迴嘗指曰:“將作監人。”莫之悟,及易之伏誅,以其宅爲將作監。……惠莊太子即睿宗第二子也,初,則天曾以示萬迴,萬迴曰:“此兒是西

(接上頁)然(841?—915?)《諸阿闍梨真言密教部類總録》卷下《諸圖像部第二十》“諸聖僧影七”亦云:“壇龕僧伽、誌公、乃迴三聖像一合(仁)。”《大正新脩大藏經》第55册,No.2176,1132b頁。按:末木文美士《日本佛教目録學的形成——以〈東域傳燈録〉爲中心》云:“安然撰寫的《諸阿闍梨真言密教部類總録》(即《八家秘録》),兩卷,試圖集密教經論之大成。該目録的序言記録了兩種年代:一是仁和元年(885),一是延喜二年(902)。所以該目録到底何時編纂還需要研究,但它形成於9世紀末到10世紀,應該没有問題。”見方廣錩主編《藏外佛教文獻》第7輯,北京:宗教文化出版社,2000年,No.0066,424頁。

[1] 圓仁撰,白化文、李鼎霞、許德楠校注《入唐求法巡禮行記校注》,石家莊:花山文藝出版社,2007年,335—460頁。

[2] 陶宗儀《南村輟耕録》卷一一《龍廣寒》,北京:中華書局,2008年,136頁。

[3] 《太平廣記》卷九二《異僧六·明達師》,北京:中華書局,2003年,610頁。

[4] 《宋高僧傳》卷二〇《唐潞州普滿傳》,523頁。

[5] 《宋高僧傳》卷一八《唐虢州閿鄉萬迴傳》,454頁。

域大樹精,養之宜兄弟。"後生申王,儀形瓌偉,善於飲啖。景龍中,時時出入,士庶貴賤競來禮拜,萬迴披錦袍,或笑駡,或擊鼓,然後隨事爲驗。〔1〕

又《酉陽雜俎》前集卷三云:

天后任酷吏羅織,位稍隆者日别妻子,博陵王崔玄暉位望俱極,其母憂之曰:"汝可一迎萬迴,此僧寶誌之流,可以觀其舉止禍福也。"及至,母垂泣作禮,兼施銀匙筯一雙,萬迴忽下堦,擲其匙筯於堂屋上,掉臂而去。一家謂爲不祥,經日,令上屋取之,匙筯下得書一卷,觀之,讖緯書也,遽令焚之。數日,有司忽即其家,大索圖讖,不獲,得雪。時酷吏多令盗夜埋蠱遺讖於人家,經月告密籍之。博陵微萬迴則滅族矣。〔2〕

《開天傳信記》亦有云:

居常貌如愚癡,忽有先覺異見,驚人神異也。……安樂公主,上之季妹也,附會韋氏,熱可炙手,道路懼焉。萬迴望其車騎,道唾曰:"血腥不可近也。"不旋踵而滅亡之禍及矣。〔3〕

宋代郭忠恕(?—977)《佩觿》卷上"人之詞有火"下有云:

萬回於閿鄉市叫曰:"今夜有八人過。"是夕有大火災。〔4〕

《宋高僧傳》卷一八《唐虢州閿鄉萬迴傳》云:

正諫大夫明崇儼者,道術之士,謂人曰:"萬迴神僧也。"玄宗潛龍時,與門人張暐等同謁。迴見帝甚至褻瀆,將漆杖呼且逐之,同往者皆被驅出。曳帝入,反扃其户,悉如常人,更無他,重撫背曰:"五十年天子自愛,已後即不知也。"張公等門外歷歷聞其言,故傾心翼戴焉。五十年後,蓋指禄山之禍也。〔5〕

由這些文獻記載可知,萬迴語張易之、崔玄暉、安樂公主、玄宗等人之事,皆一語成讖,又能爲武后之孫惠莊太子看相、預知閿鄉市有大火,這種讖記多驗的能力纔是"士庶貴賤競來禮拜"的關鍵因素,並透過這些見證者或道士明崇儼等人的推崇〔6〕,萬迴自然聲

〔1〕胡璩《譚賓録》(清鈔本,中國基本古籍庫)卷一。按:有關惠莊太子爲西域大樹精,嚴耀中對此有專文討論,參嚴耀中《〈新唐書·惠莊太子撝傳〉中的"西土樹神"》,《漢傳密教》,北京:學林出版社,2006年,288—302頁。

〔2〕段成式《酉陽雜俎》(四部叢刊景明本,中國基本古籍庫)前集卷三。

〔3〕崔令欽《教坊記(外三種)》,92—93頁。

〔4〕郭忠恕《佩觿》卷上,清康熙刻本。

〔5〕《宋高僧傳》卷一八《唐虢州閿鄉萬迴傳》,456頁。

〔6〕明崇儼亦有萬里而回之術,《景德傳燈録》《宋高僧傳》提起明崇儼,冠上的頭銜爲正諫大夫,而《舊唐書》卷一九一《方伎·明崇儼》謂明崇儼儀鳳二年(677)累遷正諫大夫。

譽雀起,受唐代前後五位帝王的青睞。

縱觀萬迴一生,主要活動於長安,甚至有段時間就住在宫中,因讖記多驗而受到帝王親眷達官貴人的崇敬,何以後來成爲民間信仰崇拜的對象?張説(667—730)爲神秀(605?—706)所寫的《荆州玉泉寺大通禪師碑銘并序》中有云:"萬迴菩薩,乞施後宫,寶衣盈箱,珍價敵國,親舉寵費,侑供巡香。"[1] 此時萬迴尚在世,卻已被視爲菩薩,只是從張文的敍述,萬迴的活動與影響力應該還是在帝王親眷達官貴人,且仍不離讖記多驗的形象。而前文曾引述過9世紀中的《譚賓録》記有玄奘於天竺證聖的神異聞見——佛龕有柱題"菩薩萬迴謫向閿鄉地教化"外,尚有"母祈於觀音像而因娠迴"[2],非但視萬迴爲菩薩謫降,且是借聲譽卓著的玄奘,來强化故事可信度,以達到彰顯萬迴的目的,同時,還提到萬迴之母因向觀音菩薩祈願遂懷有萬迴,萬迴因而與觀音菩薩有了聯結。又到了前文曾提過的天福七年(942)前後抄寫的敦煌文獻S.1624一本,謂"帝感夢,云是觀音化身",這時,萬迴已成爲觀音菩薩的化現。此一萬迴從僧人轉變成觀音菩薩化身的過程,大抵和萬迴信仰成型的時間——8世紀下半葉至9世紀初是相應的。又從前文引述過的P.3490發願文題記,供養人是爲"國界安寧,人民樂業,府主使君長延寶位,次爲己躬吉慶,障沴不侵,合家康寧,所求得遂",而敬繪萬迴大師,此時的萬迴之職能已和當時的文殊、觀音菩薩相差無幾。故萬迴的崇拜能從帝王親眷達官貴人傳播至民間,應與其職能逐漸擴大、神佛化有關。

另外,萬里尋親一日而回的傳説也確實發揮了極大的作用。像宋遺民劉一清撰《錢塘遺事》卷一《萬回哥哥》有云:

> 臨安居民……惟萬回哥哥者,不問省部吏曹、市肆買賣及娼妓之家,無不奉祀,每一飯必祭。其像蓬頭笑面,身著綵衣,左手擎鼓,右手執棒,云是和合之神,祀之可使人在萬里外亦能回家,故名萬回。隆興鐵柱觀側武當福地,觀内殿右亦祠之。[3]

從劉一清的描述可知,南宋臨安人對萬迴的奉祀甚爲流行,不論是官宦人家,或是商賈、

〔1〕 姚鉉《唐文粹》(四部叢刊景元翻宋小字本,中國基本古籍庫)卷六四。按:《全唐文》卷二三一亦收有此文,作《唐玉泉寺大通禪師碑銘并序》,清嘉慶内府刻本,中國基本古籍庫,2332—2334頁。

〔2〕 胡璩《譚賓録》(清鈔本,中國基本古籍庫)卷一。

〔3〕 劉一清《錢塘遺事》(清光緒刻武林掌故叢編本,中國基本古籍庫)卷一《萬回哥哥》。按:明代田汝成撰《西湖遊覽志餘》(清文淵閣《四庫全書》本,中國基本古籍庫)卷二三《委巷叢談》亦有類似的記載,云:"宋時杭城以臘月祀萬回哥哥,其像蓬頭笑面,身著緑衣,左手擎鼓,右手執棒,云是和合之神,祀之,可使人在萬里外亦能回來,故曰萬回。今其祀絶矣。"

娼妓均奉祀之,且萬迴像的樣貌和《譚賓録》所敍“披錦袍,或笑罵,或擊鼓”是一致的[1]。有意思的是,萬迴在此時被視爲“和合之神”,掌管人世和合,祀之能讓離家萬里者亦得歸,此種説法,蓋從萬迴萬里尋親一日而回的傳説延伸而來的。又文中提到“隆興鐵柱觀”,隆興指的是南昌,清代金桂馨撰《逍遥山萬壽宫志》卷七“鐵柱萬壽宫”條有云:

在廣潤門内,一名鐵柱宫。晉建,祀旌陽令許遜。宫左有井與江水相消長,中有鐵柱,旌陽所鑄,以鎮蛟螭之害。唐咸通中額曰鐵柱觀,宋大中祥符二年賜名景德觀,政和八年改延真觀,上尊號曰神功妙濟真君,嘉定間御書額曰鐵柱延真之宫。明初壬寅春,太祖至隆興,幸鐵柱觀。[2]

由此可知,在劉一清所處的時代——南宋末至元代,江西南昌鐵柱觀亦祀有萬迴,這表示本爲佛教的僧人萬迴,此時已入祀於屬道教的道觀。

又如明代蘭陵笑笑生撰《金瓶梅》第五十七回也提到萬迴信仰及萬里尋親一日而回的傳説,有云:

話説那山東東平府地方,向來有個永福禪寺,起建自梁武帝普通二年,開山是那萬迴老祖。怎麽叫做萬迴老祖?因那老祖做孩子的時節,有個哥兒從軍邊上,音信不通,不知生死。……那孩子説:“早是這等,有何難哉!娘,如今哥在那裏?咱做弟郎的,早晚間走去抓尋哥兒,討個信來,回覆你老人家,却不是好?”那婆婆一頭哭,一頭笑起來,説道:“怪呆子!你哥若是一百二百里程途,便可去的,直在那遼東地面,去此一萬餘里,就是好漢子,也走四五個月纔到哩,你孩兒家怎麽去的?”那孩子就説:“嗄!若是果在遼東,也終不在個天上,我去尋哥兒就回也。”……只見那萬迴老祖忽地跪到跟前説:“娘,你還未睡哩?咱已到遼東抓尋哥兒,討的平安家信來也。”婆婆笑道:“孩兒,你不去的正好,免教我老人家掛心。只是不要吊謊哄著老娘。那有一萬里路程朝暮往還的?”孩兒道:“娘,你不信麽?”一直卸下衣包,取出平安家信,果然是那哥兒手筆。又取出一件汗衫,帶回漿洗,也是婆婆親手縫的,毫釐不差。因此哄動了街坊,叫做萬回。日後捨俗出家,就叫做萬回長老。果然是道德高妙,神通廣大。曾在那後趙皇帝石虎跟前,吞下兩升鐵針,又在那梁武皇殿下,在頭頂上取出舍利三顆。因此敕建那永福禪寺,做那萬回老祖

[1] 胡璩《譚賓録》(清鈔本,中國基本古籍庫)卷一。
[2] 金桂馨《逍遥山萬壽宫志》(清光緒四年江右鐵柱宫刻本,中國基本古籍庫)卷七。

的香火院,正不知費了多少錢糧。正是:“神僧出世神通大,聖主尊隆聖澤深。”[1]雖是小説家之言,萬迴的時代也錯置了,但它仍透露了民間信仰中是將信仰萬迴的緣由與萬里尋親一日而回的傳説聯結在一塊,且也表明了明代中葉的山東東平應該有萬迴的崇祀活動。值得注意的,還有“一直卸下衣包,取出平安家信,果然是那哥兒手筆。又取出一件汗衫,帶回漿洗,也是婆婆親手縫的,毫釐不差”一段文字,前文曾提過一般傳世文獻敍萬迴爲證明自己確實是萬里一日往返,透過的是書信,而敦煌文獻則是藉由衣物,没想到《金瓶梅》是結合二者,這也説明了敦煌文獻的説法當也在敦煌以外的其他地區流傳著。有意思的是,清初王士禛(1634—1711)所撰的《池北偶談》卷二二《談異三》記載一則劉公勇吏部説的張谷山故事,非但情節和萬迴的萬里尋親一日而回相同,而且主角張谷山用以證明自己有千里之行的信物也是書信與衣物二種,云:

張谷山,潁州人,日與小兒嬉戲,人不知其有道者也。張有表兄客薊州,一日除夕,嫂方製餛飩祀先,念夫而嘆。谷山在側曰:“嫂無憂,吾爲嫂今日一至兄所,請寄餛飩爲信。”潁去薊二千餘里,日未移晷已返,云:“適至薊,見兄亡恙。”嫂笑其妄。谷山探懷出家書及夫昔所絜衣,云:“此豈妄耶?”自是人始驚其神異。後入武當山,不知所終。遺二陶器,盛夏盛肉不腐。此與萬回事相類。[2]

明代有關萬迴信仰的情形之記載,還可見於佚名所撰的《萬法歸宗》卷二《和合秘法》,其中有“和合咒”云:

真觀元年五月五日,萬回聖僧生下土,不信佛法不信仙,專管人間和合事,和合來時利市來,眼觀梨園舞三臺,拍掌呵呵常要笑,鼕鼕金鼓滚地來,男女相逢心相愛,營謀買賣大招財,時時刻刻心常戀,萬合千和萬事諧,吾奉萬回歌歌張聖僧律令勑。[3]

又《道法會元》卷二三三《玄壇趙元帥祕法》“召太尉咒咒”、“祭遣儀”均有“萬回聖僧、和合散事老人”[4],同書卷二三五《正一玄壇飛虎都督趙元帥祕法》“和合符”、“老祖天師律令”也分别有“和合童子、萬回哥哥、利市童子”及“和合童子、和合判官、雙身大聖、萬回哥哥、利市郎君……凡謀用喜,逢人和合,遇事圓成”[5]。通過以上諸種秘法

---

[1] 蘭陵笑生生撰,齊煙、汝梅校點《新刻繡像批評金瓶梅》,臺北:曉園出版社,1990年,739—741頁。

[2] 王士禛《池北偶談》卷二二《談異三·張谷山》,北京:中華書局,1997年,521頁。

[3] 佚名《萬法歸宗》(明刻本,中國基本古籍庫)卷二。

[4] 張宇初等編《正統道藏》第51册正一部,臺北:新文豐出版公司,1985年,317a、318a頁。

[5] 《正統道藏》第51册正一部,340a、b頁。

符咒資料,我們可以知道在當時萬迴信仰仍流行著,纔有不同的符咒中出現有萬迴,且萬迴的職能更廣泛,和道教的聯結也更緊密。到了清代,萬迴信仰應還持續著,鄒弢(1850—1931)的《三借廬贅譚》卷一《張和合》引述金匱張蓮洲《步瀛詩》云:"西風刀尺一燈涼,塞外寒多妾自傷。只恐衣成難寄遠,萬回哥處暗燒香。"[1] 思念塞外征夫的婦人至萬迴哥處燒香,表明了萬迴信仰在此時仍存在。

最後,筆者還要補充一點,即萬迴何以又稱爲"萬回哥哥"? 從上述資料來看,"萬回哥哥"的稱呼在宋時已經有了,又或許早在唐代已有之。南宋志磐撰《佛祖統紀》卷三九有云:"(乾封)四年,詔萬回禪師入宫供養。萬回,閿鄉人,姓張。年方十歲,其兄萬年戍遼東,母程氏憶之,飯僧祈福,褁齋餘出門,際晚持兄書歸,母方知其神異。以往回萬里,人因呼爲萬回哥哥。後剃髮著褐衣爲沙門。"[2] 若志磐所謂的人呼萬迴爲"萬回哥哥",指的是唐人,則唐代時此稱號已出現。而"哥"在唐代有一特殊的用法,據清代趙翼《陔餘叢考》卷三八《哥》云:"哥字《廣韻》云'今呼爲兄',《韻會》亦云'今人以配姊字,爲兄弟之稱',是哥之爲兄,其來久矣。然《舊唐書・王琚傳》元宗泣曰:'四哥仁孝同氣,惟有太平。'四哥謂睿宗也(玄宗父)。……可見宫庭中呼太子、諸王皆曰哥,乃親貴之稱,想唐時已如此。"[3] 如此一來,正好和萬迴長時間在長安與帝王親眷有頻繁互動的背景相符合,當時帝王親眷稱之爲"萬回哥哥"也就在情理之中。

四 結 論

通過以上討論,我們發現歷來的典籍文獻,包括敦煌文獻在内,萬里尋親一日而回確實是唐代萬迴和尚最爲人所熟知的傳説事跡,而此一傳説的生發,應該是 9 世紀中葉方出現。而日行千萬里的神足密法在唐代已傳入中土,如初唐智通譯《千眼千臂觀世音菩薩陀羅尼神咒經》,或敦煌文獻 P.3835 卷背的《佛説大輪金剛總持陀羅尼法》都記載有此一密法,故此傳説可説是唐五代符瑞圖讖、密宗盛行的一種反映。

至於萬迴信仰成型的時間,應早於萬里尋親一日而回傳説生發的時間,是在 8 世紀下半葉至 9 世紀初之間即有。一開始應出現於長安,後傳入四川、甘肅敦煌,入宋之後,陝北延安、浙江杭州、江西南昌、山東東平等地也可見到其信仰的蹤跡,且在約南宋末至元代之際,與道教結合,萬迴成爲道教的神祇。

---

[1] 鄒弢《三借廬贅譚》(清光緒申報館叢書餘集本,中國基本古籍庫)卷一《張和合》。

[2] 《大正新脩大藏經》第 49 册,No.2035,368 頁。

[3] 趙翼《陔餘叢考》(清乾隆五十五年湛貽堂刻本,中國基本古籍庫)卷三八。

而萬迴的發跡變泰及後爲人所崇拜信仰,並不是僅藉一則萬里尋親一日而回的傳說,更重要的,是他有讖記多驗的能耐,而這些讖記還有當時的達官貴人,如張易之、崔玄暉、安樂公主、道士明崇儼等人的見證。當然,像稱萬迴爲天竺高僧萬里轉生或萬里尋親一日而回等傳說,也都在萬迴信仰的興起過程中起到了推波助瀾的作用。特别是萬里尋親一日而回的傳説,還爲明、清文士引述、再創造,明代蘭陵笑笑生的《金瓶梅》、清代劉公勇説的張谷山故事即是其例。而類似的故事在唐代也可見,如善無畏之師達磨鞠多即有萬里托鉢一日而回的傳説。

（作者單位：政治大學中國文學系）

《敦煌吐魯番研究》第十八卷
2018 年,135—152 頁

關於敦煌吐魯番出土的“王言”*

孟憲實

一 “王言”的法律地位

王言之制,《唐六典》有清晰的講述,在中書令的條目下,指出中書令的執掌就是“軍國之政令”。什麽是軍國政令?其實就是七種“王言之制”,其言爲:

> 凡王言之制有七:一曰册書,(立后建嫡,封樹藩屏,寵命尊賢,臨軒備禮則用之。)二曰制書,(行大賞罰,授大官爵,釐年舊政,赦宥降慮則用之。)三曰慰勞制書,(褒贊賢能,勸勉勤勞則用之。)四曰發日敕,(謂御畫發敕也。增減官員,廢置州縣,徵發兵馬,除免官爵,授六品已下官,處流已上罪,用庫物五百段、錢二百千、倉糧五百石、奴婢二十人、馬五十疋、牛五十頭、羊五百口已上則用之。)五曰敕旨,(謂百司承旨而爲程式,奏事請施行者。)六曰論事敕書,(慰諭公卿,誡約臣下則用之。)七曰敕牒。(隨事承旨,不易舊典則用之。)[1]

唐朝之人,應該更加熟悉這些經典言論,對於“王言”的理解,至少不會錯誤太多。但是對於我們今人,如何理解“王言”,卻不得不下一番功夫,歷史的常識,於是演變成爲深奥的專門知識。結合敦煌吐魯番出土文獻與傳世文獻,本文探討的“王言”問題,希望理解“王言”在執行、保存和轉型等方面的問題。

就法律秩序而言,“王言”是古代國家最高法律形式。在唐代,相對於律令格式的法律體系,王言是政治當局的最高指示。根據黄正建先生的研究,作爲王言的“制敕”,其法律地位明顯高於官文書[2]。唐朝在利用法律判決案件,事先給皇帝預留出干預

---

* 本文爲中國人民大學重點項目“唐大詔令編年考證”(項目批准號 17XNL011)的階段性成果。

〔1〕 李林甫等撰,陳仲夫點校《唐六典》卷九,北京:中華書局,1992 年,273—274 頁。

〔2〕 黄正建《唐代“官文書”辨析——以〈唐律疏議〉爲基礎》,武漢大學歷史系編《魏晉南北朝隋唐史資料》第 33 輯,2016 年,31—39 頁。

的空間,這便是“上請聽裁”的規定。王立民先生討論唐律實施情況,發現司法官員依照制敕而不是律文斷案的情況很普遍,甚至“一切取最後勅爲定”[1]。事實上,皇帝干預案件,或者“法外開恩”,或者“制敕斷罪”,這樣的事實並不鮮見,這便是學術界討論的“制敕破律”[2]問題。王言的臨時性、針對性的特性很强,在國家管理中,與常規性的律令格式共同編織了一個時代的法律文本秩序。比如,對於突發性的重大事件,朝廷只能通過“王言”這種形式下達命令,應對緊急狀況,包括戰爭宣佈、軍隊調動、將帥任命等。以政府組織而言,“職員令”等規定了各個政府機構的職員構成、分工、執掌等,但任命什麽人擔任什麽職務,則以“王言”的方式完成。所以,《六典》中“王言”之一的册書,就是關於重要職務任命的,即“立后建嫡,封樹藩屏,寵命尊賢”,之二的“制書”,也有“授大官爵”一項。總之,“王言”與律令格式,共同構成了唐代的法律文本結構與秩序,是政治制度史研究最值得重視的對象[3]。

維護“王言”的權威性是絶對必要的。唐律對此有明確規定,如《唐律疏議》就有相關的法條,内容如下:

> 諸稽緩制書者,一日笞五十,謄制、敕、符、移之類皆是。一日加一等,十日徒一年。
>
> 諸被制書,有所施行而違者,徒二年。失錯者,杖一百。失錯,謂失其旨。
>
> 諸受制忘誤及寫制書誤者,事若未失,笞五十;已失,杖七十。轉受者,減一等。
>
> 【疏】議曰:謂承制之人,忘誤其事及寫制書脱剩文字,並文字錯失。事若未失者,謂未失制書之意,合笞五十。“已失”,謂已失事意而施行,合杖七十。“轉受者減一等”,若宣制忘誤及寫制失錯,轉受者雖自錯誤,爲非親承制敕,故減一等;未失其事,合笞四十;事若已失,合杖六十。故云“轉受者減一等”。
>
> 諸制書有誤,不即奏聞輒改定者,杖八十;官文書誤,不請官司而改定者,笞四十。知誤,不奏請而行者,亦如之。輒飾文者,各加二等。[4]

就這些法律條文而言,對於制書爲代表的“王言”和政府文件“符、移”等公文書,違法行爲會受到懲罰,而違法大約有如下幾項。一是“稽緩”,延緩、遲誤等,按天數進行懲罰。一是執行錯誤,即“施行而违”,當事人需要判刑。一是忘記和誤寫,即使没有造

[1] 王立民《唐律實施問題探究》,《法學》1990年第10期,39—40頁。

[2] 參見林乾《中國古代權力與法律》中篇《君主權斷與抑臣之法》,北京:中國政法大學出版社,2004年,172—273頁。其中,多舉證唐朝君主斷罪程序中的合法干預。

[3] 這裏强調文本秩序,是因爲法律秩序還有其他方面,如司法機構的法律判決,監獄等機構的法律懲罰與執行等方面。

[4] 以上諸條,引自《唐律疏議》,劉俊文點校,北京:中華書局,1983年,196—200頁。

成損失，也要受到杖刑，造成損失，懲罰加重。一是發現制書錯誤的修正辦法，没有上報就擅自修改，受杖。知而不報，同樣受杖。面對制書等高級文件，有著多種犯錯可能，惟有小心翼翼。足見當時的法律對王言的重視，主要表現在維護“王言”尊嚴、保障“王言”執行、有序對待“王言”錯誤等方面。

維護“王言”的權威，與維護皇權的權威是一致的，這是遵守時代法律秩序的有機組成部分。根據劉禕之傳的資料，我們可以發現，不能遵守皇帝的命令會産生嚴重後果。《舊唐書·劉禕之傳》有如此記載：

垂拱三年，或誣告禕之受歸誠州都督孫萬榮金，兼與許敬宗妾有私，則天特令肅州刺史王本立推鞫其事。本立宣敕示禕之，禕之曰：“不經鳳閣鸞臺，何名爲敕？”則天大怒，以爲拒捍制使，乃賜死於家，時年五十七。[1]

劉禕之當時官職爲鳳閣侍郎同鳳閣鸞臺三品，即中書侍郎兼宰相。他對於武則天的命令表示出極大的不恭敬，認爲這個命令不符合程序，不能算作“王言”，因爲没有經過中書門下的簽署。這惹得武則天大怒，賜死劉禕之。史書記載分明，劉禕之的主要問題是主張武則天大政奉還，把國家的權力交給唐睿宗，這是激怒武則天的主因。但武則天賜死劉禕之，要找到合理的法律依據，這裏便是“拒捍制使”。可以認爲，這是維護“王言”權威性的一種體現，雖然武則天此時的所謂“王言”可能僅僅“太后令”之類的命令[2]，並不是經過中書、門下兩省的嚴格的“王言”方式。

二 “王言”的傳達

《唐律疏議》中對於“王言”權威性的法律維護，就其時間程序而言，都是發生在“王言”傳達與執行過程之中。毫無疑問，有的“王言”是直接以王言的方式傳達到地方的，比如赦文[3]。有的王言會直接傳到具體個人之手，如論事敕書。敦煌發現的S.11287，就是一件論事敕書，其内容如下：

1 勑沙州刺史能昌仁：使人主父

2 童至，省表所奏額外支兵者，

〔1〕《舊唐書》卷八七《劉禕之傳》，北京：中華書局，1973年，2848頁。

〔2〕武則天以太后身分臨朝稱制，在王言制度上如何表現，這是一個需要專門討論的課題。當時的皇帝，不論是中宗還是睿宗，即使没有大權在握，但皇帝的名分並没有取消，那麽以皇帝爲核心的“王言”怎樣與太后執政的政治實際取得一致呢？這顯然是一個需要認真對待的問題。

〔3〕敦煌出土的唐代赦文，有S.446天寶七載（748）册尊號大赦文（抄件）、P.2696中和五年（885）車駕還京師大赦文（抄件）等，皆不完整。

3 别有處分。使人今還。指不多

4 及。

5 勅

6 景雲二年七月九日開府儀同三司中書令兼太子左庶子監修國史上柱國郇國公□

7 正議大夫行中書令上柱□

8 朝請大夫中書舍人内供奉上柱國臣□

(後殘)[1]

按《唐六典》的記録,論事敕書"慰諭公卿,誡約臣下則用之",那麽這件論事敕書屬於"慰諭公卿"之列。説是"王言",這裏不過是皇帝寫給沙州刺史的一封簡單信件,回答能昌仁上表提出的額外支兵的事,具體内容另外下旨處分。因爲能昌仁派人上表,使者歸還,大概要帶回這封皇帝的信件。

這件敕書讓我們看到,信件的内容是很簡單的,但是既然是皇帝的回信,"王言"的形式要件都是具備的。中書省官員署名,還有一方正式的"中書省印"。那麽,通常制敕還要由門下省的官員署名,這封信件恰恰殘缺了後面的部分。中村裕一先生依據《翰林志》的資料,認爲論事敕書是不必經過門下省的[2]。雷聞認爲,門下省的署名應該是存在的,《翰林志》反映的是唐晚期制度,對於前期而言,不可依據。此事尚可討論,這裏暫不涉及。可以重點强調的是,作爲"王言",不論制敕,所有簽署都是王言的一部分,並非僅指内容部分。所以,不管中書省還是門下省,只要簽署官員的名字,就算進入"王言"了。比如,能昌仁接到皇帝的來信,結果没有中書省官員的簽署,那就是不合法的"王言"。

何以如此肯定? 首先,劉禕之所言"不經鳳閣鸞臺,何名爲敕?"他的大義凛然有其制度的依據。武則天以"拒捍制使"之名義殺掉劉禕之,並不去糾纏制敕經過中書門下問題。再者,敦煌發現的"公式令",特别標示出制敕的書寫格式。仁井田陞《唐令拾遺》承認,傳世文獻很多公式令的内容是不存在的,而傳世文獻中,保留格式最多的其實是各種告身[3]。敦煌出土的唐代"公式令",具體涉及移式、關式、牒式、符式、制授告身式、奏授吏部告身式等,這裏只過録"制授告身式"如下:

[1] 參見雷聞《從 S.11287 看唐代論事敕書的成立過程》,榮新江主編《唐研究》第 1 卷,北京大學出版社,1995 年,323—335 頁。第 6 行,雷聞補"公臣韋安石宣",第 7 行、第 8 行都有補字。

[2] 中村裕一《唐代制敕研究》第三章《敕書》第五節《論事敕書》,東京:汲古書院,1991 年,578—622 頁。

[3] 仁井田陞《唐令拾遺》,日文原版 1983 年,粟勁、霍存福、王占通、郭延德編譯,長春出版社,1989 年,479 頁。

1 門下：具官封姓名(應不稱姓者依別制,册書亦准此)。德行勛庸云云。

2 可某官。(若有勛官封及别兼帶者,云某官及勛官封如故。其非貶責,漏不言勛封者,同衡授法)主者施

3 行。(若制授人數多者,並於制書之前名歷名件授)

4 年月日。

5 中書令具官封臣姓名宣

6 中書侍郎具官封臣姓名奉

7 中書舍人具官封臣姓名行

8 侍中具官封臣名

9 黄門侍郎具官封臣名

10 給事中具官封臣名　　等言

11 制書如右,請奉

12 制付外施行,謹言。

13 年月日

14 制可。

15 月日都事姓名受

16 右(左)司郎中付某司

17 左丞相具官封名。

18 右丞相具官封名。

19 吏部尚書具官封名。

20 吏部侍郎具官封名。

21 吏部侍郎具官封名。

22 左丞具官封名[1]。(其武官則右丞具。若左右丞内一人無,仍見在者通署)

23 告具官封名,奉被

24 制書如右,符到奉行。

25 主事姓名

26 吏部郎中具官姓名，　令史姓名。

27 書令史姓名。

[1] 原文書爲“左丞相官封名”,“相”爲“具”之誤。

28　　　　年月日下。

29　　右制授告身式，其餘司應授官符者，准此。[1]

公式令中既然把書寫格式用法令的方式如此明確地書寫下來，説明事關重大，必須遵守。括號中則把其他情況列入，具有分明的指導意義。即使是簽署，相關格式若有缺少或錯誤，如前文《唐律》所規定，要接受懲罰。

“王言”的傳達，通常需要轉換爲官文書如符，尤其是需要層層傳遞的内容，這種轉换就變得十分必要。傳達“王言”不僅體現各級政府機關的職能，也體現各級政府的工作重心。對此，吐魯番出土文書給出了一個極佳例證，讓我們在一千多年後仍能看到唐朝政府的具體行政運作。這件文書是研究者很熟悉的，即《唐貞觀廿二年安西都護府承勅下交河縣符爲處分三衛犯私罪納課違番事》，具體内容如下：

1 敕旨：有蔭及承别恩者，方霑宿衛，鉤陳近侍，親

2 □非輕。故立考第，量能進敍，有勞必録，庶不遺材。

3 ▭之徒，情乖奉上，假托事故，方便解免。比循

4 ▭今以後，三衛犯私罪應除免官，

5 ▭須解官推勘辨定▭

6 ▭本罪，輕▭

7 □□依法征納。所有考▭

8 □起應敍年考校，比來▭

9 其違番應配西▭

10　　　　貞觀廿二年▭

11　　　　　中書侍郎臣崔仁□

12　　　　　朝議郎守中書舍人柳▭

13 奉

14 敕旨如右，牒到奉行。

15　　　　　貞觀廿二年二▭

16 侍　　中闕　　　　　守門下▭

17 太中大夫守黄門侍郎臨

〔1〕 P.2819《公式令》殘卷，見唐耕耦、陸宏基編《敦煌社會經濟文獻真蹟釋録》第 2 輯，北京：全國圖書館文獻縮微複製中心，1990 年，558—560 頁。其下爲“奏授吏部告身式”，這裏未録。

18 朝散大夫守給事中茂將　主［　　］

19 　　　　　　二月廿六日未［　　］

20 　　　　　　中大夫太子少保［　　］

21 尚書省

22 安西都護府主者：得行從［　　］

23 敕旨連寫如右，牒至准　敕者，［　　］

24 敕，符到奉行。

25 　　　　　　　　主事能振

26 兵部員外郎禮　　　令史

27 　　　　　　　　事［　　］

28 　　　　　貞觀廿二年三［　　］

29 　　　　　　　六月廿［　　］

30 　　　　　　　參軍判［　　］

31 都護府

32 交河縣主者：被符奉　敕旨連寫如右，牒［　　］

33 敕者，縣宜准　敕，符到奉行。

34 　　　　　　　　府

35 法曹參軍判兵曹事　弘建

36 　　　　　　　丞未到付法

37 ［　　］　敕白如前，已從正　敕行下訖，

38 ［　　］牒。

39 　　　　　貞觀廿二年七月五日史張守洛牒

40 　　　　付司。景弘示

41 　　　　　　　　五日

42 　　　　　七月五日録事　受〔1〕

這是一個王言傳達、執行程序完整的全記録。《唐六典》在記述敕旨的時候，特别指出"謂百司承旨而爲程式，奏事請施行者"。這首敕旨的内容，是對於違紀、犯罪的

〔1〕本件出自吐魯番阿斯塔那，文書編號73TAM221：55，見唐長孺主編《吐魯番出土文書》叁，北京：文物出版社，1997年，303頁。文書整理者注釋，骑缝背面亦押"弘"字，最後一行有朱笔勾勒。

“三衛”處理，發配西州交河縣安置〔1〕。觀察文書，所有的格式都是必需的，否則便會大有問題。20行之前是“敕旨”的内容以及中書省、門下省的完整簽署，第20行的“中大夫太子少保”應該左右司郎中，他來決定這個“敕旨”發送六部的哪個部，因爲事關“三衛”違法處理，加上第26行的簽署，我們知道這件“敕旨”的執行部門是尚書省兵部司。“敕旨”完成的時間是二月二十六日。因爲敕旨中已經指明違法的三衛人員發配“西州”，所以尚書省以符的方式傳達到西州。不過，兵部司不能直接給安西都護府下令，必須經過尚書省，甚至經過兵部的過程都被省略了，而是以尚書省符的方式下達。這應該體現各部諸司的重要性。因爲此時的西州屬安西都護府直接管轄，所以尚書省符直接下達安西都護府。尚書省符完成的時間是三月某日。29、30兩行是安西都護府接到尚書省符的時間，已經是六月二十日之後。安西都護府接到尚書省符，決定把犯罪的三衛人員發往交河縣，七月五日出牒，同一天，交河縣録事接到牒文。皇帝的“敕旨”傳達到尚書省，轉化爲尚書省符，尚書省符傳達到安西都護府，再轉化爲安西都護府牒，交河縣是最後接收和執行單位。我們看到，尚書省符强調對“敕旨”的執行，安西都護府强調的是對尚書省符的執行，分級傳達，節奏清楚明快，任務明瞭清晰。

尚書省符，完整抄録敕旨，不僅包括内容，還包括所有簽署。所以，20行之前，皆屬敕旨的範圍，不容缺少。以此對照制授告身式，非常符合，不差分毫。在行政隸屬關係清晰的唐朝，我們看到最高指示是如何一級級傳達，一步步落實的，明顯不容越級傳達。尚書省、安西都護府和交河縣這些國家政府機關，都成爲不可或缺的要件，任何一環缺失，這個連續的過程便會中斷，王言的執行也就終止。這裏，我們要强調的是，尚書省符對敕旨的全部引用，這既是一個“王言”傳達的實例，又證明了“公式令”確實被遵行。

制敕需要經過中書門下，這是法定程序，没有中書門下等相關官員的簽署，合法性可能會受到質疑。王言的簽署程序，所有署名，都是王言的組成部分，至少在執行的過程中，這些内容是不可或缺的〔2〕。之所以在這裏特别强調簽署，是因爲後世保存的唐代“王言”資料，多删除了簽署部分，對“王言”容易造成認識上的混亂。

〔1〕 吴宗國《唐貞觀二十二年敕旨中有關三衛的幾個問題——兼記唐代門蔭制度》，北京大學中國古代史研究中心《敦煌吐魯番文獻研究論集》第3輯，北京大學出版社，1986年，148—175頁。中村裕一在《唐代制敕研究》一書中，在“敕旨”一節中，也引用了這件文書。

〔2〕 英藏敦煌文獻中有一件S.5257先天元年(712)敕旨，與此不同，是個抄件，見《英藏敦煌文獻》第7卷，成都：四川人民出版社，1992年，29頁。

三　作爲證明使用的"王言"

"王言"對於朝廷和政府的重大意義是很容易理解的。對於個人而言,"王言"尤其是告身,往往是個人身分的證明,而在唐朝的身分制度中,身分背後的利益鏈條嚴密而重要。對於政府而言,告身類的文件,也是政府行使某些政策的基礎,於是這種"王言"就擁有了雙證明的價值,既能證明個人的身分,又能證明政府行使的權力及其依據。

《唐會要》記載貞觀元年一事,頗有助於理解此題,其言爲:

> 貞觀元年,上問中書令房玄齡曰:"往者周、隋制敕文案,並在否?"玄齡對曰:"義寧之初,官曹草創,將充故紙雜用,今見並無。"太宗曰:"周隋官蔭,今並收敘,文案既無,若爲憑據?"因問中書侍郎劉林甫曰:"蕭何入關,先收圖籍。卿多日在內,何因許行此事?"林甫對曰:"臣當時任起居舍人,不知省事。"上謂公卿曰:"爲長官不可自專,自專必敗,臨天下亦爾。每事須在下量之,至如林甫即推不知也。"[1]

唐太宗説爲"文案",就是我們今天理解的檔案。檔案能夠核檢前後政策,方便隨時核查問題。此前,顯然是武德時期,唐朝把北周、隋朝的"制敕文案"變成了"故紙",並且"雜用"了。唐太宗不解,因爲唐朝制度繼承隋朝,承認政治上繼承北周與隋朝,所以對於兩朝的官員,都按照原有的級别任用,周、隋兩代的官員後人,也享受門蔭待遇。既然文案已經不存,朝廷給人官蔭,以什麽作爲憑據呢?相關政策的執行,於是發生困難。

武德時期的失誤,被唐太宗批評,足以證明"制敕文案"是有保管制度的。在考察王言之制的時候,學者們早就明確,不論是中書省還是門下省,都有把王言原本收藏起來保存入檔,然後抄寫一遍,再下發尚書省的過程。根據李錦繡的意見,中書省與門下省,都設有"制敕甲庫"[2]。制敕舊文,除了檔案意義外,也有參考文獻的價值。中書舍人負責起草制敕,通常會參考以前的制敕舊文,需要打開甲庫尋找相關文獻[3]。再考慮上文所引唐太宗的話,就能明白檔案的核查功能是不能缺少的。不過,我們今天能

〔1〕《唐會要》卷五六《省號下·起居郎起居舍人》,上海古籍出版社,1991年,1127—1128頁。

〔2〕參見李錦繡《唐王言之制初探——讀〈唐六典〉札記之一》,《季羡林教授八十華誕紀念論文集》上册,南昌:江西人民出版社,1991年,273—290頁。

〔3〕張鷟《朝野僉載》卷二所記陽滔故事,可以提供佐證:"陽滔爲中書舍人,時促命制敕,令史持庫鑰他適,無舊本檢尋,乃斲窗取得之。時人號爲斲窗舍人。"北京:中華書局,1979年,48頁。

見到的唐朝王言資料,多是通過史書、文集和出土資料等各種渠道保留下來的,是否有來源於"制敕甲庫"的資料缺乏證據[1]。

唐高宗上元元年(674)十二月,武則天上表提出十二條建議,這就是著名的"建言十二事",其中第十條爲"上元前勳官已給告身者無追覈"[2]。追覈,就是復覈,怎樣復覈?不過利用檔案核查勳官擁有者,應該就是用檔案對照告身。武則天這個建議是擁有勳官身分者的重大福利,大概很多人的官告因故没有很好地保存,因丢失造成問題,對於達官,有可能補官告,但衆多的勳官則困難重重。武則天建議不必"追覈",減少了衆多勳官的麻煩,也不至於影響他們的利益[3]。

就在武則天提出"建言十二事"的第二年,吐魯番出土了一件當時的文書,爲《唐上元二年(675)府曹孝通牒爲文峻賜勳事》,内容如下:

1 加勳□

2 三年補左右,請□今年□

3 官兩轉,其勳既未入手,請給牒□

4 敕鎮滿十年,賜勳兩轉,付録事司檢文峻等並

5 經十年已上。檢 敕雖復未獲,據省給告身,

6 並銜 敕授文峻等,補經廿年已上有實。

7 實給牒,任爲公驗者。今以狀牒,々至□

8 驗。故牒。

9 勘同福 上元二年八月十五日府曹孝通牒

10 參軍判兵曹李讓[4]

文書雖然有殘,大概意思還是基本可以弄清的。文俊等人根據朝廷的賜勳敕文,大概是十年鎮守可以賜勳兩轉,在告身没有發下之前,先以牒文的方式給予證明。這大概要核查原來的勳位,以確定賜勳之後的勳階,可是"檢敕雖復未獲,據省給告身……有實",總之最後雖然没有找到原始勅文,但靠告身的證明,解決了問題。如果没有告身,很多問題都可能發生,造成的麻煩可想而知。此事,很可能就是"建言十二事"的具體落實。

---

〔1〕 現存《唐大詔令集》,是宋綬、宋敏求父子搜集整理的。宋時,唐代制敕資料多有流傳,但宋綬最初搜集唐代詔令,本是作爲寫作的參考,所以都不標示資料來源。

〔2〕《新唐書》卷七八《武則天皇后傳》,北京:中華書局,1973年,3477頁。

〔3〕 參見劉後濱《唐代告身的抄寫與給付——〈天聖令·雜令〉唐13條釋讀》,《唐研究》第14卷,北京大學出版社,2008年,465—480頁。

〔4〕 唐長孺主編《吐魯番出土文書》叁,262頁。

在敦煌吐魯番的出土文書中,我們看到了一種很普遍的情形,民間在保存和流傳這些王言的時候,努力保留所有簽署,以證明這是王言的真實原貌。對於個人而言,告身類的"王言"是自己的身分證明,一旦失去這種證明,個人生活就會出現很多意想不到的麻煩。敦煌吐魯番出土的唐代告身,既有制授告身,也有奏授告身,敦煌出土的如P.3714V乾封二年(667)氾文開詔授告身、P.3749v聖曆二年(699)氾承儼制授告身、景雲二年(711)張君義告身。吐魯番出土的乾封二年(667)郭毡醜告身、永淳元年(682)氾德達告身等[1]。且以《唐永淳元年氾德達飛騎尉告身》爲例,分析告身保存的價值。

氾德達在唐高宗的永淳元年獲得勳官飛騎尉,屬於從六品[2],獲得告身。告身的原件肯定爲家屬保存,這裏作爲陪葬品使用的肯定是抄件。文書整理者説明:"本件紀年爲永淳元年,然内有武周新字。今據墓誌,德達卒於武周久視元年(700),當是終後家人抄録勳告附葬,故抄件中用武周新字。"[3]這是可以信從的。告身抄件具體内容如下:

1 〔　　〕破匃泊城陣加一轉鎮城[陣]〔　　〕

2 　　[募]𤯔(人)西州氾德〔　　〕

3 　　　　　　　　右　可　[飛]　□　□

4 〔　　〕太清府左[果]〔　　〕

5 □玖伯三拾貳𤯔趙〔　　〕

6 □□於戎韜,俟嚴音於〔　　〕

7 □□□□　乹儀方[酬]〔　　〕

8 □之役,可依前件。

9 　　　　永淳元〔　　〕

10 　　　朝議大[夫]〔　　〕

11 　　　朝議郎〔　　〕

12 　　　舍𤯔裹〔　　〕

13 □□大夫守左庶子上輕車都尉𢘑(臣)敬尋

〔1〕參見榮新江《敦煌學十八講》,北京大學出版社,2001年,194頁。徐暢《存世唐代告身及其相關研究述略》,《中國史研究動態》2012年第3期。所有的告身,即使有殘,也能看到曾經的全格式保存。

〔2〕《唐六典》卷二,司勳郎中員外郎條,41頁。

〔3〕唐長孺主編《吐魯番出土文書》叁,404—405頁。

14　□□大夫□□中允悉伯儀
15　□□大夫行司議郎悉斑等言
16　□[書]如右請奉
17　□[付]外施行謹啓
18　　　　　永[淳]▭
19　　　令諾
20　　　　　▭
21　　　　　左司▭
22　□□尚書闕
23　□□□郎闕
24　□□侍郎從
25　□□□[夫] [守]尚書右臣
26　□飛騎尉氾德▭
27　□[書]如右,符[到]▭
28　□事丞攝司勳思禮
29　　　　　　　　永淳▭

這樣的一個抄件,能説明許多問題。把告身抄件作爲隨葬品置於墓中,應該是當時的流行做法。這是蓋棺論定的一部分,可以表達墓主人的某種人生成功,畢竟許多人没有類似的經歷,更拿不出朝廷頒發的官告。如同墓誌要特别强調誌主的成功一樣,官告是實物證明,必須予以承認。爲了凸顯官告文書的真實性,即使是抄寫,也要依照原格式。不過,時過境遷,到武周時期,出現了新文字,而抄寫高宗時期的告身,應該用什麽文字更恰當呢? 相信氾德達的家人或葬禮主持者一定會煞費苦心。按理,氾德達真正的告身,一定没有武周新字,但在武周時期,武周新字所替代的原來文字都失去了文字的功能,是一種不合法的文字存在,所以最後選擇了用武周新字抄寫高宗時期的告身。這是不倫不類的一種創造,但價值顯然是存在的。畢竟,這種告身抄寫,似乎是寫給另外一個世界看的,其實更應該在意此界的人羣感受。

近年出現的武承嗣墓誌和他被任命爲納言的告身被同時發現,只不過因爲他的實際地位遠遠高於氾德達這樣低級勳官,他的告身被刻寫在石頭上,顯得更加安如磐石,但要達到的閱覽效果其實是一樣的。特别有意義的是,武承嗣的納言和張光輔的内史是同一詔書宣佈的,所以詔書自然不僅説到武承嗣,還説到張光輔。爲了表達真實,武承嗣的葬禮在把武承嗣的官告刻寫入石的時候,没有辦法取消張光輔的名字,否則就是假詔書了[1]。武承嗣任納言是永昌元年(689),天授二年(691)十月,張光輔堅決反對武承嗣爲太子,遭到武承嗣的陷害,含恨被殺[2]。武承嗣對張光輔的恨可想而知,但在他的墓葬中,詔書中張光輔的大名,卻堂堂正正地在他的墓穴中閃閃發光。所有參加武承嗣葬禮的人,都應該知道武承嗣與張光輔的這層關係,但爲了證實武承嗣的歷官,告身不可缺少,張光輔的名字也不可缺少。

告身的實證價值,就這樣體現在葬禮中,這也是我們至今可見許多唐代告身實態的基本原因。

四 “王言”的轉型

尚書省符中完整引用“敕旨”,王言的形態没有發生變化。有的王言具有穩定性特徵,具備從一時一事的特别命令轉化爲廣泛而持久的法律規定的特性,這種轉型在積蓄一定時間後,就會及時發生。敦煌 S.1344 號文書正是這樣一個文件,研究定名爲《開元户部格》[3]。這件文書,是高宗至睿宗時期敕文的節録或摘編,第一行寫作“開元元年十二月十七日”,應該即是文書的制作時間,也是定名的重要根據。

文書的第一件,内容爲“勅:諸色應食實封之家,封户一定已後,不得輒有移改”。然後另行標明時間“景龍二年九月廿日”。全部 17 件勅,皆同一格式書寫,但没有按照時間順序前後排列,顯然更重視内容的一致性[4]。爲瞭解這件文書,列簡表如下。

S.1344 文書内容簡表

序　號	内　　容	時　　間
1	食實封不得改移	景龍二年九月廿日
2	孝義之家的標準與確認	證聖元年四月九日
3	禁斷長髮,選送内職	咸亨五年七月十九日

〔1〕 參見趙振華《談武周授封武承嗣的詔書和册書——以新見石刻文書爲中心》,《湖南科技學院學報》2013 年第 2 期,68—74 頁。關於武承嗣任納言事,《資治通鑑》卷二〇四記載:永昌元年三月“癸酉,以天官尚書武承嗣爲納言,張光輔守内史”。北京:中華書局,1956 年,6457 頁。

〔2〕 《資治通鑑》卷二〇四,6475 頁。

〔3〕 劉俊文考定爲開元《户部格》,見《敦煌吐魯番唐代法制文書考釋》,北京:中華書局,1989 年,281—284 頁。

〔4〕 參見郝春文、金瀅坤編著《英藏敦煌社會歷史文獻釋録》第 5 卷,北京:社會科學文獻出版社,2006 年,376—381 頁。

（續表）

序 號	内 容	時 間
4	隱逸人不得廣聚徒衆	長安二年七月廿八日
5	禁斷排山社	景龍元年十月廿日
6	允八州降户和党項夏州營田	景龍二年六月九日
7	商胡和西庭伊三州經商範圍	垂拱元年八月廿八日
8	諸蕃部落奏事規則	垂拱元年九月十五日
9	嚴加禁斷牂牱土風	天授二年正月十五日
10	化外人及賊須招慰規定	長安元年十二月廿日
11	勸導嶺南風俗	天授二年七月廿七日
12	嚴加禁斷男女質賣	長安二年二月十二日
13	畿内逃絶户宅地請射辦法	景龍二年三月廿日
14	逃人田宅處分辦法	唐(隆)元年七月十九日
15	執衣、白直等人使役辦法	萬歲通天元年五月六日
16	諸州進物入京都辦法	景雲二年閏六月十日
17	嶺南及偏遠小州朝集辦法	聖曆元年正月三日

所有以上這些勅，多不見於傳世文獻，可以補充現存的《唐大詔令集》。其中，第2條與第14條，尚有參考文獻，有條件進行深入討論。

第2條，事關孝義之家的標準、待遇、發現程序以及基層組織的責任，原勅内容如下：

勅：孝義之家，事須旌表。苟有虚濫，不可裒稱。其孝必須生前純至，色養過人。殁後孝思，哀毁踰禮。神明通感，賢愚共傷。其義必須累代同居，一門邕穆。尊卑有序，財食無私。遠近親承，州閭推狀。州縣親加案驗，知狀跡殊尤，使覆同者，准令申奏。其得旌表者，孝門復終孝子之身，義門復終旌表時同籍人身。仍令所管長官以下及鄉村等，每加防察。其孝義人如中間有聲實乖違，不依格文者，隨事舉正。若容隱不言，或檢覆失實，並妄有申請者，里正、村正、坊正及同檢人等，各決杖六十，所由官與下考。

證聖元年四月九日。[1]

〔1〕 郝春文、金瀅坤編著《英藏敦煌社會歷史文獻釋録》第5卷，376頁。有關研究，參見樓勁《證聖元年敕與南北朝至唐代的旌表孝子之制——兼論敦煌S.1344號敦煌殘卷的定名問題》，《浙江學刊》2014年第1期，11—29頁。

劉俊文先生發現日本《令集解》保存了相關的《開元格》,從而證明《開元格》的孝子條正來源於證聖元年四月九日的這首勅。其内容如下:

《開元格》: 其義必須累代同居,一門邕穆。尊卑有序,財食無私。遠近親承,州閭推狀。州縣親加案驗,知狀跡殊尤,使覆同者,准令申奏。其得旌表者,孝門復終孝子之身,義門復終旌表時同籍人身也。〔1〕

兩件文獻的關係很清楚,後者來自前者應無異議。但是,S.1344 號文書是否可以徑直稱作"開元户部格",恐怕還有疑問。《令集解》所引《開元格》,明顯不是全部内容,而 S.1344 號文書的這種格式,是否爲"格"的方式呢? 吐魯番吐峪溝出土一件唐代文獻 TIIT 文書,與 S.1344 號文書相似,也是勅文集合,其内容如下:

(前缺)

1 陳其□
2 勅: 諸司有大事及軍機,須仗下□
3 須奏者,並宜進狀,仍令仗家覺,□
4 其應仗下奏事人,夏中炎熱,每日□
5 肆刻停。　長壽三年臘月十一日　　勅: □
6 宜令日午以前早進。如有軍機及□
7 封上注日辰早晚,皆令本司官□
8 若經兩時無處分,任即放去。狀過時□
9 奏請。若急事,宜當日即請。萬歲通天□
10 勅: 文昌臺郎官已下,自今後並令早□
11 必自中門,不得側門來去,日别受事,□
12 勾,遲者更催,仍令都司壹勾勤惰□
13 勅: 冬官、屯田兩司,宜各於令史員内補□
14 勅: 鸞臺事務繁多,其令史宜□
15 勅: 夏官勾三衛令史,宜補起家□
16 □考經兩□〔2〕

這件文書下半段殘損,但基本格式可以觀察到,每首勅,都以"勅"字開篇,最後用小字

〔1〕《令集解》第二《賦役令》"義夫、節婦"條所引,東京: 吉川弘文館,1985 年,412 頁。

〔2〕文書原件藏於德國柏林科學院東方學與亞洲研究所,參見劉俊文《TIIT 垂拱後常行格斷片》,《敦煌吐魯番唐代法制文書考釋》,270—257 頁。

書寫詳細的時間,當然就是敕文發佈的時間,具體到日期。每首敕連續書寫,内容皆與上朝有關。劉俊文先生一方面承認這件文書與S.1344號相似,一方面卻給出了不同的命名。S.1344號直接名爲《開元格》,而這件文書名之爲《垂拱後常行格》。

作爲一種法律文獻,格有"留司格"和"散頒格"兩種,敦煌恰好出土了《神龍散頒刑部格》,共有120行之多,編號分别是P.3078和S.4673。每件格文,皆以符號標示。且以第二件爲例,觀察"格"的樣式。格文如下:

1 一官人在任,緣贓賄計罪成殿已上,雖非贓賄,

2 最至除、免,會恩及别敕免,並即録奏,量所

3 犯贓狀,貶授嶺南惡處及邊遠官。[1]

散頒格發佈全國,就具體形式而言,没有"勑"字開頭,每件格文都以"一"這個符號開端,也没有年月日的發佈時間。S.1344號和吐魯番吐峪溝出土的《垂拱後常行格》,每首敕皆以"勑"字開端,最後都有準確的發佈時間。這樣,就與"格"這種法律文獻出現了形式上的區别。所以,本文認爲,S.1344號和吐魯番吐峪溝出土的《垂拱後常行格》都應該是通常所説的格後敕[2]。

S.1344號第14件,是關於逃人田宅處置的規定,其内容如下:

勑:逃人田宅,不得輒容賣買。其地任依鄉原價,租充課役,有賸官收。若逃人三年内歸者,還其賸物。其無田宅,逃經三年以上不還者,不得更令鄰保代出租課。

唐元年七月十九日。[3]

劉俊文先生已經指出,"唐元年"的寫法,是"唐隆"元年的避諱寫法。而唐隆元年七月十九日,唐睿宗確實有勑文發表,根據《唐大詔令集》的記載,唐睿宗的勑文名爲《又誡勵風俗敕》,具體内容如下:

門下:朕克纘丕業,誕膺景命,憲章昔典,欽若前王。克己勵精,緬思至道,宵衣旰食,勤修庶政,夙夜寅畏,匪遑底寧,若涉泉水,罔知攸濟。頃屬殷憂啓運,多難興邦,禮章載復,品物咸乂,思欲致萬姓於仁壽,歸六合於昇平,永言政途,庶幾沿革。猶恐學校多闕,賢俊罕登,牧宰不存政理,農桑未加勸導,樽俎之儀不習,冠婚之禮莫修。朕所以當宁興嘆,載懷兢惕者矣。庠序者,風化之本,人倫之先,仰州縣

〔1〕參見劉俊文《P.3078,S.4673神龍散頒刑部格殘卷》,《敦煌吐魯番唐代法制文書考釋》,246—269頁。

〔2〕樓勁先生前引文,更詳細深入第討論過此問題,認爲這是開元十九年的《格後常行勅》,應信從。

〔3〕S.1344,郝春文、金瀅坤編著《英藏敦煌社會歷史文獻釋録》第5卷,379頁。

勸導,令知禮節,每年貢明經、進士,不須限數,貴在得人。先聖廟及州縣學,即令修理,春秋釋菜,使敦講誦之風。天下有奇才異行,沉伏不能自達,及官人百姓,有能諫言時政得失者,並令本州責狀封進。鄉飲禮廢,爲日已久,尊德尚齒,弘益極深,宜令諸州,每年遵行鄉飲之禮,令有勸慕。王公卿士,務存訓獎,子弟成立,則有冠婚,婚禮糟粕或存,冠禮久爲廢闕。自今以後,並行冠義,責以成人之道,使知負荷之難。食爲人天,農爲政本,綏撫萌庶,勸課農桑,牧宰之政,莫過乎此。刺史、縣令,有課最尤異,委觀察使名聞,當別加甄擢。縣令字人之本,明經爲政之先,不稍優異,無以勸奬。縣令考滿考詞,使狀有清,字無負犯。明經及第,每至選時,量加優賞。若屬停選,並聽赴集。真如設教,理歸清浄,黄老垂範,道在希微,僧尼道士、女冠之流,並令修習真寂,嚴持戒行,不得假托功德,擾亂閭閻。令州縣嚴加檢察,私度之色,即宜禁斷。諸州縣官,有不因選序,别犯贓賄,非時除授官等,皆依倚形勢,恣行侵剥,如有此色,仰州長官、録事參軍,速勘責奏聞訖,宜停務待進止,仍委吏部、兵部,速勘責處分。**諸州百姓,多有逃亡,良由州縣長官,撫字失所,或住居側近,虛作逃在他州,横徵隣保,逃人田宅,因被賊賣。宜令州縣,招攜復業,其逃人田宅,不得輒容賣買,其地在依鄉原例,納州縣倉,不得令租地人代出租課。**寺觀廣占田地及水碾磑,侵損百姓,宜令本州長官檢括。依令式以外,及官人百姓,將莊田宅舍布施者,在京並令司農即收,外州給貧下課户。凡此數事,或宜區分,繫乎風俗,義存奬勸。刺史縣令等,各申明舊章,勉思撫輯,罷彫敝之務,歸淳厚之源,訓導黎蒸,宣我朝化。書不云乎?德惟善政,政在養人。布告天下,咸知朕意。(唐隆元年七月十九日)[1]

對比S.1344號第14件和此敕文,很容易地發現,格後敕的内容雖然來源於敕文,但有了比較大的改動,大篇幅的文學表述不見了,即使是相關内容,也絶不是原封不動地照搬。

S.1344號第14件	誡勵風俗敕
勑:逃人田宅,不得輒容賣買。其地任依鄉原價,租充課役,有賸官收。若逃人三年内歸者,還其賸物。其無田宅,逃經三年以上不還者,不得更令鄰保代出租課。	諸州百姓,多有逃亡,良由州縣長官,撫字失所,或住居側近,虛作逃在他州,横徵隣保逃人,田宅因被賊賣。宜令州縣,招攜復業,其逃人田宅,不得輒容賣買,其地在依鄉原例納州縣倉,不得令租地人代出租課。

〔1〕 宋敏求編《唐大詔令集》卷一一〇,北京:中華書局,2008年,570—571頁。

比較起來,就相關内容而言,格後敕的文字少於原來的敕文,但明顯更加豐富,不僅删去了敕文的文學之言,還添加了敕文没有涉及的内容,從而令政策更加全面。S.1344 號與原來敕文對勘,敕文"其地在"一句不明含義,對比之後,纔知"在"爲"依"字,文通字順。而 S.1344 號"任依鄉原價"似乎是土地各鄉都有自己的價格,而原敕爲"原例",即原有的習慣做法,顯然是原來敕文合理。原敕文還涉及寺院佔田問題,是因爲與逃人不屬於同一個問題而没有納入,或者是後來就放棄了,不得而知。總之,由此我們看到了臨時性的制敕文字,修改後成爲格後敕,而格後敕還有進一步修改爲格的可能性,文字越發精煉,内容更加豐富。作爲王言,於是發生形態轉變,針對的問題如果具有長期性的需要,甚至可能超越一個具體朝代。

利用敦煌吐魯番出土的"王言"資料,我們發現"王言"的多方面存在。王言的完整性存在,是包括中書門下官員們的簽署在内的,這在王言傳達執行過程中是不可缺少的。正因爲如此,以"王言"承擔證明文獻的時候,都要努力保存全格式,盡可能地保真,以顯示最强大的證明力。但是,當"王言"需要轉型的時刻,所有的官樣文字都會被删去,首先離開王言的即王言文後的簽署。現在我們看到的《唐大詔令集》中的文章無不如此。王言轉型爲格後敕,内容變動巨大,不僅格式類文字删去,甚至可以增添内容。格後敕轉變爲格的時候,也會伴隨著文字變動[1]。隨著具體歷史條件的變化,有的王言很快就完成了自己的使命,有的則要經過漫長時間,如此這般地發生轉變。假設每一首王言都如文學作品一樣,一經産生就開始了自己獨特的生命過程,那麽其中的遷轉變化,同樣能激發人們的思古幽情。

(作者單位:中國人民大學國學院)

〔1〕 樓勁先生上引文,已經涉及這個問題。

《敦煌吐魯番研究》第十八卷
2018 年,153—169 頁

絲綢之路與唐西州經濟研究述略

裴成國

西州作爲唐朝設置的最西部的一個正州,自設置之後即成爲唐朝經營西域的基地,另一方面它也仍然發揮著絲綢之路樞紐的作用。因爲吐魯番文書的出土,唐西州的社會經濟一直是學界關注和研究的熱點,但前人的研究多從唐朝的均田制和賦役制度的角度出發,對西州當地經濟與絲綢之路貿易間的關係則關注較少。絲綢之路貿易對西州的經濟有何影響?西州百姓的經濟生活與高昌國時代相比有何變化,本文將試作探究。

學界此前的相關研究成果大致可分爲三個方面:對土地制度和賦役制度的研究、對西州商貿和軍資練的研究、對百姓經濟生活的研究。以下分別綜述之。

對土地制度和賦役制度的研究大多從唐代制度史的視角出發。盧向前《唐代西州土地關係述論》是關於唐西州均田制研究的總結性著作,確認了均田制在西州的實施,並指出西州的授田標準是當時唐朝狹鄉授田的一般情況[1]。周藤吉之研究了大谷文書中周氏家族納税的"抄"條,認爲税抄涉及的名目主要屬於户税,大約在唐高宗永徽元年(650)至乾封元年(666)期間創設了這種"户税錢",不但徵收錢,還徵收税柴,以充官吏的俸料和郵驛之用[2]。

陳國燦在《唐西州在絲綢之路上的地位和作用》一文中指出,在西州向東、往西的絲綢之路幹綫上,唐朝官府沿途都設置有館驛,這些館驛的後勤供給基地,就設在西州。因此,在西州建置有龐大的長行坊和長運坊系統,爲絲路交通提供各種後勤保障[3]。

---

〔1〕 盧向前《唐代西州土地關係述論》,上海古籍出版社,2001 年,346—366 頁。

〔2〕 周藤吉之《唐中期户税的研究——以吐魯番出土文書爲中心》,姜鎮慶等譯,《敦煌學譯文集》,蘭州:甘肅人民出版社,1985 年,774—775 頁。

〔3〕 陳國燦《唐西州在絲綢之路上的地位和作用》,《吐魯番學研究》2006 年第 2 期;收入《陳國燦吐魯番敦煌出土文獻史事論集》,上海古籍出版社,2012 年,210—211 頁。

大谷文書中保存的《唐天寶二年市估案》是一件可以反映唐西州商貿情况的重要文書,池田温先生對文書進行了細緻的整理和研究。池田先生指出,市估不是制約一般交易的强制性公價,也不是公佈於市場的價格,它只是市場官員參照時價決定並記録下來的公定市價。盛唐時代交河郡的物價不是該地區自發形成的,而是在唐朝價格體系强烈影響下産生的,可以反映盛唐物價的輪廓,與都城及其他地區應當相近。交河郡的農牧業已經突破了小規模自給自足經濟的框架,成爲流動經濟的一個組成部分〔1〕。李鴻賓《唐代西州市場商品初考——兼論西州市場的三種職能》通過天寶二年市估案考察了西州市場商品的來源和産地,總結了西州市場的三個職能。第一個職能是西州市場承擔唐朝内地以絲綢爲主的商品經由此地輸往各少數民族地區和中亞西亞等地;此外,西州市場還向周邊地區和來往的商旅供應本地及西北生産的各種日用品和畜牧用品,西州市場的這種作用與當地人民的關係更直接更密切。西州是唐朝接受外來商品和外來文化最西部最重要的地區,西州市場的第三個職能是承擔國外(波斯、印度、西亞及東羅馬等)商品經此東傳的重任〔2〕。姚崇新《中外醫藥交流視域下的西州藥材市場——以〈交河郡市估案〉爲中心》分析了市估案藥材商品所用量制,認爲西州藥材市場應以批發貿易爲主;從種類和數量對比來看,雖然内地所産藥物佔多數,但涉外藥物也佔有相當比例。西州藥材市場其實是來自東方(中國内地、東北亞)、西方(中亞、西亞)和南方(南亞、東南亞)藥物的大彙聚。因爲地處内地和西域的過渡地帶,西州藥材市場是唐朝陸道系統首次連接域内與域外藥物交流的平臺或唐朝陸上對外藥材貿易的前沿〔3〕。孟憲實研究指出,唐代西州是一個馬匹貿易的重要市場,不僅西州當地用馬會從西州市場購買,而且西北各地都有到西州購買的記録,西州馬價相較於敦煌和中原,都是比較低的〔4〕。

李方《唐西州九姓胡人生活狀況一瞥——以史玄政爲中心》利用與史玄政有關的十六件文書對史玄政的身分地位、社會活動、一生經歷等進行了綜合研究,藉以揭示高宗武后、武周時期唐西州昭武九姓胡人的生活狀況。作者研究指出史玄政從年輕時期

---

〔1〕 池田温《中國古代物價初探》,《史學雜誌》77—1、2 期,1968 年;韓昇漢譯本收入池田温《唐研究論文選集》,北京:中國社會科學出版社,1999 年,151、159—160 頁。

〔2〕 李鴻賓《唐代西州市場商品初考——兼論西州市場的三種職能》,《敦煌學輯刊》1988 年第 1、2 期,49—50 頁。

〔3〕 姚崇新《中外醫藥文化交流視域下的西州藥材市場——以〈交河郡市估案〉爲中心》,《文史》2009 年第 4 輯;收入作者《中古藝術宗教與西域歷史論稿》,北京:商務印書館,2011 年,403、415—419 頁。

〔4〕 孟憲實《唐西州馬價考》,《新疆師範大學學報》2016 年第 3 期,117—125 頁。

擔任里正開始,後來入府兵擔任隊佐,此後擔任雜任,晚年進入流内,一生官運亨通。他通過身分之便支配逃户土地,又放高利貸盤剥其他九姓胡人,從而在政治上、經濟上都達到自己的頂峰[1]。

學界已有的成果概況如上所述,新的研究需要有新的視角。唐西州建立之初的六十餘年,國際通貨——薩珊波斯銀幣繼續作爲貨幣在當地使用[2],一直到7世紀末銀錢纔被唐朝的"開元通寶"銅錢所取代。唐西州時期銀錢繼續行用了半個多世紀,這也提示我們唐西州經濟與絲綢之路間的密切聯繫。西州百姓的銀錢從何而來,這是我們考察絲綢之路與唐西州地方經濟間關係可以採用的切入點。

一

唐朝自貞觀初年開始穩步推進對西域的經營,至唐高宗初年平定阿史那賀魯的叛亂,龍朔二年(662)在廣大中亞地區建立羈縻府州實施有效管轄。至此,粟特地區也成爲唐朝疆域,極大地便利了西域地區與唐朝的商貿往來。這一時期的商貿往來有朝貢貿易和興胡販易兩種形式。據統計,中亞諸國向唐通貢的時間從武德七年(624)開始一直持續到代宗大曆七年(772)爲止。通貢次數比較頻繁的時間又主要在太宗貞觀年間、高宗年間及玄宗開元、天寶年間,尤以開元、天寶年間爲集中,這主要與唐的政策及當時中亞的形勢有關。其中,波斯通使34次、康國40次、安國24次、石國27次、拔汗那26次、勃律國16次、吐火羅27次[3],頻率之高由此可見。在唐朝的統治之下,西域地區治安穩定、管理有序,關卡也較南北朝時期減少,貿易環境大爲改善。當時進入西州的,既有朝貢使者、粟特興胡、著籍胡商,也有漢地商人,人數總量應當相當大。這些使團和商隊的到來從兩個方面影響當地經濟,一是便利了本地産品的銷售,其次供應客使推動了當地經濟,增加了百姓收入。以下分别討論。

葡萄酒從漢代開始即由西域輸入中原,漢唐時期葡萄酒是絲綢之路上的重要商品。《史記·大宛列傳》記大宛"以蒲陶爲酒,富人藏酒至萬餘石,久者數十歲不敗"[4],

---

〔1〕李方《唐西州九姓胡人生活狀況一瞥——以史玄政爲中心》,《敦煌吐魯番研究》第4卷,北京大學出版社,1999年,265—282頁。

〔2〕裴成國《唐西州銀錢的使用與流通》,沙武田主編《絲綢之路研究集刊》第2輯,北京:商務印書館,2018年,72—80頁。

〔3〕韓香《隋唐長安與中亞文明》,北京:中國社會科學出版社,2006年,59—61頁;許序雅《唐朝與中亞九姓胡關係演變考述——以中亞九姓胡朝貢爲中心》,《西域研究》2012年第1期,2—3頁。

〔4〕《史記》卷一二三《大宛列傳》,北京:中華書局,1959年,3173頁。

《後漢書·西域傳》記粟弋國"蒲萄酒特有名"[1],《晉書·吕光載記》記龜兹"家有蒲桃酒,或至千斛,經十年不敗"[2]。胡人嗜酒,蒲桃酒的生産和銷售可能也是西域富人致富的重要手段,外銷當然是重要途徑。原産西域的葡萄在中原地區栽培雖然自漢代已經開始,但在唐代以前,中國内地的葡萄種植僅限個别地區,也尚未掌握葡萄酒釀造技術,葡萄酒的來源應當是由涼州或西域輸入[3]。貞觀十四年(640)唐朝滅高昌之後纔從其地學會了釀造葡萄酒的方法[4]。唐代長安的"酒家胡"銷售的最有特色、最具競争力的應該就是葡萄酒,芮傳明根據李肇《唐國史補》中記載唐代名酒有"河東之乾和葡萄"認爲唐代河東既然已經可以生産葡萄酒,那麽長安及其他地區的葡萄酒應該都是自釀或當地自産,即便來自外地,殊無可能來自域外[5]。唐代疆域廣闊,西州和安西四鎮地區當然也不能算作域外,相比較而言,西域作爲中國最早栽培葡萄釀造葡萄酒的地區優勢應當還是很明顯的。正如我們所知唐人吟詠葡萄酒最有名的詩句"葡萄美酒夜光杯",吟唱的是涼州的葡萄酒,在唐人的心目中,最有名的葡萄酒始終來自西域,或者"准西域"的涼州[6],在這種情況下,葡萄酒從西域輸入中原自然不可避免。根據開元十五年(727)五月史國獻葡萄酒的記載[7],以及鮑防詩中所云"天馬常銜苜蓿花,胡人歲供葡萄酒"來看[8],唐代西域地區葡萄酒通過朝貢或販賣運抵中原,應該是基本事實[9]。

[1] 《後漢書》卷八八《西域傳》,北京:中華書局,1964年,2922頁。

[2] 《晉書》卷一二二《吕光載記》,北京:中華書局,1974年,3055頁。

[3] 謝弗《唐代的外來文明》,吴玉貴譯,北京:中國社會科學出版社,1995年,309—314頁。芮傳明根據《酉陽雜俎》卷一八《木篇》中庾信等人的對話推測儘管當時鄴、京兆等個别地區種植葡萄,但經常從西域輸入葡萄酒,中國内地恐怕尚未掌握釀酒法;到6世紀中葉,葡萄酒依然是從域外輸入,或者,最近也得從西北邊遠地區輸入。見芮傳明《葡萄與葡萄酒傳入中國考》,《史林》1991年第3期,48—49頁。

[4] 《唐會要》卷一〇〇《雜録》,上海古籍出版社,1991年,2134頁。芮傳明根據唐初詩人王績詩作曾提及葡萄酒認爲,《册府元龜》卷九七〇記載的唐太宗在平高昌之後得其酒法自釀葡萄酒的事件,既非中國境内第一次釀造葡萄酒,也非中國葡萄酒釀造業的起源,而是域外葡萄酒及其制法在唐代傳入中國之熱潮中的一個突出事件,是衆多平行"輸入"事例中的一個。芮傳明《葡萄與葡萄酒傳入中國考》,49頁。

[5] 芮傳明《葡萄與葡萄酒傳入中國考》,48—49頁。

[6] 芮傳明《唐代"酒家胡"述考》,《上海社會科學院學術季刊》1993年第2期,163頁。山西的葡萄種植業以及釀酒業也是粟特人遷居的結果,參閱童丕《中國北方的粟特遺存——山西的葡萄種植業》,《粟特人在中國——歷史、考古、語言的新探索》(《法國漢學》第10輯),北京:中華書局,2006年,205—215頁。

[7] 《册府元龜》卷九七一《外臣部十六》,南京:鳳凰出版社,2006年,11239頁。筆者按《册府元龜》記載西域國家朝貢,大多僅言"來朝"、"獻方物",而不言貢獻的具體内容。開元十五年五月"史國獻胡旋女子及蒲萄酒",重點也應在"胡旋女子",葡萄酒應是順便被記載下來,不能排除葡萄酒是當時頻繁進貢的昭武九姓經常貢入的物産。

[8] 《全唐詩》卷三〇七,北京:中華書局,1960年,3485頁。

[9] 蔡鴻生《唐代九姓胡與突厥文化》上編《唐代九姓胡》"九姓胡的貢表和貢品"認爲,"'胡人歲獻葡萄酒',是完全符合自身(筆者按,指九姓胡)的物質文化狀況的",北京:中華書局,1998年,68頁。

葡萄酒作爲商品銷售,運輸的問題是首當其衝的。最早的商業文書粟特文古信札中已經提到酒,高昌國的凍酒就曾進貢給梁武帝[1],説明葡萄酒在運輸技術上不存在問題[2]。葛承雍結合文獻資料和出土器物資料,認爲葡萄酒是裝在皮囊酒袋内運輸的,並從大量的胡俑形象中找到了印證[3],進一步揭示了葡萄酒長距離運輸的具體操作辦法。

葡萄是吐魯番盆地從古至今種植的最具特色的經濟作物。高昌國時代葡萄酒生産及外銷即有相當規模,並且官方在葡萄酒外銷中扮演了重要角色[4],朝貢使者也把冰酒帶到了南朝蕭梁的宫廷[5]。吐魯番盆地高昌國時代就有相當數量的粟特人居住,如康保謙在原本已有葡萄園的情況下再次買入葡萄園,拖欠租酒不納而繳以銀錢,並且其他賦税也多以銀錢代納;從以上跡象來看,他應當是很善於經營的,很可能將自己葡萄園産出的葡萄酒用於買賣牟利了[6]。唐西州的種植結構延續了之前高昌國時代的格局,以糧食和葡萄爲主,葡萄酒仍然是重要産品。長安及中原地區即便出産葡萄和葡萄酒,品質也無法與西域相比;而西域最有名的葡萄産地當屬吐魯番與河中地區,如果考慮運輸成本,西州地近河西走廊,優越性是其他地區難以比擬的。《新唐書・地理志》記載西州交河郡土貢葡萄酒和葡萄漿[7],而當時由粟特等商販自西州輸入内地的葡萄酒數量應該更大。

唐西州建立後,當地的粟特人並没有減少,武周革命之前,僻處西北一隅的粟特人

---

〔1〕 王素、李方《〈梁四公記〉所載高昌經濟地理資料及其相關問題》,《中國史研究》1984年第4期,131—135頁。

〔2〕 貞觀二十一年,突厥葉護獻馬乳葡萄一房;康國獻金桃,雖然距離遥遠,但同樣也到了長安。參閲《册府元龜》卷九七〇《外臣部十五》,11231頁。

〔3〕 葛承雍《"胡人歲獻葡萄酒"的藝術考古與文物印證》,《故宫博物館院刊》2008年第6期,87—89頁。中古時期的駱駝俑中出現的數量不少的皮質駝囊(如太原隋斛律徹墓所出駱駝俑,山西省考古研究所、太原市文物管理委員會《太原隋斛律徹墓清理簡報》,《文物》1992年第10期,所附彩色插頁及圖版之文物標本58和45)用途不詳,葛承雍分析了近年西安考古發掘隋墓所出三件"醉拂菻"駝囊,認爲陶製駝囊上所繪爲希臘酒神狄俄尼索斯及其隨從,參見葛承雍《"醉拂菻":希臘酒神在中國:西安隋墓出土駝囊外來神話造型藝術研究》,《文物》2018年第1期,58—62頁。筆者按:駝囊既然裝飾以酒神形象,原本應該主要用來裝酒,唐代詩人張祜《雁門太守行》有"駝囊瀉酒酒一杯"句,也説明駝囊是可以用來裝酒的,由此推測其他素面的皮質駝囊很可能也用於裝酒。

〔4〕 裴成國《〈高昌張武順等葡萄畝數及租酒帳〉再研究——兼論高昌國葡萄酒的外銷》,吐魯番學研究院編《吐魯番與絲綢之路經濟帶高峰論壇暨第五届吐魯番學國際學術研討會論文集》,上海古籍出版社,2016年,56—65頁。

〔5〕 王素、李方《〈梁四公記〉所載高昌經濟地理資料及其相關問題》,131—135頁。

〔6〕 裴成國《絲綢之路與高昌經濟》,朱玉麒主編《西域文史》第10輯,北京:科學出版社,2015年,145—146頁。

〔7〕 《新唐書》卷四〇《地理四》,北京:中華書局,1975年,1046頁。

也通過抄寫佛經的方式表達對武周政權的支持[1]。唐朝的西域經營和廣大羈縻府州的建立更加便利了粟特人的經商活動,西州的粟特人也依然很活躍[2]。康才藝和康才寶對葡萄園和菜地的經營,較高昌國時期相比也具有更爲有利的環境,他們生産的葡萄酒可以供應過境西州的大量中外客使(詳見下節),也應有專門用於外銷的部分。西州有唐前期官府經營的葡萄園,百姓有在官萄服役的義務,官萄生産的葡萄酒可能是向中央土貢的來源。我們在《唐天寶二年市估案》中可以看到世界各地的産品,也包括本地的産品。很多商品並不特別標明産地,但市估案中的白麵、酢、薺、乾葡萄、棗、緤等應該是交河郡農民生産的,池田温先生根據市估案中登記的售賣中的菜籽,推測該部分制作於天寶二載的夏秋[3]。我們在這件殘缺嚴重共有137件斷片組成的文書中,可以看到醬醋行[4]中有麥酢、糠酢,儘管此處文書並無殘缺,但未見葡萄漿釀造之酢。我們在其他經濟文書中看到葡萄漿釀酢非常常見,應當也算交河郡當地特産,市估案中論理應當有相關價格信息。另外,唐前期並無酒的專賣,但我們在市估案文書中未見酒行及葡萄酒價格資料。對此,我們認爲未見葡萄酢和葡萄酒當係文書殘缺所致。總之,西州的市場上應當存在葡萄酒的銷售。作爲流通經濟已經很發達的交河郡來説,市場自然是最重要的銷售場所,而作爲最主要經濟作物産品的葡萄酒自然應當是當地人售賣的主要産品之一,既可以賣給過境的中外客使和商旅供他們消費,也可以由商旅進一步運抵中原。

葡萄酒的品質,七分在葡萄原料,三分在釀造工藝。儘管西域其他地區[5],如粟特本土也有悠久的葡萄酒釀造歷史,但葡萄原料最爲上乘且距離中原最近、運輸成本最低的卻是西州。我們在敦煌文書P.3714的背面看到的唐總章二年(669)八月、九月傳馬坊傳馬驢使用文書中記載了葡萄酒運輸的相關情況[6]。其中前三行記載"傳驢卅

[1] 榮新江《胡人對武周政權之態度——吐魯番出土〈武周康居士寫經功德記碑〉校考》,《民大史學》第1期,1996年;收入作者《中古中國與外來文明》,北京:三聯書店,2001年,204—221頁。

[2] 斯加夫《公元7—8世紀高昌粟特社會的文獻記録:唐朝户籍所見文化的差異和演變》,《粟特人在中國:歷史、考古、語言的新探索》,141—164頁。

[3] 池田温《中國古代物價初探》,作者《唐研究論文選集》,160頁。

[4] 該行僅存一"醬"字,胡如雷認爲當爲"醬醋行",見《唐天寶二年交河郡市估案中的物價史料》,《隋唐五代社會經濟史論稿》,北京:中國社會科學出版社,1996年,158—172頁。

[5] 需要説明的是,西州是正州,並不在唐朝人觀念中的"西域"範圍之内,這裏爲行文方便,使用一般概念的"西域",即敦煌以西皆屬西域。關於唐代"西域"概念的推移,參見榮新江、文欣《"西域"概念的變化與唐朝"邊境"的西移——兼談安西都護府在唐政治體系中的地位》,《北京大學學報》2012年第4期,113—119頁。

[6] 《唐總章二年(669)八月九月傳馬坊牒案卷》,唐耕耦、陸宏基《敦煌社會經濟文獻真蹟釋録》第4輯,北京:全國圖書館文獻縮微複製中心,1990年,417、426頁。

六頭,去七月廿一日給送帛練使司馬杜雄充使往伊州。□三頭在伊州坊,程未滿。十六頭伊州滿給送蒲桃酒來”,下文落款時間爲“總章二年八月廿一日”,可知傳驢自敦煌到伊州往返一趟用時一月。後文還記載總章二年八月廿某日張德意辭“德意前件驢被差送帛往伊州,程滿,送蒲桃(酒)來至縣”,下文落款時間爲“八月廿七日”。可見當時伊州與敦煌之間利用傳馬驢運輸蒲桃酒,這是一種常態。傳馬驢都是分段運輸的,所以帛練至伊州後大部分也仍需再往西運輸,葡萄酒也可能係伊州所産,而更可能是葡萄酒釀造非常發達的西州所産。由此可知,唐前期不僅軍資練被輸入西域,西域的葡萄酒也輸入中原。因爲西域諸地西州距離中原最近,質優價廉的西州葡萄酒自然會在長安及中原其他地區暢銷,進而使西州百姓獲益。筆者研究高昌國時期的葡萄酒貿易時曾經指出突厥是高昌葡萄酒的重要流向;及至唐朝統一之後,西州葡萄酒不僅可以繼續銷往西北遊牧地區,同時增加了更爲廣闊的中原内地市場,這對西州的葡萄酒産業無疑是巨大的利好和刺激。需要説明的是西州的土貢葡萄酒自然可以通過傳馬驢運送到中原,但商胡則因無法利用官方的傳馬驢,而需自己解決運輸問題,唐代墓葬所出駱駝俑所載的皮質駝囊應當就是運載工具。至於葡萄酒的來源可能是來自西州的四角官萄,也有可能向百姓收購。

對西州經濟而言,與當地産品在市場上銷售以及向内地運銷相比,具有同等重要意義的是緑洲社會對外來客使的接待。

二

唐朝的西域經營自貞觀初年即已推開[1],到高宗時期唐朝再次確立了對廣大西域的統治,中亞地區也與唐朝確立了朝貢關係。唐朝的統一對河西走廊和西域地區商貿活動的影響無疑是巨大的。首先隨著全國範圍商業活動的統一管理,運輸税和交易税被取消,建立了被官方認可離開“本貫”的行商和“興胡”的登記制度。在進行有序管理的同時,唐朝的公共交通網絡也可兼用於私人交通[2]。從唐朝初年開始,對西域的經營就伴隨著行軍和戰爭,府兵、募兵的兵糧和軍馬糧料、給軍隊立功賞賜的絲綢都需

〔1〕 大唐西市博物館藏張弼墓誌記載“太宗臨軒,有懷定遠;召公將命,追美鑿空。具稟聖規,乘軺迴鶩。曆聘卅國,經途四萬里。料地形之險易,覘兵力之雌雄”,胡戟、榮新江主編《大唐西市博物館藏墓誌》,北京大學出版社,2012年,224—225頁。參閲胡明曌《有關玄武門事變和中外關係的新資料——唐張弼墓誌研究》,《文物》2011年第2期,70—74頁。

〔2〕 荒川正晴撰,歐陽暉譯《唐過所與貿易通道》,《吐魯番學研究》2005年第1期,42—43頁。

要運輸[1]。在敦煌吐魯番文書中,我們看到有名爲"行綱"實爲"馱主"帶隊運輸的例子,從中我們可以看出這種運輸軍需品的商隊的旅行是很頻繁的。唐朝通過發放"過所"保證了對平民"私人貿易"的旅行和交易的管理,並維持了軍需品的運輸[2]。對西州而言,這無疑增加了外來人口的數量。

唐朝至晚在高宗總章年間就已經設立了館驛,館驛的設置是爲了便於官吏往來和文書傳遞。同時唐西州又沿襲了高昌國時代就有的長行坊制度[3],館驛和長行坊,兩者互不統屬,分工明確,並存不悖。長行坊的設置是沿襲了前代以來行之有效的辦法,在承擔不太緊急的任務時,根據當地的自然條件所採取的管理交通運輸的措施之一[4]。王冀青認爲唐代的傳馬不用於駕車,不設在驛内,在速度和用途上均不同於驛馬,而由馬坊管理,設在州或縣治所[5]。黄正建指出漢代以後,傳和驛的功能漸趨統一,他注意到"傳制"在唐代法律中没有系統規定,進而指出"傳"不是像驛那樣的組織實體,更不能説"傳制"支撑了唐代的交通體系;他認爲唐代的"傳舍"實際指的就是"驛","傳符"用於乘驛,唐代前期負責爲過往使人提供馬匹或運送物資服務是各州縣馬坊的任務。唐代後期,由於傳馬的欠缺,朝廷命令應乘傳者都給紙券,統一使用驛和驛馬,不再另有傳送馬驢的制度[6]。李錦繡指出唐前期存在傳制,係由傳馬坊和傳車坊共同構成;傳車坊是掌遞送車牛的機構,車坊爲縣置,車坊往往與以縣名命名的館同在一處,關係密切,車坊提供住宿、供客;唐前期是這種傳車、傳馬共同構成的傳制逐漸消亡的階段。館作爲附屬車坊的傳制中的宿泊機構,在傳制消亡過程中發展爲獨立的交通機構,館驛使的出現標誌著代替傳驛的館驛體系的建立,但與此前傳驛不同的是,館只是食宿機構,與傳的具有車、馬、館三位一體的交通單位不可同日而語[7]。唐代交通設施的完備爲人員往來和商貨交流提供了極大的便利。

唐前期乘傳者給遞牒,傳送又稱傳遞、遞送,唐代遞分車馬糧遞(既供食宿又供車

〔1〕 李錦繡《唐代財政史稿》第3册,北京:社會科學文獻出版社,2007年,365—404頁。

〔2〕 荒川正晴撰,歐陽暉譯《唐過所與貿易通道》,45—47頁。

〔3〕 麴氏高昌國時期即有遠行馬制度,參見王素《高昌史稿·交通編》,北京:文物出版社,2000年,510—514頁。

〔4〕 孔祥星《唐代新疆地區的交通組織長行坊——新疆出土唐代文書研究》,《中國歷史博物館館刊》1981年第3期,35—37頁。

〔5〕 王冀青《唐前期西北地區用於交通的驛馬、傳馬和長行馬》,《敦煌學輯刊》1986年第2期,56—64頁。

〔6〕 黄正建《唐代的"傳"與"遞"》,《中國史研究》1991年第4期,77—80頁。

〔7〕 李錦繡《唐前期傳制》,作者《唐代制度史略論稿》,北京:中國政法大學出版社,1998年,340—350頁。

馬）及糧遞（只供食宿）、程糧和馬畜都不提供諸種[1]。能夠獲得供應待遇的自然以官員爲主[2]。根據《入唐求法巡禮行記》卷四“京牒不説程糧，在路自持糧食”的記載[3]，像圓仁這樣的日本僧人入唐也得不到糧食供應的待遇。決定是否可以獲得遞送待遇的是遞牒。遞牒由當事人向州縣或都督府申請，越境之後則需重新申請[4]。我們在吐魯番文書中也可以看到安西鎮滿放歸兵孟懷福歸貫時在西州請求給予程糧的情況，按照唐令規定患病兵士本應獲得程糧的供應，但孟懷福因爲遞牒不在身邊，只能重新申請。如果申請不到，則只能像先前那樣，“每日隨市乞食，養存性命”[5]，非官員及其隨行家屬、没有公務的其他人的個人旅行，則無權申請遞牒，應當都需要自己解決食宿問題。黄樓研究了阿斯塔那506號墓出土的開元十九年（731）的料錢文書，認爲程料是客使事畢返回時沿途官府遞給的差旅補助，返鎮客使食宿由館驛負責，故沿途官府不再遞給程糧，而是計日支給一定數額的料錢，以補貼路上的不時之用，這種返程補貼就是程料；客使停料則是官府償付驛館客使的住宿費[6]。

糧遞提供糧食的具體内容包括哪些，我們可以依據出土文書進行分析。

先引用P.2626背《唐天寶時代（744—758）敦煌郡會計帳》相關内容如下。

（前略）

38　　廣明等五戍

39　合同前月日見在供使什物，總肆仟陸佰玖拾肆事。

40　　　　三佰伍拾玖事　廣明戍。　三佰肆拾捌事　烏山戍。

41　　　　三佰貳拾貳事　雙泉戍。　肆佰陸拾玖事　第五戍。

42　　　　三佰玖拾三事　冷泉戍。　貳仟捌佰三事郡庫。

43　合同前月日市造什物價見在錢，總壹阡伍佰陸拾壹文。

（中略）

51　合同前月日見在使料米麪，總貳佰玖拾伍碩、羊壹拾伍口。

---

〔1〕荒川正晴《ユーラシアの交通・交易と唐帝國》，名古屋大學出版會，2010年，391頁。

〔2〕《唐六典》卷三户部郎中員外郎條記載“内外百官家口應合遞送者，皆給人力、車牛”，後記一品至九品官員給人力、車牛數量甚詳，但不涉及程糧。北京：中華書局，1992年，79頁。

〔3〕圓仁著，白化文等校注《入唐求法巡禮行記校注》卷四，石家莊：花山文藝出版社，1992年，475頁。

〔4〕荒川正晴《ユーラシアの交通・交易と唐帝國》，392—403頁。

〔5〕唐長孺主編《吐魯番出土文書》（肆），北京：文物出版社，1996年，282頁。

〔6〕黄樓《吐魯番所出唐代月料、程糧、客使停料文書初探——以吐魯番阿斯塔那506號墓料錢文書爲中心》，《敦煌吐魯番研究》第11卷，上海古籍出版社，2008年，258—266頁。

52　　　　　　　貳拾伍碩　　米，每戍伍碩。貳佰柒拾碩　面，每戍伍拾肆碩。

53　　　　　　　壹拾伍口　　羊，每戍三口。

54　合同前月日見在供使預備　函馬，總壹佰貳拾三匹。

55　　　　　　　肆拾匹　　敦、陸拾伍匹　父、

56　　　　　　　壹拾捌匹　草。[1]

（後略）

唐代前期的鎮戍由折衝府差上番衛士戍守，是一種軍事建置，鎮及戍皆按人數多少分爲三等，鎮戍除軍事職能之外，還有屯田自給以及供應來使的職能[2]。我們從此件敦煌文書可知，敦煌郡廣明戍供應客使的食物有米、面和羊三類，此外還預備了供使什物和函馬。這些應當也是傳車坊及館驛供客的基本内容。凡是取得遞牒獲得官方供食資格的客使應當都會有以上食物供應。至於國内的商業活動，我們從《石染典請過所》案卷可知唐朝對國内百姓的興販貿易的態度，最關心的其實是要讓貿易活動納入律令體制，興販活動不得違法，編户應當儘早返回承擔課税[3]。官府不會爲私人商業活動提供車馬飲食供應，旅途中的供應當由商人自己解決。

官方客使的供應實際上並不僅限於糧食和肉，我們從阿斯塔那208號墓所出《唐典高信貞申報供使人食料帳曆牒》（以下簡稱"《高信貞牒》"）中可以瞭解到更多細節内容。文書解題稱"本件紀年已缺，觀内容當是某館三月間供食帳曆，按日由典高信貞具牒申報，今存三月十八、三月廿日，又一段月日已缺，姑置於後"。阿斯塔那208號墓出永徽四年（653）張元峻墓誌一方，荒川正晴根據《高信貞牒》中"牒"字的寫法已經避太宗"世"字之諱，認爲文書年代應在顯慶二年（657）十二月之後[4]。先迻録文書如下，再作分析。

（一）73TAM208：26,31/1

1　　右件料供使人□[　　　]

2　　典一人，烏駱子一人，揔[　　　]

3　　　　今日料如前謹□。

〔1〕池田温《中國古代籍帳研究》，東京大學出版會，1979年，482—483頁。

〔2〕程喜霖《漢唐烽堠制度研究》，西安：三秦出版社，1990年，276—284頁。

〔3〕程喜霖《唐代過所研究》，北京：中華書局，2000年，165頁。

〔4〕荒川正晴《ユーラシアの交通・交易と唐帝國》，274頁。筆者按，因爲墓葬的發掘報告没有發表，不清楚該墓葬是單人葬還是合葬墓，拆出文書的紙鞋可能並非張元峻所有；又或者墓主並非張元峻，墓誌是從他墓擾入的。

4　　三月十八日典[高]□□□
5　　記　○種
6　　　十□

(二) 73TAM208: 23,27

1 ［　　　　　　］[壹]合,[用]面充［　　］
2 ［　　　　］柒合（用錢貳分）醬壹勝伍合［　　］
3 ［　　　］貳勺（用錢貳分）,雜菜三分　韮貳拾分［　　］
4 ［　　］肆分,用莿柒拾分。
5 ［　　］料供使人王九言典二人,烏駱子一[人],［　　］
6 ［　　］惣五人食訖。
7 ［　］[驢]腳壹節（用錢三文伍分）酒陸勝（用錢）,面[壹]［　　］
8 ［　　　］[韋]柴三拾分。
9 ［　　　　］請賜處月弓賴俟斤[等]［　　］
10 ［　　　］[料][如][前]謹牒。
11　　　三月廿日典高信貞牒。
12　　　記　○那

(三) 73TAM208: 25,29

1 米壹𣂷　[面]［　　］
2 三[勺]酢柒合用［　　］
3 雜菜三分　韮［　　］
4 　右件料供［　　］
5 　烏駱子一人惣[伍]［　　］
6 牒□□□日料［　　］
7 　　［　　］日典高信貞[牒]

(四) 73TAM208: 24,28,30

1 米肆勝［　　］
2 豉壹合（用錢壹分）木［　　］
3 　□件料供［　　］
4 　在功曹［　　］

5　　首領並□□□

6　牒件録今日□□□

7　　　　　　記　寫○　那

8　　　　　　十九日[1]

四件文書都殘缺較多,但主要信息仍然留存。《高信貞牒》的性質應當是該館爲供應客使支出糧食、刺柴和銀錢的會計牒文[2]。牒文的基本格式是先羅列供料的内容數量,在一些供料的右側有雙行小字書寫的"用錢若干文若干分";之後説明右件供料的供應對象爲哪些人,總若干人食訖;如果供應對象分爲多批,則分别羅列;供料及供應對象全部羅列之後寫"牒件録今日料如前謹牒",之後爲某月某日某某牒,某某記,某日。由格式來看,第2件的供料爲兩批人。四件文書涉及的供應對象包括使人王九言、典二人、烏駱子一人(以上爲一批人),處月弓賴俟斤等。使人王九言、典應當是憑唐朝官方遞牒得到供食的待遇,烏駱原指突厥的郞落馬,烏駱子是唐朝疆域内的羈縻府州部落民爲唐朝提供烏駱馬者,處月弓賴俟斤則是處月部落的首領,在當館得到供食待遇。由"請賜處月弓賴俟斤"可知,與唐朝官員憑遞牒獲得供食待遇不同,處月部落的首領應是臨時獲得"賜食"的招待。由第1、2、4件的信息可知,供使人食料帳的申報是以日爲單位,一日一報,目前可見時間爲十八、十九、廿日三天。供應的内容有面、米、薪(韋柴)、驢腳、酒、醬、酢、豉、雜菜、韭等。供料後没有登記用錢數的項目包括米、面、薪柴,其餘肉、酒、醬酢豉都注明了用錢數量,蔬菜是否登記用錢數因文書殘缺而不詳。供物内容的登録有固定的順序,以最爲完整的第2件文書爲例,應是先記米、面,次記醬酢豉,次記蔬菜,最後記薪柴。由殘存文字判斷第2件的前半部分和第3件供應的應是同一批人,即都爲使人王九言一行的五人,可見部分的供應内容也相同。這一批人的供應中最先登録的就是米和麵,處月弓賴俟斤因爲級别高,又係"賜食",纔有驢腳一節及酒陸升的特别招待,後面纔登録米麵情況。從供物中供應内容不僅有米麵、蔬菜、薪柴,甚至包括調味料,由此可知使人可能是利用供料自己做飯。供料項目後未記用錢數量的米麵、薪柴因係基本供料,爲該館日常所備,依照規定供給使人即可[3];其餘供料館内

〔1〕 唐長孺主編《吐魯番出土文書》(叁),北京：文物出版社,1996年,95—98頁。

〔2〕 荒川正晴認爲本件文書命名爲"供食帳歷"不妥,《ユーラシアの交通・交易と唐帝國》,274頁注釋7。

〔3〕 李錦繡認爲"館驛不可能無償供使典等熟食,我推測,使典食料費當由其程料中交給館驛一部分,館驛對使典的食料供給爲有償供應。對允許乘傳驛之人才無償供食"。該觀點與文書本身提供的信息頗不相符,今不取。李錦繡《唐代財政史稿》第3册,166—167頁。

夙無積儲,且肉類蔬菜本身即不易保存,也是應客使所需臨時採買以供,因而需同時登録所費錢數。登記所費錢數應是該館會計制度的要求,使人無須自己支付。處月弓賴俟斤的"特供"項目驢腳一節約爲二斤,爲一個人一天的供應標準[1],酒陸升亦應如此。我們應該想到的是,處月弓賴俟斤到西州應當並非單獨一人,但他的其他隨從卻未能享受酒肉的招待。酒之後還可見面的登録,但數量已殘;次行又可見"韋柴三拾分",若論數量,王九言典一行五人的供薪數量爲柒拾分,處月弓賴俟斤被供應的面、柴等或許也包含了他的數名隨從。

由以上分析我們已經可知唐西州館驛供應使人的基本情形。一般使人的供應標準爲米麵、蔬菜及調味品,特別尊貴的客使本人可得酒肉的"賜食"。尊貴客使的隨從、一般使人如果想消費酒肉,則應自己購買。大量普通的粟特興胡、著籍胡商、漢地商人,雖則持過所可以自由通行,但飲食所需則全都依賴當地市場解決。我們在《高信貞牒》中看到部分供料後有"用錢三文伍分"、"用錢貳分"這樣的記注,其中的錢應當是指薩珊波斯銀幣。開元通寶銅錢幣值不高,所以不會需要"分"這類單位,"分"作爲薩珊波斯銀幣"文"之下的虚擬單位在唐西州被普遍使用[2]。我們會想到的另外一個問題是館驛爲供應客使採買酒肉、蔬菜、酢醬豉等調味品,與大量商隊在西州自己解決食宿,這無疑給緑洲經濟提供了巨大商機,爲適應接待事業的産業會因此發展起來。與高昌國時期相比,中央政府派往西州的使人以及過境西州的使人人數大量增加,這是唐西州時期外來人口增加的重要部分;同時,遊牧部族的使者則一如既往地光顧緑洲,並未受到影響;中亞地區羈縻府州的建立,朝貢使團和興胡商團都可以更加便利地去往河西走廊和中原地區,而西州則是必經的樞紐。唐西州以各種形式接待的外來人口數量遠較高昌國時期爲多,儘管唐西州農業較高昌國時期有明顯發展[3],可爲此提供經濟支撑,但這還是讓我們想到吐魯番緑洲會不會不堪重負。我們還需要更多瞭解唐西州百姓介入接待事業的方式。

以下先迻録一件北館文書《唐儀鳳二年(677)十月西州北館廚典周建智牒爲於坊市得柴等請酬價直事》(以下簡稱"《周建智牒》"),再作分析。

1　北館廚　　　　　　　　　　廿五日

---

〔1〕 高啓安《敦煌吐魯番文書中三等次供食問題研究》,《敦煌寫本研究年報》第4號,2010年,63—64頁。

〔2〕 裴成國《麴氏高昌國流通貨幣研究》,《中國史研究》2018年第1期,57—68頁。

〔3〕 裴成國《唐代西州農業的發展》,中國中古史集刊編委會編《中國中古史集刊》第5輯,北京:商務印書館,2018年,157—170頁。

2　　蒴柴柒車叁拾陸分　一車主張薩陁　二車主竹慶之　一車主趙思禮　一車主梁洪義

3　　醬壹斗伍勝貳合，七勝主竹進君，八勝二合主陰永智

4　牒：在　厨於諸坊市得柴等　供客　訖，　其

5　主具如脚注。請酬直，謹牒。

6　　　　　　　儀鳳二年十月十八日典周建智牒

7　　　　　　　付司處分

8　　　　　　　　　　十八日

9　　　　　　　　十月十八日録事受

10　　　　　　　　參軍攝録事讓　　廿三日

11　　　　　　　　　連恒　讓　白

12　　　　　　　　　　　廿　三　日[1]

本件文書内容完整，含義清晰。儀鳳二年十月北館的典周建智牒北館廚請爲於坊市購得的薪柴和醬酬直，而購入薪柴的目的是供客使。本來唐代初年開始即有户税柴專供“軍國傳驛及郵遞之用”，一般情況下館驛薪柴有穩定的來源，《唐儀鳳二年北館廚料案》中所云“柳中縣申供客柴，往例取户税柴，今爲百姓給復，更無户税”，所以會於坊市間購買。《周建智牒》反映的在刺柴之外同時購買的醬向非賦税徵收之物，如前文《高信貞牒》所示，都是需要從坊市購買的。既然是有償購買，那麼應當是雙方自願的，所以採購不應成爲百姓的負擔，反而爲百姓的産品提供了銷路。我們還可以舉出阿斯塔那 74 號墓所出《唐顯慶三年(658)趙知德上車牛道價抄》(以下簡稱“《趙知德抄》”)的例子。

1　趙知德上張甘塠伊州車牛道價銀錢三□，

2　顯慶三年九月六日張甘塠領。[2]

此件文書僅缺一字，基本完整。文書性質係張甘塠領伊州車牛道價三文的領受證明。《唐六典》卷三户部郎中員外郎條記“内外百官家口應合遞送者，皆給人力、車牛……無車牛處，以馬、驢代”[3]。西州有長行馬、長行驢的設置，但也存在車牛。由《趙知德抄》可知車牛爲西州百姓所有，官府使用要支付車牛道價錢。我們在《唐龍朔

[1] 録文與研究參見大庭脩《吐魯番出土的北館文書——中國驛傳制度史上的一份資料》，《敦煌學譯文集》，801—804 頁。

[2] 唐長孺主編《吐魯番出土文書》(叁)，79 頁。

[3] 《唐六典》卷三，79 頁。

四年(664)西州高昌縣武城鄉運海等六人賃車牛契》看到6個百姓向車牛主張貴兒賃車牛,支付給車牛主銀錢若干文,可知車牛主出賃車牛可以獲得收益,與給官府服役相似。

由《周建智牒》和《趙知德抄》兩件文書反映的情況來看,唐西州的賦役依照律令的規定執行,百姓的負擔不應比全國其他地區更重;但地方官府供應和迎送客使的活動實際上爲西州百姓的産品提供了銷路,也爲他們牟利獲益創造了條件。值得一提的是,《趙知德抄》反映的車牛道給價在高昌國時期既有,當時稱爲遠行車牛給價〔1〕,可見唐西州對百姓權益的維護。應接客使爲西州百姓帶來了機遇,爲産品提供了可觀的市場,促進了緑洲經濟的大發展。

三

審視吐魯番出土文書,我們看到不論高昌國還是唐西州時期,都確實有不少人因爲貧困借錢,也有不少人常常舉借糧食,秋後償還,但是我們不應過低估計當地百姓的生活水準。文書反映的情況需要具體分析。首先絶大多數百姓都有一定的土地,即便土地不足亦可租佃耕種。對於擁有土地的大多數人來説,如果生計有保障其實是不需要舉借錢糧度日的,所以這部分人不太會訂立租佃或借貸契約,在文書中留下記録的可能性很小;反而少數貧困百姓因爲留存文書較多容易讓人産生他們就是人口中的大多數這樣的印象。所以可以説,文書顯示的情況並不真實反映中古吐魯番盆地緑洲百姓生活的一般情況。我們瞭解百姓生活狀況的另一條途徑是考察墓葬情況。儘管我們看到的中古吐魯番墓葬陪葬品一般都不豐富,但這也不能證明當地百姓大多貧困。對墓葬情況進行評估之前首先要瞭解當地人的喪葬觀念。總體來説,中古吐魯番盆地的百姓並不重視陪葬,他們更加認可使用隨葬衣物疏的做法。因爲墓葬實際關涉生死兩界,當地百姓會把認爲重要的東西寫入隨葬衣物疏,但考慮生者的現實需要,很少把實物真正隨葬〔2〕,即便有,也常常是象徵性的假物〔3〕。與此相對,百姓認爲真正重要的一些東西,即便衣物疏中不登録,也會實際隨葬,比如伏羲女媧絹畫或者口含的銀錢,但實際的物質財富不在此限〔4〕。阿斯塔那4號墓是咸亨四年(673)下葬的左憧憙的墓葬,墓葬

〔1〕 參閲裴成國《絲綢之路與高昌經濟》,137—138頁。

〔2〕 如弓箭,參見裴成國《論高昌國的騎射之風》,《西域研究》2016年第1期,2—12頁。

〔3〕 墓葬中隨葬品以陶器居多,但陶器也並非死者生前所用,而是專門燒製的明器。

〔4〕 口含銀錢也更多是一種習俗,陪葬並非重點。

爲斜坡墓道洞室墓,出土墓誌、泥俑、木梳、皮鞋、絲織品、漆碗、料珠、隨葬衣物疏及一批契約等隨葬品〔1〕。正式的發掘報告至今没有發表,我們僅從隨葬器物名稱不太能看出墓主人生前的經濟狀況如何,文書則可以提供更豐富的信息。左憧憙的隨葬衣物疏中記"左郎隨身去日,將白銀錢三斗,白練壹萬段,清稞、□麥、粟、床等伍萬石",像絶大多數唐代墓葬一樣,這些銀錢、白練、糧食不會真正隨葬,我們也不能據此判斷他生前的經濟狀況。能夠提供更真實信息的是那批專門隨葬的契約和訴訟文書。與一般墓葬中將廢棄契約製成明器隨葬不同,阿斯塔那 4 號墓隨葬了 15 件契約,其中 14 件都是完整的,顯然是專門隨葬的。這些契約都屬於墓主人左憧憙本人,是他放高利貸及從事菜園、葡萄園租賃等經營活動的憑證。左憧憙從事經營活動之頻繁,類型之多樣,都是非常有典型性的。最能反映左憧憙經濟狀況的是訴訟文書《唐瀵舍告死者左憧憙書爲左憧憙家失銀錢事》。這件文書顯示乾封二年(667)臘月十一日左憧憙家一次失竊銀錢伍佰文,數量相當大,由此可見他實際上非常富有。致富的具體原因則是善於經營,如頻繁租賃菜園、葡萄園,還向西域道征人及同行的府兵衛士出借帛練及銀錢。左憧憙的情況在西州並非特例,當時普通百姓借助西州交通樞紐地位及外來人口龐大的優勢從事經營活動並致富的不在少數。墓葬的整體情況也可以提供更多的證據。麴氏高昌國到唐西州時期都有相當數量的墓葬爲單室墓,無甬道或甬道窄短;但唐西州出現甬道變長加寬、甬道底部爲斜坡或平底,武周時期一些規模較大的墓開始帶有天井和壁龕,設有前、後室,墓内空間顯著增大〔2〕。較高等級的墓葬當然大多數普通百姓是無力營造的,不過這在高昌國和唐西州都應該一樣。所以這些墓葬的主人實際上都是當時的社會中上層,屬於同一個階層。如此一來,這種縱向的比較就是有意義的,甬道的變長加寬,墓室的擴大,如果不能視爲社會財富的普遍增長,至少也應該以社會財富的增長爲前提。唐西州時代的墓葬中墓主人隨身穿著的大量絲質衣物也是很好的證明〔3〕。

總體來説,儘管唐西州時代大多數墓葬的隨葬品並不多,我們也不能就此認定當地百姓生活很困苦。回到文書,我們還是可以發現更多真實的場景。正是絲綢之路的存

〔1〕《吐魯番阿斯塔那古墓羣墓葬登記表》,《新疆文物》2000 年第 3—4 期合刊,218 頁。

〔2〕倪潤安《麴氏高昌國至唐西州時期墓葬初論》,朱玉麒主編《西域文史》第 2 輯,北京:科學出版社,2007 年,36—41 頁。新疆維吾爾自治區博物館(李征執筆)《吐魯番縣阿斯塔那——哈拉和卓古墓羣發掘簡報(1963—1965)》,《文物》1973 年第 10 期,8—11 頁。

〔3〕參閲《新疆文物》2000 年第 3—4 期合刊發表《阿斯塔那古墓羣第二次發掘簡報》《阿斯塔那古墓羣第三次發掘簡報》《阿斯塔那古墓羣第十次發掘簡報》《阿斯塔那古墓羣第十一次發掘簡報》所附之四份《出土織物登記表》。

在,商旅客使的消費需求刺激了吐魯番盆地的生産發展,製造了更多的就業機會。因爲懶惰而貧困的人任何時代任何地區都會有,但絲綢之路的存在,使得吐魯番緑洲的普通百姓像康保謙、左崇憙等人都有了致富的機會。這一點是最值得重視的。

本文對唐西州百姓的葡萄酒銷售以及客使接待諸問題進行了研究,旨在揭示唐西州經濟介入絲綢之路商貿的具體方式,進而揭示絲綢之路與唐西州經濟之間的關係。西州在唐帝國的强大後盾之下,農業經濟取得顯著發展。唐朝出於戰略考量,非常重視對西域的經營和管轄,在這種背景下,西州以及西域各地的交通設施建設達到了很高水準,大量軍資練的輸入使得絲路貿易更加發達。進入西州的數量龐大的朝貢使臣、唐朝使人、胡漢商人成爲刺激西州經濟發展的强大引擎。分析顯示,唐朝的使人憑藉遞牒可在西州的館驛獲得糧食和薪柴的供應,遊牧部族的首領可以獲得肉和酒的特供招待;僅有過所的胡漢商人到達西州之後則糧食、蔬菜、酒肉等需求都要依賴當地市場解決。除少數尊貴客使可獲得特供待遇之外,一般客使的接待方面,高昌國與唐西州的一大區別是高昌國無償供應葡萄酒,而唐西州時葡萄酒則不在免費供應之列,這爲葡萄酒在當地的生産和銷售創造了更多機遇。除了在本地销售,在唐朝的管轄下西州的葡萄酒外銷也獲得了更加廣闊的市場,葡萄酒在絲路暢銷,並成爲西州具有突出優勢的拳頭産品,爲西州地方經濟的發展貢獻尤多。

高昌國時期百姓的户均土地面積大約 5 畝左右。高昌國的大量土地被官府佔有,以“鎮家田”的方式出租給百姓取利。唐西州實施均田制之後户均土地面積達到 10 畝左右,比高昌國時期增加近 1 倍。在唐帝國的後盾下,西州百姓應接客使可以獲利,供出車牛可以獲得補償。在絲路繁榮、國家强盛的大背景下西州的社會財富顯著增長,墓葬情況的歷時性變化就是很好的證明。唐西州建立之後,薩珊波斯銀幣繼續行用了六十餘年,是絲路繁榮的表現,也是西州經濟發達的證明。

本文是新疆師範大學西域文史研究中心 2016 年度招標課題《吐魯番學研究論著目録編纂》(XJEDU040216C03)的成果。

(作者單位:西北大學歷史學院)

《敦煌吐魯番研究》第十八卷
2018 年,171—211 頁

法藏敦煌文書 P.2539v 校注與研究

楊寶玉　吴麗娱

法藏敦煌文書 P.2539v 抄存有 26 通書狀,内容涉及後唐明宗時期若干重大歷史問題,具有極高的史料價值。

關於本卷,前賢曾進行過一些研究,今知主要有:

唐耕耦、陸宏基《敦煌社會經濟文獻真蹟釋録》第 5 輯過録了全文,並將該卷擬名爲《沙州令公書等二六件》[1]。該書依原卷行款校録,未作校記注釋,自第 74 行起所標行號與原卷多有不合,係爲原接抄於前一書狀正文之後的題目單獨加編行號所致。

趙和平《敦煌表狀箋啓書儀輯校》一書依原卷行款重新校録,作有 20 條校記,並將該卷擬名爲《靈武節度使書狀集》[2]。在録文之後的長篇《題解》中,趙先生對該卷撰作者、撰寫時間,及第 17、25、26 通書狀的受件人等問題進行了考證。詳見下文引録。

本文作者之一吴麗娱《關於敦煌 P.2539v 書狀主人公的再辨證》一文(以下簡稱"吴文")重點研究了第 2—4 通和第 23—25 通書狀,並探討了第 11、19、20、22 通書狀的主人公所指,及書狀集的撰作時間、作者、撰集目的等問題[3]。具體結論,亦詳見下文引録。

近日我們因故重新研讀了 P.2539v,在以下兩個方面略有收穫:其一,根據近年新公佈的該卷彩色圖版,我們對該書狀集進行了重新校録(前揭吴文未對該卷進行文獻學整理),所做録文與《敦煌社會經濟文獻真蹟釋録》《敦煌表狀箋啓書儀輯校》兩書之間均存有一定差異。且除校記外,我們亦對書狀中涉及的典故術語等作了詳盡注釋。其二,在此基礎上,我們對書狀進行了重新研究和解讀,從而形成了一些新看法,認爲有

[1] 唐耕耦、陸宏基《敦煌社會經濟文獻真蹟釋録》第 5 輯,北京:全國圖書館文獻縮微複製中心,1990 年,389—396 頁。

[2] 趙和平《敦煌表狀箋啓書儀輯校》,南京:江蘇古籍出版社,1997 年,266—283 頁。

[3] 吴麗娱《關於敦煌 P.2539V 書狀主人公的再辨證》,《民族史研究》第 2 輯,北京:民族出版社,2001 年,109—124 頁。

必要對吴文原來的觀點加以修改補充,從而深化對文書本身和相關史實的理解。故今特撰此文,不當之處,敬請專家學者教正。

一 P.2539v 書狀集校注

法藏敦煌文書 P.2539 正面所抄爲《天地陰陽交歡大樂賦》(首題),背面則爲本文專門討論的書狀集抄。今卷背之首尾俱殘,共存字 134 行,内容即 26 通書狀,其中第一通因首殘而失題,末通因尾殘而不全,其餘各通均題、文俱全,各題或獨佔一行,或接抄於上一通書狀的正文之後(題目上下均留有少許空白)。該卷字跡較爲工整規範,偶有以淡墨補書或塗抹之字,當爲抄完後又進行的校改。

爲便於閱讀和後文行文,今不依原卷行款而據内容分段,並於各書狀題目之前以阿拉伯數字添加序號。因趙和平《敦煌表狀箋啓書儀輯校》(以下簡稱"趙書")比唐耕耦《敦煌社會經濟文獻真蹟釋録》第 5 輯(以下簡稱"唐書")後出,爲節省篇幅,校記中一般僅説明我們所作録文與趙書之間的較大差異,但遇與趙書相左而與唐書相同時亦予説明。對於原卷中的異體字、俗體字,盡可能以今日通行的繁體正字校録。

1.〔闕題〕

右厶伏念早將弱植〔1〕,久忝恩〔2〕深,内懼〔3〕塵宂〔4〕之姿,常佩□□之德〔5〕。□□某官榮提相印,寵鎮師壇,雖尋修陳賀之儀,而常闕專〔介〕〔6〕之禮。蓋以方居絶塞,俯邇諸蕃,烽煙不隔於朝昏,途路常多於阻閉,鱗鴻莫達,人所難行,雖攀仰於尊嚴,實稽延於卑禮,是惟慙懼,莫惕遑寧〔7〕。今則聊寫卑衷,輒飛專介〔8〕,少敍感恩之懇,俾遵事大之儀。既掇(惙)〔9〕潛(僭)踰,難任惕懼。今謹

〔1〕 弱植:身世寒微、勢孤力單者。王勃《春思賦》序:"僕不才,耿介之士也,竊稟宇宙獨用之心,受天地不平之氣,雖弱植一介,窮途千里,未嘗下情於公侯,屈色於流俗,凛然以金石自匹,猶不能忘情於春。"趙書認爲"'弱植'不辭,當作'弱質'",並進行了校改,恐未安。

〔2〕 原卷平闕頗嚴,常以空白或"ㄱ"示敬,此"恩"字之前即留有一字距空白。受校録體例所限,本録文一般不一一揭示。另外,原卷首行文字時有殘損漫漶,今只能據殘留筆畫並參酌文意校録。

〔3〕 懼:據殘存筆畫及文意校録,趙書録爲"惟"。

〔4〕 塵宂:塵世之累。

〔5〕 德:趙書未録出。

〔6〕 〔介〕:參本狀下文並從趙書擬補。

〔7〕 遑寧:安逸,安寧。

〔8〕 介:送信或傳遞消息的人。劉勰《文心雕龍·書記》:"春秋聘繁,書介彌盛。"范文瀾注:"書介,猶言書使。"

〔9〕 掇(惙):趙書未校改,亦可。惙:憂愁。《逸周書·嘗麥》:"爾臨獄無頗,正刑有惙。"朱右曾校釋:"惙,憂也。"

差押衙李厶躬詣化府,聊寫棲依。伏惟台〔私〕[1],特賜鑒察。

2. 沙州令公書

厶自守邊藩,每慙拙政,既披雲[2]之莫遂,實仰德以空深。太傅令公每假隆移(私)[3],曲垂異顧,繼飛等(專?)介,疊示華緘,褒稱逾海岳之恩,信幣比瓊瑶之賜。永言戴佩,豈易書紳[4],感謝未期,徒深銘鏤[5]之至。今差押〔牙〕孟元立等再申和好,復詣貴藩,有少情儀,具載别幅。伏惟俯賜鑒察。

3. 具信

右件物等,誠非珍異,仍愧纖微,況絍織以無功,在雕鐫而是切。輒爲浼瀆[6],益所兢惶。伏惟台私俯垂允納。幸甚。

4. 又書

右伏以太傅令公,名標三傑,價重四英,擁萬里之山河,静之氛祲[7],以至(?)信[8]而遠匡北闕,而(以)恩威而遐伏西戎。何獷猂(悍)而不柔？何煙塵而敢動[9]？伏況聖上德惟懷遠,義在弔民。每觀貴道之使人,實以(與)[10]諸藩而敻異。此際[11]或聞西州天子、于闐大王咸慕北望,令公司[12]命使人曲覃[13]聖化,俾朝宗於洛汭,令貢奉於天庭,豈惟達外國之梯航,實乃見貴藩之功業,光輝史

〔1〕〔私〕:參酌第三通中的"台私"並從趙書擬補。

〔2〕披雲:敬詞,猶言大駕光臨,係比況對方自天而降,故云。《北史·隱逸傳·徐則》:"故遣使人,往彼延請……希能屈己,佇望披雲。"

〔3〕隆移(私):趙書未校改。隆私:意爲隆恩、大恩,也泛指厚意盛情。

〔4〕書紳:紳即紳帶,即衣服的腰帶。原指把要牢記的話寫在衣帶上,此處意在讚美對方信義長久穩固,使自己永遠感戴。

〔5〕銘鏤:比喻感受極深,永志不忘。

〔6〕浼瀆:玷污、褻瀆,多用作謙詞。浼:污染,玷污。瀆:輕慢,褻瀆。

〔7〕氛祲:本意爲霧氣,可引申爲預示災禍的雲氣,並進一步比喻戰亂、叛亂。沈約《王亮王瑩加授詔》:"内外允諧,逆徒從慝,躬衛時難,氛祲既澄,並宜光贊緝熙,穆兹景化。"

〔8〕至(?)信:趙書録爲"望信"。至信,最大的誠信。

〔9〕此數句趙書録爲"以望信而遠匡北闕,而恩威而(此字衍)遐伏西戎何獷猂(悍)而不柔,何煙塵而敢動"。

〔10〕以(與):趙書未校改。

〔11〕此際:趙書未録出"此"字,並將"際"字斷人上句。

〔12〕司:通"伺",意爲探察、偵察。《周禮·地官·媒氏》:"司男女之無夫家者而會之。"鄭玄注:"司,猶察也。"《韓非子·外儲説右上》:"其無欲見,人司之。"陳奇猷集釋:"司,古'伺'字,窺察也。"《漢書·灌夫傳》:"太后亦已使人候司,具以語太后。"此處係謂修書者聽説西州天子和于闐大王有"北望"之意,希望令公進行探察並乘勢(伺機)派遣使者去作進一步宣化誘導。

〔13〕曲覃:曲延,俯及。

册,千載一時。厶忝受眷〔私〕,遐聆異政[1],輒貢管窺之懇,異(冀)垂允諾之恩,儻不阻於啓聞,固願竭於丹赤。諸勒面啓,伏惟深賜鑒詳。幸甚幸甚。

5. 前袁州司徒

近覩報狀[2],伏承光奉天恩,特加朝命,伏惟慶慰。伏以司徒吴鈞(鉤)[3]耀彩,秦鏡[4]分華;蘊萬頃之波瀾,挺千尋之圭表[5];忠惟許國,孝以承家;既顯立於勳庸,是特應於渥澤。想房陵[6]之異政,尚著人謡;列環衛之清資,益新帝誥。遐邇之内,慶抃同深。厶早忝眷私,實踰倫等,欣慰之至,無以喻名。謹奉狀陳賀。伏惟〔俯賜鑒察〕[7]。

6. 諸道及朝要

右伏以金風乍扇,玉露初垂;既當納祐之辰,合貢以時之禮。伏蒙某官猥隆厚念,特降華緘。仰承奬飾之文,俯愧幽微之質,空銘殊造[8],愈切兢榮。謹專復狀謝陳。伏惟〔俯賜鑒察〕。

7. 朝要

違辭漸久,攀戀彌深。況惟荒昧之姿,久忝煦隣之分。雖魚腸雁足[9],時傾

〔1〕 異政:優異的政績。另外,此前數句,我們的斷句與趙書差别較大,係對文意理解不同所致。趙書校録標點爲"每觀貴道之使人,實以諸藩而敻異□際,或聞西州天子、于闐大王咸慕北望令公司命,使人曲覃聖化,俾朝宗於洛汭,令貢奉於天庭。豈惟達外國之梯航,實乃見貴藩之功業。光輝史册,千載一時。厶忝受眷遐,〔頻〕聆異政"。

〔2〕 報狀:指邸報。王建《贈華州鄭大夫》詩:"報狀拆開知足雨,赦書宣過喜無囚。"

〔3〕 吴鈞(鉤):趙書未校改。吴鉤:亦作"吴鉤",鉤爲一種兵器,形似劍而曲,春秋時期吴人善鑄鉤,故稱,後也用來泛指利劍。

〔4〕 秦鏡:亦作"秦鑑",古人常用以稱頌官吏清明,善於斷獄。此典源於一古代傳説,謂秦始皇有一方鏡,能照見人心善惡。如《西京雜記》卷三即稱:"高祖初入咸陽宫,周行庫府……有方鏡,廣四尺,高五尺九寸,表裏有明。人直來照之,影則倒見;以手捫心而來,則見腸胃五臟,歷然無硋;人有疾病在内,掩心而照之,則知病之所在。又女子有邪心,則膽張心動。秦始皇常以照宫人,膽張心動者則殺之。"

〔5〕 圭表:此二物本爲測量日影的儀器,常被用來比喻典範表率,亦常與鏡和劍等共喻。如裴廷裕《授孫儲邠州節度使制》"明鏡利劍,高謝塵埃,止水秋山,居爲圭表"即是。

〔6〕 房陵:古地名,地當今湖北省房縣境内。

〔7〕 俯賜鑒察:原卷無,據文意並參其他書狀(如本卷所抄第2、7、8、9、13、14、20、21、22、25通等即是)擬補,下同,不再一一説明。

〔8〕 殊造:至尊,常用來代稱帝王或尊官,後者的用例如:李觀《與睦州獨孤使君書論朱利見》:"且此人窮窶於原婁,污辱於韓範,恓惶於蔡澤,憔悴於屈平;整冠而綬斷,斂衽而肘露,猶矻矻耽學,依依固窮,常戴使君殊造。"杜牧《上宰相求湖州第三啓》:"瀝血披肝,伏紙迸淚,伏希殊造,或賜濟活,下情無任懇悃惶懼之至。"

〔9〕 魚腸鴈足:皆指書信。王僧孺《詠擣衣》:"尺素在魚腸,寸心憑雁足。"李紳《逾嶺嶠止荒陬抵高要》:"魚腸雁足望緘封,地遠三江嶺萬重。"

感戀之誠;而鷲頷虎頭(頸)[1],未卜趨承之日。其於瞻禱,徒役夢魂。今遇使行路達卑懇,伏惟俯賜鑒察。

8. 西京太傅書

厶謬以瑣微,叨居屏翰[2];遐瞻恩德,每切攀瞻。況當〔道〕[3]僻處避(遐)荒,路遥京輦(輦)[4],每差人而作貢,須假道於仁封。伏蒙太傅曲示恩光,俯形厚念。每乘[5]遥召,盡獲周豐;感恩而山岳非輕,荷德而滄溟尚淺;銘篆之至,牋管寧窮。縱以總戎,不獲躬候台砌,謹奉狀起居陳謝。伏惟俯賜鑒察。

9. 三司院营田案院長[6]書

厶謬居紫塞,素仰清規,已乖披霧[7]之儀,常切瞻風之懇。況當道地惟遐僻,民實凋殘,凡奏報於事宜,每兢憂[8]於罪戾。伏審某官曲弘獎念,常假周旋,既蒙俞允之恩,盡自庇庥之力。諒感銘而增切,愧效報以稽遲。今者有少干塵,謹具别狀。伏惟仁明俯賜鑒察。

10. 具信

右謹寄上,聊表下情,誠愧丹(單)微,深懷悚灼。伏惟不以干瀆[9],恩賜檢留,下情恩行。

11. 青州侍中狀

伏以四時變序,三伏呈祥,平皐[10]已扇於温風,殘暑尚滋於畏日[11]。仰惟景

---

〔1〕 鷲頷虎頭(頸):趙書未校改,恐非是。《後漢書·班超傳》記:東漢名將班超從小立志他日封侯,有相士説他"燕頷虎頸",具封"萬里侯"之相。後班超奉命出使西域三十一年,建功立業,官至西域都護,封定遠侯。後人遂以"鷲頷虎頸"指立軍功於異域之志。

〔2〕 屏翰:謂國家重臣。典出《詩·大雅·板》:"價人維藩,大師維垣。大邦維屏,大宗維翰。"

〔3〕 〔道〕:據文意擬補,趙書未補。

〔4〕 京輦(輦):趙書逕録。京輦:指國都。葛洪《抱朴子·譏惑》:"其好事者,朝夕放效,所謂京輦貴大眉,遠方皆半額也。"

〔5〕 乘:趙書録爲"垂",恐未安。據原卷字形及文意(此句與下面的對句"盡獲周豐"的主語都應是致書者),該字均應録爲"乘",即"乘"字,意爲憑藉,利用。《漢書·朱雲傳》即謂:"充宗乘貴辯口,諸儒莫能與抗。"

〔6〕 院長:唐朝官名别稱,此處泛指判營田案的郎官。《唐國史補》卷下:"外郎、御史、遺補相呼爲院長。"意爲員外郎、御史、拾遺、補闕等官均可稱爲院長。如韋應物有《送倉部蕭員外院長存》。

〔7〕 披霧:"披雲霧"的省稱,謂撥開雲霧,得見青天。《南史·孔休源傳》:"不期忽覿清顔,頓祛鄙吝,觀天披霧,驗之今日。"

〔8〕 兢憂:惶恐憂慮。杜光庭《莫庭乂青城山本命醮詞》:"唯夙夜在公,敢忘虔恪,而吉凶難測,倍切兢憂。"

〔9〕 干瀆:亦作"干黷",冒犯之意。韓愈《上兵部東侍郎書》:"干黷嚴尊,伏增惶恐。"

〔10〕 平皐:亦作"平皋",謂水邊平展之地。

〔11〕 畏日:指夏天的太陽。

福,必協洪勳,是修陳賀之儀,冀表以時之敬[1]。伏蒙台造特賜迴緘,仰承褒贊之恩,倍切感銘之懇。謹復狀起居陳賀。

12. 朝要書

違遠[2]時多,攀於日積;塞恒(垣)遼[3]敻,戎旅殷蘩(繁)[4]。雖仰戀恩光,當增於肺腑;而操修翰墨,頗屬於乖疎;緬惟顧遇[5]之恩,必□始終之念。厶則(?)聊思(?)□□,小敍瞻(?)攀。伏惟仁明俯賜通鑒。

13. 延州汝州鳳翔陝府侍衛左衛月旦書

伏以日躔[6]東井[7],神馭南方,乃食薁[8]之佳辰,是網[9]祥之令月,合陳柔翰[10],以祝殊勳。伏蒙恩私,猥貽榮誨,認褒揄(譽)[11]之太過,積慚感以交深。謹專復狀謝陳,伏惟俯賜鑒察。

14. 禮賓引進内省書

伏以司空星辰降端(瑞)[12],嶽瀆儲休;匡君之[勳][13]業寧倫,濟物之功名罕並。伏自榮膺異寵,美播朝端[14],雖申深翰之儀,未效獻芹之禮,況叨恩顧,常切感銘。今則有少微誠,具則別幅。伏惟仁念俯賜鑒察。幸甚。

15. 具馬

右謹送上,聊表賀儀。雖無逐日之蹤,願則朝天之騎。浼塵(塵浼)[15]視聽,

---

〔1〕 敬:趙書録爲"政"。

〔2〕 違遠:遠離,離别。

〔3〕 遼:趙書録爲"途",唐書不誤。

〔4〕 殷蘩(繁):趙書未校改。殷繁:繁多,衆多。

〔5〕 自"遇"至"瞻(?)"爲淡墨小字補寫於行右及第62—65行底部,趙書録爲"遇之恩,必期始終之念,某前聊……"

〔6〕 日躔:即日行。中國古人將周天分爲365度,每日一度;又對赤道周圍天區以二十八宿劃分,從而觀察太陽在天空的視位置。躔:日月星辰在黄道上運行的軌跡。《方言》十二:"日運爲躔,月運爲逡。"

〔7〕 東井:星宿名,即井宿,二十八宿之一,因在玉井之東,故稱。《禮記·月令》:"仲夏之月,日在東井。"

〔8〕 食薁:《毛詩·國風·豳》:"六月食鬱及薁。"傳:"鬱,棣屬;薁,蘡薁也。"《六家詩名物疏·薁》:"按薁,一名郁李,一名薁李,一名蘡薁,一名燕薁,一名棣,一名爵李,一名車下李。《廣雅》謂之蘡舌,與鬱俱棣屬也。"

〔9〕 網:趙書録爲"綱"。

〔10〕 柔翰:毛筆。《文選·左思〈詠史〉》:"弱冠弄柔翰,卓犖觀羣書。"劉良注:"柔翰,筆也。"

〔11〕 揄(譽):據文意並從趙書校改。

〔12〕 端(瑞):趙書逕録。

〔13〕 〔勳〕:據文意並從趙書擬補。

〔14〕 朝端:朝廷。

〔15〕 浼塵(塵浼):此二字原卷並無倒乙符號,其他敦煌文書(如P.3931)中亦有如此寫法,趙書均未校改。但傳世文獻中一般均作"塵浼",意猶"塵汙",係對人有所請求時説的客氣話,意近"打擾"。歐陽修《與韓忠獻王書》即謂:"向輒以拙詩塵浼台聽。"

深切慚惶。伏惟仁私俯賜容納。

16. 周將軍、宋司空書

厶自到朔方，常牽成事[1]，況道途以遐，遠值蕃處，以稍乖深翰之儀，常切向風[2]之懇。某官恩私逾厚，奬與彌深，特枉華緘，過垂言諭。披言而如窺王聽(德)[3]，捧承而更重珠機(璣)[4]，仰佩之誠，無言以既。謹專奉狀陳謝，伏惟照察。

17. 樞蜜(密)狀

右厶伏念早將弱質，獲奉深恩，顧惟絲蟻之微，何謝岳山之賜。而自幽州令公光應(膺)[5]異渥，未貢賀儀，既夙夜以懷慙，實寐食而情懼。今則輒將匪禮，聊表畏[6]衷。謹具別狀上聞，伏惟俯賜〔鑒察〕。

18. 具馬

右件馬，名非騕褭[7]，價異奇〔駝?〕[8]，馳蹤而來自玉關，聳轡而願依金埒[9]。難逈(?)[10]浼塵(塵浼)之罪，冀修慶賀之儀，干瀆台嚴，戰汗交積。其馬謹差厶隨狀獻上，伏惟府(俯)[11]賜〔允納〕[12]。

19. 青州王相公賀狀

右厶伏覩麻制[13]，伏審榮奉鴻恩，鎮臨青社[14]，伏惟慶慰。伏以太慰(尉)相

---

〔1〕 成事：意猶成例。《魏書・禮志二》："此亦前代之成事，方今所殷鑒也。"

〔2〕 向風：仰慕對方的品德或學問。陸倕《石闕銘》："於是天下學士，靡然向風；人識廉隅，家知禮讓。"

〔3〕 王聽(德)：趙書未校改。王德：王者之德行。《莊子・天地》："立德明道，非王德者邪？"

〔4〕 機(璣)：趙書逕録。

〔5〕 應(膺)：趙書逕録。

〔6〕 畏：趙書録爲"猥"。

〔7〕 騕褭：亦可寫作"騕裊"，古駿馬名。《文選・張衡〈思玄賦〉》："斥西施而弗禦兮，縶騕褭以服箱。"李善注："《漢書音義》，應劭曰：'騕褭，古之駿馬也，赤喙玄身，日行五千里。'"

〔8〕 〔駝?〕：據文意擬補，"駝"，亦作"駞"。名馬奇駝乃唐五代西北地區送禮佳品。《册府元龜・將帥部・守邊》言范希朝爲振武節度使，"蕃落之俗，有長帥至，必效奇駝名馬，雖廉者猶曰當從俗以致其歡。希朝一無所受，積十四年，皆保塞而不爲横"。

〔9〕 金埒：本謂用錢幣築成的界垣，典出劉義慶《世説新語・汰侈》："於時人多地貴，濟(王濟)好馬射，買地作埒，編錢匝地竟埒。時人號曰'金埒'。"後遂以此詞借指豪侈的騎射場。庾信《謝滕王賚馬啓》："王濟飲酒之歡，長驅金埒。"李端《贈郭駙馬》詩："新開金埒看調馬，舊賜銅山許鑄錢。"

〔10〕 逈(?)：趙書録爲"逃"，於文意可通，但與原卷字形不合。逈："迥"的異體字。

〔11〕 府(俯)：趙書逕録，下同，不再説明。

〔12〕 〔允納〕：據文意，此處當爲"允納"、"容納"等詞，故試作擬補。

〔13〕 麻制：唐宋時期委任宰執大臣的詔命，因其寫在白麻紙上，故稱。

〔14〕 青社：祀東方土神之處，可用來借指東方之地，後亦用來借指青州，地當今山東北部一帶，爲齊故地。唐五代平盧軍所在地。

公嵩衡稟秀，箕昴[1]呈祥；分淮水之餘波，正緱山[2]之逸韻；宗量是窺於無際，雄鋌(?)[3]乃見於不羣；立蕭何佐漢之勳，邁伊尹相湯之業。洎輟於雄闑[4]，副以具瞻[5]，允膺作礪[6]之功，堯著[7]爲霖之積(績)[8]；百辟荷鋾(陶)鎔[9]之賜，萬方懷煦嫗(嫗)[10]之私；恩威既溢於寰瀛，德業實超於今古。以是薦承紫詔[11]，榮鎮青丘；仍賀掌武[12]之尊，更益地徵[13]之賦；雖浌汗渤海乍喜於新恩，而鳳閣鸞臺尚虚其舊位；佇再親於黄閣[14]，當永福於蒼生；凡在邇遐，孰不欽矚。厶謬臨邊鄙，深受鈞慈，抃躍虔祈，冠絶他等。伏限道途，不獲奔候台庭，下情無任

〔1〕 箕昴：星宿名，分别爲二十八宿中東方和西方之星。《淮南子・天文訓》："五星、八風，二十八宿。"高誘注："二十八宿，東方：角、亢、氐、房、心、尾、箕；北方：斗、牛、女、虚、危、室、壁；西方：奎、婁、胃、昴、畢、觜、參；南方：井、鬼、柳、星、張、翼、軫也。"昴：趙書録爲"昂"。

〔2〕 緱山：山名，即緱氏山，在今河南省偃師縣，古時指修道成仙之處。典出劉向《列仙傳・王子喬》："王子喬者，周靈王太子晉也。好吹笙，作鳳凰鳴。游伊洛之間，道士浮丘公接以上嵩高山。三十餘年後，求之於山上，見桓良曰：'告我家：七月七日待我於緱氏山巔。'至時，果乘白鶴駐山頭，望之不得到，舉手謝時人，數日而去。"後因以此爲修道成仙之典。

〔3〕 雄鋌(?)："鋌"字原卷寫爲"鍹"，趙書録爲"鉅"，但"雄鉅"不可解，今試校録爲"雄鋌"，存疑。雄鋌：喻指鋭利的鋒芒或强大的氣勢。皮日休《新城三老董公讚》："扶義而征，可至軒黄；唱仁而戰，可至武湯。用於天道，折彼雄鋌。"

〔4〕 雄闑：闑爲門限，這裏指宰相所在。

〔5〕 具瞻：指宰輔重臣。《文選・王儉〈褚淵碑文〉序》："具瞻之範既著，台衡之望斯集。"吕向注："具瞻、台衡并宰相之位也。"

〔6〕 作礪：發揮砥礪的功能。《國語・楚語上》："若金，用汝作礪。若津水，用汝作舟。"（其中"汝"字或亦作"女"）礪：礪石、磨石。劉向《説苑・建本》："學所以益才也，礪所以致刃也。"

〔7〕 堯著：意即很好地成就。堯：高，此係"堯"字之本意。《説文・土部》："堯，高也。"段玉裁注曰："堯，本謂高。陶唐氏以爲號……堯之言至高也。"著：建立，引申爲成就。《禮記・樂記》："樂也者，聖人之所樂也，而可以善民心。其感人深，其移風易俗，故先王著其教焉。"鄭玄注："著，猶立也，謂立司樂以下使教國子。"《禮記・郊特牲》："其謂之明水也，由主人之絜著此水也。"鄭玄注："著，猶成也。言主人齊絜，此水乃成可得。"

〔8〕 爲霖之積(績)：據文意，尤其是本句與上句的對仗關係校改。趙書未改。霖：久雨。《春秋左傳》隱公九年："凡雨，自三日以往爲霖。"此處意爲甘霖。《尚書・説命上》："若歲大旱，用汝爲甘霖。"《傳》："霖以救旱。"也喻恩澤。

〔9〕 鋾(陶)鎔：據文意並從趙書校改。陶鎔：亦作"陶熔"，本謂陶鑄熔煉，比喻培育、造就。杜光庭《親隨司空爲大王醮葛仙化詞》："臣曲荷陶鎔，實深造化，唯虔禱祝，少答恩慈。"

〔10〕 煦嫗(嫗)：據文意校改，趙書未改。煦嫗：撫育，愛撫，長養。《禮記・樂記》："天地訢合，陰陽相得，煦嫗覆育萬物。"鄭玄注："氣曰煦，體曰嫗。"孔穎達疏："天以氣煦之，地以形嫗之，是天煦覆而地嫗育，故言煦嫗覆育萬物也。"

〔11〕 紫詔：當即紫誥，古時詔書以錦囊盛裝，用紫泥封口並加印章，後來遂稱皇帝詔令爲紫誥。

〔12〕 掌武：唐代太尉的别稱。洪邁《容齋四筆・官稱别名》："唐人好以它名標牓官稱……太尉爲掌武。"

〔13〕 地徵：土地税。《周禮・地官・大司徒》："制天下之地徵以作民職。"鄭玄注："徵，税也。"顔萱《過張祉處士丹陽故居》："柴扉草屋無人問，猶向荒田責地徵。"地：趙書録爲"弛"。

〔14〕 黄閣：漢代丞相、太尉和漢以後的三公官署避用朱門，廳門塗黄色，以區别於天子。《宋書・禮志二》："三公之與天子，禮秩相亞，故黄其閤，以示謙不敢斥天子，蓋是漢來制也。"後因以黄閣指宰相官署，亦可借指宰相。

攀戀惶懼之至。謹具狀啓起居陳賀。謹録。

20. 引進副使薛尚書、客省副使楊僕射彦玓周本[1]

近覩報狀,伏承光膺聖渥,允副崇司,伏惟慶慰。伏以某官截海奇姿,輝川秀氣;偉亮顯超於叔度[2],清風高邁於伯倫[3];早懷衛社[4]之勳,素貯濟時之略;道光今古,名溢朝端。故得榮奉新恩,寵膺異級;副一人之啓沃[5],叶百辟[6]之傾瞻;佇從紫禁之權,更踐黄樞[7]之貴。厶謬司藩守,早仰恩光,抃蹈之誠,啓陳靡既。謹專奉狀陳賀,伏惟俯賜鑒察。

21. 魏博相公狀

右厶謬將弱質,獲忝天恩,既叨旄越(鉞)[8]之權,實自鍧(陶)鈞[9]之力,合馳狀啓,以表卑私。伏蒙太傅相公曲示台慈,遠貽[10]寵翰,欲令卑瑣削去公文[11]。雖仰奉鈞恩,固當稟敬,而撫循[12]未(末)品,交不遑寧。且希容就於常儀,所貴稍安於卑懇,下情無任佩恩荷德,激載(戴)[13]屏營[14]之至。謹具狀啓起居陳謝,伏惟俯賜鑒察。謹録。

---

〔1〕 此四個雙行小字,趙書録爲"彦均同本"。

〔2〕 叔度:漢代人廉范的字。廉范爲名將廉頗的後代。《後漢書·廉范傳》記:"建初中,遷蜀郡太守……舊制禁民夜作,以防火灾,而更相隱蔽,燒者日屬。范乃毁削先令,但嚴使儲水而已。百姓爲便,乃歌之曰:'廉叔度,來何暮?不禁火,民安作。平生無襦今五絝。'"後遂用以讚頌爲百姓謀福利的官員。

〔3〕 伯倫:晉人劉伶的字。劉伶與阮籍嵇康等六人友好,稱竹林七賢,曾作《酒德頌》,自稱"惟酒是務,焉知其餘"。後世以劉伶爲蔑視禮法、縱酒避世的典型。

〔4〕 衛社:保衛國家社稷。典出《左傳·哀公十一年》及《禮記·檀弓下》等所記"汪踦衛國"這一兒童救國的典型事例:齊、魯戰於郎,未冠之童子汪踦死君事。魯人爲重其事,希望不用未成年人的殤禮葬之,遂"問於仲尼,仲尼曰:'能執干戈以衛社稷,雖欲勿殤也,不亦可乎!'"

〔5〕 啓沃:《書·説命上》:"啓乃心,沃朕心。"孔穎達疏:"當開汝心所有,以灌沃我心,欲令以彼所見,教己未知故也。"後因以"啓沃"謂竭誠開導、輔佐君王。趙書録爲"啓流"。

〔6〕 百辟:百官。趙書録爲"百羣"。

〔7〕 黄樞:指門下省。門下省在漢時爲黄門,位居樞要,故稱。

〔8〕 旄越(鉞):據文意並從趙書校改。旄鉞:本謂白旄和黄鉞,可借指軍權。語本《書·牧誓》:"王左杖黄鉞,右秉白旄以麾。"蔡沈集傳:"鉞,斧也,以黄金爲飾……旄,軍中指麾,白則見遠。"

〔9〕 鍧(陶)鈞:指天地造化。杜甫《瞿唐懷古》:"疏鑿功雖美,陶鈞力大哉。"仇兆鼇注:"《鄒陽傳》:獨化於陶鈞之上。師氏曰:陶人轉鈞,蓋取周迴調鈞耳,此藉以喻造化。"

〔10〕 貽:趙書録爲"加"。

〔11〕 削去公文:意謂不用遵守常規的公文禮數。太傅相公以此表示與對方關係近密,但本狀作者爲表恭敬,還是請求魏博相公允許他按照常儀行事。

〔12〕 撫循:安撫存恤。趙書録爲"撫修"。另,本句和下兩句趙書校録和標點爲"固當稟敬而撫修,未(末)品交不遑寧"。

〔13〕 載(戴):趙書未校改。

〔14〕 屏營:惶恐,彷徨。漢魏以後凡上皇帝表文及報上司書牍之末多用"不勝屏營"、"屏營之至"等表示惶恐。

22. 新除西京留守安司徒,浹(陜)[1]府張太保同

伏覩麻制,伏審榮奉天恩,光膺寵命,伏惟慶慰。伏以留守司徒,祥金耀彩,瑞輝[□□][2];緯地經天,早著匡狀(扶)之積(績)[3];允交(文)懷武,素彰翊贊之勳;蕭曹之事業攸聞,耿鄧[4]之威名克著;功高鼎鼐,價重寰瀛。今則光奉帝俞(諭),榮司徒□陜州云"巨屏"[5];既備還珠[6]之譽,將仰相印之榮。厶謬以幽微,獲叨戎寄[7];仰清風而日久,限紫塞以程遥;莫申披霧之期,空積望塵之懇。謹具奉狀啓起居陳賀,伏惟府(俯)賜鑒察。

23. 涇州鈐鎋司空書

伏以司空,鷹揚[8]間氣[9],珪(珪)玉貞姿;早懷濟[世][10]之謀,夙蘊佐時之業。以是榮分重寄,上贊侯潘(藩)[11];佇於旦夕之間,别迓絲綸[12]之寵。厶久欽風義,恨未超(趨)[13]承,矚(?)□之誠,牋簡寧喻。伏惟照察。

24. 又

厶自當留務,吊□家背[14],忽蒙天恩將[15]賜册贈,仰承明命,殞咽(?)[16]難

---

[1] 浹(陜):趙書逕録。

[2] 據文意,此處恐脱二字。

[3] 此前數句趙書校録並斷句爲"祥金耀彩,瑞輝緯地經天,早著匡扶之績"。

[4] 耿鄧:東漢名臣耿弇、鄧禹。

[5] 巨屏:强大的屏藩,亦可比喻鎮守一方的藩臣。蔣伸《授孫範青州節度制》:"門下作朝廷之巨屏,實利建侯,委兵旅之大權,必先謀帥。"

[6] 還珠:《後漢書·循吏傳·孟嘗》記:"先時宰守並多貪穢,詭人採求,不知紀極,珠遂漸徙於交阯郡界。於是行旅不至,人物無資,貧者餓死於道。嘗到官,革易前敝,求民病利。曾未踰歲,去珠復還,百姓皆反其業,商貨流通,稱爲神明。"後遂以"還珠"形容爲官清廉,政績卓著。

[7] 戎寄:委以軍務。

[8] 鷹揚:威武貌。《詩·大雅·大明》:"維師尚父,時維鷹揚。"毛傳:"鷹揚,如鷹之飛揚也。"《後漢書·陳龜傳》:"臣無文武之才,而忝鷹揚之任。"

[9] 間氣:亦作"閒氣"、"閑氣"。舊謂英雄偉人上應星象,禀天地特殊之氣,間世而出,故稱。《太平御覽》卷三六〇引《春秋孔演圖》:"正氣爲帝,間氣爲臣,宫商爲姓,秀氣爲人。"

[10] [世]:據文意並從趙書擬補。

[11] 侯潘(藩):趙書逕録。

[12] 絲綸:指帝王詔書。典出《禮記·緇衣》:"王言如絲,其出如綸。"孔穎達疏:"王言初出,微細如絲,及其出行於外,言更漸大,如似綸也。"

[13] 超(趨):趙書未校改。

[14] 吊□家背:趙書録爲"予□家皆"。吊:參同卷寫給沙州令公的《又書》中的"義在吊民"中的"吊"字校録。背:死亡的婉辭。《文選·李密〈陳情事表〉》:"生孩六月,慈父見背。"張銑注:"背,死也。"

[15] 將:趙書録爲"特"。

[16] 咽(?):趙書録爲"煙"。

勝。伏蒙仁私遠垂示諭,仰認周隆之德,倍懷感激之誠。使迴,復狀謝陳,伏惟照察。

25. 涇州太傅狀為述謝見示旌〔□〕〔1〕官告使

右厶自總留權,方榮哀瘵〔2〕,雖當竭罄,未効駑鈆〔3〕。忽蒙聖恩特頒寵渥,聞命而猶疑夢寐,承恩而如寘冰霜。伏蒙太傅曲示深恩,别形厚念,遠飛寺(專)介,先賜華緘。仰窺獎飾之文,彌認優容之德,荷載(戴)感泣精誠〔4〕。謹因使迴,府賜(謹附)〔5〕狀啓起居陳謝。伏惟府(俯)賜鑒察。謹録。

26. 謝四相、河南元帥、太慰(尉)令公

右厶啓狀,蒙天恩就加寵爵,祗荷明命,兢據(懼)〔6〕失圖。伏以厶器太瓶筲〔7〕,才同樗櫟〔8〕,素昧隆中之略,蔑〔9〕知圯上〔10〕之謀,謝安之礼樂無聞,魏絳〔11〕之威名未立。行逢聖代,獲忝藩宣〔12〕,纔叨仗鉞〔13〕之榮,復荷秉鈞〔14〕之位。任总〔15〕兩鎮,官列三師,既無横草〔16〕之功榮,豈官伐檀〔17〕之調詠。

---

〔1〕 據文意,此處恐脱一字,趙書補爲“節”。

〔2〕 方榮哀瘵:殆謂於喪期獲充留後的榮光。哀瘵:指喪事導致的病痛和衰敝。獨孤及《毘陵集·爲李給事讓起復尚書左丞兼御史大夫第二表》:“草土臣某言:臣昨以哀瘵愚懇,昧死上陳。”表中又有“臣無任哀瘵懇迫之至”語。《文苑英華》厙狄履温《讓起復表》:“臣又近染風疾,似因哀瘵。”

〔3〕 駑鈆:“駑馬鈆刀”的省稱,本意爲劣馬鈍刀,比喻平庸之才。《後漢書·隗囂傳》:“昔文王三分,猶服事殷;但駑馬鈆刀,不可强扶。”鈆:同“鉛”。

〔4〕 原卷“誠”字之前尚有一“程”字,當爲同音衍文,故不録。此句趙書録爲“荷載感泣,稽程〔輸〕誠”。

〔5〕 原卷所書“府”字當爲“俯”字之訛,但“府(俯)賜”與此處文意不合,故據文意並從趙書校改爲“謹附”。

〔6〕 兢據(懼):據文意並從趙書校改。兢懼:戒慎恐懼,惶恐。《後漢書·明帝紀》:“永覽前戒,竦然兢懼。”

〔7〕 瓶筲:瓶與筲皆小器,故以之比喻才微量狹。

〔8〕 樗櫟:《莊子·逍遥遊》:“吾有大樹,人謂之樗,其大本擁腫而不中繩墨,其小枝卷曲而不中規矩,立之塗,匠者不顧。”又《莊子·人間世》:“匠石之齊,至於曲轅,見櫟社樹……曰:‘散木也,以爲舟則沉,以爲棺槨則速腐,以爲器則速毁,以爲門户則液樠,以爲柱則蠹。是不材之木也,無所可用。’”後因以“樗櫟”喻才能低下,多用爲自謙之辭,有時也與“瓶筲”連用,如楊炯《隰川縣令李公墓誌銘》“炯樗櫟庸材,瓶筲小器”即是。趙書描摹原卷字形後校改爲“甄礫”。

〔9〕 蔑:副詞,表示否定。

〔10〕 圯上:橋上,此處係指《史記·留侯世家》所記張良於圯上受《太公兵法》事。

〔11〕 魏絳:春秋時晉國卿,謚號爲莊,故史稱魏莊子,主要活動於晉悼公時期(前572年至前559年)。

〔12〕 藩宣:衛國重臣,亦可指藩國、藩鎮。語本《詩·大雅·崧高》:“四國于蕃,四方于宣。”馬瑞辰通釋:“‘宣’,當爲‘垣’之假借……‘四國于蕃,四方于宣’猶《板》之詩:‘價人維藩,大師維垣’也。”趙書録爲“藩宣(垣)”。

〔13〕 仗鉞:本謂手持黄鉞,以示將帥的權威,引申意可指統帥軍隊。

〔14〕 秉鈞:比喻執政。鈞:製陶器所用的轉輪。

〔15〕 原卷此字頗類今日通行的“总”,唐書録爲“兼”,趙書録爲“總”。

〔16〕 横草:本謂軍隊行於草野之中,使草倒伏,比喻功勞極爲輕微。《漢書·終軍傳》:“軍無横草之功,得列宿衛,食禄五年。”顔師古注:“言行草中,使草偃卧,故云横草也。”

〔17〕 伐檀:《詩·魏風》篇名。其序云:“《伐檀》,刺貪也。在位貪鄙,無功而受禄,君子不得進仕爾。”後因以“伐檀”爲譏刺貪鄙者尸位素餐而賢者不得仕進的典故。

□鎔造，俯示廍（廟）慈，垂仁而偏及朔陲，遇事而常加

〔後闕〕

二　P.2539v 授書人身分與文本簡析

如上所録，P.2539v 是共抄存 26 通書狀的書信集抄，其中各信之名略有分别：或稱“書”，如第 2、4、8、9、12、13、14、16、23 通；或稱“狀”，如第 11、17、19、21、25 通；或僅直書收書人官稱，如第 5、6、7、20、22、26 通。一般説來，正規的狀是給有統屬關係的上級機構或長官的，即司馬光所謂“内外官司向所統屬並用此式”[1]，它不僅適用於公式文，也適用於官場日常賀、謝等禮儀、應酬之作。故集中稱爲“狀”者係致宰相、樞密或藩鎮節度使中帶有太傅、侍中或平章事銜者，其餘則概名爲“書”或不名。我們這裏稱 P.2539v爲“書狀集”，乃是沿用趙和平所擬舊名，同時也是爲行文簡捷，籠統而言之。

由如此多的書信組成的書狀集，引起研究者關心的問題首先是：這些書狀的授書人（亦可稱爲“致書人”）與撰作者是誰？其次，這些書狀從何而來，又爲何會被抄在一起？這些問題關係到對全卷的認知，故先行討論。

（一）P.2539v 授書人與執筆者身分推論

關於 P.2539v 書狀集的授書人，趙和平根據寫給沙州令公的《又書》《西京太傅書》《樞蜜（密）狀》等分析，認爲“這份文獻可定爲後唐時代靈武節度使或留後所作”[2]，並推斷其人是張希崇。

吴文的觀點則略有不同，認爲這部書狀集“是按照靈武節度使的口吻和意圖制作的。但他們不是一個人”，書狀的撰作時間“可以從天成三年八月前後延伸至清泰初年。這期間的靈武節度使從韓澄、康福到張希崇，换了三任，因此雖然這些書狀的授書人可認爲是靈武節度使，但却顯然不是張希崇一人”。

目前我們仍基本執持吴文觀點，即認爲各書狀授書人的身分雖均爲靈武節度使，但由於這些書狀分别形成於不同時期，且跨越時間較長，其間的節度使並非同一人。至於具體到各書狀的節度使或留後究竟是誰，則需在分析各書狀的内容之後分别推斷，將於後文詳述。

書狀以靈武節度使的口吻寫成，並不意味著其真實作者即節度使本人，方鎮幕府中

〔1〕 司馬光《書儀》卷一《申狀式》，《叢書集成初編》本，上海：商務印書館，1936 年，3 頁。

〔2〕《敦煌表狀箋啓書儀輯校》，278 頁。

負有文辭之責的幕僚,如判官、掌書記等,更可能是執筆之人。根據各書狀内容,可知其撰作時間跨越了較長時期,因而其執筆制作或編輯者當爲後唐時代長期在靈武鎮任職的某位幕僚。

(二) P.2539v 的書體問題及書儀性質

上面曾提到 P.2539v 共抄寫了 26 通書狀,需要特别説明的是,那是僅就書狀排列的外在形態而言的,並非實際使用(發出)的件數。這涉及别紙問題,即:某些授書人在問候起居寒温的正狀之外,還會附上論事或贈物的别紙,使相關聯的兩紙、三紙或多紙組合爲一件書狀,形成一書兩紙、三紙或多紙的複書。這乃是晚唐五代官場所用表狀箋啓類書儀書狀的一大特色,我們在 P.3931《後唐時期靈武甘沙等地公文集》(擬題)、P.4092《新集雜别紙》等敦煌文書中都見到過同樣的情況。P.2539v 中包含别紙的書狀主要有下列幾件:

其一,第 2 至 4 通。第 2 通自題《沙州令公書》,主要内容爲正式的禮儀性問候,相當於最初的"見禮",行文頗多寒暄語,並表明了去書的目的,所説"有少情儀"與緊接其後的贈物狀相呼應;第 3 通自題《具信》,爲表達情誼的贈物"别幅",即禮單;第 4 通自題《又書》,敍另事,也是正事,其内容最值得關注。實際使用時這三通當各書一紙,後二紙是第一紙之外的"别紙",三紙共同構成一封完整的書信,收書人爲沙州令公。

其二,第 9 至 10 通。第 9 通寒暄,第 10 通書贈物,一書二紙,收書人爲三司院營田案院長。

其三,第 14 至 15 通。第 14 通寒暄,第 15 通書贈物,一書二紙,收書人爲負責禮賓引進事務的某司空。

其四,第 17 至 18 通。第 17 通寒暄,第 18 通書贈物,一書二紙,收書人爲某樞密使。

其五,第 23 至 24 通。第 23 通寒暄,第 24 通述正事,一書二紙,收書人爲涇州鈐鍺司空。

按照這一劃分,可以區分清楚各件書狀的歸屬,從而進行有針對性的討論。

至於 P.2539v 的性質,由於各書狀均來自地方使府,其撰集形式,與敦煌藏經洞中保存的其他書狀集(如 P.4092《新集雜别紙》等)非常類似,而它的抄集目的,也主要是爲了給抄寫者本人或使府中相關人員(包括節度使本人)提供參考。從原始形態上看,這些書狀大體可分爲兩類:

一類爲遣詞造句高度程式化的範本,多爲讚語賀詞之類的成語套話,其對象爲官職類似或與授書人關係分别相同的某些人,故可供直接模仿套用。這當中比較典型的有第 6 通《諸道及朝要》、第 7 通《朝要》、第 12 通《朝要書》、第 13 通《延州汝州鳳翔陝府侍衛左衛月旦書》,及由第 14、15 通組成的《禮賓引進内省書》等。

另一類則是專門寫給某人某官,談論某事的實寄書信,此類書信有真實的人物對象,行文更有針對性,用語也更加具體豐富,對於抄寫者而言,實用性和參考價值都很高。這類書狀在本卷中佔絶大多數。

以上兩類書狀的結合決定了 P.2539v 具有書儀性質,因其全部來源於後唐明宗時期的靈武,又具有鮮明的時代與地方特色。

由於 P.2539v 中有具體對象的後一類書狀不僅數量多,而且内涵豐富,涉及史事相當具體,史料價值甚高,因而下文的討論即擬以這部分書狀爲對象。不過,斗轉星移,時移事異,千年後的我們已難以確知所有書狀背後的史實,故下面僅對研讀之後略有心得的部分進行闡釋,對於前揭吴文已經探討而我們今日並無修改補充的部分,將視行文需要,或不再涉及,或僅引用介紹吴文結論。

三　實用書狀逐一解讀

P.2539v 抄寫的曾經實際使用(發出)過的某些書狀的行文相當晦澀,涉及的歷史事件更是頗爲複雜,以下不避繁複,試逐一解讀。由於諸書狀除各有收書人外,寫作時間和授書人,即書信的原寫作者也值得關注,故以下的解讀力求將兩者搞清楚,並試對涉及史事做出説明。

(一) 對第 1 通失題書狀的猜想

P.2539v 原卷首殘,現存的第一通書狀失題,但尚存的 7 行正文還是透露了一些有關授書人、收書人及兩者關係等方面的信息。

授書人方面,自謙"弱植",説明修書者出身當較爲寒微,與相關時段四位靈武節度使或留後(韓璞、韓澄、康福、張希崇)中張希崇的情況相符。考張希崇曾兩次擔任靈武節度使,第一次在後唐長興二年(931)十一月至清泰二年(935),第二次在後晉天福元年至四年(936—939)[1],結合本卷其他各書狀的撰作時間(論證詳後),我們認爲本狀作於其第一次出鎮靈武期間的可能性較大。

收書人方面,"某官榮提相印,寵鎮師壇"説明收書者新獲加官,且所帶官銜是三

〔1〕 參見朱玉龍編著《五代十國方鎮年表》,北京:中華書局,1997 年,212—213 頁。

師。從授書人對其有"俾遵事大之儀"之説,並稱其所在爲"化府",可以推測他也是鎮守一方的節度使而並非真宰相,所加爲平章事。

關於授書人與收書人的關係,書狀中有"尋修陳賀之儀"一語,表明授書者獲悉對方拜相加官就曾送過賀禮。但"常闕専〔介〕之禮"則説明二者之間平時的書信往來並不頻繁,下半段文字即是授書人以自己所在偏遠爲由進行的解釋,而"差押衙李厶躬詣化府"則顯示此次是授書者主動投書。"事大"一詞非常謙卑,與下文表述對對方十分依賴的"棲依"相呼應,説明收書人是一位官職、地位相當高的内地節度使。

(二) 第 2—4 通《沙州令公書》《具信》《又書》

此一書三紙涉及後唐朝廷與沙州的關係及針對西部蕃族政權化遠來夷的政策,是敦煌學界關注的重點。但對於相關史事,不確定的觀點或未予詳盡闡釋之處尚多,以下試針對具體問題分别討論。

1.《沙州令公書》和《又書》中的"太傅令公"、"令公"當是曹議金,這兩通書狀可説明曹議金曾獲封太傅

關於《沙州令公書》的授書人,趙和平已根據"厶自守邊藩,每慚拙政"、"今差押〔牙〕孟元立等再申和好,復詣貴藩",判斷此信是靈武節度使張希崇所寫,又據"俾朝宗於洛汭,令貢奉於天庭",而五代"天庭"在"洛汭"(洛陽)的僅後唐一朝,推斷該書狀作於張希崇第一次擔任靈武節度使的後唐長興二至四年(931—933)。我們亦贊同此説,並認爲據該書狀中"厶自守邊藩"等語,其時距張希崇於長興二年十一月出鎮靈武當已有些時日,故書狀撰作時間或可推定爲長興三至四年。另外,書狀是靈武節度使致沙州令公,與其"押蕃落",統領河西事務有關。史載韓洙於莊宗朝即爲朔方河西等軍節度使,康福明宗朝也兼二使之名[1]。《舊五代史·明宗紀》記長興二年十一月丁酉也"以汝州防禦使張希崇爲靈州兩使留後",但至長興四年五月庚子,就變成"以靈武留後張希崇爲本州節度使"了[2],留後及節度使職名前都去除了原來的"兩使"及"河西"字樣而强調"本州",可見此後靈武長官已不再有兼掌河西的名義,也證明書信的寫作應在長興三年至四年五月之間。

關於收書人,由於 P.2539v 所抄各書狀均以收書人爲題,故相關學者一般也都認同這一書三紙是寫給當時的歸義軍節度使曹議金的。從書狀行文的語氣看,授書人對收

〔1〕 參見《舊五代史》卷三一《莊宗紀五》、卷四〇《明宗紀六》,北京:中華書局,1976 年,433、554 頁。

〔2〕 參見《舊五代史》卷四二《明宗紀八》、卷四四《明宗紀一〇》,又同書卷九七《張從賓傳》記"長興末,從賓出鎮靈武,加檢校太傅",也無河西職名,583、605、1289 頁。

書人相當客氣和推重,在曹氏諸節度使中,也只有晚年的曹議金當得起。

至於《沙州令公書》和《又書》正文中出現的"太傅令公"、"令公",從上下文關係看,顯然與收書人"沙州令公"是同一人,即曹議金。

行文至此,我們須認真解釋一個問題:在傳世史書和其他敦煌文書中,曹議金稱"令公"多有例證,但却未見稱"太傅"的記録。

如所周知,曹氏歸義軍節度使的官稱常有轄區内自稱及與朝廷或其他方鎮往來時的正式稱署之别,前者多爲比正授官職高的冒稱,後者纔是中原王朝認可的職官。

據法藏敦煌文書 P.2814《天成三年二月二十日都頭知懸泉鎮遏使安進通狀》所記"此時皆仗令公神謀……",早在公元 928 年歸義軍中已稱曹議金爲"令公"。但據《舊五代史·唐明宗紀八》所載"長興二年春正月……丙子,以沙州節度使曹義金兼中書令"〔1〕,公元 931 年正月後唐纔正式給曹議金加官中書令,使其成了名副其實的"令公"。前已言及,《沙州令公書》和《又書》作於後唐長興三至四年(932—933),授書者稱曹議金爲"令公"正當其時。

那麽,在署"令公"的同時,曹議金還使用哪些兼官稱號呢?以前學界已關注的主要有以下兩種情況:

其一,"令公"、"太保"並用,見於與外界高官往來書信:法藏敦煌文書 P.2675bis《曹議金狀》爲曹議金上某位相公狀,所署官名應是此前已正式獲封的,該狀題署"河西歸義軍節度觀察處置管内營田押蕃落等使金紫光禄大夫檢校太保兼令公御史大夫上柱國曹議金"〔2〕,表明曹議金在獲封中書令以後,還曾以"太保"爲正式官稱。

其二,"令公"、"大王"並用,見於轄區内的佛事應用文:法藏敦煌文書 P.2704 抄存有 4 件《曹議金迴向疏》,内容大同小異,時間分别是長興四年(933)十月九日、長興五年正月廿三日、二月九日和五月十四日,署銜相同,均爲"弟子河西歸義等軍節度使檢校令公大王曹議金",並鈐有朱印,是知在自己地盤上的佛事活動中,曹議金在署"令公"的同時還以"大王"自稱。

這樣,《沙州令公書》和《又書》揭示的"令公"與"太傅"並用,當爲第三種情況。

值得特别注意的是,《沙州令公書》和《又書》是靈武節度使所致官方書信,自然不

〔1〕《舊五代史》卷四二,575 頁。

〔2〕此據榮新江《歸義軍史研究》,上海古籍出版社,2015 年,103 頁。但今核查"國際敦煌項目"網站(網址爲:http://idp.bl.uk)公佈的該卷文書彩色圖版,並無該内容。《歸義軍史研究》第 141 頁注釋中稱該録文係轉引自陳祚龍《敦煌學園零拾》第 346 頁。

會使用對方在轄區内的冒稱，也不可能用錯對方的正式官稱，因而，其稱曹議金爲“太傅”必當有所憑據，换言之，曹議金應被後唐授予過太傅官銜。

曹議金身後所獲贈官或可印證此説。《舊五代史·晉高祖紀五》謂：天福五年(940)“二月丁酉朔，沙州歸義軍節度使曹義金卒，贈太師”[1]，其中的“天福五年”是後晉獲悉曹議金死訊並予以追贈的時間[2]，給曹議金的贈官爲太師。考五代時官序，太傅比太保高一級，但比太師級别低兩級[3]。因而其在太保之後獲封太傅的可能性非常大。

後唐朝廷一般不會無緣無故就給歸義軍首領封官，而是應在其立功或朝貢之後。據《宋本册府元龜》，明宗時曹議金至少進行過兩次朝貢：一次是在長興元年(930)十二月到朝，“沙州曹義金進馬四百疋、玉一團”；一次是在長興三年(932)正月到朝，“沙州進馬七十五疋，玉三十六團”[4]。曹議金獲封中書令是在第一次朝貢後，那麽其由“太保”昇爲“太傅”便很有可能是在第二次朝貢之後。此後靈武節度使給曹議金寫信時稱其爲“太傅令公”是非常允當的，而這一稱謂的使用也可將這一書三紙的撰作時間上限限定爲長興三年正月。

至於“太傅”一稱爲何僅見於 P.2539v，當係傳世史料缺載，正規官文書稀少，而僅行用於歸義軍轄區内的一般文書多用曹議金最高冒稱“大王”所致。據英藏敦煌文書 S.1181《長興二年(932)十二月廿六日河西歸義等軍□結壇迴向文》[5]所記“大王保(寶)位，寵禄日新……”，及其卷背另一篇發願文所言“又持勝福，次用莊嚴我河西節度使大王貴位……”，早在公元 932 年曹議金已於轄區内自稱“大王”，且該稱一直用至其死後多年，上舉 P.2638、S.2974 等文書即可爲證。

因而，P.2539v《沙州令公書》與《又書》保存的“太傅令公”一稱對於全面認知曹議金官稱變化並據之探討相關問題極爲重要。

---

〔1〕《舊五代史》卷七九，1038 頁。

〔2〕據 P.2638《清泰三年(936)六月沙州儭司教授福集等狀》、S.2974《建隆二年(961)二月十日沙州歸義軍節度使曹元忠爲父大王忌辰追念設供疏》，曹議金逝於清泰二年(935)二月十日。但因五代離亂，數年後中原朝廷纔獲知消息並進行追贈。

〔3〕《玉海》卷一二〇《政和三公三少》：“舊制：太師、太傅、太保爲三師，太尉、司徒、司空爲三公，並爲宰相親王使相加官。五代之制，司徒遷太保，太保遷太傅，太傅遷太尉，太尉遷太師。檢校者亦如之。”臺北：大化書局，1977 年，2294 頁。

〔4〕《宋本册府元龜》卷九七二《朝貢五》，北京：中華書局，1984 年，3859—3860 頁。

〔5〕此擬名據《英藏敦煌文獻(漢文佛經以外部分)》第 2 卷，成都：四川人民出版社，1990 年，253 頁。該擬名中標注的“(932)”爲長興二年十二月而非正月對應的公元紀年。

2.《又書》表明早在後唐明宗時靈武節度使即試圖通過歸義軍促成西州和于闐入貢中原，而此番努力至後晉時終於成爲現實

在這一書三紙中，《又書》的内涵最爲豐富，史料價值更高。

由於此次我們所作録文在文字識讀和標點斷句等方面與吴文所據前賢録文之間有較大差異[1]，故在全面探討書狀内容之前，有必要先行闡釋我們在幾個具體問題上形成的新看法。首先，"此際或聞西州天子、于闐大王咸慕北望"係謂靈武節度使聽聞西州和于闐方面有意歸附中原朝廷，"北望"的對象是中原王朝皇帝，並非歸義軍節度使。其次，"令公司命使人曲覃聖化"是授書人對收書人的建議，此處"司"即古"伺"字，探察、偵察之意，該句係希望曹議金留意西州和于闐的動向，伺機而動，乘勢派遣使者去進一步宣化誘導。這一方面説明歸義軍因所處東通西達的特殊地理位置，與西州回鶻和于闐王室之間的包括姻親在内的友好關係，而可以起到"達外國之梯航"的重要作用，爲周邊政權所依仗，另一方面也表明曹議金對西州、于闐入貢的引領是在靈武節度使授意督促下進行的。再次，"ム忝受眷〔私〕，遐聆異政，輒貢管窺之懇，異（冀）垂允諾之恩，儻不阻於啓聞，固願竭於丹赤"則是説授書人曾受對方眷顧，所處雖遠，却還是聽説了對方的優異政績，現在自己誠懇地貢獻管窺之見，希望對方能夠承允，倘蒙對方採納，自己願意盡心輔助玉成。書狀遣詞用句極其誠懇殷切，語氣謙和甚至略顯謙卑，從中可以看出靈武節度使張希崇及其所代表的後唐朝廷懷柔遠夷願望之迫切。

與上述新看法相關，我們認爲可以對《又書》及其揭示的史事進行更深入的解讀。

以往在研究 P.3931《後唐時期靈武甘沙等地公文集》（擬題）的過程中，我們已注意到：早在"一昨既寧中土"的建國初期，後唐莊宗就已派遣使者奔赴朔方，試圖通過靈武節度使接洽對蕃戎的招誘事宜，向甘州回鶻等少數部族政權和歸義軍等西北地方政權傳達和貫徹中原朝廷的意圖，即"切喻絲綸，俾安玉塞，蓋欲北和冒頓，西接大宛，盡有歸心，咸來稽顙"。該卷中的多通書狀也表明，正是靈武節度使促成了甘州回鶻和曹氏歸義軍的入貢，並協助後唐完成了對他們的册封。與此同時，在朝廷的積極組織和引導之下，關内諸世襲藩鎮也紛紛表示歸順效忠，"奉職皇朝"，"來王丹闕"，形成了四方來

〔1〕 趙和平所作《又書》録文爲："右伏以太傅令公，名標三傑，價重四英；擁萬里之山河，靜之氛祲；以望信而遠匡北闕，而恩威而（此字衍）遐伏，西戎何獷猂（悍）而不柔，何煙塵而敢動。伏況聖上德惟懷遠，義在吊民。每覩貴道之使人，實以諸藩而夐異□此際，或聞西州天子、于闐大王咸慕北望令公司命，使人曲覃聖化，俾朝宗於洛汭，令貢奉於天庭。豈惟達外國之梯航，實乃見貴藩之功業。光輝史册，千載一時。ム忝受眷遐，〔頻〕聆異政，輒貢管窺之懇，異（冀）垂允諾之恩。儻不阻於啓聞，固願竭於丹赤，諸勒面啓，伏惟深賜鑒詳，幸甚幸甚。"《敦煌表狀箋啓書儀輯校》，267—268 頁。

朝的勝景[1]。是知自封爲唐朝繼承者的後唐統治者的野心實際上遠超朱梁,拓展疆域、恢復唐朝大一統局面的願望已經深藏在其建國的企劃之中。

如今 P.2539v《又書》的内容又説明,後唐經營西部的策略是一貫的,至少延續到了明宗時期,該狀揭示的靈武節度使試圖通過沙州歸義軍促成西州和于闐入貢中原一事,正是貫徹了這一國策。只是此後後唐國力日蹙,甚至最終失國,張希崇的願望直到後晉時纔成爲了現實。《册府元龜·帝王部》記晉高祖天福二年(937)"十一月,于闐國僧曼哥羅贊嘗羅賜紫,號昭梵大師"[2]。不知此僧是否像張議潮時期的高僧悟真一樣,協助打開了于闐通向中原的門徑。同上書《外臣部·朝貢五》記天福三年(938)"九月,于闐國王李聖文(天)遣使馬繼榮進玉團、白氎布、犛牛尾、紅鹽、鬱金、硇砂、大鵬砂、玉裝鞦轡、鞠䩮、鞁靬、手刃"[3],是知天福三年九月于闐國王李聖天已向中原成功朝貢。至十月,晉高祖即下制曰:"于闐國王李聖天,境控西陲,心馳北闕。頃屬前朝多事,久阻來庭。今當寶曆開基,乃勤述職,請備屬籍。宜降册封,將引來遠之恩,俾樂無爲之化。宜册封爲大寶于闐國王,仍令所司擇日備禮册命,以供奉官張光(匡)鄴充使。"[4]《新五代史·四夷附録第三》也載其事,在"晉天福三年,于闐國王李聖天遣使者馬繼榮來貢紅鹽、鬱金、犛牛尾、玉氎等,晉遣供奉官張匡鄴假鴻臚卿,彰武軍節度判官高居誨爲判官,册聖天爲大寶于闐國王"之後更記:"是歲冬十二月,匡鄴等自靈州行二歲至于闐,至七年冬乃還。"[5]將册封使出發和返回的時間也記録在案[6],證實李聖天順利獲得了册封。

儘管西蕃的朝貢是晚到後晉朝纔實現,但 P.2539v《又書》表明,誘使于闐和西州回鶻朝貢的策劃開始於後唐長興中,其最終能夠成功也與靈武和沙州的作用分不開,該書狀清楚地透露了靈武方面最初的動議和對沙州的拉攏,且將勸説于闐、西州回鶻入貢稱作"光輝史册,千載一時",而上引晉高祖天福三年制書也説册封于闐"將引來遠之恩,俾樂無爲之化",可見此事對中原朝廷和蕃族政權的意義非同一般。

---

[1] 楊寶玉、吴麗娱《跨越河西與五代中原世界的梯航——敦煌文書 P.3931 校注與研究》,《中國社會科學院歷史研究所學刊》第 6 集,北京:商務印書館,2010 年,93—168 頁。

[2] 《册府元龜》卷五二《帝王部·崇釋氏二》,北京:中華書局,1960 年,582 頁。

[3] 《册府元龜》卷九七二《外臣部·朝貢五》,11424 頁。

[4] 《册府元龜》卷九六五《外臣部·封册三》,11355 頁。

[5] 《新五代史》卷七四《四夷附録第三》,北京:中華書局,1974 年,917 頁。

[6] 《新五代史》卷七四《四夷附録第三》,918 頁。關於于闐該次入貢及其與歸義軍之關係,詳參楊寶玉《達外國之梯航——曹氏歸義軍與五代于闐首次入貢中原之關係再議》,《敦煌研究》2019 年第 1 期。

(三) 第5通《前袁州司徒》

今知與本通書狀有關的史料極少。袁州,唐隸江西觀察使,唐末爲鍾傳所據,後歸楊行密、徐温。五代後梁也曾一度降楚馬殷,後復歸吴、南唐,故後唐對袁州應只是遥領。目前僅見《舊五代史》卷三八有天成二年(927)十一月"庚戌,以皇城使行袁州刺史李從敏爲陝州節度使"一條,但與此件似不合。書狀中言對方"新加朝命",復有"想房陵之異政,尚著人謡;列環衛之清資,益新帝誥"語,房陵即房州,似乎暗喻收書者曾在房州有政績,且新任環衛官。其人待考。

(四) 第8通《西京太傅書》

五代後唐以洛陽爲東京,以長安爲西京京兆府,置留守。故所謂西京太傅,必須從西京留守中找。但與太傅官職相合的,唯《舊五代史·明宗紀》所記長興二年(931)六月:"乙丑,以皇子左衛大將軍從珂依前檢校太傅,加同平章事、行京兆尹、充西京留守。"〔1〕李從珂即後來的後唐末帝,其任西京留守的時間爲長興二年六月到三年七月〔2〕,由於康福是因靈武内亂在天成四年十月被派至朔方(詳後),此後一直任使,而張希崇第一次任靈武節度使的時間始於長興二年十一月,故以此爲交接點,靈武節度使先爲康福,後爲張希崇,本書狀授書人當爲二者之一。我們認爲後者的可能性更大一些。

(五) 第11通《青州侍中狀》與第19通《青州王相公賀狀》

這兩通書狀因同涉青州而具有内在聯繫,故合併討論。

1.《青州侍中狀》的收書人爲王晏球,授書人爲康福或張希崇

關於第11通〔3〕書狀的收書人"青州侍中",吴文已提出可能是王晏球。《舊五代史》記長興元年(930)三月丙子,鄆州節度使王晏球移鎮青州;而四月壬寅,即有青州節度使王建立加侍中,移鎮潞州事〔4〕。彼時王建立被王晏球取代,雖加侍中,但已不在青州任上。且雖然他後來在天福二年(937)以檢校太尉兼侍中再任青州節度使〔5〕,但與本卷所在的時間段還是有一定差距,所以"青州侍中"不是他。而據《資治通鑑》,王

〔1〕《舊五代史》卷四二《明宗紀八》,580頁。

〔2〕李從珂三年七月改任鳳翔節度使,見《舊五代史》卷四三《明宗紀九》,593頁;《資治通鑑》卷二七八,長興三年七月庚子條,北京:中華書局,1956年,9074頁。

〔3〕吴文計爲第9通。

〔4〕《舊五代史》卷四一《明宗紀七》,561頁。

〔5〕《舊五代史》卷七六《晉高祖紀二》天福二年五月丙子條,1002頁。

晏球在天成四年(929)二月辛亥即加兼侍中[1],所以"青州侍中"是王晏球當無疑。再者,據《舊五代史》載,長興三年七月"青州節度使王晏球加兼中書令……八月辛亥,青州節度使王晏球卒,廢朝二日"[2],是知自長興元年(930)三月直到長興三年七月,王晏球始終以侍中任青州節度使。由於卷中言及時序,"四時變序,三伏呈祥,平臯已扇於温風,殘暑尚滋於畏日",故書狀寫作具體時節當是在季夏或初秋(六、七月)。因而這通書狀當撰作於長興元年六月至三年七月之間,此也在康福和張希崇交替任使的時段内。而書信語氣祥和,是太平時節的産物,我們認爲康、張兩者皆有可能。

2.《青州王相公賀狀》的收書人似爲王建立,但因授書人有疑尚不能肯定

關於第19通[3]書狀的收書人"青州王相公",吴文也已指出可能是王建立。《舊五代史》載天成三年(928)十一月甲午,"以尚書左僕射、同平章事、集賢殿大學士、判三司王建立爲青州節度使、檢校太尉、同平章事"[4]。《資治通鑑》同年同月甲午條也載:"以中書侍郎、同平章事王建立同平章事,充平盧節度使。"[5]結合上引《舊五代史》有關長興元年四月壬寅青州節度使王建立加侍中,移鎮潞州的記載,可知自天成三年(928)十一月至長興元年(930)三月的青州節度使確爲王建立。書狀中對收書人的稱呼是太尉相公,説他"立蕭何佐漢之勳,邁伊尹相湯之業",隱喻他之前以宰相而運營國家財賦。又用"雄闔"、"具瞻",乃至"作礪之功"、"爲霖之積(績)"等詞句來形容他舉足輕重的身分和貢獻,這與王建立以宰相兼任三司使的官職、資歷都是相符的。雖然在他之外,可以稱爲王相公的還有王晏球,但由於後者始終是在外任職,且主要功績是收降定州而從未在朝任真宰相,所以按事跡而言,這裏的王相公不是他而應當是王建立。

那麼此件的授書人是何許人,也就是寫信時的靈武節度使是誰呢?

值得特别注意的是,此信一開始即言讀到"麻制",後文亦有"喜於新恩"語,如果確實是王建立,則寫作時間應距他初被任命爲青州節度使,也就是《舊五代史》所記天成三年十一月之後不久,這個時期靈武掌權的還是韓氏。據《舊五代史·世襲列傳一》,韓氏自唐末執掌靈武,自韓遜而韓洙兩世。韓洙自梁末帝時接替韓遜任使,至後唐莊

[1] 《資治通鑑》卷二七六,9027頁。
[2] 《舊五代史》卷四三《明宗紀九》,593頁。
[3] 吴文計爲第17通。
[4] 《舊五代史》卷三九《明宗紀五》,543頁。
[5] 《資治通鑑》卷二七六,9025頁。

宗、明宗,是始終統領朔方的世襲節帥〔1〕。不過傳世史書記載天成三年的靈武節度使,却有韓洙、韓璞兩説,事涉對韓洙死亡時間的不同記載。其中一説謂韓洙卒於天成三年七月(或稍前),另一説則謂韓洙卒於天成四年夏,兩説時間相差整整一年,其死後接班人爲韓璞、韓澄亦説法不同。關於其事請見下文的詳細考證。但是如果認定王建立和天成三年十一月這個時間,那授書人就非韓洙莫屬。因爲書信語氣平和歡欣,其内容也顯示了對王氏事跡的熟稔,不大可能是剛剛上位、且還在喪中的韓氏子弟口氣。而如果是韓洙所作,就能證明韓洙天成三年底還在位,其卒年也只能是天成四年。

但如果認定此狀授書人是韓洙,則還有些疑問必須解決。該賀狀稱頌收書人王建立作爲宰相的豐功偉績,不但祝賀王建立"薦承紫詔,榮鎮青丘",且預祝他能重登鳳閣鸞臺之相位,"佇再親於黄閣"。讚他"百辟荷鉤(陶)鎔之賜,萬方懷煦嫗(嫗)之私;恩威既溢於寰瀛,德業實超於今古"。如此吹捧之語,表明授書人對對方功業相當瞭解。書狀中有"厶謬臨邊鄙,深受鈞慈"之語,意爲得到對方的恩惠或者提攜,雖然是客氣話,但也證明二人總有交誼。這類書信在官場往來中並不鮮見,但問題在於韓洙本人是坐地的"朔方王",一輩子未離靈武,與中原相距甚遠,以他世襲節度使的身分,自不需要借助朝廷某人的力量。史料也未記載他去過中原朝貢,那麽他與王建立的關係何從建立? 所以就算時間合得上,與其個人的社會交往背景也有些對不上。

又青州在後唐版圖的東端,與河北三鎮性質相類,關係也最密切,按説與其節度使聯絡的書信出自張希崇、康福這樣的河北、河東人士纔更合理。康福是天成四年十月被後唐任命爲靈武節度使的。根據本傳記載,康福乃蔚州人,"世爲本州軍校","少事後唐武皇,累補軍職","明宗即位,授飛龍使,俄轉磁州刺史,充襄州兵馬都監"。他自稱蕃人,後來領兵伐叛無功回到朝廷,"福善諸蕃語,明宗視政之暇,每召入便殿諮訪時之利病,福即以蕃語奏之",爲此得罪了權臣安重誨,遂因靈武之亂被派往朔方任使〔2〕。按他的經歷如與王建立相識是可能的。對於靈武而言,他是外來者而非土著。書狀中表示自謙的"謬臨"之"臨"字,有"到、來"之意,也即自外初來,與他的情況相合。還有"伏限道途,不獲奔候台庭"之類的用語是有統屬關係的官員和屬吏常説的,與韓洙應有的身分語境也不相合,但如用在康福這樣的武人節度使身上却是恰如其分。

〔1〕《舊五代史》卷一三二,1745—1746頁。
〔2〕《舊五代史》卷九一《康福傳》,1199—1200頁。

以上問題頗有解不通之處。因爲假若否定了韓洙,也就同時否定了王建立。但是書儀中的太尉相公如若不是王建立會是誰呢? 這裏也提出一種可能,即上文提到長興元年(930)三月王晏球任青州節度使,他的上任時間倒是在康福任内。那麽,會不會是制作書狀的掌書記將他與王建立弄混了,從而誤將王建立的事跡放到給他的書狀中,以致本應祝賀王晏球初任青州的書狀看起來就像是給王建立的了? 與此相關,有一點也許值得提出,即書狀贊美太尉相公"嵩衡稟秀,箕昴呈祥;分淮水之餘波,正緱山之逸韻",實際是與其出生地相聯繫的。内中提到的地名如嵩(山)衡(山)、淮水、緱山大都在河南境内。而據《舊五代史》本傳,王建立乃遼州榆社人〔1〕,即籍貫是河東道太原附近,與此不沾邊;而王晏球則"自言洛都人"〔2〕,纔與此相符。當然出現兩人混淆的烏龍事件可能性非常小,也無從證明,但無論如何,從書狀的内容用語,我們仍不認爲授書人是韓洙或者韓氏子弟,而是康福的可能性更大。只是目前史料不足,還要留待進一步考察。

(六)第 16 通《周將軍、宋司空書》

本通書狀雖有具體收書人,但官職、事跡不突出,不易考察。唯從"ム自到朔方,常牽成事,況道途以遐,遠值蕃處"之語,可知修書者是從其他地區奉調而來,與康福或張希崇身分相合,到底是誰,由於未考出具體致書時間,尚不能準確判斷。

(七)第 17—18 通《樞密狀》《具馬》

關於第 17 通《樞密狀》的收書人,趙和平已論證了"應是樞密使趙延壽"的觀點,並指出趙延壽是在長興二年(931)四月甲辰始任該職。至於書狀中提到的"幽州令公",趙和平認爲當是趙延壽之父趙德鈞,其加兼中書令的時間是長興三年四月,本書狀的撰作距其時不久,當是目前可知時間較晚的一封書信。我們基本贊同趙和平的主張,參酌以張希崇首次出鎮靈武的時間爲長興二年至四年,故推測這一書二紙撰作於長興三年四月至四年之間。書狀中自言"早將弱質,獲奉深恩,顧惟絲蟻之微,何謝岳山之賜",意指獲得提攜,受恩深重。據《舊五代史》卷八八本傳,張希崇乃幽州薊縣人,投燕帥劉守光爲裨將,後被契丹所掠,復以管内生口二萬餘南歸。後唐明宗嘉之,授汝州防禦使。以其經歷,很可能與幽州趙德鈞父子有過一些往還或是較深的關係,故書狀有此説。

〔1〕《舊五代史》卷九一《王建立傳》,1198 頁。
〔2〕《舊五代史》卷六四《王晏球傳》,853 頁。

（八）第20通《引進副使薛尚書、客省副使楊僕射彥玽周本》

關於"引進副使薛尚書"，吴文已指出當是明宗朝任檢校兵部尚書引進副使的薛仁謙。據《舊五代史》本傳，薛仁謙"梁開平中，三聘于吴，得使者之體。遷衛尉少卿、引進副使，累加檢校兵部尚書。長興中，轉客省使、鴻臚少卿，出爲建雄軍節度副使，進階光禄大夫、檢校左僕射，改光禄少卿"〔1〕。這裏説薛仁謙自後梁任使，到長興中已二十餘年。頗疑其遷衛尉少卿、引進副使已在後唐天成中。不過他後來雖然任外職和致仕官居檢校一品，但至後周顯德三年（956）終仍僅贈工部尚書，似屬官職昇遷較慢的官員，這裏的薛尚書與他經歷相合。

至於"客省副使楊僕射"，吴文亦提出可能是"同光元年冬，從平大梁，升爲引進副使，將命西川及淮南稱旨，累遷内職。明宗時，爲客省使、檢校司徒"的楊彥詢〔2〕。依理，在其昇任客省使之前，很可能任過客省副使，時間當在莊宗末明宗初。

薛仁謙和楊彥詢的歷官途徑都是從引進副使到客省副使或客省使，屬於專司朝廷接待藩鎮來朝的官員，故題目將他們放置一處。從書狀中言其"故得榮奉新恩，寵膺異級"來看，是剛剛獲得加官晉級。據上引史料，二人分别任引進副使和客省副使的時間相近，爲同光末至長興初，這也應當就是本書狀的撰作時間，但最可能的時間在天成中。此期的靈武節度使换過多人，具體是韓洙抑或韓氏子弟、康福之中的哪一位，因現存史料不足，尚難遽斷，但從書狀行文語氣看，爲資歷尚淺的韓氏子弟的可能性不大，我們判斷應是韓洙或康福。

（九）第21通《魏博相公狀》

此一書狀於題目和正文中分别稱收書者爲"魏博相公"、"太傅相公"。考《舊五代史・晉高祖紀》載石敬瑭曾於後唐明宗天成三年（928）四月"制加檢校太傅、同中書門下平章事、興唐尹、鄴都留守、天雄軍節度使。……長興元年二月，明宗南郊禮畢，加檢校太尉"，至其年"十月，至自魏博，董衆西征"討伐東川董璋，迨至長興二年"六月，改河陽節度使"〔3〕。此後魏博爲李從厚所代，不過李的官職是太尉〔4〕。所以，收書者"太傅相公"只能是石敬瑭，該書狀的撰作時間也只能在天成三年四月到長興元年二月之間。

---

〔1〕《舊五代史》卷一二八《薛仁謙傳》，1687頁。
〔2〕《舊五代史》卷九〇《楊彥詢傳》，1186—1187頁。
〔3〕《舊五代史》卷七五《晉高祖紀一》，981頁。
〔4〕《舊五代史》卷四五《閔帝紀》，613頁。

這一時段統領靈武的爲韓氏或康福。但是書狀中提到"既叨旄越(鉞)之權,實自鋾(陶)鈞之力",是説自己得任節度使乃仰仗對方的勢力。雖爲客氣的套語,但不大可能出自朔方土著的韓氏,至少不會是早在後梁時已掌控朔方的韓洙,故授書人很可能是天成四年十月以後任使的康福。若果如此,書狀的寫作時間可更準確地推斷爲此後的數月之間。

(十) 第 22 通《新除西京留守安司徒,浹(陜)府張太保同》

後唐西京即長安,設留守事已見前述。今知後唐時期的陜府只有過一位張姓節度使,即天成三年(928)閏八月始從宣徽南院使改任陜州節度使的張延朗[1]。關於其時他的官職,今見史料未予記録,但據《舊五代史・明宗紀》,長興元年(930)三月張延朗即移鎮許州,並"加檢校太傅"[2]。考太保僅比太傅低一級,推測其任陜府時,官即爲太保。因而本通書狀中的"陜府張太保"爲張延朗。據此,書狀當撰作於他任該職的天成三年閏八月至長興元年三月之間。

至於"新除西京留守安司徒",據書狀題目,其得授西京留守的時間應在張延朗爲陜府太保的時段内。考諸史籍,相關時段的西京留守或副留守的記載主要有:《舊五代史》卷三九《明宗紀五》:天成三年六月"戊戌,以西京副留守、知留守事張遵誨行京兆尹"[3];《舊五代史》卷六一《張遵誨傳》:"天成四年,入爲客省使,守衛尉卿"[4];《舊五代史》卷四〇《明宗紀六》:天成四年五月"己卯,以忠武軍節度使索自通爲京兆尹,充西京留守"[5];《舊五代史》卷四一《明宗紀七》:長興元年四月"丙辰,以西京留守、檢校司徒索自通爲河中節度使"[6]。以上史料表明,天成三年六月時並無西京留守,而以副留守張遵誨知留守事。至天成四年,張遵誨入爲客省使,該年五月索自通充任西京留守,直至長興元年四月方改任他職。因而,在張延朗爲陜府太保的天成三年閏八月至長興元年三月之間,並無安姓西京留守,同時也不太可能有與書狀所言相應的安姓副留守,因爲索自通官司徒,即便同時還有副留守,也不應同爲司徒;並且索自通之名也在新舊《五代史》《資治通鑑》《册府元龜》等史料中出現多次。故此,我們頗疑書狀中"新

〔1〕《舊五代史》卷三九《明宗紀五》,541 頁。
〔2〕《舊五代史》卷四一《明宗紀七》,561 頁。
〔3〕《舊五代史》卷三九《明宗紀五》,539 頁。
〔4〕《舊五代史》卷六一《張遵誨傳》,824 頁。
〔5〕《舊五代史》卷四〇《明宗紀六》,550 頁。
〔6〕《舊五代史》卷四一《明宗紀七》,562—563 頁。

除西京留守安司徒”實爲索司徒之誤[1],書狀當撰作於索自通新任西京留守的天成四年五月之後不久,但對此仍存疑問。至於授書人,從行文用詞和語氣看,不可能是根基頗淺的韓氏子弟,只能是韓洙或康福,而以我們下文對韓洙去世時間的推論,爲康福的可能性更大。

(十一)第23—25通《涇州鈐轄司空書》《又》《涇州太傅狀爲述謝見示旌〔□〕官告使》

這三通書狀(實爲兩件書信)在P.2539v書狀集中很引人矚目,也是趙書和吴文討論的重點。

由於《涇州太傅狀》書題下有“爲述謝見示旌〔□〕官告使”的小字,趙和平遂釋收書人涇州太傅是康福,認爲張希崇在長興四年五月從朔方河西兩使留後轉爲節度使,“康福在朝庭正式旌節到靈武之前,曾派使者通知張希崇‘旌節官告使’將達的訊息,所以張希崇回復康福一道謝狀”。

吴文則根據五代時一般是在節度使死而由其子弟自行主掌兵權的情況下,朝廷給已逝節度使册贈的慣例,在分析這些書狀的用語與内容之後,對趙和平的推論提出了異議,認爲“授書人毫無獲得節鉞的半點喜氣,反倒是種種的失望與無奈,這只能表明其中另有隱情。……這一隱情便是朝廷雖授節鉞,却不是授予韓澄而是其兄子韓璞。涇州太傅之所以‘遠飛專介’而先將此消息火急告之韓澄者正是要他早作準備而有以應對”,並推斷“授書人既是韓澄而非張希崇,收書人自然也不會是康福……這個幫助韓澄的太傅有可能是涇州節度使李從昶”。“幾封書狀所反映的基本上是朔方河西與鳳翔涇州爲後唐明宗朝廷全面接管以前的狀況。韓、李的關係正來源於他們共同的處境。”吴文亦進一步分析了後唐明宗經營西北地區的策略步驟問題。

這兩件書信内容複雜,涉及的問題多而重要,以下分别討論。

1. 授書人可能是韓璞而非韓澄

仔細推敲詞句不難看出,此兩件書信中都提到喪事,有“厶自當留務,吊□家背,忽蒙天恩,將賜册贈,殞咽難勝”和“右厶自總留權,方榮哀瘵”等語,張希崇不可能遭喪還被加官,並被册贈先人,因此書狀的授書人不是張希崇,而只能是韓氏子弟。

前已提到,關於韓洙的死亡時間,史料中有兩種不同的説法:一説謂韓洙卒於天成

[1] 吴文又曾懷疑其人爲安重霸,但其任西京留守的清泰元年五月,張延朗早已自陝州節度使轉任他職,故可能性不大。

三年七月,僅見於《舊五代史・明宗紀五》,謂天成三年七月"壬子(九日),以朔方節度使韓洙卒廢朝",並有同月己巳(二十六日)"故朔方節度使韓洙贈太尉",和八月"辛卯(十九日),以朔方軍留後韓璞爲朔方軍節度使、靈武雄警甘肅等州觀察使、檢校司徒"的記載[1]。

另一説則謂韓洙卒於天成四年。例如:《舊五代史》卷一三二"天成四年夏,洙卒,朝廷以其弟澄爲朔方軍節度觀察留後"[2]。再如:《新五代史》卷四〇"天成四年,洙卒,即以洙子澄爲朔方軍留後"[3]。又如:《册府元龜》卷四三六"韓遜爲靈武節度,梁貞明初卒。三軍推其子洙爲留後,末帝聞之,起復,正授靈武節度使,天成四年卒。朝廷以其弟澄爲朔方軍節度觀察留後"[4]。另外,《舊五代史・明宗紀》亦有天成四年六月"辛亥,以權知朔方軍留後、定難軍都知兵馬使韓澄爲朔方留後"的記載[5]。後三條史料僅記韓洙卒於天成四年,第一條則具體説到是夏季。

這兩説相差將近一年。問題在於,《舊五代史・明宗紀》關於韓洙卒於天成三年的材料,無論是朝廷爲之廢朝、贈太尉,抑或新任命節度使都有明確、具體的時日,且核之所在月份干支不誤。如將這些日期放至四年,則無一對得上,但記載僅此一處。而卒於天成四年的史料雖然不具體,却有多處。由於缺乏旁證,故此兩説難以定讞。

另外涉及韓氏繼任者的情況,史料記載也不詳。其中韓澄,本傳和《册府元龜》謂爲韓洙之弟,但《新五代史》本傳却記爲韓洙之子。韓璞,則史料僅一見,更未言及他與韓澄的關係。但我們據韓璞名字不從"氵"而從"玉",懷疑他是韓洙之子,同時也判定名字偏旁相同的韓澄應是韓洙之弟。如果接受《舊紀》的説法,那麽就是朝廷先任命韓璞爲節度使,次年又改以韓澄爲留後;而如果接受新、舊《五代史》本傳等史料的説法,則從一開始韓澄就是留後。兩種記載何者爲是?對此本書狀或許能提供一些綫索。因爲要弄清繼承人是誰,關鍵就在於確定書狀的授書人究竟是韓璞還是韓澄。與此有關,經過對文書的再度推敲,我們認爲有幾點需要注意:

第一,《涇州太傅狀》中"右厶自總留權"一語,説明授書人在見到"旌〔□〕官告使"之前,已經是掌握靈武兵權的留後了。

---

〔1〕《舊五代史》卷三九《明宗紀五》,539、541 頁。
〔2〕《舊五代史》卷一三二《韓洙傳》,1746 頁。
〔3〕《新五代史》卷四〇《韓遜傳》,438 頁。
〔4〕《册府元龜》卷四三六《將帥部・繼襲》,5181 頁。
〔5〕《舊五代史》卷四〇《明宗紀六》,551 頁。

第二,書狀中有“方榮哀瘵”之語。“哀瘵”一詞,無疑是形容喪事的。而史料中見到的幾處用法,無一不是在重喪之内,而且是獲得朝廷起復官職的殊榮之時。例如厙狄履温《讓起復表》:“顧惟形骸,實污冠冕,臣又近染風疾,似因哀瘵。”[1] 獨孤及《爲李給事讓起復尚書左丞兼御史大夫第二表》稱:“草土臣某言: 臣昨以哀瘵愚懇,昧死上陳,冀迴日月之光,曲全螻蟻之命。”“伏乞聖慈曲臨,皇明下照,矜臣哀瘵,察臣不逮。”第四表說:“臣某言: 一昨臣以哀瘵,叨奉恩私,封章三上,不蒙矜允。”[2] 由於起復僅是針對父母三年大喪而言,其餘喪事既毋庸免官,也就無所謂起復。所以“哀瘵”一詞,也只能是形容遭遇父母之喪的悲哀衰敝之狀。

第三,給涇州鈐轄司空的《又》書中,提到“忽蒙天恩將賜册贈”,而《涇州太傅狀》則提到“忽蒙聖恩特頒寵渥”。由於兩件書狀都給涇州,都談到喪事,相距時間不會太遠,甚至有可能是一起寫的。因此我們有理由推測,給韓洙的册贈與給其繼承人的任命前後相繼,應該是由官告使一起帶來的,這與《舊五代史・明宗紀》天成三年七月到八月前後記兩事在不過二十餘日内發生是比較相合的。

由以上幾點,我們認爲,吴文關於授書人是韓氏子弟的推斷固然有理,但也要有一點重要的糾正。即其人是韓洙子韓璞的可能性恐怕更大,而不是其弟韓澄。因爲書題“爲述謝見示旌〔□〕官告使”的小字説明節度使的“旌〔□〕官告”畢竟是送到了,致書人也說是“忽蒙聖恩,特頒寵渥”,可見官告還是專給他本人的,不是另有他人。這裏“旌〔□〕官告”常見的説法是“旌節官告”,不知道爲什麽空闕一字,難道是旌節没有授而只給了留後的名義和官職? 但書狀説他接到“旌〔□〕官告”後的心情是“聞命而猶疑夢寐,承恩而如寘冰霜”。這個説法很關鍵。以前吴文理解爲是表達没有收到任命的不快、失望和無奈,顯然是不對的。因爲類似的寫法也在其他表狀中看到,例如S.5566書儀《雜謝賀表狀・上中書門下狀》即有:“授大藩之符節,建上將之旌旗,灼慮冰心,形神飛越。……豈謂輒加名器,叨汙典章,循省庸微,若寘冰谷。”[3] 也是獲得節度使旌節後給中書門下的謝狀。其中灼慮冰心、若寘冰谷,都是用來表達獲得任命的意外驚喜和戰戰兢兢的負重心情,“如寘冰霜”意思應當也是相同的。試想如果不是節度使旌節而只是留後,那授書人之前已經自命留後,等於没有任命,又何以會有“猶疑夢

〔1〕《文苑英華》卷五七九,北京: 中華書局,1966年,2990頁。

〔2〕同上書,2993—2994頁。

〔3〕見吴麗娛《關於敦煌S.5566書儀的研究——兼論書儀中的狀》録文第5—6、8—9行,《敦煌學國際研討會論文集》,北京圖書館出版社,2005年,74頁。

瘵”、“如寘冰霜”一樣的驚喜和激動呢?

所以韓璞得到旌節還是可能的,《舊五代史·明宗紀》謂韓洙死於天成三年的記載不易否定。反觀韓澄,紀、傳雖都言他爲留後(事實上他也確實在天成四年被命爲留後),但没有説他是節度使,而且按他作爲韓洙弟的身分,上述“方榮哀瘵”之類的表達也是不合適的。看來是在官告使走了之後,原任“定難軍都知兵馬使”的韓澄纔取侄子自代,否則不會有既頒旌節官告繼而再授留後的怪事。所以結合書狀,《舊五代史·明宗紀》的記載似乎更説得通。那麽爲何其他很多史料都说韓洙死於天成四年呢?我們認爲是受了天成四年六月韓澄被命爲留後一條的誤導。試想,既然見到韓澄被命爲留後,那想當然就會認爲韓洙不久前已死,而没有想到節度使或留後的任命是有兩次,更没有仔細考察在其被任命爲留後之前的委曲,這應當是很多史料之所以含糊其辭、以訛傳訛寫作韓洙天成四年卒或是天成四年夏卒的原因。當然也不是全都如此,例如《資治通鑑》記此事雖在天成四年,但僅在康福被任命的“冬十月丁酉”之前,用“初,朔方節度使韓洙卒,弟澄爲留後”的“初”字一言以蔽之,恐怕就是考慮到天成三年的史料而採取了謹慎的做法。

當然這件事情的影響可想而知。根據後來的情況可以推斷,恐怕當時韓璞的地位已很不穩固,所以不久後即被韓澄取代,而正是家族内部的權力紛爭導致部下的分崩離析,纔最終演爲藩鎮政權的武力爭奪和動亂。而朝廷後來雖然承認了韓澄奪取權力自稱留後的事實,但前後的不一致適足以加劇這一矛盾,以致韓澄無法控制局勢,不得不向朝廷求助。此即《韓洙附澄傳》所言“是歲,有列校李〔匡〕賓作亂,部内不安。乃遣使上表請帥於朝廷”。《通鑑》亦在天成四年記載此事:“初,朔方節度使韓洙卒,弟澄爲留後,未幾,定遠軍使李匡賓聚黨,據保静鎮作亂,朔方不安。冬十月丁酉,韓澄請遣使齎絹表乞朝廷命帥。”[1]所説“未幾”大概至少已到天成四年以後。可知從天成三年夏到四年十月,靈武鎮内的動蕩已有一年多。而朝廷甫一接到韓澄請求,便在同月戊戌派命康福爲朔方河西節度使,如此迫不及待看來是早有準備。據載明宗“仍遣福領兵萬人赴鎮,其後靈武遂受代焉”。只是由於路上的波折,康福真正進至靈武,已在十一月壬辰之後。

2. 收書人“涇州太傅”當爲李從昶,“鈐轄司空”有可能是李從照

以上時間表説明朝廷當初給韓璞旌節之際,康福尚未西來。其後作爲前來收降的

〔1〕《資治通鑑》卷二七九,天成四年,9033—9034頁。

新任朔方節度使,又怎麽可能與原來的掌權者發生什麽瓜葛! 所以作爲收書人的涇州太傅不會是康福。何況據《舊五代史》的記載,康福任涇州節度使是在長興三年七月,而"檢校太傅"之銜却是要到應順元年(934)正月初任邠州節度使時纔獲得[1],即使長興四年五月張希崇任使,康福也不可能以"涇州太傅"之官稱向他通報消息。

那麽涇州太傅是誰呢? 吴文提出是天成四年七月前尚在職,與韓氏同爲世襲藩鎮的李茂貞之子、涇州節度使李從昶。本傳言李從昶於明宗時纍官至檢校太保,"會郊天大禮,表請入覲,以恩加檢校太傅",又説他於同光中已代兄從曮爲涇州兩使留後,朝廷尋加節制[2]。《舊五代史·莊宗紀六》也載同光三年(925)五月戊午以李從昶爲涇州節度使、檢校太傅[3],之後他一直在任。書狀可能因此稱他爲太傅而非太保。至於涇州鈐鍺(轄)司空,我們認爲也是李氏子弟。從昶兄從曮其時已入朝,並移鎮汴州,但傳載其復有弟從照,"歷隴州刺史,諸衛大將軍",從照或也即"鈐轄司空"。司空官職比太傅略低,兩人的身分、官職均與書狀所言相配,在任時間也與書狀相合。

3. 書狀中透露的靈武與涇州及藩鎮與朝廷關係

又《涇州太傅狀》中有"伏蒙太傅曲示深恩,別形厚念,遠飛專介,先賜華緘;仰窺獎飾之文,彌認優容之德"語,以感謝"太傅"對他的善意和顧念。這裏和書題的"爲述謝見示旌〔□〕官告使",顯然透露了一些信息。試想,如果授旌節官告没有任何阻力,本毋庸别鎮太傅操心,更無須特别引見官告使。可見當時已是韓璞、韓澄爭權奪位的前夕。韓璞可能孱弱,而面對著虎視眈眈的韓澄,或者已在他的控制之下。而從書狀可以知道,太傅是以事先來信和引見"旌〔□〕官告使"來表示自己對本書狀授書人的無形支持。因此書狀其實是反映了靈武鎮在韓洙死後權力的爭奪和李從昶兄弟對此事的關懷。

那麽爲何李從昶要關心靈武呢? 我們覺得這正是由於他與韓家同處於關中世襲藩鎮的境地,一損俱損,一榮俱榮,也都有著如何沿襲家族統治的問題。能不能按藩鎮意志自行決斷繼承人問題十分敏感,這就決定了他們彼此相互同情關照的心理,關於這一點我們在討論 P.3931 時已經論述。更何況,李從昶也希望李氏割據能夠平安實現父死子繼而繼續半獨立政權的維持,爲此韓氏政權能否實現平穩過渡就十分關鍵。所以他

〔1〕《舊五代史》卷四三《明宗紀九》、卷四五《閔帝紀》,593、616頁。
〔2〕《舊五代史》卷一三二《世襲列傳·李從昶傳》,1743—1744頁。
〔3〕《舊五代史》卷三二《莊宗紀六》,448頁。

同情韓璞的立場，爲之傳遞消息且主持官告旌節的授受，一切採取護持的態度。只是韓璞大約任使没有幾天就被韓澄取代，而韓澄也無法平息内部的動亂，其世襲局面事實上是被自己所破壞了。於是後唐明宗便借此機會一舉打破關中的割據與獨立。至於李氏兄弟，大約也正是對其事的參與，更被朝廷不能容忍，於是也在不久之後，即被朝廷趁勢移向内地州鎮了。

關於《涇州太傅狀》和《涇州鈐轄司空書》所透露的靈武與涇州關係，以及朝廷授予韓洙子韓璞靈武節度使旌節官告的事實，時當靈武發生動亂和朝廷派康福接收靈武、取消關中政權父死子繼、行使半獨立世襲特權的前夕，也可認爲官職的授受正是引起靈武内部權力爭奪的導火索。而正如我們以前所討論過的，關中的幾個藩鎮在中原朝廷面前有著共同的利益，故靈武是否能實現父死子繼的順利交接，得到了涇州的關照。兩通書信清楚地表明了這一點。由此也可以理解，後唐何以在天成四年七月即將李從昶移鎮華州，不僅使之無法再干涉靈州事務，也幾乎在同時結束了關中主要半獨立政權的世襲問題，完全實現了朝廷對藩鎮的任免，這是後唐政權借助靈武的内部矛盾，在取得西部地區實際統治權上又邁進了一大步。這自然成爲明宗朝試圖進一步向西發展的基礎與前奏。關内的壟斷被打破，朝貢道路就會更加通暢無阻，如此可以理解，爲何會在長興三年以後，朝廷會通過靈武節度使向沙州令公曹議金提出引導于闐和西州回鶻來朝的要求了。

（十二）第 26 通《謝四相、河南元帥、太慰（尉）令公》

關於本通書狀，學界最爲關注的是收書人中的“河南元帥、太慰（尉）令公”具體是誰，及授書人是哪位靈武節度使等問題。

對於與“四相”並稱的“河南元帥、太慰（尉）令公”，趙和平認爲是同一個人，即秦王李從榮，並列舉了他自長興元年八月爲河南尹、判六軍諸衛事並封秦王，直到長興四年八月以本官（尚書令兼侍中、河南尹）充天下兵馬大元帥的過程。根據其年九月中書有將秦王班位提升至宰相以上的奏請，趙和平判斷該書狀所反映的河南元帥在宰相下是長興四年八月以前的情況，而“文獻撰成的下限也可據定爲長興四年十一月李從榮遇害之前”。

我們認爲，判斷河南元帥是秦王李從榮應無問題，後唐除他之外，無人可以當“元帥”之稱。但是，“太慰（尉）令公”一稱是否同指李從榮却很可疑，這也牽涉到本狀書題中四相、河南元帥、太尉令公三者的關係問題。史載李從榮獲中書令稱號是在長興三年以後，且未見授有太尉官名，所以這裏的“太尉令公”並不是他，而應另有其人。據《舊五代史·明宗紀》載,長興元年四月“壬寅,以樞密使安重誨爲留守、太尉、兼中書令,使如故”〔1〕。據此,樞密使安重誨的官職恰恰就是太尉令公。長興元年前後正是安重誨權勢最隆之際。同卷稱“時議皆以爲安重誨方弄國權,從榮諸王敬事不暇”。因此本書狀中的太尉令公應即安重誨。正如趙和平在討論《樞密狀》時指出,“節鎮直接上狀樞密使,惟後唐樞密使等同宰相,握有實權”。後唐樞密使權重實與安重誨有關,其時樞密使與四相、河南元帥三者權位勢均力敵,故書狀將之與四相和河南元帥並列而規格合一。不過這種狀況持續的時間並不長,至次年正月,安重誨便改檢校太師、兼中書令,充河中節度使,權力被削。至長興二年閏五月庚寅,明宗又詔令安重誨致仕,同月己亥更“詔安重誨宜削奪在身官爵”〔2〕。所謂物極必反,史料記載明宗對安重誨的專權早就不能容忍,因此,安重誨的“太尉令公”之稱從長興元年四月到次年正月赴河中以前,僅保持了不到一年。

這樣看來,本通書狀的準確年代或許可以大大提前。因爲據趙和平考證,李從榮從長興元年八月開始即不但是河南尹,而且“判六軍諸衛事”,已有統領朝廷内外諸軍的名義。據知朱梁時的張宗奭(全義)在貞明三年的官職就是“守太尉、兼中書令、河南尹、判六軍諸衛事、魏王”和天下兵馬副元帥〔3〕。相比之下,李從榮當時雖無元帥之名,却有元帥之實,如被稱“河南元帥”也是可能的。若其如此,則給四相、河南元帥、太尉令公的書狀自當撰作於長興元年八月到次年正月之間。

那麽,此狀的授書人是誰呢?只能是自天成四年(929)冬至長興二年(931)秋冬任靈武節度使的康福。狀中授書人自稱“纔叨仗鉞之榮,復荷秉鈞之位;任總兩鎮,官列三師”,也與康福身分和經歷無差。“仗鉞”乃指手持黄鉞的將帥。《舊五代史·康福傳》言其“明宗即位,授飛龍使,俄轉磁州刺史,充襄州兵馬都監”〔4〕。後爲荆南道行營兵馬都監討伐江陵,是曾爲領兵將帥。而“秉鈞”及“任總兩鎮”,固指任朔方、河西節度使。又《舊五代史》載應順元年(934)正月甲午康福加檢校太傅〔5〕,此前他的官職有可能是比太傅低一級的太保,所以説“官列三師”也是康福甫任靈武或平定靈武周邊的叛亂就被加此銜。因而,此書狀中所言與長興元年八月到次年正月之間康福的情況均相合。

〔1〕《舊五代史》卷四一《明宗紀七》,561頁,下引文見同卷562頁。
〔2〕《舊五代史》卷四二《明宗紀八》,576、579頁。
〔3〕《舊五代史》卷九《末帝紀中》,132頁。
〔4〕《舊五代史》卷九一《康福傳》,1200頁。
〔5〕《舊五代史》卷四五《閔帝紀》,616頁。

P.2539v 抄存書狀彙總表

序號	行號	原　題	授書者	收書者	撰作時間	書體形式	備　注
1	1－7		張希崇	某節度使	長興三年(932)至四年		因该卷首殘而失題
2	8－13	沙州令公書	張希崇	曹議金	長興三年至四年五月	三紙同屬一書	
3	14－16	具信					
4	17－26	又書					
5	27－33	前袁州司徒					
6	34－37	諸道及朝要			某年初秋		程式化
7	38－41	朝要					程式化
8	42－47	西京太傅書	張希崇或康福	李從珂	長興二年六月至三年七月		授書人爲張希崇的可能性更大
9	48－53	三司院营田案院長書				二紙同屬一書	
10	53－55	具信					
11	56－59	青州侍中狀	康福或張希崇	王晏球	長興元年六月至長興三年七月之間的夏末秋初		
12	60－63	朝要書					程式化
13	63－66	延州汝州鳳翔陝府侍衛左衛月旦書			某年仲夏		程式化
14	67－71	禮賓引進内省書				二紙同屬一書	程式化程度亦較高
15	72－74	具馬					
16	74－78	周將軍、宋司空書	康福或張希崇				
17	78－82	樞蜜(密)狀	張希崇	趙延壽	長興三年四月至四年	二紙同屬一狀	書狀中的“幽州令公”爲趙延壽之父趙德均
18	82－85	具馬					
19	85－96	青州王相公賀狀	韓洙或康福	王建立或王晏球	天成三年(928)十一月之後不久或長興元年之後不久		

（續表）

序號	行號	原　　題	授書者	收書者	撰作時間	書體形式	備　注
20	97－103	引進副使薛尚書、客省副使楊僕射彥昀周本	韓洙或康福	薛仁謙 楊彥詢（?）	同光末年至長興初年		題下的雙行小字表明此件抄自彥昀周之本
21	104－110	魏博相公狀	康福	石敬瑭	天成四年十月到長興元年二月		
22	111－118	新除西京留守安司徒，浹（陝）府張太保同	康福	索自通（?） 張延朗	天成四年五月至長興元年三月		
23	118－121	涇州鈐鎋司空書	韓璞	李從（繼）照（?）	天成三年七月至四年七月	二紙同屬一書	
24	121－124	又					
25	124－129	涇州太傅狀爲述謝見示旌〔□〕官告使	韓璞	李從（繼）昶	天成三年七月至四年七月		
26	129－134	謝四相、河南元帥、太慰（尉）令公	康福	四宰相 李從榮 安重誨	長興元年八月到二年正月		

四　實用書狀整體考察

以上逐件探討了P.2539v中實用書狀各自的撰作時間、收書人、授書人以及相關史事，在此基礎上，爲了進一步瞭解其作爲書狀集形成的歷史背景及時代特色，本節擬著重分析這些具體書狀之間的關聯，並與同類書狀集進行對比，對它們的制作及來源進行整體考察。

（一）P.2539v書狀集撰作時間與書狀抄集順序推考

關於P.2539v書狀集的撰作時間，趙和平在對最後三通書狀進行分析後認爲：“這份文獻撰成時間應爲長興三年張希崇赴靈武兩使留後任以後，直到長興四年正授節度使的一年多時間裏撰成，即公元九三二至九三三年間。”〔1〕“這份文獻撰成的下限也可

〔1〕《敦煌表狀箋啓書儀輯校》，279頁。

據定爲長興四年十一月李從榮遇害之前。"[1] 吴文的觀點略有不同，認爲："可以從天成三年八月前後延伸至清泰初年。"

如前所論，目前我們的重新推斷是：絶大部分書信的寫作都完成於明宗朝，大多在天成三年以後至長興時期。

結合對書狀收書人姓氏官稱及相關史事的考察，不僅可以明確獲知大部分致書對象的姓名、身分，也基本可以確定各書狀的撰作時間。《沙州令公書》（含《具信》《又書》）、《西京太傅書》《青州侍中狀》《樞密狀》（含《具馬》）、《青州王相公賀狀》《引進副使薛尚書、客省副使楊僕射》《魏博相公狀》《新除西京留守安司徒，浹（陝）府張太保同》《涇州鈐鎋司空書》（含《又》）、《涇州太傅狀》《謝四相、河南元帥、太慰（尉）令公》等即是。

這樣，再根據幾位靈武節度使的任職時間，就可以基本推測出各件書狀究竟是出自哪位節度使的授意了。由前述論證得知，天成三年夏韓洙卒，靈武先由其子韓璞，後由其弟韓澄統領，但至次年十月即因内訌請朝廷命帥，朝廷遂命康福爲靈武節度使。至長興二年十一月，朝廷又以汝州防禦使張希崇接替了康福，張希崇此任延續至長興四年。因而，本卷書狀即分别出自韓洙、韓璞、康福、張希崇。

現在基本可以考訂出，抄寫在前面第 1—18 通中的《沙州令公書》《西京太傅書》《青州侍中狀》《樞密狀》等的撰作時間相對晚些，大體可以確定在張希崇或康福時期，而以張希崇時期的可能性更大，其中《沙州令公書》《樞密狀》時間都在長興三年以後，《樞密狀》甚至不早於長興三年四月，幾乎是可以考定的時間中最晚的。

而排在後面的，《青州王相公賀狀》《引進副使薛尚書、客省副使楊僕射》《魏博相公狀》《新除西京留守安司徒、浹（陝）府張太保同》《涇州鈐鎋司空書》《涇州太傅狀》，以及最後的《謝四相、河南元帥、太慰（尉）令公》，大多撰作於天成時期到長興初年，除了少數一兩狀有可能是出自韓洙和韓璞，大多在康福任使之際，只是其中前後偶有交叉，之所以發生這樣的錯亂，可能與靈武换帥事件及康福的任使有關。

由以上的考證可以發現，P.2539v 所存各書狀大體是逆時序抄寫的，距纂集時間較近的放在前面，不過也有少數錯亂，且同一節度使時期也可能有個别先後顛倒的。

（二）與同類敦煌書狀集（以 P.4092 爲例）的比對及其時代背景分析

從形式看，P.2539v 與 P.4093《甘棠集》和 P.3723《記室備要》一類制作十分相似，

[1]《敦煌表狀箋啓書儀輯校》，281 頁。

類似作品多出自掌書記之手,這既可以解釋其授書人不唯一的問題,也符合晚唐五代表狀箋啓書儀的編撰特點。不過,就敦煌發現的表狀箋啓書儀而言,與P.2539v制作方式及時間背景最接近,且可能有關聯的,即是P.4092《新集雜别紙》,將兩卷進行比較,可以發現許多相似之處:

其一,兩卷都是書信的合集,並且都有書儀性質。

P.2539v和P.4092均含大量使用過的書信(後者更爲龐雜),其中大部分書信都是只有收書人的官銜而隱去了名字或姓名,還有一些書信可供某一類人或某一類事使用,這使得書信集也同時具備了書儀的作用。例如P.4092内有《賀荆南□□》《洺州張司空》《慰鎮州太傅》等,但也同時有《月旦賀官》《節判》《書記》《觀察》《屈客》《謝飯狀》《屈僧》等並非針對一人一事,而是可以在同樣狀況下多次參用的應酬文字。同樣,P.2539v除有《沙州令公書》《涇州太傅狀》等有確定對象的書信外,也有《諸道及朝要》《朝要》《延州汝州鳳翔陝府侍衛左衛月旦書》《禮賓引進内省書》《具馬》,等等。這説明兩卷文書的制作方式極爲相似,也即一方面是實用書信的集成,另一方面則是預設形式内容的書信範本,顯然反映了當時這類書儀的制作特點。

其二,兩卷的致書對象都是中央或地方官員。

P.4092中的地方官員多在東部特别是河北州鎮,如魏府、洺州、鎮州、相州、齊州、則(貝)州等;P.2539v因授書人所在地域偏西,較多給關中地區和西京官員乃至沙州令公的書信,但也有給東部地區(如青州、魏博等)官員的,這説明作爲授書人的節度使與東部州鎮(尤其是河北藩鎮)和朝廷也保持著密切聯繫。如"朝要"是指在朝廷的當權者,包括宰相和重要職官,"禮賓"是能夠將藩鎮到京官員引入内廷的客省、引進及閤門等的關鍵部門官吏和使職。從書狀内容看,書儀的制作者和授書人顯然非常熟悉官場禮節特别是朝廷規矩,如"具馬"是當時藩鎮之間或藩鎮與朝廷官員間的常用禮品,而所謂"月旦書"者正相當於P.4092《新集雜别紙》的"月旦賀官",即往往强調在月朔之日"拜賀"的往來書信,體現了必要的官場應酬和必行之禮。所以,兩卷的應用對象極爲相似,都可映射五代朝廷和地方官場的風習。

其三,兩卷都反映了天成到長興年間的史事。

P.4092所反映的史事頗多,如:天成四年二月平定定州王都之亂、同年六七月前後荆南高從誨歸化、長興元年三月高允韜從延州移鎮邢州,等等。而P.2539v的《涇州太傅狀》和《涇州鈐轄司空書》也反映了因天成三年夏靈武節度使韓洙死開始發生的明宗朝改變朔方節度使派設和權力的變化。兩卷的記事前後相接,可以印證傳世史書的記載,從而加深對明宗朝政治意圖與走向的全面瞭解。

基於以上三點,我們認爲,兩卷書儀產生於同一時代: P.4092 的書信大致反映的是天成四年(929)到長興元年(930)之間的史事,而 P.2539v 的書信亦在明宗朝,兩卷書儀的產生背景亦相同,即都與後唐明宗朝大力開拓的方針決策有著密切關係。

針對 P.4092,吴麗娛曾撰文指出它反映了明宗時代定州的最後收復及河北藩鎮的完全歸屬,以及將魏博、鎮州作爲新的統治中心和要地的大趨勢。可以知道的是,莊宗時代雖已因魏博的歸降和鎮冀的收復而基本取得河北的歸屬,並因魏博牙兵的擁戴而擊滅後梁,但尚未能真正解決河北藩鎮内部擁兵自重以及自行廢立等問題。明宗即位後,一方面在切斷河北諸鎮對魏博的軍事援助和聯繫,强化對魏博鎮掌管和控制的同時,通過血洗魏博牙兵鎮壓暴亂之舉,消除了藩鎮擁兵自重和跋扈稱雄的基礎;另一方面借助了所謂"北面諸將"即招討使王晏球和幽州節度使趙德鈞等的兵力一舉平定北部易州,從而完全顛覆和改換了驕横跋扈的河朔舊風。復通過派設親信及皇子領魏、鎮而牢牢地控制了其地的統治權,使之成爲服從朝廷指揮、可以依靠的戰略要地,其形勢自非中晚唐乃至朱梁以來可比。换言之,P.4092《新集雜别紙》正反映了明宗時期河北相魏之地對朝廷的恭順以及與周邊和京城信息的通暢。而相關書儀和五代史料也證明與此同時,不僅河北的州鎮官員普遍接受朝廷任命,且不少籍貫在相、魏的官員受到重用,甚至在京城與魏、鎮之間,也已經形成和聚集了一個河北官員的政治關係網,這尤其能够解釋某些書儀和書信的產生與來源問題[1]。

也正是在東部地區完全服從與安定的基礎上,明宗朝廷纔更注重向西部的發展。其採取的方式,即是借助世襲藩鎮和半獨立政權自身權力的弱化,以及交接過程中發生的内亂,收復對藩鎮的統治權。由此不僅發生了延州節度使高允韜被東調之事,也有河北官員如康福、張希崇等被派任靈武節度使,將關内道藩鎮"歸化"和改造爲由朝廷行使直屬任命權的重大行动。由於在關内道政權中,韓氏的靈武鎮與李茂貞子弟所在鳳翔鎮乃其中最强者,明宗只有解除其家族的世襲統領權,徹底打破其小朝廷紛亂割據的局面,纔能真正取得中央政權對關内土地的管控。而在這一問題解決的前提下,也纔會發生靈武受中央之命,與歸義軍接洽及誘導于闐和西州回鶻來朝之事。這是明宗繼莊宗之後,在國家統一問題上取得的步步進展及重大收穫。

[1] 吴麗娛《從敦煌〈新集雜别紙〉看後唐明宗時代河北州鎮的地緣關係與領地拓展——〈新集雜别紙〉研究之一》,《唐研究》第 19 卷,北京大學出版社,2013 年,361—421 頁。

由於時間、背景近同,兩卷的記事也有不少相合之處,一些在《新集雜别紙》中出現的事件、人物亦不難在 P.2539v 中找到落脚點。例如,P.4092 中有《洺州張司空》一首,内稱:"今月四日,繼有走馬使經過,伏承狀下定州,伏惟慶慰。此皆司空蜜(密)運深謀,躬臨大敵,梟巢既覆,逆黨仍擒。竚俟渥恩,以酬勳績。"張司空即張進,書信中所涉即明宗天成四年二月王晏球爲招討使,剿滅定州節度使王都(王處直養子)勾結契丹叛亂一事。史料記載張進因作戰有功[1],自洺州團練使升爲鄭州防禦使,該書狀實際是向張進表慶賀。而王晏球改任天平軍節度使加兼侍中,也是朝廷對他的嘉獎[2],所以 P.2539v 中王晏球改任青州時的官銜仍是侍中,兩卷的内容看得出是前後相續的。再如,P.2539v 的收書人之一太尉令公安重誨,也是 P.4092《兩樞密》的致書對象之一,只不過在彼件中明確有"右伏覩進奏院狀報,皇帝今月廿一日郊天禮畢,御案改元,大赦天下者"的標誌性事件,寫於長興元年二月是無疑的。

總之,P.2539v 和 P.4092 抄存書狀儘管並非産生於同一地點,但時間相近,内容相關,一些重要的人物都在兩卷書儀中出現,兩者無論形式内容都頗像是姊妹篇,共同記載了明宗朝的大量史事,可以認爲是展示了明宗時代政治生活和民族關係的生動歷史圖卷。將兩卷的史事連接起來,我們便可瞭解明宗一朝的種種努力和作爲,由此對其大政方針、策略規劃獲得一全面的觀感和理解,彌補我們對五代印象的闕失,從而在此紛繁的細微中獲得對歷史真實、宏闊的理解。

(三)關於 P.2539v 等書狀集來源的分析

在對比 P.2539v 和 P.4092 的過程中,我們發現後唐時代,特别是明宗時期的書儀在敦煌發現最多,除了這兩卷,現在可以確定的較具規模的還有 P.3449 和 P.3864《刺史書儀》等,我們亦懷疑 S.5660《朋友書儀》等的傳來敦煌也有可能是在後唐[3],另外,P.3931《後唐時期靈武甘沙等地公文集》(擬題)所收書狀的撰作年代雖主要在同光時期,比 P.2539v 和 P.4092 早一些,但是中間掺入的《普化大師遊五臺山記》等個别資料,證明書儀最終編成時間仍在明宗朝,而文書中涉及的朝廷與西部地區的民族交往及朝貢事宜,以及朝廷對世襲割據政權的削弱、治理等問題,與後兩卷書狀也是一致的。

那麽,爲什麽這些反映後唐史事並製成於明宗時期的文獻都出現在敦煌呢?

---

〔1〕《册府元龜》卷一二八《帝王部·明賞二》,1545 頁,並參吴文,367—368 頁。

〔2〕《舊五代史》卷四○《明宗紀六》,548 頁;《資治通鑑》卷二七六,天成四年二月條及胡注,9027 頁。

〔3〕吴麗娱《關於敦煌〈朋友書儀〉的研究回顧與問題展説》,《敦煌吐魯番研究》第 14 卷,上海古籍出版社,2014 年,331—348 頁。

一來自然是由於明宗朝本身的作爲和特殊性。總的來看,莊宗所建後唐對朱梁的藩鎮政治是一種反動,是企圖恢復唐朝格局的一種嘗試。明宗繼承莊宗,始終將重建唐帝國作爲目標。兩帝一直以來對於東部河北諸鎮,包括幽州、魏博、易定諸鎮的陸續平定,以及兩川的攻克,使得明宗朝廷統一的行動更進一步,且能夠將目光和力量轉移於西部。因爲朝廷在河北、關内等統治權的實現,正是拓展西域的基礎,而派遣到朔方河西的官員,也主要出自河北等地,康福、張希崇等可以算是河北人,至少都有過在河北任官的經歷,這説明河北諸地已成爲朝廷信任、依靠之地。可以説,從中原到靈武到沙州和西部邊境,明宗正在逐步實現其恢復大唐疆土的夢想,書儀不過是記録和再現了其中的過程與史實,而正是由於其中與中西部往來有關的内容,使得它們更容易被帶至敦煌。

二來可從書儀的制作形式尋求其來源。本文前面已談到這類書狀中既有實用過的書信,也有並非針對一人一事,而可以多次應用的範本,它們都屬於藩鎮判官、掌書記之作。例如《新集雜别紙》就注明是"馬判官本",P.2539v 的書信雖然都是以靈武節度使的口吻寫成,但從韓洙、韓璞、康福到張希崇時代都有,所以整個書狀集不可能是他們當中任何一個人的作品,真正的制作和擁有者只能是藩鎮判官、掌書記。值得注意的是,如拿這類作品與《甘棠集》《記室備要》等相比,也還是有所差别,即後者的目的性、預設性更强,形式比較規整,有卷次和一定的分類,而 P.3931、P.2539v 和 P.4092 等却都顯得比較簡單: 既不分章分卷,也無性質區别(P.4092 雖分爲"月旦賀官"與"知聞來往别紙"兩類,但後者同樣雜亂無章),似乎只是將書信自然地排列在一起,其中涉及史事雖然甚多,但都是隨機的,具有偶然性,没有避忌,並非刻意,給人的感覺是這樣的作品不過是爲了某種目的將原信集中抄在一起,並不見有特别的加工整理。我們認爲,其出現於敦煌,或曰被帶至敦煌的目的本身,並不一定是爲了向大衆傳播,而可能只是爲了某些官員個人社交往還的借鑒和需要。因爲從書儀本身内容看,除了能與朝廷和東西部大僚打交道的節度使(包括爲他們寫作的掌書記)之外,對一般官員百姓而言,並没有太多實用價值。

那麽這樣的書儀爲何都被攜至敦煌? 從一般角度分析,當然不乏由歸義軍朝貢使者等東來西往官員僧侣等帶來的可能性。長興三年歸義軍使團對明宗朝第二次朝貢完成後,沙州政權與後唐朝廷的往還還在繼續。史料記載應順元年(即清泰元年,934)和清泰二年歸義軍都曾派出使團,儘管這期間朝貢已不順利,但由於某種關係由使團成員獲得書儀並攜歸還是不無可能。

不過這裏我們還要提供另一條更大膽的思路,即 P.2539v 和 P.4092 的西來或有河北官員的背景。這不僅是由於兩卷書儀的内容都與康福、張希崇以及其他河北官員有關,更因爲書儀的制作傳播中似乎也透露出其自身的活動足跡。吴麗娱已經從《刺史書儀》中唯一有具體人名的《與馬司徒》一首,發現了河西節度使馬全節的蹤影。馬全節據舊史本傳,是"魏郡元城人",也即河北相州人。"天成三年,賜竭忠建策興復功臣,移刺郢州。長興初,就加檢校司徒,在郡有政聲,俄授河西節度使。"[1]知他也是長興中派向西部的河北官員。馬全節赴河西的時間應該較《新集雜别紙》作成的時間略晚。吴文從《新集雜别紙》的幾件書信中發現其作者與某司徒的往還書信,反映這位司徒曾於長興中赴京城參見,之後返魏州家鄉。吴文論證他就是馬司徒,而"馬判官本"的書信别紙集應當就是爲他所作[2]。不過馬全節任河西節度使具體時間尚不甚清楚。吴文曾推測他可能是在長興元、二年即得到任命而離開河北前往河西,但現在看來恐怕要更晚一些,這也可以從張希崇的職名變化中獲得消息。

上面提到,《舊五代史·明宗紀》長興四年五月條記以靈武留後張希崇爲本州節度使,説明此前張希崇已經不再兼掌河西,其取消的時間應當與馬司徒任使河西的時間一致。《宋本册府元龜》載長興三年正月甘州回鶻、吐蕃以及歸義軍朝貢的同時有"涼州奏將吏有狀,請朝廷命師(帥),兼進方物"[3],説明當時張希崇已不實管河西,而河西也還没有派使。試想,明宗朝廷因靈武、涇州等問題的解決,加之回鶻、吐蕃的朝貢所顯示的和平景象,恐怕已有實地收復、經營河西的打算,涼州的奏請適成河西節度使派設的契機,而涼州本身也即河西鎮的首府。推測馬全節被派往河西,應在此後不久,或者説不早於本卷的張希崇致沙州令公書,而他到達西部的時間也應與 P.2539v 的形成時間比較相近。

這一向西的開拓自是環境艱苦險惡,可以視爲唐統治結束後,五代朝廷意圖進取河西的再一次努力。雖然,由於種種實際的困難,河西節度使的派設大約淺嘗輒止,即没有下文了;但重要的是,河西節度使畢竟曾經單獨派設,而馬全節赴河西涼州的路上,也勢必經過朔方。此後的一段時間中,更不能不與靈武節度使打交道,書儀對他的官場社交而言,可謂極度需要及適合。那麽,P.2539v 是否也是他從靈武掌書記處得來,或是應他要求而臨時抄寫,就不是不可能了。而從 P.2539v 自身書信的内容看,相當成分是

〔1〕《舊五代史》卷九〇《馬全節傳》,1179 頁。

〔2〕吴麗娱《關於晚唐五代别紙類型和應用的再探討——〈新集雜别紙〉研究之二》,武漢大學中國三至九世紀研究所編《魏晉南北朝隋唐史資料》第 30 輯,上海古籍出版社,2014 年,189—209 頁,説見 208 頁。

〔3〕《宋本册府元龜》卷九七二《外臣部·朝貢五》,3860 頁。

西來的靈武節度使與朝廷官員及東部藩鎮的聯繫和交往,涉及其到來前後的政治活動,也可以證明,書信的整編與其自身的身分背景和朝廷賦予的任務有著直接關係,是專爲此類人量身打造的特定物。

總之,雖然以上僅僅是一推測,但或者可以爲明宗朝書儀的集中出現於敦煌提供一條合理的綫索。當然,除了以上兩件和《刺史書儀》之外,包括 P.3931 等書儀來源還很難判定,但可以肯定,這畢竟是一個能夠開拓思路的綫索,是一個非常值得研究的問題,明宗開拓和發展西部的行動是這類書儀出現和焕發光彩的要因,而明宗一朝也是五代極不平凡的一個朝代。也許只有深入瞭解這一點,對於這類書儀的價值纔會有更多的領會。

五　結　　語

P.2539v 書狀集的内容與研究晚唐五代時期朝廷通過朔方軍經營河西西域的歷史事實有密切關係。另外,通過對該卷人物和史事的考證,可以瞭解到不少書信制作者或者纂集者在無意中透露出的當時西北邊疆複雜的政治鬥爭和民族交往史實,對於正史的記載有很多的印證及補充,這使我們對 P.2539v 的文獻和歷史價值有了相當多的認識。

P.2539v 書狀中,給人印象最深的是後唐朝廷借靈武政權交替和内亂之機,結束關内政權的世襲和半獨立狀態;以及靈武節度使傳達後唐朝廷意向,試圖以曹議金爲梯航,實現使于闐和西州回鶻稽首朝貢的歷史事實。該卷在這兩個方面都可以補史證史。雖然一些細節問題,如兩事發生的具體時間,以及個别授書人還值得推敲,但由此類事件所反映出的在唐末放棄長安和朔方河西以後至後唐明宗之際,朝廷對於西部之經營和對於中央集權及國土統一的恢復與努力,却是不容置疑的。從中可以知道,國家統一與民族融合乃歷史發展的方向,即使是所謂五代的“亂世”,仍然有著同樣的追求。在這樣的背景之下,對於五代特别是後唐時期的書儀及存世史料,就有必要重新加以組織和融會貫通,以便從更多、更立體的層面來理解、剖析五代的史實和精神,這樣對五代史的研究便會達到一個新的境界,而對五代在唐宋之交的地位也會給予更合理的定位。這應當也是敦煌書儀自身對唐五代史研究的一個貢獻吧!

(作者單位:中國社會科學院歷史研究所)

《敦煌吐魯番研究》第十八卷
2018 年,213—246 頁

敦煌本杜友晉《書儀》與《五杉集》之比較研究
——以凶書儀中的“五服圖”爲討論中心

王三慶

一 前 言

宋初以前凡是加冠“書儀”爲名,或者具有該類性質的可考文獻,史志載録約有三十來種,如今幾乎完全佚失,僅有司馬温公《書儀》一部見存。其後此類書籍名稱爲之一變,史志編目則由儀注或書儀部轉入子部類書或集部的總集與個人别集中,已失去六朝以迄唐五代之前的盛況。詎料敦煌文獻中居然發現了近百卷號這類的寫本,經過周一良指導趙和平整理之後,共存録了十七種文本,雖然猶有不少值得商榷之處,至少學界也有了聚焦彙談的底本文字。因此勿論其本人,或者他人後來的補充和修正意見,都在此一基礎上加以演繹發揮,如黄亮文、譚蟬雪、榮新江、吴麗娱、山本孝子及筆者等[1],也都發表過一些相關的文章及專著。只是趙和平的整理本雖然學界給予肯定,並多加援用,而其個人也不斷地修訂補充,錯漏處還是難免,隨著各國公私立圖書館所藏敦煌文獻的公佈,猶待諟正者更爲明顯。於是筆者曾經指導黄亮文再度重校,並整理出一部新的校定本,雖然尚未刊行公佈,卻已經擴編析分爲二十五種之多。其中史志見載之佚籍應有一部月儀和半部綜合類的鄭餘慶《大唐新定吉凶書儀》(S.6537V14),另外還有史志曾經記載而内容稍有不同的三種杜友晉《書儀》作品。再者,日本也刊行了光明皇后抄寫疑似出於杜正藏著作的《杜家立成雜書要略》一卷,而筆者也從《道藏》中找出了三洞道士朱法滿編撰的《道士吉凶書儀·并序》一種[2]。

〔1〕 趙和平《敦煌寫本書儀研究》,臺北: 新文豐出版公司,1983 年;同作者《敦煌書儀研究》,上海古籍出版社,2011 年;周一良、趙和平《唐五代書儀研究》,北京: 中國社會科學出版,1995 年;譚蟬雪《敦煌婚姻文化》,蘭州: 甘肅人民出版社,1993 年;吴麗娱《唐禮摭遺: 中古書儀研究》,北京: 商務印書館,2002 年;筆者指導之學生黄亮文曾撰有《敦煌寫本張敖書儀研究》(1997)、《敦煌吉凶書儀寫卷與其五服制度研究》(2013),分别取得碩博士學位;而日本京都大學山本孝子則亦以書儀之相關研究取得博士學位。

〔2〕 參見《三洞道士朱法滿編〈道士吉凶書儀并序〉初探》,中國唐代學會及中正大學主編《第五届唐代學術研討會議論文集》,高雄: 麗文文化事業有限公司,2001 年,17—44 頁。

近幾年,又公佈了“天順六年壬午歲(1462)朝鮮國刊經都監奉教重修”的刊本《五杉練若新學備用》(簡稱“《五杉集》”)〔1〕一書,頓使書儀的研究文獻增多,眼界拓寬了不少。因此,筆者擬透過敦煌寫本文獻杜友晉《書儀》中的凶禮“五服圖”,持與南唐釋應之《五杉集》卷中凶書儀的交集圖表進行比較,探討世俗與僧家喪葬禮俗對於老師服制的關涉問題。

二　杜友晉編纂的三種《書儀》

鄭餘慶《大唐吉凶書儀》及杜友晉編纂的《書儀》各有兩卷,首見於《新唐書・經籍志》著録,後來鄭樵《通志・藝文略》及《宋史・藝文志》則加以因襲援用。惟鄭餘慶一書目前所見僅殘存不全的《吉書儀》部分,《凶書儀》則完全不見了;而杜友晉編纂的《書儀》二卷在敦煌文獻中保留不少卷號,經過整理後凡有三種不同的系統,今説明如下:

1. 杜友晉《書儀鏡》: 甲卷: S.329+乙卷: S.361;丙卷: S.6111(以上三卷同趙和平)+丁卷: S.10595(可與丙卷綴合);戊卷: P.4784。(以上卷號簡稱甲系,五號三卷。)

2. 京兆杜友晉撰《吉凶書儀》: P.3442、Дx.1307、Дx.1441。(簡稱乙系,三卷號。)

3. 杜友晉撰《新定書儀鏡》: 甲卷: P.3637;乙卷: P.3849(後半是别本);丙卷: P.5035;丁卷: P.5020;戊卷: P.3688A;己卷: S.5630V;庚卷: P.4036;辛卷: 貞松堂本。(以上除乙卷後半外,全同趙和平)另增趙本無者: 壬卷: P.2619V;癸卷: 書儀鏡(甲系參校),子卷: P.4002。又趙以 P.2616V 爲壬本(蓋爲删定諸家儀略集),然經考訂後實非本系統,故不從。(以上簡稱丙系,共十卷號。)

三系成書時間趙和平認爲甲系成書於天寶末年以前,乙系成書於開元末,丙系成書於開元末、天寶初,下限不會超過天寶六載〔2〕。

---

〔1〕 此書公佈後,研究的學者及篇章凡有: 朴鎔辰《應之の〈五杉練若新學備用〉編纂とその佛教史的意義》,《印度學佛教學研究》第 57 卷第 2 號,2009 年,51—57 頁,其後又以韓文發表;山本孝子《應之〈五杉練若新學備用〉卷中所收書儀文獻初探——以其與敦煌寫本書儀比較爲中心》,《敦煌學輯刊》2012 年第 4 期,50—59 頁;《應之『五杉練若新學備用』卷中における“十二月節令往還書様”、“四季揔敍”の位置付け—その制作年代と利用對象者を中心として》,《桃の会論集——小南一郎先生古稀紀念論集》第六集,京都: 桃の會,2013 年,161—176 頁;《唐五代時期書信的物質形狀與禮儀》,《敦煌學》第 31 期,2015 年,1—10 頁;《唐五代時期の書簡文“短封”について》《敦煌寫本研究年報》第 10 號,2016 年 3 月,109—124 頁;筆者《十念文研究》,《敦煌研究》2014 第 3 期,132—141 頁;《病釋應之與〈五杉練若新學備用集〉的相關研究》,《成大中文學報》第 48 期,2015 年 3 月,69—92 頁;《敦煌文獻齋願文體的源流與結構》,《成大中文學報》第 54 期,2016 年 9 月,27—58 頁;《釋應之〈五杉集〉中兩組特殊的齋會風俗與流變》,《成大中文學報》第 58 期,2017 年 9 月,1—22 頁。

〔2〕 趙和平《敦煌書儀研究》,159—162 頁。

（一）三系書儀上半部的比較

對甲、乙、丙三個系統的目録及内文進行比較後，大致可以略説如下：

1. 甲系由於開首殘缺，中題“030500[1] 書儀鏡　凶下”，若依文例，此前或爲“書儀鏡　吉上”。從 030101 殘文起，完全没有標題，直到 030115 賀四海加官秩書題、030116 答書，030117 賀四海加官秩書題、030118〔答書〕，以及 030145 與四海賀冬書等，都是屬於吉書範疇。可是在此之後卻又插入了 030201 弔四海遭父母喪書、030202 亦云、030203、030204 弔〔四海遭〕伯母叔喪書、030205 弔四海遭兄弟喪書、030206 弔四海遭妻子喪書、030207、030208 四海奴婢亡書、030209 弔四海傷犬馬亡書等數則弔喪書函，乃屬於凶書儀的範疇。其後纔又回到 030301 参謁法官貴求身名語、030302、030303 又云、030304 謝衣服語、030305 謝車馬、030306 四海平蕃破國慶賀書等吉書儀文。似此吉凶相參的亂次情況，若非整理上有問題，則必疑非杜友晉書儀吉上的部分。尤其 030400 四海書題、030401 重書、030402 答書、030403 次重、030404 答書等，這組標題和文字，以及上述諸吉凶的賀弔標題文字，幾乎都冠上“四海”之名，也無法與乙系及丙系的任何文字對應，直讓我們覺得這是另一部《四海書儀》，再内分吉凶。

然而此後所有標題與文字則幾乎與丙系有了對應，從 030405 屈讌書、030406、030407 三月三日、030408 五月五日、030409 九月九日、030410 答書數則，應該屬於四海朋友間的交際書函，而 030411 與僧尼書、030412 與道士書，似乎都是四海僧俗間的往來文字。尤其 030413 與妻父母書内外族表〔丈〕兄姊同 030414 答書、030415 與姊夫書 030416 答書、030417 與親家翁〔母〕書親家伯叔同 030418 答書、030419 與妻姨舅姑書 030420 答書、030421 與同門書 030422 答書等標題文字，都與丙系 050300《新婦修名儀》這一標題内的書函對應，唯一不同的是丙系居前，甲系置後而已。因此甲系只是丙系書函有選擇性的略出，但非全然不改的轉録。

2. 至於乙系首殘，中題：040600“書儀卷下　京兆杜友晉撰”，上半部有“040101……次第兄……封次第兄姊書　右邊云名省妹云某氏娣省”及 040102〔與〕子姪〔孫〕書等二書函，然後接抄“040200 外族吉書儀并論婚報答書十首”，似此二函顯然爲“040100 内族吉書儀并論婚報答書”的部分。此後又抄録“040300 婦人吉書儀八首”、“040400〔僧〕尼道士吉書儀七首”（後三首並依俗人，與丙系不同）、040500〔四〕海吉書

[1] 按此類號數乃爲有助於辨識而編，其所指涵義如以 030500 碼爲例，首二字 03 乃指書儀第三本，05 則指此第三本中的第五大分類，00 則内文條次，若非屬類條者，則以 00 表示，下例仿此。

儀五首等，就内容來看，全屬“吉書儀上”的性質，可是與甲系或丙系相較，勿論内族、外族、婦人、僧尼、四海等類中的任何書函，無一相同，直讓人無法置信。

3. 最後丙系部分開首殘缺，中題：“050700〔新定〕書儀鏡 凶下”，尾題“書儀一卷”，在中題之前凡有050101……〔及〕伯叔加官狀、050102賀語等狀啓一類；050201通婚函書往來皆須以函封，無函者可用紙答函書、050203下函六禮儀、050204納函書、050205嫁女〔祭文〕、050206成禮畢相慰語、婚禮不賀，盡屬婚禮相關文字；其次爲050300新婦修名儀，始與甲系030413與妻父母書内外族表〔丈〕兄姊同等數函幾近全同。第四大類爲050400婦人書題廿首，至第七函後缺紙。另接050501殘書函答及050502醉不得書、答書，以迄050525與僧尼書、050526與道士書等，其中多首函文與甲系呼應，前已説明，只是甲系乃略出選本，且次序多有不同而已。以後則爲050600四海慶賀書題内外族同，如050601重賀官〔爵〕書、050602賀正冬啓、050603冬、050604賀平賊書、050605賀及第書、050606賀加官書、050607賀雨書、050608喜晴書等。

（二）三系下半部凶書儀的比較

整理之後的杜友晉《書儀》三系，上卷吉書儀從標題名稱到清本文字幾乎南轅北轍，差異大到全無可比的内容。然而下卷凶書儀就稍顯不同了，如果以黄亮文在趙和平的基礎上重新整理及校定後的篇目文字，則可列成有如附件一的凶儀目録簡表，並論述如下：

1. 依丙系而言，從“050700〔新定〕書儀鏡 凶下”起，其後標題爲“050800内族〔服〕圖”、“050801律五服”、“050901外族服圖”、“050902〔婦爲〕夫族服圖”等、“051000凡例五十條”（僅存二十八條，若加“051200内族弔答書一十二首”中的二條凡例，至多三十而已，仍然不足五十之數）、“051100五服告哀書一十二首”（僅存八首）、“051200内族弔答書一十二首”（僅存六首）、“051300外族弔答書一十二首”（僅存七首）、“051400四海弔答書廿首”（僅存九首）、“051500父母初薨奠祭文、除禫已來文”（存廿二首）、“051600内外族及四海弔答辭廿首”（存九首）、“051700婦人弔辭八首”，此後五首皆爲小孩弔辭及冥婚，以迄於“051712題旐文”及尾題“書儀一卷”止，前後既有書名，又有圖文篇類條次，看似完整的下篇，可是從現存首數而言，已非原書舊貌，因此根據丙系甲卷中題“050700書儀鏡 凶下”，乙卷爲“050700新定書儀鏡 凶下”來看，丙系似爲新編改定之選本。此外，尾題之後還有“051800凡例廿八首”，内容上與“051000凡例五十條”不同，可是這“廿八首”的數目字卻是五十條凡例所録的廿八條數兩兩暗中合符，的確耐人尋味。

2. 至於甲系從中題“030500書儀鏡 凶下”起，並無内族、律、外族、婦爲夫族服等圖，可是“030501凡〔例〕五十條”卻與丙系完全相同，“030523五服告哀書”存三，

“030600 四海弔答書儀廿首”存九首，也全同於丙系新編選本的文字，因此可以確認甲系乃從丙系略出。

3. 可是乙系從“040600 書儀卷下　京兆杜友晉撰”以後，題有“凡例一首”、“凶儀纂要〔一首〕”、“〔表凶儀一十一〕首”、“啓凶儀四首”、“内族凶儀二十一首”、“外族凶書儀十七首”、“婦人凶書儀九首”、“僧尼道士凶儀三首”、“四海弔答凶儀廿一首”、“祥禫斬衰、遷葬、冥婚儀十三首”等看似完整的總目次。其後所録内文，如“凡例一首”的内容與丙系尾題後的“051800 凡例廿八首”相同，僅存十三首而已。其後“凶儀纂要〔一首〕”十四則，“〔表凶儀一十一〕首”、“啓凶儀四首”、“内族凶儀二十一首”（失録一首）、“外族凶書儀十七首”存十三，“婦人凶書儀九首”（殘存二），至於此後的“僧尼道士凶儀三首”、“四海弔答凶儀廿一首”、“祥禫斬衰、遷葬、冥婚儀十三首”等，則已全部缺佚。以上所存情況，除“凡例一首”外，無一與丙系呼應。

根據吉凶書儀兩部分比較後的結果，乙系《書儀》應屬杜友晉早期原書之舊，丙系則是據此改編的“新定本”，甲系又從丙系略出。尤其下半部分丙系看來最稱完整，除了卷首《吉上》部分缺少書名題稱及部分内容殘缺外，保有標題“050800 内族〔服〕圖”、“050801 律五服”、“050901 外族服圖”、“050902〔婦爲〕夫族服圖”等凶書儀中極爲重要的部分，這在甲、乙二系中是不存在的。儘管如此，仍然存有如下幾個問題有待商榷：

(1) 甲、丙兩系“凡例五十條”，若從發凡起例的“凡”字起算析作一條，則實存二十六條而已。縱使根據丙系的乙戊己三卷另外增多二條，也不過廿八條；甚至遠從《051200 内族弔答書一十二首》一題之後加入“凡與九族凶書依吉儀封題”與“凡與九族哀書，不得云孤子、哀子”這兩條函文中的凡例，最多不過三十之數，實在難以湊足“凡例五十條”的明確數目，不免讓人滋生疑惑。

(2) 甲系之“凡例”在“030522 凡舅姑存日稱大君、大家，歿後稱先舅、先姑”此後插入“030523 五服告哀書”一題，可説不符編纂體例，它應該屬於“030528 父母喪告兄姊書”以下僅存三封書函的大類題目，過録時被誤加攔入，可據丙系作證，並校正其誤。

(3) 丙系在 051713《冥婚書》及 051714《答書》之後既有尾題“《書儀一卷》”，則“凶下”部分顯然至此告盡，故黄亮文在其整理本的校記中云：

> 051713－02 甲卷所録至此，乙庚卷此後有《凡例廿八首》等篇，當屬《删定諸家儀略集》之内容，其説明詳見《所謂“京兆杜友晉〈新定書儀鏡〉”相關問題的再探討》，校記見本書其他篇章，兹不贅述。

此“所謂”之文後來發表時改題《〈新定書儀鏡〉相關問題的探討——附論其他書儀寫卷的綴補》，文中有詳細的論説，今援引如下：

如再仔細比對《書儀鏡·凶下》《删定儀諸家略集》與《新定書儀鏡》的内容,又可發現《新定書儀鏡》在前半部抄録《書儀鏡·凶下》時已收《凡例五十條》、《父母喪告兄姊書》、《父母喪告弟妹書》等告哀書,但在後半部,又再次將這些内容收録,造成前後内容重複的現象,可見《新定書儀鏡》體例龐雜,爲合抄諸書儀的合抄本,因此應爲《新定書儀鏡》抄録《删定儀諸家略集》。

從上述體例觀之,《新定書儀鏡》應爲合抄的書儀,前半與《書儀鏡甲本》相近,中間《凡例廿八首》與P.3442《書儀》相近,後半則《删定儀諸家略集》相近,抄録時删去《删定儀諸家略集》題名;所以就成書年代而言,《新定書儀鏡》似當在《書儀鏡甲本》及《删定儀諸家略集》之後。[1]

這種説法的確接近實情,只是將丙系《〔新定〕書儀鏡》認爲是抄自《删定儀諸家略儀》,仍需稍持保留的態度,因爲丙系從050700〔新定〕書儀鏡凶下幾個圖表之後,即接051000凡例五十條、051100五服告哀書一十二首、051200内族弔答書一十二首、051300外族弔答書一十二首、051400四海弔答書廿首、051401封弔書儀三、051500父母初薨奠祭文、除禫已來文、051600内外族及四海弔答辭廿首、051700婦人弔辭八首内外及相識同、051709三歲已下弔辭、答云、051710三歲已上、十五已下弔辭、答同前、051711合靈祭、051712題旐文、051713冥婚書、答〔冥婚書〕,並以《書儀一卷》作結,除了還未涉及僧道凶儀外,從内到外的親族,還有遠及四海朋友的哀訃封弔文字及答辭,甚至還特地爲婦人編寫了弔答及未成年小孩的喪事也立了祭弔書函,並有冥婚書答等内容,對於社會各階層間的人際網絡可説已經考慮得相當完整,唯一可議的是每類首數都有偷工減料的情況。雖然如此,"《書儀一卷》"無疑仍是杜友晉寫本之後的尾題。

至於在此之後,丙系題作"051800凡例廿八首",或如乙系一般,乃於開首題作"040700〔凡例〕一首",顯然都與甲、丙兩系"凶下"卷首俱存的"凡例五十條"不同,並存有極大的矛盾,哪有同屬一書的凶儀卷下及尾題之後編輯抄録了兩個内容完全不同的"凡例"?由於甲丙二系下卷起始"凡例"相同,乙丙二系書名後"凡例"也相同,可見不是混抄造成,何況前後又有五十與廿八條爲一首的呼應,以及實編數目的差異。

再從丙系所題"051800凡例廿八首"的位置來看,乃居尾題書名之後,這點不同於乙系"凡例一首"在《凶儀纂要〔一首〕》之前,然後接抄《〔表凶儀一十一〕首》《啓凶儀四

〔1〕黄亮文《〈新定書儀鏡〉相關問題的探討——附論其他書儀寫卷的綴補》,《敦煌學》第27輯,2008年,435—458頁。

首》《内族凶〔書〕儀二十一首(少一首)》《外族凶書儀十七首(少六首)》《弔書二首(增)》《婦人凶書儀九首(存二首)》。至於以下的《僧尼道士凶儀三首》《四海弔答凶儀廿一首》《祥禫斬衰、遷葬、冥婚儀十三首》等,則告殘缺。

尤其令人難以理解的是乙系"凡例"之後,所編製的類别不盡然與丙系呼應,縱使有相同的類别,内容文字及條數也都不同於丙系。因此,縱使丙系尾題之後的凡例是抄自《删定儀諸家略儀》,《〔新定〕書儀鏡·凶下》也非據此重新編定,否則不可能有這麽完整的文字。所以筆者認爲三系的創作年代仍然需持保留的態度,而黄亮文博士學位論文第三章第三節"《書儀鏡》及《新定書儀鏡》寫卷之整理"討論"創作年代與地點"時也説:

> 綜合言之,本文以吴麗娱論斷服圖"新入"服制與後唐段顒所述令式相同爲基礎,結合前述對於《新定書儀鏡》第二條卷中書題"新定書儀鏡　吉上凶下　京兆杜友晉撰"的種種疑問,以及認定《新定書儀鏡》實非杜友晉所撰的論述基礎上,重新檢視《書儀鏡(甲本)》及《新定書儀鏡》的年代。綜合對服圖"新入"服制與後唐令式相近,且《冥婚書》出現於書儀中,其應在劉岳《書儀》出現之前。又以《冥婚書》中有"曹氏"一詞,認爲此應成書於曹氏歸義軍時期的《書儀》。綜合各項證據,認爲《書儀鏡(甲本)》應成書於914至925年之間。最後並藉由服制等證據,反駁前人認爲《新定書儀鏡》成於初唐杜友晉的説法。[1]

此就現存證據説明卷子時代下限,大致正確,只是既然如此,何以還援用《書儀鏡》一名,且仍保留"京兆杜友晉撰"的標題?此實則難以説服現存丙系與杜友晉全然毫無關係,比較圓滿的説法是乙系杜友晉撰的《吉凶書儀》到了晚唐,經過不知名作者給予重新修訂編寫,以應時需,並賦予新的名稱,成爲甲丙系的《新定書儀鏡》。

三　杜友晉《書儀》及釋應之《五杉集》五服圖表的比較

也因杜友晉撰《書儀》甲、乙兩系全無交集,卻各有部分文字與丙系互相含攝,讓我們不得不以丙系凶書儀作爲討論問題的中心點,尤其丙系更有甲、乙二系所没有的幾個服制圖表,又有卷下首尾題目俱全及完整的凶書儀形式,比較容易釐清問題。事實上,這幾個圖表在丙系的幾個寫卷中不止爲底本的甲卷P.3637所獨有,在乙卷P.3849及戊卷P.3688A中也曾存在。透過丙系以下三個圖表,即可看出喪禮親族之間應有之服制與喪期的相關規定,今特録如下。

〔1〕黄亮文《敦煌吉凶書儀寫卷與其五服制度研究》,2012年,94—138、135頁。

(一) 050700〔新定〕書儀鏡　凶下〔1〕

050800 内族〔服〕圖凡三年服，十二月小祥，廿五月大祥，廿七月禫，廿八月〔服〕平裳。凡周年服十三月除，大功九月除，小功五月除，緦麻三月除〔2〕。

050801 律五服喪葬令稱三年廿七月，匿徒二年〔3〕。稱周十三月服，匿徒一年。稱大功九月服，匿杖九十，稱小功五月服，匿杖七十。稱緦麻三月服，匿笞五十。

				高祖緦麻三月				
			曾祖姊緦麻三月	曾祖小功五月	曾祖兄緦麻三月			
		祖堂姊緦麻三月	祖姊小功五月	祖周	祖兄小功五月	祖堂兄緦麻三月		
	從姑緦麻三月	堂姑小功五月	姑周，出大功〔4〕	父母三年	伯叔周，母大功〔5〕	堂伯叔小功五月	從伯叔緦麻三月	
三從姊妹緦麻三月	再從姊妹小功五月〔6〕	堂姊妹大功九月	姊妹周，出大功	身	兄弟周，妻小功，新入大功	堂兄弟大功九月〔7〕	從兄弟小功五月	三從兄弟緦麻三月
	從姪女緦麻三月	堂姑女小功五月	兄女小功五月	子周	姪周	堂姪小功五月	從姪緦麻三月	
		堂兄孫女緦麻三月	兄孫女小功五月	孫大功九月〔8〕	兄孫小功五月	堂兄孫緦麻三月		
			兄曾孫女緦麻三月	曾孫小功五月	兄曾孫緦麻三月			
				玄孫緦麻三月				

〔1〕050700－01 甲卷缺“新定”二字，據乙卷補。

〔2〕050800－01 甲卷“廿五”作“廿十五”，據乙卷删“十”，又脱“服”，據乙卷及下文“外族服圖”補。“緦”甲卷作“細”，據乙卷改。

〔3〕050801－01“徒”乙卷作“流”，甲卷作“徒”，仁井田陞《唐令拾遺·喪葬令》未見此，依《唐律疏議》卷二五《詐僞·父母死言餘喪》：“諸父母死應解官，詐言餘喪不解者，徒二年半。”從甲卷作“徒”。

〔4〕050900－03 甲戊卷作“姑《周，出大功》”，乙卷作“姑《周，出五月》”，於出適部分有差異。據《新唐書》卷二〇《禮樂志十·五服之制》載，“爲姑姊妹適人者”：“大功”、“成人九月正服”；“爲人後者爲其姑姊妹適人者”：“小功”、“成人正服”。據 S.1725《唐前期書儀》070102 條，“姑姊妹出適人無喪主者爲服齊衰期；出嫁應九月”，“姑姊妹及適人者爲服大功九月報”，“出嫁姑姊妹大功九月報”，“繼人後者爲本生姑姊妹適人者小功五月”。是爲已出適之姑本應服大功九月，然若己身繼人後者則爲本生已出適之姑服小功五月，故甲乙戊卷均不誤，僅狀況有别也，今從甲卷。

〔5〕050900－01 甲卷作“伯叔《小功五月》”，乙戊卷作“伯叔《周，母大功》”；據《新唐書》卷二〇《禮樂志十·五服之制》“爲伯叔父”係“齊衰不杖周”、S.1725《唐前期書儀》070102 條“姪爲伯叔父母齊衰期”，今從乙戊卷。

〔6〕050900－02“再從姊妹”甲卷作“再從姑妹”，據乙戊卷改。

〔7〕050900－04“大功九月”甲卷作“大功五月”，據乙戊卷、《新唐書》卷二〇《禮樂志十·五服之制》及 S.1725《唐前期書儀》070103 條改。

〔8〕050900－05 甲卷作“小功五月”，乙戊卷作“大功九月”，《新唐書》卷二〇《禮樂志十·五服之制》“爲嫡孫”係“齊衰不杖周”，“爲庶孫”乃“大功九月”；S.1725《唐前期書儀》070102 條有“祖母爲嫡孫服大功，庶孫服則小功”，今從乙戊卷。

050901 外族服圖

	外祖大功九月	
姨小功五月,在室大功九月	妻父母緦麻三月,新入小功五月〔1〕	舅大功九月〔2〕
姨子緦麻三月	身妻周	舅子緦麻三月〔3〕
姑子緦麻三月	外孫緦麻三月	外甥小功五月
	女婿緦麻三月,新入小功五月	

050902〔婦爲〕夫族服圖〔4〕

	夫祖大功九月	
夫姑小功五月	夫父母三年	夫伯叔大功九月
夫姊妹小功五月	夫三年	夫兄弟大功九月
夫伯叔母緦麻三月	夫姪小功五月	妯娌小功五月
	夫姪婦緦麻三月	

以上這幾個圖表是根據喪禮服制及喪期的規定作成,並且適當地反映了從《儀禮》以迄《大唐開元禮》前後服制的改變,甚至還包括了開元天寶年間《大唐開元禮》修成之後到晚唐清泰三年(934)劉岳、馬縞對於喪服儀禮的更迭意見〔5〕。這在過去的禮書通常以禮制或令式文字呈現,如今作成圖表方式是現存唐代文獻所未見,其優點則是簡明易從。其實中國典籍的收藏過去每多以"圖書"或"圖籍"合稱成詞,代表書與圖同等重要。《易》曰:"河出圖,洛出書,聖人則之。"〔6〕這是假神道以設教的方式,指出聖人的作爲完全奉行上蒼所出賜的圖書指示。只是就圖而言,其出現恐又早於書,根據現存的考古實證,在文字還未出現之前,傳承人類的歷史記憶與智慧大抵以結繩或用簡單的綫條刻畫,後來隨著人類文明的進步和日趨複雜的文化發展,在無法滿足使用需求後,纔出現記録語言的表意工具,此即《説文解字・序》所謂的:

黄帝之史倉頡,見鳥獸蹏迒之跡,知分理之可相別異也,初造書契,百工以乂,

〔1〕050901－03"小功五月"甲卷作"大功五月",據乙戊卷改。

〔2〕050901－01 甲卷作"夫伯叔《九月》",據乙戊卷改。

〔3〕050901－02 乙戊卷於此多一欄,作"母《小功五月,新入緦麻三月》",今仍從甲卷。

〔4〕050902－01 甲卷脱"婦爲"二字,據乙戊卷補。

〔5〕吴麗娱《唐禮摭遺:中古書儀研究》,442—455 頁。

〔6〕王弼、韓康伯注,孔穎達等正義《周易正義》卷七《繫辭》,臺北:藝文印書館影阮元刊十三經注疏本,1965 年第 3 版,157 頁上欄左。

萬品以察,蓋取諸夬,夬揚於王庭,言文者宣教明化於王者朝廷,君子所以施禄及下,居德則忌也。[1]

所以圖像原是最直接可以表意的工具,印歐語系初始也是遵循從象形走向字母拼音的途徑,用來記録語言;至於方塊的漢語,無論從實體的簡單象形圖畫,或用虛擬的意化指事,以及兩組基本意符聚會成新的複合意符,到頭來還是要走上一半表意一半記音的形聲字,因爲它是最有效及最簡便的構字造形方法。所以漢語從實體的象形,經虛擬意象的指事,到複體新意符的會意文字以及半形半聲的有聲字,處處充滿了圖像符號。也因如此,圖書的兼收及運用,歷來深深受到重視。《史記》載録:

沛公至咸陽,諸將皆爭走金帛財物之府分之,何獨先入,收秦丞相御史律令圖書藏之。沛公爲漢王,以何爲丞相。項王與諸侯屠燒咸陽而去,漢王所以具知天下阸塞,户口多少,彊弱之處,民所疾苦者,以何具得秦圖書也。[2]

可見一個有眼光的統治者,能夠理解前代圖表的重要性,而號稱良史二書的《史記》《漢書》,因爲懂得運用表格,省下不少説不清楚的文字。只是"五服"之爲"喪服"指稱,始見於《儀禮》。原來該詞指涉並非限於喪服制度一途,如《書·益稷》曰:"弼成五服,至於五千,周十有二師。"孔傳認爲:"五服,侯、甸、綏、要、荒服也。服五百里。四方相距爲方五千里。"[3]其意乃指中央向四方由近及遠的延伸,每五百里劃爲一區,服事天子。又《書·康誥》則指周稱侯、甸、男、采、衛爲五服[4]。再者,《書·皋陶謨》也説:"天命有德,五服五章哉。"孔傳曰:"五服,天子、諸侯、卿、大夫、士之服也。"[5]凡此數種"五服"稱呼,實在無關於喪禮服制。若專指親疏差等的五種喪服制度,則《禮記·學記》有言:"師無當於五服,五服弗得不親。"孔傳:"五服,斬衰至緦麻之親。"[6]

是知"五服"之名爲喪禮服制的指稱,《儀禮·喪服第十一》已經言及,蓋指生者對於具有血緣關係的亡故親人穿起五種不同的服制參加喪葬儀式,並有長短時間除服的不同喪期。然而其與圖合稱爲"五服圖"一詞,則《漢書·藝文志》未見,至《隋書·經籍

[1] 許慎撰、段玉裁注《説文解字注》"序",臺北:藝文印書館,1966年,761頁。

[2] 《史記》卷五三《蕭相國世家》,臺北:鼎文書局影北京中華書局本,1980年,2014頁。

[3] 孔安國傳,孔穎達等正義《尚書正義》卷五《益稷》,臺北:藝文印書館影阮元刊十三經注疏本,1965年,71頁上欄右。

[4] 《尚書正義》卷一四《康誥》,200頁下欄右。

[5] 《尚書正義》卷四《皋陶謨》,62頁下欄右。

[6] 鄭玄注,孔穎達等正義《禮記正義》卷三六《學記》,臺北:藝文印書館影阮元刊十三經注疏本,1965年,656頁上下欄。

志》始登録如下數種喪服圖表：

《喪服圖》一卷王儉(452—489)撰。

《喪服圖》一卷賀遊撰。

《喪服圖》一卷崔逸撰。梁有《喪服祥禫雜議》二十九卷，《喪服雜議故事》二十一卷，又《戴氏喪服五家要記圖譜》五卷，《喪服君臣圖儀》一卷，亡。

《五服圖》一卷

《五服圖儀》一卷

《喪服禮圖》一卷[1]

鄭樵《通志》卷六四《藝文略第二・儀禮類》中也録圖七部七卷，除部分同前引書外，另增《喪服禮圖》一卷、崔游《喪服圖》一卷、《喪服天子諸侯圖》一卷，又在九部廿七卷的"五服圖儀"中録有張薦《五服圖》七卷、仲子陵《五服圖》十卷[2]；又在《圖譜略第一》著録了賀循(260—319)《喪服圖》、《子游喪服圖》、蔡謨(281—356)《喪服圖》、張薦(744—804)《五服圖》、仲陵子《五服圖》[3]等五種。據此可以瞭解是類圖儀書籍之出現必在3世紀末4世紀初，士族名教盛行之當下。由於這些圖表的關係吴麗娱已經有過深入的解釋，雖然還有不少異文值得討論，但因限於篇幅，這裏暫且擱下不説，本文所要討論的重點即是這些喪服圖表對於釋家的影響[4]。

(二)《五杉集》的《僧五服圖》

佛教將生老病死視作人生四苦，其對出遊四門的悉達多而言，這些經歷見聞無疑是一場震撼教育，纔有後來的夜半踰城，在尼蓮河畔菩提樹下七天七夜的苦思，因悟而證道，於是行遍天下，成爲人間的一派宗師。因此四苦對於人類而言，從出生以迄於老死，中間還纏繞著無數的病痛，任誰難免。也因如此，在醫學猶未發達的時代，甚至科學昌明的今日，猶不能免於病痛，一旦病入膏肓的當下，亡故後事的處理，絶對是一個值得探討的重大課題。對於一位離俗的僧尼而言，在既乏血緣親人的關懷照顧之下，如何保有人性最後的一點尊嚴，以及亡故之後喪葬事務和遺産等種種未來心願的處理，的確與世俗在宗法制度因血親遠近的作事準則有所不同。何況佛教在傳入中土以後，又因文化背景的差異，難免會與世俗社會産生一些衝突對立的現象。故自彌天釋道安、慧遠師

[1] 《隋書》卷三二《經籍一》，臺北：鼎文書局影北京中華書局本，1980年，920頁。

[2] 鄭樵《通志》卷六四《藝文略第二・儀禮》，杭州：浙江古籍出版社，1988年，764頁上欄。

[3] 《通志》卷七二《圖譜略第一》，839頁中欄。

[4] 吴麗娱《唐禮摭遺：中古書儀研究》第十三章《喪服制度》(Ⅱ)，442—489頁。

徒,以迄道宣律師至景霄等,即從經律中分類整理鈔出,不斷地給予闡釋及調整,以順應中土的文化與風俗民情。這些内容從佛陀生前及身後和弟子們對於病人的關懷照顧,以及安寧病房的設置,到亡故之後的送終、荼毗、立塔等各種行事規律,經過他們反覆的討論後,都曾留下彌足珍貴的記録,此在拙著《南唐釋應之述"五杉練若新學備用"研究》一書中將會有詳細的論述。

由於中國的喪服制度乃植基於血緣關係,然而上述從《四分律》等鈔出的南山宗系或《北山録》等諸書,雖有喪葬的討論,却未曾出現五服圖表一類,唯有五代南唐釋應之《五杉集》卷中纔列有《僧五服圖》,蓋爲釋家典籍之首見,顯然這是效法上述儒家喪期服制所制作的圖表。只是文獻紀録上的這些喪服圖表也僅存書名,真正可見的現存文獻則以杜友晉的三幅圖表爲最早,其中除 050800 内族〔服〕圖外,050901 外族服圖及 050902〔婦爲〕夫族服圖對於釋家而言,是派不上用場的,而 050801 律五服也是如此,只要看《五杉集》的《僧五服圖》便可約略知曉,今録如下:

三年者二十五月　周年者十三月　大功者九月　小功者五月　緦麻者三月　同法門者隨喪

		授學師隨喪	受業弟子隨喪		
	僧伯叔大功	羯磨師周年	俗兄弟大功	義伯叔小功	
祖父母周年	父母三年	得戒和尚三年	已受業師周年	親上弟子周年	親上法孫大功
	俗伯叔大功	教授師周年	僧兄弟大功	義兄弟隨喪	
		證戒師大功	僧俗姪小功	俗姊妹大功	

以上這套喪服制度無疑來自儒家内族服圖的轉换,其中除去了"緦麻者三月"之喪,卻增添了"同法門者隨喪",顯然淡化了血緣關係,但是對於隨母改嫁後的恩義關係不得不承認,所謂"義伯叔小功"、"義兄弟隨喪"即表現在此一圖表之中。至於僧俗之間喪服制度的轉化關係如下:

三年者二十五月:得戒和尚三年=父母三年。

周年者十三月:已受業師周年、教授師周年、羯磨師周年、親上弟子周年=祖父母周年。

大功者九月:僧伯叔大功、僧兄弟大功、親上法孫大功=俗伯叔大功、俗兄弟大功、俗姊妹大功。

小功者五月:僧俗姪小功=義伯叔小功。

隨喪：授學師隨喪、受業弟子隨喪＝義兄弟隨喪

其間僧俗關係的轉化借用，除了父母三年、祖父母周年服制完全與俗家相同外，對於俗伯叔大功之與伯叔周；俗兄弟大功、俗姊妹大功之與兄弟周，妻小功，新入大功、姊妹周，出大功等，已經隨著自身的出家而降等，但是還没有完全斷絶，甚至連無血緣而透過母親恩義關係的義伯叔小功、義兄弟隨喪也要列出喪服期，説明了大乘佛教入世人間的精神仍然深受重視五倫關係的漢文化所魂牽夢縈。

如果我們也將杜友晉撰《書儀》凶儀下050800内族〔服〕圖的喪服制度加以轉化成如下喪期制度，則更爲明白清楚：

父母三年

祖周姑周，出大功伯叔周，母大功姊妹周，出大功兄弟周，妻小功，新入大功子周姪周

堂姊妹大功九月孫大功九月

曾祖小功五月祖兄小功五月祖姊小功五月堂伯叔小功五月堂姑小功五月從兄弟小功五月

再從姊妹小功五月堂姑女小功五月堂姪小功五月兄女小功五月兄孫女小功五月兄孫小功五月曾孫小功五月

高祖緦麻三月曾祖兄緦麻三月曾祖姊緦麻三月祖堂兄緦麻三月祖堂姊緦麻三月從伯叔緦麻三月從姑緦麻三月三從兄弟緦麻三月三從姊妹緦麻三月從姪緦麻三月從姪女緦麻三月堂兄孫緦麻三月堂兄孫女緦麻三月兄曾孫女緦麻三月兄曾孫緦麻三月玄孫緦麻三月

緦麻者三月：無。

同法門者隨喪：授學師隨喪、受業弟子隨喪＝義兄弟隨喪。

從這個對等關係的圖表比較，可以看出隨著出家以後，對於師長的喪制與之前的俗家，其對等關係已經約略可知。如將得戒和尚三年＝父母三年可以理解爲既已捨家受戒，得我法身，仍然需要爲生我生身之父母遵守三年服制，顯然足以説明儒家的凶禮服制已經滲透或涉入了印度佛教原來所缺乏的底層，對於講説解脱教義的佛教而言，也算是兩種不同文化之間的折衷平衡。可是儒家對於特定的師長，其重要性等同如孔子地位者，也不過心喪三年而無服，或者出入時加絰的有無而已，甚至雖有辭官遵奉喪制者，但是以圖示明訂三年者二十五月，似乎從來未見。不過《五杉集》卷中《僧五服圖》是借用明訂的服制圖示，把僧家的地位大大提高了，甚至下文更説明："受業之師，服制周年，若以訓勗之恩、育養之德，自小左右，其義亦深，孝行存焉，衣制不可奪，或服三年，理亦無失。"顯

然有意把已受業師周年再提高如同所生父母的地位。可見釋應之是不斷地借用中國原有的禮俗,提高僧家的身分,有如格義一般,使佛教教義爲世俗化的語言及禮俗所統合,離開印度原始部派的精神也越加懸遠。

再如周年者十三月部分,俗家僅剩祖父母,却乏兒女部分,便設定出家僧尼限於未婚,否則只能作爲在家的優婆夷或優婆塞,或者未受五戒的一般信衆。同時僧家與世俗的比例關係形成四與一之比。大功者九月、小功者五月部分,僧俗尚稱對等,緦麻者三月在僧家則已告絶,所謂緦麻即喪服用細麻布作的喪服,在服制中由僅有三月的最輕微者所穿戴。可是對僧家而言,這種世俗之禮可免則免矣,一切僧俗之間的關係盡量淡化,於是便歸入同法門者隨喪的身分位階。

事實上,用圖表總比文字敍述簡便明瞭,可是五禮中最重要的凶禮也不是可以如此簡單一圖道盡,因此在這圖表之後,不得不有以下幾條關涉的解釋和程序説明。前面四條以三年重喪的服制爲主,第五條以後則是針對周年喪期服制的説明。再者,五服制度也不止於喪期的時間而已,還有"衰冠"、"絰帶"、"屨"、"杖"、"絻"等其他相關的穿戴,甚至還包括了用布的麤細升數顔色,應該還可再作不少的補充,這裏無法予以細説。

對於講究孝道的中國,五服制度從上層的統治階級到底層的庶民百姓,乃是共同遵行的制度,其重要性不言而喻,因此對於印度傳來中土的佛教,還未與傳統文化融合之前,所産生的抗拒能量也應不小,此從《弘明集》和《廣弘明集》所載的佛道論爭或如韓愈的《原道》、司馬光的《書儀》、朱熹的《家禮》等存在的諸多批評,便可了然。儘管佛教並未排斥孝順父母,然而對於一個講究"不孝有三,無後爲大"的民族,經久以來爲宗法血胤制度所維繫的文化古國而言,的確需要一套很好的説服策略,纔能取得大批庶民百姓的信任,甚至心悦誠服地接受戒律。問題是既然出家爲僧尼以後,與世俗父母或原生家庭的親族應該保持何等關係,也是很值得探討的課題。其實,佛陀在印度傳法時,從未拒絶在家居士的加入。所以從這幅《僧五服圖》便可以看到僧俗共治於同一圖表中的情況。

只是爲師服喪之説原非佛典倡議,而是佛教傳入中國以後所産生的一種新制度。根據司馬遷《史記》卷四七《孔子世家》云:

> 孔子葬魯城北泗上,弟子皆服三年。三年心喪畢,相訣而去,則哭各復盡哀,或復留。唯子貢廬於冢上凡六年,然後去。弟子及魯人往從冢而家者百有餘室,因命

曰孔里,魯世世相傳,以歲時奉祠孔子冢,而諸儒亦講禮鄉飲、大射於孔子冢。孔子冢大一頃,故所居堂弟子内,後世因廟藏孔子衣冠、琴、車、書,至於漢二百年不絶。[1]

這是中國初始爲師服心喪的記録,而《禮記注疏》卷三六《學記》云:"師無當於五服,五服弗得不親。"孔穎達正義曰:"師,教之師也。五服,斬衰也,齊衰也,大功也,小功也,緦麻也。師於弟子,不當五服之一也。而弟子之家若無師教誨,則五服之情不相合親也。故云弗得不親,事師情有在三年之義,故亦與親爲類。"[2]似乎説明五服中是以血統爲主及姻親關係所製訂的喪期制度,從來没有爲老師服制的規定。《禮記注疏》卷六也説:

事親有隱而無犯,左右就養無方,服勤至死,致喪三年;事君有犯而無隱,左右就養有方,服勤至死,方喪三年;事師無犯無隱,左右就養無方,服勤至死,心喪三年。[3]

由於父母、國君、老師三者生前與之相處的態度不同,因此同是服喪三年,所服的方式却有别異。就此來看,雖然五服中没有爲老師服喪之説,却有持守"心喪"之制,並有别於君父固守三年之喪期。又同書的卷七《檀弓上》云:

孔子之喪,門人疑所服。無喪師之禮子貢曰:"昔者夫子之喪顔淵若喪子而無服;喪子路亦然,請喪夫子若喪父而無服。無服,不爲衰弔服而加麻,心喪三年。"正義曰:此一節論弟子爲師喪制之禮,各依文解之。[4]

這裏對於夫子是否服喪極盡詳盡之能事,引文之下還有更細緻的注疏,所以就不再旁徵博引。其後,班固《白虎通》卷下《喪服》即云:

弟子爲師服者,弟子有君臣父子朋友之道也,故生則尊敬而親之,死則哀痛之,恩深義重,故爲之隆服。入則經,出則否。[5]

既然已經具體議論到爲師隆服,入則絰,出則否,應非心喪而已。兩漢以來,諸如夏侯勝、龔勝、揚雄、李固等死後,弟子爲之治喪起墳或收屍者,皆見於各人的本傳中;而董班、荀淑、延篤、儒林任末、黨錮孔昱、鄭玄等諸人的傳紀,每多自陳師喪或棄官之言,是

[1] 《史記》卷四七《孔子世家》,1945頁。
[2] 《禮記正義》卷三六《學記》,656頁上下欄。
[3] 《禮記正義》卷六《檀弓上》,109—110頁。
[4] 《禮記正義》卷七《檀弓上》,131頁下半右欄。
[5] 《白虎通德論》卷下《喪服》,臺北:臺灣商務印書館四部叢刊本,1979年,79頁右欄。

以徐乾學案語曰:"此數傳或止言奔喪,然至棄官,則當時亦必制服可知,故并志之。"〔1〕也因如此,東漢以後,隨著儒學的盛行,弟子對於老師的服制已經有了具體而明顯的變化,不再止於心喪,所以兩晉再訂新禮時,將爲師服"齊衰三月"之制明列律條之中,根據《晉書》卷二〇《禮中》云:

喪服無弟子爲師服之制,新禮弟子爲師齊衰三月。摯虞以爲:自古無師服之制,故仲尼之喪,門人疑於所服。子貢曰:昔夫子之喪顔回,若喪子而無服,請喪夫子若喪父而無服。遂心喪三年。此則懷三年之哀,而無齊衰之制也。羣居入則絰,出則否,所謂弔服加麻也。先聖爲禮,必易從而可傳,師徒義誠重,而服制不著,歷代相襲,不以爲缺。且尋師者以彌高爲得,故屢遷而不嫌;修業者以日新爲益,故舍舊而不疑。仲尼稱:三人行,必有我師焉。子貢云:夫何常師之有。淺學之師、暫學之師,不可皆爲之服。義有輕重,服有廢興,則臧否由之而起,是非因之而争,愛惡相攻,悔吝生焉。宜定新禮無服如舊。詔從之。〔2〕

也因孔子自認爲"三人行,必有我師焉",子貢也説:"何常師之有。"那麽如果爲師服喪,豈不經常處於喪期之中,何況"淺學之師、暫學之師"也是有的,更不可能爲之服喪三年。也因如此,最後制定新禮時仍然決定"無服如舊",且"詔從之"。唐五代以迄於宋,據《續通典》卷八三《禮凶・師弟子相爲服議》云:

唐王義方卒,門人員半千、何彦先行喪,植松柏冢側,三年乃去。宋胡瑗卒,訃至京,學士錢公輔與太學生徒百餘人詣興國戒壇院舉哀,自陳師喪,給假二日。張子全書,聖人不制師之服,師無定體,豈可一槩服之。故聖人不制其服,心喪之可也。孔子没,弔服加麻,亦是服也,却不得謂無服也。何基卒,金履祥議曰:爲師服者弔服加麻,心喪三年,古之制也。布襴俗服也,今之服,緦功以上者用之,生絹鈎領之衫俗服也,今之服緦麻者亦用之服。今緦麻之服是不得同喪父無服之重也,疑衰古士之弔服也,其服亡矣。白布深衣,古庶人之弔服,其制今猶存焉。然古之士,

〔1〕 徐乾學《讀禮通考》卷二五,臺北:商務印書館影印文淵閣《四庫全書》本,1986年,112—550頁。其後雖然有此議論:"《儀禮・喪服記》言朋友麻,注疏謂麻者弔服加麻,既葬除之。大夫士之葬爲期三月,則朋友有三月之服明矣。夫朋友尚有三月之服,師之恩義豈不更重於朋友哉!奈之何其反無服也。説者謂師與友同,言友則師在其中,此言似矣,而猶未盡也。夫朋友於我爲同輩,故可以弔服而加麻,師在三之義,與君父並,而可以朋友之服服之乎?然則宜何服?愚謂當倣庶人爲國君,族人爲宗子之禮,齊衰三月。蓋服以齊衰,分之尊也期以三月友之例也,庶乎情與義之間兩得之矣。觀唐制門生於舉主服齊衰三月,人不以爲非。夫舉主尚服以齊衰,而謂弟之於師不可用齊衰之服哉!若夫淺學之師,曲藝之師,則固有辨,何可與傳道授業者同日而語也。"(112—556頁)换句話説,門生爲推薦的人有齊衰三月,也非定例。

〔2〕《晉書》卷二〇《禮中》,臺北:鼎文書局影北京中華書局本,1980年,631—632頁。

今之官也;今之士,其未仕者,古之庶人也。宜用古庶人之服,而以深衣爲弔服。昔朱子之服,門人用細麻深衣而布緣矣。然凡布皆麻,古以三十升麻爲麻冕之布,以十五升麻爲深衣之布。深衣之麻自司馬氏朱氏皆云用極細布,則深衣布用苧代麻久矣,其緣則孤子純以素,是喪父既除之服也。孔門喪夫子若喪父而無服,則以喪父服除之,服爲若喪父無服之服,其純用素可也。其冠則庶人之弔素委貌,失其制矣。以白布代之而加素絰於冠可也,加麻之絰緦服之絰也,今用緦麻而小可也。加麻之帶緦麻之帶也,今用細苧可也。所謂疑衰,擬於衰者也。[1]

可見爲業師服喪,始終未能具體成文規定,不過仍然謹守心喪爲多。何況僧人之爲師服制,既非緣於血統,應該無服可以比附纔是,如今卻出現了《僧五服圖》,的確前所未見。由於道安法師以後統一僧家釋姓,弟子得以師承法嗣,並緣出於釋尊,因師受戒而有法身,如同父母之恩而有生身。於是纔有爲得戒和尚三年、羯磨師周年、教授師周年、已受業師周年、親上弟子周年、證戒師大功、親上法孫大功、僧兄弟大功、僧伯叔大功、僧俗姪小功、受業弟子隨喪、授學師隨喪等服喪及報的制度,而爲師及弟子服制是在進入僧團,受了戒律之後所建立的人際關係,但是對於父母三年、祖父母周年、俗伯叔大功、俗兄弟大功、俗姊妹大功、義伯叔小功、義兄弟隨喪等服制,則又沒有完全放棄過去舊有的血緣親族及社會上一些人際倫常,僅是作了部分的刪修及淡化而已。透過這兩種今日既僧、往昔爲俗的兩種服制喪期,便可看出中國文化對佛教華化過程中的導引。再者,根據上述喪期的規定:三年者二十五月、周年者十三月、大功者九月、小功者五月、緦麻者三月、同法門者隨喪,又將如何落實,也是需要檢討的一個問題。

(三)儒釋道間的競爭表現

有關道教喪儀文字,根據朱法滿的序言,凡有大孟孟景翼、小孟孟智周、石井公、張續等四家之作,惜皆亡佚不見,今日可見者則有唐三洞道士朱法滿匯編之《要修科儀戒律鈔》一書,其卷一五、一六爲《道士吉凶儀·并序》,雖然不含服制圖式,以其爲本土宗教,因此有關傳統喪服制度已經融入其中,縱使與傳統儒家實行的喪葬習俗稍有差異,還不至於南轅北轍。如據《成服儀》第六《受治以滿籙》所載,凡爲師服喪,受"三五元命及八券十籙"者[2],則緦麻三月服;受"若受五千文、大誡百八十律、真誥、五嶽、六甲、

〔1〕《續通典》卷八三《禮凶·師弟子相爲服議唐宋元明》,杭州:浙江古籍出版社,1988年,1635頁上欄。

〔2〕其下注云:"八券者:定志券、昇玄券、賣子券、乞兒券;上清四券者:血液券、神仙券、大度券、通靈券。十籙者:除滿籙、三五籙、元命籙外,更有斬邪籙、破殗百鬼召籙、都章畢印籙、九州社令籙、太玄四部籙、河圖籙、青甲籙、東野大禁籙、十將軍籙。"

禁山”,則小功五月;受“自然、中盟、三皇、五符、七傳、寶神等經符”則服大功九月;受“靈寶大盟、真經三品、三籙、三奔”,則服齊衰期;“若前來五千文、自然大盟等三條中經法同是一師受者”,皆服斬衰三年,從極重之制。又如經師小功,籍師大功,同學則緦麻三月日服。至於報者,師爲弟子例〔降〕一等,爲師三年報一期,齊衰者九月,大功者五月,小功三月。然而如師年過老,若不勝衰,心喪而已。因此二孟説:“門中弟子爲師,依經説度脱生死,恩重二親,而居喪事用,不同俗禮,既無凶苦,不爲拔經。諸餘服紀,皆依法輕重,以爲制度。”

就此看來,道教因是本土宗教,對於一般世俗行用的喪服制度,也都不加排斥,使得佛教不得不給予正視。佛教從印度傳入中國時,在迫於時勢及環境的壓力下,既要本土化,又需保有一己的原生特色,常依違於入世離俗的去取之間。所以佛陀生前,或者後來的部派佛教往往隨著四種不同葬法便完事了,然而既入講究孝道和尊重師道的中國,面對師如父母的五服制度,需要具有一套説服别人的策略。故從東晉慧遠(334—416)法師著作《喪儀》,制定喪期一周,歷經陳釋曇瑗(496—583?)之有《僧家書儀》五卷[1],應該都會涉及此一問題的探討,可惜都已亡佚不見了。唐代道宣法師撰述《四分律拾毗尼義鈔》六卷、《四分律删補隨機羯磨》一卷及疏二卷、《四分律比丘含注本》一卷及疏三卷、《四分律删繁補闕行事鈔》十二卷、《比丘尼鈔》六卷等五大部的戒律著作,成爲南山宗的創始[2],不但爲釋應之《五杉集》所繼承,並爲後來如《釋氏要覽》及北宋崇寧二年(1103)宗賾的《禪苑清規》[3]、省悟編述(1324)《律苑事規》卷九[4]等佛教典籍加以援用修訂,並且也在國外産生極大的影響。

四　結　　論

毫無疑問,中古書儀消亡逮盡之際,幸有敦煌文獻保留了百多號的寫本,近三十種不同種類的朋友書儀和吉凶、四海、僧尼、婦人等綜合類的往來書儀文獻,更有官方職場應用的公文書啓及起居問訊文字,的確讓中古社會人際往來的網絡盛況一一重現。這些書儀除了重視文采及法書的月儀之外,更有包含各類範文的綜合書儀,不但是東亞文

〔1〕《隋書》卷三三《經籍二》,971頁。按: 釋道宣《續高僧傳》卷二一作“僧家書儀四卷”,見《大正新脩大藏經》第50册,No.2060,609頁中。

〔2〕《宋高僧傳》卷一四《唐京兆西明寺道宣傳》,CBETA, T50, no. 2061, p.790, b7 - p.792, b24。

〔3〕宗賾集《禪苑清規》,《卍續藏》第111册。

〔4〕省悟編述《律苑事規》,《卍續藏》第106册。

化交流中的重要文獻,也是儒釋道三教之間相互競合的珍貴史料。

本篇只是借用綜合書儀中最重要的杜友晉《書儀》所整理成的甲、乙、丙三個系統進行論述,又取丙系較爲全面的"凶下"篇目和文字加以比較,認爲甲系有如丙系簡化的略出本,而丙系則又重新編訂的後出本,乙系當是最爲早出。也因如此,丙系存有内、外族及妻爲夫族服圖,蓋緣出於血緣及姻親關係的喪服簡表,蓋爲今日禮書中見存之最早圖表,其中注明"新入",也恰當地呈現了開天迄於晚唐喪服儀禮的更迭。詎料五代南唐釋應之爲弟子編纂的《五杉練若新學備用》卷上、中、下的内容,處處與敦煌寫卷相互唱和呼應。既有月儀,也有綜合書儀的成分,原應仔細地加以探討。由於限於篇幅,這裏僅提出"僧五服圖"與杜友晉《書儀》在"内族服圖"上的對應與異動。至於佛典上説到印度的四種葬法,荼毗無疑影響了中國原來常見的土葬方式,同時其舉行過程中處處又向中國的喪葬禮儀風俗靠近,又要有别於傳統儒家的喪禮,並且也要與原生的本土道教喪禮儀式看齊。以至於從服制喪期,以及冠杖絰履等穿戴,每每向在地化的儒家靠近,並且加入了一己的宗教儀式。於是佛道職業化的宗教服務終於取代了儒家的禮生制度。

自從《史記・孔子世家》寫到孔聖"葬魯城北泗上,弟子皆服三年。三年心喪畢,相訣而去,則哭各復盡哀,或復留。唯子貢廬於冢上凡六年,然後去",歷來爲老師服喪者莫過於此。然而禮令或風俗制度對於没有血緣者並無硬性的服喪規定,最多止於心喪,其所以如此者,誠如《學記》所云:"師無當於五服,五服弗得不親。"兩漢魏晉以來,爲師服喪者儘管不乏其人,甚至還議論編入新禮當中,終因"三人行,必有我師焉",又"何常師之有",加上也有"淺學之師、暫學之師",最後還是由皇帝下詔取消服喪之議。倒是宗教家方面,道教依止受經的層次而舉行五服喪制及喪期,佛教也分教養受戒依止的不同,取用了儒道或世俗的五服制度及喪期,然後因地制宜地加以修編,的確是一個引人注目的現象。

附録一:京兆杜友晉撰《書儀》及《書儀鏡》(吉上凶下)

〔030000 書儀鏡　京兆杜友晉撰 S.329+S.361〕(簡稱甲系)	**〔050000 新定書儀鏡京兆杜友晉撰 P.3637〕(簡稱丙系)**	**〔040100 書儀　京兆杜友晉撰 P.3442〕(簡稱乙系)**
030101…〔上殘〕履珍〔適〕…集洩久乖,增悵係,餘垂檢校,幸	050101…〔及〕伯叔加官狀 050102 賀語	040101…次第兄… 封次第兄姊書　右邊云名省妹云某氏娣省

（續表）

〔**030000 書儀鏡　京兆杜友晉撰 S.329+S.361**〕（簡稱甲系）	〔**050000 新定書儀鏡京兆杜友晉撰 P.3637**〕（簡稱丙系）	〔**040100 書儀　京兆杜友晉撰 P.3442**〕（簡稱乙系）
也。不具。謹〔狀〕… 030102〔問疾書〕 030103 030104 030105 030106 030107 030108 030109 030110 030111 030112 030113 030114 030115 賀四海加官秩書題 030116 答書 030117 賀四海加官秩書題 030118〔答書〕 030119 賀四海婚嫁書 030120〔答書〕 030121 賀四海男女婚姻書 030122 答書 030123 030124 030125 囑四海求事意書 030126 030127 030128 奉口馬奴婢書 030129 並準前 030130 並準前 030131 準前 030132 與稍尊問疾書 030133 又云 030134 謝尊人問疾書 030135 又云 030136 謝平懷問疾書 030137 030138 030139 賀四海正書 030140	050201 通婚函書往來皆須以函封，無函者可用紙、答函書 050203 下函六禮儀 050204 納函書 050205 嫁女〔祭文〕 050206 成禮畢相慰語　婚禮不賀 **050300 新婦修名儀** 050301 與妻父母書內外族表丈兄姊同、答書 050302 與姊夫書、答書、 答書 050303 與親家翁母書親家伯叔同、答書 050304〔與女婿書〕 050305 與妻姨舅姑書、答書 答書 050306 與同門書《答書同前》 **050400 婦人書題廿首** 若修弔書，即於內外族弔書依尊卑改換首尾取用，首云次第新婦娘言，尾云再拜，不得云頓首之語。 050401 與夫書、答書 050402 上阿家狀姑姨舅同、兄姊同、父母同 050403 與妯娌書、答書 050404 與嫂書、答書 050405 與新婦書、答書 050406〔與兒女姪外生孫書於內族取，答書准前〕 050407…〔以下缺紙〕	040102〔與〕子姪〔孫〕書 **040200 外族吉書儀并論婚報答書十首** 040201 與外祖〔父〕母書〔外〕伯叔〔祖〕附之 040202〔與〕舅舅母〔姨〕姨夫書母之外祖〔父〕母及姨舅附之 040203〔與〕表丈人〔及〕表姑姨〔表〕兄姊書 040204〔與〕表〔弟妹〕書 040205〔與〕女婿〔書〕女孫婿附之 040206〔與〕妻父〔族〕書妻〔姑〕姊附之 040207〔與〕外甥孫書 040208 與婦書 040209〔通〕婚書 040210 答婚書 **040300 婦人吉書儀八首** 040301 與夫之〔祖〕父母〔父〕母書 040302 與夫之〔伯〕叔父母〔姑〕姨姊書 040303 與夫之妹書 040304 與嫂書 040305 與弟婦書 040306〔與〕姒書〔即〕夫之兄妻 040307〔與〕娣書〔即夫〕之弟妻 040308〔與〕夫書

（續表）

〔030000 書儀鏡　京兆杜友晉撰 S.329+S.361〕(簡稱甲系)	〔050000 新定書儀鏡京兆杜友晉撰 P.3637〕(簡稱丙系)	〔040100 書儀　京兆杜友晉撰 P.3442〕(簡稱乙系)
030141 030142 030143 030144 030145 與四海賀冬書 030146 030147 030148 030149 030150 030201 弔四海遭父母喪書， 030202 亦云 030203 030204 弔〔四海遭〕伯母叔喪書 030205 弔四海遭兄弟喪書 030206 弔四海遭妻子喪書 030207 凶變無常，賢郎莫委冠羣，冀榮貢族；何圖遘此迍禍，奄從夭逝。聞問 030208 四海奴婢亡書 030209 弔四海傷犬馬亡書 030301 參謁法官貴求身名語 030302 030303 又云 030304 謝衣服語 030305 謝車馬 030306 四海平蕃破國慶賀書 030307 030308 030309 030310 亦云 030311 亦云 030312 030313 答 030314 030315 030316 030317 030318 030319 030320		

（續表）

〔**030000 書儀鏡　京兆杜友晉撰 S.329+S.361**〕(簡稱甲系)	〔**050000 新定書儀鏡京兆杜友晉撰 P.3637**〕(簡稱丙系)	〔**040100 書儀　京兆杜友晉撰 P.3442**〕(簡稱乙系)
030321 030322 030323 030324		
030325 **030400** 四海書題 **030401** 重書 **030402** 答書 **030403** 次重 **030404** 答書	050501…審動靜,傾來投分,信虛誕耳。深嘆訝□其涼,惟動靜兼勝,某不足謂,如不遺賤品,時訪死生,是所望也。因使略此,不宣。謹狀。月日姓名狀通　次位郎《記室》	
030405 屈讌書 050505	答書	
030406	050502 醉不得書、答書	
030407 三月三日	050503 問發日書、答書	
030408 五月五日	050504 未相識、	
030409 九月九日	050505 屈讌書	
030410 答書	050506 他鄉經節屈讌書	
	050507 三月三日	
	050508 五月五日	
	050509 九月九日	
	050510 冬至、答書	
	050511□□□□ 解榻相待,無慮遲遲,不具,謹狀。 刀札忽臨,〔具〕承來意,緣尊者處分少事未了,了即奔赴,無怪遲遲,不具。謹狀。題如前。	
	050512 借馬書、答書	
	050513 遺物書、答書	
	050514 求物書、答書	
	050515 問馬墜書、答書	
	050516 問疾書	
	050517 不審所苦痊復否?心之憂矣,若己有之。晚伏鬱蒸,願善攝理,在僕無慮焉。使回報,不宣,謹狀。〔月日〕　題如前、答書	
	050518 霖雨書	
	050519 雨後書	
	050520 雪中書	040400〔僧〕尼道士吉書儀七首

（續表）

〔**030000 書儀鏡　京兆杜友晉撰 S.329+S.361**〕（簡稱甲系）	〔**050000 新定書儀鏡京兆杜友晉撰 P.3637**〕（簡稱丙系）	〔**040100 書儀　京兆杜友晉撰 P.3442**〕（簡稱乙系）
030411 與僧尼書 **030412** 與道士書	050521 雪後書 050522 陰慘書 050523 風雹書 050524 召蹴踘書 050525 與僧尼書 050526 與道士書	（後三首並依俗人，與丙系不同） 040401〔與〕和尚闍梨書 040402〔和尚闍梨與俗人書〕 040403〔弟子與和尚尊師書〕 040404〔和尚尊師與弟子書〕
	050600 四海慶賀書題內外族同 050601 重賀官〔爵〕書 050602 賀正冬啓 050603 冬 050604 賀平賊書 050605 賀及第書 050606 賀加官書 050607 賀雨書 050608 喜晴書	040405〔與〕祖父母父母書 040406〔與〕伯叔書 040407〔與〕兄姊〔書〕 040408 右題書並依俗人；其外族卑幼書亦依俗人，唯除再拜。舉其宏綱，更…
030413 與妻父母書內外族表〔丈〕兄姊同 **030414** 答書 **030415** 與姊夫書 **030416** 答書 **030417** 與親家翁〔母〕書親家伯叔同 **030418** 答書 **030419** 與妻姨舅姑書 **030420** 答書 **030421** 與同門書 **030422** 答書	【**050300 新婦修名儀** 050301 與妻父母書內外族表丈兄姊同、答書 050302 與姊夫書、答書、 答書 050303 與親家翁母書親家伯叔同、答書 050304〔與女婿書〕 050305 與妻姨舅姑書、答書 答書 050306 與同門書答書同前】	**040500〔四〕海吉書儀五首** 040501 與極尊書《同居繼父、父之執友、疏居屬長、見藝師、姑夫姨夫、族祖族叔》 040502〔與〕稍尊書《謂己所事，或官位若高、姊夫、妻兄》 040503 與平懷書 040504〔與〕稍卑〔書〕 040505〔與卑者書〕

030500 書儀鏡　凶下	**050700〔新定〕書儀鏡　凶下**	**040600 書儀卷下　京兆杜友晉撰**
	050800 內族〔服〕圖凡三年服，十二月小祥，廿五月大祥，廿七月禫，廿八月〔服〕平裳。凡周年服十三月除，大功九月除，小功五月除，緦麻三月除。 **050801** 律五服喪葬令稱三年廿七月，匿徒二年。稱周十三月服，匿徒一年。稱大功九月服，匿杖九十，稱小功五月服，匿杖七十。稱緦麻三月服，匿笞五十。	

（續表）

030500 書儀鏡　凶下	**050700〔新定〕書儀鏡　凶下**	**040600 書儀卷下　京兆杜友晉撰**
	050900 **050901 外族服圖** **050902〔婦爲〕夫族服圖**	
030501 凡〔例〕五十條 凡修弔書,皆須以白藤紙楷書;無問尊卑,皆須别爲項首,幽明有異,重亡者也。和上表及已則否。	**051000 凡例五十條** 051001 凡修弔書,皆〔須〕以白藤紙楷書,無問尊卑,皆須别爲項首,幽明有異,重亡者也。和尚表及已則否。	
030502 凡前人有大功已上服通弔書,極尊云友福,次尊云友豫,稍尊云友勝,平云友適、友常、友祐,卑云友度、友遣。	051002 凡前人有大功已上服通弔書,極尊云友福,次尊云友豫,稍尊云友勝,平云友適,友常、友祐,卑云友度、友遣、〔友位〕。	
030503 凡大功已上服通弔書,無問尊卑,皆〔云〕慘愴不次,厶頓首。	051003 凡大功已上服通弔書,無問尊卑,皆〔云〕慘愴不次,厶頓首。	
030504 凡通寒温,前人是己小功已上親依吉儀,如疏屬及四海即依凶儀。	051004 凡通寒温,前人是己小功已上親依吉儀,如疏屬及四海即依凶儀。	
030505 凡子姪及外甥并孫居喪云無横苦、無他惡;輕服云無恙;不云友立、友度之語。	051005 凡子姪及甥并孫居喪云無横苦,無他惡;輕服云無恙,不云友立、友度之語。	
030506 凡遭父母喪書皆云月日名頓首頓首,結尾云:謹奉疏慰,慘愴不次,名頓首頓首;小功已上單云頓首。	051006 凡〔遭〕父母喪書皆云月日名頓首頓首,結尾云謹奉疏慰,慘愴不次,〔姓〕名頓首頓首,小功已上即單云頓首。	
030507 凡弔前人父亡稱至孝,母亡稱至哀,父先亡母後亡亦稱至孝。	051007 凡弔前人父亡稱至孝,母亡稱至哀,父先亡母後亡亦稱至孝。	
030508 凡題弔書,父亡書題云※前,母亡云苦前。	051008 凡題弔父亡書題云※前,母云苦前。	
030509 凡周親稱服前,婦人居喪亦稱服前,承重者准男子稱。	051009 凡周親稱服前。婦人居喪亦稱服前,承重者准男子稱。	
030510 凡父亡稱考,母亡稱妣;族内耶孃有號任稱。	051010 凡父亡稱考,母亡云妣,族内〔云〕耶孃,有號任稱。	
030511 凡無父稱孤子,父在母亡稱哀子,父母俱亡亦稱孤子。	051011 凡無父稱孤子,父在母亡稱哀子,父母俱亡亦稱孤子。	
030512 凡嫡孫承重祖云孤孫,	051012 凡嫡孫承重祖〔亡〕云孤孫,母亡云哀孫,曾云孤曾孫,玄孫云孤玄孫,哀〔玄〕孫。	
	051013 凡女在室爲喪主〔云〕孤	

（續表）

030500 書儀鏡　凶下	**050700〔新定〕書儀鏡　凶下**	**040600 書儀卷下　京兆杜友晉撰**
母亡云哀孫，曾云孤曾孫，玄孫云孤玄孫、哀孫。		
030513 凡女在室爲喪主云孤女、哀女。	女、哀女。	
030514 凡弔答父母書云孤子，母云哀子，首尾並云頓首。結尾云：扶力白答，荒塞不次，名頓首頓首。題如吉書，無謹封之語。	051014 凡弔答父母書云孤子，母云哀子，首尾並云頓首，結尾云：扶力白答，荒塞不次，〔姓〕名頓首頓首。題如吉書，無謹封之語。	
030515 凡孝弔孝子書云白書，不得云白弔，爲已有哀，不免於人。	051015 凡孝弔孝子書云白書，不得云白弔，爲已有哀，不免於人。	
030516 凡弔答小祥、大祥、除禫書題如初服。	051016 凡弔答小祥大祥除禫書題如初服。	
030517 凡身有重喪與人書云：日月流速，荼毒如昨，頻遷時序；即云：不自死滅，苟延視息。	051017 凡身有重喪，與人書云：日月流速，荼毒如昨，頻遷時序；即云：不自死滅，苟延視息。	
030518 凡無父稱孤露，無母稱偏露。	051018 凡無父稱孤露，無母稱偏露。	
030519 凡高祖稱高門，曾祖稱曾門，祖稱大門，父稱家裏，母稱堂上。	051019 凡高祖稱高門，曾祖稱曾門，祖稱大門，父稱家裏，母稱堂上。	
	051020〔凡弔人初安殯書題如初服〕。	
	051021〔凡弔人除地席書不言謹封〕。	
030520 凡弔人夫喪書〔與父喪〕同，爲出嫁以夫爲天。	051022 凡弔人夫喪書與父喪同，爲出嫁以夫爲天。	
030521 凡婦人不言踊，不言崩，唯攀慕擗摽，貫割屠裂，不云崩潰。	051023 凡婦人不言踊，不言崩，唯攀慕擗摽，貫割屠裂，不云崩潰。	
030522 凡舅姑存日稱大君、大家，歿後稱先舅、先姑。	051024 凡舅姑存日稱大君、大家，歿後稱先舅、先姑。	
030523 五服告哀書		
030524《凡父亡哭稱罪逆蒼天，罪深蒼天，父在母亡哭稱罪深，父母俱亡云罪逆蒼天，罪深蒼天，伯叔兄弟姊姑及姨舅弟妹男女哭稱痛深，舅姑亡稱罪深。》	051025 凡父〔亡〕，哭稱罪逆蒼天，罪深蒼天。父在母亡哭稱罪深，父母俱亡云罪逆蒼天，罪深蒼天。伯叔兄弟姊姑及姨舅弟妹男女哭稱痛深，舅姑亡稱罪深。	
030525 凡五服爲答哀書皆依吉儀，不用謹封之語，云几前，	051026 凡五服内〔告〕答哀書皆依吉儀，不用謹封之語，云几前、座前。	
	051027 凡五服内凶書之末，皆	

（續表）

030500 書儀鏡　凶下	**050700〔新定〕書儀鏡　凶下**	**040600 書儀卷下　京兆杜友晋撰**
座前。 030526 凡五服内凶書之末，皆再拜，不合有頓首之語。 030527 凡婦人修内族書之末，皆云再拜，不云不宣、不具之語。 030528 父母喪告兄姊書 030529 父母喪告弟妹〔書〕 030530 子亡父母〔告〕孫兒〔女〕書[1]	稱〔再〕拜，不合有頓首之語。 051028 凡婦人修内族吉凶書之末皆云再拜，不云不宣、不具之語。 **051100 五服告哀書一十二首** 051101 父母喪告兄姊書、 051102 父母喪告弟妹書、 051103 子亡父母告孫兒〔女〕書、 051104 長女亡父母告次女書、 051105 祖父母喪告父母〔書〕、 051106 伯叔喪告父母書、 051107 父母亡告祖父母書**取告兄姊書** 051108 長兒亡父母告次兒書、 **051200 内族弔答書一十二首** 凡與九族凶書依吉儀封題。 凡與九族哀書，不得云孤子、哀子。 051201 姑兄姊亡弔父母伯叔書 051202 弟妹亡弔次弟妹書、 051203 姪甥亡弟妹弔兄姊書、答書 051204 父母弔子三殤書十九已下、十六已上爲長殤，十二已下、八歲已上爲下殤，十六已下、十二已上爲中殤。答書 051205 彼此重服相與書、 051206 重服内尋常相與書、 **051300 外族弔答書一十二首、** 051301 姑姨姊妹夫亡弔姑姨姊妹書、 051302 弔女婿遭父母喪書、 051303 弔女遭夫喪書、答書 051304 新婦亡弔親家翁母書**答同，女婿亦然。注中改訖。**答云 051305 妻亡弔丈人〔丈〕母書、答書	

〔1〕 以上甲乙二系無"050800 内族〔服〕圖"、"050801 律五服"、"050901 外族服圖"、"050902〔婦爲〕夫族服圖"，但是甲系"凡例"與丙系全同，僅個別字異。

（續表）

030500 書儀鏡　凶下	**050700〔新定〕書儀鏡　凶下**	**040600 書儀卷下　京兆杜友晉撰**
030600 四海弔答書儀廿首 030601 封弔書儀三 官位厶奉慰　謹封　孤子姓名白書至厶所　**通送姓位**　姓位至孝　**苫前**　官位郡名疏慰 **如尊人不問遠近，並短封，平卑遠即長，近則否。** 030602 弔遭父母喪書 030603 弔小祥大祥及除禫、答書 030605 弔起服從政、答書 030607 弔兄姊亡書、答書 030609 弔姑亡書、答書 030611 弔弟妹亡書、答書 030613 弔妻亡書、答書 030615…禍出不圖，賢姪盛年殞逝，惟悲慟 奈…〔已下殘〕	051306 外甥亡弔姊書、答書 051307 弔姪書、答書 **051400 四海弔答書廿首** **051401 封弔書儀三** 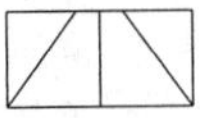 官位郡姓名奉慰 謹　封 孤子姓名白書至厶所通姓位 051402 弔遭父母喪書、答書 051403 弔小祥大祥及除禫〔書〕、答書 051404 弔起服從政、答書 051405 弔兄姊亡書、答書 051406 弔姑亡書、答書 051407 弔弟妹亡書、答書 051408 弔妻亡書、答書 051409 弔子姪外甥孫亡書、答書 **051500 父母初薨奠祭文、除禫已來文** 051501 初薨奠祭 051502 三日小斂祭 051503 七日大斂祭 051504 堂上啓柩將葬祭 051505 轜車出祭 051506 下棺祭 051507 臨壙祭 051508 延神祭 051509 春祭 051510 夏祭 051511 秋祭 051512 冬祭 051513 祥祭 051514 遷葬祭 051515 除服祭 051516 父祭子 051517 夫祭婦 051518 婦祭夫	

（續表）

030500 書儀鏡　凶下	050700〔新定〕書儀鏡　凶下	040600 書儀卷下　京兆杜友晉撰
	051519 祭兄 051520 祭姊 051521 祭男冥〔婚〕 051522 祭女冥〔婚〕 **051600 内外族及四海弔答辭廿首**凡行弔之禮，如重喪弔訖，未經節，每日相見則無拜。信宿已上及經節〔則拜，大功已上經節〕乃有弔拜之禮，未則否。 051601 弔遭父母初喪辭、諸尊人同、答云： 051602 弔後至祥禫已來經節辭、答云： 051603 弔伯叔兄姊亡辭、答云 051604 舅姨亡弔母辭、答云： 051605 女婿亡弔親家翁〔母〕辭、〔答云〕： 051606 嫂亡弔父母及兄辭、答云 051607 妻亡弔丈人丈母辭、答云 051608 女亡弔答女婿辭、〔答云〕 051609 新婦亡弔親家翁〔母〕辭、答云： **051700 婦人弔辭八首**内外及相識同 051701 婦人弔婦人夫亡辭、答云 051702 妯娌父母亡及夫亡辭、答云 051703 夫亡舅姑夫及父母答弔辭、答云： 051704 弔舅姑遭父母〔喪〕辭、答云 051705 妻父母亡夫弔答辭、答云 051706 舅姑亡父母弔答辭、答〔云〕 051707 男女亡舅姑父母弔、答云 051708〔兄姊亡舅姑弔答〕	

（續表）

030500 書儀鏡　凶下	050700〔新定〕書儀鏡　凶下	040600 書儀卷下　京兆杜友晉撰
	051709 三歲已下弔辭、答云： 051710 三歲已上、十五已下弔辭、答同前 **051711** 合靈祭 **051712** 題旐文 維太歲厶辰厶月厶日具官郡縣鄉里姓名府君之神旐。徐廣云：今時人題旐，或多不安年號，但安郡而已，若妻亡從夫之爵，妾從子之位，厶夫人之神旐。凡家長已上或身官長等喪，埋冢克葬日訖，即於家内廳事及堂居苫前，隨便安旐，樹旐於東階。樹旐於西階者，表主人有喪。旐者，明亡人有官爵。 051713 冥婚書　題如吉法 某頓首頓首。仰與臭味如蘭，通家自昔，平生之日，思展好仇。積善無徵，苗而不秀。又承賢女，長及載笄，淑範夙芳，金聲早振。春花未發，秋葉已凋。賢與不賢，眷言增感。曹氏謹以禮詞《亦云請》，願敬宜，謹遣白書不具。姓名〔頓首〕。 答〔冥婚書〕 久闕祗敍，延佇誠勞；積德不弘，釁鍾己女。賢子含章挺秀，竹勁松貞；未展九能，先悲百牘。既辱來貺，敢以敬從。願珍重《亦云厚》。　謹還白書不具。姓名頓首頓首。 **書儀一卷**〔1〕	

〔1〕 黄亮文校記云："051713－02 甲卷所録至此，乙庚卷此後有《凡例廿八首》等篇，當屬《删定諸家儀略集》之内容，其説明詳見《所謂"京兆杜友晉〈新定書儀鏡〉"相關問題的再探討》（《敦煌學》第 27 輯，2008 年，435—458 頁），校記見本書其他篇章，茲不贅述。"

（續表）

030500 書儀鏡　凶下	**050700〔新定〕書儀鏡　凶下**	**040600 書儀卷下　京兆杜友晋撰**
	051800 凡例廿八首 051801 凡無父稱孤子，父存母亡稱哀子。嫡孫承重稱孤孫、哀孫，曾玄孫、孤玄孫、哀曾孫、孤曾孫、哀玄孫。 女云孤女、哀女。父先亡，母後亡亦稱孤子。與九族親書不稱孤子，哀子； 有須稱孤哀者隨書附出。	
	051802 凡父在稱叩頭，父殁稱頓首。 051803 凡父亡稱孤露，無母稱偏露，父先亡母後亡亦稱孤露。 051804 凡父亡稱酷罰，母亡稱偏罰，父先亡母後亡稱酷罰。 051805 凡父亡稱孤思，亦稱窮思；母亡稱哀思，父先亡母後亡亦稱窮思。 051806 凡吊書，前人父亡稱至孝，母亡稱 至哀，父先亡，母後亡亦稱至孝。 051807 凡吊書，前人父亡稱※前，母亡稱苫前，父先亡母後亡亦稱※前。 051808 凡周親稱服前。其婦人居喪並稱服前；承重准男子稱※前、苫前。	**凡例一首** **凶儀纂要〔一首〕** **〔表凶儀一十一〕首** **啓凶儀四首** **内族凶儀二十一首** **外族凶書儀十七首** **婦人凶書儀九首** **僧尼道士凶儀三首** **四海弔答凶儀廿一首** **祥禫斬衰、遷葬、冥婚儀十三首** **040700〔凡例〕一首** 040701 凡無父稱孤子，父在無母稱哀子，嫡孫承重〔稱〕孤哀孫；曾孫、玄孫〔稱〕哀曾孫、哀玄孫。 女云孤女、哀女。父先亡，母在後亡亦稱孤子。與九族親書不稱孤子、哀子。
		無父稱頓首。父在稱叩頭。
	051809 凡凶書，論亡者無問尊卑，皆爲行首平闕，以幽明有異，重亡者也，若上表啓論亡者，王公已下，並不合闕。 051810 凡凶書，無問尊卑，皆藤紙楷書，重亡者也；如無藤紙，白浄亦通。 051811 凡與九族親書，皆依吉儀封題，有	040703 凡無父稱孤露，無母稱偏露。父先亡，母在後亡亦稱孤露。 040704 凡父亡稱酷罰；母亡稱偏罰。父先亡，母後亡亦稱酷罰。 040705 凡父亡稱窮思，亦〔稱〕孤思。母亡稱哀思。父先亡，母後亡亦稱窮思、孤思。

（續表）

030500 書儀鏡　凶下	**050700〔新定〕書儀鏡　凶下**	**040600 書儀卷下　京兆杜友晉撰**
	須依凶儀,隨書附之。 051812 凡複書以月日在前,若單書移月日 在後,其吉書尾語亦移在後。 051813 凡稱奈何者,相開解語。〔舊〕儀云：不孝奈何,酷罰奈何,斯乃自抑之詞,非爲孝子痛結之語,〔只〕可以吊孝者稱奈何,受吊者未宜自開解。今重喪告答並删 改爲罪苦。餘凶書服輕,德依舊儀。隨李家書儀亦改此奈何。雖輕喪亦全除語,恐時或未盡依行,故闕疑,以待後識。	040706〔凡〕弔書,前人父亡稱至孝;母亡稱至哀。父先亡,母後亡亦稱※前。 040707 凡期親稱服前;其婦人居喪並稱服前,承重者准男子稱※前、苫前。 040708 凡凶書弔答皆云不次,唯祖父母、外祖父母書云不備。 040709 凡凶書,論亡者無問尊卑,皆爲行首平闕;以幽明有異,重亡者。 040710 凡凶書,無問尊卑,皆用白紙楷書,重亡者。 040711 凡凶書九族親書,皆依吉書儀封題;有須依凶書題者,隨書附之。 040712 凡複書以月日在前,若作單書,移月日在後;其結書尾語亦移在後。 040713 凡稱奈何者,相解之語。舊儀云：不孝奈何、 酷罰奈何,乃自抑之詞, 非爲孝〔子〕語也。只可弔書稱奈何,孝子可自爲開解。今重喪告答並删之, 改爲罪苦。餘凶書服制漸輕,依舊儀用奈何也。 040800 凶儀纂要一首 040801 祖父母**棄背、追慕無及、五情分裂,悲痛哀慕** 040802 父母**攀號擗〔踴〕、擗摽、糜潰、煩冤、荼毒、號天叩地、貫徹骨髓、無狀罪逆、不孝酷罰、偏**

（續表）

030500 書儀鏡　凶下	**050700**〔新定〕書儀鏡　凶下	**040600** 書儀卷下　京兆杜友晉撰
		罰、屠楚、禍酷、罪告、告毒、觸目崩絶、屠裂、痛貫〔骨髓〕、號絶、堪忍、假延〔親〕息、偷存、窮思、孤思、哀思、荒迷、纏綿、※前、苫前、至孝、至哀、孤子、哀子 040803〔伯〕叔姑兄〔姊〕弟妹不圖凶禍、傾背、傾逝、兄姊、痛割、悲痛、摧割、五情分裂、哀痛、抽切、摧咽、鯁塞、永痛、甚痛、禍出〔不圖〕、殞逝、喪逝、悲痛、摧割、哀念、傷悼、傷念、悲悼、傷切、抽割、摧慟、哀慟、不自勝忍 040804〔子〕姪及孫倉卒、夭折、殞逝、夭逝、悲痛等語 040805 外祖父母不圖凶禍、棄背、哀慕、抽割、悲慕、痛割 040806〔舅〕姨外氏凶禍、傾背、悲〔慕、抽〕割、哀慟抽切 040807 夫凶釁、招禍、傾背、哀慕、號慟、分割、哀摧、抽慟、貫裂心髓、禍酷、荼毒、摧咽、悲塞 040808 妻喪逝、哀痛、傷切、悲慟、摧咽、〔哀摧、抽割、殞逝〕 040809 新婦殞逝、悲念、傷悼、哀痛、哀慟 040810 婿凶變、殞逝、痛悼、摧咽、哀念、傷切、哀悼、悲念、傷悼 040811 妻父母傾背、悲痛、摧割、語與期親略同 040812〔夫〕父母凶釁、招禍、〔先舅、先姑〕、棄背、攀慕、五情縻潰、攀號、擗摽、〔痛貫骨髓、摧絶〕 040813 四海聞問、承問、惻怛、驚怛、驚惻、悲惻、酸惻 040814 和尚《輕重與父母同》 040815 緦麻、袒免等親，尊者云傾逝，卑者云殞逝；其悲痛、酸惻、傷念、哀悼、哀痛、傷惻、悲念、驚怛，如此等語意亦相類，可略言焉。 **040900** 表凶儀一十一首 　國哀奉慰嗣皇帝表 　山陵畢卒哭祔廟奉慰表 　國哀大小祥除奉慰表

（續表）

030500 書儀鏡　凶下	050700〔新定〕書儀鏡　凶下	040600 書儀卷下　京兆杜友晉撰
		皇后喪奉慰表 皇太子喪奉慰表 皇后遭父母喪奉慰表 皇期親喪奉慰表 百官遭憂奉答〔敕慰〕表 〔百〕官期親喪奉答敕慰表 百官謝父母喪蒙贈表 百官謝期親喪蒙贈表 **041000 啓凶儀四首** 皇后喪慰皇太子啓 皇太子有期〔親〕喪奉慰啓 百官遭憂奉答令啓 百官有期親喪奉答〔令〕啓 **041100〔内〕族凶〔書儀〕二〔十一〕首** 祖父母喪告答父母伯叔姑書 祖父母喪告答祖父母書 祖父母喪告答兄弟姊妹書 父母喪告答祖父母父母書 父母喪告答伯叔姑姨舅書 父母喪告答兄弟姊妹書 父母喪告答同堂再從三從兄弟姊妹書 父母喪告答妻書 夫喪妻喪告答兒女書 伯叔祖父母喪告答祖父母姑書 伯叔祖父母喪告答同堂再從伯叔姑書 伯叔父母姑喪告答祖父母父母伯叔姑兄姊書 〔伯叔父母姑喪告答堂從兄姊及外兄姊書〕 〔兄弟姊妹喪告答祖父母父母伯叔兄姊書〕 〔兄弟姊妹喪告答卑幼書〕 兄弟姊妹喪告〔答〕姪外甥書 姊妹喪告答姊妹夫書 女喪告答親家舅姑書 女喪告答女婿書 子姪及孫喪告答尊長書

（續表）

030500 書儀鏡　凶下	**050700〔新定〕書儀鏡　凶下**	**040600 書儀卷下　京兆杜友晉撰**
		子姪及孫喪告答亡者子女書 041101〔祖〕父母喪告答父母伯叔姑書 **041200 外族凶書儀一十七首** 041201 外祖父母喪告答母及姨舅書 041202 外祖父母喪告答兄弟姊妹姨舅之子書 041203〔舅〕姨喪告答外祖父母書 041204〔舅〕姨喪〔告〕答舅〔姨之〕子書 041205〔姑姨姊妹夫喪告答姑姨姊妹書〕 041206 内外表姨兄弟姊妹喪告答内外祖及父母姑姑夫舅姨姨夫書 041207 外孫外甥〔喪〕告答〔外〕族書 041208〔妻喪〕告〔答〕妻父〔母伯叔姑書〕 041209〔内外兄〕弟婦喪告〔答〕兄弟書亡者之夫 041210〔新婦〕喪〔告答親家翁母書孫附之〕 041211〔父〕母喪〔告答〕妻〔父母書〕 **041300 弔書** 041301 弔妻父母遭父母喪書伯叔姑附之 041302 弔女婿遭父母喪書孫女、姪女婿附之 **041400 婦人凶書儀九首** 041401〔舅姑父母喪告答舅姑書《餘尊附之》〕 041402 舅姑喪告答夫書夫之兄弟姊妹附之…〔以下缺紙〕

※本篇所用杜友晉《書儀》蓋取黄亮文在筆者指導之下，以趙和平之基礎重新整理成的新校本，由於尚未發表，僅能在此加以説明。

（作者單位：成功大學中國文學系）

《敦煌吐魯番研究》第十八卷
2018 年,247—260 頁

敦煌佛教疑僞經疑難字詞考釋*

張小豔

敦煌佛教文獻中保存有一百餘種疑僞經,絶大多數爲古代大藏經所不載,具有很高的研究價值,備受學界關注。《大正新脩大藏經》《藏外佛教文獻》及《疑經研究》等著作〔1〕,曾對其中部分疑僞經做過集中的校録整理,爲學人的利用提供了極大的便利。近年來,筆者校録疑僞經時,遇到字面生澀、難以辨識的文字或字面普通、不易理解的詞語,每常參考上述著作,有的能獲得確解,有的仍闕疑如故。本文即嘗試對這些疑難字詞進行考釋,不妥之處,祈請讀者正之。

一　濖　水

BD.14130《最妙勝定經》:"諸比丘,種種方便,得入禪定。若作不净觀時,見身四大,脾腢(胃)、骨節血流,亦如濖水。"(《國藏》122/227A)〔2〕

按:"濖",《藏外》(1/344)録作"濖"〔3〕,於字形雖合,然字書無此字。其實此字應爲"激"字俗訛。俗寫"敫"與"敷"形近易混,如 S.2682V《太子成道經》"敷千重之錦

* 本文爲全國優秀博士學位論文作者專項資金資助項目"敦煌疑僞經校録並研究"(200712)、上海市教委科研創新計劃資助項目"敦煌文獻通假字匯纂"(編號: 2017-01-07-00-07-E00054)的階段性成果。本文初稿承梁春勝指出具體的問題,後又蒙匿名審稿專家提示詳盡的修改意見,謹此一併致謝!

〔1〕大正新修大藏經刊行會編《大正新脩大藏經》(簡稱《大正藏》),東京: 大藏出版株式會社,1988 年。方廣錩主編《藏外佛教文獻》(簡稱《藏外》),第 1—9 輯,北京: 宗教文化出版社,1995—2003 年;第 10—16 輯,北京: 中國人民大學出版社,2008—2011 年。牧田諦亮《疑經研究》(簡稱《疑經》),京都大學人文科學研究所,1976 年。

〔2〕本文引用敦煌文獻皆於引文後括注其出處,如"《國藏》122/227A"表示所引内容見於任繼愈主編《國家圖書館藏敦煌遺書》(簡稱《國藏》,146 册;北京圖書館出版社,2009 年)第 122 册 227 頁上欄,下仿此。本文引用的敦煌圖録還有:《敦煌寶藏》(簡稱《寶藏》,140 册),臺北: 新文豐出版公司,1981—1986 年;《英藏敦煌文獻(漢文佛經以外部分)》(簡稱《英藏》,14 册),成都: 四川人民出版社,1990—1995 年;《法藏敦煌西域文獻》(簡稱《法藏》,34 册),上海古籍出版社,1995—2005 年;《台東区立書道博物館所蔵中村不折旧蔵禹域墨書集成》(簡稱《中村》,3 册),日本文部科學省科學研究費特定領域研究〈東アジア出版文化の研究〉总括班,2005 年;《英國國家圖書館藏敦煌遺書》(簡稱《英圖》,50 册,待續),方廣錩、吴芳思主編,南寧: 廣西師範大學出版社,2011—2017 年。

〔3〕"《藏外》(1/344)"指《藏外佛教文獻》第 1 輯 344 頁,下仿此。

繡”的“敷”作“𢿱”(《英藏》4/183A),P.2850《迴向文》“厥今宏敷弟宅”的“敷”作“𢿱”(《法藏》19/104A)[1];五代可洪《新集衆經音義隨函録》卷二一《佛所行讚》第五卷音義:“四數,音叫,急疾也。正作激也。又芳無反,悮。”(《中華藏》60/184B)[2]又卷二七《續高僧傳》第九卷音義:“憤激,古歷反,正作激。”(《中華藏》60/471C)[3]前二例爲“敷”訛作“敫”之例;後二例是“敫”或“敫”旁訛作“敷”之例,其中“四數”的“數”爲“敫”之俗訛,而“敫”又係“徼”之省借,“四徼”謂“四徼道”,指四條小道相交處。末例中“憤激”的“激”作“激”,與前揭經文中“激水”的“激”寫法極近,可證“激”亦當爲“激”之俗訛。

“激水”指湍急的水流,如《孫子·勢》:“**激水**之疾,至於漂石者,勢也。”杜佑注:“言水性柔弱,石性剛重,至於漂轉大石,投之洿下,皆由急疾之流,激得其勢。”[4]三國魏曹植《七啓》:“其居也,左**激水**,右高岑,背洞壑,對芳林。”[5]姚秦鳩摩羅什譯《大莊嚴論經》卷五:“如河衡大山,**激水**還迴流。”(《大正藏》4/283B23)[6]皆其例。上引疑僞經中“亦如激(激)水”句,言身中脾胃、骨節之血流,如湍急的水流般迅疾。

二 尉

中村60《妙好寶車經》:“對至不可避,會當來相牽。赤繩縛我尉,黑索繫我咽。將我何所至,送至東太山。”(《中村》上/335A)

按:“尉”,《大正藏》(85/1334B11)録作“肩”,陳祚龍《關於敦煌古抄〈佛説妙好寶車經〉》同[7]。竊以爲録作“肩”與字形不合,同卷下文有“飛來著兩肩”句,其中“肩”寫作“肩”,不從“寸”,可證其字定非“肩”。從字形看,其字從“肩”從“寸”,疑爲“肘”

---

〔1〕此例引自梁春勝《楷書俗體異體部件例字表》(未刊稿),筆者覆核並標注出處。

〔2〕可洪《新集衆經音義隨函録》(簡稱可洪《音義》),中華大藏經編輯局編《中華大藏經》第59、60册,北京:中華書局,1993年。本文引用佛經音義,皆據《中華大藏經》本,“《中華藏》60/184B”指《中華大藏經》第60册184頁中欄,下仿此。

〔3〕此所舉二例又見韓小荆《〈可洪音義〉研究——以文字爲中心》下編,成都:巴蜀書社,2009年,509頁“敫”條、495頁“激”條。

〔4〕孫武撰,曹操等注,楊丙安校理《十一家注孫子校理》,北京:中華書局,1999年,90頁。本文引用傳世典籍,首次徵引詳注出處,再次引用則徑於引文後括注其頁碼。

〔5〕曹植撰,王巍校注《曹植集校注》,石家莊:河北教育出版社,2013年,365頁。

〔6〕本文引用漢譯佛經皆據《大正新脩大藏經》,“《大正藏》4/283B23”指《大正新脩大藏經》第4册283頁中欄23行,下仿此。

〔7〕陳祚龍《關於敦煌古抄〈佛説妙好寶車經〉》(簡稱“陳文”),陳祚龍、王壽南主編《敦煌學林札記》(下册),臺北:商務印書館,1987年,443頁。

之形訛,即左部"月(肉)"旁繁化訛成"肩"而寫作"𫲽"[1]。就用語論,文獻中多見以繩"縛肘"的表達,而罕見"縛肩"者。如唐道世《法苑珠林》卷三一感應緣《西晉沙門竺佛圖澄》:"(石)勒與劉曜相拒搆隙,以問澄,澄曰:'可生擒耳。何憂乎?'麻油塗掌,令視見之,曜被執,朱繩**縛肘**。後果獲之,如掌所見。"(《大正藏》53/517B22—25)金王喆《惜黄花》詞:"昨朝酒醉,被人**縛肘**。橋兒上、撲到一場漏。"[2]也有作"絆肘"者,如S.2144《韓擒虎話本》:"(蠻奴)思量言訖,莫不草繩自縛,黄麻**半(絆)肘**,直到將軍馬前。"(《英藏》3/30B)是其例。此外,古代記述人犯夜被抓,捆綁之處也是與"肘"相連的"腕"部,如《太平廣記》卷二五四"劉行敏"條引《啓顔録》云:"唐有人姓崔,飲酒歸犯夜,被武侯執縛,五更初,猶未解。長安令劉行敏,鼓聲動向朝,至街首逢之,始與解縛。因詠之曰:'崔生犯夜行,武侯正嚴更。幞頭拳下落,高髻掌中擎。杖跡胷前出,繩文**腕**後生。'"[3]例稱"繩文腕後生",可知崔生被繩索綁縛的正是"肘腕"部。若"𫲽"確爲"肘"之繁化形訛,則其所在文句當作"赤繩縛我肘",言鬼使以紅繩將我的肘腕反縛。文意順適。

三 薛

中村60《妙好寶車經》:"退轉如薛脱,懺悔打薛堅,精進作車牛,牽車至梵天。"(《中村》上/335A)

按:"薛",《大正藏》(85/1334B29)照録;陳文(445)校作"孽"[4],恐未確。從文意看,其句將修行佛法喻爲往生梵天之車,"薛"應指車上之部件。竊疑"薛"爲"楔"之音借字。敦煌文獻中"楔"或以"薛"爲音注字,如P.2578《開蒙要訓》:"關籥䕯橝**栖**薛,備禦寧康。"(《法藏》16/85A)其中"栖"係"枻"之形訛,句中用爲"楔"之音借;"楔"爲"門兩旁木",與"橝"(門鍵也)近義連文。"楔"字《廣韻》音先結切,心紐屑韻,注音字"薛"音私列切,心紐薛韻,屑、薛二韻《廣韻》同用[5]。此例以"薛"給"楔"注音,説明

[1] "肘"所從"月(肉)"訛作"肩",可能與"肩肘"連言有關。筆者初疑其字爲"臂"之訛省,即省去左上"尸"下的"口",而將下部的"月(肉)"移居其處,右上的"辛"訛作"寸",整字變成左右結構。但這有兩點不妥:① 該卷雖未見"臂"字,但出現了不少"譬"字,其右上的"辛"未見訛作"寸"者。② 文獻中"縛臂"的表達極爲罕見。梁春勝看過拙文後指出:"𫲽"爲"臂"字俗訛的可能性較大,與筆者起初的看法相合。

[2] 唐圭章編《全金元詞》,北京:中華書局,1979年,188頁。

[3] 李昉編《太平廣記》,北京:中華書局,1965年,1975頁。

[4] "陳文(445)"指陳祚龍《關於敦煌古抄〈佛説妙好寶車經〉》一文的第445頁。下仿此。

[5] 關於"栖"字的校勘及其與"楔"、"薛"間關係的考證,參張涌泉主編《敦煌經部文獻合集》第八册"小學類字書之屬"之《開蒙要訓》,北京:中華書局,2008年,4105—4106頁校記[二五八]。

二字音同,可以通借。詞義上,“楔”指起加固作用的竹、木片,《説文解字·木部》:“楔,櫼也。”段玉裁注:“今俗語曰楔子。”[1]唐義净譯《根本薩婆多部律攝》卷一〇:“脱腳床者,謂插腳床;雖是插腳,**逆楔**牢者,無犯。”(《大正藏》24/581A17—18)“逆楔”,唐慧琳《一切經音義》(下文簡稱《音義》)卷六三釋云:“《韻詮》云:所以塞物也,削木令尖,用楔物也。《考聲》:櫼也。從木、契聲,櫼音尖也。”(《中華藏》58/729A)綜合讀音、詞義兩方面來看,上引疑僞經中“薛”確當校爲“楔”,其所在文句“退轉如薛脱,懺悔打薛堅”,意謂若修行中心有退轉,即如車上“楔”之鬆懈、脱落,可藉由懺悔將“楔”捶打堅牢。

四　矩

中村60《妙好寶車經》:“魔(磨)波若之利廉(鎌),又(乂—刈)取涅槃真實果。牽弘誓之大牛,駕三乘之寶車,運著六通之矩頭。”(《中村》上/335B)

按:“矩”,《大正藏》(85/1335A13)、陳文(448)照録,竊謂其字係“衢”之音借字。“矩”《廣韻》音俱雨切,見紐麌韻;“衢”音其俱切,羣紐虞韻,二字聲韻皆近(聲有清、濁之别,韻有上、平之異),應可通借。敦煌文獻中,“懼”俗寫或换旁作“怇”,如中村139《搜神記》:“及送食來,(其妻)語其夫曰:‘有何異事?’忽即發被看之,乃有一胡人床上而卧,其婦驚**怇**。”(《中村》中/335)例中“怇”即“懼”之换聲旁俗省,説明“巨”與“瞿”作爲聲符可以互换。“矩”與“衢”所從聲符即爲“巨”與“瞿”,就音理而言,二字可以通借。詞義上,“衢”指交錯之道,有四達之衢、六通之衢、八達之衢等,“衢頭”指多條道路的交叉口。如東晉瞿曇僧伽提婆譯《中阿含經》卷五三:“愚癡人者,或有所行,或聚會坐,或在道巷,或在市中,或四**衢頭**,説愚癡人相應事也。”(《大正藏》1/759B2—4)宋釋惠洪《冷齋夜話》卷一〇寧安不視秀僧書:“安曰:‘吾始以秀有精彩,乃今知其癡。夫出家兒塜間樹下辦那事,如救頭然。無故于八達**衢頭**架大屋,養數百閑漢,此真開眼尿牀也,何足復對語哉。’”[2]皆其例。上引疑僞經中“六通之矩頭”句,“矩頭”即“衢頭”,“六通”在句中與“三乘”相對,特指六種神通力,此用其字面義,即六條通達之道,“運著六通之衢頭”言將涅槃真實果運至六條通道交叉的路口。

[1] 段玉裁《説文解字注》,上海古籍出版社,1988年,257頁上欄。
[2] 釋惠洪撰,陳新點校《冷齋夜話》,北京:中華書局,1988年,78頁。

五　茤　騎

BD.3563(結63,北8654)《净度三昧經》卷上:“復有小監、五官、都督、司察、司録、八王使者、司隸等,興(與)伏夜大將軍、都官、騎承天帝符,與五道大王共於八坐(王)日風行,覆伺案行諸天、人民、夷伙(狄)、雜類、鳥狩,以知善惡,分別種類。”(《國藏》49/220B)

按:“”,係“茤”的手寫變體(其字所從“多”上部的“夕”形壓縮成“マ”形),《藏外》(7/248)作“唐”,校云:北甲(BD.3563)、北乙(BD.15308)、斯乙(S.4546)本作“茤”。《藏外》所據底本係原爲法隆寺所有、現屬日本京都大學附屬圖書館所藏寫本(簡稱“京大本”)[1],亦即《卍續藏》的底本(簡稱“《卍續藏》本”)。今檢核,“茤”字京大本作“”,《卍續藏》本作“”。《疑經》(259)以《卍續藏》本爲底本,參校S.4546,將“茤”録作“夢”。

從字形看,其字並非“唐”,也不是“夢”,“唐騎”、“夢騎”均不辭。那麼,“”爲何字,它與“茤”又是怎樣的關係呢?竊謂“”爲“芻”之形訛〔“艹”訛省作“亠”,“亠”又訛作“广”;“亠”手寫或增撇作“广”,如S.3702《文樣·請講經和尚》“願訪褒施、光揚法化者”之“褒”作“”(《英藏》5/138A)[2]〕,“芻”爲“茥”之小變;“茤”係“茥”之移位變體,“茥”、“茥”皆爲“蒭”的俗訛(“芻”俗寫或作“丑”及“丑”形)[3]。句中“蒭”用爲“騶”之音借字(“蒭”爲測隅切,初紐虞韻;“騶”音側鳩切,莊紐尤韻,二者皆從“芻”得聲,聲韻皆近,應可通借),“騶騎”指侍從騎士,漢魏以降文獻習見。如《漢書·惠帝紀》:“外郎不滿二歲賜錢萬……謁者、執楯、執戟、武士、騶比外郎。”應劭曰:“騶,騶騎也。”顔師古注:“騶本廄之馭者,後又令爲騎,因謂騶騎耳。”[4]《後漢書·酷吏傳·董宣》:“時同刑九人,次應及宣,光武馳使騶騎特原宣刑,且令還獄。”[5]是其例。綜上,“茤”、“”皆爲“蒭”之俗訛,“蒭”通“騶”,“蒭騎”即“騶騎”,指侍從騎士。

---

〔1〕京大本承梁辰雪博士代爲購置複印本,謹此致謝!

〔2〕此例引自梁春勝《楷書俗體異體部件例字表》(未刊稿)。

〔3〕“芻”旁俗寫的各種變體,詳參張涌泉《敦煌俗字研究》(第二版),上海教育出版社,2015年,297—299頁。

〔4〕《漢書》,北京:中華書局,1962年,85—86頁。

〔5〕《後漢書》,北京:中華書局,1965年,2489頁。

六 釜 ⿰氵隻

BD.3563(結63,北8654)《净度三昧經》卷上:“弟(第)一平湖王,典主阿鼻摩呵泥犁。中有大釜⿰氵隻,廣縱卌里,深亦爾。”(《國藏》49/221A)

按:“⿰氵隻”,從氵從隻,當係“⿰氵隻”的手寫;BD.15308(《國藏》142/103)作“濩”;京大本、《卍續藏》本作“淮”;《疑經》(259)、《藏外》(7/250)作“准”,後者將其屬下讀,作“准廣縱四十里”,恐未確。如前所述,《藏外》所據底本爲京大本,可知“准”當係“淮”之誤釋。那麽,在“⿰氵隻”、“濩”、“淮”這組異文中,究竟哪個更切於文意呢?竊謂當以“濩”爲是,“⿰氵隻”係其訛省,“淮”又是“⿰氵隻”之訛省。句中“濩”與“釜”連言,“濩”應爲“鑊”的借字。“鑊”本指無足之鼎,後泛指煮物之鍋。“釜鑊”爲近義複詞,文獻習見,如漢劉珍《東觀漢記》卷九:“鄧遵破匈奴,得**釜鑊**二三千枚。”[1] 東晉佛陀跋陀羅共法顯譯《摩訶僧祇律》卷三七:“得貸用治房舍及**釜鑊**如法貸用。”(《大正藏》22/524C7—8)故上引疑僞經中的“釜⿰氵隻”即“釜鑊”,“⿰氵隻”當校作“鑊”。

七 嗚 殟

BD.3563(結63,北8654)《净度三昧經》卷上:“第廿良耶王,主治多洹獄。獄中有熱風,與人相逢,吹人辟(躃)地,嗚殟乏極,求死不能得死,求生不能得生,坐惱人所致。”[2] (《國藏》49/222A)

按:“嗚殟”,BD.15308(《國藏》142/105)、S.4546(《寶藏》36/523B)同,京大本、《卍續藏》本、《藏外》(7/256)作“嗚呼”;《疑經》(260)以《卍續藏》本爲底本,參校S.4546,將其録作“嗚殟呼”。那麽,“嗚殟”、“嗚呼”及“嗚殟呼”三者中,當以孰爲是呢?竊以爲“嗚殟”近是,“嗚呼”當是在“嗚”的基礎上,疑受常用詞“嗚呼”影響而改“殟”作“呼”;“嗚殟呼”則是綜合兩種文本用字的結果。

《説文·歺部》:“殟,胎敗也”。段玉裁改作“殟,暴無知也。”注云:“各本作‘胎敗也’,誤同‘殰’解’……蓋上下文皆説死之類,此亦謂暴死者。”(162A)清王筠《説文解字

〔1〕 劉珍撰,吴樹平校注《東觀漢記校注》,北京:中華書局,2008年,310頁。

〔2〕 “乏極”的“乏”,BD.3563作“乏”、S.4546作“乏”、BD.15308作“之”,京大本、《卍續藏》本及《藏外》作“之”。截圖字的前兩形係“乏”之俗寫(於折筆上加小點,與“之”有别);後一形爲“乏”之手寫,據録正;“之”爲“乏”之形訛。“乏極”爲同義複詞,指疲乏。

句讀》:“(殟)蓋謂中痰、中惡,卒然昏不知人也。”〔1〕“嗚殟”,漢譯佛經或作“烏殟”,如西晉竺法護譯《正法華經》卷二:“親自目見,火所燔燒,無量羣萌,**烏殟**灰薦(蓋—燼),諸薄枯(祐)者,爲火所災。”〔2〕(《大正藏》9/77A10—12)句中“烏殟”,玄應《一切經音義》(下文簡稱《音義》)卷七釋云:“烏没反。《説文》: 暴無知也。《聲類》: 烏殟,欲死也。”(《中華藏》56/922A)上引“烏殟灰燼”句,言無量羣生猝然昏死,而被火燒成灰燼。“烏殟”,佛經中也作“殟憫”、“殟殟”,如西晉竺法護譯《生經》卷二《迦旃延無常經》:“初始死時,出在塚間,父母、兄弟、妻子皆共逐之,親厚知識,亦復如是。啼哭愁憂,悲哀呼嗟,椎胸**殟憫**,葬埋已訖,各自還歸,亦不能救。”(《大正藏》3/83A8—11)東晉曇無蘭譯《比丘聽施經》:“佛言: 若寧知,貪色不離、欲不離、戀慕不離、慷慨不離、愛不離,以彼色别離,時便生他變: 憂愁、悲哀、痛亂、意**殟殟**,有是無?”(《大正藏》14/772B1—4)前例中“殟憫”,玄應《音義》卷一二作“殟殙”,釋云:“於没反,下莫昆反。《聲類》: 欲死也。《説文》: 暴無知也。”(《中華藏》56/999A)後例中“殟殟”,玄應《音義》卷一三所釋與上引“烏殟”條同(《中華藏》56/1017B)。以此看來,“殟憫”的“憫”當爲“惛”之借字,《説文・歺部》:“殙,瞀也。”清朱駿聲《説文通訓定聲・屯部》:“(殙)實與惛同字,不省人事之謂也。”〔3〕是“殟憫”當作“殟惛”,謂昏迷不醒。“殟殟”爲“殟”之疊言,猶“惛惛”,“意殟殟”指神志不清。從構詞看,“殟惛”、“殟殟”皆由“殟”疊韻而成,“烏殟”雙聲,當由“殟”疊聲而得;就表意論,三詞義同,皆指昏迷無知。由是頗疑“殟惛”、“殟殟”與“烏殟”,其實都是“殟”的語流音變形式,即皆由“殟”向後疊韻或向前疊聲而成,其義皆源於“殟”,指猝然失去知覺。故上引疑僞經中“嗚殟”即“烏殟”,亦由“殟”向前疊聲而成,二者皆爲“殟”的語流音變形式。京大本、《卍續藏》本及《藏外》作“嗚呼”,實爲“嗚殟”之誤,當據改。

明白“嗚殟”的構詞表意後,再來反觀“嗚殟乏極”句的意思,例言多洹地獄中有熱風,罪人遇之,被吹倒地,使之昏迷無知,疲乏無力,求死不能,求生不得,此皆由其生前惱人所致。

八 騎 度

BD.3563(結 63,北 8654)《净度三昧經》卷上:“第卌原都王,主治鐵輪獄。燒輪正

〔1〕 王筠《説文解字句讀》,北京: 中華書局,1988 年,140 頁下欄。

〔2〕 句中“薦”字,《大正藏》校記稱宫本作“蓋”,宋、元、明本作“燼”,據改;“枯”字,《大正藏》校記稱宫、宋、元、明本作“祐”,據改。

〔3〕 朱駿聲《説文通訓定聲》,北京: 中華書局,1984 年,811 頁下欄。

赤,自然在人頭上,坐騎度父母、師長、君王、夫主及所尊,持頭抵觸人,弄沙門頭,形笑謇吃秃人,蹈師父影,火燒人頭,致此殃。"(《國藏》49/222B)

按:"騎度",熊娟以爲可能當作"欺突"。《廣韻》"騎"爲渠羈切,羣紐支韻;"欺"音去其切,溪紐之韻;"度"爲徒故切,定紐暮韻;"突"陀骨切,定紐没韻。從音韻地位而言,"騎度"與"欺突"在語音上確實有點距離,但目前尚無法從其他角度來解釋這個詞語,此權且聊備一説。"突"有侵淩、觸犯之義,"欺突"應爲同義連文,指欺淩冒犯,中土文獻習見,古代典籍中還有一些以表此義的"突"爲語素構成的"突"類並列式雙音詞,它們與"欺突"一樣,都指冒犯、不尊重,如"輕突"、"淩(或作'陵')突"、"觸突"等[1]。

就詞義的理解而言,熊説有一定道理。但正如她本人所言,"騎度"與"欺突"的讀音有一定差距,她的看法僅"聊備一説"。那麽,"騎度"究竟當作何解呢? 竊以爲"騎度"不必改讀。例言墮在鐵輪地獄中的罪人,是因爲他們生前"騎度父母、師長、君王、夫主及所尊",對象均屬尊長,其中"騎度"確指欺淩、冒犯。此義可由"騎度"本身的詞義引申得來。《説文·馬部》:"騎,跨馬也。"[2]由此引申,可泛指"跨坐"其他的人、物,《莊子·齊物論》:"若然者,乘雲氣,**騎**日月,而遊乎四海之外。"[3]《史記·袁盎鼂錯列傳》:"臣聞千金之子坐不垂堂,百金之子不**騎**衡,聖主不乘危而儌幸。"司馬貞《索隱》引韋昭曰:"衡,車衡也;騎音倚,謂跨之。"[4]西晉竺法護譯《修行道地經》卷四:"於時四怨捉富者髮,扯之著地,**騎**其胸上,各陳本罪。"(《大正藏》15/209A24—25)三例中"騎"皆謂跨坐,進一步泛化,又可指跨過、翻越,如唐金剛智譯《金剛頂瑜伽中略出念誦經》卷三:"畫壇人不得**騎**蹇金剛綫道,應誦密語舉之。"(《大正藏》18/240A14)唐不空譯《觀自在大悲成就瑜伽蓮花部念誦法門》卷一:"所經路中,生草木及諸形象,下至畜生形等,不應**騎**上而**度**。"(《大正藏》20/2C24—25)前例中"騎蹇"爲近義連文,後例中"騎"與"度"相承而言,都指跨過某物。"度"作動詞,也可指跨過、越過,如《史記·田儋列傳》:"漢將韓信已平趙、燕,用蒯通計,**度**平原,襲破齊歷下軍,因入臨淄。"(2646)姚秦佛陀耶舍共竺佛念譯《長阿含經》卷七:"時商主言:'汝等穀草慎勿捐棄,須得新者然後當棄,所以者何? 新陳相接,然後當得**度**此曠野。'"(《大正藏》1/46A7—10)是知"騎度"爲近義複詞,指跨越,如唐孫思邈《千金寶要》卷二蛇蝎毒等第六:"又

[1] 熊娟《漢文佛典疑僞經研究》,上海古籍出版社,2015年,161—163頁。
[2] 許慎撰,徐鉉校定《説文解字》,北京:中華書局,1963年,200頁下欄。
[3] 莊子撰,郭象注,成玄英疏《南華真經注疏》,北京:中華書局,2008年,50頁。
[4]《史記》(第二版),北京:中華書局,1982年,2740頁。

方,令婦人**騎度**三過,又令坐上。"[1]句中"騎度三過"言讓婦人從蛇毒瘡上跨越三次。而當"騎度"的對象變爲"尊長"輩時,在等級森嚴的禮法制度下,若"卑下"者從"尊長"輩上方跨越,這一行爲顯然是以下犯上。在此特有的語境下,"騎度"便隱含有陵越、侵犯的意思。由此看來,上引疑僞經中"騎度"的字面義爲跨越,語境義指陵越、侵犯,不當校讀爲"欺突"。

九　緼

BD.3563(結63,北8654)《净度三昧經》卷上:"未得道者持五誡(戒)……貪著吾我,不見聖諦;貪求益得,走作思慮;東西南北,四出治生……不畏禁忌,行來進趣,放心恣意,從其所欲,可足諸情。心亂如緼,不覺□□□□(行入三苦)。"[2](《國藏》49/224A)

按:"緼",BD.15308(《國藏》142/110)、S.7452(《寶藏》55/149B)同,七寺本(2/45)作"温"[3],整理者校爲"藴";《藏外》(7/265)從之改作"藴",校云:底本作"温",據北甲(BD.3563)、北乙(BD.15308)、斯丙本(S.7452)改。然其據改之本實作"緼"。"緼"指亂麻,《漢書·蒯通傳》"(里母)即束**緼**請火於亡肉家"顔師古注:"緼,亂麻。音於粉反。"(2166—2167)失譯附秦録《别譯雜阿含經》卷一一:"喜樂我慢,不知我慢,以不知故,譬如循環不知端緒,亦如亂織莫知其首,亦如**麻緼**,亦如軍衆,被破壞時,擾攘亂走。"(《大正藏》2/448A12—15)"麻緼",玄應《音義》卷一二釋云:"《説文》:緼,亂麻也。經文作藴,紆文反,謂束草爇火也。藴(藴)非字體也。"(《中華藏》56/992A)"緼",玄應所見經本作"藴",認爲其字"非字體"(其字應與前字"藴"同,《中華藏》訛爲"藴",據改),當作"緼",故以之立目。"緼"謂亂麻,"心亂如緼"即今所謂"心亂如麻",文意順適。七寺本作"温",蓋"緼"之俗訛(俗寫"糸"旁與"氵"旁形近易混),當據改。

十　音　惡

(1) BD.15308(新1508)《净度三昧經》卷上:"流沙王所犯過,無華實,唯有根莖

[1] 孫思邈《千金寶要》,清嘉慶《宛委别藏》本,葉三。

[2] "行入三苦",BD.3563後殘,據BD.15308(《國藏》142/110)補。

[3] "七寺本"謂牧田諦亮監、落合俊典編《七寺古逸經典研究叢書》(東京:大東出版社,1996年,43—118頁)第2卷所載名古屋七寺所藏該經卷二、三的抄本。"七寺本(2/45)"指《七寺古逸經典研究叢書》第2卷45頁,下仿此。

節。罪從心生,音惡嫉妬,毒心施人,音惡懷毒。”(《國藏》142/112)

(2) P.3732《提謂經》:“某從無數劫以來,或作天,或作人,或作六畜,或作鬼神……諸此受身,所更之處,身行惡、口言惡、心念惡,六情所犯惡,手足所犯惡,或行毒殺人畜狩,或行音惡墮人腹中子。”(《法藏》27/181B)

按: 前例中兩“音”字,《藏外》(7/269)皆作“意”,校云:“底本作‘音’,據文意改。”後例中“音”,《疑經》(192)照録。那麽,“音惡”當如何理解呢? 《藏外》據文意改“音”爲“意”是否可從? 從上引二例看,“音惡”或與“嫉妬”、“懷毒”連言,或作“行”的賓語,用在“墮人腹中子”前,可知“音惡”的語義指向與“惡”一致,由是頗疑“音”當讀爲“陰”,“音惡”即“陰惡”,既可解作並列複詞,表示陰險惡毒〔如例(1)〕;又可視爲偏正複詞,指不爲人知的惡行惡事〔如例(2)〕。讀音上,“音”、“陰”《廣韻》皆於金切,音同可通,且文獻中二者通用之例也頗習見。如 P.2313V《懺悔文》:“或離他父子,散他妻息,壞他師徒;或南國北國,鬬遘(搆)**音**謀,興師相伐。”(《法藏》11/271B)S.133V《秋胡小説》:“其婦下樹,斂容儀,不識其夫,唤言:‘郎君,新婦夫聟(壻)遊學,經今九載,消息不通,**陰**信隔絶。’”(《英圖》3/18)前例“音謀”的“音”爲“陰”之借字,後例“陰信”的“陰”係“音”之借字,此即“音”、“陰”二字彼此通借之例。詞義上,“陰惡”指不爲人知的惡行惡事或陰險惡毒,文獻中也不乏其例。如漢王充《論衡·祸虚》:“韓非、公子卬有**陰惡**伏罪,人不聞見,天獨知之,故受戮殃。”〔1〕元魏瞿曇般若流支譯《正法念處經》卷六一:“不近賊人,不近先作大惡之人,不近好鬬人,不近**陰惡**懷毒人。”(《大正藏》17/363B11—12)後例中“陰惡懷毒”與例(1)之“音惡懷毒”用語極近,可證“音惡”即“陰惡”,“音”爲“陰”之同音借字。前人據文意改“音”作“意”,恐不可信。

十一 ⿰忄巢

(1) BD.3751(霜 51,北 8655)《净度三昧經》卷中:“□(故)世魚獵、探⿰忄巢破卵,殺生衆多,故得短命,▨□(過生)而去。”〔2〕(《國藏》52/163)

(2) P.3732《提謂經》:“破壞成功,射獵、羅網捕魚、籠繫飛鳥、採(探)樔破卵,殘賊衆生,斬伐不時。”(《法藏》27/181B)

按: 例(1)中“⿰忄巢”,BD.14445(《國藏》127/163)作“⿰忄巢”;七寺本(2/53)作“摷”,

〔1〕 王充撰,黄暉校釋《論衡校釋》,北京: 中華書局,1990 年,280 頁。

〔2〕 例中“故”、“過生”三字,原殘缺,據 BD.14445 及七寺本校補。

整理者録作"撈",《藏外》(7/272)從之。例(2)中"樔",《疑經》(192)録作"巢"。比勘分析上揭掃描字形,可知前二形爲從忄、巢聲,後二形爲從扌、巢聲。俗寫"扌"旁與"木"旁不分,從"扌"者當係"樔"之手寫俗體。同樣,"忄"旁俗寫與"扌"、"木"二旁每常訛混,故從"忄"者應爲"樔"的俗寫形訛。而"樔"則是"巢"的增旁俗體(與《説文·木部》釋爲"澤中守艸樓"的"樔"爲同形字)。《龍龕手鏡·木部》:"樔,鋤交反,鳥穴居也。"[1]文獻中"巢"增旁作"樔"者頗爲習見,如慧琳《音義》卷七九《經律異相》第四十四卷音義"在巢"條:"柴爻反。鳥窠(窠)也。象形字,經從木作樔,非也。"(《中華藏》58/1063A)此條從出經文,《大正藏》(53/234B20)本作:"見燕在巢。"正作"巢"字,而慧琳所見經本作"樔",爲增旁俗字,故言"非"。另,"探樔"在敦煌其他疑僞經中即有作"探巢"者,如中村144《決罪福經》卷下:"宿世探巢破卵,今世胞胎而死,或墮地而死。"(《中村》中/352C)以此看來,例(1)中《藏外》所據七寺本之"摷",實爲"巢"的增旁俗字,録作"撈"非是,可據改。

十二 負 易

中村144《決罪福經》卷下:"生不力行善,死後甫悔及。水不可收,罪福身自當。譬如人刑(形)影,不可復負易。行善得善,行惡得惡。惡世不可行惡,惡人先勝後負,先吉後凶。善世不可失善,失善者爲自罰。"(《中村》中/355B)

按:"負",《大正藏》(85/1333A16)録作"負"。就字形看,作"負"似較切合;然例中下文"後負"的"負"作"負",與"負"顯然有别;且"負易"不辭,文意上講不通。那麽,"負"爲何字呢? 檢異本,其字在S.4526中作"貿"(《寶藏》36/461B),"負"當係"貿"之形訛,"貿"爲"貿"之手寫,而"貿"又是"貿"之常見俗體[2]。S.388《羣書新定字樣》:"貿(貿)正;貿貿易:並亡富反,此相承用。"同卷《正名要録》"正行者楷,腳注稍訛"條載"貿(貿)貿"(《英圖》6/112、114)。《干禄字書·去聲》:"貿貿,上俗下正。"[3]皆其證。上引例中"負易"即"貿易",指改易、變换。其句謂人行善獲福,行惡得罪,果報猶如人之形影,不可再改變。

[1] 釋行均編《龍龕手鏡》(簡稱《龍龕》),北京:中華書局,1985年,374頁。

[2] 參張涌泉《敦煌俗字研究》(第二版)下編"貿"條,806頁;黄征《敦煌俗字典》"貿"條,上海教育出版社,2005年,267頁。

[3] 施安昌編《顔真卿書〈干禄字書〉》,北京:紫禁城出版社,1992年,56頁。

十三　致　　下

S.2538《山海慧菩薩經》:“佛告山海慧:‘於後閻浮提或有比丘、比丘尼、清信士、清信女,見有讀誦是經,或相瞋恚,心懷誹謗。緣是誹謗正法,是故是人現身之中來,致諸惡重病,身根不具,或得聾病、盲病、瘂病、癖病、鬼病、魅病、耶(邪)病、狂病、風病、泠(冷)病、熱病、致下病、水{病}[腫]病、或(惑)亂失性病。’”〔1〕(《英圖》43/338)

按:“致下”,S.3506(《寶藏》29/168B)同;《大正藏》(85/1409A21)作“痔”,蓋以“致”爲“痔”之音借,“下”係衍文而徑删,未穩。竊謂“致”當是“㿃”的借字。“致”《廣韻》音陟利切,知紐至韻;“㿃”音竹例切,知紐祭韻,二者聲同韻近,可以通借。“㿃下”,義同“下痢”,指痢疾,即腹瀉。《廣韻·祭韻》:“㿃,赤白痢。亦作滯。”(381)《釋名·釋疾病》:“泄利,言其出漏泄而利也。下重而赤白曰滯,言厲滯而難也。”畢沅疏證:“‘滯’字《説文》所無,當借帶字爲之。《玉篇》作‘㿃,竹世切。赤白痢也’,蓋本此。痢亦利字之俗,今人謂之後重。”〔2〕北涼曇無讖譯《大般涅槃經》卷九:“王不肯服,爾時良醫以咒術力,令王糞門遍生瘡疱,兼復㿃下,蟲血雜出。”(《大正藏》12/420B19—20)姚秦弗若多羅共羅什譯《十誦律》卷四六:“汝是女不? ……不枯壞不? 無㿃下病不?”(《大正藏》23/332A13—15)校記稱“㿃”宫、宋、元、明本作“帶”。唐張彦遠《法書要録》卷一〇載晉王羲之《雜帖》:“道祖㿃下,乃危篤,憂怛,憂怛。”〔3〕上引《涅槃經》中“㿃下”,玄應《音義》卷二釋云:“又作滯,《字林》同,竹世反。㿃,赤利也。關中多音滯。《三蒼》: 㿃下病也。”(《中華藏》56/838C)宋劉克莊《少奇墓誌銘》:“以父任補將仕郎,淳祐甲辰,年三十矣。入京銓試,得㿃下疾,服藥灼艾不愈,以六月甲午卒於客邸。”〔4〕“㿃下”也作“帶下”、“滯下”,唐不空譯《北方毗沙門天王隨軍護法真言》:“若帶下病者,咒丁香水服之即愈。”(《大正藏》21/226C15—16)唐菩提流志譯《大寶積經》卷五五佛爲阿難説處胎會:“或精血多泄,不暫停住;或滯下流水,或胎藏路澀。”(《大正藏》11/322B4—5)校記稱“滯”宋、宫本作“帶”,元、明本作“㿃”。“帶”爲古字,“㿃”係後起本字,“滯”當是音借字。

〔1〕水腫病,原作“水病病”,據S.3506(《寶藏》29/168B)删前一病字,補“腫”字。

〔2〕劉熙撰,畢沅疏證,王先謙補,祝敏徹、孫玉文點校《釋名疏證補》,北京:中華書局,2008年,276頁。

〔3〕張彦遠輯録,范祥雍點校《法書要録》,上海古籍出版社,2013年,237頁。

〔4〕劉克莊著,辛更儒箋校《劉克莊集箋校》,北京:中華書局,2011年,5944—5945頁。

十四　猶　　步

中村 173《護身命經》:"佛告阿難: 若有比丘尼、優婆塞、優婆夷、國王子及諸婇女,有能奉行此十二法者,在所墮生,常得值佛。周旋教化,長離衆苦,入三法門,功得成{志}就[1],疾得至佛,猶步三界,無所罣礙,無能斷者。"(《中村》下/78A)

按:"猶步",《大正藏》(85/1326B14)照録。竊謂"猶"當作"遊",二字《廣韻》皆音以周切,音同可通。敦煌文獻中,"遊"或借"猶"爲之,如 S.2985V《五臺山曲子》:"駱駞塢(堨—堰),風裊裊,來往巡**猶**須是身心好。"(《英藏》4/265A)龍谷大學藏《悉達太子修道因緣》:"行至北門,**猶**觀之次,忽見一人卧於荒野。"[2]二例中"猶"皆爲"遊"的借字。"遊步"謂行遊、遊走,文獻習見,如漢劉向《列仙傳讃・邛疏》:"人以百年,行邁身輕,寢息中嶽,**遊步**仙庭。"[3]曹魏康僧鎧譯《無量壽經》卷下:"**遊步**三界,無所拘閡。"(《大正藏》12/275B25—26)梁僧祐《弘明集》卷三孫綽《喻道論》:"於是**遊步**三界之表,恣化無窮之境。"(《大正藏》52/17C7—8)皆其例。上舉第二例的用詞表意與前揭《護身命經》中"猶步三界,無所罣礙"極近,適可比勘。

十五　善　　唏

中村 173《護身命經》卷末題記:"正光二年十二月十五日,信士張阿宜寫《護身命經》,受持讀誦供養經,上及七世父母,下及己身,皆誠善唏之道。"(《中村》下/78B)

按:"善唏",《大正藏》(85/1327A19)録作"善唏"。將"善"録爲"善",於字形雖近,然"善唏"不辭,恐未確。其字實爲"菩"之俗寫變體。同卷"菩薩"一詞共出現 3 次,摘録如右:"是善男子善女人行喜薩之道";"及諸尊善薩大弟子所護爲";"如善薩行,所願發心"。前例"喜"已形訛爲"喜",後二例"善"、"善"與"菩"的字形相合。仔細比勘,不難發現: 末例中"善"與上揭"善唏"之"善"的寫法較爲接近。"善"應非"善"字,而是"菩"之手寫小變,即所從"音"上部的"立",中間的兩筆寫得左粗右細,不夠均匀。但其字爲"菩",應無疑義。若"善"爲"菩"字,則"善唏"即"菩提"。"唏"與"嗁"、"啼"同,《集韻・齊韻》田黎切:"嗁,《説文》'號也'。或作啼、唏。"[4]"唏"、"提"中古

〔1〕"志"係衍文,當删。

〔2〕周紹良、白化文、李鼎霞編《敦煌變文集補編》(第二版),北京大學出版社,2016 年,211 頁下欄。

〔3〕劉向撰集,王叔岷校箋《列仙傳校箋》,北京: 中華書局,2007 年,180 頁。

〔4〕丁度等編《集韻》,北京: 中華書局影印《宋刻集韻》,2005 年,27 頁下欄。

均爲定紐齊韻,讀音相同,皆可用來記録“Bodhi”中“dhi”這一音節。换句話説,“菩提”與“菩啼”,二者的差異僅在於後一音節的譯音用字有所不同。

又,上引題記末句中“皆誠善啼之道”的“誠”當爲“成”之借字,故此句可校録爲“皆誠(成)菩啼之道”。“成菩提之道”的表達,亦見於佛經,如北涼曇無讖譯《大般涅槃經》卷三六:“一切衆生悉有佛性,一闡提人謗方等經,作五逆罪,犯四重禁,必當得**成菩提之道**。”(《大正藏》12/574C26—28)以此看來,“善啼”即“菩啼”,係“Bodhi”的另一音譯形式。

十六　甲　沙

BD.3715(霜15,北7146)《提謂五戒經并威儀》卷下:“齋日入衆人中有廿二事:一者當禮佛;二者當禮比丘僧;……九者不得語笑;十者不得著甲沙;十一者不得著木跂(屐)。”(《國藏》51/389A)

按:例中“甲沙”爲何物?慧琳《音義》卷六五《五百問事經》音義“鞾鞋”條:“上酗禾反,胡服也。《廣雅》謂**甲沙**,或謂之鞣韈,皆夷人方言有異也。《集訓》作鞾,《字林》從化作靴,並俗字也。《考聲》正作⿸尸禾,從履省、禾聲也。《説文》闕,無此字。諸字書無。疊韻。《韻詮》云:有項履也。亦**鞵**(鞵)履屬也。本外國夷人服也,自晉魏已來,中國尚之,今以爲公服也。”〔1〕(《中華藏》58/767B)“甲沙”也作“鞅沙”,較早見於《説文·革部》,云:“鞅,鞮,鞅沙也。”段玉裁注:“謂鞮之名鞅沙者也。鞮角、鞅沙皆漢人語。”(108A)又作“鞈鞢”,或名“鞣釋”,《廣雅·釋器》:“鞈鞢、鞣釋、靸,履也。”王念孫疏證:“履,或作鞾。《釋名》云:‘鞾,跨也,兩足各以一跨騎也。趙武靈王始服之。’鞈鞢、鞣釋,皆疊韻字也。《玉篇》‘鞈’字注:‘鞈鞢,履也。’……《釋名》云:‘鞣釋,鞾之缺前雍者也。’鞣釋,猶速獨,足直前之名也。”〔2〕由此可知,“甲沙(鞅沙、鞈鞢)”、“鞣釋”都是對一種缺前壅的靴子的不同方言的稱呼。因這種靴子晉魏以來非常流行,以至其“甲沙”之名也載入了時人編撰的疑僞經中。同時,這一記録又説明疑僞經的撰造與當時的社會生活密切相關。

(作者單位:復旦大學出土文獻與古文字研究中心)

〔1〕 整理本參徐時儀校注《一切經音義三種校本合刊》,上海古籍出版社,2008年,1657頁上欄。“**鞵**”字,其書録作“鞵”,未確。

〔2〕 王念孫《廣雅疏證》,北京:中華書局,2004年,236頁上欄。

《敦煌吐魯番研究》第十八卷
2018 年,261—263 頁

釋敦煌本《啓顔録》中的“落喤”

鄧文寬

傳説《啓顔録》是隋朝人侯白所編的故事集,不僅散見於《太平廣記》等傳世典籍,而且也有見於敦煌文獻的早期寫本(S.610 號)。敦煌本《啓顔録》共收故事四十則,近年由竇懷永、張涌泉二位教授匯輯校注於《敦煌小説合集》一書[1]。其第二十四則故事存有如下内容:

河東下里風俗,至七月七日,皆令新婦拜賀阿家,似拜歲之禮,必須呪願。有一新婦呪阿家云:“七月七日新節,苽兒瓟子落喤。願阿家宜兒,新婦宜薛(河東人呼聟爲薛)。”[2]

《合集》釋“阿家”爲“同‘阿姑’,夫之母”[3],意即婆婆,是正確的,可以信從。但其下的兩條注釋恐怕就有需要商討之處了。第【二五一】條有云:

“瓜兒”、“瓟子”皆指小瓜。“喤”,《龍龕手鏡·口部》以爲“喤”的俗字,文中則當校讀作“瓞”,小瓜;黄校云“落喤”與“落落”、“落索”的連綿不斷義相同,又雙關“落瓞”,指落下小瓜,喻生小孩,其説可從。“苽兒瓟子落喤”句蓋取義自《詩·大雅·緜》“緜緜瓜瓞,民之初生”句,寓意子孫綿延不絶。[4]

第【二五二】條有云:

宜兒,雙關語,既指與兒子相處融洽,又指宜於生兒育子。[5]

這裏有幾個問題可商。第一,説“‘瓜兒’‘瓟子’皆指小瓜”,恐不確。《詩·大雅·緜》“緜緜瓜瓞”句,唐人孔穎達疏云:“瓜之族類本有二種,大者曰瓜,小者曰瓞。”

[1] 竇懷永、張涌泉匯輯校注《敦煌小説合集》,杭州:浙江文藝出版社,2010 年。
[2] 同上書, 11 頁。
[3] 同上書, 33 頁校注第【二五〇】。
[4] 同上書, 33—34 頁。
[5] 同上書, 34 頁。

而"瓞"就是"瓝"。《爾雅·釋草》:"瓞瓝,其紹瓞。"郭璞注:"俗呼爲瓞。"由此可知,寫卷中的"瓜"指大瓜,"瓝"指小瓜。第二,説"㗧"字"文中則當校讀作'瓞',小瓜",亦非是。"落㗧"是一個聯綿詞,指年輕婦女的一種狀態(説詳下),不可拆開作解。第三,説"宜兒"是"雙關語","既指與兒子相處融洽,又指宜於生兒育子",這就未免過度詮釋了。

所引"黄校云",是指黄征教授對這則故事的校釋,今迻録如下:

瓝(bō)——小瓜。落㗧——當時俗人的口語,與後來的"囉唣"、"囉蘇"有一定語源關係。指大瓜小瓜多而糾纏貌。

征按,"瓝"字《廣韻》音"蒲角切",亦寫作"瓟"、"瓝",今音擬爲 bó(陽平)。"㗧"爲"噻"之俗字,見於《龍龕手鏡》。"落㗧"一詞別處未見(《漢語大詞典》即未收),但據《廣韻》注音"丁結切"(dié),則"落㗧"應是疊韻聯綿詞,與"落落"、"落索"的聯綿不斷義相同。但此字又可與"瓞"同音,故"落㗧"乃雙關"落瓞"(落下小瓜,喻生下小孩)。不管如何,這則故事肯定由《詩·大雅·緜》生發出來:"緜緜瓜瓞,民之初生。"[1]

可以説,黄征教授爲解讀"落㗧"一詞下了很大的功夫,但對該詞詞義的理解依然恐有未諦。因"㗧"與"瓞"同音,故懷疑"落㗧"意即"落瓞",喻指"生下小孩",失之矣。這則故事出自"河東下里",也就是今日的晉南民間,而我本人恰是晉南(山西稷山縣)人。雖然我離開家鄉已經近半個世紀了,但對這句土話記憶猶新。那裏的人在涉及一位有幾個小孩的女人時,會有如下情景對話:女人甲有幾個小孩。女人乙想帶女人甲一起出門攬活,掙錢補貼家用。女人丙就會勸女人乙説:"你别帶她,她娃娃落㗧的。"那麽。"落㗧"是什麽意思呢?是説女人甲孩子尚小,拖兒帶女的,不方便。所以,這是説年輕女人的一種狀態。爲避免自己記憶出錯,我又電話請教了仍在稷山生活的中學同班同學趙萬才老友,他的説法以及對該詞意義的理解與我完全相同。由此可知,"落㗧"是一個方言詞語,指年輕婦女處在孩子小、拖兒帶女的狀態。

再回到《啓顔録》的這則故事上來。新婦對婆婆祝願的話是:"七月七日新節,苽兒瓝子落㗧。願阿家宜兒,新婦宜薛(壻)。"總共是二十一個字。前已究明,"苽"爲"瓜"之俗字,"瓜"指大瓜,"瓝"指小瓜。農曆七月初,各種瓜果都已陸續成熟並不斷收穫,故這個時候講"瓜"與"瓝",與節令相合。但句中嵌進了"兒"、"子"兩字,則大瓜、小瓜

[1] 黄征《輯注本〈啓顔録〉匡補》,引文見黄著《敦煌語文叢説》,臺北:新文豐出版公司,1997年,496頁。

便是喻指“孩子”了。這樣,“芃兒㖸子落喹”,難道不就是今日晉南人仍在説的“娃娃落喹”嗎？再則,這四句話以“節”、“喹”、“薛”押韻,第三句出韻,與唐人四言詩韻腳無别,又是其高妙之處。至於三、四句的兩個“宜”字,也有出典。《詩・周南・桃夭》:“桃之夭夭,灼灼其華,之子於歸,宜其室家。”朱熹傳曰:“宜者,和順之意。”《禮記・内則》:“子甚宜其妻,父母不悦,出。”鄭玄注:“宜猶善也。”可知,“宜”字有和順、善待之義。再結合上引《詩經》“緜緜瓜瓞”的出典,可以看出,這位新婦並非目不識丁的村姑,而是有過良好的教育基礎,對《詩經》尤其在行。若我理解不誤,全部四句祝詞的意思當是:“今天是七夕新節啊,我娃娃落喹的。願婆婆與你兒相處融洽,我也夫妻和睦。”如果再擴而大之,引申出更豐富的意義,恐怕就超出那位新婦的本意了。

(作者單位:首都師範大學歷史學院)

《敦煌吐魯番研究》第十八卷
2018 年,265—278 頁

石汗那的嬰兒
——新疆博物館藏一件新出于闐語案牘

段　晴　侯世新　李　達

烏魯木齊新疆博物館收藏了四件于闐語案牘。如我們已在《于闐語大案牘》一文中所述及,這四件案牘是從民間徵集得來的文物,雖没有考古發掘的背景,卻可以認定原本出自同一遺址,出自同一家族。依據案牘的内容,這些物件曾經全部歸屬於一個名叫清福的人。此人至少經歷了兩代于闐王,從伏闍信到伏闍雄。四件之一,即大案牘,其上書有伏闍信 38 年以及伏闍雄 12 年的契約各一件,已經發表於《唐研究》第 22 卷[1]。本文發表書於伏闍信 49 年的一件。

這一件案牘,新疆博物館編號 XB17333,由上、下兩塊木板組合。牘長 19.7 釐米,寬 10 釐米,最薄處厚 1 釐米,上牘中部有封泥凹槽,此處木板厚 4 釐米。封泥處有雙眼,以穿麻繩,繩尚存。底層牘上有一墨黑手印,並非完全是人手按壓的印記,應是按照人手的大小畫上去,又用墨塗黑。仔細查驗,可以發現底層牘原先曾被書寫,但原有文字基本上已清理乾净,只是在少許地方仍有字樣,例如在手印的食指、中指之間依稀可辨出婆羅謎字 ma,食指尖正對方向 mūrä 的 ä 上方有 dra 等。

這件案牘,製成於伏闍信 49 年,其時代應落在 660 年前後,已經進入了唐高宗的時代。于闐王伏闍信曾經是個長壽的國王。僅以此件案牘爲據,該王統治于闐國的時間至少長達半個世紀之久。我們分析認爲,伏闍信大約於公元 610 年前後登基,經歷了中原從隋到唐的變遷。伏闍信曾經是熱情款待了唐玄奘的那個于闐王,也正是他隆重爲唐玄奘餞行[2]。650 年,唐太宗去世。伏闍信恰好在長安。所以伏闍信正是《舊唐書》所謂“太宗葬昭陵,刻石像其形,列於玄闕之下”者。

〔1〕 段晴、侯世新、李達《于闐語大案牘》,《唐研究》第 22 卷,北京大學出版社,2016 年,371—400 頁。

〔2〕《大唐大慈恩寺三藏法師傳》卷五:唐玄奘“即進發,于闐王資餞甚厚”(CBETA, T50, no. 2053, p.252)。

這是一件收養嬰兒的契約。收養嬰兒者,正是那個叫作清福的男子,他於伏闍信38年買入一女子和她的兒子。這一次清福收養了一名男嬰,這名男嬰來自石汗那國。幾個來到于闐王國的石汗那人,不知什麽原因,需要把一名嬰兒托付給清福。但是,契約中明確説明,清福應視此嬰兒如同在此地出生,而非買賣、典押所得。

A 封牘上

spāta vitkulä pyaṣṭä

B 封牘背面:

1. ‖ salī 40 9 māśtä 10 haḍā 10 5 ṣe' kṣuṇä mäṣḍā
2. gyastä hvaṃnä mästä rrundä viśya sīhä ttye skye mara bi-
3. rgaṃdara auva ṣä ○gvārä vye · aśtä naḍä śudapu-
4. ñä nāma ṣä cākanī-bitnarna pūrakä nätä permä
5. baña spāta vitkulä cai rrāśa yuḍä · tti burä vara
6. ttiña gvera byānä vya · pharṣa virgāṃ · parramai vi-
7. nesa parramai kherrjāṃ parramai puñaṃgulä parramai puñā-

C 牘

1. rrjāṃ · cākanī naṃṣṭarä · cāka<✋>nī bayaṃ · merä brātä
2. khadenarä · cu ttū gvārä <✋> śūstä padettä ṣṭāna
3. ustaṃ hamīhī · <✋> mūrä ñauysdo
4. 2000 u tta tta daṃḍä <✋> brraśtä khu
5. kṣīrru dāta samī ‖ ṣä cukvakä mara
6. permä tta tta mara bisai khu [rru] mara ysāyya · nä mara draṃmāji u nä parā ·

譯文:

薩波維傑里(vitkulä)印封。

49年,10月,15日。這是寬仁的天神于闐大王伏闍信(Viśya Sīhä)之朝。此時此地,在跋伽城而立此字據。

有男子名清福(Śudapuñä),他從石汗那(Cākanī)的族姓男子(?)接受了一名嬰兒,薩波維傑里親臨,以爲仲裁。這些人是此字據的證人:破沙勿伽(Virgāṃ),巡捕烏尼薩(Vinesa),巡捕紇爾衷(Kherrjāṃ),巡捕布捺屋里(Puñaṃgulä),巡捕布捺爾衷(Puñārrjāṃ),石汗那的朝貢者(naṃṣṭarä),石汗那的嚮導(bayaṃ),娘舅賈德男(Khadenarä)。若是有人日後欲變更此字據,在已備得已造好之後,必然賠償2000錢,並且獲得懲罰,與此國法相應。

此嬰兒在此(交付)收養,將如此在此居住,猶如在此出生,非於此典押,非賣出。

注釋:

A1. spāta vitkulä

"薩波維傑里"。該名已經出現在《大案牘》伏闍信38年的契約中,但當時未能正確識別出來,而讀作viktalä(?),並音譯作"維傑里"。現在糾正。不過,伏闍信38年的契約,提供了關於"維傑里"的出身。他是居布薩里(kupsalä)的兒子,生活在"少王"的領地上。所謂"少王",正是後來繼伏闍信成爲于闐王的伏闍雄。

到了伏闍信49年,維傑里已經是一名"薩波"了。"薩波"又譯作"將軍",屬於地位很高的貴族。

B4. cākanī-bitnarna

Cākanī一詞,是這件案牘貢獻的新詞。雖然是唯一出現,亦可斷定,這就是著名的古代王國"石汗那"的于闐語名。

"石汗那",《大唐西域記》的音譯名"赤鄂衍那"[1]。德國學者馬迦特將其比定爲波斯語的čaγājān(Marquart 1901, 226)。

1965年,烏兹别克粟特城遺址阿夫拉西阿卜(Afrasiab)出土壁畫,16行粟特文字書寫在一個使者的白色衣袍上,另有模糊的三行大夏語(Bactrian)文字又書寫在粟特文字之上。俄羅斯學者里夫茨基(V. Livshits)解讀了這些文字,從而揭示,那個身著白衣袍者,正是石汗那國王派遣的使者。其中粟特文形容詞"石汗那的"拼寫作cγ"nkw,另一處拼寫作cγ'nk。除此之外,里夫茨基注意到,在吐魯番出土的粟特文"民族名表"中,石汗那國名拼寫作cγ'ny。他認爲這是從地望名Čaγān而派生的。Čaγān原是一條河的名稱(Čaγān rūd),即現代烏兹别克的蘇爾漢河(Surkhandarya),阿姆河北部的

〔1〕 季羨林等1995,106頁;《新唐書》卷二一六《西域傳下·石汗那》,北京:中華書局,1975年,6254頁。

一條支流。里夫茨基還指出,例如出現在波斯語《列王記》中的詞 Čaγāniyān 應來自 Čaγānī[1]。

現在看來,于闐語的 Cākanī 儘管顯示了重音的不同,仍然還是與出現在吐魯番出粟特文民族名表的 cγ'ny 更爲接近,從一個以-i 爲末音的名詞派生。在此基礎上,于闐語輕而易舉加上-ia-詞綴[2],形成從地名構成的形容詞。

關於石汗那國的歷史,史書提供的信息有限。所以阿夫拉西阿卜壁畫上的十幾行粟特文以及些許大夏語的文字,更顯得彌足珍貴。依據里夫茨基的英譯,粟特文的内容如下:

> 當 Unashu(或者 Unshu 家族)的國王 Avarkhumān 來到他面前時,(使者)開口説:"我是 Pŭkar(或者 Pŭgar)-zādak,石汗那人的文官首領。我來到撒馬爾罕,來到國王面前,從石汗那國的君主圖蘭德什(Turāntash)那裏來。我來拜謁國王。請勿懷疑我的誠意,我已諳詢瞭解撒馬爾罕的諸神,以及書寫文字,對國王無絲毫惡意。願您吉祥。"於是 Unashu(或者 Unshu 家族)的國王 Avarkhumān 離開石汗那人的文官首領。於是,石國的文官首領開口説話。[3]

銘文中出現了撒馬爾罕的國王名、石國以及石汗那國的國王名。里夫茨基發現,這裏提到的國王 Avarkhumān,正是《新唐書》記載的康居國王拂呼縵。公元 661 年,唐朝以于闐以西波斯以東的 16 國爲領地範圍,設立 16 都督府。康居國是這 16 都督府之一,而拂呼縵正是康居都督府的都督。由此可知,石汗那國的使者也是在 7 世紀中期前後的一段時間内造訪康居國,拜謁拂呼縵,那幅壁畫也是在那個時期繪製。石汗那國君王的名字也出現在那十幾行粟特文中,當年石汗那國的君王名 Turāntash,按照字面意義是"圖蘭人之斧"。或許是個顯示其英勇的名字。從發音看,意大利的著名歌劇"圖蘭朵"之"圖蘭"也是指"圖蘭人",而"朵"原本是波斯語的"女兒"。

圖蘭人被認爲是斯基泰/塞種人的一支,他們與撒馬爾罕的粟特人雖然都是操東伊朗語的民族,但擁有不同的宗教信仰,各自選擇了不同的書寫文字。依據里夫茨基(Livshits 2015, 242—241),那 16 行粟特銘文的前三行上,遺留有些許大夏語文字的痕跡。大夏語雖是伊朗語的一支,卻採用了希臘字母作爲書寫文字。所採納的官方文字

〔1〕 關於《列王記》的記録以及本節所述,引自 Livshits(里夫茨基)2015, 240—241 頁。
〔2〕 -ia-詞綴可以加在地名之後,Degener, *Suffixe*, p.118。
〔3〕 李福清的英譯,見 Livshits 2015。

之不同,當然有歷史發展過程中的諸多因素,但其中之一,應有基於不同宗教信仰的考慮。同爲操伊朗語的民族,石汗那人所信奉的宗教與撒馬爾罕的有重大差異,後者已經證明信奉瑣羅亞斯德教。而石汗那人,則不是信仰瑣羅亞斯德教。其使者説得明瞭:“我諳詢瞭解撒馬爾罕的諸神,對國王無絲毫惡意。”[1] 關於石汗那的宗教信仰,里夫茨基依據《大唐西域記》的點滴記載,認爲石汗那國信奉佛教。我認爲不是。玄奘筆下,赤鄂衍那國唯有伽藍五所,而且僧徒甚少[2],如何能夠代表石汗那國的信仰? 即便當時有佛教流行,也不能代表石漢那的圖蘭人没有自己的宗教信仰。他們採用希臘字母作爲官方文字,應是不排斥希臘宗教的多神。

除此來自撒馬爾罕的粟特語題記以外,20 世紀初德國學者馬迦特從亞美尼亞、波斯、阿拉伯語的古代著述找到了關於石汗那國君的更多細節,例如他指出,石汗那國王的稱謂是 Čaγān-Xuδāh“石汗那君主”。還有關於石汗那國王的故事,例如: 有石汗那國王叫作 Tēš,獨眼,與休曼(Šūmān)以及阿赫倫(Axrūn)的國王爲敵,並招引來阿拉伯人。公元 712 年時,他的稱謂是 Jabγu (Yabghu)“葉護”[3]。《新唐書・西域傳》的記載則反映了石汗那國更爲長久的存在:“石汗那,或曰斫汗那。自縛底野南入雪山,行四百里得帆延,東臨烏滸河。多赤豹。開元、天寶中,一再朝獻。”[4],依此記述,石汗那國直到 8 世紀上半期仍與唐朝往來不斷。上文提到唐朝設立的 16 都督府,石汗那國也是這 16 都督府之一,其都督府名稱“悦般州都督府,以石汗那國豔城置。”

于闐語已知文獻中,Cākanī 一詞還是首次發現。但因本件案牘契約的時代清晰,托付收養嬰兒的事件就發生在 660 年前後,也證實了唐朝在西域設立 16 都督府的時代,是這些王國與唐朝民間往來頻繁的時代。

bitnarna 應是具/從格單數,詞幹顯然是 bit-nara-,後詞即印度語(犍陀羅、梵、巴釐語)的 nara-,伊朗語(阿維斯塔、巴列維)的 nar-“男子”。可以斷定,bit-nara-非于闐語詞,而應是石汗那語的詞。另外,還可以斷定,bit-nara-非是契約中交出嬰兒一方的人名,而是一個旨在説明身分的詞。契約的後文提到孩子舅舅,他是一個 khadenara-,該詞更像是指明身分的。bit-nara-的前詞有多種解釋的可能性,但最直接的應是來自表示

[1] 這一句的英譯:“I am well informed about the gods of Smarkanth and its writing, and have done no harm to the king.” Livshits 2015, p.239。

[2] 季羨林等 1995,105 頁。

[3] Marquart 1901, pp.226 – 227.

[4] 《新唐書》卷二一六《西域傳下・石汗那》,6254 頁。

“家、莊園”意義的詞，例如于闐語有 bisā-“家，莊園，家族”，巴列維語有 wis“莊園，村”等。石汗那的 bit，更像是一個來自兩河流域的詞，阿卡德語有 bītu(m)，betu(m)(CDA, 46b)，可以是 bit 的詞源。這裏所謂“家、莊園”蘊含的是古代的意義，指明所隸屬的身分。于闐語契約買賣人口時，也説明被賣者出身的表述，例如《高僧買奴契約》中有短語如 bäśa ysāyī “本家所生”[1]，其中 bäśa 正是 bisā 的依格。將 bit-nara-譯作“族姓男子”，意在反映其歸屬性。在古代，每個人都屬於一個家族、部族，或者團體。單獨行走的人，或者是僧侶，或者是行伍之人。契約中使用到 bit-nara-，意在指明其嬰兒的出身，他是族姓子，善家子。説明他的出身，纔能强調收養嬰兒的條件：“此嬰兒在此(交付)收養，將如此在此居住，猶如在此出生，非於此典押，非賣出。”

B4. pūrakä 業格單數，詞幹 pūraka-。

pūra-“兒子”，加詞綴-ka-，表示“幼小，親昵”。説明清福收養的是個來自石汗那的“小兒”、“嬰兒”，甚至可能是男性“嬰兒”。

B4. nātä permä nātä 完成時第三人稱單數陽性，< nās-：nāta-“收訖，拿到”。

permä 顯然是加了-ma-詞綴構成的名詞。-ma-詞綴是古代伊朗語族的直接詞綴，加於動詞後，變動詞詞根爲動名詞。詞綴之前的 per 應來自詞根 pār-，其意義“養育”。在新疆博物館的此件案牘公佈之前，permä 僅見於 Or.9268B，也是一件收養幼兒的契約，幼兒的生父是于闐文獻當中著名的裴捺[2]。對這一詞的意義曾有過疑慮[3]，但此件收養幼兒的契約語境清晰，可以證明 permä 的含義是“收養”。值得討論的是這一詞的詞幹。permä 應是爲/屬格單數，該詞的詞幹應是 pārma-。nās- permä 是固定搭配用語，表示“收養”。

B.5 baña

于闐語的案牘契約已經發現十多件，契約用套話也到了熟視無睹的地步。但是，仔細看，還是有尚未解决的問題，例如 baña 的用法。baña 是介詞，表示“在……之前”，支

〔1〕 見段晴 2015，77 頁。

〔2〕 關於這件案牘，經過多次翻譯，全文轉寫及英譯可參閲 Skjærvø, *Catalogue*, pp.68－69。另見 Duan 2013, p.442。

〔3〕 例如 Degener 認爲，或許不是收養，而是用錢抵押。見 Degener, *Suffixe*, p.297。

配爲/屬格。關於這個介詞無論從詞源還是用法,似乎再無爭議。但是,當我在翻譯國家圖書館藏于闐語《舅賣甥女》契約時,遇到下面的一句話:

ṣi' gvārä aurīṣṭa spāta visalä ye u pyaṃtsa paunarāṃnāṃ busvārāṃ u baña birgaṃdarajāṃ auyāṃ āna

此契約由薩波維薩李監理,當著保諾羅聚落居民的面,另有拔伽城的居民在場。

上面的漢譯體現了我那時對這句話的理解。這其中,pyaṃtsa 也是介詞,表示"在……面前,……在場",所以針對 pyaṃtsa paunarāṃnāṃ busvārāṃ 翻譯出"當著保諾羅聚落居民的面"。baña 也出現在接下來的短語中,baña birgaṃdarajāṃ auyāṃ āna,我翻譯作"另有拔伽城的居民在場"。如此處理,是因爲考慮到一句中兩次出現不同的、卻具有同樣意義的介詞,有些莫名其妙。爲什麼在同一句中使用了意義相同的兩個介詞呢?當時未能細琢磨。現在看來,該句的翻譯需要改進。

遍查于闐語文獻,可以發現 baña 是敬語,使用這個介詞以表示"在……之前"時,大多是佛、菩薩等出現"在面前"。例句很多,摘録幾句爲例:

Z. 22,105

balysä baña jsaunita västāta〔1〕他們長跪在佛面前。

KA. 6v1-2〔2〕

īmä ttä harbiśśä karma vaña aysä gyastāṃ balysāṃ baña u bodhisatvāṃ baña

我今懺悔一切業,在諸天佛面前,在諸菩薩面前。

除此之外,也見到與非神聖搭配使用的,例如于闐語《觀自在陀羅尼》:

KA. 13r2-3

usthaṃji ma biśśye janava-kāyä baña

願抬舉我於一切臣民面前。

雖然搭配了"臣民",但 baña 在句中的使用仍似有恭敬的意味。從敬語的角度出發,此件收養契約的語句: baña spāta vitkulä cai rrāśa yuḍä 翻譯作"維傑里親臨,以爲仲裁",似更熨貼。實際情形是,每一次立字據,簽訂契約,需要走當時的司法程式,需要有類似法庭的仲裁場所,需要有當事人雙方以及證人在場,除此之外,需要有頭面人物

〔1〕 Z. = Emmerick 1968, p.304.

〔2〕 KA = "The Khotanese Avalokiteśvaradhāraṇī", *SDTV* III, pp.240, 244.

作爲主審官。使用 baña 以突出主要仲裁者,所以必然是敬語。

再回到上文提及的《舅賣甥女》案牘,那句話需要重新翻譯,現在糾正爲:"此契約由薩波維薩李監理,當著保諾羅聚落居民的面,拔伽城的居民在上。"在那件案子中,賣方舅舅是保諾羅聚落居民,買方來自拔伽城,使用兩個同樣表示"當著……面"的介詞,即 pyaṃtsa 以及 baña,以表示彼尊我謙之意義。

B7. kherrjāṃ,puñārrjāṃ

于闐語的人名,一部分呈現印度方言以及佛教的影響,另有富有本民族特色的人名。本文不作重點探究,僅針對出現在契約中的兩個人名,略作分析。以-ārrjāṃ、-rrjāṃ爲末的人名尤爲常見,此案牘涉及兩例:kherrjāṃ,puñārrjāṃ。

puñārrjāṃ 的前詞 puña-,來自梵語名詞 puṇya-"福德,功德",是佛教的概念。關於後詞,有觀點認爲或者來自梵語的 arjuna,音譯"阿周那",出自印度史詩《摩訶婆羅多》。但是複合詞所搭配的意義看,則構不成有效的意義。按照依主釋,前詞名詞限定後詞,得到"福德的阿周那",前詞與後詞之間,没有必然的隸屬關係。這一複合詞構成的人名,如果後詞由動詞構成,似更爲貼切。穆格山出土的粟特語人名中有 prn'rch [Farnārč],其字面意義:"獲得幸運的,獲得幸福的。"前詞 * farnah-,後詞來自動詞詞根 ar-,再加詞綴 č 構成(Livshits 2015, 224)。該名字的構成,類似于闐語的 puñārrjāṃ。穆格山之地的粟特人信仰與于闐人不同。于闐人信仰了佛教,而于闐語中從古代繼承下來的類似粟特語的 prn 一詞,拼寫作 phārra-"靈光"[1],但該詞似乎在于闐語更多保留了"靈光"的含義。人名 puñārrjāṃ 表明,于闐人信仰佛教之後,佛教的 puṇya-"福德"取代了古代伊朗的 * farnah-之内涵中"好運"一層意義,雖然人名 puñārrjāṃ 的前詞來自印度語,但人名構成的習慣仍然遵循本土的傳統。查《古代印歐語詞源辭典》(Mayerhofer 1992),有詞根 *ARJ*,基本詞義"導致,以致"。在該詞條下,Mayerhofer 提到了吠陀語的 arj-、阿維斯塔的 arǰ -,詞義"獲得"。于闐語有名詞 ārrji-"補給,供應",被認爲來自印歐語的* lau-, lu-詞根(Levshits 2015, 119)。除此之外,還有印歐語系詞根 *RAJ* (Mayerhofer 1996, 425),表示"直綫延伸,以……爲準"。或許 puñārrjāṃ 的後詞,來自上述表示"導致、以致"意義的詞根,加了詞綴-āna-,如此一來,該人名的意義是"帶來福德的"。

〔1〕 Emmerick, *Studies* 3, p.103.

kherrjāṃ 的後詞如上述。于闐語的起始輔音 kh,保留了古代伊朗語的 kh,所以前詞或來自阿維斯塔的 xayana"泉,甘泉"。而在于闐人看來,"泉"必然是吉祥的,《大案牘》被賣掉的姑娘,其名字叫作 Khāha,翻譯作"泉兒"[1]。由此可知,于闐語人名裏出現"泉,源泉"可以是意料之中。kherrjāṃ 人名的意義應是"帶來甘泉的"。

C1. naṃṣṭarä 人名(?);bayaṃ 人名(?)

從上下文看,naṃṣṭarä 不應是人名,更像是表示身分的詞,他或許是一個"朝拜者"。這個詞首次出現,原文書寫清晰,所以讀出 naṃṣṭarä 應無誤。但詞義未能證實。于闐語詞典中列有 nauṣṭara-,表示"矛"、"刀"等鋭器,不應是同一詞。naṃṣṭarä 明顯是加了詞綴而複合成的詞。可以是從阿維斯塔形容詞 namra-(恭敬,禮貌)加比較級詞綴-tara 的組合,得到形容詞"十分恭敬的"。但若非人名,此處的語境則更期待一個顯示人地位、身分的名詞。naṃṣṭarä 還可以拆分成 naṃ 加-ṣṭara-,前者來自 nam-"鞠躬,恭敬",後者來自 starr-"傳播、擴展"(*SGS*, 134)。或許二者合成,表示"朝貢者,朝覲者"。這只是揣測,未能在其他于闐語文獻以及其他中古伊朗語文獻得到相同例證的支援。但是,想到這件案牘發生 660 年前後,正是石汗那與周邊來往頻繁的時候,撒馬爾罕的壁畫記載了石汗那國的來訪者,説 naṃṣṭarä 是一個來到于闐王國的朝拜者,也未可知。

bayaṃ 如果不是人名,可以是來自詞根 baya-"引導,帶領",加了-m 詞綴,成爲名詞"嚮導"。

C2. khadenarä 人名(?),"賈德男"

khade 不是于闐詞,詞尾-e 顯示加了-i,表示所屬關係的連詞,所以 khade 可以是地名,或者人名。若如此,khadenarä 則是個人名。但從語境,這個詞更像是個指示身分的詞,前詞必然是石汗那的詞彙之一。或者前詞正是 xuδāh"國王、君主"的于闐語婆羅謎字拼寫。若如此,khadenarä 指"國王的人"。

總而言之,上述 bitnara-、naṃṣṭarä、bayaṃ 以及 khadenarä 皆不是于闐語詞,應是存留下來的石汗那的語彙。

---

[1] 段晴等 2016,373 頁。

C3. mūrä ñauysdo 2000 “罰錢 2000!”

首先需要説明,案牘在-ysdo 之上確實有顯著的筆畫印跡,初看時,以爲應作-ysdau。但仔細看過,發現那筆畫是未能除净的墨蹟,ñauysdo 纔是正確的轉寫。ñauysdo 來自 nyauys-,無論用法以及詞形變化都是首次被記録到。nyauys-是個非及物動詞,使用中間語態變位。其詞義明確,表示“失敗,被戰勝,被打敗”。由該詞根形成的名詞 nyauṣcā 出現在于闐語《金光明經》中,例如:

gyastānu u aysurāṇu rraśma bva'lstānu umāvu purroṣca hämäte u aysurāṇu nyauṣca[1]

當你們諸天並阿修羅開戰時,你們得到勝利,阿修羅失敗。

nyauṣcā-“失敗”,相當於梵語 parājaya-“喪失,損失,敗北”。

于闐語《贊巴斯特之書》第十二章第 30—40 頌有語句如下:

tcohorä ttäte hära mista tcamna nyauysāre bodhisatva payīndä rrūyīndä saṃvaru härṣṭāyä ne tcera[2]

有四大事,菩薩由此而喪失、損毀、破壞律儀,實不應爲之。

這裏所謂“四大事”,正是玄奘在《瑜伽師地論》《菩薩戒本》等經中所指“四種他勝處”。“他勝處法”梵語 pārājayikasthānīyadharma,其中“他勝”對譯 pārājayika,從 parājaya 加 ika-詞綴而成,詞義“喪失(菩薩戒)者”。

如此對應下來,nyauys-的詞義“喪失,損失,失敗”。而 ñauysdo 是命令語氣中間語態第三人稱單數,在詞根 nyauys-之後加了語尾-to,-ys 之後的-to 變爲-do(*SGS*, 211, 213)。所以 mūrä ñauysdo 2000 可以翻譯作“那麽就喪失錢 2000 吧!”

C5 - 6. ṣä cukvakä mara permä tta tta mara bisai khu [rru] mara ysāyya nä mara draṃmāji u nä parā

句中都是熟詞,但如此用法卻新鮮。

cukvaka-還在哺乳期的“嬰兒”,詞源可以追溯到印歐語系象聲詞,例如梵語有從 cuci-, cucuka-“(婦人的)胸部”[3]。其實不止於印歐語系,至今漢語北方話裏還有“吃咂”一説,“咂”指母親的乳房。

---

〔1〕 于闐語原文及英譯,參閱 Skjærvø 2004, pp.97, 99。

〔2〕 于闐語原文及英譯,參閱 Emmerick 1968, pp.170 - 171。

〔3〕 這是意大利教授 Maggi 的發現,詳見 *Studies* 3, pp.53 - 55。

permä 名詞,爲/屬格單數,詞幹 pārma-“收養”。

bisai 形容詞,體格單數陽性,詞幹 bisaa-“住於……,在……”。

ysāyya 動詞,虛擬語氣中間語態第三人稱單數,來自非及物動詞 ysai-“出生”。

draṃmāji 名詞,爲/屬格單數,詞幹 draṃmāja-“典押”[1]。

parā 名詞,爲/屬格單數。早期于闐語詞幹應是 parāta-,晚期 parā-[2]。

整句雖然省略了系動詞,僅用名詞的爲/屬格表達目的,但詞的關係清晰。

人名、地名:

Khadenara-“賈德男”(?),見注釋。

Kherrjāṃ“紇爾衷”,巡捕,探子。

Cākanī“石汗那的”。

naṃṣṭarä“朝貢者”(?),見注釋。

Puñaṃgulä“Puñaṃgulä Puñaṃgulä”巡捕,探子。

Puñārrjāṃ“布捺爾衷”巡捕,探子。

Bayaṃ“嚮導”

Bitnara-“族姓男”,見上文注釋。

Birgaṃdara auva“拔伽城”。

Vitkulä“維傑里”,時任薩波,另見於伏闍信 38 年。

Vinesa“烏尼薩”,巡捕,探子。

Virgāṃ“破沙勿伽”,時任破沙。

Viśya Sīhä“伏闍信”,于闐王。

Śudapuñä“清福”,另見於伏闍信 38 年。

縮略語及引用文獻:

CDA

A Concise Dictionary of Akkadian, edited by Jeremy Black, Andrew George, Nicholas Postgate, Wiesbaden: Harassowitz Verlag, 2000.

[1] 這是筆者確定的詞義,見段晴 2015,93 頁。

[2] paretä 或者是早期于闐語 parāta-“賣”的爲/屬格單數。參閲 Degener, *Suffixe*, p.288b。

Degener, *Suffixe*

Almuth Degener, *Khotanische Suffixe*, Alt- und Neu-Indische Studien, herausgegeben vom Institute für Kultur und Geschichte Indiens und Tibets an der Universität Hamburg. Stuttgart: Franz Steiner Verlag, 1989.

Duan 2013,

Puñadatta's Life as Reflected in Khotanese Documents, *COMMENTATIONES IRANICAE Vladimiro f. Aaron Livschits nonagenario donum natalicium*, Petropoli in ædibus Nestor-Historia, 2013, pp.435 – 445.

段晴 2015

中國國家圖書館藏西域文書——于闐語卷(Xinjiang Manuscripts Preserved in the National Library of China, vol 2, Khotanese Remains),上海:中西書局,2015。

段晴等 2016

段晴、侯世新、李達《于闐語大案牘》,《唐研究》第22卷,北京大學出版社,2016年,371—400頁。

Emmerick 1968

The Book of Zambasta. A Khotanese Poem on Buddhism (London Oriental Series 21), London.

Livshits 2015

V. A. Livshits (里夫茨基), *Sogdian epigraphy of Central Asia and Semirech'e*, translated from the Russian by Tom Stableford, edited by Nicholas Sims-Williams, London: School of Oriental and African Studies, 2015.

Marquart 1901

Josef Marquart, *Ērānšahr nach der Geographie des ps. Moses Xorenacci*, Abhandlungen der Königlichen Gesellschaft der Wissenschaften zu Göttingen. Philogogisch-Historische Klasse. Neue Folge. Band III. Aus den Jahren 1899—1901. Berlin: Weidmannsche Buchhandlung, 1901.

Mayerhofer 1992, *Etymologisches Wörterbuch des Altindoarischen*, Band I, Heidelberg: Carl Winter Universitätsverlag, 1992.

Mayerhofer 1996, *Etymologisches Wörterbuch des Altindoarischen*, II. Band, Heidelberg: Universitätsverlag C. Winter, 1996.

SDTV III

R.E. Emmerick, R. E. & M. I. Vorob'ëva-Desjatovskaja, *Saka Documents*, *Text Volume* III, London: School of Oriental and African Studies, 1995.

SGS

R.E. Emmerick, *Saka grammatical studies*. London: Oxford University Press. 1968.

Skjærvø 2004

P. Oktor Skjærvø. *This Most Excellent Shine of Gold*, *King of Kings of Sutras*, *the Khotanese Suvarṇabhāsottamasūtra*, [Cambridge, Mass.]: Dept. of Near Eastern Languages and Civilizations, Harvard University, 2004.

XB = Xinjiang Bowuguan 新疆博物館

A 封牘

B、C 封牘背面，底牘

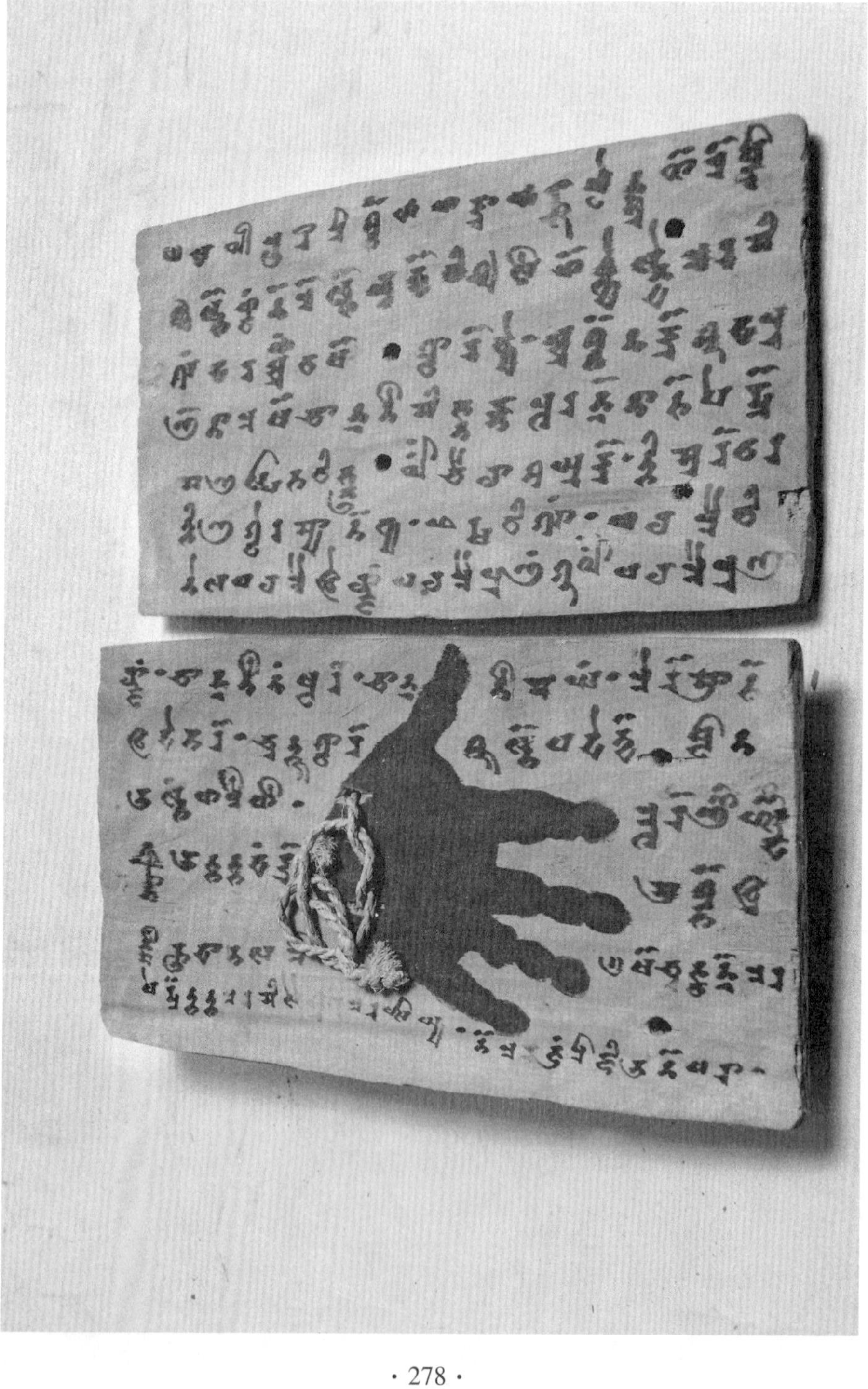

《敦煌吐魯番研究》第十八卷
2018 年,279—329 頁

公元 6 世紀末至 8 世紀初于闐《大品般若經》圖像考
——和田達瑪溝托普魯克墩 2 號佛寺兩塊"千眼坐佛"木板畫的重新比定與釋讀*

張惠明

引 言

《般若經》是大約從公元前 100 年到公元 600 年之間在印度創作的大約四十種文本的集合[1]。在 2 到 3 世紀的龍樹(Nāgārjuna)時代,《般若經》進入了繁榮的時期,《般若經》的篇幅被不斷擴充,從八千頌擴展到一萬八千頌,二萬五千頌乃至十萬頌。與此同時,般若 (Prajñā)智慧被神格化,進入到佛教信仰崇拜偶像的神殿中,經中的一些儀式文本描述了般若菩薩像所具有的可以被喚起的神性力量。法顯《佛國記》中的相關記載已經證實,早在公元 400 年之前,在印度就已出現了般若像,並被大乘教信徒與文殊、觀音像排列在一起供養[2]。然而,所有最早的般若圖像均已丢失,現存的有關圖像作品没有早於公元 800 年的[3]。根據歐洲學者在 20 世紀 20 至 70 年代的研究可知,在印度波羅王朝時期(8—12 世紀),《般若經》特别是《八千頌般若》(*Aṣṭasāhasrikā Prajñāpāramitā*)在東南亞洲地區流傳相當廣泛,其傳播以今天的孟加拉爲中心,向南到爪哇和蘇門答臘,向北到尼泊爾和西藏,與此同時,表現般若波羅蜜菩薩坐或立式像的圖像亦流行於這些地區。英國般若學研究專家孔兹(Conze Edward)把這種表現智慧的樣式稱爲"擬人化"與"神格化" 的般若圖像,在公元 9 世紀以後,特别是 11—12 世紀常

---

* 本文爲國家社科基金重大項目"敦煌與于闐: 佛教藝術與物質文化的交互影響"(項目編號: 13&ZD087)階段性成果之一。本文在寫作中得到了榮新江教授修正意見,在此謹表示衷心的感謝!

〔1〕 Conze 1967, pp.243－260.

〔2〕 法顯原文請參閱法顯《高僧法顯傳》卷一,《大正藏》第 51 册, No.2085, 858a 頁。相關研究參閲 Conze 1978, p.14; Beal 1884, p. xxxix; Drège 2013, p.26。

〔3〕 參見 Conze 1978, p.14。

常出現在《八千頌般若》梵本貝葉寫經的封面與插圖中,亦出現在藏傳佛教的寺院壁畫中。但是據孔茲的研究,此類的般若波羅蜜圖像,在中國和日本從未出現在與喇嘛教和真言宗有關的圖像之外,在中亞地區亦没有任何有關《般若經》的圖像保留至今[1]。

漢文史籍與佛教文獻的記載和19世紀末至20世紀早期歐洲考古探險隊在新疆和田地區發現的西域語言《般若經》寫本殘片表明：從公元3世紀中葉起至8世紀,于闐作爲帕米爾高原以東地區塔克拉瑪干沙漠南緣大乘佛教的中心,帶有深厚的印度北方宗教文化影響同時兼具于闐地方本土文化因素的《般若經》、特别是大品部類的《般若經》,在當地收藏、改造與向周邊地區以及中原内地的傳譯中佔有重要的位置。長期以來儘管在和田地區發現了大量的有關《般若經》寫本殘片,但是相關的圖像資料始終是空白的。

2006年5—6月,中國社會科學院考古研究所新疆隊在新疆和田地區策勒縣達瑪沟托普魯克墩佛寺遺址發掘第2號佛寺遺址時,發現了兩塊木板畫(編號：06CDF2：0027和06CDF2：0028),後收藏於策勒縣達瑪溝佛教遺址博物館(圖1—2)[2]。根據2007年新疆考古隊發表的《發掘報告》,第一塊木板畫(06CDF2：0027)發現於達瑪溝托普魯克墩2號佛寺遺址北側堂西部方形座前,第二塊木板畫(06CDF2：0028)的出土位置未予注明(圖3)。根據考古發掘者的判定,此佛寺修建年代上限爲公元6世紀,並在公佈這兩塊木板畫時給予兩塊木板畫以"千眼坐佛"定名[3]。此兩塊木板畫,特别是06CDF2：0027木板正面構圖中大部分空間繪滿密密麻麻左右交錯縱向成列頗爲奇特的眼睛圖像給人留下了深刻印象。2014年《文物》第2期上嚴耀中發表了《試釋新疆達瑪溝遺址出土千眼坐佛木板畫》一文,對考古發掘者對此兩塊木板畫的定名予以肯定,並試圖從印度婆羅門教思想的影響對此兩塊木板畫的圖像加以解讀,亦提出達瑪溝木板畫的"千眼"是一種印度宗教文化糅合的表現[4]。同年11月上海博物館爲配合該館舉辦的"絲路梵相——新疆和田達瑪溝佛寺遺址出土壁畫藝術展"出版了展覽圖册,在展覽圖册中,研究新疆佛教石窟寺壁畫的專家賈應逸發表了《策勒托普魯克墩佛寺遺址的唐代于闐佛教藝術》一文,文中賈先生對兩塊木板畫上所繪的眼睛予以關注,她雖未對考古發掘者"千眼坐佛"的定名置以可否意見,但指出"這種圖像是我們過

〔1〕參見Conze 1967,p.250。歐洲學者所謂的中亞也包括了今天的中國新疆地區。

〔2〕中國新疆文物考古研究所、日本佛教大學尼雅遺址學術研究机构2009,彩版七八：1,3。感謝策勒縣文物管理所史燕所長告知兩塊木板畫出土時及當前的收藏情況。

〔3〕筆者按照兩塊木板畫連續性編號順序的推測,0028號很可能在0027號左側位置。參見中國社會科學院考古研究所新疆隊2007,509—510頁,501頁：圖二〇。

〔4〕嚴耀中2014,71—76頁。

圖1　第06CDF：0027號木板畫　正面

新疆和田策勒達瑪溝托普魯克墩2號佛寺出土
6世紀末—8世紀初

圖2　第06CDF：0028號木板畫　正面

新疆和田策勒達瑪溝托普魯克墩2號佛寺出土
6世紀末—8世紀初

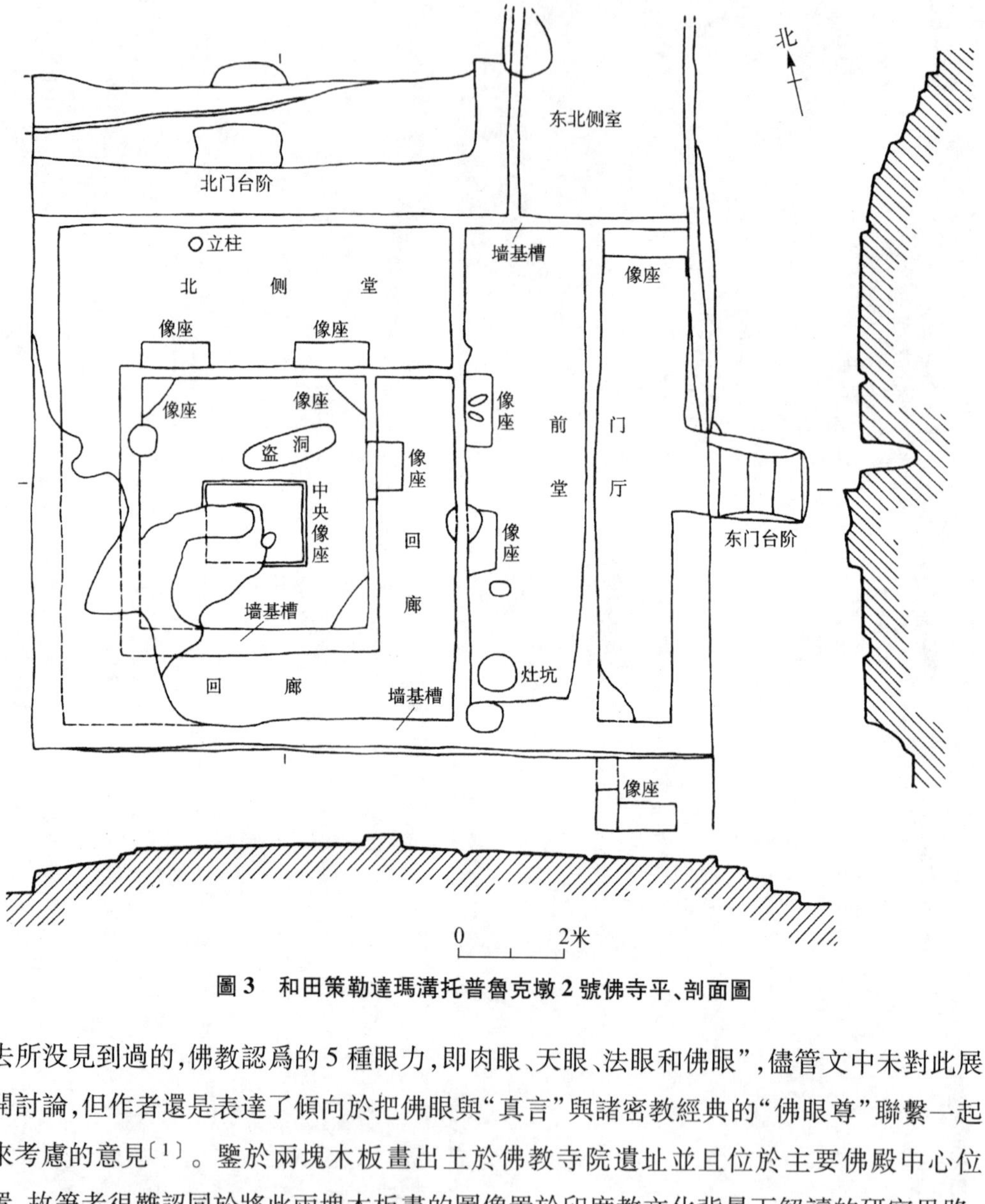

圖 3　和田策勒達瑪溝托普魯克墩 2 號佛寺平、剖面圖

去所没見到過的,佛教認爲的 5 種眼力,即肉眼、天眼、法眼和佛眼",儘管文中未對此展開討論,但作者還是表達了傾向於把佛眼與"真言"與諸密教經典的"佛眼尊"聯繫一起來考慮的意見[1]。鑒於兩塊木板畫出土於佛教寺院遺址並且位於主要佛殿中心位置,故筆者很難認同於將此兩塊木板畫的圖像置於印度教文化背景下解讀的研究思路,而認爲賈應逸先生的意見頗具啓發性,然其所指出的密教佛典文本與兩塊木板畫的圖像之間實際上並不存在對應關係。

〔1〕 賈應逸 2014,20 頁。

在經過對大量的與木板畫的眼圖像有關的佛教文本文獻查詢後，筆者初步判定此類眼圖像與大乘佛教《般若經》密切相關，而且與大品類《般若經》經文存在著對應關係，在此基礎上兩塊木板畫的重新定名與圖像内容的比定與釋讀，可以加深學術界對6—8世紀于闐地區流行的大品類《般若經》及其早期圖像的内容與樣式的瞭解，而圖像資料本身則可成爲西域地區8世紀之前的《般若經》圖像資料例證。本文將從漢文文獻有關于闐地區公元3—9世紀期間流行的大品《般若經》的記載以及和田地區出土的此類梵語和于闐語寫本資料入手，圍繞有關于闐地區流行的大品《般若經》文本與托普魯克墩2號佛寺的兩塊木板畫的圖像之間對應關係的梳理，對木板畫圖像的定名與圖像釋讀展開討論。由於是初步的研究，故難以深入周詳，疏漏錯誤之處，敬請方家指正。

一　漢文文獻記載《大品般若經》在于闐的早期傳譯與和田出土的西域語言《般若經》寫本

早在20世紀最初的二三十年中，研究西域地區佛教史的學者們就注意到了大乘佛教在中亞被接受而興起之時，以于闐爲主的當地民族起了非常重要的作用[1]。法國學者列維（S. Lévi）指出，在公元最初的几个世紀裏，印度的大乘佛教經典中的《華嚴經》（全稱：大方廣佛華嚴經，*Avataṃsaka-sūtra*）和《大集經》（全稱：大方等大集經，*Mahāsaṃnipāta-sūtra*）兩部經典在疏勒、于闐等地區頗有民望；張廣達、榮新江則指出《大集經》中的《日藏經》與《月藏經》部分包含了大量的塔里木盆地地區的内容[2]。在對西域地區流行的佛經研究基礎上，日本佛教學者羽溪了諦指出：大乘教典最初成立之地的東北印度，如龍樹（Nāgārjuna）曾以其本國西天竺所學之三藏不足以滿其意，乃東北更求異經，即於雪山中從老比丘傳授摩訶衍（Mahāyāna）即大乘之經文，其所著《大智度論》中所引用諸種達成經典，當時皆已在東北印度訂定，而這些經典代表了東部的較之西部更爲自由革新的思想。于闐所流行的各種教派的大多數大乘教典，皆由西突厥斯坦及中央與北印度等地而逾葱嶺傳入，然其中或有産生於于闐本地的，到5世紀前後，于闐所有大乘經典已頗爲完備[3]。羽溪了諦認爲于闐作爲西域距離中國内地最近的擁有大乘教典豐富收藏之地，其重要可被視爲中國大乘佛教之“母國”——策

〔1〕 Paul Pelliot 1912, pp.97－119；羽溪了諦 1999，169—179頁。

〔2〕 Lévi 1904, pp.534－579；張廣達、榮新江 1993，280頁。

〔3〕 羽溪了諦 1999，173—174頁。

源地,但同時,在于闐附近西八百里處——即隋費長房撰《歷代三寶紀》卷一二所記“遮拘迦國”,亦爲大乘佛教之國。後周明帝武成年中(559—560),北印度僧人闍那崛多(Jinagupta)從犍陀羅國經南道往長安時途經此信奉大乘教之國:

于闐東南(應爲“西南”[1])二千餘里,有遮拘迦國。彼王純信,敬重大乘。諸國名僧入境者,並皆試練。若小乘,即遣不留,摩訶衍人,請停供養,王宫自有《摩訶般若》、《大集》、《華嚴》三部大經,並十萬偈。王躬受持,亲執鍵钥,轉讀則開,香花供應。又道場内種種莊嚴,众寶備具,兼悬諸雜花時非時果,誘諸小王令入禮拜。彼土又稱,此國東南二十餘里,有山甚嶮,其内安置《大集》、《華嚴》、《方等》、《寶積》、《楞伽》、《方廣》、《舍利弗陀羅尼》、《華聚陀羅尼》、《都薩羅藏》、《摩訶般若》、《八部般若》、《大雲經》等,凡十二部,皆十萬偈,國法相傳,防護守視。[2]

文中“遮拘迦國”據研究者稱即爲玄奘所説的“斫句迦國”,其地即斯坦因比定的哈爾噶里克(Karghalik),其位置在于闐國之西、今之葉城[3]。該國王崇信大乘佛教,在王宫所供奉的三部大經是《摩訶般若》(*Mahāprajñā*)、《大集經》《華嚴經》;而在國附近山裏藏有十二部[4],每部均爲十萬偈的佛典,其中兩部爲《般若經》中提到的《八部般若》,按菩提流支(bodhiruci,386—534)譯、世親(Vasubandhu)著、金剛仙論師釋《金剛仙論》卷一所列經名爲:

其第一部十萬偈(《大品》是),第二部二萬五千偈(《放光》是),第三部一萬八千偈(《光讚》是),第四部八千偈(《道行》是),第五部四十千偈(《小品》是),第六部二千五百偈(《天王問》是),第七部六百偈(《文殊》是),第八部三百偈(即此《金剛般若》是)。[5]

由此可知,公元6世紀中期以前漢譯的《般若經》部類中《八部般若》所指的分别

[1] 參見廣中智之校對,廣中智之2013,29頁。

[2] “新合大集經六十卷”,《大正藏》第49册,No. 2034,103a頁。《續高僧傳》卷二《闍那崛多傳》,《大正藏》第50册,No. 2060,433b頁。

[3] 即今位於和田西約280公里处喀什地區的葉城縣。參見Stein 1907, pp.89–92; 廣中智之2013,29頁。

[4] 列維對這十二部漢文經名與相對應的梵文經名做了比定:摩訶般若:*Mahāprajñā*、華嚴:*Avataṃsaka*、方等:*Vaipulya*、寶積:*Ratnakūṭa*、楞伽:*Laṅkā*(*vatāra*)、方廣:*Vaipulya*、舍利弗陀羅尼:*Śāriputra-dhāraṇī*、華聚陀羅尼:*Dhāraṇī*(*Huazang*, *Kusumasaṃcaya* 花聚)、都薩羅藏:無、摩訶般若:*Mahāprajñā*、八部般若:(八類)*Prajñā*、大雲(經):*Mahāmegha*(參見Lévi 1905, p.255)。拉莫合(E. Lamotte)認爲:舍利弗陀羅尼梵文應爲*Śāriputra-dhāraṇī*,華聚陀羅尼作*Puṣpakūṭadhāraṇī*,都薩羅藏爲*Tuṣārapiṭaka*?(參見Lamotte 1960, p.66)

[5] 《大正藏》第25册,No. 1512, 798a頁。

是:(1)《大品般若經》相當於梵本十萬偈(頌)般若波羅蜜(*Śatasāhasrikā Prajñāpāramitā*)[1];(2)西晉無叉羅(Mokṣala,亦作無羅叉)譯《放光般若經》相當於梵本二萬五千偈(頌)般若波羅蜜(*Pañcaviṃśatisāhasrikā Prajñāpāramitā*);(3)西晉竺法護(Dharmarakṣa,約229-306)本《光讚經》相當於梵本一萬八千偈(頌)般若波羅蜜(*Aṣṭadaśasāhasrikā Prajñāpāramitā*),(4)東漢支婁迦讖(Lokakṣema,約2世紀)本《道行般若經》相當於梵本八千偈(頌)般若波羅蜜(*Aṣṭasāhasrikā Prajñāpāramitā*);(5)鳩摩羅什(Kumārajīva,344-413)本《小品般若波羅蜜》相當於梵本四十千偈(頌)般若波羅蜜(?);(6)《天王問般若》[2]相當於梵本二千五百偈(頌)般若波羅蜜(*Sārdhadvisāhasrikā Prajñāpāramitā*);(7)《文殊般若》相當於梵本原爲七百偈(頌)般若波羅蜜(*Saptaśatikā Prajñāpāramitā*?)[3];(8)《金剛般若》相當於梵本三百偈(頌)般若波羅蜜(*Vajracchedikā Prajñāpāramitā*)[4]。由此可見6世紀中遮拘迦國所收藏的胡本《八部般若》經典系列已經相當完備,王宫供奉的三部大經中的第一部就有《摩訶般若》,可見《般若經》在當地是相當受重視的。于闐作爲位於西域葱嶺以東地區最重要的佛教中心,據玄奘《大唐西域記》記載該國"文字同瞿薩旦那國(于闐),語言有異"[5],因此,其國王所收集的《般若經》系列很有可能有不少來自相鄰的大乘教興盛國——于闐。

(一) 漢文文獻記載《大品般若經》在于闐的早期傳譯

據漢文文獻記載,《般若經》在西域廣大地區作爲最早流行的一部大乘佛教經典,早在公元3世紀就在于闐流行,而且在當地流行和收藏的是《大品般若經》,僧祐在《出三藏記集》卷七所記載,三國曹魏甘露五年(260)中原僧人朱士行(203—282)從洛陽出發,在絲綢之路南路最大的王國于闐成功地尋到《大品般若經》梵書正本:

---

〔1〕 此經在公元7世紀之前無相對應的漢譯本,7世紀後有玄奘譯《大般若婆羅蜜》(初分)與之對應。

〔2〕《天王問般若》經名見於南朝陳月婆首那譯《勝天王般若波羅蜜經》卷七:《仁王般若經》初,衆相謂曰:"大覺世尊!前已爲我二十九年説《摩訶般若》《金剛般若》《天王問般若》《光讚般若》。"參見《大正藏》第8册,No. 231, 725c頁。

〔3〕《文殊般若》即《文殊師利所説摩訶般若波羅蜜經》,在公元6世紀中期以前有兩個漢譯本,一是兩位南朝梁時來自扶南國的譯經僧侣僧伽婆羅所譯《文殊師利所説般若波羅蜜經》(1卷)和曼陀羅仙所譯《文殊師利所説摩訶般若波羅蜜經》(2卷),參見《大正藏》第8册,No. 232—233。

〔4〕《金剛般若》在公元6世紀中期以前主要有四個漢譯本,鳩摩羅什本、菩提流支本、真諦本全稱爲《金剛般若波羅蜜經》,見《大正藏》第8册,No. 235, 236a, b, 237;另有笈多本全稱爲《金剛能斷般若波羅蜜經》,《大正藏》第8册,No. 238。

〔5〕 季羡林等1985,998頁。

惟昔大魏潁川朱士行,以甘露五年出家學道爲沙門。出塞西至于闐國,寫得正品梵書,胡本九十章,六十萬餘言。[1]

《出三藏記集》卷一三《朱士行傳第五》中,則道出了朱士行遠行于闐求取《大品般若經》的原因:

朱士行,潁川人也。初天竺朔佛,以漢靈帝時,出道行經。譯人口傳,或不領輒抄撮而過,故意義首尾頗有格礙,士行常於洛陽講《小品》,往往不通,每嘆此經大乘之要,而譯理不盡,誓志捐身,遠迎《大品》。[2]

朱士行所出生的地方——潁川(河南東部許昌附近)很早就有佛教滲入此地,公元3世紀前期他出家去了洛陽,在那裏學習和宣講《小品般若經》,此文中《小品》即指東漢靈帝光和二年(179)支婁迦讖所譯的《道行般若經》(十卷本)[3],然因譯文粗糙,有時幾乎無法理解,即僧祐所謂的"故意義首尾頗有格礙……往往不通"。因此,士行發誓要西行尋找《大品》,即《大品般若經》。許理和(E. Zürcher)指出:當時學習此經之人可能已經知道還有更爲完整的、内容"更多"的《般若經》本子,最著名的一種是《二萬五千頌般若經》(*Pañcaviṃśatisāhasrikā Prajñāpāramitā*)。朱士行在于闐所抄寫的本子是一個由90章(parivarta)、60多萬"字"(音節意義上的,即大約2萬偈頌)組成的梵本[4]。西晉太康三年(282)朱士行派遣弟子弗如檀(法饒,亦作不如檀、分如檀)[5]送此梵本佛經到洛陽,後來遇于闐僧無叉羅和印度優婆塞竺叔蘭,遂在291年共同翻譯爲《放光般若經》,即如僧祐《出三藏記集》卷七《放光經記第三》所記:

以太康三年,遣弟子弗如檀,晉字法饒,送經胡本至洛陽住三年。復至許昌二年,後至陳留界倉垣水南寺。以元康元年五月十五日,衆賢者皆集議,晉書正寫,時執胡本者于闐沙門無叉羅,優婆塞竺叔蘭口傳,祝太玄、周玄明共筆受,正書九十章,凡二十萬七千六百二十一言。[6]

學者們認爲:于闐僧無叉羅與已漢化的印度佛教徒竺叔蘭在陳留(河南開封陳留鎮)倉垣水南寺共譯的這部來自于闐的胡本就是《二萬五千頌般若經》梵文本,元康元年(291)無叉羅在竺叔蘭幫助下終於完成初譯本,後由竺叔蘭組織校對修訂,成爲後來

---

[1] 《大正藏》第55册,No.2145,47c頁。相關研究參見Lamotte 1960, p.64。

[2] 同上書, No.2145,97a頁。

[3] 有關支婁迦讖翻譯《道行般若經》的相關問題比較全面的研究,請參見方廣錩2016,91—97頁。

[4] Zürcher 2007, p.63(中譯本,2003,64頁);《大正藏》第55册,No.2145,47c頁。

[5] 湯用彤認爲朱士行的這個弟子——弗如檀也是于闐人。參見湯用彤1983,106頁。

[6] 《大正藏》第55册,No.2145,47c頁。

的有“九十章,凡二十萬七千六百二十一言”的《放光般若經》(《大正藏》第8册,No.221)[1]。

據《出三藏記集》卷七《合放光光讚略解序》載:

《放光》《光讚》,同本異譯耳。其本俱出于闐國持來,其年相去無幾。《光讚》于闐沙門祇多羅以泰(應爲太)康七年齎來。護公以其年十一月二十五日出之。……《光讚》護公執胡本,聶承遠筆受。[2]

《合放光光讚略解序》是序的作者道安對無叉羅、竺叔蘭所譯《放光般若經》(291—303年譯)、竺法護(約229—306)譯的《光讚般若經》(286年譯)所作的比較略解,道安認爲這是同一部經的兩個不同譯本,原經梵本均出自于闐,唯後者是在太康七年(286)由于闐沙門祇多羅攜來(長安)。許理和認爲竺法護與無叉羅所譯的同屬於出自于闐的《二萬五千頌般若經》梵文寫經[3]。總而言之,這兩部《般若經》同屬於大品部類的《般若經》。

此外,公元6世紀于闐傳譯到中國内地的還有《勝天王般若經》,費長房《歷代三寶紀》卷九載:

月婆首那,生知俊朗,自魏達齊之梁逮陳。……太清二年,忽遇于填婆羅門僧求那跋陀,陳言德賢,有《勝天王般若》梵本,那因祈請乞願弘宣,求那跋陀嘉其雅操,豁然授與。……屬侯景亂,未暇及翻。攜負西東,諷持供養。到陳天嘉乙酉之歲,始於江州興業伽藍方果譯出,沙門智昕筆受陳文。[4]

據上文可知,梁太清二年(548)于闐僧人求那跋陀攜梵本《勝天王般若經》到南朝梁國,在後來陳天嘉乙酉年(565)由中天竺優禪尼國王子月婆首那在江州興業寺口譯、沙門智昕寫成七卷漢文本。關於此經的來源與譯經作者在唐開元年間之前的佛經目録中,如道宣在麟德元年(664)所撰《大唐内典録》[5]、智昇於公元730年編纂的《開元釋教録》可以看到補充的介紹,如智昇《開元釋教録》卷七這樣寫道:

---

[1] 周叔迦1991,126頁;Zürcher 2007, pp.63-65(中譯本,2003,63—64頁)。

[2] 《大正藏》第55册,No.2145, 48a頁。

[3] Zürcher 2007, pp.67-70. 中譯本,2003, 66—69頁。

[4] 《大正藏》第49册,No. 2034, 88b頁。

[5] 參見道宣《大唐内典録》卷第五:《勝天王般若波羅蜜經》七卷:月婆首那者。生知俊朗。……那先在鄴,齊受魏禪。……那請還鄉,路經江左,因爾遂被梁武帝留。……太清二年。忽遇于闐婆羅門僧求那跋陀,陳言德賢,有《勝天王般若梵本》。那因祈請,乞願弘宣。求那跋陀嘉其雅操,豁然授與。……到陳天嘉乙酉之歲,始於江州興業伽藍方果譯出,沙門智昕筆受。(《大正藏》第55册,No.2149,274a頁)

王子月婆首那,陳言高空,中印度優禪尼國王之子。從魏之梁,譯業無輟。以梁太清二年六月,有于闐沙門求那跋陀(陳言"德賢"),齎《勝天王般若經》一部,梵文凡十六品,始泊建業。[1]

智昇把此經的傳經人求那跋陀——作"沙門",而非如費長房那樣作"于闐婆羅門僧",並説求那跋陀攜來的此梵本原經共有十六品,帶來的最初地點是梁國都建康(文中稱"建業")。而此經的梵本今已不存[2]。

從上述漢文文獻的記載來看,在公元7世紀以前,從于闐傳譯到中國内地的主要是大品類的梵本《般若經》,而由此可以想見此類《大品般若經》亦嘗流行於于闐。

(二)和田地區出土的西域語言《般若經》寫本殘片

從19世紀末至今,一個多世紀以來,犍陀羅、于闐語、梵語、龜茲語、藏語等各種西域語言的《般若經》(*Prajñāpāramitā*)寫本陸續在犍陀羅(Gandhāra)地區[3]、吉爾吉特(Gilgit)[4]以及和田地區等地被發現,佛教史與語言學家的解讀與研究表明,在公元最初幾個世紀裏,深受印度教影響的早期大乘佛教代表經典之一——《般若經》在印度北部、興都庫什山脈南北、帕米爾高原東西兩側的廣大西域地區十分流行。西方學者傳統上認爲最早的《般若經》是《八千頌般若》(*Aṣṭasāhasrikā Prajñāpāramitā*),可能編纂於公元前1世紀[5]。近二十多年來犍陀羅語相關寫本的發現與研究獲得了豐碩成果,特别是2012年德國柏林自由大學的福爾克(Harry Falk)教授與日本創價大學高研所的辛嶋静志發表的在巴基斯坦發現的《般若八千頌》(*Aṣṭasāhasrikā Prajñāpāramitā*)佉盧文寫本殘卷,使研究者們看到了至目前爲止最早的《小品般若經》抄本,是在公元1世紀後半葉至2世紀中葉用犍陀羅語書寫的;而支婁迦讖(Lokakṣema)於公元179—189年

---

〔1〕《大正藏》第55册,No. 2154, 547a頁。

〔2〕有關漢譯《勝天王般若波羅蜜經》相關研究,請參閲李偉穎2001,129—170頁。

〔3〕即今巴基斯坦西北部地區的白沙瓦(Peshawar)、塔克西拉(Taxila)和斯瓦特河谷(Swat Valley)一帶。在該地區主要發現的是屬於《小品般若》的《八千頌般若》(*Aṣṭasāhasrikā Prajñāpāramitā*)犍陀羅語寫本殘片。有關寫本殘片情況的研究參見Falk & Karashima 2012; 2013; Karashima 2013; Harrison 2006, pp.133-159; 紀贇2015, 30—31頁。

〔4〕斯坦因(Mark Aurel Stein,1862—1943)於1931年在克什米爾地區今屬巴基斯坦的吉爾吉特(Gilgit)城以西五公里的瑙波(Naupūr)村附近的一佛塔中的圖書館内發現了公元5世紀末至8世紀中的佛典梵文寫本,又被後來的學者們稱爲"吉爾吉特寫本",其中發現的《般若經》有《二萬五千頌般若婆羅蜜多》(*Pañcaviṃśatisāhasrikā Prajñāpāramitā*)、《一萬八千頌般若婆羅蜜多》(*Aṣṭadaśasāhasrikā Prajñāpāramitā*)以及《金剛般若婆羅蜜多》(*Vajracchedikā Prajñāpāramitā*)。參見Chakravarti 1956, pp.173-192; Conze 1962; 1974a; 1974b; Hinüber 1979, pp.345-346; Sander 1968, pp.123-130; Schopen 1989, p.96, pp.100-106; 蔡耀明2000,6、16—18、30、32、48—49、61—63、78頁。

〔5〕Conze 1993; Mäll 2005, p.96.

所譯的《道行般若經》(大正藏,No.224)很可能是以此犍陀羅語文本爲原本的,對比研究的結果顯示支婁迦讖的漢譯本並非同經原本的縮譯,而是比犍陀羅語原本有所增加和擴大[1]。

于闐地區出土發現的《般若經》寫本殘片是斯坦因(A. Stein)第一次探險在丹丹烏里克佛寺(D. III)遺址發現的,有關研究最早是1903年德裔英籍梵文學者霍恩雷(A. F. R. Hoernle)辨認出其中一組爲梵本《金剛般若經》(*Vajracchedikā Prajñāpāramitā-sūtra*),書寫字體爲笈多型婆羅謎文(Gupta Type Brāhmī)[2]。至1916年,帕吉特(E. F. Pargiter)纔公佈了此寫本的照片和轉寫及其研究成果,該梵文寫本現藏於英國圖書館(The British Library),館藏編號爲IOL San 382－387,419－422,424－427(＝D.iii.13b),它由19葉組成,每張對開紙約長39釐米,寬0.75釐米,寫本正面頁面左側邊緣編號,但第1、3、5和12頁等四葉缺失,此經的抄寫年代是在公元5世紀末至6世紀初[3]。1920年,俄國印度佛學家奥登堡(S. F. Oldenburg)也在俄國喀什總領事彼得羅夫斯基(N. E. Petrovsky)于闐寫本殘片收集品中發現並確認了SI P/81號寫本殘片屬於《金剛般若經》抄本[4]。此經還有于闐文本,1968年恩默瑞克(R. E. Emmerik)在其所編譯成英文的《贊巴斯塔書：于闐文佛教頌詩》(*The Book of Zambasta: A Khotanese Poem on Buddhism*)第六章中,就收録了《金剛般若經》的一節頌偈[5]。

在丹丹烏里克佛寺(D. III)遺址發現的寫本殘片中,日本僧人兼學者渡辺海旭率先在1912年發表了他比定出的四種《大品般若經》寫本殘片[6]。後來在90年代前期,又有渡辺章悟比定該遺址出土的屬於梵本《二萬五千頌般若波羅蜜》(*Pañcaviṃśatisāhasrikā*

[1] Felk & Karashima 2012, pp.19－61; Felk & Karashima 2013; 紀贇 2015, 30—31頁。

[2] Hoernle 1903, pp.364－365; A. Stein 1904, pp.297－298, p.300; 1907, p.258.

[3] Pargiter 1916, pp.176－197, pl. XXI; A. Stein 1907, pl. CVIII, XXI; Harrison 2009, p.637.在斯坦因收集品中,還有一出自敦煌莫高窟第17窟的于闐語本《金剛般若經》,編號爲Ch.00275,寫本由44葉組成,現存33葉,其中第11—14、10—19、39、41和43葉已佚,經文用竪體笈多型婆羅米文(Upright Gupta Type Brāhmī)書寫,每一葉長約26釐米、寬7.3釐米,挪威印度學家柯諾夫(Sten Konow)發表了對此寫本所作的轉寫與寫本照片及相關研究,參見S. Konow 1916, pp.214－288, pl. V－XI。另一出自莫高窟的于闐語《金剛經》(Ch. xlvi.0012a),參見Skjærvø 2002, p.297。

[4] Oldenburg 1920, p.87; Bongard-Levin & Vorobyeva-Desjatovskaya 1990, pp.260－263.

[5] *Zambasta*, pp.11－119; 廣中智之 2013,63頁。

[6] 渡辺海旭 1977,539—549頁；另見Hoernle 1916, vol. I, pp.176－195, pl. XXI: 1。榮新江教授指出：丹丹烏里克D. III是位於公元8世紀活躍著的唐代安西四鎮的傑謝鎮遺址偏西南的佛教寺院集中區域——斯坦因考古編號D組遺址中的一間房屋,該室内除了發現梵本《大般若波羅蜜多經》寫本外,還發現了其他梵文佛經寫本,如于闐語《僧伽吒經》《佛説首楞嚴三昧經》等,這些貝葉形的佛經殘片當屬於一個佛教圖書館的藏書。參見中國新疆文物考古研究所、日本佛教大學尼雅遺址學術研究机构 2009,35, 42—44頁。

Prajñāpāramitā)寫本殘片[1]。1916 年在發表帕吉特梵本《金剛般若經》的同一期刊上,霍恩雷發表了他的于闐收集品中的一件用漢文和于闐文雙語抄寫的《十萬頌般若波羅蜜多》(*Śatasāhasrikā Prajñāpāramitā*)(Hoernle MSS., Nos. 142 and 143)[2],寫本殘片寬爲 2.50 釐米,長 3.93 釐米,其寬度與漢文寫卷寬度相同,寫卷的正面爲漢文,背面是于闐文,霍恩雷認爲此寫本殘片出土的地點可能是哈達里克(Khadalik)[3],他邀請了法國的漢學家沙畹(Ed. Chavannes)和印度佛學專家列維(S. Lévi)對寫本漢文部分做了研究,沙畹注意到文本中句首不斷出現的“善現”一詞,並指出文本爲 23 豎行、每行 17 個字的書寫形式,與 659 年玄奘主持翻譯的《大般若波羅蜜多經》(*Mahāprajñāpāramitā-sūtra*)文本格式相同,他與列維對經文做了梵漢對照並譯成法語,認爲此寫本與玄奘的《大般若經》中的“初會”(相當於《十萬頌般若波羅蜜多》)漢譯本相對應,而經文抄寫的時間在 7 世紀末[4]。

1921 年,斯坦因在《西域考古圖記》第 3 卷中公佈了一批他在和田哈達里克遺址收集的梵文寫本殘片,霍恩雷比定出 43 個編號的殘片中含有用直體笈多字書寫的梵本《般若經》(*Prajñāpāramitā*)內容, 其編號如下: Kha. 0013.a.、0014.b、0015.a、0042.a, b, c、Kha. i.5、i. 19、i. 26 (*Vajracchedikā*)、i. 60、i. 62、i. 74.b、i. 76、i. 79.b、i. 81.b、i. 85(*Śatasāhasrikā Prajñāpāramitā*)、i. 89.c、i. 90、i. 108.b、i. 127.c、i. 128.b、i. 129.b、i. 132、i. 151、i. 175、i. 189、i. 196 + i. 199.c、i. 200.b、i. 203.c、i. 206.b、i. 209、i. 210、i. 212、i. 213、i. 219、i. 302.b、i. 304、i. 309.a.2、i. 309.b.3、i. 316.b + i. 317.a、Kha. iii. 8、ix. 13.b、ix. 57.a 等總計 43 個編號殘片[5]。在這些編號中,只有 Kha. i. 26 和 Kha. i. 8 兩個編號霍恩雷已分別定爲屬於《大品般若經》的《金剛般若經》和《十萬頌般若經》,其他編號均未作進一步的判別。這些寫本殘片後來入藏英國圖書館(British Library, 以下簡稱: BL),其中 Kha. i. 5 新編號爲 Or. 8212/56,1985 年英國印度與西藏佛教圖像藝術專家澤沃爾夫(W. Zwalf)在其主編的一部有關佛教藝術、歷史與佛教寫本展覽圖録(《佛教: 藝術與信仰》)中,發表了這個殘片的圖版,認爲此 4 葉抄寫於 7 至

[1] Watanabe 1994, pp.386 - 396.

[2] 根據 U. 辛姆斯・威廉姆斯介紹可知,H= Hoernle 霍恩雷 1902—1918 年收藏品編號縮寫。

[3] Hoernle 1916, pp.365 - 387, pl. XXII.

[4] Chavannes & Lévi 1916, pp.390 - 392.

[5] Stein 1921, vol. III, pp.1432 - 1442: Appendix F: Inventory List of Manuscript in Sanskrit, Khotanese, and Kuchean, prepared by A. F. Rudolf Hoernle, “I. Manuscripts Remains Recovered from Khādalik”.

8世紀的手稿殘片是屬於《八千頌般若》即《小品般若經》内容(圖4)[1]。日本學者工藤順之在2006年發表了對斯坦因哈達里克遺址收集的 Kha. 0015.a 號(= IOL San 534)梵文寫本殘片的轉寫和研究，指出此寫本殘片爲 *Pañcaviṃśatisāhasrikā Prajñāpāramitā*(《二萬五千頌般若》)，與漢譯本無羅叉的《放光般若經》(大正藏，第8册，No. 221, 58c13—59a 頁)、鳩摩羅什的《摩訶般若波羅蜜經》(大正藏，第8册，No. 223, 299b18—300a 頁)以及玄奘的《大般若波蜜多經》(大正藏，第7册，No. 220, 177b24—179 b 頁)相吻合[2]。同年日本學者鈴木健太也發表了他對斯坦因哈達里克收藏中 Kha. i. 192 號(BL: IOL San 913)殘片爲梵本《般若經》的比定[3]。

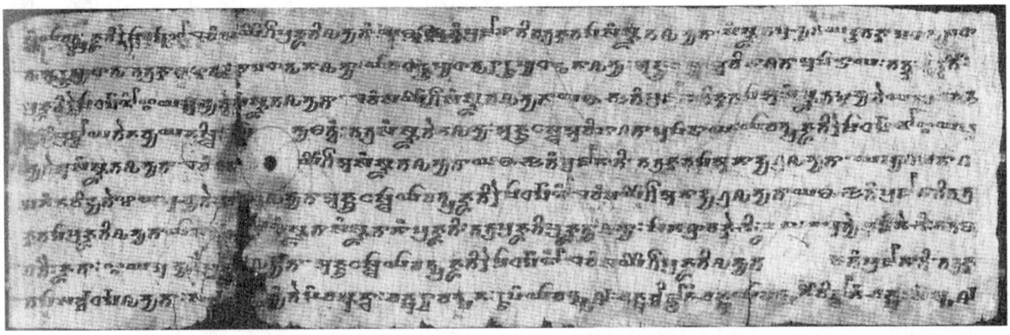

圖4 《八千頌般若經》梵文寫本殘片 新疆和田哈達里克佛塔出土 公元7—8世紀

斯坦因收集品 英國圖書館 館藏編號 Or. 8212/56 (Kha. i. 5)

此外，在1928年出版的斯坦因第三次中亞考察報告《亞洲腹地考古記》公佈的由帕吉特所作的于闐地區發現的梵文寫本殘片清單簡目中，還有幾個帶有梵本《般若經》經文或"般若"偈語的殘片，如哈達里克遺址發現的編號爲 Khad. 017、021 - 023、025 - 026以及 Khad. 042，前六個號爲一組，可拼合在一起，爲同一梵本《般若經》經文殘片，而後面的 Khad. 042 號殘片亦爲同類經文抄本；Domoko. 0122、0124 號殘片出自達瑪溝；其他的還有，如出自鐵提克日木(Farhād-Bēg-yailaki)遺址的 Far. 07 以及山普拉(Sampula= Shanpula)遺址的 Sampula. 035 號殘片[4]。

1950年12月，英國著名般若學專家孔兹 (E. Conze) 在印度事務部圖書館堆放的

[1] Zwalf 1985, p.57, fig. 60.

[2] Kudo 2006, pp.255 - 256.

[3] 見 Suzuki 2006, pp.261 - 262。

[4] Stein 1928.

霍恩雷收集品的梵文手稿中,發現了標記葉碼爲第174號的梵本《大品般若經》殘片(H. 142 S.B. 34, 現英國圖書館編號 Or. 15010/19),這一正反兩面都有用南突厥斯坦婆羅謎文抄寫經文的葉片由日本學者辛嶋靜志做了研究並在2009年發表其照片和轉寫[1]。到2000年前後,由辛嶋靜志主持的研究團隊陸續在英藏于闐寫本收集品中比定出大量的屬於梵本《大般若經》(*Larger Prajñāpāramitā*)的殘片,現已公佈照片與轉寫的確定爲英國圖書館所藏霍恩雷收藏的寫卷,在館藏編號 Or. 15001 序列下共 4 件(Or. 15001/ 6, 9, 23 – 24)[2];在 Or. 15009 序列號下 18 件(Or. 15009/5, 13, 23, 28, 243, 251, 253, 260, 278, 288, 290 – 292, 297, 299 – 301, 311,678+Or. 15012/40)[3];在 Or. 15010 序列號下 75 件(Or. 150010/19, 23, 26 – 27, 31, 35, 37, 39, 41, 49 – 50, 53a, 54 – 57, 70, 75 – 77, 79 – 82, 91, 94 – 95, 97, 99, 101, 104, 108, 115, 120 – 121, 123, 128, 131, 144, 149, 160, 165, 169, 177, 189, 200, 675)[4]。根據辛嶋靜志教授領導的團隊在對復原後較大的殘片的研究成果顯示,這類《大般若經》梵文殘片例如 Or. 150010/27(H. 144 S.B. 59) + 120(H. 144 S.C. 86)、Or. 150010/104(H. 143 S.B. 61)、Or. 150010/108(H. 143 S.C. 56)、Or. 150010/113(H. 143a S.C. 96)、Or. 150010/121(H. 143 S.C. 84)等編號可對應的漢譯本爲無叉羅的《放光般若經》、鳩摩羅什的《摩訶般若波羅蜜經》以及玄奘的《大般若波羅蜜多經》中的某章節片段,如 Or. 150010/27(H. 144 S.B. 59)所對應的漢譯本爲無叉羅的《放光般若經》(大正藏,第8卷,No.221, 127b10—c24 頁)、鳩摩羅什的《摩訶般若波羅蜜經》(大正藏,第8卷,No.223, 396a22—397a10 頁)、玄奘的《大般若波羅蜜多經》(大正藏,第7卷, No.220, 377b 11? —380a1, 726c21—728c23 頁)[5]。

在霍恩雷于闐梵文寫本殘片收集品中來自于闐商人巴德魯丁(Badruddin)[6]的收藏編號是 H. 150. vii. 序列號下的十幾個號中,由渡辺海旭比定出 H. 150. vii.2 – 3,

[1] Sims-Williams 2009, p.10; Karashima 2009, pp.356 – 357; 轉寫及殘片圖版參見"國際敦煌項目(IDP)": http: //idp.bnf.fr/database/oo_scroll_h.a4d? uid = - 14203182968; bst = 1; recnum = 12229; index = 1; img = 1; 另參見 Kimura 1986, p.6, 80, pp.16 – 82。

[2] Wille 2009, p.66.

[3] 渡辺海旭 1977,539—549 頁; Karashima & Nagashima & Wille 2015, pp.469 – 471, 483。

[4] Karashima & Wille 2009, p.14.

[5] Ibid., p.115, pp.258 – 284, 375 – 378.

[6] 斯坦因將此人名寫作: Badruddin Khan 是于闐本地的阿富汗商人,參見 Stein 1904, p.198。

7－8，14－15，19，21，25，28，34－35，40[1] 等號殘片屬於《二萬五千頌般若》，而 H. 150. vii.24[2]，26，31，33，37 等屬於《般若經》[3]。在英藏霍恩雷于闐梵本收集品中，還有不少殘片被定爲或懷疑爲屬於《般若經》寫本，據不完全統計，現已比定出來的有 26 個編號的殘片（編號請參見本文後所附"歐美收藏機構已比定出的和田地區西域語言《般若經》寫本殘片編號附録"）。在霍恩雷的于闐寫本收集品中，2006 年哈理森（P. Harrison）和渡辺章悟又比定出四個編號的公元 5—6 世紀的《金剛經》梵本殘片：H.143 SA 19（Or. 15010/4），H.142 SC 35（Or. 15010/94），H.143a SC 98（Or. 15010/113），H.144 SC 144（Or. 15010/126）[4]。

另 2005 年韋勒（K. Wille）發表了其比定出的一件出自斯坦因發掘的哈達里克 1 號遺址《金剛經》梵本殘片（H. 150. vii.32），哈理森在 2009 年發表了比定和轉寫同一遺址的另外兩個編號同屬於一個 5—6 世紀的梵本《金剛般若經》殘片：Or. 8212/18（Kha.i.26）和 Or.8212/20（Kha.i.39）[5]。辛威廉夫人（U. Sims-Williams）稱斯坦因收集品編號 Or. 9616/ 1—17 十七個編號的殘片均屬於 8—9 世紀用南突厥斯坦婆羅謎文抄寫的《般若經》手稿，此外編號 Or. 9616/18—20，21 四葉殘片均出自同一梵本《般若經》寫本[6]。

20 世紀 90 年代以後，俄藏彼得羅夫斯基和田地區發現的《般若經》寫本殘片的比定及研究在俄、日、德等國學者的合作努力下取得了長足進展。據俄國印度語言、歷史學家邦嘎爾—列文（G. M. Bongard-Levin）和沃羅比奥娃·捷夏托夫斯卡雅（M. I. Vorobyeva-Desjatovskaya）的統計，在彼得羅夫斯基于闐梵文寫本殘片收藏中此類佛經殘片佔據了收藏總數量第三位，爲 9%，其中大約有四十个編號的 24 種不同的寫本殘片屬於此經，已經公佈的收藏編號如：SI P/19，20（5），46a，62b，g，e，k，v；67（7），67（13），67（14），72a，72b，82a，83m，n，z；84a，b，v；160（5 fr.），123 i（6 fr.）；123 k，145，146（2 fr.）；147a，147+148[7]。在渡辺章悟比定出一件 SI P/19（1）屬於

〔1〕 現英國圖書館館藏編號爲：Or.15009/678，參見 Karashima & Nagashima & Wille 2015，p.471。

〔2〕 一説此編號爲《小品般若》（*Aasāhasrikā Prajñā*），Sims-Williams 2006，p.12。

〔3〕 Willie 2005，p.23，note.111，p.69.

〔4〕 相關研究參閱 E. Conze 1974b，pp.43－44；Harrison & Watanabe 2006，pp.89－132；Konow 1916，pp. 214－288。

〔5〕 Wille 2005，pp.70－71；Harrison 2009，pp.639－647.

〔6〕 Sims-Williams 2010，p.86.

〔7〕 Bongard-Levin & Vorobyeva-Desjatovskaya 2004，pp.85－86，n.182.

《二萬五千頌般若》(*Pañcaviṃśatisāhasrikā Prajñāpāramitā*)梵本之後[1],邦嘎爾—列文、桑德(Lore Sander)與渡辺章悟、村木高尉、堀伸一郎等人的合作研究,他們確認了上述這些寫本殘片過去被認爲大部分屬於《小品般若》(*Aṣṭasāhasrikā Prajñāpāramitā*, 或稱《八千頌般若》)實際上應屬於《二萬五千頌般若》内容,渡辺章悟認爲大部分的彼得羅夫斯基于闐《般若經》寫本殘片源自《二萬五千頌般若》的不同抄寫文本[2]。現已發表照片的殘片有四個編號: SI P/19(1)(3)、146、147a,均屬於《二萬五千頌般若》梵本寫本殘片, 其中 SI P/19(1)號殘片現存長 32.5、寬 24 釐米,於正反兩面分别保留了 17—18 行文字 (圖 5)[3]。渡辺章悟、村木高尉、堀伸一郎認爲此殘片可與無羅叉的漢譯本《放光般若波羅蜜經》(大正藏,第 8 册,No. 221) 相對應,明顯地不同於《八千頌般若》版本,而更接近於在吉爾吉特發現的《二萬五千頌般若蜜多羅經》寫本[4]。彼得羅夫斯基收藏號 SI P /19(3) 寫本殘片與 SI P/19(1) 屬於同一類型,但其現存只有右側部分,長 17 釐米、寬 16.8 釐米,正反兩面均僅存 12 行字。邦嘎爾-列文和堀伸一郎推測其原完整寫本的字行長度應與 SI P /19(1) 相同,即爲 17—18 行,長度爲 24 釐米。根據桑德的判别,其書寫文字屬於佛教混合梵語——笈多型婆羅謎文或稱爲"東突厥斯坦婆羅謎文 B 型"(Early Turkestan Brāhmī, Type B),其手稿年代可追溯

圖 5 《二萬五千頌般若》梵文寫本殘片 (左: 正面,右: 背面) 新疆和田地區出土

彼得羅夫斯基收集品　聖彼得堡俄羅斯科學院東方文獻研究所手稿部收藏編號: SI P/19(1)

〔1〕 渡辺章悟 1993a,991—996 頁。

〔2〕 渡辺章悟 1993b, 41—67 頁; Bongard-Levin & Vorobyeva-Desjatovskaya 1990, p.261; Bongard-Levin 1994, pp.383 – 385; Bongard-Levin & Hori 1996, pp.19 – 60。

〔3〕 Bongard-Levin, Kimura 1995, vol. 45, No. 1: 4, pp.355 – 358.

〔4〕 Watanabe 1994, pp.386 – 396.

到5—6世紀[1]。邦嘎爾—列文和堀伸一郎依據這兩個編號殘片字符形式與語言特性有著許多的相似性,因此,這兩葉殘片屬於同一《大品般若經》寫本[2]。與此同時,邦嘎爾—列文還比定出了斯坦因在哈達里克一座佛塔中發現的一收藏編號爲 Kha. i. 220(Or. 8212/174)梵本殘片亦爲《二萬五千頌般若經》[3],該寫本殘片曾被澤沃爾夫於 1985 年發表,但當時只是將此長 10 釐米、寬 12.5 釐米梵本小殘片籠統地定爲《般若經》,經文爲竪體笈多型字體,抄寫年代在公元 8 世紀[4]。邦嘎爾—列文把 SI P/19(3)殘片與斯坦因收藏的出自哈達里克(Kha. i. 220[5])殘片的文本作了比較,發現它們均是《二萬五千頌般若蜜多羅經》(*Pañcaviṃśatisāhasrikā Pajñāpāramitā*)寫本的一部分,可完全對應於玄奘譯本《大般若波羅蜜多經》卷四百三十"第二分天來品第三十四"(大正藏,第7册,No. 220, 160b 頁)[6]。但是,如果按照邦嘎爾—列文的意見,哈達里克與彼得羅夫斯基 SI P/19(3)的兩塊殘片屬於同一寫本,但是在寫本的斷代問題上,他並未給予明確的意見。如果我們觀察斯坦因 Or. 8212/174(=Kha. i. 220)殘片上保留的不完整坐佛像,其圖像風格應該不早於公元 8 世紀(圖 6)。邦嘎爾—列文稱他還發現了彼得羅夫斯基 SI P/19(3)號殘片與美國克羅斯比(Oscar Terry Crosby)和田寫本收藏品中編號 Crosby 254/255 相吻合[7]。他經過與堀伸一郎共同研究,認爲 Crosby 254/255 兩個編號寫本殘片

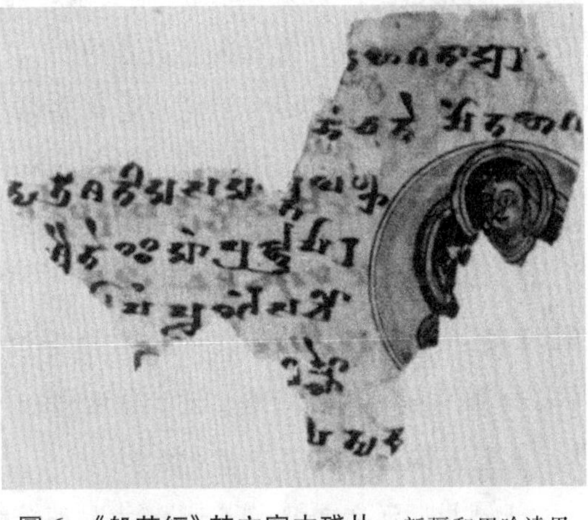

圖 6 《般若經》梵文寫本殘片 新疆和田哈達里克佛塔出土 公元 8 世紀 斯坦因收集品 英國圖書館館藏編號 Or. 8212/174(Kha. i. 220)

[1] Sander 1968; Thomas 1954, 667 - 700; Edgerton 1953; Bongard-Levin & Vorobyeva-Desjatovskaya 2004, p.494, ris. 224 - 1, 224 - 2.

[2] Bongard-Levin & Hori 2004, pp.221 - 222.

[3] Bongard-Levin 2004, p.211; Stein 1921, vol. III, p.1438.

[4] Zwalf 1985, p.57, fig. 61.

[5] Kha. i. 220 = Or. 8212/174.

[6] Bongard-Levin 1993, pp.715 - 717.

[7] Bongard-Levin & Kimura 1995, pp.355 - 358. 寫本殘片現存於華盛頓國會圖書館(Library of Congress, Washington D. C)。有關克羅斯比收藏,請參閱榮新江 1996, 222—223 頁; Emmerick 1986, p. 165; 1979, pp.175 - 177; 1993, pp.57 - 59。

與 SI P/19(3)號殘片屬於同一類型,是用佛教混合梵語,即早期東突厥斯坦 B 型婆羅謎文書寫;除此之外,其内容亦屬於《大品般若經》,其寫本殘片表現出許多共同的語言特徵,如具有中印度語音音韻與形態以及散文體文本形式,都顯示了在于闐《般若經》文獻形成過程中,除了許多梵語俗語的影響外,還可能受到了于闐本地的影響[1]。

彼得羅夫斯基于闐收集品另兩個編號的殘片: SI P/147a fr.1 與 SI P/147a 均在正面與背面存有 11 行 B 型婆羅謎文文字, 木村高尉比定這兩個殘片爲《二萬五千頌般若蜜多羅經》寫本,可與玄奘的《大般若波羅蜜多經》(大正藏,第 7 册,No. 220,338a—339a 頁)、無羅叉的《放光般若波羅蜜經》(大正藏,第 8 册,No. 221,114b—14c 頁)和鳩摩羅什的《摩訶般若波羅蜜經》(大正藏,第 8 册,No. 223,376a—376c 頁)漢譯本相對應[2]。除此之外,渡辺章悟和邦嘎爾—列文還確認在斯坦因于闐寫本收集品中有 17 個編號的寫本殘片屬於大品般若的《二萬五千偈般若波羅蜜經》[3]。

出自于闐的《二萬五千偈般若蜜多羅經》梵本殘片,還有寫本殘片收藏於芬蘭赫爾辛基大學圖書館(Helsinki University Library), 是芬蘭籍俄國軍官馬達汗(Carl Gustaf Emil Mannerheim)在 1906—1908 年間于闐收集的,共有三個編號的殘片: Mannerheim Fragment Nos. 7, 8, 9[4]。其中前兩個編號在 20 世紀早期曾被魯特爾(J. N. Reuter)比定爲《十萬頌般若波羅蜜》, 辛嶋靜志在 2004 年將最後一個——第 9 號殘片比定爲《五波羅蜜多經》; 稍後辛嶋教授將三個編號重新比定爲《二萬五千偈般若蜜多羅經》梵本[5]。

上述早期漢文文獻有關于闐《大品般若經》傳譯的記載以及 19 世紀末 20 世紀初期歐洲人在于闐地區獲取的《般若經》梵文寫本殘片内容的比定與研究表明: 第一,公元 8 世紀以前在于闐地區流行的《般若經》主要是屬於大品類般若,其中常見的是《二萬五千頌》《十萬頌》,可與無叉羅、鳩摩羅什及玄奘的漢譯本相對應。第二,其次是有屬於金剛類的《金剛般若》,且寫本抄寫的時間集中在公元 5 至 6 世紀,由此可以推知,在 8 世紀之前在于闐流行的主要是《大品般若經》與《金剛般若經》。

[1] Bongard-Levin & Hori 1996, pp.21 - 22.

[2] Bongard-Levin & Kimura 1995, pp.355 - 358.

[3] 渡辺章悟 1993,996—991 頁; 1996, p.221, n.48。

[4] Karashima 2005, pp.81 - 104.

[5] Reuter 1913 - 1918, pp.9 - 18; Karashima 2004, pp.109 - 117.

二 《大品般若經》與"千眼坐佛"木板畫圖像的比定及其再定名

2012年,由中國社會科學院考古研究所等單位合編的《策勒達瑪溝——佛法匯集之地》(以下簡稱《佛法匯集》)曾刊佈了兩塊木板畫的圖版,借助於該書更爲清晰的圖版可對圖像加以仔細地觀察與辨識[1]。關於上述兩個編號的木板畫已發表了三個面的圖版:即06CDF2:0027號兩面,06CDF2:0028號一面,總計有三幅畫面,其圖像可分爲兩類。

第一類:坐佛與數列眼睛,其約佔構圖1/3的上部繪一坐佛坐於蓮座上,其餘2/3部分繪疏密不等數列眼睛,此類的共有兩幅畫面。

第一幅:06CDF2:0027號木板畫於正背兩面均留有畫跡,其正面按發掘者所做的初步辨識和描述如下:木板爲"圭形,尖的一端爲上,有一小圓孔。白地,上部畫一坐佛,結跏趺坐,坐於蓮蓬坐墊之上。佛著土紅色圓領通肩袈裟,具頭光、背光。袈裟繪有魚形的細長眼睛。坐佛以下爲黑綫繪出的九列眼睛,兩列相對成爲一對眼睛,中間爲單獨一列,每行爲四對半眼睛"[2]。據筆者觀察,此木板正面所繪的圖像中央靠近坐佛蓮座的位置有一列眼睛,共計十隻,其每隻眼睛左側眼尾尖部均與一條墨色垂綫相接,墨綫一直延伸到木板中部位置,墨綫底端末尾左側有一隻與墨綫相連的眼睛,在墨綫稍高部位的左側另繪一列總共五隻眼睛,其右眼角與垂綫相連;墨綫向上延伸至佛坐的蓮座(《發掘報告》稱作蓮蓬坐墊)中間部分的下垂花瓣處[3]。經過對坐佛蓮座底部仔細辨認,我們發現該墨綫是沿蓮瓣下端向花瓣邊緣左上側彎曲,在墨綫的終端繪一隻與墨綫相連的眼睛。在此處我們要補充的是,在木板上部坐佛背光左右兩側殘留的畫跡處,尚可辨識出右側有兩列眼睛的痕跡,左側則保留著一列眼睛,如以自左向右爲序,這兩列眼睛分別是下面第一、二和第八列眼睛的向上延續部分,爲了方便圖像解讀我們根據上述辨識並結合《佛法匯集》相關圖版《發掘報告》做一綫描圖(圖7)。

---

〔1〕 中國社會科學院考古研究所、中共策勒縣委、策勒縣人民政府2012,44—45頁圖版。

〔2〕 中國社會科學院考古研究所新疆隊2007,509—510頁,中國社會科學院考古研究所、中共策勒縣委、策勒縣人民政府2012,45頁左圖。

〔3〕 中國社會科學院考古研究所、中共策勒縣委、策勒縣人民政府2012,45頁中下圖。

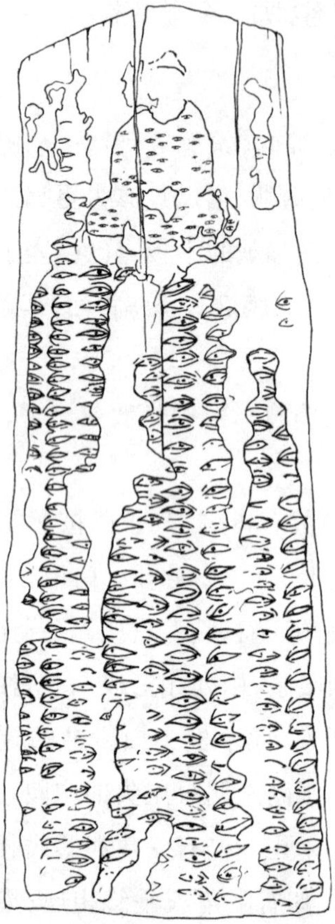

圖 7　綫描圖：第 06CDF：0027 號木板畫（正面）　張姗姗（Claire Mayeux）繪製

圖 8　坐佛　第 06CDF：0028 號木板畫正面（局部）　新疆和田策勒達瑪溝托普魯克墩 2 號佛寺出土　公元 6 世紀末—8 世紀初

第二幅：06CDF2：0028 號木板畫已發表的一面圖像，按發掘者描述爲："上部爲一坐佛，結跏趺坐，坐於蓮座之上。身著土圓領通肩袈裟，袈裟上繪法眼，具頭光、背光，頭光似爲藍紫色。坐佛身形矮小不成比例。坐佛下部左邊爲月，右邊爲日。再下面爲成對的眼睛，用褐色繪出彎眉，墨綫勾上眼綫，褐紅色勾下眼綫和眼袋綫，眼睛細長，墨點睛瞳。"〔1〕（圖 8）

第二類：發掘者根據現場的觀察認爲，這塊編號爲 06CDF2：0027 木板畫的背面，整塊木板表現的"是一个佛的脸，額頭左爲月，右爲日，正中有白毫，長眉彎曲，

〔1〕　中國社會科學院考古研究所新疆隊 2007，510 頁。

鼻梁筆直細長，貫穿木板中部，鼻梁兩側共有七對眼睛，大而完整，睛瞳圓大。鼻子下爲嘴。木板塗了一層白色做底，除鼻子用褐色綫繪成外，其他爲墨綫”（圖9）。

圖9 第06CDF：0027號木板畫背面 新疆和田策勒達瑪溝托普魯克墩2號佛寺出土 公元6世紀末—8世紀初

考古發掘者在《發掘報告》給此兩塊木板上所繪的圖像以“千眼”或“千眼坐佛”定名。不過，這一定名很顯然不能解決圖像内容的比定問題，在已知的傳統佛教圖像中，“千眼”大多屬於觀音菩薩圖像的特徵，或者也會出現在文殊菩薩圖像中，所謂“千眼”是通常在菩薩伸出的密密麻麻手臂組成的圓輪狀最外一圈的每一隻手掌或掌心部位繪一隻眼，如，2006年在此佛寺遺址北邊不遠的距達瑪溝鄉政府東北約10公里處——喀拉墩（Khaladong）1號佛寺遺址發現的《千手觀音》壁畫即是一例，在出土的壁畫殘片編號爲06CDKF1：001－002，004，009四塊殘片上，可以看到在觀音的手掌或掌心部位所繪的眼睛的圖像（圖10a，b）[1]。該寺院被發掘者認爲建於公元7世紀，但是，姚崇新根據其對該壁畫及與之相關的佛教歷史、文物圖像等資料的研究，提出該寺始建年代不應早於8世紀，而應考慮在8世紀中期前後，于闐的千手千眼觀音信仰的出現大概不會早於8世紀中期，于闐的千手千眼觀音信仰及其造型藝術是受到了中原影響[2]。從藝術造型的風格樣式判斷，兩塊木板畫的圖像樣式明顯早於此《千手觀音》壁畫，其所繪眼睛排列方式與結構佈局亦與千手觀音迥然不同，特别是在木板上部所繪的身著帶有魚形眼睛袈裟的坐佛形象則更顯示其所具有獨特的圖像學意義。

〔1〕 中國社會科學院考古研究所新疆隊2007，510—513頁，圖二九：3，圖版拾叁：1—2，圖版拾肆：1；中國新疆文物考古研究所、日本佛教大學尼雅遺址學術研究机构2009，316—319頁，圖四四，四五，四七，五〇：3，彩版七九。

〔2〕 姚崇新2015，247—282頁。

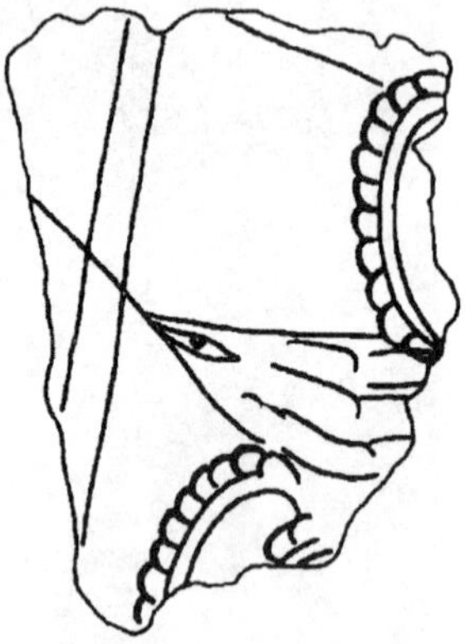

圖 10a　綫描圖：千手千眼觀音壁畫殘片　原殘片出自和田達瑪溝喀拉墩 1 號佛寺遺址　出土編號：06CDKF8：009　公元 8 世紀中後期

圖 10b　綫描圖：千手千眼觀音壁畫殘片　原殘片出自和田達瑪溝喀拉墩 1 號佛寺遺址　出土編號：06CDKF1：001　公元 8 世紀中後期

（一）《大品般若經》的“五眼—五根”與兩塊“千眼坐佛”木板畫圖像的比定

賈應逸認爲此兩塊木板畫出現的眼圖像與佛教的五眼中的“佛眼”有關，此眼無所不見知，無事不知、不聞，一切皆見。真言家特重佛眼，將其佛格化，稱爲佛眼尊，不空翻譯的諸密教經中多處提到佛眼尊係能生出金剛界、胎藏界兩部諸佛、菩薩之總母，稱爲“佛眼佛母”[1]。文中賈先生同時提及中原有相關造像，但没展示圖例，不過她稱中原造像與上述的兩塊木板畫不同。

衆所周知，金剛界（Vajradhātu）與胎藏界（Garbhakoṣadhātu）分别以密續的《金剛頂經》和《大日經》（*Vairocanābhisaṃbodhi sūtra*）爲根本經典，合稱二部純密。一般認爲胎藏界密法可能源起於南印度如來藏學派，略早於金剛界傳承，後以那爛陀寺爲中心，向全印度散播。因玄奘與義浄至求學時，胎藏界密法尚未傳入那爛陀寺，故其興起時間一般推估在武周至唐開元之間。唐玄宗開元年間（713—714），隨著天竺僧人善無畏（Śubhakarasiṃha，637—735）、金剛智（Vajrabodhi，669—741）、不空（Amoghavajra，705—774）等相繼東來，印度正純密教傳到長安。密教金剛與胎藏界均供奉以大日如來爲首的五尊佛。筆者找到兩個時間在 8 世紀末至 10 世紀的反映這兩部密教經典佛與

〔1〕 賈應逸在其注釋中所引不空的譯經爲：《菩提場所説一字頂輪王經》《一字頂輪王念誦儀軌》《金輪王佛頂要略念誦法》。參見賈應逸 2014，12 頁，26 頁注 8。

菩薩圖像的例證：一是現藏於美國堪薩斯納爾遜藝術博物館的木雕刻《大日如來與八菩薩曼陀羅》（圖11）；田辺勝美認爲此木雕構圖中心位置主像表現的是《大日經》的大日如來（Vairocanā）和八大菩薩形象，根據木雕背部所刻的藏文題字，他推斷此像最初刻製於西域的時間是在吐蕃佔領這一地區時期，即在8世紀末9世紀初。它與公元9世紀初在長安青龍寺學習真言宗與《大日經》的日本僧人空海（774—835）帶回日本收藏在金剛峰寺的著名的《枕本尊》"檀像"是同一類型[1]。另一例是出自敦煌藏經洞的繪於公元10世紀後期的絹畫《金剛界五佛》，畫面中央是金色的大日如來，四方分別是白色的阿閦如來（Akṣobhya）、青色的寶生如來（Ratnasambhava）、赤色的阿彌陀如來（Amitābha），綠色的不空成就如來（Amoghasiddhi），在各尊如來佛蓮臺座前或左右兩側

圖11 大日如來與八菩薩曼陀羅 木刻浮雕 公元8世紀末—9世紀初 美國堪薩斯納爾遜博物館 館藏編號：44—18

圖12 金剛界五佛 絹畫 敦煌莫高窟17窟 公元10世紀 巴黎吉美博物館 館藏編號：MG 17780

〔1〕 Giès & Cohen 1995, pp.395－396, pl. 279; Heller 1994, T. VI, appendice.

繪供養菩薩共計八身(圖 12)[1]。從上述兩個與兩部密教經典有關的佛與菩薩圖例可以看到:這類以大日如來爲首的五尊佛和八菩薩形象爲主要特徵的圖例中没有像托普魯克墩 2 號佛寺出土的木板畫那樣表現眼的圖像。

1. “五眼”與木板畫的“大般若眼”圖像

在可查閲的佛教典籍文獻中,“五眼”[2]最早出現於無叉羅《放光般若經》中,該經卷一《摩訶般若波羅蜜放光品第一》這樣寫道:

> 復次,舍利弗!菩薩摩訶薩欲使一切立於布施、戒、念,作務勸助功德者,當學般若波羅蜜。菩薩摩訶薩欲立五眼者,當學般若波羅蜜。何等爲五眼?肉眼、天眼、智眼、法眼、佛眼。[3]

“五眼”亦出現在其他的《般若經》漢譯本中,如西晉竺法護的《光讚經》卷一《摩訶般若波羅蜜光讚品第一》:

> 復次,舍利弗!菩薩摩訶薩欲興五眼,當學般若波羅蜜。何謂五眼?肉眼、天眼、慧眼、法眼、佛眼。當學般若波羅蜜。[4]

鳩摩羅什的《摩訶般若波羅蜜經》卷一《序品第一》:

> 復次,舍利弗!菩薩摩訶薩欲得五眼,當學般若波羅蜜。何等五眼?肉眼、天眼、慧眼、法眼、佛眼。[5]

玄奘《大般若波羅蜜多經》卷四〇四《第二分觀照品第三之三》:

> 舍利子!復有菩薩摩訶薩修行般若波羅蜜多能净五眼,所謂肉眼、天眼、慧眼、法眼、佛眼。[6]

從上述四種譯本中出現的“五眼”可知,除第三眼翻譯有所不同,無羅叉譯爲“智眼”,在其他三個漢譯本作“慧眼”。一般認爲無叉羅、竺法護與鳩摩羅什的譯本是公元 3 至 5 世紀期間從梵本二萬五千頌翻譯成漢語的,玄奘的譯本是從梵本十萬頌譯成的,此四種譯本均屬於《大品般若經》。

筆者還查詢了其他早於或同時期的譯自《小品般若》(八千頌)系的《般若經》漢譯

---

[1] Jacques Giès & Monique Cohen 1995, pp.398-399, pl. 281.

[2] “五眼”(pañca cakṣūṃṣi)指:肉眼(māṃsa-cakṣus)、天眼(divya-cakṣus)、慧眼(prajñā-cakṣus)、法眼(dharma-cakṣus)、“佛眼”(?)。參見《佛光大辭典》第 2 册,1151—1152 頁。

[3] 《大正藏》第 8 册, No. 221, 3c 頁。

[4] 《大正藏》第 8 卷,No. 220, 150c 頁。

[5] 《大正藏》第 8 册,No.223, 220b 頁。

[6] 《大正藏》第 7 册, No. 220, 21b—22c 頁。

本,如公元2世紀晚期支婁迦讖的《道行般若經》(《大正藏》第8册,No. 224)、公元3世紀前期支謙的《大明度經》(《大正藏》第8册,No. 225)、公元4世紀末期曇摩蜱(Dharmaprīya)與竺佛念的《摩訶般若鈔經》(《大正藏》第8册,No. 226),均未發現有"五眼"出現;鳩摩羅什的《小品般若波羅蜜經》中雖提及"五眼"一詞,但也只提到"法眼"和"佛眼",並未提"肉眼、天眼、慧眼"(《大正藏》第8册,No. 227,558a,559b頁)。而鳩摩羅什本人也同時是前面提及的另一個《大品般若經》譯本的作者。由此可見,《小品般若》原本並未有關於"五眼"的經文。

《般若經》(*Prajñāpāramitā*)的"般若"一詞是梵語"Prajñā"的音譯,佛學研究者認爲"般若"常音譯爲"波若"、"鉢羅若"等,意譯爲"明"、"智"、"慧"等[1]。在漢譯佛典中,通常釋義作"慧"或"智慧",如,慧苑《新譯大方廣佛華嚴經音譯》卷一:

> 般若,此云慧也。西域慧有二名:一名般若,二名末底。[2]

鳩摩羅什所譯的龍樹所著《大智度論》(*Mahāprajñāpāramitopadeśa*)卷四三《釋集散品第九下》云:

> "何以故名般若波羅蜜"者,"般若"者,秦言智慧,一切諸智慧中最爲第一,無上無比無等,更無勝者。[3]

然而,"般若"的"智慧"與世俗的智慧不同,它是專指某種"辨識智慧"、"終极智慧"以及如實認知一切事物和萬物本源的智慧。在《大品般若經》中,"五眼"是通過學修般若波羅蜜智慧所能達到的不同層次和高度的比喻和象徵。在佛經中,"般若"一詞經常與"波羅蜜"一詞聯用智慧,"波羅蜜"是巴利語 Pāramī 的音譯,即梵語 Pāramitā(漢語音譯波羅蜜多),意爲所有菩薩行者必修的善德,是成就究竟菩提一切聖者的根本資糧[4]。按《大智度論》卷八四的解釋:"般若名慧,波羅蜜,名到彼岸。"[5]同著卷一二提出"到彼岸"的詞意是:"波羅,秦言彼岸,密秦言到。"[6]所以,"到彼岸"就是"波羅蜜",對此《大智度論》的解釋爲:"復次,於事成辦,亦名到彼岸(天竺俗法,凡造事成

〔1〕參見 Monier-Williams 1956, p.659。

〔2〕《大正藏》第91册,No.1066, 336b頁。

〔3〕《大正藏》第25册,No.1509, 370b頁。

〔4〕資糧(sambhāra)爲必需品之意。《瑜伽師地論》卷二九擧出修行佛道之四種資糧,其中第一種即:福德資糧,謂由宿世修諸福德,於今生獲得丰饒財寶,遇善知識,离諸障碍,能勤修行。參見《大正藏》第30册,No.1579, 445c頁。

〔5〕《大正藏》第25册,No.1509, 650b頁。

〔6〕同上書, 145a頁。

辦,皆言到彼岸)。"[1]换句話説,將事情成就,就是"到彼岸"。佛學研究者指出:在這裏聲聞、辟支佛的修行是能到涅槃的彼岸,但是没有般若智慧的觀照,缺乏成就佛道的大心及濟度衆生的大悲心,故不能稱之爲波羅蜜。再者,依上引文可知波羅蜜不僅僅只是蘊含究竟或到達彼岸之義,波羅蜜乃是行者依之實踐以至成佛的菩薩法門[2]。日本學者梶山雄一認爲:《般若經》的"菩薩"一詞應解釋爲"求正覺的有情"和"心向正覺的人",或是説是"志願趨向自利的完成,即對一切法無執著且趨向正覺之人"[3]。鳩摩羅什翻譯的成書於公元2世紀由龍樹所著的《大智度論》(*Mahāprajñāpāramitopadeśa*),是一部對《摩訶般若波羅蜜經》(《二萬五千頌般若》)的系統解説與論釋性著作,該論所引書卷三三《釋初品中到彼岸義第五十》對"五眼"作出以下解釋:

> 《論》何等五?肉眼、天眼、慧眼、法眼、佛眼。肉眼,見近不見遠,見前不見後,見外不見内,見晝不見夜,見上不見下;以此礙故,求天眼。得是天眼,遠近皆見,前後、内外,晝夜、上下,悉皆無礙。是天眼見和合因緣生假名之物,不見實相所謂空、無相、無作,無生、無滅……爲實相故求慧眼。得慧眼,不見衆生,盡滅一異相,捨離諸著,不受一切法,智慧自内滅,是名慧眼。但慧眼不能度衆生!所以者何?無所分别故,以是故求法眼。法眼令是人行是法,得是道,知一切衆生各各方便門,令得道證。法眼不能遍知度衆生方便道,以是故求佛眼。佛眼無事不知,覆障雖密,無不見知;……是佛眼,無事不聞,無事不見,無事不知,無事爲難,無所思惟;一切法中,佛眼常照。[4]

此文注釋者用"何等五"(即"何等爲五")來强調在禪修過程中所獲得的"五眼"是指從凡夫至佛位的五個等級的漸進層次,對於物象能够明辨考察本末的功能。隨著禪修智慧的增長與修行層次的提昇,獲得"五眼",进入最高智慧的佛眼層次,達到真正解脱。按該論的解釋,所謂"肉眼"是肉體所具之眼,也是修行時的最低層次,其能見的距離、範圍相當有限,太小、太大、太遠、太近,均非肉眼所能見,或太過黑暗或强烈的光度,也非肉眼所能適應,由於肉眼觀察物象時會遇到障礙,所以要追求得到天眼。"天眼"爲色界天人之眼,天眼没有障礙的阻隔,能於物質世界中自在地觀察,不受距離、體積、

[1] 《大正藏》第25册,No.1509, 145b頁。
[2] 鍾媄媜2008,105頁。
[3] 此處《般若經》指《八千頌》與《二萬五千頌》。參見梶山雄一1999, 51頁。
[4] 《大正藏》第25册,No.1509, 305c—306a頁。並參見無羅叉《放光般若經》卷二"摩訶般若波羅蜜學五眼品第四",《大正藏》第8册,No.221, 2c—9b頁。

光度的限制,也不受遮隔隐藏或通透顯露的限制,所以能見肉眼所不能見,修禪定可得天眼。“慧眼”能識别出真空無相,並能洞察一切現象皆爲空相、定相之眼,但不能度衆生,故求法眼。法眼是五眼中僅次於佛眼的層次,到達法眼層次者,同時可具有天眼和慧眼的功能,法眼是菩薩爲救度一切衆生,能見一切法門之眼,但法眼層次雖高,但仍有缺點,即執著於自我,無法逃脱自然之業力,因此需再上一層,進入佛眼層次。佛眼具足前四種眼之眼,此眼無所不見、無事不知、一切皆見,是能照見一切法門之眼,是智慧之全體,又稱爲大圓覺,也稱爲無上菩提。龍樹《大智度論》卷四〇還引《摩訶般若波羅蜜經》經文解釋道:“佛告舍利弗:舍利弗!般若波羅蜜能生五眼,菩薩學五眼者,得阿褥多羅三藐三菩提。”[1]可見學習《摩訶般若波羅蜜經》實際上是一種通過禪習修行的方法達到獲得“五眼”最終目的。

我們回到達瑪溝托普魯克墩2號佛寺遺址出土的兩塊繪有被考古發掘者稱爲“千眼”的木板畫,觀察06CDF2:0027號木板正面所繪圖像,可以看到一列列“魚形”眼睛佔滿了構圖空間的主要部分。在定睛凝神注視這些密密麻麻縱横交錯的眼睛時,觀者能感到每一隻眼内的黑睛都可與自己的視綫相交碰觸聚在一起,並隨著時間的延續而産生一種被窺視和洞察到内心最深處的感覺。因此,筆者認爲這些眼睛的圖像可以被視作是一種修習《大品般若經》過程中不斷提昇與增長“智慧”以達到五種眼界的象徵性符號,所以,眼睛形象本身並非現實中具體物象。如06CDF2:0027號木板正面所繪的佈滿畫面的眼睛雖外形似肉眼形象,但實際上並不是一般意義理解的物質性肉眼,而是需要立志發心趨向正覺者(或稱“菩薩”),通過學習般若波羅蜜纔能獲得的,即經文所謂“得到”或“生”出的“肉眼”,而這種通過修習獲得的“肉眼”也會依學習的智慧所達到的程度,在觀察世界能力方面區分爲不同的層次,即《摩訶般若婆羅蜜經》所説的:“有菩薩肉眼見百由旬,有菩薩肉眼見二百由旬,有菩薩肉眼見一閻浮提,有菩薩肉眼見二天下、三天下、四天下,有菩薩肉眼見小千國土,有菩薩肉眼見中千國土,有菩薩肉眼見三千大千國土。”[2]能看見三千大千世界的菩薩的“肉眼”是“肉眼最勝”[3]。而如此“肉眼”不過是修行中的最初級的層次,隨著修學的深入可以逐步昇級,就如鳩摩羅什譯《摩訶般若波羅蜜經》卷一《序品一》所説:“菩薩摩訶薩欲得天眼見十方諸佛

〔1〕《大正藏》第25册,No.1509,350c頁。

〔2〕鳩摩羅什譯《摩訶般若婆羅蜜經》卷二“往生品第四”,《大正藏》第8册,No.223,227b頁。

〔3〕同上。

者……欲悉知諸佛,當學般若波羅蜜。”[1]“菩薩摩訶薩欲以天眼見十方如恒河沙等國土中諸佛……欲知諸佛心,當學般若波羅蜜。”[2]當達到最高境界“佛眼”時就“五眼”具足。

從上述《大品般若經》各漢譯本有關“五眼”的記載,考慮到前述漢文佛教史籍文獻及和田地區發現的相當數量梵本《大品般若經》所顯示的大品般若思想曾在6至8世紀在于闐地區廣爲流行這一歷史背景,故此對於達瑪溝托普魯克墩2號佛寺遺址出土的兩塊繪木板畫上所繪之眼的比定,筆者認爲應該與大品類《般若經》中有關“五眼”的經文相對應,所以,考古發掘者所稱兩塊繪木板畫上眼的圖像以“千眼”定名不能體現其圖像主題與内涵,而兩塊繪木板畫所繪眼的圖像可以象徵大品類《般若經》的“五眼”,從最初級的“肉眼”不斷增長提昇到“佛眼”,這一最高境界的“般若”智慧的修行過程,因此,筆者認爲以“大般若眼”作爲此種“眼圖像”的定名似更爲貼切。

2.“五眼”與“如來坐像”

在托普魯克墩2號佛寺出土的06CDF2:0027和06CDF2:0028兩塊木板畫正面構圖的最上面,均出現了一身坐佛形象。筆者以爲,坐佛的出現與圖像要表現大品《般若經》所提倡的修學般若波羅蜜不僅可以獲得“五眼”、最終還可成佛的理論有關,此即如《大智度論》所謂“般若波羅蜜能生五眼;菩薩漸漸學是五眼,不久當作佛”[3]。因此,坐佛是位於竪列大般若眼之頂部即畫面的最上部,佛的袈裟上亦繪有標誌最高層次般若智慧的佛眼。遺憾的是兩塊木板畫上坐佛畫像保存得均不好,06CDF2:0027號坐佛像的面和手部分已剥落不存;06CDF2:0028號佛像的臉和手的部分雖有保存,但顔色有多處剥落(圖13,並參見圖8)。但此二身坐佛的造型明顯帶有于闐地區公元6至7世紀常見的千佛題材坐佛樣式特徵,如大英博物館(The British Museum)斯克萊因(Sir Clarmont Skrine)和田收藏品中的坐佛壁畫殘片(館藏編號OA 1925.6-19.20)(圖14)[4],如把此壁畫千佛坐佛與木板畫坐佛加以對比,即可發現它們在外形輪廓具有高度的一致性:同樣的坐姿,臉向右(或左)轉爲3/4側面,目光朝著同一方向注視,均作頷首低眉狀,著袈裟爲通肩式,特别是其頸部領口所呈現的三角形折叠式衣紋樣式極其相似。

[1]《大正藏》第8册,No.223,3c頁。

[2] 同上書,No.223,220b頁。

[3]《大正藏》第25册,No.1509,351a頁。

[4] Zwalf 1985, p.196, catalogue no. 283; Waugh & U. Sims-Williams 2010, p.70, fig. 1, p.95; Gropp 1974, p.164, ill. 66.

圖 13　坐佛　第 06CDF：0027 號木板畫正面(局部)　新疆和田策勒達瑪溝托普魯克墩2號佛寺出土　公元6世紀末—8世紀初

圖 14　坐佛　壁畫殘片　新疆和田出土　公元6—7世紀(?)斯克林收集品　現藏倫敦大英博物館　館藏編號 OA　1925.6—19.20

上述兩塊木板畫般若眼上所繪身著有佛眼袈裟的坐佛雖在樣式上與和田地區常見的千佛坐像十分相似,但因其出現在繪有大般若眼的構圖中,故顯然不能將其歸入千佛題材。在筆者看來,此坐佛除了與上面提到的大品類《般若經》的"五眼"有關,還與《金剛般若經》中提到的"如來五眼"有關。在漢譯《金剛般若經》中,筆者查詢到的六個譯本中均有關於如來佛有五眼的記載如下:

金剛般若波羅蜜經 鳩摩羅什譯,《大正藏》第 8 册, No. 235,751b 頁	**金剛般若波羅蜜經** 菩提流支譯,《大正藏》第 8 册, No.236a,b,755c 頁	**金剛般若波羅蜜經** 真諦譯,《大正藏》第 8 册, No.237,765a 頁	**金剛能斷般若波羅蜜經** 達摩笈多　譯,《大正藏》第 8 册,No. 238,770b 頁	**佛説能斷金剛般若波羅蜜多經** 義浄譯,《大正藏》第 8 册, No. 239,774b 頁	**大般若婆羅蜜·第九會能斷金剛分** 玄奘譯,《大正藏》第 7 册, No. 220,984a—b 頁
"須菩提!於意云何?如來有肉眼不?""如是,世尊!如來有肉眼。"	"須菩提!汝意云何?如來有肉眼不?"須菩提言:"如是,世尊!如來有肉眼。"	"須菩提!汝意云何?如來有肉眼不?"須菩提言:"如是,世尊!如來有肉眼。"	"彼何意念?善實!有如來肉眼?"善實言:"如是,如是!世尊!有如來肉眼。"	"妙生!於汝意云何?如來有肉眼不?"妙生言:"如是,世尊!如來有肉眼。"	佛告善現:"於汝意云何?如來等現有肉眼不?"善現答言:"如是!世尊!如來等現有肉眼。"

（續表）

金剛般若波羅蜜經	金剛般若波羅蜜經	金剛般若波羅蜜經	金剛能斷般若波羅蜜經	佛説能斷金剛般若波羅蜜多經	大般若婆羅蜜·第九會能斷金剛分
“須菩提！於意云何？如來有天眼不？”“如是，世尊！如來有天眼。”	佛言：“須菩提！汝意云何？如來有天眼不？”須菩提言：“如是，世尊！如來有天眼。”	佛言：“須菩提！汝意云何？如來有天眼不？”須菩提言：“如是，世尊！如來有天眼。”	世尊言：“彼何意念？善實！有如來天眼？”善實言：“如是，如是！世尊！有如來天眼。”	“如來有天眼不？”“如是，世尊！如來有天眼。”	佛言：“善現！於汝意云何？如來等現有天眼不？”善現答言：“如是！世尊！如來等現有天眼。”
“須菩提！於意云何？如來有慧眼不？”“如是，世尊！如來有慧眼。”	佛言：“須菩提！汝意云何？如來有慧眼不？”須菩提言：“如是，世尊！如來有慧眼。”	佛言：“須菩提！汝意云何？如來有慧眼不？”須菩提言：“如是，世尊！如來有慧眼。”	世尊言：“彼何意念？善實！有如來慧眼？”善實言：“如是，如是！世尊！有如來慧眼。”	“如來有慧眼不？”“如是，世尊！如來有慧眼。”	佛言：“善現！於汝意云何？如來等現有慧眼不？”善現答言：“如是！世尊！如來等現有慧眼。”
“須菩提！於意云何？如來有法眼不？”“如是，世尊！如來有法眼。”	佛言：“須菩提！汝意云何？如來有法眼不？”須菩提言：“如是，世尊！如來有法眼。”	佛言：“須菩提！汝意云何？如來有法眼不？”須菩提言：“如是，世尊！如來有法眼。”	世尊言：“彼何意念？善實！有如來法眼？”善實言：“如是，如是！世尊！有如來法眼。”	“如來有法眼不？”“如是，世尊！如來有法眼。”	佛言：“善現！於汝意云何？如來等現有法眼不？”善現答言：“如是！世尊！如來等現有法眼。”
“須菩提！於意云何？如來有佛眼不？”“如是，世尊！如來有佛眼。”	佛言：“須菩提！汝意云何？如來有佛眼不？”須菩提言：“如是，世尊！如來有佛眼。”	佛言：“須菩提！汝意云何？如來有佛眼不？”須菩提言：“如是，世尊！如來有佛眼。”	世尊言：“彼何意念？善實！有如來佛眼？”善實言：“如是，如是！世尊！有如來佛眼。”	“如來有佛眼不？”“如是，世尊！如來有佛眼。”	佛言：“善現！於汝意云何？如來等現有佛眼不？”善現答言：“如是！世尊！如來等現有佛眼。”

上面各《金剛般若經》漢譯本均提到如來佛尊具備“五眼”。此外，前文我們已經談到在斯坦因、霍恩雷以及彼得羅夫斯基的和田收集梵文《般若經》寫本殘片中，已比定出的《金剛般若》寫本殘片是僅次於大品般若經數量的，且抄寫時間都集中在公元5—6世紀，可見《金剛般若經》這一時期在于闐地區十分流行，因此，筆者認爲托普魯克墩2號佛寺兩塊木板畫和木木美術館的坐佛像可與《金剛般若經》中有關具備五眼的如來佛相對應，此種坐佛圖像可比定爲“如來坐佛”。日本學者安藤佳香在丹丹烏里克佛寺CD4遺址比定的“如來坐像”壁畫殘片從造型樣式上也與木板畫的

兩身坐佛十分相似(圖15)[1],但其坐像袈裟上並未繪有般若眼,因此,應該是另有佛教經典出處。

圖15　如來像　壁畫殘片　新疆和田丹丹烏里克遺址C區出土　公元7世紀

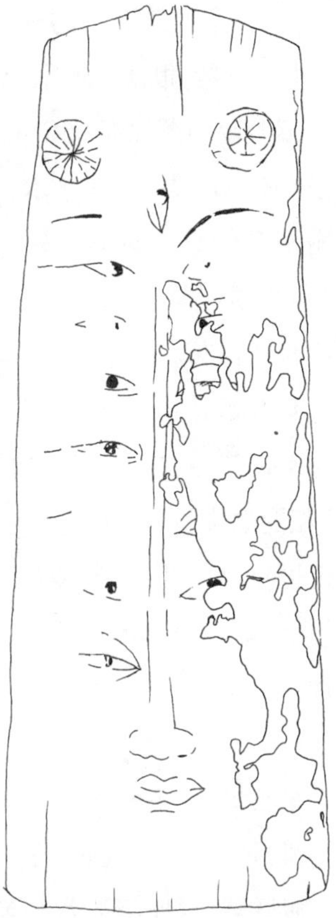

圖16　綫描圖:第06CDF:0027號木板畫(背面)　張姍姍(Claire Mayeux)繪製

3. "五根"(眼根—鼻根)與"大般若眼如來坐佛"圖像

托普魯克墩2號佛寺遺址出土的第06CDF2:0027木板畫背面正中,緊勁細窄褐色綫條勾勒出一造型頗爲奇特的鼻,兩道鼻梁筆直而細長,貫穿木板中部;在鼻梁向上延伸的盡頭上方,繪一隻眼角朝下的豎眼,唯其上半部與眼珠大部分的輪廓綫與顔色已剥落,僅存一少半眼形輪廓墨綫,因而被考古發掘者誤認爲"白毫"[2]。豎眼左右兩道彎眉,眉上方各有一圓形物,圓形内所繪形象左右相同,均爲輻射光輪狀,應與和田地區出土木板畫、壁畫上所常見"日"的形象相同,而非發掘者辨識的一日一月形象(圖16)[3]。在鼻梁的兩側各繪一列眼睛,但它們均比此板另一面所畫的眼睛大很多,但因顔色多處有剥落,故保存得不完整,從其對稱

[1] 安藤佳香2009,209頁:圖一,214頁:圖一〇。
[2] 中國社會科學院考古研究所新疆隊2007,510頁。
[3] 同上。

佈局和殘留的畫跡可知原畫共有七對眼睛。就木板整體構圖的比例關係而言,兩道棕色綫條表示的狹長鼻梁與沿鼻翼兩側自上向下排列的七對大眼睛幾乎佔據了木板的全部空間,在木板最下部的鼻頭下方雖有一張嘴,考古發掘者認爲"整塊木板是一個佛臉"[1],但是,根據整塊木板畫構圖的繪畫比例判斷,所剩空間無法容納臉部外輪廓。此構圖表現的圖像與06CDF2:0028木板畫正面構圖實際上是屬於極爲相似的類型,除了没有06CDF2:0028號木板畫正面的構圖上部的如來坐佛像和因畫色剥落無法判别原畫是否有狹長的鼻子外,其他的形象如成對大眼睛佔據相當於木板畫面中下部2/3以對稱佈局,以及日月一右一左位於眼睛之上端部位等均與06CDF2:0027木板畫背面圖像相同。

筆者認爲此木板畫圖像與另一面圖像表現的是同一主題,圖像中造型誇張的長鼻梁鼻子及其左右的大眼睛均非在表現一個具象物體,而是在表達與大品《般若經》"五眼"相關的佛教思想觀念;在大品類不同時期漢譯《般若經》版本中都提到修行般若波羅蜜可獲得"五眼",還論及需要清浄與護持"五根"的問題。如在最早的譯本——無羅叉《放光般若經》卷二《摩訶般若波羅蜜學五眼品第四》就反復强調修持"五根"的重要性:

> 佛言:菩薩以法眼見是人堅信堅住於法,是人無相、無願之脱立,於<u>五根</u>受不中止定,於不中止定成解脱慧。……如是行空菩薩便得空脱,便成<u>五根</u>。……菩薩所知生法即是滅法,便逮<u>五根</u>。[2]

鳩摩羅什《摩訶般若波羅蜜經》卷第二《往生品第四》:

> 佛告舍利弗:"菩薩摩訶薩以法眼知是人隨信行,是人隨法行,是人無相行,是人行空解脱門,是人行無相解脱門,是人行無作解脱門,得<u>五根</u>,得<u>五根</u>故得無間三昧。得無間三昧,故得解脱智。"[3]

"根"在梵語和巴利語中均作Indriya,指物理性的實體力量或能力,特别是指那些可以被五種感官所感受、認知到的實體或力量,它也有增長的意思。"五根"爲梵語Pañcendriyāni的漢譯,是五種根之義[4]。玄奘譯世親(Vasubandhu,4—5世紀)所著的《阿毘達磨俱舍論》(*Abhidharma-kośa*,簡稱《俱舍論》)卷一《分别界品第一》對"五根"

〔1〕 中國社會科學院考古研究所新疆隊2007,509頁。
〔2〕《大正藏》第8册,No. 223, p.9a頁。
〔3〕 同上書, No.223, 227a—228a頁。
〔4〕《佛光大辭典》,1139頁。

所作的解釋如下：

《論》曰："言五根者，所謂眼、耳、鼻、舌、身根。言五境者，即是眼等五根境界，所謂色、聲、香、味所觸，及無表者"。……彼謂前説色等五境，識即色、聲、香、味、觸識。彼識所依五種净色，如其次第應知，即是眼等五根。如世尊説，苾芻當知。……如是廣説，或復彼者，謂前所説眼等五根。識即眼、耳、鼻、舌、身識。……云何眼根？眼識所依净色爲性，如是廣説，已説五根。[1]

從上文中可知，"五根"指眼、耳等五識所依之五種色根，又作"五色根"，即眼根（cakṣurindriya）、耳根（śrotrendriya）、鼻根（ghrānendriya）、舌根（jihvendriya）、身根（kāyendriya）。"五根"亦指可主管視、聽、嗅、味、觸等五種感覺器官及機能。以此五種加上意根（心），又稱爲"六根"。由於這五種具有能攝取外界對象的器官可以引起心内對色、聲、香、味、觸等五識之認識作用，故稱爲"五根"。而此"五根"是由物質而組成，所以又稱"五色根"。而"五根"中排在第一位的、最重要的是"眼根"。故《俱舍論》卷一《分别界品第一》又説：

《論》曰：於六根中，眼等前五唯取現境。……謂眼、耳根取遠境故。……鼻、舌兩根用俱非遠，先説鼻者，由速明故，如對香美諸飲食時，鼻先嗅香，舌後嘗味，或於身中，隨所依處上下差别説根次第，謂眼所依最居其上，次耳、鼻、舌、身多居下，意無方處，有即依止諸根生者，故最後説。[2]

按照《俱舍論》的解釋，"五根"是有先後排序的，在前四根中，眼根、耳根能取遠境，故排在前，鼻根、舌根取近境，故在後。又眼根依次居於最上位，耳、鼻、舌、身四根則依次居於下方。鳩摩羅什《摩訶般若波羅蜜經》卷二《往生品第四》説修般若波羅蜜可以使諸根净利：

《經》：舍利弗！有菩薩摩訶薩行六波羅蜜時，成就三十二相，諸根净利。諸根净利故，衆人愛敬；以愛敬故，漸以三乘法而度脱之。[3]

鳩摩羅什在其所譯的《大智度論》卷三九釋往生品第四之中對此解釋説：

《論》釋曰：是菩薩常深净行六波羅蜜故，得眼等諸根净利，人皆愛敬；慧等諸心數法根，净利無比，爲度衆生故。[4]

---

〔1〕《大正藏》第29册，No.1558，2b頁。
〔2〕同上書，5c頁。
〔3〕《大正藏》第25册，No.1509，226a頁。
〔4〕同上書，344b頁。

玄奘《大般若波羅蜜多經》卷三六六《初分巧便行品第六十三之二》亦論述了專修大般若波羅蜜多時需要保護眼根等的重要性:

復次,善現!若菩薩摩訶薩從初發心修行靜慮波羅蜜多時,以一切智智相應作意修學諸定。是菩薩摩訶薩眼見色已不取諸相、不取隨好,即於是處防護眼根,不放逸住,勿令心起世間貪憂、惡不善法、諸煩惱漏,專修念定,守護眼根。……是菩薩摩訶薩鼻嗅香已不取諸相、不取隨好,即於是處防護鼻根不放逸住,勿令心起世間貪憂、惡不善法、諸煩惱漏,專修念定,守護鼻根。[1]

這裏玄奘指出了守護(防護)眼根和鼻根是修習波羅蜜多時的一種重要的靜慮禪定方法。托普魯克墩06CDF2: 0027木板畫背面所繪的造型頗爲奇特的幾乎貫穿整塊木板的鼻梁與長鼻、兩側對稱的大眼睛,均可被看成是對大品《般若經》中强調五種感官"五根"概念的一種圖像化表達,眼和鼻圖像亦可以被視作是守護與防護此二根的象徵。因此,我們認爲此圖像絶非是對現實世界物體外形的寫實性描繪,而是與06CDF2: 0027木板畫正面的圖像一樣均是對大品般若思想的圖像化呈現。

(二)漢文佛教文獻與印度插圖與雕刻中的般若羅蜜多像

孔兹指出隨著《般若經》進入繁榮時期,表現"般若"(Prajñā)智慧亦被人格化爲智慧神祇——般若波羅蜜多(Prajñāpāramitā)圖像也隨之出現,其造型爲具有女性特徵的菩薩相並進入佛教造像的神殿中;至少在公元5世紀之前在印度就已出現了般若菩薩像,但是,所有最早的般若圖像都已丢失,現存的有關作品没有早於公元800年的[2]。有關般若菩薩像的記載見於5世紀法顯的印度求法行記《佛國記》(又名《高僧法顯傳》),在中天竺[3]大乘教信徒(摩訶衍人)將般若菩薩像與文殊、觀音菩薩像置列在一起供養:"摩訶衍人,則供養般若波羅蜜、文殊師利、觀世音等。"[4]

公元7世紀,中印度僧人阿地瞿多(Atikūṭa,又稱無極高)於651年到達長安,653—654年譯出了十二卷本的《陀羅尼集經》[5],該經第三卷有一節專門記述大般若菩薩像圖像的繪畫法則,在此段講述大般若菩薩像畫法經文之前,有一段很長的篇幅闡釋學習

[1] 《大正藏》第6册,No.220, 888a頁。

[2] Conze 1967, p.244; 2000, p.14.

[3] 古印度五國之一,又稱"中國",梵語Madhyadeśa。Drège 2013, p.23, note 142。

[4] 法顯《高僧法顯傳》卷一,《大正藏》第51册,No.2085, 858a頁。相關研究參閲Conze 2000, p.14; Drège 2013, p.26。

[5] 有關此經的翻譯與研究,參閲《佛説陀羅尼集經翻譯序》,《大正藏》第18册, No. 901, 785a頁;智昇《開元釋教録》卷八,《大正藏》第55册,No. 2154,562c頁;Kuo Li-ying 1994, pp.155－156。

《般若波羅蜜多大心經》(*Prajñāpāramitāmahāhṛdaya-sūtra*)的重要性[1],然後纔在"大般若菩薩像"題下闡述此像的圖像儀軌與畫法:

> 畫大般若菩薩像。可取八月十五日,以細好絹兩幅,或三幅亦任意用,高下闊狹必須相稱。於精舍中作水壇竟,於其壇中誦《大般若咒》……然後可畫菩薩。其菩薩身,除天冠外……通身白色,面有三眼似天女相,形貌端正如菩薩形,師子座上結加趺坐;頭戴天冠作簸箕光,其耳中著真珠寶璫,於其項下著七寶瓔珞;兩臂作屈,左臂屈肘側在胸上,其左手仰五指申展,掌中畫作七寶經函,其中具有十二部經,即是般若波羅蜜多藏;右手垂著右膝之上,五指舒展,即是菩薩施無畏手。菩薩身上著羅錦綺,繡作裆襠,其腰以下著朝霞裙,於上畫作黄色花褻,天衣籠絡絡於兩臂,腋間交過出其兩頭,俱向於上,微微屈曲如飛颺勢,其兩手腕皆著環釧。[2]

由上文可知:畫像開始之前,要先在設立的水壇前念《大般若咒》。所謂"水壇"(homa)爲密教護摩壇之一種,密教之護摩法本須在七日之中擇地、擇時、掘地、治地,灑香水而加持之,然若於急病或兵亂等災變起時,僅須灑水净地,於一日中即可建壇,稱爲水壇;"護摩"意即焚燒、火祭,又作護魔、户摩等,或意譯作火祭祀法、火供養法等,即於火中投入供物以作爲供養之一種祭法。亦爲密教一般修法中之重要行事,用來譬喻以智慧火焚燒迷心之意。原係印度古代供養火神阿耆尼(Agni)以作驅魔求福之法[3]。筆者懷疑此水壇所設"大般若菩薩"應與法顯記載在中印度所見的般若菩薩像屬於同一類。因爲此像法的譯者阿地瞿多也是來自法顯見到般若菩薩像的中印度。然而公元5世紀初法顯有關見到此像的記載中並没有提及設曼陀羅法壇,只是説與文殊和觀音菩薩像並列擺放,由此看來到了阿地瞿多譯經的公元7世紀中期,此般若菩薩像的供奉方式已經發生了改變,依據經文,此像置於曼陀羅壇中央,其圖像特徵爲:兩臂、盘腿坐在白莲花上,左手持《般若波羅蜜多》經書,右手作辯論狀。在此像周圍曼陀羅壇上其他像的佈局是:般若菩薩像左右分别有梵天、帝释,其背光上方左右各繪一須彌會天,

〔1〕 研究者指出:阿地瞿多的《般若波羅蜜多大心經》名本身與《般若波羅蜜多心經》十分相似。僅差一字,且其中第十六的"般若大心陀羅尼第十六"咒語與《心經》完全相同。阿地瞿多到達長安時,玄奘已經西行返回,因此,美國學者那體慧(Jan Nattier)認爲玄奘與阿地瞿多兩人之間可能有聯係,玄奘的《心經》應該受到阿地瞿多的影響。但方廣錩先生認爲,玄奘《般若心經》譯出於貞觀二十三年(649),阿地瞿多的《陀羅尼集經》譯出於永徽四年至五年(653—654)。由於兩段咒語基本相同,故更大的可能是《陀羅尼集經》採用了先出的玄奘《般若心經》中的咒語而加以改造。參見 Nattier 1992, pp.153-223;方廣錩 2013, 6—26 頁。

〔2〕 《大正藏》第18册, No. 901, 805a-b 頁。參見 Visser 1935, pp.172-173。

〔3〕 《佛光大辭典》, 1492、6869 頁;《大正藏》第18册, No. 901, 806c 頁。

般若菩薩像座下繪一香爐,左右各繪八神王像,次右下方畫一胡跪雙手捧香爐咒師像[1]。

孔兹指出,在密教經典中,般若波羅蜜像在《陀羅尼集經》中出現過兩次,並且均是出現在胎藏界曼陀羅(Garbhadhatu mandala)中,但没有出現在善无畏(Śubhākarasiṃha)、一行所譯的反映胎藏界曼陀羅的《大日如來經》(*Vairocana-sūtra*)[2]中,在這部經所提到的110密教佛、菩薩與護法人物中,般若波羅蜜並未被提及,其在密教經典中的出現應該是到大約9世紀以後的藏密與日本的真言宗典籍中[3]。不過根據查閱《陀羅尼集經》經文可知,般若菩薩像所出現的密教壇按阿地瞿多所稱並非胎藏界曼陀羅,而是"水壇"(護摩壇)與"般若壇"[4]。兩壇像的佈局有所不同,前者被稱作"大般若菩薩像",位於壇的中心的主像位置;後者是在壇的主像——釋迦牟尼東側的位置。在同卷附有上文所稱《大般若》咒語在"大般若波羅蜜多陀羅尼第十四"題目下,在同卷還有"般若波羅蜜多聰明陀羅尼第十五(一名小般若波羅蜜多陀羅尼神咒,一名十方一切諸佛母咒)"、"般若大心陀羅尼第十六"等不同的咒語。從不同咒語的題目可以看到,"水壇"供養的般若菩薩像是與《大般若經》有關係的,所以,阿地瞿多稱之爲"大般若菩薩像",而此像與大般若波羅蜜多陀羅尼神咒相對應。孔兹認爲般若波羅蜜像是一種人格化的女神形象,紀贇也指出在般若類經典中,從最早的《八千頌》開始,常常提到般若波羅蜜是"諸佛母",並作爲人格女性神出現[5]。不過,上面法顯與阿地瞿多有關般若菩薩像的記載卻顯示:從公元5世紀初到7世紀中期,在中印度出現的般若菩薩像是屬於大品類《般若經》系統,其與紀贇所説的小品類《八千頌般若》"諸佛母"像是否屬於同一造像系統?因爲没有圖像存留,故只能暫且存疑。

根據孔兹和澤沃爾夫有關印度般若圖像學資料的研究可知,目前所存的相關圖像多發現於今在北印度東部孟加拉、比哈爾以及尼泊一帶,屬於波羅王朝(8—12世紀)時期的貝葉或棕櫚葉梵文小品《八千頌般若經》(*Aṣṭasāhasrikā Prajñāpāramitā*)抄本的扉頁(木質或棕櫚葉封面)及抄本的插圖中,在扉頁上多有象徵著彼岸的超驗的般若(智慧)化身——般若波羅蜜多(Prajñāpāramitā)女神形象,其常處於封面的中央位置,並常

[1] 參見《大正藏》第18册, No. 901, 806c頁。
[2] 全稱《大毗盧遮那成佛神變加持經》(7卷),善無畏、一行合譯。《大正藏》第18册,No. 848。
[3] Conze 1978, p.15.
[4] 《大正藏》第18册, No. 901, 806c、808a頁。
[5] 紀贇 2012,171—172頁。蒙紀贇教授賜予此研究專文,特别感謝。

常與其他女神或菩薩等一起出現。劍橋大學圖書館(Cambridge University Library)所藏公元11世紀的出自尼泊爾的《八千頌般若》木質封面(編號:MS Add.1643),圖中央是智慧化身般若波羅蜜多女神,其左右兩側有多羅(Tārā)菩薩、持世菩薩等(圖17)[1]。波羅王朝時期的般若女神像最常見的爲四臂造型,其圖像最顯著的特徵是四臂中的兩隻手作説法狀,另外兩隻手,一持般若經書,一持念珠。其繪製年代一般不早於公元9世紀,大部分是在11世紀以後[2]。牛津博德利圖書館(Bodleian Library, Oxford)收藏的公元12世紀中梵文抄本,其中繪有般若波羅蜜多女神的插圖,般若波羅蜜多女神頭戴寶冠,飾項圈,挂長念珠鏈,佩手釧。兩主臂左右手施説法印於胸前,餘兩臂左手上舉齊肩持經書,左手上舉齊肩持念珠,結跏趺坐於大須彌座上,她是超然完美智慧的象徵(圖18)[3]。

圖17 《八千頌般若》封面插畫 木質 出自尼泊爾 公元11世紀
現藏劍橋大學圖書館 館藏編號:MS Add.1643

圖18 《八千頌般若》封面插畫 木質 出自尼泊爾 公元12世紀中期
現藏英國圖書館 館藏編號:MS Sansk. a. 7 (R)

據孔兹的研究,般若波羅蜜多圖像還有兩臂和六臂的樣式[4]。兩臂的樣式見萊頓國立民族學博物館(National Museum of Ethnology, Leiden)收藏的爪哇信诃沙里

〔1〕 Zwalf 1985, p.126, catalogue n°167.

〔2〕 Conze 1967, pp.243-260; 王鏞2007, 5—6頁,圖1。

〔3〕 Zwalf 1985, p.127, catalogue n°171.

〔4〕 Conze 1967, pp.249.

圖 19　般若波羅蜜多像　石雕刻
出自印度尼西亞爪哇信诃沙里
公元 13 世紀　現藏荷蘭萊頓
國立民族學博物館

(Singhasari)寺附近發現的公元 13 世紀般若波羅蜜多菩薩像,帶有明顯的印度佛教藝術的影響(圖 19)[1]。六臂的般若像主要存在於藏傳佛教與日本真言宗,被稱爲六臂般若佛母。般若波羅蜜是諸佛母,父母之中母之功最重,是故佛以般若爲母。般若佛母是佛教智慧的化身,是將空性的般若智慧人格化爲"佛母"。研究者認爲記載六臂般若佛母是一種比較古老的圖像和信仰,情況很複雜,而且流行多種不同的圖像範本,比如在西藏阿里古格王朝時期托林寺發現的公元 10 至 11 世紀的《十萬頌》梵文抄本,其上的六臂般若波羅蜜像所反映出的克什米爾的審美樣式與源自印度最古老貝葉經梵文寫本影響的尼泊爾插圖精美制作風格,均表明了西藏的此種六臂般若波羅蜜像有著深遠的傳統與底本來源[2]。

總結以上各類般若波羅蜜多像圖像的總體特徵,可以歸納出兩點:(1)兩臂、四臂或六臂的般若形象均爲印度佛教藝術中常見的女性形象。(2)被稱作般若智慧女神或是諸佛母的圖像中,無論在身體還是在著裝上,均未出現過像和田達瑪溝托布魯克墩 2 號佛寺兩塊木板畫上那樣的"般若眼"形象。

此外,儘管在《八千頌般若波羅蜜多經》梵文寫本插圖中也可以找到身上繪有眼的形象,但這個形象並非般若波羅蜜多像,而是因陀羅(Indra),如紐約亞洲學會收藏的出自孟加拉的《八千頌般若經》插畫,其內容表現的是經文中有關佛陀誕生的場面:佛陀奇跡般地從他母親摩耶(Māyā)王后的右肋出生,在摩耶右側是印度大神因陀羅,他在迎接誕生的佛陀,其身後還有四頭梵天(Brahma),大神因陀羅的身上和臉上繪多個眼睛(圖 20)[3]。然而,這裏出現的眼圖像與達瑪溝兩塊木板畫的眼圖像有明顯的不同:

[1] Grousset 1930, p.193, fig. 127, pp.274－275.
[2] Heller & Eng 2016, pp.173－189.
[3] 王鏞 2007,封四插圖:《八千頌般若婆羅蜜多經》插圖。

前者的眼睛是繪於因陀羅神的身上和臉部,而後者則是出現在木板畫構圖的中下部以及佛裝上。另外,在繪製時間上,插圖繪製於公元11世紀比和田的兩塊木板畫晚了500多年。

圖20 《八千頌般若波羅蜜多經》插圖 木板畫 出自孟加拉 約1090年 紐約亞洲學會收藏

(三)于闐大般若眼圖像中的印度婆羅門教傳統元素

與上述小品類《八千頌般若經》插畫或漢文文獻記載的公元4至13世紀的印度佛教圖像系統的般若波羅蜜多像完全不同,和田達瑪溝托布魯克墩2號佛寺表現大品類《般若經》題材,這些公元6至7世紀的木板畫,其最顯著的特徵是表現"般若眼",因其圖像中最主要部分可與大品《般若經》相對應,故筆者稱爲"大般若眼"。在兩塊木板畫上,除了給人留下深刻印象的魚形般若眼外,還出現在于闐地區常見的"日月"形象,第06CDF2:0028號的木板畫構圖的"上部爲一坐佛,結跏趺坐,坐於蓮座之上。……坐佛下部左邊爲月,右邊爲日"[1](圖2)。另外,第06CDF2:0027號木板畫構圖的最上部,也出現了日月圖像,日在右,月在左(圖16)。筆者觀察到在日月的形象下、左右兩道彎眉眉心上方,有一形狀似眼角朝下豎立的眼睛,而非《發掘報告》所稱"白毫",唯其上半

〔1〕《發掘報告》,510頁。

部與眼珠之大部分已經墨綫及顏色剥落,僅一少半眼形輪廓墨綫尚存。那麽應該如何理解在大品《般若經》題材的木板畫圖像中出現日月形象? 筆者認爲應該考慮到大品《般若經》是一部早期受印度教——婆羅門教影響甚深的佛教經典這一因素。

公元3世紀中,朱士行在于闐找到了其西行所求的大品《般若經》,他想派遣弟子弗如檀等人送回洛陽時,受到了于闐國小乘教徒的阻撓,理由是此經爲外道經典,僧祐(445—518)在《出三藏記集》卷一三《朱士行傳》作了如下記載:

> 未發之間,于闐小乘學衆,遂以白王云:"漢地沙門欲以婆羅門書惑亂正典,王爲地主,若不禁之,將斷大法聾盲漢地,王之咎也"。王即不聽齎經,士行憤慨,乃求燒經爲證,王欲試驗,乃積薪殿庭,以火燔之。士行臨階而誓曰:"若大法應流漢地者,經當不燒,若其無應命也。如何?"言已投經,火即爲滅,不損一字,皮牒如故。大衆駭服稱其神感,遂得送至陳留倉恒水南寺。河南居士竺叔蘭,善解方言,譯出爲《放光經》二十卷。[1]

雖然此段記載的結局頗具傳説色彩,但朱士行所得到的梵本《大品般若經》確實是一部夾雜有婆羅門教義内容的經典,因此,受到了小乘佛教信徒的排斥。印度佛教的研究者早就注意到印度教對早期大乘佛教的影響,認爲大多數大乘佛教教義都根源於古代印度觀念[2]。

研究般若思想的學者認爲《般若經》中的許多基本概念和理論都與印度早期原始佛教所藴含的婆羅門教哲學思想觀念有著極深的淵源關係,姚衛羣先生在其《佛教般若思想發展源流》一書中指出:婆羅門教的《吠陀》文獻本集中的一些讚歌以及《奥義書》中的理論概念到思維方法,均可以在《般若經》找到對應聯繫[3]。事實上,"般若"一詞源自《奥義書》,在《頻伽羅奥義書》第一章中有:"般若"(prajñā,智慧),"阿維寢那"(avicchinna,不斷者),屬超上真諦者,居熟眠者[4]——皆"般若"之别名也[5]。李志夫先生在《般若思想之淵源》一文中也指出了古代印度的"大梵思想"與"般若思想"之間存在的源流關係,他指出:在佛教思想史中,《梨俱吠陀》的原人(Puruṣa)和《奥義書》中大梵(Brahman)都是同一般若的異名。按照《奥義書》"創世説":世界最初的

〔1〕《大正藏》第55册,No. 2145,p.97a。
〔2〕查爾斯·埃利奥特1982,21頁。
〔3〕姚衛羣1996,36—93頁。
〔4〕徐梵澄1995,822頁。
〔5〕同上。

唯一的存在是自我，由自我創造出世界萬物，這個自我就是梵，原始巨人普盧沙（Puruṣa），他是具有神性的“原人”，又譯作“神靈體”即“（神）人”，是“大梵所遍漫者”（brahmatatatam），即是所謂的創生之人——“大梵”〔1〕。《剃髮奥義書》（Muṇḍaka Up.）第二章道：這個“原人神聖，没有形體，既在外，又在内……比至高的不滅者更高。……他的頭是火，雙眼是月亮和太陽……他是一切衆生的内在自我。”〔2〕在同一書中多次提到日月爲眼睛，如“火爲彼之元，日月爲目睛”〔3〕。在《白騾奥義書》（Śvetāśvatava Up.）還説：“原人有千頭、千眼和千足，覆蓋整個大地，還超出十指。……手足遍及一切，眼、頭和臉遍及一切，耳朵遍及一切，他在世界上覆蓋一切。”〔4〕原人出自印度上古文明最早的一部賁典《梨俱吠陀》，在第十卷第90曲有《原人歌》：“原人之神，微妙現身。千頭千眼，又具千足。包攝大地，上下四維，巍然獨立，十指之外。”〔5〕巫白慧指出，“原人”在這裏具有二重神格。梵語Puruṣa意即“人”，一個具體的人，經過神格化，成爲一個自然神。這是原人的第一重神格。其次，這個具體的自然神被哲學化而成爲一個具有深奥哲學内涵的抽象神，這是原人的第二重神格。“原人”既是抽象的絶對實在，同時也是一個具體的大神。《原人歌》中的“千頭千眼，又具千足”的“千”代表一個無限數，是哲學上“一”與“多”的理論：唯一的原人外現爲無數的物質現象和精神現象〔6〕。

按照《歌者奥義書》（Chāndogya Up.），“梵”亦即“摩訶”（mahaḥ）：“摩訶是梵。憑藉梵，一切吠陀變得偉大。”〔7〕“摩訶是太陽，正是憑藉太陽，一切世界變得偉大。……摩訶是月亮，正是憑藉月亮，一切星體變得偉大。”〔8〕“若是眼睛凝望空中，正是有這位觀看的原人，從而眼睛觀看。正是這個自我確定‘讓我嗅這個吧！’從而鼻子嗅這個。”〔9〕

托普魯克墩2號佛寺遺址出土的第06CDF2：0027木板畫整體畫面最突出的是在兩道筆直細長鼻梁兩側所繪的七對眼睛，它們比同塊木板另一面的眼睛大很多，就木板

〔1〕 徐梵澄1995，26頁，注3。
〔2〕 黄寶生2010，299頁。
〔3〕 徐梵澄1995，689頁。
〔4〕 黄寶生2010，321頁。
〔5〕 巫白慧2010，17、253頁。
〔6〕 巫白慧2000，51—53頁。
〔7〕 黄寶生2010，234頁。
〔8〕 同上。
〔9〕 同上書，223頁。

整體構圖的比例關係而言，七對大眼睛幾乎佔據了木板的全部空間，眼睛上方左右各有一道彎眉，眉上方各有一日一月[1]，可以看出兩列眼自下而上地向上延續，在最上方是日和月，筆者認爲在這裏眼睛與鼻圖像表現的是將“般若”神格化如同“大梵”——“原人”一樣既在外又在内的智慧圖像，此處的日月即《奥義書》中所謂“日月爲目睛”、“雙眼是月亮和太陽”；“梵”亦即“摩訶”，“摩訶是太陽”，“摩訶是月亮”等。而大梵（Brahman）是一種純意識、純智慧，在印度思想史中，是同一般若的異名[2]。

那麽爲什麽要特别表現日月圖像？此圖像與眼圖像之間有著何種關係？林煌洲通過其有關早期印度佛教與印度教比較研究，論證了古《奥義書》中感官之“五根”與早期佛學的關係。古《奥義書》論述人的阿特曼（自我）具有七肢十九口，以之涵蓋宇宙觀及人的身心觀，並以此探討宇宙與人的本質同一關係。七肢説將宇宙比擬爲人身之七部分，分别以天爲頭，日爲眼，風爲氣息，虚空爲軀幹，水爲胞，地爲足，東壇火爲口；而十九口則將人的一切身心機能分成十九個部分，包括五種知覺器官等[3]。根據《舍利奥義書》（Śārīraka Up.）可知，五知根指眼、耳、鼻、舌、皮膚：“耳等爲知根。耳屬空，皮屬風，眼屬火，舌屬水，鼻屬地。”[4]這與《大品般若經》中的“五根”概念是可以相互對應的，如《大智度論》卷七〇在解釋“五根”時説：

從空生耳根，從風生身根，從火生眼根，從水生舌根，從地生鼻根。[5]

龍樹的《大智度論》又稱作《摩訶般若釋論》《摩訶般若婆羅蜜經釋論》，該論中引經籍甚多，其中保存了大量公元 2 至 3 世紀流傳於北印度的民間故事與傳説，是研究大乘佛教早期與古印度文化淵源關係的重要資料，從《大智度論》有關“五根”的解釋，可以看到其與《奥義書》中“五知根”（眼、耳、鼻、舌、身）[6]的相對應關係，也可以進一步看清佛教所謂的五種識根（感覺器官）的“五根”與印度古代哲學思想的淵源關係。按照《奥義書》的理論，日神、月神等神是“五根”的保護神：

彼以薩陲原素之第四分，造成五知根，耳、皮、眼、舌、鼻，皆其所變也。……方神、風神、日神……月神、維師魯、四面大梵神、商波，皆諸根之護神也。[7]

[1] 中國社會科學院考古研究所新疆隊 2007，509 頁。
[2] 李志夫 1972，95—107 頁。
[3] 林煌洲 2000，12—13 頁，注釋 42。
[4] 徐梵澄 1995，811 頁。參見黄寶生 2010，308 頁，第三注“十九嘴”指五知根——眼、耳、鼻、舌和身。
[5] 《大智度論》釋佛母品第四十八之餘，《大正藏》第 25 册，No.1509，546c 頁。
[6] 徐梵澄 1995，809、811—812、815 頁。
[7] 同上書，821 頁。

因此在06CDF2：0027木板背面和06CDF2：0028正面表現大品《般若經》圖像時，除了有眼和鼻根的同時，還出現日月形象，此日月具有印度古代哲學思想中智慧之象徵意義，同時它們又是五根的保護神之象徵。

結　語

孔茲指出：在公元最初幾個世紀裏，《般若經》之所以能在西域地區廣爲流行與傳譯，是因該經具有使信奉的國王增長功德，並可通過念誦《般若波羅蜜》，請來菩薩保護他們的國家社稷以及人民免遭受一切災難[1]。在于闐大品類《般若經》盛行正是源於當地戰亂相尋、災疫不斷的社會現實。此外，于闐作爲西域地區最早接受與流行印度大乘佛教般若思想的區域，從公元3世紀起至公元8世紀在收藏與傳譯《大品般若經》方面起到了重要作用。這一點可以從上述漢文文獻與西域語言寫本等資料得到證實。根據漢文文獻記載，公元5世紀前在印度就已經出現與《般若經》有關的圖像，但現存的印度佛教圖像系統的般若波羅蜜多像圖像資料的時間均是在公元9世紀以後，其中插畫類均出自小品類《八千頌般若經》。和田地區策勒達瑪沟托普魯克墩佛寺遺址第2號佛寺遺址發現的"大般若眼如來坐佛"木板畫應與公元6至8世紀期間于闐地區流行的大品般若思想密切相關，這種帶有印度古代哲學思想與婆羅門信仰元素的大品般若思想在于闐佛教圖像中留下了深刻的印記，也正因爲如此，纔使于闐表現般若圖像的繪畫形成了有別於印度藝術系統般若像的自成一體樣式。由於于闐乃至整個西域地區有關《大品般若經》主題繪畫資料的闕略，因此，托普魯克墩佛寺2號佛寺遺址發現的"大般若眼如來坐佛"圖像木板畫就成爲唯一證據，它不僅填補了圖像資料的空白，也爲我們認識與研究早期《大品般若經》圖像的主題、樣式與特徵提供了重要的參考例證。

歐美收藏機構已比定出的和田地區西域語言《般若經》寫本殘片編號附録：

文書出土與館藏編號縮寫語：

BL = The British Library (London)英國圖書館（倫敦）

Cr = Crosby Collection (The Library of Congress, USA) 克羅斯比（美國國會圖書館）

D = Dandan-uiliq (Stein Collection) 斯坦因丹丹烏里克收集品

Domoko = Domoko (Stein Collection) 斯坦因達瑪溝收集品

[1] Conze 2000, p.11.

Far = Farhād-Bēg-yailaki（Stein Collection）斯坦因鐵提克日木收集品

H. = Hoernle Collection 霍恩雷收藏品

Kha = Khadalik 斯坦因哈達里克收集品

Khad. = Kha

IOL = The Indira Office Library（London）印度事務部圖書館（倫敦）

Mannerheim = Mannerheim Collection（The Helsinki University Library）馬達汗收藏品（赫爾辛基大學圖書館）

Or. = Oriental and India Office Collections, The British Library 英國圖書館東方與印度事務部收藏品

SI P = Serindia Petrovsky Collection（The Institute of Oriental Manuscripts, RAS, St. Petersburg）彼得羅夫斯基中亞收藏品（聖彼得堡俄羅斯科學院東方文獻研究所）

Sampula = Shanpula（Stein Collection）斯坦因山普拉收集品

寫本殘片編號：

《般若經》（*Prajñāpāramitā*）：

Or. 15001/ 2（?）：H., 17(?), 32(?), 36(?)

Or. 15009/ 2(?), 3(?), 8(?), 24(?), 27(?), 30 – 31(?), 33(?), 40(?), 225(?), 303(?), 320(?), 674.

Or. 150010/ 140(?), 142(?), 158(?), 163(?), 182(?), 199(?), 202(?).

Or.15012/40

SI P/4

H. 150. vii.24, 26, 31, 33, 37

Kha. 0013.a.、0014.b、0015.a(=IOL San 534)、0042.a, b, c、Kha. i.5（=Or. 8212/56）、i. 19、i. 60、i. 62、i. 74.b、i. 76、i. 79.b、i. 81.b、i. 89.c、i. 90、i. 108.b、i. 127.c、i. 128.b、i. 129.b、i. 132、i. 151、i. 175、i. 189、i. 196 + i. 199.c、i. 200.b、i. 203.c、i. 206.b、i. 209、i. 210、i. 212、i. 213、i. 219、i. 302.b、i. 304、i. 309.a.2、i. 309.b.3、i. 316.b + i. 317.a、Kha. iii. 8、ix. 13.b、ix. 57.a

Khad. 17、21 – 23、25 – 26、42

Domoko. 122、124

Far. 07

Sampula. 035

《大般若經》（*Larger Prajñāpāramitā*）：

Or. 15001/ 3(?), 6, 9, 23 – 24.

Or. 15009/ 5, 13, 23, 28, 42(?), 239(?), 243, 251, 253, 260, 278, 288, 290 – 292, 297, 299 – 301, 311.

Or. 150010/ 19, 23, 26 – 27, 31, 35, 37, 39, 41, 49 – 50, 53a, 54 – 57, 70, 75 – 77, 79 – 82, 91, 94 – 95, 97, 99, 101, 104, 108, 115, 120 – 121, 123, 128, 131, 144, 149, 160(?), 165(?), 169, 177, 189, 200, 131(?), 675.

Or. 9616/ 1－17, 18－20+21
SI P/ 19－1, 3
Crosby 254/255

《二萬五千頌般若》(*Pañcaviṃśatisāhasrikā Prajñāpāramitā*):
Or. 15009/ 675, 678
Or. 8212/ 56, 174 (=Kha. i.), 220, 195
IOL San 534(=Kha. 0015.a), 913(= Kha. i. 192)
SI P/ 19 (1), (3), 20 (5), 46a, 62b, g, e, k, v; 67 (7), 67 (13), 67 (14), 72a, 72b, 82a, 83m, n, z; 84a, b, v; 160 (5 fr.), 123 i (6 fr.); 123 k, 145, 146, 146 (2 fr.); 147a, 147a.1, 147+148
Mannerheim 7, 8, 9
H. 150. vii.2－3, 7－8, 14－15, 19, 21, 25, 28, 34－35, 40
Kha. i. 220(= Or. 8212/174)

《十萬頌般若》(*Śatasāhasrikā Prajñāpāramitā*)
Kha. 0013.a., 0014.b, 0015.a, 0042.a, b, c, Kha. i.5, i. 19, i. 85
《八千頌般若》(*Aṣṭasāhasrikā Prajñāpāramitā*)
Or. 150010/ 124, 195
《金剛經》(*Vajracchedikā*)或《金剛般若經》(*Vajracchedikā Prajñāpāramitā*)
Or. 15010/ 4, 94, 113, 126
Or.8212/18 (=Kha.i.26), 20 (=Kha.i.39)
IOL San 382－387,419－422,424－427(=D.iii.13b)
SI P/ 81
H. 150. vii.32
Kha. i. 26

縮略語:

《大正藏》	大正新脩大藏經,東京:大正一切經刊行會,1924—1935年。
《佛光大辭典》	慈雲主編,北京:書目文獻出版社,1989年(根據臺灣高雄佛光山出版社1988年版影印)。
ARIRIAB	*Annals Report of the International Research Institute for Advanced Buddhology*, Koka University(創價大學・國際佛教高等研究所・年報)
BEFEO	*Bulletin de l'École française d'Extrême Orient*, Paris.x
BLSF I, II, III	*Buddhist Manuscripts from Central Asia. The British Library Sanskrit Fragments*, vol. I, II, eds., Karashima, Seishi & Wille, Klaus, Tokyo: International Research Institute for Advanced Buddhilogy, Soka University 創價大學佛教學高等研究所, 2006/2009/

	(eds., Karashima, Seishi & Nagashima Jundo & Wille, Klaus) 2015.
BMSC	*Manuscripts in the Schøyen Collection. Buddhist Manuscripts*, vol. III (2006), ed., Jens Braarvig *et al.*, Oslo: Hermes Publishing.
JABS	*Journal of the International Association of Buddhist Studies.*
JAOS	*Journal of the American Oriental Society.*
PCA	Bongard-Levin, G. M. (Бонгард-Левина, Г. М.) & Vorobyeva-Desjatovskaya, M. I. (Воробьевой-Десятовской, М. И.), *Pamyatniki indiiskoi pis'mennosti iz Tsentral'noi Azii*, Bibliotheca Buddhica, vol. 1 (Moscow-Leningrd, 1985 [vol. XXXIII]), vol. 2 (Moscow-Leningrd, 1990 [vol. XXXIV]), vol. 3 (Moscow, 2004, [vol. XL]).
Up.	Upaniṣat 奥義書
Zambasta	R. E. Emmerick, *The Book of Zambasta: A Khotanese Poem on Buddhism*, London: Oxford University Press-New York: Toronto, 1968.

参考書目:

西文部分:

Bongard-Levin, G. M.1993, "A Fragment of the Pañcaviṃśatisāhasrikāprajñāpāramitātasūtra from A. Stein Collection", *Annals of the Bhandarkar Oriental Research Institute* (Amrtamahotsava Volume), vols. LXXII & LXXIV (1991 & 1992), pp.715 – 717.

—— 1994, A Fragment of the Pañcaviṃśatisāhasrikā Prajñāpāramitā-sūtra from Eastern Turkestan, *JAOS*, 114: 3, pp.383 – 385.

Bongard-Levin, G. M. & Kimura T. 1995, "New Fragments of the 'Pañcaviṃśatisāhasrikā Prajñāpāramitā' from Eastern Turkestan", *East and West*, vol. 45, No. 1: 4, pp.355 – 358.

Bongard-Levin, G. M. & Hori Shinichiro 1996, "A Fragment of the Larger Prajñāpāramitā from Central Asia", *JABS*, vol. 19, No.1, pp.19 – 60.

—— 2004, "A Fragment of the Larger Prajñāpāramitā from the A. Stein collection", *PCA*, vol. 3, pp.221 – 222.

Bongard-Levin, G. M. & Vorobyova-Desyatovskaya M.I. 1986, *Indian Texts from Central Asia* (Leningrad Manuscript Collection), Bibliographia Philologica Buddhica. Series Minor. V. Tokyo.

—— 1990, "*Ваджраччхедика-праджняпарамита* (1 Фрагмент)", *PCA*, vol. 2, pp.260 – 263.

—— 2004, *Центральноазиатская колекция рукописей СПбФ ИВ РАН*, *PCA*, vol. 3, pp.75 – 88.

Chakravarti, Niranjan Prasad 1956, "Gilgit Text Vajracchedikā", Giuseppe Tucci (ed.), *Minor Buddhist*, Part I, Rome (SOR 9), pp.173 – 192.

Chavannes, Ed. & Lévi, S. 1916, "Un fragment en chinois de la Śatasāhasrikā Prajñāpāramitā", in *Mikkyō Ronsō* 密教論叢, Tokyo: Shingongaku Kenkyūshitsu (Taishō Daigakunai), 1916.

Conze, Edward 1962, *Gilgit Manuscript of the Aṣṭasāhasrikāprajñāpāramitā: Chapters 55 to 70 Corresponding to the 5th Abhisamaya*, edited and translated, Roma: Istituto Italiano par il Medio ed Estremo Oriente (SOR 26).

—— 1967, "*The Iconography of the Prajñāpāramitā*", in Conze, *Thirty years of Buddhist studies: selected essays*, Oxford: Cassirer, pp.243 – 260.

—— 1974a, *The Gilgit Manuscript of the Aṣṭasāhasrikāprajñāpāramitā: Chapters 70 to 82 Corresponding to the 8th Abhisamaya*, edited and translated, Roma: Istituto Italiano par il Medio ed Estremo Oriente (SOR 46).

—— 1974b, *Vajracchedikā Prajñāpāramitā*, 2nd ed., rev. and enl., Tokyo: The Reiyukai (Bibliographia Philologica Buddhica Series Maior, I).

—— 2000, *The Prajñāpāramitā Literature*, New Delhi: Munshiram Manoharlal Publishers, 2000 (This edition reprinted from the second revised and enlarged edition of 1978).

—— 2013, *Perfect Wisdom: The Short Prajñāpāramitā Texts*, Buddhist Publishing Group, 1993.

Drège, Jean-Pierre 2013, *Faxian. Mémoire sur les pays bouddhiques*, Paris: Les Belles lettres.

Edgerton, F. 1953, *Buddhist Hybrid Sanskrit Grammar and Dictionary*, 2 vols., New Haven (henceforth Edg. I or Edg. II).

Emmerick, Ronald E. 1986, "Another Fragment of the Sanskrit Sumukhadharani," *Deyadharma: Studies in Memory of Dr. D. C. Sircar*, ed. G. Bhattacharya, Delhi.

—— 1979, "The Historical Importance of the Khotanese Manuscripts," *Prolegomena to the Sources on the History of Pre-lslamic Central Asia*, ed. J. Harmatta, Budapest, pp.175 – 177.

—— 1993, "Notes on the Crosby Collection," *Medioiranica: Proceedings of the International Colloquium organized by the Katholieke Universiteit Leuvenfrom the 21st to the 23rd of May 1990*, eds. W. Skalmowski and A. van Tongerloo, Leuven, pp.57 – 59.

Falk, Harry & Karashima, Seishi 辛嶋靜志 2012, "A first-century Prajñāpāramitā manuscript from Gandhāra — parivarta 1 (Texts from the Split Collection 1)", *ARIRIAB*, vol. XV, pp.19 – 61.

—— 2013. "A first-century Prajñāpāramitā manuscript from Gandhāra — parivarta 2 (Texts from the Split Collection 2)", *ARIRIAB*, vol. XVI, pp.97 – 169.

Giès, Jacques & Cohen, Monique 1995, *Sérinde. Terre de Bouddha: Dix siècles d'art sur la Route de la Soie*. Paris: Editions de la Réunion des musées nationaux.

Gropp, Gerd 1974, *Archäologische Funde aus Khotan Chinesisch-Ostturkestan. Die Trinkler-Sammlung im Übersee-Museum, Bremen.* Wissenschaftliche Ergebnisse der Deutschen Zentralasien Expedition 1927/28, Teil 3, Bremen: Friedrich Röver.

Grousset, R. 1930, *Les civilisations de l'Orient, tome II. — L'Inde*, Paris: Les Editions G. Crès et Cie.

Harrison, Paul 2006, *Vajracchedikā Prajñāpāramitā:* A New English Translation of the Sanskrit Text Based on Two Sanskrit Manuscript from Greater Gandhāra, *BMSC* III, pp.133 – 159.

—— 2009, "Sanskrit Fragments of the *Vajracchedikā Prajñāpāramitā* in the British Library", *BLSF* II.1, pp.637 – 658.

Harrison, Paul & Watanabe, Shōgo, 2006, "Vajracchedikā Prajñāpāramitā", *BMSC* III, 2006, pp.89 – 132.

Heller, Amy 1994 "Ninth Century Buddhist images carved at lDan ma brag to commemorate Tibeto-Chinese negociation", *Tibetan Studies.*, T. VI, appendice.

Heller, Amy & Eng, Charlotte 2016, "Three Ancient Manuscripts from Tholing in the Tucci Collection, IsIAO, Roma, Part II: Manuscript 1329 O", in Allinger, Eva, Grenet, Frantz, Jahoda, Christian, Lang, Maria-Katharina, Vergati, Anne eds., *Interaction in the Himalayas and Central Asia: Processes of Transfer, Translation and Transformation in Art, Archaeology, Religion and Polity. Proceedings of the Third International SEECHAC Colloquium, Austrian Academy of Sciences, Vienna*, 25 – 27. IX.2013, Vienna: Austrian Academy of Sciences Press.

Hinüber, Oskar von 1979, "Die Erforschung der Gilgit-Handschriften: Funde buddhistischer Sanskrit-Handschriften I", *Nachrichten der Akademie der Wissenschaften in Göttingen: Philologisch-historische Klasse*, Göttingen: Vandenhoeck & Ruprecht, pp.327 – 360.

Hoernle, A. F. Rudolf 1903 "The Vajracchedikā", *Journal of the Royal Asiatic Society*, vol. 35, 1903, pp.364 – 365.

—— 1916, *Manuscript remains of Buddhist Literature found in Eastern Turkestan*, vol. I (1916), Oxford: At the Clarendon Press.

Karashima, Seishi 2004, Sanskrit Fragments of the *Kāśyapaparivarta* and the *Prajñāpāramitānirdeśa in the* Mannerheim Collection, *ARIRIAB*, vol. VII (2003), pp.109 – 117.

—— 2005, Two Sanskrit Fragments of the *Pañcaviṃśatisāhasrikā Prajñāpāramitā* in the Mannerheim Collection, *ARIRIAB*, vol. III, pp.81 – 104.

—— 2009, "The Sanskrit Fragments Or. 15010 in the Hoernle Collection", *BLSF*, vol. II. 1 (Texts), pp.335 – 550.

—— 2013, "Was the Aṣṭasāhasrikā Prajñāpāramitā compiled in Gandhāra in Gandhārī"? *ARIRIAB*, vol. XVI pp.171 – 188.

Kimura, Takayasu 1986, *Pañcaviṃśatisāhasrikā Prajñāpāramitāsūtra*, Tokyo: Sankibo Busshorin, vol II.

Konow, Sten 1916, "The Vajracchedikā in the old Khotanese version of Eastern Turkestan", A. F. Rudolf Hoernle (ed.), *Manuscript Remains of Buddhist Literature Found in Eastern Turkestan*, Oxford: Clarendon Press, pp.214 – 288.

Kuo Li-ying 1994, *Confession et contrition dans le bouddhisme chinois du Ve au Xe siècle*, Paris: Publications de l'Ecole française d'Extrême-Orient.

Kudo, Noriyuki 2006, "A Sanskrit Fragment of the Larger Prajñāpāramitā in the Stein Collection", *BLSF*, vol. I, pp.255 – 266.

Lamotte, E. 1960, "Muñjuśrī", *T'oung Pao*, 48. 1 – 3 (1960), pp.1 – 96.

Lévi, Sylvain 1904, "Notes chinoises sur l'Inde, IV: le pays de kharoṣṭra et l'écriture kharoṣṭri", *BEFEO*, vol. IV, no.1, pp.543 – 579.

—— 1905, "Notes chinoises sur l'Inde, V: Quelques documents sur le bouddhisme indien dans l'Asie centrale", *BEFEO*, vol. V, no.3 – 4, pp.253 – 305.《大藏方等部之西域佛教史料》,列維等著,馮承鈞譯,《馮承鈞西北史地著譯集: 王玄策使印度記》,北京: 中國國際廣播出版社,2013 年,87—141 頁。

Mäll, Linnart 2005, *Studies in the Aṣṭasāhasrikā Prajñāpāramitā and other Essays*, Delhi: motilal Bandarsidass, 2005.

Monier-Williams, S. M. 1956, *A Sanskrit-English Dictionary*. Oxford University Press.

Nattier, J. 1992, "The Heart Sūtra: a Chinese apocryphal text?" in *Journal of the International Association of Buddhist Studies*, vol.15 (2) pp.153－223.

Oldenburg, S. F. 1920, "Indiiskoe sobranie", *Aziatskii muzei Rossiiskoi Akademii Nauk*, 1818－1918, Petrograd.

Pargiter, F. E. 1916, "Vajracchedikā in the original Sanskrit Stein MS., No. D. III. 13b", in R. F. A. Hoernle ed., *Manuscript remains of Buddhist Literature found in Eastern Turkestan*, vol. I (1916), Oxford: At the Clarendon Press, pp.176－195, pl. XXI, n°.1, fol. 14, rev.

Pelliot, Paul 1917, "Les influences iraniennes en Asie centrale et en Extrême-Orient [Texte imprimé]: leçon d'ouverture du cours de langues, histoire et archéologie de l'Asie Centrale au Collège de France", 4 décembre 1911 / Paul Pelliot /Paris: *Revue d'histoire et de littérature religieuses*, ns. 3: 2, pp. 97－119.

Reuter, J. N. 1913－1918, "Some Buddhist Fragments from Chinese Turkestan in Sanskrit and 'Khotanese'", *Journal de la Société Finno-Ouigrienne* XXX: 37.

—— 2004, Karashima, S., "Sanskrit Fragments of the *Kāśyapaparivarta* and the *Prajñāpāramitānirdeśa* in the Mannerheim Collection", *ARIRIAB*, vol. VII (2003), pp.109－117.

Sander, Lore 1968, *Paläographisches zu den Sanskrithand-schriften der Berliner Turfansammlung*, Wiesbaden, 1968 (VOHD, Supplementband 8).

Schopen, Gregory 1989, "The Manuscript of *Vajracchedikā* found at Gilgit", in L.O. Gómez & J. A. Silk (eds.), *Studies in the Literature of the Great Vehicle: Three Mahāyāna Buddhist Texts*, Ann Arbor: Collegiate Institute for the Study of Buddhist Literature and Center for South and Southeast Asian Studies, University of Michigan (Michigan Studies in Buddhist Literature, no.1), pp.89－139.

Skjærvø P. O. 2000, *Khotanese manuscripts from Chinese Turkestan in the British Library: A complete catalogue with texts and translations*, With contributions by U. Sims-Williams, London: The British Library, 2002, p.297.

Stein, M. A. 1904, *Sand-Buried Ruins of Khotan Personal Narrative of a Journey of Archaeological & Geographical Exploration in Chinese Turkestan*, London: Hurst and Blackett (reprint New Delhi and Madras, 2000).

—— 1907, *Ancient Khotan: Detailed Report of Archaeological Explorations in Chine Turkestan*, 2 vols, Oxford: Clarendon Press.

—— 1921, *Serindia. Detailed Report of Explorations in Central Asia and Westernmost China*, 5 vols., Oxford: Clarendon Press.

—— 1928, *Innermost Asia. Detailed Report of Explorations on Central Asia, Kansu and Eastern Iran*, 4 vols, Oxford: Clarendon Press.

Suzuki, Kenta 2006, "A Sanskrit fragment of the Prajñāpāramitāstotra in the Stein collection", *BLSF*, vol. I, pp.261 – 262.

Sims-Williams, Ursula 2009, "The British Library Collection, Part 1", *BLSF*, vol. II. 1 Texts, pp.1 – 24.

—— 2010, "The Old Curiosity Shop in Khotan", *The Silk Road Journal*, vol.8, pp.69 – 96.

Thomas, F.W. 1954, "Brāhmī Script in Central — Asian Sanskrit Manuscripts," Johannes Schubert and Ulrich Schneider, eds., *Asiatica: Festschrift Friedrich Weller: zum 65. Geburtstag gewidmet von seinen Freunden, Kollegen und Schülern*, Leipzig: Otto Harrassowitz, pp.667 – 700.

Visser, M. W. De 1935, *Ancient Buddhism in Japan*, vol. 1, Leiden: E. J. Brill.

Waugh Daniel C. & Sims-Williams, U. 2010, The Old Curiosity Shop in Khotan, *The Silk Road*, vol.8, pp.69 – 96.

Watanabe, Sh. 1994, "A Comparative Study of the Pañcaviṃśatisāhasrikā Prajñāpāramitā", *JAOS*, 114: 3, pp.386 – 396.

Wille, Klaus 2005, "Some Recently Identified Sanskrit fragments from the Stein and Hoernle Collections in The British Library", *ARIRIBA*, 8 (2004), pp.47 – 80.

—— 2009, "Buddhist Sanskrit Sources from Khotan", *BLSF*, vol. II. 1, pp.25 – 72.

Zürcher E. 2007, *The Buddhist Conquest of China: The Spread and Adaptation of Buddhism in Early Medieval China* (Third Edition with A Foreword by Stephen F. Teiser), Brill, Leiden; 中譯本: 許理和《佛教征服中國——佛教在中國中古早期的傳播與適應》,李四龍、裴勇等譯,南京: 江蘇人民出版社,2003 年。

Zwalf, W. 1985, *Buddhism: Art and Faith*, London: British Museum Publications Limited for The Trustees of the British Museum and the British Library Board.

中日文部分:

安藤佳香 2009,《關於新出土的丹丹烏里克壁畫——對西域壁畫于闐風格的思考》,刊中國新疆文物考古研究所、日本佛教大學尼雅遺址學術研究机构(編著),《丹丹烏里克遺址——中日共同考察報告》,北京: 文物出版社,2009 年。

蔡耀明 2000,《吉爾吉特(Gilgit)梵文佛典寫本的出土與佛教研究》,《正觀雜誌》第 13 期,6、16—18、30、32、48—49、61—63、78 頁。

查爾斯·埃利奧特 1982,《印度教與佛教史綱》第 1 卷,北京: 商務印書館,1982 年。

渡辺海旭 1977,《于闐發見の大品般若斷片》,原刊《宗教界》第 8 卷第 6 號,收入壺月全集刊集會編《壺月全集》上卷,東京: 大東出版社,1977 年,539—549 頁。

渡辺章悟 1993a,《未比定の般若經寫本研究 II——ペテロフスキー・コレクションN°SI, P/19a(1)》,《印度學佛教學研究》第 41 卷第 2 號,1993 年,991—996 頁。

——1993b,《中央アジア出土の般若經梵文斷簡 I —PV 第六現觀をめぐって》,《東洋學研究》第 30 號,1993 年,41—67 頁。

方廣錩 2013,《〈般若心經〉——佛教發展中的文化匯流之又一例證》,《深圳大學學報》2013 年第 4 期,6—26 頁。

——2016,《〈道行般若經〉譯本考釋》,《宗教學研究》2016 年第 3 期,91—97 頁。

廣中智之 2013,《漢唐于闐佛教研究》,烏魯木齊:新疆人民出版社,2013年。
黄寶生(譯)2010,《奥義書》,北京:商務印書館,2010年。
紀贇 2012,《〈心經〉疑僞問題再研究》,《福嚴佛學研究》2012年第7期,171—172頁。
—— 2015,《和田本犍陀羅語〈法句經〉的發現與研究情況簡介》,《宗教研究》2015年春字號,29—45頁。
季羡林等 1985,《大唐西域記校注》(玄奘、辯機原著),北京:中華書局,1985年。
賈應逸 2014,《策勒縣托普魯克墩佛寺遺址的唐代于闐藝術》,上海博物館編《絲路梵相——新疆和田達瑪溝佛寺遺址出土壁畫藝術》,上海世紀出版公司,2014年。
李偉穎 2001,《〈勝天王般若波羅蜜經〉之史料及相關問題探略》,《正觀雜誌》第18期,129—170頁。
李志夫 1972,《般若思想之淵源》,《佛教文化學報》1972年第2期,95—107頁。
林煌洲 2000,《古奥義書(Upaniṣads)與初期佛學關於人的自我(Self)概念之比較與評論》,《佛學研究中心學報》第5期,1—35頁。
榮新江 1996,《海外敦煌吐魯番文獻知見録》,南昌:江西人民出版社,1996年。
湯用彤 1983,《漢魏兩晉南北朝佛教史》,北京:中華書局,1983年。
王鏞 2007,《印度細密畫》,北京:中國青年出版社,2007年。
梶山雄一(等)1999,《般若思想》(許洋主譯),臺北:法爾出版社,1999年。
巫白慧 2000,《吠陀經探義和奥義書解析》,北京:東方出版社,2000年。
——(譯解)2010,《〈梨俱吠陀〉神曲選》,北京:商務印書館,2010年。
徐梵澄(譯)1995,《五十奥義書》(修訂本),北京:中國社會科學出版社,1995年。
嚴耀中 2014,《試釋新疆達瑪溝遺址出土千眼坐佛木板畫》,《文物》2014年第2期,71—76頁。
姚崇新 2015,《和田達瑪溝佛寺遺址出土千手千眼觀音壁畫的初步考察——兼與敦煌的比較》,《藝術史研究》第17輯,247—282頁。
姚衛羣 1996,《佛教般若思想發展源流》,北京:北京大學出版社,1996年。
羽溪了諦 1999,《西域之佛教》(賀昌羣譯),北京:商務印書館,1999年(根據上海商務印書館年1933年版)重印。
張廣達、榮新江 1993,《于闐史叢考》,上海書店,1993年。
中國社會科學院考古研究所新疆隊 2007,《新疆和田策勒縣達瑪溝佛寺遺址發掘報告》,《考古學報》2007年第4期,489—525頁。
中國社會科學院考古研究所、中共策勒縣委、策勒縣人民政府 2012,《策勒達瑪溝——佛法匯集之地》,香港:大成圖書有限公司,2012年。
中國新疆文物考古研究所、日本佛教大學尼雅遺址學術研究机构(編著)2009,《丹丹烏里克遺址——中日共同考察報告》,北京:文物出版社,2009年。
鍾媄媜 2008,《"大品般若經"菩薩十地思想研究》,臺灣南華大學宗教學研究所碩士論文,2008年。
周叔迦 1991,《周叔迦佛學論著集》(上册),北京:中華書局,1991年。

(作者單位:中國國家畫院美術研究院)

《敦煌吐魯番研究》第十八卷
2018年,331—356頁

“彼岸”之旅：佛教朝聖和于闐緑洲的旅行物*

富艾莉(Erika Forte)撰　朱麗雙譯

古代于闐是絲綢之路沿途的主要中心地之一,在其歷史過程中吸引過衆多行人。各色行人與物品給于闐留下强烈的多文化印記,從于闐緑洲的各種考古遺址中我們可以獲得此種印象。這些物品中有一類東西與一種特定的旅行,即朝聖有關,可以稱之爲“可攜式崇拜物”(portable cult objects)。當于闐成爲中印之間朝聖旅途的重要一站,這些物品便開始在于闐流通。它們在于闐緑洲的出現富有意味地展現了佛教藝術的圖像、風格和物品是如何實質地從一地流傳至另一地,並爲公元一千年期間于闐緑洲的宗教往來提供了某些印跡。

一　于闐的朝聖客與朝聖活動

于闐朝聖是絲綢之路上佛僧旅行的重要現象之一,這一現象始於佛教開始向中亞東部傳播,而且在佛教於中國扎根之後變得更爲重要。儘管我們將在這條交通網絡上旅行的佛僧稱爲“朝聖客”(pilgrims),將他們的旅行稱爲“朝聖”(pilgrimage),此二詞並不完全反映這些旅行者及其旅行的特性。因爲,正如許理和(E. Zürcher)所論,這些詞

---

* 本文原作英文,“A Journey ‘to the land on the other side’: Buddhist Pilgrimage and Travelling Objects from the Oasis of Khotan,” in *Cultural Flows across the Western Himalaya*, edited by Patrick Mc Allister, Cristina Scherrer-Schaub and Helmut Krasser, Vienna: Austrian Academy of Science Press, 2015, chapter 6, pp.151－187.經作者授權譯爲中文。

本文的研究得到 Deborah Klimburg-Salter 教授主持的維也納大學奥地利科學基金資助項目“喜馬拉雅西部文化史”國家研究網絡(S98)的資助。筆者感謝 Deborah Klimburg-Salter 教授的幫助與鼓勵及其對本文初稿惠予指正,感謝 SarahTeetor 閱讀校樣。最後,Anna Filigenzi 曾爲本文提出許多富有洞見與啓發性的評論,筆者亦在此深致謝意。

標題中的引語來自安得悦(Endere)E.i 佛殿南牆壁畫的一條藏文題記。題記是某些旅行者留下的,記録了他們爲旅途安全而供施的物品,並祈願“他們能再次來到彼岸之地”(Stein 1907, vol. 2: pl. XII. A. Francke 對題記做了全文轉寫與翻譯,見 Stein 1907, vol. 1, Appendix B: 567－568)。

語所包含的“朝拜、熱望與奉獻”的内涵，不過是佛教朝聖的一部分[1]。從佛教世界最東端啓程前往印度的“朝聖者”實際是“求法僧”。换言之，是爲尋找佛經（求法）而旅行的僧人。他們的朝聖目的是爲獲得佛教原典，是爲學習中國之外的佛教教義。相對於這一目的而言，他們對朝拜佛教聖地的渴望顯得較爲次要。同樣地，相反方向（從西方到中國）的朝聖之旅也是這一尋知過程的一部分。在其旅途中，許多僧人通過傳授與翻譯佛經而傳播教義。

儘管佛教徒的求索之地是印度，但中印之間的直接朝聖往來似乎到4—5世紀時纔開始[2]。事實上，在此之前，絲路上的各個中心點成爲搜集佛經的主要地方。這些地方不僅是前往印度旅途的一個個驛站，而且是實際目的地。漢文典籍中有關漢僧朱士行（逝於282年後）的記載（這也是有關于闐佛教朝聖的最早記載）表明，于闐就是這麽一個地方。朱士行於260年開始其前往于闐之旅，發願求取大乘經典《放光般若經》（*Pañcaviṃśatisāhasrikā Prajñāpāramitā*）梵書正品，而于闐正有此經[3]。

無疑，只有在于闐建立起較爲完善的、受當地支持的佛教教團並有一定程度的佛教活動後，佛僧纔會前往于闐。由於有關于闐早期佛教的史料闕如，佛教在于闐傳播的早期年代仍不得而知[4]。公元1世紀時，于闐可能已經有了佛教的某些形式，但從于闐寺院考古的早期遺存來看，在2世紀末以前，佛教活動仍未在此地盛行[5]。有關朱士行求法的記載非常重要，因爲它與考古資料一樣，表明至3世紀中葉，于闐已經成爲一個重要的朝聖之地，對於大乘佛教尤其如此[6]。自此開始，前往于闐的朝聖之旅持續不斷，伴隨著佛教在中亞和東亞所經受的興盛衰敗，並因歷史與政治事件對交通路綫的

〔1〕 Zürcher 1972: 61－62.

〔2〕 Kuwayama 2002: 140－142; Kuwayama 2006: 107－108.

〔3〕 朱士行本人没有留下其旅行記録，關於其西行求法的最早記載來自4世紀初的傳記資料。有關朱士行求法的更詳細情況，參見Zürcher 1972: 61－63; Kumamoto 1999: 347－348.

〔4〕 通過分析漢文資料，許理和認爲于闐佛教教團的建立年代要晚於佛教傳入漢地的年代，即不在公元1、2世紀（Zürcher 1990: 174－175; Zürcher 1999: 13－15）。雖然推論不同，但山崎元一亦得出相同結論。他認爲公元1世紀以後，更可能在公元2—3世紀之間，佛教纔開始在于闐緑洲流行（Yamazaki 1990: 69—71）。

〔5〕 關於那些認爲是最早期的遺存的年代仍有爭議。迄今爲止，證據來自喀拉墩（Karadong）的兩個佛寺，一個中法合作項目正對此遺址進行調查，項目成員Debaine-Francfort將其年代定在3世紀前半（Debaine-Francfort and Idriss 2001）。雖然這兩個寺院的繪畫風格和較其晚期的藝術品具有更多延續性，尤其有些學者認爲應將其與阿富汗5世紀以後的作品進行比較（筆者與D. Klimburg-Salter教授的個人交流，2010年12月）。大谷探險隊發現的兩尊青銅佛像頭部仍被認爲是和田地區可以確定年代的最早期的佛教藝術品，儘管人們對其年代的推測跨度很大，從2世紀直至5世紀：2世紀前半（Rhie 1999: 266—269）；3世紀（熊谷宣夫1958）；3至4—5世紀（臺信祐爾1999: 410）。

〔6〕 朱士行的傳記證明于闐存在大乘佛教，這是有關此地大乘佛教的最早資料。

影響而起伏變化。由於唯一明確的歷史記載是漢文資料,我們對這種交往的認識是片面的。我們可以推斷出往來於東方的旅行活動,但于闐與其他國家的交往則缺少記録,儘管從漢文資料中我們仍可發現一些印跡。由於缺少于闐與印度間直接往來的文字記録,我們只能通過考古資料獲得它們之間交往的某些蛛絲馬跡。

3至7世紀間,50餘位僧人受官方派遣,往來朝聖於中原王朝和于闐之間[1]。這些僧人中,法顯(約400年)、宋雲和惠生(約519年)、玄奘(644—645年之間)爲後人留下有關于闐的直接記録[2]。7世紀是中印交往的盛期,除了宗教旅行,還有一些遣使活動[3]。

8世紀後半葉,中亞新一輪政治格局開始變化,導致正常交往的中斷與路綫的轉移。727年,新羅僧慧超至龜兹,他的《往五天竺國傳》記載了包括于闐在内的安西四鎮的佛教狀況;786至787年,漢僧悟空曾在于闐停留[4]。8世紀末,隨著吐蕃對塔里木盆地的擴張,于闐被併入吐蕃帝國,導致人員流動的進一步變化。藏文資料突出强調于闐佛教及此地作爲佛教傳播中心的重要性,從中我們可以看出于闐和吐蕃之間存在佛僧交往。學者認爲,于闐僧人和技師曾至吐蕃是"于闐風格"(li lugs)形成的最初原因,所謂"于闐風格"是有關西藏藝術史的傳統藏文資料對源自于闐的繪畫風格的稱謂[5]。

---

〔1〕 這來自漢文佛教資料,主要是高僧的傳記和佛經目録。義净(635—713)在其《大唐西域求法高僧傳》中留下了60篇有關中國與朝鮮前往印度求法僧人的短小傳記(王邦維校注《大唐西域求法高僧傳校注》,北京：中華書局,1988年)。由於並非所有求法僧都保存在官方記録裏,可以推斷,通過于闐的僧人數目應當更多。正如許理和所强調,這些資料的記録所代表的不過"冰山一角"(Zürcher 1999：18)。有關3—6世紀間前往于闐的漢僧的一般情況,參見廣中智之2007;有關3—7世紀間中原漢地和于闐之間佛經與譯經僧的交往,參見Kumamoto 1999：346-355.

〔2〕 法顯離開長安後,先到敦煌,然後經戈壁到鄯善,復西北行至焉夷(可能爲今焉耆,參見Deeg 2005：82, n. 337),再穿過塔克拉瑪干沙漠到于闐。他在于闐停留了三個月(章巽校注《法顯傳校注》,北京：中華書局,2008年,2—16頁。有關于闐部分的英文翻譯,見Legge 1886：16-20或Giles 1923：4-6)。宋雲和惠生於518年自洛陽出發前往鄔仗那(Uḍḍiyāna)和犍陀羅(Gandhāra),他們經過鄯善,然後沿絲路南道至于闐(楊衒之撰,周祖謨校釋《洛陽伽藍記校釋》,上海書店,2000年,168—211頁。英譯見Beal 1869：179-181;法譯見Chavannes 1903：393-397)。玄奘從印度返回時經斫句迦國(Khargaliq)到達于闐。他在一所説一切有部的寺院中住了八個月。他對于闐的聖地進行了詳述描述,實際提供了于闐周圍一帶佛教朝拜的處所(季羡林等《大唐西域記校注》,北京：中華書局,2008年,1000—1030頁。英譯見Beal 1884, vol. 2：309-326. 慧立、彦悰著,孫毓棠、謝方點校《大慈恩寺三藏法師傳》,北京：中華書局,2000年,120—124頁。英譯見Beal 1911：202-211)。

〔3〕 佛教當是遣使活動的促進因素(關於7世紀的情況,參見Sen 2001)。

〔4〕 慧超記載道,于闐有一所漢寺龍興寺,住持是一位漢僧(《往五天竺國傳》,T.51, n. 2089, 979b.參見桑山正進1992：47、193—194,注217;Rong 2010：217)。786至787年,悟空在于闐停留了6個月(張廣達與榮新江2008：262;《大唐貞元新譯十地等經記》,T17,n.780,716c頁,法譯見Lévi and Chavannes 1895：362-363)。

〔5〕 Tucci 1949, vol. 1：276-277. 10世紀時,由於于闐發生對佛教徒的迫害,一羣于闐僧人曾流徙至吐蕃(Stein 1987：35)。

9世紀中原地區和于闐缺少交往，傳世漢文文獻對當時于闐的情況一無所載。當然，中原王朝的政治勢力從塔里木盆地撤退及其失去對交通路綫的控制影響了經過于闐朝聖的穩定潮流[1]。再者，8—9世紀時，于闐的佛教内容似乎也經歷過某些變化[2]。所有這些因素表明，對於佛教朝聖者而言，于闐已不再那麽重要。儘管至少至10世紀末，甚至更長一段時期，于闐仍然奉行佛教。有關10世紀于闐的資料表明，于闐與敦煌之間往來密切；敦煌有一個很大的于闐人居住區，支持佛教活動[3]。佛教徒至于闐（以及陸上絲綢之路）的旅行在10世紀時到達其尾聲。隨著11世紀初伊斯蘭化的喀喇汗王朝對于闐的征服，這一活動最終落下帷幕[4]。

二 旅行物

絲路上佛教文本的流動與傳播伴隨著神聖物品的相似轉移：所有那些可以用於公私宗教場合的物品，比如圖像、佛骨舍利及其他神聖遺物，皆流通至印度以外的其他佛教中心之地[5]。除了來自印度的佛教圖像的粉本與摹本[6]，“視覺佛教”（visual Buddhism）亦通過可攜式崇拜物而傳播出去。這包括小佛龕、小佛像及其他可攜式圖像。這些物品形狀各異，材質不同，但皆相對較小，從而便於旅行中攜帶。可攜式崇拜物不依附於固定之地（寺院或房屋佛龕中接受崇拜的地方），而明顯地爲旅行所用，因此本文將之稱爲“旅行物”（travelling objects）。在19世紀末20世紀初有關中亞的第一波考古探險中，人們即在絲路沿途的不同遺址點發現並收集過可攜式崇拜物，其中大量來自和田。

當然，一份完整的目録加上對每一件物品的詳細研究將超出本文的範圍。筆

〔1〕 由於唐武宗（840—846年在位）對佛教的迫害與限制，佛教在中國亦不如過去那般强大。當然，這並不意味著朝聖活動的完全中斷。再者，由於交通條件的變化，朝聖者更願選擇其他路綫（即海上絲綢之路或經過青海地區的路綫）。參見10世紀末一位中國佛教朝聖者（也可能是一羣僧人）富有意味的旅行（Galambos and van Schaik 2010）。

〔2〕 我們可以從敦煌的于闐語文書獲得這一印象。參見Kumamoto 1999：356－360.

〔3〕 張廣達與榮新江2008：196—223。于闐與敦煌之間的聯繫特别緊密，這也是因爲當時敦煌的統治家族曹氏與于闐王室存在婚姻關係。

〔4〕 這一事件的時間一般認爲是1006年（Kumamoto 2009）。

〔5〕 尤其中國對印度宗教物品的需求於7和8世紀時達到頂峰，是兩地商易往來的主要方面之一（Sen 2001：23－28）。

〔6〕 如所周知，中國佛僧和使節（如王玄策）曾將佛教圖像摹寫下來並帶回去，以便中國藝術家依之造像或畫像。參見Bagchi 1950：195－196；Sen 2003：206－207.

者將從業已刊佈的材料中選取一部分具有代表性的例子，將其作爲一種反映佛教藝術品重要現象的類别來進行推斷與考察。這些佛教藝術品和佛教文本一起，促進了佛教思想、風格和圖像的傳播，正如于闐的情況所體現的那樣。再者，通過考察有關這些物品的相關資料，筆者亦試圖對佛教徒前往于闐之旅的空間與時間模式尋找更多證據。

據其形狀，和田的可攜式崇拜物可大致分爲兩組：其一是諸佛菩薩的單一形象；其二是佛龕。這些物品所用的材料有石、木或金屬[1]。

1. 石質物品

和田發現的旅行所用石質崇拜物中具有代表性的是可攜式佛龕殘件。這些殘件原本當爲雙聯式或三折式，當隨身攜帶時，可通過合葉將其折疊或關閉。這些物品由西北印度特有的滑石或片岩製成，似乎普遍地屬於犍陀羅-克什米爾(Gandhāra-Kashmir)地區所産之物[2]。留存下來的石質可攜式佛龕並不多[3]，已經刊佈的有一小部分，屬犍陀羅晚期産品，一般認爲其年代在5—6世紀或7—8世紀[4]。這些物品中至少有5件來自和田(圖1,4,6)[5]。從這些例子我們可以看出，雙聯式佛龕似乎更爲普遍，兩片合葉原先用一條金屬鉸鏈相連。兩片合葉的裏外均經雕刻。外部的雕像是一尊較大的佛像(和整個佛龕一般大小)，裏面的場景來自佛生平故事，安排在一個帶邊的框

[1] 1898年奥登堡(Ol'denburg)刊佈了一件用陶土制作的物品，最近Elikhina對此亦有所描述(2008：33)。這是一尊模製的坐佛形象，腳踝交錯，右手作施無畏印，有身光，從佛身中放射出波紋狀光綫。奥登堡將其年代定於4—6世紀，將佛像比定爲彌勒，因爲一般認爲彌勒佛具此坐姿。遺憾的是，我們不知道這件物品的原始出土地，且亦無從進一步對此進行研究。斯坦因、特靈克勒(Trinkler)和斯文·赫定(Sven Hedin)所獲古物中亦有陶製的小物件，不過那些小物件更可能是某件較大塑像裝飾的一部分，而非可移動的崇拜物。這並不排除有些可攜式崇拜物爲陶製的可能性，但需要對不同收集品中的考古文物做進一步考察。

[2] Barrett 1990：57；Behrendt 2010：304.

[3] 至少從已刊佈的材料來看是如上。但也可能其數量比我們瞭解的要多一些。一些石質佛像曾經展覽過並載於展覽目録中，參見Lerner 1984：40，cat. N. 10；Zwalf 1985：101，ns. 133，134；Lerner and Kossak 1991：109-112，cat. Ns. 78-81. 有關石質可攜式佛龕的概述可見Rowan 1985，較近的參見Behrendt 2010。據Behrendt研究，美國大都會藝術博物館有約44件石質可攜式佛龕。

[4] 對於年代有所爭議。Barrett 1990：57(1967年初版)認爲年代較晚，但Lerner的觀點正好相反，他認爲可攜式佛教殘件不可能晚至7—8世紀。他通過風格分析，認爲這些物品"很好地符合5—6世紀[的風格]"，是"犍陀羅和罽賓雕塑傳統之間的橋樑"(Lerner 1984：40)。參見Lerner and Kossak 1991：109.

[5] 三件由斯坦因刊佈：B.D.001.a(Stein 1907，vol. 1：209，220-221，vol. 2：pl. XLVIII)、Kh.005(Stein 1907，vol. 1：221-222，vol. 2：pl. XLVIII；現收藏於英國博物館，財産編號1907，1111.1)和Kh.003.g(Stein 1907，vol.1：220-221；vol. 2：pl.XLVIII；現收藏於新德里印度國立博物館)；一件屬於霍恩雷收集品(英國博物館：財産編號1902，1220.176；刊於Zwalf 1985：134)；另一件相似物品保存於柏林亞洲藝術博物館(財産編號III 4849，Härtel and Yaldiz 1982：61-62)。據斯坦因，Kh.003.H(Stein 1907：vol. 2，pl. XLVIII)可能是一個小佛龕的一部分。由於它太過殘破，本文暫不予考慮。

架内。場景的數目據佛龕的大小與形狀而定。圖像與空間安排忠實地繼承早期犍陀羅浮雕的風格。不過有些圖像被認爲屬於較晚期的、後犍陀羅時期的産物[1]。至於外部的佛像,一般有三種類型: 屈身像,像肩上有一籃子("籃子攜帶者");婆羅門仙人阿私陀(brahman Asita);有騎者的大象[2]。

和田發現的石質雙聯式佛龕包括全部這三種類型,兩件殘件屬於籃子攜帶者類型(圖 1 和圖 2),一件例子是阿私陀的形象(圖 3),一件殘件在其外部表現了一個帶盒子的騎者(圖 4)。關於後面這個例子,敦煌附近發現過一個完整的相似佛龕,雖然爲象牙製,但還是向我們展現了其原先可能的樣子(圖 5)。這個象牙製佛龕與石質可攜式佛龕結構相同,但更爲精細,一般認爲其年代在 7 世紀晚期至 8 世紀早期之間。由於其中的某些"異質因素"(Soper 1965: 224),學者對其地理出處有所懷疑,推測或可能産於中亞[3]。

圖 1　可攜式石佛龕殘件,高 3.8 釐米,寬 3.1 釐米(據 Stein 1907, vol.2, pl.XLVIII, Kh.003g)

[1] 悉達多斷髮和佛斷食的場景被認爲年代較晚。有關犍陀羅所造佛像中較晚期的年代,參見 Taddei 2003: 597－599; Behrendt 2010.

[2] Rowan 1985: 253－258. 有關這些類型的圖像學背景也請參見此文。

[3] 例如,Soper 指出這件象牙製雙聯式佛龕的一些因素具有典型的中國特點,或者説"遠東做法",從而提出這是一件中國複製品,複製來自異域——可能是罽賓(引者按: 此處可能指迦畢試,Kapiśa)——的物品(Soper 1965: 222)。關於學者對罽賓這個術語的不同解釋,參見 Sen 2003: 246, note 6。Barrett 認爲這個雙聯式佛龕原産於西北印度(Barrett 1990: 58)。Rowan 也對可能的中國特點與一些波斯因素提出其解釋,將其生産地放在"受罽賓文化影響的邊境——熟悉犍陀羅雙聯式佛龕的形制與敍述方式、印度風格和中國裝飾藝術……位於商易路綫的途中某處"(Rowan 1985: 282)。這些因素中的相當部分將此象牙製雙聯式佛龕的産地引向和田,此地正符合 Rowan 所描述的這件物品可能産地的條件。Soper 已經考慮到這種可能性,和田的塑像提供了一些可資進行風格比較的材料。然而和田似缺少雕刻象牙傳統的資料。事實上,從和田的考古材料來看,象牙製品並不常見,那裏發現的少數幾件象牙製品一般認爲來自他處。有意思的是,儘管不同作者從不同視角分析這件"甘肅象牙製雙聯式佛龕",他們對其年代的結論卻是相同的。

圖 2　石質可攜式佛龕殘件,高 4.3 釐米,寬 3.5 釐米(Rowan 1985, pl.3),柏林亞洲藝術博物館,編號 III 4849

圖 3　一件石質二合式佛龕的一面,高 8.3.釐米(英國博物館授權使用,編號 1902.1220.176. AN318672)

4a

4b

圖 4　石質可攜式佛龕殘件

（a）外部，高 2.5.釐米，寬 2.2 釐米（據 Stein 1907，vol. 2，pl. XLVIII：Kh.005）
（b）圖 4（a）的内部圖像（英國博物館授權使用，編號 1907.1111.1. AN325550）

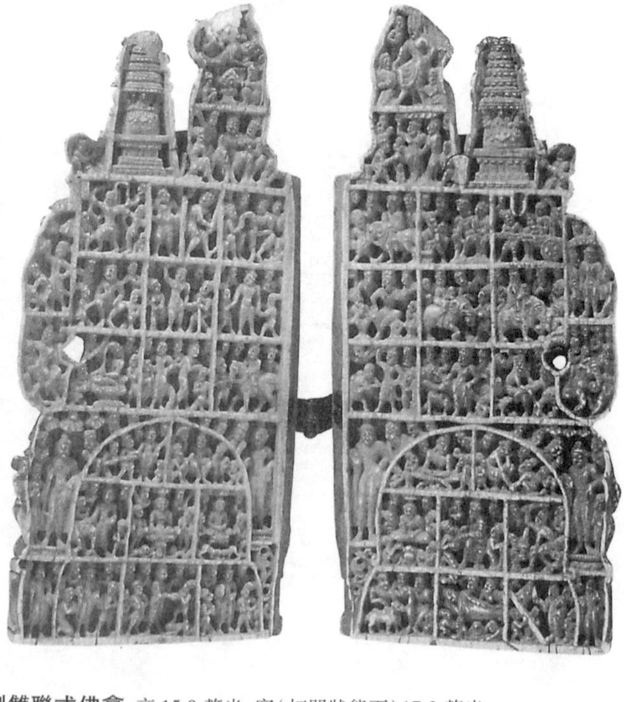

圖 5　甘肅發現的象牙製雙聯式佛龕，高 15.9 釐米，寬（打開狀態下）17.3 釐米
（據 Flood 2009：56－57，Figs. 30－31）

和田所見最後一件石質可攜式佛龕的例子是一件三折式殘件，制作於三面之上(圖6)。犍陀羅地區所産屬於這種類型的一件保存較好的葉面現藏於大都會藝術博物館(Metropolitan Museum of Art)。另一件幾乎一樣的物品收藏於白沙瓦博物館(Peshawar Museum)[1]。這種形狀的三折式佛龕似乎曾傳入塔里木盆地，復從此地傳入東亞，並被“换”成不同材質，即木頭。正如尼雅和樓蘭的木構件裝飾所示，這可能是因爲那裏木頭較爲易得，且木雕的歷史悠久，人們熟悉於此道[2]。

圖6 石質可攜式佛龕殘件，高4.7釐米，寬2.7釐米(據Stein 1907, vol. 2, pl. XLVIII, B.D.001.a)

2. 木質可攜式佛龕

一般認爲，保存下來的木質可攜式佛龕主要是典型的中亞和東亞的産物。塔里木盆地遺留下來的此類物品似乎多發現於絲路北道的緑洲，如庫車和吐魯番。就留存下來的例子而言，我們可以看出有雙聯式和三折式兩種形式[3]。除少數例外，正面雕刻佛像，而非犍陀羅風格那樣是對佛生平故事的敍述。雙聯式形制表現單一的形象(每

[1] 大都會藝術博物館：財産編號 Kronos Collection 1994.489，5—6世紀(Lerner 1984：40－41，n. 10；Behrendt 2010：318，fig. 13)。Allchin 1972：25，pl. IXb 簡要描述了白沙瓦博物館的藏品。

[2] 雖然不能排除犍陀羅-克什米爾地區曾經有過木質可攜式佛龕，但迄今爲止，考古材料仍未有相關發現。

[3] 儘管三折屏形制的殘件似乎數量更多。

葉面一佛像);在三折式形制中,主要圖像(通常是佛及其脅侍)佔據中心葉面,其他伴隨人物則安排在兩旁的葉面上。有關後者的一個精美例證是阿特金博物館(Atkins Museum)納爾遜藝術館(Nelson Gallery)收藏的一件可攜式佛龕,這件佛龕可能制作於9世紀前後的吐魯番〔1〕。從更廣泛的意義上講,這種形制東向傳播至中原地區,於此其形狀和内容得以定型。這可以從中國、日本和韓國保存下來的相當一批屬於唐朝時期(7—8世紀)的三折式可攜式佛龕中看出〔2〕。

和田發現了兩件木質可攜式佛龕。一件爲雙聯式,其形如同閉合的蓮花花蕾(圖7),僅内部葉面雕有佛像〔3〕。一片葉面上是施無畏印佛像。佛端坐於高座上,

圖7 木質可攜式佛龕,高 12.5 釐米,寬 20 釐米(據 Hermitage Museum 2008: 100, n. 53)。聖彼得堡艾爾米塔什國家博物館,編號 GA-308

〔1〕 Granoff 1968/1969: 82-87 提出年代在9世紀後半至10世紀前半葉。Klimburg-Salter 認爲是9世紀(Klimburg-Salter 1982: 124, pl. 54)。Giès and Cohen 1995: 396, n. 279 推斷的年代較早,認爲是8世紀末9世紀初。

〔2〕 參見如日本和歌山金剛峰寺收藏的折疊式佛龕,年代在7—8世紀,一般認爲它由空海(弘法大師,774—835)從中國帶到日本。2010年奈良國立博物館展出另外兩件源自中國的折疊式佛龕(奈良國立博物館 2010: 91、144;展覽目録112號,私人收藏品,8世紀;展覽目録113號,收藏於日本三重縣寂照寺,7世紀)。

〔3〕 這件佛龕屬於彼得羅夫斯基(Petrovskij)收集品,已於展覽目録中刊佈(1998,日本東武博物館;2008,聖彼得堡艾爾米塔什國家博物館)。就筆者所知,除 J. Elikhina 博士所寫的描述,尚未有人對此進行研究(東武美術館 1998: 69,注42;Hermitage Museum 2008: 100, n. 53; Elikhina 2008: 32-33)。這件佛龕没有明確的出土地,但據稱來自和田城。感謝 Elikhina 博士在筆者於2009年3月訪問艾爾米塔什博物館時爲筆者提供關於此及和田收藏品中其他文物的有益資料。

雙腿下垂，腳部（已遺失）放置於一蓮花上面，兩排花瓣自蓮花上升起。佛被安置於一個橢圓形入口的結構中（小屋或洞窟）。另一葉面上是一位菩薩，蓮花坐式端坐於一寶座的坐墊上，一塊帶方格圖案的布覆蓋在寶座上面，寶座兩端各有一頭獅子。菩薩的上面是帶渦旋形和龍骨形拱背的拱門。菩薩右手缺失，左手放於膝上，似著短上衣（tunic），衣服邊上裝飾著小小的並行直綫（流蘇?）。這件雙聯式佛龕的特别之處在於它雕刻於兩種不同的材質上：外殼由木頭製成，裏面佛像所用的材料則是樹脂（sandarach）[1]。後者不僅在和田相當稀罕，就是在整個塔里木盆地亦不常見。這表明，至少這種材料源於他處。這種罕見且可能十分珍貴的材料是否在和田或絲路沿綫的其他地方制作亦仍有疑問。也有可能，佛像與外殼制作於不同的地方和不同的時期[2]。著短上衣的菩薩令人將此像與中亞聯繫在一起，和田地區亦相當常見。考慮到庫車和吐魯番發現的木質小型佛龕的數目，這尊佛像也可能制作於庫車和吐魯番，此二地似有一些作坊生産這類物品。

和田發現的第二件木質佛龕是一件殘件，原先可能是一件三折式佛龕的中間部分（圖 8）。其確切考古出處已不得而知，但可能來自達瑪溝（Domoko）東北方向沙漠深處的某處遺址[3]。這件佛龕可能制作於和田，因爲其中某些元素也常見於和田發現的其他物品。一尊較大的佛像坐於中心寶座，佛像飾以珠寶，手作轉法輪印，兩旁各一位立姿脅侍菩薩。此構圖讓人想起喀達里克發現的一幅壁畫殘片（圖 9）。不過在喀達里克的壁畫上，菩薩略微傾身朝向中心佛像，而在木質佛龕上，菩薩像與佛像皆明確

圖 8　一件木質佛龕殘件，高 33 釐米，寬 12 釐米（據田邊勝美 1999：241，注 245）。印度國立博物館，新德里，編號 Har. 029（99/6/6）

［1］ *Juniper sandarac*（*sandarach* or *sandarac*）. Elikhina 2008：32.

［2］ Elikhina 提出這種假設。她認爲小塑像制作於犍陀羅地區（3—4 世紀），外殼則産於 6 世紀的龜兹（Elikhina 2008：32；Hermitage Museum 2008：100）。但對於犍陀羅雕塑來説，樹脂也是不尋常的材料，因此我們尚需更多材料以證明這一假設。

［3］ Stein 1928，vol. 2：1053－1054，vol. 3：pl. XIV，Har.029. 這件佛龕由哈定（Harding）發現於和田，現保存在印度國立博物館中亞收藏部（Biswas 2009/2010）。

圖 9　喀達里克(Khadalik)壁畫殘片(據 Stein 1921, vol. 4, pl. XI, Kha.i.C.0097)

作正面像[1]。佛的身光中,波紋從中心佛像向外放射,這種形式也與和田發現的其他物品一致。如斯坦因所獲一件木質身光殘件(可能亦來自喀達里克,圖 10),或斯文·赫定收藏品中的一件青銅浮雕殘件[2]。喀達里克地理位置接近達瑪溝,人們認爲其藝術品和丹丹烏里克的一樣,都屬於于闐藝術晚期成熟的階段。從年代上講,這個階段屬於 7—8 世紀,但也可能延續較長時間,直至 9 世紀。從風格來看,這件佛龕可能屬於同一時期[3]。

〔1〕 此壁畫出自 Kha.i 佛龕(Stein 1921, vol. 4: pl. XI, Kha.i.C.0097)。Granoff 首先指出這件木質佛龕與喀達里克(Khadalik)壁畫存在聯繫(1968/1969: 84)。

〔2〕 木質身光殘件見 Stein 1928, vol. 1: 113; vol. 3: pl. IX, Badr.069. 青銅浮雕殘件刊佈於 Montell 1938, pl. III, 5。它購買於和田城,但其來源不得而知。

〔3〕 Granoff 1968/1969: 84. 不過 Biswas 2009/2010 認爲其年代在 6 世紀。

3. 金屬質地的物品

圖 10　出自喀達里克的身光殘件（據 Stein 1928, vol. 3, pl. IX, Badr.059）

和田發現了相當一批金屬制作的小型佛像，且以青銅佛像多見[1]。但如果我們考察和田的佛教藝術品生産，則會發現青銅不是最常用的材料之一，儘管文獻資料表明于闐有金屬制作工藝[2]。

除了兩尊較大的青銅佛像的頭部[3]，和田發現的其他青銅製品都是很小或偏小的形象，這些物品可能用作護身符或是可攜式佛像。一般而言，有單一形象的塑像（佛或菩薩），鑄成立體形狀，端坐或站立於一底座上。有時底座已經無存，但我們仍可從塑像底部的榫眼推斷出來。若是站立像，其大小一般從 3 至 10 釐米不等（迄今較具代表性的一類）；若是端坐像，其大小一般從 7 至 15 釐米不等。歐洲、日本和俄國的收藏品中有相當一批這類小型塑像。如有人專門將可資利用的資料收集起來並進行比較，這些製品將成爲和田考古圖像中一個重要的門類。由於筆者考察過的物品的做工一般皆相當粗糙，加以形制很小，故難以從風格特徵上對其進行研究。正因如此，一般認爲于闐的青銅制作工藝並不精良，相關科技文獻也未給予多少關注[4]。當某件青銅製品表現出精美的高水準制作工藝時，一般會認爲它不是于闐本地所産。

有些作品（圖 11 和 12）可以與 4—5 世紀漢傳佛教藝術品常見的青銅鍍金小佛龕進行比較。底座的形制無疑都是漢式，圖 11 中觀音菩薩的佩飾風格與姿勢也是如此。這些作品可能來自漢地，或受漢地藝術品的啓發而制作。圖 13 和圖 14 是兩尊相同的觀音菩薩像，風格爲漢式，年代可能是唐朝（8 世紀左右）。圖 13 爲彼得羅夫斯基（Petrovskij）所收集，現藏於艾爾米塔什國家博物館（Hermitage State Museum），圖 14 見於中國出版物的報導，據稱發現於和田墨玉縣的庫木拉巴特遺址[5]。很有可能，彼得

〔1〕 這裏"青銅"指普通銅合金，如同本文所參考的文獻中所定義的那樣。

〔2〕 Rémusat 1820：16（"和闐人善於制作銅瓶"）。筆者未發現任何考古資料説明本地有銅礦，儘管留存下來的模具表明存在當地加工。清代的漢文文獻稱，阿克蘇與庫車産銅，和闐之銅來於此二處。不過和田確實富有金礦，位於克里雅地區（Fletcher 1978：72－73）。

〔3〕 這兩尊青銅佛像頭部爲日本探險隊所獲。見 332 頁注腳〔5〕。

〔4〕 最充分的討論見 Montell 1938：83－95。他指出，由於這些物品的工藝水準如此，故難以進行風格討論。

〔5〕 Elikhina 2008：34.

圖 11　青銅觀音像,高 7.5 釐米(據 Elikhina 2008: 34, fig. 8),聖彼得堡艾爾米塔什國立博物館,編號 GA－1078

圖 12　青銅觀音像,高 4.5 釐米(據 Elikhina 2008: 35, fig. 9),聖彼得堡艾爾米塔什國立博物館,編號 GA－1073

圖 13　青銅觀音像,高 8.8 釐米(據 Elikhina 2008: 34, fig. 6)聖彼得堡艾爾米塔什國立博物館,編號 GA－1075

圖 14　青銅觀音像,庫木拉巴特(Kumrabat)出土(據祁小山和王博 2008: 82,圖 3)

羅夫斯基的那件收集品也來自相同地區。庫木拉巴特遺址有一個帶壁畫與塑像的佛寺遺址，遺址的年代被定爲唐代，但很不幸，當 1990 年新疆考古隊來到這裏時，遺址已被破壞殆盡，没什麽遺存，考古工作者只找到一點點文物[1]。

除了與中原地區的聯繫，其他一些青銅制作則具有當地元素，例如圖 15 和圖 16。前者是一尊身光中有七尊小佛的青銅坐佛像；後者是一尊施無畏印立佛像，衣飾左下角有一個環狀物[2]。這兩尊佛像與丹丹烏里克的塑像有驚人的相似性：尤其是立佛像，

圖 15　青銅坐佛及其身光中七佛，高 16 釐米（據 Giès and Cohen 1995：107，n. 55）。瑞典世界文化博物館（Museums of World Culture），編號 1903.11.344

圖 16　青銅立像，右手作施無畏印。高 9 釐米（據 Hermitage Museum 2008：79，n. 32）。聖彼得堡艾爾米塔什國家博物館

〔1〕 新疆文物考古研究所 2004：21；李吟屏 2006：58。

〔2〕 這尊立像是斯文・赫定從約特干（Yotkan）收集到的，現藏於瑞典國立世界文化博物館（National Museums of World Culture），財産編號 1903.11.344.A－C（Montell 1938：84，107；pl. I，1a－c；Giès and Cohen 1995：107，n. 55）。施無畏印立佛像分兩部分制作後再合成。原先當有一個基底或底座。這尊佛像現保存在艾爾米塔什國家博物館，屬彼得羅夫斯坦收集品，編號 GA－1071。其考古出處已不得而知，可能來自和田當地的一處市場，正如此收集品中的多數物品一樣。見 Hermitage Museum 2008：79，n. 32；Elikhina 2008：35（作者將此像比定爲金剛手）。

它與丹丹烏里克 D.II 佛寺中裝飾在一尊較大佛像身光中的小佛像幾乎完全一樣,包括頭髮的處理、眼睛的形狀及上部衣紋的皺褶(圖 17)[1]。相同的面部特徵亦見於出自約特干的陶製佛像。因此我們或可將後者視爲當地製品的一個"市場"。

圖 17　丹丹烏里克 D.II 佛寺塑像(據 Stein 11907, vol. 2, pl. LIV)

1989 年出土於和田策勒縣達瑪溝地區的一尊青銅坐佛與前面介紹的佛像相比,顯得相當獨特(圖 18)。佛像結金剛跏趺坐(vajraparyaṅkāsana),手作轉法輪印,左手小指碰觸右手拇指與食指的指尖。左手執袈裟一角,右肩裸露,袈裟形成規則對稱的皺褶搭於左肩之上。眼與毫光用白色金屬(可能是銀)鑲嵌而成。佛端坐於蓮花之上,蓮瓣向下低垂,蓮花下面是一個長方形基座,其上刻著梵語銘文。銘文没有紀年,内容屬祈願性質,列出同一家族的施主名字。字體屬於早期夏拉達字體的變體(proto-Śāradā)。辛漁伯(v. Hinüber)對此銘文做了研究,據其言,銘文中一些施主的名字常見於吉爾吉特

〔1〕丹丹烏里克遺址的年代被定在 7—8 世紀或晚至 9 世紀(Gropp 1974: 41－42)。對丹丹烏里克遺址以及和田考古材料的斷代目前尚無一致意見。參見如 Gropp 書(1974: 41－42)和 Williams 論文(1973: 109－112)所給出的不同年代。

地區出土的文物,銘文年代不早於7世紀[1]。

塔里木盆地出土的考古文物中罕見類似風格的佛像(就筆者所知,唯一一件發現於和田),但在有關喜馬拉雅藝術的公私收藏品中,這類佛像卻相當常見,其産地一般認爲在克什米爾、吉爾吉特和斯瓦特。近十年的古文字學研究提供了更多佐證,可幫助爲一組相當數量的青銅製品斷代,這些青銅製品刻有早期夏拉達字體祈願文,並帶紀年和施主的名字。和田出土的這件青銅佛像主要與約5—8世紀居於吉爾吉特河谷的勃律王朝(Palola Ṣāhi Dynasty)有關[2]。這些研究令我們得以爲其鄰近地區(如克什米爾、西藏西部)晚至10世紀的相關文物建立起更爲確鑿的年代框架。

圖18　達瑪溝發現的轉法輪印青銅坐佛,高42釐米(富艾莉拍攝,和田博物館授權使用,編號WHAV EF10 1000.954)

若不考慮銘文提供的資料,達瑪溝出土的青銅佛像也可從西北印度發現的青銅塑像中找到相似性。先行研究已經注意到其與弗吉尼亞美術館(Virginia Museum of Fine Arts)所藏一尊轉法輪印佛像或一尊帶梵文與藏文銘文、年代在700—725年的私人藏品的聯繫;基於此種比較,學者提出達瑪溝青銅佛像的年代在8世紀前半[3]。一組帶銘文且可能較早時期(6世紀末至7世紀初)生産於吉爾吉特作坊的青銅製品提供了其他可資比較的元素：比如70年僧寶智(Ratnacittin)捐獻的佛像(圖19)和92年的一尊坐佛像(儘管手不作轉法輪印),請見其袈裟的處理、搭在左肩上的袈裟皺褶的對稱安排以及佛像的面部特徵[4]。不過,除了這些相似性,達瑪溝出土的青銅佛像還具有其他一些獨特元素,似展現出一種受吉爾吉特作坊啓發、但由不同作坊與

[1] 這尊雕像並非出自考古挖掘,目前在和田博物館展出。關於銘文的研究,見v. Hinüber 2004：64－66.

[2] 關於勃律,參見Jettmar 1993及Fussman 1933和v. Hinüber 2004的相關研究。關於這尊佛像,見v. Schroeder 2001, vol. 1：62－67, pls. 19－24.

[3] Patry Leidy 1997; Heller 2001. 弗吉尼亞美術館藏佛像刊於Pal 1975：96－97; v. Schroeder 1981：114－115, 14F. 關於那尊私人收藏品佛像,見Heller 2001：fig. 1.

[4] 寶智捐獻的佛像由Fussman精確地斷定在594年,而非P. G. Paul提出的694年(Fussman 1993：31)。92年的佛像被判斷在616年(Fussman 1993：29－32)。

地區發展出來的傳統。我們還可發現其與布達拉宫收藏的青銅製品,尤其是一組屬於迦爾郭吒王朝(Kārkoṭa dynasty)的青銅製品的相似性,後者具有相同的長方形模鑄基底以及扁平的蓮花寶座,其多重蓮瓣向下低垂[1]。最後,一尊來自克什米爾、屬於7世紀後半的佛像雖形制較小,但與達瑪溝青銅佛像有幾乎一樣的形體與面部特徵(圖20)[2]。

圖19　寶智(Ratnacittin)捐獻的青銅坐佛,高37.5釐米,諾頓·西蒙博物館(Norton Simon Museum),編號F.1973.29.S(諾頓·西蒙博物館授權使用)

圖20　轉法輪印青銅坐佛(私人收藏),高23釐米(據Siudmak 2013, pl. 125. 圖版由John Siudmak提供)

至此,我們已可推斷達瑪溝出土的青銅佛像産於于闐之外的某地,而吉爾吉特與克什米爾可能是其文化輻射的中心。但這尊佛像是如何來到于闐的呢?

正如銘文所示,這種類型的青銅製品多由上層社會委托制作,它們被視作特别珍貴

〔1〕尤其參見Li ma佛堂釋迦牟尼立像的基底,v. Schroeder 2001, vol. 1, pl. 28; v. Schroeder 2008, pl. 3B(年代約在650—700年)。此收集品中屬於迦爾郭吒王朝的其他青銅製品也有相似的基底(v. Schroeder 2001, vol. 1: pls. 15, 17, 36; 圖版36的佛像是一尊帶寶冠的佛陀,年代較晚,在8—9世紀)。

〔2〕這尊佛像原爲S. Eilemberg收藏,後屬S. Digby。見v. Schroeder 1981: 114-115, pl. 14G.作者將其年代斷在9世紀。

的物品，具有特定的象徵與宣傳教義的價值。很可能，擁有它們意味著某種特定的身分地位。這些製品被當作寶物，在一定範圍內，其從一地到另一地的轉移可能代表著一種貴重禮物的交换，具有政治與宗教雙重意義。從此視角觀之，這些寶物轉移的方式遂變得特別難以猜測。于闐與吉爾吉特或克什米爾以及于闐與生産這些青銅製品的鄰近地區的其他王國在不同時期與不同層次上（經濟、政治、宗教）存在直接交往；這些交往同時也促進了此類製品的交换。比如，當8世紀後半吐蕃佔領勃律，相當數量的佛教青銅造像從西北印度輸入吐蕃，同時觸發了這類産品的其他流通管道。有可能，由於于闐與吐蕃的接觸，特别當于闐成爲吐蕃帝國的一部分時，達瑪溝的青銅佛像得以進入于闐〔1〕。

三 結 語

當分析和田發現的可攜式崇拜物時，我們面臨著三種困難：經常不確定的考古出處〔2〕；物品的來源；年代屬性。很少有全部這三個方面都能確定的例子。因此，當我們想重構某件物品的歷史，便顯得困難重重。直到新材料出現，而且學者的研究提供了更多佐證，這種重構只能是一種假設。

對於那些考古出處在一定程度上相對明確的物品來説，可據生産地將其大致分爲兩類：當地或外來。即使這種基本的區分也並非總是易事。在前面所述的例子中，用來制作物品的材料有時能表明其出處，比如片岩制作的可攜式佛龕肯定出自西北印度。另一方面，木質可攜式佛龕看起來更似當地産品，這些産品與絲路沿綫其他作坊的製品存在聯繫（著名者如庫車與吐魯番），並流通於塔里木盆地。木質折疊式佛龕這一概念可能受到西北印度制作的石質可攜式佛龕的啓發，但至少在于闐，其圖像選擇似乎排除敍述佛陀的生活場景。有可能，于闐的偏愛源於于闐作坊積極的選擇，因爲絲路沿綫其他地方發現的木質可攜式佛龕所表現的場景與主題往往與後犍陀羅時代的石質可攜式佛龕接近。不過，于闐的選擇也可能由於特定的年代背景，是因爲當時更喜歡佛像而非敍述性場景。

此處應該指出的是，和田的考古材料中没有發現象牙製佛教可攜式旅行物，這一點富

〔1〕 此假設由松本伸之2005（80頁）和Heller 2001：19－20提出。近年的考古挖掘亦表明，克什米爾與吉爾吉特地區的青銅佛教造像曾進入吐蕃。參見如西藏西部Phyi dbang寺發現的兩尊青銅佛像（霍巍和李永憲2001：129，圖版195—196），這兩尊青銅佛像與達瑪溝佛像類型相同（轉法輪印釋迦尼佛），但基底不同。其中之一被認爲來自郭爾迦吒王朝，年代約在7世紀（v. Schroeder 2008：42－43，pl.4）。

〔2〕 20世紀前後塔里木盆地發現的許多古代佛教文物的考古出處不明。當時隨著人們對絲路古物興趣的增長，小型文物成爲當地市場上最適宜與風行的物品之一。從此視角看，即使在現代，這些旅行物品仍保持著其容易轉移與攜帶的功能，儘管是在一個不同的“意識形態”的語境下。

有意味。和田幾乎完全没有象牙製品,和田發現的象牙製品一般認爲來自西北印度[1]。

至於青銅製品,情況似乎更加多樣:我們不能排除和田當地有青銅作坊的可能性。有些青銅製品的風格可與當地考古遺址中發現的壁畫與文物進行比較,表明可能産於當地。其他一些青銅製品可能來自漢地和印度。除此之外,和田的青銅器物仍需進一步研究,因爲已刊材料可能需要系統分析,若有可能,還應包括金屬分析。

達瑪溝出土的青銅佛像顯得十分獨特,因爲整個塔里木盆地都罕見此類物品。這尊雕像不僅體現了于闐與其原産地在宗教器物上的交流,而且還具有政治價值,可能反映了基於政治和家庭聯繫的交通網絡,而非僅僅是宗教往來。這尊青銅佛像屬於7—8世紀,它將于闐與克什米爾及吉爾吉特聯繫在一起。無論達瑪溝青銅佛像如何來到于闐,它當來自于闐與這些地區的直接接觸。除了通過佛教網絡的交往,近年的研究表明,8世紀時,克什米爾、于闐和西北印度的其他王國亦通過不同層次的聯姻存在密切聯繫[2]。若聯繫于闐與克什米爾的交通路綫在10世紀時仍然使用,這自然富有意義[3]。

對可攜式崇拜物原産地的推斷並不必然回答它們通過何種路綫到達和田的問題。甚至即使可以確定一種物品的産地,我們也不過得以畫出一張物品的地圖,而非物品旅經的路途。這張物品地圖可以大致告訴我們,和田發現的旅行崇拜物表明5—8世紀于闐曾經有過的交通,包括直接與間接往來:中原地區(約5至8世紀)、西北印度(犍陀羅,5至6世紀)、絲路沿綫的其他緑洲(龜兹與高昌,5/6世紀至7世紀之間)、斯瓦特、克什米爾與吉爾吉特河谷(約7和8世紀)。

有關佛教朝聖旅行路綫的研究表明,當4—5世紀時,犍陀羅被視作佛教的中心,是朝聖的主要目的地。在此時期,于闐是聯繫中原漢地、塔里木盆地和印度的必經之處。5—6世紀時,中印之間的朝聖旅行常常從絲路北道如克孜爾(Qizil)和龜兹南下于闐。

---

〔1〕 一是斯坦因發現的一件歡愛男女殘件(*mithuna*),雕刻成圓形(Stein 1907, vol. 1: 209, 22, vol.2: pl. XLVIII),學者認爲其來自西北印度,年代屬"6—7世紀後犍陀羅時期"(Whitfield and Farrer 1990: 168－169, n. 140)。另一件是表現金剛手曼陀羅的象牙碑,收於瑞典國立世界文化博物館,屬斯文·赫定收集品,可能制作於7—9世紀的克什米爾(刊佈於Montell 1938: 98－99; Williams 1973: 122有簡要介紹。關於這件物品的比定,見Baneree 1998,作者將其年代斷在9—10世紀。進一步研究可見Chandra 2007,作者將其斷代在10世紀)。

〔2〕 8世紀初,罽賓和于闐王室通過與喀布爾沙(Kābulšāh)家族公主的聯姻而發生間接關係(Inaba 2010: 446－451)。

〔3〕 Bailey 1936. 此製品在于闐流通的更多佐證來自艾爾米塔什博物館收藏的一尊青銅佛像殘件(Hermitage M),——當然由於考古出處不明,我們必須謹慎處理這類材料。殘件據稱來自和田。儘管殘損,仍可看出其具有斯瓦特地區屬於7—8世紀的類似佛像的元素,如坐於獅子座上的釋迦牟尼佛(v. Schroeder 2001, vol. 1: 40－41, pl. 6),後者來自大斯瓦特區或烏仗那,年代屬於7—8世紀。其他可資比較的例子見v. Schroeder 2001, vol. 1: 48－49, pl. 10E－F; 50－51, pl. 11E。

相應地，南北緑洲通過克孜爾-于闐路綫存在一定程度的交换[1]。6世紀初，交通路綫發生改變。至7世紀時，前往印度的路綫經過迦畢試(Kapiśi)與巴米揚附近地區。7世紀後半葉，迦畢試遂成爲佛教路綫的主要經行處。在此時期，有一條路綫仍經過于闐，但在通過葱嶺(帕米爾)經塔什庫爾干之後，不是直接前往犍陀羅，而是前往迦畢試與巴米揚[2]。我們還應注意到另一條將于闐與克什米爾及鄔仗那聯繫起來的路綫，它不經過葉爾羌，而從皮山南部出發[3]。此道自漢代(西元前1世紀前半)開始至唐中葉(8世紀中期)一直被使用。看來，皮山緑洲是將于闐與西北印度地區及西藏西部直接聯繫起來的第二個中心[4]。考慮到吐蕃或也是參與7世紀以降佛教崇拜物交换網絡的媒介，這條路綫可能富有意義。

本文介紹的可攜式崇拜物是公元第一個千年期間于闐發生的文化交流的一個側面，給我們提出了許多問題。儘管目前有些物品的歸屬仍難以判斷，留給我們許多推測的成分，但前文所介紹的物品還是很好地符合有關佛教旅行路綫和其他史料研究所給出的一般輪廓。這種一致性賦予我們希望，表明即使在不確定的資料情況下，仍有可能(至少是部分地)發現合理可信的典範。就理解佛教交流的模式及其對中亞藝術的影響而言，一個系統的跨主題研究應當能提供最有效的路徑，從而建立起不那麽破碎的空間與時間框架。

本文爲國家社科基金重大項目"敦煌與于闐：佛教藝術與物質文化的交互影響"(項目編號：13&ZD087)的階段性成果之一。

縮略語與參考文獻

T：高楠順次郎(1866—1945)、渡辺海旭(1872—1933)編《大正新脩大藏經》，東京：一切經刊行會，1924—1932年。

臺信祐爾 1999：臺信祐爾《西域南道の美術》，田辺勝美編《世界美術大全集，東洋編：中央アジア》，東京：小學館，1999年，273—285、405—417頁。

東武美術館 1998：東武美術館編《ブッダ展：大いなる旅路》，東京：NHKプロモーション，1998年。

廣中智之 2007：廣中智之《求法僧眼中的于闐佛教(3—6世紀)》，朱玉麒主編《西域文史》第2輯，

[1] 法顯即從北道南下，可能智猛(逝於453年)也是如此(Kuwayama 2002：144)。

[2] Kuwayama 2002和2006。

[3] 據李崇峰(2005)，漢文文獻稱這條路綫爲"罽賓道"。不過從其研究中我們不清楚罽賓道與法顯及其他僧人如智猛與法通等在4—6世紀間所走到達西北印度的路綫有何不同。

[4] 另一路被稱爲"食鹽之路"，從吐蕃經昆侖到達皮山的桑株。早在吐蕃擴張到中亞以及佛教進入吐蕃之前，這條路綫已被使用(王小甫 2009：24-26，29-32)。

2007 年,183—216 頁。

霍巍和李永憲 2001：霍巍、李永憲編《西藏西部佛教藝術》,成都：四川人民出版社,2001 年。

李吟屏 2006：李吟屏《和田考古記》,烏魯木齊：新疆人民出版社,2006 年。

奈良國立博物館 2010：奈良國立博物館編《なら仏像館名品図録》,奈良：奈良國立博物館,2010 年。

桑山正進 1992：桑山正進編《慧超往五天竺國傳研究》,京都：京都大學人文科學研究所,1992 年。

松本伸之 2005：松本伸之編《新シルクロード展：幻の都楼蘭から永遠の都西安へ》,東京：NHK, 2005 年。

祁小山、王博 2008：祁小山、王博編《絲綢之路新疆古代文化》,烏魯木齊：新疆人民出版社,2008 年。

田辺勝美 1999：田辺勝美編《世界美術大全集,東洋編：中央アジア》,東京：小學館,1999 年。

王小甫 2009：王小甫《唐吐蕃大食政治關係史》,北京：中國人民大學出版社,2009 年。

新疆文物考古研究所 2004：新疆文物考古研究所《和田地區文物普查資料》,《新疆文物》2004 年第 4 期,15—39 頁。

熊谷宣夫 1958：熊谷宣夫《コォタン將來の金銅仏頭》,《美術研究》第 200 卷,1958 年 9 月,85—103 頁。

張廣達、榮新江 2008：張廣達、榮新江《于闐史叢考(增訂本)》,北京：中國人民大學出版社,2008 年。

Allchin 1972: Allchin, Frank Raymond. "A Cruciform Reliquary from Shaikhan Dheri (Shahikan Dheri Studies 2)." In *Aspects of Indian Art. Papers Presented in a Symposium at Los Angeles County Museum of Art, October 1970*, edited by Pratapaditya Pal, 15 - 26. Leiden: Brill, 1972.

Bagchi 1950: Bagchi, Prabodh Chandra. 1950. *India and China*. (2nd revised and enlarged ed.). Bombay: British India Press.

Bailey 1936: Bailey, Harold Walter. "An Itinerary in Khotanese Saka." *Acta Orientalia* 14, no. 4 (1936): 257 - 67.

Banerjee 1998: Banerjee, Priatosh. "New Revelations of Xinjiang Art." In *Across the Himalayan Gap. An Indian Quest for Understanding China*, edited by Tan Chung and Ravni Thakur, 213 - 215. New Delhi: Indira Gandhi National Centre for the Arts, Gyan Publishing House, 1998.

Barrett 1990: Barrett, Douglas. "An Ivory Diptych." In *Studies in Indian Sculpture and Painting*, edited by Douglas Barrett, 55 - 65. London: Pindar Press, 1990.

Beal 1869: Beal, Samuel. *Travels of Fah-Hian and Sung-Yun, Buddhist Pilgrims, from China to India (400 A.D. And 548 A.D.)*. London: Trübner, 1869.

Beal 1884: Beal, Samuel. *Si-Yu-Ki. Buddhist Records of the Western World. Translated from the Chinese of Hiuen Tsiang (A.D. 629)*. London: Kegan Paul, Trench, Trübner& co., 1884.

Beal 1911: Beal, Samuel. *The Life of Hiuen-Tsiang by the Shaman Hwui Li with an Introduction Containing an Account of the Works of I-Tsing*. Second ed. London: Kegan Paul, Trübner& Co., 1911.

Behrendt 2010: Behrendt, Kurt. "Fasting Buddhas, Ascetic Forest Monks, and the Rise of the Esoteric Tradition." In *Coins, Art and Chronology II*, edited by Michael Alram, Deborah Klimburg-Salter, Minoru Inaba and Matthias Pfisterer, 299 - 328. Vienna: Verlag der Österreichischen Akademie der Wissenschaften, 2010.

Biswas 2009/2010：Biswas，Sampa. “The Iconography of Buddha on a Wooden Panel from Khotan.” *IDP News* 34，Winter 2009/2010：1－3.

Chandra 2007：Chandra，Lokesh. “Vajravārāhī as the Protectress of Khotan.” In *Buddhism: Art and Values. A Collection of Research Papers and Keynote Addresses on the Evolution of Buddhist Art and Thought across the Lands of Asia*，edited by Lokesh Chandra，197－205. New Delhi：Aditya Prakashan，2007.

Chavannes 1903：Chavannes，Edouard. “Voyage De Song Yun Dans L'udyâna Et Le Gandhâra.” *Bulletin de l'École Francaise d'Extrême Orient* 3，no. 3：Juillet-Septembre（1903）：379－441.

Debaine-Francfort and Idriss 2001：Debaine-Francfort，Corinne，and Abduressul Idriss，eds. *Keriya，mémoires d'un fleuve. Archéologie et civilisation des oasis du Taklamakan*. Suilly-la-Tour：Éditions Findakly，2001.

Deeg 2005：Deeg，Max. *Das Gaoseng-Faxian-Zhuan als religions geschichtliche Quelle: der älteste Bericht eines chinesischen buddhistischen Pilgermönchsüber seine Reise nach Indien mit Übersetzung des Textes*. Wiesbaden：Harrassowitz 2005.

Elikhina 2008：Elikhina，Julia. “Some Buddhist Finds from Khotan：Materials in the Collections of the State Hermitage Museum，St. Petersburg.” *The Silk Road* 6，no. 1：Summer（2008）：28－37.

Fletcher 1978：Fletcher，Joseph. “Ch'ing Inner Asia c. 1800.” In *The Cambridge History of China: Late Ch'ing，1800 － 1911，Part 1*，edited by John K. Fairbank，35 － 106：Cambridge University Press，1978.

Flood 2009：Flood，Finbarr Barry. *Objects of Translation: Material Culture and Medieval “Hindu-Muslim” Encounter*. Princeton：Princeton University Press，2009.

Fussman 1993：Fussman，Gérard. “Chilas，Hatun et les bronzes bouddhiques du Cachemire.” In *Antiquities of Northern Pakistan. Reports and Studies*，2，edited by Karl Jettmar，1－60. Mainz：Verlag Philipp von Zabern，1993.

Galambos and van Schaik 2010：Galambos，Imre，and Sam van Schaik. “Following the Tracks of a Tenth-Century Buddhist Pilgrim.” *IDP News* 35，Spring/Summer 2010：1－3.

Giès and Cohen 1995：Giès，Jacques，and Monique Cohen，eds. *Sérinde，terre de Bouddha. Dix siècles d'art sur la Route de la Soie*. Paris：Réunion des Musées Nationaux，1995.

Giles 1923：Giles，Herbert A. *The Travels of Fa-Hsien（399 － 414 AD.），or Records of the Buddhistic Kingdoms*. Reprint：Routledge & Kegan Paul，London 1956 ed. 1 vols. Cambridge：Cambridge University Press，1923.

Granoff 1968/1969：Granoff，Phyllis. “Portable Buddhist Shrine from Central Asia.” *Archives of Asian Art* 22（1968－69）：80－95.

Gropp 1974：Gropp，Gerd. *Archäologische Fundeaus Khotan Chinesisch-Ostturkestan. Die Trinkler-Sammlung Im Übersee-Museum，Bremen*. 1 vols. Bremen：Verlag Friedrich Röver，1974.

Härtel and Yaldiz 1982：Härtel，Herbert，and Marianne Yaldiz. *Along the Ancient Silk Routes: Central Asian Art from the West Berlin State Museums. An Exhibition Lent by the Museum für Indische Kunst，Staatliche*

Museen Preussischer Kulturbesitz, Berlin, Federal Republic of Germany. New York: The Metropolitan Museum of Art, 1982.

Heller 2001: Heller, Amy. "Indian Style, Kashmiri Style: Aesthetics of Choice in Eleventh Century Tibet." *Orientations* 32, no. 10 (December 2001): 18 – 23.

Hermitage Museum 2008: The State Hermitage Museum, and The Institute of Oriental Manuscripts Russian Academy of Sciences, eds. *The Caves of One Thousand Buddhas. Russian Expeditions on the Silk Route, on the Occasion of 190 Years of the Asiatic Museum (Exhibition Catalogue)*. St. Petersburg: The State Hermitage Publishers, 2008.

v. Hinüber 2004: Hinüber, Oskar von. *Die Palola Sahis. IhreSteininschriften, Inschriften auf Bronzen, Handschriften kolophone und Schutzzauber. Materialien zur Geschichte von Gilgit und Chilas. Antiquities of Northern Pakistan: Reports and Studies, 5*. Mainz: Verlag Philipp Von Zabern, 2004.

Inaba 2010: Inaba, Minoru. "From Kesar the Kābulšāh and Central Asia." In *Coins, Art and Chronology II*, edited by Michael Alram, Deborah Klimburg-Salter, Minoru Inaba and Matthias Pfisterer, 443 – 57. Vienna: Verlag der Österreichischen Akademie der Wissenschaften, 2010.

Jettmar 1993: Jettmar, Karl. "The Patolas, Their Governors and Their Successors." In *Antiquities of Northern Pakistan. Reports and Studies, 2*, edited by Karl Jettmar, 77 – 122. Mainz: Verlag Philipp von Zabern, 1993.

Klimburg-Salter 1982: Klimburg-Salter, Deborah E., ed. *The Silk Route and the Diamond Path: Esoteric Buddhist Art on the Trans-Himalayan Trade Routes*. Los Angeles: UCLA Art Council, 1982.

Kumamoto 1999: Kumamoto, Hiroshi. "Textual Sources for Buddhism in Khotan." In *Collection of Essays 1993*, 345 – 60. Taipei, 1999.

Kumamoto 2009: Kumamoto, Hiroshi. "Khotan. History in the Pre-Islamic Period." In *Encyclopedia Iranica Online*, available at www.iranica.com., 2009.

Kuwayama 2002: Kuwayama, Shōshin. "Two Itineraries Concerning the Emergence of the Colossi in Bamiyan." In *Across the Hindukush of the First Millennium: A Collection of the Papers*, edited by Shōshin Kuwayama, 140 – 155. Kyoto: Institute for Research in Humanities, Kyoto University, 2002.

Kuwayama 2006: Kuwayama, Shōshin. "Pilgrimage Route Changes and the Decline of Gandhāra." In *Gandhāran Buddhism: Archaeology, Art, Texts*, edited by Pia Brancaccio and Kurt Behrendt, 107 – 134. Vancouver: UBC press, 2006.

Legge 1886: Legge, James. *A Record of Buddhistic Kingdoms. Being an Account by the Chinese Monk Fa-Sien of His Travels in India and Ceylon (399 – 414) in Search of the Buddhist Book of Discipline*. Oxford, 1886.

Lerner 1984: Lerner, Martin, ed. *The Flame and the Lotus: Indian and Southeast Asian Art from the Kronos Collections*. New York: Abrams 1984.

Lerner and Kossak 1991: Lerner, Martin, and Steven Kossak, eds. *The Lotus Transcendent: Indian and Southeast Asian Art from the Samuel Eilenberg Collection*. New York: Metropolitan Museum, 1991.

Lévi and Chavannes 1895: Lévi, M. Sylvain, and Édouard Chavannes. "L'itinéraire d'Ou-K'ong (751 –

790).” *Journal Asiatique* VI (Septembre-Octobre 1895): 341－384.

Li Chongfeng 2005: Li Chongfeng. “Jibin, Jibin Route and China.” In *15th ICOMOS General Assembly and International Symposium: “Monuments and sites in their setting-conserving cultural heritage in changing townscapes and landscapes”*. Xi’an, China: ICOMOS 443, 2005 (available at http://openarchive.icomos.org/id/eprint/443).

Montell 1938: Montell, Gösta. “Sven Hedin’s Archaeological Collections from Khotan II.” *Bulletin of the Museum of Far Eastern Antiquities* 10 (1938): 83－113.

Ol’denburg 1898: Ol’denburg, Sergei F. “Dva Khotanskikh Izobrazheniia Maitrei (Two Khotanese Images of Maitreya).” *Zapiski Vostochnogo otdeleniia Russkogo Arkheologicheskogo obshchestva* 12 (1898): 106－108.

Pal 1975: Pal, Pratapaditya. *Bronzes of Kashmir*. New Delhi: Munshiram Manoharlal 1975.

Patry Leidy 1997: Patry Leidy, Denise. “Kashmir and China: A Note About Styles and Dates.” *Orientations* 28, no. 2 (February 1997): 66－70.

Rémusat 1820: Rémusat, Abel. *Histoire de la ville de Khotan, tirée des Annales de la Chine et traduite du chinois*. Paris: Imprimérie de Doublet, 1820.

Rhie 1999: Rhie, Marylin Martin. *Early Buddhist Art of China and Central Asia. Later Han, Three Kingdoms and Western Chin in China and Bactria to Shanshan in Central Asia*. Edited by Erik Zürcher and Steven F. Teiser. Leiden: Brill, 1999.

Rong 2010: Rong Xinjiang. “The network of Chinese Buddhist monasteries in the Western Regions under the Tang control.” In *“The way of Buddha” 2003: The 100th anniversary of the Otani Mission and the 50th of the Research Society for Central Asian Cultures*, edited by Takashi Irisawa, 215－220. Osaka: Toho Shuppan, 2010.

Rowan 1985: Rowan, Diana P. “Reconsideration of an Unusual Ivory Diptych.” *Artibus Asiae* XLVI, no. 4 (1985): 251－282.

Rowland 1947: Rowland, Benjamin. “Indian Images in Chinese Sculpture.” *Artibus Asiae* 10, no. 1 (1947): 5－20.

v. Schroeder 1981: Schroeder, Ulrich von. *Indo-Tibetan Bronzes*. Hong Kong: Visual Dharma Publications, 1981.

v. Schroeder 2001: Schroeder, Urlich von. *Buddhist Sculptures in Tibet*. 2 vols. Hong Kong: Visual Dharma Publications, 2001.

v. Schroeder 2008: Schroeder, Ulrich von. *108 Buddhist Statues in Tibet: Evolution of Tibetan Sculptures*. first ed. Chicago: Serindia, 2008.

Sen 2001: Sen, Tansen. “In Search of Longevity and Good Karma: Chinese Diplomatic Missions to Middle India in the Seventh Century.” *Journal of World History* 12, no. 1 (2001): 1－28.

Sen 2003: Sen, Tansen. *Buddhism, Diplomacy and Trade: The Realignment of Sino-Indian Relations, 600 – 1400, Asian Interactions and Comparisons*. Honolulu, Hawaii: University of Hawai’i Press, 2003.

Siudmak 2011: Siudmak, John. *Indian and Himalayan Sculptures and Thangkas from the Late Collection of the Late Simon Digby*. London: John Siudmak, 2011.

Soper 1964/1965: Soper, Alexander Coburn. "Representations of Famous Images at Tun-Huang." *Artibus Asiae* 27, no. 4 (1964 - 1965): 349 - 364.

Soper 1965: Soper, Alexander Coburn. "A Buddhist Travelling Shrine in an International Style." *East and West* 15, no. 1 - 2 (1965): 211 - 225.

Stein 1907: Stein, Marc Aurel. *Ancient Khotan, Detailed Report of Archaeological Explorations in Chinese Turkestan*. Oxford: Clarendon Press, 1907.

Stein 1921: Stein, Marc Aurel. *Serindia. Detailed Report of Explorations in Central Asia and Westermost China*. Oxford: Clarendon Press, 1921.

Stein 1928: Stein, Marc Aurel. *Innermost Asia. Detailed Report of Explorations in Central Asia, Kansu, and Eastern Irân*. Oxford: Clarendon Press, 1928.

Stein 1987: Stein, Rolf Alfred. *La Civilisation Tibétaine*. Paris: L'Asiatèque, 1987.

Taddei 2003: Taddei, Maurizio. "Some Reflections on the Formation of the Buddha Image." In *On Gandhāra: Collected Articles*, edited by Maurizio Taddei (author), Giovanni Verardi and Anna Filigenzi (eds.), 593 - 607. Napoli: Università degli Studi di Napoli l'Orientale, 2003.

Tucci 1949: Tucci, Giuseppe. *Tibetan Painted Scrolls*. Roma: Libreria dello Stato, 1949.

Whitfield and Farrer 1990: Whitfield, Roderick, and Anne Farrer. *Caves of the Thousand Buddhas. Chinese Art from the Silk Route*. Edited by Anne Farrer. London: Trustees of the British Museum, 1990.

Williams 1973: Williams, Johanna. "The Iconography of Khotanese Paintings." *East and West* 23, no. 1/2 (1973): 109 - 154.

Yamazaki 1990: Yamazaki, Gen'ichi. "The Legend of the Foundation of Khotan." *Memoirs of the Research Department of the Toyo Bunko* 48 (1990): 55 - 80.

Zürcher 1972: Zürcher, Erik. *The Buddhist Conquest of China. The Spread and Adaption of Buddhism in Early Mediaeval China*. Leiden: Brill, 1972.

Zürcher 1990: Zürcher, Erik. "Han Buddhism and the Western Region." In *Thought and Law in Qin and Han China: Studies Dedicated to Anthony Hulsewé on the Occasion of His Eightieth Birthday*, edited by Wilt L. Idema and Erik Zürcher, 158 - 182. Leiden: Brill, 1990.

Zürcher1999: Zürcher, Erik. "Buddhism across Boundaries: The Foreign Input." In *Buddhism across Boundaries — Chinese Buddhism and the Western Regions (Collection of Essays 1993)*, edited by Jan Nattier and John Mc Rae, 2 - 59. Sanchung, Taipei: Foguangshan Foundation for Buddhist and Culture Education, 1999.

Zwalf 1985: Zwalf, W, ed. *Buddhism: Art and Faith*. 1 vols. London: British Museum Publications, 1985.

（譯者單位：蘭州大學敦煌學研究所）

《敦煌吐魯番研究》第十八卷
2018 年,357—397 頁

敦煌新樣文殊造像中的于闐國王像研究

張小剛

在敦煌石窟供養人畫像中現存有四身于闐國王像,分別見於莫高窟第 98、454、4 窟主室東壁門南側與榆林窟第 31 窟甬道北壁,莫高窟第 55 窟主室東壁門南側底層很可能也存有被表層壁畫覆蓋的于闐國王供養像[1]。這些于闐國王供養像均爲頭戴冕冠,身著衮服的形象,其中最爲著名的是莫高窟第 98 窟于闐國王李聖天的畫像,此像在各種論著中經常被提及,史葦湘[2]、施萍亭[3]等先生都對其作過專門的介紹。除了供養人畫像中的于闐國王像以外,在敦煌新樣文殊圖像中也經常出現于闐國王像。榮新江先生認爲五代宋初敦煌新樣文殊和五臺山信仰的流行,與敦煌、于闐和中原王朝之間持續不斷的文化交往有著密切的關係,敦煌的新樣文殊應來自中原的五臺山而不是于闐[4]。孫修身先生與孫曉崗先生都對敦煌新樣文殊圖像遺存情況作過介紹和研究[5]。沙武田先生對敦煌石窟中的于闐國王圖像資料進行了較爲全面的梳理,包括莫高窟第 98、4、454 窟與榆林窟第 4 窟的四身供養人畫像與莫高窟第 220 窟等洞窟新樣文殊圖中的于闐國王像等,簡述了這些圖像出現的社會歷史背景,探討了于闐畫像的

[1] 張小剛《再論敦煌石窟中的于闐國王與皇后及公主畫像——從莫高窟第 4 窟于闐供養人像談起》,《敦煌研究》2018 年第 1 期,48—61 頁;郭俊葉《敦煌莫高窟第 454 窟研究》,蘭州:甘肅教育出版社,2016 年,65—69 頁。

[2] 史葦湘撰“于闐國王供養像”詞條,季羨林主編《敦煌學大辭典》,上海辭書出版社,1998 年,179 頁。

[3] 《圖版説明》之施萍亭撰“于闐國王李聖天供養像”,《敦煌研究》1982 年試刊第 2 期,54—55 頁。

[4] 榮新江《從敦煌的五臺山繪畫和文獻看五代宋初中原與河西于闐間的文化交往》,《文博》1987 年第 4 期,68—75 頁;收入同作者《歸義軍史研究——唐宋時代敦煌歷史考索》第八章第二节,上海古籍出版社,1996 年,252—256 頁。

[5] 孫修身《中國新樣文殊與日本文殊三尊五尊像之比較研究》,《敦煌研究》1996 年第 1 期,44—58 頁;孫修身《四川地區文殊菩薩信仰述論》,《敦煌研究》1997 年第 4 期,73—91 頁;孫修身主編《敦煌石窟全集·佛教東傳故事畫卷》,香港:商務印書館,1999 年,185—199 頁;孫曉崗《文殊菩薩圖像學研究》,蘭州:甘肅人民美術出版社,2007 年,53—164 頁。

宗教象徵意義和邈真寫真特性,分析了此類畫像在洞窟中的性質與意義[1]。他在考察了 P.4049"新樣文殊"白描畫稿的基礎上,對"新樣文殊"的基本繪畫特徵以及畫稿與壁畫、絹畫、版畫等之間的關係作了説明,並就敦煌"新樣文殊"變相進行了再考察,最後就 P.4049"新樣文殊"畫稿的圖像來源等問題作了討論[2]。姜莉認爲新樣文殊的粉本應繪製於敦煌本地,新樣文殊依舊是由舊樣文殊變中的騎獅文殊和馭者轉化而來的,最初依據的經典還是《華嚴經》,反映文殊、普賢赴會聽法的内容,只是在五臺山文殊信仰興盛的時候,被賦予了更多的意義,因于闐國與敦煌的密切關係,于闐王替换崑崙奴的過程應是在敦煌完成的,並影響到了五臺山,改變了舊有的化現故事,形成了新的文獻資料[3]。陳粟裕博士也對新樣文殊圖中的于闐國王像做過探討,她認爲在敦煌莫高窟 220 窟出現的"新樣文殊"採用了文殊菩薩、善財童子、于闐王的三尊式的配置方式,在以往"文殊並侍從圖"的基礎上進行了簡化,用于闐王替代了崑崙奴,于闐王牽獅借鑒了胡王朝貢的圖像,而且與《華嚴經》的流行有密切的關係,于闐王的形象是來自活動於中原一帶的西域商胡,這一于闐王的塑造來自晚唐時期人們對於于闐的想象與神話[4]。許棟、許敏將相關文獻及圖像資料置於安史之亂後的特定歷史背景中進行分析,認爲新樣文殊圖像中于闐王可能是毗沙門天王,毗沙門天王作爲文殊眷屬出現與當時的社會環境及密教的流行有著密切的關係。二者的結合的更加突出了密教中文殊菩薩所具有的護國護王的功能[5]。本文擬對敦煌石窟中發現的新樣文殊造像中的于闐國王像作一個系統的梳理,並提出一些自己的看法。

一 敦煌新樣文殊造像及其于闐國王像

莫高窟第 220 窟甬道北壁中間是一鋪文殊赴會圖,左右兩側各畫一身菩薩立像,分别題作"南無救苦觀世音菩薩"與"大聖文殊師利菩薩真容"(圖 1)。文殊赴會圖畫面爲:主尊文殊菩薩正面半跏趺坐於獅子背上,頭頂有華蓋,背光後放射出 12 道彩光,右

---

〔1〕 沙武田《敦煌石窟于闐國王畫像研究》,《新疆師範大學學報》(哲學社會科學版)2006 年第 4 期,22—30 頁;沙武田《敦煌石窟于闐國王畫像的幾個問題》,鄭炳林、樊錦詩、楊富學主編《絲綢之路民族古文字與文化學術討論會文集》下册,西安:三秦出版社,2007 年,535—556 頁。

〔2〕 沙武田《敦煌 P.4049"新樣文殊"畫稿及相關問題研究》,《敦煌研究》2005 年第 3 期,26—32 頁。

〔3〕 姜莉《淺析敦煌新樣文殊造像産生的淵源》,《美與時代(上半月)》2010 年第 1 期,67—69 頁。

〔4〕 陳粟裕《"新樣文殊"中的于闐王形象研究》,《藝術設計研究》2014 年第 2 期,16—23 頁。

〔5〕 許棟、許敏《新樣文殊中的于闐王及其相關問題研究——以敦煌發現的新樣文殊圖像爲中心》,《吐魯番學研究》2016 年第 1 期,81—91 頁。

圖1　莫高窟第220窟甬道北壁　新樣文殊菩薩圖與供養人畫像　五代（採自敦煌文物研究所編《中國石窟·敦煌莫高窟（五）》圖版20）

圖2　莫高窟第220窟甬道北壁　新樣文殊菩薩圖于闐國王像　五代（敦煌研究院提供）

手持如意，左手於腹前結印，榜題"南無大聖文殊師利菩薩"；獅子前方立一童子，躬身合十；獅子後側有一牽獅人，叉腿而立，手握繮繩，絡腮鬍，頭戴花葉紋紅色風帽，身著碎花紋紅色圓領缺胯衫，窄袖，腰繫革帶，革帶垂掛一圓形小包或玉飾，腳穿長靴，榜題"普勸受持供養（筆者按：爲上部的一列大字）大聖感得于闐/□□國王師子時（筆者按：爲下部自左而右的兩列小字）"（圖2）；上述人物均處於祥雲之上；下方中間有方形題榜，在紅底上墨書發願文，兩側各有一身胡跪捧花的供養菩薩，榜題文字如下：

清士弟子節度押衙守隨軍□（參）謀銀
青光禄大夫檢校國子祭酒兼御史中丞
上柱國潯陽翟奉達，抽減□貧之財
敬畫新樣大聖文殊師利菩薩一軀並
侍從兼供養菩薩一軀及□□觀世音

菩薩一軀。標斯福者,先奉爲造窟
亡靈,神生净土,不墜三塗之災;次□(爲)我
過往慈父、長兄,勿溺幽間苦難,長遇善
因;兼爲見在老母,闔家子孫,無諸災
障,報願平安,福同萌芽,罪棄涓流。
絶筆之間,聊爲頌曰:
大聖文殊,瑞相巍巍,光照世界,感現千威。
於時大唐同光三年歲次乙酉三月丁
巳朔廿五日辛巳題記之耳。

上述畫面及榜題是1975年10月敦煌文物研究所對莫高窟第220窟甬道的重層壁畫進行整體遷移時露出的底層壁畫[1],由發願文可知此鋪文殊赴會圖名爲"新樣文殊"圖,繪製於後唐同光三年(925),由五代敦煌著名文人翟奉達主持重修翟家窟時所繪製,其下方繪有翟奉達等翟氏家族男供養人像七身。翟奉達重修翟家窟甬道時,在其南壁書寫"檢家譜"的題記,其北壁則專門施繪了此鋪文殊圖像以做功德,説明該圖像應該是經過翟奉達精心選擇的,既然有"新樣"之稱,很可能是這種形式的文殊造像首次被繪製在敦煌石窟之中。文物研究所(今敦煌研究院)的前輩學者們認爲,此稿大約出自于闐,所謂新樣是相對舊樣而言。目前在敦煌發現最早的赴會式文殊圖屬於初唐時期,多數情況下與普賢赴會圖對稱出現,如莫高窟第331窟龕外南側上部繪於雲上騎獅的文殊菩薩,獅子腳下有飛天承托其足,在獅尾旁立有一身侍從菩薩,與此位置相對的龕外北側上部則繪於雲上騎象的普賢菩薩[2]。類似題材還出現在莫高窟初唐第220、332、340窟及盛唐第172窟等窟。盛唐第148窟的文殊赴會圖與普賢赴會圖中首次出現表現來自南海的馭獸人物形象崑崙奴。此後中晚唐時代的這類題材愈加複雜,人物衆多,結構謹嚴,牽獅馭象的崑崙奴成爲常見的人物[3]。新樣文殊的"新"在於强調了文殊的重要,使文殊單獨出現,打破了文殊與普賢成對出現的慣例,尤其重要的是將崑崙奴换成了于闐國王[4]。有學者進一步提出判斷新樣文殊的標準就是牽獅者是

[1] 敦煌文物研究所《莫高窟第220窟新發現的復壁壁畫》,《文物》1978年第12期,41—46頁。
[2] 此窟東壁門上初唐法華經變中也對稱出現了騎獅文殊與騎象普賢的圖像。
[3] 羅華慶主編《敦煌石窟全集·尊像畫卷》,香港:商務印書館,2002年,153—174頁;孫曉崗《文殊菩薩圖像學研究》,46—49頁。
[4] 敦煌文物研究所《莫高窟第220窟新發現的復壁壁畫》,45—46頁。

否由崑崙奴變爲于闐國王[1],我們認爲這是很有見地的觀點。同光三年(925)前後繪製莫高窟第220窟新樣文殊圖的時候,于闐國王李聖天已經在位(912—966在位)[2],此時敦煌歸義軍政權的統治者曹氏家族尚未與于闐王室聯姻,第220窟新樣文殊圖可能是根據舊有的粉本繪製的,圖中的于闐國王像並不一定是根據當時當政的于闐國王李聖天的形象繪製的。

敦煌藏經洞中出土有數十幅由相同雕版印製的文殊菩薩版畫,現主要藏於法國圖書館與英國博物館等地,僅P.4514就包含有32幅[3],另有P.4077[4]、Stein painting 235－239[5]、俄TK289[6]等。版畫上部繪文殊及眷屬像,兩旁有榜題"大聖文殊師利菩薩"與"普勸志心供養受持",下部書發願文及真言[7](圖3)。上部的一鋪圖像與莫高窟第220窟新樣文殊的主要内容、畫面佈局甚至人物姿勢都幾乎完全相同,包括整組人物均處於雲上;主尊文殊有圓形頭光與身光,背光外側放射出十餘道光,每道光均由三條光綫組成;文殊爲正面像,手持如意,半跏趺坐於獅子背上,左腿下垂;獅子作回首狀,怒目張嘴看向國王,每隻腳下均踏一朵蓮花;于闐國王絡腮鬍,頭披風帽,著缺胯衫,窄袖,腰帶下繫一枚玉環,腳穿長靴,叉腿立於獅子側後方,兩手一前一後作使勁牽曳狀(圖4);童子頭部兩側垂丫髻,上身半裸,下身著短裙,躬身合掌。不同的是第220窟新樣文殊圖中文殊頭頂有華蓋,雲上一組人物的下方有書寫發願文的方形題榜,題榜兩側各有一身胡跪托花盤的供養菩薩,當然這些附屬圖像對於雲上的主體人物圖像來説並不很重要,莫高窟第220窟新樣文殊圖與藏經洞出土文殊菩薩版畫上出現的主要人物只有三尊,即坐於獅子背上的文殊菩薩,牽獅的于闐國王和禮拜相迎的善財童子。壁畫和版畫中這兩種圖像最大的區别在於主尊文殊的著裝上,前者頭戴一般的三珠寶冠,後

〔1〕 孫曉崗《文殊菩薩圖像學研究》,82頁;姜莉《淺析敦煌新樣文殊造像産生的淵源》,68頁。

〔2〕 張廣達、榮新江《關於唐末宋初于闐國的國號、年號及其王家世系問題》,原刊於北京大學中國中古史研究中心編《敦煌吐魯番文獻研究論集》,北京:中華書局,1982年,179—209頁;收録於《于闐史叢考》(增訂本),北京:中國人民大學出版社,2008年,15—37頁。

〔3〕《法國國家圖書館藏敦煌西域文獻31》,上海古籍出版社,2005年,232—241、247頁。

〔4〕 同上書,88頁。

〔5〕 大英博物館監修《西域美術(大英博物館スタイン・コレクション)》第2卷,東京:講談社,1982年,黑白圖版Fig.142、Fig.143、Fig.147。

〔6〕《俄藏黑水城文獻④》,上海古籍出版社,1997年,圖版12,378頁。俄TK289文殊菩薩版畫與俄TK288阿彌陀佛版畫均在敦煌藏經洞中出土有大量完全相同的版畫,筆者疑其原出自藏經洞,後來在俄羅斯聖彼得堡不慎混入黑水城出土的藏品之中,亦有可能在西夏前後從敦煌輸入黑水城而得以在黑水城保存下來。

〔7〕 榮新江《從敦煌的五臺山繪畫和文獻看五代宋初中原與河西于闐間的文化交往》,68—75頁;《歸義軍史研究——唐宋時代敦煌歷史考索》,252—256頁。

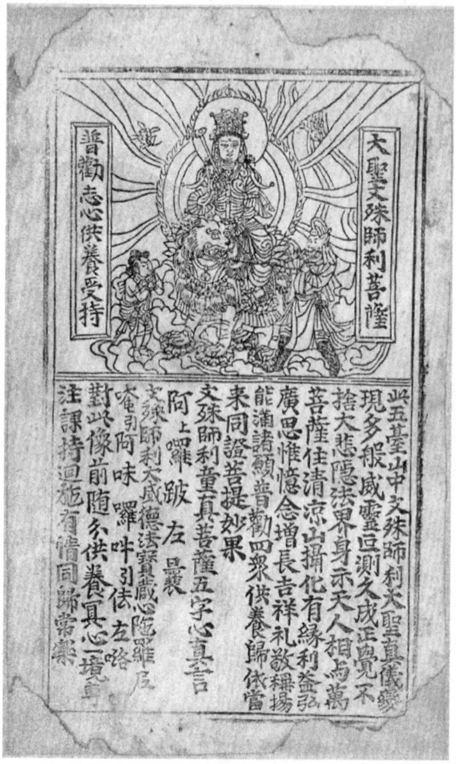

圖 3　英國博物館藏敦煌藏經洞出土　文殊菩薩版畫 Stein painting 237. Ch.00151.b　10 世紀(採自 IDP 照片)

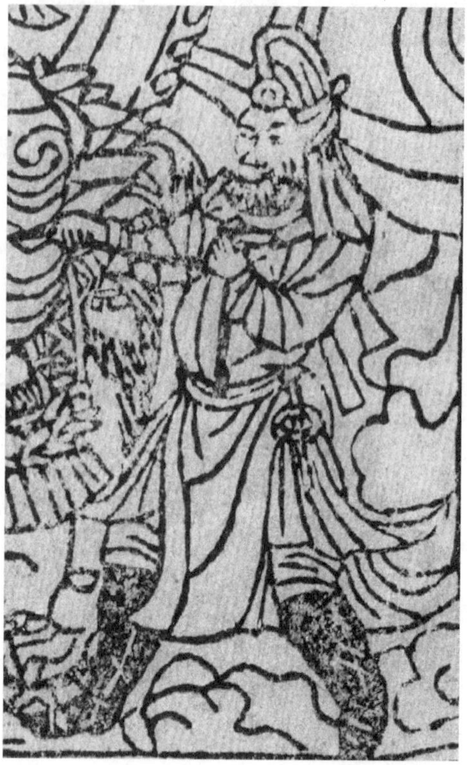

圖 4　英國博物館藏敦煌藏經洞出土版畫 Ch.00151.b　文殊菩薩圖于闐國王像　10 世紀(採自 IDP 照片)

者則爲圓筒形高寶冠,前者著寬鬆的天衣與披帛,戴項圈與瓔珞,後者則無瓔珞,著緊身天衣,衣衫肘部有一圈花瓣形裝飾,這種裝束在敦煌主要流行於宋代前後,如敦煌執扇彌勒菩薩像就身著這種服裝[1]。在 P.4514(3)a 上存有兩幅版畫,一幅是上述形式的文殊菩薩版畫,旁有題記“甲申年三月六日弟子比丘智端安置文殊師利菩薩”,另一幅是阿彌陀佛版畫,旁有題記“甲申年三月六日右壹大師流次功得(德)記”[2]。敦煌藏經洞中出土有大量版畫作品,如 P.4514 就包括有後晉開運四年(947)歸義軍節度使檢校太傅曹元忠請匠人雷延美雕造的毗沙門天王及其眷屬像和大慈大悲救苦觀世音菩薩像,還有聖觀自在菩薩像、四十八願阿彌陀佛像、大聖地藏菩薩像、大慈大悲救苦觀世音

〔1〕 郭俊葉《敦煌執扇彌勒菩薩考》,敦煌研究院編《敦煌論壇:2016 交融創新——紀念莫高窟創建 1650 周年國際學術研討會論文集》上册,敦煌 2016 年 8 月 19—23 日,335—352 頁。

〔2〕《法國國家圖書館藏敦煌西域文獻 31》,241 頁。

菩薩像、西方净土變、金剛力士像、半跏趺坐菩薩像、倚坐佛像、佛塔圖、結跏趺坐佛像、一佛二菩薩説法圖等版畫[1],藏經洞中還出土有太平興國五年(980)李知順施造、王文沼雕板的大隨求陀羅尼輪曼荼羅版畫(EO.3639[2]、Stein painting 249. Ch.xliii.004[3])及歸義軍節度押衙楊洞芉雕造的大聖普賢菩薩像版畫(Stein painting 246. Ch.00205)[4],這些版畫多數爲10世紀中後期的作品。P.4512(3)a題記中的"甲申年"很可能是宋太宗太平興國九年(984),也就是説P.4512(3)a雕板的雕造時間當不晚於公元984年。從圖像上看,藏經洞出土文殊菩薩版畫與莫高窟第220窟新樣文殊圖之間無疑有非常緊密的聯繫,很可能其雕版在雕造時就參照了第220窟新樣文殊圖或者其粉本,畫面主要依其舊式,但也有新的變化,最重要的變化是根據時代流行的樣式,改變了文殊菩薩的裝束。

莫高窟五代第100窟建於後唐清泰二年至後晉天福四年(935—939)曹元德任歸義軍節度使期間[5],在崖面位置上與第220窟比較靠近。此窟主室西壁龕外南、北兩側分别繪普賢及其眷屬赴會圖(或稱普賢變)與文殊及其眷屬赴會圖(或稱文殊變)。普賢騎白象,文殊騎青獅。普賢與文殊均正面半跏趺坐,頭戴化佛寶冠,身著天衣,袖口在肘部翻卷而起,一手持如意,周圍有弟子、隨侍菩薩、天龍八部、天王、梵天或帝釋天、天女、持花菩薩、伎樂菩薩等眷屬圍繞,牽獸的馭者頭戴蓮花冠,身著圓領緊袖袍,腰繫革帶,叉腿而立,兩手一前一後持繮繩。白象與青獅的馭者應該都是于闐國王,馭獅的于闐國王的腰部還垂掛有圓形的小包(圖5,圖6)。

莫高窟第61窟由歸義軍節度使曹元忠及其夫人翟氏修建於五代後漢天福十二年(947)至後周廣順元年(951)之間,由於佛壇背屏上殘存浮塑的獅子尾,可知此窟主尊當爲文殊菩薩,故又名"文殊堂"[6]。主室西壁通壁繪一幅《五臺山圖》[7],是不可多得的古代形象地圖,面積40餘平方米,畫面規模宏大,描繪了東起河北正定,西至山西

[1] 《法國國家圖書館藏敦煌西域文獻31》,228—263頁。

[2] ジャン・フランソワ・ジャリージュ、秋山光和監修《西域美術》(ギメ美術館ペリオ・コレクション)第2卷,東京:講談社,1995年,黑白圖版Fig.36。

[3] 《西域美術(大英博物館スタイン・コレクション)》第2卷,黑白圖版Fig.151。

[4] 同上書,黑白圖版Fig.148。

[5] 賀世哲撰"第100窟"詞條,《敦煌學大辭典》,65頁;敦煌研究院編《敦煌莫高窟供養人題記》,北京:文物出版社,1986年,222—223頁。

[6] 段文傑撰"第61窟"詞條,《敦煌學大辭典》,63—64頁;《敦煌莫高窟供養人題記》,226—227頁。

[7] 趙聲良《莫高窟第61窟五臺山圖研究》,《敦煌研究》1993年第4期,88—107頁;《敦煌學大辭典》,64、198頁;孫修身主編《敦煌石窟全集・佛教東傳故事畫卷》,202—207頁。

圖5　莫高窟第100窟主室龕外南側　普賢及其眷屬赴會圖于闐國王像　五代(敦煌研究院提供)

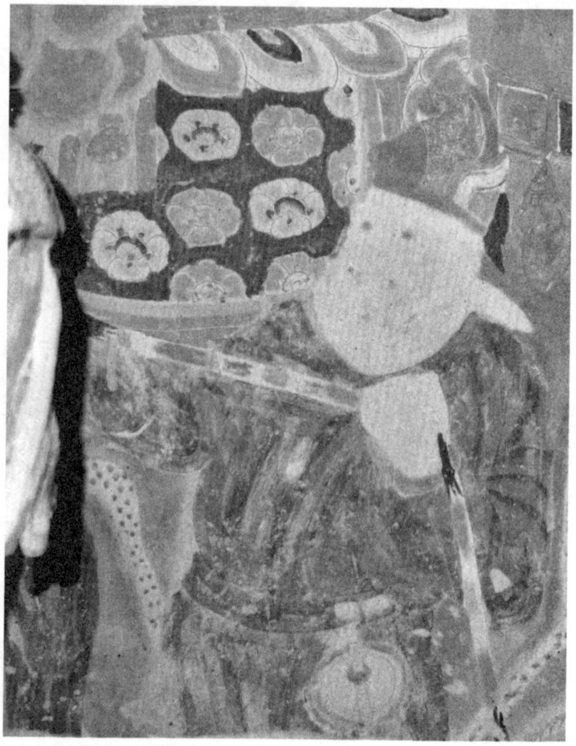

圖6　莫高窟第100窟主室龕外北側　文殊及其眷屬赴會圖于闐國王像　五代(敦煌研究院提供)

太原,方圓數百里的山川橋道、廟宇屋舍、民情風俗和靈異圖像,榜題近二百方,其中包括五臺山五峰諸多寺院、佛塔、僧俗信徒以及各種聖跡、祥瑞傳説,如罽賓僧人佛陀波利巡禮五臺山時值遇文殊化現的老人等畫面。五臺山是文殊菩薩的道場,這鋪五臺山圖是作爲此窟主尊文殊菩薩像的背景而繪製的。此窟佛壇之上的塑像基本已毁,沙武田先生認爲原本應該表現的是新樣文殊造像[1],這是有一定道理的,但是其塑像組合具體應該包括哪些人物尚需要進一步探討。

莫高窟第61窟修建之時,正是文殊造像流行新樣文殊之際,曹元忠夫人又來自在敦煌首先提倡新樣文殊的翟氏家族,加上當時敦煌與于闐之間的結盟關係,以文殊造像

〔1〕 沙武田、梁紅《莫高窟第61窟中心佛壇造像爲繪塑結合“新樣文殊變”試考》,雲岡石窟研究院編《2005年雲岡國際學術研討會論文集·研究卷》,北京:文物出版社,2006年,441—456頁;沙武田《敦煌畫稿研究》,北京:中央編譯出版社,2007年,167—169頁。

爲主題的曹元忠夫婦功德窟之内塑造新樣文殊像應該是很容易理解的。在莫高窟第61窟《五臺山圖》上部朝向中臺之頂赴會的小畫面中,出現有對稱繪製的文殊赴會圖與普賢赴會圖,其中文殊赴會圖的畫面爲(圖7):文殊側身半跏趺坐騎於獅子背上,頭戴蓮花形寶冠,身著天衣,右手持如意;獅子作回首狀;文殊周圍有隨侍的9身菩薩和5身天王像,其中這一行人最前方的兩身侍從菩薩手持長杆芙蕖,其餘均雙手合十;獅子側後方立于闐國王,頭戴蓮花形帽,身著圓領緊袖袍服,兩腰部垂有腰袱(捍腰),腳穿麻鞋。除了諸多侍從文殊的菩薩和天王以外,此鋪畫面與莫高窟第220窟新樣文殊圖的主要區别是文殊所戴之頭冠與于闐國王的裝束有所不同,而且未繪善財童子像。

圖7　莫高窟第61窟主室西壁　五臺山圖文殊赴會畫面　五代

(採自孫修身主編《敦煌石窟全集・佛教東傳故事畫卷》)圖版182)

瓜州榆林窟五代第19窟西壁門南、北兩側分别畫文殊及其眷屬赴會圖與普賢及其眷屬赴會圖。文殊赴會圖[1](圖8)以五臺山爲背景,山中有諸多寺院、僧俗信徒以及各種聖跡、祥瑞傳説;文殊側身半跏趺坐於獅子背上,身著袈裟,頭戴扇形多層寶冠,右手持如意;獅子昂首挺胸,跨步向前;獅頭下方立一身菩薩形善財童子,躬身合十,上身

〔1〕 敦煌研究院編著《中國石窟・安西榆林窟》,北京:文物出版社,1997年,圖版61;孫修身主編《敦煌石窟全集・佛教東傳故事畫卷》,191頁。

圖 8　榆林窟第 19 窟主室門南側　文殊及其眷屬赴會圖　五代

（採自孫修身主編《敦煌石窟全集・佛教東傳故事畫卷》）圖版 165）

斜披絡腋，下身著短裙；獅子側面于闐國王身體向後傾斜，雙腿作弓步，兩手前後分開手握繮繩，頭戴三珠寶冠，戴耳環，濃眉大眼，紅唇張嘴，髯鬚稀疏，身著紅褐色圓領對襟袍服，衣表飾虎皮紋，衣領與衣襟處飾半團花圖案，腰帶垂掛蹀躞七事及一枚圓形玉飾，膝蓋上飾人面形護膝，腳穿長筒皮靴（圖 9）；于闐國王後側有帝釋天及其兩身脅侍菩薩；主尊身邊圍繞的其他眷屬還有 2 身持長幡的菩薩，2 身托花盤的菩薩，3 身奏樂的菩薩，2 身天王，1 身金剛力士。

榆林窟第 19 窟文殊赴會圖中的于闐國王像與斯坦因在丹丹烏里克發現的木板畫 D.VII.6 四臂神像〔1〕（圖 10）的衣服比較相似，均爲圓領對襟袍服，衣領與衣襟處裝飾半團花圖案，説明榆林窟第 19 窟文殊赴會圖中的于闐國王像可能是根據于闐男性貴族的服裝繪製的。

---

〔1〕 大英博物館監修《西域美術（大英博物館スタイン・コレクション）》第 3 卷，東京：講談社，1984 年，彩色圖版 70。

圖 9　榆林窟第 19 窟主室門南側　文殊赴會圖于闐國王像　五代（敦煌研究院提供）

圖 10　丹丹烏里克出土木板畫 D. VII.6　四臂神像　6 世紀前後（採自大英博物館監修《西域美術》第 3 卷彩色圖版 70）

瓜州榆林窟宋代第 32 窟東壁門北側繪以五臺山爲背景的普賢及其眷屬赴會圖，門南繪以五臺山爲背景的文殊及其眷屬赴會圖〔1〕（圖 11），五臺山中有諸多寺院、佛塔以及各種聖跡、祥瑞傳説，包括游方僧人佛陀波利。文殊赴會圖畫面中間是位於雲上的一組人物，包括騎獅文殊與于闐國王，其兩側各立 5 身侍從菩薩，其中 2 身手持長杆芙蕖，2 身分别持幡幢，6 身演奏各種樂器。文殊正面半跏趺坐於獅子背上，頭戴化佛寶冠，上身斜披絡腋戴瓔珞，下身著長裙，左手托玻璃花盆，右手作説法印。于闐國王頭戴蓮花形寶冠，大眼圓睜，紅唇張嘴，兩手一前一後握繮繩，身著褐色圓領緊袖袍服，衣表飾虎皮紋，腳穿長靴（圖 12）。

莫高窟宋代第 25 窟主室西壁龕外南、北兩側分别繪以五臺山爲背景的普賢及其眷屬赴會圖與文殊及其眷屬赴會圖。文殊赴會圖〔2〕中文殊菩薩身著天衣，側身合十，半跏趺坐於獅背的蓮花座上。牽獅者也是于闐國王，頭戴鳳鳥高寶冠，身著黑褐色緊袖袍服，腰部圍腰袱繫革帶，腰帶之下垂一小包，左手執繮繩，右手持鞭叉於腰部（圖 13）。

〔1〕 敦煌研究院編著《中國石窟・安西榆林窟》，圖版 73、74；孫修身主編《敦煌石窟全集・佛教東傳故事畫卷》，198 頁；羅華慶主編《敦煌石窟全集・尊像畫卷》，169 頁。

〔2〕 孫曉崗《文殊菩薩圖像學研究》，75 頁。

圖 11　榆林窟第 32 窟東壁門南側　文殊赴會圖及五臺山圖　宋初(敦煌研究院提供)

圖 12　榆林窟第 32 窟東壁門南　文殊赴會圖于闐國王像　宋初(敦煌研究院提供)

圖 13　莫高窟第 25 窟主室西壁龕外北側　文殊赴會圖于闐國王像　宋初(敦煌研究院提供)

圖 14　莫高窟第 454 窟前室頂部西披南側　文殊赴會圖于闐國王像　宋初(敦煌研究院提供)

莫高窟宋代第454窟前室頂部西披南側也繪有文殊菩薩及其眷屬赴會圖[1]，衆多人物均位於雲上，有諸菩薩、天人天女、天龍八部、金剛力士、夜叉等隨侍，文殊菩薩像已毁，存有獅子及牽獅人的下半部，牽獅人叉腿而行，身著花袍，腰部圍腰袱繫革帶（圖14）。

莫高窟第153窟主室南、北兩壁爲宋代或西夏時期補繪的普賢及其眷屬赴會圖與文殊及其眷屬赴會圖。在文殊赴會圖中，人物均位於雲上（圖15），文殊菩薩正面半跏趺坐於獅子背上，頭戴筒形冠帽，右手持長桿花頭如意，頭頂有華蓋，華蓋兩側各有一身童子形飛天，文殊兩側各侍立一身菩薩，均手持長桿掛幡芙蕖，獅頭前方立一身持花盤供養的菩薩，獅子回首望向于闐國王，于闐國王頭戴鬼面高寶冠，圓臉多須，身著褐色虎皮紋圓領緊袖袍，腰部圍腰袱繫革帶，腳穿長靴，靴頭似有一尖爪，左手拉繮繩，右手持獸頭長杖（圖16）。

圖15　莫高窟第153窟主室北壁　文殊赴會圖　宋初（敦煌研究院提供）

圖16　莫高窟第153主室北壁　文殊赴會圖于闐國王像　宋初（敦煌研究院提供）

〔1〕郭俊葉《敦煌莫高窟第454窟研究》，80—85頁。

伯希和從敦煌藏經洞獲得的白描紙畫 P.4049 文殊菩薩及其眷屬圖,約繪製於北宋初期(圖 17)[1]。畫面上共有五人一獸,文殊正面半跏趺坐於獅背上的蓮花座之上,頭戴扇形蓮花寶冠,冠上至少有 3 身化佛和 4 個摩羯魚頭,從魚頭中吐出步搖的鈴飾,雙手作説法印。獅子回首望向于闐國王。于闐國王立於獅子一側,頭戴獅頭形風帽,深目高鼻,絡腮長鬍,著窄袖袍服,腳穿長靴,靴頭有一尖爪,兩手交錯,左手拉繮繩,右手持如意,腰部繫帶,有腰袱,腰帶垂掛蹀躞七事及一個小包,並懸掛摩羯魚形彎刀。獅頭前面有一童子,頭頂梳單丫髻,雙手托盤,盤中有盞,盞内冒煙氣。獅頭另一側有一身老人,頭披風帽,長鬚,左手持杖。獅子與老人前面有一身比丘,深目高鼻,雙手合十,右肩夾杖,背包袱,腰間掛水瓶及其他用具,綁腿,腳穿布鞋。

圖 17　敦煌藏經洞出土白描紙畫 P.4049　文殊菩薩及其眷屬圖　宋初(採自 IDP 照片)

法國人伯希和從敦煌藏經洞中獲得的絹畫 EO.3588 是一幅五臺山文殊菩薩化現

〔1〕《法國國家圖書館藏敦煌西域文獻 31》,37 頁;榮新江《從敦煌的五臺山繪畫和文獻看五代宋初中原與河西于闐間的文化交往》,69 頁。

圖,約繪製於北宋初期(圖 18)[1]。畫面以五臺山爲背景,山中有諸多寺院、僧侶以及各種聖跡、祥瑞傳説,包括佛陀波利遇大聖老人的畫面。畫面中間是位於雲上的一組人物,包括騎獅文殊、于闐國王及善財童子,其兩側各侍立 2 身菩薩,手持香爐或托花盤等。文殊正面半跏趺坐於青獅背上,頭戴高寶冠,冠上至少有 3 身化佛,著天衣,披雲肩,右手持如意,獅子昂首向前,四足各踏一蓮花。于闐國王頭戴襆頭,身著紅色圓領袍服,腰部繫白色長帶,赤足,身體微躬,以肩挑式拉拽繮繩(圖 19)。獅子前下方有引路的善財童子,體型較小,雙手合掌,回首相望。

圖 18　敦煌藏經洞出土絹畫 EO.3588　五臺山文殊菩薩化現圖　宋初(採自《西域美術》(ギメ美術館ペリオ・コレクション)第 2 卷,彩色圖版 6)

圖 19　敦煌藏經洞出土絹畫 EO.3588　五臺山文殊菩薩化現圖于闐國王像　宋初(採自《西域美術》(ギメ美術館ペリオ・コレクション)第 2 卷,彩色圖版 6)

〔1〕 ジャン・フランソワ・ジャリージュ、秋山光和監修《西域美術》(ギメ美術館ペリオ・コレクション)第 2 卷,彩色圖版 6。

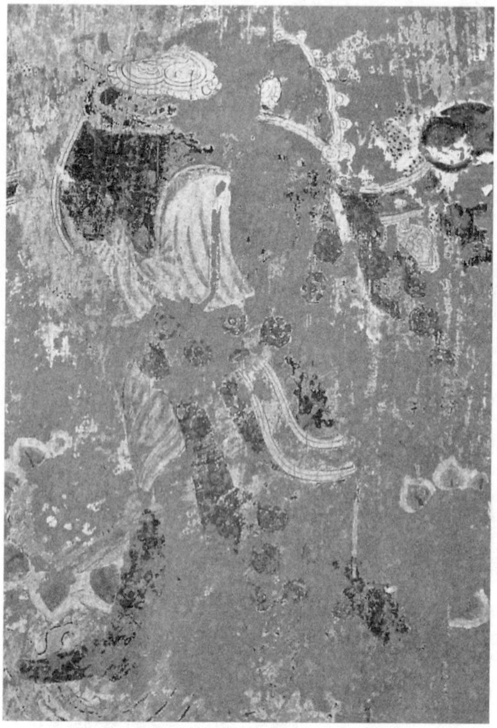

圖 20　莫高窟第 245 窟主室東壁門南側　文殊圖于闐國王像　回鶻(敦煌研究院提供)

莫高窟回鶻第 245 窟主室東壁門南、北兩側分别繪文殊騎獅像與普賢騎象像[1]。文殊側身坐於獅背之上,頭戴筒形化佛寶冠,身著天衣,袖口於肘部翻起,右手持如意。獅子張嘴昂首向前。于闐國王頭戴高冠,身著袍服,腰部圍腰袱,腳穿長靴,以肩挑式拉拽繮繩(圖 20)。

莫高窟第 164 窟主室東壁門南、北兩側現存西夏時期重繪的普賢及其眷屬赴會圖與文殊及其眷屬赴會圖[2]。畫面中的人物均處於雲上,文殊與普賢均正面半跏趺坐於獅子或大象背上,頭戴筒形五佛寶冠,身著天衣,袖口在肘部翻起。文殊一手持如意,周圍立有 1 身有頭光的老人,5 身菩薩,獅頭前有合掌的童子,牽獅者爲于闐國王(圖 21)。普賢一手持蓮花,蓮花上置梵夾,周圍立有 1 身有頭光的老人,1 身羅漢,4 身菩薩,象頭前有合掌的童子,牽象者亦爲于闐國王(圖 22)。這兩身于闐國王像的裝束大致相同,均頭戴卷葉形高冠,身著交領窄袖袍服,腰部圍腰袱,腳穿長靴,叉腿而立,以肩挑式拉拽繮繩。獅子與大象均回首望向于闐國王。此窟主室南壁西側西夏藥師經變的上部有乘云飛來的文殊及其眷屬赴會圖與文殊及其眷屬赴會圖。文殊交腳坐於獅子背上,右手持梵夾,獅子回首張嘴,獅頭之前有一身合掌的童子,獅尾後有一老人與一和尚,獅側有行走狀的于闐國王,身著交領窄袖短袍,領子翻出,腳穿長靴(圖 23)。普賢結跏趺坐於白象背上,右手持如意,象頭朝前,象頭之前有一童子,象尾後有一老人與一和尚,象側行有身著交領窄袖短袍,腳穿長靴的于闐國王(圖 24)。

莫高窟第 149 窟修建於西夏或元代,南壁畫文殊及其眷屬赴會圖,北壁畫普賢及其眷屬赴會圖。文殊赴會圖以山巒爲背景[3],文殊頭戴扇形重層高寶冠,身著天衣,手

〔1〕 孫曉崗《文殊菩薩圖像學研究》,76 頁。
〔2〕 同上。
〔3〕 孫修身主編《敦煌石窟全集・佛教東傳故事畫卷》,199 頁;孫曉崗《文殊菩薩圖像學研究》,77 頁。

圖 21　莫高窟第 164 窟主室東壁門北側　文殊及其眷屬赴會圖于闐國王像　西夏（敦煌研究院提供）

圖 22　莫高窟第 164 窟主室東壁門南側　普賢及其眷屬赴會圖于闐國王像　西夏（敦煌研究院提供）

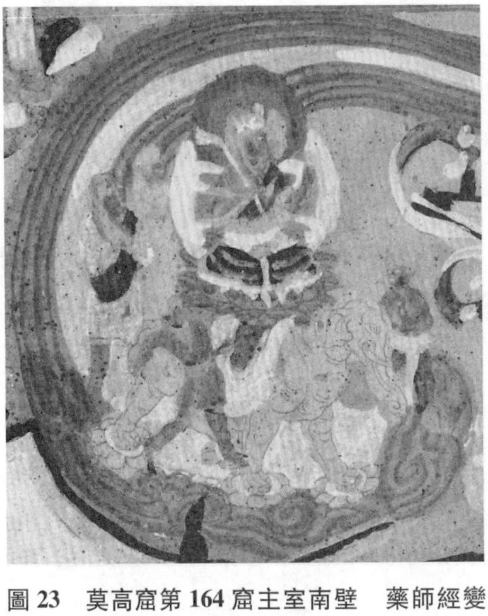

圖 23　莫高窟第 164 窟主室南壁　藥師經變普賢及其眷屬赴會圖　西夏（敦煌研究院提供）

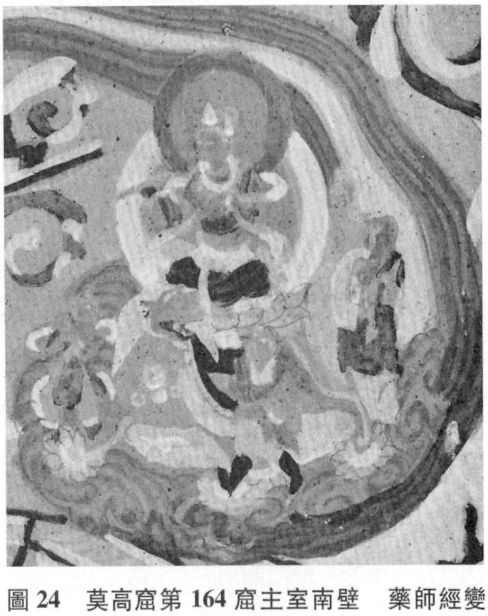

圖 24　莫高窟第 164 窟主室南壁　藥師經變文賢及其眷屬赴會圖　西夏（敦煌研究院提供）

持如意正面半跏趺坐於獅子背上,獅子回首下視一側體型較小的于闐國王。于闐國王作奔跑狀,無頭光,頭披風帽,著交領衣,挽袖於肘(圖25)。文殊左側立有三身像,其中兩身爲侍從菩薩,一位合十,一位手持長柄香爐,另一身爲一比丘,有圓形頭光,著交領袈裟,應爲佛陀波利。文殊右側立有四身像,其中兩身爲侍從菩薩,一位合十,一位雙手托花盤,一身爲一天王,雙手合十,最後一身爲一老人,應爲大聖老人。

圖25　莫高窟第149窟南壁　文殊及其眷屬赴會圖于闐國王像　西夏（敦煌研究院提供）

圖26　榆林窟第29窟主室東壁　文殊赴會圖于闐國王像　西夏（敦煌研究院提供）

瓜州榆林窟西夏第29窟主室東、西壁中間分别繪以五臺山爲背景的文殊及其眷屬赴會圖與普賢及其眷屬赴會圖。文殊赴會圖[1]以山巒樹木爲背景,山間圓輪中化現金鐘、坐佛等祥瑞,文殊及其眷屬位於雲上。文殊手持如意正面半跏趺坐於高蓮花座上,蓮座置於獅子背上。獅子側身回首看向于闐國王。于闐國王頭戴鳥翅高冠,美髯,身著交領半臂袍衫,袖口於肘部翻卷而起,衣擺繫起,雙腿露出,略呈弓步,以肩挑式拉拽繮繩(圖26)。獅子右側有一身持杖的老者,有圓形頭光。獅子前方下側有一身雙手合十的童子。獅子後側有一身奔走的天人。文殊左側有隨侍的3身菩薩與1身天王,

〔1〕 敦煌研究院編著《中國石窟·安西榆林窟》,圖版124。

右側有隨侍的 2 身菩薩、1 身天子與 1 身天王。

榆林窟西夏第 3 窟主室西壁門南側畫普賢變，門北側畫文殊變[1]。文殊變以山巒雲海爲背景（圖 27），文殊手持如意側面半跏趺坐於獅子背上，獅子回首下視一側體型較小的于闐國王。于闐國王無頭光，頭戴雲形高冠，深目高鼻，絡腮卷鬍，身著圓領袍服，挽袖於肘，腰部繫帶，腰帶垂掛蹀躞七事，有腰袱，腳穿長靴，靴頭有一尖爪，弓步扭腰，右手牽繮繩，左手持鞭（圖 28）。文殊右側有一身隨行的羅漢，持錫杖托鉢，文殊前方有一老人，這兩人當爲佛陀波利與大聖老人，均有頭光。大聖老人前方有一圓光，圓光之中有一孩童，雙手托蓮花，可能是以化生童子的形象表現的善財童子。文殊周圍還有隨侍的 2 身天王，2 身菩薩，3 身天人。另外雲海中還有 5 身天人和 2 身托寶的夜叉等人物。文殊變上部空中有一圓輪，輪中繪文殊菩薩及其眷屬像，即騎獅子的文殊、文殊化現的聖老人、佛陀波利、善財童子，其中文殊與獅子的圖像略有漫漶，畫漏了于闐國王（圖 29）。

圖 27　榆林窟第 3 窟主室西壁門北側　文殊及其眷屬赴會圖　西夏（敦煌研究院提供）

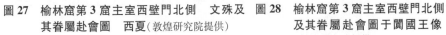

圖 28　榆林窟第 3 窟主室西壁門北側　文殊及其眷屬赴會圖于闐國王像　西夏（敦煌研究院提供）

〔1〕 敦煌研究院編著《中國石窟·安西榆林窟》，圖版 158—170。

圖 29　榆林窟第 3 窟主室西壁門北側　文殊及其眷屬赴會圖　西夏(敦煌研究院提供)

圖 30　榆林窟第 4 窟主室西壁門北側　文殊及其眷屬赴會圖于闐國王像　西夏(敦煌研究院提供)

榆林窟西夏或元代第 4 窟主室西壁門南側畫普賢變[1],門北側畫文殊變[2]。文殊變以山巒爲背景,繪文殊五尊像於雲上,文殊側身半跏趺坐於獅子背上,右手持如意,兩側有聖老人與羅漢形的佛陀波利,獅子前面有善財童子,以上四尊像均有圓形頭光,馭獅者爲無頭光的于闐國王,身著西夏武官常服的戰袍與戰靴,雙腿作弓步,以肩挑式拉拽繮繩(圖 30)。另外需要説明的是,榆林窟西夏第 2 窟主室東壁中間的文殊圖比較特别[3],文殊右手持如意正面半跏趺坐於正面的獅子背上,文殊左側有聖老人、脅侍菩薩與著鎧甲的天王各一身,文殊右側有羅漢形佛陀波利、脅侍菩薩與著鎧甲的天王各一身,獅頭下方有一身模糊的小像,有圓形頭光和披帛,可能爲善財童子,但是畫面中不見于闐國王。

瓜州東千佛洞西夏第 6 窟南壁畫普賢及其眷屬赴會圖,北壁畫文殊及其眷屬赴會

〔1〕 敦煌研究院編著《中國石窟・安西榆林窟》,圖版 191;孫曉崗《文殊菩薩圖像學研究》,圖 79,81 頁。
〔2〕 孫曉崗《文殊菩薩圖像學研究》,82 頁。
〔3〕 同上書,71、79 頁。

圖[1]。文殊赴會圖以五臺山爲背景,嶙峋的山麓中有亭臺,坐禪的僧人,跋山的信徒,山間雲上化現出寺院。文殊正面結跏趺坐於獅子背上,頭戴寶冠,身著天衣,手持如意,獅子回首下視。于闐國王位於獅子外側偏後,體型較小,無頭光,絡腮卷鬍,身著灰褐色袍服,衣表飾虎皮紋,挽袖,手拉繮繩(圖 31)。文殊右側有兩身合掌的天王,左側有三身像,均有圓形頭光,其中一身爲手捧經卷的比丘即佛陀波利,一身爲老者即大聖老人,還有一身位於獅子前方,體型較小,較模糊,可能是善財童子。

圖 31　東千佛洞第 6 窟北壁　文殊赴會圖于闐國王像　西夏(宋利良攝)

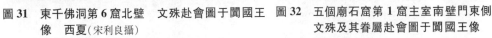

圖 32　五個廟石窟第 1 窟主室南壁門東側文殊及其眷屬赴會圖于闐國王像　西夏(宋利良攝)

肅北五個廟石窟第 1 窟主室南壁門東、西側分别畫文殊及其眷屬赴會圖與普賢及其眷屬赴會圖。文殊赴會圖以五臺山爲背景,兩個山谷中各有一座寺院,一處山頂有一老人,山間天空化現出佛頭、鐘、佛手、寶瓶等。文殊正面半跏趺坐於獅背上,頭戴如意

〔1〕 文中未注明出處的圖像,均爲筆者調查所得。東千佛洞第 6 窟在《安西東千佛洞内容總録》(敦煌研究院編《敦煌石窟内容總録》,北京: 文物出版社,1996 年,222—224 頁)中定爲元代修建,我們則認爲可能修建於西夏時期。

寶冠,左手持如意,獅子回首望向于闐國王,于闐國王較模糊,有圓形頭光,頭戴護耳皮毛帽,交領土紅色衣服,雙腿作弓步(圖32)。文殊左右側各立有3身侍從菩薩、天女或天人合掌或托物供養,獅頭前面有一身有頭光的僧人,獅尾後有一身有頭光的老人,獅子前方與側方各有一人,均有頭光,殘損較嚴重。

五個廟石窟第4窟主室東、西壁分别畫文殊及其眷屬赴會圖與普賢及其眷屬赴會圖。文殊赴會圖上部已熏黑,下部殘存畫面中獅子回首望向于闐國王,于闐國王有圓形頭光,頭戴翅形寶冠,髯鬚卷曲,交領右衽窄袖缺胯衫,下身著褲,雙腿作弓步,腳穿短筒靴,以肩挑式拉拽繮繩(圖33)。于闐王左側立一身有頭光的僧人,頭戴斗笠,雙手托包袱。國王右側立有一身有頭光的老人。老人背後殘存一身人物,有頭光,著俗裝,躬身雙手托物。于闐王下方殘存一身舞蹈狀菩薩。普賢赴會圖中亦繪有聖老人、佛陀波利與善財童子,畫面中的馭象者著交領半袖衫,下身著裙,以布條兜襠部,叉腿而立,赤足,以肩挑式拉拽繮繩(圖34),可能也是一身于闐國王像。

圖33　五個廟石窟第4窟主室東壁　文殊赴會圖于闐國王像　西夏(宋利良攝)

圖34　五個廟石窟第4窟主室西壁　普賢赴會圖于闐國王像　西夏(宋利良攝)

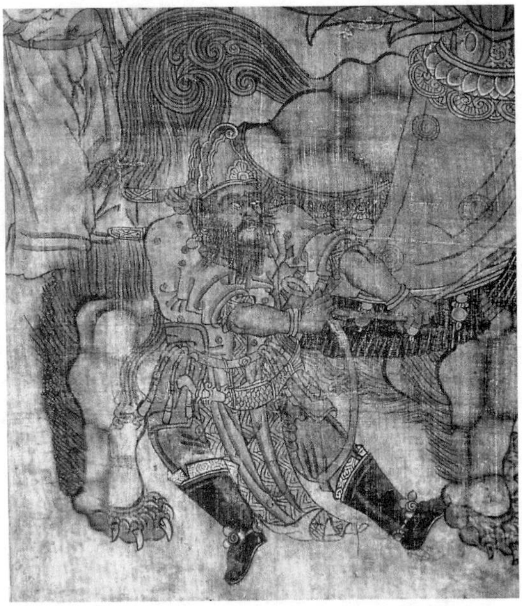

圖 35　黑水城出土絹畫 X－2447　文殊菩薩圖于闐國王像　西夏(採自《絲路上消失的王國——西夏黑水城的佛教藝術》圖版 50)

俄羅斯聖彼得堡冬宫博物館藏黑水城出土的絹畫中有一件西夏文殊菩薩圖,編號爲 X－2447[1]。畫面中文殊手持如意結跏趺坐於獅子背上,獅子回首下視側後方體型較小的于闐國王。于闐國王,無頭光,頭戴卷葉形高冠,鷹鉤鼻,絡腮鬍,上身著對襟圓領衣服,挽袖於肘,腰繫革帶,腰帶垂掛蹀躞七事及魚形彎刀,有腰袱,下身著褲,腳穿長筒皮靴,略呈弓步,身體後傾,雙手拉拽繮繩(圖 35)。文殊左下側立善財童子,有頭光,赤腳,雙手合十。文殊右下側立聖老人,有頭光,雙手持杖。

2016 年 6 月筆者考察法國吉美博物館時,發現該館藏有一件文殊石雕像,編號爲 MG.26315。該館陳列廳展覽説明牌上標明此件文物來自中國北方,時代爲隋代,我們認爲實際應爲北宋時期的作品(圖 36)。文殊結跏趺坐於獅子背上的蓮花座上,頭戴寶冠,右手已殘,獅子向右轉頭,右側立于闐國王,于闐國王絡腮大鬍,著袍服,腰部繫帶,腰帶垂掛魚形刀,以肩挑式拉拽繮繩(圖 37)。此件石雕像没有雕出善財童子,但是仍應屬於新樣文殊造像,這説明認定新樣文殊造像最關鍵的特徵的確應該是于闐國王像。

甘肅省隴東地區子午嶺東麓苗村河北岸臺地上的北宋塔兒灣石造像塔南側,雕文殊菩薩出行圖和普賢菩薩出行圖各一幅,文殊騎獅,牽獅者爲一胡奴形象的人物,深目高鼻,虬髯,武士裝束,身體傾斜,站在獅子的右後方,左手下垂緊握繮繩,繩頭繞過頸後,又用右手上舉拉繩,應爲于闐國王[2]。

〔1〕 臺灣歷史博物館編譯《絲路上消失的王國——西夏黑水城的佛教藝術》,臺北:臺灣歷史博物館,1996 年,208—210 頁。

〔2〕 甘肅省博物館、慶陽地區博物館《甘肅子午嶺區造像塔調查記》,文物編輯委員會編《文物資料叢刊(3)》,北京:文物出版社,1980 年,190—197 頁;榮新江《從敦煌的五臺山繪畫和文獻看五代宋初中原與河西于闐間的文化交往》,70 頁。

圖 36　法國吉美博物館藏 MG.26315　新樣文殊石雕像　宋代(筆者攝)

圖 37　法國吉美博物館藏 MG.26315　新樣文殊石雕像于闐國王像　宋代(筆者攝)

北宋雍熙元年(984)日本入宋高僧奝然巡禮五臺山[1],歸國時從中國帶走了現藏於日本清涼寺釋迦如來像内的版畫騎獅文殊圖與騎象普賢圖。畫面中文殊正面半跏趺坐於獅子背上的蓮花座上,右手持如意,獅子右側有合十的童子,獅子向左側回首望向牽獅人,牽獅人應爲于闐國王像,深目高鼻,絡腮鬍,頭戴高帽,身著交緊袖衣,腰部繫帶圍腰袱,腰帶垂掛一小包,靴頭有一尖爪,兩手分開牽拉繮繩[2]。

另外,根據筆者現場考察所見,河北邯鄲小響堂山石窟(水浴寺石窟)東窟東壁雕有宋代的騎獅文殊菩薩和牽獅于闐國王的石像,其中于闐國王頭披風帽,絡腮鬍,身著緊袖圓領袍服,腰繫革帶,雙手拉繮繩。響堂山石窟藝術博物館也藏有宋代的騎獅文殊菩薩和牽獅于闐國王的小石雕像,于闐國王以肩挑式拉拽韁繩。

浙江省杭州市飛來峰青林洞洞口東壁北宋乾興元年(1022)盧舍那佛會龕中的文殊赴會圖包括騎獅文殊、于闐國王與善財童子三尊像,其中于闐國王叉腿而立,頭戴尖頂卷檐帽,身著交領袍服,兩手持韁繩,右手折肘向前,左手舉至左肩外側[3]。

通過以上圖像的介紹,我們可以看出:

〔1〕 志磐《佛祖統紀》卷四三,《大正新脩大藏經》(以下簡稱《大正藏》)第 49 册,399 頁。

〔2〕 孫曉崗《文殊菩薩圖像學研究》,60—62 頁。

〔3〕 小川裕充、弓場紀知《世界美術大全集・東洋編(第五卷)五代・北宋・遼・西夏》,東京:小學館,1998 年,151 頁。

（1）“新樣文殊”圖像在敦煌最早出現在莫高窟第 220 窟甬道，繪製時間爲後唐同光三年（925），出現的主要人物是騎獅文殊、于闐國王及善財童子。藏經洞文殊菩薩版畫的時代應該在宋代，但其雕版在雕造時可能參照了第 220 窟新樣文殊圖或者其粉本，並在裝束上加入了當時流行的元素。需要説明的是，孫修身先生認爲莫高窟的新樣文殊圖最早出現在晚唐時期的第 147 窟與第 144 窟[1]。孫曉崗先生在統計敦煌的新樣文殊圖像時没有提到莫高窟第 147 窟，但是他仍然認爲莫高窟第 144 窟晚唐的文殊赴會圖是敦煌最早的一鋪新樣文殊圖像，而且指出文殊的眷屬中有于闐王與善財[2]。實際上，莫高窟第 147 窟的文殊赴會圖中既没有作爲背景的五臺山，也没有于闐王，爲文殊牽獅者仍舊是崑崙奴，莫高窟第 144 窟的文殊赴會圖雖以五臺山作爲背景，同時繪萬菩薩赴會的畫面[3]，但圖中没有于闐國王像與善財童子像，如果以是否出現馭者于闐國王作爲衡量新樣文殊的標準，此圖當不能算是新樣文殊圖像。孫曉崗先生還認爲莫高窟第 72 窟存有五代時期繪製的以五臺山爲背景，于闐王與善財爲眷屬的新樣文殊圖像，于闐國王身著黑長袍[4]。我們認爲第 72 窟的開鑿年代可能在晚唐時期[5]，此窟主室龕外北側的文殊赴會圖的下部比較模糊，但似乎没有所謂身著黑袍的于闐國王像，只是在文殊的眷屬中有兩身菩薩的長裙因變色而成黑色，此鋪文殊赴會圖很可能並非新樣文殊圖像。

（2）莫高窟第 61 窟修建於後漢天福十二年（947）至後周廣順元年（951）之間，佛壇上的塑像已毁，原來的題材很可能是新樣文殊。根據此窟五臺山圖中的文殊赴會圖來看，洞窟主尊文殊塑像的牽獅人應該也是于闐國王，至於是否有善財童子的塑像則不能肯定。因爲善財童子雖然没有出現在五臺山圖的文殊赴會畫面之中，但是在更早的莫高窟第 220 窟新樣文殊圖當中已經出現，所以第 61 窟佛壇上原塑像中出現善財童子是可以理解的。榆林窟五代第 19 窟文殊赴會圖與敦煌絹畫宋代 EO.3588 的主體人物是騎獅文殊與于闐國王及善財童子，莫高窟五代第 100 窟、榆林窟五代第 32 窟與莫高窟宋初第 25、153 窟文殊赴會圖的主體人物是騎獅文殊與于闐國王。雖然莫高窟第 61 窟《五臺山圖》與榆林窟第 32 窟及絹畫 EO.3588 中都已經出現了佛陀波利遇大聖老人的畫面，但是我們在敦煌五代與宋代的壁畫中尚未發現佛陀波利與大聖老人進入文

〔1〕 孫修身主編《敦煌石窟全集・佛教東傳故事畫卷》，185、194—195 頁。
〔2〕 孫曉崗《文殊菩薩圖像學研究》，71、74 頁。
〔3〕 郭俊葉《敦煌石窟中的萬菩薩圖》，《藝術史研究》第 17 輯，2015 年，309—329 頁。
〔4〕 孫曉崗《文殊菩薩圖像學研究》，71、74—75 頁。
〔5〕 張小剛《敦煌佛教感通畫研究》，蘭州：甘肅教育出版社，2015 年，311 頁。

殊眷屬行列的實例,因此我們認爲第 61 窟佛壇上原來的塑像中很可能没有佛陀波利與大聖老人的尊像。

(3) 敦煌藏經洞白描紙畫 P.4049 文殊菩薩及其眷屬圖的年代應該在 10 世紀末至 11 世紀初,是現存敦煌繪畫中最早將騎獅文殊、于闐國王、善財童子、佛陀波利、大聖老人五尊像集中繪製的作品。在敦煌壁畫中,大聖老人一人或者他與佛陀波利兩人進入文殊菩薩眷屬羣的圖像主要在西夏以後,與其並列的還有隨侍文殊的其他菩薩、天王或天人,一般均繪出頭光,不像于闐國王那樣没有頭光,如榆林窟第 3、4 窟,東千佛洞第 6 窟,莫高窟第 164、149 窟,五個廟第 1、4 窟内所見。莫高窟第 100、61、25、153、245、149 窟,榆林窟第 32 窟的文殊赴會圖中則都没有繪出善財童子。P.4049 畫面中于闐王像具有深目高鼻、絡腮鬍,腰間垂掛上大下小形小包,靴頭有一尖爪等特徵,這些細節在日本清涼寺藏新樣文殊版畫中都可以見到。于闐王靴頭有一尖爪的特徵還見於莫高窟第 153 窟與榆林窟第 3 窟的文殊赴會圖中。P.4049 畫面中于闐王像冠帽正面呈獅面,莫高窟第 153 窟文殊赴會圖于闐王像寶冠正面也有鬼面,可能藴含著特殊的意義。

(4) 敦煌新樣文殊圖中的主尊文殊既有正面像,也有側面像,絶大多數爲正面像。文殊騎於獅子之上,絶大多數爲半跏趺坐,只有東千佛洞第 6 窟爲結跏趺坐,這種形式在黑水城絹畫 X-2447 文殊菩薩圖與吉美博物館所藏文殊石雕像 MG.26315 上也可以見到。敦煌新樣文殊圖中文殊的寶冠有多種,如第 61 窟《五臺山圖》中的蓮花冠,莫高窟第 153 窟與藏經洞所出新樣文殊版畫上的筒形高寶冠,莫高窟第 100 窟與榆林窟第 32 窟内的化佛寶冠,絹畫 EO.3588 與莫高窟第 245、164 窟内的筒形化佛高寶冠,P.4049上的扇形蓮花化佛高寶冠,榆林窟第 19 窟與莫高窟第 149 窟内的扇形重層高寶冠,榆林窟第 29、3、4 窟,東千佛洞第 6 窟與五個廟第 1 窟内的如意寶冠,其中莫高窟第 61 窟《五臺山圖》中的蓮花冠頗具于闐特色,絹畫 EO.3588 上的筒形高寶冠與 P.4049 上的扇形蓮花高寶冠上至少都有 3 身化佛,莫高窟第 100、245 窟與榆林窟第 32 窟内的寶冠中有 1 身化佛,莫高窟第 164 窟内的寶冠上有 5 身化佛,敦煌其他新樣文殊圖主尊頭冠上則不見化佛。

(5) 關於于闐國王的造像,唐太宗昭陵前原來立有十四蕃君長像,其中有于闐王伏闍信的石雕像及題記,唐高宗與武則天合葬的乾陵之前所立的六十一蕃臣像中也有于闐王伏闍璥的石雕像及題記,可惜均已損毁嚴重,難以窺其全貌。敦煌壁畫供養人像中可以見到類似中原帝王像一樣的于闐國王形象。敦煌新樣文殊圖中則給我們提供了關於于闐國王形象的更多信息。關於敦煌新樣文殊圖中于闐國王的冠帽,莫高窟第 220、149 窟、藏經洞所出新樣文殊版畫、P.4049 等均爲風帽,其中 P.4049 風帽頂部作獅頭形，第 100、245、164 窟爲卷葉高冠，莫高窟第 61 窟《五臺山圖》中爲蓮花帽，榆林窟第 32 窟爲蓮花冠，榆林窟第 19 窟爲蓮葉寶珠冠，莫高窟第 25 窟爲鳳鳥高冠，莫高窟第 153 窟爲卷葉鬼面冠，絹畫 EO.3588 爲襆頭，榆林窟第 3 窟爲翅葉金冠，東千佛洞第 6 窟爲平頂圓帽，五個廟第 1 窟爲尖頂皮毛帽，榆林窟第 29 窟與五個廟第 4 窟爲鳥翅形冠，其中以風帽與蓮花形冠帽居多，反映了于闐的風俗習慣，西夏以後冠帽形式多樣，有的反映了西夏武官的冠帽特點，如榆林窟第 3 窟于闐國王的寶冠與榆林窟第 29 窟男供養人武官趙麻玉的冠帽就具有一定相似性。榆林窟第 19 窟文殊赴會圖中的于闐國王身著圓領對襟袍服，衣領與衣襟處裝飾半團花圖案，與丹丹烏里克木板畫 D.VII.6 四臂神像的衣服比較相似，説明這兩種圖像可能都是根據現實中于闐男性貴族的服裝繪製的，甚至在一定程度上可能借鑒了當時于闐國王李聖天著本民族服裝的形象。

敦煌新樣文殊造像中于闐國王的袍服絶大部分爲窄袖或緊袖，也與丹丹烏里克木板畫 D.VII.6 四臂神像的衣袖相似。榆林窟第 19、32、153 窟與東千佛洞第 6 窟文殊赴會圖中的于闐國王像衣服上都飾虎皮紋，斯坦因 1907 年從和田民豐安迪爾古城（Endere）遺址獲得的 7—8 世紀的木板彩畫 E.ii.1 象頭神迦尼薩（Ganesha）與丹丹烏里克獲得的 6 世紀前後的木板彩畫 D.VII.6 三頭四臂騎牛摩醯首羅天神像的腰下都裹有虎皮裙〔1〕，吐蕃也有以虎豹皮爲貴的習俗〔2〕，于闐國王著虎皮紋袍服可能是爲了暗示國王的勇武。

莫高窟第 61 窟《五臺山圖》于闐國王像已經出現腰袱，在莫高窟第 454、245 窟文殊赴會圖與 P.4049、EO.3588 于闐國王像身上也可以見到腰袱，莫高窟 164、149 窟，榆林窟第 3、4 窟與黑水城絹畫 X－2447 文殊菩薩圖于闐國王像身上的腰袱則更加明顯，反映了當時武官的服飾特點。丹丹烏里克木板畫 D.VII.6 四臂神像腳穿黑色長靴，敦煌新樣文殊造像中于闐國王多數也穿皮革所製的長靴，值得注意的是 P.4049 與榆林窟第 3 窟于闐國王長靴腳尖的形式比較相似。莫高窟第 220、100、164 窟與榆林窟第 19 窟新樣文殊圖、藏經洞所出新樣文殊版畫、P.4049 的于闐國王腰部均垂掛有一件圓形物件。莫高窟第 220 窟于闐國王像腰部所垂圓形物件略呈卷雲形，與莫高窟中唐第 148 窟涅槃經變各族國王舉哀圖中割鼻者腰間所佩戴的物件完全一樣（圖 38），應該是同一種小

〔1〕 ウィットフィールド《西域美術（英國博物館藏斯坦因搜集品）》第 3 册，東京：講談社，1984 年，彩色圖版 57、70。

〔2〕 陸離《敦煌、新疆等地吐蕃時期石窟中著虎皮衣飾神祇、武士圖像及雕塑研究》，《敦煌學輯刊》2005 年第 3 期，110—121 頁。

包一類的物品。P.4049 圖中于闐國王腰部的物件上大下小,應該也是小包一類的物品。榆林窟第 19 窟新樣文殊圖于闐國王腰部所垂圓形物件可能是小包或一枚花形玉佩,藏經洞新樣文殊版畫于闐國王腰部的物件似爲小包或一枚玉環,如果是玉飾則既反映了于闐國王高貴的身分,又强調了于闐爲産玉之國的地域特色。P.4049 上的于闐國王腰部佩掛的魚形腰刀,在黑水城絹畫 X－2447 文殊菩薩圖于闐國王像身上也可以見到,吉美博物館所藏新樣文殊石雕像 MG.26315 于闐國王像身上也可以見到魚形腰刀,丹丹烏里克出土 6 世紀前後木板畫 D.VII.6 上四臂神坐像的腰間就懸掛著彎刀,莫高窟第 154 窟南壁《金光明經變》西側于闐建國傳説故事畫,敦煌版畫 P.4514(1)1－11、P.4514(7)a－b、Ch.xxx.002、Ch.00185,敦煌彩繪紙畫 P.4518(27)、P.t.2224,四川大學博物館等處保存的唐宋时期的毗沙門天王像均在腹下挎有彎刀[1]。在達瑪溝托普魯克墩佛寺遺址羣 3 號佛寺遺址出土的一身神祇畫像的腰間也佩戴著拳形柄首的短刀或

圖 38　莫高窟第 158 窟涅槃經變　割鼻舉哀者　中唐(敦煌研究院提供)

圖 39　達瑪溝托普魯克墩 3 號佛寺遺址出土　神祇立像　6—9 世紀(採自《策勒達瑪溝——佛法彙集之地》34 頁圖版)

〔1〕 霍巍《從于闐到益州:唐宋時期毗沙門天王圖像的流變》,《中國藏學》2016 年第 1 期,24—43 頁。

短劍(圖39)[1],説明新樣文殊造像中于闐國王身上的魚形腰刀可能也是源自西域的男性貴族的配飾。

除了莫高窟第61窟《五臺山圖》與莫高窟第100窟、榆林窟第32窟文殊赴會圖中的于闐國王像没有髯鬚,榆林窟第19窟文殊赴會圖中的于闐國王像髯鬚比較稀疏以外,敦煌其他新樣文殊造像中所見的于闐國王像均爲絡腮髯,其中榆林窟第3窟、東千佛洞第6窟、五個廟第4窟于闐國王的絡腮髯屬於卷曲的形式。

榆林窟第3、29窟、莫高窟第149窟、東千佛洞第6窟文殊赴會圖與五個廟第4窟普賢赴會圖中的于闐國王像採用半臂或挽袖的形式,在黑水城絹畫X-2447文殊菩薩圖于闐國王像身上也可以見到。P.4049與榆林窟第3窟等窟的于闐國王像明顯爲深目高鼻。莫高窟第245、164窟,榆林窟第29、4窟,絹畫EO.3588與五個廟第4窟于闐國王以肩挑式拉拽繮繩,這種形式在吉美博物館所藏新樣文殊石雕像MG.26315與隴東子午嶺東麓塔兒灣造像塔南側文殊出行圖上也可以見到,是公元11世紀前後敦煌新樣文殊圖中流行的形式。榆林窟第19窟新樣文殊圖中的于闐國王作弓步使勁狀,西夏榆林窟第29、3、4窟、五個廟第1、4窟内亦均作這種姿勢。

莫高窟第100窟内首次出現將相對繪出的文殊赴會圖與普賢赴會圖中的馭獅人或馭象人均畫成于闐國王的形象,這種情況在西夏時期的莫高窟第164窟與五個廟第4窟内仍然可以見到。當然大多數情況下,與文殊赴會圖中的馭獅人于闐國王相對應的普賢赴會圖中的馭象人仍舊是崑崙奴。

五臺山南禪寺與佛光寺大殿佛壇上的塑像羣中,有相對出現的文殊與普賢,其文殊造像包括騎獅文殊、于闐國王與善財童子三尊像[2],從其裝束來看應該在宋代前後,不會早到唐代。川渝地區與陝北地區也發現了不少新樣文殊石雕像,年代一般都在兩宋時期,有的只雕出騎獅的文殊和牽獅的于闐國王,如大足北山石窟南宋第136號窟(轉輪經藏窟)内的文殊赴會像,有的除了這兩尊像以外還有善財童子像[3],如四川大

〔1〕 中共策勒縣委、策勒縣人民政府《策勒達瑪溝——佛法彙集之地》,香港:大成圖書有限公司,2012年,34頁。

〔2〕 Marylin M. Rhie, *The Fo-kuang ssu: Literary Evidences and Buddhist Images*, New York & London: Garland Publishing, Inc., 1977, fig. 23;孫修身《中國新樣文殊與日本文殊三尊五尊像之比較研究》,46—47頁;孫曉崗《文殊菩薩圖像學研究》,66—69頁;姜莉《魏晉南北朝至五代文殊菩薩典型造像研究》,上海大學碩士學位論文,2010年5月,61—62頁。

〔3〕 孫修身《四川地區文殊菩薩信仰述論》,74頁;李靜傑《陝北宋金石窟佛教圖像的類型與組合分析》,《故宫學刊》2014年第1期,92—120頁。

學博物館藏邛崍龍興寺出土石刻騎獅文殊菩薩像是文殊、昆仑奴與善財童子三尊像的組合形式[1]。三尊或五尊形式的新樣文殊造像也流行於日本等國,但其造像的年代一般在12世紀以後[2]。這些宋代以後新樣文殊造像,根據時代與地區的不同,雖然其中有的于闐國王像還保留著一些胡人的長相或裝束特徵,但是已經越來越多地融入了當時當地武官的形象,與新樣文殊早期造像中于闐國王形象的距離越來越遠。

二 新樣文殊像的産生與敦煌新樣文殊像的輸入

(一) 敦煌新樣文殊像的輸入

莫高窟第220窟新樣文殊圖繪成於同光三年(925)三月,這個時間需要特別注意。同光是後唐莊宗李存勖的年號,前後只有四年時間(923—926)。莊宗爲應州人(今山西省北部),出生於晉陽宫,爲唐末河東節度使李克用的長子,承襲其父晉王之位,佛教聖地五臺山即位於其轄地内,莊宗與五臺山僧人關係密切[3],如傳説莊宗曾率隊捕獵,在太原清水池安營,兵卒獵殺紅白色大蛇而食之,有五臺山僧斷言此事爲滅梁之吉兆[4],莊宗稱帝前又有五臺山僧自稱於山中石崖間得三銅鼎而獻上[5]。《新五代史》卷一四《唐太祖家人傳・皇后劉氏傳》記載,莊宗佞佛,同光年間"有胡僧自于闐來,莊宗率皇后及諸子迎拜之。僧遊五臺山,遣中使供頓,所至傾動城邑"[6]。據敦煌文書S.5981記載:

> 大唐同光二年(924)三月九日時來巡禮聖跡,故留後記。鄜州開元寺觀音院主臨壇持律大德智嚴,誓求無上,普願救拔四生九類,欲往西天,求請我佛遺法,回東夏然。願我今皇帝萬歲,當府曹司空千秋,合境文武崇班,總願皈依三寶,一切士庶人民,悉發無上菩提之心。智嚴回日,誓願將此凡身於五臺山供養大聖文殊師利菩薩,焚燒此身,用酬往來道途護衛之恩。所將有爲之事,回向無爲之理。法界有情,同證正覺。[7]

鄜州(今陝西省北部富縣)開元寺僧智嚴西行求法,於同光二年(924)三月九日途

[1] 馮國定、周樂欽、胡伯祥編《四川邛崍唐代龍興寺石刻》,北京:中國古典藝術出版社,1958年,圖4,圖5。
[2] 孫修身《中國新樣文殊與日本文殊三尊五尊像之比較研究》,49—52頁。
[3] 榮新江《歸義軍史研究——唐宋時代敦煌歷史考索》,249頁。
[4] 《北夢瑣言逸文》卷四,孫光憲撰,賈二强點校《北夢瑣言》,北京:中華書局,2002年,444—445頁。
[5] 《舊五代史》卷二九《莊宗紀》,北京:中華書局,1976年,402頁。
[6] 《新五代史》,北京:中華書局,1974年,144頁。
[7] 此據榮新江《歸義軍史研究——唐宋時代敦煌歷史考索》250頁録文。

經沙州時巡禮聖跡，並發願回到中原之日將赴五臺山捨身供養文殊菩薩。敦煌文書S.529記載了定州（今河北省定州市）開元寺僧人歸文奉敕西行取經，於同光二年四月抵達靈州，清泰三年（936）六月在沙州[1]，文書的背後詳細記載了五臺山寺院數目，説明歸文對五臺山的情況比較熟悉，他所瞭解的這些情況也輸入到敦煌。同光二年四月沙州使者隨附回鶻使者到達中原，向後唐朝貢，據《册府元龜》卷九七二《外臣部·朝貢五》記載："是月，沙州曹義金進玉三團、硇砂、羚羊角、波斯錦、茸褐、白氎、牛黄、金星礬等。"[2]同年五月乙丑莊宗"以權知歸義軍留後曹義金爲歸義軍節度使、沙州刺史、檢校司空"，"拜義金爲歸義軍節度使、瓜沙等州觀察處置等使"[3]，"以權知歸義軍節度兵馬留後、金紫光禄大夫、檢校尚書左僕射、守沙州長史兼御史大夫、上柱國曹義金爲檢校司空，守沙州刺史，充歸義軍節度，瓜沙等州觀察、處置管内營田押蕃落等使"[4]。《同光三年（925）六月一日歸義軍節度使牒》上鈐"沙州觀察處置使之印"，後署"使檢校司空兼太保曹議金"（P.3805），説明此時沙州使者已攜帶聖旨從内地回到敦煌，曹議金則開始自稱太保[5]。同光三年（925）二至四月間，于闐使來到沙州並做佛事功德（鋼和泰藏卷），此前貞明六年（920）沙州客將張幸端出使于闐（P.2161－1），光化四年（901）于闐使梁明明等來沙州（P.4640v，S.4359）[6]。由此可見，同光三年三月之前，既有從内地西行求法途經敦煌且篤信文殊菩薩的高僧智嚴，有去到中原王朝進貢並可能已返回的沙州使者，又有來到沙州的于闐使者或是出使于闐的沙州使者。新樣文殊最大的特點是用于闐國王代替崑崙奴作爲牽獅者，新樣文殊中出現的善財童子則是于闐地區特别流行的《華嚴經》中的重要人物，可見，新樣文殊造像中無疑具有强烈的于闐因素，于闐佛教徒在新樣文殊的産生過程當中應該發揮了重要作用，新樣文殊很可能就是在于闐創製並得到了現實中于闐國王的認可而向外推廣的。榮新江先生認爲敦煌新樣文殊圖像的粉本可能來自中原的五臺山[7]。我們認爲根據現有的歷史綫索，目

[1] 榮新江《敦煌文獻所見晚唐五代宋初的中印文化交往》，李錚、蔣忠新主編《季羡林教授八十華誕紀念論文集》，南昌：江西人民出版社，1991年，955—968頁。

[2] 《宋本册府元龜》，北京：中華書局，1989年，3859頁。

[3] 《舊五代史》卷三二《莊宗紀》、卷一三八《吐蕃傳》，436、1840頁。

[4] 王欽若等編纂，周勳初等校訂《册府元龜（校訂本）》卷一七〇《帝王部·來遠》，南京：鳳凰出版社，2006年，1896頁。

[5] 榮新江《歸義軍史研究——唐宋時代敦煌歷史考索》，100頁。

[6] 榮新江《于闐王國與瓜沙曹氏》，《敦煌研究》1994年第2期，112頁。

[7] 榮新江《從敦煌的五臺山繪畫和文獻看五代宋初中原與河西于闐間的文化交往》，70頁；榮新江《歸義軍史研究——唐宋時代敦煌歷史考索》，255頁。

前尚難以確定莫高窟第220窟新樣文殊的粉本具體是由于闐直接傳入敦煌,還是先傳入内地在五臺山最終定型再由内地輸入敦煌的。

後唐莊宗以後的五代時期,敦煌歸義軍政權與東面的中原王朝和西面的于闐王國之間的交流更加頻繁,除了使者與商人以外,也有不少中外僧人來往其間。

敦煌文書S.6551V《佛説阿彌陀經講經文》記載:

但少(小)僧生逢濁世,濫處僧倫,全無學解之能,虚受人天信施,東游唐國幸(華)都,聖君賞紫,丞(承)恩特加師號。擬五臺山上,松攀(攀松)竹以經行;文殊殿前,獻香花而度日。欲思普化,爰别中幸(華),負一錫以西來,途經數載;製三衣於沙磧,遠達崑崗。親牛頭山,巡于闐國。更欲西登雪嶺,親詣靈山,自嗟業鄣(障)尤深,身逢病疾。遂乃遠持微德,來達此方,睹我聖天可汗大回鶻國,莫不地寬萬里,境廣千山,國大兵多,人强馬狀(壯)。[1]

文書中記載的這位高僧約於五代中葉停留在西州回鶻,在講經時他提到自己遊方的經歷,即曾經到五臺山供養文殊菩薩,也曾到于闐國巡禮牛頭山,原本計劃越過雪嶺往天竺參拜靈鷲山,因染疾病而未能成行。

敦煌文書P.3718(2)《後唐長興二年(931)河西釋門故僧政京城内外臨壇供奉大德兼闡揚三教大法師賜紫沙門范和尚寫真讚并序》記載沙州僧政范海印和尚曾東禮五臺山,受到中原朝廷的接見與封賞,後來又西赴于闐,得到于闐國王的供養,在從于闐返回的途中不幸染病去世[2]。P.3928《某僧上僕射狀》是某僧爲巡禮五臺山而給僕射的申請書,曹議金在西元920年前後自稱僕射,很可能就是僧人狀奏的對象,此僧人則可能就是海印和尚[3]。

敦煌文書P.3931《印度普化大師巡禮五臺山記》記載了五代時古印度摩揭陀國普化大師來中土朝拜五臺山的事蹟,文書中提到"玄奘遇於德宗,波利逢於大聖;前無垢藏幸遇莊皇,此吉祥天喜逢於今聖"[4],説明僧人吉祥天("唐標三藏普化大師,梵號囉麽室利禰縛")來到中原的時間當在後唐莊宗之後,而同光年間來自于闐而受到莊宗禮遇的胡僧可能就是無垢藏[5]。

---

〔1〕 此據榮新江《歸義軍史研究——唐宋時代敦煌歷史考索》257—258頁録文。

〔2〕 饒宗頤主編《敦煌邈真讚校録并研究》,臺北:新文豐出版公司,1994年,276—279頁;榮新江《歸義軍史研究——唐宋時代敦煌歷史考索》,258頁。

〔3〕 鄭炳林《敦煌碑銘讚輯釋》,蘭州:甘肅教育出版社,1992年,419頁。

〔4〕 杜斗城《敦煌五臺山文獻校録研究》,太原:山西人民出版社,1991年,221頁。

〔5〕《新五代史》第1册,144頁。

可見,五代時期這些來往於于闐、沙州和五臺山之間的僧人進一步加强了敦煌與五臺山之間的聯繫,使得敦煌能夠及時瞭解到五臺山佛教發展的最新情況。

(二) 新樣文殊像的產生

文殊造像中出現于闐國王與善財童子,今天最早可以見到的文獻是宋代五臺山大華嚴寺沙門延一重編的《廣清涼傳》卷中"菩薩化身爲貧女"條:

> 大孚靈鷲寺者,九區歸向,萬聖修崇,東漢肇基,後魏開拓。不知自何代之時,每歲首之月,大備齋會,遐邇無間,聖凡混同。七傳者,有貧女遇齋赴集,自南而來,淩晨届寺,攜抱二子,一犬隨之,身餘無貲,剪髮以施。未遑衆食,告主僧曰:"今欲先食,遽就他行。"僧亦許可,命僮與饌,三倍貽之,意令貧女二子俱足。女曰:"犬亦當與。"僧勉强復與。女曰:"我腹有子,更須分食。"僧乃憤然語曰:"汝求僧食無厭,若是在腹未生,曷爲須食。"叱之令去。貧女被呵,即時離地,倏然化身,即文殊像,犬爲師子,兒即善財及于闐王,五色雲氣,靄然遍空。因留苦偈曰:"苦瓠連根苦,甜瓜徹蒂甜,是吾起(超)三界,卻彼(被)可(阿)師嫌。"菩薩説偈已,遂隱不見。在會緇素,無不驚嘆。主僧恨不識真聖,欲以刀剜目,衆人苦勉方止,爾後貴賤等觀,貧富無二。遂以貧女所施之髮,於菩薩乘雲起處,建塔供養。[1]

《廣清涼傳》中記載的這個故事,不見於唐代僧慧祥所撰的《古清涼傳》,而後者一般認爲約成書於唐高宗永隆元年(680)至弘道元年(683)間。

日僧圓仁《入唐求法巡禮記》卷三"開成五年(840)七月二日"條記:

> 昔者大華嚴寺設大齋,凡俗男女乞丐寒窮者盡來受供。……於乞丐中有一孕女,懷妊在座,備受自分飯食訖,更索胎中孩子之分。施主罵之,不與。……女人對曰:"我肚裏兒不得飯,即我亦不合得吃。"便起出食堂。纔出堂門,變作文殊師利,放光照耀,滿堂赫奕,皓玉之貌,騎金毛師子,萬菩薩圍繞騰空而去。[2]

可見,圓仁已經聽聞了文殊化身爲貧女的故事,但是故事中尚沒有出現善財童子和于闐王。榮新江先生認爲,《廣清涼傳》中比較完整的故事情節是開成五年以後逐步形成的,定型於唐朝末年[3]。

關於造像和文本的關係比較複雜,有時並不一定是先有文獻,然後再依據文獻來造

---

〔1〕《大正藏》第51册,1109頁。

〔2〕釋圓仁原著,白化文、李鼎霞、許德楠校注《入唐求法巡禮行記校注》,石家莊:花山文藝出版社,2007年,296頁。

〔3〕榮新江《歸義軍史研究——唐宋時代敦煌歷史考索》,253—254頁。

像,尤其是牽涉到一些傳説故事的時候,往往是通過對現成的遺跡或造像進行附會而形成一個傳説,這種傳説再被記録下來而形成文本,以後又有根據文本重新創製的造像。新樣文殊中出現的善財童子是《華嚴經》中的重要人物。在東晉天竺三藏佛馱跋陀羅譯《大方廣佛華嚴經》"入法界品"中有文殊於大衆中觀察善財童子因緣,善財童子"隨從文殊師利"、"聞佛如是諸妙功德,專求菩提"的明確記載[1],經文中還詳細記載了善財童子受文殊菩薩教誨,參訪五十三位善知識以後成就佛道的經歷。

《華嚴經》在于闐地區特别流行,東晉義熙十四年(418)在建康(今南京)道場寺譯出的佛馱跋陀羅譯本,其梵文就是由慧遠的弟子支法領從于闐獲得的[2]。新樣文殊最大的特點應該是用于闐國王代替了崑崙奴作爲牽獅者,因此新樣文殊中具有强烈的于闐因素。于闐佛教徒在新樣文殊的産生過程當中很可能發揮了重要作用。由於于闐全國自上而下均篤信佛教,歷代于闐國王尤其佞佛,一直自稱是毗沙門天王的後代,所以于闐國王代替崑崙奴親自爲文殊菩薩牽獅,對於于闐國王來説是不以爲恥反以爲榮的事情,新樣文殊很可能就是在于闐創製並得到了現實中于闐國王的認可而向外推廣的。由於于闐國王放低身分成爲牽獅之奴,這種表現形式對於佛教徒來説具有較大的示範和鼓舞作用,新樣文殊傳到五臺山以後,很快就被五臺山佛教徒所接受,並與五臺山舊有的傳説相結合,將這種造像的産生過程賦予神秘色彩。我們認爲這樣的推測應該是合乎情理的。

佛陀波利與文殊所化老人的故事出自唐代佛陀波利所譯的《佛頂尊勝陀羅尼經》。關於此經翻譯的因緣,依經首序文所載,唐高宗儀鳳元年(676),罽賓僧佛陀波利至山西五臺山頂禮,祈睹文殊菩薩聖容。時一神異老翁示現,曰:"當返西國取梵本尊勝陀羅尼經,流傳漢土,即示文殊師利菩薩所在。"師聞言,乃重返本國。永淳二年(683)攜該經梵本復至京師。高宗敕令日照及杜行顗譯之。譯成之後,存留於宫内,未流佈於世。師乃請還梵本,與順貞於西明寺再譯,以供流佈[3]。《廣清涼傳》及《宋高僧傳》等佛教文獻亦載其事。圓仁《入唐求法巡禮記》中亦記載五臺山竹林寺般舟道場内"畫佛陀波利儀鳳元年來到臺山見老人時之影"[4]。莫高窟第220窟《新樣文殊圖》中没有出現佛陀波利與文殊所化大聖老人的尊像。莫高窟第61窟的《五臺山圖》,榆林窟第

[1] 《大正藏》第9册,688頁。
[2] 釋慧皎撰,湯用彤校注《高僧傳》,北京:中華書局,1992年,73頁。
[3] 《大正藏》第19册,349頁。
[4] 《入唐求法巡禮行記校注》,262頁。

32 窟與敦煌絹畫 EO.3588 的《五臺山文殊菩薩化現圖》中均有佛陀波利與大聖老人相對而立作交談狀的畫面,但是在敦煌壁畫中這兩尊人物進入文殊的眷屬之列的作品,其年代都在西夏以後。敦煌藏經洞出土的白描紙畫 P.4049《文殊菩薩及其眷屬圖》可能具有畫稿的作用,也就是說將與文殊造像相關的主要人物形象集中起來,對於每一身人物來説,他們可能是壁畫上相關人物的粉本,但是就整體而言,則不一定是某一鋪完整的壁畫新樣文殊造像的底稿。

孫修身先生根據山東成武縣保存的唐代高僧舍利塔地宫門扉上的文殊與普賢圖像及其兩側銘刻的"大唐開元聖神武皇帝供養"、"大唐開元皇后供養佛時"的題記,認爲開元十三年(725)新樣文殊圖像已經出現[1]。孫曉崗也調查了成武縣石造舍利塔門扉的造像,根據其提供的文字描述與圖版資料[2],我們可以知道畫面中對稱出現了騎獅文殊與騎象普賢,分别有牽獅子或大象的馭者,但這兩身馭者均爲上身赤裸的形象,很可能不是于闐國王而是崑崙奴,畫面中的文殊圖像應該不是新樣文殊像。有學者在調查山西省壽陽縣陽摩山石窟時,發現了一鋪華嚴三聖像,其中騎獅文殊的馭者已由崑崙奴變爲中年胡人的形象,附近不遠處千佛圖像中央所鐫刻的《大唐大曆二年(767)歲在丁未八月陽摩山功德銘文》中記載有"二大士普賢、文殊,龕中觀音、勢至等諸大菩薩□□□是其增新"等文字,因此認爲此鋪圖像中的文殊像刻於大曆二年八月,是目前所知的有確切紀年的最早的新樣文殊圖像[3]。陽摩山石窟最遲開鑿於東魏武定四年(546),到北漢天會四年(960)一直都有修建[4]。陽摩山石窟一小龕内的新樣文殊像是否就是《陽摩山功德銘文》中所提到的文殊像,或是後代補鑿的龕像,我們認爲尚待進一步研究。

1987 年陝西扶風法門寺地宫出土的第一枚佛指舍利有八重寶函,年代爲晚唐咸通年間(860—874),其中由裏向外第五重爲鎏金如來説法盝頂銀寶函(FD5: 011—4),第七重爲鎏金四天王盝頂銀寶函(FD5: 011—2)[5]。鎏金如來説法盝頂銀寶函兩側分

[1] 孫修身《四川地區文殊菩薩信仰述論》,84 頁。

[2] 孫曉崗《文殊菩薩圖像學研究》,49 頁。

[3] 劉澤民、李玉明總主編,史景怡分册主編《三晉石刻大全·晉中市壽陽縣卷》,太原: 三晉出版社,2009 年,24—25 頁;許棟、許敏《新樣文殊中的于闐王及其相關問題研究——以敦煌發現的新樣文殊圖像爲中心》,83 頁。

[4] 許棟、王麗、石文嘉《山西壽陽陽摩山石窟東區調查與研究》,《文物春秋》2017 年第 5 期,49 頁。

[5] 陝西省考古研究院、法門寺博物館、寶雞市文物局、扶風縣博物館編著《法門寺考古發掘報告》上册,北京: 文物出版社,2007 年,274 頁。

别雕文殊及其眷屬赴會圖(圖40,圖41)與普賢及其眷屬赴會圖(圖42,圖43)[1],人物均位於雲上。文殊與普賢均側身合掌結跏趺坐於蓮花座上,蓮座置於獅子或大象背

圖 40 法門寺地宫鎏金如來説法盝頂銀寶函 文殊及其眷屬赴會圖 晚唐(採自《法門寺考古發掘報告》彩版106)

圖 41 法門寺地宫鎏金如來説法盝頂銀寶函 文殊及其眷屬赴會圖綫描圖 晚唐(採自《法門寺考古發掘報告》圖93)

圖 42 法門寺地宫鎏金如來説法盝頂銀寶函 普賢及其眷屬赴會圖 晚唐(採自《法門寺考古發掘報告》彩版107)

圖 43 法門寺地宫鎏金如來説法盝頂銀寶函 普賢及其眷屬赴會圖綫描圖 晚唐(採自《法門寺考古發掘報告》圖94)

〔1〕 陝西省考古研究院等編著《法門寺考古發掘報告》上册,150—158、287頁。

上，頭光外流出六道金光，周圍隨行有菩薩、弟子、天王、夜叉、大梵天或帝釋天及其侍從等，獅子或大象頭部下方有一身披帛合十的童子，應爲善財童子。牽獅人左手持如意，右手拉繮繩，上身裸露斜披絡腋，下身著短褌，赤腳，牽象人兩手分開牽拉繮繩，頭戴冠帽，上身斜披絡腋，下身著長裙，可能都是崑崙奴。由此可見，鎏金如來説法盝頂銀寶函側面的文殊赴會圖並非新樣文殊圖。

法門寺出土的鎏金四天王盝頂銀寶函四面分别雕刻四天王及其眷屬圖[1]，其中北方毗沙門天王及其眷屬圖（圖44，圖45）的畫面如下：

圖44　法門寺地宮鎏金四天王盝頂銀寶函　北方大聖毗沙門天王及其眷屬圖　晚唐（採自《法門寺考古發掘報告》彩版97）

圖45　法門寺地宮鎏金四天王盝頂銀寶函　北方大聖毗沙門天王及其眷屬圖綫描圖　晚唐（採自《法門寺考古發掘報告》圖85）

毗沙門天居中而坐，半跏趺坐於兩身跪地小鬼的背上，有天女形地神用雙手托天王下垂的左足。天王有圓形火焰頭光，其中從肩部至帽頂高度的火焰爲内外兩重鋸齒形，也就是説頭光下部兩肩部伸出的鋸齒形火焰呈牛角形對稱。天王頭戴筒形高帽，繒帶下垂過肘，著緊袖長身鎧甲，左手托塔，右手持棒，腹下懸掛魚形彎刀。天王右側立有三身大將並跪一小鬼，從上到下依次爲：一身大將，有圓形頭光，頭戴兜鍪，身著鎧甲，披帛帶，張弓搭箭；一身大將，有圓形頭光，頭戴寶冠，身著鎧甲，披帛帶，左手與胸前結印，

〔1〕陝西省考古研究院等編著《法門寺考古發掘報告》上册，147—152、287頁。

圖 46　法門寺地宫鎏金四天王盝頂銀寶函　毗沙門天王圖于闐國王像　晚唐（採自《法門寺考古發掘報告》彩版 97）

右手持鼠；一身神將，有圓形頭光，上身裸露，斜披絡腋，下身著裙，左手與胸前結印，右手寶劍；下方跪有一身小鬼，裸上身，披帛帶，左手舉寶珠，右手伸進寶罐，作掏寶奉獻狀。天王左側上方有展翅飛於空中的飛天夜叉。天王左側立有四身侍從並跪一小鬼，從上到下依次爲：一身夜叉，豎髮大嘴，上身赤裸，右手高舉，左肩扛長柄武器；一身神將，有桃形頭光，豎髮，著緊袖戰袍，披帛帶；一天人，有桃形頭光，頭戴高帽，著交領大袖袍服，左手於胸前結印，右手屈肘下垂作與願印；一身供養人，無頭光，頭戴有翼形裝飾的寶冠帽，美髯，著窄袖袍服，腰繫革帶，腰下懸魚形彎刀，右腰斜挎長劍，雙手托盤，盤中盛晶體柱狀寶物（圖 46）；下方跪有一身小鬼，披髮，裸上身，披帛帶，右手舉寶珠，作手伸進寶罐，作掏寶奉獻狀。天王左側上方刻有兩行漢字榜題"北方大聖毗/沙門天王"。

法門寺地宫所出四天王銀寶函上的毗沙門天王圖中，除了天王的眷屬各種大將、天人（或爲天女）、夜叉、飛天夜叉及施寶小鬼以外，還有一身雙手托寶盤作供養狀的俗裝人物。通過上文對敦煌新樣文殊造像中于闐國王像的研究，我們可以看到莫高窟第 220 窟甬道北壁五代新樣文殊菩薩圖與英國博物館藏敦煌藏經洞出土版畫 Stein painting 237（Ch.00151.b）10 世紀新樣文殊菩薩圖中的于闐國王像均作美髯，著窄袖袍服，腰繫革帶的形象，五代敦煌藏經洞出土白描紙畫 P.4049 文殊菩薩及其眷屬圖中的于闐國王像即佩戴魚形腰刀。我們知道毗沙門天王像既有頭戴翼形裝飾的寶冠，又有佩長劍的形象〔1〕。于闐國王作爲毗沙門天王的胤嗣，兩者在造型及裝束上相互影響早有實例。也就是說，從這身供養人像的形象上看，我們認爲他很可能是于闐國王像。

〔1〕 松本榮一《敦煌畫の研究・圖像》第三章第九節，東京：東方文化學院東京研究所，1937 年，417—462 頁；霍巍《從于闐到益州：唐宋時期毗沙門天王圖像的流變》，24—43 頁。

我們再來看鎏金四天王盝頂銀寶函其他側面上的三幅天王圖,分別是"東方提頭賴吒天王"及其眷屬圖,"西方毗婁(樓)勒叉天王"及其眷屬圖,"南方毗婁(樓)博叉天王"及其眷屬圖。我們注意到在每一幅天王圖中除了天王的眷屬以外,均出現一身胡人形象的世俗人物。在東方天王圖(圖47,圖48)中是纏頭巾,著翻領窄袖袍服,雙手托香山的吐蕃人。在西方天王圖(圖49,圖50)中是頭戴雙羽冠,著交領大袖袍服,雙手托花盤的新羅人[1]。在南方天王圖(圖51,圖52)中是頭戴皮毛小帽,著翻領窄袖袍服,雙手握拳分别擊兩胸的波斯人。也就是説,四大天王中各有一身來自唐朝之外不同國度或地區的胡人,多數作托物狀,應該是暗示了四方各族均來供養的含義。由於毗沙門天王與于闐地區特殊的關係,在毗沙門天王圖中的胡人用于闐國王像來代表,應該不難理解。

由於法門寺地宫出土的舍利寶函是唐朝皇家供養施造的,所以寶函上的佛教圖像應該具有較爲重要的意義和影響。在法門寺地宫第一枚佛指舍利的第七重鎏金四天王盝頂銀寶函四面上雕刻的四大天王及其眷屬圖中,在每尊天王的眷屬羣中,均有一身來自唐朝周邊不同民族或國家但均作供養狀的胡人,一方面表示了中土大唐與四方胡人

圖 47　法門寺地宫鎏金四天王盝頂銀寶函　東方提頭賴吒天王及其眷屬圖　晚唐(採自《法門寺考古發掘報告》彩版 98)

圖 48　法門寺地宫鎏金四天王盝頂銀寶函　東方提頭賴吒天王及其眷屬圖綫描圖　晚唐(採自《法門寺考古發掘報告》圖 86)

〔1〕 冉萬里《古代中韓舍利瘞埋的比較研究——以南北朝至隋唐時期爲中心》,陝西師範大學歷史文化學院、陝西歷史博物館編《絲綢之路研究集刊》第1輯,北京:商務印書館,2017年,215—239頁。

圖 49　法門寺地宮鎏金四天王盝頂銀寶函　西方毗樓勒叉天王及其眷屬圖　晚唐(採自《法門寺考古發掘報告》彩版 99)

圖 50　法門寺地宮鎏金四天王盝頂銀寶函　西方毗樓勒叉天王及其眷屬圖綫描圖　晚唐(採自《法門寺考古發掘報告》圖 87)

圖 51　法門寺地宮鎏金四天王盝頂銀寶函　南方毗樓博叉天王及其眷屬圖　晚唐(採自《法門寺考古發掘報告》彩版 100)

圖 52　法門寺地宮鎏金四天王盝頂銀寶函　南方毗樓博叉天王及其眷屬圖綫描圖　晚唐(採自《法門寺考古發掘報告》圖 88)

均崇奉佛教的含義,四大天王是護佑四方的守護神,各身胡人所代表的民族與地區也爲四天王所守護,作爲神祇的天王與作爲世俗人的各族民衆一起共同守護佛教使其長盛不衰,另一方面,這幾幅圖像的重要意義在於在造像形式上打破了神與人之間的絶對界限,神祇像不再高高在上,俗人像不再渺小低下,因此這些胡人自然融入了天王的眷屬羣當中。

敦煌莫高窟第220窟甬道北壁於後唐同光三年(925)繪製的新樣文殊菩薩圖中出現的于闐國王像可謂是繼承了這種思想的又一産物,將于闐國王替代崑崙奴而成爲文殊菩薩的牽獅者,也就是説在新樣文殊造像中,于闐國王進入神祇的世界,成爲文殊菩薩的眷屬。

由於法門寺四天王銀寶函毗沙門天王圖的年代比敦煌新樣文殊圖早了數十年,對此圖反映的造像思想的研究,對於研究新樣文殊造像的起源也應當具有一定的參考作用。

附識:本文爲國家社科基金重大項目“敦煌與于闐:佛教藝術與物質文化的交互影響”(項目編號:13&ZD087)的階段性成果之一。本文初稿完成後,蒙北京大學中國古代史研究中心榮新江教授提出若干修改意見,受益匪淺,在此謹致謝意!

(作者單位:敦煌研究院考古研究所)

《敦煌吐魯番研究》第十八卷
2018 年,399—424 頁

于闐皇室與敦煌涅槃寺

郭俊葉

敦煌莫高窟南區崖面之上有一座塔形建築,原稱爲天王堂,關於其壁畫内容、名稱等問題,一直困擾著很多學人,有學者已對天王堂的名稱提出了質疑[1]。通過調查,筆者校補了天王堂内東壁門上的功德記文字,並識讀出門兩側的供養人像題記若干,發現天王堂本應爲涅槃寺,新識讀出的字也爲解決此塔堂的相關問題打開了一扇視窗。本文就相關方面進行論述。

一 涅槃寺概況

涅槃寺(原稱天王堂)建於莫高窟南區北端的崖頂平地上,不論是其壁畫内容,還是供養人都是頗具特色又非常重要的佛教建築。由窟區崖底有小道可達此塔,原爲由莫高窟往返敦煌城的步行近道,也即此塔位於原來敦煌城往返莫高窟的步道南側。塔坐西朝東,東向開門,方向東偏南 2°。

敦煌寫本 S.5448《敦煌録》有記載:"州南有莫高窟,去州二十五里,中過石磧帶山坡,至彼斗下谷中。其東即三危山,西即鳴沙山……其谷南北兩頭,有天王堂及神祠,壁畫吐蕃贊普部從。"[2] 文獻記載天王堂位於谷南北兩頭。又 DY.322 號文書《臘八燃燈分配窟龕名數》中有:"安押衙、杜押衙:吴和尚窟至天王堂,卅六窟。吴和尚窟三盞,七佛七盞,天王堂兩盞。"[3] 此塔恰位於莫高窟南區北頭,因而長期以來學界以"天王堂"來稱呼此塔。

涅槃寺塔方形,主要用土坯建成,塔身土坯間用木梁作壁帶,塔基底層用磚砌成。塔身高 5.14 米,由下向上漸内收。塔簷疊澀,向下漸收。塔頂四面内收,可見外露木椽,原應有木簷。塔刹殘,略呈方形,中心木頭外露(圖 1)。

---

[1] 沙武田《莫高窟天王堂質疑》,《敦煌研究》2004 年第 2 期,23—27 頁。

[2] 《英國藏敦煌文獻》(漢文佛經以外部分)第 7 卷,成都:四川人民出版社,1992 年,91—97 頁。

[3] 《甘肅藏敦煌文獻》第 2 卷,蘭州:甘肅人民出版社,1999 年,14 頁。

圖 1　莫高窟涅槃寺正面外觀照片（敦煌研究院提供，宋利良攝）

圖 2　奥登堡 1914 年拍攝的涅槃寺塔正面照片（採自《俄藏敦煌藝術品Ⅲ》）

塔東向中間開門，裝對開雙扇木門。從奥登堡的照片來看[1]，當時無門，此木門應爲後來安裝，門框爲原建。門寬 1.44 米，高 2.22 米，進深 1.2 米。據宿白先生記載，涅槃寺爲單簷式方塔，門前原建有木構抱廈[2]，但現已塌毁。從現存前壁外部的對稱人字形孔眼來看，抱廈爲人字披頂。前壁外部門北側有上、下兩個較小孔眼（插木以固定塑像），下方臺上存有殘木，由此可知，門兩側原應有兩身天王或力士像。從奥登堡於 1914 年拍攝的照片可以看出，天王堂北側有半截斷牆，由土坯砌成，而現已塌毁不存。現涅槃寺的北側明顯有堆土痕跡，是斷牆坍塌所致。涅槃寺的南側與北側也有堆土痕跡，但不甚明顯，應也是圍牆倒塌所致，倒塌時間已久。涅槃寺的南、北兩壁外側同高度有較爲密集的孔，有的内有方木，推測可能當時與圍牆之間建有圍廊。從現存遺跡現象，結合奥登堡當時的照片，可知涅槃寺南、西、北三面都建有土坯砌成的圍牆，或者建有圍廊，前有人字形抱廈建築，門兩側有天王或力士像（圖 2）。

另，還有一個重要現象，即在涅槃寺圍牆外側，有一圓形遺跡。此遺跡從跡象看是特意而爲，屬於涅槃寺的附屬建築（見下文）。

塔内爲一面開門、三面設壇，具穹窿頂的方形塔。塔内四壁的長度略有不同，東壁 390 釐米，北壁 387 釐米，南壁 387 釐米，西壁 385 釐米；地面距塔頂高 742 釐米。環南、西、北壁設有雙層佛壇，由土坯砌成，下層高 47 釐米（基部飾覆蓮瓣，蓮瓣高 5 釐米），上

〔1〕 俄羅斯國立艾爾米塔什博物館編纂《俄藏敦煌藝術品Ⅲ》，上海古籍出版社，2000 年，97 頁。

〔2〕 宿白《敦煌莫高窟密教遺跡札記（上）》，《文物》1989 年第 9 期，45—53 頁；宿白《敦煌莫高窟密教遺跡札記（下）》，《文物》1989 年第 10 期，68—86 頁；收入宿白《中國石窟寺研究》，北京：文物出版社，1996 年，293—294 頁。

層高 27 釐米，總高 74 釐米；南、北側下層佛壇長 223 釐米，西側佛壇長 250 釐米，西側下層佛壇寬 80 釐米；佛壇側面有壼門，南、西、北下層各有壼門 5 個（南側東起第 1 個已毁），南、北側上層各有壼門 10 個（南側東起第 1—5 個已毁），西側上層有壼門 8 個，壼門内有花朵、花籃等供器，下層壼門約長 45 釐米，高 21 釐米，上層壼門約長 27 釐米，高 17 釐米；佛壇整體呈倒“凹”字形，西側底層佛壇較南北側的壇寬，在主尊前形成一個供臺。地面鋪長條磚（圖 3）。

圖 3　莫高窟涅槃寺塔内部圖（敦煌研究院提供，宋利良攝）

塔内塑像已毁，現只殘存部分底座。主尊横長方形覆蓮底座，長 144 釐米，寬 79 釐米，殘高 20 釐米；覆蓮花座之下爲長方形土臺，長 147 釐米，寬 90 釐米。從主尊殘蓮座可以看出，蓮座内砌青磚，外敷泥。主尊兩側各一蓮花座，南側蓮花殘座直徑 55 釐米，北側蓮花殘座直徑 58 釐米。

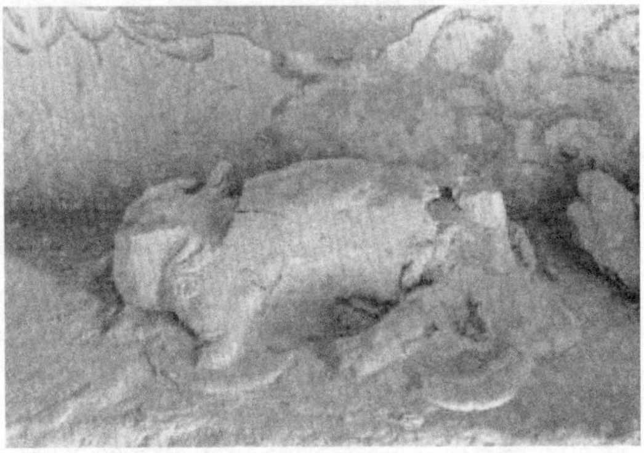

圖 4　莫高窟涅槃寺塔内北壁佛壇上吐寶鼠像（敦煌研究院提供，宋利良攝）

南側佛壇上蓮座基本毁壞。北側

佛壇上留三座蓮座,自西向東蓮座直徑分别爲57釐米、57釐米、53釐米。北側佛壇上還有一身吐寶鼠或是獅像,爬卧,蹼狀腳爪,爪有尖鋭的爪甲,有托地長尾,腹部有條狀紅色條紋,長60釐米,寬16釐米,高28釐米。這身像有學者認爲是天王腳下踩的惡鬼[1],但從其形象來看,不是惡鬼,而應是吐寶鼠或是獅像(圖4)。北方毗沙門天在西藏被看作財神,其形象常手持吐寶鼠。如是吐寶鼠,則應踩於毗沙門天王腳下,將原本抱於懷中的吐寶鼠踩於腳下,這種毗沙門天王造像比較少見。

二 涅槃寺研究前史回顧

涅槃寺塔是現存唯一一座登臨較爲容易的崖面塔,有步道可達塔所在的崖頂,因而研究者較多,也是學界比較熱門的題材之一。早有斯坦因、奧登堡拍攝的照片,後有謝稚柳、宿白、金維諾、石璋如等人的繪圖、記録和研究,近年又有賀世哲、彭金章、張先堂、沙武田、寇甲、趙曉星、阮麗等人的研究。

謝稚柳先生在1942年至1943年間對涅槃寺塔作了考察,記録中涅槃寺内有13身塑像,其中西面佛臺3身原塑,南、北兩側10身,清塑,並抄録了東壁門上的功德記(附後)[2]。1942年石璋如先生的記録中,根據斯坦因一幅門扁上有"觀自在"的圖片,將涅槃寺命名爲"觀音洞",並繪製了天王堂平、剖面圖,抄録了東壁門上的功德記(附後)[3]。平剖面圖的繪製給我們提供了涅槃寺内已毁塑像的一些信息,非常珍貴,剖面圖中可見主尊坐須彌座,而在平面圖中僅有西壇三身塑像,南、北兩側壇上塑像不存。宿白先生60年代對莫高窟進行了考察,其中對天王堂有較爲詳細的記録,包括窟形、塑像、壁畫、供養人像,其中對於已經毁壞的塑像的記録很有價值:

> 天王堂建在莫高窟崖體上方,其地適當從敦煌縣城走近路抵莫高窟崖上的入口附近。土坯砌建,其外觀作單簷方塔形式,門向東南,門前原接建木構抱廈,已坍塌。堂内部砌凹形土壇,壇上靠後壁正中建須彌座,上塑右袒、頸下有飾物的菩薩裝坐像一軀(面部經後世重妝),兩側各立4菩薩,菩薩前方各立2天王。菩薩、天王上方壁面繪説法圖4鋪。東壁(即前壁)門南繪一僧和一著襆頭的男供養像,門北一尼和一女供養像,門上署敦煌王銜的曹延禄和聖天公主發願文。[4]

[1] 阮麗《莫高窟天王堂圖像辨識》,《敦煌研究》2013年第5期,40—50頁。

[2] 謝稚柳《敦煌藝術敍録》,上海古籍出版社,1996年,417頁。

[3] 石璋如《莫高窟形》,臺北:中研院,1996年,620—621頁。

[4] 宿白《中國石窟寺研究》,293—297頁。

賀世哲先生根據涅槃寺東壁門上的題記,推斷塔是曹延禄及其夫人于闐公主修建的,並從曹延禄的"敦煌王"結銜考證,認爲建於公元984年前後。[1] 而近年來對於此塔的研究熱度甚高,有的是從壁畫、塑像内容方面進行考證,如寇甲、趙曉星從塔的内容性質上來講認爲屬於楞嚴壇,可能始建於吐蕃時期,經後代重修,其密法體乃從吐蕃時期傳承下來[2];阮麗則主要從壁畫内容與塑像内容出發,認爲涅槃寺上部壁畫内容與法賢譯《佛説瑜伽大教王經》的同本梵文原典《幻化網大怛特羅王》有關,下部主要表現的是以胎藏界大日如來爲中心的八大菩薩與四天王像,塑像與此相對應,也是大日如來與八大菩薩、四大天王,並認爲圖像的傳入很可能與天息災(法賢)、施護在曹延禄執政時期"從北天竺詣中國,至敦煌,其王固留不遣數月"事件有關[3]。張先堂與沙武田先生主要從天王堂名稱出發,就此方面内容展開討論。張先堂《唐宋時期天王堂寺、天王堂考》一文,認爲此塔爲天王堂,吐蕃時就存在,在曹延禄時重建,與唐宋以來廣建天王寺,特别是毗沙門天王信仰的流行有關[4]。沙武田從塔東壁門上的功德記出發,認爲此塔是"□□寺",而非天王堂,有可能是曹延禄的"功德窟"[5]。

筆者在考察涅槃寺時,對塔内東壁門上的功德記及門兩側的供養人像題記進行了重新識讀,有一些新的發現和認識,並結合前人的研究成果,主要在涅槃寺的功德主、涅槃寺的名稱以及涅槃寺的性質方面,提出自己的看法。

三　涅槃寺東壁門上的發願文

涅槃寺東壁門上,有一方紅底墨書的功德記,有些字跡已漫漶不清,識讀起來比較困難。筆者進行了識讀抄録,録文如下:

1　敦煌王曹□(公)□姬聖天公主□□□高聖建涅槃寺功德記

2　尋夫真解(?)□像(?)廓□□無……主……

3　之政(?)開方便之門□漢色□晨朝鶴……真

---

[1] 賀世哲《從供養人題記看莫高窟部分洞窟的營建年代》,敦煌研究院編《敦煌莫高窟供養人題記》,北京:文物出版社,1986年,230頁。

[2] 寇甲、趙曉星《莫高窟"天王堂"初探——吐蕃統治敦煌時期的密教研究》,《蘭州大學學報》2007年第2期,55—60頁。

[3] 阮麗《莫高窟天王堂圖像辨識》,40—50頁。

[4] 張先堂《唐宋時期敦煌天王堂寺、天王堂考》,王維梅主編《二十一世紀敦煌文獻研究回顧與展望研究會論文集》,臺中市:中華自然文化學會,1999年,94—103頁。

[5] 沙武田《莫高窟天王堂質疑》,23—27頁。

4 浮栩寫想(總?)曷? 遺文不□方願(?)……

5 漢夢肇睹旃檀之像始譯貫花之文兹風公以扇於解(?)迷法□……

6 巨炳爲苦海之舟航覺路闢乎密(?)官像(?)教(?)興(?)立(?)□□有……

7 能啓額於空門乃謂尋真之達士興隆不薨? 爲□置(?)有……

8 粤有歸義軍節度使特進檢校太師兼中書令燉煌王曹公……

9 符咸一以葉半千表六……真(?)十……

10 冥……

11 ……

12 ……

13 ……王……

14 大朝大于……

15 林……

16 王……

17 ……

18 ……

19 ……

20 ……

21 ……

22 不……

23 ……

24 ……

25 ……

塔内的這方功德記,此前先後有謝稚柳先生、石璋如先生、宿白先生以及敦煌研究院的諸位老先生進行過抄録或校補。在此分别移録如下。

謝稚柳先生的録文:

1 敦煌王曹□□姬聖天公主……建□□□功德……

2 尋夫真□□□廓□□無……

3 之□開方便之門□□□□□晨朝虧……

4 淫□□想□貴……

5 漢夢肇睹旃檀之□始譯貫化□□□□風□扇□□迷法……

6 巨炳爲苦海之舟航覺□闢□……

7 能啓額於空門乃謂尋真之達士世隆不……

8 粤有歸義軍節度使特進檢校太師兼中書令燉煌□□曹……

9 符咸一以葉半千表六……

10 ……

11 ……

12 ……

13 ……[1]

石璋如先生録文：

敦煌王曹□□姬聖天公主……

歸義軍節度使特進檢校太師兼中書令敦煌□□曹……[2]

宿白先生的録文：

發願文第一行：

敦煌王曹□□姬聖天公主□□□□□□□達昆□□□功德記

第八行：

粤有歸義軍節度使特進檢校太師中書令敦煌王曹延□□□[3]

《敦煌莫高窟供養人題記》録文：

1 敦煌王曹□□聖天公主□□□□□□□建□□寺功德記

2 尋夫真□□□廓□□無□□□□……

3 之政開方便之門□莫□色□晨朝鸖□(樹)□(延)□□□□□□(真)一……

4 浮栁□想□遺文□□方□□□□□□□……

5 漢夢肇睹旃檀之像始譯寶貫花之□(經)□□風公以扇於□(舞)迷法□□……

6 巨燭爲苦海之舟航覺路闢乎□之□宫□□(故)□(典)□□□有□□□□……

7 能啓額於空門乃謂尋真之達士興□(隆)不□□置有□□□□□……

8 粤有歸義軍節度使特進檢校太師兼中書令敦煌□(王)曹延□□□……

9 符咸一以葉半千表□(六)……

10 □□……

---

〔1〕 謝稚柳《敦煌藝術敍録》，417—419頁。

〔2〕 石璋如《莫高窟形》(一)，620頁。

〔3〕 宿白《中國石窟寺研究》，296頁。

11　□□……

12　□□……

13　□□……

14　□□……

15　王之……〔1〕

通過比較以上録文,我們發現功德記的第一行裏,石璋如與謝稚柳先生的録文是"敦煌王曹□□姬聖天公主……建□□□功德……"宿白先生的録文是"敦煌王曹□□姬聖天公主□□□□□□□□達昆□□□功德記",敦煌研究院的録文是"敦煌王曹□□聖天公主□□□□□□□建□□寺功德記"。四家録文,經過比較,前三均爲"曹□□姬",宿先生多了"達昆"二字及後面的"記"字,後者"建□□"後多一個"寺",最末也有一個"記"字。最後一個字雖然模糊,但可以確定是"記"字,並且根據敦煌題記的常理,此字爲"記"應無大礙。筆者在録文中新識讀出三個字,即"建"之前的"高聖"二字,"建"字之後的"涅槃"二字。其中涅槃的"槃"字寫成左右結構的形式,與敦煌文書中曾出現的書寫體相同(圖5、6、7、8)。

圖5　涅槃寺東壁門上紅底墨書功德記,門兩側曹延禄、于闐公主及僧人供養像
(敦煌研究院提供,宋利良攝)

〔1〕 敦煌研究院編《敦煌莫高窟供養人題記》,178頁。

圖 6　涅槃寺東壁門上功德記“高聖建”三字

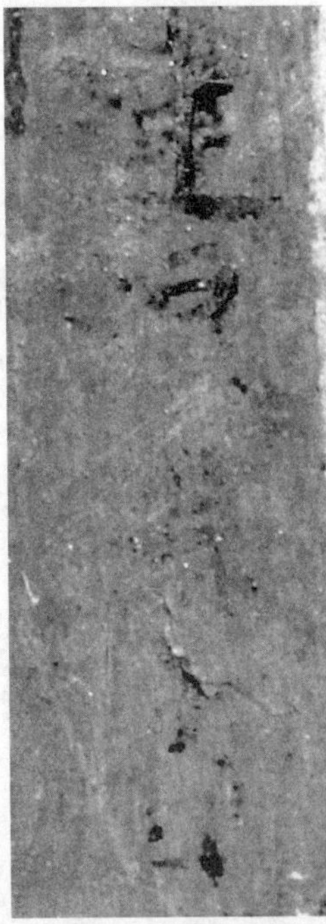

圖 7　涅槃寺東壁門上功德記“建涅槃寺”

圖 8　S.3966《大乘經纂要義》末尾四字

如果將四家録文與筆者的録文進行合併，並據功德記及于闐公主供養像題名進行補充，則這方功德記的第一行録文就是：“敦煌王曹□（公）□姬聖天公主□（李）□（氏）□高聖建涅槃寺功德記。”由這條殘缺的題記推測，此功德記表達有兩層意思：一是主人公是聖天公主，是其建寺功德記，而非曹延禄與聖天公主一起建寺功德記；另一層意思是爲聖天公主建寺功德記。涅槃寺塔内東壁門兩側繪有曹延禄與于闐公主的供養像，因此學術界一般認爲此塔爲曹延禄與于闐公主所建，更偏重於以曹延禄爲功德主，但由這兩層含義理解，此塔的核心人物是曹延禄姬于闐公主，而非曹延禄。爲了更好地理解這一問題，我們接下來識讀塔内供養人的題名。

四　涅槃寺東壁門兩側的供養人題記

涅槃寺東壁門兩側的兩身俗人供養像，榜題題名現已不清，以前學者也未曾識讀出來，歷來學者們都以塔東壁門上發願文題記中的敦煌王曹延禄以及聖天公主爲參照，認爲是曹延禄與于闐公主，這兩身供養人的身分應該没有問題。筆者進行了識讀，只識得若干字，録文如下：

東壁門北南起第二身于闐公主供養像題名：

故施……故姬？□天公主……

東壁門南北起第二身曹延禄供養像題名：

施主……

從于闐公主的榜題題記來看，此時的于闐公主已經亡故。榜題中的第二個故字後面只識讀出一個字的半邊"女"字，另一半從筆畫走勢分析，筆者更偏向於"姬"字(圖9)。

圖9　東壁門北南起第二身于闐公主供養像題名中的"故姬?"字

圖10　塔内東壁門北側第一身僧人供養人題名"□主皇太子廣濟大師"

涅槃寺東壁門兩側的第一身均爲僧尼供養人像，其題記也未曾識讀出，以前均認爲門北爲尼，門南爲僧，與其身後的男、女供養人對應。謝稚柳先生的記録中記曰"東壁：比丘尼一身……"、"比丘一身"[1]；宿白先生的記録是："東壁(即前壁)門南

〔1〕 謝稚柳《敦煌藝術敍録》，418頁。

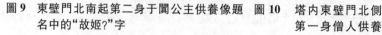

繪一僧和一著襆頭的男供養像,門北一尼與一女供養像,門上署敦煌王銜的曹延禄與聖天公主發願文。"[1]

在考察中,通過仔細識讀,筆者發現門兩側的兩身僧人供養像題記還可以辯識,識讀出的題記内容如下(圖10):

涅槃寺塔内東壁門北側第一身僧人供養人題名:

□主皇太子廣濟大師……

涅槃寺塔内東壁門南側第一身僧人供養像題名:

故師主□□大……

從以上識讀出的供養人題記可知,涅槃寺塔内東壁門北側第一身僧人供養像爲僧人,是皇太子廣濟大師,涅槃寺塔内東壁門南側第一身也是一位僧人。這些題記的識讀爲我們進一步研究提供了重要的材料。

五　皇太子廣濟大師考

通過涅槃寺東壁供養人題名的識讀,我們發現東壁門北位於于闐公主之前的是廣濟大師,是位僧人,非女尼(圖11)。涅槃寺這方供養人題記的發現,爲歷史上敦煌出現的廣濟大師揭開了神秘面紗。廣濟大師之名也曾出現於敦煌文獻中,S.6178《太平興國四年(979)七月皇太子廣濟大師請僧爲男太子中祥追念疏》:

(前缺)

1　僧正、索法師、開大闍法律、陰法律、大周僧正……

2　貳人,蓮臺李僧正、法律拾人,顯翟僧正、法律七人,漢大師二人。

3　右今月十八日,就宅奉爲男太子中祥追念,伏乞

4　慈悲,依時早赴。謹疏。巾鉢。

5　太平興國四年七月　日皇太子廣濟大師　謹疏。[2]

這也是唯一一條目前所知出現廣濟大師的文獻。由文獻可知,廣濟大師是一位出家皇太子,出家前曾有家室,"就宅奉爲男太子中祥追念",即爲其兒子的二周年忌日追福一事,請敦煌的各位僧正、法律、大師等人參加祈福會。從中,我們也可看出,太子的兒子也爲太子,還有"漢大師二人",以與非漢大師區别,説明這位皇太子是非漢大師。敦煌

〔1〕宿白《中國石窟寺研究》,293—297頁。

〔2〕《英藏敦煌文獻(漢文佛經以外部分)》第10卷,成都:四川人民出版社,1994年,150頁。

圖 11　于闐皇太子廣濟大師與于闐公主供養像
（敦煌研究院提供，宋利良攝）

文獻中有很多有關于闐太子的活動記載，所以這位廣濟大師應是出家爲僧的于闐太子，在天王堂的供養像繪於于闐公主之前，更説明其爲于闐太子，且與于闐公主的關係非同一般。涅槃寺這身皇太子廣濟大師身分的辨識，有助於我們更多地瞭解這位大師，同時也有助於我們對涅槃寺有更深層次的認識。

上述 S.6178 號與天王堂題記中出現的均爲皇太子廣濟大師，稱謂統一。廣濟大師生活於曹延禄時期，榮新江先生通過考證認爲，曹延禄稱太師令公敦煌王的時間至少在 984—995 年〔1〕。S.6178 號卷子所記爲太平興國四年(979)發生的事，曹延禄繼節度使位在976 年。天王堂中曹延禄的稱號中有“敦煌王”，另外兩件曹延禄有“敦煌王”稱號的卷子是 S.4400《敦煌王曹鎮宅疏》與 P.2649《曹延禄禱文》，這兩份卷子均寫於太平興國九年(984)，賀世哲先生據此認爲涅槃寺建於 984 年前後〔2〕。從題記來看，皇太子廣濟大師並未故去，出現於涅槃寺的供養像列之中，其與曹延禄、于闐公主爲同時代人。

于闐自古崇信佛教，喜建塔。據東晉法顯記：“彼國人民星居，家家門前皆起小塔，最小者可高二丈許。作四方僧房，供給客僧及餘所須。國主安堵法顯於伽藍。僧伽藍名瞿摩帝，是大乘寺，三千僧共犍槌食。”〔3〕

于闐人在敦煌修建佛教建築早有先例，在文獻中也有記載，如英國印度事務部圖書館藏 Ch.I.0021a《壬午年于闐使張金山供養文》記有公元 982 年十二月二十一日，于闐

〔1〕 榮新江《歸義軍史研究——唐宋時代敦煌歷史考索》，上海古籍出版社，1996 年，126 頁。
〔2〕 敦煌研究院編《敦煌莫高窟供養人題記》，230 頁。
〔3〕 釋法顯撰，章巽校注《法顯傳校注》，北京：中華書局，2008 年，12 頁。

使臣張金山在敦煌"窟頭燃燈",並"發心造塔"等禮佛活動[1]。另如,P.3713V 中提到了"東窟上仰大太子看天子窟地用"[2],可見,當時建有天子窟。《鋼和泰卷子》中有于闐使張都督在敦煌修建了高過 6 米的瞿摩寺佛塔[3],而在中興五年(982)七月,尉遲達摩派往敦煌的使臣,曾去此寺禮佛[4]。

于闐有數位太子曾前來敦煌,比如莫高窟盛唐第 444 窟東壁門上繪"見寶塔品",在二佛並坐的塔身兩側後代題寫供養題記,分別爲"南無釋迦牟尼佛説妙法華經,大寶于闐國皇太子從連供養";"南無多寶佛爲聽法故來此法會,大寶于闐國皇太子琮原供養"[5]。另如 P.3184V 題名:"甲子年(964)八月七日,于闐太子三人來到佛堂内,將《法華經》第四卷。"[6]莫高窟第 244 窟甬道也有于闐太子的題名。甬道南壁題"□□太子";甬道北壁題"德從子　□德太子"[7]。

以上材料中具有皇太子題名的是莫高窟第 444 窟的皇太子從連與皇太子琮原,其餘爲太子。賀世哲、孫修身先生認爲第 444 窟的皇太子就是 P.3184V 中出現的太子,並認爲文書中的甲子年爲宋乾德二年即公元 964 年[8]。張廣達、榮新江先生同意此觀點,並將太子三人中的另一位太子補考爲于闐太子德從[9]。向達先生在《西征小記》中記載:

> 又見一木塔,六面俱繪佛像,彩色如新,描繪極精,不失五代宋初規模。木塔中空,據説明書云,内中原有小銀塔一,銀塔上鐫"于闐國王大師從德"云云。原出敦煌千佛洞,今銀塔爲馬步青攫去,而以木塔存武威民衆教育館。五代時于闐與瓜沙互爲婚姻,則此當是于闐國供養千佛洞之物。銀塔所鐫銘文雖未窺其全,然其有裨於瓜沙曹氏與于闐關係之研究則無疑也。[10]

[1] 張廣達、榮新江《關於敦煌出土于闐文獻的年代及其相關問題》,見同作者《于闐史叢考》(增訂本),北京:中國人民大學出版社,2008 年,91 頁。

[2] 《法國國家圖書館藏敦煌西域文獻》第 27 册,上海古籍出版社,2002 年,44 頁。

[3] H. W. Bailey, "The Stael-Holstein Miscellany", *Asia Major*, *new series*, 2.1, 1951, p.44.

[4] P. O. Skjærvø, *Khotanese Manuscripts from Chinese Turkestan in the British Library*, p.524.

[5] 敦煌研究院編《敦煌莫高窟供養人題記》,168 頁。

[6] 《法國國家圖書館藏敦煌西域文獻》第 22 册,上海古籍出版社,2002 年,105 頁。

[7] 敦煌研究院編《敦煌莫高窟供養人題記》,108 頁;榮新江、朱麗雙《于闐與敦煌》,蘭州:甘肅教育出版社,2013 年,64—71 頁。

[8] 賀世哲、孫修身《〈瓜沙曹氏年表補正〉之補正》,《甘肅師大學報》1980 年第 1 期,78 頁。

[9] 張廣達、榮新江《關於唐末宋初于闐國的國號、年號及其王家世襲問題》,《于闐史叢考(增訂本)》,45—46 頁。

[10] 向達《西征小考》,見同作者《唐代長安與西域文明》,石家莊:河北教育出版社,2001 年,331 頁。

張廣達、榮新江先生據此銀塔上的題銘,並根據 P.3510 和第 244 窟題名等史料中的"從德太子",推測從德應是繼李聖天之後的尉遲輸羅王[1]。德從爲長子,後爲于闐國王尉遲輸羅,從連與琮原爲其弟。筆者認爲皇太子廣濟大師可能是第 444 窟的題名中一位,皇太子從連或者皇太子琮原,964 年三位于闐太子來敦煌後,從德赴汴梁,有一位則留於此娶妻生子,後又出家,號廣濟大師。前述 S.6178 號中有太平興國四年(979)廣濟大師爲其男二周年忌日請敦煌僧人參加的薦福法會,從時間上來說,也比較契合。

敦煌文獻 S.980《金光明最勝王經》卷二、P.3668《金光明最勝王經》卷九及龍谷大學《金光明最勝王經》卷八末尾有皇太子暅的寫經題記:

> 辛未年二月四日,弟子皇太子暅爲男弘忽染痢疾,非常因重,遂發願寫此《金光明最勝王經》,上告一切諸佛大菩薩摩訶薩及太山府君、平等大王、五道大神、天曹地府、司命司録、土府水官、行病鬼王、疫使、知文籍官院長、押門官、專使可藍官,並一切幽明官典等,伏願慈悲救護,願弘病苦早得痊平,增壽益命,所造前件功德。爲願過去未來見在數生已來,□有冤家債主,負財負命,各願領受功德,速得昇天。[2]

另,國家圖書館藏敦煌文獻北藏 048 號(北敦 02148 號)有寫於乙丑年的李暅寫經題記一條:

> 弟子李暅敬寫《金光明經》一部十卷。乙丑年已前所有負債、負命怨家、債主,願乘慈功德速證菩提,願得解怨釋結,府君等同沾此福。[3]

皇太子暅與李暅應爲同一人,陳國燦先生認爲兩部寫經寫於五代金山國時期,金山國時期于闐國皇太子長住敦煌[4]。從時間來看,皇太子暅與皇太子廣濟大師是生活於不同時代的于闐皇太子。

涅槃寺的榜題題記中,曹延禄與其姬于闐公主均題名爲施主,于闐公主的題名是故施主,那麽于闐公主已然故去。繪於曹延禄供養像之前的僧人,由題記可知也已故去,是"故師主"。皇太子廣濟大師並未故去,和曹延禄與于闐公主一樣,也是作爲施主出現,也即皇太子廣濟大師作爲施主修建了此涅槃寺。這樣,涅槃寺的主要功德主爲敦煌

[1] 張廣達、榮新江《關於敦煌出土于闐文獻的年代及其相關問題》,《于闐史叢考(增訂本)》,81 頁。

[2] 《敦煌寶藏》第 8 册,臺北:新文豐出版公司,95 頁;《法藏敦煌西域文獻》第 26 册,上海古籍出版社,2002 年,278 頁。

[3] 《國家圖書館藏敦煌遺書》第 30 册,北京圖書館出版社,2006 年,134 頁。

[4] 季羨林主編《敦煌學大辭典》,上海辭書出版社,1998 年,458 頁。

王曹延禄與皇太子廣濟大師。從供養人畫像的位置來看,皇太子廣濟大師繪於于闐公主之前,表明二者關係非同一般,可能是親兄妹。

這位廣濟大師也許與來自中天竺的天息災(法賢)、施護等人過往較密。"即相與從北天竺國詣中國,至敦煌,其王固留不遣數月,因棄錫杖瓶盂,惟持梵夾以至。"[1]天息災、施護等人被敦煌王曹延禄固留數月,其中的原因可能還與當時的僧界如廣濟大師等人的挽留有關,極有可能廣濟等人與其學習探討中、北印度流行的密教藝術,這爲以後天王堂内穹窿頂壁畫中採用天息災的譯本埋下了伏筆。

敦煌文獻中還多次出現太子大師,那麽這位太子大師與皇太子廣濟大師有何關係?S.4700《甲午年(994)五月十五日陰家婢子小娘子榮親客目》中記有:

太子大師及娘子二人,慕容都衙及娘子並郎君三人……皇后及都頭二人……[2]

P.3942《榮親客目》中有:

皇后及都頭……慕容都衙娘子……太子大師及娘子……[3]

P.3440《丙申年(996)三月十六日見納賀天子物色人綾絹歷》中記:

張僧統白小綾子一匹……慕容都衙樓綾一匹……太子大師樓綾一匹。[4]

S.447V《太子大師告紫亭副使孟喝悉雞等帖》中,太子大師帖告的對象有紫亭副使孟喝悉雞、監使楊□丹、都衙暮(慕)容丹□等人:

太子大師　貼告紫亭副使孟喝悉雞、監使楊竹丹、都衙暮(慕)容丹□等……[5]

S.6981/3《某年八月太子大師上法獎和尚啓》:

1　太子啓上聞,　法獎和尚伏垂聽允。

2　雖於德業,謬沾　大師。釋務之間,無人諮

3　告。爲開司務,語處不寬。一切自由,皆總勾□

4　今望開宋僧政和尚五人,鄧僧政和尚五人,永翟……

5　五人。三個和尚不同諸餘,限至今晨早上,各各

[1] 徐松輯《宋會要輯稿·道釋二》,北京:中華書局,1957年,7891—7892頁。
[2] 《英藏敦煌文獻(漢文佛經以外部分)》第6卷,成都:四川人民出版社,1992年,241頁。
[3] 《法國國家圖書館藏敦煌西域文獻》第30册,上海古籍出版社,2003年,264頁。
[4] 《法國國家圖書館藏敦煌西域文獻》第24册,上海古籍出版社,2002年,211頁。
[5] 《英藏敦煌文獻(漢文佛經以外部分)》第1卷,成都:四川人民出版社,1990年,193頁。

6 紙上下名。八月 日太子大師。

其後又有小字抄寫前文:

1 太子輒有小事上 聞,法奬和尚伏垂 聽允。雖無德業,

2 謬沾 大師。釋務之間,無人諮告。爲開司務,語處

3 不寬。一切。開宋僧正和尚五人,鄧僧正和尚五人,永翟僧正和

4 尚五人。三個和尚不同諸餘。[1]

上述文獻中的"太子大師"應爲同一人,主要活動在曹延禄統治敦煌後期,同時代的還有皇后、都衙慕容丹□等人。方廣錩先生認爲"太子大師"分指于闐太子與法奬和尚,太子是"于闐國太子李德從,也可能他爲德從之子。時居住敦煌,因佛事需要,索僧人備顧問"[2]。榮新江先生將S.6981b定名爲《某年八月太子大師上法奬和尚啓》,可見他認爲"太子大師"爲一人[3]。沙武田、趙曉星也同意"太子大師"爲一人,並認爲此人可能爲曹氏太子[4]。筆者認爲從目前的資料來看,支撑"敦煌曹氏節度使的兒子被尊稱爲太子"這種觀點的論據尚不充分,歸義軍時期文獻中的"太子"多數仍當爲于闐太子。太子大師應該是來自于闐的一位太子,在敦煌出家爲僧後,被尊稱爲"太子大師"。他經常和"娘子"一起參加社交活動,説明他可能並不在寺院居住,而是在家與家人一起生活。《榮親客目》中出現的"皇后"應也是于闐皇后。P.3440《丙申年(996)三月十六日見納賀天子物色人綾絹歷》文書中有張僧統。張僧統任僧統的時間在鋼惠之後,約在10世紀末,文書中有"丙申年",可將此卷定爲996年。以上文書中僅有太子大師,未出現皇太子廣濟大師,筆者認爲以廣濟大師的身分,在很多重要場合都應是被邀請的對象,而且文中也未出現第二身太子大師,也就是説唯一的可能是皇太子廣濟大師一般簡稱爲太子大師,而在自稱或正式場合則稱爲皇太子廣濟大師。所以我們認爲太子大師與皇太子大師應爲一人。

六 涅槃寺塔内東壁門南側第一身供養僧人

涅槃寺塔内東壁門南第一身爲一僧人供養像,通過題記識讀,供養像題名爲"故師

[1] 《英藏敦煌文獻(漢文佛經以外部分)》第12卷,成都:四川人民出版社,1995年,3頁。

[2] 方廣錩《英國圖書館藏敦煌遺書目録(斯06981號—斯08400號)》,北京:宗教文化出版社,2002年,2頁。

[3] 榮新江《英國圖書館藏敦煌漢文非佛教文獻殘卷目録(S.6981—13624)》,臺北:新文豐出版公司,1994年,56頁。

[4] 沙武田、趙曉星《歸義軍時期敦煌文獻中的太子》,《敦煌研究》2003年第4期,45—51頁。

主□□大……”由題記可知，此僧人已亡故，身分可能是施主的師傅類人物，也有可能是“施主”誤寫成了“師主”，後殘存一“大”字。這位已故僧人不知是誰，但繪於敦煌王曹延禄供養像之前，地位、身分應非同一般。

七　曹延禄姬于闐公主

塔内東壁門北南向第二身供養人，從其服飾及與曹延禄在壁畫中所處的位置關係可知應爲曹延禄姬于闐公主，其題名是“故施……故女□天公主……”可以理解爲故施主敦煌王曹延禄故姬聖天公主一心供養。于闐公主在莫高窟第61窟的題名是“大朝大于闐國天册皇帝第三女天公主李氏爲新受太傅曹延禄姬供養”[1]，這條題名將這位于闐公主的身分説得很清楚，即天册皇帝的第三個女兒。另還有兩條確切的曹延禄姬于闐公主的題名，榆林窟第35窟甬道北壁第一身供養像題記“大朝大于闐金玉國皇帝的子天公[主]……”[2]南林蔣氏藏敦煌絹畫《于闐公主供養地藏菩薩畫像》中題記爲“故大朝大于闐金玉國天公主李氏供養”（圖12）[3]。從而至少可以確認兩點：第一，曹延禄姬于闐公主爲于闐皇帝的第三女；第二，于闐當時國號金玉國。

圖12　敦煌絹畫《于闐公主供養地藏菩薩畫像》（採自IDP圖片）

關於曹延禄姬于闐公主是于闐哪位皇帝的女兒問題，現有兩種觀點：楊森先生認爲是李聖天之女[4]；榮新江、朱麗雙兩位根據P.T.1284藏文文獻與P.2826號歸義軍節度使與于闐國王之

〔1〕敦煌研究院編《敦煌莫高窟供養人題記》，22頁。

〔2〕謝稚柳《敦煌藝術敍録》，488頁。

〔3〕榮新江《葉昌熾——敦煌學的先行者》(Ye Changchi, Pioneer of Dunhuang Studies)，《國際敦煌學信息通訊》(IDP NEWS) No.7, Spring 1997, 5頁；張廣達、榮新江《關於唐末宋初于闐國的國號年號及其王家世系問題》，《敦煌吐魯番文獻研究論集》，北京：中華書局，1982年，186—187頁；又見同作者《于闐史叢考(增訂本)》，22頁。

〔4〕楊森“于闐公主”條，見季羨林主編《敦煌學大辭典》，366頁。

間來往書信中的稱謂關係以及于闐公主前的"金玉國"國號問題出發,認爲曹延禄姬爲尉遲達磨王之女[1],並推測"尉遲達磨以與尉遲蘇羅王同父異母的兄弟之子的身分而登上皇位",因爲没有血緣關係,嫁女給曹延禄爲妻是可以接受的[2]。後一觀點有充分的證據,缺憾是曹延禄與于闐公主的輩分出了問題,另外,"金玉國"也可以是對當時國家名稱的稱呼。

莫高窟第61窟題名中提到的天册皇帝,筆者覺得應是李聖天,但是由於史料的缺乏,我們不知于闐皇帝中還有没有其他被册封的皇帝,或者是否天册可以由下一位皇帝繼承? 就目前所知材料,李聖天在後晉天福三年被册封爲于闐國王,《册府元龜》卷九六五《外臣部・封册》載:

> 晉高祖天福三年(938)十月,制曰:"于闐國王李聖天境控西陲,心馳北闕。頃屬前朝多事,久阻來庭。今當寶曆開基,乃勤述職。請備屬籍,宜降册封。將引來遠之恩,俾樂無爲之化。宜册封爲大寶于闐國王。仍令所司擇日備禮册命。"[3]

這樣,于闐公主可能就是李聖天的女兒,與從德太子一起來敦煌的莫高窟第444窟的皇太子從連、琮原爲李聖天的兒子,他們是兄妹關係。從敦煌壁畫我們知道,曹元忠的姐姐嫁給了李聖天,即曹延禄姬,皇太子從德、從連、琮原均爲曹元忠的外甥,曹延禄是曹元忠的兒子,從而于闐公主與曹延禄原是表兄妹關係,後嫁給曹延禄,爲其夫人,輩分上來講,是合適的。

八 涅槃寺的性質與修建年代

分析了塔内東壁的功德記及供養人題記之後,我們發現塔内供養人爲曹延禄、于闐公主、于闐皇太子廣濟大师,還有一位未知的高僧。于闐公主與曹延禄供養像前的未知僧人均已故去,剩餘敦煌王曹延禄與廣濟大師應是真正的施主。因爲于闐公主已故,且東壁門上方的功德記第一行的標題是"敦煌王曹□□姬聖天公主□□□高聖建涅槃寺功德記",其意自明,即爲曹延禄姬聖天公主建涅槃寺功德記,建寺的目的是紀念公主或爲其追福。我們還注意到,與其他天公主題名不同的是發願文題記中的天公主,前加有一"聖"字。"高聖"二字不明,推測是對已故之人的尊稱。涅槃寺周邊的圓形遺跡應

---

〔1〕 榮新江、朱麗雙《于闐與敦煌》,167—169頁。

〔2〕 同上書,93頁。

〔3〕 王欽若等編纂,周勳初等校訂《册府元龜》卷九六五《外臣部十一・封册第三》,南京:鳳凰出版社,2006年,11184頁。

是密教結界用的,其與方形塔及圍牆,組成一個密教壇場。于闐公主的畫像除了手捧花朵,在花朵旁邊上側還有香、花、燈、塗四供養具,即公主以外四供養的形式供養於佛,似乎公主也加入了此壇場,並成爲神祇中的一員,也因而理解此塔的性質。

再回到涅槃寺的修建時間上。涅槃寺的修建,從寺内功德記及供養人題記可知,是爲已故的于闐公主追福而建,那麽于闐公主故去的時間是解決這一問題的關鍵,當然還要同時滿足其他條件,如曹延禄任敦煌王的時間,以及壁畫所依據佛經譯出的時間等。根據阮麗的研究,涅槃寺的主要壁畫内容係依據天息災所譯《佛説瑜伽大教王經》的同本梵文原典《幻化網大恒特羅王》所繪,圖像的傳入很可能與天息災(法賢)、施護在曹延禄執政時期"從北天竺詣中國,至敦煌,其王固留不遣數月"事件有關,並認爲天王堂的修建是在天息災離開以後,曹延禄執政時期的某年[1]。

《宋會要輯稿·道釋二》記:

(雍熙)二年(985)帝覽所譯經,詔宰相曰:譯經辭義圓好。天息災等三人及此地數僧,皆深通梵學,得翻傳之體。遂詔天息災、法天、施護並朝散大夫試鴻臚少卿,又詔譯經月給酥、酪、錢有差。法賢年十二,依本國密林寺達磬明學,從父兄施護亦出家。法賢語之曰:古聖賢師皆譯梵從華而作佛事。即相與從北天竺國詣中國,至敦煌,其王固留不遣數月,因棄錫杖瓶盂,惟持梵夾以至,仍號明教大師……雍熙四年詔改名法賢,累加試光禄卿朝奉大夫。[2]

從這條文獻記載可知,法賢、施護在敦煌被敦煌王曹延禄固留數月。

關於天息災等人的信息,據志磐《佛祖統紀》卷四三載:

[太平興國五年(980)]二月,北天竺迦濕彌羅國三藏天息災、烏填曩國三藏施護來,召見賜紫衣,勑二師同閲梵夾。時上盛意翻譯,乃詔中使鄭守均,於太平興國寺西建譯經院,爲三堂,中爲譯經,東序爲潤文,西序爲證義。[3]

同書卷四四載:

(咸平)三年八月,試光禄卿天息災亡,謚慧辯法師,勑有司具禮送終。[4]

宋代楊億等編修的《大中祥符法寶録》卷六也記載:

[1] 阮麗《莫高窟天王堂圖像辨識》,40—50頁。
[2] 徐松輯《宋會要輯稿·道釋二》,7891—7892頁。
[3] 《大正藏》第49册,398頁。
[4] 同上書,402頁。

[雍熙四年(987)]詔天息災改名法賢。[1]

據志磐《佛祖統紀》卷四三的記載,太平興國五年(980)二月天息災(雍熙四年改名法賢)、施護到達中原,再考慮留在敦煌的數月,那麽他們到達敦煌的時間應是979年。榮新江先生根據現有史料,認爲曹延禄稱敦煌王的時間至少在984—995年[2],那麽這段時間都可爲涅槃寺的修建時間。由於史料的缺乏,曹延禄稱敦煌王的時間可能會更久。

《宋會要輯稿・蕃夷五》記:

至道元年(995)……十月,延禄遣使上表,請以聖朝新譯諸經降賜本道,從之。[3]

《宋會要輯稿・道釋二》也記:

至道元年(995),沙州曹延禄乞賜新譯經,給之。[4]

曹延禄請賜的諸經爲新譯佛經,宋朝新譯的佛經主要源自印度而來的梵夾經,這些梵夾主要由天息災、法天、施護等人譯成漢文。宋初在宋太祖與宋太宗的推動下,掀起了去印度獲取舍利與梵夾的熱潮,宋太宗曾"因勑造譯經院於太平興國寺之西偏,續勑搜購天下梵夾"[5]。在太平興國寺西建譯場,翻譯這些搜購或者進獻而來的梵夾,宋太宗認爲這是"翻貝葉之真詮,續人天之聖教。芳猷重啓,偶運當時"[6]。時天息災、法天、施護等人及兩街明義學僧在譯場新譯經文一批,經文多譯自中天竺梵本,内容也多屬於密教範疇。這一時期的譯經被贊寧評價爲"譯經之務,大宋中興也"[7]。中國佛教典籍的漢譯,從唐憲宗元和六年(811)譯成《本生心地觀經》之後就已中斷,直到宋太宗太平興國七年(982)纔復興,這不僅與宋初皇帝的提倡有關,也與主持翻譯工作的天息災、法天、施護等人有關。

據宋代祖琇《隆興佛教編年通論》卷二一載:

本朝太平興國初有梵僧法賢、天息災、施護三人自西竺來,雅善華音。太宗夙承佛記,建譯場於太平興國寺。悉取國庫所貯梵夾,令三梵僧擇未經翻者,集兩街

[1] 《金藏》第111册,736頁。
[2] 榮新江《歸義軍史研究——唐宋時代敦煌歷史考索》,126頁。
[3] 徐松輯《宋會要輯稿・蕃夷五》,7767頁。
[4] 徐松輯《宋會要輯稿・道釋二》,7892頁。
[5] 贊寧《宋高僧傳》卷三,《大正藏》第50册,725頁。
[6] 念常《佛祖歷代通載》卷一八《帝制新譯三藏聖教序》,《大正藏》第49册,659頁。
[7] 《大宋僧史略》卷上,《大正藏》第54册,240頁。

義學僧詳定譯之。[1]

無獨有偶,法賢也在至道元年(995)[2],即曹延禄請賜新譯佛經這一年,譯出了《佛説瑜伽大教王經》,宋廷賜予曹延禄的新譯諸經裹應有這一經文。更爲巧合的是,曹延禄請賜新譯諸經的時間爲十月,正值法賢等人爲祝賀宋太宗誕辰循例進獻新譯佛經的時間。曹延禄此時遣使,一則獻壽,二則請經。

所以我們認爲,當時曹延禄請賜的新經裹應有《佛説瑜伽大教王經》。如果説至遲在請經之後的次年《佛説瑜伽大教王經》傳至敦煌,那麽將此經轉爲壁畫的形式,最早也在這一年即至道二年(996)。

阮麗根據松長有慶對《瑜伽大教王經》的研究並作了補充:"漢譯本與新譯本内容基本一致,較之新譯本,漢譯本缺譯、音譯較多,特别是對性行爲修法和與之相關的譬喻,以及涉及以血、人骨做降伏法等無上瑜伽色彩濃厚的内容都有回避的傾向。例如大日如來、阿閦、無量壽三尊在藏譯經典中作雙身像,其中一左手持(或譯爲觸摸)明妃的乳房,漢譯經典中卻均改爲持般若經,這一點也是漢譯本與藏文本在圖像上的最大區别。"[3]藏譯本有兩個版本,吐蕃時有一譯本(這一譯本與新譯屬於不同系統),而後仁欽桑布又進行了翻譯,爲新譯本,她將是否持乳房認定爲藏譯本與漢譯本在圖像表現上的最大區别。涅槃寺壁畫中所有尊像都不是雙身像,且只有持般若經,無持明妃乳房的畫像。在法賢譯《佛説瑜伽大教王經》中,我們可以看到這樣的譯文:"變成大遍照如來,身真金色有其三面,善相圓滿,頂戴寶冠垂於髮髻身有六臂,二手結禪定印,左第二手持般若經";"阿字變成無量壽佛,其身白色六臂三面,面各三目頂戴寶冠,冠有遍照如來而垂髮髻,一切裝嚴二手開蓮花,右第二手持金剛杵,第三手持數珠,左第二手持般若經"[4];"阿閦佛,身翡翠色八臂三面,面各三目頂戴寶冠,色相妙善一切裝嚴,右第一手持金剛杵,第二手持利劍,第三手持鉤,第四手持箭,左第一手持鈴,第二手持般若經"[5];"尊那菩薩……第十三手持般若經"[6]。另外,菩薩與明王也有持般若經的,

[1] 《卍新續藏》第75册,211頁。

[2] 法賢譯《佛説瑜伽大教王經》的譯出時間記載在宋代楊億等編修的《大中祥符法寶録》卷九之中,但此卷已佚,根據前後卷所收佛經的譯出時間推算,卷九所收譯經的譯出時間在宋太宗淳化五年(994)後半年至至道三年(997)前半年之間。參考史書所載至道元年(995)十月曹延禄請賜新譯佛經一事,可將《佛説瑜伽大教王經》的譯出時間定在公元995年10月之前。

[3] 阮麗《莫高窟天王堂圖像辨識》,40—50頁。

[4] 《大正藏》第18册,564頁。

[5] 同上。

[6] 同上書,565頁。

在此不一一列舉。這種手持般若經的畫法與法賢譯經文完全一致。

因而我們認爲,天王堂穹窿頂壁畫是根據漢譯《佛説瑜伽大教王經》繪製而成,涅槃寺修建於此經傳入敦煌之後,也即至道元年(995)之後,考慮到佛經的傳入及繪成壁畫的時間等問題,更應在996年或之後。涅槃寺中的于闐公主題記中顯示其已故去,塔堂爲紀念于闐公主爲其祈福而建,那麼曹延禄姬于闐公主去世時間當在996年或前後一年時間爲宜。另外,《宋會要輯稿·蕃夷五》記“至道元年……五月,延禄遣使來貢方物,乞賜生藥、臈茶、供帳、什物、弓箭、鐃鈸、佛經及賜僧圓通紫衣,並從之”[1],其中有乞賜生藥一項,不知是否與于闐公主生病有關。前述美國弗利爾美術館所藏藏經洞出土的曹延禄姬于闐公主的忌日畫像,榮新江先生推測于闐公主可能是和丈夫曹延禄一起在咸平五年(1002)自盡的[2],馬德先生認爲“李氏去世的時間當與曹延禄被其侄威逼自殺的1002年相近”,並認爲“此畫的繪成時間當在1003年前後的一個李氏忌日”[3],筆者認爲塔與畫像可能爲同一時期建成與繪製,或者畫像會晚一些,繪於于闐公主去世三周年忌日時[4]。相應地,曹延禄稱敦煌王的時間也應延至996年或之後。

如此,涅槃寺則建於曹延禄向宋廷請賜新譯佛經之後,與于闐公主的去世有關,時間大概在996年及之後,下限在1002年曹延禄自盡之前。

九　涅槃寺與天王堂的關係考

天王堂應建於莫高窟北頭,這一點毫無疑問。前文我們已經通過考證否定了原來認爲是天王堂的涅槃寺,那麼天王堂究竟在何處?有關天王堂及天王堂寺的文獻如下。

上引在S.5448號《敦煌録》中有:

州南有莫高窟,去州二十五里,中過石磧帶山坡,至彼斗下谷中。其東即三危山,西即鳴沙山……其谷南北兩頭,有天王堂及神祠,壁畫吐蕃贊普部從。

敦煌研究院藏敦煌文書DY.322號題名爲《庚戌年十二月八日夜□□□社人遍窟

〔1〕徐松輯《宋會要輯稿·蕃夷五》,7767頁。

〔2〕張廣達、榮新江《關於唐末宋初于闐國的國號、年號及其王家世系問題》,《敦煌吐魯番文獻研究論集》,187頁;又見《于闐史叢考(增訂本)》,23頁。

〔3〕馬德《散藏美國的五件敦煌絹畫》,《敦煌研究》1999年第2期,170—175頁。

〔4〕筆者注意到畫像中地藏前僅繪出了地藏十王中的一王即第十王五道將軍(五道轉輪王),五道將軍主管亡人去世三年時過的一殿,敦煌本《佛説十王經》有“第十,三年過五道轉輪王”,而三周年齋額外受到重視,規模超過以前任何一個齋日,有的還請和尚、道士念經,作“道場”,以超度亡靈(參見杜斗城《〈敦煌本佛説十王經〉校録研究》,蘭州:甘肅教育出版社,1989年,226—227頁)。因而,此畫像也有可能是于闐公主去世三周年忌日作齋時的畫像。

燃燈分配窟龕名數》中有關於天王堂點燈的記載：

安押衙、杜押衙：吴和尚窟至天王堂，卌六窟。吴和尚窟三盞，七佛七盞，天王堂兩盞。

P.5579(1)V《丙戌年官私福田施入歷》有關於天王堂寺的記載：

合從丙戌年(866)悉齒天官籍以後，更已亥年(879)十二月卅日以前，承前帳舊，及累年官私福田，施入佛法天王唐(堂)寺舊物，及蕩(宕)泉赤岸窟，兼酉年(877)籍上破金銀、□綾絹、金銀器皿等，總一百一十八事。綾絹等。[1]

從《臘八燃燈分配窟龕名數》中有"吴和尚窟至天王堂，卌六窟"，吴和尚窟即今16、17窟，天王堂即在其北端。原來我們將涅槃寺稱作天王堂，主要是因此文書的記載而來，因爲涅槃寺是目前莫高窟南區崖面上存在的最北端的一座塔堂形建築。從S.5448號《敦煌録》來看，天王堂在莫高窟宕泉河谷兩頭，至於在谷底還是在崖面之上，或者天王堂是否爲天王堂，學者們都提出了不同的觀點。馬德先生認爲天王堂是現存崖面南區北頭坡上的殘土塔[2]，是在崖面上方。張先堂先生認爲天王堂就是現在的天王堂，吐蕃時已經存在[3]。沙武田根據S.5448號《敦煌録》中的"谷南北兩頭"，認爲是在谷底兩頭，而不是在崖頂上[4]。以上學者都從不同角度提出了很有見地的看法。

S.5448號《敦煌録》中關鍵的一句即"其谷南北兩頭，有天王堂及神祠，壁畫吐蕃贊普部從"。涅槃寺地處莫高窟的西北方向，又在高處，地形上講適合毗沙門天王守護，因此爲建天王堂的首選之地。天王堂應以北方毗沙門天王爲主，也可包括其他天王。

在考察時，我們在莫高窟南區北頭坡上殘塔(即馬德先生認爲是天王堂的塔)的北側發現一建築遺跡(圖13)。此遺跡與南區北頭坡殘塔恰好隔路相望，一南一北。我們知道此路是原莫高窟通往敦煌城的古道，也是近道，塔所在的位置也正是莫高窟的入口處。也就是説，在莫高窟的入口處，一南一北有兩建築，南側已知是塔，北側應該也是一座塔。中國寺院或者是山門兩側，都有天王把守。如果將莫高窟看作一個整體，這裏就是山門，那麽這兩座塔就是天王塔，北側的即北方毗沙門天，南側可能是南方增長天王——毗樓勒叉天王。莫高窟窟門兩側或前室西壁兩側往往繪這兩身天王像，以示護持，山門兩側的天王塔性質也應一樣。

[1] 《法國國家圖書館藏敦煌西域文獻》第34册，上海古籍出版社，2005年，266頁。

[2] 馬德《敦煌莫高窟史研究》，蘭州：甘肅教育出版社，1996年，150頁。

[3] 張先堂《唐宋時期敦煌天王堂寺、天王堂考》，94—103頁。

[4] 沙武田《莫高窟"天王堂"質疑》，23—27頁。

圖 13　調查時新發現的塔遺址・左側(郭俊葉攝)

因此,我們認爲古道北側,與現存南區北頭坡上殘塔相對的建築遺跡有可能就是天王堂。天王堂寺也許就在此天王堂附近。在涅槃寺東側(前方,距離涅槃寺約 30 米)及東北側(距離涅槃寺約 75 米)還有兩處建築遺跡,但不臨近崖面,推測也是塔堂類建築,是否與涅槃寺或天王堂有關係,尚需更多材料來證明(圖 14)。僅就位置而言,涅槃寺東北側的建築遺跡更爲偏北,應是莫高窟崖面上方現存最爲北側的遺跡。前述文獻中有公元 982 年于闐使臣張金山在敦煌“窟頭燃燈”,並“發心造塔”等的禮佛活動[1]。涅槃寺所在地應爲當時莫高窟的窟頭,那麽,涅槃寺附近的建築遺跡之一有可能是張金山發心所造塔。P.5579(1)背面將天王堂寺與赤岸窟列在一起,提醒我們是否兩者相鄰或地域比較相近,靠近天王堂最近的洞窟就是北區洞窟,是否北區洞窟當時稱作赤岸窟?筆者在此僅提出疑問和推測。

曹延禄與廣濟大師在天王堂附近選址爲于闐公主建涅槃寺,一方面是因爲法賢譯《佛説瑜伽大教王經》卷一序品第一中有關於如來説法處,在凈光天大樓閣中,涅槃寺建於莫高窟的崖面高處,符合這一要求。經文曰:

如是我聞,一時世尊大遍照金剛如來,在凈光天大樓閣中。彼之樓閣衆寶裝嚴清凈嚴飾,金剛寶柱金剛鈴鐸,微風吹動出微妙音,複有種種殊妙供養,以金剛輪寶

〔1〕張廣達、榮新江《關於敦煌出土于闐文獻的年代及其相關問題》,《于闐史叢考(增補本)》,91 頁。

圖 14　涅槃寺周邊遺跡圖(金良攝)

等而爲裝嚴。[1]

另一方面,此地附近有天王堂及天王堂寺,有建塔、建窟的條件。還有一個原因,天王堂内有北方毗沙門天,而毗沙門天又是于闐的保護神,有爲于闐公主祈福的性質。

十　結　　語

涅槃寺是莫高窟宋代的塔形建築,不管是在建築方面,壁畫、塑像的内容方面,還是在功德主方面,在敦煌石窟營建史、宋代的佛教史上都有著重要的地位。特别是在曹氏統治後期文獻嚴重缺失的情況下,在研究當時敦煌的佛教發展狀況和敦煌與于闐的關係等方面都有著舉足輕重的地位,可彌補當時文獻的不足,重新建構這段歷史。

涅槃寺中的供養人題記和東壁門上的功德記是解開涅槃寺之謎的鑰匙,雖然前賢已作過録文,但這些録文還不足以解決相關問題。學者們通過這些録文進行了相關的

[1] 《大正藏》第 18 册,559 頁。

研究探討,但仍有很多問題没有解決,還有很多的疑點無法解答。筆者在考察中對榜題進行了重新識讀,有較大的收穫,瞭解到此塔的更多信息。從對東壁門上的功德記及供養人題記的識讀中我們得知,塔應爲涅槃寺,而非天王堂,涅槃寺的真正施主爲敦煌王曹延禄與皇太子廣濟大師,曹延禄姬于闐公主已故去,此塔主要爲已故公主薦福而建。皇太子廣濟大師題記的發現,爲敦煌文獻中出現的廣濟大師的身分作出詮釋,其與曹延禄姬于闐公主關係密切,可能是兄妹。

涅槃寺修建於曹延禄稱敦煌王時,其稱敦煌王的時間可從984—995年,推遲至996年及之後。曹延禄因兵變於1002年被其族子所逼自盡,天王堂題記中曹延禄尚健在,而于闐公主已然故去,可知于闐公主的仙逝時間在曹延禄之前,並不是學界此前認爲的在1002年與曹延禄一起被害。在于闐公主去世時,其兄長廣濟大師在世,並作爲施主之一修建了爲于闐公主祈福爲目的的涅槃寺。涅槃寺壁畫的内容應是法賢(天息災)譯的漢文《佛説瑜伽大教王經》,而非梵本,此經是至道元年十月曹延禄遣使向宋廷請賜的新譯佛經。

涅槃寺的周邊以圓形壇場的形式來表現,塔周圍有方形圍牆,塔也爲方形,這與其内部壁畫内容相輔相成,共同組成一個密教壇場。此寺靠近天王堂,在選址方面考慮了于闐的守護神毗沙門天王的因素在内。

附識:本文爲國家社科基金重大項目“敦煌與于闐:佛教藝術與物質文化的交互影響”(項目編號:13&ZD087)與國家社科基金一般項目“莫高窟及其周邊古代土塔遺址的調查與研究”(項目編號:13BKG015)的階段性成果之一。本文承蒙北京大學中國古代史研究中心榮新江教授提出若干修改意見,在此謹致謝意!

(作者單位:敦煌研究院敦煌文獻研究所)

《敦煌吐魯番研究》第十八卷
2018 年,425—451 頁

憍賞彌國法滅故事在于闐和吐蕃的傳播(文獻篇)

劉　屹

一　引　　言

在那體慧(Jan Nattier)教授大著的啓發下[1],我已就印度佛教傳統中固有的"憍賞彌國法滅故事"在中土的傳播情況做了初步探討[2]。我認爲在4世紀初到5世紀末,中國的漢譯佛經原本遵從來自印度西北部犍陀羅地區的傳統,將"憍賞彌國法滅故事"作爲佛陀正法的最終歸宿;但是從5世紀末到6世紀初,中土的佛教開始不滿足於把已經没落的印度小國憍賞彌,作爲佛陀正法終結之處。中土佛教造作出了《法滅盡經》爲代表的一批"《法滅盡經》類佛經",雖然也講"法滅",卻已不再提及"憍賞彌國法滅"故事,明顯偏離了印度佛教的傳統[3]。

當時,我已經注意到在現存的于闐語和吐蕃語資料中,有一批文獻,集中描述了佛教先後在于闐和吐蕃遭遇滅頂之災,四方僧衆最終還是要回歸到印度憍賞彌國,迎接佛教最終"法滅"的曲折過程。從"法滅"思想的角度看,于闐和吐蕃佛教似乎並没有突破印度佛教固有的傳統。相較而言,中土佛教則不僅不以憍賞彌國"法滅"爲佛教的終點,而且還在印度佛教"法滅"傳統基礎上,發展出印度佛教原本没有的"末法"思想,將佛教未來的歷史走向,在佛陀有關正法消亡的預言之上,做了無限的延長。這種表面上

[1] Jan Nattier, *Once Upon A Future Time: Studies in A Buddhist Prophecy of Decline*, Berkeley, Asian Humanities Press,1991.

[2] 拙文《印度"Kauśāmbī 法滅故事"在中國的傳播與影響》,《絲路文明》第2輯,上海古籍出版社,2017年,189—204頁。當時並未充分意識到法滅故事在漢地與西域、吐蕃流傳的狀況不同,故嚴格説來,談的只是法滅故事在漢地的傳播和影響。本文即續補討論印度佛教的"法滅"故事在西域和吐蕃的傳播。按金克木先生説法:所謂"印度",泛指歷史上中國所稱的印度,即南亞次大陸,包括了現在的印度、巴基斯坦、孟加拉國,還涉及尼泊爾、不丹和阿富汗等國。在公元8世紀以前,這些幾乎是分不開的。見《印度哲學思想史設想》,1985年初刊,此據《怎樣讀漢譯佛典》,北京:三聯書店,2017年,3—4頁。本文所言的"印度佛教",並不限於今日印度範圍之内。

[3] 拙文《"法滅思想"及"法滅盡經類"佛經在中國流行的時代》,《敦煌研究》2018年第1期,39—47頁。

的差異性,引起我對于闐、吐蕃和中土佛教如何對待印度佛教"法滅"思想傳統的更大興趣。

進而,我們能否根據對"憍賞彌國法滅"傳統的遵從或違背,就得出于闐、吐蕃佛教相較於中土佛教更接近於印度佛教傳統的結論?在印度、于闐、吐蕃、中土這四個佛教區域之間,果真如它們地理位置所決定的:印度是發源地,于闐和吐蕃是中介,中土是末端這樣的佛教發展傳播態勢嗎?在以上各地域之中,又是如何各自把當地信仰與佛教傳播結合在一起,從而不僅在一個固有的佛教傳統之中,不斷糅進既有相當程度的本地色彩,又能最終摶成一個被更廣大地域所接納的新傳統?不同於相對固定的佛經文本,"法滅"的預言具有很强的故事性,也有一定程度的靈活性,可以作爲某個具有典型意義的佛教觀念在絲路上傳播與演變的個案來考察。本文將是這一研究的基礎準備部分,即力求梳理清與本研究相關的各種基本文獻之間的關聯,包括時間上的先後和内容上的交織。這些工作大體完成之後,再擬對一些具有突出意義的問題展開進一步研討。

二　基本文獻梳理

本文將會討論到一批原本爲于闐語和藏語的文獻。翻譯和轉寫這些材料,已有專門學者做了大量的工作。我對于闐語和藏語都是門外漢,只能直接依據相關學者的漢譯或英譯文本。但在使用這些譯文之前,有必要先交代清楚它們的文本關係和成書時代等情況。

此前,比較集中介紹和探討這些基本資料的,主要是托馬斯、那體慧和朱麗雙三位學者[1]。結合他們的先行研究,可知與本文主題直接相關的基本史料,主要有以下三種語言系統的文獻資料:

(1) 確切年代最早的,應該是那連提耶舍(Narendrayaśas, 517—589)在公元566年和585年分别漢譯的《月藏經》和《日藏經》,到586年被統編進六十卷本的《大方等大集經》[2]。《月藏經》的特點,首先是體現出鮮明的于闐當地特色,以至於學者懷疑此

〔1〕 我要特别感謝蘭州大學的朱麗雙教授,不僅因爲本文所依據的這些藏語佛教文獻的漢譯成果,主要來自她的最新譯筆,而且她還惠賜其未刊稿《九世紀于闐的法滅故事》給我學習參考!

〔2〕 現存漢譯本《月藏經》共有11卷,見於《大藏經》第13册《大集部》所收《大方等大集經》的卷四六至卷五六。《日藏經》共有12卷,見於《大方等大集經》卷三四至卷四五。其中《大集經》卷四五《日藏分·護塔品》、卷五五《月藏分·分佈閻浮提品》、卷五六《月藏分·法滅盡品》,都明確提及于闐佛教聖跡和護法神將。根據隋和唐初的佛教經録,《月藏經》《日藏經》的譯出時間,以及被彙編進《大方等大集經》的時間,都是比較明確的。那連提耶舍的譯經活動,曾經是討論"末法思想"來源的重要背景之一,故引起諸多學者的關注,但在此不擬詳 (轉下頁)

經必爲于闐當地的作品,否則不會對于闐佛教的聖地和遺跡如此熟悉[1]。其次是在目前漢譯佛經文本中,《月藏經》對“憍賞彌國法滅故事”描述最爲詳盡。再次,後面提及的幾部從于闐語譯成藏語的佛教文獻,幾乎都承認自己受到了《月藏經》的直接影響。《月藏經》有漢譯本和藏譯本的區别,二者應該共有一個祖本,即于闐當地産生的于闐語的《月藏經》。儘管目前尚未發現于闐語《月藏經》的寫本,但從下文的分析看,這一文本應該是確實存在的[2]。

(2)于闐語《贊巴斯塔書》(*The Book of Zambasta*)。傳統看法認爲其成書不早於7世紀,那體慧認爲是公元8世紀初的作品[3],Mauro Maggi等學者近年提出其成書或可提早到5、6世紀[4]。不過Maggi的論證,是發現一份德國探險隊在焉耆碩爾楚克獲得的寫本,内容可與《贊巴斯塔書》的第13章對應;再通過寫本上的婆羅謎文字體分期,來確定這份寫本是5、6世紀的,從而將《贊巴斯塔書》的成書年代提前。這只是提出了一種可能性,但還需要從文本的内容上有更多的支持。段晴教授則論證了《贊巴斯塔書》第3章的漢語平行文本是提雲般若在691年譯出的《大方廣佛華嚴修慈分》[5]。由此至少可以確認:《贊巴斯塔書》所依據的佛經資源,有在7世紀末纔被漢譯的。考慮到于闐與中原地區佛教交流的悠久歷史和頻密程度,很難相信一部5世紀就已在于闐存在的重要經典(如果《贊巴斯塔書》是5世紀成書,則《修慈分》在于闐的平行本也不會晚於5世紀),直到7世紀末纔被漢譯出來。因此,這一發現足以支持關

(接上頁)論。值得一提的是,那連提耶舍本人很可能並未到過于闐,他也没有自帶大量經本到中土漢地。他在北齊和隋初的衆多譯經,都是已經給他備好的所謂“梵經”。這可能意味著,那連提耶舍翻譯的是來自西域的“梵經”,而非其帶自母國烏塲國的乾陀羅地區佛經。

[1] 此點最早由烈維(Sylvain Lévi)指出,見“Notes chinoises sur l'Inde, V. Quelques documents sur le bouddhisme indien dans l'Asie Centrale (Première partie)”, *Bulletin de l'École Française d'Extrême-Orient*, Tome V, N° 3-4, 1905, pp.253-305.馮承鈞中譯文《大藏方等部之西域佛教史料》,1932年初刊,收入《西域南海史地考證論叢九編》,此據北京:商務印書館1995年影印版,160—234頁。

[2] 本文的匿名評審意見之一,認爲我對於是否存在這樣一個于闐語《月藏經》文本的論證,還遠未充分。我接受這樣的意見。但這牽涉複雜的語言學和寫本學研究,希望今後有能力專門進行考索。

[3] *Once Upon A Future Time*, pp.172-173. 恩默瑞克認同S. Konow的看法,即此書很難準確定年,但應該不會早於7世紀。見Ronald E. Emmerick, *A Guide to the Literature of Khotan*, *Second Edition*, Tokyo: The International Institute of Buddhist Studies, 1992, pp.39-41.

[4] Mauro Maggi, “The Manuscript T Ⅲ S 16: Its Importance for the History of Khotanese Literature,” in Desmond Durkin-Meisterernst, *et al*, eds., *Turfan Revisited — The First Century of Research into the Arts and Cultures of the Silk Road*, Berlin: Dietrich Reimer Verlag, 2004, pp.184-190. 此外還有Giuliana Martini(釋法樂)的博士論文,以及多篇對《贊巴斯塔書》的研究論文,也認爲成書時間可提早到5、6世紀。

[5] 段晴《于闐文本〈修慈分〉》,2008年中文初刊,收入氏著《于闐·佛教·古卷》,上海:中西書局,2014年,57—107頁。

於《贊巴斯塔書》成書時代的傳統觀點。此外,《贊巴斯塔書》第24章的“憍賞彌國法滅故事”,顯然既非對漢譯本《月藏經》,也非對藏語本《月藏經》的簡單襲用,而是具有于闐地方特色的内容。這部分内容究竟可以早到何時?是否能夠通過它來瞭解于闐語《月藏經》最初的面貌?希望本文對此的討論,也能對《贊巴斯塔書》的成書時代問題有所助益。

(3)藏語的資料比較複雜[1],按時代、性質和内容,大約可分爲三組:

第一組是直接繼承“憍賞彌國法滅”傳統的藏譯佛經。如《月藏經》的藏文本,即《月藏請問經中佛説入滅後教法住滅授記經》,既收入藏文大藏經《甘珠爾》中,也有出自敦煌藏經洞的藏文寫本[2]。《甘珠爾》最初形成於8世紀後期的赤松德贊時期(755—797年在位),而藏經洞封閉在11世紀初。吐蕃佔領敦煌的時間在780年代至840年代,此後藏語在敦煌還一直行用到10世紀[3]。故敦煌所見的藏文本《月藏經》,應該是在8世紀末至10世紀末之間的200多年間形成的。根據《布頓佛教史》的記載,此經的藏譯者是釋迦沃(釋迦光)。除《月藏請問經》外,《牛角山授記》《僧伽伐彈那授記》《于闐國授記》等與本文直接相關的三部經典,似乎都出自此人的譯筆[4]。此人亦即朱麗雙所討論的“釋迦斡”,活動於8世紀後半至9世紀前期[5]。以上這四部經典的藏譯是否有可能由他一人完成?可能還會有爭議。四部經典的各自成書時代,也有可能需要與藏譯的時間有所區別。朱麗雙認爲《月藏經》的藏譯本並不是從漢譯本翻譯,而是從于闐語直接藏譯的,這應該是可以確認的[6]。考慮到《月藏經》對以下幾種于闐佛教授記的直接影響,或許可以認爲:《月藏經》的成書是早於諸種授記的,但它們

---

[1] 這一組藏語文獻很早就被西方學者注意並做了翻譯和解説,如W. Woodville Rockhill(柔克義), *The Life of the Buddha and the Early History of His Order*, London: Trübner & Co., Ludgate Hill, 1884, pp.230–248.綜合了其中四部藏語文獻内容。但對這些文獻早年的定名、分卷和定年意見,今天看來多有需要修正之處。

[2] 參見*Once Upon A Future Time*, pp.173–188.梵文《月藏經》和《大集經·寶幢分》殘卷也有發現,但殘存内容都不涉及“法滅”主題。還有依據藏文本翻譯的蒙文本,時代較晚,也不在本文討論範圍之内。目前能夠參考的此藏文本的漢譯,見布頓著,蒲文成譯《布頓佛教史》,西寧:青海人民出版社,2016年,152—155頁。還有那體慧的英譯可參,*Once Upon A Future Time*, pp.239–255.

[3] Takata Tokio, “Multilingualism in Tun-huang”, *Acta Asiatica*, No.78, 2000, pp.49–70.中譯文載高田時雄《敦煌·民族·語言》,北京:中華書局,2005年,1—20頁。

[4] 《布頓佛教史》,蒲譯本,214、247頁。蒲譯本的“《羅漢僧盛之授記》”應即《僧伽伐彈那授記》,“《黎域佛教懸記》”應即《于闐國授記》。

[5] 朱麗雙《〈于闐國授記〉的成立年代研究》,朱玉麒主編《西域文史》第9輯,北京:科學出版社,2014年,109—119頁。

[6] 朱麗雙的看法參見其未刊稿。從故事情節上看,藏語本《月藏經》的確與《贊巴斯塔書》中的相關内容接近,而與漢譯本有明顯不同。詳見文末附表1的比較。

很有可能是在相近的時間内被集中從于闐語翻譯成藏語的。

《甘珠爾》中的《百業經》,其中第七十七《阿難與迦葉》的故事,是佛在涅槃前對正法消亡的預言,即"憍賞彌國法滅故事"[1]。那體慧認爲此經屬於"阿育王譬喻類文獻",並説此經是8世紀後半葉之前翻譯的[2]。這個推測可能過早。因爲《布頓佛教史》明確記載:《百業經》37卷、《賢愚因緣經》13卷、《佛説善惡因果經》這三部佛經,是桂·卻珠(即敦煌吴法成)從印度梵本和漢文本藏譯的[3]。綜合學者研究的結論,可知吴法成大約生於780年代,810年代到了吐蕃佔領下的沙州,830年代已經號稱"大蕃國大德三藏法師",約在860年代於敦煌去世[4]。上山大峻氏研究法成的經典論著中,似未提及法成藏譯《百業經》之事;敦煌藏經洞與法成相關的資料,也還没有發現《百業經》[5]。《布頓佛教史》雖然成書於14世紀,但關於經録部分的内容,布頓參考了吐蕃9世紀前期的三大目録,即《登嘎目録》《旁塘目録》和《青浦目録》。應該説可信度還是很高的。三大目録中,《青浦目録》目前尚未發現。朱麗雙未刊稿提示《百業經》見載於《登嘎目録》。她對《登嘎目録》的編成時間,取824年説,認爲《旁塘目録》時間晚於《登嘎目録》。不過也有學者認爲,《旁塘目録》的主體部分要早於《登嘎目録》,《登嘎目録》根據《旁塘目録》的主體部分編成後,《旁塘目録》纔最終形成定本[6]。無論如何,布頓説《百業經》出自法成的譯筆,應該是有根據的説法。依現在所知道的法成行歷,824年之前,法成是完全有可能完成將《百業經》的梵文經典藏譯工作的[7]。

---

[1] 《百業經》歷史上没有出現漢譯本,現有索達吉堪布的一個現代版漢譯本《百業經》,拉薩:藏文古籍出版社,2012年,可參。

[2] *Once Upon A Future Time*, pp.151-157.

[3] 《布頓佛教史》,蒲譯本,214頁。不過,《布頓佛教史》,170頁,又説在赤德祖贊時,由占嘎牟拉果夏和聶雜那鳩摩羅譯出《百業經》和《金光明經》兩部經文。則《百業經》的譯出又在8世紀中葉以前。

[4] 關於法成的研究很多,在此僅依較新的成果概述,參見徐鍵《吐蕃高僧吴法成生平三題》,《敦煌學輯刊》2017年第1期,37—44頁。

[5] 上山大峻《大蕃國大德三藏法師沙門法成の研究》,1967、1968年初刊,此據氏著《增補 敦煌佛教の研究》,京都:法藏館,2012年,84—246頁。包括晚近一些研究法成的學者,似乎都没有注意到《布頓佛教史》的這一説法。

[6] 徐麗華《藏文〈旁唐目録〉研究》,北京:民族出版社,2013年,11—19頁;並參同氏《論〈旁塘目録〉的編纂及其學術價值》,《西藏大學學報》2015年第3期,120—127頁。才讓《〈旁塘宫目録〉——編纂時間、畫像題記、文獻分類及其價值》(《中國藏學》2015年第1期,92—113頁)認爲《旁塘目録》的主體部分在818年就編成,《登嘎目録》則是824年編成。關於《旁塘目録》成書問題,還可參看:Georgios T. Halkias, "Tibetan Buddhism Registered: A Catalogue from the Imperial Court of 'Phang Thang", *The Eastern Buddhist* Vol.36, nos.1-2, 2004, pp.46-105. Brandon Dotson, "'Emperor' Mu rug btsan and the *'Phang thang ma Catalogue*", *Journal of the International Association of Tibetan Studies*, No. 3, 2007, pp.1-25.

[7] 蒙藏學專家西北民族大學的才讓教授賜教:《百業經》没有漢譯本,法成只可能是將梵語本譯成藏語。

第二組是重點描述于闐當地的佛教歷史和佛教聖跡,卻没有出現明顯"法滅"内容的佛經。如《無垢光(天女)請問經》,六卷本[1]。托馬斯認爲此經是于闐當地的創作,成書時間不晚於8世紀,因爲其背景正是吐蕃和唐朝激烈競爭西域控制權的時代。經中的内容反映了8世紀末于闐被吐蕃佔領前後的史實,涉及幾代于闐國王的世系。若如托馬斯所言,則經中反映的歷史事件,即吐蕃佔領于闐,現在認爲是在8世紀末至9世紀初發生的,則其成書時間也要相應地後延[2]。《布頓佛教史》云此經是益西德(智軍)譯出[3]。此人活動於8世紀後半期至9世紀初。朱麗雙未刊稿提示:此經見於《登嘎目録》著録。今查《旁塘目録》也有著録[4],説明其在9世紀初已經編入藏文大藏經。《布頓佛教史》所言的譯者年代,與兩種目録書著録的時間,基本能夠吻合。

《牛角山授記》,專講于闐建國、佛教在于闐初興,以及佛陀對聖地牛角山授記的重要經典。具有鮮明的于闐當地特色,但不涉及"法滅"的内容[5]。托馬斯認爲此書成書最早不過7世紀後半期,即吐蕃第一次佔領于闐之時[6]。朱麗雙指出此書著録於《登嘎目録》,故最晚在9世紀初應已完成了藏譯[7]。今查《旁塘目録》亦著録此書[8]。《布頓佛教史》認爲此經是由釋迦沃從于闐語譯爲藏語。兩方面資料的記載似乎也没有明顯矛盾之處。

《于闐國授記》,是相對而言内容最豐富和成體系的于闐地方佛教發展和聖地聖跡記録。托馬斯認爲是在9—10世紀成書[9];吉田豐認爲此書是于闐王室傳承的王統史[10],

〔1〕 此經有托馬斯的英譯本,*Tibetan Literary Texts and Documents concerning Chinese Turkestan*, Part Ⅰ, London: The Royal Asiatic Society, 1935, 解説,pp.139－178.翻譯,pp.179－258.

〔2〕 Sam van Schaikr認爲此經是7世紀中期成書,見"Red Faced Barbarians, Benign Despots and Drunken Masters: Khotan as a Mirror to Tibetan", *Revue d'Etudes Tibétaines*, No.36, 2016, pp.45－68.但我覺得他的意見並不足以改變托馬斯的定年。

〔3〕 《布頓佛教史》,蒲譯本,222頁。

〔4〕 徐麗華《藏文〈旁唐目録〉研究》著録作:"《天女無垢光所問授記經》,四卷。"150頁。

〔5〕 托馬斯最早有英譯本,並推測此《授記》的形成不會早於7世紀後半期吐蕃第一次佔領于闐。見*Tibetan Literary Texts and Documents*, Part Ⅰ, 解説,pp.1－10;英譯,pp.11－38.

〔6〕 *Tibetan Literary Texts and Documents*, Part Ⅰ, p.9.

〔7〕 朱麗雙新發現兩件法藏敦煌藏文文獻,比定爲是《牛角山授記》的殘片,見《敦煌藏文文書〈牛角山授記〉殘片的初步研究》,朱玉麒主編《西域文史》第8輯,北京:科學出版社,2013年,23—38頁。她還在文中提示了一份13世紀的文獻,明確記載此書是由于闐大德從于闐語譯成藏語。這一説法與《布頓佛教史》不同。

〔8〕 徐麗華《藏文〈旁唐目録〉研究》著録作:"《聖牛角授記大經》,一卷。"150頁。

〔9〕 *Tibetan Literary Texts and Documents*, Part Ⅰ, pp.75－76.

〔10〕 吉田豐《有關和田出土8—9世紀于闐語世俗文書的札記(二)》,2006年日文初刊,此據榮新江、廣中智之中譯文,載朱玉麒主編《西域文史》第3輯,北京:科學出版社,2008年,98—101頁。

並非一般性的宣教作品;朱麗雙考證成書於830年左右[1]。據《布頓佛教史》,也是釋迦沃將這部授記從于闐語譯成藏語。只不過《牛角山授記》著録於《登嘎目録》和《旁塘目録》,而《于闐國授記》則不見於兩大目録的著録。

第三組是既著重描繪于闐當地的佛教歷史和聖跡,又將于闐和吐蕃納入傳統的"憍賞彌國法滅"的歷程當中,亦即那體慧所説的"後期于闐語改編之作"三種,具體包括:

《僧伽伐彈那授記》[2],托馬斯只能將其成書時間定在9—10世紀之間[3]。那體慧認爲很難確定成書時代,其中提到的是8世紀中葉的歷史事件,因而成書上限應在8世紀後半期[4]。朱麗雙未刊稿根據此經見於《登嘎目録》,認爲或在811年左右成書。結合《布頓佛教史》的記載,可知此書也是由釋迦沃最晚在9世紀初完成了藏譯。

《于闐阿羅漢授記》,此書除有敦煌三份藏文寫本外,還有敦煌吴法成根據藏文本漢譯的《釋迦牟尼如來像法滅盡之記》(P.2139)[5]。托馬斯只將其成書時間定在9—10世紀[6],那體慧認爲不早於8世紀後半期[7],朱麗雙認爲是9世紀中葉譯出[8]。《釋迦牟尼如來像法滅盡之記》也的確是法成留下的諸多著作中,被學者研究較多的一種。敦煌P.2391寫本的首題下有署名"國大德三藏法師沙門法成譯",可能説明此時已是沙州擺脱吐蕃控制以後,法成也不便再以"大蕃國大德三藏法師"來自稱。則可推測此寫本的時代應在850年代左右,其漢譯和藏譯的時間,都應該離其成書時間不太遠。

---

〔1〕 此書先後有寺本婉雅的日文譯本,《于闐國史》,京都:丁子屋書店,1921年,1—50頁;托馬斯的英譯本,*The Literary Texts and Documents*, Part Ⅰ,解説,pp.73-76;英譯,pp.88-136.和恩默瑞克的英譯本,R. E. Emmerick, *Tibetan Texts concerning Khotan*, London: Oxford University Press, 1967, pp.1-77. 我依據的是朱麗雙的漢譯本,見《〈于闐國授記〉譯注》(上)(下),分見《中國藏學》2012年第S1期,223—268頁;《中國藏學》2014年第S1期,121—131頁。她對此書成書時代的意見,見《〈于闐國授記〉的成立年代研究》,109—119頁。

〔2〕 寺本婉雅早年有個錯誤較多的日譯本,見氏著《于闐國史》,51—65頁。托馬斯的英譯本,見 *The Literary Texts and Documents*, Part Ⅰ, pp.41-69. 朱麗雙的最新漢譯已收入本卷,可以參考。

〔3〕 *The Literary Texts and Documents*, Part Ⅰ, p.50.

〔4〕 *Once Upon A Future Time*, pp.194-199.

〔5〕 《大正藏》51卷,996—997頁收有釋文。F. W. Thomas, *The Literary Texts and Documents*, Part Ⅰ,解説,pp.71-77;英譯,pp.77-87. 我依據的是朱麗雙根據藏語的漢譯本,見《〈于闐阿羅漢授記〉對勘與研究》,《張廣達先生八十華誕祝壽論文集》,臺北:新文豐出版公司,2010年,605—676頁。

〔6〕 *The Literary Texts and Documents*, p.73.

〔7〕 *Once Upon A Future Time*, pp.189-194.

〔8〕 朱麗雙《〈于闐阿羅漢授記〉對勘與研究》,667—669頁。她在前揭未刊稿中,又修訂爲860年之前。

《于闐教法史》[1],那體慧認爲成書時間不早於8世紀後半期[2]。朱麗雙認爲是9世紀中後期譯出,並認爲此書是以上諸書中成書最晚的一部,且具有摘録各種于闐佛教相關文獻的集成性質[3]。

總的看來,朱麗雙教授近年在文本上的研究,相對於托馬斯早年的成果來説,對一些重要文獻的定年更加清晰和具體化,是值得表彰的一大進步。就"法滅"這一主題而言,那體慧的意見仍然有不可替代的價值。她認爲《贊巴斯塔書》的時代早於各種藏語的文獻,又因爲《牛角山授記》和《于闐國授記》都没有出現"憍賞彌國法滅"内容,故没有討論這兩部藏語文獻,她重點討論的是《百業經》《贊巴斯塔書》和"後期于闐語改作"的三種。朱麗雙按照《僧伽伐彈那授記》《于闐阿羅漢授記》《于闐國授記》《于闐教法史》的順序排列了以上各部藏語文獻的先後,但仍然有未被納入考察範圍的,如《百業經》《無垢光請問經》和《牛角山授記》。如果要想進一步確定各篇文獻的先後關係,還是要儘可能綜合考慮以上各種資料中某些可以比較的要素。

三 《贊巴斯塔書》"法滅"故事的來源

那體慧在其大著中曾將13種不同語種文獻中的"憍賞彌國法滅故事"情節,分解爲14個要素,以便比較各版本故事之間是否具備這些要素[4]。本文重點關注的是漢譯《月藏經》、藏譯《月藏經》和《贊巴斯塔書》這三部書關於"法滅"情節的異同。在此先借鑒那氏的情節分解處理方式,得出一些基本的印象,進而再分析那氏研究中没有注意到的一些問題。

那氏綜合各版本"憍賞彌國法滅故事",歸納出14個情節。分别是:

A. 憍賞彌國國王名叫Mahendrasena;B. 國王生子Duṣprasaha,此子降生時身帶甲胄,長相凶惡,長大後勇武善戰,各漢譯版本譯名爲"難看"、"難忍"或"難勝"(本文爲方便敍述,統一用"難看"稱呼他);C. 此時有三位"惡王"入侵憍賞彌;D. 難看戰勝三惡

---

[1] 主要見於敦煌藏文寫本P.t.960。托馬斯有英譯本,見*The Literary Texts and Documents*, Part Ⅰ, pp. 303-323.恩默瑞克英譯本,*Tibetan Texts concerning Khotan*, pp.78-91.我依據的是朱麗雙的漢譯本,見榮新江、朱麗雙《于闐與敦煌》附録二《〈于闐教法史〉譯注》,蘭州:甘肅教育出版社,2013年,413—468頁。

[2] *Once Upon A Future Time*, pp.199-204.

[3] 朱麗雙《〈于闐教法史〉譯注》,417—419頁。

[4] *Once Upon A Future Time*, pp.208-211. 亦可參紀贇對此書的書評中改造後的表格,見《書評:未來某時:佛教法滅預言研究》,《新加坡佛學研究學刊》第2卷,2015年,224—226頁。

王後,向本國一位熟習三藏的 Śiṣyaka,悔過自己的殺戮行爲,Śiṣyaka 建議他邀請僧衆來替其懺悔罪過;E. 難看邀請到一位叫 Sūrata 的阿羅漢,是當時世間唯一一位阿羅漢;F. Śiṣyaka 有一位弟子,名叫 Aṅgada;G. 有一位叫 Dadhimukha 的夜叉;H. 國王 Mahendrasena 去世;難看正式成爲憍賞彌國國王;I. Śiṣyaka 和 Sūrata 起了爭執,Śiṣyaka 的弟子 Aṅgada 憤而殺死阿羅漢 Sūrata。J. Dadhimukha 夜叉爲替阿羅漢報仇而殺死 Śiṣyaka;K. Aṅgada 也被殺;L. 憍賞彌國所有僧衆互相攻殺,死亡殆盡;M. 大乘因素的有無;N. 佛法住世的長短。

對於以上情節的有無,那氏進行了比較(此據紀贇書評中改編的表):

	A	B	C	D	E	F	G	H	I	J	K	L	M	N
漢譯《月藏經》	有	有	3	有	有	有	有	無	有	有	有	有	有	1500
《贊巴斯塔書》	有	有	3	有	有	有	有	無	有	有	有	有	有	1500
藏譯《月藏經》	有	有	3	有	有	有	有	無	有	有	有	有	有	2000

這似乎意味著,這三部書關於"憍賞彌國法滅故事"的情節,除了佛法住世時間略有差異外,其他情節設置幾乎基本相同。但實際上,三者的差異性還是比較明顯的。本文以《贊巴斯塔書》第 24 章關於"憍賞彌國法滅"的情節爲底本,再分別與漢譯和藏譯《月藏經》進行比較(參看文末附表 1)〔1〕。

那體慧認爲:《贊巴斯塔書》雖然看起來與漢譯《月藏經》之間的關係似乎遠遠超過這兩個版本與藏語本之間的關係,但實際上《贊巴斯塔書》和藏語本《月藏經》之間在一些重要要素方面吻合,表明二者之間有重要的聯繫〔2〕。通過以上更細緻的比較,可以看出,雖然漢譯《月藏經》的時代最早,但它並不是藏譯《月藏經》和《贊巴斯塔書》的直接依據。考慮到《月藏經》最初可能在于闐作成,則《贊巴斯塔書》中的"法滅"內容,完全可能直接依據于闐語的《月藏經》而成〔3〕。藏語的《月藏經》也應是根據于闐語原

〔1〕 我在此並非要做嚴格意義上的語文學對勘,只是通過比較目前能夠看到的不同譯本,看看同一故事的不同版本在情節上有何明顯的異同。《贊巴斯塔書》用的是 Emmerick 的英譯本,漢譯《月藏經》用的是 CBETA 電子佛典版本,藏譯《月藏經》參照了那體慧的英譯本和《布頓佛教史》轉引的版本。

〔2〕 *Once Upon A Future Time*, pp.170 – 188.

〔3〕《贊巴斯塔書》的性質是一種彙編。如果漢譯《修慈分》是《贊巴斯塔書》第 3 章的漢譯平行本,則對于闐語佛典的取用,相對而言應該就是"直接"的了。托馬斯認爲《月藏經》最早成書是在公元 4 世紀。參見 *Tibetan Literary Texts and Documents*, Part Ⅰ, p.45.

本翻譯的[1]。但于闐語《月藏經》今已不存,故《贊巴斯塔書》第24章對於瞭解于闐語《月藏經》的面貌,就提供了重要的依據。特别是《贊巴斯塔書》中有至少五個要素或環節的内容,是既不見於漢譯,也不見於藏譯《月藏經》的(詳見本文附表1中五處其他版本皆無,只有《贊巴斯塔書》有的情節和内容)。這些是否正是于闐語《月藏經》的特色所在?相較而言,藏語本《月藏經》對"三惡王"名字的音譯,幾乎可以直接對應到《贊巴斯塔書》中的譯名。藏語本《月藏經》與《贊巴斯塔書》在很多細節上可以對應的地方的確很多。當然,也有只見於藏譯本,而漢譯《月藏經》和《贊巴斯塔書》都没有出現的情節或要素。至於這些只見於于闐語本或藏語本的内容是從何而來的?在此無法深究,有待今後研究。

關於"憍賞彌國法滅"出現在佛滅之後多少年,漢譯《月藏經》與《贊巴斯塔書》都是説佛滅後1500年,而藏譯《月藏經》説的是佛滅後2000年。這一區别,也許暗示了漢譯《月藏經》和《贊巴斯塔書》的時代相近,而藏譯《月藏經》的時代要晚。漢譯《月藏經》和《贊巴斯塔書》很可能都是來自一個共同的原本——于闐語《月藏經》,故關於佛滅1500年後會發生"法滅"的預言,兩者是一致的。從藏語《月藏經》開始,佛滅後2000年纔會"法滅"的觀念纔普遍出現在藏譯的于闐語佛教文獻。佛滅後2000年纔會發生"法滅"的觀念,又是從何而生?雖然漢地佛教提出佛滅2000年後"法滅"的時間是早於于闐語經典藏譯的,但于闐佛教關於佛滅後2000年"法滅"的説法,卻未必是受漢地佛教的影響纔出現的。對此我將在本文的續篇中展開討論。

另一個值得注意的細節是,《贊巴斯塔書》和漢譯《月藏經》,在提及"三惡王"入侵憍賞彌國之前,攻佔和破壞的主要都是"天竺"境内的國家。漢語《月藏經》説三惡王佔領"北天竺"後,開始入侵憍賞彌。《贊巴斯塔書》也説三惡王將北天竺的佛法破壞殆盡後,向閻浮提的南部憍賞彌國進軍。這可能顯示于闐語本《月藏經》的作者仍然是按照印度佛經的傳統來陳述憍賞彌國"法滅"之前的局勢。然而,藏譯本《月藏經》卻説到三惡王强力佔領印度恒河北岸的"乾陀羅"和中印度之後,下一步入侵恒河南岸的憍賞彌。也許正是藏譯《月藏經》把"乾陀羅"列入三惡王攻佔之地,佛法破滅,所以纔會啓發到下文討論到的幾部8—9世紀的佛教授記,都在憍賞彌國法滅之前,加入了乾陀羅

[1] 《布頓佛教史》,蒲譯本151頁説:"《如來大頂髻經》《大證悟經》《月藏所問經》等,亦原有多品,現皆僅存一品,尚未譯出,原先所譯法本已泯滅。"我懷疑最後一句的意思是説:原先尚未譯出的法本已泯滅。亦即當于闐語《月藏經》藏譯時,只譯出了《月藏菩薩所問經》這一品關於"法滅"的預言,其他諸品尚未來得及藏譯,就都亡佚了。

國法滅的環節。可見,藏譯本《月藏經》主要是對8世紀以後的作品産生影響。

總之,我認爲《贊巴斯塔書》第24章關於"憍賞彌國法滅"的描述,很有可能是來自于闐語原本的《月藏經》。至於這些内容對於判定《月藏經》和《贊巴斯塔書》的成書時間有何幫助,或許今後需要在更多細節上展開比較研究,能夠帶來一些新的綫索。

四　關於《牛角山授記》

除按内容和性質做區分外,以往的研究還有一些尚未解決的問題,可能需要充分考慮以上八部藏語文獻的内在關聯纔能解決。例如,依據朱麗雙的研究,可以確定《于闐教法史》成書最晚,《于闐國授記》稍早於《于闐教法史》。但《僧伽伐彈那授記》和《于闐阿羅漢授記》這兩書孰先孰後?托馬斯認爲前者早於後者[1];那體慧認爲後者早於前者;朱麗雙支持了托馬斯的意見。如果把《牛角山授記》也考慮在内,則這三部授記之間的先後關係,目前依然顯得撲朔迷離。

理論上,區分諸書先後的一種最直接而簡單的辦法,是看這些經典相互之間徵引或提及的情況。成書最晚的《于闐教法史》末尾云:

> 簡要録自佛經《日藏經》《月藏經》和《無垢光請問經》,大德論道沙門新譯,《于闐教法史》抄本,校畢。[2]

朱麗雙前揭未刊稿指出,實際上《于闐教法史》現存的篇章與《日藏經》和《無垢光請問經》没有什麽關係。亦即説,只有《月藏經》對《于闐教法史》的影響是實際存在的。比《于闐教法史》稍早的《于闐國授記》末尾自敍云:

> 《于闐國授記》與《尊者月藏菩薩請問經》《無垢光天女請問經》及《尊者僧伽伐彈那授記》一致,詳述于闐國與于闐諸王如何迎請諸尊者,並興建釋迦教法,及其根本伽藍、佛堂與窣堵波,以及如何發展二部僧伽。[3]

這説明《于闐國授記》也承認自己受到了《月藏經》的啓發,且其成書晚於《僧伽伐彈那授記》和《無垢光天女請問經》。《于闐教法史》是否因參考了《于闐國授記》,纔會提及《無垢光請問經》?不能排除這種可能性。

---

〔1〕 托馬斯在 *Tibetan Literary Texts and Documents*, Part Ⅰ, p.43 説:不晚於公元8世紀的《無垢光請問經》提及了《僧伽伐彈那授記》。以此作爲《僧伽伐彈那授記》早於《于闐阿羅漢授記》的證據之一。但他並没有給出具體的證據。我懷疑他的這一表述有誤。《無垢光請問經》似乎並未提及《僧伽伐彈那授記》。當然這並不影響他對兩書先後關係的判斷。

〔2〕 朱麗雙《〈于闐教法史〉譯注》,468頁。

〔3〕 此據朱麗雙《〈于闐國授記〉譯注》(下),131頁。

《無垢光請問經》的開篇，講到釋迦如來剛剛講授完《月藏經》[1]。《于闐阿羅漢授記》也只提到了《月藏菩薩所問經》和《月藏菩薩授記經》[2]。因爲《月藏經》就是以月藏菩薩向如來請問的形式，引出如來對未來佛法命運的預言，故月光菩薩的《所問經》和《授記經》理應是一回事。這説明除了《月藏經》本身外，至少還有四部于闐佛教文獻，都承認自己是在《月藏經》的影響下而作成的。通過情節内容的比較，可知《僧伽伐彈那授記》有關"憍賞彌國法滅"的内容，與《贊巴斯塔書》中"法滅"内容的關係，要比和藏譯本《月藏經》的關聯更爲直接[3]。以上諸書中，在"法滅"内容上不是繼承自《月藏經》的，大約只是《百業經》和《牛角山授記》兩種而已。直接從梵語譯出的《百業經》，在"法滅"主題上仍保留了印度佛教的傳統。而《牛角山授記》中的于闐佛教聖地牛角山，也是在《月藏經》中作爲于闐當地佛教的象徵而被提及。因此，以上諸書之間無疑有著或隱或顯的關聯性，需要將其統合起來考慮。

在幾部藏文的"授記"中，《牛角山授記》應該是最早的一部。在目前只能參考英譯本的情況下，我在此僅提出六個方面的理由來加以説明。

第一，所謂"牛角山"，一般認爲即今和田市西南26公里喀拉喀什(Kara kash)河東岸的庫瑪日山(Kohmārī)[4]。據朱麗雙的研究，很可能"牛角山"是較早期的名稱，最晚到9世紀時，漸以"牛頭山"之名爲漢地所知[5]。"牛角山"和"牛頭山"各自對應的藏語和梵語都不相同。在漢譯佛經中，很明顯有個把"牛頭山"從地點不確定，到指定爲于闐境内的過程。如東晉佛陀跋陀羅譯《大方廣佛華嚴經》説"邊夷國土有菩薩住，名牛頭山"[6]。唐實叉難陀譯《大方廣佛華嚴經》則云"疏勒國有一住處，名牛頭山，從昔以來，諸菩薩於中止住"[7]。那連提耶舍的漢譯《大集經・日藏分》中，既説到"于闐國中水河岸上牛頭山邊，近河岸側"，同時又兩次出現"牛角峰山"和"牛角山"[8]。假如真地存在從"牛角山"到"牛頭山"的轉變過程，那麽《牛角山授記》應該是普遍稱此聖山爲"牛角山"的較早時代(9世紀以前)的作品。

---

[1] *Tibetan Literary Texts and Documents*, Part Ⅰ, pp.179, 183.

[2] 朱麗雙《〈于闐阿羅漢授記〉對勘與研究》，616、625、658頁。

[3] 《僧伽伐彈那授記》中"法滅"情節與《贊巴斯塔書》第24章的比較，亦請參見附表1。

[4] 賈應逸《敦煌藏經洞遺書與和闐佛教遺址》，2000年會議論文，2001年初刊，此據氏著《新疆佛教壁畫的歷史學研究》，北京：中國人民大學出版社，2010年，112—113頁。

[5] 參見朱麗雙《〈于闐國授記〉譯注》，229頁注3。《〈于闐教法史〉譯注》，425頁注2。

[6] 此據CBETA電子版《大藏經》，第9册，590頁。

[7] 同上書，第10册，241頁。

[8] 同上書，第13册，294、295頁。

第二,從佛經目録著録的角度看,《牛角山授記》《僧伽伐彈那授記》和《無垢光請問經》見於《登嘎目録》的著録;《無垢光請問經》和《牛角山授記》見於《旁塘目録》的著録。《登嘎目録》和《旁塘目録》的成書時代以及先後關係,都有不同的説法。甚至有學者認爲兩種目録編成後,都免不了後代的增添修改。果真如此,則這兩部目録就只有參考價值,而不能作爲確鑿的證據。但一般而言,佛經目録都是後代承襲前代,逐漸增多,而不該逐漸删減[1]。從這個角度看,《旁塘目録》,或者説其主體部分,早於《登嘎目録》也是有可能的,因爲《僧伽伐彈那授記》只見於《登嘎目録》而不見於《旁塘目録》。無論《登嘎目録》和《旁塘目録》誰先誰後,兩份目録都著録了《牛角山授記》和《無垢光請問經》,只有《登嘎目録》著録了《僧伽伐彈那授記》,這説明《牛角山授記》相對於《僧伽伐彈那授記》,更具有傳統性和固定性,暗示了其成書應該更早。

第三,《牛角山授記》的主旨與其他幾部"授記"不同。此"授記"所做的預言,是關於于闐之地如何從湖泊變成陸地,于闐國如何立國,諸佛菩薩、守護神爲何要守護于闐,以及爲何牛角山具有神聖地位等。這部"授記"絶大部分篇幅都是在以釋迦如來與諸菩薩天神問答的形式,做佛陀涅槃後的預言。結尾處從預言回到"現實"的情節,只是以舍利弗和毗沙門天王的決海,使于闐由海子變爲陸地而終篇。换言之,如果按照書中的"時間綫"來看,《牛角山授記》只寫到于闐從海子變爲陸地(佛涅槃後 100 年),以及地乳王建國(佛涅槃後 234 年)就停止了,不涉及歷代于闐王室對佛教的尊奉,以及除牛角山之外于闐各地的諸多聖跡。其書重在描述于闐佛教從無到有,再到興盛的過程,並不涉及佛法在于闐衰敗和消亡的未來走勢。從這些内容看,此書的背景很可能是于闐佛教處在不斷發展的上昇期,故而作者流露出以于闐爲西域佛法傳佈的中心、自信樂觀的心態。

第四,《牛角山授記》的確没有提及"法滅"的問題。其中提到,只有當牛角山的瞿摩娑羅香大窣堵波和喀拉喀什河邊的迦葉佛大窣堵波倒塌之時,纔是于闐佛法衰滅之時。但這只是一種假設,而並没有預言説到佛滅後多少年,就會出現這樣的情景。實際上,《牛角山授記》根本就没有預想會有于闐佛法衰亡的那一天。其他幾部"授記"在講到于闐佛法衰落時,已經不再强調這兩座窣堵波的重要性。關於佛教未來的歸宿,《牛角山授記》認爲于闐因爲得到佛菩薩各護法神的直接護佑,當其他各地佛法衰敗之時,

〔1〕 單純從著録經典的數量來看,《登嘎目録》著録的數量少於《旁塘目録》。但這並不構成判斷兩部目録先後的絶對依據,因爲有學者認爲是它們的關係很複雜,很可能是《旁塘目録》的主體部分→《登嘎目録》→《旁塘目録》的定本。

于闐反而是各地佛法經像最終的歸宿。這等於是把于闐在佛教中的地位,逐漸抬昇到一個新的高度:不僅是印度之外一個新的佛教中心,而且也是佛教最終的歸宿所在。但其他幾部"授記",則是重點預言佛法在包括于闐在内的西域、吐蕃、漢地面臨衰亡的局面,佛教最終還要回歸到憍賞彌國這一印度小國去迎接"法滅"的結局。從這個角度說,《牛角山授記》作成時,顯然没有那種各地佛法紛紛衰亡,于闐也只是全部佛法衰微過程中的一環的緊迫感和無奈感。因爲從"時間綫"來看,包括于闐在内各地佛法的消亡,是在佛滅之後 1500 年左右纔會發生的事情,而《牛角山授記》的記述,只到佛滅後 234 年阿育王在位,引出地乳王子的誕生和于闐建國,就停止了。

第五,《牛角山授記》提到了于闐遭受到周邊勢力的侵擾,這些周邊勢力包括:孫波(蘇毗,Sum-pa)、突厥、回鶻、漢、吐蕃等錯綜複雜的勢力。這也是借釋迦如來之口在預言中提到的,並不是對"現實"中于闐遭受外地入侵的真實寫照。同樣地,這些所謂的"外敵入侵",對于闐佛教來説,更像是一種考驗,而不是真正能夠導致于闐佛法衰微的原因。《牛角山授記》提及這些于闐之外的勢力存在,只表明作者知悉于闐周邊的政治和民族情況,並未將這些外部勢力的侵擾,與佛法的衰亡聯繫起來。明確這一點,再對照後面的其他幾部"授記",就會很清晰地看到:突厥、回鶻、吐蕃、漢,這些在《牛角山授記》中作爲于闐佛法興盛的陪襯而存在的各種勢力,被重新分别組合,成爲造成"憍賞彌國法滅"前奏的"三惡王"入侵憍賞彌國事件的主角。同時也從一個側面顯示出:《牛角山授記》成書時,于闐並未與吐蕃有更密切和深入的交流,這與隨後幾部"授記"中于闐和吐蕃的關係形成鮮明對比。這可能意味著當時還没有發生過吐蕃長期佔領于闐之事。

第六,關於于闐建國傳説,涉及于闐最早的居民來源和成分,《牛角山授記》應該是對漢地最友善的一種表達。其中説到,佛涅槃後 100 年,漢地出現一位名叫"咸陽"的君王,雖然托馬斯將這個漢王比定爲秦始皇[1],但只是一家之言。晚出的藏文史料將這位漢王比定爲"周王",又叫"咸陽地方之王"[2]。這可能是因爲自 7 世紀初以後,中原漢地逐漸認定佛誕於西周昭王二十四年,涅槃於西周穆王五十二年[3]。對於藏傳佛教來説,只能籠統地知道佛陀的時代相當於漢地的周朝。《牛角山授記》説這位漢王

〔1〕 *Tibetan Literary Texts and Documents*, Part Ⅰ, p.17.

〔2〕 達倉宗巴·班覺桑布著、陳慶英譯《漢藏史集》,西寧:青海人民出版社,2017 年,48 頁。

〔3〕 關於漢地佛教如何將佛陀生存年代從東周提早西周,參見拙文《穆王五十二年佛滅説的形成》,《敦煌學輯刊》2018 年第 2 輯,166—177 頁。

應該有一千個兒子,每個兒子都可以成爲統治一方的君主。漢王聽説在西方的于闐之地,有釋迦如來親臨的牛角山聖地,遂希望自己的第一千個兒子,可以到這一聖地稱王建國。於是他向神靈祈求這個兒子的降生。毗沙門天王達成其願,送給他第一千個兒子,即阿育王的棄子——地乳。此子果真在漢王的幫助下,在于闐建國稱王。《牛角山授記》特别説,于闐國就是東來的漢人,與西來的天竺人,共同服從於地乳王的統治而建國的,地乳王的後裔就是代代相傳的于闐王室。類似的故事在《大唐西域記》《于闐國授記》等書中也可看到,描述得更加曲折和詳細。總的來説,都認可于闐建國是漢與天竺兩種文化和兩大種族彙聚的結果。這應該算是一種對漢地傳統比較友好的態度。但實際上,這並不符合于闐建國的真實歷史情況[1],卻反映了7世紀末開始的近一百年間,于闐作爲安西四鎮之一,長期在唐朝控制之下,對漢地傳統的一種認可和接受態度。

所以,我相信《牛角山授記》應該是在這幾種"授記"中最早問世的,其作者正處在于闐相對長期地安定繁榮,于闐事實上成爲西域佛教中心的時期,最有可能是在唐朝有效控制安西四鎮時的8世紀中前期的作品,故而書中對來自漢地的傳統比較認可。最晚在9世紀初吐蕃佔領于闐時期,已完成了藏譯。其中的很多内容,爲以後的幾部"授記"提供了素材。如牛角山聖跡的由來、八大菩薩和八大守護神等内容,又見於後出的《于闐國授記》和《于闐教法史》等。

五 《僧伽伐彈那授記》與《于闐阿羅漢授記》的關係

《僧伽伐彈那授記》(以下簡稱《僧伽》)和《于闐阿羅漢授記》(以下簡稱《阿羅漢》),這兩部書的主題和内容都比較接近,都是借一比丘向其師阿羅漢諮詢佛法滅没的情況而展開全篇論述。阿羅漢的解答,從佛滅之後,略過于闐建國和諸佛菩薩的護佑,直接跳到了于闐佛法由盛轉衰,于闐僧衆被迫離境,前往吐蕃。吐蕃贊普娶了漢家公主而大興佛教。公主病亡後,吐蕃境内佛教遭到迫害,僧衆再從吐蕃逃往乾陀羅。但乾陀羅也非久居之地。此時三惡王攻打憍賞彌國,被憍賞彌國王打敗。憍賞彌國王邀請世上所有僧衆到憍賞彌國,意欲通過佛教懺悔自己的殺戮之罪。不料僧團内部發生慘烈爭鬥,一夜之間僧伽覆滅殆盡。佛法由是在世間滅盡。

[1] 張廣達、榮新江《上古于闐的塞種居民》,1989年初刊,此據《于闐史叢考》(增訂本),北京:中國人民大學出版社,2008年,149—165頁。

顯然,這兩部書與《牛角山授記》相比,具有兩個鮮明的共同特點:一是都以印度佛教傳統中的"憍賞彌國法滅",作爲包括于闐在内的所有佛法的歷史終結點;二是在"憍賞彌國法滅"之前,加入了佛法在于闐、吐蕃和乾陀羅國遭遇滅頂之災的内容,形成了"于闐—吐蕃—乾陀羅—憍賞彌國法滅"的新模式。這些無疑是超出印度佛教傳統,具有本地特色的部分。在這兩點共性之外,其實兩書呈現出的差異性,更值得充分重視[1]。

第一,兩書看似相近的開篇敍述,就已藴含了很大的不同。《僧伽》中弟子向師父伐彈那發問:既然已有佛滅後2000年後會發生"憍賞彌國法滅"事件的預言,那麽于闐國的佛法何時消滅?因何而消滅?可見該書的主旨是要回答在"法滅"的歷史命運既定的前提下,于闐佛教會面臨怎樣的宿命。伐彈那的回答,説是佛滅後1500年,是佛法正常流通的時代,但進入1500年以後,世間各種對佛法的非正信興起,佛法開始衰落。到佛滅2000年後,將會出現"法滅"的結局。于闐國也不例外,會有不信佛教的國王在位,民衆和僧伽也都變得對佛法不再虔誠,出現種種佛法將衰的世相。

《阿羅漢》的開篇則明確説,在于闐國第七代王毗左耶訖多(尉遲訖帝)時,有一羅漢在山谷中修行,其弟子説看到了《月藏菩薩所問經》對法滅的預言,故而問其師:于闐、疏勒及安息諸國的如來像法、窣堵波幾時住世,誰當毁滅,究竟至其何所?雖然這裏給出了具體的于闐王名,但據朱麗雙研究,第七代于闐王大約相當於中原的東漢初,即公元1世紀前期[2]。顯然,《阿羅漢》一書不可能真地早到那時成書。它只是用第七代于闐王來暗示其書成書時間甚早,書中的内容都是在那時對未來佛教命運所做的預言而已。

可見,《僧伽》的開篇只關心于闐一地,《阿羅漢》關心的則是包括于闐在内的安息、疏勒這三國的佛法命運。

第二,關於于闐佛法的衰亡,《僧伽》詳細描述了于闐佛教從開始國王支持,信衆虔誠,到後來國王不信佛法,民衆侵奪三寶的信仰沉淪景象,于闐僧衆遂彙聚於此地最早的佛寺贊摩寺商議對策。衆僧預感到于闐佛法不保,本想離開于闐前往天竺,但因爲于

〔1〕 托馬斯認爲《僧伽》早於《阿羅漢》,後者是前者的縮略本。見 *Tibetan Literary Texts and Documents*, p.43.那體慧認爲《阿羅漢》早於《僧伽》,後者是前者的擴編本。見 *Once Upon A Future Time*, pp.189-199. 其實這兩書立意和側重並不相同,未必是誰基於誰而作成。

〔2〕 朱麗雙《〈于闐國授記〉所載早期于闐王統研究》,孟憲實、朱玉麒主編《探索西域文明》,上海:中西書局,2017年,199—213頁。

闐周邊諸國都已不信佛法,所以決定先到仍然信奉佛法的吐蕃去暫避。於是僧衆自願從于闐離開,一路跋涉,得到毗沙門天王等神靈的護佑,成功移徙至吐蕃。

《阿羅漢》對此的描述是:于闐、疏勒、安息三國佛法之所以衰微,是因爲有漢、赤面(吐蕃)、孫波(蘇毗)、突厥、回鶻等勢力的不斷侵擾,毁滅塔寺,衆僧資具斷絶。當疏勒和安息兩國佛法不保時,這兩國僧衆先遷徙至于闐國。于闐因有護法神加持,國王也還信佛,故一度成爲西域諸國佛法避難處。特别提到了"牛頭山寺"受千佛護持。但日久之後,于闐衆僧就像《月藏經》中預言的那樣,信心漸薄,不守戒法,求世利譽,正法漸漸衰耗。待于闐國王少主即位,更是直接命令衆僧或者還俗或者遷往他處。於是包括于闐在内的諸國僧衆彙聚贊摩寺商議,決定遷往吐蕃。一路也得到毗沙門天王等神靈護佑到達吐蕃。

看來,雖然《阿羅漢》提到了諸種外部勢力的侵擾,對佛法造成一定的破壞,但它所强調的仍然是僧團内部的腐敗,導致佛教在于闐難以爲繼,僧衆只能遷往吐蕃。《僧伽》以于闐本國僧衆爲遷蕃主體,《阿羅漢》以于闐、疏勒、安息等諸國僧衆爲遷蕃主體。《僧伽》在敍述完于闐僧衆遷往吐蕃受到優待和禮遇後,纔説安息、疏勒、縛喝、龜兹等國的僧衆,聽到吐蕃善待佛法,纔紛紛遷往吐蕃。關於爲何選擇吐蕃爲遷徙目的地,《僧伽》只説當時的吐蕃是諸國中唯一還信奉佛法、禮敬三寶之國,所以在不能直接前去天竺的情況下,就選擇了吐蕃。而《阿羅漢》則對吐蕃之所以信佛,以及吐蕃當時和于闐的關係做出了詳細的説明:"爾時有一菩薩,於赤面國受生爲王,於自國内廣行妙法。""爾時于闐屬彼赤面王。"〔1〕這涉及吐蕃大約在790年代至840年代的四五十年間一度佔領于闐的歷史事實〔2〕。説明《阿羅漢》的成書,不會早於8世紀末至9世紀前期。而前已述敦煌藏經洞有法成在大約850年代左右的《釋迦牟尼如來像法滅盡之記》漢語寫本的存在。所以于闐語《阿羅漢》原本的成書,大概只能在9世紀前期。

第三,關於僧衆遷至吐蕃之後的遭遇,《僧伽》説漢地公主禮遇來自于闐和西域各國的僧徒,吐蕃佛教興盛了三年後,公主得病,臨終前將所有資産供養三寶。因這場疫病的流行,導致吐蕃國内反佛聲勢高漲。吐蕃境内的僧衆,包括于闐等國、吐蕃本國和來自漢地的僧侣,共同決定離開吐蕃,遷往乾陀羅。這裏突然提到了吐蕃境内也出現了

〔1〕 朱麗雙《〈于闐阿羅漢授記〉對勘與研究》,622、624頁。

〔2〕 吐蕃趁唐朝因安史之亂無暇西顧而控制包括于闐在内的西域,可能在790年代一度佔領于闐,後被唐軍收復,從801年開始纔比較穩固地控制于闐。詳見張廣達、榮新江《8世紀下半葉至9世紀初的于闐》,1997年初刊,此據氏著《于闐史叢考》(增訂本),240—266頁。

漢地的僧侶。没有講具體原因,只説是到了 Kali-age,即進入全面衰退的宇宙大周期。漢地僧侶大規模入藏,應該是 8、9 世紀未曾發生過的事情。《僧伽》這裏的説法,很可能只是爲了符合“憍賞彌國法滅”的預言,即經“憍賞彌國法滅”之後,閻浮提内所有佛法滅盡。當然不能讓漢地僧侶還留在漢地獨自存留下去,也要跟隨于闐和吐蕃僧衆踏上“法滅”之途。果真如此,這無疑是于闐佛教一廂情願的做法。因爲實際上漢地佛教從 6 世紀開始就已經不再遵守“憍賞彌國法滅”的傳統了。

《阿羅漢》説:“有一菩薩,爲赤面國第七代王,彼王納漢菩薩公主以爲妃后。”[1]公主在世時,吐蕃佛法大興,四方僧衆來聚。三四年後,公主得痘瘡而死,死後吐蕃境内疫病流行。吐蕃羣臣要求國王驅逐衆僧。《阿羅漢》特意説道:“公主來至赤面國後,漢王興崇道士法,故一切漢僧,悉皆來至赤面國界。如是之時,彼界衆僧,赤面國内所有舍利、聖教經論、供養諸具、常住財物,盡皆賫持,往至大乾陀羅國。”[2]

看來,《阿羅漢》解釋了吐蕃境内出現漢地僧侶的原因,是因爲漢王崇道。這個原因相比《僧伽》所言的大而化之的宇宙周期論,顯然要具體和細緻了許多。

第四,關於從吐蕃至乾陀羅的部分,兩書大體相同。《僧伽》説: 于闐、吐蕃和漢地僧衆離開吐蕃,前往乾陀羅。途中得到伊羅葉龍王的捨身化作蛇橋相助,纔完成了從吐蕃遷移至乾陀羅的壯舉。《阿羅漢》對此的記述基本相同,兩者之細微差别在於:《僧伽》説從吐蕃到乾陀羅要有 45 日的路程,而僧衆只有 15 日的口糧;《阿羅漢》説路程要 40 天,口糧只有 20 天而已。此外,伊羅葉龍王捨身之後,《僧伽》説在未來的彌勒佛出世後,會帶著五百弟子到龍王屍骨之地,讚頌龍王的功德,使五百弟子皆得阿羅漢果。《阿羅漢》則只説龍王捨身的功德,使其可以死後直接升至兜率天(去見彌勒菩薩)。到達乾陀羅之後,《僧伽》相對詳細地描述了從吐蕃遷移來的僧衆,如何介入了乾陀羅的王位爭奪,乃至僧人中一人短期稱王。乾陀羅國人認爲是僧人的到來導致該國大亂,於是驅離衆僧。《阿羅漢》説得很簡單: 一比丘殺了乾陀羅王自立,引發該國人衆的反彈,殺此比丘王,驅逐僧衆,故乾陀羅像法亦滅。

可見,從吐蕃到乾陀羅的事跡,兩書大體相同,都是一些程式化的描述。但爲何要加入一段乾陀羅國的經歷? 要知道從 7 世紀中葉開始,乾陀羅地區佛教已經轉向衰微,在本文所討論的幾種藏文于闐佛教史料作成和藏譯的 8、9 世紀,乾陀羅地區居民更是

[1] 朱麗雙《〈于闐阿羅漢授記〉對勘與研究》,627 頁。
[2] 同上書,644 頁。

已逐漸改信伊斯蘭教,佛教信仰幾乎不存。但《僧伽》和《阿羅漢》對於這種歷史的現實卻似乎没有一點反映。唯一可以得到印證的是,乾陀羅的佛法確實消亡了。在這兩部書中,乾陀羅佛法消亡的原因,並不是外敵入侵帶來的信仰改宗,還是僧團自身的原因:外來的僧伽干預了乾陀羅的内政。這個原因可以説與實際中乾陀羅佛教的衰微毫不相干。换言之,這兩部"授記"不足以反映出真實的乾陀羅佛教歷史。這種情況下,又怎能相信其對吐蕃佛教的描述一定是歷史真實?

第五,在添加進于闐、吐蕃和乾陀羅這三段極具地方色彩的法滅經歷後,各地僧徒終於來到了印度佛教傳統中的"法滅"之地憍賞彌國。《僧伽》與《阿羅漢》對此"憍賞彌國法滅"的記述可以説是形成鮮明的詳略對比。《阿羅漢》的描述非常簡略:

> 如是之時,西方國王、北方國王、葉婆那王等,俘虜勝前,此三國王,會盟一家,時彼三王,化治西方及北方等。時彼三王,各將十萬兵,攻俱閃彌國。俱閃彌國王以滅三十萬兵,及其王等,一不餘殘。爾時俱閃彌王爲欲懺除煞衆兵罪,召請閻浮界内一切衆僧,至俱閃彌國。後因衆僧自内鬪諍,遂互相煞,一無餘殘。故閻浮界佛之像法,從兹滅盡。[1]

而《僧伽》對於憍賞彌國法滅過程的描述,更像是此故事另一個完整的藏語版本[2]。《阿羅漢》號稱自己依據了藏譯《月藏經》,但因爲提供的細節太少,很難看出兩者之間直接的關聯性。《僧伽》因爲描述得非常詳細,雖然目前没有漢譯本,在一些細節上仍可看出它與藏譯《月藏經》和《贊巴斯塔書》的第 24 章内容有一定的符合度,但也不是完全照搬這兩種版本的法滅故事。但爲何《僧伽》没有自稱依據了《月藏經》和《贊巴斯塔書》?或許這三部書關於"憍賞彌國法滅故事"還有另外一個共同的源頭?目前限於文本不足,不擬深入討論。

值得注意的是入侵憍賞彌國的"三惡王"。藏譯《月藏經》中將三王譯爲"耶婆那、波羅波和尸古那"[3],與漢譯《月藏經》中的"三惡王"名字相差較大。《贊巴斯塔書》中"三惡王"的轉寫作 Yavana, Pahlava, Śakuna[4]。看來,藏譯《月藏經》和《贊巴斯塔書》是比較接近的。不僅如此,藏語和于闐語這三王的名字,與漢譯佛經中傳爲安法欽

〔1〕 此據朱麗雙《〈于闐阿羅漢授記〉對勘與研究》,656—657 頁。

〔2〕 具體内容參看本文附表 1 的四種"法滅故事"文本主要情節比較。

〔3〕 此據《布頓佛教史》,蒲譯本,153 頁。

〔4〕 *The Book of Zambasta*, p.399.

譯的《阿育王傳》卷六至卷七所見的“釋拘、閻無那、鉢羅擾”最爲相近[1]。那體慧認爲三惡王中的Yavana是指曾經入侵印度的希臘王[2]，並根據《阿羅漢》中對“三惡王”的稱呼，認爲比較符合早期的“憍賞彌國法滅故事”的傳統。所以她認爲《阿羅漢》早於《僧伽》。《僧伽》提到的“三惡王”，是大食、突厥和吐蕃的三王，這應該具有鮮明的時代特徵。在《僧伽》和《阿羅漢》成書和藏譯的時代，顯然，“大食”還只是一個印象中而非現實中的威脅。于闐大約從10世紀後半葉纔開始遭受來自西方的伊斯蘭勢力的侵擾，而這兩部書顯然不會晚到那個時代。

最後，《僧伽》還是要回答開篇時弟子提問的核心：于闐佛法何時滅盡？“自于闐王尊歷統治期間之兔年計，爾後一百又二年，正法滅没。”朱麗雙在前揭未刊稿中指出，此“尊歷”，應即吐蕃在9世紀初控制于闐時的第一代于闐王。他在位時的兔年，應爲公元811年。此後102年，即公元913年。在這一年，將會發生“憍賞彌國法滅”，而這也是佛滅之後的第2000年。由此上推，佛滅之年應爲公元前1087年左右。不過，托馬斯認爲佛滅後2000年法滅之説，只是阿羅漢的弟子自己從佛教律書中讀到的説法。而伐彈那所認可的佛滅年代，要根據《于闐國授記》中所言佛滅後100年，于闐由海子變爲陸地；佛滅後234年，天竺有阿育王在位。據此，托馬斯推斷于闐佛教接受的是佛滅在公元前475年之説[3]。但托馬斯這種算法，是按照現代學術推算得出的阿育王即位時間，再上推234年，有點古今混合、傳説與學術不分的嫌疑。況且，如果伐彈那認可的佛滅年代是公元前475年，在8、9世紀時，還處在正法流佈的1500年以内，正法消亡更是要到公元1525年纔會發生。《僧伽》這麽早做出“法滅”的預言，又有何意義？

那麽，如何判定《僧伽》與《阿羅漢》兩書的先後關係？我認爲通過以上幾個情節的比較，可以看出《僧伽》重點關心的是于闐和吐蕃佛教的命運，順便提及了于闐以外的西域、漢地和乾陀羅的佛教歸宿。《阿羅漢》則是一開始就把于闐作爲西域佛教的代表和中心。假如《僧伽》晚於《阿羅漢》，把關注點從包括于闐在内的西域各國，收縮到于闐本國，這個邏輯原本是可以成立的。但實際上《僧伽》後來又讓西域各國僧徒在于闐僧侣之後也彙聚到吐蕃來。這就有點令人費解了。況且關於漢地僧侣的到來，《僧伽》只給出一個空泛的關於宇宙周期的大背景，《阿羅漢》則給出一個具體的原因。假如

[1] 此據CBETA電子版《大藏經》50册，126頁。關於安法欽譯《阿育王傳》之事，我曾提出懷疑。從有關“憍賞彌國法滅故事”中的“三惡王”名稱來看，這個譯本的確不應該是西晉時就出現的。

[2] 歷史上，Yavana是指在亞歷山大東征後，留在中亞和巴克特里亞地區的希臘遺民或希臘化國家。

[3] *Tibetan Literary Texts and Documents*, Part Ⅰ, pp.44－45.

《阿羅漢》在先,《僧伽》似無須把本已清晰的原因再加以虚化。我認爲《僧伽伐彈那授記》無疑應是早於《于闐阿羅漢授記》的。

當然,兩者成書時代都應該是9世紀前期,只不過前者的時間下限是824年,後者的時間下限應在850年代。實際上也没有更進一步的證據説明《阿羅漢》一定是在824—850年代之間作成的。因此就似乎不能排除另一種可能性,即兩書都是根據在于闐流傳已久的"憍賞彌國法滅"傳統,以及結合于闐實際歷史變遷而逐漸新塑成的"于闐—吐蕃—乾陀羅—憍賞彌法滅"模式,由兩位不同的作者,依據不同的需要,在大體相同的時間内作成的。本文的研究是爲了通過比較兩者的不同而提出一些值得注意的問題,如果將來有證據表明兩書實際上是大體同期作成,也不會令人感到意外。

六 結　語

本文重點是梳理這些基本文獻之間的關係,爲下一步依據這些文獻進行深入研論準備條件。根據以上的討論,製成附表二來顯示上文所涉及的11種文獻(參見文末附表二)。

以上諸種文獻,于闐語《月藏經》只是一個有待印證的推測。此外,可以確定是從梵語藏譯的,只有《百業經》一種;漢譯《月藏經》幾乎對以上各種文獻没有什麽直接的影響。其餘八種,包括《贊巴斯塔書》中的"法滅"故事,都可説明于闐佛教對"前弘期"的吐蕃佛教産生了直接的影響。特别是在8世紀後期至9世紀前期,這樣一批于闐語經典被集中地藏譯出來,無疑對當時的吐蕃佛教産生了某種深刻的影響,並在藏地佛教史中留下了鮮活的歷史記憶。藏文大藏經中依然保留了這些來自于闐的佛教預言書,説明在關於"法滅"的問題上,前弘期的吐蕃佛教似乎並不是從印度佛教直接繼承來"憍賞彌國法滅"的傳統,而是欣然接受了從于闐傳來的"于闐—吐蕃—乾陀羅—憍賞彌"的"法滅故事"模式。這樣的影響直到《漢藏史集》等晚期吐蕃佛教史著作中,還可看到對于闐王統的追記[1]。在吐蕃早期佛教歷史上,是否存在一個"于闐影響期"?或許值得專門另作探討。然而在目前的西域或吐蕃佛教史論述中,這樣一篇歷史的遺

〔1〕 如《漢藏史集》還保留"聖地于闐國之王統",參見陳慶英譯本,46—52頁。並參 Zhu Lishuang, "'The Annals of the Noble Land Khotan': A New Translation of a Chapter of *rGya bod yig tshang chen mo*", in Huaiyu Chen and Xingjiang Rong eds., *Great Journeys across the Pamir Mountains: A Festschrift in Honor of Zhang Guangda on his Eighty-fifth Birthday*, Leiden: Koninklijke Brill NV, 2018, pp.146 - 175.

頁,卻似乎還没有得到足夠的重視[1]。

以往提到佛教的"疑僞經"問題,主要是針對漢地佛教出現的所謂"中國撰述"作品而言。實際上,按照"疑僞經"的標準來看,《日藏經》和《月藏經》無疑就已加入了于闐當地的特色。如果説這兩部經還只是很小一部分内容明顯體現出地方特色的話,《無垢光請問經》的六卷本,則是不折不扣的"于闐撰述"經典。到底有多少"于闐撰述"的佛經,向東傳入漢地,向南傳入吐蕃,從而影響到漢傳佛教以及吐蕃佛教? 似乎也是目前佛教史上關注不多的話題。進而,于闐在佛教從西北印度、乾陀羅到吐蕃和漢地傳佈的過程中所起到的重要作用,也仍有待今後利用于闐當地各語種的材料綜合研討,纔能得出相對全面的描述。

附表 1:

《贊巴斯塔書》第 24 章、漢譯《月藏經》、藏譯《月藏經》、藏譯《僧伽伐彈那授記》關於"憍賞彌國法滅故事"主要情節對比

贊巴斯塔書	漢譯《月藏經》	藏譯《月藏經》	《僧伽伐彈那授記》
三惡王 Śakuna, Yavana, Pahlava	南方邊夷國,王名波羅帝;西方邊夷國,有王名百祀;北方邊夷王,名善意釋迦。	耶婆那、波羅波、尸古那。	三惡王: 大食、突厥、吐蕃。
憍賞彌國國王 Mahendrasena	東方睒彌國,王名爲大軍。	恒河南岸,果烏罕跋地方,有王名摩罕陀羅賽那。	未提及難看王之父
Duṣprasava(難看)誕生,出生時身帶盔甲,雙手沾血。	大軍王有子,名之爲難看。生時身著鎧,把刀血塗身。	生子跋拉薩哈,眉間黑痣如鐵,手腕以下色如塗血。	難看王降生,眉毛以下至兩臂全如血紅。

[1] 專論于闐佛教的學者,無論是早年的羽溪了諦《西域之佛教》(1914 年日文初版,此據賀昌羣中譯本,商務印書館,上海: 1933;北京: 1956;1999 年版),還是近年廣中智之《漢唐于闐佛教研究》(烏魯木齊: 新疆人民出版社,2013 年版)幾乎没有討論這一批于闐語佛教文獻的藏譯,對吐蕃佛教的影響。黄明信先生編《吐蕃佛教》(北京: 中國藏學出版社,2010 年)43—47 頁,雖設立"于闐佛教與吐蕃的關係"一節,但可惜使用的材料只是《漢藏史集》和 P.T.960《于闐教法史》這兩種晚出的資料。David Snellgrove, *Indo-Tibetan Buddhism: Indian Buddhists and Their Tibetan Successors*, Boston, Shambhala Publication, 1987; 2002, pp.331 - 343 雖有一節專論于闐,但也未述及于闐佛教對吐蕃佛教的影響。前述 Sam van Schaik 的文章,利用這些材料討論了在于闐佛教眼中的吐蕃人,如何從不信佛教的野蠻人,逐漸變成可以到于闐和敦煌傳法的法師。不過,學者們往往習慣於把這些佛教文獻都當作真實的歷史記録來看,這方面需要再做甄别。

(續表)

贊巴斯塔書	漢譯《月藏經》	藏譯《月藏經》	《僧伽伐彈那授記》
五百大臣之子同夜出生。	是時長者等,大臣五百人,同時俱生子,身亦著鎧甲,執刀血塗身。	五百大臣各生子,手腕以下色亦如塗血。	提及五百大臣,未及大臣生子。
天降血雨	是日於其國,天龍降血雨。	是夜天降血雨	天降血雨
相師預言王子必將戰勝惡王,作世間唯一君王。	無	仙人相師預言:於贍部洲大地殺戮流血,後作贍部洲王。	無
Mahendrasena 王傳位 Duṣprasava 王,Duṣprasava 率軍十萬出戰。	難看年七歲,父王授其位。邊夷三惡王,又至北天竺,破國殺害人,毀破佛塔寺,殺害諸衆僧,劫奪佛僧物。	惡王來犯,王子率二十萬出戰,獲勝後,父王傳位給王子。	率衆二十萬出戰三王。
大戰三月不止,激戰場景描繪。	無	無	一場大戰持續三個月。
擊殺三惡王及其各自十萬大軍,成爲唯一的王。	彼三邊夷王,及與諸軍衆,漸詣拘睒彌,十二年中鬬。三王及眷屬,難看王殺盡,統領閻浮提,而作一蓋王。	經過十二年戰爭,三王被誅,王子成爲統轄贍部洲的大國王。	三惡王及其部衆全被消滅。
華氏城一熟習三藏比丘 Śīṣaka。	説言有三藏,是大婆羅門子,名失師迦,高才智勇博,今住波梨國。	巴扎利布達國有一精通三藏教法的阿闍黎,名洛瑪堅(有徒)。	國王表示悔恨,大臣建議請華氏城精通三藏的 Śīrśaka。
難看王邀請三藏比丘,向其懺悔屠殺罪過。	我獲無量罪,頗有明比丘,當與我懺悔。時王即遣使,請彼三藏來,爲王演正法,令王生敬信。	邀請洛瑪堅來,	Śīrśaka 建議難看王邀請閻浮提内僧衆來。
三藏比丘對難看王的殺戮行爲進行譴責並説教,提及不殺生、不偷盜等戒律。	無	無	無
應難看王請求,三藏比丘建議他廣邀天下僧侣來助其救贖罪惡。	難看王自己提出邀請天下比丘來集。	洛瑪堅建議國王:十二年中,供養三寶,即可浄罪。	

（續表）

贊巴斯塔書	漢譯《月藏經》	藏譯《月藏經》	《僧伽伐彈那授記》
四面八方僧侶向憍賞彌國聚攏，途中大量死亡。	睒彌般遮會，在路有餓死，或病在道傍，中有遭水毒，或值賊虎傷，或復墜山澗，比丘死無數。餘殘到睒彌，威儀法則壞，百千皆來集。	諸比丘途中遇難，仍有十萬人來到。	十萬僧衆集聚憍賞彌國。
抵達的僧侶只有少量經藏、阿毗達磨、律藏，大乘經典全無。	無	無	無
難看王向僧侶承諾召開十二年的無遮大會，供養全部的僧侶	我亦十二年，具設般遮會，普告閻浮提，釋子皆來集。所有諸比丘，住在閻浮提，願各悉來此，受我等供養。	無	無
烏雲密佈，普天大雨。	初起般遮日，大雲皆悉起，普遍閻浮提，降澍於大雨。	無	無
在熟知經律方面可與三藏比丘媲美的阿羅漢 Sūrata。	比丘大嘷哭，惆悵不自抑。王見彼嘷哭，曉諭亦不止。時王自思惟，此有羅漢不？天神夜告王，還於波梨弗，善財長者子，名曰涑羅多，是大阿羅漢，恒在香山中。	國王對衆僧失望，願親見阿羅漢。夢中神示讓他尋找已證羅漢果的蒂波（柔和）。	無單獨邀請阿羅漢的情節。
大會的第十五天，衆僧齊聚。	今於此大月，十五日布薩，由此布薩故，百千衆集會。	十四日夜晚，衆僧集會。	布薩第十五天晚上
天龍諸護法神預感悲劇將臨；佛母摩耶號召天龍護法齊降閻浮提。	無	無	無
三藏比丘以人照鏡自省來强調布薩的重要性，訓斥僧衆不守戒律。	三藏于時起，高聲言寂靜，諦聽戒律儀。所有諸釋子，我於此衆中，多聞到彼岸，學戒猶不净，何況於餘人！	僧衆請洛瑪堅宣講戒律，洛瑪堅道：兹人如盲，復無鼻耳；縱有明鏡，亦復何用？	Śīrśaka 質問羣僧，是否用心遵守波羅提木叉？人無鼻耳，縱有明鏡何用？

(續表)

贊巴斯塔書	漢譯《月藏經》	藏譯《月藏經》	《僧伽伐彈那授記》
阿羅漢不服三藏比丘的斥責,以獅子吼反駁,稱自己像舍利弗一樣嚴行戒律。	羅漢涑羅多,即起師子吼,依如經中説,我學戒清净,決定無有疑,布薩我當聽,如佛之所説,禁戒我善學。	羅漢蒂波如獅子吼般説:我未曾犯戒,莫如是説,當爲大衆説戒。	直接提到阿羅漢 Surata 從座中起,做獅子吼,反駁 Śīrśaka。
三藏比丘羞愧無語,其弟子 Aṇgada 替師出頭,雙手各持一木棍,打殺阿羅漢。	三藏有弟子,名曰鴦伽多,憹惡即瞋罵:咄彼涑羅多,經中未見汝是學戒律者。大德如是説,云何故違反?鴦伽瞋極盛,兩手執大棒,打殺阿羅漢。	洛瑪堅慚愧默坐。其弟子比丘臂嚴責怪蒂波輕侮其師,怒而打殺阿羅漢。	Śīrśaka 慚愧落座,其弟子 Agnāvī 怒指阿羅漢不該當衆駁斥 Śīrśaka,雙手各持木棍,打殺阿羅漢。
夜叉 Dadhimukha 用金剛杵打殺 Aṇgada。	時有大夜叉,名目佉檀提,即以金剛杵,殺害彼鴦伽。	酷面羅刹手持金剛杵,打殺臂嚴。	阿羅漢弟子 Karata 用一棍棒擊殺 Śīrśaka。
阿羅漢一弟子擊殺三藏比丘,羣僧互相攻殺。	復有惡比丘,名曰鷄多羅,兩手亦執棒,復殺彼三藏。比丘皆悉起,各各共相殺,百千諸比丘,存活者無幾。	羅漢弟子格熱殺死洛瑪堅。諸比丘互相殘殺,無一幸存。	衆僧互相攻殺,無一幸存。
大地翻轉,聲響震天,火舌四竄,烏雲密佈,黑風乍起,天現月食。天龍等護法神痛哭扭曲。	是時須臾頃,大地普震動,於其虚空中,出大惡音聲,四方起大惡,火爨數百千,火幢大可畏,現住在空中。彗星及妖星,四方而流墮。見佛諸夜叉,墮地而宛轉。	天龍護法心生不悦,悲痛哭泣,淚成血火之雨,降下大地。虚空亦成黄黑紅等色。電閃雷鳴,發大聲響,彗星黑尾,日月無光。	此國狂風驟起,黑黄氣混雜於天,火雨驟降,大地震動,響聲震天。
無	無	三十三天諸神及大幻化母等降臨,大生悲戚,收回僧伽之所有衣具,攜返三十三天。	三十三天收回僧伽的衣具。
難看王意識到佛法在世間消失,雙手分别扶起三藏比丘和阿羅漢的屍體,哀痛不已。	難看王既知,正法隱没已,見諸比丘屍,墮地即悶絶,良久乃得穌,而復更悲啼。收拾阿羅漢,别取三藏屍。	國王找到羅漢和洛瑪堅的屍體,挾於左右腋下。悲痛不已。	難看王左右脅持三藏和阿羅漢的屍體,悲痛於兩人死後,世間佛法俱滅。

（續表）

贊巴斯塔書	漢譯《月藏經》	藏譯《月藏經》	《僧伽伐彈那授記》
無	復捨千萬寶，擬造五百寺。一一諸比丘，各施百千物。我等當養育，爲我説正法，我當至心聽。一切皆默然，無有説法者。其王三勸請，亦皆默然住，一切無説者。	大臣找來五百人扮作出家人，國王向他們問法，一句也回答不上。國王復生憂苦而泣。	無
魔王及其部衆横行世間，憍賞彌國也隨風破碎。	無	無	無
佛滅後一千五百年，法滅。	今我涅槃後，正法五百年，住在於世間。像法住於世，限滿一千年。	佛涅槃後兩千年，法滅。	一千五百年開始衰亡，兩千年時法滅。
無	無	贍部洲所有正法全部泯滅。黄金變劣銀、礫石；白銀變劣銅、頑石；黄銅變劣銅，珍珠變骨角，六味僅剩苦和酸。	法滅之後，諸神遠離人間，人民生活困苦，衣食不足，珍寶消失。

附表 2：

十一種文獻材料的關係

	《月藏經》系統	于闐佛教“法滅”系統	于闐聖跡系統	阿育王譬喻系統
公元 4 世紀？	于闐語《月藏經》			
公元 6 世紀	漢譯《月藏經》			
公元 7 世紀	于闐語《贊巴斯塔書》			
公元 8 世紀後期至 9 世紀前期	藏譯《月藏經》			

(續表)

	《月藏經》系統	于闐佛教"法滅"系統	于闐聖跡系統	阿育王譬喻系統
公元9世紀初			《牛角山授記》	藏譯《百業經》
			《無垢光請問經》	
		《僧伽伐彈那授記》		
		《于闐阿羅漢授記》		
公元9世紀前期			《于闐國授記》	
公元9世紀中後期		《于闐教法史》		

(作者單位:首都師範大學歷史學院)

《敦煌吐魯番研究》第十八卷
2018年,453—482頁

《阿羅漢僧伽伐彈那授記》譯注

朱麗雙

一 前 言

《阿羅漢僧伽伐彈那授記》(*dGra bcom pa dge 'dun 'phel gyis lung bstan pa*)收於藏文大藏經《丹珠爾》,講述有關于闐佛教住滅情況及佛法最後滅盡的故事。1935年托瑪斯(F. W. Thomas)在其著《有關西域的藏文文獻與文書》中曾做過解題和英文翻譯[1]。"僧伽伐彈那"是對藏文標題中阿羅漢的名字 dGe 'dun 'phel(譯言僧增)的梵文 Saṃghavardhana 的音譯。這部佛經著録於吐蕃時期編成的佛經目録《登噶目録》(*lDan/Lhan dkar ma*),亦收於13—14世紀之間噶當派大師迥丹熱熾(bCom ldan ral gri,或作 bCom ldan rigs/rig pa'i ral gri,1227—1305)及其弟子衛巴羅賽(dBus pa Blo gsal,一作 dBus pa Blo gsal rTsod pa'i seng ge,又作 dBus pa Blo gsal Byang chub ye shes,約1270—約1355)先後在後藏那塘寺(sNar thang)編撰的佛經目録《佛教廣大莊嚴日光》(*bsTan pa rgyas pa rgyan gyi nyi 'od*)和《論典目録》(*bsTan bcos kyi dkar chag*)以及布頓著《佛教史》(*Bu ston chos 'byung*)。據此,《僧伽伐彈那授記》譯自于闐語,譯者釋迦斡(Shākya 'od,譯言釋迦光)。筆者此前研究《于闐國授記》的成立年代時曾指出,釋迦斡曾於吐蕃贊普墀松德贊時期(Khri srong lde btsan,756—797年在位)翻譯佛經,其活動年代大概在8世紀後半至9世紀前期,翻譯的作品包括《僧伽伐彈那授記》《于闐國授記》《牛角山授記》和《月藏經》等,前三者皆確定譯自于闐語,看來他精通于闐語[2]。

如前所述,《僧伽伐彈那授記》的内容有關法滅故事。藏文大藏經所收另一部

---

〔1〕 *TLTD* I, pp.41–69.

〔2〕 參見拙稿《〈于闐國授記〉的成立年代研究》,朱玉麒主編《西域文史》第9輯,北京:科學出版社,2014年,109—119頁。

有關于闐的文獻《于闐阿羅漢授記》(*Li yul gyi dgra bcom pas lung bstan pa*)的基本情節亦與此同,但細節和詳略有異。此外敦煌所出 P.t.960《于闐教法史》(*Li yul chos kyi lo rgyus*)也有部分内容講述佛法於未來世滅没的經過。關於這三部分文獻的前後順序及其與早期法滅故事的關係,早年托瑪斯有所討論〔1〕。1991 年那體慧(Jan Nattier)的專著《於未來世: 佛教法滅故事研究》有較好分析〔2〕。筆者此前曾對《于闐阿羅漢授記》和《于闐教法史》進行詳細譯注和對勘〔3〕,此後的小文《9 世紀于闐的法滅故事》則在那體慧著作的基礎上,進一步討論了這三部文獻的異同及其前後順序,同時推斷《阿羅漢僧伽伐彈那授記》編成於 811 年前後〔4〕。讀者若有興趣可以參閲。下文僅對《僧伽伐彈那授記》進行譯注,以爲學界進一步研究之用。譯注所用底本爲德格版,並以金汁寫本與那塘版進行對勘。

二 譯 注

(161b4) dgra bcom pa dge 'dun 'phel gyis lung bstan (161b5) pa /

阿羅漢僧伽伐彈那授記〔5〕

'phags pa 'jam dpal gzhon nur gyur ba la phyags 'tshal lo //

頂禮尊者童子文殊!

'di skad bdag gis slob dpon gyis bshad pa thos pa na //〔6〕 yul 'di'i gtsug lag khang bru nya zhes bya ba'i dgra bcom pa dge 'dun 'phel zhes bya ba gsum rig pa〔7〕 mngon par shes pa thob pa / rnam par thar ba brgyad la (161b6) bsam gtan pa zhig dus〔8〕 gzhan zhig na〔9〕 slob ma zhig dang thabs cig tu dbyar zla ba〔10〕 gsum 'jig tshogs kyi ri zhes bya ba la bzhugs te / slob ma bande〔11〕 chos 'dul ba la slob pa zhig lags na / sangs rgyas mya ngan las 'das nas

---

〔1〕 *TLTD* I, pp.42 – 52.

〔2〕 Jan Nattier, *Once upon A Future Time: Studies in a Buddhist Prophecy of Decline*, Berkeley, California: Asian Humanities Press, 1991.

〔3〕 朱麗雙 2010;朱麗雙 2013。

〔4〕 拙稿《九世紀于闐的法滅故事》,待刊。

〔5〕 標題的梵文還原作 Arhat saṃgha Vardhana vyākaraṇa。

〔6〕 //: N 413a1 作/。

〔7〕 G 525a5、N 413a1 此後多/。

〔8〕 dus: G 525a 6、N 413a1 作 tu。

〔9〕 G 525a6、N 413a1 此後多/。

〔10〕 dbyar zla ba: G 525a6、N 413a2 作 dbyar zla。

〔11〕 bande: G 525a6 作 ban de。

lo nyis stong lon pa dang / sangs rgyas kyi bstan pa rgya (161b7) gar gyi yul kau shāmbī[1] zhes bya bar nub par 'gyur ro[2] zhes thos nas[3] 'di snyam du[4] rgya gar yul gyi[5] chos dus de tsam zhig na / yul kau shāmbīr[6] nub par 'gyur ba[7] lta zhig na / li yul la sogs pa gzhan gyi[8] chos yun ji srid cig tu gnas par 'gyur / nam 'jig rkyen ni gang gis 'jig[9] par (162a1) 'gyur snyam du the tshom skyes so //

(161b5)如是我聞自尊師之言。此國之勃闾野(Bru nya)伽藍[10]〔有一位〕阿羅漢,名僧伽伐彈那(dGe 'dun 'phel),獲證三明(gsum rig pa)[11]神通,〔乃〕一位〔得〕八解脱(rnam par thar pa brgyad)之(161b6)禪師。一次〔此阿羅漢〕與一位弟子俱,於夏三月在壞聚山('Jig tshogs kyi ri)[12]住。此弟子學過律經(chos 'dul ba),聞説佛涅槃後二千年佛法將於天(161b7)竺之俱閃彌國(Kauśāmbī)衰落,遂作是想:"天竺之佛法時期既是如此,將於俱閃彌國衰落,則于闐等他處之佛法將住世多久?若滅盡,以何因緣而滅?"。(162a1)思想而心生疑惑。

de nas dgra bcom pa de phyi 'phred[13] kyi dus kyi tshe nang du yang dag 'jog pa las bzhengs pa dang / slob ma des mkhan po'i zhabs la yan lag lngas phyag 'tshal nas 'di skad ces the tshom zhus so // slob dpon ston pa bcom ldan 'das shākya (162a2) thub pa'i bstan pa lo nyis stong nas 'jig par lung bstan na / li yul 'di la sogs pa yul gzhan gyi bstan pa ji srid

---

〔1〕 kau shāmbī: G 525b1 作 kau sham ba'i。

〔2〕 'gyur ro: G 525b1 作 'gyuro。

〔3〕 thos nas: G 525b1 作 thos pa nas yul。

〔4〕 G 525b1、N 413a3 此後多/。

〔5〕 yul gyi: G 525b2 無。

〔6〕 kau shāmbīr: G 525b2 作 kau sham bīr。

〔7〕 'gyur ba: G 525b2 作 'gyur。

〔8〕 gyi: N 413a3 作 gyis。

〔9〕 'jig: N 413a3 作 'jigs。

〔10〕 勃闾野伽藍: bru nya,托瑪斯讀作 phru nya(*TLTD* I, p.53),《于闐國授記》作 sru nyo、pru nyo 或 phru,爲第 17 代于闐王尉遲訖帝(Kīrti II)所建。參見拙稿《〈于闐國授記〉譯注》sru nyo 條注釋,朱麗雙 2012,260 頁。

〔11〕 包括宿命明(tshe snga ma rig pa)、天眼明(phyi ma rig pa)和漏盡明(zag pa zad pa rig pa),亦譯稱宿住智證明、生死智證明和漏盡智證明。見《藏漢大辭典》,3018 頁。

〔12〕 壞聚山('Jig tshogs kyi ri):《于闐阿羅漢授記》音寫作 sa ka ya kI ra、sa ka ya byi ri、sa ka ya gyi ri 或 saṃ ka ya gyi ri,P.2139 法成譯《釋迦牟尼如來像法滅盡之記》作娑迦耶幾郍。《僧伽伐彈那授記》是意譯,故筆者亦意譯之。此山梵文可還原作 Satkāya-giri,不是托瑪斯説的 Śaṅkā-giri(*TLTD* I, p.53)。參見拙稿《〈于闐阿羅漢授記〉對勘與研究》娑迦耶幾郍條注釋,朱麗雙 2010,614—615 頁。

〔13〕 phyi 'phred: G 525b3 作 phye 'phred;N 413a4 作 phyed 'phred。

du gnas par 'gyur / nam 'jig[1] rkyen gang gis 'jig[2] par 'gyur ba lags /

後,阿羅漢午後從正定中起。弟子五體投地,頂禮法師,如是白其疑惑:"尊師,若世尊授記釋迦(162a2)牟尼教法將於二千年後滅盡,此于闐等他國之教法將住世多久?若滅盡,以何因緣而滅?"

de nas mkhan pos bka' stsal pa / bu khyod kyis li yul la sogs pa'i skye bo mang po'i (162a3) don dang / bde bar gshegs pa'i bstan pa yun ring du gnas par bya ba'i phyir the tshom dris pa legs kyis / legs par nyon la yid la zung shig[3] dang / li yul la sogs pa'i bstan pa ji srid du gnas par 'gyur / nam 'jig pa dang[4] rkyen gang gis 'jig par 'gyur ba ngas so sor lung (162a4) bstan par bya'o //

爾時,法師告言:"孩子,汝爲于闐等〔地〕之衆生利益及善逝教法之長期住世而詢問疑惑,善哉!好生聽之!用心記之!于闐等〔地〕之教法住世多久?若滅盡,以何因緣而滅?吾〔今〕(162a4)將一一授記之。

bcom ldan 'das shākya thub pa'i bstan pa ni bcom ldan 'das mya ngan las 'das nas lo stong lnga brgya lon pa dang yul du[5] dad pa med pa rnams 'byung zhing dam pa'i chos 'jig tu rgol lo // de'i tshe li yul 'dir dad pa med pa'i rgyal po yang 'byung bar 'gyur zhing / yul yang (162a5) rgyal pos phan tshun rtod[6] cing 'phrog par 'gyur ro // de phyin chad ni yul yang nyin gcig[7] bzhin du nyams par 'gyur / grong dang gtsug lag khang la sogs po yang phal cher stongs par 'gyur / mi rnams kyang nyin gcig bzhin du phyir yang dkon mchog gsum la dad pa 'bri bar 'gyur ro // rgyu des (162a6) na dkon mchog gsum[8] dang / chos smra ba dang / bsam gtan pa kun kyang mchod gnas su mi byed cing / mu stegs kyi rgyal po dang / blon pa dang / yul 'dzin pa dang / khyim bdag rnams kyang chos dang[9] mi mthun

〔1〕 G 525b4、N 413a5 此後多/。
〔2〕 'jig: N 413a5 作 'jigs。
〔3〕 zung shig: G 525b6 作 zungs shig。
〔4〕 G 525b6、N 413a7 此後多/。
〔5〕 yul du: G 526a1、N 413a7 作 yul yul du。
〔6〕 rtod: 意爲拴牧;當作 rtsod,意爲爭執。
〔7〕 nyin gcig: G 526a2 作 nyin zhags cig,且標記 zhags 字誤。
〔8〕 gsum: G 526a4 作 ku gsum,且標記 ku 字誤。
〔9〕 dang: G 526a4、N 413b3 無。

pa'i phyogs 'dzin cing dge ba bcu'i las kyi lam yal bar 'dor bar[1] 'gyur (162a7) ro // chos dang mthun pa ma yin pa dang / ma brtags pa[2] dang / bab chol gyi longs spyod kyang sogs par byed par 'gyur ro //

"世尊釋迦牟尼之教法,於世尊涅槃後一千五百年,各地將現無正信之人,爲使正法滅没而相互侵襲。爾時,于闐亦將現無正信之國王,此國(162a5)諸國王將互相鬥爭劫掠。爾後此國將日漸衰落,村落與伽藍等多半將轉丘荒,人衆後亦將日漸對三寶失去正信。是故(162a6)三寶、講法者(chos smra ba)與禪定師(bsam gtan pa)將不再成爲福田(mchod gnas)。諸外道之國王、大臣、護國者(yul 'dzin pa)與施主將執持與教法不合之部派,捨棄十善業道,(162a7)積聚不合教法(chos dang mthun pa ma yin pa)、未加分辨(ma brtags pa)且隨意獲得(bab chol)之財。

de nas de'i 'og tu dge slong dang / dge slong ma rnams 'tsho ba'i yo byad kyi phyir g.yan skyo bar[3] gyur te / chos 'dul ba las 'byung ba dge sbyong gi tshul dang /[4] spyod pa (162b1) zhi ba[5] dang / dul ba dang / ngo tsha shes pa dang / khrel yod pa la sogs pa yal bar 'gyur zhing / zhing dang / ldum ra dang / nyo tshong dang / skyi brnya dang / slong mo ba rnams kyis 'tsho bar byed do // khyim pas bslab par bya ba'i bzo dang / khyim gyi so nams dang / 'thabs rtsod dang / sgo gsol (162b2) rngam po che[6] yang byed par 'gyur[7] / pho nyar yang 'gro bar byed / las kyi go 'phang dang / rtsa 'jing yang tshol bar byed bar 'gyur te / de'i tshe gtsug lag khang dang / dgon pa la mi gnas shing bde bar gshegs pa'i gdams ngag yal bar bor te / yang dang yang du mkhar dang / grong dang / (162b3) tshong dus dang / srang dang / sum mdo na gnas par sems dga' bar 'gyur[8] / bran dang /[9] bran mo dang / rkang 'gros kyang tshol bar byed do // rgyu des na[10] khyim bdag dang / yul

〔1〕 'dor bar：G 526a5 作 'dod par。

〔2〕 ma brtags pa：G 526a5 作 ma rtags pa。

〔3〕 g.yan skyo bar：此據 N 413b4。D 作 g.yam skyo bar；G 526a6 作 g.yem sbyor bar，皆不確。

〔4〕 G 526a6、N 413b4 無/。

〔5〕 spyod pa zhi ba：托瑪斯讀作 spyod bzhi ba(*TLTD* I, p. 55, note 1)，似不確。

〔6〕 rngam po che：G526b1 作 rngams po che。

〔7〕 'gyur：G526b2、N 413b5 作 'gyur ro。

〔8〕 'gyur：G 526b3 作 bya gyur。

〔9〕 G 526b3 無/。

〔10〕 na：G 526b3、N 413b7 無。

'dzin pa dang / blon po la sogs pas kyang de dag la rim gro mi byed cing / dad pa phyir log nas[1] dkon mchog (162b4) dang dge 'dun gyi dkor la yang 'phrog par byed do / khyim pa de dag gis kyang nor rdzas de dag la brten cing spyad pas bsod nams 'bri bar 'gyur ro //

“爾後,比丘與比丘尼爲生活資具而放肆不拘,源自律經之沙門性(dge sbyong gi tshul)與靜行(spyod pa zhi ba)、(162b1)調柔(dul ba)、知恥(ngo tsha shes pa)、有愧(khrel yod pa)等將消失。[彼等將]以耕作、園藝、買賣、借貸、乞討爲生;在家人所學做之事、在家人之農事、戰爭和劫掠(sgo gsol rngam po che)[2](162b2)亦爲之;尚作爲使者奔走,尋找地位與親友。爾時,〔比丘與比丘尼〕將不住在經堂與寺院,捨棄善逝教授(bde bar gshegs pa'i gdams ngag),樂住城堡、村落、(162b3)集市、巷子與三岔口,謀作僕役、女僕和力役。是故,施主、護國者、大臣等亦不再承侍彼等,顛倒正信,搶奪至寶與僧伽之財。彼在家人亦依恃彼等財物而行,福德衰減。

rgyu des na li yul la sogs par gnod pa sna tshogs 'byung zhing lo re bzhin dma' bar 'gyur te / rtsod pa dang /[3] nad dang / dus ma (162b5) yin pa'i char dang /[4] rlung dang / dgra mang po yang 'byung bar 'gyur ro[5] // dus ma yin pa'i sad dang / srin bu dang / bye ba[6] dang / byi ba yang 'byung bar 'gyur ro // de'i tshe na sems can rnams nang[7] mi mthun par 'gyur zhing dus tshigs kyang 'chol bar 'gyur te / de ltar na yul gang dang gang du (162b6) chos lugs log pa byed pa de dang der ni gnod pa de dag 'byung bar 'gyur ro[8] // de'i tshe li yul la sogs par rgyal po dang / blon po la sogs pa[9] ya rabs las kyang dkon mchog la snying thag pa nas dad pa 'ga' las mi 'byung na //[10] phal pa lta smos kyang ci dgos te //[11] rgyu de lta bus (162b7) li yul la sogs pa'i dkon mchog gsum gyi mchod gnas

〔1〕 G 526b4、N 413b7 其後多/。

〔2〕 搶劫(sgo gsol rngam po che): rngam po che 意爲雄健、有威力, sgo gsol rngam po che 似有到人家門口顯示威力之意,故譯作此。

〔3〕 G 526b5、N 414a2 無/。

〔4〕 G 526b5、N 414a2 無/。

〔5〕 'gyur ro: G 526b6 作 'gyuro。

〔6〕 bye ba: N 414a2 作 bya ba。可能同 byi'u,意爲雀,小鳥。

〔7〕 nang: G 526b6、N 414a2 無。

〔8〕 'gyur ro: G527a1 作 'gyuro。

〔9〕 la sogs pa: G527a1 作 la sogs。

〔10〕 //: G 527a2 作/;N 414a4 無。

〔11〕 //: G 527a2、N 414a4 作/。

thams cad du rmegs med par 'gyur ro // de nas li yul la sogs par dge slong gi gnas sngon[1] rgyal po la sogs pa dad pa can gyis byas pa yang blon po la sogs pa dad pa med pa rnams kyis btsan (163a1) 'phrogs su 'phrogs[2] nas bdag nyid gnas par byed do // dge slong rnams kyang 'khyams nas 'tsho ba dang / chos gos dang /[3] gnas kyis phongs par[4] 'gyur ro // blon po la sogs pa de dag gis dge slong gi zhing chu dang / sdum ra la sogs pa yo byad rnams kyang (163a2) btsan thab su 'phrog par byed / lha 'bangs dang / nang gi g.yog[5] rnams kyang dge slong gi ngag mi nyan cing gnya' rengs su byed par 'gyur ro //

"是故,于闐等[地]出現各種災害,年比一年惡化。爭執、病害、非時之雨與(162b5)風、外敵大量出現,非時之霜凍、昆蟲、雀鼠亦出現。爾時,衆生内部不協,時令錯亂。如是,各處(162b6)教法顛倒,災害頻仍。爾時,于闐等[地]國王與大臣等上層中亦有一些對至寶無有誠心與正信,遑論一般人衆。是故于闐等[地]所有三寶福田,一切皆無。爾時,于闐等[地]往昔國王等具正信施主修造之比丘住所,亦被大臣等無正信之徒掠奪,(163a1)成爲彼等之住所。衆比丘波迸流移,生計、法衣與住所匱乏。彼大臣等强佔比丘之土地、用水、園圃等資具,(163a2)寺院之百姓、奴僕等亦不聽比丘之言,頑梗抗命。

de nas dge slong rnams kyis kyang de lta bu gyur par[6] shes nas yi mug ste / li yul gyi dge slong rnams phan tshun du gcig la gcig[7] (163a3) 'di skad du yu bu cag rnams gtsug lag khang tsar ma[8] zhes bya ba dang po chos 'byung ba'i gnas der 'du'o zhes sbran nas gtsug lag khang der[9] 'dus te / dpyid zla tha chungs tshe bco lnga'i nub mo gso sbyong byas nas gcig la gcig 'di skad du yu bu cag rnams sngon bag med par gyur (163a4) nas mkhas pa chos dang mthun pa rnams la dbang zos pa'i rgyus de ltar[10] khyim pa rnams kyis kyang

---

〔1〕 gnas sngon: N 414a4－5 作 sngon gi gnas sngo ma。

〔2〕 btsan 'phrogs su 'phrogs: G 527a3、N 414a5 作 btsan phrogs su phrogs。

〔3〕 G 527a4 無/。

〔4〕 phongs par: N 414a6 作 'phongs par。

〔5〕 g.yog: N 414a6 作 g.yogs。

〔6〕 de lta bu gyur par: G 527a5 作 de lta bur。

〔7〕 gcig la gcig: G 527a7、N 414a7 作 gcig。

〔8〕 tsar ma: 此據 N 414a7。D、G527a7 作 tshar mar。

〔9〕 'du'o zhes sbran nas gtsug lag khang der: G 527a7、N 414a7－b1 缺。

〔10〕 rgyus de ltar: N 527b1 作 rgyus da ltar。

rtsis med par byas te //[1] da ni 'tsho ba yang mi 'byor na deng[2] phyin chad gang du 'dong / thabs ni gang gis 'tsho bar bya zhes smras te[3] / de'i tshe thams cad kyis[4] cho nge chen po 'debs par 'gyur ro //[5]

"爾時,衆比丘亦知此種變化,抑鬱沮喪。于闐之比丘遂言道:(163a3)'吾等應前往佛法初被之地贊摩(Tsar ma)伽藍[6]聚合'。互相呼喚,前往彼伽藍集合。季春之月十五日晚做長净,〔衆從丘〕互相言道:'吾等往昔行爲放蕩,(163a4)不敬如法修行之大德,是故在家人亦輕視〔吾等〕。今生計亦不圓滿,今後何去何從?需設法生存。'衆人皆痛哭。

(163a5) de nas de'i tshe bde bar gshegs pa'i bstan pa srung ba'i lha / bcom ldan 'das kyi[7] byas pa gzo ba thams cad kyang gtsug lag khang der 'dus te gcig la gcig lta zhing 'di skad du bde bar gshegs pa'i bstan pa ni yul ring por mi gnas so // yul 'di yang stongs par 'gyur ro zhes mya (163a6) ngan byed cing ngu bar 'gyur ro //

"(163a5)爾時,守護善逝教法之〔諸〕天,〔知〕世尊之報恩衆聚於此伽藍,相望而言道:'善逝教法將不久遠住世,此國亦將轉成丘荒',愁苦(163a6)而痛哭流涕。

de'i tshe dge slong de dag 'di snyam du yul 'dir ni 'tsho ba mi sbyor[8] na 'di bor te yul gzhan du 'gro bar bya'o snyam du sems mthun par gyur ba gang du 'dong par bya zhes gros byas te[9] / yul nye ba gzhan dang gzhan ni dad pa med pa dag gis gang / (163a7) rgya gar yul du 'dong du na[10] lam mi thar bas[11] bod kyi yul na /[12] dkon mchog gsum la

---

〔1〕 //: N 527b1、N 417b2 作/。

〔2〕 deng: N 527b2、N 417b2 作 da。

〔3〕 smras te: N 417b2 作 smra ste。

〔4〕 kyis: N 417b2 作 kyi。

〔5〕 'gyur ro //: N 527b2、N 417b2 作 'gyur te /。

〔6〕 贊摩(Tsar ma)伽藍: 據《于闐國授記》,此是于闐第 3 代國王尉遲散跋婆(Saṃ bha ba I)所建,是于闐最初建成之伽藍。參見張一榮 1986a,225—228 頁;拙稿《〈于闐國授記〉譯注》tsar ma 條注釋,朱麗雙 2012,244 頁。

〔7〕 kyi: N 527b3、N 414b2 作 kyis。

〔8〕 mi sbyor: 此據 N 527b4、N 414b4;D 作 mi 'byor。

〔9〕 byas te: N 527b4 作 byaste。

〔10〕 na: 此據 N 414b4。D、G 527b5 作 ni。

〔11〕 mi thar bas: N 414b5 作 ma thar bas。

〔12〕 G 527b5、N 414b5 無/。

mchod gnas su byed ces grags pas der 'gro bar byas nas[1] nyi ma 'di la 'dong ngo zhes dus btab nas de'i nub mo gtsug lag khang tsar mar[2] gzhag go //[3] nams langs pa dang[4] bud med dad pa can (163b1) zhig gis gdan chung la spyan drangs te / de nas gaṇḍī brdungs nas dge 'dun spyis[5] gtsug lag khang bskor te mchod pa byas pa dang / sangs rgyas kyi gzugs brnyan gyi gdan khri zhig gas pa'i gseb nas sgrom bu tha rams can[6] zhig snang bar gyur te / de nas sgrom bu de phye ba dang / de'i nang (163b2) nas gser las byas pa'i kha zas kyi sder cha bdun byung ste / dge slong kun gyis de blangs te / 'brur bsgyur nas de[7] dge 'dun kun dbyar zla ba gsum gtsug lag khang tsar mar[8] tshul du 'jug pa'i 'tsho ba[9] sbyar nas zong lhag ma las yul nas byung ste /[10] 'gro ba'i lam brgyags[11] dang khur khal sbyar ro //

"爾時,衆比丘如是作想:'此地即生活不豐,不如棄之而往他境。'〔衆比丘〕意見一致,商議前往何處。于闐附近各國皆已充斥無正信之徒;(163a7)若去天竺,道路不通。至於吐蕃之境,據稱乃供養三寶之處,遂決定前往彼處,並約定當日即行。當晚,〔衆比丘〕住在贊摩伽藍。天明時,一位正信婦女(163b1)邀請〔衆比丘〕進小餐(gdan chung)[12]。爾時扣擊犍椎[13],衆僧伽繞轉伽藍而做供養,〔爾時〕釋迦影像之底座破裂,裂縫間現一充滿東西的小匣,打開此小匣,内(163b2)現金子所做之七份食盤。衆比丘取此食盤,換購糧食,衆僧以此獲得夏三月於贊摩伽藍如理生活之所需,餘下物品用於購置離開此地時,旅途中〔所需〕之乾糧和馱子。

〔1〕 G 527b5、N 414b5 其後多/。

〔2〕 tsar mar: D 作 tshar mar、G 527b6、N 414b5 作 tshar ma,當作 tsar mar。

〔3〕 gzhag go //: G 527b6 作 bzhag go /;N 414b5 作 gzhag go。

〔4〕 G 527b6、N 414b5 其後多/。

〔5〕 spyis: 此據 G 527b6、N 414b6;D 作 spyi'i。

〔6〕 tha rams can: D 作 tha ram can; G528a1、N 414b6 作 tha rabs can;当作 tha rams can。

〔7〕 de: G528a2、N 414b7 無。

〔8〕 tsar mar: D、G528a2、N 414b7 皆作 tshar ma,當作 tsar ma。

〔9〕 'tsho ba: 此據 G528a2、N 414b7;D 作 'tshos。

〔10〕 G528a3、N 415a1 無/。

〔11〕 brgyags: G528a3、N 415a1 作 rgyags。

〔12〕 小餐(gdan chung): 托瑪斯譯作 a small repast,小餐、點心(*TLTD* I, p.57)。P.t.1042 第 68 行有 gdan cung gsol te,褚俊傑 1989 譯作供上小點心(24 頁)。

〔13〕 公元 401 年求法僧法顯到于闐時,被于闐王安置于瞿摩帝寺。法顯稱,時瞿摩帝寺"三千僧共犍槌食。入食堂時,威儀齊肅,次第而坐,一切寂然,器鉢無聲"。見《法顯傳》,12 頁。

(163b3) dbyar zla ba gsum 'das nas[1] 'di skad du yu bu rnams byin gyis brlabs pa'i[2] yul 'di bltas la 'gro bar bya'o zhes smras te song nas / 'phags pa sa'i snying po'i gnas gtsug lag khang ye shes ri zhes bya ba'i drung du phyin pa dang / de'i tshe de na brag la mchod rten gyi 'og gzhi rnying pa[3] zhig (163b4) yod pa rdib pa'i[4] nang nas / gser phor chen po mu tig gis gang ba zhig byung ba dang[5] de yang blangs te 'brur bsgyur nas phyogs der rgun zla ba[6] gsum gnas pa'i 'tsho ba sbyar te /

"(163b3)夏三月過後,〔衆比丘〕言道:'吾等前往加持之地乎?'遂前行,至聖地藏菩薩(Sa'i snying po)住處智山(Ye shes ri)伽藍[7]旁。爾時,彼處山岩上一窣堵波之舊地基(163b4)坍塌,内現一充滿珍珠之大金碗。〔衆比丘〕取之,换得糧食,於彼處度過冬三月。

de nas dpyid byung ste 'gro ba'i dus la bab nas song ste / shel chu 'og ma brgal ba[8] dang / yul mi stod pa (163b5) rnams[9] kyis lam yogs su[10] gdugs tshod sbyar nas / nyi ma re re zhing gtsug lag khang dag tu gdugs tshod gsol bar 'gyur ro // de'i tshe yul mi smad pa[11] rnams kyis kyang dge slong rnams yul byung ste 'gro zhes thos nas dge 'dun de dag gtsug lag khang cong zhes bya bar spyan (163b6) drangs nas / zhag bdun gyi bar du bshos sbyor bar 'gyur ro //[12] de'i tshe li yul na gnas pa'i klu thams cad 'di snyam du bde bar gshegs pa'i bstan pa ni rmegs med par 'gyur[13] la thug go snyam du mya nyan byed cing bstan pa gnas par bya ba'i[14] phyir char chen po phab ste / char pa des (163b7) gtsug lag

〔1〕 G528a3、N 415a1 其後多/。

〔2〕 byin gyis brlabs pa:G528a3、N 415a1 作 byin gyis brlab brlab pa.

〔3〕 rnying pa:此據 G528a3、N 415a2;D 作 rnyed pa。

〔4〕 yod pa rdib pa:G528a4、N 415a2 作 rdibs pa。

〔5〕 byung ba dang:G528a5 作 byung dang /;N 415a2 作 byung ba dang /。

〔6〕 dgun zla ba:此據 N 415a3。D、G528a5 作 rgun zla ba。

〔7〕《牛角山授記》亦稱地藏菩薩住於智山伽藍。參見拙稿《〈牛角山授記〉譯注》,待刊。

〔8〕 brgal ba:G528a5、N 415a3 作 rgal ba。

〔9〕 rnams:G528a5 作 rnaṃs。

〔10〕 lam yogs su:G528a6 作 sa lam yogsu。

〔11〕 smad pa:G528a6 作 rmad pa。

〔12〕 'gyur ro //:G 528b1 作 'gyuro;N 415a5 作 'gyur ro。

〔13〕 rmegs med par 'gyur:G 528b2 作 smegs med par gyur。

〔14〕 bya ba:G 528b2、N 415a5 作 byas pa。

khang cong zhes bya ba'i nang nas[1] mchod rten gyi gzhi zhig yod pa nas gser phor gser phyes[2] gang ba zhig byung ba dang / de yang dge 'dun gyis btsongs nas dpyid kyi 'tsho ba'i yo byad rnams sbyor bar 'gyur ro[3] // de nas yang mi smad pa rnams kyis gtsug lag khang (164a1) sā la'i[4] tshal zhes bya bar dge 'dun rnams spyan drang nas zhag bdun gyi bar gyi gdugs tshod gsol nas[5] zhag bdun lon pa'i nyin par yul stod smad kyi mi thams cad gtsug lag khang sa na bar 'dus nas dge 'dun la rdzongs dang khur khal 'bul lo // de'i tshe (164a2) mi rgan rgon rnams ni bslab pa bdzin par byed / gzhon nu[6] rnams ni rgyang nas lta zhing gad mos 'debs pa dang grogs byed par 'gyur ro // de'i tshe mkhar dge ba can gyi nang nas kyang mi rgan rgon kha cig gis gos kha dog bsgyur ba dang / lam du 'jug pa'i yo byad so so nas thogs nas /[7] (164a3) so so'i dge ba'i bshes gnyen dge slong de dag gi mdun du lhags nas[8] 'phags pa rnams bzod par bzhes shig ces smra zhing[9] mchis te / phyag 'tshal bar 'gyur ro // de'i tshe mchod pa de ni dper na ku sha'i grong khyer gyi mi rnams bcom ldan 'das mya ngan las 'das par[10] shes nas mya ngan (164a4) byed pa bzhin du mchod pa byed pa dang 'dra bar /[11] li yul du dkon mchog gsum mchod pa'i tha ma yin no //

“爾後春季來臨，啓程之時已至，〔衆比丘〕遂前行，渡過東玉河(Shel chu 'og ma)。〔爾時〕西部地方之人(yul mi stod pa)(163b5)遍滿道路，供給午齋，如每日於各伽藍供給午齋。爾時，東部地方之人(yul mi smad pa)亦聽説衆比丘將離開于闐，遂迎請僧伽至崇(Cong)[12]伽藍，(163b6)於七日間供給膳食。爾時，安住于闐之諸龍將作是想：‘善逝教法即將滅盡’，遂起悲愁，爲教法住世而降大雨。(163b7)因雨之故，崇伽藍内

〔1〕 nas：G 528b2、N 415a6 作 na。

〔2〕 gser phyes：G 528b3 作 gser phyas。

〔3〕 'gyur ro：G 528b3 作 'gyuro。

〔4〕 sā la：G 528b3、N 415a7 作 sa la。

〔5〕 G 528b4、N 415a7 其後多/。

〔6〕 gzhon nu：G 528b5、N 415b1 作 gzhon pa。

〔7〕 G 528b6、N 415b2 無/。

〔8〕 dge slong de dag gi mdun du lhags nas：G 528b6 作 dge 'dun du lags nas；N 415b2 作 dge slong gi dge 'dun du laḍ nas。

〔9〕 bzhes shig ces smra zhing：G 528b6－529a1 作 bshes smras shing；N 415b2 作 bzhes shig ces smras shing。

〔10〕 'das par：G 529a1 作 'da' par。

〔11〕 G 529a2、N 415b3 無/。

〔12〕 托瑪斯誤讀作 Co na，見 *TLTD* I，pp.57－58.

一窣堵波之地基將現一充滿金粉之金碗。僧伽將其出售,用以賜置春季之生活資具。爾時,東部地方之人衆迎請衆僧至(164a1)娑羅林(Sā la'i tshal)伽藍,於七日間供給午齋。七日過後之白日,東西部人衆皆聚於娑那婆(Sa na ba)伽藍,爲僧伽送行,獻上馱子。爾時,(164a2)老年人將會持戒(bslab pa),青年人將遥望遠方,嬉笑玩樂,相互幫助。爾時,從具善城(mkhar dGe ba can)裏,一些老年人將各自拿著染衣與路上用具,(164a3)前至各自之善友比丘跟前,説'衆尊者納用',頂禮致敬。爾時彼供養者如同拘尸城(Ku sha'i grong khyer)之人得知世尊涅槃,悲痛(164a4)而做供養。在于闐,此乃最後一次供養三寶。

de'i 'og tu dge slong rnams gtsug lag khang de nas bod yul ngos su chas pa dang[1] lam kha na mchod rten rnying ba zhig gi drung du dpal lha mo chen mos dge 'dun gyi ched du gser gyi dang tse[2] (164a5) phu rung[3] gang bzhags pa rnyed nas dge 'dun gyis de[4] bgos te lam gyi chas rdzas sbyor bar 'gyur ro // de'i tshe li yul gyi mkhar gtsug lag khang ka sa ra[5] zhes bya bar rgyal rigs las skyes pa'i yon bdag cig[6] 'byung bar 'gyur te / yon bdag des dge 'dun rnams[7] zhag bdun du[8] mchod ston (164a6) gsol bar 'gyur ro // de'i tshe mchod ston sgol ba de ni li yul du dge 'dun gyi mchod ston gsol ba'i tha ma yin no //

"爾後,衆比丘自彼伽藍啓程,前往吐蕃之境。大功德天女(dpal lha mo chen mo)爲衆僧故,將滿滿一袖金幣[9]放置於途中一舊窣堵波旁,(164a5)衆僧取而分之,用於購置路上行裝物品。爾時,于闐城堡迦娑邏(Ka sa ra)伽藍有一生於王族之施主,彼施主爲衆僧獻上七日供養法會(mchod ston)。(164a6)爾時彼供養法會乃于闐最後一次爲僧伽做供養法會。

〔1〕 G 529a2、N 415b4 其後多/。
〔2〕 dang tse: G 529a3 作 dang rtse。
〔3〕 phu rung: 此據 G 529a3、N 415b4。D 作 bu rung。
〔4〕 de: G 529a3、N 415b4 無。
〔5〕 *TLTD* I, p.59 作 ka sar。
〔6〕 cig: G 529a4、N 415b5 作 gcig。
〔7〕 dge 'dun rnams: N 415b5 無。
〔8〕 du: G 529a4、N 415b5 無。
〔9〕 gser gyi dang tse: dang tse 似源自漢語銅錢。

de nas dge slong rnams me skar kyi lam du zhugs de song ba dang / de'i tshe dge slong pho mos[1] gsar ba las phal cher[2] rang rang gi slob dpon dang / mkhan po la chos (164a7) gos bul te bzod par gsol nas slar yul du ldog par 'gyur ro //[3] dge slong pho mo gsar bu kha cig ni rab tu byung ba'i dngos po mi gtong zhing pha ma la sogs pa'i gnyen skyel du 'ongs pa rnams la mya ngan gyi tshig smra zhing ngus nas gnyen rnams phyir bzlog ste / dge 'dun dang lhan cig tu (164b1) mi dga' ba'i yid kyis phyir byin gyis brlabs pa'i yul dang[4] gnyen kyi rjes bzhin du lta bzhin par[5] me skar gyi lam du zhugs te 'gro bar 'gyur ro // de ltar song ba dang de'i tshe rnam thos kyi bu dang / dpal lha mo chen mo[6] gnyis mchod tu snying rje skyes te / 'brog mi pho mo[7] gnyis kyi lus (164b2) su bsgyur te /[8] dge 'dun rnams spyan drangs nas[9] yul me skar du zla ba gsum gyi bar du gdugs tshod gsol te /[10] lam du 'jug pa'i yo byad ci dgos pa yang rdzong bar[11] 'gyur ro // de nas dge slong de dag mdo lo'i lam du zhugs nas ri dang lung pa'i sul gtugs te song ba dang / 'phrog dgon (164b3) par lam stor nas[12] ngu zhing phyogs bcu'i sangs rgyas kyi mtshan dang li yul gyi lha thams cad kyi ming nas 'bod par 'gyur ro // de'i tshe rnam thos kyi bu snying rje skyes nas[13] g.yag dkar po sgal pa dang /[14] snal chu can cig tu sprul nas[15] dge slong de dag gi drung du 'ongs pa dang[16] dge slong rnams kyis (164b4) de[17] mthong nas g.yag 'di ni mi'i khal g.yag cig yin te / 'di'i phyi bzhin song na gdon mi za bar mi rnams dang phrad par

---

〔1〕 pho mos：此據 N 415b6。D、G 529a5 作 pho mo。

〔2〕 gsar ba las phal cher：G 529a5、N 415b6 作爲 gsar bu las cher。

〔3〕 'gyur ro //：此據 G 529a6、N 415b6。D 作 'gyur。

〔4〕 G 529b1 其後多/。

〔5〕 lta bzhin par：G 529b1、N 416a1 無。

〔6〕 chen mo：G 529b2、N 416a1 無。

〔7〕 pho mo：G 529b2 作 pho。

〔8〕 bsgyur te /：G 529b2、N 416a1 作 bsgyur nas。

〔9〕 spyan drangs nas：G 529b2、N 416a2 作 spyan drangs te /。

〔10〕 G 529b3、N 416a2 無/。

〔11〕 rdzong bar：N 416a2 作 song bar。

〔12〕 stor nas：此據 G529b4、N 416a3；D 作 stod nas。

〔13〕 skyes nas：此據 G529b4、N 416a3。D 作 skyas nas。按，G 529b4 在 skyes nas 之後尚有一標記爲誤寫的 'bad。

〔14〕 G529b5、N 416a3 無/。

〔15〕 N 416a3 其後多/。

〔16〕 G529b5、N 416a4 其後多/。

〔17〕 kyis de：G529b5 作 kyi de dag。

'gyur bas da ni mi 'chi'o snyam du yid sos te / g.yag des kyang lam drangs nas gseb lam du byung ste / tshal byir[1] bskyal nas g.yag gnyid mi snang bar gyur (164b5) ro[2] // de'i tshe dge slong rgan rgon mang po zhig ni lam kar 'chi bar 'gyur ro //

"爾時,衆比丘前往至名迦(Me skar)[3]之路。爾時,新戒比丘與比丘尼中,多數將向各自之軌範師(slob dpon)與親教師(mkhan po)獻法(164a7)衣,請其納用,而後返回于闐。〔另〕一些新戒比丘與比丘尼將不願放棄出家之事,對前來送行之父母等親屬訴説悲愁之語,發聲痛哭。爾後親屬回轉,〔新戒比丘與比丘尼〕將與衆僧伽俱,(164b1)帶著憂傷之心,朝著加持之國,遥望親屬之足跡,踏上名迦之路。如是前行。毗沙門(rNam thos kyi bu)和大功德天女二者生起大悲心,化作牧人與牧女二人之身,迎請衆僧,在名迦之地於三個月間供給午齋,且饋送途中所需資具。爾時,衆比丘進入奴盧川(mDo lo)(164b2)之路,山谷連綿,〔從比丘〕於牧地寺院('Brog dgon pa)(164b3)迷失道路,痛哭而呼喚十方衆佛名號與于闐諸天之名。爾時,毗沙門生起悲心,化爲一白犛牛,有其脊瘡與楼刕[4],來至衆比丘跟前。衆比丘(164b4)見之,想:'此犛牛乃人之馱畜,隨它而行,必將遇見人衆,〔我等〕今將不死。'想畢增加信心。彼犛牛遂引路,現一小道(gseb lam),送至薩毗(Tshal byi),犛牛消失不見。(164b5)爾時衆多老年比丘命喪途中。

de nas yul tshal byi'i bod rnams kyis dge slong de dag mthong nas bsu te[5] / 'phral du yo byad rnams sbyar nas bod yul 'dir li yul gyi dge slong mang po lhags na ji ltar bgyi zhes pho nyar gtong bar 'gyur (164b6) ro

"爾時,薩毗地方之吐蕃人見衆比丘而迎之,即刻爲辦資具,遣使者〔向贊普〕禀告:'衆多比丘自于闐來至吐蕃之境,如何處置(164b6)?'

〔1〕 tshal byir: G529b6、N 416a5 作 tshal phyir。

〔2〕 gyur ro: G529b6 作 'gyuro。

〔3〕 關於名迦(Me skar)與下文的奴盧川(mDo lo),參見拙稿《唐代于闐的羈縻州與地理區劃研究》,《中國史研究》2012 年第 2 期,88—89 頁。

〔4〕 sgal pa dang / snal chu can: ITJ 597 與 598《于闐阿羅漢授記》作 sgal can sna lcu,法成漢譯作"有其脊瘡,并有楼刕"。見朱麗雙 2010,634 頁。

〔5〕 bsu te: G 530a1 作 bsu ste。

de'i tshe na[1] rgya rje'i bu mo byang chub sems dpa'i rigs can cig[2] btsas pa bod kyi rgyal po'i khab tu len cing btsun mo dam pa byed par 'gyur te / de ni dad pa shin tu che ba / snying rje dang ldan pa[3] skad snyan pa dang des pa /[4] bslab pa'i yan lag lnga bzung ba zhig 'byung bar 'gyur ro // (164b7) btsun mo des nyi 'og gzhan nas dge slong mang po bod kyi yul du lhags par mthong nas / sangs rgyas kyi bstan pa ni ring du mi gnas so snyam nas[5] mya ngan chen pos non nas rang gi 'khor bud med nyis brgya dang /[6] skyes pa sum brgya dang /[7] ru rum dang / bzo bo dang /[8] gnang chen rnams drung du (165a1) pos te ngus nas 'di skad ces /[9] bde bar gshegs pa'i bstan pa ni de'u re 'jig par gyur[10] gyis khyed rnams myur du bsod nams ma byas / tshul khrims ma bsrungs na 'phyis par 'ong ngo zhes smras par 'gyur ro // de nas btsun mo[11] des rgyal po la 'di skad du dge 'dun de (165a2) rnams bdag gyis bzhon pa dang gos la sogs pa'i yo byad sbyar nas 'dir spyan drang bar ci gnang zhes gsol pas[12] rgyal pos kyang gnang bar 'gyur te / tshul de lta bus dge slong de dag bod yul du 'gro bar 'gyur ro // de'i tshe bod yul gyi rgyal po[13] dang blon po rnams kyis dge slong (165a3) de dag mthong nas dad pa chen po skye zhing gtsug lag khang chen po bdun yang brtsig par[14] 'gyur ro //

"爾時,漢王有一女,具菩薩種姓,爲吐蕃國王所娶而做正妃(btsun mo dam pa)。彼具大敬信與慈悲心,言語悦耳,〔稟性〕温良,執戒之五支。(164b7)彼王妃見衆多比丘自他方邊鄙(nyi 'og gzhan nas)來至吐蕃之境,竊念'釋迦之教法將不久遠住世',悲痛

〔1〕 de'i tshe na:G 530a2、N 416a6 作 de'i tshe。

〔2〕 cig:G 530a2、N 416a6 作 gcig。

〔3〕 G 530a3、N 416a7 其後多/。

〔4〕 dang des pa /:G 530a3 作 dang / des pa;N 416a7 作 dang / des。

〔5〕 mi gnas so snyam nas:G 530a4 作 mi gnas so snyam mo //;N 416b1 作 mi gnas so // snyam mo //。

〔6〕 G 530a4、N 416b1 無/。

〔7〕 G 530a4、N 416b1 無/。

〔8〕 bzo bo dang /:此據 G 530a4、N 416b1。D 作 gzo bo dang

〔9〕 G 530a5、N 416b1 其後無/。

〔10〕 'jig par gyur:G 530a5 作 'jig par 'gyur;N 416b2 作 'jigs par 'gyur。

〔11〕 btsun mo:G 530a6 作 btsunmo。

〔12〕 G 530a6、N 416b3 其後多/。

〔13〕 rgyal po:G530b1、N 416b3 作 rgyal po rgyal po。

〔14〕 brtsig par:G530b2、N 416b3 作 brtsigs par。

萬分,將自己之二百侍女、三百男僕及諸内侍(? ru rum)[1]、工匠與大内侍官(? gnang chen)[2](165a1)喚至跟前,流淚言道:'善逝教法幾盡滅没,爾等若不速造福德,護持戒律,無乃太遲。'爾時,彼王妃向國王請求道:(165a2)'請許我辦置坐騎與法衣等資具,邀請彼衆僧來此。'王亦許之。如是,衆比丘遂前往吐蕃之境。爾時吐蕃之國王與大臣見到彼等比丘,(165a3)生起大正信,修建七所大伽藍。

de bzhin du dge slong an rtse ba dang[3] gus tig pa dang / par wan pa[4] dang / shu lig pa[5] rnams kyang sdug bsngal chen pos non nas bru sha'i yul du 'gro bar 'gyur ro // tho kar[6] (165a4) yul dang / kha che'i yul gyi dge slong rnams kyang dad pa med pa'i mi rnams kyis gtses te[7] / ma chags nas bru sha'i yul du 'gro bar 'gyur ro // dge slong de dag thams cad kyis bru sha'i yul du phyin nas /[8] bod yul na gtsug lag khang mang po brtsigs pa dang / rgyal po byang chub (165a5) sems dpa' zhig gnas pas dkon mchog gsum la mchod pa dang[9] ri mo cher byed pa thos nas yid dga' ste / thams cad bod yul du 'gro bar 'gyur ro // bod yul du lhags nas lo gsum gyi bar du ni mchod pa chen po la sogs pa skyid pa nyams su myong bar 'gyur ro[10] // lo gsum (165a6) lon pa dang bod kyi yul du bdud kyi ris kyi lha dang /[11] lha ma yin dang / klu dang / gnod sbyin dang / dri za rnams kyis[12] nad chen po 'bras dang / phol mig dang / 'brum bu gdug pa dag gtong bar 'gyur te / nad des zhang blon dang[13] dmag du ma dag[14] 'chi bar 'gyur ro // de'i tshe rgyal (165a7) mo de'i snying

---

[1] ru rum: *TLTD* I, p.60 未譯,筆者亦是推測。
[2] gnang chen: 或是 nang rje po chen po 的異寫? 托瑪斯譯作 important personages (*TLTD* I, p.60).
[3] G530b2、N 416b4 其後多/。
[4] par wan pa: G530b2、N 416b4 作 par mkhan pa。
[5] shu lig pa: 此據 G530b2、N 416b4;D 作 shu lag pa。
[6] tho kar: G530b2 作 tho dkar;N 416b5 作 tha kar。
[7] gtsegs te: N 416b5 作 gcos te。
[8] G 530b3、N 416b6 其後無/。
[9] G 530b4、N 416b6 其後多/。
[10] 'gyur ro: G 530b4 作 'gyuro。
[11] N 416b7 其後無/。
[12] rnams kyis: G 530b6 作 rnams kyi。
[13] zhang slon dang: G 530b6 作 zhang slon。
[14] du ma dag: G 530b6、N 417a1 作 du ma。

gar[1] 'bras gsug pa byung ste /[2] shi nas lha yul du skye bar 'gyur ro //

"如是,安西(An rtse)[3]、據史德(Gus tig)[4]、撥換(Par wan)[5]、疏勒(Shu lig)[6]等地之比丘爲痛苦所迫而前往勃律(Bru sha'i yul)[7]。吐火羅國(Tho kar yul)[8]與迦濕彌邏(Kha che'i yul)之衆比丘亦爲無正信之人衆傷害,無所依戀而去勃律。彼等比丘皆至勃律,〔後〕聞説吐蕃之境建起衆多伽藍,國王乃一菩薩,(165a5)供養且事奉三寶,心生歡喜,皆前往吐蕃之境。[彼等]抵吐蕃之境後,於三年間享用大供養等樂事。三年(165a6)過後,魔衆之諸天、非天、龍、夜叉、乾達婆使吐蕃之境出現瘰鬁('bras)、毒癰(phol mig)、天花等惡疾,衆多尚論與軍人因彼疾而身亡。爾時,(165a7)彼王妃心上亦長出痘瘡,逝世而轉生天界。

de'i tshe bod kyi zhang blon rnams khros 'khrugs te 'di skad ces bdag cad gi yul 'di sngon gyi[9] nom pa las phyis mi bkra mi shis pa 'khyams pa sha stag 'dir lhags nas[10] da ni yul du yang 'di lta (165b1) du gnod pa rnam pa sna tshogs[11] byung bar 'gyur gyis / rdzas lhag ma 'di rnams kyang yul 'dir mi gzhag cing[12] sa mtshams 'das te bskrad par bya'o[13] zhes gros byas nas dge slong gcig kyang bod yul du gnas su mi gnang ngo zhes glo bur du bsgo bar 'gyur ro //

"爾時,吐蕃之諸尚論心生瞋恚,作如是言:'吾等之國往昔美滿富足,後因彼不吉祥之波迸流移之人盡皆來此,使吾境今(165b1)出現如是各種災害,實不應留彼等殘僧

〔1〕 snying gar: G 530b6、N 417a1 作 snying kar。

〔2〕 G 531a1 其後無/。

〔3〕 此名稱的比定據伯希和。見 Paul Pelliot, *Notes on Marco Polo*, vol. II, Paris, 1986, pp.713-714.

〔4〕 Paul Pelliot, *Notes on Marco Polo*, vol. II, pp.713-714; 榮新江《所謂'Tumshuqese'文書中的'gyāźdi-'》, *Studies on the Inner Asian Languages* VII,神户外國語大學,1991年,9頁;英文版 Rong Xinjiang, "The Name of the So-called 'Tumshuqese' Language," *Bulletin of the Aisan Institute: Iranian and Zoroastrian Studies in Honour of Prods Oktor Skjærvø*, vol. 19, 2005, p.124.

〔5〕 此名稱的比定據伯希和,見 Paul Pelliot, *Notes on Marco Polo*, vol. II, pp.713-715.

〔6〕 此名稱的比定據伯希和,見 Paul Pelliot, *Notes on Marco Polo*, vol. II, p.713. 亦見 *TLTD* I, p. 61, note 4.

〔7〕 參見 *TLTD* I, p.61, note 5.

〔8〕 此名稱的比定據伯希和,見 Paul Pelliot, *Notes on Marco Polo*, vol. II, p.713.

〔9〕 sngon gyi: G 531a1 作 sngon gya。

〔10〕 G 531a2、N 417a2 其後多/。

〔11〕 sna tshogs: G 531a2、N 417a2 作 sna tshogs pa。

〔12〕 N 417a3 其後多/。

〔13〕 G 531a3、N 417a3 其後多//。

於吾境,理合驅逐至王界之外。'商議畢,驟然下令:'比丘一不餘留,皆出吐蕃之境。'

rgyal mo de nad kyis thebs (165b2) pa'i tshe bdag nyid mi 'tsho bar tshor nas rgyal po la kha chems su bdag gum na bdag gi[1] nor rdzas ril gyis dge 'dun la 'bul bar ci gnang zhes gsol nas rgyal po kyang gnang ste / btsun mo'i rdzas thams cad dge 'dun la 'bul zhing des rgya gar gyi yul gan dha ra zhes bya bar 'gro (165b3) ba'i rdzas byas nas 'gro bar 'gyur ro // de'i tshe bod yul gyi dge slong rnams kyang yi chad nas nyi 'og gi dge slong rnams dang gros gcig tu byas nas lhan cig tu[2] 'gro bar 'gyur ro // skye bo dang rtsod pa'i dus de'i tshe rgyal yul gyi dge slong rnams kyang shin tu sdug bsngal bas gzir nas (165b4) yul gan dha rar 'gro bar 'gyur ro // de ltar dong ba dang dge slong de dag thams cad yul gan dha rar 'gro ba'i lam kar phrad par 'gyur ro[3] //

"彼王妃害病之時,覺察己身將不久於人世,遂向國王遺言:'若我死,請許將我之全部財物獻與衆僧。'國王亦許之。王妃之財物盡皆獻與衆僧。〔衆僧〕以彼購置前往天竺乾陀羅之物品,遂啓程前行。爾時,吐蕃之衆比丘亦沮喪,與邊鄙比丘(nyi 'og gi dge slong)商議之後,決定偕同前行。爾時乃衆生諍劫之時,漢地之衆比丘亦爲痛苦逼迫,(165b4)前往乾陀羅國。如此前行,一切比丘於前往乾陀羅國之途中相遇。

de'i tshe bod kyi dmag gis rjes bzhin bsnyags nas lam kar bran g.yog dang /[4] nor phyugs dag phrogs te dge slong dag kyang gsod par (165b5) 'gyur ro // de ltar dge slong de dag bod kyi dmag gis bdas nas klu'i rgyal po e la'i 'dab kyi gnas drung du phyin ba dang / klu'i rgyal po e la'i 'dab kyis[5] mi rgan zhig gi gzugs su bsgyur te dge 'dun gyi mdun du 'ongs nas phyag 'tsal te / skyes bu dam pa khyed rnams gar (165b6) gshegs zhes dris pa dang / dge slong rnams kyis 'di skad du bdag cag gi yul na dad pa med pa sha stag gis gang bas 'tsho ba'i yo byad la sogs pas phongs te / da yul gan dha rar 'tsho ba'i yo byad tsam zhig ci rnyed snyam nas lhags so zhes smras pa dang / de nas de'i (165b7) tshe klu'i rgyal po de

〔1〕 bdag gi: G 531a4 作 bdag gis。

〔2〕 gcig tu byas nas lhan cig tu: G 531a5、N 417a5 作 gcig tu。

〔3〕 'gyur ro: G 531a6 作 'gyuro。

〔4〕 G 531b1、N 417b1 其後無/。

〔5〕 kyis: G 531b2 作 kyi。

bde bar gshegs pa'i bstan pa 'jig pa'i mtshan ma[1] rtogs nas mchi ma khrag tu 'dzag cing ngus nas / dge 'dun rnams la yul der gshegs nas shul brgyags[2] ji tsam mnga' zhes rmed par[3] 'gyur ro // dge 'dun kun gyis kyang zhib tu brtsis (166a1) nas zhag bco lnga'i brgyags[4] yod do zhes smra bar[5] 'gyur ro // klu'i rgyal pos 'di skad du 'di nas yul gan dha rar mtsho 'di'i g.yas g.yon[6] du bskor na zhag bzhi bcu rtsa lnga'i shul mchis na / dgung bco lnga'i brgyags[7] 'tshal lam / gzhan yang shul ka nas la ka (166a2) mthon po dang[8] nags tshal stug po dang / gcan gzan gdug pa dang / sbrul gdug pa dang /[9] sdig sbrul la sogs pa dang / chom rkun pa yang mchis pas[10] phyi nas[11] tshur yang dmag gis bsnyegs pa dang / mtsho 'di'i nang na yang bdag gi 'khor gtum po dad pa ma mchis pa du ma zhig (166a3) mchis pas bdag gis phyir bzlog par mi nus te / bdag ni de'i shul du bzhud par mi dga' zhing mchis so //

"爾時,吐蕃軍隊於後追逐,於途中强奪僕役與財物,殺戮比丘。(165b5)如此,衆比丘爲吐蕃軍隊驅逐,到達龍王伊羅葉(E la'i 'dab)[12]之住所旁。龍王伊羅葉化爲一老人,來至衆僧跟前,頂禮而問:'尊者,汝等將去何方?'衆比丘答:'我等之國爲無正信之人充斥,生活資具匱乏,今將去乾陀羅國,尋找生活資具。'爾時,(165b7)彼龍王領悟此乃善逝教法滅没之兆,淚水與血一起墮下,痛哭流涕,問衆僧道:'汝去彼處,備有幾許乾糧?'衆僧仔細估算,(166a1)答曰'尚有十五日之乾糧'。龍王言道:'自此處去乾陀羅國,沿此海子左右繞行,尚需四十五日,[汝等]僅有十五日之乾糧乎?此外途中有諸高山、(166a2)密林、猛獸、毒蛇、蛇蠍,後面有盜匪,此處有追兵,此海子中尚有許多我之凶惡無信眷屬,(166a3)我亦不能制止彼等。依我之見,此路不宜。'

---

〔1〕 mtshan ma: G 531b4、N 417b2 作 mtshan。

〔2〕 shul brgyags: G 531b4－5 作 shul rgyags。

〔3〕 rmed par: G 531b5、N 417b3 作 smed par。

〔4〕 brgyags: G 531b5 作 rgyags。

〔5〕 smra bar: G 531b5 作 smras par。

〔6〕 'di'i: G 531b5－6、N 417b3 作 'di yi。

〔7〕 brgyags: G 531b6、N 417b4 作 brgyags kyis。

〔8〕 shul ka nas la ka mthon po dang: G 531b6 作 shul ka na ka mthon po dang /;N 417a4 作 yul ka na / mthon po dang /。

〔9〕 sbrul gdug pa dang /: G 531b6、N 417a4 無。

〔10〕 G 532a1、N 417b4 其後多/。

〔11〕 phyi nas: G 532a1、N 417b4－5 作 phyi na。

〔12〕 參見 *TLTD* I, p.63, note 1; 朱麗雙 2010,646 頁。

de'i tshe dge slong pho mo mang po de dag thams cad 'di snyam du bdag cag rnams 'chi ba'i dus la bab pa 'dra snyam nas ngu zhing mya ngan byed par 'gyur ro // de'i tshe klu'i rgyal po e（166a4）la'i 'dab kyis dge 'dun rnams kyi mdun du pus mo btsugs nas dge 'dun ma bshums shig /[1] bdag gis dge 'dun rnams kyi slad du srog kyang yongs su[2] btang zhing bdag nyid kyi lus mtsho 'di'i steng du zam par bgyid lags so // bdag gis sngon bde bar gshegs pa'i bstan pa thog mar（166a5）legs par ma sbrungs par chad par srog gis god pa zhig gcod par 'tshal lo[3] zhes smras par 'gyur ro // de nas klu'i rgyal po des rang gi lus sbrul chen po zhig gi[4] gzugs su bsgyur nas[5] / bod yul ngos kyi ri'i rtse mo la ni mgos 'khyud / yul gan dha ra'i ri'i rtse mo la ni（166a6）mjug mas 'khyud de lus kyi zheng du ni shing rta lnga'i khyon tsam[6] gyi zam par btags so[7] // de'i tshe dge slong de dag gyis sbrul chen po de'i gzugs de mthong nas sngangs skrag ste /[8] phyogs su 'byer bar 'gyur ro // de nas klu'i rgyal po des mi skad phyung ste / dge 'dun dag ma sngangs[9] shig /（166a7）bdag gi lus 'di khyed kyi slad du zam par btags pa lags kyis / ma bsnyegs par[10] rjes dgra choms su dogs pa ni 'bangs[11] dang phyag rjed[12] dang khur rnams sngon la dgyer du sgol[13] de'i 'og du dge 'dun gzhon rims gshegs su gsol //[14] bgres po rnams ni slad kyis gshegs su（166b1）gsol zhes smra bar 'gyur ro // de'i tshe klu'i rgyal po de'i rgyab kyi bags pa phyugs kyi rmig pa dang mi'i rkang pas bshus te rma chen po byung ste mtsho'i nang du rnag khrag kyang[15] 'dzag par 'gyur ro // mi phyugs phal yang mtsho'i nang du ltung zhing

---

〔1〕 shig /：N 417b7 作 shigs。

〔2〕 yongs su：G 532a4 作 yongsu。

〔3〕 G 532a5 其後多/。

〔4〕 zhig gi：N 418a1 作 zhig gis。

〔5〕 bsgyur nas：N 418a1 作 sbyar nas。

〔6〕 khyon tsam：G 532a6 作 kyod tsam。

〔7〕 btags so：G 532a6 作 brtags so。

〔8〕 sngangs skrag ste /：G 532a6 作 dngas skrag ste；N 418a2 作 dngangs skrag ste。

〔9〕 sngangs：G 532b1、N 418a3 作 dngangs。

〔10〕 bsnyegs par：G 532b1 作 snyegs par。

〔11〕 'bangs：N 418a3 作 'phangs。

〔12〕 phyag rjed：疑爲 phyugs rdzi 之誤。

〔13〕 dgyer du sgol：G 532b2、N 418a3 其後多/。Dgyer 意爲不明，後文兩次皆作 gshegs su gsol，dgyer 當同 gshegs。

〔14〕 //：G 532b2 作/。

〔15〕 kyang：G 532b3。

'chi bar 'gyur ro // tha mar dge 'dun（166b2）rgan rabs rgal ba'i 'og tu klu'i rgyal po nyid kyang 'chi bar 'gyur ro // mtsho de yang skams par 'gyur te / mtsho bskams pa'i nang du klu'i rgyal po shi ba'i rus pa ri lta bur 'dug par 'gyur ro〔1〕 // ma 'ongs pa'i dus na sangs rgyas byams pa 'khor lnga brgya dang thabs cig tu klu'i（166b3）rgyal po e la'i 'dab kyi rus pa'i drung du gshegs te klu'i rgyal po e la'i 'dab kyi skyes pa'i rabs brjod pas byams pa'i 'khor dge slong lnga brgya po de dag thams cad kyis dgra bcom pa'i 'bras bu thob par 'gyur ro //

"爾時,彼等衆多比丘、比丘尼聞是言,皆想:'吾等似近死期矣!'落淚愁苦。爾時,龍王伊(166a4)羅葉於衆僧面前屈膝下跪,言道:'衆僧勿哭。我將爲衆僧捨棄生命,以我身於此海子上方架橋。我因往昔初未好生守護善逝教法,願受懲罰,願以生命耗損而絶命。'爾時,彼龍王身軀化爲一巨蛇,以頭抱住吐蕃這邊之山頂,以尾抱住乾陀羅國那邊之山頂,身體横面爲五車寬之橋。爾時,彼等比丘見彼巨蛇,皆怖懼,逃向一方。爾時,龍王發出人聲言道:'衆僧勿驚,(166a7)我之身爲汝等變化爲橋。莫要驚慌,需擔憂後邊之敵匪。可讓百姓、牧人和馱畜先行,爾後青年僧伽行,再後老年人行。'(166b1)爾時龍王背部之皮膚因畜蹄人足〔踐踏〕而剥落,出現大瘡,膿血流下,墜落海子中。人畜大多亦墜落海子之中而亡。最後(166b2)老年僧伽亦渡過。爾後龍王自身亦死,彼海子亦乾涸。龍王於乾涸之海子中死去,遺骨堆積如山。當未來時,彌勒佛之五百眷屬俱至此龍王(166b3)伊羅葉遺骨旁,述説龍王伊羅葉之轉生世系,彌勒之五百眷屬比丘皆將得證阿羅漢果。

de nas dge slong de dag yul gan dha rar phyin nas〔2〕 lo gnyis kyi（166b4）bar du gnas so // lo gsum pa'i tshe yul de'i rgyal po dad pa can zhig yod pas 'chi bar 'gyur ro // rgyal po de shi ba'i 'og tu rgyal po'i bu dad pa can zhig dang〔3〕 dad pa med pa zhig rgyal srid la brtod〔4〕 nas dmag gi g. yul bkye nas / phyogs gnyis su chad par 'gyur ro // de'i tshe（166b5）na dge slong de dag gi nang nas〔5〕 dge slong dpa' ba〔6〕 brtul phod pa tsham tshom med pa stong zhig yod pas rgyal bu dad pa med pa de dmag gis btab ste pham par byas

〔1〕 'gyur ro：G 532b4 作 'gyuro。

〔2〕 phyin nas：G 532b6 作 phyir nas。

〔3〕 G 533a1、N 418b1 其後多/。

〔4〕 brtod：N 418b1 作 bstod。當作 rtsod。

〔5〕 nas：此據 G 533a1、N 418b1。D 作 na。

〔6〕 G 533a2、N 418b1 其後多/。

nas rgyal bu dad pa can de la[1] rgyal srid 'bul bar 'gyur ro // rgyal bu dad pa can des zla ba lnga rgyal po byas nas yang[2] dge slong stong (166b6) po de dag gyis bsad nas dge slong gcig rgyal po la bcug ste lo gnyis kyi bar du rgyal po byed par 'gyur ro[3] //

"爾時,衆比丘到達乾陀羅國,安居兩年。(166b4)第三年時,彼國具正信之國王死。彼王死後,其具正信之子與不具正信之子爭奪王位,尋諸干戈,分爲兩派。爾時,(166b5)彼等比丘中有一千名比丘英武勇猛,無所顧慮,發兵戰敗無正信之王子,將國政獻與具正信之王子。具正信之王子作國王五個月後,彼一千比丘(166b6)殺之,任命一比丘爲國王。[彼比丘]作國王兩年。

de'i tshe yul gan dha ra'i blon po dang yul mi thams cad 'dus te gsangs nas[4] ci'i phyir nyi 'og gi mi bdag cag[5] gi yul du bros pa / ngan pa 'dis bdag cag gi rgyal (166b7) po gsad do zhes gros byas nas 'phral la dmag drangs te rgyal po gtubs par[6] 'gyur to // de'i tshe yul gan dha ra na gnas pa'i dge slong thams cad mthong dgu bsad de[7] dge slong gang zhig yul dbus su bros te thar ba de 'ba' zhig gson par 'gyur ro //

"爾時,乾陀羅國之大臣和國人皆聚集〔一處〕,密議道:'緣何邊地惡人逃至我等之國,殺我國王。'(166b7)即刻引軍殺〔比丘〕國王。爾時,乾陀羅國所住之一切比丘,〔乾陀羅人〕見之皆殺。凡彼比丘,逃往天竺(Yul dbus),咩咩求生('ba' zhig gson pa)。

de'i 'og tu yul dbus ma (167a1) gtogs[8] par 'dzam bu gling[9] 'di na dad pa med pa gsum 'byung bar 'gyur te / sig ni[10] la sogs pa mang po[11] zhig gis[12] rgyal po ni ta zig

〔1〕 de la: N 418b2 作 de。

〔2〕 yang: G 533a3、N 418b2 無。

〔3〕 'gyur ro: G 533a3 作 'gyuro。

〔4〕 gsangs nas: G 533a3－4、N 418b3 作 gsang nas /。

〔5〕 bdag cag: N 418b3 作 bdag can。

〔6〕 gtubs par: G 533a4 作 btub par; N 418b4 作 gtub par。

〔7〕 G 533a5、N 418b4 其後多/。

〔8〕 gtogs par: 此據 G533a4、N418b4; D 作 gnyogs par。

〔9〕 'dzam bu gling: N 418b5 作 'dzambu gling。

〔10〕 sig ni: G 533a6、N 418b5 作 srig ni。後面有 ta zig gi rgyal po 云云,此處有誤,當作 ta zig。

〔11〕 mang po: G 533a6、N 418b5 無。

〔12〕 gis: 據文意,當作 gi。

gi[1] rgyal po byed par 'gyur ro // dru gu rus sna tshogs du mi'i[2] rgyal po ni dru gus byed par 'gyur ro[3] // gzhan mang po zhig gi[4] rgyal (167a2) po ni bod kyi rgyal po byed par 'gyur ro //[5] rgyal po de gsum ka[6] ni yang sems mthun par 'gyur ro // rgyal po de gsum[7] la dmag dpa' ba /[8] brtul phod pa sum 'bum zhig yod pas yul dbus ma gtogs pa / gzhan yang dag pa'i lta ba 'dzin pa'i yul thams cad bcom nas mi (167a3) mang po kha btags[9] nas grong la sogs pa yang stongs par 'gyur ro //

"爾後,天竺之外,(167a1)此贍部洲出現三無正信之國,大食等諸多人衆之王,由大食(Ta zig)之國王作之;各部突厥(Dru gu)諸人之王,由突厥之國王作之;其他諸多人衆之國王,由吐蕃之國王作之。此三王協同一心。此三王有三十萬軍隊,英勇驍武,征服天竺之外一切持正見之國土,(167a3)殺戮衆多生靈,村落亦成丘荒。

de nas rgyal po de gsum 'dus nas yul dbus su dmag drangs zhes gros byed par 'gyur ro // de'i tshe na yul dbus kau shāmbī[10] zhes bya bar rgyal po bzod dka' zhes bya ba zhig 'byung bar 'gyur te / btsas pa'i[11] tshe khrag gi (167a4) char pa yang 'bab[12] lag pa gnyis kyang gru mo[13] man chad khrag gis bskus pa lta bur dmar ba zhig yin no[14] de'i blon bo yan lag mchog dang ldan pa lnga brgya dang[15] dmag mi g.yul dor dpa' ba[16] nyis 'bum byung bar 'gyur ro // de'i tshe ta zig[17] gi rgyal po la sogs pa gsum yul dbus kau

---

〔1〕 ta zig gi: G 533a6 作 stag gzigs gis;N 418b5 作 stag gzig gis。

〔2〕 du mi: G 533a6、N 418b5 作 du ma,從之。

〔3〕 dru gus byed par 'gyur ro: G532a6、N 418b5 作 drug gus byed par 'gyuro。據上下文意,當作 dru(g) gu kyi rgyal po byed par 'gyur ro。

〔4〕 zhig gi: G 533b1、N 418b5 作 zhig gis。

〔5〕 'gyur ro //: G 533b1、N 418b6 作 'gyur te /。

〔6〕 gsum ka: G 533b1、N 418b6 作 gsum ga。

〔7〕 gsum: G 533b1 作 gsum ga。

〔8〕 G 533b1、N 418b6 無/。

〔9〕 kha btags: G 533b2 作 kha btag。

〔10〕 kau shāmbī: G 533b3 作 kau sham ba'i。

〔11〕 btsas pa: G 533b3 作 de btsas pa。

〔12〕 yang 'bab: G 533b3、N 419a1 作 'bab /。

〔13〕 gru mo: G 533b3、N 419a1 作 gre mo。

〔14〕 G 533b4、N 419a1 其後多//。

〔15〕 G 533b4、N 419a2 其後多/。

〔16〕 dor dpa' ba: G 533b4、N 419a2 作 ngor dpa' ba。

〔17〕 ta zig: G 533b4、N 419a2 作 stag gzig。

(167a5) shāmbīr song nas rgyal po bzod dka' tshol bar byed do // de nas rgyal po bzod dkas de skad[1] thos nas dmag dang chas te rgyal po de dag gi mdun du bsgugs nas zla ba gsum gyi bar du rgyun du g.yul chen po sprad pa dang / rgyal po dad pa med pa de gsum dmag dang bcas te gtan med (167a6) par brlag bar 'gyur ro //

"爾時,彼三國王聚在一起,商議引兵天竺。爾時天竺俱閃彌國有一國王,名曰難忍(bZod dka')[2]。彼出生之時天降血雨,雙手肘部以下鮮紅如同塗血。彼有五百體態美妙之大臣與英勇善戰之士二十萬。爾時,大食之王等三國〔之王〕前往天竺俱閃彌國,尋釁難忍王。爾時,難忍王聞此消息,與其軍隊一起動身,前去三王跟前等候,三個月間連續會合大戰,(167a6)盡滅彼三無正信之王及其軍隊。

rgyal po bzod dka' dmag dang bcas pa slar yul du 'khor nas rgyal po de[3] 'di snyam du bdag gis[4] mi mang po kha btags[5] na / bdag gi 'gro ba ni ji lta bu zhig tu skye bar 'gyur / nam zhig ngan song gsum las thar bar 'gyur snyam du 'gyod ba skye bar 'gyur ro // (167a7) de nas rgyal po de la blon po rnams kyis sgol ba / ma bsnyengs par[6] dmar bu can gyi yul na dge slong shir sha ka[7] zhes bgyi ba bsde snod gsum la mkhas pa zhig bzhugs pas de spyan drongs dang / des lta khyod kyi las ngan pa de bshags par 'gyur ro zhes smra bar[8] 'gyur la / rgyal pos (167b1) kyang dge slong de spyan drangs nas /[9] de'i mdun du las ngan pa ji ltar byas pa thams cad lo rgyus smra bar 'gyur ro // dge slong des kyang 'di skad du rgyal po khyod kyis shin tu ma legs pa byas kyi che thang du 'gyod la / 'dzam bu'i gling[10] gi dge slong thams cad 'dir spyan drangs la rtag tu yo byad lnga phul (167b2) te / skyabs su 'gro ba dang nyin gcig bzhin du

〔1〕 de skad: G 533b5、N 419a2 無。

〔2〕 關於此國王,參見 *TLTD* I, p.66, note 2; Nattier 1991, p.291; 朱麗雙 2013,451 頁,注 5。

〔3〕 以下 G 534a1－b6 共兩葉紙的内容爲《于闐阿羅漢授記》的内容,内容相當於德格版《于闐阿羅漢授記》D 169a6－170a1,起於 'gyur ro // rgyal po 'di'i rabs bdun du yul khams gzhan dkon mchog gsum gyi mchog rten bzhugs pa la,止於 dpal gyi lha mos phur rung gang gi gser gyi dong tshe dge 'dun spyir。

〔4〕 bdag gis: G 535a1 作 bdag gi。

〔5〕 kha btags: G 535a1 作 kha btag。

〔6〕 bsnyengs par: G 535a2、N 419a5 作 snyengs par。

〔7〕 shir sha ka: G 535a2 作 shir ka。

〔8〕 smra bar: G 535a3 作 smras par。

〔9〕 G 535a3、N 419a6 無/。

〔10〕 'dzam bu'i gling: G 535a4、N 419a7 作 'dzambu'i。

dge 'dun gyi[1] mdun du sdig pa shogs shig / khyod kyis mi mang po kha btags pa'i[2] las bsrabs par 'gyur ro zhes smra bar 'gyur ro // de nas de'i tshe rgyal po des yul yul gyi dge slong rnams spyan 'dren pa gtong bar 'gyur ro // dge slong rnams (167b3) kyis kyang yul kau shāmbī[3] zhes bya ba na rgyal po bzod dka' zhes bya ba dge 'dun la yo byad lnga 'bul ba zhig yod do zhes thos nas yi rangs te / yul kau shāmbī[4] zhes bya bar 'gro bar 'gyur ro //

"爾後,難忍王與其軍隊返回俱閃彌國,王自竊思:'我殺戮衆多生靈,我將如何輪回轉世?何時纔能從下三道解脱?'心生懊悔。爾後諸大臣白彼王曰:'莫要擔憂。波梨國(dmar bu can gyi yul)[5]有一個精通三藏之比丘,名曰室史迦(Shir sha ka)[6],將其迎來,如此懺悔汝之惡業。'王(167b1)遂迎請彼比丘,於彼跟前述説惡業如何造成之一切經過。彼比丘告王曰:'王,汝十分懊悔造成大惡業。若將贍部洲一切比丘迎請前來,常爲供養五資具(yo byad lnga),(167b2)皈依之,每日於僧伽跟前懺悔,將消除汝殺死衆生之罪。'爾時,王派人去各國迎請比丘。衆比丘(167b3)亦聞説俱閃彌國有一難忍王,向比丘供養五資具,遂歡喜而前往俱閃彌國。

de'i tshe yul kau shāmbīr[7] dge slong 'bum 'du bar[8] 'gyur ro // de nas tshe bco lnga'i nub mo dge slong (167b4) rnams gso sbyong la 'dus te dge slong shir sha ka bos nas khyed kyis[9] so sor thar pa'i mdo thon cig ces smra bar 'gyur ro // dge slong shir sha kas kyang 'di skad du khyed rnams la so sor thar pas ci zhig bya / mi sna dang rna ba gcad pa[10] la me long gis[11] ci zhig bya zhes smra bar 'gyur ro // de nas de'i (167b5) tshe dge

---

〔1〕 dge 'dun gyi:G 535a4、N 419a7 作 de。

〔2〕 kha btags pa:G 535a4 作 kha btag pa。

〔3〕 kau shāmbī:G 535a5 作 kau shāṃbī。

〔4〕 kau shāmbī:G 535a6 作 kau shāṃbī。

〔5〕 dmar bu can gyi yul:波梨國。據藏文《月藏經》(D 218b3),三藏法師室史迦乃 yul pa ṭa li pu tra ste dmar bu can 地方的人。pa ṭa li pu tra,梵文轉寫爲 Pāṭaliputra,漢文《月藏經》作波梨國,即佛典中著名的華氏城,今印度巴特那。

〔6〕 室史迦:參見 Nattier 1991, p.292;朱麗雙 2013,452 頁,注 5。

〔7〕 kau shāmbīr:G 535a6 作 kau shāṃbī。

〔8〕 'du bar:G 535a6、N 419b2 作 'dus par。

〔9〕 khyed kyis:G 535b1 作 khyed kyi。

〔10〕 gcad pa:G 535b1 作 bcad pa。

〔11〕 gis:G 535b2、N 419b3 作 gi。

slong de dag gi[1] nang na[2] dgra bcom pa su ta ra[3] zhes bya ba langs nas seng ge lta bu'i skad kyis dge slong shir sha ka la[4] 'di skad[5] ces khyod ci'i phyir de skad ces smra[6] kho bo ni bde bar gshegs pas bka' stsal pa bzhin[7] bslab pa cig kyang ma nyams so zhes smras pa dang / dge slong shir sha ka (167b6) shin tu skyengs par 'gyur ro // de nas dge slong shir sha ka'i slob ma a kan bi[8] zhes bya bas dgra bcom pa de la 'di skad du khyod ci'i phyir nga'i slob dpon la mi mang sngar[9] de skad smra zhes khros nas lag pa gnyis kyis sgo gtan blangs nas dgra bcom pa de gsod par 'gyur ro // de (167b7) nas dgra bcom pa de'i slob ma dge slong ka ra ta zhes bya ba kyang rang gi slob dpon gsad par[10] mthong nas shin tu khros te dbyugs pa blangs nas dge slong shir sha ka[11] gsod par 'gyur ro // de'i tshe dge slong dag ril gyis[12] khros nas phyogs gnyis su chad nas gcig gis gcig gsod (168a1) par 'gyur ro //

"爾時,俱閃彌有比丘十萬。爾後十五日夜晚,衆比丘(167b4)相聚作長净,唤來比丘室史迦,告言:'《别解脱經》,爾念誦之!'比丘室史迦言:'爾等要《别解脱經》有何用? 斷耳之人要鏡子有何用?'爾時(167b5)彼比丘中有一阿羅漢,名曰修陀羅(su ta ra)[13],彼以獅子之聲對比丘室史迦言道:'爾何故言此? 我如善逝所教賜,於戒處一不違犯。'比丘室史迦(167b6)十分羞愧。爾後比丘室史迦之弟子安迦比(A kan bi)[14]對阿羅漢言:'爾何故於衆人前對我之尊師言此?'恚怒之,雙手執門閂,殺阿羅漢。(167b7)爾後阿羅漢之弟子迦羅陀(ka ra ta)[15]見己之尊師被殺,十分恚怒,執杖而殺比丘室史迦。爾時諸比丘皆恚怒,分爲兩派,互相殘(168a1)殺。

[1] de dag gi: G 535b2 作 de dag gis。
[2] nang na: G 535b2、N 419b4 作 nang nas。
[3] su ta ra: G 535b2、N 419b4 作 su ra ta。
[4] la: N 419b4 無。
[5] kyis dge slong shir sha ka la 'di skad: G 535b2 無。
[6] G 535b2、N 419b4 其後多/。
[7] bzhin: G 535b3 作 bzhin du。
[8] a kan bi: G 535b3 作 a gan bi;N 419b5 作 a sna bi。
[9] mang sngar: G 535b4、N 419b5 作 mang sar。
[10] gsad par: G 535b5 作 bsad par。
[11] shir sha ka: N 419b6 作 shir shi ka。
[12] ril gyis: 此據 G 535b5、N 419b7。D 作 rim gyis。
[13] 修陀羅: 參見 Nattier 1991, p.293; 朱麗雙 2013,453 頁,注 2。
[14] 安迦比: 參見 Nattier 1991, p.294; 朱麗雙 2013,453 頁,注 1。
[15] 迦羅: 參見 Nattier 1991, pp.294-295; 朱麗雙 2013,453 頁,注 3。

de nas sum cu rtsa gsum gyi lha thams cad der lhags te / dge slong shi ba'i ro de dag mthong nas ngud mos 'debs shing mchod pa byed par 'gyur ro // dge slong de dag gi[1] gos kha dog bsgyur pa dang skra dang sen mo yang lha'i gnas su khyer bar 'gyur (168a2) ro // de'i tshe yul der rlung dmar nag po dang /[2] ser po dang 'dres ba ldang zhing dus dus su me'i char pa 'bab pa dang[3] sa g.yo ba dang / 'ur sgra dang tug com dag khang 'byung bar 'gyur ro //

"爾時,三十三天諸天前至彼處,見死去比丘之屍,悲嚎痛哭,爲做供祭。將衆比丘之染衣與髮甲攜至天上。(168a2)爾時彼國黑色、黄色或相互混雜的狂風大作,火雨時時降下,大地震動,轟轟隆隆,震耳之聲不絶。

de nas rgyal po des skya rengs shar ba'i tshe 'di ltar dge slong thams cad kha btags pa[4] (168a3) mthong nas / mya ngan gyis[5] gdungs pa'i rgyus mig gis[6] res 'ga' ni mthong res 'ga' ni mi mthong bar 'gyur ba bzhin du myong la / gtsug lag khang du brgyugs nas cho nges btab ste / dgra bcom pa dang[7] dge slong sde snod gsum pa'i ming nas 'bod cing de gnyis kyi ro pang (168a4) gis 'khyud[8] de / 'di skad du kye sde snod gsum pa khyod ni bde bar gshegs pa'i dam pa'i chos kyi mdzod 'dzin pa lags / kye dgra bcom pa khyod ni bde bar gshegs pa'i bslab pa'i gzhi 'dzin pa lags na / da khyed gnyis nongs pas 'jig rten 'di stongs par gyur to zhes mra (168a5) par 'gyur ro // dam pa'i chos nub pa'i nub mo sum cu rtsa gsum pa'i lha rnams kyang lha ma yin gyis pham par byas nas 'bros par 'gyur ro // de nyid kyi nub mo lha rtag tu myos pa'i nang nas lha 'di ni zhes bya ba 'chi 'pho bar 'gyur ro // de nas 'dzam bu'i gling[9] de'i bu ram shing dang / rgun (168a6) dang sbrang rtsi thams cad kyang nub par 'gyur ro // bdud dbang sgyur zhes bya ba yang 'chi ba 'gyur te / de nas nas dang gro

[1] de dag gi：此據 G 535b6、N 420a1。D 作 de dag gis。
[2] G 536a1、N 420a1 無/。
[3] G 536a1、N 420a2 其後多/。
[4] kha btags pa：G 536a2 作 kha btag pa。
[5] mya ngan gyis：G 536a2 作 mya ngan gyi。
[6] mig gis：G 536a2 作 mig。
[7] G 536a3、N 420a3 其後多/。
[8] 'khyud：G 536a3 作 khyud。
[9] 'dzam bu'i gling：N 420a6 作 'dzambu'i gling。

dang 'bras thams cad nub par 'gyur te / 'dzam bu'i gling[1] gi mi rnams kyi zas su sred dang[2] khre rgod dang[3] rtswa'i 'bras bu sna tshogs za bar 'gyur ro // dar dang[4] za 'og dang[5] man (168a7) tri[6] dang / ras bzang po la sogs pa yang nub nas gos su gso ras dang / re phyar la sogs pa gyon par 'gyur ro // gser la sogs pa'i rin po che sna tshogs kyi rgyan rnams kyang nub nas rgyan du rtswa[7] las byas pa la sogs pa thogs par 'gyur ro // tshon bzang po dang[8] ro zhim po rnams kyang (168b1) nub par 'gyur ro // de bzhin gshegs pa'i sku gzugs rnams kyang klu'i gnas su 'khyer bar 'gyur ro //

"爾時天明,國王見一切比丘皆死,(168a3)極爲愁苦,眼睛時或見之,時或不能見。疾馳至伽藍,悲號痛哭,呼喚著阿羅漢與三藏比丘之名,令彼二屍(168a4)相抱,言道:'啊!三藏法師,爾乃持善逝正法之法藏(mdzod)者!啊!阿羅漢,爾乃持善逝教法之戒基者!今爾二者逝,世間已成丘荒!'(168a5)正法滅没之夜晚,三十天之諸天爲非天所敗而逃逸,那晚'永遠沉醉'(rtag du myos pa)之中名爲'此天神者'(lha 'di ni)之天神亦將命終。爾後甘蔗、葡萄、(168a6)蜂蜜一切皆没。名爲'魔統治'(bdud dbang sgyur)者亦死。爾後青稞、小麥與穀物一切皆没。瞻部洲之人衆希求食物,只能食穈子與草之果實。絲錦綢(168a7)緞(man tri)與好布等亦滅没,〔衆生〕以麻布與牛毛織物爲衣。金子等各種珍寶諸裝飾亦滅没,〔衆生〕戴以草做成之物以爲裝飾。美色美味亦將(168b1)滅没。如來之影像亦將擕至龍之住所。

li yul gyi mkhan po rnams 'dus nas li rje btsun legs gyi ring la yos bu'i log la brtsis nas de nas lo brgya rtsa gnyis na dam pa'i chos nub par 'gyur ro //

"于闐之諸法師聚集,自于闐王尊歷(Btsun legs)統治期間之兔年計,爾後一百又二年,正法滅没。"

〔1〕 'dzam bu'i gling: G 536a6、N 420a6 作 'dzambu'i gling。

〔2〕 G 536b1 其後多/。

〔3〕 G 536b1 其後多/。

〔4〕 N 420a7 其後多/。

〔5〕 G 536b1、N 420a7 其後多/。

〔6〕 man tri: G 536b1、N 420a7 作 man dri。

〔7〕 rtswa: G536b2 作 rtsa。

〔8〕 G 536b2、N 420b1 其後多/。

dgra bcom pa dge (168b2) 'dun 'phel gyis lung bstan pa rdzogs so //

《阿羅漢(168b2)僧伽伐彈那授記》,終。

本文爲國家社科基金重大項目“敦煌與于闐:佛教藝術與物質文化的交互影響”(項目編號:13&ZD087)的階段性成果之一。

縮略語:

D = 德格版(sDe dge)

G = 金汁寫本(dGa' ldan/Golden manuscript)

N = 那塘版(Nar thang)

褚俊傑 1989 = 褚俊傑《吐蕃本教喪葬儀軌研究——敦煌古藏文寫卷 P. T. 1042 解讀》,《中國藏學》1989 年第 3 期,15—34 頁。

《法顯傳》= [東晉]釋法顯撰,章巽校注《法顯傳校注》,北京:中華書局,2008 年。

《阿羅漢僧伽伐彈那授記》(*dGra bcom pa dge 'dun 'phel gyis lung bstan pa*),收於:

1) 德格版《丹珠爾》(*bsTan 'gyur*)書翰部(spring yig)nye 函,173 卷,葉 161b4 - 168b2;BDRC 編號 W23703;

2) 金汁寫本《丹珠爾》第三品(skabs gsum pa)法相乘部(rgyu mtshan nyid theg pa'i skor)之書翰部(spring yig gi skor)nge 函,182 卷,葉 525a4 - 536b4;BDRC 編號 W23702;

3) 那塘版《丹珠爾》第三品法相乘部之書翰部 nge 函,182 卷,葉 412b7 - 420b2。BDRC 編號 W22704。

藏文《月藏經》= *'Phags pa zla ba'i snying pos zhus pa'i mdo las / sangs rgyas kyi bstan pa gnas pa dang 'jig pa'i tshul lung bstan pa* /(《聖月藏請問經中佛説住滅理趣授記》),德格版《甘珠爾》經部 ah 函,76 卷,葉 216a5—220b5。

《藏漢大辭典》= 張怡蓀主編《藏漢大辭典》,北京:民族出版社,2008 年。

張—榮 1986a = 張廣達、榮新江《于闐佛寺志》,原載《世界宗教研究》1986 年第 3 期,140—149 頁;此據張—榮 2008,224—239 頁。

張—榮 2008 = 張廣達、榮新江《于闐史叢考(增訂本)》,北京:中國人民大學出版社,2008 年。

朱麗雙 2010 = 朱麗雙《〈于闐阿羅漢授記〉對勘與研究》,同書編輯委員會編《張廣達先生八十華誕祝壽論文集》,臺北:新文豐出版公司,2010 年,605—676 頁。

朱麗雙 2012 = 朱麗雙《〈于闐國授記〉譯注(上)》,《中國藏學》2012 年 S1 期文獻、檔案增刊,223—268 頁。

朱麗雙 2013 = 朱麗雙《〈于闐教法史〉譯注》,榮新江、朱麗雙著《于闐與敦煌》附録二,蘭州:甘肅教育出版社,2013 年,413—468 頁。

Nattier 1991 = Nattier, Jan. *Once upon A Future Time: Studies in a Buddhist Prophecy of Decline*. Berkeley, California: Asian Humanities Press, 1991.

TLTD I = Thomas, F. W. *Tibetan Literary Texts and Documents concerning Chinese Turkestan*, Parts I. London: The Royal Asiatic Society, 1935.

（作者單位：蘭州大學敦煌學研究所）

《敦煌吐魯番研究》第十八卷
2018 年,483—581 頁

梵語、于闐語及漢譯賢劫千佛名研究
——兼與敦煌寫本做比較*

范晶晶

一　從釋迦牟尼到賢劫千佛

在佛教發展的過程中,佛的數量在逐漸增加。起初只有釋迦牟尼佛。阿育王時,另外擴展出過去三佛,並爲其興修佛塔。法顯與玄奘遊歷印度,都曾見過釋迦牟尼佛塔之外的過去三佛塔,法顯記載爲迦葉、拘樓秦和拘那含牟尼[1],玄奘則記爲迦葉波、迦羅迦村馱與迦諾迦牟尼[2]。19 世紀末在尼泊爾發現的阿育王石柱更是證實了這一説法,碑文記録他在即位第十四年重修了 Konākamana 佛塔[3]。

在巴利語《長部・大本經》(*Mahāpadānasutta*)裹[4],出現了七佛的説法:毗婆尸(Vipassin)、尸棄(Sikhin)、毗舍婆(Vessabhū)、拘樓孫(Kakusandha)、拘那含

* 本文在寫作過程中得到段晴教授、榮新江教授、羅炤教授以及李燦博士的資料支持和寶貴的指正建議,特此感謝。

〔1〕《高僧法顯傳》,CBETA, T51, no. 2085, p.861, a15 - 22.

〔2〕《大唐西域記》卷六,CBETA, T51, no. 2087, p.900, c16 - 19 與 p.901, b11 - 22.

〔3〕 E. Hultzsch (ed.), *Epigraphia Indica and Record of the Archaeological Survey of India*, vol. 5, Calcutta: Office of the Superintendent of Government Printing, India, 1898 - 1899, repr. 1960, p.5. 此佛名或即法顯筆下的拘那含牟尼、玄奘筆下的迦諾迦牟尼。

〔4〕參見段晴等譯《長部》,上海:中西書局,2012 年,177—218 頁。關於《大本經》的年代,已很難考證。可以確知的是:這是佛教早期的一部重要經典,在中亞發現的梵語寫本中有其對應文本 *Mahāvadānasūtra*(約 5 世紀),並作爲《長阿含》的六種基本經典之一而流傳。在漢譯佛典中則有五種對應文本:《增一阿含經・不善品》(曇摩難提於 384—385 年間譯出,僧伽提婆於 397 年重訂),《長阿含經・大本經》(佛陀耶舍約於 413 年間譯出),《七佛經》(法天於 990 年譯出),《毗婆尸佛經》(法天於 990 年譯出),《七佛父母姓字經》(失譯)。關於中亞梵本的一些基本情況,另請參見兩篇書評:K. Chang, "Review of *Das Mahāvadānasūtra, ein kanonischer Text über die sieben letzten Buddhas: Sanskrit, verglichen mit dem Pāli, nebst einer Analyse der in chinesischer Übersetzung überlieferten Parallelversionen*." *Language*, vol. 33, no. 2, 1957, pp.214 - 217.以及 R. Salomon, "Review of *the Mahāvadānasūtra: A New Edition Based on Manuscripts Discovered in Northern Turkestan*", *Journal of the American Oriental Society*, vol. 124, no. 4, 2004, pp.816 - 820.

(Konāgamana)、迦葉(Kassapa)、釋迦牟尼(Sakkamuni),並説明後四位是此賢劫中的佛。無論過去三佛還是六佛,他們與釋迦牟尼佛的離家、成道經歷完全一樣,這通過《大本經》對毗婆尸佛生平的交代,以及法顯、玄奘對佛塔的描述可以看出。《長部·轉輪聖王獅子吼經》(*Cakkavattisīhanādasutta*)中[1],釋迦牟尼預言彌勒的降生,又出現了未來佛。至此,過去、現在、未來八佛(或七佛一菩薩),以及賢劫五佛(過去三佛、釋迦牟尼與彌勒),在《長部》中都已出現。文本之外,在巴爾胡特、桑奇與犍陀羅地區,都可以看到對七佛或八佛的造像表現。影響及漢地,在北涼石塔上,也可以看到對這組佛的圖像表現[2]。《魏書·釋老志》中記録:"釋迦前有六佛,釋迦繼六佛而成道,處今賢劫。文言將來有彌勒佛,方繼釋迦而降世。"説明這一説法在漢地廣爲流傳。

到了《佛陀世系》(*Buddhavaṃsa*)[3],開始有了對釋迦牟尼之外的二十四佛(或二十七佛,加上燃燈佛之前的三佛)的描述。根據貢布里希(Richard Gombrich)的説法[4],這部經典同時也發明了一種新理論,以建立起這二十五佛之間的聯繫,即:以釋迦牟尼佛與燃燈佛的關係爲原型,每位佛都要在其他一位或幾位佛面前發下成佛誓願並得到授記,將來某一時刻纔能成佛。由於時間的無始性,就可以在釋迦牟尼之前加上更多的佛。貢布里希還分析了從一佛發展到七佛、二十五佛背後的動力機制:爲釋迦牟尼佛編造世系,是受到"奥義書"文獻與耆那教的壓力與啓發,以發明傳承譜系的方法來證實佛教的權威。

麗艾(Marylin M. Rhie)指出[5]:以《佛陀世系》爲經典依據,3至5世紀時,犍陀羅地區出現了一些二十五佛或二十八佛的造像。在佛塔的四面與不同層級,雕刻有三個一組、四個一組或五個一組的佛像。這些佛像可能大小不一、手印不同(轉法輪印與禪定印)、底座各異(金剛座或蓮花座),甚至排列的順序也無定規,但通過數位的排列組合,最後總可以得到3、4、5、7、8等的倍數,分别象徵時間維度上的過去、現在與未來,空間維度上的四方,賢劫五佛,七佛,八佛等。她對這些佛像佈局進行了全面的分析並推

---

〔1〕 參見段晴等譯《長部》,421—432頁。經文的確切時代依舊難知,漢譯《長阿含經·轉輪聖王修行經》爲其對應文本。

〔2〕 參見賀世哲《關於十六國北朝時期的三世佛與三佛造像諸問題》(一),《敦煌研究》1992年第4期,1—20頁。

〔3〕 《佛陀世系》被收入巴利語三藏之《小部》,麗艾(Marylin M. Rhie)認爲其成書時間可能在公元前2—公元前1世紀,但在公元3—5世紀時可能有所添加。參見Rhie 2010, p.130.

〔4〕 Richard Gombrich, "The Significance of Former Buddhas in the Theravādin Tradition", *Buddhist Studies in Honour of Walpola Rahula*, edited by Somaratna Balasooriya et al., London: Gordon Frazer, 1980, pp.62-72.

〔5〕 參見Rhie 2010, pp.355-480.

論：佛像的組合並無固定的模式，而是擁有不同的變體，或許是爲了滿足不同信衆羣體的供養需求，這就導致對佛像的闡釋也有多重可能。麗艾還提出了一個理論假設：犍陀羅地區作爲説一切有部學説的大本營，後來又見證了大乘佛教的興起與大乘經典的形成，故而其佛像既承襲了《佛陀世系》等文獻所表現的時間維度上的諸佛傳統，也吸納了新興的帶有大乘色彩的對四方乃至八方、十方諸佛的描述，這樣就呈現出多樣化的多佛造像。單面、單層或單龕内的佛像既獨立自主，又與其他面、層或龕内的佛像構成一個整體，表現時間與空間無限的大乘思想。總體看來，在犍陀羅地區的佛像中，除了佛傳内容外，一組多佛也是相當重要的表現題材。到了後期，菩薩的身影開始頻繁出現，尤其是彌勒像與一佛二菩薩像。

在説出世部的經典《大事》(*Mahāvastu*)裏，不僅可以看到賢劫五佛的説法，還發展出了賢劫千佛出世的預言〔1〕。關於千佛出世的背景，Skilling 有過討論：這一時期在經文中出現一種套路，一方面是諸菩薩都曾侍奉過去諸佛、種植善根，故而得以現世遇佛悟道，另一方面則是賢劫諸佛常常作爲聽衆出現在佛陀説法的會衆之中。或許賢劫千佛的出現是對信徒的一種激勵？只要虔心供養、努力修行，就有望將來成佛〔2〕。無論如何，這一潮流在當時很受歡迎，表現在造像中，則有巴米揚地區〔3〕與炳靈寺第169窟的千佛形象。

二　《賢劫經》中的千佛名

正是在多佛思想、具體而言即賢劫千佛興世思想的時代背景下，《賢劫經》的文本成形。目前學界基本上認爲：3世紀左右，《賢劫經》産生於印度西北部，原本可能是犍陀羅語，或至少是一種俗語〔4〕。現存《賢劫經》相關文獻數量衆多〔5〕，本文將集中討

〔1〕 一般認爲《大事》的編撰時間約在公元前2世紀至公元4世紀之間。對賢劫五佛的羅列出現在 É. Senart, *Le Mahāvastu*, vol. 3. Paris: L'imprimerie nationale, 1897, p.243，預言賢劫千佛出世在同書第330頁。雖然文字有缺漏，但從現存的佛名看，與今天所能看到的梵語本、于闐語本、漢譯本都大有差異。不過，關於早期多佛的數量、名號，在不同經典中常有不同的説法。

〔2〕 Skilling 2010, pp.208－209.

〔3〕 麗艾推測巴米揚3至4世紀左右開鑿的24窟的牆壁上所繪可能是千佛圖像，Rhie 2010, p.454。

〔4〕 Baums et al. 2016 根據碳素測年，綜合考慮犍陀羅語文獻的整體情況，將這批殘片的年代定在了公元3世紀。

〔5〕 對《賢劫經》相關文獻與研究現狀的梳理，可參看 Skilling 2010, pp.195－200 與李燦《〈賢劫經〉最新資料與相關研究》，《文獻》2015年第4期，140—149頁。

論其中的佛名部分,以梵語本[1]、于闐語本[2]、漢譯《賢劫經》(T425)的《千佛品》——分爲《千佛名號品》(以下簡稱《名號品》)、《千佛興立品》(以下簡稱《興立品》)與《千佛發意品》(以下簡稱《發意品》)——與兩種《現在賢劫千佛名經》(T447a & b)爲中心,參考學者們對新近發現的犍陀羅語殘片、部分龜兹語佛名[3]的研究成果,同時概要考察敦煌寫本中的各種《賢劫千佛名經》,試圖梳理出賢劫千佛名的傳承譜系與敦煌寫經的抄寫體系。

以藏譯本爲依托,Skilling(2010)分析過《賢劫經》的性質,他注意到經文的開頭——緣起部分完全沒有提到賢劫千佛,接下來集中宣講了諸法本三昧,講完後還交代喜王菩薩發願修此三昧、會衆各各悟道。幾乎已經是一部完整的小經了。他由此推測,有關三昧的内容原本是一個獨立的文本。經由《法供養品》的聯綴之後,經文纔將此三昧與阿彌陀佛、阿閦佛與賢劫千佛的本生故事聯繫起來,即他們都是由於宣講、受持此三昧,而得以成佛[4]。至此,纔爲後文的《千佛品》設置了背景。但在那之前,還插入了相當篇幅(漢譯本是十四品)講述"度無極"(般若波羅蜜)的内容。只是由於後面的

〔1〕 梵語本主要有兩種:一是 Friedrich Weller 1928 年根據一個五語種本整理的《賢劫千佛名》。關於這一文本的具體背景,Weller 並未作出交代,只簡單提及其中的滿語本大約抄寫於 18 世紀上半葉。若以此判斷,梵語抄本的年代大概不會太早。經李燦博士提醒,密教經典《一切金剛出現》(*Sarvavajrodaya*,其作者慶藏 Ānandagarbha 約生活於 9 世紀)中也收録了一套賢劫千佛名,參見森口光俊《Vajradhātumahāmaṇḍalopāyika Sarvavajrodaya 梵文テキスト補欠——新出寫本・藏・漢対照;賢劫千仏名を中心として》,《智山學報》第 38 號,1989 年,1—37 頁。森口指出這套佛名與三十卷本的《佛説佛名經》(T441)末兩卷最相近。經過筆者比對,三十卷本《佛説佛名經》末兩卷的佛名部分很可能是抄自闕譯本《現在賢劫千佛名經》(T447a,井ノ口泰淳已提出這一觀點,詳見下文論述)。此外,梵語殘片還有 *SHT*840 與 *SHT*840a,其中有的佛名與法護譯本體現出相近性,詳見下文注釋。近年雖然還發現了《賢劫經》的其他梵語殘片,但大多並非佛名部分。

〔2〕《賢劫經》的于闐語文本在 1900 年被發現,其抄寫年代被判定爲公元 943 年。于闐語經文背景的設置與漢譯本、藏譯本均不相同,説經地點從舍衛國變成了鷲峰山,發問者從喜王菩薩變成了舍利弗,且經文内容大大精簡。有關于闐語《賢劫經》的研究成果,參見段晴《梵語〈賢劫經〉殘卷——兼論〈賢劫經〉在古代于闐的傳佈及竺法護的譯經風格》(《西域歷史語言研究集刊》第 3 輯,北京:科學出版社,2010 年,201—231 頁)與《于闐・佛教・古卷》第一章《梵語〈賢劫經〉殘卷》(上海:中西書局,2013 年,1—44 頁)。雖然 H. W. Bailey、R. E. Emmerick 都認爲于闐本别具一格,與現存的漢譯、藏譯不是平行文本,但段晴先生很精當地指出:于闐語本雖有拼湊的痕跡,但"依然帶有原始《賢劫經》的特色"(段晴 2013,16 頁)。本文接下來的研究會佐證這一點,在此不贅。

〔3〕 在庫木吐喇第 50 窟發現了 38 個龜兹語佛名。新疆龜兹研究院等《新疆庫木吐喇窟羣區第 50 窟主室正壁龕内題記》(《西域研究》2015 年第 3 期,16—35 頁)與荻原裕敏《試論庫木吐喇第 50 窟主室正壁佛龕千佛圖像的程序》(《西域研究》2015 年第 3 期,36—42 頁)對之進行了詳盡深入的研究。荻原認爲這 38 個龜兹語佛名與于闐語《賢劫經》及闕譯本《現在賢劫千佛名經》(T447a)相近。關於龜兹地區的佛名文獻,另可參看荻原裕敏《吐火羅語文獻所見佛名系列——以出土佛典與庫木吐喇窟羣區第 34 窟榜題爲例》,《西域文史》第 9 輯,北京:科學出版社,2014 年,33—49 頁。

〔4〕《賢劫經》卷一《法供養品第五》:"喜王!欲知彼時法師豈異人乎?莫造斯觀,則今現在阿彌陀佛是也;其時國王名無憂悦音者,阿閦佛是也;其王千子,颰陀劫中千佛興者是也。"CBETA, T14, no. 425, p.10, c3-6。

《千佛品》又將論題拉回八萬四千度無極與三昧門,纔得以保持編選主題的一致性。

Skilling 對文本結構的討論雖以藏譯爲主,但大體上也適用於竺法護於 300 年譯出的《賢劫經》。漢譯《賢劫經》結構鬆散,卷數不明,似乎也透露出編纂的痕跡。《出三藏記集》的記載本身就互相矛盾:在《新集經論》中,竺法護所譯與鳩摩羅什所譯均爲七卷,並注明羅什的新譯當時已闕;但在《新集異出經録》中卻説法護譯本爲十卷,而羅什譯本則爲七卷。《歷代三寶紀》和《開元釋教録》則都記録法護譯本或七卷、或十卷、或十三卷。這大概説明隋唐時期《賢劫經》的面貌已有些模糊不清,擁有不同的抄本。今天在《大正藏》中所能見到的,則是八卷本。《出三藏記集》保存了曇無蘭的《千佛名號序》,他對所看到的文本作了簡單的概括點評:

> 佛爲喜王説諸佛號字,號字一千數之有長。而《興立》《發意》二品重説,皆齊慧業而止。以此二品檢之,有以二字爲名者、三字名者,有以他字足成音句。非其名號,亦時有字支異者。想梵本一耳,將是出經人轉其音辭、令有左右也?長而有者,或當以四五六字爲名號也。《興立》《發意》不盡名,自慧業以下難可詳也。[1]

這段描述與《大正藏》裏保存的八卷本《賢劫經》大致相符。三品收録的佛名除了數量不同——《名號品》有千餘佛名,而《興立品》與《發意品》只有約一百餘個,具體的佛名也不盡相同。但與曇無蘭的推測相反,通過佛名的比對,會發現《名號品》與《興立品》《發意品》似乎本來是各自單行,後經撰集而成,並非來自同一部經文,也不太可能來自同一個源本[2]。

《釋迦譜》"釋迦同三千佛緣譜"條目下,僧祐曾交代諸佛名的文獻來源:"過去五十三佛名在《藥王藥上觀經》。三千佛名在《諸佛集功德華經》。千佛名號國土、種姓父母、弟子眷屬、衆會年歲,在《賢劫經》。"[3] 從這條説明可以看到,當時通行的佛名本是《諸佛集功德華經》,而《賢劫經》則主要記録賢劫千佛的"名號國土、種姓父母、弟子眷屬、衆會年歲"。這裏所説的《賢劫經》可能是指《賢劫經·千佛興立品》,可惜現在看到

---

〔1〕《出三藏記集》卷一一,CBETA, T55, no. 2145, p.82, b11-17。

〔2〕藏語本《賢劫經》也有三個佛名列表,三個列表在佛名數量上大致相同,均爲千佛。不過,在具體的佛名上,三者同樣表現出了差異之處。Skilling(2010, p.220)指出這種差異可能和韻文、散文的形式區別有關。但 Weller(1928, pp.IX-X)詳細比對了藏語本《賢劫經》的三個佛名列表,發現三個列表之間互相有多出的佛名、缺漏的佛名、不同的佛名,據此推斷三個列表乃是源自不同的源本。Weller 的描述與推測跟漢譯本《賢劫經》的文本狀況比較類似。詳見第五節分析。

〔3〕《釋迦譜》卷一,CBETA, T50, no. 2040, p.9, c22-24。

的《興立品》不足千佛之數。此外,僧祐在《出三藏記集》中著録兩種《現在賢劫千佛名經》,一種爲曇無蘭所撰[1],另一種則幾乎無有效信息,只指出“唯有佛名”,與曇無蘭本有異,爲“新集所得,今並有其本,悉在經藏”[2]。

行文至此,有必要簡單介紹一下僧祐所見到的佛名經情况。《出三藏記集》收録了約二十餘種《佛名經》[3]。據其小字注釋,有些乃從佛經中抄出,例如:《過去五十三佛名經》抄自《藥王藥上觀》與《如來藏經》,《三十五佛名經》抄自《決定毗尼經》。至於《諸佛集功德華經》,在《出三藏記集》與《大正藏》中都找不到相應的經題。但《出三藏記集》卷四《失譯雜經録》卻收録了兩種《三千佛名經》,一種現存,一種已佚。《大正藏》中現存兩種《過去莊嚴劫千佛名經》(T446a & b)、兩種《現在賢劫千佛名經》(T447a & b)與兩種《未來星宿劫千佛名經》(T448a & b)。有學者推測:這三部經合起來即三劫《三千佛名經》,本來同爲一本,之後分成三經,但仍集在一起刊行[4]。關於三劫《千佛名經》的分分合合,智昇在《開元釋教録》中也有交代:費長房《歷代三寶紀》將三經分爲三部,《開元釋教録》則合爲一部《三劫三千佛名經》。值得注意的是:T446b、T447b、T448b 均有小字題注“一名集諸佛大功德山”,T446a、T447a、T448a 也均有題注“亦名集諸佛大功德山”。《三千佛名經》《諸佛集功德華經》《集諸佛大功德山》之間是否存在聯繫[5]?文獻不足徵,只能等待後續考證。

《大正藏》中所收兩種《現在賢劫千佛名經》,一種爲《開元釋教録》“拾遺編入,今附梁録”,智昇還指出“其中賢劫佛名出《賢劫經》中,合爲重譯”[6],此即 T447b(以下簡稱 B 本)。另一種題注爲“闕譯人名,今附梁録”,來源不詳,即 T447a(以下簡稱 A 本)。智昇未曾單獨著録此本,但在注中指出:“有别譯本,拘那提佛以爲初首。”[7] A 本即以“拘那提佛”爲首,不知智昇所指别譯是否爲此本?隋大業十二年(616)之前,房

[1] 對曇無蘭本《賢劫千佛名經》的研究,可參見李燦《399 年寶賢寫卷即東晉曇無蘭抄略〈千佛名號〉考——兼論 5 世紀前的古法唱導與佛名抄略本的關係》,未刊稿。

[2] 《出三藏記集》卷四,CBETA, T55, no. 2145, p.22, b11 與 p.32, a1 - 2。

[3] 關於佛名經文獻的大致情況,參見井ノ口泰淳《ウテン語佛名經について》(《東方學報》第 35 册,1964 年,208—211 頁)與賀世哲《關於北朝石窟千佛圖像諸問題》(《敦煌研究》1989 年第 3 期,1—10 頁)。

[4] 寧强、胡同慶《敦煌第 254 窟千佛畫研究》,《敦煌研究》1986 年第 4 期,22—36 頁。

[5] 李燦博士提示《出三藏記集》卷二有一條記録:“稱揚諸佛功德經三卷(一名集華)”(CBETA, T55, no. 2145, p.11, a3 - 4)。經查證,現存《大正藏》中《佛説稱揚諸佛功德經》三卷乃稱頌十方佛的内容,與三劫三千佛大概是兩回事。

[6] 《開元釋教録》卷一二,CBETA, T55, no. 2154, p.602, a15 - 18。

[7] 《開元釋教録》卷三,CBETA, T55, no. 2154, p.504, b19 - 20。

山雲居寺已刻有《賢劫千佛名》[1],大致與 A 本對應。從現存於《大正藏》中的形態來看,兩個本子所録佛名大體相同,最大的區别是 A 本在每百佛之後插入了懺悔文,而 B 本没有。值得注意的是,《大正藏》的校勘記表明: A 本【宫】(宫内省圖書寮本)、【宋】(思溪藏)、【元】(普寧寺藏)本並無這十段懺悔文。而《中華大藏經》所録 A 本的校勘記也表明:【石】(房山雲居寺石經)、【資】(資福藏)、【磧】(磧砂藏)本亦無懺悔文。那麽,這十段懺悔文來自何處呢? 經過比對,發現其中有九段懺悔文抄自敦煌二十卷本《佛説佛名經》第四至九卷[2]、《大正藏》三十卷本《佛説佛名經》(T441)第四至九卷,文字有删節,從徵引順序上看與三十卷本更接近。最後一段找不到對應文字,可能是編者自創? 關於現存《大正藏》中三十卷本《佛説佛名經》的文本歷史,方廣錩先生曾有專文論述[3]: 它是基於正光年間(520—525)菩提流支所譯十二卷本《佛説佛名經》(T440),經由二十卷本的中間環節吸收其他資料擴充而成。而這擴充的材料中,就包括了懺悔文。不僅如此,十二卷本和二十卷本《佛説佛名經》中皆無賢劫千佛名的部分,三十卷本多出來的這部分内容應是抄略他經而得。通過文字比對,這部分佛名與 A 本高度相似。雖都偶有舛誤,但顯然《佛説佛名經》舛誤更多,故而推測三十卷本《佛説佛名經》末兩卷的佛名部分很可能是抄自 A 本,只是在五百佛名後插入了禮拜三寶、懺悔文和《大乘蓮華寶達問答報應沙門經》的内容。也就是説,A 本與《佛説佛名經》可能存在相互影響的關係: 一方面,A 本的懺悔文部分乃受二十或三十卷本《佛説佛名經》影響;另一方面,三十卷本《佛説佛名經》所補充的賢劫千佛名部分則抄自 A 本[4]。

再來看 A 本與 B 本的佛名部分。雖然兩個本子的絶大部分佛名能夠對應得上,但也有爲數不少的迥異之處,恐怕無法以傳抄過程中的演變來解釋,更合理的推測是來自不同的源文。雖然“别本”一般指同一經文的不同抄傳形式,但《大正藏》在 A 本校勘記

〔1〕 羅炤教授告知房山石經中《賢劫千佛名》至遲在大業十二年已經刻成,屬於最早的一批石經。參見羅炤《〈山頂石浮圖後記〉中的三個問題》(《石經研究》2016 年第 1 輯,164—173 頁)與徐自强、岳宗文《雷音洞千佛柱考》(朱明德主編《北京古都風貌與時代氣息研討會論文集》,北京: 燕山出版社,2003 年,501—511 頁)。

〔2〕 二十卷本《佛説佛名經》録文參見釋源博《敦煌遺書二十卷本〈佛説佛名經〉録校研究》,北京: 宗教文化出版社,2015 年,209—322 頁部分。

〔3〕 方廣錩《關於敦煌遺書〈佛説佛名經〉》,《敦煌學佛教學論叢》(下),北京: 中國佛教文化出版有限公司,1998 年,125—153 頁。此前收入中國敦煌吐魯番學會編《敦煌吐魯番學研究論文集》,上海: 漢語大詞典出版社,1990 年,470—489 頁。

〔4〕 關於《佛説佛名經》的傳承演變,另請參見井ノ口泰淳《敦煌本〈仏名經〉の諸系統》(《中央アジアの言語と仏教》,京都: 法藏館,1995 年,274—328 頁),他在文中已經指出三十卷本《佛説佛名經》末兩卷的賢劫佛名出自《賢劫千佛名經》,並對相關懺悔文進行了研究分析。

中稱兩個本子"對校甚難"而將 B 本"别附卷末"[1],《中華藏大藏經》的 A 本校勘記也稱 B 本與 A 本"底本殊異,不校……爲别本附後"[2],可見二本實難被視爲同經的不同抄本。

總結一下目前所見《賢劫經》與《賢劫千佛名經》的大致發展歷程: 3 世紀左右,《賢劫經》的俗語本或犍陀羅語本誕生;大約 3 世紀後半期至 4 世紀,被梵語化後的《賢劫經》梵本問世,並流傳到于闐[3];300 年,竺法護將《賢劫經》譯爲漢語;4 至 5 世紀,鳩摩羅什重譯《賢劫經》,但譯出不久即已佚失[4];5 至 6 世紀,僧祐著録兩種《賢劫千佛名經》,其中一種是曇無蘭對法護譯本的改編,另録兩種《三千佛名經》,推測其中應有賢劫千佛的部分;5 至 6 世紀,龜兹地區也傳入了《賢劫經》佛名的梵本[5];616 年之前,房山雲居寺刻《賢劫千佛出賢劫經》,大致對應 A 本;730 年,智昇編成《開元釋教録》,著録《賢劫千佛名經》B 本,爲《賢劫經》佛名部分的重譯;約 9 世紀,慶藏(Ānandagarbha)在撰密教經典《一切金剛出現》(*Sarvavajrodaya*,以下簡稱 *SV.*)時,抄録一套梵語賢劫千佛名;943 年,于闐語《賢劫經》抄本出現。

三　法護《賢劫經》譯本、于闐語本佛名中的俗語痕跡

《出三藏記集》記載:《賢劫經》的源本是竺法護"從罽賓沙門得"[6]來,而他本人又是博綜西域各國方言,故而所持源本爲犍陀羅語是完全有可能的。在這方面,段晴先生(2013)、李燦[7]與上文所引 Baums 等(2016)都有論述。在《千佛品》部分,也有些

---

〔1〕 CBETA, T14, no. 447a, p.376, 校勘記 1。

〔2〕《中華大藏經》,T22, no.419, p.34, 校勘記 2。

〔3〕 和田地區發現了 3 世紀後半期到 4 世紀之間的《賢劫經》梵語抄本。參見段晴 2013,12 頁。

〔4〕 有學者撰文指出,目前已發現羅什譯本《賢劫經》的兩片殘葉。參見 Li Can, "A Newly Identified Fragment of a Lost Translation of the *Bhadrakalpika-sūtra*", *ARIRIAB* XXI (2018), pp.417－422.

〔5〕 參見荻原裕敏《試論庫木吐喇第 50 窟主室正壁佛龕千佛圖像的程序》(《西域研究》2015 年第 3 期,36—42 頁)。值得注意的是,通過比對 *SHT*840a 與于闐語本、梵語本,發現其中有兩個佛名,于闐語本與 Weller 梵語本、*Sarvavajrodaya* 中抄録的佛名一致,而 *SHT*840a 則與法護的譯文保持一致。以下: *SV.*代表森口光俊所發表的 *Sarvavajrodaya* 中的賢劫千佛編號;Skt.代表 Weller(1928)中的梵語本佛名編號;Khot.代表 Bailey 所編的于闐語賢劫經千佛名 *Khotanese Buddhist Text*(rev. edition, Cambridge University Press, 1981, pp.75－90)編號。*SV.*I[20]7, Skt.213 śaśiketu/Khot. 191 śaśiketur, 而 *SHT*840a 作 yaśaketu, 與法護譯名"名稱英"相應。*SV.*I[22]9, Skt.225 vipulabuddhi/Khot.202 vipulabuddhir, 而 *SHT*840a 作 vimalabuddhi, 與法護譯名"意離垢"相應。此處或可推測 vipulabuddhir 與 vimalabuddhi 的不同乃是由俗語中 p、m 相混造成,詳見下文。

〔6〕 CBETA, T55, no. 2145, p.48, c4.

〔7〕 Li Can, "A Preliminary Report on Some New Sources of the *Bhadrakalpika-sūtra*", *ARIRIAB* XVIII (2015), pp.235－251.

佛名的翻譯透露出了源本的俗語痕跡，較爲顯著之處就是長短音不分的用例。

（一）bāhu（手臂）與 bahu（許多）。*SV*. I［1］9，Skt. 13 mahābāhu/Khot. 14 mahābāhau，《名號品》譯爲"大豐多"，《興立品》《發意品》則譯爲"大多"，似可重構其源本形式爲＊mahabahu；Skt.71 guṇabāhu/Khot.71 gūṇabāhau，《名號品》譯爲"德豐多"，《興立品》《發意品》則譯爲"多勳"，似可重構爲＊guṇabahu。*SV*. II［22］2，Skt.470 subāhu/Khot.443 subāhau，法護譯爲"善多佛"，似可重構爲＊subahu。*SV*. III［11］9 puṇyabāhuḥ/Khot. 593 puṇyabāhau，法護譯爲"功德多、豐多氏"，似可重構爲＊puṇyabahu。

（二）kara（事）與 ākara（積）。*SV*.I［10］9，Skt.102 ratnākara 對應的法護譯名是"寶事"，似可重構爲＊ratnakara。*SV*.I［15］7，Skt.187 dharmākara/Khot.128 dharmākarau 對應的法護譯名是"號法事"，似可重構爲＊dharmakara。

（三）jāla（網）與 jala（水）。*SV*.III［19］8，Skt.695 jālaraśmi/Khot.670 jālaraśmau，《名號品》譯爲"水帝王"，似可重構爲＊jalarāja ＞ ＊jalaraya。這裏還牽涉到俗語中元音間的 j 變 y、y 變 ś（m）的情況。

值得指出的是，支謙在翻譯《維摩詰經》時也有混淆 bahu 與 bāhu、jala 與 jāla 的用例，如將 subāhu（善臂）譯爲"善多"、將 brahmanjālin 譯爲"梵水"，辛嶋静志先生以此類證據推測《維摩詰經》的來源語言爲犍陀羅語或帶有犍陀羅語痕跡的俗語[1]。

還有元音 ṛ 的變化。在俗語中，ṛ 可變爲 i。這就造成了 Khot.122 amitadara/Skt. 180 amṛtadhārin 在法護的譯文中有兩種翻譯方法：第一次拆成兩個佛名，譯爲"無量（amita）佛、號總持（dhara）"；第二次重複翻譯時，當成復合詞，處理成一個佛名"執甘露（amṛtadhara）"[2]。此處還牽涉到俗語中清濁音相混（d 與 dh）的情況。amṛta 與 amita 的相混還體現在佛名 *SV*. III［22］4，Skt.720 amitasvara/Khot.695 amṛtasvarau，法護拆成兩個佛名，譯爲"號無限（amita）、音響佛（svara）"，A/B 本都譯爲"甘露音（amṛtasvara）"，還有佛名 *SV*.IV［18］5，Skt.930 amṛta/Khot.903 amitau，法護譯爲"降甘露"，A 本譯爲"無量"。另外，*SV*. I［9］6，Skt.89 amṛtabuddhi 在法護譯本和 A/B 本中都

［1］ 辛嶋静志《試探〈維摩詰經〉的原語面貌》，《佛光學報》第 21 期，2015 年，73—100 頁。

［2］ 竺法護在翻譯《名號品》時有重複的部分，詳見下文表格。此外，Khot.206 又出現了一次 amitadarau，對應 *SV*.I［23］4，Skt.229 amitadhara，這次竺法護譯爲"執殊供（dhara）、無量氏（amita）"。

被譯成了“無量意(amitabuddhi)”,犍陀羅語據此重構爲 * amidabuddhi[1]。梵語 amṛta 爲甘露之意,amita 才表無量;只有在俗語的語境下,纔會導致二詞的混淆。元音 ṛ 的音變還造成了佛名 Khot.442 vṛṣayau 翻譯的分歧,法護將其譯爲“有境界”,似可重構爲 * viṣayin 或 viṣaya。

此外,另有幾處佛名的翻譯很能説明問題。*SV*.I[20]8, Skt.202 śaśivaktra/Khot.180 śaśivatrau,法護譯爲“名開葉”,A/B 本都譯爲“月面”,與梵本相應。那麽,“名開葉”是怎麽譯出來的呢?“名開葉”似可重構爲 * yaśipatra。在俗語中,j 可變成 y,也可變成 ś,於是 śaśi(月亮)與 yaśi(名稱)經常混淆,詳見下文。另一處 ya 與 śa 相混的例子是 Skt.306 suśama/Khot.282 suyạmau。犍陀羅語中,p = v(Burrow 1937: 8)。也就是説,只有在俗語的語境下,法護纔可能將 śaśivatra 譯成“名開葉”。類似地還有 *SV*.II[23]10, Skt.488 madhuvaktra/Khot.461 madhuvatrau,法護譯爲“柔軟業(葉)”,A/B 本都譯爲“密(蜜)口”;*SV*.IV[12]6, Skt.870 madhuravaktra/Khot.845 masuravattrau,法護譯爲“柔軟葉”,A/B 本都譯爲“蜜鉢”。“蜜鉢”似可重構爲 * madhurapātra,于闐語本的 masuravattra 或即其俗語形式。這裏牽涉到俗語的三種語音變化: dh>s(*SV*.IV[7]9, Skt.824 vidhijña 對應 Khot.798 visinyau)、p = v、ā 與 a 長短音不分。

可以看出,就這幾處佛名而言,于闐語本中的-vatra/vattra、masura-已經體現出了俗語的語音特點。關於于闐語本中的俗語痕跡,Bailey(1946)早已詳加説明,這裏謹作補充或提出另外一些俗語現象。正如他注意到的,于闐語本在拼寫梵語、俗語時,詞中的 t 是濁音。Burrow(1937: 7 - 8)也指出: 元音之間的 t 在俗語中發濁音,也就是 d;但由於鄯善地區的發音已經 t、d 不分,在佉盧文寫本中也呈現出混淆的狀態。於是,這在很大程度上就造成了于闐語抄本與梵語抄本的分歧,例證詳見下一節論述。清濁相混的另一對輔音是 k 與 g,例如 *SV*.I[10]6, Skt.99 jñānā<u>k</u>ara/Khot.80 jñānagura、*SV*.III[17]1, Skt.668 brahma<u>g</u>āmin/Khot.643 brrāhma<u>k</u>āma,以及 Khot.559 nāyagau 應爲 nāya<u>k</u>au。有一處佛名還因清濁相混造成翻譯上的不同: *SV*. III[22]9, Skt.725 laḍitāgragāmin/Khot.700 laḍhitagāmī,A/B 本都譯爲“梨陁行”,可與于闐語本嚴格對應;而法護則譯爲“晃昱業”,似可重構爲 * laḍhitakarma(法護將 laḍ(h)itakrama 譯爲“遊晃昱”)。俗語中,rm 中的 r 脱落,變成 * laḍhitakama,再由於長短、清濁相混,與 laḍhitagāma 或 laḍhitagāmin

[1] Weller 根據藏語、滿語、回鶻語、漢語等又重構爲 amitabuddhi。犍陀羅語重構参見 Baums et al. 2016, p.191.

大約相去不遠。就此詞來看,法護所依據的源本形式大約與現有的于闐語本並無差異,只是理解的不同造成了翻譯的分歧。

Burrow(1937: 9 - 10)還曾提及: 鄯善地區的方言無送氣音,於是當地人在説俗語(犍陀羅語)時直接忽視掉送氣成分,但在書寫中卻保留了送氣音,甚至進一步演變成連不送氣音也都抄寫成送氣音,如 dhana = * dana = dāna。這在于闐語本中也有體現。例如 *SV*.II[9]5 dānaprabha/Khot.316 dhanaprrabhau(dhana 意爲財物,dāna 意爲布施),法護譯爲"施光佛"、A/B 本都譯爲"施明"(* dānaprabha)。但另一處則造成了于闐語本、法護譯名與 A/B 本譯名的分歧,即 Khot.752 ratnapradhānau,法護譯爲"好珍寶",與于闐語本對應;A/B 都譯爲"寶施",似可重構爲 * ratnapradāna[1]。還有一處牽涉到送氣、不送氣音相混而引起的分歧是 *SV*. I[6]8 bhadrapāla/Khot.62 bhandanāli[2]。A/B 本都譯爲"善守",與梵本對應;《名號品》譯爲"解縛佛"。此處于闐語可能抄錯了一個字母,正確的形式似乎應該是 * bhandapāli,這樣就能解釋《名號品》的翻譯: 由於送氣不送氣音相混,bhanda 完全可以被視爲另一個詞 bandha,即"束縛";由於長短音相混,pāli 可看作是 palāy 的縮略形式,即"逃脱";這樣,復合詞就能譯爲"解縛"。而《興立品》與《發意品》中對應的譯名"賢力",所據源本可能與梵本 bhadrapāla 的形式類似,似可重構爲 * bhadrabala: pāla(守)與 bala(力)的混淆可通過長短音不分(a 與 ā)、清濁相混(p 與 b)得到解釋。類似地還有佛名 *SV*.III[3]7, Skt.535 mahauṣadhi/Khot.508 mahauṣadau 的翻譯。A/B 本都譯爲"大藥",與梵本對應。法護譯爲"大篤信",似可重構爲 * mahaśraddha。在俗語中 śr 可變成 ṣ,在犍陀羅語《法句經》中 śr 有時直接寫成 ṣ(Burrow 1937: 14)。或許法護看到的本子是 * mahaṣadha,進一步衍成 mahauṣadha 就成了傳世于闐語本和梵本的形式。此外,*SV*.IV[6]10, Skt.815 muktiprabha/Khot.789 muktaprabhau,法護譯爲"顔悦豫",其中"顔"似可重構爲 * mukha,在俗語的語境下與 mukta 主要是送氣與不送氣音的差異。將不送氣音抄成送氣音的例子還有: *SV*.II[12]1, Skt.367 lokasundara/Khot.342 lokasunddharau; *SV*.III[18]6, Skt.682 jyeṣṭhavādin/Khot.658 jeṣṭavādhau,在犍陀羅語中,jy = j(Burrow 1937: 15)。也有將送氣音抄成不送

〔1〕 Weller 根據藏譯本《賢劫經》的三個佛名列表重構爲 * ratnapradatta。考慮到于闐語本,此處似乎重構爲 * ratnapradāna 比較合適。Weller 在發表賢劫千佛名多語本時,于闐語本、*SV*.本尚未公佈,若他能看到這兩件材料,許多由藏語本重構的梵語佛名或許會更加接近文本的原貌。

〔2〕 對應 Weller 多語種本中的 Skt. 62 prabhāpāla,但 Weller 根據藏譯、回鶻譯文、滿語與漢譯重構了一個變體: bhadrapāla。另外,關於于闐語 bhandanāli 的形式,以及于闐語本的其他語言特點,還可參看黄振華《于闐文賢劫經千佛名號考證》,《中國民族古文字研究》第 2 輯,天津古籍出版社,1993 年,1—36 頁。

氣音的用例,如 *SV.*I［6］4, Skt.57 amit<u>ā</u>bha/Khot.57 amitābau 與 *SV.*IV［5］6, Skt.800 mokṣa<u>dh</u>vaja/Khot.775 <u>d</u>vajau,以及 Khot. 350（sa)tyakrra<u>t</u>au（法護譯爲“言至誠”）應爲（sa)tyakrra<u>th</u>au（法護將 krrathindrau 譯爲“言談帝”）。

還有幾處佛名同時混淆了清濁與送氣、不送氣,例如: *SV.*II［17］3 arthamati<u>ḥ</u>/Khot.394 arthaman<u>dh</u>au、*SV.*III［4］5, Skt.543 suma<u>t</u>i/Khot.516 suma<u>ddh</u>au、*SV.*III［25］1, Skt.747 buddhima<u>t</u>i/Khot. 721 bau<u>dh</u>ima<u>ddh</u>au、*SV.* IV［25］1, Skt. 991 a<u>t</u>ibala/Khot. 967 a<u>dh</u>ibalo、*SV.*IV［15］9, Skt.904 jñānaru<u>t</u>a/Khot.877 jñānaru<u>ddh</u>au。

于闐語抄本的另一個特點是存在 p 和 v、v 和 m、p 和 m 相混的情況。例如 *SV.*I［22］6, Skt.220 saṃ<u>v</u>ṛddha/Khot.198 <u>p</u>ṛddhau、Skt.880 amṛtādhi<u>p</u>a/Khot.855 amṛtāda<u>v</u>au、Skt. 914 vaidyādhi<u>p</u>a/Khot. 887 vidyāde<u>v</u>au、*SV.* IV［20］1, Skt. 946 marutādhi<u>p</u>a/Khot. 919 marudāthi<u>v</u>au。這可以從犍陀羅語的語音特點得到解釋: p＝v。在犍陀羅語中,還存在 v 變 m 的情況（Burrow 1937: 21）。*SV.*IV［9］3, Skt.838 saṃ<u>v</u>ṛddhayaśas/Khot. 812 <u>m</u>ṛtayaśau,法護譯爲“名多聞”,A/B 本都譯爲“富多聞”,可見這裏的 mṛta 大約應理解爲 vṛddha。還有幾處 p 和 m 相混的情況: *SV.*I［26］1, Skt.256 <u>m</u>ahita/Khot.233 <u>p</u>ahetau、*SV.*II［3］9, Skt. 285 <u>m</u>aṇivyūha/Khot.261 <u>p</u>aniviyuhau。這幾個佛名是否經歷了以 m 變 v 的反方向發展: m＞v＞p? 在犍陀羅語中,sm 有時會寫成 sv（Bailey 1946: 776）。

在犍陀羅語寫本中,鼻音 ṃ 經常省略,有時又會添加（Burrow 1937: 17）。這在于闐語本中也有所體現: can<u>d</u>ra、in<u>d</u>ra 有時被寫作 ca<u>d</u>rra、i<u>d</u>rra,praśaṃsta 則被寫作 praśasta。鼻音添加的用例有: *SV.*II［2］9, Skt. 275 dhyānara<u>t</u>a 在于闐語本中寫作 Khot.251 dhyānara<u>ṃ</u>dau。

段晴先生（2013: 21）在比對了于闐語本與法護譯《賢劫經》之後,得出結論,“兩種文本曾擁有共同的傳承”,只是在流傳過程中産生了一些差異。上述佛名的比對也佐證了這一觀點,于闐語本和法護譯本或許可以追溯到一個共同的犍陀羅語或俗語本的源頭。

四　梵語本、于闐語本、法護譯本賢劫千佛名源本溯源

上文列舉法護譯本、于闐語佛名中的各種俗語元素,進一步證明了學者們的推測:《賢劫經》的原本可能是犍陀羅語或與犍陀羅語相近的俗語本。那麼,梵語本、于闐語本與法護譯本是否可追溯到同一個源頭呢? 通過仔細比對,答案大約是肯定的。幾個

本子的絶大部分佛名能夠對應得上，詳見附録《賢劫千佛名對照表》。而有所差異的佛名，則有如下幾種情況：

（一）不同本子選擇了不同的詞彙去翻譯同一個詞義，或以詞綴替换，或採用不同的語法形式，或複合詞的前詞和後詞調换順序（此項不舉例，附録《賢劫千佛名對照表》一見而知），如下表所示[1]。

SV.	Weller 梵語本	于闐語本	法護譯本	A/B
I[7]1akṣayatā	64acyuta	64acuttau	57 不退没	64 不退
I[22]6samṛddhaḥ	220samṛddha	198p(v)ṛddhau	243 功德-富	220 富足
II[14]2mahāsāgaraḥ	*387padmottama*	362samudrrau	407 江海氏	385 大海
III[8]9pārthivaḥ	589indra	565indrrau	*609 應根香*	585 帝王
I[17]10anantanāyana	162amitalocana	151amitalocanau	191 無量氏 192 顯明佛	174 無量目
IV[1]5praṇādaḥ	760sughoṣa	735praṇādau	*781 號悦豫*	756 大音
I[1]6punarapikusuma	10punarapikusuma	11dvitīyakusumau	8 及妙華	10 華氏
I[12]7candrārkābhaḥ	120candrārkaprabha	101caṃdrārkau	132 月炎光	120 *日* 月明
I[16]9nāgaprabhāsaḥ	151nāgaprabhāsa	140nāgaprrabhau	178 龍光佛	163 龍明
I[20]dharmaprabhāsaḥ	199dharmaprabhāsa	177ddharmaprrabhau	222 號法光	199 法明
II[10]9ugraprabhaḥ	355ugraprabha	330 ugraraśmi	377 號光氏	353 威光
II[13]3vidyutprabhaḥ	379vidyutprabha	354vidyaraśmau	374 *德* 光明	376 電明
IV[16]8puṣpaprabhaḥ	913puṣpaprabha	886puṣpābhau	952 *迦益* 華	909 華明
IV[21]1cīrṇaprabhaḥ	957cīrṇaprabha	929cīrbhābhau	998 行晃曜	953 行明
I[17]7netrapratimaṇḍitaḥ	159pratimaṇḍita	148prratimaṇḍitaukṣau	186 嚴飾目	171 目莊嚴
SV.III[14]8sunetrī	645sulocana	620sulocanau	665 善明	641 妙明
I[18]7vigatakāṅkṣaḥ	169vigatakaṅkṣa	158hīṇakākṣau	200 決狐疑	181 斷疑
I[19]8pūrṇamatiḥ	*191sthitārthajñānin*	169purṇabuddhir	214 具足意	192 滿意
I[15]2manujacandraḥ	181manujacandra	123manuṣyacadrrau	71 雄人月	145 人月
II[7]2rativyūhaḥ	318rativyūha	294naṃdiyūhau	339 好清净	316 喜莊嚴

〔1〕斜體表示與同一行的其他佛名對應不上。

（續表）

SV.	Weller 梵語本	于闐語本	法護譯本	A/B
II[12]3daśavaśaḥ	369daśavaśa	344daśavegau	390 順十*所*	367 十勢力
II[17]6prabhāsthitasadṛśaḥ	423prabhāsthitakalpa	397sthitakalpo	*441 至要藏*	*420 住法*
III[12]9oghakṣayaḥ	627oghakṣaya	603ohajahau	645 降伏流	623 斷流
III[15]5vararūpaḥ	652vararūpa	627agrarūpau	672 顔貌尊	648 上色
闕	711parvatendra	686girindrrau	716 山根本	707 山王
IV[2]9vimalaḥ	*773asaṃgaprajña*	748virajau	797 無垢塵	769 無垢
II[4]4ānandanaḥ	290anindita	266naṃdiyau	314 無所犯	289 喜悦
III[22]10śantārthaḥ	726śamatha	701śamārthau	737 利寂然	722 *善* 義
II[4]8śantaḥ	294śamatha	270śamidau	316 號寂然	293 滅已
III[8]1prahānatejaḥ	580prahīṇatejas	556*prrahlāda*tejau	600 逮威*施*	*576 清净照*
II[13]4guṇavistṛtaḥ	380guṇavistṛta	355guṇavistīrṇau	闕	378 廣德
II[11]7rāhuguhyaḥ	363rāhuguhya	338rāhuguptau	*384 閑靜明*	361 羅睺守
IV[5]1pūjyaḥ	795pūjya	770pujitau	823 至供養	791 世供養
IV[6]8udgataḥ	813udgata	787udgama	844 超出*難*	809 高出
IV[13]5praśāntagatiḥ	879praśāntagāmin	854 prraśāṃtagatau	918 步寂然	876 至寂滅
IV[20]8siṃhavikrāmī	954siṃhavikrāmin	926 siṃhavikrrātau	996 師子步	950 師子遊

（二）不同本子對佛名的切分不同，亦即對複合詞的切分不同。就這點而言，法護譯本對佛名的切分可謂最具特色。下表僅舉兩例。

SV. & Weller 梵語本	于闐語本	法護譯本	A/B
IV[21]8，963anantaratnakīrti	935anaṃttarau 936danakīrtau	1004 樂無底 1005 號名稱	959 無量寶名
II[2]5，271candra II[2]6，272rāhula	248caṃdrrarāhu	294 月氏佛 *295 多功勳*	*270 甚良* *271 多功德*

例一，兩個梵語本將其視爲一個複合詞，由三個成分構成：ananta（無邊）、ratna（寶）、kīrti（名稱），A/B 本都譯爲“無量寶名”。于闐語本則將其拆成兩個成分，但切分

的位置似乎有誤，anaṃttara 並非一個有意義的單詞，anaṃtta 纔是；另一成分 danakīrtau 照于闐語本的特點來看，既可能是 * dānakīrtau，也可能是 * dhanakīrtau，即“施名”或“財名”。推測其演變過程可能如下：ratna> * ratana> * radana，然後 ra 被切分到前詞形成 anaṃttara，dana 被切分到後詞形成 danakīrti。法護將其譯成兩個佛名“樂無底”與“號名稱”，似可重構爲 * anantarata-kīrti。其演變過程可能是：ratna> * ratana，然後或許是因爲前面已有了 na 音，所以後一個 na 音脱落，變成 rata？於是意思也就從“寶”變成“樂”了。rata 被切分到前詞形成 anantarata，後詞則剩 kīrti。

例二，兩個梵本分成兩佛，而于闐語本則合成一佛，詞形上没有什麽特殊變化。這裏的難點在於漢譯無法與之確切對應，candra 是月亮，rāhula 一般音譯爲羅睺羅。法護有一個譯名能對上，A/B 本則兩個佛名都對不上，原因不詳。

（三）由於俗語的一些語言特徵，如元音長短相混，輔音的清濁、送氣不送氣相混，鼻音的脱落與添加等，在梵語化、于闐語化或者翻譯時，産生了不同的理解。

SV.	Weller 梵語本	于闐語本	構擬佛名	法護譯本	A/B
II[1]9apagata*kleśa*	267apagata*kleśa*	242vigatadarmau	* vigatatamau * vigatadarpa	288 離於冥	264 離憍
IV[9]8bhasma*dāma*	843bhasma*dāma*	817bhamautamau		877 定壞冥	839 滅暗
IV[19]7puṣpo*tta*maḥ	941puṣpo*tta*ma	914puṣpadāmau	* puṣpadama	982 調華佛	937 華纓
III[16]5suvarṇadāmam	662suvarṇodāma	637suvarṇautamau	* suvarṇa * dama	673 善紫金 674 調和佛	658 上金
10*śuddha*sāgaraḥ	825*śuddha*sāgara	śruttasāgarau		857 聞如海	821 多聞海
I[4]2ūrṇaḥ	35ūrṇa	36unaṃdau[1]		33 頂光明	35 白毫
I[5]1anunnataḥ	44anunnata	44anunaṃdau		44 極上欣	44 不高
IV[23]7ūrṇaḥ	981ūrṇa	957unaṃdau	* unnata	1023 眉間光	984 高頂

[1] ūrṇa 在俗語中由於 r 音的同化與長短音相混寫成 uṃna（Burrow 1937：13），再由鼻音的脱落添加或改换位置可得到 * unaṃ。

（續表）

SV.	Weller 梵語本	于闐語本	構擬佛名	法護譯本	A/B
II[18]10puṣpadantaḥ	437*puṇya*datta	411puṣpadatau		456 慧與華	434 華齒
I[24]8sudatta	243sudatta	220sudatau	＊sudānta	266 施-無熱	242 善調
IV[1]5 praṇādaḥ	*760 sughoṣa*	735 praṇādau	＊praṇanda	781 號悅豫	756 大音

（四）俗語中的語音變化現象，如 j 變 y、ś，ty 變 c(j) 等，有的還造成了翻譯的分歧。

SV.	Weller 梵語本	于闐語本	構擬佛名	法護譯本	A/B
I[21]9śaśiketuḥ	213śaśiketu	191 śaśiketur	＊yaśiketu	237 名稱英	213 月相
III[20]3śaśī	698śaśin	674yaśaudharau	＊yaśin	701 揚名稱	693 名聞
III[24]2śaśī	闕	713yaśadatau	＊yaśin	753 覺-名聞	733 名聞
IV[2]8sūryaśasī	闕	747 suryayaśau		796 日遠聞	768 日名
III[12]7jñānarā*j*aḥ	625jñānarāja	601jñānarāśau		643 積聖慧	621 智聚
III[22]2guṇatejaśrīḥ	718guṇatejas	693guṇatejarājau	＊guṇatejarāśi	723 威德王	714 功德威聚
II [7]1saṃjayaḥ	317saṃjaya	293 sa*t*yayau		338 號憶智	315 覺想

此外還有一例，相對罕見。

SV.	Weller 梵語本	于闐語本	構擬佛名	法護譯本	A/B
II[11]4siṃ*h*ahastī	360siṃ*h*ahastin	335siddhahastau		382 吉祥手	358 吉手
II[13]9siṃ*h*ahastaḥ	384siṃ*h*ahasta	359siddhahastau		404 吉祥手	382 成手
II[15]2siṃhagatiḥ	398siṃhagati	373sihagatau	＊siddhamati	418 意吉利	396 師子行

由於上兩對佛名出現了兩次，故而推測 siṃha 與 siddha 之間或許存在某種關聯。在俗語中，元音之間的送氣音有時會變成 h(Burrow 1937：10)，但 dh>h 的用例不太常見，故而在這裏僅作推測。ṃ 則是插入的鼻音。這樣大致能解釋兩個梵語本與于闐語本之間的差異：也許此處梵語本保持了俗語的形態，而于闐語本則有不同的理解？

大體看來，與兩個梵語本、法護譯本、A/B 本相較，于闐語本的差異是比較大的。首先，于闐語本連續缺佛名 19 個，即 *SV*.I[8]1－[9]8，Skt.73－91，法護譯本中《興立品》74－91、《發意品》78－96、《名號品》65－99(除掉重複佛名 66－85；100 將前後兩個佛名合併)，A/B 本的 73－91。其次，Khot.971－993 等 23 個佛名是在重複 Khot.763－803(除去 770－786)，而其他幾個本子都没有這種重複現象。另幾處顯著的不同是：Khot.753－760 與相應位置的 *SV*.IV[3]5－[4]1，Skt.778－785、幾個漢譯本，Khot.865－872 與 *SV*.IV[14]7－[15]4，Skt.891－898、幾個漢譯本，Khot.944－952 與 *SV*.IV[22]6－[23]3，Skt.971－978、幾個漢譯本，都對應不上。Weller 所輯梵語本的最大不同之處則在於：有 12 個佛名順序錯亂，即：Skt.142 對應 *SV*.I[14]10、Khot.120，接下來是 Skt.179－190 對應 *SV*.I[15]1－[15]10、Khot.121－131，然後又是 Skt.143 以下重新對應 *SV*.I[16]1、Khot.132 以下。也就是説，Weller 梵語本有 12 個佛名的位置順次往前提了 36 位。在這一點上，B 本與 Weller 梵語本的順序完全相同，而 *SV*.本、于闐語本、法護譯本、A 本的順序則保持一致。這也佐證了 Weller(1928，XXII)繪製的佛名傳承譜系圖：B 本與多語本中的梵語本同屬 α 組，而 A 本則與藏語《賢劫經》的三個佛名列表同屬 β 組。然而，就具體的佛名比對來看，當出現不一致的情況時，很難看出傳承規律，互有相合之處，也互有齟齬之處，詳情可參看附録《賢劫千佛名對照表》。

概括説來，不僅于闐語本與法護譯本可能擁有共同的源頭，*SV*.中抄録的梵語賢劫千佛名與 Weller 所輯梵語本或許也是這一犍陀羅語或俗語本梵語化後的結果，而漢譯兩種《現在賢劫千佛名經》大約也屬同一傳譯體系。

五　法護《賢劫經》譯本中《名號品》《興立品》與《發意品》的關係

參照梵語本與于闐語本，接下來可以考察法護譯本《賢劫經》内部三品佛名之間的關係。《名號品》與《興立品》《發意品》差異較大，主要體現在：在佛名“離垢光”之後，《名號品》比梵語本、于闐語本和漢譯另兩品都多出了 20 個佛名。經過仔細比對，發現它們能與 *SV*.I[14]9－16[7]/Khot.119－138 號佛名相對應，而在相應的位置已經有了另二十個譯名。也就是説,這二十個譯名被重複翻譯了兩次。

SV. & Weller 梵語本	于 闐 語 本	《名號品》對譯	《名號品》重複
I[14]9, 141 siṃhahanu	119 siṃhahanau	156 師子晳	66 師子頰
I[14]10, 142 ratnakīrti	120 ratnakīrtau	157 名寶稱	67 號寶稱
I[15]1, 179 praśāntadoṣa	121 praśāṃtadauṣau	158 消滅穢	68 滅除穢
闕, 180 amṛtadhārin	122 amitadarau	159 執甘露	69 無量佛 70 號總持
I[15]2, 181 manujacandra	123 manuṣyacadrrau	160 意中月	71 雄人月
I[15]3, 182 sudarśana	124 sudarśanau	161 日無畏	72 善見佛
I[15]4, 183 pratimaṇḍita	125 prratimaṇḍitau	162 以莊嚴	73 逮嚴佛
I[15]5, 184 maṇiprabha	126 maṇiprrabhau	163 意珠光	74 明珠光
I[15]6 girikūṭaketuḥ/ 185 girikūṭa	127 śirakuṭau	164 首英頂	75 山頂英
I[15]7, 187 dharmākara	128 dharmākarau	165 造法本	76 號法事
I[15]8, 188 arthaviniścitajñāna	129 arthaviniścitanyau	166 第一義 167 決衆理	77 了義理
I[15]9, 189 āyurdada	130 āśayadatau	168 施所願	78 情性調
I[15]10, 190 ratnākara	131 ratnaskaṃdhau	169 寶品身	79 寶品佛
I[16]1, 143 janendrakalpa	132 janiṃdṛkalpo	170 重根劫	80 念勝根
I[16]2, 144 vikrāntagāmin	133 vikrrāṃtagatau	171 欲濟度	81 樂欲度
I[16]3, 145 sthitabuddhi	134 sthitabuddhau	172 樂意住	82 住立覺
I[16]4, 146 vibhāgacchatra	135 vibhaktapakṣau	173 分别部	83 了别黨
I[16]5, 147 jyeṣṭha	136 jyeṣṭau		84 超越尊
I[16]6, 148 abhyudgataśrī	137 atyudgatarājau		
I[16]7, 149 siṃhaghoṣa	138 varasiṃhaghauṣau	174 師子音	85 首最佛

從上表來看,前一組二十個譯名與後一組二十個譯名應該是對源本同一組佛名的不同翻譯。這裏或許可以推測,《名號品》的源本在羅列佛名時抄重了二十個佛名,譯者並未發現,前後共譯了兩次,譯名(甚至斷詞)稍有差異。而在《興立品》和《發意品》

中則没有這種重複的情況。此外,《名號品》在斷詞上也表現出與《興立品》《發意品》較大的差異。相較梵語本、于闐語本與漢譯另兩品,《名號品》對佛名的切分獨具一格,經常將兩個佛名合併爲一個。

SV. & Weller 梵語本	于闐語本	《興立品》/《發意品》	《名號品》
I[1]2, 6 siṃha	6 sīhau	6 師子	6 師子焰
I[1]3, 7 pradyota	7 prrādyautau	7 光炎	
I[2]9, 22 candra	23 cadrrau	21 月氏	23 月光曜
I[2]10, 23 arciṣmant	24 acimau	22 光照/光曜	
I[3]4, 27 pradyota	28 prādyautau	26 焰光	27 照執華
I[3]5, 28 mālādhārin	29 māladhārī	27 執華	
I[4]1, 34 sūrata	35 suradau	33 善樂	33 頂光明
I[4]2, 35 ūrṇa	36 unaṃdau	34 頂髻施	
I[5]5, 48 sañjayin	48 saṃjñiyau	48 憶識	44 憶無畏
I[5]6, 49 nirbhaya	49 nirbayau	49 無畏	
I[5]7, 50 ratna	50 rattanau	50 寶氏	45 寶蓮華
I[5]8, 51 padmākṣa	51 padmākṣau	51 蓮華目	
I[7]3, 66 jayajñāna	66 janakau	66 勝知	59 迦法勝
I[7]4, 67 dharma	67 dharmau	67 法氏	
I[8]8, 81 ugra	闕	82 堅强	92 堅師子(＊ugrasiṃha) 93 往長樹(＊gatidruma)
I[8]9, 82 siṃhagati		83 師子步	
I[8]10, 83 druma		84 德樹	
I[9]8, 91 jñānin	73 raśmi	91 聖慧	100 聖慧光
I[9]9, 92 raśmi		92 光明	
I[10]3, 96 padma	77 padmau	96 青蓮/青蓮華	104 人蓮華
I[10]4, 97 nārāyaṇa	78 nārāyaṇau	97 鉤鏁	

或許可以推測:《名號品》的翻譯比《興立品》《發意品》要早。其源本有抄重的部分,譯本在斷詞上也自成風格。《興立品》與《發意品》後出轉精,但在一些佛名的翻譯上也借鑒了《名號品》。例如:將 māladhārī/mālādhārin 譯爲"執華",A/B 本則譯爲"持鬘",似乎更精確;另外有一處斷詞也借鑒了《名號品》。

SV.	Weller	于闐語本	《興立品》/《發意品》	《名號品》
I[2]1 oṣadhiḥ	16 oṣadhi	17 oṣadhiyaśau	16 修藥	14 其藥氏
I[2]2 yaśāḥ I[2]3 ketuḥ	17 yaśas	18 ketu	17 名稱英(* yaśaḥketu)	15 寂然英

這裏可以明顯看到斷詞的不同之處: 三詞 oṣadhi(藥)、yaśas(名稱)、ketu(相,《賢劫經》往往譯成"英")。*SV.* 中斷成了三個佛名 1/1/1;多語種本中的梵語本只有兩詞 oṣadhi 與 yaśas,斷成 1/1;于闐語本的斷詞是 2/1,即 oṣadhiyaśas/ketu;漢譯《賢劫經》的三品都斷成 1/2,即 oṣadhi/yaśaḥketu。此處或許可以看成是《興立品》《發意品》對《名號品》的借鑒?

再來考察《興立品》與《發意品》之間的關係。通過比對可以推測:《發意品》中的佛名以《興立品》爲範本,同時參考借鑒《名號品》,另外還增加了一些佛名。《發意品》借用《名號品》的佛名有"其迦葉"、"釋迦文"、"星宿王"等。有趣的是,Khot.12 爲 sunakṣattrau,《名號品》與之對應,譯爲"善星宿";相應的 *SV.*I[1]7, Skt.11 爲 sunetra,《興立品》與之對應,譯爲"善目"。於是,《發意品》同時收録這兩個佛名,衍生出二佛:"善目"與"善宿"。不過,《發意品》在一些佛名上與《興立品》《名號品》都有差異,反而與梵語本或于闐語本對應。如 *SV.*I[2]6, Skt.19 muktiskandha,《發意品》對譯爲"解陰";Khot.44 anunaṃdau,《興立品》與《名號品》均譯爲"無本",只有《發意品》譯爲"極上欣",與于闐語對應得更嚴整。還有一個值得注意的細節是對諸佛的不同稱謂。《名號品》以三字爲通行格式,當要湊足音節時,往往在名號後加上"佛"字;《興立品》統一稱爲如來;而《發意品》則作了細緻的區分: 已經成佛的四佛(拘留孫、拘那含、迦葉、釋迦文)稱"佛",而其他尚未成佛的則稱"如來"。這是否也從側面反映出《發意品》對《名號品》和《興立品》折衷取長的性質?

雖然《興立品》與《發意品》只羅列了前一百佛左右,但通過對包括《名號品》在内的前百佛進行樣本分析,發現三品的三個佛名列表有一定的差異,約有 20 個佛名切分不同。或許可以推測三品的佛名列表來源不同,但應該都可以回溯到同一個更古老的源本。

六 《現在賢劫千佛名經》與敦煌寫經中的賢劫千佛名經

就漢地流行的佛名體系而言,經過一番大致的考察後發現: 除了最早的北涼時期的千佛名抄本以竺法護譯《賢劫經》爲底本外,之後無論是石刻經文——房山石經,還是稍晚的敦煌各種抄經,佛名體系基本上都遵從 A 本,既非法護譯本,亦非 B 本。

千佛主題在中古時期極爲流行。敦煌莫高窟裏具有千佛的洞窟佔比三分之二以上,藏經洞中有關佛名的抄本高達七百多個卷號[1]。除了賢劫千佛之外,還有過去千佛、未來千佛、十方佛與化佛等。僧祐在《釋迦譜》"釋迦同三千佛緣譜"條下有按語:"夫聞名致敬,則勝業肇於須臾;憑心相化,則妙果成於曠劫。……雖合掌之因似賒,而樹王之報漸及。禮拜稱讚,豈虚棄哉!"也就是説,稱揚佛名是積累功德的方便法門,只須"稱諸佛名一心敬禮",即可"超越無數億劫生死之罪",最終成佛[2]。這或許可以從側面説明千佛盛行的原因之一。此外,一些學者研究表明,千佛圖像有輔助禪僧觀想之用[3]。本文所關注的,則主要是敦煌賢劫千佛名寫經與帶有賢劫千佛名榜題的千佛圖。梁曉鵬統計:北朝諸窟中千佛圖像配以佛名榜題者,只有 254 窟,内容爲三世三千佛;此後各朝石窟,千佛圖像間或配有現在賢劫千佛名的榜題。他還認爲:有榜題或題榜的千佛圖像屬於"强調千佛緣起的千佛變",而没有榜題與題榜的則是一種"無標記形式",經過數百年的實踐已無需題榜便可看出是千佛圖[4]。G. H. Luce 在對緬甸蒲甘城千佛圖像進行分析時也指出:如果是經變畫,那麽應該有佛名榜題作爲支持;如果没有榜題,則更有可能是藉以觀想的輔助手段[5]。

關於敦煌的賢劫千佛名寫本或榜題,學者們已多有研究,前文已隨文引證。這裏值得注意的還有劉永增、陳菊霞的《莫高窟第 98 窟是一懺法道場》[6]一文,不僅發現窟頂四披的千佛名與 S.6485 類同,而且還指出了千佛題名的宗教功用。在前賢研究的基礎上,本文逐一比對以下幾種敦煌賢劫千佛名寫經:北 845(BD03774)、北 846(BD03249)、北 847(BD05165)、北 848(BD0253)、北 849(BD02073)、北 850(BD04245)、北 851(BD04929)、北 852(BD08162),S.338、S.1238、S.6485,D.079,津藝

[1] 梁曉鵬《敦煌莫高窟千佛圖像研究》,北京:民族出版社,2006 年,2、123 頁,並參見同一作者《敦煌千佛圖像的符號學分析》,《敦煌研究》2006 年第 2 期,11—15 頁。

[2] 《釋迦譜》卷一,CBETA, T50, no. 2040, p.9, c14-15 與 c26-p.10, a1。

[3] 賀世哲《敦煌莫高窟北朝石窟與禪觀》,《敦煌學輯刊》第 1 輯,1980 年,41—52 頁;林梅《北方石窟千佛問題探討》,顔廷亮等主編《炳靈寺石窟學術研討會論文集》,蘭州:甘肅人民出版社,2003 年,225—239 頁。

[4] 梁曉鵬《莫高窟第 254 窟千佛文本的符號學分析》,《敦煌學輯刊》2005 年第 2 期,72—76 頁。254 窟的榜題主要是過去千佛與未來千佛,具體内容參見寧强、胡同慶《敦煌莫高窟第 254 窟千佛畫研究》,《敦煌研究》1986 年第 4 期,22—36 頁。

[5] G. H. Luce. *Old Burma-Early Pagan*, vol. 1, p.304,轉引自 Skilling 2010,p.213.

[6] 劉永增、陳菊霞《莫高窟第 98 窟是一懺法道場》,《敦煌研究》2012 年第 6 期,29—40 頁。

041(77・5・2300)與P.4639。經過比對,推測敦煌賢劫千佛名寫經的底本應該大都是A本。從形式與特殊的佛名誤抄情況來看,寫經可以大略分爲兩大體系。

一體系以北846、S.6485、S.1238與S.338爲代表,可稱爲第一組。這一組的突出特點是未曾混雜懺悔文。北846是完本;S.6485與S.1238皆首殘尾全,前者始自佛名19"炎肩"[1],後者始自佛名125"福藏";S.338僅餘開頭一葉殘片,與北846類似,起始處有歸敬過去七佛的内容,且正文中"釋迦牟尼"作"釋迦文尼",故而可看作是一類抄本。北846、S.6485與S.1238在形式上的特徵是:結尾處均交代了稱頌佛名的功德,文字相同。佛名抄寫的特徵是:二百佛組,佛名141"離闇"未曾重複;三百佛組,没有漏抄206"作名";五百佛組,漏抄兩個佛名,即432"華相"與433"智積",以致該組其實只有98佛;八百佛組,無重複的佛名"樂智";九百佛組,"隨日、清净"與"明力、功德聚"的順序顛倒,末尾"隨日"與"清净"又重複一遍,以致該組有102佛。此外,三個本子還有共同的誤抄之處:40"羅睺"誤成"羅曜"、51"華目"誤成"華國"、116"極高行"誤成"遊高行"(這三個佛名S.1238殘)、128"金山"衍爲"金剛山"(S.1238作金岡山)、134"離畏"衍成"離畏師"、174"無量目"誤成"無量月"、198"身差别"誤成"耳差别"、234"多德"誤成"名德"、305"天愛"誤成"大威"、356"珠輪"誤成"珠論"、397"難施"誤成"難陁"、422"解脱德"誤成"解脱得"、428"實音"誤成"寶音"、474"師子力"衍成"師子力德"、507"覺想"誤成"覺相"、538"法藏"誤成"德藏"、555"實相"誤成"寶德"、588"威德"誤成"鹹德"、613"法蓋"誤成"法益"、672"天光"誤成"無光"、679"具足論"誤成"具足輪"、727"妙光"誤成"妙色"、866"念王"衍成"信念王"、910"藥師上"誤成"藥師子"。值得注意的還有:104"善思議"A本與梵本(sucintitārtha)、于闐語(sucittadārthau)不相應,北846與S.6485(S.1238殘)更正爲精確的翻譯"善思義",176則不知爲何從"定意"變成"樂智"、552"牛王"則誤成"大香",不知是否另有所本?

從誤抄的佛名數量看,S.1238<北846<S.6485,且誤抄具有從S.1238至北846至S.6485的傳遞性,故而大體可推測S.6485抄自北846,北846抄自S.1238。S.1238不誤,而北846與S.6485誤抄的佛名有:240"無熱"誤成"無勢"、776"師子力"誤成"師子月"("月"字可能是抄串列所致)。S.1238與北846不誤,而S.6485誤抄的佛名有:39"德相"誤成"相德"、149"山頂"誤成"上頂"、176"實語"誤成"寶語"、320"慈相"誤成"慈想"、852"善燈"誤成"善登"。更能説明情況的是490"嚴

[1] 編號爲自編,詳見附録《賢劫千佛名對照表》。

土”,由於 S.1238 與北 846 的“土”字均多了一點,S.6485 誤看成是“王”字。有關三者傳抄情況的另一個佐證是佛名 484：S.1238 作“名光明破闇起三昧王”,北 846 作“光明破闇起三昧王”、S.6485 作“光明破闇起三昧”,字數越抄越少。唯一的一處例外是音譯佛名 693,闕譯本作“琉璃藏”,北 846 與 S.6485 是正確的形式“琉璃藏”,而 S1238 作“流離藏”。可能是因爲“琉璃”的寫法更爲深入人心,所以北 846 的寫手直接抄成正確的形式?

另一體系以北 845、北 847、北 848、北 849、北 850、北 851 與 D.079、津藝 041(77・5・2300)、P.4639 爲代表,可稱爲第二組。這一組的寫本數量較多,有幾個寫本的內容殘損得很厲害。其典型特徵是混入了《大正藏》中三十卷本《佛説佛名經》中的方位佛名與懺悔文,如北 845+848、北 851、D.079、津藝 041(77・5・2300)、P.4639。另有北 847、北 849、北 850,雖然没有混入方位佛名與懺悔文,但基於共同的誤抄情況,暫且也歸入這一組。其中,北 845 與北 848 可以拼合,形成完本。北 847 首殘尾全,缺起始 30 多個佛名。北 849 首殘尾全,始自佛名 343“善戒”。北 850 僅有一頁殘片。北 851 首殘尾全,始自佛名 725“行善”。D.079 是上下卷中的上卷,從千佛之首“拘樓孫”抄至 500 佛“利慧”。津藝 041(77・5・2300)首殘尾全,與 D.079 極爲類似,應該也是寫經上卷,自 317 佛“香濟”始,至 500 佛“利慧”止。P.4639 從 93 佛“堅戒”始,至 473 佛“寶音”而殘。

先來看混入了《佛説佛名經》裹的方位佛名與懺悔文的幾個抄本。以唯一的完本北 845+北 848 爲例。其形式特點是：佛名 218“勇力”之後插入懺悔文,此懺悔文抄自《佛説佛名經》卷一,自“禮三寶已,次復懺悔”始,至“是故弟子今日運此增上善心歸依佛”。佛名 360“寶炎”之後插入《佛説佛名經》的 12 個方位佛名：西南方那(誤成“陁”)羅延、龍王德、寶聲、地自在、人王、妙聲、黠慧、妙香花、天王、常清净眼,西北方月光面、月光。接下來,跳過《賢劫經》中 361 至 400 佛名,直接從 401 佛名開始繼續抄寫。抄寫到 500 佛名後,又插入《佛説佛名經》的 26 個方位佛名：虚空藏、寶幢、清净眼、樂莊嚴、寶山、光王、北方難勝、月光、旃檀、自在、金色王、月色旃檀、普眼見、普照眼見、輪手、無垢、東南方治(誤成“池”)地、自在、法自在、法惠、法思、常法慧、常樂、善思惟、善住、善臂。之後又是抄自《佛説佛名經》的懺悔文,這段懺悔文實際上由三處文字拼湊而成：一是接續上文的懺悔文,自“弟子等從無始已來至於今日,或在人天六道受報”,至“具足十八不共之法,無量功德一切圓滿”;二是跳到卷二,自“弟子等從無始已來至於今日,積聚無明障蔽心目”,至“十波羅蜜常現在前”,但省略了中間一段;三是跳到卷一二,自“已懺地獄報竟”,至“以誓願力處之無厭”,省略了中間的佛名。標注“賢劫千佛名卷上”。接下來,從501佛名開始抄寫。至724佛“無過”後,抄寫《佛説佛名經》卷一至卷二寶達菩薩諮問並尋訪東方阿鼻地獄的故事,始自“雲何菩提樹華悉皆墮落”,至“寶達即去”;接著跳到卷十三的懺悔文,始自“已懺三途等報”,至“弟子今日至誠歸依佛”。之後,從725佛“善行”抄至千佛“樓至”,標注“賢劫千佛名卷下”,緊接著抄寫《佛説佛名經》中的“東方阿閦佛”等12佛、“南方普滿佛”等11佛、“西方無量壽”等5佛,並抄寫卷十三中的懺悔文,自“弟子等自從無始已來至於今日,所有現在及以未來,人天之中無量餘報”至“至誠向十方佛尊法聖衆前披肝露心求哀懺悔”[1]。寫卷至此結束,標注“佛説賢劫千佛名經卷下”,餘下的紙張抄寫《佛説佛藏經》。

值得指出的是,在選抄《佛説佛名經》中的方位佛名時,似乎是遵循倒敍的原則。《佛説佛名經》的方位順序乃是東、南、西、北、東南、西南、西北、東北。而寫本的抄寫順序則是:千佛之後抄寫東、南、西三個方位的佛名;500佛名之後接著抄寫西方的佛名,並聯上北、東南方位的佛名;360佛名之後抄寫西南、西北的佛名。如此安排,不知有何道理。

D.079與津藝041(77·5·2300)均是賢劫千佛名寫經的上卷,抄到500佛名。D.079與北845+北848插入的方位佛名、省略與懺悔文字都完全一致;至500佛時標注“賢劫千佛名一卷”,並題後記,表明是貞明六年(920)爲曹公所寫“大佛名經”。津藝041(77·5·2300)省略的361至400佛名、穿插的《佛説佛名經》佛名,以及後記與D.079完全相同,但没有懺悔文,佛名的排列順序也極爲特殊。

P.4639稍有差異,第一段懺悔文不是在218佛“勇力”之後,而是在220佛“富足”之後,文字完全一致。在360佛“寶炎”之後,繪製14尊佛像,無榜題,也未插入《佛説佛名經》中的方位佛名。接下來也是從401佛“寶名”開始抄寫,至473佛“寶音”而殘。

北851的佛名與北848基本一致,偶有文字抄寫的差異;插入的懺悔文完全一致,但分段和位置稍有不同;没有插入方位佛名。該抄本始自《佛説佛名經》卷一的懺悔文,即寶達菩薩諮問並尋訪東方阿鼻地獄的故事。懺悔文首殘尾全,至“分頭地獄”而止。接下來從725佛“行善”開始抄寫,抄至864佛“堅出”插入另一段懺悔文,連接上文,繼續《佛説佛名經》卷二寶達菩薩的地獄之旅,至“寶達即去”,並引入卷一三“已懺

〔1〕 抄本中的懺悔文與敦煌遺書二十卷本《佛説佛名經》中的相關段落也能基本對應,存在一些字詞的差異。

三途等報”的一段懺悔文。然後繼續抄寫863佛“安闍那”至千佛“樓至”,接下來是懺悔文“弟子等自從無始已來至於今日”至“求哀懺悔”,後面還有説明“馬頭羅刹懺悔文”。

北850可能是抄寫草稿。“堅法”等八佛一共抄寫了兩遍。寫卷左側還有一些零散的漢字,可能是難字練習。從現存的佛名判斷,其底本與848最爲接近。例如,“勢力行”簡成“勢力”、“牛王”抄成“牛主”。抄寫時不甚仔細,除了重複的第二部分,第一部分從430佛“力德”抄至486佛“月光”,中間就抄漏了三個佛名:天德、帝幢和滿願。然而,即使是完本,在這個位置也没有穿插的内容,故而難以判斷北850是否沿襲了以上幾種抄本穿插《佛説佛名經》内容的做法。

北847與北849没有穿插《佛説佛名經》的方位佛名與懺悔文。之所以判斷這兩個抄本屬於這一體系,一是因爲二者不具備第一組抄本的典型特徵:五百佛組没有漏抄“華相”與“智積”,八百佛組重複“樂智”,九百佛組没有重複“隨日”與“清净”。二是因爲二者與第二組抄本有共同的誤抄之處[1]:70“愛作”誤成“憂作”、142“寶贊”誤成“寶積”、175“實語”誤成“寶語”、197“華眼”誤成“華根”、252“月相”誤成“月積”、341“實語”誤成“寶語”、352“珠月”誤成“珠明”[2]、490“大讚”誤成“大請”、716“智無等”誤成“智無礙”、759“智音”誤成“智意”、919“意無錯”誤成“音無錯”、980“無邊辯才”誤成“無偏辯才”。

在這組抄本中,北847的誤抄之處相對較少。除了共同的誤抄外,D.079底本與北845+北848還有一些舛誤:113“彌樓相”誤成“彌相”、126“見有邊”誤成“見有王”、162“樂戲”誤成“樂喜”、254“恭敬”誤成“供敬”、325“仁賢”誤成“人賢”、342“救命”誤成“寶命”、350“上名”誤成“止名”、495“炎熾”與496“華德”位置顛倒等。這説明D.079底本與北845+北848的關係更爲密切。而在D.079的校本中,以上所提到的誤抄基本上都校正過來了,少數未經校正的誤抄有“樂喜”、“人賢”、“止名”等。不過,D.079底本沿襲北847本的誤抄——487“持明”誤成“特明”,以及自身特有的誤抄——488“善寂行”誤成“普寂行”,卻未經校改。

D.079校本這些未校正過來的舛誤與津藝041(77·5·2300)極爲類似,後者也誤

[1] 這組抄本中,D.079的一個顯著特點是帶有明顯的校勘痕跡,底本與校本需分開來看。這裏共同的誤抄是針對D.079底本而言,並要將抄本津藝041(77·5·2300)排除在外,下文將單獨論述津藝本的情況。

[2] 341以上北849殘。此外,341與352兩個佛名的特殊之處在於,作爲抄本底本的A本便已誤成“寶語”和“珠明”。

抄了這四個佛名:“人賢”、“止名”、“特明”、“普寂行”。二者還有另一個共同的誤抄之處: 428“實音”誤成“寶音”〔1〕。此外,津藝本與第二組中的其他抄本不同,佛名 341、352、490 皆爲正確的形式“實語”、“珠月”與“大讚”,與 D.079 校本一致。儘管如此,津藝本還是不大可能是 D.079 據以校正的抄本,因爲該本額外出現了 D.079 不曾有的抄誤之處,尤其是“炎熾、華德”的順序與 D.079 原本一樣顛倒,卻未經更正。只能推測,D.079 據以校正的抄本或許與津藝本類似。

關於 D.079 的底本與校本,還存在一個很有意思的現象: 本來底本與梵語、于闐語對應,且抄對了的佛名,結果被校本改錯了。例如,128“金山”衍成“金剛山”,134“離畏”衍成“離畏師”,162“無量目”錯校爲“無量月”,198“身差别”錯校爲“耳差别”,199“法明”錯校爲“法眼”,240“無熱”錯校爲“無勢”,299“月面”錯校爲“日面”,305“天愛”錯校爲“大威”,428“實音”錯校爲“寶音”,474“師子力”衍成“師子力德”。

第二組抄本由於數量衆多,抄寫的舛誤之處既有錯别字,也有同音字抄錯、形近字抄錯、上下看串列等情況,輾轉相抄、紛繁複雜,幾乎每個抄本都出現了自身獨有的抄誤之處,故而很難找出確切的綫索和規律,像第一組抄本那樣歸納出傳抄源流。

另外,還有一葉殘片北 852,始自佛名“衆相”,抄至“無邊德”,由於這 28 個佛名没有明顯的穿插或誤抄標記,無法判斷是屬於哪組佛名之列。

總體來看,相較於底本闕譯本《現在賢劫千佛名經》,貞明六年(920)曹議金寫經的最大特點是: 混入了現存《大正藏》中三十卷本《佛説佛名經》裏的方位佛名與懺悔文(包括“馬頭羅刹懺悔文”)的内容。

七　結　　語

本文首先從宏觀角度概述了賢劫千佛名的發展歷程,勾勒了《賢劫經》與《賢劫千佛名》文本流傳的大致時間綫。然後以具體的佛名分析爲例,梳理出竺法護譯《賢劫經》與于闐語本《賢劫經》中的俗語元素,並進一步通過兩種梵語本、一種于闐語本與漢譯《賢劫經》、兩種《現在賢劫千佛名經》的比對得出結論: 各種傳本的《賢劫經》與《賢劫千佛名》都可以追溯到一個共同的俗語或犍陀羅語源頭,梵語本與于闐語本分别進行了梵語化與于闐語化,法護譯本的源本很可能是俗語,而兩種現在《賢劫千佛名經》的源本則大概率是梵語。在目前的這幾種傳本中,于闐語本最獨具一格,集中體現爲幾

〔1〕 D.079 底本不誤,校本有誤。

處連續佛名的缺失、重複、與他本對應不上。接下來對竺法護譯《賢劫經》中《名號品》《興立品》與《發意品》三品中的佛名進行比對,推測三個佛名列表所依據的可能是不同的源本,乃匯集而成。最後比對敦煌寫經中的各種賢劫千佛名卷,發現其底本多與A本相近,大致可分爲兩組:一組基本保持《賢劫千佛名經》的原初狀態,一組已經開始混雜三十卷本《佛説佛名經》中的方位佛名與懺悔文,尤以960年曹議金寫經爲典型。現存《大正藏》闕譯本《現在賢劫千佛名經》中每百佛後即有懺悔文的形態,恐怕即是這一發展歷程的産物。

賢劫千佛名極爲流行,廣泛見於各種語言,在敦煌也擁有衆多抄本,傳承情況很複雜。本文在儘可能搜集材料的基礎上進行了初步研究,有些問題尚待進一步深入思考。

本文爲國家社科基金重大項目“敦煌與于闐:佛教藝術與物質文化的交互影響”(項目編號:13&ZD087)的階段性成果之一。

縮略語:

段晴 2013.《于闐·佛教·古卷》第一章《梵語〈賢劫經〉殘卷》,上海:中西書局,1—44頁。

ARIRIAB = *Annual Report of the International Research Institute for Advanced Buddhology at Soka University*

Bailey, H. W. 1946. “Gāndhārī”, *The Bulletin of the School of Oriental and African Studies*, vol. 11, no. 4, pp.764 - 797.

Baums et al. 2016. “Fragments of a Gāndhārī Version of the Bhadrakalpikasūtra”, *Manuscripts in the Schøyen Collection: Buddhist Manuscripts*, vol. IV., Jens Braavig (ed.), Oslo: Hermes Publishing, 2016, pp.183 - 310.

Burrow, T. 1937. *The language of the Kharoṣṭhī documents from Chinese Turkestan*. Cambridge: Cambridge University Press.

CBETA = Chinese Buddhist Electronic Text Association,中華電子佛典協會

Rhie, M. M. 2010. *Early Buddhist Art of China and Central Asia, Volume Three: The Western Ch'in in Kansu in the Sixteen Kingdoms Period and Inter-relationships with the Buddhist Art of Gandhāra*. Leiden Boston: Brill.

Skilling, P. 2010. “Notes on the *Bhadrakalpika-sūtra*”, *ARIRIAB* XVIII, pp.195 - 229.

Weller, F. 1928. *Tausend Buddhanamen des Bhadrakalpa: nach einer fünfsprachigen Polyglotte*, Leipzig: Verlag der Asia Major.

(作者單位:北京大學東方文學研究中心)

附録《賢劫千佛名》對照表〔1〕

Sarvavajrodaya	Weller 多語種梵本〔2〕	Bailey 于闐語本	法護譯本《興立品》/《發意品》	法護譯本《名號品》	A/B〔3〕	北 845+S.1238	D.079+北 847
	1krakucchanda	1krrakasuṃdau	1 拘留孫	1 拘留孫	1 拘那提/拘留孫	1 拘那提	1 拘樓孫
	2kanakamuni	2kanakamunau	2 拘那含牟尼/拘那含	2 含牟尼	2 拘那含牟尼	2	2
	3kāśyapa	3kāśapau	3 迦葉/其迦葉	3 其迦葉	3 迦葉	3	3
	4śākyamuni	4śākyamunau	4 能仁/釋迦文	4 釋迦文	4 釋迦牟尼	4	4
I[1]1maitreyaḥ	5maitreya	5maitreyau	5 慈氏	5 慈氏佛	5 彌勒	5	5
2siṃhaḥ	6siṃha	6sīhau	6 師子	6 師子焰	6 師子	6	6
3pradyotaḥ	7pradyota	7prrādyautau	7 光炎		7 明焰	7 明炎	7 明炎
4muniḥ	8muni	8munir	8 牟尼柔仁/牟尼	7 柔仁佛	8 牟尼	8	8
		9kusumadhvajau					
5kusumaḥ	9kusuma	10kusumau	9 華氏		9 妙華	9	9

〔1〕 *SV*.佛名出自森口光俊發表的《Vajradhātumahāmaṇḍalopāyika Sarvavajrodaya 梵文テキスト補欠——新出寫本・蔵・漢対照；賢劫千仏名を中心として》(《智山學報》1989 年第 38 號,1—37 頁)；Weller 多語種梵本佛名出自 *Tausend Buddhanamen des Bhadrakalpa: nach einer fünfsprachigen Polyglotte*(Leipzig: Verlag der Asia Major,1928)；于闐語本佛名出自 Bailey 所編于闐語賢劫經千佛名(*Khotanese Buddhist Text*, rev. edition, Cambrdige University Press, 1981, pp.75－90)。漢語佛名編號爲自編。每一行爲對應的佛名；若對應不上,則以斜體表示。法護譯本《名號品》《興立品》與《發意品》均出自《賢劫經》T425,A 本代表闕譯《現在賢劫千佛名經》(T447a),B 本代表開元拾遺《現在賢劫千佛名經》(T447b)。敦煌寫經採用兩個本子爲代表：一是 S.1238,因前 124 個佛名殘,以北 846 綴補；二是北 847,因 1—29、31、33、35、37 號佛名殘,以 D.079 綴補。由於敦煌本所據底本與 A 本極爲類似,故而雷同的佛名不再一一抄出,僅標注相異的佛名。

〔2〕 ()表示 Weller 根據()本構擬的梵語佛名,(藏)表示多語種本中的藏語佛名,(鶻)表示多語種本中的回鶻語佛名,(abc)表示藏語《賢劫經》中的三個佛名列表。

〔3〕 《大正藏》中現收的 A 本經常有佛名順序錯亂的情況,但校勘記中標注的宫本、宋本、元本順序卻往往無誤。本表格對照梵語本、于闐語本,並參考法護譯本,相應地作出調整。

（續表）

Sarvavajrodaya	Weller 多語種梵本	Bailey 于闐語本	法護譯本《興立品》/《發意品》	法護譯本《名號品》	A/B	北 845+ S.1238	D.079+ 北 847
6punarapikusuma	10punarapikusuma	11dvitīyakusumau	10 華氏 /第二華氏[1]	8 及妙華	10 華氏	10	10
7sunetraḥ	sunakṣatra(藏鵲) 11sunetra	12sunakṣattrau	11 善目[2]	9 善星宿	11 善宿	11	11
8sārthavāhaḥ	12sārthavāha	13sārthavāhau	12 其導師/導師	10 及導師	12 導師	12	12
9mahābāhuḥ	13mahābāhu	14mahābāhau	13 大多[3]	11 大豐多	13 大臂	13	13
10mahābalaḥ	14mahābala	15mahābalo	14 大力	12 大力佛	14 大力	14	14
[2]1nakṣatrarājā	15nakṣatrarāja	16nakṣattrarājau	15 宿王/星宿王	13 星宿王	15 宿王	15	15
2oṣadhiḥ 3yaśāḥ	16oṣadhi 17yaśas	17oṣadhiyaśau	16 修藥	14 修藥氏	16 修藥	16 脩藥	16 脩藥
4ketuḥ	yaśaḥketu(abc)	18ketu	17 名稱英[4]	15 *寂然* 英	17 名相	17	17
5mahāprabhaḥ	18mahāprabha	19mauhāprabhūr	18 大光	16 大光明	18 大明	18	18
6muktiskandhaḥ	19muktiskandha	20muniskandhau	+解陰[5]	17 牟尼佛 18 等*過* 品 19 *具足* 品	19 焰肩	19 炎肩	19 炎肩

〔1〕《興立品》在“華氏”之前有“同號”字樣;《發意品》稱“第二華氏”,順序在“善目”、“善宿”之後。

〔2〕元、明本“善目”作“善星”;《發意品》衍出二佛:“善目”、“善宿”。

〔3〕宫本作“大臂”。

〔4〕《發意品》分爲“名稱英”與“英妙”二佛。

〔5〕+表示《發意品》多出之佛;A/B 列的+表示 B 本多出之佛。

（續表）

Sarvavajrodaya	Weller 多語種梵本	Bailey 于闐語本	法護譯本《興立品》/《發意品》	法護譯本《名號品》	A/B	北 845+S.1238	D.079+北 847
7vairocanaḥ	20vairocana	21vairaucanau	19 照明	*20 等二事* 21 而照明	20 照曜	20	20
8sūryagarbhaḥ	21sūryagarbha	22suryagarbhą̄	20 日藏	22 日藏佛	21 日藏	21	21
9candraḥ	22candra	23cadrrau	21 月氏	23 月光曜	22 月氏	22	22
10arciṣmān	23arciṣmant	24acimau	22 光照/光曜		23 衆焰	23 衆炎	23 衆炎
［3］1suprabhaḥ	24suprabha	25suprrabhau	23 善照	24 善明佛	24 善明	24	24
2aśokaḥ	25aśoka	26aśaukau	24 無憂	25 無憂佛	25 無憂	25	25
3tiṣyaḥ	26tiṣya	27tiśau	25 威神	26 總含曜	26 提沙	26	26
4pradyotaḥ	27pradyota	28prādyautau	26 焰光	27 照執華	27 明曜	27	27
5māladhārī	28māladhārin	29māladhārī	27 執華		28 持鬘	28 持鬚	28 持鬚
6guṇaprabhaḥ	29guṇaprabha	30guṇaprrabhau	28 勳光	28 功勳光	29 功德明	29	29
7arthadarśī	30arthadarśin	31arthadarśī	29 現義	29 因現義	30 示義	30 興成	30 示義
8pradīpaḥ	31pradīpa	32pradīpau	30 錠燿/錠曜	30 錠光佛	31 燈曜	31	31
9prabhūtaḥ	32prabhūta	33prabhūtau	31 興盛〔1〕	31 興盛佛	32 興盛	32 示義	32 興成
10vaidyaḥ	33vaidya	34vaidya	32 醫氏/醫所	32 好導醫	33 藥師	33	33
［4］1sūrataḥ	34sūrata	35suradau	33 善樂	33 頂光明	34 善濡	34	34 善濡
2ūrṇaḥ	35ūrṇa	36unaṃdau	34 頂髻施 35 眉間/無		35 白毫	35 白豪	35 白豪

〔1〕《發意品》在“興盛”之前還有“光威”、“醫氏”。

（續表）

Sarvavajrodaya	Weller 多語種梵本	Bailey 于闐語本	法護譯本《興立品》/《發意品》	法護譯本《名號品》	A/B	北 845+S.1238	D.079+北 847
3dṛḍhaḥ	36dṛḍha	37dṛḍhau	36 堅固		36 堅固	36	36 堅固
4śrī*devaḥ*	37śrī*deva*	38śiritejau	37 首威	34 威神首	37 福威德	37	37
5duṣpradharṣaḥ	38duṣpradharṣa	39duṣprradarṣau	38 難勝	35 難勝氏	38 不可壞	38	38
6guṇadhvajaḥ	39guṇadhvaja	40guṇadhvajau	39 德幢	36 德幢佛	39 德相	39	39
7rāhulaḥ	40rāhula		40 閑靜	37 靜閑居	40 羅睺	40	40
8gaṇī	41gaṇin	41gaṇau	*41 堅重*		41 衆主	41	41
9brahmaghoṣaḥ	42brahmaghoṣa	42brrahmaghauṣau	42 梵音	38 梵音響	42 梵聲	42	42
10dṛḍhasaṃdhiḥ	43dṛḍhasaṃdhi	43dṛḍhasandhau	43 次堅	39 順次堅	43 堅際	43	43
[5]1anunnataḥ	44anunnata	44anunaṃdau	44 無本/極上欣	40 無本氏	44 不高	44	44
2prabhaṃkaraḥ	45prabhaṃkara	45prrabhaṃkarau	45 興光	41 興光佛	45 作明	45	45
3mahāmeruḥ	46mahāmeru	46mahāmerau	46 大明山	42 大山氏	46 大山	46	46
4vajraḥ	47vajra	47vajrrau	47 金剛	43 智金剛	47 金剛	47	47
5saṃjayī	48sañjayin	48saṃjñiyau	48 憶識	44 憶無畏	48 將衆	48	48
6nirbhayaḥ	49nirbhaya	49nirbayau	49 無畏		49 無畏	49	49
7ratnaḥ	50ratna	50rattanau	50 寶氏	45 寶蓮華	50 珍寶	50	50
8padmākṣaḥ	51padmākṣa	51padmākṣau	51 蓮華目		51 華目	51	51
9balasenaḥ	52balasena	52balasenau	52 力將	46 力人將	52 軍力	52	52
10kusumaraśmiḥ	53kusumaraśmi	53kusumaraśmau	53 華光	47 華光氏	53 華光/香焰	53 華光	53 華光

（續表）

Sarvavajrodaya	Weller 多語種梵本	Bailey 于闐語本	法護譯本《興立品》/《發意品》	法護譯本《名號品》	A/B	北 845+S.1238	D.079+北 847
［6］1jñānapriyaḥ	54jñānapriya	54janaprriyau	54 伏愛	48 以棄愛	54 仁愛	54	54
2mahādevaḥ	55mahādeva mahātejas(abc)	55mahāttejau	55 大威	49 大威佛	55 大威德	55	55
3(brahmā)	56brahman	56brrāhmau	56 梵氏	50 梵氏佛	56 梵王	56	56
4amitābhaḥ	57amitābha	57amitābau	57 無量曜	51 無量佛	57 無量明	57	57
		58anaumau					
5nāgadattaḥ	58nāgadanta nāgadatta(藏鶻)		58 龍施	52 龍施佛	58 龍德	58	58
6dṛḍhakramaḥ	59dṛḍhakrama	59drraḍhakrramau	59 堅步	53 堅固步	59 堅步	59	59
7amoghdarśī	60amoghadarśin	60amauhadarśau	60 不虛見	54 無虛見	60 不虛見	60	60
8vīryadattaḥ	61vīryadatta	61vīryadaptau	61 精進施	55 施精進	61 精進德	61	61
9bhadrapālaḥ	62prabhāpāla bhadrapāla(藏鶻)	*62bhandanāli*	*62 賢力*	*56 解縛佛*	62 善守	62	62
10nandaḥ	63nanda	63naṃdau	63 欣樂		63 歡喜	63	63
［7］1akṣayatā	64acyuta	64acuttau	64 不/無退没	57 不退没	64 不退	64	64
2siṃhadhvajaḥ	65siṃhadhvaja	65siṃhadhvajau	65 師子幢	58 師子幢	65 師子相	65	65
3jayaḥ	66jaya	*66janakau*	66 勝智	59 迦法勝	66 勝知	66	66
4dharmaḥ	67dharma	67dharmau	67 法氏		67 法氏	67	67
5pramodyarājaḥ	68pramodyarāja	68prrā*dyauta*rājau	68 喜王	60 喜王佛	68 喜王	68	68

（續表）

Sarvavajrodaya	Weller 多語種梵本	Bailey 于闐語本	法護譯本《興立品》/《發意品》	法護譯本《名號品》	A/B	北 845+S.1238	D.079+北 847
6sārathiḥ	69sārathi		69 妙御	61 號妙御	69 妙御	69	69
7priyaṃkaraḥ	70priyaṃkara varuṇa(abc)	69pṛyakau	70 敬英/愛英	62 *愛名稱*	70 愛作	70 憂作	70 憂作
8varuṇaḥ		70varuṇau	71 妙天				
9guṇa*bāhyaḥ*	71guṇabāhu	71gūṇabāhau	72 多動	63 德豐多	71 德臂	71	71
10gandhahastī	72gandhahastin	72gandhahastau	73 衆香手	64 衆香手	72 香象	72	72
[8]1vilocanaḥ	73vilocana		74 順觀	65 離垢目[1]	73 觀視	73	73
2meghasvaraḥ	74meghasvara		75 雨音	86 雨音聲	74 雲音	74	74
3sucintitaḥ	75sucintita		76 善思	87 善思惟	75 善思	75	75
4sumanāḥ	76sumanas		77 快意	88 有善意	76 善意/善高	76 善意	76 善意
	77vimala		78 離垢	89 離垢稱	77 離垢	77	77
5śaśī	78śaśin		79 名聞		78 月*相*	78	78
6mahāyaśaḥ	79mahāyaśas		80 大稱	90 大名聞	79 大名	79	79
7manicūḍaḥ	80maṇicūḍa		81 明珠髻	91 明珠浄	80 珠髻	80	80
8ugraḥ	81ugra		82 堅強	92 堅師子	81 威猛	81	81
9siṃhagatiḥ	82siṃhagati		83 師子步	93 往長樹	82 師子步/獅子吼	82 師子步	82
10drumaḥ	83druma		84 神樹		83 德樹	83	83

〔1〕 此後有 66 師子頰、67 號寶稱、68 滅除穢、69 無量佛、70 號總持、71 雄人月、72 善見佛、73 逮嚴佛、74 明珠光、75 山頂英、76 號法事、77 了義理、789 情性調、79 寶品佛、80 念勝根、81 樂欲度、82 住立覺、83 了別党、84 超越尊、85 首最佛，爲下文 156—173 號佛名的重復翻譯。

（續表）

Sarvavajrodaya	Weller 多語種梵本	Bailey 于闐語本	法護譯本《興立品》/《發意品》	法護譯本《名號品》	A/B	北 845+S.1238	D.079+北 847
[9]1vijitāvī	84vijitāvin		85 輒勝	*94 舍思惟*	84 觀擇	84 歡釋	84 歡釋
2prajñākūṭaḥ	85prajñākūṭa		86 智積	95 智慧頂	85 慧聚	85 惠聚	85 慧聚
3susthitaḥ	86susthita		87 善住	96 善住立	86 安住	86	86
4matiḥ	87mati		*+有承樂*	97 有志意	87 有意	87	87 有意
5aṅgajaḥ[1]	88aṅgaja		88 虚空		88 鴦伽陀	88 鴦伽陁	88 鴦伽陁
6amṛtabuddhiḥ	89amṛtabuddhi amitabuddhi(藏 abc 鶻)		89 無量覺	98 無量意	89 無量意	89	89
7surūpaḥ	90surūpa		90 善顏	99 妙顏色	90 妙色	90	90
8jñānī	91jñānin		91 聖慧	100 聖慧光	91 多智	91	91
9raśmiḥ	92raśmi	73raśmi	92 光明		92 光明	92	92
10dṛḍhavrataḥ	93dṛḍhavrata	74dṛḍhavṛtau	93 堅誓	101 誓堅固	93 堅戒	93	93
[10]1maṅgalī	94maṅgalin	*75amalo*	94 吉祥	102 吉祥善	94 吉祥	94	94
2satyaketuḥ	95satyaketu	76satyaketu	95 誠英	103 有妙英	95 賨(實)相	95 賨相	95 賨相
3padmaḥ	96padma	77padmau	96 青蓮/青蓮華	104 人蓮華	96 蓮華	96	96
4nārāyanaḥ	97nārāyaṇa	78nārāyaṇau	97 鉤鑠		97 那羅延	97	97

〔1〕 以下七個佛名犍陀羅語分别爲：＊aṃgaya、＊amidabuddhi、＊suruva、＊ñaṇi 與 ra(ś)m(i)、driḍhabrada、maṃgali。＊表示根據其他文本重構。犍陀羅語佛名出自 Baums et al. 2016. “Fragments of a Gāndhārī Version of the Bhadrakalpikasūtra”, *Manuscripts in the Schøyen Collection: Buddhist Manuscripts*, vol. IV., Jens Braavig (ed.), Oslo: Hermes Publishing, 2016, pp.183－310.

（續表）

Sarvavajrodaya	Weller 多語種梵本	Bailey 于闐語本	法護譯本《興立品》/《發意品》	法護譯本《名號品》	A/B	北 845+S.1238	D.079+北 847
5sukha*bāhuḥ*	98sukha*bāhu*	79suhakau	98 安氏	105 所在安	98 安樂	98	98
6jñānakaraḥ	99jñānākara	80jñāna*gurau*	99 慧業	106 慧造佛	99 智積	99	99
7guṇārciḥ	100guṇārci	81guṇārci		107 功勳布 108 光暉佛	100 德敬〔1〕	100	100
8brahmadattaḥ	101brahmadatta	82brrāhmadaptau		109 梵天施	101 梵德	101	101
9ratnākaraḥ	102ratnākara	83ratana*śiri*		110 寶事佛	102 寶積	102	102
10kusumadevaḥ	103kusumadeva	84kusųmadevau		111 妙好華 112 天神*燈*	103 華天	103	103
[11]1sucintitārthaḥ	104sucintitārtha	85sucittadārthau		113 善思義	104 善思議	104	104
2dharmeśvaraḥ	105dharmeśvara	86dharmeśvarau		114 治(法)自在	105 法自在	105	105
3yaśomatiḥ	106yaśomati	87yaśamatir		115 名聞意	106 名聞意	106	106
4pratibhāṇakūṭaḥ	107pratibhānakūṭa	88pratibhą nakuṭau		116 積辯才	107 樂説聚	107	107
5vajradhvajaḥ	108vajradhvaja	89vajrradhvajau		117 金剛幢	108 金剛相	108	108
6hitaiṣī	109hitaiṣin	90heterṣī		*118 光曜炎 119 第十佛*	109 求利/求利益	109 求利	109
7vikrīḍitāvī	110vikrīḍitāvin	91vikrrīḍitābhijñau		120 無越樂	110 遊戲/遊戲神通	110	110
8vigatāndhamaḥ	111vigatottama	92vigatatamau		*121 游寂靜 122 有勢王*	111 離闇	111	111
9bahudevaḥ	112rāhudeva	93rāhudevau		123 閑天佛	112 多天	112	112

〔1〕 A、B 本均標注“一百佛”。

（續表）

Sarvavajrodaya	Weller 多語種梵本	Bailey 于闐語本	法護譯本《興立品》/《發意品》	法護譯本《名號品》	A/B	北 845+ S.1238	D.079+ 北 847
10merudhvajaḥ	113merudhvaja	94merudhvajau		124 山幢佛	113 彌樓相	113 弥相	113 弥樓相
［12］1gaṇiprabhaḥ	114gaṇiprabha	95gaṇaprabhau		125 炎重聖 126 光赫然	114 衆明	114	114
2ratnagarbhaḥ	115ratnagarbha	96vararatnagarbhau		127 寳藏佛	115 寳藏	115	115
3atyuccagāmī	116atyuccagāmin	97acityagāmī		128 不樂越	116 極高行	116	116
4tiṣyaḥ	117vajratiṣya	98tiśyau		129 勝大界	117 提沙 /金剛楯	117	117
5maṇiviṣāṇī	118maṇiviṣāṇin	99manivrraṣāṇau		*130 三世護*	118 珠角	118	118
6guṇakīrtiḥ	119guṇakīrti	100gūṇakīrtau		131 號德稱	119 德讚	119	119
7candrārkābhaḥ	120candrārkaprabha	101caṃdrārkau		132 月炎光	120 *日* 月明	120	120
8sūryaprabhaḥ	121sūryaprabha	102suryaprrabhau		133 晃明照	121 日*月* /日明	121 日明	121 日明
9jyotīrasaḥ	122jyotīrasa	103jautiṣau			122 星宿	122	122
10siṃhaketuḥ	123siṃhaketu	104siṃhaketur			123 師子相 /*清净義*	123	123 師子相
［13］1velāmāgrī	124velāmaśrī velāmarāja（藏 abc 鵲）	105velāmarāyau		134 *臨* 以時	124 違藍王	124	124
2śrīgarbhaḥ	125śrīgarbha	106śiragarbhą		135 王首藏	125 福藏	125	125
3bhavāntadarśī	126bhavāntadarśin	107bhavātadarśau		136 所奉行 137 而示現	126 見有邊	126□有邊	126
4vidyuprabhaḥ	127vidyutprabha	108vidyaprabhau		138 焰照佛 139 光明尊	127 電明	127	127
5kanakaparvataḥ	128kanakaparvata			140 紫金山	128 金山	128 金岡山	128 金山

（續表）

Sarvavajrodaya	Weller 多語種梵本	Bailey 于闐語本	法護譯本《興立品》/《發意品》	法護譯本《名號品》	A/B	北 845+ S.1238	D.079+ 北 847
6siṃhadattaḥ	129siṃhadatta	109siṃhadattau		141 師子施	129 師子德	129	129
7aparājitadhvajaḥ	130aparājitadhvaja	110aparājitadhvajau		142 莫能幢	130 勝相	130	130
8jinaḥ				143 人中王			
9pradyotakīrtiḥ	131pradyotakīrti	111prrādyautakīrtau		144 光炎稱	131 明讚	131	131
10dṛdhavīryaḥ	132dṛḍhavīrya			145 堅精進	132 堅精進	132	132
[14]1anupamākīrtiḥ	133anupamakīrti			146 無損稱	133 具足讚	133	133
2vigatabhayaḥ	134vigatabhaya	112vigatabhayau		147 離於畏	134 離畏/離畏師	134 離畏師	134 離畏
3arhadevaḥ	135arhadeva	113arahadevau		148 無著天	135 應天	135	135
4mahāpradīpaḥ	136mahāpradīpa	114mahāprradīpau		149 大燈明	136 大燈	136	136
5lokaprabhaḥ	137lokaprabha	115lokaprrabhau		150 *饒益* 世	137 世明	137	137
6surabhigandhaḥ	138surabhigandha	116surabhigąndhau		151 微美香	138 妙香	138	138
7gunāgradhārī	139guṇāgradhārin	117guṇāgradhārī		152 持德尊	139 持上功德	139	139
8vigatatamaḥ	140vigatatamas	118vigatatamau		153 損於冥 *154 第等倫 155 得自在*	140 離闇/ *紺身*	無	140 離闇
9siṃhahanuḥ	141siṃhahanu	119siṃhahanau		156 師子誓	141 師子頰	140	141
10ratnakīrtiḥ	142ratnakīrti	120ratnakīrtau		157 名寶稱	142 寶讚	141	142 寶積
[15]1praśāntadoṣaḥ	179praśāntadoṣa	121praśāṃtadauṣau		158 消滅穢	143 滅過〔1〕	142	143

〔1〕 B 本把“滅過……寶衆”等 12 佛挪到“寶天”後面。

（續表）

Sarvavajrodaya	Weller 多語種梵本	Bailey 于闐語本	法護譯本《興立品》/《發意品》	法護譯本《名號品》	A/B	北 845+ S.1238	D.079+ 北 847
	180amṛtadhārin	122amitadarau		159 執甘露	144 持甘露	143	144
2manujacandraḥ	181manujacandra	123manuṣyacadrrau		160 *意中*月	145 人月	144	145
3sudarśanaḥ	182sudarśana	124sudarśanau		*161 日無畏*	146 喜見	145	146
4pratimaṇḍitaḥ	183pratimaṇḍita	125prratimaṃḍitau		162 以莊嚴	147 莊嚴	146	147
5maṇiprabhaḥ	184maṇiprabha	126maṇiprrabhau		163 *意*珠光	148 珠明	147	148
6girikūṭaketuḥ	185girikūṭaketu 186pāramita	127śirakuṭau		164 首英頂	149 山頂 150 名相 /到彼岸	148 149	149 150
7dharmākaraḥ	187dharmākara	128dharmākarau		165 造法本	151 法積	150	151
8arthaviniścitajñānaḥ	188arthaviniścitajñāna	129arthaviniścitanyau		166 第一義 167 決衆理	152 定義	151	152
9āyu*rd*adaḥ	189āyu*rd*ad（a?）	130āśayadatau		168 施所願	153 施願	152	153
10ratnākaraḥ	190ratnākara	131ratnaskaṃdhau		169 寶品身	154 寶衆 /寶聚	153	154
[16]1janendrakalpaḥ	143janendrakalpa	132janiṃdṛkalpo		170 重根劫	155 衆王	154	155 遊步
2*siṃha*vikrāntagāmī	144*siṃha*vikrāntagāmin	133vikrrāṃtagatau		171 欲濟度	156 遊步	155	156 衆王
3sthitabuddhiḥ	145sthitabuddhi	134sthitabuddhau		172 樂意住	157 安隱	156	157
4vibhāga*cchatraḥ*	146vibhāga*cchatra*	135vibhaktapakṣau		173 分別部	158 *法*差別	157	158
5jyeṣṭhaḥ	147jyeṣṭha	136jyeṣṭau			159 上尊	158	159
6atyudgataśrīḥ	148abhyudgataśrī	137atyudgata*rājau*			160 極高德	159	160

（續表）

Sarvavajrodaya	Weller 多語種梵本	Bailey 于闐語本	法護譯本《興立品》/《發意品》	法護譯本《名號品》	A/B	北 845+ S.1238	D.079+ 北 847
7siṃhaghoṣaḥ	149siṃhaghoṣa	138varasiṃhaghauṣau		174 師子音	161 上師子音	160	161
8vikrīḍitāvī	150vikrīḍitāvin	139vikrrīḍitāvī		175 號戲樂 *176 柔男子 177 清和佛*	162 樂戲	161	162
9nāgaprabhāsaḥ	151nāgaprabhāsa	140nāgaprrabhau		178 龍光佛	163 龍明	162	163
10kusumaparvataḥ	152kusumaparvata	141kusumaparvatau		179 華山氏	164 華山	163	164
[17]1nāganandī	153nāganandin	142nāganaṃdau		180 龍忻豫	165 龍喜	164	165
2(gandeśvaraḥ)	154gandheśvara	143gandheśvarau		181 香甚豪	166 香自在 /香自在王	165	166
3(mahāyaśaḥ)	155atiśaya	144atiyaśau		182 名稱佛	167 大名 */寶焰山*	166	167
4baladevaḥ	156baladeva	145baladevau		183 勢大天	168 天力	167	168
5guṇamālī	157guṇamālin	146guṇamālo		184 功勳鬘	169 德鬘	168 德髻	169 德鬚
6nāgabhujaḥ	158nāgabhuja	147nāgabhujau		185 *饒益* 龍	170 龍首(手)	169 龍手	170 龍手
7netrapratimaṇḍitaḥ	159pratimaṇḍita pratimaṇḍitalocana(abc)	148prratimaṇḍitaukṣau		186 嚴飾目	/因莊嚴 171 目莊嚴	170 善行意	171 善行意
8sucīrṇabuddhiḥ	160sucīrṇabuddhi	149hetirṣī		187 善行道 *188 至誠佛* 189 滑傷氏	172 善行意	171 目莊嚴	172 目莊嚴
9jñānavibhuḥ	161jñānābhibhu	150jñānabhūr		190 了慧佛	173 智勝	172	173
10anantanāyanaḥ	162amitalocana	151amitalocanau		191 無量氏 192 顯明佛	174 無量目	173 無量月	174 無量目

（續表）

Sarvavajrodaya	Weller 多語種梵本	Bailey 于闐語本	法護譯本《興立品》/《發意品》	法護譯本《名號品》	A/B	北 845+ S.1238	D.079+ 北 847
[18]1satyabhāṇī	163atyantabhāṇin satyabhāṇin(藏 abc 鵲)	152satyabhānau		193 號至誠	175 實語	174	175 實語
2sūryaprabhaḥ	164sūryaprabha	153sūryaprrabhau		194 日光曜	176 日明/*持炬*	175 日明	176 日明
3niyatabuddhiḥ	165ni*g*atabuddhi	154*vigata*buddhir		195 以決意	177 定意	176 樂智	177
4anantarūpaḥ	166anantarūpa	155anaṃtarupau		196 無限佛 197 顏貌像	178 無量形	177	178
5vairocanaḥ	167vairocana	156viraucanau		198 照明佛	179 明照	178 照明	179
6ratnaketuḥ	168ratnaketu	157ratanaketū		199 寶英氏	180 寶相/*最勝燈*	179 寶相	180 寶相
7vigatakāṅkṣaḥ	169vigatakaṅkṣa	158hīṇakākṣau		200 決狐疑*201 師子顧 202 至安隱 203 號柔軟*	181 斷疑	180	181
8lokottaraḥ	170supārśva	159prrabhau		204 善脅佛	182 善明 /莊嚴身	181	182
9amoghavikrāmī	171amoghavikrāmin	160amauhavikrramau		205 不虛覺	183 不虛步	182	183
10vibodhanaḥ	172vibodhana	161vibauddhanau			184 覺悟	183	184
[19]1puṣpaketuḥ	173puṣpaketu	162puṣpaketur		206 妙華英	185 華相	184	185
2śailendrarājā	174śailendrarāja	163śilaidrrarājau		207 帝石根	186 山主王	185	186
3mahātejaḥ	175mahātejas	164mahātejau		208 號大威	187 大威德 /*善威儀*	186	187
4samantadarśī	176kṛtārthadarśin	165kṛtātadarśau		209 造作現	188 遍見	187	188

（續表）

Sarvavajrodaya	Weller 多語種梵本	Bailey 于闐語本	法護譯本《興立品》/《發意品》	法護譯本《名號品》	A/B	北 845+S.1238	D.079+北 847
5amitayaśaḥ	177amitāyus amitayaśas(abc)	166amitayaśau		210 無量佛 211 名稱寶	189 無量名	188	189
6ratnadevaḥ	178arhadeva ratnadeva(藏 abc 鵠)	167ratnadevau		212 天隨氏	190 寶天	189	190
7sthitārthaḥ	191sthitārthajñānin	168kṛtārthajñau		213 解義矣	191 住義	190	191
8pūrṇamatiḥ	pūrṇamati(藏鵠)	169purṇabuddhir		214 具足意	192 滿意	191	192
	192anihatakīrti			215 稱高藏	193 上讚	192	193
9aśokaḥ	193aśoka 194guṇamaitri	170aśaukau		216 無憂佛	194 無憂/慈德	193	194
10vigatamalaḥ	195vigatamala	171vigatamalo		217 離垢氏	195 無垢	194	195
[20]1brahmadevaḥ	196brahmadeva	172brrāhmadevau		218 梵天佛	196 梵天	195	196
2dharaṇīśvaraḥ	dharaṇīśvara(abc)	173dhāraṇiśvarau		219 總持豪			
3kusumanetraḥ	197kusumanetra	174kusųmunitrau		220 目華佛	197 華根(眼)/華明	196 華眼	197 華根
		175dhāraṇiśvarau					
4vibhaktagātraḥ	198vibhaktagātra	176vibhanagātrau		221 離行體	198 身差別	197 耳差別	198 身差別
5dharmaprabhāsa	199dharmaprabhāsa	177ddharmaprrabhau		222 號法光	199 法明	198 法眼	199 法明
6nikhiradarśī	200nikhiladarśin	178nikhiladarśau		223 無毀現	200 盡見	199	200 盡見

（續表）

Sarvavajrodaya	Weller 多語種梵本	Bailey 于闐語本	法護譯本《興立品》/《發意品》	法護譯本《名號品》	A/B	北 845+S.1238	D.079+北 847
7guṇa*prabhāsaḥ*	201guṇa*prabhāsa*	179guṇaprrasaṃnau		224 德喜悦*225 三界奉*	201 德净〔1〕	200〔2〕	201
8śaśivaktraḥ	202śaśivaktra	180śaśivatrau		226 名開葉	201 月面	201	202
9ratnaprabhaḥ	203ratnaprabha	181ratnapradīpau		227 寶光氏	202 寶燈	202	203
10ratnaketuḥ	204ratnaketu	182ratnaketur		228 寶英佛	203 寶相/寶瑠	203 寶相	204 寶相
[21]1yaśottaraḥ	205yaśottara	183yaśautarau		229 上名聞	204 上名	204	205
2prabhākaraḥ	206prabhākara	184prrabhaṃkarau		230 造光佛	205 作名(明)	205 作名	
3amitatejaḥ	207amitatejas	185amitasvarau		231 無量威	206 無量音	206	206
4velāmaḥ	208velāma*rāja*	186vilāmau		232 以隨時	207 違藍	207	207
5siṃhagātraḥ	209siṃhagātra	187siṃhagātrau		233 師子身	208 師子身	208	208
6vidumatiḥ	210vidumati	188vidumatir		234 明意佛	209 明意	209	209
7durjayaḥ	211durjaya	189durjayau		235 難勝氏	210 無能勝	210	210
8guṇaskandhaḥ	212guṇaskandha	190guṇaskạndhau		236 功德體	211 功德品	211	211
9śaśiketuḥ	213śaśiketu	191śaśiketur		237 *名稱*英	212 月相/*海慧*	212 月相	212 月相

〔1〕 A 本至“德净”標注“已上二百佛”，實際上多出一佛；宫、宋、元本至“盡見”標注“二百佛竟”，無“德净”。B 本也至“盡見”標注“二百佛竟”，將“德净”歸入三百佛組。

〔2〕 S.1238 標注“二百佛已竟”，與 A 本相比，少“離闇”，故而這個單元正好是一百。

（續表）

Sarvavajrodaya	Weller 多語種梵本	Bailey 于闐語本	法護譯本《興立品》/《發意品》	法護譯本《名號品》	A/B	北 845+S.1238	D.079+北 847
10sthāmaprāptaḥ	214sthāmaprāpta	192sthą maprāpti		238 得力勢	213 得勢	213	213
[22]1anantavikrāmī	215anantavikrāmin	193anaṃtavikrramau		239 遊無限	214 無邊行	214	214
2candraḥ	216candra	194caṃdrrau		240 離垢月	*215 開華*	215 閑華	215 閑華
3vimalaḥ	217vimala	195vimala			216 净垢	216	216
4sarvārthadarśī	218sarvārthadarśin	196sarvārthadarśī		241 普現義	217 見一切義	217	217
5śūraḥ	219sura	197śurau		242 勇猛佛	218 勇力	218	218
6samṛddhaḥ	220samṛddha	198pṛddhau		243 功德富	219 富足	219	219
7puṇyaḥ	221puṇya	199puṇyau			220 福德	220	220
8pradīpaḥ	222pradīpa 223nandaghoṣa	200prradīpau		244 *月* 燈光	*221 隨時* +慶音	221	221
9guṇārciḥ	224guṇārci	201guṇārcau		245 至德曜	222 功德敬	222 廣意	222 廣意
10vipulabuddhiḥ	225vipulabuddhi	202vipulabuddhir		246 意*離垢*	223 廣意	223 功德敬	223 功德敬
[23]1sujātaḥ	226sujāta	203sujātau		247 善*寂然*	224 善*寂滅*	224	224
2vasudevaḥ	227vasudeva	204vasudevau		248 號善天	225 財天	225	225
3vimatijahaḥ	228vimatijaha	205vimatajahau		249 永舍垢 *250 以無勝*	226 净斷疑	226	226
4amitadharaḥ	229amitadhara	206amitadarau		251 執殊供 252 無量氏	227 無量持	227	227
5vararuchiḥ	230*vāruṇā*ruci	207varucau		253 最好曜	228 妙樂	228	228
6anihataḥ	231anihata	208anihatau		254 無卑藏	229 不負	229	229

（續表）

Sarvavajrodaya	Weller 多語種梵本	Bailey 于闐語本	法護譯本《興立品》/《發意品》	法護譯本《名號品》	A/B	北 845+ S.1238	D.079+ 北 847
7asthitaḥ	232amathya asthita（藏鶻）	209abaṣṭau		255 無所住	230 無住	230	230
8takṣakaḥ	233tacchaya	210tacchagau		*256 以複覺*	231 得叉伽	231 德叉伽	231 得叉伽
9gaṇī	234maṇimukha	211guṇamukhau		257 目尊重	232 衆首	232	232
10jagadraśmiḥ	235jagadraśmi	212jagatiraśmir		258 俗之光*259 日善佛*	233 世光	233	233
［24］1prabhūtaḥ	236prabhūta	213prrabhūtau		260 *福* 豐饒	234 *多德*	234 名德	234
2puṣyaḥ	237puṣya	214puṣyau			235 弗沙	235	235
3anantatejaḥ	238anantatejas	215anaṃtatejau		261 興威氏 262 號無量	236 無邊威德	236	236
4arthamatiḥ	239arthamati	216arthamatir		263 意吉祥	237 義意	237	237
5vaidyarājaḥ	240vaidyarāja	217vaidyarājau		264 行帝王	238 藥王	238	238
6prahāṇākhilaḥ	241prahāṇākhila	218prrahenakhilo		265 消罷勞	239 斷惡	239	239
7nirjvaraḥ	242nirjvara	219nijvarau		266 施無熱	240 無熱	240	240
8sudattaḥ	243sudatta	220sudatau			241 善調	241	241
9yaśodattaḥ	244yaśodatta	221yaśudatau		267 施名聞	242 名德	242	242
10kusumadattaḥ	245kusuma	222kusụmadatau		268 施與華	243 華德	243	243
［25］1puruṣadattaḥ	246puruṣanandana puruṣadatta（abc）	223puruṣadatau		269 施齊士	244 勇德	244	244
2vajrasenaḥ	247vajrasena	224vajrraśnau		270 金剛佛 271 將大施	245 金剛軍	245	245
3mahādattaḥ	248mahā*nanda*	225mahādatau			246 大德	246	246

（續表）

Sarvavajrodaya	Weller 多語種梵本	Bailey 于闐語本	法護譯本《興立品》/《發意品》	法護譯本《名號品》	A/B	北 845+ S.1238	D.079+ 北 847
4śāntimatiḥ	249śāntimati	226śāṃtamatir		272 號意寂	247 寂滅意	247	247
5gandhahastī	250gandhahastin	227gandhihastir		273 順香手	248 香象/*無邊音*	248 香象	248 香象
6nārāyaṇaḥ	251nārāyaṇa	228nārāyaṇau		274 鉤鑠氏	249 那羅延 /*大威光*	249	249
7sūrataḥ	252sūrata	229suradau		275 號善施	250 善住	250	250
8anihataḥ	253anihata	230anehatau		276 無所卑	251 無所負	251	251
9candrārkaḥ	254candrārka	231cạndrraketu		278 月晃昱	252 月相/*離疑惑*	252 月相	252 月積
10vidyutketuḥ	255vidyutketu	232vidyaketur		279 炎英佛	253 電相	253	253
[26]1mahitaḥ	256mahita	233pahetau		277 廉恪佛	254 恭敬	254	254
II[1]1śrīguptaḥ	257śrīgupta	234śirigupta		280 大吉祥	255 威德守	255	255
2jñānasūryaḥ	258jñānasūrya	235suryau		*281 寂然慧*	256 智日	256	256
3siddhārthaḥ	259siddhārtha	236siddhārthau		282 號吉義	257 上利	257	257
4merukūṭaḥ	260merukūṭa	237merukuṭau		283 甚山頂	258 須彌頂	258	258
5aridamaḥ	261viśuddhacitta 262aridama	238aridamau		284 甚調良	+净心 259 治怨賊	259	259
6padmaḥ	263padma	239padumau		285 蓮華氏	260 蓮華/*離憍*	260 蓮華	260
7arhatkīrtiḥ	264arhatkīrti	240arahakīrtau		286 無著稱	261 應讚	261	261
8jñānakramaḥ	265jñānakrama	241jñānakrramau		287 遊聖慧	262 智次	262 知次	262 知次
9apagata*kleśaḥ*	267apagata*kleśa*	242vigatadarmau		288 離於冥	263 離憍/無	263	263

（續表）

Sarvavajrodaya	Weller 多語種梵本	Bailey 于闐語本	法護譯本《興立品》/《發意品》	法護譯本《名號品》	A/B	北 845+S.1238	D.079+北 847
10nāladaḥ	266nala	243nālagau		289 充滿佛	264 那羅達	264	264 那羅達
[2]1su*gandhaḥ*		244suhagau		290 所在安	265 常樂	265	265
2anupamarāṣṭraḥ	268anupamavyūha anupamarāṣṭra（藏 abc 鵲）	245anaumarāṣṭrau		291 郡無損	266 不少國	266	266 不步國
3marudyaśaḥ	269*meru*yaśas	246marutayaśau		292 名稱天	267 天名	267	267
4bhavāntadarśī	270bhavāntadarśin	247bhavātadarśau		293 勤現行	268 見有邊/*雲德*	268 見有邊	268 見有邊
5candraḥ 6rāhulaḥ	271candra 272rāhula	248caṃdrrarāhu		294 月氏佛 *295 多功勳*	*269 甚良* *270 多功德*	269 270	269 270
7ratnacandraḥ	273ratnacandra	249ratanacitau		296 寶月佛	271 寶月	271	271
8siṃdhvajaḥ	274siṃhadhvaja	250siṃhadhvajau		297 師子幢	272 師子相 */莊嚴頂髻*	272	272
9dhyānarataḥ	275dhyānarata	251dhyą naraṃdau		298 樂於慧	273 樂禪	273	273
10anupamaḥ	276anupama	252anaumau		299 無所損	274 無所少	274	274 無所步
[3]1vikrīḍitaḥ	277vikrīḍita	253vikrrīḍitau		300 號不戲	275 遊戲	275	275
2guṇaratnaḥ	278guṇaratna	254guṇaratnau		301 *樂* 功德	276 德寶	276	276
3arhadyaśaḥ	279arhayaśas	255arahayaśau		302 無著佛 303 名聞氏	277 應名稱	277	277
4padmagātraḥ	280padmapārśva	256padmapārśvau		304 蓮華葉	278 華身	278	278
5ūrṇaḥ	281ūrṇa	257urṇatau			*279 大音聲*	279	279
6pratibhānakīrtiḥ	282pratibhānakīrti	258pratibhānakīrtau		305 辯大藏	280 辯才讚	280	280
7maṇivajraḥ	283maṇivajra	259pativajrrau		306 稱明珠 307 號金剛	281 金剛珠	281	281

（續表）

Sarvavajrodaya	Weller 多語種梵本	Bailey 于闐語本	法護譯本《興立品》/《發意品》	法護譯本《名號品》	A/B	北 845+S.1238	D.079+北 847
8amitāyuḥ	284amitāyus	260amitāyur		308 無量壽	282 無量壽	282	282
9maṇivyūhaḥ	285maṇivyūha	261paniviyuhau		309 净明珠	283 珠莊嚴	283	283
10mahendraḥ	286mahendra	262maheṃdrrau		310 大根本	284 大王	284	284
[4]1guṇākaraḥ	287guṇākara	263udgatau		311 超衆惡	285 德高德/-行	285 德高德	285 德高德
2meruyaśaḥ	288meruyaśas	264meruyaśau		312 *名稱月*	286 高名	286	286
3daśaraśmiḥ	289daśaraśmi	265raśmir		313 *忻喜* 光	287 百光	287	287
4ānandanaḥ	290anindita	266naṃdiyau		314 無所犯	288 喜悦	288	288
5nāgakramaḥ	291nāgakrama	267nāgakrramau			289 龍步	289	289
6manorathaḥ	292manoratha	268manauramau		315 寶意月	290 意願	290	290
7ratnacandraḥ	293ratnacandra	269ratnacandrau			291 寶月/*妙* 寶	291 寶月	291 寶月
8śantaḥ	294śamatha	270śamidau		316 號寂然	292 滅已	292	292
9pradyotarājaḥ	295pradyota	271prrādyautarājau		317 明王*施*	293 喜王/*法幢*	293 喜王	293
10sārathiḥ	296sārathi	272sārathau		318 妙導御	294 調御	294	294
[5]1nandeśvaraḥ	297nandeśvara	273naṃdiśvarau		319 猶自在	295 喜自在	295	295
2ratnacūḍaḥ	298ratnacūḍa	274ratnacuḍau		320 寶髻佛	296 寶髻〔1〕	296	296

〔1〕 A 本在“寶髻”之後衍出“善滅”、“梵命”二佛，宫、宋、元、本無（B 本亦無）。三十卷本《佛説佛名經》二九、三〇卷也衍此二佛。

（續表）

Sarvavajrodaya	Weller 多語種梵本	Bailey 于闐語本	法護譯本《興立品》/《發意品》	法護譯本《名號品》	A/B	北 845+ S.1238	D.079+ 北 847
3vigatabhayaḥ	299vigatabhaya	275vigatabhayau		321 以離畏	297 離畏/*離山*	297 離畏	297 離畏
4ratnagarbhaḥ	300ratnagarbha	276ratnagarbhau		322 寶藏佛	298 寶藏/*净天*	298 寶藏	298 寶藏
5candrānanaḥ	301candrānana	*277vajrrau*		323 若干月	299 月面/*華冠*	299 日面	299 月面
6vimalakīrtiḥ	302vimalakīrti	278vimalakīrtau		324 離垢稱	300 净名〔1〕	300 净名	300 净名
7śāntatejaḥ	303śāntatejas	279śāṃtatejau		325 號寂滅	301 威德寂滅	301	301
8priyaketuḥ	304priyaketu	280pṛyaketur		*326 天恭敬*	302 愛相	302	302
9rāhudevaḥ	305bahudeva rāhudeva(abc)	281bahudevau		327 閑净天	303 多天	303	303
10su*vayaḥ*	306suśama	282suyą mau		328 善威佛	304 須焰摩	304 須炎摩臂	304 須弥摩
[6]1(deva)priyaḥ	307amarapriya	283aparayau		329 *寶*愛敬	305 天愛	305 大威	305 天愛
2ratnaskandhaḥ	308ratnakānta ratnaskandha(abc 鵲)	284ratnaskąndhau		330 寶品佛	306 寶衆/*妙德王*	306 寶衆	306 寶衆
3laḍitavikramaḥ	309laḍitavikrama	285laḍhitakrramau		331 寶游步	307 寶步	307	307
4siṃhapakṣa	310siṃhapakṣa	286siṃhapakṣo		332 師子黨	308 師子分	308	308
5atyuccagāmī	311atyuccagāmin	287acutyagāmau			309 極高行/*最尊勝*	309	309

〔1〕 A 本至此標注“從此已上三百佛”；宫、宋、元、本在佛名“隨時”之後多出“慶音”（B 本亦多此佛），至“寶藏”標明“三百佛竟”，無“月面”、“净名”二佛。B 本亦至“寶藏”標注“三百佛竟”，將“華冠”、“净名”歸入四百佛組。

（續表）

Sarvavajrodaya	Weller 多語種梵本	Bailey 于闐語本	法護譯本《興立品》/《發意品》	法護譯本《名號品》	A/B	北 845+ S.1238	D.079+ 北 847
6janendraḥ	janendra（bc 鶻）	288janiṃdrrau		333 勝不净	310 人王	310	310
7sumatiḥ	312sumati 313candanamegha	289sumanau		334 善意佛	311 善意 /栴檀雲	311	311
8lokaprabhaḥ	314lokaprabha	290lokaprrabhau		335 光照世	312 世明/*紺眼*	312 世明	312 世明
9ratnatejaḥ	315ratna*deva*	291ratnatejau		336 寶威神	313 寶威德	313	313
10bhāgirathaḥ	316bhāgīrathi	292bhāgīrasau		337 離樂氏	314 德乘	314	314
［7］1saṃjayaḥ	317saṃjaya	293sa*t*yayau		338 號憶智	315 覺想	315 覺相	315 覺相
2rativyūhaḥ	318rativyūha	294naṃdiyūhau		339 好清净	316 喜莊嚴	316	316
3tīrthakaraḥ	319tīrthakara	295ttīrthikarau		340 化外業	317 香濟	317	317
4gandhahastī	gandhahastin（abc）	296gandhahastau		341 以香手	318 香象/*勝慧*	318 香象	318 香象
5arciṣmatiḥ	320arciṣmant arciṣmati（藏鶻） 321apagatarāga	297ārcimau		342 意嚴佛	319 衆焰 /離愛	319 衆炎	319 衆炎
6merudhvajaḥ	322merudhvaja	298merudhvajau		343 山幢幡	320 慈相	320	320
7sugandhaḥ	323sugandha	299sugandhau		344 善妙香	321 妙香	321	321
8dṛḍhavarma	324dṛḍhadharman	300dṛḍhavarmau		345 堅固鎧	322 堅鎧	322	322
9ugratejaḥ	325ugratejas	301ugratejau		346 威神強	323 威德猛	323	323
10maṇivarma	326maṇidharman	302manivarmau		347 號珠鎧	324 珠鎧	324	324

（續表）

Sarvavajrodaya	Weller 多語種梵本	Bailey 于闐語本	法護譯本《興立品》/《發意品》	法護譯本《名號品》	A/B	北 845+ S.1238	D.079+ 北 847
[8]1bhadra*dattaḥ*	327bhadrika	303bandhiyau		348 仁賢佛	325 仁賢	325	325
2sugatacandraḥ	328sugatacandra	304sugatacaṃdrrau		349 安往月	326 善逝月	326	326
3brahmasvaraḥ	329brahmeśvara	305brrāhmasvarau		350 號梵音	327 梵自在	327	327
4siṃhacandraḥ	330siṃhacandra	306siṃhacandrrau		351 師子月	328 師子月	328	328
5śrītejaḥ	331śrītejas	307śirī		352 威神首	329 福威德 /觀察慧	329	329
6sujātaḥ	332satyadeva sujāta（藏鶻 abc）	308sujātau		353 號善生	330 正生	330	330
7ajitagaṇaḥ	333ajitacandra ajitagaṇa（abc）	309ajitacakrrau		354 莫能勝	331 無勝/高勝	331 無勝	331 無勝
8yaśomitraḥ	334amitatejas yaśomitra（abc）	310śaśimittrau		355 月氏佛 356 慈衆諸	332 月觀/*日*觀	332 月觀	332 月觀
9satyaḥ	335candranāma satya（abc）	311satyau			*333 實名*	333	333
10mahātapaḥ	336mahātapas	312mahātapau		357 日大趣	334 大精進	334	334
[9]1meruraśmiḥ	337meruraśmi			358 山光暉	335 山光	335	335
2guṇakūṭaḥ	338guṇakūṭa	313guṇakauṭī		359 至德頂	336 德聚/德聚*王*	336 德聚	336 德聚
3arhadyaśaḥ	339mahāyaśas arhadyaśas（藏鶻）	314mahitayaśau		360 大名聞	337 供養名	337	337
4dharmakīrtiḥ	340dharmakīrti	315kīrtau		361 號法稱	338 法讚	338	338

（續表）

Sarvavajrodaya	Weller 多語種梵本	Bailey 于闐語本	法護譯本《興立品》/《發意品》	法護譯本《名號品》	A/B	北 845+S.1238	D.079+北 847
5dānaprabhaḥ	341nanda dānaprabha（abc 鶻）	316dhanaprrabhau		362 施光佛	339 施明	339	339
6vidyuddattaḥ	342vidyutdatta	317vidyadastau		363 炎曜施	340 電德	340	340
7satyakathī	343satyakathin	318satyakathī		364 作至誠	341 實語	341 實語	341 實語
8jīvakaḥ	344jīvaka	319jīvakau		365 修命業	342 救命	342	342
9suvayaḥ	345sucarya suvayas（abc）	320suyāmau		366 以善時	343 善戒	343	343
10sadgaṇī	346sadgaṇin	321sūgatir		367 善甚重	344 善衆	344	344
［10］1viniścitamatiḥ	347viniścitamati	322vidiścitamatir		368 決了意	345 定意/堅固慧	345 定意	345 定意
2bhavāntamaṇigandhaḥ	348bhavāntamaṇibandha bhavāntamaṇigandha（藏鶻）	323bhavanamaniryātau		369 志念行 370 明珠香	346 破有闇	346	346
3jayanandī	349yaśonandin jayanandin（abc）	324jayanaṃdau		371 勝忻喜	347 喜勝/*善*勝	347 喜勝	347 喜勝
4siṃharaśmiḥ	350siṃharaśmi	325siṃharaśmi		372 師子光	348 師子光	348	348
5vairocanaḥ	351vairocana	326vairaucanau		373 號照明	349 照明	349	349
6yaśottaraḥ	352yaśottara	327yaśautarau		374 上名聞	350 上名/*寶成就*	350 上名	350 上名
7sumedhaḥ	353sumedhas	328sumedau		375 善*山氏*	351 利慧	351	351
8maṇicandraḥ	354maṇicandra	329manicaṇdrau		376 *晁昱* 珠	352 珠*明*/珠月光	352 珠月	352 珠明
9ugraprabhaḥ	355ugraprabha	330ugraraśmi		377 號光勢	353 威光	353	353

（續表）

Sarvavajrodaya	Weller 多語種梵本	Bailey 于闐語本	法護譯本《興立品》/《發意品》	法護譯本《名號品》	A/B	北 845+ S.1238	D.079+ 北 847
10anihata*vratah̥*	356anihata*vrata*	331anihadavādau		378 勢無卑	354 不破論	354	354
［11］1dyutimān	357dyutimant	332jautimau		379 勤修焰	355 光明	355	355
2maṇigaṇaḥ	358maṇicakra maṇigaṇa（藏鵲）	333maṇicakrrau		380 明珠月	356 珠輪	356 珠論	356 珠輪
3lokottaraḥ	359lokottara	334lokaguptau		381 在世尊	357 世師/*金剛慧*	357 世師	357 世師
4si*ṃh*ahastī	360si*ṃh*ahastin	335siddhahastau		382 吉祥手	358 吉手	358	358
5（su）candraḥ	361guṇamaṇḍita （su?）candra（mas?）（abc）	336saumau		*383 寶忻樂*	359 善月	359	359
6ratnārciḥ	362ratnārci	337ratanārci			360 寶焰	360 寶炎	360 寶炎
7rāhuguhyaḥ	363rāhuguhya	338rāhuguptau		384 閑靜*明*	361 羅睺守	361	361
8guṇasāgaraḥ	364subuddharuci guṇasāgara（abc）	339baudhiuci		385 好*寂*道	362 樂菩提	362	362
9sahitaraśmiḥ	365sahitaraśmi	340sahitaraśmir		386 光嚴哀	363 等光	363	363
10praśāntagatiḥ	366pra*śasta*gati	341prraśāṃtagatau		387 所到寂	364 至寂滅	364	364
［12］1lokasundaraḥ	367lokasundara	342lokasuddharau		388 世善樂	365 世最妙	365	365
2aśokaḥ	368aśoka	343aśaukau		389 號無憂	366 無憂/*自在名*	366 無憂	366 無憂
3daśavaśaḥ	369daśavaśa	344daśavegau		390 順十所	367 十勢力	367	367
4balanandī	370balanandin	345balanaṃdau		391 忻樂力	368 喜力/*喜力王*	368 喜力	368 喜力
5sthāmaśrīḥ	371sthāmaśrī	346sthāmaśiri		392 勢力首	369 德勢力	369	369
6sthāmaprāptaḥ	372sthāmaprāpta	347sthą maprāptir		393 勢威至	370 得勢/*最勝頂*	370 得勢	370 得勢

（續表）

Sarvavajrodaya	Weller 多語種梵本	Bailey 于闐語本	法護譯本《興立品》/《發意品》	法護譯本《名號品》	A/B	北 845+ S.1238	D.079+ 北 847
7mahāsthāma	373mahāsthāman	348sthāmauśiri		394 大勢至	371 大勢力	371	
8guṇagarbhaḥ	374guṇagarbha	349guṇagarbhau		395 功勳藏	372 功德藏	372	371
9satyacaraḥ	375satyagupta satyacara，-gama（藏鶻）	350（sa）tyakrratau		396 言至誠	373 真行	373	372
10kṣemottamarājaḥ	376kṣemottamarāja	351kṣemautamarājau		397 上安隱	374 上安	374	373
［13］1tiṣyaḥ	377vajrapuṣya	352tiśyo		398 炎明佛	375 提沙 /金剛*知山*	375	374
2mahāraśmiḥ	378*jñāna*raśmi	353mahāraśmau		399 大光氏	376 大光	376	375
3vidyutprabhaḥ	379vidyutprabha	354vidyaraśmau		400 德光明	377 電明/*妙德藏*	377 電明	376 電明
4guṇavistṛtaḥ	380guṇavistṛta	355guṇavistīrṇau			378 廣德	378	377
5śrīratnaḥ	381ratnajāla	356ratnau		401 號寶首	379 珍寶 /*寶網嚴身*	379	378
6śrīprabhaḥ	382śrīprabha	357śiriprrabhau		*402 光演香*	380 福德明	380	379
7māradamaḥ							
8kṛtavarma	383kṛtavarman	358kṛtavarmau		403 造鎧明	381 造鎧	381	380
9siṃhahastaḥ	384si*ṃh*ahasta	359siddhahastau		404 吉祥手	382 成手	382	381
10supuṣpaḥ	385supuṣpa	360supupṣau		405 善華葉	383 善華	383	382
［14］1ratno*ttamaḥ*	386ratno*ttama*	361ratnaucayau		406 珍寶佛	384 集寶	384	383
2mahāsāgaraḥ	387padmottama （mahā）sāgara（abc）	362samudrrau		407 江海氏	385 大海/*大海智*	385 大海	384 大海

（續表）

Sarvavajrodaya	Weller 多語種梵本	Bailey 于闐語本	法護譯本《興立品》/《發意品》	法護譯本《名號品》	A/B	北 845+ S.1238	D.079+ 北 847
3dharaṇīdharaḥ	388dharaṇī*bandha*	363dharaṇidharau		408 執持地	386 持地/持地*德*	386 持地	385 持地
4arthabuddhiḥ	389arthabuddhi	364arthabuddhir		409 意義理	387 義意/義意*猛*	387 義意	386 義意
	390sucintin	365sucīpau		410 意清澈	388 善思惟	388	387
5guṇagaṇaḥ	391guṇacakra guṇagaṇa（藏鵲）	366guṇicakrrau		411 功德輪	389 德輪	389	388
6ratnāgniḥ	392ratnāgni	367ra（tnā）gnir		412 寶*舍宅*	390 寶火/寶*光*	390 寶火	389 寶火
7arthavaraḥ	393arthavara	368arthavarau		413 *行*至義	391 利益	391	390
8lokacandraḥ	394lokacandra	369lokacandrau		414 於世月	392 世月	392	391
9madhurasvaraḥ	395madhurasvara	370madhusvaran		415 音柔和	393 美音	393	392
10brahmaketuḥ	396brahmaketu	371brrāhmaketur		416 梵英*心*	394 梵相	394	393
[15]1gaṇimukhaḥ	397gaṇimukha	372gaṇamukhau		417 面威重	395 衆師首	395	394
2siṃhagatiḥ	398siṃhagati	373sihagatau		418 意吉利	396 師子行	396	395 師子行
3ugradattaḥ	399ugradatta	374ugradaṃtau		419 堅固施	397 難施	397 難陁	396 難施
4dharmeśvaraḥ	400pūjya	375pujyau			398 應供	398	397
5tejasprabhaḥ	401śrītejasprabha	376prrabhatejau		420 號福光	399 明威德	399	398
6mahāraśmiḥ	402mahāraśmi	377raśmau		421 大威曜	400 大光/-*王*〔1〕	400 大光	399 大光 400 大勢力

〔1〕 A 本至此标注“從此已上四百佛”；宫、宋、元本至“應供”標註“四百佛竟”，無“明威德”、“大光”二佛。B 本亦至“应供”标注“四百佛竟”，但將後二佛歸入五百佛組。

（續表）

Sarvavajrodaya	Weller 多語種梵本	Bailey 于闐語本	法護譯本《興立品》/《發意品》	法護譯本《名號品》	A/B	北 845+S.1238	D.079+北 847
7ratnayaśaḥ	403vajraratnavyūha ratnayaśas(abc)	378ratnayaśau		422 寶氏佛 423 號名聞	/金剛寶嚴 401 寶名	401	401
8gaṇiprabhāsaḥ	404gaṇaprabhāsa	379gaṇaprrasaṃnau		424 至重願	402 衆清凈	402	402
9anantayaśaḥ	405anantayaśas	380anaṃttayaśau		425 無量稱	403 無邊名	403	403
10amogharaśmiḥ	406amogharaśmi	381amauharaśmau		426 光不虚	404 不虚光	404	404
[16]1ṛṣidevaḥ	407ṛṣideva	382iṣidevau		427 消天嫉	405 聖天	405	405
2janendraḥ	408janendra	383jalīndrrau		428 勝根元	406 智王	406	406
3vajrasaṃghaḥ	409vajrasaṃgha	384vajrrasaṃghau		429 衆金剛	407 金剛衆	407	407
4supakṣaḥ	410supakṣa	385supakṣau		430 英善品	408 善障	408	408
5ketuḥ	411maitrīketu	386ketur			409 建慈	409	409
6kusumarāṣṭraḥ	412kusumarāṣṭra	387kusumarāṣṭrau		431 妙華郡	410 華國	410	410
7dharmamatiḥ	413dharmamati	388dharmamatau		432 意證明	411 法意	411	411
8anilagāmī	414anilagāmin	389analagāmī		433 無清行	412 風行	412	412
9sucittayaśaḥ	415sucittayaśas	390sucitayaśau		434 善思稱	413 善思名	413	413
10(dyuti)mān	416dyutimant	391jutimau		435 以照曜	414 多明	414	414
[17]1maruskandhaḥ	417meruskandha marutskandha(藏鶻 abc)	392marutaskandhau		436 神祇品	415 密衆[1] +光王	415	415

〔1〕 宫、宋、元本“密衆”之後亦有“光王”。

（續表）

Sarvavajrodaya	Weller 多語種梵本	Bailey 于闐語本	法護譯本《興立品》/《發意品》	法護譯本《名號品》	A/B	北 845+S.1238	D.079+北 847
2guṇaguptaḥ	419guṇagupta	393guṇaguptau		437 *寂* 功勳	416 功德守	416	416
3arthamatiḥ	420arthāgama arthamati（藏 abc 鵲）	394arthamandhau		438 超越義	417 利意	417	417
4acchambhī	421acchabhī	395acchabbhau		439 住無畏	418 無懼	418	418
5sthiramitraḥ	422sthitamitra	396sthitimitrau		440 建立慈	419 堅觀	419	419
6prabhāsthitasadṛśaḥ	423prabhāsthitakalpa	397sthitakalpo		*441 至要藏*	420 住法	420	420
7maṇicaraṇaḥ	424maṇicaraṇa	398maṇicarau		442 明珠行	421 珠足	421	421
8mokṣatejaḥ	425mokṣatejas	399maukṣatejau		443 威解脱	422 解脱德	422 解脱得	422 解脱德
9（sundarapā）rśvaḥ	426sundarapārśva 427lokakalpasvara	400suṃdarapārśvau		*444 善光明 445 至味佛*	423 妙身 +隨世語言	423	423
10subuddhiḥ	428subuddhi	401subuddhau		446 善度脱	424 善意/無	424	424
［18］1samatejaḥ	429samatejas	402samatejau		447 等威神	425 普德	425	425
2jñānavaraḥ	432jñānavara	403jñānavasau		448 聖慧勝	426 妙智	426	426
3brahmadattaḥ	430brahmadatta brahmavāsa（abc）	404brrāhmavasau		449 梵以生	427 梵財	427 梵賊	427 梵賊
4satyarutaḥ	431satyaruta	405satyarudau		450 至誠音	428 實音	428 實音	428 實音
5subuddhiḥ	subuddhi（abc）	406subuddhau		451 善覺佛	429 正智	429	429
6baladattaḥ	433baladatta	407baladatau		452 勢力施	430 力得	430	430
7siṃhagatiḥ	434siṃhagati	408seṃhagatau		453 師子步	431 師子意	431	431
8puṣpaketuḥ	435puṣpaketu	409puṇyaketur		454 號華英	432 華相/净華		432 華相

（續表）

Sarvavajrodaya	Weller 多語種梵本	Bailey 于闐語本	法護譯本《興立品》/《發意品》	法護譯本《名號品》	A/B	北 845+S.1238	D.079+北 847
9jñānākaraḥ	436jñānākara	410jñānākarau		455 慧事業	433 智積/*喜眼*		433 智積
10puṣpadantaḥ	437puṇyadatta puṣpadatta（abc）	411puṣpadatau		456 慧與華	434 華齒	432	434
［19］1guṇagarbhaḥ	438guṇagarbha	412guṇagarbhau		457 功德藏	435 功德藏 /功德自在幢	433	435
2yaśoratnaḥ	439yaśoratna	413yaśaratnau			436 名寶	434	436
3adbhutayaśaḥ	440adbhutayaśas	414adbhūtayaśau		458 布名聞	437 希有名	435	437
4anihatavrataḥ	441anihatavrata	415anihīnavrratau		459 除卑賤	438 上戒	436	438
5abhayaḥ	442abhaya	416abhayau		460 無恐怖	439 無畏/*離欲*	437 無畏	439
6prabhāmatiḥ	443prabhāmati	417prrabhādityau		461 意光明	440 日明/*自在天*	438 日明	440 日明
7brahmabāhuḥ	444brahamabāhu	418brrahmayau		462 於斯梵	441 梵壽	439	441
8vikrāntadevaḥ	445vikrāntatejas vikrāntadeva（abc 鶻）	419viśvadevau		463 自望天	442 一切天	440	442
9jñānapriyaḥ	446jñānapriya	420jñānaprrayau		464 *愛事業*	443 樂智	441	443
10satyadevaḥ	447satyadeva	421satyadevau		465 真誠天	444 賣（實）天 /可憶念	442 賣天	444 賣天
［20］1maṇigarbhaḥ	448maṇīgarbha	422maṇigarbhau		466 明珠藏	445 珠藏	443	445
2jñānaśrīḥ	449jñānaśrī	423guṇadaptau		467 功德室	446 德流布	444	446

（續表）

Sarvavajrodaya	Weller 多語種梵本	Bailey 于闐語本	法護譯本《興立品》/《發意品》	法護譯本《名號品》	A/B	北 845+ S.1238	D.079+ 北 847
	450mahādevarāja	424jñānarājau		468 積聖慧	447 智王 /大天王	445	447
3asitaḥ	451asita	425asidevau		469 莫能踰 410 喜悅喜	448 無縛	446	448
4dṛḍhavrataḥ	452dṛḍhavrata	426dṛḍhavṛtau		471 堅固願	449 堅法	447	449
5marutejaḥ	453marutejas	427maruta*yaśau*		472 所施天	450 天德	448	450
6brahmamuniḥ	454brahmamuni	428brrāhmamunau		473 梵柔仁	451 梵牟尼	449	451
7samantagāmī	455samantagāmin			474 意所趣	452 安詳行	450 安祥行	452 安祥行
8prāptabaraḥ	456prāptavara vratatapas（藏鶻 abc）	429vṛtapau		475 得消惡	453 勤精進	451	453
9arciskandhaḥ	457arciskandha	430ārciskaṃdhau		476 火赫焰	454 焰肩/*得上味*	452 炎肩	454 炎肩
10mahātejaḥ	458mahātejas	431mahātejau		477 大威神	455 大威德 /*無依德*	453	455
［21］1campakagandhaḥ	459campakagandha campaka（abc）	432caṃpakau		478 思夷華	456 蒼蔔華	454 瞻蔔華	456 瞻蔔華
2jñānolkaḥ	460jñānolka toṣaṇa（abc）	433naṃdayau		479 鳴吼佛	/出生無上*功德* 457 歡喜	455	457
3sugaṇī	461sugaṇin	434suśatau		480 善計數	458 善衆 /*仙人侍衛*	456	458
		435madagāmau					
4indradhvajaḥ	462indradhvaja	436indradhvajau		481 根元幢	459 帝幢	457	459

（續表）

Sarvavajrodaya	Weller 多語種梵本	Bailey 于闐語本	法護譯本《興立品》/《發意品》	法護譯本《名號品》	A/B	北 845+ S.1238	D.079+ 北 847
5mahāpriyaḥ	463mahāpriya	437mahāprriyau		482 大愛敬	460 大愛	458	460
6sumanāprabhaḥ	464sumanāprabha	438sumanaprrabhau		483 善安意 484 光重曜	461 須曼色	459 須蔓色	461 須蔓色
7gaṇiprabhaḥ	465maṇiprabha gaṇiprabha（藏鵲）			*485 弘微妙*	462 衆*妙*	460	462
8bodhyaṅgaḥ	466bodhyaṅga	439raucakau		*486 主所生*	463 可樂	461	463
9ūrjagamaḥ	467ojaṃgama	440ojaṃgamau		487 精所至	464 勢力行	462	464
10suniścitārthaḥ	468suviniścitārtha	441suniścitārthau		488 善決意	465 善定義	463	465
［22］1viṣṇudattaḥ	469viṣṇudatta vṛṣabha（abc 鵲）	442vṛṣayau		489 有境界	466 牛王	464	466
2subāhuḥ	470subāhu	443subāhau		490 善多佛	467 妙臂	465	467
3mahārathiḥ	471mahāraśmi	444mahāddharau			468 大車	466	468
4āśādadaḥ	472āśādad（a?）	445āśayadatau		491 加施願 492 救於世	469 滿願	467	469
5puṇyābhaḥ	473supuṇyābha	446puṇyābhau		493 福光氏	470 德光	468	470
6ratnaketuḥ	474ratnaketu ratnaruta（abc）	447ratnasvarau		494 寶音佛	471 寶音	469	471
7vajrasenaḥ	475vajrasena	448vajrrasenau		495 金剛將	472 金剛軍/*光幢*	470 金剛軍	472 金剛軍
8samṛddhaḥ	476samṛddha	449samṛddhau		496 號富有	473 富貴	471	473
9siṃhabalaḥ	477siṃhabala	450sihabalo		497 師子力	474 師子力	472 師子力德	474 師子力

（續表）

Sarvavajrodaya	Weller 多語種梵本	Bailey 于闐語本	法護譯本《興立品》/《發意品》	法護譯本《名號品》	A/B	北 845+S.1238	D.079+北 847
10vimalanetraḥ	478vimalanetra	451vimalanetrau		498 離垢目	475 净目	473	475
[23] 1kāśyapaḥ	479kāśyapa	452kāśapa		*499 身解脱*	476 迦葉/*觀身*	474 迦葉	476 迦葉
2prasannabuddhiḥ	480prasannabuddhi	453prasaṃnabuddhau		500 覺清澈	477 净意	475	477
3jñānakramaḥ	481jñānakrama	454jñānakrramau		501 聖慧步	478 知次第	476	478
4ugratejaḥ	482ugratejas	455ugratejau		502 威堅固	479 猛威德	477	479
5mahāraśmiḥ	483mahāraśmi	456mahāraśmau		503 大光明	480 大光明	478	480
6sūryaprabhaḥ	484sūryaprabha	457suryaprabhau		504 日晃曜	481 日光曜	479	481
7vimalaprabhaḥ	485vimalaprabha	458vimalagarbhau		505 體離垢	482 净藏	480	482
8vibhaktatejaḥ	486vibhaktatejas	459vibhaktatejau		506 分别威	483 分别威	481	483
9anupamaḥ	487anupama	460anaumau		507 無損耗	484 無損	482 月光	484 無損
10madhuvaktraḥ	488madhuvaktra	461madhuvatrau		508 柔軟葉	485 密口	483	485 密口
[24] 1candraprabhaḥ	489candraprabha	462candrrauprrabhau		509 月光氏	486 月光	484 名光明破闇起三昧王	486 月光
2vidyadattaḥ	490dattavidyut	463jutiddharau		510 電施佛	487 持明	485 持明	487 特明
3praśāntagāmī	491praśāntagāmin	464prraśāṃtagā̧ mī		511 行寂然	488 善寂行	486	488
4akṣobhyaḥ	492akṣobhya	465akṣubhyau		512 號無怒 513 多有燈	489 不動	487	489
5arhatkīrtiḥ	493arhatkīrti	466rāhakīrtau			490 大請(讚)	488 大讚	490 大請

（續表）

Sarvavajrodaya	Weller 多語種梵本	Bailey 于闐語本	法護譯本《興立品》/《發意品》	法護譯本《名號品》	A/B	北 845+S.1238	D.079+北 847
6guṇadharmaḥ	494guṇavarman	467guṇadharmau			491 德法	489	491
7laḍitakṣetraḥ	495laḍitakṣetra	468laḍhitakṣetrau		514 晃曜田	492 嚴土	490	492
8vyūharājaḥ	496vyūharāja	469viyūharājau		515 清净國	493 莊嚴王	491	493
9abhyudgataḥ	497abhyudgata	470atyudgatau		516 超出上	494 高出	492	494
10hutārciḥ	498hutārci	471hudārcau			495 焰熾	493 炎熾	495 炎熾
[25] 1padmaśriḥ	499padmaśrī	472padumaśirau		517 蓮華上 518 光首佛	496 華德	494	496
2ratnavyūhaḥ	500ratnabāhu ratnavyūha（abc 鵲） 501sumeru	473ratnaviyuhau		519 寶清净	497 寶嚴 +高大身	495	497
3subhadraḥ	502subhadra	474subhadrrau		520 號極賢	498 上善	496	498
4ratnottamaḥ	503ratnottama sumedhas（abc）	475ratnautamau		521 寶上氏	499 寶上	497	499
5sumeruḥ		476sumedau		522 善安明	500 利慧	498〔1〕	500
6amitaprabhaḥ	504amitaprabha				/無量光〔2〕		
7samudradattaḥ	505samudradatta	477samudrradaptau		523 江海施	501 海德	501 得海	501 海得
8brahmaketuḥ	506brahmaketu	478brrāhmaketau		524 梵天英	502 梵相/*寶印手*	502 梵相	502 梵相
9somacchattraḥ	507somacchattra	479saumacchatrau		525 *善寶*蓋	503 月蓋	503	503

〔1〕 少兩個佛名，但後面標注“五百佛已竟”，漏抄者爲 A 本 432“華相”與 433“智積”。

〔2〕 A 至此標注“從此已上五百佛”；宫、宋、元本至“寶嚴”標注“五百佛竟”，無後三佛。B 本亦至“寶嚴”標注“五百佛竟”，但將後四佛名歸入六百佛組。

（續表）

Sarvavajrodaya	Weller 多語種梵本	Bailey 于闐語本	法護譯本《興立品》/《發意品》	法護譯本《名號品》	A/B	北 845+S.1238	D.079+北 847
10arciṣmān	508arciṣmant	480ārcimau		526 好妙焰	504 多焰	504 多炎	504 多炎
[26]1velāmarājaḥ	509velāmarāja	481velą marājau		527 隨時義	505 違藍王 /*順寂滅*	505	505
III[1]1jñānakīrtiḥ	510jñānakīrti	482jñānakīrtau			506 智稱	506	506
2samjayī	511saṃjayin	483saṃjñiyau		528 明達想	507 覺想/智覺	507 覺相	507 覺想
3guṇaprabhaḥ	512guṇaprabha	484guṇaprrabhau		529 功德暉	508 功德光	508	508
4vighuṣṭaśabdaḥ	513vighuṣṭaśabda	485viguṣṭaśabdau		530 宣音佛	509 聲流布	509	509
5pūrṇacandraḥ	514pūrṇacandra	486*viguṣṭaśa*purṇacaṃdrau		531 盛滿月	510 滿月	510	510
6padmaraśmiḥ	515padmaraśmi	487padmaraśmau		532 蓮華光	511 華光/*名稱*	511 華光	511 華光
7suvrataḥ	516suvrata	488saṃvṛtau		533 善專精	512 善戒王	512 善戒	512 善成王
8pradīparājaḥ	517pradīparāja	489prradīparājau		534 燈明王	513 燈王	513	513
9vidyuketuḥ	518vidyutketu	490vidyaketu		535 電焰英	514 電光	514	514
10raśmirājaḥ	519raśmirāja	491raśmirājau		536 光明王	515 光王/大焰王	515 光王	515 光王
[2]1jyotiṣkaḥ	jyotiṣka(abc)	492jaunyamau		537 號晃昱	516 光明/*寂諸有*	516 光明	516 光明
2anupamakīrtiḥ	*520śarmaṃbhava*	493anaumakīrtau		538 稱無損	517 具足讚 /*毗舍佉天*	517	517
3padmagarbhaḥ	522padmagarbha	494padmigarbhau		539 蓮華藏	518 華藏	518	518
	523vajrasena				/金剛山		
4puṣyaḥ	521puṣyadeva	495puṣyau		*540 供養至*	519 弗沙	519	519

（續表）

Sarvavajrodaya	Weller 多語種梵本	Bailey 于闐語本	法護譯本《興立品》/《發意品》	法護譯本《名號品》	A/B	北 845+ S.1238	D.079+ 北 847
5cārulocanaḥ	524cārulocana	496cārulocanau		*541 四禪業*	520 *身* 端嚴	520 目端嚴	520 身端嚴
6anāvilārthaḥ	525anāvilārtha	497anāvilārthau		542 無所得	521 净義	521	521
7ugrasenaḥ	526ugrasena	498ugrasẹnau		543 強勢兵	522 威猛軍	522	522
8puṇyatejaḥ	527puṇyatejas	499puṇyatejau		544 功德藏	523 福威德 */智焰德*	523	523
9vikramaḥ	528vikrama	500vikrramau		545 獨游步	524 力行	524	524
10asaṅgabuddhiḥ	asaṅgamati(abc)	501aṣạṅgabuddhau		546 無礙佛 547 *覺意靜*			
[3]1rāhudevaḥ	529rāhudeva	502rāhudevau		548 號天聖	525 羅睺天	525	525
2jñānaraśmiḥ	530jñānaraśmi	503jñānarāśau		549 慧光明	526 智聚	526	526
3sārathiḥ	531sārathi	504sārathau		550 禦光明	527 調御 */師子出現*	527	527
4janendrakalpaḥ	532janendrakalpa	505janiṃdrrakalpo		*551 應所趣*	528 如王	528	528
5puṣpaketuḥ	533puṣpaketu	506puṣṣaketur		552 華英佛	529 華相 */圓滿清净*	529	529
6rāhulaḥ	534rāhula	507rāhulo		553 羅雲氏	530 羅睺羅	530	530
7mahauṣadhiḥ	535mahauṣadhi	508mahauṣadau		554 大篤信	531 大藥	531	531
8nakṣatrarājaḥ	nakṣatrarāja(abc) 536vimalamati 537paramārtha 538guṇabhuja	509nakṣattrarājau		555 星宿王	532 宿王 /清净賢 +第一義 +德手	532	532 宿王

（續表）

Sarvavajrodaya	Weller 多語種梵本	Bailey 于闐語本	法護譯本《興立品》/《發意品》	法護譯本《名號品》	A/B	北 845+ S.1238	D.079+ 北 847
9vaidyarājaḥ	540vaidyarāja	510vaidyarājau		556 醫王佛	533 藥王/無	533	533
10puṇyahastī	541puṇyahastin	511puṇyahastau		557 功福手	534 德手/無	534	534
[4]1takṣakaḥ		512tacchakau		558 所覆蓋	535 得叉伽/無	535	535
2vighuṣṭarājaḥ	vighuṣṭarāja(abc)	513vighuṣṭarājau		559 宣暢王	536 流布王 *+無量功德*	536	536
3sūryaraśmiḥ	539śataraśmi sūryaraśmi(abc)	514suryaraśmau		560 日光明	/百光明 537 日光	537	537
4dharmakośaḥ	542dharmakośa	515ddharmakauśau		561 法藏氏	538 法藏	538 德藏	538 法藏
5sumatiḥ	543sumati	516sumaddhau		562 善意佛	539 妙意	539	539
6guṇendrakalpaḥ	544guṇendrakalpa	517guṇedrrakalpo		563 德根念	540 德主	540	540
		518jñānakīrtau(重復 482)					
		519saṃjñiyau(483)					
		520guṇaprrabhau(484)					
7vajrasenaḥ	545vajrasena	521vajrrasenau		564 損兵刃	541 金剛衆 */最增上*	541	541
8prajñākūṭaḥ	546prajñākūṭa	522prrajñākuṭau		565 號智積	542 慧頂	542	542
9susthitaḥ	547susthita	523sthitau		566 善住立	543 善住/*勝怨敵*	543 善住	543 善住
10sucīrṇabuddhiḥ	548sucīrṇabuddhi	524susabuddhau		567 善了行	544 意行	544	544
[5]1brahmaghoṣaḥ 2nāgaḥ	549brahmaghoṣa 550nāga	525brrahmaghauṣau		568 梵天音 569 龍*雷電*	545 梵音 *546 師子/解脱*	545 546 師子	545 546 師子

（續表）

Sarvavajrodaya	Weller 多語種梵本	Bailey 于闐語本	法護譯本《興立品》/《發意品》	法護譯本《名號品》	A/B	北 845+ S.1238	D.079+ 北 847
3guṇagarjitasvaraḥ	551garjitasvara	526garjitasvarau		570 和音佛	547 雷音	547	547
4abhijñāketuḥ	552abhijñāketu	527abhijñaketu		571 神通英	548 通相	548	548
		528candrabhānau					
5prabhāketuḥ	553prajñāpāla ketuprabha(abc)	529prrajñāskandhau		572 聖智品	549 慧音(陰)	549 慧陰	549 慧陰
6kṣemaḥ	555kṣema	530kṣemau		573 吉安祥	550 安隱/*深自在*	550 安隱	550 安隱
7brahmā	554brahman	531brrahmau		574 梵平等	551 梵王/*大地王*	551 梵王	551 梵王
8puṃgavaḥ	556puṅgava	*532aṃgatau*			552 牛王/*大牛王*	552 大香	552 牛王
9laditanetraḥ	557laḍitanetra	533laṃḍanetrau		575 妙目療	553 梨陀目	553 梨陁目	553 梨陁目
10nāgadattaḥ	558nāgadatta	534nāgadattau		576 號布龍	554 龍德/*希有身*	554 龍德	554 龍德
[6]1satyaketuḥ	559satyaketu	535satyaketau		577 至誠英	555 實相	555 實德	555 實相
2maṇḍitaḥ	560atīśadeva	536pratimaṇḍitau		578 明瞭佛	556 莊嚴/最尊天	556	556
3ajitaghoṣaḥ	561ajataghoṣa	537alinaghauṣau		579 無怯弱	557 不没音	557	557
4ratnaprabhaḥ	562ratnaprabha	538padmapārśvau		580 寶*音聲*	558 華德/*寶勝*	558 華持	558 華持
5ghoṣadattaḥ 6kesarī	563ghoṣadatta siṃha[1](abc)	539ghauṣadatau		581 柔軟響 582 號師子	559 音德	559 音德 560 師子	559 音得 560 師子

[1] *SHT*840、*SV*.均作 kesarī(另一表獅子的詞彙);于闐語本的切分有些問題,但 Khot.540 依然可以看到詞素 kesara。故而 Weller 這裡構擬成 kesarin 似更相應。

（續表）

Sarvavajrodaya	Weller 多語種梵本	Bailey 于闐語本	法護譯本《興立品》/《發意品》	法護譯本《名號品》	A/B	北 845+ S.1238	D.079+ 北 847
7vicitrabhāṇī	564maṇḍita	540kesarauśau		583 號琦薩 584 若干辯	560 莊嚴辭	561	561
8jñānaśūraḥ	565jñānaśūra	541jñānaśūrau		585 勇慧氏	561 勇智	562	562
9padmarāśiḥ	566padmarāśi	542padmakāśau		586 蓮華積	562 華積	563	563
10puṣpitaḥ	567puṣpita	543puṣpitau		587 號華開	563 華開	564	564
[7]1vikrāntagāmī	568vikrāntagāmin	544vikrrāṃtagāmī		588 行步至	564 力行 /*無上醫王*	565	565
2puṇyarāśiḥ	569puṇyarāśi	545puṇyarāśau		589 積功德	565 德積	566 得積	566 得積
3śreṣṭhabuddhiḥ	570śreṣṭhabuddhi śreṣṭharūpa(藏餲)	546śreṣṭarūpau		590 顔貌貴	566 上形色	567	567
4jyotiṣaḥ	571jyotiṣka	547jautṛṣau		591 主威曜	567 明曜/*功德月*	568 明曜	568 明曜
5candrapradīpaḥ	572candrapradīpa	548candrraprradīpa		592 月燈明	568 月燈	569	569
	573tejorāja	549tejarājau		593 威神王	569 威德王	570	570
	574bodhirāja	550bụdhirājau		594 覺王佛	570 菩提王	571	571
6akṣayaḥ	575akṣaya	551akṣayau		595 無盡氏	571 無盡	572	572
7subuddhinetraḥ	576subuddhinetra	552sabụdhinetrau		596 覺達目	572 菩提眼	573	573
8prīnītāngaḥ	577prīṇitāṅga	553prraṇīdakau		597 號悦豫	573 身充滿	574	574
9prajñārāṣṭraḥ	578prajñārāṣṭra	554prrajñarāṣṭrrau		598 智郡土	574 慧國	575	575
10uttamaḥ	579uttama	555utamau		599 號最上	575 最上	576	576
[8]1*prahānatejaḥ*	580*prahīṇa*tejas	556prrahlādatejau		600 逮威施	576 清浄照	577 清涼照	577 清涼照

（續表）

Sarvavajrodaya	Weller 多語種梵本	Bailey 于闐語本	法護譯本《興立品》/《發意品》	法護譯本《名號品》	A/B	北 845+S.1238	D.079+北 847
2prajñādattaḥ	581prajñādatta	557prrajñadatau		601 智慧氏	577 慧德	578	578
3mañjughoṣaḥ	582mañjughoṣa	558manyughauṣau		602 音柔響	578 妙音聲	579	579
	nātha（ac） 583asaṃgaprabha	559nāyagau		603 導師元	579 導師/無	580	580
4asaṅgakosaḥ	584asaṃgakośa	560aṣagakauśau		604 聲無礙	580 無礙藏/-光	581 無礙藏	581 無礙藏
5jyeṣṭhadattaḥ	585jyeṣṭhadatta	561jeṣṭadattau		605 施尊藏	581 上施	582	582
6śreṣṭhaḥ	586śreṣṭha	562śreṣṭau		606 豪慧佛	582 大尊	583	583
7jñānavikramaḥ	587jñānavikrama	563jñānavikrramau		607 *獨游步*	583 智勢	584 智勢力	584 智力勢
8arciṣmān	588arciṣmant	564mahārcau		608 大晃曜	584 大焰	585 火炎	585 大炎
9pārthivaḥ	589indra	565indrrau		609 應根香	585 帝王	586	586
10vegadharī	590vegadhārin	566vegadhārī			586 制力	587	587 剬力
［9］1tiṣyaḥ	591deva tiṣya（abc）	567tiśyau			587 威德	588 咸德	588 威德
2suprabhaḥ	592suprabha	568suprratau		610 善光明	588 善明/*月現*	589 善明	589 善明
3śrīḥ	593śrī yaśodatta（abc 鵲）	569yaśau		611 布威稱	589 名聞	590	590
4surūpaḥ	594surūpa	570surūpau		612 好顏王	590 端嚴	591	591
5rājaḥ	595arajas	571virajau			591 無塵垢	592	592
6arthasiddhiḥ	596arthasiddhi	572arthasiddhau		613 號吉利	592 威儀	593	593

（續表）

Sarvavajrodaya	Weller 多語種梵本	Bailey 于闐語本	法護譯本《興立品》/《發意品》	法護譯本《名號品》	A/B	北 845+S.1238	D.079+北 847
7siṃhasenaḥ〔1〕	597simhasena	573seṃhasenau		614 師子兵	593 師子軍	594	594
8vāsavaḥ	598vāsava	574vāsavau		615 所止宿	594 天王	595	595
9yaśaḥ	599yaśas	575yaśau		616 名聞伏	595 名聲	596	596
10jayaḥ ［10］1udāragarbhaḥ	600jaya 601udāragarbha	576urāḍagarbhau		617 和妙藏	596 殊勝 597 大藏	597 598	597 598
2puṇyaraśmiḥ 3suvarṇaprabhā	602puṇyaraśmi 603suvarṇaprabha	577puṇyaraśmau		618 福光明	598 福德光	599	599
4śrotriyaḥ	604śrotriya	578śrautriyau		619 住良性	599 梵聞	600 梵聞	600 梵聲
5pradīparājaḥ	pradīparāja(abc)	579prradīparājau		620 燈明王	600 燈王 /出諸有〔2〕	601	601
6ratnakūṭaḥ	605avaivartika jñānakūṭa(abc)	580jñānakūṭau		621 積聖慧	601 智頂	602	602
7asaṅgadevaḥ	606asaṅgadeva uttamadeva(abc 鵲)	581agradevau		622 尊天佛	602 上天	603	603
8dharaṇīḥ	607pārthiva	582pārthavau		623 大主元	603 地王	604	604
9vimuktigāmī	608vimuktigāmin	583vamuktagāmau		624 解了行	604 至解脱	605	605
10suvarṇacūḍaḥ	609suvarṇacūḍa	584svarṇacuḍau		625 號金髻	605 金髻	606	606

〔1〕 以下五個佛名犍陀羅語分别爲：＊sihaseṇa、＊vasava、＊yaśa、＊jaya 與 uraḍa(garbha)。

〔2〕 A 本至此標注“從此已上六百佛”，宫、宋、元本至“殊胜”標注“六百佛竟”，無後四佛名。B 本亦至“殊勝”標注“六百佛竟”，但將後四佛歸入七百佛組。

（續表）

Sarvavajrodaya	Weller 多語種梵本	Bailey 于闐語本	法護譯本《興立品》/《發意品》	法護譯本《名號品》	A/B	北 845+ S.1238	D.079+ 北 847
[11] 1rāhulabhadraḥ	610rāhulabhadra	585rāhubhānau		626 閑靜教	606 羅睺日	607	607
2durkṣayaḥ	611durjaya	586durjayau		627 號難勝	607 莫能勝	608	608
3muniprasannaḥ	612muniprasanna	587aniprrasaṃnau		628 悦喜人	608 牟尼净	609	609
4somaraśmiḥ	613somaraśmi	588saumaraśmau		629 安明氏	609 善光	610	610
5kāñcanasuvarṇaprabhaḥ	614kāñcanasuvarṇa	589satyatābha		630 紫金光	610 金齊	611	611
6sudattaḥ	sudatta (abc)	*590gaṇadevau*		631 號妙好			
7guṇendradevaḥ	615guṇendradeva	591gaṇidrradevau		632 功勳根	611 功德王 /衆德天王	612 衆德天王	612 衆德天王
8dharmacchattraḥ	616dharmacchattra	592ddharmacchatrau		633 *法饒益*	612 法蓋	613 法益	613 法益
9puṇyabāhuḥ	puṇyabāhu (abc)	593puṇyabāhau		634 功德多 635 豐多氏	613 德臂 */勇猛名稱*	614	614
10aṅgadaḥ	asaṃga (abc)	594aṣaṃgajau		636 號虛空	614 鴦伽陀 */光明門*	615 鴦伽陁	615 鴦伽陁
[12] 1praṇītajñānaḥ	617praṇītajñāna 618oṣadhi 619āryajñāna	595prraṇīdajñānau		637 微妙慧	615 美妙慧	616	616

（續表）

Sarvavajrodaya	Weller 多語種梵本	Bailey 于闐語本	法護譯本《興立品》/《發意品》	法護譯本《名號品》	A/B	北 845+S.1238	D.079+北 847
2sūkṣmabuddhiḥ	620sūktabuddhi sūkṣmabuddhi(藏鶻)	596sukṣmabuddhau		638 覺解微	616 微意	617 微音	617 微意
3sarvatejaḥ	621sarvatejas	597anāvilārthau		639 一切威	617 諸威德	618	618
4oṣadhiḥ	622siṃhaketu siṃhacūḍa(藏鶻) oṣadhi(abc)	598oṣadhau		640 如藥佛	618 師子髻	619	619 師子髮
5vimuktiketuḥ	623vimuktaketu	599vimuktaketau		641 解脱英	619 解脱相	620	620
6prajñākośaḥ	624prajñākośa	600prrajñakauśau		642 智藏佛	620 慧藏	621	621
7jñānarājaḥ	625jñānarāja	601jñānarāśau		643 積聖慧	621 智聚/*娑羅王*	622 智聚	622 智聚
8bhīṣmarūpaḥ	626bhīṣmarūpa	*602bhāṣpaketur*		644 可敬畏	622 威相	623	623
9oghakṣayaḥ	627oghakṣaya	603ohajahau		645 降伏流	623 斷流	624	624
10asaṅgakīrtiḥ	628asaṃgakīrti	604aṣaṃgakīrtau		646 稱無礙	624 無礙讚	625	625
[13]1satyarāśiḥ[1]	629satyarāśi			647 集至誠	625 寶(實)聚 */所作已辦*	626 實聚	626 實聚
2susvaraḥ	630susvara	605susvarau		648 善音響	626 善音	627	627
3girīndrakalpaḥ	631girīndrakalpa	606giriṃdrrakalpo		649 威重帝 650 應如念	627 山王相	628	628
4dharmakūṭaḥ	632dharmakūṭa	607dharmakūṭau		651 號稱法	628 法頂	629	629

〔1〕 以下六個佛名犍陀羅語分别爲：＊sacaraśi、＊susvara、giriṇaṃ、＊dharmakuḍa、＊mokṣateya 與＊śobhida。

（續表）

Sarvavajrodaya	Weller 多語種梵本	Bailey 于闐語本	法護譯本《興立品》/《發意品》	法護譯本《名號品》	A/B	北 845+ S.1238	D.079+ 北 847
5mokṣatejaḥ	633mokṣatejas	608maukṣatejau		652 解威神	629 解脱德 /*無能暎蔽*	630	630
6śobhitaḥ	634śobhita	609śaubhi			630 善端嚴	631	631
7*praśānta*gātraḥ	635*praśānta*gātra	610prraśastragātrau		653 尊化身	631 吉身	632	632
8manojñāvākyaḥ	636manojñavākya	611*manuṣya*vākyau		654 言柔軟	632 愛語	633	633
9siṃhadaṃṣṭraḥ	637siṃhadaṃṣṭra	612siṃhatasṇau		655 師子鬘	633 師子利	634	634
10varuṇaḥ ［14］1jagatpūjitaḥ	638varuṇa	613varuṇau		*656 捐重擔* *657 拔衆根*	634 和樓那	635	635
2siṃhapārśvaḥ	639siṃhapārśva siṃhadharma（鶺）	614siṃhatasṇau		658 敬師子	635 師子法	636	636
3dharmavikrāmī	640dharmavikrāmin	615dharmavikrramau		659 法伴侣	636 法力	637	637
4subhagaḥ	641subhaga	616suhakau		660 游安隱	637 愛樂	638	638
5akṣobhyavarṇaḥ	642akṣobhyavarṇa	617akṣubhyavarṇau		661 無怒覺 662 顏色盛	638 讚不動	639	639
6tejorājaḥ	643tejorāja	618tejarājau		663 威神王	639 衆明王	640	640
7bodhanaḥ	644bodhana	619baudhano		664 號諸覺	640 覺悟 /覺悟衆生	641	641
8sunetrī	645sulocana	620sulocanau		665 善明佛	641 妙明（眼）	642 妙眼	642 妙明
9sthitārthabuddhiḥ	646citrārthabuddhi	621sthitārthabuddhau		666 住立義	642 意住義	643	643
10abhāsaraśmiḥ	647*abhaya*saraśmi	622ābhāsaraśmi		667 覺光明	643 光照	644	644

（續表）

Sarvavajrodaya	Weller 多語種梵本	Bailey 于闐語本	法護譯本《興立品》/《發意品》	法護譯本《名號品》	A/B	北 845+ S.1238	D.079+ 北 847
[15]1gandhatejaḥ	648*gaja*tejas	623gandhatejau		*668 神妙音*	644 香德	645	645
2toṣaṇaḥ	649toṣaṇa	624tauṣaṇau		669 威悦衆	645 令喜	646	646
3amoghagāmī	650amoghagāmin	625amauhagāmau		670 行不虚	646 不虚行 /日成就	647	647
4bhasmakrodhaḥ	651bhasmakrodha	626bhasmakrraudhau		671 消壞瞋	647 滅恚	648	648
5vararūpaḥ	652vararūpa	627agrarūpau		672 顏貌尊	648 上色	649	649
6sukramaḥ	653sukrama	628sukrraumau			649 善步	650	650
7pra*dāna*kīrtiḥ	654pra*dāna*kīrti	629prraṇādakīrtau			650 大音讚	651	651
8śuddhidattaḥ	655śuddhidatta	630śaubhidayau			651 净願	652	652
9devasūryaḥ	656devasūrya	631devasuryau			652 日天	653	653
10prajñālokaḥ	657prajñāloka	632prrajrrilo			653 樂慧	654	654
[16]1samāhitaḥ	658samāhitāṅga	633samāhidātṣe			654 攝身	655	655
2ojatejaḥ	659ojastejas	634ojatejau			655 威德勢	656	656
3kṣatriyaḥ	660kṣatriya	635kṣatriyau			656 刹利	657	657
4bhāgīrathī	661bhāgīrathi	636bhāgīrasau			657 德乘/*衆會王*	658 德乘	658 德乘
5suvarṇadāmam	662suvarṇadāma	637suvarṇautamau		673 善紫金 674 調和佛	658 上金	659	659
6vimukticūḍaḥ	663vimuktacūḍa	638vimuktacaudyau		675 解脱結	659 解脱髻	660	660
7samṛddhaḥ	664samṛddhaḥ dhārmika（藏鶻）	639dharmikau		676 住於法	660 樂法	661	661

（續表）

Sarvavajrodaya	Weller 多語種梵本	Bailey 于闐語本	法護譯本《興立品》/《發意品》	法護譯本《名號品》	A/B	北 845+ S.1238	D.079+ 北 847
8sthitagatiḥ	665sthi*ra*gati	640sthitagatau		677 號往歸	661 住行	662	662
9madaprahīṇaḥ	666madaprahīṇa	641madaprraheṇau		678 棄自大	662 捨憍慢	663	663
10jñānakośaḥ	667jñānakośa	642jñānakauśau		679 聖慧藏	663 智藏	664	664
[17]1brahmagāmī	668brahmagāmin	643brrāhmakāmau		680 梵天遊	664 梵行	665	665
2candanaḥ	669candana	644*na*ṃdanau		681 號栴檀	665 栴檀	666	666 旃檀
3aśokaḥ	670aśoka	645aśaukau		682 無憂戚	666 無憂名	667	667
4siṃharaśmiḥ	671siṃharaśmi	646śaubhidātmau		683 清净身	667 端嚴身	668	668
5keturāṣṭraḥ	672keturāṣṭra	647keturāṣṭrau		684 號佛英	668 相國	669	669
		648indramau					
6padmagarbhaḥ	673padmagarbha	649padmakau		685 蓮華佛	669 蓮華/*敏持*	670 蓮華	670 蓮華
7anantatejaḥ	674anantatejas	650anaṃtatejau		686 威無量	670 無邊德	671	671
8devaraśmiḥ	675devaraśmi	651varaśmau		687 天光曜	671 天光	672	672
9puṇyapuṣpaḥ	676puṇyapuṣpa prajñāpuṣpa（藏鶻）	652prrajñāpuṣpau		688 聖智華	672 慧華	673	673
10vidrumaḥ	677vidruma	653bidamau		689 號作斯	673 頻頭摩	674	674
[18]1samṛddhajñānaḥ	678samṛddhajñāna	654samṛddhajñānau		690 功德慧	674 智富	675	675
2brahmavasuḥ	679brahmavasu	655brrāhmavasau		691 梵天居	675 梵財/*大願光*	676 梵財	676 梵財
3ratnapāṇiḥ 4indrama	680ratnapāṇi 681indrama	656ratnapāni		692 寶牽佛 693 帝王氏	676 寶手 677 净根	677 678	677 678

（續表）

Sarvavajrodaya	Weller 多語種梵本	Bailey 于闐語本	法護譯本《興立品》/《發意品》	法護譯本《名號品》	A/B	北 845+ S.1238	D.079+ 北 847
5anupamavādī	682anupamavādin	657anaumavādhau		694 無損佛	678 具足論	679 具足輪	679 具足論
6jyeṣṭhavādī	683jyeṣṭhavādin	658jeṣṭavādhau		695 至尊教	679 上論	680	680
7pūjyaḥ	684pūjya	659puṣyau			680 弗沙*/不退地*	681 弗沙	681 弗沙
8tejaḥ	685tejas tiṣya(abc)	660tiśyau			*/法自在不虛* 681 提沙	682	682
9sūryaḥ	686sūrya	661suryau			682 有日	683	683
10uttīrṇapaṅkaḥ	687uttīrṇapaṅka	662utīrṇapaṃkau			683 出泥	684	684
[19] 1jñānaprabhāsaḥ	688jñānaprabhāsa jñānaprāpta(藏 abc 鶻)	663jñānaprrāptau			684 得智	685	685
2siddhaḥ	689siddhi	664siddhau			685 上吉	686 讚羅	686 讚羅
3mayūraḥ	690mayūra	665mārau			686 謨羅	687 上吉	687 上吉
4dhārmikaḥ	691dhārmika	666dharmilo			687 法樂	688	688
5hitaṣirūpaḥ	692hitaiṣirūpa	667heterṣau			688 求勝	689	689
6jñānī	693jñānin	668jñānau			689 智慧	690	690
7yaśaḥ	694yaśas	669āryau			690 善聖	691	691
8jālaraśmiḥ 9vijitaḥ	695jālaraśmi vijita(abc)	670jālaraśmau		696 水帝王 *697 星明氏 698 無所害*	691 網光	692	692 網日
10vaiḍūryagarbhaḥ	696vaiḍūryagarbha	671vaiḍūryagarbhau		699 琉璃藏	692 琉璃藏	693 流離藏	693 琉璃藏
[20] 1puṣpaḥ	puṣpa(abc)	672puṣpau		700 號天華			

（續表）

Sarvavajrodaya	Weller 多語種梵本	Bailey 于闐語本	法護譯本《興立品》/《發意品》	法護譯本《名號品》	A/B	北 845+ S.1238	D.079+ 北 847
2devaḥ	697devarāja	673devau			/善天		
3śaśī	698śaśin 699nihita	674yaśaudharau		701 揚名稱	693 名聞 *694 利寂* *695 教化*	694 695 696	694 695 696
4smṛtiprabhaḥ	700smṛtiprabha	675svatiprrabhau		702 弓身光	696 *日* 明 */普隨順自在*	697	697 日明
5kuśalaprabhaḥ	701kuśalaprabha	676kuśalaprabhau		703 極善明	697 善明 */堅固苦行*	698	698
6sarvaguṇaprabhaḥ	702sarvaguṇaprabha sarvavaraguṇaprabha(abc)	677sarvaguṇāgraprabhau		704 一切動 705 甚貴光	698 衆德上明	699	699
7ratnaśrīḥ	703ratnaśrī	678ratnaśrī		706 珍寶佛 707 元首氏	699 寶德	700	700
8guṇacandraḥ	704guṇacandra	679puruṣacaṃdrrau		708 妙丈夫 709 號月所	700 人月 */一切善友*〔1〕	701 人月	701 人月
9rāhuḥ	705rāhula	680rāhau			701 羅睺/*解脱音*	702 羅睺	702 羅睺
10amṛtaprabhaḥ	706amṛtaprabha	681(a)mṛdiprrabhau		710 無量光	702 甘露明	703	703
[21]1sumanaḥ	707sumanas jyotiṣprabha(abc)	682sumanau		711 快意念	703 妙意/*遊戲王*	704 妙意	704 妙意
2jyotiprabhaḥ		683jautiprrabhau		712 炎明佛	704 焰明/*滅邪曲*	705 大明	705 大明
3gamanaśivaḥ	708hasanaśiva gamanaśiva(bc)	684kasinādhivau			705 一切主	706	706 一切生

〔1〕 A 本至此標注“從此已上七百佛”，宫、宋、元本至“日明”標注“七百佛竟”，無後四佛。B 本至佛名“普隨順自在”標注“七百佛竟”，後四佛歸入八百佛組。

（續表）

Sarvavajrodaya	Weller 多語種梵本	Bailey 于闐語本	法護譯本《興立品》/《發意品》	法護譯本《名號品》	A/B	北 845+S.1238	D.079+北 847
4jñānasāgaraḥ 5dharmeśvaragiriḥ	jñānasāgara(abc) 709dharmeśvaragiri 710campakaprabha	685jñānaratau		715 好樂慧	706 樂智 /薝蔔净光	707	707
	711parvatendra	686girindrrau		716 山根本	707 山王	708	708
6keśavilokitaḥ	712keśavilokita praśānta(藏鵲 abc)	687prraśāṃtau		713 視無厭 714 師子佛 717 寂然德	708 寂滅	709	709
7guṇakoṭibalaḥ	713guṇakoṭibala	688guṇakūṭabalo		718 積勢力	709 德聚力	710	710
8surendraḥ	deveśvara(abc)[1]	689suraidrrau		719 宜善帝	710 天王	711	711
9sughoṣaḥ	714guṇasaṃpada mañjughoṣa(abc)[2]	690sughauṣau		720 暢善聲	/具衆德 711 妙音聲	712	712
10supārśvaḥ[3]	715guṇacandra 716sudatta supārśva(abc)	691supārśvau		*721 號快華*	/最勝月 /善施 712 妙華	713	713
[22]1sthitārthaḥ	717si*ddh*ārtha	692sthitārthau		722 住於義	713 住義/住本	714 住義	714 住義
2guṇatejaśrīḥ	718guṇatejas	693guṇatejarājau		723 威德王	714 功德威聚	715	715

〔1〕 根據 *SV*.梵本與于闐語本,此處似重構爲 surendra 更相應。

〔2〕 根據 *SV*.梵本與于闐語本,此處似重構爲 sughoṣa 更相應。根據 Weller 的重構,Baums 等將此佛名的犍陀羅語重構爲 * maṃjughoṣa。

〔3〕 以下四個佛名犍陀羅語分别爲：* supakṣa、* ṭhidartha、guṇateya 與 * asamañaṇi。

（續表）

Sarvavajrodaya	Weller 多語種梵本	Bailey 于闐語本	法護譯本《興立品》/《發意品》	法護譯本《名號品》	A/B	北 845+ S.1238	D.079+ 北 847
3asamatājñānī	719samantajñānin asamajñānin(abc 鶻)〔1〕	694asamatajñā		724 慧無等	715 智無等	716	716 智無礙
4amitasvaraḥ	720amitasvara	695amṛtasvarau		725 號無限 726 音響佛	716 甘露音	717	717
	721puṇyabāhu/ subāhu(鶻)	696suhastau		*727 名殊勝*	717 善手	718	718
5sukhābhaḥ 6sumedhaḥ	722sukhābha sumedhas(abc)	697sudevau		*728 善光明 729 安隱斯*	718 利慧/*執明炬*	719 利慧	719 利慧
7vimokṣamohārthacintī	723mahārthacintin vigatamohārthacintin(abc)	698vimuktārthacittau		730 解説佛 731 心思義	719 思解脱義	720	720
8viśiṣṭhasvaraḥ	724viśiṣṭhasvara	699viśiṣṭasvarau		732 號極貴 733 宣暢音	720 勝音	721	721
9laḍitāgragāmī	725laḍitāgragāmin	700laḍhitagāmī		734 晃昱業 *735 等虚空 736 身名聞*	721 梨陀行	722 梨阿行	722 梨陁行
10śantārthaḥ	726śamatha	701śamārthau		737 利寂然	*722 善義*	723	723
[23]1adoṣaḥ	727adoṣa	702adauṣau		738 無瑕穢	723 無過	724	724

〔1〕 根據 *SV*.梵本與于闐語本，此處似重構爲 asamatājñānin 更相應。

（續表）

Sarvavajrodaya	Weller 多語種梵本	Bailey 于闐語本	法護譯本《興立品》/《發意品》	法護譯本《名號品》	A/B	北 845+S.1238	D.079+北 847
2śubhacīrṇabuddhiḥ	728śubhacīrṇabuddhi	703śubhavīrṇau		739 號清净 740 意習行	724 行善	725	725
3padmottaraḥ	padmakośa(abc) 729padamottara	704padma-ākauśau		741 蓮華佛 742 順品第	725 華藏/*殊妙身*	726 華藏	726 華藏
4sūryaraśmiḥ	730sūryaraśmi	705saraśmau		743 善光曜	726 妙光	727 妙色	727 妙光
5pratibhānavarṇaḥ	731pratibhānavarṇa	706prratibhānamatau		744 妙辯才 745 *號盡極*	727 樂説	728	728
6sutīrthaḥ	732sutīrtha	707sutīrthau		746 善周遍	728 善濟	729	729
7gaṇendraḥ	733gaṇendra	708gaṇaindrau		747 重根元	729 衆王/*不可説*	730 衆王	730 衆王
8vigatabhayaḥ	734vigatabhaya	709vigatabhayau		748 離怖畏	730 離畏/*最清净*	731 離畏	731 離畏
9jñānaruciḥ	735jñānaruci	710jñą narucau		749 慧清白 750 安住佛	731 樂知		732 樂智
10pratibhāṇacakṣuḥ	736pratibhānacakṣus 737paravidāra	711pratibhānacaṃdrrau		751 宣辯才 752 最明目	732 辯才日 +破他軍	732 辯才日	733
[24]1valabuddhiḥ	739varabuddhi	712varabudhau		753 覺名聞	735 上意	735	736
2śaśī		713yaśadatau		*754 常空佛*	733 名聞/無	733	734
3ratnābhacandraḥ	738ratnābhacandra	714ratnacandrau		*755 月寂然*	734 寶月明	734	735
4abhayaḥ	740abhaya	715abhayau		756 無恐懼	736 無畏 /友安衆生	736	737
5mahādarśanaḥ	741mahādarśana	716mahādarśau		757 大顯現	737 大見	737	738
6brahmarutaḥ	742brahmaruta	717brrāhmarutau		758 梵天氏	738 梵音/*無畏音*	738 梵音	739 梵音
7sughoṣaḥ	743sughoṣa	718sughauṣau		759 好音響	739 善音/*水天德*	739 善音	740 善音

（續表）

Sarvavajrodaya	Weller 多語種梵本	Bailey 于闐語本	法護譯本《興立品》/《發意品》	法護譯本《名號品》	A/B	北 845+ S.1238	D.079+ 北 847
8mahāprajñātīrthaḥ	744mahājñātīrtha	724prrajñātīrthau		760 大聖慧 761 度邊際	740 慧濟	740	741
9samantabuddhiḥ	745asamantabuddhi asamabuddhi（abc 鶻）	719asamatabuddhau		762 普無際	741 無等意	741	742
10vajrasaṃhatabuddhiḥ	746vajrasaṃhārabuddhi akṣobhyaprajñābha（abc）	720vajrrasenau			742 金剛軍/不動慧光	742	743
［25］1buddhimatiḥ	747buddhimati	721baudhimaddhau		763 覺了意	743 菩提意	743	744
2drumendraḥ	748drumendra	722drrumedrau		764 樹根元*765 行極順*	744 樹王	744	745
3ghoṣeśvaraḥ	749ghoṣeśvara ghoṣasvara（藏 abc 鶻）	723ghaḍitasvarau		766 清除音	745 槃陀音	745 槃陁音	746 槃陁音
4puṇyabalaḥ	750puṇyabāhu puṇyabala（abc 藏鶻）	725puṇyabalo		767 *寂* 功德 768 有力勢	746 福德力	746	747
5sthāmaśrīḥ	751sthāmaśrī	726sthą maśrī		769 號強首	747 勢德	747	748
6āryapriyaḥ	752āryapriya	727āryapriyau		770 敬聖佛	748 聖愛	748	749
7pratāpaḥ	753pratāpa	728prratāpau		771 以逮得	749 勢行	749	750
8jotīrasaḥ	754jyotīr*āma*	729jauttarasau		772 號明昧	750 琥珀	750	751
9dundubhimeghasvaraḥ	755dundubhimeghasvara	730duṃdubhimeghasvarau		773 雷震吼 774 雨音聲	751 雷音雲	751	752
IV［1］priyacakṣuvaktraḥ	756priyacandravaktra priyacakṣurvaktra（藏 abc 鶻）	731priyacakṣubhadrrau		775 眼愛敬 776 仁賢氏	752 善愛目	752	753

（續表）

Sarvavajrodaya	Weller 多語種梵本	Bailey 于闐語本	法護譯本《興立品》/《發意品》	法護譯本《名號品》	A/B	北 845+ S.1238	D.079+ 北 847
2sujñānaḥ	757sujñāna	732sujñānau		777 明極快	753 善智	753	754
3samṛddhaḥ	758samṛddha	733samṛddhau		778 極富有	754 具足	754	755
4guṇarāśiḥ	guṇarāśi（abc） 759puṣpa	734guṇarāśau		779 合集德 *780 而寂然*	755 德積 /華勝	755	756
5praṇādaḥ	760sughoṣa	735praṇādau		*781 號悦豫*	756 大音	756	757
dharmadhvajaḥ	761dharmadhvaja	736ddharmadhvajau		782 法幢幡	757 法相	757	758
7jñānarutaḥ	762jñānaruta	737jñanarudau		783 *至聖* 響	758 智音	758 智音	759 智意
8gaganaḥ	763gagana	738gaganau		784 心虛空	759 虛空	759	760
9*vihāra*svaraḥ	764vimala yajñasvara（藏 abc 鶻）	739yaśasvarau		785 *法* 祠音	760 祠音	760 祠音	761 祠意
10jñāneśvaraḥ ［2］1prajñāvibhaktarutaḥ	765jñāneśvara jñānavihāsasvara（藏 abc 鶻）	740prajñāvibhaktaruddhau		*786 功德佛* 787 分別音	761 慧音差別	761 慧音差別	762 慧意差別
2guṇatejoraśmiḥ	766guṇatejoraśmi	741guṇaraśmau		788 德光明 789 有威神	762 功德光/*月焰*	762 功德光	763 功德光
3ṛsīndraḥ	767ṛṣīndra	742iṣindrau		790 達根元	763 聖王	763	764
4matimān	768matimant	743matimau		791 有意念	764 衆意	764	765
5pratibhānacakraḥ	769pratibhānacakra	744pratibhānacakrrau		792 有捷辯 793 寂然輪	765 辯才輪	765	766
6suyajñaḥ	suyajña（abc）	745suyāmau		794 仁善王	766 善寂	766	767

（續表）

Sarvavajrodaya	Weller 多語種梵本	Bailey 于闐語本	法護譯本《興立品》/《發意品》	法護譯本《名號品》	A/B	北 845+ S.1238	D.079+ 北 847
7candrānanaḥ	770candrānana 771avaivartikajña	746candrānanau		795 若干月	767 月面 /不退慧	767	768
8sūryaśasī		747suryayaśau		796 日遠聞	768 日名	768	769
9vimalaḥ	772guṇasāgara vimala（藏 abc 鶻） 773asaṃgaprajña	748virajau		797 無垢塵	769 無垢 /無著慧	769	770
10guṇsañjayaḥ	774guṇasañcaya	749guṇasaṃcayau		798 德至誠	770 功德集	770	771
[3] 1ketūttamaḥ 2puṇyadhvajaḥ	ketumant（abc） 775puṇyadhvaja	750ketumau		*799 殊妙華* 800 德幢幡	771 華德相	771	772
3pratibhānarāṣṭraḥ	776pratibhānarāṣṭra	751pratibhānarāṣṭrau		801 郡辯才	772 辯才國	772	773
4ratnaprabhaḥ	777ratnaprabha ratnapradatta（abc）〔1〕	752ratnapradhānau		802 好珍寶	773 寶施	773	774
5priyacandraḥ	778priyacandra anunnata（c）	*753supratịṣṭau*		803 懷悦豫 804 敬愛月 805 無卒暴	774 愛月 775 不高	774 775	775 776
	779guṇarāśi	*754caṃdrrą tamau*			/集功德蘊		
6siṃhabalabuddhiḥ	780siṃhabalabudhi siṃhabala（abc 鶻）	*755munidrrau*		806 師子力	776 師子力 /*滅惡趣*	776	777 師子力
7vaśavartirājaḥ	781vaśavartirāja	*756janeṃdrrakau*		807 自在王	777 自在王	777	778

〔1〕 根據于闐語本，此處似構擬成 ratnapradāna 更相應。

（續表）

Sarvavajrodaya	Weller 多語種梵本	Bailey 于闐語本	法護譯本《興立品》/《發意品》	法護譯本《名號品》	A/B	北 845+ S.1238	D.079+ 北 847
8amṛtaprasannaḥ	782amṛtaprasanna	*757muniskaṃdhau*		808 悦無量	778 無量净	778	779
9samdhyāyī	783samantadhyāyin samadhyāna（藏 abc 鶻）	*758ratnāvabhāsau*		809 平等業	779 等定	779	780
10akṣobhyaḥ	784akalya akṣobhya（藏 abc 鶻）	*759ratnautamau*		810 無嗔恚	780 不壞	780	781
[4]1praśāntamalaḥ〔1〕	785praśāntamala	*760supratịṣṭarājau*		811 滅垢穢	781 滅垢	781	782
2deśāmūḍhaḥ	786deśitāmūḍha	761diśa apramuhī		812 頒宜宣 813 慧無愚	782 不失方	782	783
3laḍitaḥ	787laḍita	762laḍhitau		814 玄妙佛	783 無嬈	783	784
4subhadraḥ	788subhadra suvaktra（藏 abc 鶻）	763suvaktrau		815 善仁賢	784 妙面	784	785
5sthita*cetaj*ñānaḥ	789sthitavegajñāna	764sthitavegajñā̦ nau		816 而應住*817 十慧寂*	785 智制住	785 智制住	786 智制住
6kathendraḥ	790kathendra	765krrathindrrau		818 言談帝	786 法師王	786	787
7mahādevaḥ	791mahādeva	766mahādevau		819 號大天	787 大天	787	788
8gambhīramatiḥ	792gambhīramati	767gaṃbhīrāmatau		820 有深意	788 深意	788	789
9amitaḥ	793amita	768amitau		821 行無量	789 無量	789	790
10dharmabalaḥ	794dharmabala	769dharmabalo		822 有法力	790 法力/*無礙見*	790 法力	791 法力
[5]1pūjyaḥ	795pūjya	770pujitau		823 至供養	791 世供養	791	792

〔1〕 以下三個佛名犍陀羅語分别爲：＊praśaṃtamala、＊deśamuḍha 與＊laḍida。

（續表）

Sarvavajrodaya	Weller 多語種梵本	Bailey 于闐語本	法護譯本《興立品》/《發意品》	法護譯本《名號品》	A/B	北 845+ S.1238	D.079+ 北 847
2puṣpaprabhaḥ	796puṣpa	771puṣṣaprabhi		824 華光明	792 華光/*普散* 華	792 華光	793 華光
3trailokapūjyaḥ	797trailokyapūjya	772trailokyapujau		825 在三世 826 閑靜供	793 三世供	793	794
4rāhusūryagarbhaḥ	798rāhusūryagarbha	773arahasuryagarbhau		827 日曜藏	794 應日藏	794	795
5marutpūjitaḥ	799marutpūjita	774maratapujitau		828 天奉事	795 天供養	795	796
6mokṣadhvajaḥ	800mokṣadhvaja	775dvajau		829 幢幡佛 830 有解脱	*796 上智人*	796	797
7kalyāṇacūḍaḥ	801kalyāṇacūḍa	776kalyą ṇacuḍau		831 至真髮	797 真髻	797	798
8amṛtaprabhaḥ	802amṛtaprabha	777amṛtaprasaṃnau		832 演甘露*833 極殊異*	798 信甘露	798	799
9vajraḥ 10dṛdhasāgaraḥ	803vajra 804dṛḍhasāgara	778vajrradṛḍhau		834 堅雄心	799 金剛/*不著相* 800 堅固 /離分别海〔1〕	799 金剛 800	800 金剛 801
［6］1ratnaskandhaḥ	805ratnaskandha	779ratnaskaṃdhaprabhau		835 真珍寶 836 光明品	801 寶肩明	801	802
2laḍitakramaḥ	806laḍitakrama	780laḍhitakrramau		837 遊玄妙	802 梨陀步	802 梨陁步	803 梨陁步
3bhānuman	807bhānumant	781bhānugau		838 言辭净	803 隨日	805	804
4śuddhaprabhaḥ	808śuddhaprabha	782śuddhau			804 清净	806	805

〔1〕 A 本至此標注“從此已上八百佛”，宫、宋、元本至“上智人”標注“八百佛竟”，無後四佛。B 本亦至“上智人”標注“八百佛竟”，但將後四佛歸入九百佛。

（續表）

Sarvavajrodaya	Weller 多語種梵本	Bailey 于闐語本	法護譯本《興立品》/《發意品》	法護譯本《名號品》	A/B	北 845+S.1238	D.079+北 847
5ratnacūḍaḥ	809ratnacūḍa prabhābala（c）	783prabhavegau		839 震光明	805 明力	803	806
	810guṇakūṭi〔1〕	784guṇakūṭau		840 積功德*841 演光曜*	806 功德聚	804	807
6anupamaśrīḥ	811anupamaśrī	785anaumaśrī		842 無損首	807 具足德	807	808
7siṃhagatiḥ	812siṃhagati	786siṃhagatau		843 師子步	808 師子行 */端嚴海*	808	809
8udgataḥ	813udgata	787udgamau		844 超出難	809 高出*/須彌山*	809 高出	810 高出
9puṣpadattaḥ	814puṣpada*nta*	788puṣpatau		845 布施華	810 華施	810	811
10muktiprabhaḥ	815muktiprabha	789muktaprabhau		846 顔悦豫	811 珠明*/無著智*	811 珠明	812 珠明
[7]1padmaḥ	816padma	790vimuktaprabhau		847 紅蓮華	812 蓮華*/無邊座*	812 蓮華	813 蓮華
2jñānapriyaḥ	817jñānapriya	791jñānaprriyau		848 好愛慧	813 愛智	813	814
3laḍitavyūhaḥ	818laḍitavyūha	792laḍhitaviyuhau		849 净玄珠*850 清無虚*	814 槃陀嚴	814 槃陁嚴	815 槃陁嚴
4amoghavihārī	819amoghavihārin	793mauhavihārau		*851 慧聖明*852 謙卑行	815 不虚行 */清净住*	815	816
5rūḍhavaraṇaḥ	820rūḍhavrata	794rudyavrratau			*816 生法*	816	817
6ketudhvajaḥ	821ketudhvaja	795kitudvajau		853 除幢幡	817 相相	817 相好	818 相相
7sukhacittī	822sukhacitti（n?）	796suhacitau		854 善思惟	818 思惟樂	818	819

〔1〕 以下五個佛名犍陀羅語分别爲：＊guṇacuḍa、＊aṇuvamaśiri、＊sihagadi、ugama 與＊puṣpadatta。

（續表）

Sarvavajrodaya	Weller 多語種梵本	Bailey 于闐語本	法護譯本《興立品》/《發意品》	法護譯本《名號品》	A/B	北 845+S.1238	D.079+北 847
8vimohar*ā*jaḥ	823vimohar*ā*ja	797vimauharatau		855 好脱門	819 樂解脱	819	820
9vidhijñaḥ	824vidhijña	798visinyau		856 曉了明	820 知道理	820	821
10*śuddha*sāgaraḥ	825*śuddha*sāgara	799śruttasāgarau		857 聞如海	821 多聞海	821	822
［8］1ratnadharaḥ	826ratnadhara	800padmadhāraṇau		858 總持寶	822 持華	822	823
2ajitaḥ	827ajita	801muninau			*823 不隨世*	823	824
3jagattoṣaṇaḥ	828jagattoṣaṇa	802janatauṣaṇau		859 成智識 860 可悦意	824 喜衆	824	825
4mahārutaḥ	829mahāruta mayūraruta（藏 abc 鵲）	803rarudau		861 暢音聲	825 孔雀音	825	826
5adīnaḥ	830adīna	805adīnau		*862 見無業*	826 不退没	826	827
6bhavatṛṣṇāmalaprahīṇaḥ	831bhavatṛṣṇāmalaprahīṇa	804bhavataṣaṇaprahenamalo		*863 好所樂* 864 斷垢塵	827 斷有愛垢	827 斷有愛垢	828 斷有愛
7cāritratīrthaḥ	832cāritratīrtha	806cāritratathau		865 行極邊	828 威儀濟	828	829
8bahudevaghuṣṭaḥ	833bahudevaghuṣṭa	807bahudevaguṣṭau		866 多化異 867 天布響	829 諸天流布	829	830
9ratnakramaḥ	834ratnakrama	808ratnakrramau		868 寶游步	830 寶步/*師行*	830 寶步	831 寶步
10padmahastī	835padmahastin	809padmahastau		869 紅蓮華	831 華手	831	832
［9］1śrīḥ	836śrī	810śiri		870 象香首	832 威德/*最上施*	832 威德	833 威德
2jitaśatruḥ	837jitaśatru	811jitaśatrau		871 伏怨敵	833 破怨賊	833	834
3samṛddhayaśaḥ	838samṛddhayaśas	812mṛtayaśau		872 名多聞	834 富多聞	834	835

（續表）

Sarvavajrodaya	Weller 多語種梵本	Bailey 于闐語本	法護譯本《興立品》/《發意品》	法護譯本《名號品》	A/B	北 845+ S.1238	D.079+ 北 847
4surāṣṭraḥ	839surāṣṭra	813surāṣṭrau		873 根善郡	835 妙國	835	836
5kusumaprabhaḥ	840kusumaprabha	814kusumaprabhau		874 妙華光	836 華明/*熾盛王*	836 華光	837 華明
6siṃhasvaraḥ	841siṃhasvara	815siṃhasvarau		875 師子響	837 師子*智*	837	838
7candrodgataḥ	842candrodgata	816candraudgatau		876 月遊往	838 月出	838	839
8bhasmadāma	843bhasmadāma	817bhamautamau		877 定壞冥	839 滅暗	839 滅闇	840 滅闇
9acalaḥ	844acala	818avalo		878 無所動	840 無動	840	841
10saṃjñāgatiḥ	845saṃjñagati	819sahibhgatau		*879 忍細步*	841 次第行	841	842
[10]1puṇyapradīparājaḥ	puṇyapradīpa(abc)	820puṇyapradīparatau		880 福燈度	843 福德燈/無	842 福燈	843 福燈
2svaracodakaḥ	846svaramodaka svaracodaka(藏 abc 鵲)	821svaracaudakau		881 囑累音	842 音聲治	843	844
3gautamaḥ	847gautama	822gaudamau		882 而最上	844 憍曇	844	845
4ojabalaḥ	848ojobala	823ojabalo		883 精進力	845 勢力	845	846
5sthitabuddhirūpaḥ	849sthitabuddhirūpa	824sthatabuddharūpau		884 住術意*885 發寂然*	846 身心住	846 身心住	847 身止住
6sucandraḥ	850sucandra	825sucadrrau		886 妙善月	847 善月	847	848
7bodhyaṅgapuṣpaḥ	851bodhyaṅgarūpa bodhyaṅgapuṣpa(藏 abc 鵲)	826baudhyāṃgapuṣpau		887 覺意華	848 覺意華	848	849
8praśastaḥ	852praśasta siddhi(abc)	827praśastau		888 吉祥善	849 上吉/*饒益王*	849 上吉	850 上吉

（續表）

Sarvavajrodaya	Weller 多語種梵本	Bailey 于闐語本	法護譯本《興立品》/《發意品》	法護譯本《名號品》	A/B	北 845+ S.1238	D.079+ 北 847
9sutejeḥ	853sutejas	828sutejau		*889 所言快*	850 善威德	850	851
10balatejojñānaḥ	854balatejojñāna	829balajñānatejau		890 慧勢力	851 智力德	851 智力智	852 智力德
[11] 1kuśalaprabhaḥ	855kuśalaprabha kuśalapradīpa(藏 abc 鶻)	830kuśalapradīpau		892 威方便 893 燈火光	852 善燈	852 善燈	853 善燈
2dṛḍhavikramaḥ	856dṛḍhavikrama	831dṛḍhavikrramau		894 行步槍	853 堅行	853	854
3devarutaḥ	857deva*s*uta	832devarudau		894 天音聲	854 天音	854	855
4praśāntaḥ	858puṇyapradīparāja praśānta(abc)	833praśāṃtau		895 順寂然	/福德燈 855 樂安	855	856
5sūryānanaḥ	859sūryānana	834suryātanau		896 若干日	856 日面	856	857
6mokṣaprabhaḥ	860mokṣaprabha mokṣavrata(abc)	835maukṣavrratau		*897 以隨時 898 安樂*	857 *樂*解脱 */不動聚*	857	858
7śīlaprabhaḥ	861śīlaprabha	836śīlaprabhau		899 戒光明	858 戒明	858	859
8vratasthitaḥ	862vratasthi*ra*	837vṛtasthitau		900 修建立	859 住戒	859	860
9arajaḥ	863arajas	838arajau		901 無塵埃	860 無垢/*普攝受*	860 無垢	861 無垢
10sārodgataḥ	864sā*ga*rodgata	839sāradgatau		*902 安往和*	861 堅出	861	862
[12] 1añjanaḥ	865añjana	840anyanau		903 有聖慧	862 安闍那	862	863
2(vardhanā) rjitaḥ	866arthavardha vardh(abc 鶻)	841vaddhitau		904 轉增益	863 增益	863	864
3gandhābhaḥ	867gandhābha	842gandhābhau		905 香光明	864 香明	864	865

（續表）

Sarvavajrodaya	Weller 多語種梵本	Bailey 于闐語本	法護譯本《興立品》/《發意品》	法護譯本《名號品》	A/B	北 845+S.1238	D.079+北 847
4vimalaprabhaḥ	868vimalaprabha velāmaprabha(abc)	843vimālaprabhau		906 因順時	865 違藍明	865	866
5smṛtīndraḥ	869smṛtīndra	844statiṃdrrau		*907 音暉曜*	866 念王	866 信念王	867 念王
6madhuravaktraḥ	870madhuravaktra	845masuravattrau		908 柔軟葉	867 蜜鉢	867	868
7anantadhvajaḥ	871anantadhvaja asaṃgadhvaja(abc)	846aṣaṃgadvajau		909 無罣礙 910 *寂* 幢幡	868 無礙相	868	869
8varabuddhiḥ	872varabudhi varabodhigati(藏 abc 鵲)	847varabuddhigāmau		911 趣最道	869 至妙道	869 信戒	870 信戒
9caraṇaprasannaḥ	873caraṇaprasanna	848varaṇasaṃnau		912 行玄妙	*870 信戒*	870 至妙道	871 至妙道
10ratnapriyaḥ	874ratnapriya	849ratnapriyau		913 愛敬寶	871 樂寶	871 樂實	872 樂實
[13]1dharmeśvaraḥ	875dharmeśvara	850varmikau		914 法所遊	872 明法	872	873
2viśvadevaḥ	876viśvadeva	851viśvatejau		915 而言天	873 具威德	873	874
3mahāmitraḥ	877mahāmitra	852mahāmittrau		916 無極慈	874 大慈	874	875
4sumitraḥ	878sumitra	853sumittrau		917 善知友	875 上慈	875	876
5praśāntagatiḥ	879praśāntagāmin	854prraśāṃtagatau		918 步寂然	876 至寂滅 */饒益慧*	876	877
6amṛtādhipatiḥ	880amṛtādhipa	855amṛtādavau		919 無量土	877 甘露主	877	878
7meruprabhaḥ	881meruprabha	856meruprrabhau		920 明曜山	878 彌樓明	878	879

（續表）

Sarvavajrodaya	Weller 多語種梵本	Bailey 于闐語本	法護譯本《興立品》/《發意品》	法護譯本《名號品》	A/B	北 845+ S.1238	D.079+ 北 847
8āryastutaḥ	882āryastuta	857āryastanau		921 賢所歎	879 聖讚	879	880
9jyotiṣmān	883jyotiṣmant	858jautimau		*922 興發道*	880 廣照	880	881
10dīptatejaḥ	884dīptatejas	859dīptatejau		923 斯威神	881 威德/*持壽*	881 威德	882 威德
[14]1avabhāsadarśī	885avabhāsadarśin	860obhāsadarśau		924 所現光	882 見明	882	883
2sucīrnavipākaḥ	886sucīrṇavipāka	861sucīrṇavipākau		925 報善行	883 善行報	883	884
3supriyaḥ	887supriya	862suprītavipākau		926 逮極善	884 善喜	884	885
4vigataśokaḥ	888vigataśoka			927 離憂戚	885 無憂/*無滅*	885 無憂	886 無憂
5ratnaprabhāsaḥ	889ratnaprabhāsa	863ratnaprabhāsau		928 寶光明	886 寶明	886	887
6cāritrakaḥ	890cāritraka	864cāritrāvau		929 所行道	887 威儀 /*具足名稱*	887	888
7puṇyakramaḥ	891puṇyakrama	*865ratnaskaṃdhau*		930 功福行	*888 樂福德*	888	889
8gunasāgaraḥ	892guṇasāgara	*866prādyautakīrtau*		931 德如海	889 功德海	889	890
9caityakaḥ	893caitraka	*867avabhāsakīrtau*		*932 若干品*	*890 盡相*	890	891
10mārajahaḥ	894mārajaha	*868prratiṣṭagarbhau*		933 降伏魔	891 斷魔	891	892
[15]1mānajahaḥ	895sattamaṃgama māra(kṣayaṃkara?)(藏 ac 鵲)	869samaṃtaprabhau		934 除害非	892 盡魔	892	893
2vāsanottīrnagatiḥ	896vāsanottīrṇagati	*870dīptaprrabhau*		935 所宿止 936 入外學	893 過衰道	893 過襄道	894 過襄道

（續表）

Sarvavajrodaya	Weller 多語種梵本	Bailey 于闐語本	法護譯本《興立品》/《發意品》	法護譯本《名號品》	A/B	北 845+ S.1238	D.079+ 北 847
3abhedyabuddhiḥ	897abhedyabuddhi	*871prabhāsakarau*		937 無壞意	894 不壞意	894	895
4udadhiḥ	898udadhi	*872devauttamarājau*		*938 能思遠*	895 水王	895	896
5vimārṣṭaḥ	899vimārśa	873vimāṣṭau		*939 因所誠*	896 净魔	896	897
6gaṇimuktirājaḥ	900gaṇimuktirāja	874gaṇimukharājau		940 取重解	897 衆上王	897	898
7priyābhaḥ	901priyābha 902puṇyadīpa	875prriyābhau		941 斯愛敬	898 愛明 899 福燈	898 愛明〔1〕	899
8bodhidhvajaḥ	903bodhidhvaja	876baudhidvajau		942 道幢幡	900 菩提相	899 菩提相	900
9jñānarutaḥ	904jñānaruta	877jñānaruddhau		943 聖慧響	901 智音 */大威力*〔2〕	900 智音	901
10suśrīmān	905suśrīmant	878suśrīmau		944 號須斯	901 善滅	901	902
［16］1brahmā	906brahman	879brrāhmaṇau		945 斯梵天	902 梵命	902	903
2jñānarataḥ	907jñānaruta jñānarata（藏 abc 鵲）	880jñą narudau		946 樂隱佛	903 智喜	903	904
3ṛddhiketuḥ	908ṛddhiketu	881irdiketau		947 神足英	904 神相	904	905
4janendrakalpaḥ	909janendrakalpa	882janindrakalpo		948 勝根地	905 如衆王	905	906

〔1〕“愛明”之後，衍出“隨日”與“清净”，與 805、806 號佛名重複。

〔2〕A 本至此標注“從此已上九百佛”，由於重複了“福燈”，故而多出一佛；宫、宋、元本至“衆上王”標注“九百佛竟”，無後四佛。B 本亦至“衆上王”標注“九百佛已竟”，但將後四佛歸入一千佛組。

（續表）

Sarvavajrodaya	Weller 多語種梵本	Bailey 于闐語本	法護譯本《興立品》/《發意品》	法護譯本《名號品》	A/B	北 845+ S.1238	D.079+ 北 847
5dharaṇindharaḥ	910dharaṇīśvara	883dharaṇindharau		949 所執持	906 持地 /*種種色相*	906	907
6sūryapriyaḥ	911sūryapriya	884suryapriyau		950 日恭恪	907 愛日	907	908
7rāhucandraḥ	912rāhucandra	885rāhucadrrau		*951 月宫生*	908 羅睺月	908	909
8puṣpaprabhaḥ	913puṣpaprabha	886puṣpābhau		952 迦益華	909 華明/*無相慧*	909 華明	910 華明
9vidyādhipaḥ	914vaidyādhipa	887vidyādevau		*953 賢所施*	910 藥師上	910	911
10ojodhārī	915ojodhārin	888ojadhāraṇau		954 持精明	911 持勢力	911	912
[17]1puṇyapriyaḥ	916puṇyapriya	897puṇyaprabhau		955 福所哀	912 福德明/*焰慧*	912 福德明	913 福德明
2ratiprabhaḥ	917ratiprabha	898ra*tn*aprabhau		956 好樂力	913 喜明	913	914
3sughoṣaḥ	918sughoṣa	889sughauṣau		957 善音説	914 好音	914	915
4dharmeśvaraḥ	919acaladeva dharmeśvara(abc)	890ddharmeśvarau		958 法貴佛	/不動天 915 法自在	915	916
5brahmarutaḥ	920brahmaruta	891brrāhmarudau		959 梵天響	916 梵音 /*妙德難思*	916	917
6suceṣṭaḥ	921suceṣṭa	892suciṣṭau		960 其快善	917 善業	917	918
7askhalitabuddhiḥ	922askhalita askhalitabuddhi(abc 鵤)	893akhilabuddhau		961 無缺漏 962 覺舉號	918 意無錯/-謬	918 意無錯	919 音無錯
8mahāpraṇādaḥ	923mahāpraṇāda	894mahāprraṇātau		963 大弘廣	919 大施	919	920

（續表）

Sarvavajrodaya	Weller 多語種梵本	Bailey 于闐語本	法護譯本《興立品》/《發意品》	法護譯本《名號品》	A/B	北 845+ S.1238	D.079+ 北 847
9yaśakīrtiḥ	924yaśaḥkīrti	895yaśakīrtau		964 名聞稱	920 名讚	920	921
10ketumān	925ketumant	896ketamau		965 英妙意	921 衆相	921	922
[18] 1vighuṣṭatejaḥ	926vighuṣṭatejas	899viṣṭatejau		966 暢神音	922 德流布 /*解脱月*	922	923
2jagadīśvaraḥ	927jagadīśvara	900jagateśvarau		967 師音樹	923 世自在	923	924
3drumaḥ	928anuttareśvara druma (abc)	901drrūmau			/無上王 924 德樹	924	925
4supraṇaṣṭamohaḥ	929supraṇaṣṭamoha	902pranaṣṭamauhau		968 棄愚癡	925 滅癡	925	926
5amṛtaḥ	930amṛta amita (藏 abc 鶻)	903amitau		969 降甘露	926 無量/*斷言論*	926 無量	927 無量
6sucandramaḥ	931sucandramas	904sucạndrau		970 仁善月	927 善月/*梵供養*	927 善月	928 善月
7anantapratibhānaketuḥ	932anantapratibhānaketu	905anaṃttapratibhuānaketur		971 辯無量 972 宣名稱	928 無邊辯相	928	929
8līlāprabhaḥ	933līlāprabha līlāvrata (藏鶻)	906lomavrratau		973 應性行	*929 梨陀法*	929 梨陁法	930 梨陁法
9pūjyaḥ	934pūjya	907pujyau		974 供養度	930 應供養	930	931
10uttīrṇaśokaḥ	935uttīrṇaśoka	908utīrṇakauśau		975 而懷憂	931 度憂	931	932
[19] 1kṣemapriyaḥ	936kṣetrapriya kṣemapriya (藏 abc 鶻)	909kṣamaprayau		976 愛樂安	932 樂安	932	933
2jagadratiḥ	937jagadpati jagadmati (藏 abc 鶻)	910jagatimatau		977 戲俗志	933 世意	933 世意	934 世音

（續表）

Sarvavajrodaya	Weller 多語種梵本	Bailey 于闐語本	法護譯本《興立品》/《發意品》	法護譯本《名號品》	A/B	北 845+ S.1238	D.079+ 北 847
3priyaṃgamaḥ	938 priyaṃgama	912prrayagau		978 樂所趣	934 愛身	934	935
4caraṇābhijātaḥ	939caraṇābhijaya	911caraṇābhijātau		979 歸所行*980 破衆業*	935 妙足	935	936
5utpalaḥ	940utpala	913utpalo		981 青蓮華	936 優鉢羅	936 憂鉢羅	937 憂鉢羅
6anantapratibhānaraśmiḥ	942anantapratibhānaraśmi	915anaṃttipratibhānaraśmau		983 永無底 984 宣辯才 985 號光曜	938 無邊辯光	938	939
7puṣpottamaḥ	941puṣpottama	914puṣpadāmau		982 調華佛	937 華纓	937 華瓔	938 華纓
8ṛṣipradhānaḥ	943ṛṣipradhāna ṛṣiprasanna（藏 abc 鶻）	916iṣiprasaṃnau		*986 斯逮致*	939 信聖	939	940
9guṇavīryaḥ	944guṇavīrya	917guṇavīryau		987 有功勳 988 禦精進	940 德精進	940	941
10sāraḥ	945sāra	918sārau			941 真實	941	942
[20]1marutādhipaḥ	946marudadhipa	919marudāthivau		989 天境域	942 天主	942	943
2uccarataḥ	947uccatara uccatarasvara（鶻）〔1〕	920ubhasvarau		990 最上行	943 樂高音	943	944
3prasannaḥ	948prasanna	921prasaṃnau		991 習好樂	944 信净	944	945
4bhāgīrathiḥ	949bhāgīrathi	922bhāgīrathau			945 婆耆羅陀	945 婆耆羅陁	946 婆耆羅陁

〔1〕 根據 SV.梵本與漢譯，此處構擬成 uccaratasvara 似更相應。

（續表）

Sarvavajrodaya	Weller 多語種梵本	Bailey 于闐語本	法護譯本《興立品》/《發意品》	法護譯本《名號品》	A/B	北 845+ S.1238	D.079+ 北 847
5puṇyamatiḥ	950puṇyamati	923puṇyamatau		992 功福意	946 福德意	946 福德意	947 福德音
6hutārciḥ	951hutārci	925hudārcau		993 互明曜	947 焰熾/*不瞬*	947 炎熾	948 炎熾
7anantaguṇaraśmitejaḥ	952anantaguṇaraśmitejas 953siddhimant	924anaṃttaguṇarāśitejau		994 德無量 995 集威神	948 無邊德 */順先古* 949 聚成	948 949	949 950
8siṃhavikrāmī	954siṃhavikrāmin	926siṃhavikrrātau		996 師子步	950 師子遊	950	951
9acalaḥ	955varakara acala（abc）	927acalo		997 妙無動	/955 最上業 951 不動	951	952
10prasannaḥ	956prasanna	928prrasaṃnayau			952 信清净	952	953
［21］1cīrṇaprabhaḥ	957cīrṇaprabha	929cīrbhābhau		998 行晃曜	953 行明	953	954
2nāgarutaḥ 3punarnāgarutaḥ	958nāgaruta	930nāgarudau		999 龍音響	954 龍音	954	955
4cakradharaḥ	959cakradhara	931cakrradharau		1000 執持輪	955 持輪	955	956
5varaṇasuśreṣṭhaḥ	960varṇasuśreṣṭhin vasuśreṣṭha（abc）	932suśreṣṭau		1001 尊勢象	956 財成	956	957
6lokapriyaḥ	961lokapriya	933lokapriyau		1002 樂哀世	957 世愛	957	958
7dharmaśaśī	962tiṣya	934dharmayaśau		1003 法音佛	958 法名 /提舍	958	959
8anantaratnakīrtiḥ	963anantaratnakīrti	935anaṃttarau 936danakīrtau		1004 樂無底 1005 號名稱	959 無量寶名	959	960

（續表）

Sarvavajrodaya	Weller 多語種梵本	Bailey 于闐語本	法護譯本《興立品》/《發意品》	法護譯本《名號品》	A/B	北 845+ S.1238	D.079+ 北 847
9meghadhvajaḥ	964meghadhvaja	937meghadvajau		1006 雨幢佛	960 雲相	960	961
10prajñāgatiḥ	965prajñāgati	938prajñagatau		*1007 雨德行*	961 慧道	961	962 慧道
[22]1sugandhaḥ	966anudharmadhī sugandha(abc)	939sugandhau		1008 美好香	/順法智 962 妙香	962	963
2gaganasvaraḥ	967gaganasvara	940gaganasvarau		1009 號虛空 1010 音響辭	963 虛空音	963	964
3amaraḥ	968amara	941aṃbharau			964 虛空/*善眼*	964 虛空	965 虛空
4devarājaḥ	969devarāja	942ditarāgau		1011 天帝王	965 天王/*無勝天*	965 天王	966 天王
5praṇidhānaḥ	970praṇidhāna maṇi（-viśuddha?）（藏 abc）	943prrasaṃnau		1012 弘明珠	966 珠浄	966	967
6sudhanaḥ	971sudhana	*944adavau*		1013 善財業	967 善財	967	968
7pradīpaḥ	972pradīpa	*945suryagarbhau*		1014 燈火焰	968 燈焰	968 燈炎	969 燈炎
8ratnasvaraghoṣaḥ	973ratnasvaraghoṣa	*946devarāyau*			969 寶音聲	969	970
9janendrarājaḥ	974janendrarāja	*947gandhautamau*		1015 斷根王	970 人主王	970	971
10rāhuguptaḥ	975rāhugupta	*948amṛtābhau*		1016 閑寂靜	971 羅睺守 */不思議功德光*	971	972
[23]1kṣemaṃkaraḥ	976kṣemaṃkara	*949nāgayaśau*		1017 主安隱	972 安隱/*隨法行*	972 安隱	973 安隱
2siṃhagatiḥ	977siṃhagati siṃhamati(abc 鵲)	*950devarāśau*		1018 師子意	*/無量賢* 973 師子意	973	974

（續表）

Sarvavajrodaya	Weller 多語種梵本	Bailey 于闐語本	法護譯本《興立品》/《發意品》	法護譯本《名號品》	A/B	北 845+ S.1238	D.079+ 北 847
3ratnayaśaḥ	978ratnayaśas	*951priyasaṃnau* *952adanau*		1019 流寶名	974 寶名聞	974	975
4kṛtārthaḥ	979kṛtārtha	953kṛtārthau		1020 建立義	975 得利	975	976
5kṛtāntadarśī	（kṛta）antadarśin（abc）	954kṛtāṃtadarśau		1021 建示現	976 遍見/無	976	977
6bhavapuṣpaḥ	980bhavapuṣpa	955bhavapuṣpau		1022 所有華	977 世華	977	978
7ūrṇaḥ	981ūrṇa	957unaṃdau		1023 眉間光	978 高頂	978	979
8atulapratibhānarājaḥ	982atulapratibhānarāja	956atūlyapratibhānatejau		1024 無邊際 1025 辯才王	979 無邊辯才威	979 無邊辯才	980 無偏辯才
9vibhaktajñāneśvaraḥ	983vibhaktajñānasvara	958vibhaktajñā̩ nasārau		1026 剖判慧 1027 由自在	*980 差别知見*	980 差别智見	981 差别知見
10siṃhadaṃṣṭraḥ	984siṃhadaṃṣṭra	959siṃhadāṣṇau		1028 師子髭	981 師子牙	981	982
［24］1laḍitakramaḥ	laḍitakrama（abc）	960laḍhitakrramau		1029 遊晃昱	982 梨陀步/無	982 梨陁步	983 梨陁步
2puṇyapradīpaḥ	puṇyapradīpa（abc）	961puṇyadharma-pradīpacchatrau		1030 德燈焰 1031 月暉曜	983 福德/無	983	984 985
3dharmapradīpacchattraḥ	985dharmapradīpacchattra				984 法燈蓋	984	
4maṅgalī	986maṅgalin				985 目犍連	985 目揵連	986
5aśokarāṣṭraḥ	987aśokarāṣṭra	962aśaukarāṣṭrau		1032 無所愁 1033 郡土地	986 無憂國	986	987

（續表）

Sarvavajrodaya	Weller 多語種梵本	Bailey 于闐語本	法護譯本《興立品》/《發意品》	法護譯本《名號品》	A/B	北 845+S.1238	D.079+北 847
6maticintī	988maticintin	963maticitau		1034 心覺解	987 意思惟	987 意思	988 意思
7buddhibalaḥ		964baudhilo			988 樂菩提/無	988	989
8dharmapradīpākṣaḥ	989dharmapradīpākṣa	965dharmasurārcau		*1035 殊勝法*	989 法天敬	989	990
9sudarśī							
10vegajahaḥ	990vegajaha	966*vigata*jahau		*1036 安光教 1037 應美香*	990 斷勢力	990	991
[25] 1atibalaḥ	991atibala	967adhibalo		1038 甚有力	991 極勢力	991 敬勢力	992 極勢力
2prajñāpuṣpaḥ	992prajñāpuṣpa	968prrajñāpuṣpau		1039 智慧華	992 慧華/*滅貪*	992 慧華	993 慧華
3dṛḍhasvaraḥ	993dṛḍhasvara	969dṛḍhasvarau		1040 其音強	993 堅音	993	994
4sukhitaḥ	994sukhita	970suhidau		1041 順安隱	994 安樂/無	994	995
		971suvaktrau（763）					
		972sthitavegajñānau（764）					
		973kathidrrau（765）					
		974mahādevau（766）					
		975gaṃbhīramatau（767）					
		976amitau（768）					
		977dharma-（769）udgatau（787）					

（續表）

Sarvavajrodaya	Weller 多語種梵本	Bailey 于闐語本	法護譯本《興立品》/《發意品》	法護譯本《名號品》	A/B	北 845+S.1238	D.079+北 847
		978puṣpadatau（788）					
		979muktaprrabhau（789）					
		980padumau					
		981jñānaprriyau（791）					
		982ruḍhitaviyuhau（792）					
		983mauhavihārau（793）					
		984ruḍyavenau（794）					
		985ketudhvajau（795）					
		986suhacitau（796）					
		987vimauharatau（797）					
		988visityau（798）					
		989śrutasāgarau（799）					
		990padmadhāriṇau（800）					
		991munau（801）					
		992janatauṣaṇau（802）					
		993rarudau（803）					

（續表）

Sarvavajrodaya	Weller 多語種梵本	Bailey 于闐語本	法護譯本《興立品》/《發意品》	法護譯本《名號品》	A/B	北 845+ S.1238	D.079+ 北 847
5arthavādī	995arthabuddhi	994arthavarau		1042 義理氏	995 妙義	995	996
6priyaprasannaḥ	996priyaprasanna	995pryaprasaṃnau		1043 好愛喜*1044 得致勝* *1045 執衣鉢 1046 行寂然*	996 愛净	996 愛净	997 受净
7harivaktraḥ	997harivaktra	996haravattrau		*1047 人師子*	997 慚愧顔	997	998
8cūḍaḥ	998cūḍa 999vairocana	997cauḍyau		*1048 有名稱*	998 妙髻 999 欲樂	998 999 欲思	999 1000 欲樂
9ruciḥ	1000roca ruci(bc)	998raucau		1049 號樓由〔1〕	1000 樓至	1000	1001 樓至

〔1〕 宫本作"樓油",元明本作"樓至"。

《敦煌吐魯番研究》第十八卷
2018 年,583—601 頁

公元 7—11 世紀胡藥硇砂輸入中原考

李　昀

一　前　言

《松漠紀聞》載回鶻:"藥有膃肭臍、硇砂,香有乳香。"[1]晚唐五代宋初,硇砂、乳香等域外商品透過納貢輸入中原的記載不曾間斷。硇砂與乳香原先由掌握要道的甘州回鶻輸入中原,天聖八年(1030)以後,逐漸崛起並控有硇砂産地的龜兹回鶻(西州回鶻)則取而代之,多次與沙州歸義軍一同入貢[2]。自熙寧七年(1074)起,喀喇汗王朝成爲西域貿易孔道的實際控制者,喀喇汗王朝所併吞的于闐與北宋間的朝貢記載凡28 次,多者一年三進,宋神宗熙寧十年,"于闐國進奉使人羅阿厮難撕温等有乳香三萬一千餘斤,爲錢四萬四千餘貫,乞減價三千貫,賣於官庫"[3]。同一時期,維吾爾詩人玉素甫・哈斯・阿吉甫所撰《福樂智慧》第四章對桃花石・布格拉汗(1074—1103 年在位)如是讚頌道:"褐色大地披上了緑色的絲綢,契丹的商隊又將桃花石錦緞鋪陳。"[4]此正是喀喇汗王朝最是繁榮昌盛、領土擴張的年代。疆域變化的影響不僅體現於政治軍事層面,在經濟層面也有深刻影響。早先,唐朝曾掌控傳統概念上"西域"的東部,建

〔1〕 洪皓《松漠紀聞》卷上,《遼海叢書》第 1 册,瀋陽: 遼瀋書社,1985 年,204 頁。

〔2〕 據森安孝夫研究,西州回鶻自天聖元年起實際控制了沙州曹氏歸義軍政權,參見氏著《ウイグルと敦煌》,收録於榎一雄主編《敦煌講座》第 2 卷《敦煌の歴史》第六章,東京: 大東出版社,1980 年,297—338 頁;高然中文摘譯《回鶻與敦煌》,《西北史地》1984 年第 1 期,107—121 頁;同氏著《沙州ウイグル集團與西ウイグル王國》,《内陸アジア史研究》第 15 號,2000 年,21—35 頁;梁曉鵬中譯本《沙州回鶻與西回鶻國》,《敦煌學輯刊》2000 年第 2 期,136—146 頁。

〔3〕《續資治通鑑長編》卷二八五,北京: 中華書局,2004 年,6972 頁;《續資治通鑑長編: 四庫全書底本》卷二八五,北京: 中華書局,2016 年,16056 頁,清代四庫館臣將底本人名"羅阿厮難撕温"校改爲"婁阿爾斯蘭",今不取,此人名翻譯相關研究參見梁太濟《〈長編〉點校本譯名回改中存字的問題》,收録於氏著《唐宋歷史文獻研究叢稿》,上海古籍出版社,2004 年,122—123 頁。

〔4〕 優素甫著,郝關中譯《福樂智慧》,北京: 民族出版社,1986 年,13 頁。

立二庭四鎮,作爲屏障的同時,也是唐朝溝通中亞的文化、經濟橋樑。安史之亂爆發,二庭四鎮"數遣使奉表,皆不達,聲問絶者十餘年"[1],則只能"假道於迴紇以朝奏"[2],其間二庭四鎮與唐廷的聯繫雖未斷絶,卻因道路阻隔,信息傳達處滯後狀態,經濟往來一度停止;之後,交往情況雖曾有好轉,最後仍以陷於吐蕃、回鶻告終[3],此後西域政權更迭紛擾。中原王朝對疆域控制力的衰減所造成的經濟損失甚鉅。

中古時期西域硇砂輸入中原極具代表性,其深刻的意涵卻爲前人研究所忽略,本文力圖打破傳統名物研究的局限性,藉由分析硇砂的産地、價值、功能與需求,再次説明晚唐五代北宋國土變化、西域各勢力角力所造成的經濟主導權轉移,先是甘州回鶻因控有西域貢道路權,壟斷輸入中原的殊方異物;緊接著路權轉爲龜兹回鶻所控;熙寧五年,龜兹回鶻進貢北宋最後一次見於記載,此後,西域貿易孔道面對北宋的朝貢貿易由喀喇汗王朝全面掌控。

二 前人研究

長期以來,硇砂研究專注於它的化學作用、外來語源以及藥用煉丹等方面。勞費爾(Berthold Laufer)很早就關注到唐代的外來礦石硇砂(sal ammoniac,氯化銨或氯化鈉),他從諸種語源上考證漢語中的"硇砂"出自粟特語的 * *navša* 或 * *nafša* 的轉寫[4]。李約瑟(Joseph Needham)與薛愛華(Edward H. Schafer)肯定勞費爾的觀點,認爲"硇砂"是一個印歐語系的名稱[5],該説法被普遍接受。

關於硇砂産地方面,松田壽男較早在其天山歷史地理研究中,藉由探討硇砂産地之一龜兹,論證西突厥可汗佔據著龜兹北面的白山就是阿羯山,並認爲王延德曾西行至龜兹[6]。之後,張承志《王延德行記與天山硇砂》對松田氏王延德去過龜兹的觀點提出

〔1〕《資治通鑑》卷二二七德宗建中二年七月,北京:中華書局點校本,1956年,7303頁。

〔2〕《舊唐書》卷一九五《迴紇傳》,北京:中華書局點校本,1975年,5209頁。

〔3〕陳國燦《安史亂後的唐二庭四鎮》,榮新江主編《唐研究》第2卷,北京大學出版社,1996年,415—436頁。

〔4〕Berthold Laufer, *Sino-Iranica: Chinese Contributions to the History of Civilization in Ancient Iran*, University of Chicago Press, Chicago, 1919, pp.503-508;林筠因中譯本《中國伊朗編》,北京:商務印書館,1964年,333—338頁;又杜正勝中譯本《中國與伊朗》,臺北:中華書局,1975年,382—386頁。

〔5〕李約瑟著,《中國科學技術史》翻譯小組譯《中國科學技術史》第5卷第2分册,北京:科學出版社,1976年,410—415頁;薛愛華著,吴玉貴譯《撒馬爾罕的金桃:唐代舶來品研究》,北京:社會科學文獻出版社,2016年,534頁。

〔6〕松田壽男《古代天山の歷史地理學的研究》,東京:早稻田大學出版部,1956年,此處見陳俊謀中譯本《古代天山的歷史地理學研究》,北京:中央民族學院出版社,1987年,309—319頁。

反駁，並討論天山的硇砂産地，兼論成因以及進貢情況[1]。森安孝夫《龜兹國金花王與有關硇砂的回鶻語文書的發現》則據回鶻語文書 Ch/U 6117v(T II T 1284)中記載龜兹金花王與硇砂開採的事跡，説明龜兹確實生産硇砂[2]。

除此之外，學者在研究晚唐五代宋初陸上絲綢之路商品構成之餘，亦兼論硇砂。李鴻賓《大谷文書所見鑌鐵鍮石諸物辨析》，就對《唐天寶二年(743)交河郡市估案》中所記"匈沙"(硇砂)的詞源、産地、輸入以及用途都有一番考述，頗爲全面[3]。戴良佐《硇砂考述》從現代地質考察的角度，研究新疆古代硇砂的出産，兼論硇砂功用與回鶻貢品[4]。楊蕤則撰多篇論文匯成《回鶻時代——10—13世紀陸上絲綢之路貿易研究》一書，在研究回鶻與陸上絲路時，也探討物質文化，其中便涉及硇砂[5]，對硇砂的研究主要還是承襲前賢。

硇砂的藥用功能相當顯著，五代宋初，回鶻頻繁向中原輸入硇砂，硇砂也是回鶻醫藥的重要成分之一，《松漠紀聞》載回鶻藥有硇砂[6]；繫年於10世紀或高昌回鶻(9—13世紀)時期的回鶻語藥方中便有硇砂入藥的記載，相關研究參見鄧皓、楊富學《吐魯番本回鶻文〈雜病醫療百方〉譯釋》、巴克力·阿卜杜熱西提《古代維吾爾語醫學文獻的語文學研究》[7]；楊富學《高昌回鶻醫學稽考》[8]，以及王丹、楊富學《回鶻醫學與東西方醫學的關係考》[9]，都深入討論了回回醫藥引進遼宋乃至元朝的情況，其中也涉及硇砂。

三　中古時期亞洲的硇砂産地與商人

中原王朝引進硇砂最早可追溯到隋代，初唐麴氏高昌時期的出土文書中已出現大

[1] 張承志《王延德行記與天山硇砂》，《文史》第20輯，北京：中華書局，1983，89—96頁；日譯本見梅村坦譯注《王延德の高昌——北庭經路考》，《アジア・アフリカ言語文化研究》第22號，1981年，139—157頁。

[2] 森安孝夫《龜兹國金花王と硇砂に關するウイグル文書の發見》，三笠宮殿下米壽記念論集刊行會編著《三笠宮殿下米壽記念論文集》，東京：刀水書房，2004年，703—716頁。

[3] 李鴻賓《大谷文書所見鑌鐵鍮石諸物辨析》，《文史》第34輯，1992年，143—157頁。

[4] 戴良佐《硇砂考述》，殷晴主編《吐魯番學新論》，烏魯木齊：新疆人民出版社，2006年，967—970頁。

[5] 楊蕤《北宋時期陸上絲路貿易初探》，《西域研究》2003年第3期，33—38頁；同氏《五代、北宋時期陸上絲綢之路輸入品輯考》，《絲綢之路》2009年第6期，87—97頁；同氏《回鶻時代——10—13世紀陸上絲綢之路貿易研究》，北京：中國社會科學出版社，2015年。

[6] 洪皓《松漠紀聞》卷上，204頁。

[7] 鄧皓、楊富學《吐魯番本回鶻文〈雜病醫療百方〉譯釋》，敦煌研究院編《段文傑敦煌研究五十年紀念論文集》，北京：世界圖書出版公司，1996年，356—372頁；巴克力·阿卜杜熱西提《古代維吾爾語醫學文獻的語文學研究》，中央民族大學博士學位論文，2013年，37—40頁。

[8] 楊富學《高昌回鶻醫學稽考》，《敦煌學輯刊》2004年第2期，127—137頁。

[9] 王丹、楊富學《回鶻醫學與東西方醫學的關係考》，《敦煌研究》2016年第4期，119—125頁。

量硇砂中轉貿易的記載[1],硇砂作爲一種新興外來礦物,新附於唐代醫書。隨著唐朝疆域的擴展,硇砂産地也被納於麾下,自此,硇砂便更加廣泛地進入了唐人的生活之中。晚唐以降,硇砂則成爲常見的西域貢物之一,這種轉變是顯而易見的。在曹氏歸義軍、于闐以及甘、西州回鶻朝貢史中,硇砂都是僅次於玉、馬的貢物,有記載的進貢達 12 次,十分頻繁,充分顯示其需求性。

(一)硇砂産地

硇砂,是一個音譯外來詞彙,隋代譯作鐃沙,漢文異體字又寫作囟沙、匃沙、硇砂等,後世更有砲砂、炮砂之名,最早見於漢文記載是《隋書》卷八三《西域傳》,康國、龜兹都出産鐃沙[2]。《通典》卷六記載安西都護府的土貢即硇砂[3]。

《通典》卷一九一"龜兹"條引《隋西域圖記》云:"白山一名阿羯山,常有火及煙,即是出硇砂之處。"[4]白鳥庫吉指出阿羯山或阿羯田山爲 Ak tag 的音譯,漢譯就是白山[5];松田壽男進一步指出,龜兹西北的大山額什喀巴什山(Eshek-bashi ola),即白山、阿羯山或阿羯田山[6],該處盛産硇砂[7]。森安孝夫曾考證 Ch/U 6117v(T II T 1284)回鶻語文書,内容關於龜兹金花王與硇砂的開採[8],其中回鶻語硇砂作 *čatïr*,與吐火羅 B 語 *cātir* * 相似,*čatïr* 即來自龜兹語[9],再次佐證了硇砂産地。

除龜兹之外,北庭也是硇砂的主要産地之一,唐代日華子(姓大,名明)即因北庭産硇砂最佳而稱之北庭砂[10]。宋代《證類本草》亦收録唐人蕭炳云硇砂"生不宜多服,光

〔1〕 朱雷《麴氏高昌王國的"稱價錢"——麴朝税制零拾》,(原載《魏晉南北朝隋唐史資料》第 4 輯,1980 年内部交流;後收入同氏《敦煌吐魯番文書論叢》,蘭州: 甘肅人民出版社,2000 年,69—81 頁)以人名"車不呂多"推測該件文書或爲義和六年(619,相當唐武德二年)左右,不敢妄斷(71 頁);吴震《阿斯塔那—哈拉和卓古墓羣考古資料中所見的胡人》定爲約 7 世紀初(《敦煌吐魯番研究》第 4 卷,北京大學出版社,1999 年,245—264 頁)。

〔2〕 《隋書》卷八三,北京: 中華書局點校本,1973 年,1849、1852 頁。

〔3〕 《通典》卷六,北京: 中華書局點校本,1988 年,118 頁。

〔4〕 《通典》卷一九一,5207 頁。

〔5〕 白鳥庫吉《烏孫に就いての考》,《史學雜誌》第 11 編第 11 號、第 12 編第 12 號;後收入同氏《西域史研究》,東京: 岩波書店,1941 年,此據岩波書店,1981 年再版本,1—56 頁。

〔6〕 徐松著,朱玉麒整理《西域水道記》,北京: 中華書局,2005 年,95 頁。

〔7〕 松田壽男《古代天山的歷史地理學研究》,309—319 頁。

〔8〕 森安孝夫《龜兹國金花王と硇砂に關するウイグル文書の發見》,703—716 頁。

〔9〕 M. Kashgari, *Compendium of Turkic Dialects*, Robert Dankoff with James Kelly (eds.), Harvard University Press, 1982;中譯本參見麻赫穆德·喀什噶里《突厥語大辭典》第 1 卷,烏魯木齊: 新疆人民出版社,1981 年,428 頁;Douglas Q. Adams, *A Dictionary of Tocharian B*, vol. 1, p.271.

〔10〕 日華子著作已佚,今本爲後人所輯,原文參見唐慎微《重修政和經史政類備用本草》卷五,北京: 人民衛生出版社影印,1957 年,125 頁。

净者良,今生北庭爲上"[1]。王延德《使高昌記》云:"北庭北山中出硇砂,山中嘗(常)有烟氣涌起,無雲霧,至夕光燄若炬火,照見禽鼠皆赤。"[2]由上述幾條史料記載可以知曉,硇砂産地常有煙火,西域的北庭天山、龜兹白山等地都盛産硇砂。

10世紀的波斯地理書《世界境域志》(*Hudud al' Alam*)則記載中亞河中地區(*Transoxiana*)出産硇砂[3]。《内扎米的珠寶書》(*Javāhir-nāma-i Niẓāmī*,1195年)也記載硇砂産於河中地區和一些其他地方,同時也提到硇砂的礦在Kūkhā(疑爲kūjā誤寫,近似kūchā,即庫車),即在喀什格爾的東邊20程(一天路程)[4]。伊本·貝塔爾(Ibn a1-Bayṭār,1248年卒)的《藥典》(Materia Medica)中還提到,最上等如水晶般的硇砂産於呼羅珊地區[5]。天然硇砂生成於古老山脈,與地殼運動造成的高温相關,中亞的硇砂産地即在今天的興都庫什山脈(Hindu Kush)一帶,馬蘇第(Mas'udi,? —956)《黄金草原》第383節提道:

> 流經中國的河流猶如底格里斯河與幼發拉底河那樣大。這些河流都發源於突厥、吐蕃和位於布哈拉與薩馬爾罕之間的索格狄亞納,那裏有一些出産氯化銨的大山。在夏季夜間,於100古里左右的地方便可以看到有火在這些山脈的上空升起。白天由於太陽光過於刺眼,大家僅僅能區别出煙霧。正是從這些山脈中出産氯化鈉。當冬天降臨時,想從呼羅珊前往中國的旅行家就要到達這一地區,那裏的大山之間有一條長40或50古里的河谷。在該河谷的進口處,旅行者即與搬運工進行交易,後者以高價而把行李扛在肩上。他們手執一杖,以此從兩脇使旅行者害怕因被疲困所制服而停止或遇難於這條危險道路上。他一直向前走,一直走到河谷的盡頭,他們便遇到茂密的森林和静止不動的水,所有人都衝向那裏以消除壓抑他們的焦躁和氯化鈉的熱量。[6]

山脈一側呼羅珊東邊的巴達哈傷(*Badascian*)近代出産硇砂情況也見於記載,《馬可波羅行記》《巴達哈傷大省》一節玉爾(Henry Yule,1820—1889)注釋三云:

---

[1] 唐慎微《重修政和經史政類備用本草》卷五,125頁。

[2] 《宋史》卷四九〇,北京:中華書局點校本,1985年,14113頁。

[3] V. Minorsky, *Hudud al' Alam: The Regions of the World: A Persian Geography*, trans. by Mir Hossain Shah, London, 1970, p.112,英譯本作ammoniac,並括注波斯語*naushādhur*,中譯本錯譯爲"氨草膠",參見王治來譯注《世界境域志》,上海古籍出版社,2010年,106頁。

[4] Muhammad Ibn Abī al-BarakātJawharī-i Nayshābūrī, *Javāhir-nāma-i Niẓāmī*, ed. Iraj Afshār, Tehran: Mīrāṣ-I Maktū, 2004, p.281. 本文所引波斯語史料幸蒙王一丹老師提供翻譯,謹誌謝忱。

[5] 轉引自宋峴《古代波斯醫學與中國》,北京:經濟日報出版社,2001年,16頁。

[6] 馬蘇第著,耿昇譯《黄金草原》,北京:中國藏學出版社,2013年,169頁。

鴉姆干邑[Yamgan,《大唐西域記》稱淫薄健,今骨克察河畔甲爾姆(Jarm)]內,又有鐵、鉛、明礬、氯化銨(Sal ammoniac)、硫磺、赭石(Ochre)、銅諸礦。銅礦廢棄已久,銀礦則僅於彭及錫爾河流域(Panjshir Valley)之拍立安(Paryan)有之。其地在興都庫什山系高峰之南。中世紀初礦業頗盛,今則衰矣。(見 *Cathay*, p. 595)〔1〕

可見龜兹、中亞興都庫什山脈一帶都産硇砂。記載公元7世紀初高昌市場貿易課税情況的阿斯塔那514號墓出土的《高昌内藏奏得稱價錢帳》(73TAM514: 2),其中見有"康妹買鹵沙(硇砂)二百五十一斤"、"白妹買鹵沙(硇砂)十一斤"等〔2〕,朱雷將文中的"買"釋爲"賣",以通暢文意,並指出白妹、康妹經手的硇砂貿易乃其故鄉龜兹、康國之特産〔3〕,可見《隋書》敍述大體不誤。考慮到中亞興都庫什山脈一帶盛産硇砂,粟特商人卻在高昌市場交易硇砂,可見這些硇砂應是向東販運,但由於龜兹産地距中原較近,故硇砂雖是由粟特人最早引進中原,但不排除粟特商人也經手其他産地硇砂之轉運。

(二)硇砂商人

前引《高昌内藏奏得稱價錢帳》現存6條硇砂貿易的記載,分别按行摘録如下:

(73TAM514: 2/1,2/2,2/3,2/4,2/5,2/6,2/7,2/9)

11　安□□買鹵沙一百七十二斤

13　次廿二日,曹破延買鹵沙五十斤,同(銅)四十一斤

25　□射蜜畔陀買香三百六十二斤、鹵沙二百卌斤

26　次廿五日,白妹買鹵沙十一斤

41　起六月五日,康妹買鹵沙二百五十一斤

(73TAM514: 2/11)

1　起十二月廿七日,康牛何畔阤買香陸佰伍拾□斤鹵沙

2　貳佰壹斤,與康莫至二人邊得錢貳拾壹文。〔4〕

引文中經手硇砂貿易的商人包括安、曹、康姓、□射蜜畔陀等粟特商人以及白姓龜兹商

〔1〕 Henry Yule, *The Book of Ser Marco Polo* (Vol.1), London: John Murray, 1871 p.153, note 3. 原文括注指H. Yule ed., *Cathay and the way thither: being a collection of medieval notices of China*, London: Hakluyt Society, 1866, p.595,提到彭及錫爾河流域交通情況。

〔2〕 唐長孺主編《吐魯番出土文書》(圖録本)壹,北京: 文物出版社,1992年,450—452頁。

〔3〕 朱雷《麴氏高昌王國的"稱價錢"——麴朝税制零拾》,69—81頁。

〔4〕 唐長孺主編《吐魯番出土文書》(圖録本)壹,450—452頁。

人,均與産地互相聯繫。並且,由漢語使用源於粟特語 *nwš''tr* 的"硇砂"一詞,而非使用吐火羅B語 *cātir* *,可知中古時期中原的硇砂貿易多由粟特商人所控。

與粟特語 *nwš''tr* 相近還有中古波斯語 *anōsh-ādar* 和古敍利亞語 *anūshādhur*[1],新波斯語則作 *našādir*、*nušādir*、*naušādir*、*naušādur* 或 *nōšādur*,梵文作 *navasāra*,顯然它們在語源傳播上有所憑據,關於這點,前輩學者如勞費爾等在語言學上作深入的探討,認爲"硇砂"一詞來自粟特語,而這個詞彙或與波斯語 *neft* 相通,可能源於阿維斯塔語中的 *napta*(潮濕的),梵文一詞則音節常變,應屬外來詞[2];《伊斯蘭百科全書》(*The Encyclopaedia of Islam*)則從中古波斯語分析,認爲中古波斯語 *anōsh-ādar* 意即"不滅火"(immortal fire),與硇砂産地特徵亦頗爲吻合,無論詞義源於何,這個詞彙都來自東伊朗語。以下有幾點看法,試加以補充。

其一,印度醫學使用硇砂相對較晚。梵文 *navasāra* 可以與印度傳統醫學阿輸吠陀中的腐蝕劑(*kṣāra*,漢譯"烈灰汁")相對比。成書於3—4世紀的《妙聞集》第1卷第11章《腐蝕劑的製法與用法章》介紹了印度傳統醫學中重要的特殊藥物——腐蝕劑(*kṣāra*),其藥性與功能都與硇砂十分相似,但提煉過程相當複雜[3],由此可見硇砂並非印度傳統藥物,"硇砂"一詞也非源自梵語。並且,梵文 *navasāra* 出現的年代甚至晚於漢文"硇砂",*navasāra* 在印度的使用最早見於阿輸吠陀的分支之一"味論"(*rasa-shāstra*),較早關於"味論"的梵文文獻如 *Rasendramangala*,據傳爲龍樹菩薩(*Nāgārjuna*)所創,内容涉及汞的提煉技術以及煉金術,並被認爲與密教關係密切,但其生成年代不確,最早推論爲5世紀[4],但是許多研究者認爲是7—8世紀,甚至可能是11世紀以後的産物。

其二,雖然由於缺乏文獻證據,我們尚無法明確硇砂一詞究竟最早出現於哪裏,但實際上中亞硇砂産地可以側面佐證該詞彙來源。上文已論及河中地區與呼羅珊均産硇砂,其産地有限與壟斷情況是比較明顯的。除上述《世界境域志》之外,比魯尼(Al-Beruni,973—1048)《藥理學》(*Al-Ṣaydanah fi'l-ṭibb*)與《比魯尼珠寶録》(*Al-Javāhir*

〔1〕 *The Encyclopaedia of Islam*, vol. 8, ed. by C. E. Bosworth et al., Brill, 1995, pp.148-149.

〔2〕 Berthold Laufer, *Sino-Iranica: Chinese Contributions to the History of Civilization in Ancient Iran*, p.506;林筠因譯《中國伊朗編》,363頁。

〔3〕《妙聞集》成書年代尚具爭議,最早可追溯至公元前,不會晚於3—4世紀,參見廖育羣《阿輸吠陀——印度的傳統醫學》,瀋陽:遼寧教育出版社,2002年,74、100—103頁。

〔4〕 S. Savrikar & B. Ravishankar, "Introduction to 'Rasashaastra': The Iatrochemistry of Ayurveda.", *African journal of traditional, complementary, and alternative medicines*, 8 (5 Suppl), 2011, pp.66-82.

fī-al-Javāhir)、内沙布里(Muhammad Ibn Abī al-BarakātJawharī-i Nayshābūrī)的《内扎米的珠寶書》(*Javāhir-nāma-i Nizāmī*, 1195),以及阿維森納(Avicenna/ Ibn sinā, 980—1037)的《醫典》(*Al-Qānūn fi al-Ṭibb*)中,都記載硇砂産地、性質或藥性等。其中,《内扎米的珠寶書》記載硇砂産地的時候,提到火鼠的故事:

> 在那個地方有一種動物,稱爲 *salamandre*(神話中的火蛇、火怪,即漢語文獻中的火鼠),傳説有它出現的地方,即爲硇砂的礦。它像大一點的老鼠,它的皮不怕火燒,國王們用其制作桌布,這個東西很有名。[1]

這與15世紀阿拉伯語史料《諸地知識的最佳劃分》記載巴達哈傷山區礦産"燈芯石"的特徵不謀而合:

> 巴達哈傷是吐火羅斯坦的山區,出産除了該地之外别處都没有的紅寶石礦(當地出産世上獨一無二的紅寶石礦)。有著體面的商隊驛館和奇特的城堡。盛産青金石、水晶和帶毒性的燈芯石,這種東西類似紙莎草,入火而燒不盡,它被浸在油裏,像燈芯一樣發光,而自身毫無減損。把它從油裏取出來,在一個小時(時辰)中,火焰纔減滅下去,它又一次變得像之前那樣的純净了。那裏用其編織桌布,因爲變髒了的話,不必洗滌,而是擲入灶火之中,則複歸潔净。〔當地〕還有另一種礦石,持之入暗室,則光明漸出。[2]

毫無疑問,上述硇砂産地附近的火鼠皮就是"燈芯石",即爲石棉,中國又稱之爲火浣布,在《馬可波羅行記》之《欣斤塔拉斯》一節中,一位爲大汗掌管礦産的突厥商人祖立福合(Culficar)曾對火鼠皮傳説闢謡,並對石棉的生産工序有深入的描述[3]。勞費爾曾撰文考證火鼠與石棉之間的聯繫,認爲"火鼠皮"是一種動物製品的謡言來自轉運商人的謊言[4]。

《内扎米的珠寶書》曾獲得波斯語專家王一丹老師如此評價:"内沙布里出身於波斯珠寶商世家,熟悉突厥、印度、波斯各地的珠寶貿易狀況,對其家鄉内沙布林及附近各

〔1〕 Nayshābūrī, *Javāhir-nāma-i Niẓāmī*, p.280. 此段翻譯由王一丹老師提供,謹誌謝忱。

〔2〕 Abu Abd allah Maghdesī, *Ahsan Al-Tawarikh Fi Maarefat Al-Aghalim*, Qeiro, Maktab Al-madbuli, 1411, p.303.此譯文採自邱軼皓譯自烏蘇吉老師波斯語譯文。

〔3〕 A. C. Moule & Paul Pelliot, *Marco Polo: The Description of the World*, vol.1, London, George Routledge, 1938, pp.156–157;中譯本出版品見馮承均《馬可波羅行記》,上海書店出版社,2001年,121頁。玉爾注云:"火鼠投向火中而毫髮無傷的傳説可以上溯至亞里斯多德的時代。但是我不知道石棉是一種産生於動物的物質這種傳説是何時産生的。這種傳説在中世紀頗爲流行,亞洲和歐洲都是如此。"參見 Henry Yule, *The Book of Ser Marco Polo*, vol.1, p.194, note 5. 此段翻譯採用北京大學國際漢學家研修基地馬可波羅讀書班苗潤博所負責的翻譯。

〔4〕 Berthold Laufer, *Sino-Iranica: Chinese Contributions to the History of Civilization in Ancient Iran*, pp.498–502;林筠因譯《中國伊朗編》,328—332頁。

地的珠寶掌故更是如數家珍。”〔1〕但由硇砂產地火鼠故事的流傳可見，至少在10—12世紀以前，波斯的珠寶、礦物或藥物學家或許瞭解硇砂的功能與貿易情況，但恐怕並不直接瞭解硇砂產地的真實情況，這恐怕與商人的控制有關。因此我們有理由相信，唐時期波斯地區主要的硇砂產地即今天興都庫什山脈附近，並且最早由粟特商人掌控此一商品，其後則轉由突厥系商人經手輸入中國。

四　中古中國的硇砂

(一) 硇砂的輸入

如前所述，麴氏高昌國時期的記載顯示，硇砂的主要轉手者爲粟特人，然而據蔡鴻生統計，唐高祖武德七年(624)至代宗大曆七年(772)粟特九姓胡的94次入貢記載中，未曾見有硇砂的進貢〔2〕，在天寶年間的《市估案》中硇砂也是西州市場上平凡的貨品之一。中晚唐以後，回鶻取而代之成爲硇砂貿易中介者，同時硇砂的價格也水漲船高。根據前述朱雷對《高昌内藏奏得稱價錢帳》税制的研究，知麴氏高昌時期的硇砂十分廉價，至多50斤税1文〔3〕。《市估案》也記載硇砂的價格：“匈沙(硇砂)壹兩上值錢玖文、次捌文(下殘)。”〔4〕硇砂一兩不過7—9文，顯示在麴氏高昌時期至唐統伊西庭時期，硇砂一直是屬於價格較低且交易量大的礦物。唐昭宗乾寧初年至天祐元年間(898—903)的S.8444《唐朝文思院回賜甘州回鶻進貢物品會計簿》中記載，五十斤硇砂的回賜物是五十匹絹，由該件文書可知，貢賜之間存在明確比價〔5〕，則每兩硇砂價格大約爲62.5文，已是盛唐時期的六倍價格以上。

但是，若以前面討論的物價，五斤、十斤硇砂的價值不值一提，更遑論專門進貢，因此硇砂的進貢的原因頗值得關注。

晚唐以來，由於二庭四鎮的失守，硇砂再度成爲“殊方異物”，P.4638v-1《權知歸義軍兵馬留後守沙州長史曹仁貴(曹議金)獻物狀》記載後梁貞明二年(916)曹氏歸義軍

---

〔1〕王一丹《波斯胡人與傳國寶珠》，收録於《内陸歐亞歷史語言論集——徐文堪先生古稀紀念》，蘭州大學出版社，2014年，332頁。

〔2〕蔡鴻生《唐代九姓胡貢品分析》，《文史》第31輯，1988年，99—114頁；後擬名《唐代九姓胡的貢表和貢品》，收入氏著《中外交流史事考述》，鄭州：大象出版社，2007年，3—26頁。

〔3〕朱雷《麴氏高昌王國的“稱價錢”——麴朝税制零拾》，77—79頁。按，儘管此處的“文”指銀錢，即波斯銀幣，價值比銅錢高出許多，但硇砂仍是《高昌内藏奏得稱價錢帳》所涉商品中税額最低者。

〔4〕池田温著，龔澤銑譯《中國古代籍帳研究》，東京大學東洋文化研究所，1979年，315頁。

〔5〕相關研究參見拙文《晚唐貢賜的構造——以敦煌文書所見甘州回鶻和沙州歸義軍的貢賜比價爲中心》，《唐研究》第22卷，北京大學出版社，2016年，245—268頁。

首次入貢,余欣認爲曹議金向朝廷所進奉的玉團等物與前任節度相似,主要還是象徵意義,單論物品價值,似乎不是很高。除了受限於舊規、財政拮据等,還作爲曹議金掌權後第一次進貢,帶有投石問路之意[1]。其中提道:

玉一團重一斤一兩,羚羊角伍對,硇砂五斤。

伏以磧西遐塞,戎境枯荒;地不產珍,獻無奇玩。前物等並是殊方所出,透狼山遠届燉煌;異域通儀,涉瀚海來還沙府。輒將陳獻,用表輕懷。干黷鴻私,伏乞檢納。謹狀。

直接闡明所貢玉團、羚羊角、硇砂等產自殊方異域。S.4398《天福十四年(949)五月新授歸義軍節度觀察留後曹元忠獻硇砂狀》則提到曹元忠向中原王朝進獻:"硇砂壹拾斤。右件砂,誠非異玩,實愧珍纖。"[2]這雖然是自謙之語,但仍進一步提示並非沙州當土所出的硇砂,或許產自龜茲,因爲五代宋初西域頻繁入貢,故"誠非異玩",這恐怕也與歸義軍和甘州回鶻的親密有關。

硇砂自隋代引進中原以來,迅速普及於醫藥用途,初唐《新修本草》"硇砂"條:"味鹹、苦、辛,温,有毒。不宜多服。主積聚,破結血爛胎,止痛,下氣,療咳嗽宿冷,去惡肉,生好肌。柔金銀,可爲銲藥。出西戎,形如朴消,光净者良。驢馬藥亦用之。"[3]李鴻賓就主張西域出產硇砂質量很好,"入藥最緊",所以當地向中央王朝進貢,常常把它列爲上乘的物品[4]。歸義軍時期的蒙書也將硇砂納入其中,例如P.3391《雜集時用要字》中,硇砂與黄礬、硃砂等藥物並列其中[5]。西夏時期的另一件Дx.2822《雜集時用要字》更直接將硇砂分屬"藥物部第十"[6],硇砂在漢字體系中的普及程度可見一斑。然而,在《新修本草》《千金翼方》等唐代醫書中,硇砂都被列於玉石部下品,並非珍貴藥

[1] 余欣《唐宋時期敦煌土貢考》,原載高田時雄編《敦煌寫本研究年報》第4卷,京都大學人文科學研究所,2010年,81—99頁;另收入同氏《中古異相——寫本時代的學術、信仰與社會》,上海古籍出版社,2011年,267—293頁,參見281頁。

[2] 參見唐耕耦、陸宏基編《敦煌社會經濟文獻真蹟釋録》第4輯,北京:全國圖書館文獻縮微複印中心,1990年,398頁。

[3] 蘇敬等撰,尚志鈞輯校《唐·新修本草》,合肥:安徽科學技術出版社,1981年,142頁。

[4] 李鴻賓《大谷文書所見鑌鐵鍮石諸物辨析》,143—157頁。

[5] 參見上海古籍出版社、法國國家圖書館編《法藏敦煌西域文獻》第24册,上海古籍出版社,2002年,59頁上;張涌泉主編《敦煌經部文獻合集》第8册《小學類字書之屬》,北京:中華書局,2008年,4166—4170頁。

[6] 俄藏圖版刊佈之前,史金波《西夏漢文本〈雜字〉初探》(《中國民族史研究》第2輯,北京:中央民族學院出版社,1989年,167—185頁)對本件文書作了録文與研究,擬名"雜字",編號錯置爲Дx.2825;圖版參見俄羅斯科學院東方研究所聖彼得堡分所等《俄藏敦煌文獻》第10册,上海古籍出版社,1998年,62頁,定名"蒙學字書";馬德《敦煌新本Дx.2822〈雜集時用要字〉芻議》(《蘭州學刊》2006年第1期,38—41頁轉46頁)正式戡定爲《雜集時用要字》,並推測該文書可能爲出自莫高窟北窟的西夏時期寫本,見注三。

材,因此硇砂在晚唐以後西域朝貢史中頻繁的進貢不免顯得有些突兀。

唐代外丹術盛行之下,硇砂也用於煉丹,唐人梅彪所撰《石藥爾雅》就收録一則“太一一味磠(硇)砂丹”[1]。余欣即認爲歸義軍不遠千里,把這種本草書中列爲下品,並且有一定毒性的礦物,作爲主要甚至唯一的貢品進貢朝廷的原因在於:其一,硇砂雖然有毒,但也有强身健體等功效;其二,硇砂是道家外丹黄白法中飛煉法中常用的一種石藥,煉後服用,被認爲可大益陽事[2]。恐怕正是因爲唐朝皇帝多好丹藥,歸義軍纔投其所好,把硇砂作爲貢品[3],如此上貢的硇砂肯定是光净如水晶的上等品。

事實上,上述兩種説法並不能妥善解釋硇砂在西域朝貢史中的地位。以沙州爲例,曹議金歸義軍政權貞明二年(916)首次進貢包含硇砂五斤;曹元忠天福十四年進貢了硇砂十斤;乾德三年(965)沙州與甘州回鶻的一次進貢包括硇砂四十斤,對比一同進貢的馬千匹、駞五百匹、玉五百餘團、琥珀五百斤、毛褐千匹等,硇砂的數量似乎略低,但進貢頻率卻相當高,因此應當從硇砂價值抬昇的方向去思考,究其原因恐怕與調節供需的經濟手段有關。

(二)硇砂的經濟價值

1. 藥用

硇砂的主要功能是藥用,除作爲止咳、除惡胎藥物之外,硇砂更重要的功能乃“去惡肉,生好肌”以及“柔金銀,可爲銲藥”[4]。唐代《丹論訣旨心鑑》指出:“若用礬石、硫黄、砲砂等,燠伏爲藥,服之有大毒,久久損人,乃有食銅壞鐵之功……”[5]元代《仙傳外科集驗方》收録一則追毒丹,號稱可以“取黄去疔頭,追膿毒,立效”,又言“有黑陷漏瘡者,四圍死敗肉不去,不生肌者,不可治也。亦用此藥追毒,去死肌敗肉,生新肉,愈矣”[6]。方中就包含硇砂。説明了硇砂的毒性在於具有腐蝕性,因此從唐代開始便被應用於去除腐爛惡肉等外用藥,此即硇砂的正當藥用。硇砂作爲腐蝕藥劑在 10 世紀以後的波斯語材料中也可見到,《醫典》第三卷就記載了滴入硇砂藥劑以達到使局部壞死、得以割除的外科手術辦法[7]。此種腐蝕療法在印度傳統醫學中早有所見,

---

[1] 梅彪《石藥爾雅》卷下,參見《道藏》第 19 册,北京:文物出版社;天津古籍出版社;上海書店,1988 年,64 頁。

[2] 參看陳國符《中國外丹黄白法考》,上海古籍出版社,1997 年,86、356 頁。

[3] 余欣《中古異相——寫本時代的學術、信仰與社會》,290 頁。

[4] 蘇敬等撰,尚志鈞輯校《唐·新修本草》,142 頁。

[5] 張元德撰《丹論訣旨心鑑》,參見《道藏》第 19 册,340 頁。

[6] 楊清叟撰,趙宜真集《仙傳外科秘方》卷六,參見《道藏》第 26 册,678 頁。

[7] Ibn sinā, *Al-Qānūn fi al-Ṭibb*, vol.3, Sharaf Kandi & Abdul Rahman (trans), Tehran: Sorush; 2006, p. 376. 此段翻譯由王一丹老師提供,謹誌謝忱。

《妙聞集》有詩云:"腐蝕劑若由愚蠢的醫者使用,恰如毒、火、利刃、雷人性命一般。若由賢醫適當地使用,可迅速猛烈地退治疾病。"[1]唐代以前的傳統中醫並無硇砂這種"去惡肉"的腐蝕藥,外科用藥也出現得較晚,新興療法不排除與殊方異藥的引進有關。

硇砂同時也是牲畜用藥,唐代著名醫書《新修本草》云,硇砂"驢馬藥亦用之"[2]。晚近時期也有示例,明人茅元儀輯《武備志》收録一則驢馬藥方,名爲硇砂散:"治馬蹇蹄硇(硇)砂散,硇(硇)砂一兩、黄丹二錢,右二味同研爲細末,羊骨髓調匀搽之。"[3]

與中醫觀點不同的是,道家煉丹認爲透過"相伏"的成分,硇砂的毒性可以被轉换,這便大大提昇了硇砂之於内服的作用。《大洞鍊真寶經妙訣》云:

> 北庭砂,所稟陰石之氣,性含陽毒之精,功能銷敗五石之金,各遣證於本性,能成能敗,力頗並於硫黄,去穢益陽,其功甚著。……若合於大鵬砂、赤靈、硫黄,用之變鍊,功則高於造化。[4]

將極陰,亦即有大毒能壞五金的硇砂,搭配極陽的硫黄等物,便可使之成爲神丹妙藥,這便是道家的飛鍊法。唐沈知言撰《通玄秘術》中記載一則含有硇砂的丹方"伏火丹砂"[5],《太清石壁記》卷上則記載另一則"黄帝九鼎大還丹"[6],有大毒的硇砂經過淬煉後制作的丹藥,被認爲可以解百毒、通神仙。

回鶻醫藥同樣重視硇砂。洪皓《松漠紀聞》記載回鶻香藥材藥有腽肭臍、硇砂、乳香[7]。因此我們可以知曉在宋代的時候,硇砂在回鶻藥方是較爲著名的。10世紀或高昌回鶻(9—13世紀)時期的回鶻語《雜病醫藥百方》中,便有硇砂入藥的回鶻藥方[8],如其中81—82行便記載:"誰〔的身上〕若長出惡瘡,將硇砂、胡桐淚和奶酪摻合在一起,敷到瘡上,可癒。"[9]這也是一種將硇砂作爲腐蝕劑的用法;另一件回鶻語醫

〔1〕 廖育羣《阿輸吠陀——印度的傳統醫學》,103頁。

〔2〕 蘇敬等撰,尚志鈞輯校《唐·新修本草》,142頁。

〔3〕 茅元儀輯《武備志》卷一四六,臺北:華世出版社鉛印本,1984年,5904—5905頁。

〔4〕 陳少微撰《大洞鍊真寶經九還金丹妙訣》,參見《道藏》第19册,23頁。

〔5〕 沈知言撰《通玄秘術》,參見《道藏》第19册,357頁。

〔6〕 隋蘇玄朗撰,唐楚澤改編《太清石壁記》卷上,參見《道藏》第18册,763頁。

〔7〕 洪皓《松漠紀聞》卷上,204頁。

〔8〕 鄧皓、楊富學《吐魯番本回鶻文〈雜病醫療百方〉譯釋》,356—372頁;楊富學《高昌回鶻醫學稽考》,127—137頁;巴克力·阿卜杜熱西提《古代維吾爾語醫學文獻的語文學研究》,21頁。

〔9〕 楊富學《回鶻文獻與回鶻文化》,北京:民族出版社,2003年,548頁;巴克力·阿卜杜熱西提《古代維吾爾語醫學文獻的語文學研究》,30頁。

方 U560(T II Y 19, 12)a +U564(T II D 85)b 則記載:"誰若牙痛,將白糖、硇砂與麝香攪拌,放在牙齒上,可癒。"[1] 結合晚唐五代甘州回鶻多次進貢硇砂的史實,我們可以肯定沙州以及于闐進貢硇砂受回鶻以及回鶻藥方影響。宋代以後,回鶻的醫藥影響中原頗多,楊富學就據遼統和十九年(1001)正月,"甲申,回鶻進梵僧、名醫"[2],説明回鶻醫生在11世紀初即已開始在遼朝宫廷中進行醫療活動[3]。

2. 手工業

硇砂的第二個主要功能在於民生手工業。前述硇砂可以柔金銀、爲銲藥,可知其在金屬加工方面的重要性。S.8444《唐朝文思院回賜甘州回鶻進貢物品會計簿》記載回鶻進硇砂五十斤,文思院掌宫廷金銀器加工,法門寺地宫出土的金銀器就見有"文思院造"銘文[4],回鶻進貢的硇砂也很可能用於文思院工藝加工。由於硇砂的"食鋼壞鐵之功",其名因"化五金,始知是賊",所以又稱爲金賊[5]。除了焊接金銀之外,硇砂與銅的化學反應十分突出,《醫典》記載硇砂的主要功能之一即取得銅鏽的最佳辦法[6],唐代雖無硇砂與銅加工過程的記載流傳於世,但前述《高昌内藏奏得稱價錢帳》記載"曹破延買鹵沙(硇砂)五十斤,同(銅)四十一斤",此次買賣包含硇砂與銅兩樣商品,不排除粟特商人早將相關金屬加工辦法傳入中國。晚近時期硇砂金屬加工功能記載較多,明代《多能鄙事》記載"點銅器法"、"煮銅器令白色"條,又記"硬錫法":"錫器以磠(硇)砂、白礬、砒霜塩煑之,其硬如銀。"[7]

此外,唐宋時期硇砂的普及與高需求恐怕也與焊接工藝的成熟有關,焊接工藝中因釺料的熔點不同分爲硬釺焊(熔點450℃以上)與軟釺焊(熔點450℃以下),其中錫焊屬於軟釺焊,而錫焊的重要助焊劑即爲硇砂(氯化銨),功用在於去除金屬表面氧化物,以使焊接更爲牢固。《内扎米的珠寶書》中也記載了相似除鏽用法:"如果要把鐵、銅或黄銅鍍金,把那個器物上的鏽或污漬清理乾净,並用硇砂水擦過,它便能更好的鍍上金,並且鍍上的金也會更紅,也更好。"[8] 可見,硇砂的使用或與粟特金銀器工藝和工匠的

[1] 巴克力·阿卜杜熱西提《古代維吾爾語醫學文獻的語文學研究》,151—153頁。
[2] 《遼史》卷一四,北京:中華書局點校本,1974年,156頁。
[3] 楊富學《高昌回鶻醫學稽考》,134頁。
[4] 盧兆蔭《關於法門寺地宫金銀器的若干問題》,《考古》1990年第7期,638—643頁。
[5] 《陰真君金石五相類》,参見《道藏》第19册,94頁。
[6] Ibn sinā, *Al-Qānūn fi al-Ṭibb*, vol.2, p.145. 蒙王一丹老師提供,謹誌謝忱。
[7] 劉基《多能鄙事》卷五,上海榮華書局石印本,1917年,16a、17b—18a葉。
[8] Nayshābūrī, *Javāhir-nāma-i Niẓāmī*, p.280. 蒙王一丹老師教示,謹誌謝忱。

引進有所關聯。氯化銨助焊劑在現代金屬加工中依然常見,唐宋金屬工藝的成熟由此可見。

唐宋時人還認爲硇砂可以改變金屬性質,原題唐金陵子述、成書年代不詳的《龍虎還丹訣》記“伏丹砂成紅銀法”[1];據傳爲唐道教煉丹著作的《太上衛靈神化九轉丹砂法》也見有“第七轉變黄銀成赤鉛金”條[2]。

此外,硇砂還用於辨識真假金銀器,北宋寇宗奭《本草衍義》記載:“硇砂,金銀有僞,投鎔窩中,其僞物盡消散。”[3]該方法也於後代沿用,清人陳元龍《格致鏡原》記以醋調細硇砂末辨古器法[4]。

王延德《使高昌記》記載:“北庭北山中出硇砂,山中嘗有烟氣涌起,無雲霧,至夕光餤若炬火,照見禽鼠皆赤。采者著木底鞵取之,皮者即焦。下有穴生青泥,出穴外即變爲砂石,土人取以治皮。”[5]李鴻賓以“去惡肉,生好肌”認爲此處“治皮”是指治療患者的皮肉[6],但實際上,硇砂確實用於皮革加工,這項工藝也與回鶻密切相關。《新五代史》記載回鶻出産緑野馬[7],《册府元龜》記載清泰二年(935)七月甘州回鶻並瓜沙州遣使入貢,貢物之中就見有“禄(緑)野馬皮”[8]。《宋會要輯稿・蕃夷七》記載景祐四年(1037)沙州並龜兹進貢“褐緑黑皮”等物[9]。《續資治通鑑長編》還有一條宋神宗元豐二年(1079)打擊邊境走私貿易的記載:

> 經制熙河路邊防財用李憲言:“盧甘、丁吴、于闐、西蕃,舊以麝香、水銀、硃砂、牛黄、真珠、生金、犀玉、珊瑚、茸褐、駞褐、三雅褐、花蘂布、兜羅綿、硇(硇)砂、阿魏、木香、安息香、胡連、氂牛尾、狨毛、羚羊角、竹牛角、紅緑皮交市,而博買牙人與蕃部私交易,由小路入秦州,避免商税打撲。乞詔秦熙河岷州、通遠軍五市易務,募博買牙人,引致蕃貨赴市易務中賣,如敢私市,許人告,每估錢一千,官給賞錢二千,如此則招來遠人,可以牢籠遺利,資助邊計。”從之。[10]

---

[1] 金陵子撰《龍虎還丹訣》卷下,參見《道藏》第19册,115頁。
[2] 《太上衛靈神化九轉丹砂法》,參見《道藏》第19册,29頁。
[3] 唐慎微撰《重修政和經史政類備用本草》卷五,126頁。
[4] 陳元龍《格致鏡原》卷三六,揚州:江蘇廣陵古籍刻印社,1989年,394頁。
[5] 《宋史》卷四九〇,14113頁。
[6] 李鴻賓《大谷文書所見鑌鐵鍮石諸物辨析》,155頁。
[7] 《新五代史》卷七四,北京:中華書局點校本,1974年,916頁。
[8] 《册府元龜》卷九七二,北京:中華書局影印本,1960年,11423頁。
[9] 《宋會要輯稿・蕃夷七》,7838頁。
[10] 《續資治通鑑長編》卷二九九,7272頁;《續資治通鑑長編:四庫全書底本》卷二九九,16741—16742頁。

其中提到的多是隴右、西域特産,“禄(緑)野馬皮”、“褐緑黑皮”、“紅緑皮”就是野馬皮的一種,質量極佳,柔韌防水,爲制作皮裘、皮靴之珍品,高麗時期與蒙古商業往來頻仍,當時的翻譯會話課本《朴通事》中《操馬》一節敘述二舍人操馬比賽,便提到“紅斜皮”、“藍斜皮”裝飾的鞍座。[1] 元代斜皮局就掌管熟造各色野馬皮胯,可見野馬皮至元代仍是比較重要的皮革工業原料之一[2]。《契丹國志》還記載高昌、龜兹、于闐、大食國、小食國、甘、沙、涼等州貢獻物中有“斜合黑皮”[3]。“斜合黑皮”即“黑斜喝里皮”,又稱“徐吕皮”。宋人程大昌撰《演繁露》記載回鶻野馬皮徐吕皮的加工方式:

> 今使北者其禮例中所得有韋而紅,光滑可鑒,問其名則徐吕皮也。……及問徐吕皮所自出,則曰“黑斜喝里皮”,謂回紇野馬皮也。用以爲韡,騎而越水,水不透裹,故可貴也。紅虎皮者,回紇獐皮也。揉以硇砂,須其輭熟,用以爲韡也。本此而言,則知徐吕皮者,斜喝里聲之轉者也。然斜喝里之色黑,而徐吕之色紅,恐是野馬難得,而硇砂熟韋,可以常致,故染而紅之,以當獐皮也。爲欲高其名品,遂借“斜喝里”以爲名呼也。[4]

就是用硇砂後期加工皮革。黄時鑒認爲“斜喝里”一詞是突厥語“suγur”,也就是旱獺,則“suγur”可能引申爲“皮”,或程大昌的解釋有所變誤[5],孰是孰非尚未可知。蘇軾《物類相感志》還記載衣服:“染緑斜紋,以磠(硇)砂調銅緑染之。”[6] 可見硇砂還可用做助染劑,用途甚廣。

3. 戰略物資

硇砂除了上述藥用、民生手工業用途之外,還有一種極爲重要卻爲今人所不知的功能。其實早在唐代,硇砂就作爲戰爭武器所使用,由於硇砂(氯化銨)對黏膜與皮膚有較大的腐蝕性,因此還可以作爲傷人武器,唐人盧延讓《哭亡將詩》就有類似用法:“自是磠(硇)砂發,非干駭石傷。牒高身上職,盌大背邊創。”[7] 硇砂使用於軍事武器的記載於晚近時期相對較多,明代《兵録》記載:“金汁銀銹硇砂,炒製鐵子,磁鋒著人,則須爛見骨。爛火藥内用之。”[8] 砲砂、炮砂之名由此而來。

---

[1] 轉引自趙丰《錦程》,合肥:黄山書社,2016年,293頁。

[2] 《元史》卷九〇,北京:中華書局點校本,1976年,2294頁。

[3] 葉隆禮《契丹國志》卷二一,上海古籍出版社,1985年,205頁。

[4] 程大昌《演繁露》卷一,《叢書集成初編》293册,北京:中華書局,1985年,2頁。

[5] 黄時鑒《遼與“大食”》,原載《新史學》第3卷第1期,1992年;此據《黄時鑒文集》II《遠跡心契——中外文化交流史(迄於蒙元時代)》,上海:中西書局,2011年,16—30頁。

[6] 蘇軾《物類相感志》,《叢書集成初編》1344册,北京:中華書局,1985年,4頁。

[7] 《全唐詩》卷八七〇,北京:中華書局,1960年,9871頁。

[8] 何汝賓《兵録》卷一一,《四庫禁毀書叢刊·子部》第9册,北京出版社,2000年,637頁。

由於前述硇砂"去惡肉,生好肌"的功能,硇砂不僅可作傷人武器,也可爲救人良方。元人羅天益《衛生寶鑒》就記載一則"湧鐵膏":

取箭頭一切鍼刺入肉盡皆治之。糞鼠頭一箇、螻蛄四十九箇、土消虫十箇、芫青、馬肉中蛆焙、醬内蛆焙、蜣蜋、巴豆、信砒、硇(硇)砂、夏枯草、磁石、黄丹、蘇木、地骨皮各一兩、石腦、油三兩、蒿柴灰汁三升。右將灰汁、石腦油以文武火熬成膏,次下諸藥,令匀磁器内收貯,臨用時看瘡大小點藥,良久箭頭自然湧出。[1]

説明硇砂是戰爭時期重要的儲備武器暨藥品。

4. 宗教用途

雖然在中古時期的漢文宗教文獻中未見硇砂的使用,但在粟特語法術文書 P.3 中記載使用樟腦、檀香、油膏、紅花、木香、藥油、磨碎的硇砂(nβ'rγtk nwš"tr)、藏紅花與麝香等藥材、香藥作爲祈雨法術儀式的佈置[2],但由於 P.3 包含多種文化因素,其宗教屬性未能定論,很可能有著摩尼教或佛教背景,祈雨儀式的短詩則具瑣羅亞斯德教風格。胡曉丹據文書的裝幀形式和書體,並對比漢譯佛典記載的祈雨儀式,指出作者很可能是佛教徒[3]。可惜目前在漢語、梵語佛典中,尚未見有硇砂(navasāra)或其他音譯。道教文獻中雖頻繁使用硇砂,但與煉丹、化學作用相關,而非宗教性用途。

五 晚唐五代宋初回鶻商人與硇砂貿易

以下先將《9—11 世紀西域、河西進貢硇砂統計表》(表 1)列出,再做討論。

表 1 9—11 世紀西域、河西進貢硇砂統計表[4]

年 代	貢者與數量	出 處
唐昭宗乾寧初年至天祐元年(898—903)	甘州回鶻(五十斤)	S.8444
貞明二年(916)	沙州(五斤)	P.4638

〔1〕 羅天益《衛生寶鑒》卷一三,北京:人民衛生出版社,1987 年,186 頁。

〔2〕 圖版見 IDP:http://idp.bl.uk/database/oo_scroll_h.a4d? uid=758896708;recnum=85983;index=1. 相關研究見胡曉丹《從敦煌粟特語文書 P3 看中古祈雨術中的多元文化因素》,《唐研究》第 22 卷,2016 年,457—492 頁。

〔3〕 胡曉丹《從敦煌粟特語文書 P3 看中古祈雨術中的多元文化因素》,457—492 頁。

〔4〕 資料來源:《舊五代史》,北京:中華書局點校本,1976 年;《新五代史》,北京:中華書局點校本,1974 年;《册府元龜》,北京:中華書局影印本,1960 年;《宋會要輯稿》,臺北:新文豐出版社影印本,1976 年;《宋史》,北京:中華書局點校本,1985 年。

（續表）

年　　代	貢者與數量	出　　處
同光二年(924)四月	甘州回鶻、沙州	《册府元龜》卷九七二,11420頁。
同光四年(926)正月	沙州	《册府元龜》卷一六九,2036頁。
同光四年(926)二月	沙州	《册府元龜》卷一六九,2036頁。
應順元年(934)正月	甘州回鶻、瓜州、沙州	《册府元龜》卷三九七,4724頁。 《册府元龜》卷九七二,11423頁。
天福三年(938)三月	甘州回鶻	《册府元龜》卷九七二,11424頁。
天福三年(938)九月	于闐	《册府元龜》卷九七二,11424頁。
天福七年(942)十一月	甘州回鶻(一千八百斤)	《册府元龜》卷一六九,2041頁。
開運二年(945)二月	甘州回鶻	《册府元龜》卷九七二,11424頁。
乾祐元年(948)五月	甘州回鶻	《册府元龜》卷九七二,11425頁。
天福十四年(949)五月	沙州(十斤)	S.4398
顯德二年(955)正月	沙州	《舊五代史》卷一三八,1841頁。 《新五代史》卷七四,915頁。
顯德六年(959)三月	甘州回鶻(不納)	《册府元龜》卷一六八,2031頁。
乾德三年(965)四月	甘州回鶻(四囊)	《宋會要輯稿·蕃夷四》,7700頁。
乾德三年(965)十二月	甘州回鶻、于闐、瓜州、沙州(四十斤)	《宋會要輯稿·蕃夷四》,7700頁。
景德四年(1007)五月	沙州	《宋會要輯稿·蕃夷五》,7754頁。
大中祥符三年(1010)閏二月	龜兹回鶻(三百七十一斤)	《宋會要輯稿·蕃夷四》,7706頁。
天聖元年(1023)〔閏〕九月	沙州	《宋會要輯稿·蕃夷五》,7754頁。 《宋會要輯稿·蕃夷七》,7836頁。 《宋史》卷四九〇,14124頁。
天聖三年(1025)三月	甘州回鶻	《宋史》卷四九〇,14108頁。 《宋會要輯稿·蕃夷七》,7837頁。
天聖三年(1025)十二月	于闐	《宋會要輯稿·蕃夷七》,7837頁。
天聖五年(1027)八月	甘州回鶻	《宋會要輯稿·蕃夷七》,7837頁。
天聖八年(1030)十一月	龜兹、沙州	《宋會要輯稿·蕃夷七》,7837頁。
天聖九年(1031)正月	龜兹	《宋會要輯稿·蕃夷七》,7837頁。

（續表）

年　代	貢者與數量	出　處
景祐四年(1037)正月	龜兹、沙州	《宋會要輯稿·蕃夷七》,7838頁。
康定二年(1041)十一月	北亭可汗	《宋會要輯稿·蕃夷七》,7838頁。
慶曆二年(1042)五月	喻厮囉	《宋會要輯稿·蕃夷七》,7838頁。
熙寧以來	于闐	《宋史》卷四九〇,14108頁。
熙寧四年(1071)二月	于闐國黑汗王	《宋會要輯稿·蕃夷七》,7841頁。
熙寧五年(1072)二月	回鶻龜兹可汗	《宋會要輯稿·蕃夷七》,7841頁。
熙寧七年(1074)二月	于闐	《宋會要輯稿·蕃夷七》,7842頁。

此後,詳細貢物多不詳載,但截至北宋末年,進貢頻率最高者屬于闐,凡28次,頻繁時一年三進。

中晚唐以後,回鶻取粟特商人而代之,成爲硇砂貿易中介者,同時硇砂的價格也高度抬昇,《舊五代史》卷一三八記載回鶻:

> 至唐莊宗時,回鶻來朝,沙州留後曹義金亦遣使附回鶻以來……其所貢硐(硇)砂、羚羊角、波斯錦、安西白氎、金星礬、大鵬砂、毦褐、玉團,皆因其來者以名見,而其卒立世次,史皆失其紀。[1]

由此記載可以知曉,當時硇砂已經不是盛唐西州市場上廉價而平常的貨品,究其原因,乃安史亂後,先爲道路阻隔,後爲回鶻壟斷所致。《續資治通鑑長編》卷一〇記開寶二年(969):

> 〔十一月〕庚申,回鶻、于闐皆遣使來貢方物。回鶻使者道由靈州,交易於市,知州段思恭遣吏市硐(硇)砂,吏與使者爭直忿競。思恭釋吏不問,械繫使者,數日,始貰之。使者歸,愬於其國,回鶻汗遣使齎牒詣靈州,詢械繫之由。思恭自知理屈,不敢報。自是數年,回鶻不復入貢。[2]

説明回鶻使團在對宋朝進行朝貢貿易的同時,也兼做商賈,對百姓轉賣西域、中亞的珍稀貨品,其中便見有硇砂。從上文所列表一可知,硇砂的輸入原本受控於甘州回鶻,天聖六年甘州回鶻爲党項所滅,之後則由龜兹〔西州回鶻〕接手硇砂貿易。先是沙州和甘

〔1〕《舊五代史》卷一三八,1840—1841頁。

〔2〕《續資治通鑑長編:四庫全書底本》卷一〇,2016年,673—674頁;同一事記載又見於《宋史》卷二七〇《段思恭傳》,9272頁。

州回鶻、于闐的政治聯盟姻親,後則是西州回鶻與曹賢順的扶持關係,1006 年以後進入黑韓王朝時代的于闐,和此時的朝貢情況有錯縱複雜之聯繫。

六　小　結

由上面的分析我們可以知曉,相較於煉丹之於平民百姓的需求,價格便宜且與民生手工業息息相關,纔是自唐初以來硇砂貿易量較大的主要原因,即硇砂作爲中醫新附藥物以及金屬加工業焊接輔助劑,隋唐以後普及於中原市場。此外,硇砂作爲軍事武器原料之一,對中央政府也非常重要。

本文從衆多西域貢物中擇硇砂爲切入點,透過一項物品的價值提昇、産地歸屬,以及需求層面分析,試圖爲公元 7—11 世紀西域政權角力的情況,提供一個新視角。中晚唐以降,甘州回鶻透過壟斷商道,將産自域外,即當時已非唐屬的龜兹、北庭之硇砂,作爲除了一般絲路商品之外,重點控制的物産,而民生對硇砂的需求不減,上層階級服食丹藥需求日增,影響甚鉅。自此,爲五代宋初硇砂進貢的頻率之高、數量之少,都作出了較佳的解釋。曹氏歸義軍和于闐透過與甘州回鶻的聯姻,間接獲得部分硇砂,得以示好於中原。甘州回鶻爲党項擊破之後,實際上掌控硇砂産權的西州回鶻繼起成爲中原硇砂最重要的輸入者。隨著喀喇汗王朝的領土擴張,中亞、西域的硇砂産地均受之控制,西域貢道也爲其壟斷。

本文爲國家社科基金重大項目"敦煌與于闐:佛教藝術與物質文化的交互影響"(項目編號:13&ZD087)的階段性成果之一。

(作者單位:北京大學歷史學系)

《敦煌吐魯番研究》第十八卷
2018 年,603—618 頁

敦煌五臺山圖的分期*

——敦煌五臺山信仰研究之二

趙曉星

一直以來,敦煌五臺山圖都是學術界關注的熱點問題,筆者在《敦煌五臺山文獻與圖像研究綜述》一文中對學界關於敦煌五臺山圖的研究成果有系統的梳理[1],在此不再贅述。敦煌五臺山圖研究的熱點,主要包括莫高窟第 61 窟五臺山圖、敦煌五臺山圖與文殊信仰、敦煌五臺山圖的底本來源與圖像性質、中唐敦煌五臺山圖四個方面。前輩們的研究成果爲敦煌五臺山圖的研究奠定了良好的基礎,但敦煌五臺山圖研究中仍有一些尚待解決的問題。雖然多數文章都談到了敦煌五臺山圖的總數量約爲 13 幅,實際上整個敦煌石窟五臺山圖的數量不止於此。至於這些五臺山圖的形式,雖然也做過基本的劃分,但其前後流行時間並不明確。特別是這些五臺山圖能否根據時代特徵進行分期的問題,一直未能深入討論。基於上述原因,筆者在實地調查的基礎上,嘗試對敦煌現存的五臺山圖進行一次全面的梳理。

敦煌壁畫及藏經洞出土藝術品中的五臺山圖,根據圖像自身的時代特徵,可分成三個發展時期:第一期爲中晚唐時期,第二期爲五代宋時期,第三期爲沙州回鶻、西夏至元代。以下將分别對每個時期的五臺山圖進行梳理,並總結各時期五臺山圖的歷史特點。

一　第一期:中晚唐時期的敦煌五臺山圖

最早繪製五臺山圖的文字記録,爲《古清涼傳》載唐龍朔年間(661—663)沙門

* 基金項目:甘肅省文物局 2014 年度文化遺産保護領域省級科研課題“敦煌五臺山圖像研究”(合同號:GWJ2014004)。

〔1〕 趙曉星《敦煌五臺山文獻與圖像研究綜述》,郝春文主編《2018 敦煌學國際聯絡委員會通訊》,上海古籍出版社,2018 年,126—139 頁。

會賾等人檢行五臺山聖跡,繪五臺山圖及小帳[1]。會賾一行人繪製第一幅五臺山圖一百多年後,在吐蕃佔領的中唐時期(781—848),敦煌纔出現了真正意義上的五臺山圖。有關中唐第222、159、237、361四個洞窟中的五臺山圖,此前王中旭《吐蕃時期敦煌〈五臺山化現圖〉與五臺山信仰》[2]、劉禮紅《敦煌莫高窟中唐時期的五臺山圖》[3]和筆者《吐蕃統治時期傳入敦煌的中土圖像——以五臺山圖爲例》[4]等論文中均有圖像考證,在此不再詳述圖像細節。只有莫高窟第112窟的五臺山圖(見圖1),因其太過模糊,一直被學界忽視。莫高窟第112窟爲吐蕃統治敦煌早期新開鑿的小型洞窟[5],五臺山圖位於此窟西壁正龕龕下,從南向北由五部分組成横卷式畫幅,可惜畫面較爲漫漶,能提供的圖像信息非常有限。全圖現可見榜題11條,全部無法釋讀。畫面中間上部有文殊和普賢率衆菩薩顯現,其中北側大菩薩的坐騎隱約可見獅首,推測北側爲文殊、南側爲普賢。畫面中還有多處化現圖像,可辨别的有雲中現佛頭、通身光與雷神。佛塔、寺院、禮拜者與送供者分佈於畫面中,圖像太過模糊,無法確定具體細節與出處。圖中清晰可見的有3座佛塔,五臺山上此類勝跡非常多,《古清涼傳》載,中臺上有小石塔數十枚,並有阿育王古塔[6]。需要指出的是,此處五臺山圖與同時代其他五臺山圖有很大的不同,具體爲:1. 此圖爲横卷式構圖,而其他幾幅五臺山圖除莫高窟第222窟之外,均爲屏風畫形式。2. 圖中繪出了文殊與普賢兩大菩薩分别率衆顯現的圖像,而其他四處五臺山圖中僅有文殊菩薩,没有普賢菩薩。3. 最北側的一幅圖中有雷神顯現的畫面,這也是同時代其他五臺山圖中没有的。這些特點,似乎説明了這幅五臺山圖與其他五臺山圖不是一個傳承系統。

除莫高窟第112、222窟之外,第159、237、361等窟都採用屏風畫形式,但如果以文殊普賢顯現來劃分的話,第222窟仍是只表現文殊顯現於五臺山的情況,與後三窟

〔1〕 慧祥《古清涼傳》,《大正新脩大藏經》(以下簡稱《大正藏》),東京:大正一切經刊行會,1924—1934年,第51册,1098頁。

〔2〕 王中旭《吐蕃時期敦煌〈五臺山化現圖〉與五臺山信仰》,《美術研究》2009年第3期,53—60頁。

〔3〕 劉禮紅《敦煌莫高窟中唐時期的五臺山圖》,丁寧、李淞主編《在北大讀藝術學——北京大學藝術學院碩士論文精選(美術學卷)》,西安:陝西師範大學出版社,2010年,32—63頁。

〔4〕 趙曉星《吐蕃統治時期傳入敦煌的中土圖像——以五臺山圖爲例》,《文藝研究》2010年第5期,118—126頁。

〔5〕 洞窟時代根據樊錦詩、趙青蘭《吐蕃佔領時期莫高窟洞窟的分期研究》,《敦煌研究》1994年第4期,76—94頁。

〔6〕 慧祥《古清涼傳》,1094頁。

圖 1　莫高窟第 112 窟主室西壁龕下五臺山圖　中唐　綫描示意圖(趙曉星繪)

圖 2　莫高窟第 15 窟主室西壁正龕　外層龕南側南壁　化現圖像　晚唐

没有差别,那麽第 112 窟的横卷式五臺山圖就是中唐唯一的特例。到了晚唐時期,屏風式的五臺山圖被延續下來,在莫高窟第 15 窟和第 9 窟中繼續繪製。莫高窟第 15 窟開鑿於晚唐時期,正龕龕形與莫高窟第 361 窟基本相同,只是現在正龕内壁畫大部被紅色顔料重塗,原來的壁畫被全部覆蓋,無法確定畫面細節。第 15 窟正龕外層龕南側南壁屏風畫上部仍隱約可見雲中化現圓光和五色光(見圖 2)、北側北壁上部可見雲中化現佛頭,外層龕南北兩側的西壁屏風畫上均可見衆菩薩化現等細節,説明其原來應是繪有五臺山圖的。莫高窟晚唐第 9 窟的五臺山圖位於主室中心柱東向面龕内南壁,由三扇屏風畫組成。由於前有力士彩塑遮擋,無法考察全貌。就現在所見,應是繼承了中唐晚期五臺山屏風畫的構圖與佈局,也可以拼合成一幅完整的五臺山圖。

中、晚唐交接之際,在莫高窟第 144 窟中出現了新形式的五臺山圖,即背景式的五臺山圖。這種五臺山圖實際上是作爲文殊、普賢赴會的背景出現的,這種形式後來成爲五代宋時期最爲流行的五臺山圖樣式。第 144 窟五臺山圖最爲重要的特點,是在普賢赴會圖中明確書寫了榜題"五臺山",使我們對以往認爲普賢背後的山水爲峨眉山的觀點做出了新的判斷。此處的五臺山與莫高窟第 112 窟的五臺山圖都説明,五臺山曾作爲文殊與普賢共同道場的歷史事實。筆者將中晚唐時期五臺山圖中出現的細節整理成了下表(表 1),可看出這一時期敦煌五臺山圖發展的基本脈絡。

表 1　中晚唐時期敦煌五臺山圖構圖要素表〔1〕

窟號					典故		勝跡				朝拜者			化現													普賢
	五臺	文殊	萬菩薩	吉祥鳥	虎	佛陀波利	草庵	佛塔	寺院	經架	居士	比丘	趕畜者	光中菩薩	光中菩薩頭	佛手	通身光	圓光	光束	光中居士	獅子	化金橋	佛頭	雷神	聖燈	金翅鳥王	
112		√	√		√			√	√		√	√	√				√						√	√			√
222		√	√	√	√		√				√			√		√				√							
159	√?	√			√	√?		√	√		√	√			√	√				√							
237	√	√	√			√?		臺座	√		√	√	√			√	√			√	√	√					
361	√	√	√	√	√	√		√	√		√	√	√				√				√	√	√				
9	√	√	√		√			√	√	√	√	√	√													√	
15			√															√	√				√				
144		√	√					√	√		√	√	√			√									√		√

從表 1 可以看出,莫高窟第 112 窟作爲中唐唯一横卷式的五臺山圖,其在構圖上也獨具特色。與第 222、159、237、361 窟最大的不同是,第 112 窟的五臺山圖中同時繪製了文殊和普賢分别率衆菩薩顯現的情節,而不是只顯現文殊菩薩,化現圖像中的雷神也不見於中唐其他各窟。中唐第 222、159、237、361 窟四處五臺山圖中的構圖要素雖然是由少到多,但並非在原圖的基礎上逐漸增加新情節繪製,而是每一幅在具體細節的選擇上都相對獨立,説明這些作品正處在敦煌五臺山圖的形成期,尚未統一成固定的模式。其中,出入最大的爲五臺山神異化現部分,第 222、159、237 窟的化現部分較爲相似,可視作逐步增加的過程,但到了第 361 窟新增了"聖佛頭",不再繪製"光中佛手"、"光中居士"等圓光中化現的形象。總體上,從莫高窟第 237 窟和第 361 窟開始,敦煌的五臺山圖構圖要素已十分完備,相對成熟的五臺山圖已經形成。根據樊錦詩、趙青蘭《吐蕃佔領時期莫高窟洞窟的分期研究》,莫高窟第 112 窟和第 222 窟爲中唐早期洞窟,時代

〔1〕 莫高窟第 144、15、9 窟,因其前有彩塑或被後代塗抹,所以構圖要素僅是現在所能看到的細節,不能像前 5 個洞窟那樣展示出圖像發展的全部細節,故列於此僅供參考。

約爲公元8世紀80年代至八、九世紀之際[1]。吐蕃遣使求五臺山圖發生在唐長慶四年(824),這兩處五臺山圖從時間上判斷,一定不屬於吐蕃從唐朝所求之五臺山圖,這從一個側面回答了爲什麽這兩處五臺山圖與第159、237、361窟同類題材畫面迥異的原因。可以説,這兩處五臺山圖很可能是直接從中原傳入敦煌的。

吐蕃統治敦煌前後的中唐時期,正是中原五臺山地區大量繪製五臺山化現圖的時期。根據清代陸增祥的記録,唐乾元元年至大曆十二年間(758—777)的正定開元寺三門石曾刻録"五臺山圖"[2],其基本樣式爲:"有五個臺,以中臺作爲全圖的中心,其餘四個臺上北、下南、左西、右東分佈於中臺四周,圖上方左右分繪化現圖像。"[3]經過比較,這種構圖形式與莫高窟第237窟和第361窟的五臺山圖非常相似,特别是這兩窟與三門石一樣以榜題的形式標注了五臺。而圓仁在開成四年(840)巡禮五臺山時,所得到的就是在太原繪製的五臺山化現圖[4]。這使我們更傾向認爲吐蕃從唐朝求來的五臺山圖很可能是"五臺山化現圖"。敦煌唐代文獻P.4648《往五臺山行記》(738年以後)中亦載"二月廿八日下手畫《臺山圖》,廿九日長畫至終",也説明太原當時是繪製五臺山圖的主要地區。這些記載表明,中唐晚期敦煌出現的相對完備的五臺山圖也應是中原大潮流影響下的産物。

在政治史上,晚唐時期已進入敦煌的張氏歸義軍時期,但從現存可見的五臺山圖細節來看,晚唐莫高窟第9窟和第15窟仍然保持了中唐屏風畫五臺山圖的特點,只是新增了經架、化現光束、金翅鳥王等細節。因此,本次在敦煌五臺山圖的分期中,並未將晚唐時期劃入第二期,而是遵循圖像本身特點歸入第一期。但是,同屬第一期中晚唐交接之際的莫高窟第144窟已出現此前未見的全新的背景式五臺山圖,這種背景式的五臺山圖後來在第二期成爲敦煌五臺山圖的主要形式。莫高窟第144窟的萬菩薩實際上細化成以榜題標示的各組赴會菩薩,化現圖像不再限於五臺之頂,而是於山間繪製,新出現了聖燈化現的情節,這些都是第二期敦煌五臺山圖的特徵。因此,晚唐時期實際上是上承第一期下啓第二期的一個過渡時段。

---

〔1〕 樊錦詩、趙青蘭《吐蕃佔領時期莫高窟洞窟的分期研究》,90頁。

〔2〕 陸增祥《八瓊室金石補正》卷四三,北京:文物出版社,1985年,294頁。

〔3〕 張惠明《敦煌〈五臺山化現圖〉早期底本的圖像及其來源》,《敦煌研究》2000年第4期,4頁。

〔4〕 圓仁著,白化文、李鼎霞、許德楠校注《入唐求法巡禮行記校注》,石家莊:花山文藝出版社,1992年,317—318頁。

二　第二期：五代宋時期的敦煌五臺山圖

五代宋時期，敦煌五臺山圖以背景式爲主。此時出現於莫高窟第 61 窟西壁的巨幅五臺山圖，標誌著敦煌五臺山圖的繪製達到了頂峰。莫高窟五代第 61 窟爲歸義軍節度使曹元忠修建的“文殊堂”，西壁的五臺山圖是通壁巨制，是敦煌石窟中所有五臺山圖中面積最大、情節最多、畫面最豐富的一鋪。這鋪五臺山圖保存了 195 條題記，趙聲良《莫高窟第 61 窟五臺山圖研究》一文有詳細考證與論述[1]，這也是學術界關注最多的一幅五臺山圖。整個畫面分三層：下層表現五臺山區内的城池縣鎮和名勝古跡與當時的社會宗教活動，如河北正定縣、忻州定襄縣、五臺縣、石嶺關鎮、永昌之縣等五處，各種店鋪、住宿、養馬等旅店十一處，行旅隊伍中有數起送貢使；中層表現神人交往的宗教世界活動，有大量寺院、樓閣蘭若、茅庵塔廟，有修行的和尚，有佛像，有善男信女，也有天空神變；上層主要表現想象的天空幻化神變，共三十多種，如雷電雲中現，佛手雲中現，靈鳥現，功德天女現，金色世界現，大毒龍二百五十等。在這幅畫中，五臺山信仰開始融入濃濃的世俗味兒，各種世俗生活的小景零散地分佈於五臺山的各個角落。這幅五臺山圖的性質更爲特殊，單從畫面來看，是一幅獨立的五臺山圖，但結合洞窟主尊原爲騎獅文殊像來看，這幅巨型壁畫又是作爲文殊並眷屬的背景出現的。

榆林窟五代第 19 窟，主室西壁門南文殊變的背景，“上部用作背景的五臺山景色中，較多地穿插了人物的活動，表現出當時信徒朝山進香、虔誠禮佛的情形，已頗具後來莫高窟第 61 窟五臺山圖的意蘊”[2]。相似的情況還出現在莫高窟宋代第 25 窟，主室正龕的北、南兩側的文殊、普賢赴會圖，圖像的上、下原來可能都繪有聖跡，但現在下部破壞嚴重，僅存的上部圖像保存較好，約有 13 條榜題，其中可釋讀者有“五百羅漢”、“萬菩薩”等。從這幅圖所繪的内容來看，文殊與普賢的背景山水仍是五臺山。

榆林窟五代第 32 窟東壁門南的五臺山圖，也是作爲文殊並侍從的背景出現的，背景中的五臺山貌與上述三窟相似，但畫面構圖與榆林窟第 19 窟和莫高窟第 25 窟差別很大。榆林窟第 19 窟和莫高窟第 25 窟的赴會圖中部被文殊或普賢及眷屬佔滿，人物排列爲眷屬簇擁主尊的形式。此窟則是以整個五臺山爲背景，畫面中部文殊在光芒下顯現，眷屬被整齊地分爲伎樂、羅漢和菩薩各組，更能突顯文殊等人化現於五臺山的特

〔1〕 趙聲良《莫高窟第 61 窟五臺山圖研究》，《敦煌研究》1993 年第 4 期，89—107 頁。
〔2〕 敦煌研究院《中國石窟・安西榆林窟》，北京：文物出版社，1997 年，234 頁。

徵。同窟普賢變則以牛頭山作爲背景,突顯了此時敦煌與于闐的特殊關係。

莫高窟宋代第452窟主室正龕外層龕北側的五臺山圖(見圖3),繼承了中唐時期的屏風畫傳統。此窟正龕的形式與莫高窟第361窟非常相似,外層龕北側西壁屏風畫爲騎獅文殊顯現於五臺山頂,只可惜煙熏嚴重,無法獲得更多的畫面細節。有趣的是,對面的普賢菩薩從山中的一座大寺院上顯現,同組的南壁屏風畫繪製了牛頭山,説明當時敦煌也認可牛頭山是普賢菩薩道場之一的歷史事實。這從一個側面説明,榆林窟第32窟以牛頭山作爲普賢道場的情況並非孤例,也是當時敦煌的一種流行觀點。

圖3　莫高窟第452窟主室西壁正龕　外層龕北側西壁　五臺山圖與文殊顯現　北宋

宋代敦煌絹畫EO.3588是藏經洞封閉前繪製的最後一幅背景式的五臺山圖,但在這幅圖中可以明確看出圖像的新變化。較之其他背景式的五臺山圖,這幅畫中文殊和眷屬比例變小,不是佔據畫面的整個中部,而僅是居於畫面的中心。眷屬的數目突然變少,人物疏朗,文殊菩薩、善財童子和于闐王構成了文殊三尊的基本形式。五臺山的勝跡、化現圖像和典故分佈於整個背景之中,並以榜題進行標誌,這些仍是繼承之前的傳統。筆者將五代宋時期的敦煌五臺山圖構圖要素整理成下表(表2),可反映出此時五臺山圖發展的基本脈絡。

莫高窟五代第61窟的五臺山圖是我們在敦煌見到的第二幅横卷式的五臺山圖,在畫面上與中唐莫高窟第112窟似乎有著某種聯繫,比如文殊和普賢在畫面的上方同時率衆顯現,以及雷神的圖像,這些都是其他五臺山圖所没有的。榆林窟第19窟雖然在形式上繼承了莫高窟晚唐第144窟的背景式,但這時五臺山圖像被移到了背景的上方,而且無論從圖像的構成上還是繪畫的方法上,都與莫高窟第61窟高度相似,就像第61窟五臺山圖的縮略版一樣。同樣的情況還出現在莫高窟宋代第25窟的文殊普賢變中,只是此時畫面的情節減少了很多。從這種情況來看,莫高窟第61窟五臺山圖的底

表 2　五代宋時期敦煌五臺山圖構圖要素表

窟號	五臺	文殊	萬菩薩	五百羅漢	靈鳥、吉祥鳥	典故	勝跡				朝拜者			化現													普賢
						佛陀波利	草庵	佛塔	寺院	龍王池	居士	比丘	送供者	金五臺	通身光	光束	獅子	龍	化金橋	佛頭	佛手	佛足	雷神	大力金剛	聖燈	金鐘	
莫 61	√	√	√	√	√	√	√	√	√	√	√	√	√	√	√	√	√	√	√	√	√	√	√	√	√	√	√
榆 19	√	√	√	√	√	√	√	√	√	√	√	√	√	√	√	√		√	√	√	√	√		√	√	√	
榆 32	√	√	√	√		√		√	√	√	√	√	√			√	√		√		√						
莫 25	√	√	√	√	√		√	√	√		√	√	√			√				√	√	√					√
莫 452	?	√			√	?		√	√		√	√	√		√					√	√						
EO.3588	√	√				√		√	√			√			√	√	√		√	√	√						

本並不是只應用了一次,而是在背景式的五臺山圖中也有應用。榆林窟五代第 32 窟在構圖上似乎是這一時期的一個特例,雖然同樣採用背景式,但畫面視覺效果與前三窟完全不同,代表了背景式的另一種樣式。莫高窟宋代第 452 窟是莫高窟現存的最後一處以屏風畫形式出現的五臺山圖,從樣式和圖像上來看,都體現出對中唐屏風式五臺山圖的繼承。而同窟的普賢圖像,與榆林窟第 32 窟一樣,都以牛頭山作爲背景,表現出普賢道場的另一種觀念。

本期五臺山圖中的文殊赴會圖像,無一例外地選用了于闐王牽獅的新樣文殊樣式。莫高窟第 220 窟甬道北壁五代壁畫中出現了新樣文殊,榮新江《從敦煌的五臺山繪畫和文獻看五代宋初中原與河西于闐的文化交流》[1] 和《敦煌文獻和繪畫反映的五代宋初中原與西北地方的文化交往》[2],通過對敦煌壁畫、白描畫、版畫和文獻的考察,認爲新樣文殊是從中原傳來。從背景式五臺山圖特别是莫高窟第 61 窟巨幅五臺山圖的構圖形式和圖像要素來看,與中晚唐屏風式的五臺山圖完全不同,甚至與同爲背景式的莫高窟第 144 窟五臺山圖也有很大的差異,因此本期五臺山圖底本應是曹氏歸義軍時期從中原新引進的底本,而對中晚唐時期敦煌原有的五臺山圖没有太多的繼承。

本期還有一個特徵,在莫高窟第 61 窟和第 25 窟、榆林窟第 19 窟和第 32 窟的五臺

〔1〕 榮新江《從敦煌的五臺山繪畫和文獻看五代宋初中原與河西于闐的文化交流》,《文博》1987 年第 4 期,68—75 頁。

〔2〕 榮新江《敦煌文獻和繪畫反映的五代宋初中原與西北地方的文化交往》,《北京大學學報》1988 年第 2 期,55—62 頁。

山圖中都出現了“五百羅漢”化現的圖像,應是根據西晉聶道真譯《佛説文殊師利般涅槃經》的相關記載繪入。此經主要記録佛於舍衛國祇樹給孤獨園爲大衆講説文殊菩薩因緣,包括文殊的生平、佛涅槃後文殊的事蹟及信奉文殊的功德。其中特别提到,在釋迦滅度後,文殊菩薩爲五百仙人講説教化並與諸神仙作比丘形,後“五百比丘遠塵離垢成阿羅漢,無量諸天發菩提心,願常隨從文殊師利”[1]。從此,五百羅漢跟萬菩薩一樣,成爲文殊的主要眷屬。此經雖然翻譯較早,但這部經與五臺山的關係在宋代纔引起重視,宋代延一編撰的《廣清涼傳》中多處引用此經。同時代的陝西鐘山石窟第 11 窟中,也明確有文殊與五百羅漢相結合的情况,佐證了這種圖像應是從中原傳來。

值得注意的是,藏經洞出土敦煌絹畫 EO.3588 是第二期偏晚的一幅背景式五臺山圖,與第二期壁畫中的同類題材相比,最突出的變化是將“化金橋”由一座寫實的拱橋變成了一道彩虹。這一變化在第三期成爲一個突出的特徵,西夏時期的五個廟第 1 窟、榆林窟第 3 窟和元代榆林窟第 4 窟的五臺山圖中均出現了這道彩虹式的化金橋。在藏經洞封閉之後,雖然這種背景式的五臺山圖被保留了下來,但與五代宋時期的繪畫傳統已全然不同。

三　第三期:沙州回鶻、西夏至元代的敦煌五臺山圖

沙州回鶻時期莫高窟第 245 窟的五臺山圖畫面驟然簡化,原來的青緑山水完全消失,除了在藍色背景中繪出山嶽紋之外,僅在東壁門南的文殊圖像上部繪出雲中放光的化現圖像,而其他的化現圖像、寺院勝跡,甚至於文殊的一干隨從眷屬除牽獅的于闐王外全部消失。西千佛洞第 4 窟前室东西壁表層壁畫,在殘存的沙州回鶻文殊普賢赴會圖中,出現了與第 245 窟一模一樣的圖案化卷雲,並繪製雲中放光、雲中現化金橋、雲中現佛頭數種化現圖像。

此後的西夏時期,五臺山圖的情況變得非常複雜,出現了多種樣本。莫高窟西夏第 164 窟,文殊普賢赴會圖分别位於主室東壁門北和門南。門北文殊赴會圖上方繪雲中通身光、光束、經夾、佛手等於雲中化現的圖像,下方繪山巒及寺院;門南普賢赴會圖上方繪雲中光束、化金橋、佛手、通身光、居士、佛頭等在雲中化現的圖像,下方繪山巒與寺院。這兩幅圖的背景仍是五臺山圖,只是這時的五臺山圖更加抽象化,忽略了寫實的山水,而是借助榜題標誌寺院,同時繪出具有代表性的化現圖像來象徵五臺山。這鋪文殊

[1] 聶道真譯《佛説文殊師利般涅槃經》,《大正藏》第 14 册,480—481 頁。

普賢赴會圖上部化現圖像的繪製手法,與沙州回鶻的文殊普賢赴會圖非常相似,説明其對沙州回鶻時期的樣式是有繼承的。文殊普賢的衆多眷屬重新回歸畫面,以極爲緊湊的方式簇擁著主尊大菩薩。特别需要注意的是,在文殊赴會圖的左上角出現了老人的形象,第 164 窟文殊坐騎獅子前爪的前方還出現了童子形象,這兩個人物在以後的文殊赴會圖中被固定下來。值得注意的是,老人形象也出現於同時代的西夏重修的莫高窟第 237 窟前室和第 14 窟前室的文殊變中,並成爲西夏文殊變與沙州回鶻文殊變最大的區别之一。第 164 窟畫面下部又重新開始繪製五臺山勝跡,但這時僅繪成幾乎完全一樣的山巒和建築物,同時用榜題進行標示。山間人物的活動不見了,所以榜題標示的只可能是建築物的名稱或地理位置。東千佛洞窟第 6 窟南、北兩壁的普賢變、文殊變則繼承了北宋以來敦煌五臺山圖的傳統,將五臺山作爲新樣文殊的背景進行描繪,像北宋一樣在山上描繪化現的建築和山中的修行者和禮拜者。

榆林窟西夏第 29 窟東壁文殊赴會圖的五臺山背景,雖然與莫高窟同時代同類題材一樣,已經非常程式化,但其程式化的表達方法顯然與莫高窟不同。榆林窟第 29 窟的文殊背景採用與後期藏傳繪畫近似的畫法,以極爲簡括生硬的綫條勾出層層疊疊的符號化的山容,具有很强的裝飾性。這時仍舊保留了在畫面的最上方繪製化現圖像的傳統,文殊赴會圖上方繪製了金鐘、聖燈、化佛化現的情節,普賢赴會圖現存部分可見聖燈和化佛化現。從莫高窟第 164 窟開始繪製的老人,在本窟被畫在了文殊右側獅子頭的附近,獅子前爪前方依舊繪製善財童子,眷屬人物的排列明顯比莫高窟第 164 窟文殊赴會圖更爲疏朗,人物在色彩與形象上也與莫高窟迥異,突顯出西夏的特徵。榆林窟第 29 窟壁畫中包括藏傳密教圖像,因此在顯教經變的繪製上也受到藏傳畫風的影響。西夏中後期引入藏傳佛教,榆林窟第 29 窟表現了藏傳佛教傳入西夏後對敦煌藝術的影響。也就是説,藏傳佛教藝術在當時不僅帶來了藏式的密教曼荼羅,也引起了顯教傳統題材在繪畫方面的變革。西夏還在榆林窟第 2 窟營建了一個新的文殊堂(見圖 4),主尊爲乘獅的文殊菩薩,但是在正壁的文殊變中已没有關於五臺山的山巒圖像。

在西夏時期的東千佛洞第 5 窟,文殊變殘破嚴重,從現存的普賢變來看,化現圖像中出現了密教的十字金剛杵,説明藏傳密教已經對顯教圖像的繪製産生了影響。而在西夏晚期的五個廟石窟第 1 窟,文殊普賢赴會圖的背景中重新出現了山巒和建築。本窟文殊赴會圖中繪出雲中現聖燈、佛手、金鐘、佛頭,並再次出現了文殊化現白衣老人的情節;普賢赴會圖中亦有 4 處雲中化現圖像,但均熏黑不可辨,同時模仿文殊赴會圖繪出山中化現老人,此外還繪出一處虹橋,橋上有三人行走。榆林窟第 3 窟西壁門兩側文

圖4　榆林窟第2室主室内景　西夏

殊普賢赴會圖中的五臺山圖,被認爲是13世紀初、中葉或者以後的作品[1]。本窟與同時代其他洞窟的圖像很不相同,其他地方此類題材已經已變得非常程式化,僅以化現的各種圖像來代表五臺山,但這鋪文殊變仍注重繪製山水,採用中國傳統的水墨山水畫方式繪出背景,並於山中以較爲寫實的手法繪製寺院和勝跡。以往文殊赴會圖畫面最上方的化現圖像不見了,僅存的一個化現圖像是圓光中的文殊五尊圖。值得注意的是,在這鋪文殊變的左上方也繪出一座虹橋,一排菩薩順橋而上。雖然山中的建築物繪製得非常寫實,但沒有榜題的標注,也完全無法確定分别代表了哪些勝跡。畫中文殊的眷屬在前幾處西夏文殊赴會圖的基礎上進行了擴展,老人位於文殊坐騎獅子的前方,獅頭的一側增加了梵僧的形象,善財童子位於整個隊伍的最前方,所有的人物疏朗自在地行走在雲海上。

元代榆林窟第4窟文殊變的五臺山背景,明顯對西夏晚期榆林窟五臺山圖有所繼承,但繪製於山頂的寺院和佛塔(見圖5)與此前樣式全然不同,特别是佛塔與五臺山現

〔1〕 趙聲良《榆林窟第3窟山水畫初探》,敦煌研究院編《榆林窟研究論文集》,上海辭書出版社,2011年,693頁。

圖 5　榆林窟第 4 窟主室西壁門北　文殊變上方寺院佛塔　元代

存大白塔似有關聯。五臺山大白塔現存實物爲明代重修，其始建於元大德六年(1302)，由尼泊爾匠師阿尼哥設計建造，因塔的形制爲覆鉢式的尼泊爾大白塔，俗稱大白塔。這幅畫中幾乎完全拋棄了光中化現或雲中化現的畫法，而將化金橋、五色光和圓光化現這些神異全部描繪成自然景觀與山水融爲一體；其對面的普賢變中則未見任何神異，而只是在背景中描繪聖山和山中的寺院建築。同時代的莫高窟，則一直延續著五臺山背景的極簡風格。在元代莫高窟第 149 窟，山巒仍是文殊與普賢赴會圖的背景，但是此窟的五臺山化現圖像没有繪製到這些山巒背景之中，而是繪在了東壁門兩側經變畫的上方。其中，屬於文殊赴會圖一方的有雲中現光束、佛頭、佛手、佛足，屬於普賢赴會圖一方的有雲中現圓光中菩薩頭、佛手印、光束等，化現圖像内容仍很豐富，與莫高窟沙州回鶻至西夏時期的五臺山背景有傳承關係。

沙州回鶻以後的五臺山圖，全部都是背景式的形式，無論是像莫高窟第 245 窟那樣極簡化的，還是像榆林窟第 3 窟那樣重山水的；都有一明顯的特徵，不再注重描繪五臺山的勝跡、典故的具體内容，而只是將其作爲襯托文殊儀仗的背景。這也説明，此時的文殊信仰已遠遠超過了對五臺山本身的信仰。或者説，在各地紛紛興建“小五臺山”的風氣下，山西五臺山被以各種形式模寫、搬移到東亞各地，由此造成的實際情況是，朝拜五臺山有了更多的選擇。由最初的朝拜山西的五臺山，變成了朝禮文殊顯現聖跡的各地五臺山。那麽，文殊及眷屬的顯現成爲各地小五臺山神聖性和合法性最爲明確的證明，而山西五臺山原來的勝跡在這一過程中被弱化了。相應地，在晚期的文殊赴會圖中，作爲背景的五臺山也就逐漸被弱化了。在這些五臺山圖中，唯一統一保留的，就是五臺山的各種化現圖像，可見化現神異是這時五臺山最主要的標誌。但從表3中也可看出，此時莫高窟的文殊普賢赴會圖中的五臺山化現圖像間有一定的傳承關係，而榆林窟第29窟和五個廟第1窟之間也有些許聯繫，榆林窟第3窟和第4窟則反映出畫面劇烈的變化，多種繪畫傳統的並存與碰撞，繼承與革新成爲敦煌晚期五臺山圖像最重要的特色。

表3　沙州回鶻、西夏、元代敦煌五臺山圖化現圖像表

窟號	文殊赴會圖													普賢赴會圖														
	五色光	化金橋	佛頭	通身光	經夾	佛手	金鐘	聖燈	化佛	佛足	文殊五尊圖	螺貝	建築	五色光	化金橋	佛頭	通身光	佛手	居士	聖燈	化佛	菩薩頭	普賢五尊圖	螺貝	花盤	香爐	十字金剛杵	摩尼寶	建築
莫245	√																												
西千4前室														√	√	√	√	√											
莫14前室				√																									
莫237前室	√	√	√																										
莫164	√			√	√	√								√	√	√	√	√	√										
東千佛洞6													√																√
榆29							√	√	√											√	√								
東千佛洞5												√												√	√	√	√	√	
五個廟1		√	√			√	√	√																					
榆3		√									√												√						
榆4	√	√													√														
莫149	√		√			√				√				√				√				√							

四　小　　結

在初步梳理完以上敦煌五臺山圖像之後，可確定敦煌石窟現存五臺山圖總數量爲

26處(見表4)。敦煌現存五臺山圖有三種主要形式,即横卷式、屏風式、背景式。從圖像性質來看,這些五臺山圖都屬於五臺山化現圖之類,重點在於表現五臺山化現的聖跡,而不是作爲地圖來使用的。在圖像的細節方面,能夠反映各個歷史時期五臺山信仰的具體情況。

整體上,敦煌五臺山圖的發展可分爲三個時期。第一期是中晚唐時期,此時敦煌的五臺山圖有兩種不同的傳入路綫,一是直接從中原傳入的,二是吐蕃從唐朝請回的五臺山圖、經吐蕃再傳到敦煌。在吐蕃統治敦煌後期,敦煌五臺山圖已經比較完備。晚唐時期雖然主要延續了中唐時期的屏風畫和五臺的構圖,但在細節方面出現了很多新題材,明顯有新傳入的内容或新底本。第二期是五代宋時期,圖像内容引入了此時中原的新題材,敦煌出現了通壁巨制的大型五臺山圖,在背景式的五臺山圖方面也有進一步的發展。第三期是沙州回鶻、西夏至元代,這是敦煌五臺山圖的一個劇變期,此時的五臺山圖大致可分成兩種,一種畫面簡單只注重表現化現圖像,另一種則注重對五臺山山水的渲染。但不管是哪種形式,較之中唐至宋代的五臺山圖,這時的五臺山圖繪製明顯步入了衰落期。

表4 敦煌五臺山圖概況〔1〕

時　代	窟號〔2〕	位　　置	樣　式	同窟文殊普賢變
中唐	莫112	主室西壁正龕龕下	横卷式	主室西壁正龕龕外南側普賢變、龕外北側文殊變
	莫222	主室西壁正龕龕外南北側上部	對稱式	主室東壁門南普賢變、東壁門北文殊變
	莫159	主室西壁正龕龕外北側下部	屏風式	主室西壁正龕龕外南側普賢變、龕外北側文殊變
	莫237	主室西壁正龕龕外北側下部	屏風式	主室西壁正龕龕外南側普賢變、龕外北側文殊變
	莫361	主室西壁正龕外層龕北側	屏風式	主室西壁正龕外層龕南側普賢顯現與聖跡圖,外層龕北側文殊顯現與五臺山圖
中、晚唐	莫144	主室西壁正龕龕外南北兩側	背景式	主室正龕龕外南側文殊變、龕外北側普賢變

〔1〕 這些五臺山圖,不僅限於文殊變,也包括出現在普賢變中可確定的五臺山背景。

〔2〕 表中縮略語,"莫"表示敦煌莫高窟,"西千"表示敦煌西千佛洞,"榆"表示瓜州榆林窟,"東千"表示瓜州東千佛洞,"五廟"表示肅北五個廟石窟。

（續表）

時　代	窟號	位　　置	樣　式	同窟文殊普賢變
晚唐	莫 15	主室西壁正龕外層龕南側	屏風式	主室西壁正龕外層龕南北兩側原應爲文殊普賢顯現於聖跡山水
	莫 9	主室中心柱正龕龕内南壁	屏風式	主室東壁門南普賢變、門北文殊變
五代	莫 61	主室西壁	横卷式	主室中心佛壇主尊原爲文殊騎獅像
	榆 19	主室西壁門南	背景式	主室西壁門南文殊變、門北普賢變
	榆 32	主室東壁門南	背景式	主室東壁門南文殊變、門北普賢變
北宋	莫 25	主室西壁正龕龕外南北兩側	背景式	主室西壁正龕龕外南側普賢變、龕外北側文殊變
	莫 452	主室西壁正龕外層龕北側	屏風式	主室西壁正龕外層龕南側普賢顯現與牛頭山圖，外層龕北側文殊顯現與五臺山圖
	EO.3588	藏經洞出土敦煌絹畫	背景式	絹畫爲文殊變
沙州回鶻	莫 245	主室東壁門南	背景式	主室東壁門南文殊變、門北普賢變
	西千 4	前室東西壁	背景式	前室東壁爲文殊變，西壁爲普賢變
西夏	莫 164	主室東壁門南北	背景式	主室東壁門南普賢變、門北文殊變
	莫 237	前室西壁門北	背景式	下部殘毁，不詳
	莫 14	前室西壁門北	背景式	前室西壁門北爲普賢變，門南圖像損毁
	東千 6	主室南北兩壁	背景式	主室北壁文殊變、南壁普賢變
	榆 29	主室東壁和西壁中間	背景式	主室東壁中間文殊變、西壁中間普賢變
	東千 5	主室南、北壁東起第一鋪	背景式	主室南壁東起第一鋪文殊變、北壁東起第一鋪普賢變
	五廟 1	主室南壁門東西兩側	背景式	主室南壁門東文殊變、門西普賢變
	榆 3	主室西壁門北	背景式	主室西壁門南普賢變、門北文殊變
元代	榆 4	主室西壁門北	背景式	主室西壁門南普賢變、門北文殊變
	莫 149	主室東壁門南北兩側	背景式	主室南壁文殊變、北壁普賢變

（作者單位：敦煌研究院敦煌文獻研究所）

《敦煌吐魯番研究》第十八卷
2018年,619—632頁

敦煌文書P.2704“一七”、“二七”之釋讀及相關問題

趙鑫曄

法國國家圖書館藏P.2704號寫本由四張紙黏合而成,正面分别爲四份曹議金時期的迴向疏。這四份迴向疏是研究曹氏歸義軍政府佛教活動的重要資料,所以屢被研究者徵引使用。第一份《長興四年(933)十月九日曹議金施捨迴向疏》文首云:“請大衆轉經一七日,設齋一千五百人供,度僧尼一七人。”第四份《長興五年(934)五月十四日曹議金施捨迴向疏》文首云:“請大衆轉經一七日,設齋一千六百人供,度僧尼二七人。”疏文中的“一七”、“二七”,在有的論著中被釋讀爲“十七”和“二十七”[1],並以此作爲當年度僧數目的依據。本文試對“一七”、“二七”的釋讀提出己見,分析其原因,並以此爲切入點,探討敦煌寫本的數字表達方式。

一 “一七”、“二七”的釋讀

就筆者目力所及,同類文獻中“一七”的用例還見於:(1)P.2982《顯德四年(957)九月□日梁國夫人潯陽翟氏疏》:“結壇三日,供僧壹柒人,施小綾子壹疋充經儭。”其中的“壹柒”使用大寫數字。(2)S.86《宋淳化二年(991)四月廿八日馬醜女迴施疏》:“設供一七人,共齋僧貳伯叁拾人。”在探討“一七”和“二七”之前,我們先來看一下前述四份疏文以及P.2704第三份疏文中的施捨内容:

P.2704(1)《長興四年(933)十月九日曹議金施捨迴向疏》:紫盤龍綾襖子壹領,紅宫錦暖子壹領,大紫綾半臂壹領,其襖子于闐宰相换將白獨窠綾袴壹腰,已上施

〔1〕郝春文對長興五年(934)《迴向疏》的解釋爲:“曹議金在長興五年一次就度僧二十七人。”見氏著《唐後期五代宋初敦煌僧尼的社會生活》,北京:中國社會科學出版社,1998年,12頁。石小英對此兩份文件的解釋爲:“在這兩次齋會上廣度僧尼,所度僧尼達十七、二十七人不等。”見氏著《八至十世紀敦煌尼僧研究》,北京:人民出版社,41頁。

入大衆。布壹拾陸疋,施入一十六寺。細緤壹疋,充經儭。緤壹疋,充法事。

P.2704(4)《長興五年(934)五月十四日曹議金施捨迴向疏》:紫花羅衫壹領,紫錦暖子壹領,紫綾半臂壹領,白獨窠綾褲壹腰,已上施入大衆。布壹拾陸疋,麥粟豆共叁拾碩,黄麻叁碩貳斗,已上施入一十六寺。細緤壹疋,充經儭。

P.2982《顯德四年(957)九月□日梁國夫人潯陽翟氏疏》:土布叁疋半,充見前僧儭。羊皮兩張,充僧主。紙壹帖,充法事。

S.86《宋淳化二年(991)四月廿八日迴施疏》:三月九日,病困臨垂,於金光明寺殿上施麥壹碩。城西馬家索家二蘭若共施布壹疋。葬日臨曠(壙)焚屍,兩處共録(緑)獨織裙壹腰,紫綾子衫子、白絹衫子共兩事,絹領巾壹事,繡鞋壹兩,絹手巾二個,布手巾壹個,粟叁碩,布壹疋,設供一七會,共齋僧貳佰叁拾人,施儭布叁疋,昌褐兩疋,又斜褐壹段,麥粟紙帖共計拾貳碩。

P.2704(3)《長興五年(934)二月九日曹議金施捨迴向疏》:官布柒疋,施入大像。細緤壹疋,充法事。

由上述疏文,我們可以看出:1. "一七"、"二七"的表達方式僅限於轉經、齋會的天數和僧人的數目,疏文中其他物品的數量,則採用正常大寫的個位數和十位數如"壹"、"叁"、"壹拾陸"和"叁拾"等來表示。在 P.2704 第三份施捨疏中,即使同樣涉及"七"這個數量,因其爲官布的數目,故仍用常規的大寫"柒"表示。2. 如果轉經日期或僧人的數量與"七"無關,則用常規方法表達。P.2982 中結壇天數爲三天,與"七"無關,故記作"三"。3. 這種特殊的表達方式並非偶然爲之。P.2704 的四份迴向疏皆爲鈐有歸義軍印的正式文件,在撰文和書寫時應該不會草率隨意。而且 P.2982 的年代雖在 P.2704 後二十餘年,依然沿襲了"一七"的用法來表達僧人的數量。所以,"一七"和"二七",當是疏文撰寫者的有意之舉,通過不同的數字表達方式來突顯轉經、齋會日期和僧人數目的區别性。

那麽,疏文中的"一七"、"二七"當如何理解,果真該解爲"十七"和"二十七"嗎?筆者以爲,"一七"和"二七"中的"一"和"二"當是"七"的倍數,如此,二者的數量就是乘積"七"和"十四",而非"十七"和"二十七"。具體理由如下:

其一,同類表達方式在其他文獻中並不罕見。《齊民要術》卷七"作三斛麥麴法":"其房欲得板户,密泥塗之,勿令風入。至七日,開當處翻之,還令泥户。至二七日,聚麴,還令塗户,莫使風入。至三七日,出之,盛著瓮中,塗頭。至四七日,穿孔繩貫,日曝欲得使乾,然後内之。”〔1〕同卷中“造神麴法”、“作神麴方”的時間,皆用此種方式。從文義看,“七”、“二七”、“三七”、“四七”,皆是以七爲周期,分别代表七、十四、二十一和二十八。

其二,根據相關寫本的記載,在唐五代時期敦煌地區的佛事活動中,轉經的天數往往爲一、三、五、七個日夜,皆爲奇數。一個日夜者如 P.2854《亡考文》:“故於是日,就次(此)家庭,設齋追福。已次(以此)轉經行香設齋種種功德,無限勝因,總用莊嚴亡考所生魂路。”S.5573《亡齋文一道》:“是日夜(也),宏敷寶室,嚴麗清宫;轉三世之金言,誦千佛之移蜜(秘密)。”三個日夜者如 S.5589《散食文一本》:“弟子某甲結壇散食、誦咒轉經、焚香然燈,三日三夜。”S.3879《應管内外都僧統帖》:“右奉處分,今者四月大會,准常例轉念三日。”五個日夜者如 P.3556V《清泰三年(936)曹元德轉經疏》:“請大衆轉經五日。一十一寺每寺施麥叁碩、油伍勝,充轉經僧齋時。緤壹疋,充法事。”七個日夜者如 S.5589《散食文一本》:“亦如金剛及結壇燃燈、誦咒轉經、捨施散食,七日七夜。梵音念念崇修,聲聲無有休息。”S.3427《結壇散食迴向發願文》:“謹於厶處結壇燃燈、誦咒轉經、捨財散食,三日三夜若七日則云七日七夜。”如果將“一七”解爲“十七”,那麽“請大衆轉經一七日”的時間爲十七個日夜。如此長久的時間,不僅找不到文獻依據,而且所需的人力和物力也會是很大的負擔,不合乎常理。

其三,S.86 乃爲馬醜女從臨終至斷七施捨及轉經的功德記録〔2〕,文中云“設供一七會”。如果我們細算馬醜女臨終的三月九日至作疏的四月廿八日之間的天數,剛好是七七四十九天,便可明白此“一七會”即七個齋會。從初七到七七,每七一齋,故共爲七會,這也完全符合唐五代敦煌地區的喪俗〔3〕。若將“一七”解爲“十七”,則與民俗相乖。

其四,P.2704、P.2982 和 S.86 的疏文中,十位數的表達方式都没有省略“拾”這個數位提示,如“壹拾陸”和“叁拾”。如果“一七”、“二七”作“十七”、“二十七”解,那麽理

〔1〕 賈思勰《齊民要術》,南京:江蘇古籍出版社,2001 年,217 頁。

〔2〕 現行著作中多將該迴施疏的文首點爲:“奉爲亡女弟子馬氏名醜女,從病至終,七日所修功德。”將所修功德的時間定爲從患病至死亡的七天。見唐耕耦、陸宏基編《敦煌社會經濟文獻真蹟釋録》第 3 輯,北京:全國圖書館文獻縮微複印中心,1990 年,105 頁;敦煌研究院編《敦煌遺書總目索引新編》,北京:中華書局,2000 年,3 頁。據下文之分析可知,爲馬醜女做功德的時間實爲七七四十九天,故此句的正確標點爲:“奉爲亡女弟子馬氏名醜女,從病至終七日,所修功德。”“終七日”即亡後第四十九天,爲七七之最後一天,故稱“終七”。

〔3〕 敦煌文獻中大量的亡文便是七七齋所使用的文範,從中可見敦煌地區七七齋之盛行。如 S.1441《亡父母文》:“奉爲亡考某七追福諸(之)嘉會也。”S.1441《亡男》:“奄從風燭,某七俄臨。”S.343《亡妣文》:“亡没已來,某七俄届。”又,關於“七七齋”的來歷,詳見下文的論述。

應表達爲常規的"壹拾柒"、"貳拾柒",根本不用捨近求遠,特意省略。而且在其他寫本中,"十七"一般也是表達爲"壹拾柒",S.2614V《敦煌各寺僧尼名簿》:"計僧壹拾陸人,舊沙彌貳人,計新沙彌壹拾柒人。"

其五,以兩個數字的乘積表達數量的方式在古籍中,並非個案,不局限於七的倍數。最常見的如S.4569《九九乘法口訣》,從"九九八十一"到"一一如一",都是採用兩數之乘積。再比如以"二八"一詞爲十六,《左傳・襄公十一年》:"凡兵車百乘,歌鐘二肆,及其鎛磬,女樂二八。"杜預注:"十六人。"〔1〕以"八八"一詞爲六十四,《漢書・律曆志上》:"人者,繼天順地,序氣成物,統八卦,調八風,理八政,正八節,諧八音,舞八佾,監八方,被八荒,以終天地之功,故八八六十四。"〔2〕亦屬此類。對於唐五代時期的敦煌民衆來説,這種表示數量的方法並不陌生。

綜上所述,P.2704、P.2982和S.86中的"一七"、"二七"所表示的數量即"七"和"十四"。如此,則三個寫本中佛事活動的相關信息皆可得到確認:長興四年(933)十月九日的佛事活動,轉經天數爲七日,度僧數爲七人;長興五年(934)五月十四日的佛事活動,轉經天數爲七日,度僧數爲十四人;顯德四年(957)九月某日的佛事活動,轉經天數爲三日,供僧數爲七人;淳化二年(991)三月九日至四月廿八日,爲馬醜女做齋會七場。

二 "一七"、"二七"在敦煌文獻中的其他用例

上文主要討論了迴施疏中的"一七"、"二七",接下來我們再來看一些其他類敦煌文獻中的相關用例。筆者目前所搜集到的例子如下:

(1) S.2489《閻羅王經一卷》題記:安國寺患尼弟子妙福,發心敬寫此經一七卷,盡心供養。

(2) BD08045《十王經》題記:安國寺患尼弟子妙福,發心敬寫此經一七卷,一心供養。

(3) S.2110《佛説安宅神咒經》題記:《佛説安宅咒經》,願爲宣流。今五濁世,加請三七遍,令一切宅舍安隱也。

(4) S.2851《菩薩十無盡戒》題記:右以前十戒,仰人各寫一本,令誦持。如因齋日試不通,罰一七人供。大曆十五年(780)正月卅日,女弟子妙德于沙州靈圖寺

〔1〕 阮元校《十三經注疏・春秋左傳正義》,臺北:藝文印書館,2007年,547頁。
〔2〕《漢書》卷二一上《律曆志上》,北京:中華書局,1962年,963頁。

受戒。傳戒法師智廣。

(5) S.5663《中論》卷二題記：乙未年(935)正月十五日三界寺《大般若經》兼內道場課念沙門道真，兼條修諸經十一部，兼寫《報恩經》一部，兼寫《大佛名經》一部。道真發心造《大般若》帙六十个，並是錦緋綿綾具全。造銀番(幡)伍拾口，並施入三界寺；銅令(鈴)、香盧(爐)壹，香槺壹，施入三界寺。道真造劉薩訶和尚，施入番(幡)二七口，銅令(鈴)、香盧(爐)壹，香槺、花氈壹，以上施入和尚，永爲供養。道真修《大般若》壹部，修諸經十三部，番(幡)二七口，銅令(鈴)、香盧(爐)壹，香槺壹，經案壹，經藏壹口，經布壹條，花氈壹，已上施入經藏供養。

(6) P.2610V《攘女子婚人述秘法》：凡欲令夫愛敬，婦人自取目下毛二七枚，燒作灰，和酒與夫飲，驗。

(7) P.2661V《方技書》：五月五日，以未嫁女子髮二七物作繩繫腳，必有時人愛敬。

以上的七條用例可分爲兩類：第一類爲(1)—(5)條，屬佛典題記；第二類(6)(7)兩條，屬術數類文獻。我們可一一進行分析。

題記中的(1)(2)條，同爲安國寺比丘尼妙福爲自身患病而寫。妙福所抄的佛經爲《佛説閻羅王授記勸修七齋功德經》，抄寫的數量爲“一七”，當即七遍。該經雖爲僞經，但在敦煌地區卻極爲盛行，並作爲生人作逆修齋、修福田的經典依據。所以妙福所抄的遍數，與七七齋的數量剛好對應。此例可與 S.86 互證，説明馬醜女的亡齋數量確爲七會。題記中的第(3)條，將所抄佛經“加請三七遍”，意即多抄二十一遍。“三七”的用法雖爲迴施疏中所無，但恰好證明只要是“七”之倍數，皆可用此種方法表示。題記中的第(4)條，要求每位受戒弟子抄寫並誦持十戒，如果不能通過考試，便會受到“一七人供”的處罰。此處的“一七人供”，與 P.2982“供僧壹柒人”、S.86“設供一七人”當作相同的理解，皆爲七個人的供奉。作爲處罰措施，可能是指七人的供奉之資。題記中的第(5)條，主要是三界寺道真的抄經、修補及施捨記録。其中幡的數量“二七”，即十四口。

屬於術數類文獻的第(6)和(7)條，其中的“二七”之數，亦當作十四解。此類文獻對“七”的運用，在秦漢簡帛文獻中就可普遍見到。而現有對簡帛醫書中作動量和名量之“七”的研究，亦可支持第(6)(7)條“二七”爲十四的論斷[1]。

[1] 吕亞虎《簡帛醫方中的“七”及其神秘性蠡測》，《西安財經學院學報》2012 年第 1 期；李明曉《簡帛醫藥文獻中的“七”》，http：//www.bsm.org.cn/show_article.php？ id=1226。

此外,筆者還發現一個"壹九"的用例。P.4046《後晉天福七年(942)十一月廿二日歸義軍節度使曹元深捨施疏》:"請大德壹九人,揭諦道場三日。"此疏中的"壹九"當即九之數。筆者以爲,也許是受了常用的"一七"的影響,纔偶爾出現了這樣的用法。所以在更晚的一份曹元忠的功德疏中,雖同樣請了九僧,卻並未採用這種表達方式。S.3565《歸義軍節度使曹元忠設齋功德疏》:"弟子歸度軍節度使檢校太保曹元忠於衙龍樓上,請大德九人,開龍興、靈圖二寺大藏經一變。"

三 "一七"、"二七"產生的淵源

對"一七"、"二七"進行釋讀和考察後,我們還需要解決一個問題:爲什麽在迴施疏、佛典題記和術數文獻中,都會出現"七"之倍數的表達方式?筆者在此試對其進行討論。

首先來看迴施疏和佛典題記中的"七"。可以確定的是,迴施疏和佛典題記對轉經、齋會、僧人、佛典及法具用此法計數,而其他物品的數量都作如常處理,這説明"一七"、"二七"具有明確的指向性,它們與佛教密切相關。在佛教中,與"一七"、"二七"具有相同詞面的,還有前文中所提七七齋中的"一七"、"二七"。七七齋來自佛教對人命終之後的認識:亡魂需要經過七七四十九日,纔能審定罪業,接受果報[1]。這四十九日之間,以每個七日爲一個階段。故S.3961《十王經》中有"弟一七日過秦廣王"、"一七亡人中陰身,驅將隨業數如塵"、"第二七日過初江王"、"二七亡人渡奈河,千郡(羣)萬隊涉洪波"等句。"二七"日之後,還有"三七"日至"七七"日。作爲七七齋之"一七"、"二七",其含義與計數之"一七"、"二七"顯然不同,但用來標示亡後天數時,依舊可以取其乘積。

計數之"一七"、"二七"與七七齋之"一七"、"二七",爲何都以"七"爲基數?結合佛經及佛教術語,我們不難發現佛教對"七"這個數字的鍾愛[2]。先以佛經爲例:

宋·法天譯《七佛經》:"過去九十一劫,有毘婆尸佛……三十一劫,有尸棄佛,毘舍浮佛……於賢劫中第六劫,有俱留孫佛……第七劫,有俱那含牟尼佛……第八劫,有迦葉波佛……第九劫,我釋迦牟尼佛,出世間,應、正等覺。"(CBETA, T01,

〔1〕丁福保編《佛學大辭典》"七七齋"條,北京:文物出版社,1984年,48頁。

〔2〕"七"在佛教中的意義,已有學者關注到,如宋洋《佛教與東正教中的"三"與"七"》,《知與行》2015年第2期。但文中所論較爲簡略,且皆未説明文獻來源,故筆者在此重新加以詳細論述。

no. 2, p.150, a18－24)[1]

隋・闍那崛多譯《佛本行集經》卷八《樹下誕生品》:"菩薩生已,無人扶持,即行四方面各七步,步步舉足出大蓮華。"(CBETA, T03, no. 190, p.687, b7－14)

吴・康僧會譯《六度集經》卷七:"龍喜作風雨七日七夕,佛端坐不動、不摇、不喘、不息,七日不食得佛,心喜都無有想。"(CBETA, T03, no. 152, p.42, b8－13)

西晉・白法祖譯《佛般泥洹經》卷二:"佛爲三界天中之天,神聖無量,至尊難雙,開化導引四十九年,仙聖梵釋靡不稽首。"(CBETA, T01, no. 5, p.171, c22－24)

東晉・法顯譯《大般涅槃經》卷三:"時諸力士白阿難言:'如來今者既般涅槃,最後供養極爲難遇,我等請留如來之身,七日七夜恣意供養,令諸天人長夜獲安。'"(CBETA, T01, no. 7, p.206, a17－20)

上引與釋迦牟尼生平相關的經文裏,《七佛經》中釋迦牟尼稱自己爲繼毘婆尸佛、尸棄佛、毘舍浮佛、俱留孫佛、俱那含牟尼佛和迦葉波佛後的第七世佛[2],將自己排在第七位;《佛本行集經》中記載釋迦牟尼出生之時,於東南西北四方各行七步;《六度集經》中提到釋迦牟尼七日禪坐證得覺悟;《佛般泥洹經》中釋迦牟尼傳道的時間爲四十九年;《大般涅槃經》中釋迦牟尼涅槃之際,信衆懇求七日七夜的供養。

姚秦・鳩摩羅什譯《佛説阿彌陀經》:"極樂國土,七重欄楯、七重羅網、七重行樹,皆是四寶周匝圍繞,是故彼國名曰極樂。"(CBETA, T12, no. 366, p.346, c14－16)

隋・闍那崛多譯《起世經》卷十《最勝品》:"月天子宫,縱廣正等四十九由旬,四面周圍,七重垣牆、七重欄楯、七重鈴網,復有七重多羅行樹,周匝圍繞,雜色可觀。彼諸牆壁,皆以金銀乃至瑪瑙,七寶所成。"(CBETA, T01, no. 24, p.360, b24－28)

上引與佛國世界的經文裏,《佛説阿彌陀經》中描述的極樂國土,欄楯、羅網、行樹等皆爲七重;《起世經》中月天子宫的方圓爲四十九由旬,其垣牆、欄楯等亦爲七重,墻壁用七寶裝飾而成。

唐・義净譯《藥師琉璃光七佛本願功德經》卷下:"爾時,曼殊室利即從座起,

[1] 文中佛經皆來自臺灣《電子佛典集成》2014光碟版。"CBETA"爲《電子佛典集成》簡稱,"T"表示《大正藏》册數,"X"表示《卍新纂大日本續藏經》册數,"no"表示佛經序號,"a"、"b"、"c"分别表示所在頁碼之上、中、下欄。

[2] 在不同的佛經中,對七佛的譯名略有差異,詳見《佛學大辭典》第51頁"七佛"條。

合掌恭敬，遶佛七匝。”（CBETA，T14，no. 451，p.416，c23－24）

隋·達摩笈多譯《佛説藥師如來本願經》：“若能爲此病人歸依彼世尊藥師琉璃光如來，如法供養，即得還復。此人神識得迴還時，如從夢覺皆自憶知，或經七日、或二十一日、或三十五日、或四十九日，神識還已，具憶所有善惡業報，由自證故，乃至失命不造惡業。”（CBETA，T14，no. 449，p.403，c23－28）

隋·達摩笈多譯《佛説藥師如來本願經》：“若有患人欲脱重病，當爲此人七日七夜受八分齋。當以飲食，及種種衆具，隨力所辦，供養比丘僧。晝夜六時，禮拜供養彼世尊藥師琉璃光如來，四十九遍讀誦此經，然四十九燈。應造七軀彼如來像，一一像前各置七燈，一一燈量大如車輪。或復乃至四十九日光明不絶，當造五色綵幡長四十九尺。”（CBETA，T14，no. 449，p.404，a3－10）

唐·一行譯《藥師琉璃光如來消災除難念誦儀軌》：“女人難月産厄，願欲轉禍求福，并患鬼神病難差者。以五色綫搓索，咒繫病人項及手足腰腹等。仍須請七僧，建置道場，造本尊像，寫《藥師經》，六時行道。燃七層燈，造五色幡四十九尺。日轉經四十九遍，放水陸生命四十九頭。時花菓子殷勤供養，咒五色綫發願。又以印拄於綫上，更咒四十九遍，結四十九結。”（CBETA，T19，no. 922，p.22，b1－8）

上引與儀軌相關的經文裏，《藥師琉璃光七佛本願功德經》中曼殊室利對佛表示恭敬的方式，是繞佛七匝；《佛説藥師如來本願經》中，將病人神識復原的時間定爲七、二十一、三十五和四十九日，而爲重病之人做法事，所需之時間及物品數量皆爲七或七七四十九之數；這些數量的慣例在密宗儀軌中同樣適用，在《藥師琉璃光如來消災除難念誦儀軌》中，僧人和物品的數量亦取七或四十九。以上佛經中所舉數目，皆爲七的一、三、五和七倍。

前面佛經中的種種例子皆可證明，數字“七”在佛教中被廣泛使用。從佛陀之第七世佛、七步、七日成道和信徒對佛陀以七匝、七日七夜供養這些細節來看，“七”在佛教中並非普通之數，當有吉祥、莊嚴和圓滿的意味。所以，持佛名號，往往以七日爲上限[1]，佛事活動中人或物品的數量，亦取七或七之倍數。即使在徹底中國化的禪宗的修行中，也沿襲了這個傳統。

宋·普濟《五燈會元》卷第八：“師（棗樹和尚）聞乃打首座七棒。座曰：‘某甲

〔1〕 鳩摩羅什譯《佛説阿彌陀經》：“若有善男子、善女人，聞説阿彌陀佛，執持名號，若一日、若二日、若三日、若四日、若五日、若六日、若七日，一心不亂。其人臨命終時，阿彌陀佛與諸聖衆現在其前。”（CBETA，T12，no. 366，p.347，b10－17）

恁麽道,未有過在,亂打作麽?'師曰:'枉喫我多少鹽醬?'又打七棒。"[1]

明·戒顯《禪門鍛鍊説》:"猛利雖勝,恐力難長。欲期尅日成功,則非立限打七不可。"(CBETA, X63, no. 1259, p.776, c6-7)

禪門中之棒喝,常以打七棒爲數;密集禪修,亦以七日爲一階段,故稱"禪七"、"打七"。這些數目皆非偶然,都與佛教尚"七"之傳統相關。這種傳統,也體現於民間俗語中。如我們耳熟能詳的"救人一命,勝造七級浮屠",佛塔常以七級爲最高之數,故將救人一命之功德與造七級浮屠相比擬。

由上面的分析我們就可以知道,在佛教的故事、修行和儀軌中,"七"都是被作爲神聖之數來看待。正是因爲唐五代時期的敦煌僧團熟知佛教尚"七"的傳統,所以纔在迴施疏和佛典題記中將轉經時間、僧人、抄經和法具的數量用"一七"、"二七"的方式來表達,以此來突出與數字"七"的聯繫,也更顯示出敦煌地區轉經、度僧和施捨活動的神聖性。

其次,我們再來看術數類文獻中的"一七"、"二七"。前文已經提到,早在秦漢簡帛醫籍中,就已普遍出現這樣的用法。這類文獻中的"一七"和"二七",與佛教顯然並無關係,它們的來源更爲久遠。

如果我們將目光放到更多的民族和宗教,就會發現重視"七"是一個歷史久遠且遍佈世界的現象,而佛教也並不是唯一尚"七"的宗教。舊石器時期的馬耳他遺址,就已出土了帶有崇"七"因素的宗教祭器[2],新疆羅布泊地區公元前兩千年左右的小河文化遺址,更是崇"七"的典型[3]。此外,從基督教到伊斯蘭教,從中國的傳世典籍到少數民族的神話,從亞洲到美洲,都可以看到"七"的影子[4]。人類學研究中將這種經常

[1] 普濟著《五燈會元》中册,北京:中華書局,1984年,496頁。

[2] 馬耳他遺址在俄羅斯西伯利亞安加拉河左岸,1928年發現。該祭器爲猛獁象牙制作的長方形骨板,骨板上刻出周旋七層的螺旋紋。轉自劉學堂《中亞古代民族文化中崇七習俗探源》,《蘇州大學學報》(哲學社會科學版)2015年第6期。

[3] 小河文化遺址包括小河墓地、孔雀河古墓溝和漢晉樓蘭城附近的史前墓葬,其中的崇"七"現象,體現於墓地的七重木樁、隨葬品刻紋、繞繩及構成細節的數量皆爲七。詳參廖尹銘《點·綫·面——跨文化時空傳播的神聖數字"七"》第二章,新疆師範大學碩士學位論文,2013年;劉學堂《中亞古代民族文化中崇七習俗探源》。

[4] 中亞民族的崇"七",可參看蔡鴻生《唐代九姓胡崇"七"禮俗及其源流考辨》,《文史》2002年第3輯;從恩霖《漫談伊斯蘭教與數字"七"》,《中國穆斯林》2013年第6期;劉學堂《中亞古代民族文化中崇七習俗探源》;楊波《古代突厥碑銘文中的數字"七"現象及其原型解析——以東突厥碑銘文爲例》,《喀什師範學院學報》2015年第4期。基督教《舊約》及兩河流域早期文明中的"七",可參看 Maurice H. Farbridge, *Studies in Biblical and Semitic Symbolism*, Routledge, Trench, Trübner & Co Ltd, 1923, pp.120-132。中國傳統典籍及少數民族神話中的"七"可參看葉舒憲《原型數字"七"之謎——兼談原型研究對比較文學的啓示》,《外國文學評論》1990年第1期;鍾 (轉下頁)

出現於不同場合、習慣或格調上一再重複的數字,稱爲“模式數字”,亦稱作“巫術數字”或“神秘數字”[1]。

一百年來,人類學、神話學、哲學等相關領域的學者對“七”的探索始終未停止,對其何以神秘的種種猜想也應運而生[2]。在衆説紛紜的猜想中,筆者認同 Maurice H. Farbridge 的“月亮周期説”[3],即對“七”的崇拜來自早期人類對月相七天一變的周期的認識,並將此周期泛化應用到喪葬、巫術、醫學、民俗、宗教等多個領域,最終成爲各個文明中的共同現象。限於篇幅,筆者在此不作展開,待他日另行撰文詳細討論。

綜上所述,迴施疏和佛典題記中的“一七”、“二七”來自佛教,而佛教和術數文獻中的“七”,則源自更爲人類久遠以來對月亮周期的認識。

四　敦煌寫本的數字表達方式

在討論完與“一七”、“二七”的關聯問題後,讓我們再回到敦煌寫本,來考察其中的數字表達方式。敦煌寫本中的數字,主要集中於社會文書和典籍(尤其是佛典)的標題及題記中,我們可以從這些文獻中總結出數字表達的特點,從而有助於正確理解寫本所要傳達的數量信息。

(一) 大寫和小寫

大寫的數目字,在公元4世紀前後就已在民間契券中開始使用[4],逮至唐代,則更爲普及。敦煌寫本中的大寫數字,主要集中於社會文書,用來表達各種物品的數量。

(接上頁) 年《數字“七”發微》,《中南民族學院學報》(哲學社會科學版)1994 年第 4 期;葉舒憲、田大憲《中國古代神秘數字》,北京:社會科學文獻出版社,1996 年,135—163 頁;劉道超《神秘數字“七”再發微》,《中南民族大學學報》(人文社會科學版)2003 年第 5 期;張世維《試説中國古代神秘數字“七”的起源》,《湖南廣播電視大學學報》2016 年第 1 期。此外還有論著對古今中外的崇“七”都有介紹,如葉舒憲《中國神話哲學》第七章《混沌七竅》,西安:陝西人民出版社,2005 年;廖尹銘《點・綫・面——跨文化時空傳播的神聖數字“七”》第三、四章。

[1] 關於“神秘數字”,查・威克《人類學詞典》的解釋爲:“一種在特定文化中經常出現於不同場合的數字。”芮逸夫《人類學詞典》的解釋爲:“‘模式數字’又稱巫術數目或神秘數目,是指習慣上或格調上一再重複,用來代表儀禮、歌謡或舞蹈模式的數字。也用來指兄弟、姐妹或動物類型傳統上所具有的數字,或用來代表故事重複出現的行爲的數字。”兩種解釋皆轉引自鍾年《數字“七”發微》。

[2] 張世維《試説中國古代神秘數字“七”的起源》一文對大多猜想進行了總結,可參看。筆者以爲,這些猜想中比較有代表性的有:(1) 恩斯特・卡西爾提出的“方位説”,見氏著《神話思維》,北京:中國社會科學出版社,1992 年,166 頁。(2) Hugo Winckler 提出的“七曜説”, 轉引自 Maurice H. Farbridge, *Studies in Biblical and Semitic Symbolism*, pp.132 - 133.(3) Maurice H. Farbridge 的“月亮周期説”,見 *Studies in Biblical and Semitic Symbolism*, p.135.(4) 劉道超提出的“天體運動周期和人類生物節律周期説”,見其論文《神秘數字“七”再發微》。(5) 劉學堂提出的“宇宙觀和靈魂觀説”,見其論文《中亞古代民族文化中崇七習俗探源》。

[3] 此説雖在 1923 年就已提出,但並未引起國内相關研究者的注意,張世維文中亦漏收。

[4] 張涌泉《漢語俗字研究》(增訂本),北京:商務印書館,2010 年,372 頁。

P.3841V《唐開元廿三年沙州會計歷》:“肆碩玖㪷貳勝肆合麥粟。”“貳隻破釧,筋壹斤,壹拾伍枚破碎車材木,叁拾貳挺墨。”“牛衣氈柒領,叁阡文錢。”“壹萬壹阡捌伯陸拾柒圍草。”〔1〕卷中的麥粟、破釧、筋、材木、墨、衣氈、錢、草等物品的數量皆用大寫數字表示。P.3348V《唐天寶四載河西豆盧軍和糴會計牒》:“壹伯肆拾柒碩肆㪷青麥。”“伍阡陸伯疋大生絹。”“壹阡玖伯貳拾柒屯壹拾銖大綿。”〔2〕卷中青麥、大生絹、大綿也用大寫數字表示。P.3557+P.3669《武則天大足元年沙州燉煌縣效穀鄉籍》:“女娘子年拾叁歲。”“亡弟妻孫年叁拾陸歲。”卷中人口年齡亦用大寫數字表示。

上舉諸例中,百位作“伯”、千位作“阡”。此外還有“玖”作“究”者,如S.613《西魏大統十三年(547)瓜州効穀郡計帳》:“户主劉文成己丑生,年叁拾究。”“息男迴安己未生,年究。”〔3〕皆與今時用字不同,可見當時的大寫用字並未完全固定〔4〕。

由於大寫數字筆畫相對繁瑣,所以在有的社會文書中,書寫者會選擇小寫或大小寫間雜。P.4491《年代未詳沙州諸户口數地畝計簿》:“廿一畝六畦孟授渠。”“卌九畝十二畦河北渠。”〔5〕卷中田畝數皆用小寫。Дx.1453《地子歷》:“杜盈粟一斗。”“胡家地子麥兩石二斗五升。”〔6〕卷中粟麥數量皆用小寫。S.113《西涼建初十二年敦煌郡敦煌縣西宕鄉高昌里籍》:“道男弟德年廿一。”“妻袁年六十三。”卷中年齡亦用小寫。P.2040V《後晉時期净土寺諸色入破歷算會稿》:“麥壹拾碩,朽木價入。麥陸碩六斗。”“粟叁石二斗,善惠贈粟入。”〔7〕卷中大寫“壹拾”、“陸”、“叁”與小寫“六”、“二”混合使用。

此外值得注意的是,社會文書中的數字雖然以大寫爲主,但表達距離的數字普遍皆使用小寫。如S.367《唐光啓元年書寫沙州伊州地志殘卷》:“石城鎮,東去沙州一千五百八十里,去上都六千一百里。”“鄯善城,周迴一千六百卌步,西去石城鎮廿步。”〔8〕該

〔1〕 唐耕耦、陸宏基編《敦煌社會經濟文獻真蹟釋録》第1輯,北京:書目文獻出版社,1986年,415頁。

〔2〕 同上書,426頁。

〔3〕 同上書,112頁。

〔4〕 程大昌《演繁露》卷三“十數改用多畫字”條:“然而古今經史凡書千百之字無有用阡陌之‘阡’、公伯之‘伯’者,予故疑舊本不曾改少畫以從多畫也。”洪邁《容齋五筆》卷九“一二三與壹貳叁同”條:“九之與久、十之與拾、百之與栢亦然。”陸容《菽園雜記》卷三:“壹貳叁肆伍陸柒捌玖拾阡陌等字,相傳始於國初刑部尚書開濟。”從此三條引文中可看出,千位、百位至宋、明亦還是用“阡”、“陌”、“伯”、“栢”等字,而非今日固定之“仟”和“佰”。此三條引文皆轉引自張涌泉《漢語俗字研究》(增訂本),368頁。

〔5〕 唐耕耦、陸宏基編《敦煌社會經濟文獻真蹟釋録》第2輯,北京:全國圖書館文獻縮微複印中心,1990年,411頁。

〔6〕 同上書,424頁。

〔7〕 唐耕耦、陸宏基編《敦煌社會經濟文獻真蹟釋録》第3輯,北京:全國圖書館文獻縮微複印中心,1990年,409頁。

〔8〕《敦煌社會經濟文獻真跡釋録》第1輯,39頁。

卷中里數皆用小寫。S.6298《唐[開元年代]沙州燉煌縣籍》:"[一]段拾叁畝口分 城東卅里千渠。[一]段陸畝口分,城東卅里千渠。"〔1〕卷中表示田畝數皆爲大寫,表示里數卻用合文。類似情況屢見於籍帳類文書中,如P.3898+P.3877《唐開元十年沙州燉煌縣懸泉鄉籍》、P.3557+P.3669《武則天大足元年沙州燉煌縣效穀鄉籍》、P.2822《唐先天二年沙州燉煌縣平康鄉籍》等,皆是如此。究其原因,可能是里數的多少並不會引起人事的紛爭,故而没有虚構改篡的必要,所以即使用小寫也没太大的問題。

非社會文書中的數字,頻繁出現於典籍的標題和題記中,主要是年月日、卷數、字數和紙張數等。這些數字主要是用小寫,偶爾會用大寫。年月日數字用大寫者,如P.3463《勸善經一卷》題記:"貞元拾玖年正月廿三日下。"P.2222《僧尼唱文》題記:"元二年陸月八日寫竟。"字數用大寫者,如S.610《雜集時用要字》首題:"雜集時用要字壹千叁百言。"紙張數用大寫者,如S.4551《妙法蓮華經卷第四》尾題:"用紙貳拾貳張。"卷數用大寫者,如P.2374《佛説天請問經一卷》題記:"維大周顯德六年四月八日瓜州承典禪院禪師惠光,發心敬寫延壽命經、續命經、天請問經三卷,計寫肆拾玖卷。"寺廟數量用大寫者如Дx.1382外題:"應管壹拾陸寺僧尼籍。"

(二)數位

就筆者所見,敦煌文書中數字的數位從個位一直到萬位,其表達方式和今人並無太大分别,所以此處只總結一些特殊之處。

首先,敦煌文書中的所有數字,個位數字前都不會加"零"之類的標誌作區别,所以在没有十位數字的情況下,容易出現誤解。S.2669《敦煌諸寺尼籍》:"大乘寺尼應管總貳佰玖人。"〔2〕S.584《大般若波羅蜜多經》尾題:"大般若波羅蜜多經卷第二百三。"卷中的"貳佰玖"和"二百三",分别指二百零九和二百零三,而非二百九十、二百十九和二百三十、二百十三。

其次,敦煌文書中表示錢幣數量的"萬"位,經常以"千"的倍數來表示。S.367《唐光啓元年(885)書寫沙州伊州地志殘卷》:"伊州下　公廨七百三十千,户一千七百廿九,鄉七。""伊吾縣　在郭下　公廨三百一千一十五。"〔3〕S.788《沙州志殘卷》:"壽昌

〔1〕《敦煌社會經濟文獻真跡釋録》第1輯,156頁。

〔2〕唐耕耦、陸宏基編《敦煌社會經濟文獻真蹟釋録》第4輯,北京:全國圖書館文獻縮微複印中心,1990年,216頁。

〔3〕《敦煌社會經濟文獻真蹟釋録》第2輯,39頁。

縣　下,東北去州一百廿里,公廨一百九十五千。"[1] 此兩卷中公廨錢的萬位數,皆用千的倍數表示。"七百三十千"指七十三萬,"三百一千"指三十一萬,"一百九十五千"指十九萬五千。P.3841V《唐開元廿三年(?)沙州會計歷》:"壹拾伍阡柒伯壹拾文錢。""壹萬壹阡捌伯陸拾柒圍草。"[2] 該卷中錢幣數量的萬位,用"壹拾伍阡"即一萬五千來表示,而表示草數量的萬位,則用正常的"壹萬"來表示。

(三) 合文

寫本中的數字合文有"廿"、"卅"、"卌"三種,皆較爲常見。這些合文的使用並無規律,完全取決於書寫者的意願。P.2005《沙州都督府圖經殘卷》:"右在州東北一百廿里,東去甘草驛廿五里。""右在州東北一百卌五里。"[3] S.367《唐光啓元年(885)書寫沙州伊州地志殘卷》:"鄯善城,周迴一千六百卌步。"[4] 此兩卷中用"廿"、"卌"來表示里數。S.973《大般若波羅蜜多經》尾題:"大般若波羅蜜多經卷第一百廿。"S.649《金光明最勝王經卷第九》:"金光明最勝王經授記品第廿三。"S.602《道經》尾題:"道經卅七章。"此兩卷中用"廿"、"卅"表達典籍的品數和章數。

(四) "貳"與"兩"的替换

寫本中的數字"貳"可以與"兩"隨意地替换。P.3631《辛亥年正月二十九日善因願通等柒人將物色折倆抄録》:"保瑞入昌褐叁丈貳尺,准麥粟叁碩貳斗,折黄麻壹碩陸斗。""保端替老宿入白方氊壹領,准麥粟肆碩,折黄麻兩碩。""還物人保瑞肆碩伍斗,折黄麻兩碩貳斗伍升。"[5] 該卷中,有時用"貳",有時用"兩"。P.2685《年代未詳沙州善護遂恩兄弟分家契》:"渠北地叁畦,共壹拾壹畝半。""向西地肆畝,共拾肆畝。""南仰大地壹畦五畝。大郎,又地兩畦五畝。"[6] 其餘畦數除了"五"之外皆爲大寫,獨"貳"用"兩"表示。P.3643《唐咸通二年齊像奴與人分種土地契》:"張桃渠地一段兩畦共兩拾畝。"[7] 卷中用"兩拾"來表示二十之數。S.613《西魏大統十三年(547)瓜州効穀郡計帳》:"妻叩延臘臘,丙子生,年伍拾兩。""息男阿顯丁未生,年兩拾壹。"[8] "叁拾兩人

---

〔1〕《敦煌社會經濟文獻真蹟釋録》第2輯,42頁。
〔2〕同上書,415頁。
〔3〕同上書,2頁。
〔4〕《敦煌社會經濟文獻真跡釋録》第1輯,39頁。
〔5〕《敦煌社會經濟文獻真跡釋録》第2輯,227頁。
〔6〕同上書,142頁。
〔7〕同上書,24頁。
〔8〕同上書,112頁。

定見。"[1]卷中用"伍拾兩"、"兩拾壹"、"叁拾兩"來表示五十二、二十二和三十二之數。

(五) 乘積法

以乘積表示數量的方法,在敦煌寫本中偶爾會出現。本文所討論含"一七"、"二七"和"三七"的迴施疏、佛典題記和術數類文獻即屬其例。

(作者單位: 西南大學漢語言文獻研究所)

〔1〕《敦煌社會經濟文獻真跡釋録》第2輯,125頁。

《敦煌吐魯番研究》第十八卷
2018 年,633—669 頁

散藏敦煌本《金剛經》綴合研究

羅慕君　張涌泉

中國國家圖書館、英國國家圖書館、法國國家圖書館、俄羅斯科學院東方文獻研究所是敦煌文獻的四大館藏地,此外的其他公私單位所藏敦煌文獻,我們統稱爲散藏敦煌文獻。散藏敦煌文獻收藏地分散,來路複雜,信息隱秘,不易發現也難得一見。幸而有前輩學者不辭辛勞地輾轉調查和收藏者的慷慨公佈,這些文獻纔陸續爲大家所知曉。《中國國内所藏敦煌・吐魯番文獻の歷史學的・文獻學的研究》〔1〕和《敦煌・吐魯番文獻圖録・目録集覽稿》〔2〕兩篇文章曾對當時已經刊佈的敦煌文獻圖版、敍録等有一個比較全面的介紹,《中國散藏敦煌文獻分類目録》〔3〕所列的引用文獻和參考文獻也包含了大量散藏敦煌文獻的圖録、敍録等,皆可供按圖索驥。另有些散藏敦煌文獻的信息則散見於各種相關論著或網絡。就目前所見散藏文獻來看,國内與日本的散藏機構與藏品最多,歐美地區也偶有收藏。已刊佈的散藏敦煌文獻主要有三種情況: 1. 有圖有録,大部分散藏敦煌文獻不僅已刊佈圖版,且隨圖版附有詳細的敍録,或有學者專文詳細介紹;2. 無圖有録,部分散藏文獻尚未刊佈圖版,但已見於相關論著介紹;3. 有圖無録,少量散藏文獻因刊佈匆忙或殘片太小等原因,僅見圖版,尚未定名和著録,或只有"佛經殘片"、"般若部"等寬泛甚至錯誤的擬題。

《金剛經》是敦煌文獻中存量最多的文獻之一。筆者目前統計,共有 3718 號,主要收藏於中、英、法、俄四大館藏地,其中《國圖》藏 1460 號,英藏 1085 號,法藏 101 號,俄藏 836 號,另有少量散藏於世界各大公私收藏單位。《中國散藏敦煌文獻分類目録》曾

〔1〕 關尾史郎等《中國國内所藏敦煌・吐魯番文獻の歷史學的・文獻學的研究》,平成 14 年度—平成 16 年度科學研究費補助金(基盤研究(B)(2))研究成果報告書,2005 年,7—18 頁。

〔2〕 山本孝子《敦煌・吐魯番文獻圖録・目録集覽稿(1)》,《敦煌寫本研究年報》創刊號,2007 年 3 月,191—201 頁;同氏《敦煌・吐魯番文獻圖録・目録集覽稿(2)》,《敦煌寫本研究年報》第 2 號,2008 年 3 月,191—210 頁;同氏《敦煌・吐魯番文獻圖録・目録集覽稿(3)》,《敦煌寫本研究年報》第 3 號,2009 年 3 月,147—183 頁。

〔3〕 申國美編《中國散藏敦煌文獻分類目録》,北京圖書館出版社,2007 年。

匯集 19 家散藏敦煌本《金剛經》凡 113 號，並列題名、編號和出處[1]。我們在此基礎上，通過調查現已刊佈的散藏敦煌文獻圖版、敍録及相關論著，共計發現 47 家公私收藏單位所收敦煌本《金剛經》236 號。兹分館藏列舉如下（引用圖版和敍録文獻一般使用簡稱，其簡稱、全稱及出版信息詳見文末所附“本文涉及敦煌文獻簡稱與全稱對照表”）：

1. 北京大學藏 13 號：北大 D13[2]、北大 D14、北大 D15、北大 D16、北大 D17、北大 D18、北大 D19、北大 D20、北大 D21、北大 D133、北大 D140、北大 D206[3]、北大附 C3。圖見《北大》，敍録見《北大》2/附録·敍録。

2. 成賢齋藏 1 號：CXZ9。圖見《民間》1/144—147[4]，敍録見《民間》1/471—472。

3. 重慶市博物館藏 3 號：渝博 6、渝博 14，據方補[5]。渝博 9，敍録見《渝博録》/123。

4. 大東急記念文庫藏 2 號：大東急 107—16—1、大東急 107—5—1—1 第 17 片。敍録見《日藏（三）》。

5. 大谷大學藏 2 號：大谷敦 2/5、大谷敦 2/6。圖見《大谷敦》。

6. 德國巴伐利亞州立圖書館藏 1 號，編號不明。敍録見《敦煌學大辭典》[6]/790。

7. 德國慕尼黑個人藏 1 號，編號不明。敍録見《集録》/216—217，第 589 條。

8. 竇真柔藏 1 號，編號不明。圖見《敦煌研究》創刊號卷首圖版二十二，敍録見《集録》/210，第 571 條。

9. 敦煌市博物館藏 3 號：敦博 52、敦博 53、敦博 79。圖見《甘藏》，敍録見《甘藏》每册後附敍録。

10. 敦煌研究院藏 5 號：敦研 79、敦研 86、敦研 89、敦研 323[7]、敦研 377。圖版、

[1] 申國美編《中國散藏敦煌文獻分類目録》，13—16 頁。

[2] 本文敦煌文獻的編號主要依據最新刊佈的圖版和目録編號，尚未編號的本文酌情擬定。

[3] 《北大》對該號的敍録記存文“參見《大正藏》第八卷般若部 236 號，754 頁上 12 行至 755 頁上 8 行”，並稱“經文與《大正藏》不盡相同”，是誤將原卷存文對應至留支譯本。

[4] “《民間》1/144—147”指出自《民間》第 1 册第 144—147 頁，《甘藏》等圖版或敍録出處中的 A、B 分别代表該頁上、下欄。下同。

[5] 標注“據方補”的 21 號，係由方廣錩老師賜教編號和擬題，尚缺圖版和敍録。

[6] 季羡林主編《敦煌學大辭典》，上海辭書出版社，1998 年。

[7] 已有學者從尾題、題記、紙張、字形等角度論證該號爲僞卷，詳見戴仁著，耿昇譯《敦煌和吐魯番寫本的斷代研究》，《法國學者敦煌學論文選萃》，北京：中華書局，1993 年，527—528 頁；釋永有《敦煌金剛經及其相關文獻之題記探討》，《世界宗教學刊》2003 年第 2 期，113 頁；張涌泉《敦煌卷子辨僞研究——基於字形分析角度的考察》，《文史》2003 年第 4 期，222—239 頁；又見張涌泉《敦煌寫本文獻學》，蘭州：甘肅教育出版社，2013 年，656—663 頁。

敍録出處同上。

11. 甘肅省博物館藏 8 號：甘博 18、甘博 48、甘博 86、甘博 87、甘博 94、甘博 97、甘博 99、甘博附 134[1]。圖版、敍録出處同上。

12. 甘肅省高臺縣博物館 1 號：高博 1。圖版、敍録出處同上。

13. 甘肅省酒泉市博物館藏 3 號：酒博 3、酒博 6、酒博 10。圖版、敍録出處同上。

14. 甘肅省圖書館藏 1 號：甘圖 04。圖版、敍録出處同上。

15. 故宫博物院藏 2 號：故宫新 184191、故宫新 21120。敍録見《故宫録》。

16. 海華堂藏 4 號：海華堂臨 6、海華堂臨 9、海華堂臨 11、海華堂臨 14。據方補。

17. 湖北省博物館 1 號：鄂博 14。敍録見《鄂博録》/273。

18. 湖南省圖書館藏 3 號：XT.1、XT.5、XT.8。敍録見《湘圖録》。

19. 加拿大維多利亞美術館藏 1 號：加拿大 1982.075.004[2]。圖見《加拿大録》/273，敍録見《加拿大録》/272—273。

20. 劉幼雲舊藏 1 號，編號不明。敍録見《集録》/232，第 632 條。

21. 羅寄梅藏 1 號：L.21。圖見 IDP，敍録見《羅藏録》/431。

22. 旅順博物館藏 1 號：旅博 20.1545。敍録見《旅博録》/326。

23. 脈望館藏 3 號：脈望館 5、脈望館 33、脈望館 35。據方補。

24. 南京圖書館藏 1 號：南圖 18。敍録見《南圖録》/139。

25. 啓功藏 3 號：啓功 28－3、啓功 38－2、啓功 39－5。圖見《啓功》。此 3 號原未定名，係由筆者考定。

26. 日本國立國會圖書館藏 8 號：日本國圖 WB32(1)，566977，37.1.16 入；日本國圖 WB32(29)，566989，37.1.18 入《西域法寶遺韻》第 12 左下圖、第 18 右上片、第 18 左上片、第 20 下片、第 20 右上片、第 21 右上片；日本國圖 WB32(38)，566987。圖見日本國立國會圖書館網站：http://dl.ndl.go.jp。《西域法寶遺韻》中的 6 個殘片，係由浙江師範大學 2014 級博士研究生徐浩考定並告知。

27. 日本唐招提寺藏 1 號：招提 3。敍録見《日藏(二)》。

28. 日本杏雨書屋藏 30 號：羽 12、羽 47、羽 73－1、羽 316、羽 357、羽 358、羽 361、羽

〔1〕 已有學者從紙張、書體、字形、衍字等角度論證該號爲僞卷，詳見《甘藏》敍録，張涌泉《敦煌卷子辨僞研究——基於字形分析角度的考察》，222—239 頁；又見張涌泉《敦煌寫本文獻學》，668—674 頁。

〔2〕 該號文本與《金剛經》已知譯本皆不同，王素在《加拿大維多利亞美術館藏敦煌寫經與佛畫》(《敦煌吐魯番研究》第 12 卷，上海古籍出版社，2011 年，269—277 頁)一文中已指出。具體版本待考。

362、羽363、羽365、羽366、羽367、羽368、羽369、羽370、羽371、羽372、羽374、羽375、羽376、羽377、羽378、羽379、羽407、羽457－9、羽461、羽505、羽508－1、羽590－4、羽662。圖見《秘笈》影片册，敍録見《秘笈》目録册。

29. 三井文库别館藏4號：三井4、三井18、三井23、三井27。圖見《三井》，敍録見《三井》/図版解説。

30. 山東博物館藏5號：LB.12、LB.15、LB.26、LB.34〔1〕、LB.42。敍録見《魯博録》。

31. 上海博物館藏5號：上博19、上博41、上博51、上博75、上博附5。圖見《上博》，敍録見《上博》2/附録・敍録。

32. 上海圖書館藏10號：上圖20、上圖26、上圖83、上圖102、上圖105.10、上圖105.12、上圖105.8、上圖124、上圖174、上圖181。圖見《上圖》，敍録見《上圖》4/附録・敍録。

33. 沈曾植藏3號：沈曾植32、沈曾植34、沈曾植5。圖見《沈曾植》。由浙江大學2014級博士研究生朱若溪考定並告知。

34. 石谷風藏2號：石谷風45、石谷風53。圖見《石谷風》，後號敍録見《石谷風録》。

35. 臺灣"中央圖書館"藏3號：臺圖47、臺圖48、臺圖49。圖見《臺圖》。

36. 臺灣中研院歷史語言研究所傅斯年圖書館藏3號：傅圖7、傅圖8、傅圖9。圖見《傅圖》，敍録見《傅圖録》。

37. 天津市文物公司藏2號：津文5、津文6。圖見《津文》，敍録見《津文》/附録・敍録。

38. 天津市藝術博物館藏32號：津藝3、津藝42、津藝44、津藝50、津藝57、津藝59、津藝62、津藝65－8、津藝77、津藝86、津藝129、津藝130、津藝132、津藝133、津藝142、津藝143、津藝149、津藝150、津藝155、津藝170、津藝189、津藝195、津藝213、津藝262、津藝280、津藝306、津藝310、津藝314、津藝315、津藝317、津藝319、津藝附12。圖見《津藝》，敍録見《津藝》7/附録・敍録。

39. 天津圖書館藏16號：津圖5、津圖7、津圖11、津圖20、津圖28、津圖55、津圖80、津圖91、津圖99、津圖100、津圖102、津圖103、津圖105、津圖119、津圖129、津圖144。圖見《津圖》，敍録見《津圖》釋文。

〔1〕《魯博録》所記原卷起止文句與其他敦煌本及《大正藏》本經文出入較大。

40. 務本堂藏 3 號：務本 6、務本 7、務本 16。圖見《務本堂》，敍録見《務本堂》/條記目録。

41. 香港中文大學藏 1 號：港中大 5。據方補。

42. 浙江省博物館藏 4 號：浙敦 33、浙敦 82[1]、浙敦 87、浙敦 138。圖見《浙藏》，敍録見《浙藏》/敍録。

43. 浙江省圖書館藏 3 號：浙敦 4、浙敦 5、浙敦 6。圖版、敍録出處同上。

44. 台東区立書道博物館所藏中村不折旧藏 18 號：中村 41、中村 70、中村 96、中村 157－8、中村 174－1 左上、中村 174－8 右上、中村 175－1、中村 175－2 右、中村 175－4左下、中村 175－5 右上、中村 175－11 右、中村 176－3 左上、中村 176－4 左下、中村 176－5 右 1、中村 176－7 左上、中村 176－8 下左 2、中村 176－16 右 1。圖見《中村》，敍録見《中村》卷上/收録圖版目録。後 13 號原未定名，係由筆者考定。

45. 中國歷史博物館藏 1 號：國博寫經 30。圖見《國博》，敍録見《國博》敍録。

46. 中國文化遺産研究院藏 5 號：遺珍 95、遺珍 96、遺珍 97、遺珍 98、遺珍 99。圖版、敍録皆見《遺珍》。

47. 據方廣錩老師補充但不明館藏地的 11 號：黄册頁 9501、黄册頁 9502、黄册頁 9521、黄册頁 9531、黄册頁 9562、黄册頁 9565、黄册頁 9572、黄册頁 9584、黄册頁 9603、黄卷軸 2、20108。據方補。

上揭 236 號散藏敦煌本《金剛經》中，除羽 73－1、羽 508－1、敦研 323、傅圖 7、甘博 48、甘博附 134、高博 1、津藝 195、上博 51、敦博 52、津藝 77 凡 11 號首尾完整外，其餘 225 號皆有不同程度的殘損，其中不乏可綴合者。《甘藏》敍録已指出敦研 86 號與敦研 79 號可綴[2]，鄭阿財已指出傅圖 8 號與傅圖 9 號可綴[3]，《遺珍》已將遺珍 97 號、遺珍 98 號、遺珍 99 號三號圖版綴合[4]。本文在此基礎上，通過綜合考察這批殘片的内容、碴口、污損、字體、行款、書風、版本、形制等因素[5]，將其中 26 號互綴或與國圖藏

[1] 浙敦 82 號和浙敦 138 號，《浙藏》誤擬題爲"金剛般若波羅蜜經論"，考其存文及行款，實爲"金剛般若波羅蜜經"。

[2] 《甘藏》1/283、284。

[3] 鄭阿財《臺北中研院傅斯年圖書館藏敦煌卷子題記》，《慶祝吴其昱先生八秩華誕敦煌學特刊》，臺北：文津出版社，2000 年，392 頁。

[4] 赫俊紅主編《中國文化遺産研究院藏西域文獻遺珍》，北京：中華書局，2011 年，143 頁。

[5] 參見張涌泉、張新朋《敦煌殘卷綴合研究》，《文史》2012 年第 3 期，317 頁；張涌泉《敦煌寫本文獻學》，547 頁；張涌泉、羅慕君《敦煌本〈八陽經〉殘卷綴合研究》，《中華文史論叢》2014 年第 2 期，241 頁；張涌泉、羅慕君《敦煌佛經殘卷綴合釋例》，《浙江大學學報（人文社會科學版）》2016 年第 3 期，1—15 頁。

(18號)、英藏(2號)或俄藏(5號)敦煌本《金剛經》殘卷綴合爲20組。兹以各組綴合後所存内容先後與完整程度爲序,依次介紹如下。

一 BD1404號+津圖91號+BD15728號+津藝213號

(1) BD1404號(北3515;寒4),見《國圖》21/11A—14A。卷軸裝,6紙。後部如圖1右片所示,首全後殘,存121行,行約17字。首紙爲護首,次紙抄"誦金剛經前儀"20行(另有約8行空白);3—6紙抄經文,分别爲27行(首題前空一行)、28行、28行、18行。首題"金剛般若波羅蜜經",下署"後秦立時羅什法師翻譯本",中有科分標題,從"法會因由分第一"至"无爲福勝分第十一"。楷書。有烏絲欄。《國圖》擬題"金剛般若波羅蜜經(三十二分本)"。《國圖》條記目録稱原卷紙高25釐米,"通卷上部有火灼殘缺",爲9—10世紀歸義軍時期寫本。

(2) 津圖91號(中散2068),見《津圖》325。卷軸裝,2紙。如圖1中右片所示,前後皆殘,存14行(前紙10行,後紙4行),行約17字。中有科分標題"尊重正教分第十二"。楷書。有烏絲欄。《津圖》擬題"金剛般若波羅蜜經(三十二分本)"。《津圖》條記目録稱原卷紙高25.2釐米,"上邊燒灼殘缺兩處",爲9—10世紀歸義軍時期寫本。

(3) BD15728號(簡71484),見《國圖》144/176B。卷軸裝,1紙。如圖1中左片所示,前後皆殘,存16行,行約17字。中有科分標題"如法受持分第十三"。楷書。有烏絲欄。《國圖》擬題"金剛般若波羅蜜經(三十二分本)"。《國圖》條記目録稱原卷紙高25.3釐米,"上邊有燒灼殘缺",爲9—10世紀歸義軍時期寫本。

(4) 津藝213號,見《津藝》4/226B—231B。卷軸裝,9紙。前部如圖1左片所示,前缺尾全,存228行(首紙8行,第8紙29行,末紙23行,其餘諸紙各28行),行約17字。中有科分標題,從"離相寂滅分第十四"至"應化非真分第三十二",尾題"(金)剛般若波羅蜜經一卷",後附"大身真言"、"隨心真言"、"心中心真言"。楷書。有烏絲欄。《津藝》敍録稱原卷厚潢楮紙,紙高25.2釐米,卷心高20.3釐米,天頭2.5釐米,地脚2.3釐米,"卷起時上邊沿燒殘,故缺口定距間隔",爲唐寫本,是周叔弢舊藏。

按:據前一號題署與三號殘存文字及科分標題推斷,上揭四號皆爲《金剛經》羅什譯本三十二分本,且可綴合。綴合後如圖1所示,諸相鄰二號内容依次於"无爲福勝分第十一/□(須)菩提,如恒河中所有沙數"、"若尊重弟子/如法受持分第十三"、"爲他人説其福甚多/離相寂滅分第十四"句前後相承,接縫處邊緣吻合,上部殘缺邊緣銜接自然。四號上邊沿皆殘留獨特的半圓形燒損殘痕,這些燒痕大小、形狀雷同,間隔相近,循環往復出現，應係原卷卷起時火苗由外至裏燒灼，在每一層紙上留下的燒痕。BD1404號末紙18行，津圖91號前紙10行，二號拼接，合成一紙凡28行；津圖91號末紙4行，BD15728號存16行，津藝213號首紙8行，三號拼接，合成一紙亦28行，與完整諸紙抄約28行的用紙規格相合。又四號紙高皆在25—25.3釐米區間，行款格式相同（天頭地脚等高，有烏絲欄，每紙約28行，行約17字，行距、字距、字體大小相近），書風字跡似同（比較四號共有的"菩"、"提"、"佛"、"世"、"有"、"人"、"分"、"苐"等字），可資參證。四號綴合後，全卷完整，所存内容參見《大正藏》T8/748C17—752C7[1]。

上揭四號既原屬同卷，而《國圖》條記目録與《津圖》釋文稱前三號爲9—10世紀歸義軍時期寫本，《津藝》稱後一號爲唐（618—907）寫本，斷代有出入，宜再斟酌。

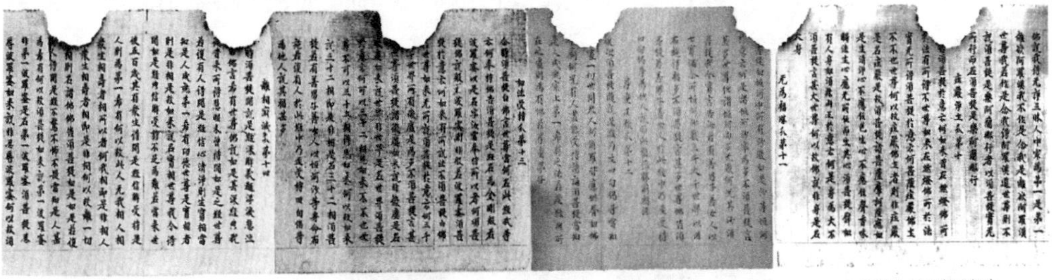

津藝213(局部)　　BD15728　　津圖91　　BD1404(局部)

圖1　BD1404號（局部）+津圖91號+BD15728號+津藝213號（局部）綴合圖

二　BD8839號+上博41號

（1）BD8839號（國60），見《國圖》104/150A。卷軸裝殘片。如圖2右上部所示，存9殘行，行存上部9—12字。楷書。有烏絲欄。原卷無題，《國圖》擬題"金剛般若波羅蜜經"。《國圖》條記目録稱原卷爲7—8世紀唐寫本。

（2）上博41號，見《上博》1/325A—326B。卷軸裝，4紙。前部如圖2左下部所示，前後皆殘，存28行（首5行上下殘，第6—9行上殘），行約17字。楷書。有烏絲欄。原卷無題，《上博》敍録已考定爲《金剛經》羅什譯本，並稱原卷白麻紙，紙高25.5釐米（卷心高20.3釐米，天頭2.5釐米，地脚2.7釐米）。

按：據殘存文字推斷，前號亦應爲《金剛經》羅什譯本，據完整文本推算，滿行行約

〔1〕"T8/748C17—752C7"指存文對應《大正藏》第8卷748頁下欄第17行至752頁下欄第7行。A、B、C分别表示上、中、下欄。下同。

17 字。二號内容前後相承,可以綴合。綴合後如圖 2 所示,前號係從後號右上角脱落的殘片。因後號前部紙張皺縮變形,原有圖版横向接縫無法直接拼合,局部略作處理後,如圖 2 右下角所示,接縫處邊緣大體吻合,原本分屬二號的“提”、“樂”、“生”、“有”、“无”、“邊”六字皆得復合爲一,烏絲欄亦可對接。後號第 5—8 行行末與前號第 6—9 行行首的内容前後相接,依次爲“應如是降▨▨(伏其)/心”、“若濕/生”、“若非/有想”、“而滅/度之”,中無缺字。又二號行款格式相同(天頭等高,皆有烏絲欄,滿行皆約 17 字,行距、字距、字體大小相近),書風字跡似同(比較二號共有的“如”、“是”、“降”、“若”、“生”、“想”、“滅”、“无”等字),可資參證。二號綴合後,所存内容參見《大正藏》T8/748C29—749C25。

又,上揭二號既可完全綴合,必然抄寫於同一時間,而《國圖》條記目録稱前號爲 7—8 世紀唐寫本,後者的抄寫時間《上博》敍録則未作判斷,宜當合併研究後作出一致的斷代。

BD8839

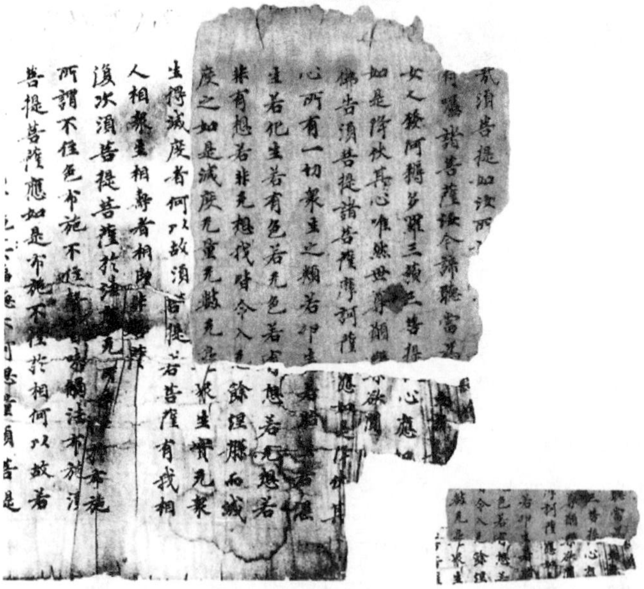

上博41(局部)

圖 2　BD8839 號+上博 41 號(局部)綴合圖

三　津圖 103 號+津圖 105 號+津藝 50 號

(1) 津圖 103 號(中散 2080),見《津圖》336。卷軸裝,2 紙。後部如圖 3－1 右部所示，前後皆殘，存22行（前紙17行，後紙5行，末行中部1字左側殘損），行約17字。楷書。有烏絲欄。天頭有規則污漬。原卷無題，《津圖》擬題“金剛般若波羅蜜經”。《津圖》條記目録稱原卷紙高25釐米，爲7—8世紀唐寫本。

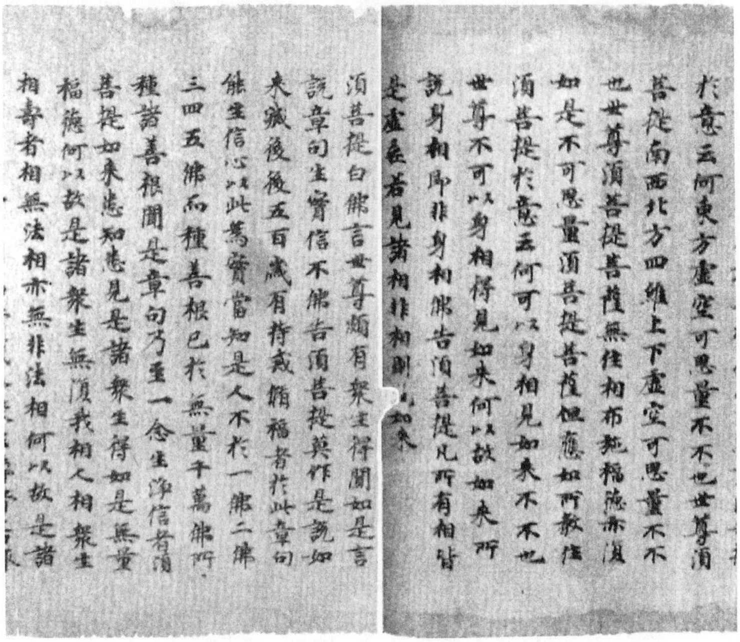
於意云何東方虛空可思量不不也世尊須
菩提南西北方四維上下虛空可思量不不
也世尊須菩提菩薩無住相布施福德亦復
如是不可思量須菩提菩薩但應如所教住
須菩提於意云何可以身相見如來不不也
世尊不可以身相得見如來何以故如來所
說身相即非身相佛告須菩提凡所有相皆
是虛妄若見諸相非相則見如來
須菩提白佛言世尊頗有衆生得聞如是言
說章句生實信不佛告須菩提莫作是說如
來滅後後五百歲有持戒脩福者於此章句
能生信心以此爲實當知是人不於一佛二佛
三四五佛而種善根已於無量千萬佛所
種諸善根聞是章句乃至一念生淨信者須
菩提如來悉知悉見是諸衆生得如是無量
福德何以故是諸衆生無復我相人相衆生
相壽者相無法相亦無非法相何以故是諸

津圖105(局部)　　津圖103(局部)

圖3－1　津圖103號(局部)+津圖105號(局部)綴合圖

（2）津圖105號（中散2082），見《津圖》338。卷軸裝，2紙。前部如圖3－1左部所示，後部如圖3－2右部所示，前殘後缺，存29行（前紙22行，後紙7行，首行僅存中部1字左側殘形），行約17字。楷書。有烏絲欄。天頭有規則污漬。原卷無題，《津圖》擬題“金剛般若波羅蜜經”。《津圖》條記目録稱原卷紙高25.4釐米，爲7—8世紀唐寫本。

（3）津藝50號（77・5・2309），見《津藝》1/293A。卷軸裝，2紙。前部如圖3－2左部所示，前後皆缺，存21行（前紙18行，後紙3行），行約17字。楷書。有烏絲欄。天頭有規則污漬。原卷無題，《津藝》擬題“金剛般若波羅蜜經”。《津藝》敍録稱原卷潢寫經紙，紙高25釐米，卷心高19.5釐米，天頭2.5釐米，地腳2.8釐米，爲唐（618—907）寫本，是周叔弢舊藏。

按：據殘存文字推斷，上揭三號皆爲《金剛經》羅什譯本，且内容前後相承，可以綴

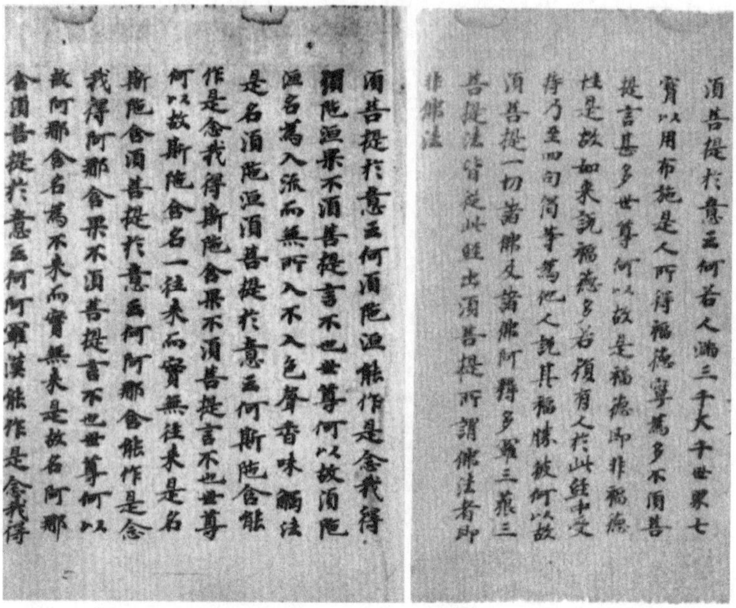

津藝50(局部)　　津圖105(局部)

圖 3－2　津圖 105 號(局部)+津藝 50 號(局部)綴合圖

合。前二號綴合後如圖 3－1 所示,接縫處邊緣凹凸吻合,原本分屬二號的"見"字得成完璧,天頭污漬邊緣銜接自然;後二號綴合後如圖 3－2 所示,二號内容於"即非佛法/須菩提"諸句前後相連,中無缺字,接縫處斷痕整齊。三號天頭皆有近似於半橢圓形的污漬,這些污漬大小、形狀雷同,間隔相近,循環往復出現。諸相鄰二號接縫處上下界欄皆可對接。又三號紙高相同或接近,行款格式相同(皆有烏絲欄,滿行皆約 17 字,行距、字距、字體大小相近),書風字跡似同(比較三號共有的"須"、"菩"、"提"、"以"、"世"、"尊"、"於"、"意"、"云"、"何"等字),可以參證。三號綴合後,所存内容參見《大正藏》T8/749A1—749C19。

又,上揭三號既可綴合,而《津圖》條記目録稱前二號爲 7—8 世紀唐寫本,《津藝》敍録稱後號爲唐(618—907)寫本;《津藝》敍録又稱後號爲潢寫經紙,前二號的用紙《津圖》則未作交代,對抄寫時代和用紙情況的描述不一,宜加以統一。

四　上圖 105－10 號+S.6554 號

(1) 上圖 105－10 號(812555;《上圖目》143),見《上圖》3/6B—7A。卷軸裝,2 紙。後部如圖 4 右部所示,前殘後缺,存 35 行(前紙 10 行,後紙 25 行),行約 17 字。楷書。

原卷無題,《上圖》敍録已考定爲《金剛經》羅什譯本,並稱原卷簾紋細麻寫經紙,紙高23.2釐米(卷心高19釐米,天頭2.2釐米,地脚2釐米),無欄綫,爲唐寫本。

(2) S.6554號(翟1314),見《寶藏》48/408A—415A。卷軸裝,11紙。前部如圖4左部所示,前缺尾全,存261行(前3紙各25行,第4紙24行,第5—8紙各25行,第9紙24行,第10紙23行,末紙15行),行約17字。楷書。《翟録》已考定爲《金剛經》羅什譯本[《翟録》/29]。

按:上揭二號皆爲《金剛經》羅什譯本。二號内容於"如我解/佛所説義"句前後相承,中無缺字,存有綴合的可能性。比較二號共有的"何"、"以"、"是"、"法"、"如"、"來"、"有"、"所"、"説"等字,如表1所示,可以看到二號書風字跡似同。又二號行款格式相同(滿行皆約17字,行距、字距、字體大小相近)。由此推測二號極有可能可以綴合(可惜限於目前所見二號的圖版質量及敍録信息,無法進一步比對二號紙質、紙張高度、界欄、天頭地脚高度等信息)。綴合後如圖4所示,所存内容參見《大正藏》T8/749A5—749C16。

又,上揭二號若確綴合,而《上圖》敍録稱前號爲唐寫本,後號的抄寫時間《翟録》未作交代,可綴合後作出一致的判斷。

又,上揭二號既可綴合,如果此説正確,則後號亦必爲同一時間寫本。

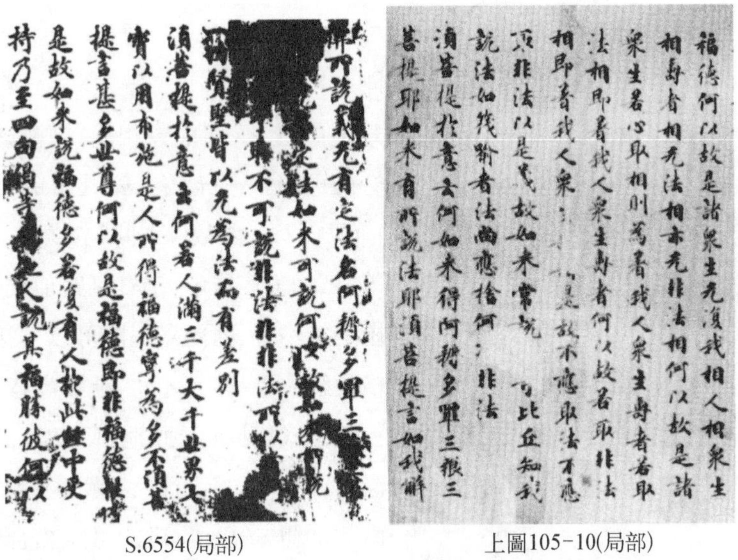

S.6554(局部)　　上圖105-10(局部)

圖4　上圖105－10號(局部)+S.6554號(局部)綴合圖

表 1　上圖 105－10 號與 S.6554 號字跡比較表

例字／卷號	何	以	是	法	如	來	有	所	説
上圖 105－10 號	何	以	是	法	如	來	有	所	説
S.6554 號	何	以	是	法	如	來	有	所	説

五　羽 457－9 號+BD589 號

（1）羽 457－9 號，見《秘笈》6/62A。長條形斷片，1 紙。如圖 5 右部所示，存 5 行，行約 17 字。楷書。有烏絲欄。卷面上邊緣及上部有污漬，中部有横裂紋。原卷無題，《秘笈》擬題“金剛般若波羅蜜經”，並稱原卷紙高 27.9 釐米，紙質厚手紙，紙色赤白橡，有染《秘笈》目録册/159、《秘笈》6/61。

（2）BD589 號（北 3689；荒 89），見《國圖》8/344A—345A。卷軸裝，2 紙。前部如圖 5 左部所示，前後皆缺，存 60 行（每紙各 30 行），行約 17 字。楷書。有烏絲欄。卷面中部有横裂紋。原卷無題，《國圖》擬題“金剛般若波羅蜜經”。《國圖》條記目録稱原卷紙高 28 釐米，爲 9—10 世紀歸義軍時期寫本。

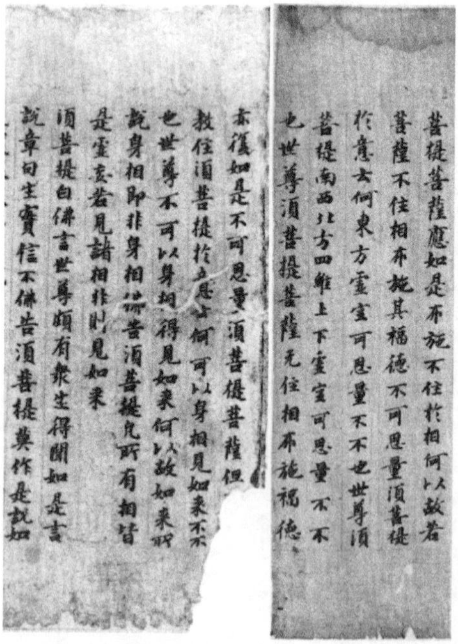

BD589(局部)　　羽457－9

圖 5　羽 457－9 號+BD589 號（局部）綴合圖

按：據殘存文字推斷，上揭二號皆爲《金剛經》羅什譯本。二號内容於“福德/亦復如是不可思量”句前後相承，中無缺字，存有綴合的可能性。比較二號共有的“不”、“住”、“何”、“以”、“故”、“世”、“須”、“菩”、“提”等字，如表 2 所示，書風字跡似同。二號接縫處邊緣吻合，横向烏絲欄可以對接，卷面中部横裂紋位置相同。又二號紙高皆約 28 釐米，行款格式相同（天頭地脚等高，皆有烏絲欄，滿行皆約 17 字，行距、字距、字體大小相近）。由此推測二號極有可能可以綴合。綴合後如圖 5 所示，所存内容參見《大正藏》T8/749A14—749C24。

又,上揭二號既可綴合,而《國圖》條記目録稱後號爲 9—10 世紀歸義軍時期寫本,前號的抄寫時間《秘笈》未作交代,可綴合後作出一致的判斷。

表 2　羽 457 − 9 號與 BD589 號字跡比較表

例字 / 卷號	不	住	何	以	故	世	須	菩	提
羽 457 − 9 號	不	住	何	以	故	世	須	菩	提
BD589 號	不	住	何	以	故	世	須	菩	提

六　Дx.2434 號 A+Дx.4859 號+羽 378 號

(1) Дx.2434 號 A(孟 1892),見《俄藏》9/200B。卷軸裝,2 紙。後部如圖 6 右上部所示,前後皆殘,存 17 行(前紙 14 行,後紙 3 行),行約 17 字。楷書。有烏絲欄。卷面中部有横裂紋。原卷無題,《孟録》已考定爲《金剛經》羅什譯本,稱“紙色褐”,爲 8—10 世紀寫本,“按照《大正藏》的經文,第 14—15 行之間遺漏 2 行”[《孟録》上/70]。

(2) Дx. 4859 號,見《俄藏》11/340B。卷軸裝殘片。如圖 6 中下部所示,存 3 殘行,行存下部 8—9 字。楷書。有烏絲欄。卷面中部有横裂紋。原卷無題,《俄藏》未定名。

(3) 羽 378 號,見《秘笈》5/140B。卷軸裝,1 紙。前部如圖 6 左部所示,前缺後殘,存 23 行,行約 17 字。楷書。有烏絲欄。卷面中部有横裂紋。原卷無題,《秘笈》擬題“金剛般若波羅蜜經”,並稱原卷麻紙,紙高 26.4 釐米,紙色柴,有染,首紙縫痕存,末端切斷[《秘笈》目録册/133、《秘笈》影片册/139]。

按:據殘存文字推斷,Дx.4859 號亦應爲《金剛經》殘片,且與另二號同爲羅什譯本,據完整文本推算,滿行行

Дx.2434A(局部)

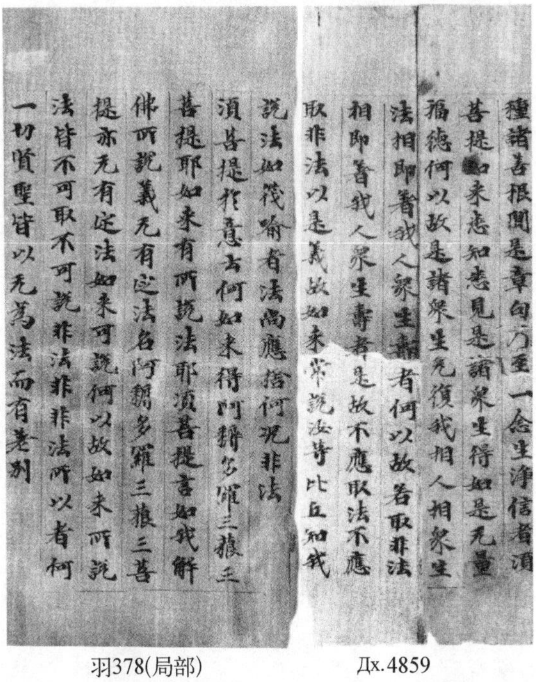

羽378(局部)　　Дx.4859

圖 6　Дx.2434 號 A(局部)+Дx.4859 號+羽 378 號(局部)綴合圖

約 17 字。三號内容前後相承,可以綴合。綴合後如圖 6 所示,Дx. 4859 號係從Дx.2434號 A 左下角脱落的殘片,原本分屬二號的"壽"、"者"、"來"三字皆得復合爲一;Дx.2434 號 A+Дx.4859 號與羽 378 號内容於"汝等比丘知我/説法如筏喻者"句前後相接,中無缺字。諸相鄰二號接縫處邊緣吻合,横縱烏絲欄及卷中横裂紋亦可對接。又三號行款格式相同(Дx.2434 號 A 與羽 378 號天頭等高,三號地腳等高,皆有烏絲欄,滿行皆約 17 字,行距、字距、字體大小相近),書風字跡似同(比較三號共有的"何"、"以"、"故"、"非"、"法"、"我"等字),可資參證。三號綴合後,所存内容參見《大正藏》T8/749A18—749B10。其中,Дx.2434 號 A 第 14—15 行,即前紙末行與後紙首行間遺漏 2 行,蓋係原卷粘接有誤,所缺内容參見《大正藏》T8/749B5—749B7。

又,上揭三號既可綴合,《孟録》稱前號爲 8—10 世紀寫本,如果此説正確,則後二號亦必爲同一時間寫本,可據以作出統一判斷。

七　BD11959 號+浙敦 87 號

(1) BD11959 號(L2088),見《國圖》110/172B。卷軸裝,2 紙。後部如圖 7 右部所示,前後皆殘,存 28 行(前紙 23 行,後紙 5 行),行約 17 字。楷書。有烏絲欄。原卷無題,《國圖》擬題"金剛般若波羅蜜經"。《國圖》條記目録稱原卷經黄打紙,研光上蠟,紙高 25.6 釐米,爲 7—8 世紀唐寫本。

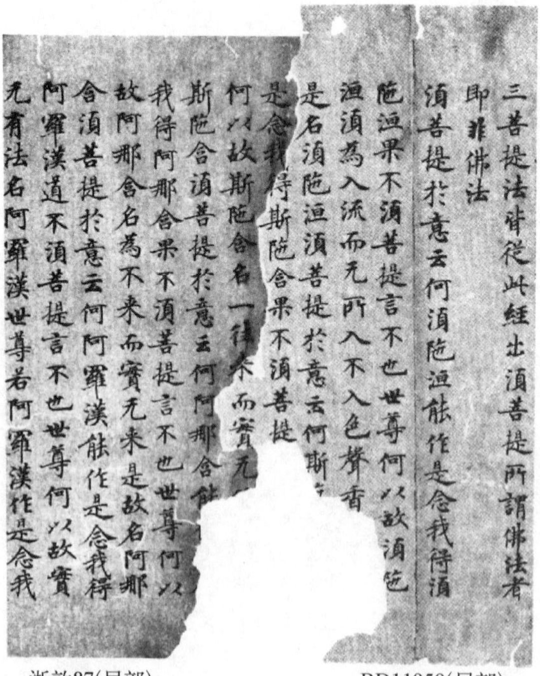

浙敦87(局部)　BD11959(局部)

圖 7　BD11959 號(局部)+浙敦 87 號(局部)綴合圖

(2) 浙敦 87 號(浙博 62),見《浙藏》200A。卷軸裝,1 紙。前部如圖 7 左部所示,前後皆殘,存 28 行,行約 17 字。楷書。有烏絲欄。原卷無題,《浙藏》擬題"金剛般若波羅蜜經"。《浙藏》敍録稱原卷麻紙,爲唐寫本。

按:據殘存文字推斷,上揭二號皆爲《金剛經》羅什譯本,且内容前後相承,可以綴合。綴合後如圖 7 所示,接縫處邊緣吻合,原本分屬二號的

"是"、"我得"、"果"、"來"、"實"六字皆得復合爲一,横縱烏絲欄亦可對接。又二號行款格式相同(地脚等高[1],皆有烏絲欄,滿行皆約17字,行距、字距、字體大小相近),書風字跡似同(比較二號共有的"須"、"菩"、"提"、"於"、"意"、"云"、"何"、"不"、"斯"、"含"等字),可資參證。二號綴合後,所存内容參見《大正藏》T8/749B3—749C29。

又,上揭二號既可綴合,而《國圖》條記目録與《浙藏》敍録對二號抄寫時代和紙質的描述不一,宜加以統一。

八　BD14517號+BD14516號+浙敦33號+BD14515號

(1) BD14517號(新717),見《國圖》128/368B—370A。卷軸裝,3紙。後部如圖8-1右部所示,前殘後缺,存64行(前紙8行,後2紙各28行),行約17字。楷書。有烏絲欄。地脚有規則污漬。原卷無題,《國圖》擬題"金剛般若波羅蜜經"。《國圖》條記目録稱原卷麻紙,未入潢,紙高25釐米,卷首尾上方各有一個硃筆寫"一"字,爲7—8世紀唐寫本,並指出尾接BD14516號。

(2) BD14516號(新716),見《國圖》128/367A—368A。卷軸裝,2紙。前部如圖8-1左部所示,後部如圖8-2右部所示,前後皆缺,存39行(前紙28行,後紙11行),行約17字。楷書。有烏絲欄。地脚有規則污漬。原卷無題,《國圖》擬題"金剛般若波羅蜜經"。《國圖》條記目録稱原卷麻紙,未入潢,紙高25.3釐米,有硃筆點標,卷端上方有一硃筆寫"二"字,爲7—8世紀唐寫本,並指出首接BD14517號。

(3) 浙敦33號(浙博8),見《浙藏》159B—161B。卷軸裝,4紙。前部如圖8-2左部所示,後部如圖8-3右部所示,前後皆缺,存80行(首紙17行,第2紙28行,第3紙40行,末紙7行),行約17字。楷書。原卷無題,《浙藏》擬題"金剛般若波羅蜜經"。《浙藏》敍録稱原卷麻紙,爲唐寫本。

(4) BD14515號(新715),見《國圖》128/365A—366B。卷軸裝,3紙。前部如圖8-3左部所示,前殘尾全,存74行(首紙21行,中紙28行,末紙25行),行約17字。尾題"金剛般若波羅蜜經"。楷書。有烏絲欄。《國圖》條記目録稱原卷麻紙,未入潢,紙高25.4釐米,卷端上邊有一硃筆書"末"字,爲7—8世紀唐寫本。

按:據殘存文字推斷,上揭四號皆爲《金剛經》羅什譯本。《國圖》條記目録已指出前二號可綴,今謂此四號内容前後相承,皆可綴合。前二號綴合後如圖8-1所示,接縫

[1] 浙敦87號圖版天頭不全,暫無法比對天頭高度。

處皆爲失粘所致脱落，邊緣整齊，二號内容於“是名/三十二相”句前後相接，地脚皆有橢圓形污漬，這些污漬形狀雷同，循環往復出現，大小、間隔漸次縮小，接縫處污漬邊緣銜接自然；中二號綴合後如圖 8－2 所示，二號内容於“皆得成就无量无邊功德/須菩提若有善男子善女人”諸句前後相接；後二號綴合後如圖 8－3 所示，二號内容於“如來説得福德多/須菩提於意云何”諸句前後相接。諸相鄰二號接縫處横向烏絲欄皆可對接。比較四號共有的“須”、“菩”、“提”、“世”、“以”、“是”、“如”、“來”、“不”等字，如表 3 所示，書風字跡似同。BD14516 號後紙 11 行，浙敦 33 號首紙 17 行；浙敦 33 號末紙 7 行，BD14515 號首紙 21 行，諸相鄰二號拼接，合成一紙凡 28 行，正與 BD14517 號後 2 紙、BD14516 號首紙、浙敦 33 號第 2 紙、BD14515 號中紙完整諸紙每紙 28 行的用紙規格相合。又四號皆用麻紙（其中第 1、2、4 號皆記“未入潢”，第 3 號未記），行款格式相同（皆有烏絲欄，滿行皆約 17 字，行距、字距、字體大小相近），且第 1、2、4 號天頭地脚等高[1]，紙高近同，天頭皆有硃筆記字，可資參證。二號綴合後，所存内容參見《大正藏》T8/749B12—752C3。

又，上揭四號既可綴合，而《國圖》條記目録稱第 1、2、4 號爲 7—8 世紀唐寫本，《浙藏》敘録稱第 3 號爲唐（618—907）寫本，斷代的區間頗有差距，可加以統一。

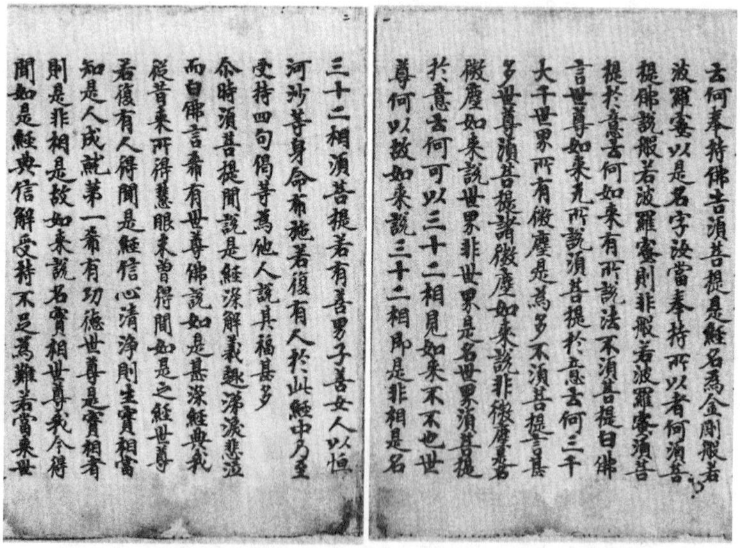
云何奉持佛告須菩提是經名爲金剛般若
波羅蜜以是名字汝當奉持所以者何須菩
提佛說般若波羅蜜則非般若波羅蜜須菩
提於意云何如來有所說法不須菩提白佛
言世尊如來无所說須菩提於意云何三千
大千世界所有微塵是爲多不須菩提言甚
多世尊須菩提諸微塵如來說非微塵是名
微塵如來說世界非世界是名世界須菩提
於意云何可以三十二相見如來不不也世
尊何以故如來說三十二相即是非相是名
三十二相須菩提若有善男子善女人以恒
河沙等身命布施若復有人於此經中乃至
受持四句偈等爲他人說其福甚多
尒時須菩提聞說是經深解義趣涕淚悲泣
而白佛言希有世尊佛說如是甚深經典我
從昔來所得慧眼未曾得聞如是之經世尊
若復有人得聞是經信心清淨則生實相當
知是人成就第一希有功德世尊是實相者
則是非相是故如來說名實相世尊我今得
聞如是經典信解受持不足爲難若當來世

BD14516(局部)　　BD14517(局部)

圖 8－1　BD14517 號（局部）+BD14516 號（局部）綴合圖

〔1〕 浙敦 33 號圖版天頭地脚較低，蓋因收藏者修復裁剪所致。

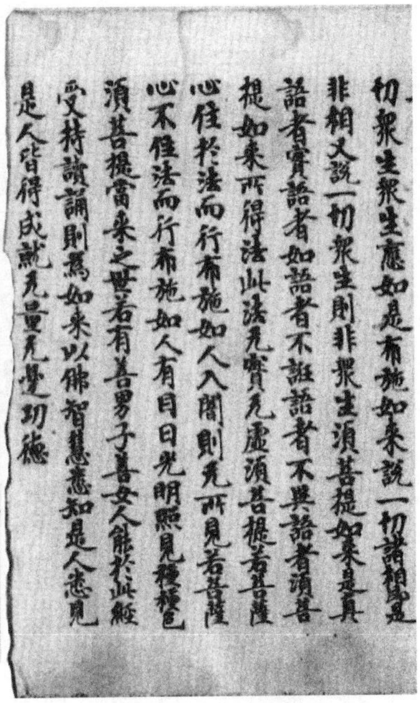
切衆生衆生應如是布施如來說一切諸相是
非相又說一切衆生則非衆生須菩提如來是真
語者實語者如語者不誑語者不異語者須菩
提如來所得法此法无實无虛須菩提若菩薩
心住於法而行布施如人入闇則无所見若菩薩
心不住法而行布施如人有目日光明照見種種色
須菩提當來之世若有善男子善女人能於此經
受持讀誦則為如來以佛智慧悉知是人悉見
是人皆得成就无量无邊功德

BD14516(局部)

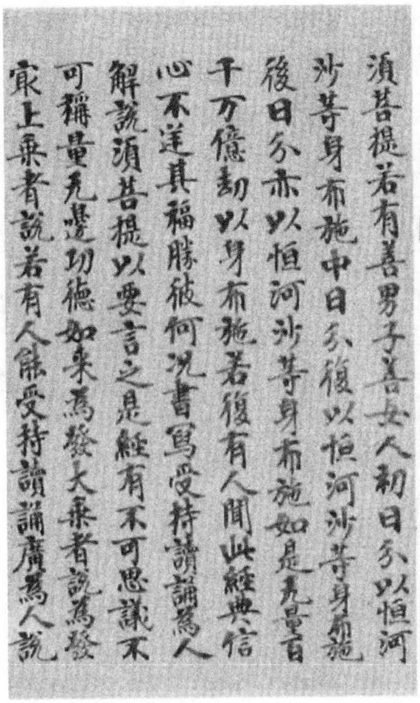
須菩提若有善男子善女人初日分以恒河
沙等身布施中日分復以恒河沙等身布施
後日分亦以恒河沙等身布施如是无量百
千万億劫以身布施若復有人聞此經典信
心不逆其福勝彼何況書寫受持讀誦為人
解說須菩提以要言之是經有不可思議不
可稱量无邊功德如來為發大乘者說為發
最上乘者說若有人能受持讀誦廣為人說

浙敦33(局部)

圖 8－2　BD14516 號(局部)+浙敦 33 號(局部)綴合圖

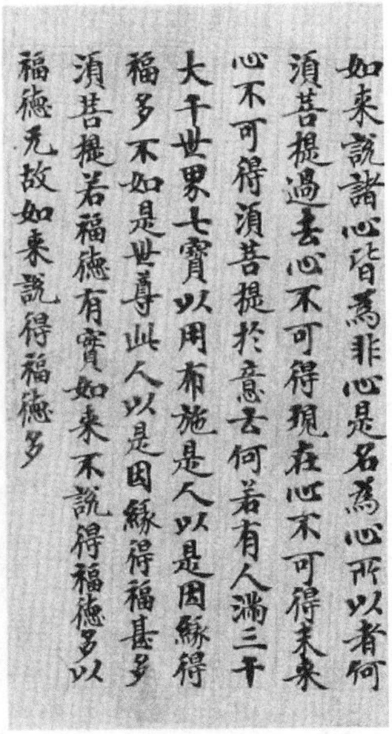
如來說諸心皆為非心是名為心所以者何
須菩提過去心不可得現在心不可得未來
心不可得須菩提於意云何若有人滿三千
大千世界七寶以用布施是人以是因緣得
福多不如是世尊此人以是因緣得福甚多
須菩提若福德有實如來不說得福德多以
福德无故如來說得福德多

浙敦33(局部)

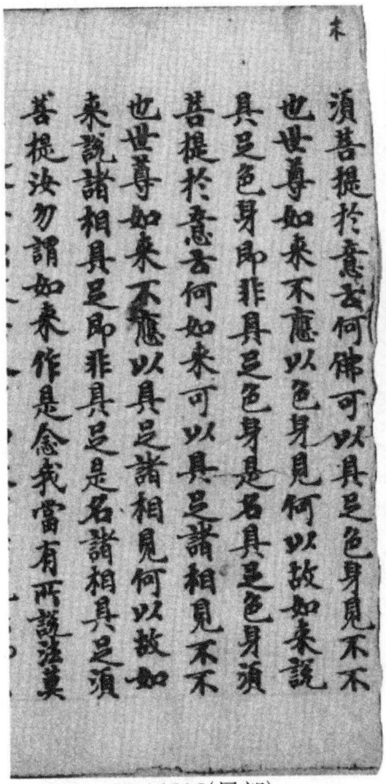
本
須菩提於意云何佛可以具足色身見不不
也世尊如來不應以色身見何以故如來說
具足色身即非具足色身是名具足色身須
菩提於意云何如來可以具足諸相見不不
也世尊如來不應以具足諸相見何以故如
來說諸相具足即非具足是名諸相具足須
菩提汝勿謂如來作是念我當有所說法莫

BD14515(局部)

圖 8－3　浙敦 33 號(局部)+BD14515 號(局部)綴合圖

表 3　BD14517 號、BD14516 號、浙敦 33 號、BD14515 號字跡比較表

例字 卷號	須	菩	提	世	以	是	如	來	不
BD14517 號	須	菩	提	世	以	是	如	来	不
BD14516 號	須	菩	提	世	以	是	如	来	不
浙敦 33 號	須	菩	提	世	以	是	如	来	不
BD14515 號	須	菩	提	世	以	是	如	来	不

九　中村 175－1 號+中村 175－2 號右片

（1）中村 175－1 號，見《中村》卷下/118。卷軸裝殘片，1 紙。如圖 9 右部所示，存 7 殘行，行存下部 10—11 字。楷書。有烏絲欄。原卷無題，《中村》擬題“般若部”。

（2）中村 175－2 號右片，見《中村》卷下/118。卷軸裝殘片，1 紙。如圖 9 左部所示，存 5 殘行，行存下部 3—8 字。楷書。有烏絲欄。原卷無題，《中村》擬題“般若部”。

按：據殘存文字推斷，上揭二號皆爲《金剛經》羅什譯本，且内容前後相承，可以綴合。二號接縫處邊緣吻合，地腳等高，横向烏絲欄亦可對接。據完整文本推算，滿行皆約 17 字。前號末字與後號首字之間缺“□□□□□□□□（出須菩提所謂佛法）”8 字，

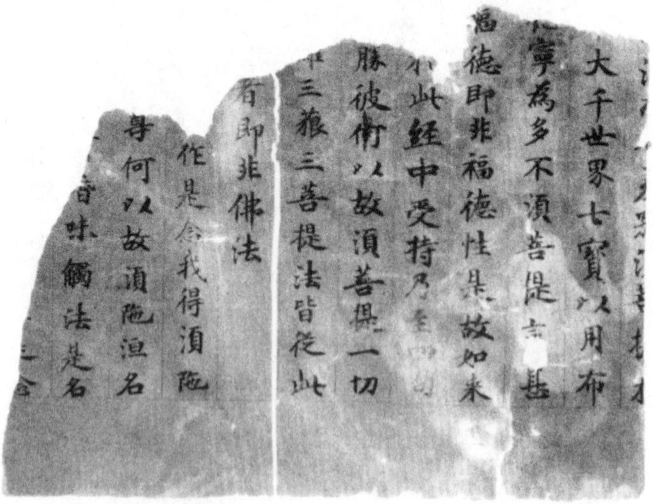

中村175-2右片　　中村175-1

圖 9　中村 175－1 號+中村 175－2 號右片綴合圖

後號首行所存“▨(者)即非佛法”5字,行末空4字位,合成一行凡17字位,正合於二號行約17字的抄寫規格。比較二號共有的“即”、“非”、“法”、“是”、“故”、“須”等字,書風字跡似同。且二號皆有烏絲欄,行距、字距、字體大小相近。由此判定二號可以綴合。二號綴合後,所存内容參見《大正藏》T8/749B17—749C1。

十　羽357號+BD7583號

(1) 羽357號,見《秘笈》5/84。卷軸裝,1紙。後部如圖10右部所示,前殘後缺,存26行,行約17字。楷書。有烏絲欄。原卷無題,《秘笈》擬題“金剛般若波羅蜜經”,並稱原卷麻紙,紙高24.7釐米,紙色黄橡,有染[《秘笈》目録册/128、《秘笈》影片册5/83]。

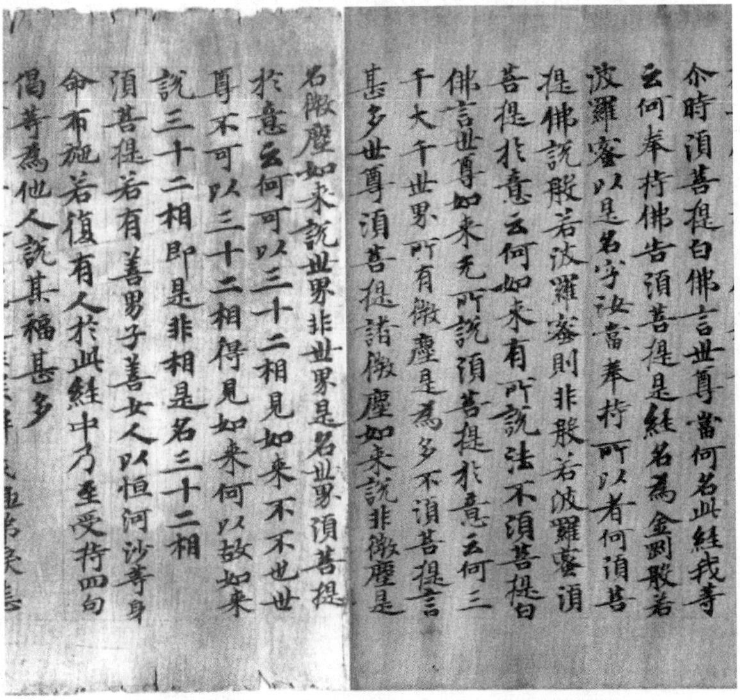

BD7583(局部)　　羽357(局部)

圖10　羽357號(局部)+BD7583號(局部)綴合圖

(2) BD7583號(北4012;人83),見《國圖》97/380A—381A。卷軸裝,2紙。前部如圖10左部所示,前後皆缺,存56行(每紙各28行),行約17字。楷書。有烏絲欄。原卷無題,《國圖》擬題“金剛般若波羅蜜經”。《國圖》條記目録稱原卷經黄紙,紙高25釐米,爲7—8世紀唐寫本。

按：據殘存文字推斷，上揭二號皆爲《金剛經》羅什譯本。二號内容於“如來説非微塵是/名微塵”句前後相接，中無缺字，存有綴合的可能性。二號接縫處蓋爲失粘所致脱落，邊緣整齊，横向烏絲欄可以對接。比較二號共有的“須”、“菩”、“提”、“世”、“尊”、“以”、“云”、“不”、“有”等字，如表 4 所示，書風字跡似同。又前號《秘笈》稱“紙色黄橡，有染”，後號《國圖》條記目録定作經黄紙，二者紙張皆染黄檗，紙質相同。且二號紙高接近，行款格式相同（天頭地脚等高，皆有烏絲欄，滿行皆約 17 字，行距、字距、字體大小相近）。由此判定二號確可綴合。綴合後如圖 10 所示，所存内容參見《大正藏》T8/749C21—750C17。

又，上揭二號既可綴合，前號《秘笈》定作麻紙，後號《國圖》條記目録定作經黄紙，又抄寫時間前號《秘笈》未作交代，後號《國圖》條記目録定作 7—8 世紀唐寫本，二者的描述存在出入，可加以統一。

表 4　羽 357 號與 BD7583 號字跡比較表

卷號 ＼ 例字	須	菩	提	世	尊	以	云	不	有
羽 357 號	須	菩	提	世	尊	以	云	不	有
BD7583 號	須	菩	提	世	尊	以	云	不	有

十一　Дx.10996 號+羽 12 號

（1）Дx.10996 號，見《俄藏》15/118B。卷軸裝殘片。如圖 11 右部所示，存 20 行（前 3 行上下殘、第 4—18 行下殘），行約 17 字。楷書。有烏絲欄。卷面上邊緣有循環出現、形狀近似的漬痕。原卷無題，《俄藏》未定名。

（2）羽 12 號，見《羽田》1/124—127。卷軸裝，7 紙。前部如圖 11 左部所示，前缺尾全，存 199 行（前 6 紙各 31 行，末紙 13 行），行 17 字。尾題“金剛般若波羅蜜經”，後有題記“咸亨三年五月十三日左春坊楷書吴禮寫/用小麻紙一十二張/裝潢手解善集/初校羣書手敬誨/再校羣書手敬誨/三校羣書手敬誨/詳閲太原寺大德神符/詳閲太原寺大德嘉尚/詳閲太原寺主慧立/詳閲太原寺上座道成/判官少府監掌冶署令向義感/使太中大夫守工部侍郎永興縣開國公虞昶監”，末尾有“敦煌石室秘笈”、“李盛鐸合家眷屬供養”印二顆。楷書。有烏絲欄。天頭有循環出現、形狀近似的漬痕。《秘笈》稱原卷麻紙，紙高 26.4 釐米，紙色薄褐色，有染[《秘笈》目録册/6、《秘笈》影片册1/123]。

按：據殘存文字推斷，前號亦應爲《金剛經》殘片，且與後號皆爲羅什譯本。二號内容於“此人无我相人相/衆生相壽者相”句前後相接，中無缺字，存有綴合的可能性。二號接縫處邊緣吻合，横向烏絲欄亦可對接。二號卷面上邊緣皆有污漬，這些污漬形狀雷同，循環往復出現，大小、間隔漸次縮小，接縫處污漬邊緣銜接自然。又二號行款格式相同（楷書，皆有烏絲欄，天頭等高，行約 17 字，行距、字距、字體大小相近），筆跡似同（比較二號共有的“衆”、“生”、“相”、“是”、“人”、“知”、“不”等字）。由此判定二號確可綴合。綴合後如圖 11 所示，所存内容參見《大正藏》T8/750A15—752C3。

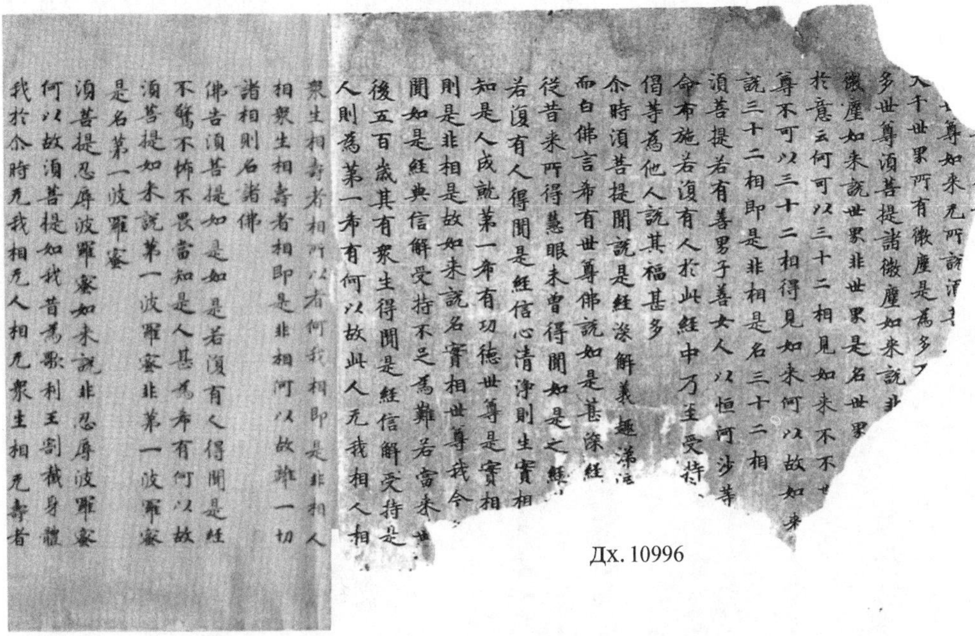

Дx. 10996

羽12(局部)

圖 11　Дx.10996 號+羽 12 號（局部）綴合圖

上揭二號既原屬同卷，而後號有明確的抄寫紀年“咸亨三年（672）五月十三日”，則可推知前號亦抄寫於唐代，公元 672 年。又羽 12 號題記詳列抄經時間、機構、書手、用紙、裝潢手、初校、再校、三校、詳閲、判官、監使等信息，是典型的唐代宫廷寫經樣式，具有很高的文物價值與研究價值[1]。

〔1〕 趙和平和陳濤對此已有詳細討論，詳見趙和平《唐代咸亨至鳳儀中的長安宫廷寫經》，“‘净心慈恩，盛世長安’長安佛教學術研討會”會議論文，2009 年 10 月；又見佛教在綫：http://www.fjnet.com/fjlw/200911/t20091110_140665.htm，2009 年 11 月 10 日。陳濤《日本杏雨書屋藏唐代宫廷寫經略説》，《中國歷史文物》2010 年第 5 期，11—16、91—96 頁。

十二　(Дx.164號、Дx.165號)+羽368號

(1) Дx.164號、Дx.165號(孟260),見《俄藏》6/111A—113A,《俄藏》已將二號圖版綴合。卷軸裝,4紙。後部如圖12右部所示,前後皆殘,存96行(前3紙各28行,末紙12行,前90行上殘),行約17字。楷書。有烏絲欄。原卷無題,《孟録》已考定爲《金剛經》羅什譯本,稱紙色微黄,畫行細,爲7—9世紀寫本[《孟録》上/100]。

(2) 羽368號,見《秘笈》5/114—116。卷軸裝,5紙。前部如圖12左部所示,前殘尾全,存105行(首紙17行,第2—4紙各28行,末紙4行;首行僅存中部2字左側殘筆),行約17字。尾題"金剛般若波羅蜜經"。楷書。有烏絲欄。原卷無題,《秘笈》擬題"金剛般若波羅蜜經",並稱原卷麻紙,紙高24.1釐米,紙色黄橡,有染[《秘笈》目録册/130、《秘笈》5/113]。

按:據殘存文字推斷,後號亦應爲《金剛經》羅什譯本,且二號内容前後相承,可以綴合。綴合後如圖12所示,接縫處邊緣吻合,原本分屬二號的"菩提"二字皆得復合爲一,横縱烏絲欄亦可對接。前號末行行末與後號第2行行首的内容於"即非一切/法"句前後相接,中無缺字。又二號紙色皆黄,行款格式相同(皆有烏絲欄,滿行皆約17字,行距、字距、字體大小相近),書風字跡似同(比較二號共有的"須"、"菩"、"提"、"一"、"切"、"法"、"如"、"來"、"何"、"以"、"故"等字),可資參證。二號綴合後,所存内容參見《大正藏》T8/750A19—752C3。

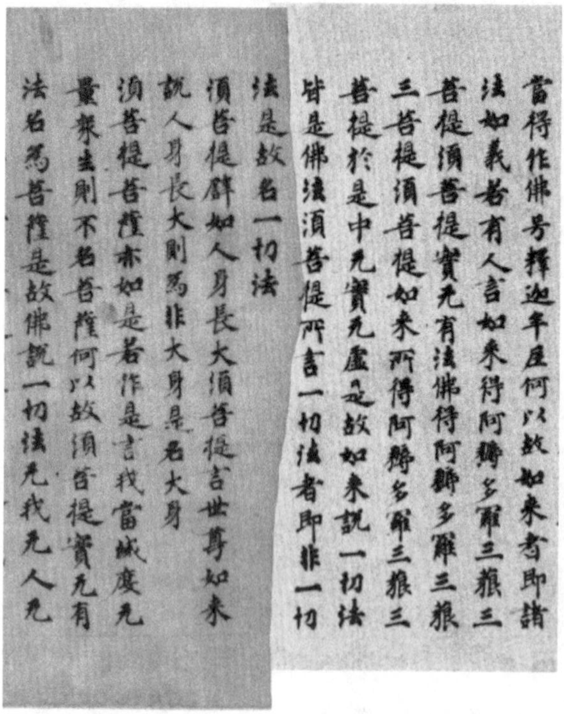

羽368(局部)　　Дx.164　Дx.165(局部)

圖12　(Дx.164號、Дx.165號)(局部)+羽368號(局部)綴合圖

又,上揭二號既可完全綴合,後號的抄寫時間《秘笈》未作交代,而《孟録》稱前號爲7—9世紀寫本,如果此説正確,則後號亦必爲同一時

間寫本。

十三　上圖181號+中村176號(16)右片

(1) 上圖181號(826092;《上圖目》23),見《上圖》4/125B—130A。卷軸裝,7紙。前部如圖13所示,前缺尾全,存194行(前6紙各28行,末紙26行;第7—10行上殘),行約17字。尾題"金剛般若波羅蜜經"。楷書。有烏絲欄。《上圖》敘録已考定爲《金剛經》羅什譯本,並稱原卷本色薄藤紙,紙高24.1釐米(卷心高20釐米,天頭2.4釐米,地脚1.7釐米),曾經托裱,爲唐寫本。

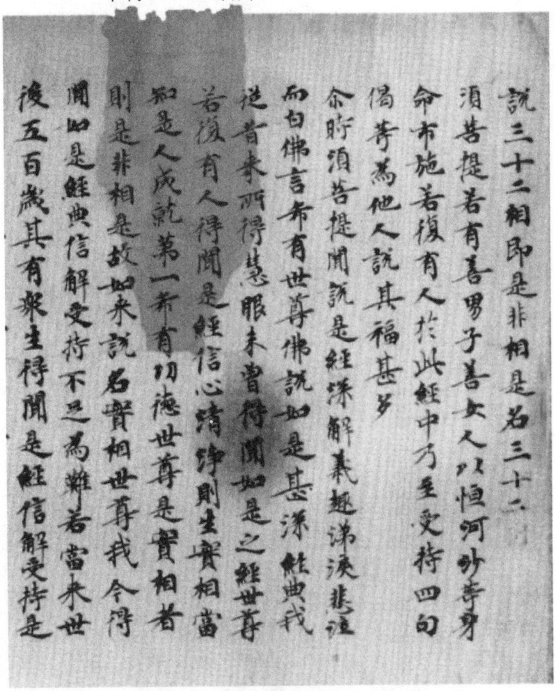

說三十二相即是非相是名三十二
須菩提若有善男子善女人以恒河沙等身
命布施若復有人於此經中乃至受持四句
偈等為他人說其福甚多
尒時須菩提聞說是經深解義趣涕淚悲泣
而白佛言希有世尊佛說如是甚深經典我
從昔來所得慧眼未曾得聞如是之經世尊
若復有人得聞是經信心清淨則生實相當
知是人成就第一希有功德世尊是實相者
則是非相是故如來說名實相世尊我今得
聞如是經典信解受持不足為難若當來世
後五百歲其有衆生得聞是經信解受持是

圖13　上圖181號(局部)+中村176號(16)右片綴合圖

(2) 中村176號(16)右片,見《中村》卷下/127。卷軸裝殘片。如圖13中上部所示,存4殘行,行存上部6—9字。楷書,有烏絲欄。原卷無題,《中村》未定名。

按:據殘存文字推斷,後號亦應爲《金剛經》羅什譯本,據完整文本推算,滿行行約17字。二號内容前後相承,可以綴合。綴合後如圖13所示,後號恰可補入前後上部殘缺處,接縫處邊緣吻合,原本分屬二號的"從昔來所得慧"、"是經信"、"有"、"相是故如"十四字皆得復合爲一,横縱烏絲欄亦可對接。又二號行款格式相同(天頭等高,皆有烏絲欄,滿行皆約17字,行距、字距、字體大小相近),書風字跡似同(比較二號共有的"若"、"有"、"人"、"得"、"聞"、"是"、"相"等字),可資參證。二號綴合後,所存内容參見《大正藏》T8/750A22—750B3。

又,上揭二號既可綴合,後號的抄寫時間《中村》未作交代,而《上圖》敘録稱前號唐(618—907)寫本,如果此説正確,則後號亦必爲同一時間寫本。

十四　津藝 149 號+BD14911 號

（1）津藝 149 號（77・5・4488），見《津藝》3/144B—146B。卷軸裝，4 紙。後部如圖 14 右部所示，前後皆缺，存 112 行（每紙 28 行），行約 17 字。楷書。有烏絲欄。原卷無題，《津藝》擬題“金剛般若波羅蜜經”。《津藝》敍録稱原卷厚潢楮紙，紙高 25 釐米（卷心高 19.5 釐米，天頭 2.9 釐米，地腳 2.5 釐米），爲唐朝寫卷，周叔弢舊藏。

（2）BD14911 號（新 1111），見《國圖》135/171B—172A。卷軸裝，1 紙。前部如圖 14 左部所示，前後皆缺，存 28 行，行約 17 字。楷書。有烏絲欄。原卷無題，《國圖》擬題“金剛般若波羅蜜經”。《國圖》條記目録稱原卷經黄打紙，紙高 25 釐米，爲 7—8 世紀唐寫本。

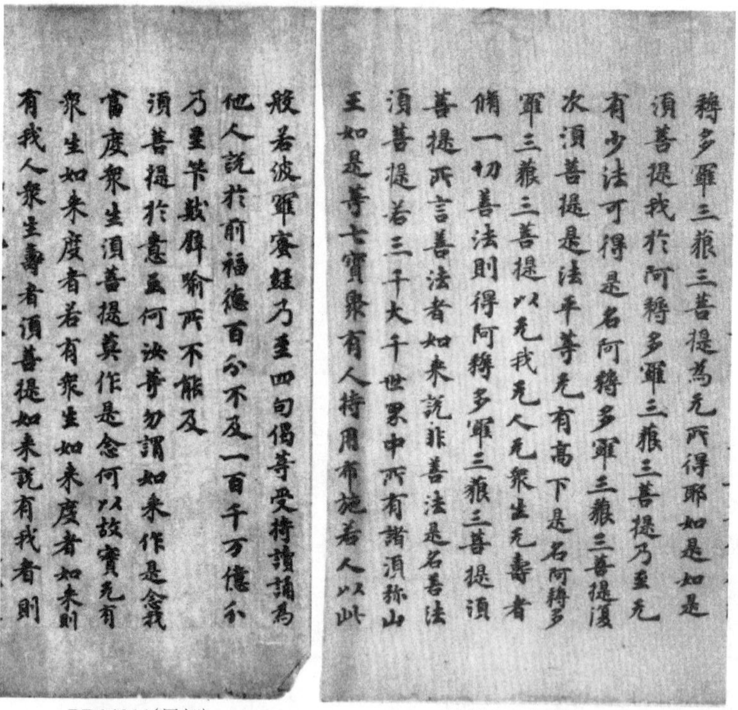
耨多羅三藐三菩提為无所得耶如是如是
須菩提我於阿耨多羅三藐三菩提乃至无
有少法可得是名阿耨多羅三藐三菩提復
次須菩提是法平等无有高下是名阿耨多
羅三藐三菩提以无我无人无衆生无壽者
脩一切善法則得阿耨多羅三藐三菩提須
菩提所言善法者如來說非善法是名善法
須菩提若三千大千世界中所有諸須弥山
王如是等七寶聚有人持用布施若人以此
般若波羅蜜經乃至四句偈等受持讀誦為
他人說於前福德百分不及一百千万億分
乃至筭數譬喻所不能及
須菩提於意云何汝等勿謂如來作是念我
當度衆生須菩提莫作是念何以故實无有
衆生如來度者若有衆生如來度者如來則
有我人衆生壽者須菩提如來說有我者則

BD14911(局部)　　津藝149(局部)

圖 14　津藝 149 號（局部）+BD14911 號（局部）綴合圖

按：據殘存文字推斷，上揭二號皆爲《金剛經》羅什譯本。二號内容於“若人以此/般若波羅蜜經”句前後相接，中無缺字，存有綴合的可能性。二號接縫處蓋爲失粘所致脱落，邊緣整齊，横向烏絲欄可以對接。比較二號共有的“提”、“於”、“是”、“等”、

"如"、"來"、"以"、"人"、"无"等字,如表5所示,書風字跡似同。二號每紙28行,用紙規格相合。又二號紙張皆染黃蘗,紙高皆爲25釐米,行款格式相同(天頭地腳等高,皆有烏絲欄,滿行皆約17字,行距、字距、字體大小相近)。由此推測二號極有可能可以綴合。綴合後如圖14所示,所存内容參見《大正藏》T8/750B21—752B4。

又,上揭二號既可綴合,而《津藝》敍録稱前號爲唐朝(618—907)寫卷,《國圖》條記目録稱後號爲7—8世紀唐寫本,斷代區間不一,宜加以統一。

表5　津藝149號與BD14911號字跡比較表

例字 卷號	提	於	是	等	如	來	以	人	无
津藝149號	提	扵	是	等	如	来	以	人	无
BD14911號	提	扵	是	等	如	来	以	人	无

十五　津藝42號+津圖102號+S.7268號

(1)津藝42號(77・5・2301),見《津藝》1/287A。卷軸裝,1紙。後部如圖15-1右部所示,前後皆缺,存13行,行約17字。楷書。有烏絲欄。原卷無題,《津藝》擬題"金剛般若波羅蜜經"。《津藝》敍録稱原卷潢楮紙,紙高25.5釐米,卷心高20.2釐米,天頭3釐米,地腳2.6釐米,爲唐寫本,周叔弢舊藏。

(2)津圖102號(中散2079),見《津圖》335。卷軸裝,2紙。前部如圖15-1左部所示,後部如圖15-2右部所示,前缺後殘,存30行(每紙各15行,末行僅存下部8字右側殘形),行約17字。楷書。有烏絲欄。原卷無題,《津圖》擬題"金剛般若波羅蜜經"。《津圖》條記目録稱原卷紙高25.6釐米,爲7—8世紀唐寫本。

(3)S.7268號,見《寶藏》54/595A—595B。卷軸裝,1紙。前部如圖15-2左部所示,存14行(首行右側略殘),行約17字。楷書。原卷無題,《方録》擬題"金剛般若波羅蜜經",並稱原卷首尾均脱,通卷地腳殘缺,紙高24.5釐米,有烏絲欄,爲唐寫本《方録》/85。

按:據殘存文字推斷,上揭三號皆爲《金剛經》羅什譯本,且内容前後相承,可以綴合。前二號綴合後如圖15-1所示,二號内容於"皆得成就无量无邊功德/須菩提,若有善男子善女人"諸句前後銜接,中無缺字;二號接縫處斷痕整齊,上下界欄皆可對接,地腳污漬邊緣銜接自然;後二號綴合後如圖15-2所示,接縫處原本分屬二號的"尒"、"尊

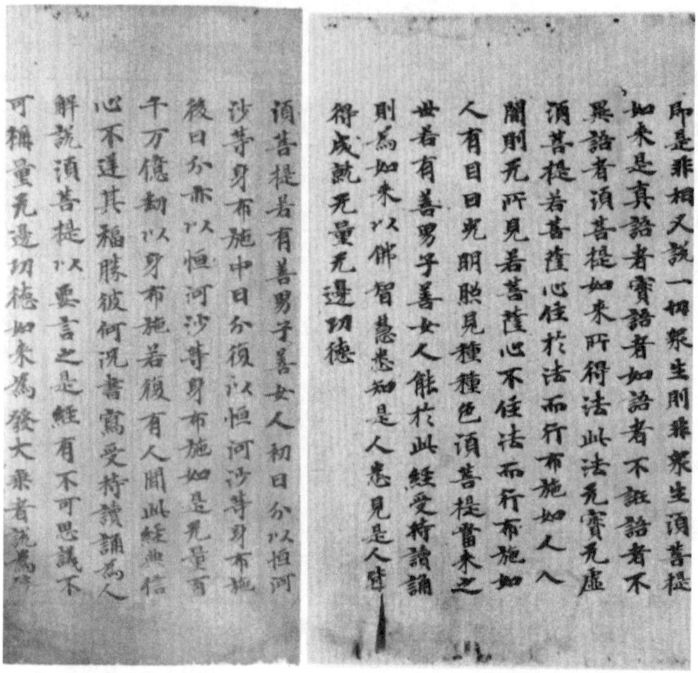
即是非相又說一切衆生則非衆生須菩提
如來是真語者實語者如語者不誑語者不
異語者須菩提如來所得法此法无實无虛
須菩提若菩薩心住於法而行布施如人入
闇則无所見若菩薩心不住法而行布施如
人有目日光明照見種種色須菩提當來之
世若有善男子善女人能於此經受持讀誦
則為如來以佛智慧悉知是人悉見是人皆
得成就无量无邊功德

須菩提若有善男子善女人初日分以恒河
沙等身布施中日分復以恒河沙等身布施
後日分亦以恒河沙等身布施如是无量百
千万億劫以身布施若復有人聞此經典信
心不逆其福勝彼何況書寫受持讀誦為人
解說須菩提以要言之是經有不可思議不
可稱量无邊功德如來為發大乘者說為

津圖102(局部)　　津藝42(局部)

圖 15－1　津藝 42 號(局部)+津圖 102 號(局部)綴合圖

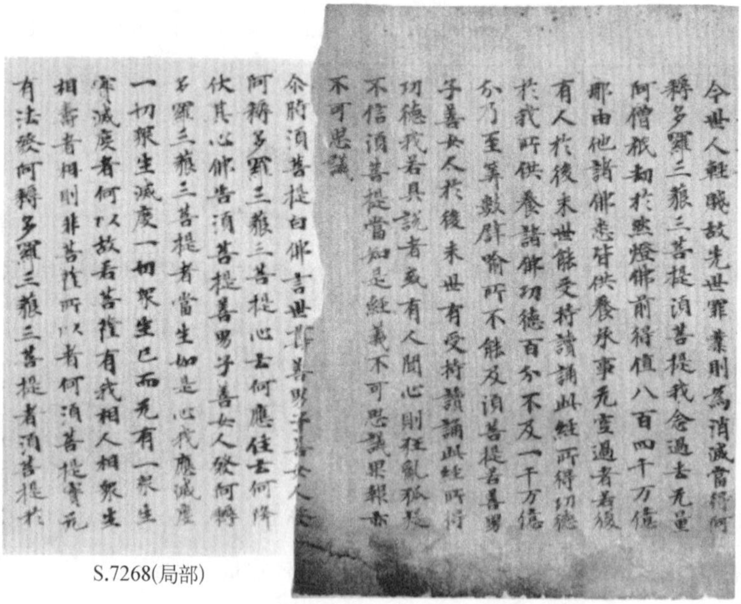
今世人輕賤故先世罪業則為消滅當得阿
耨多羅三藐三菩提須菩提我念過去无量
阿僧祇劫於然燈佛前得值八百四千万億
那由他諸佛悉皆供養承事无空過者若復
有人於後末世能受持讀誦此經所得功德
於我所供養諸佛功德百分不及一千万億
分乃至筭數譬喻所不能及須菩提若善男
子善女人於後末世有受持讀誦此經所得
功德我若具說者或有人聞心則狂亂狐疑
不信須菩提當知是經義不可思議果報亦
不可思議

爾時須菩提白佛言世尊善男子善女人發
阿耨多羅三藐三菩提心云何應住云何降
伏其心佛告須菩提善男子善女人發阿耨
多羅三藐三菩提者當生如是心我應滅度
一切衆生滅度一切衆生已而无有一衆生
實滅度者何以故若菩薩有我相人相衆生
相壽者相則非菩薩所以者何須菩提實无
有法發阿耨多羅三藐三菩提者須菩提於

S.7268(局部)　　津圖102(局部)

圖 15－2　津圖 102 號(局部)+S.7268 號(局部)綴合圖

善男子善女人發”九字皆復合爲一。前二號紙高分别爲25.5、25.6 釐米，後一號紙高24.5 釐米，蓋爲收藏者修復裁剪天頭地脚所致。比較三號共有的“菩”、“善”、“男”、“子”、“女”、“人”、“所”、“以”、“一”等字，如表6所示，書風字跡似同。又三號行款格式相同（皆有烏絲欄，滿行皆約17字，行距、字距、字體大小相近），可以參證。三號綴合後，所存内容參見《大正藏》T8/750B22—751A22。

又，上揭三號既可綴合，而《津藝》敍録與《方録》稱第1、3號爲唐朝（618—907）寫本，《津圖》條記目録稱第2號爲7—8世紀唐寫本，斷代區間頗有差距，可斟酌統一。

表6　津藝42號、津圖102號、S.7268號字跡比較表

例字 / 卷號	菩	善	男	子	女	人	所	以	一
津藝42號	菩	善	男	子	女	人	所	以	一
津圖102號	菩	善	男	子	女	人	所	以	一
S.7268號	菩	善	男	子	女	人	所	以	一

十六　BD6179號+津圖100號

（1）BD6179號（北4218；薑79），見《國圖》82/323B—326A。卷軸裝，4紙。後部如圖16右部所示，前殘後缺，存112行（每紙各28行，首10行下殘），行約17字。楷書。有烏絲欄。原卷無題，《國圖》擬題“金剛般若波羅蜜經”。《國圖》條記目録稱原卷經黄打紙，紙高25釐米，“卷面多水漬”，爲7—8世紀唐寫本。

（2）津圖100號（中散2077），見《津圖》333。卷軸裝，1紙。前部如圖16左部所示，前後皆缺，存27行，行約17字。楷書。有烏絲欄。天頭有波浪形水漬。原卷無題，《津圖》擬題“金剛般若波羅蜜經”。《津圖》條記目録稱原卷紙高25.4釐米，爲7—8世紀唐寫本。

按：據殘存文字推斷，上揭二號皆爲《金剛經》羅什譯本。二號内容於“若有人言如來/若來若去”句前後相連，中無缺字，存有綴合的可能性。二號接縫處蓋爲失粘所致脱落，邊緣基本吻合（BD6179號天頭地脚部分殘損、卷翹而無法完全拼合），上下界欄皆可對接。二號天頭皆有波浪形水漬，這些水漬大小、形狀雷同，間隔相近，循環往復出現。比較二號共有的“須”、“菩”、“提”、“若”、“世”、“界”、“以”、“故”、“所”等字，如表7所示，書風字跡似同。又二號紙高接近，行款格式相同（皆有烏絲欄，滿行皆約

17 字,行距、字距、字體大小相近)。由此推測二號極有可能可以綴合。綴合後如圖 16 所示,所存内容参見《大正藏》T8/750C22—752C2。

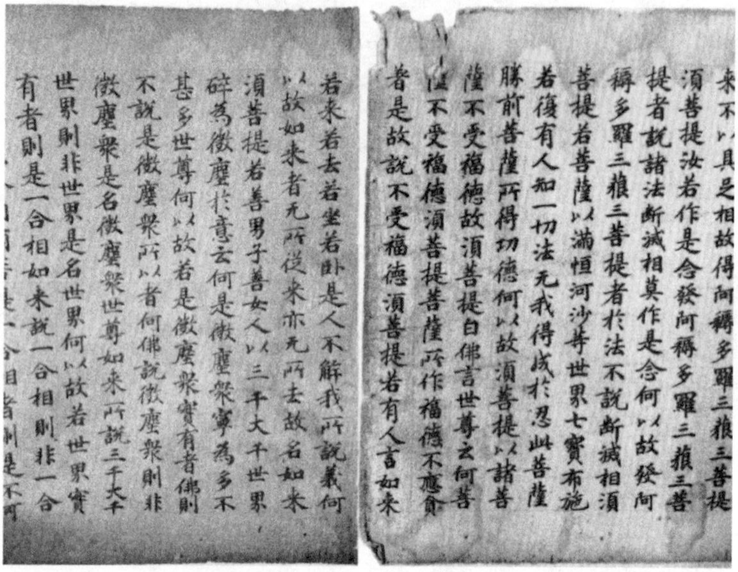
若來若去若坐若卧是人不解我所說義何
以故如來者无所從來亦无所去故名如來
須菩提若善男子善女人以三千大千世界
碎為微塵於意云何是微塵衆寧為多不
甚多世尊何以故若是微塵衆實有者佛則
不說是微塵衆所以者何佛說微塵衆則非
微塵衆是名微塵衆世尊如來所說三千大千
世界則非世界是名世界何以故若世界實
有者則是一合相如來說一合相則非一合

來不以具足相故得阿耨多羅三藐三菩提
須菩提汝若作是念發阿耨多羅三藐三菩
提者說諸法斷滅相莫作是念何以故發阿
耨多羅三藐三菩提者於法不說斷滅相須
菩提若菩薩以滿恒河沙等世界七寶布施
若復有人知一切法无我得成於忍此菩薩
勝前菩薩所得功德何以故須菩提以諸菩
薩不受福德故須菩提白佛言世尊云何菩
薩不受福德須菩提菩薩所作福德不應貪
著是故說不受福德須菩提若有人言如來

津圖100(局部)　　BD6179(局部)

圖 16　BD6179 號(局部)+津圖 100 號(局部)綴合圖

表 7　BD6179 號與津圖 100 號字跡比較表

卷號＼例字	須	菩	提	若	世	界	以	故	所
BD6179 號	須	菩	提	若	世	界	以	故	所
津圖 100 號	須	菩	提	若	世	界	以	故	所

十七　BD8881 號+敦研 89 號

(1) BD8881 號(有 2),見《國圖》104/187A—188A。卷軸裝,2 紙。後部如圖 17 右下部所示,前後皆殘,存 41 殘行(前紙 18 行,後紙 23 行),行存中上部 2—16 字。原卷無題,《國圖》擬題“金剛般若波羅蜜經”。《國圖》條記目録稱原卷有烏絲欄,爲 6 世紀南北朝隸楷寫本。

(2) 敦研 89 號,見《甘藏》1/95A—95B。卷軸裝,2 紙。前部如圖 17 左上部所示,前後皆殘,存 36 殘行(前紙 12 行,後紙 24 行),行存中上部 0—13 字。隸楷。原卷無題,《甘藏》擬題"金剛般若波羅蜜經"。《甘藏》敍録稱原卷黄麻紙,無界欄。

按:據殘存文字推斷,上揭二號皆爲《金剛經》羅什譯本,且二號内容前後相承,可以綴合。綴合後如圖17所示,接縫處邊緣吻合,第34、38—41行接縫處原本分屬二號的"提譬如"、"▨(一)"、"菩"、"以"、"提"七字皆得復合爲一,第35—37行接縫處内容前後相接,依次爲"□(如)來説人身長大/則爲非大身"、"菩薩亦如是/若作是言"、"則不名菩薩/何以故",中無缺字。又二號行款格式相同(天頭等高,皆有烏絲欄,滿行皆約17字,行距、字距、字體大小相近),皆用隸楷字體,書風字跡似同(比較二號共有的"須"、"菩"、"提"、"人"、"身"、"長"、"大"、"何"、"如"、"來"等字),可資參證。二號綴合後,所存内容參見《大正藏》T8/750C26—751C11。

又,上揭二號既可綴合,《國圖》條記目録稱前號爲6世紀南北朝寫本,而後號《甘藏》未作交代,或可據前者加以比定。又BD8881號卷尾與敦研89號卷首可拼合爲一紙,而《國圖》條記目録稱前號有烏絲欄,《甘藏》敍録稱後號無界欄,標注不一,當有一誤。據敦煌研究院張先堂研究員核驗後告知,敦研89號確無烏絲欄;又請國家圖書館劉波博士查驗,BD8881號亦無烏絲欄,則《國圖》條記目録的記敘有誤。

敦研89(局部)

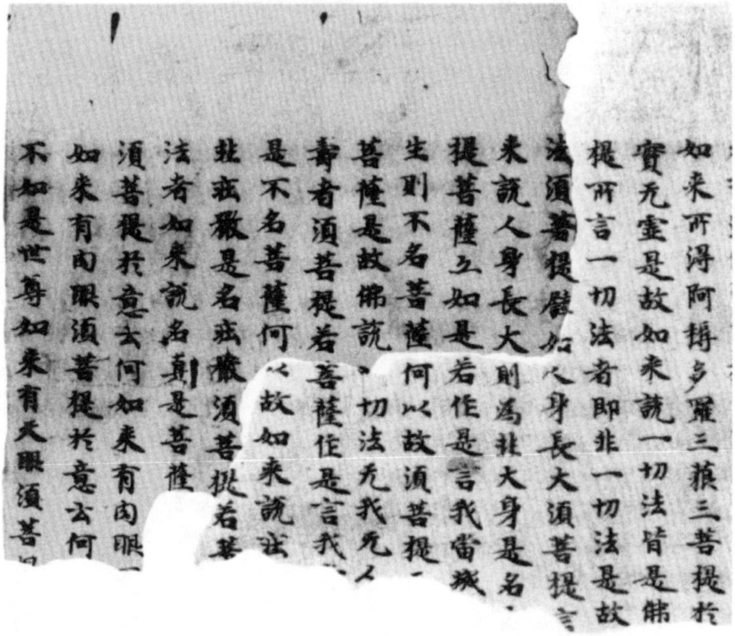

BD8881(局部)

圖17　BD8881號(局部)+敦研89號(局部)綴合圖

十八　BD8283 號+羽 375 號

（1）BD8283 號（北 4372；服 83），見《國圖》102/59B—60A。卷軸裝，2 紙。後部如圖 18 右部所示，前缺後殘，存 29 行（前紙 28 行，後紙 1 行，末行僅存中部約 10 字右側殘形），行約 17 字。楷書。有烏絲欄。原卷無題，《國圖》擬題“金剛般若波羅蜜經”。《國圖》條記目録稱原卷經黄紙，紙高 24.5 釐米，爲 7—8 世紀唐寫本。

（2）羽 375 號，見《秘笈》5/134。卷軸裝，2 紙。前部如圖 18 左部所示，前殘尾全，存 31 行（前紙 28 行，後紙 3 行，首行中部右側有殘泐），行約 17 字。尾題“金剛般若波羅蜜經”。楷書。《秘笈》稱原卷麻紙，紙高 25.2 釐米，紙色柴，有染[《秘笈》目録册/132、《秘笈》5/133]。

按：據殘存文字推斷，上揭二號皆爲《金剛經》羅什譯本，且内容前後相接，可以綴合。綴合後如圖 18 所示，接縫處邊緣吻合，原本分屬二號的“提白佛言世尊云何菩薩”十字皆得復合爲一，横向烏絲欄亦可對接。前號末行行末與後號首行行首的内容於

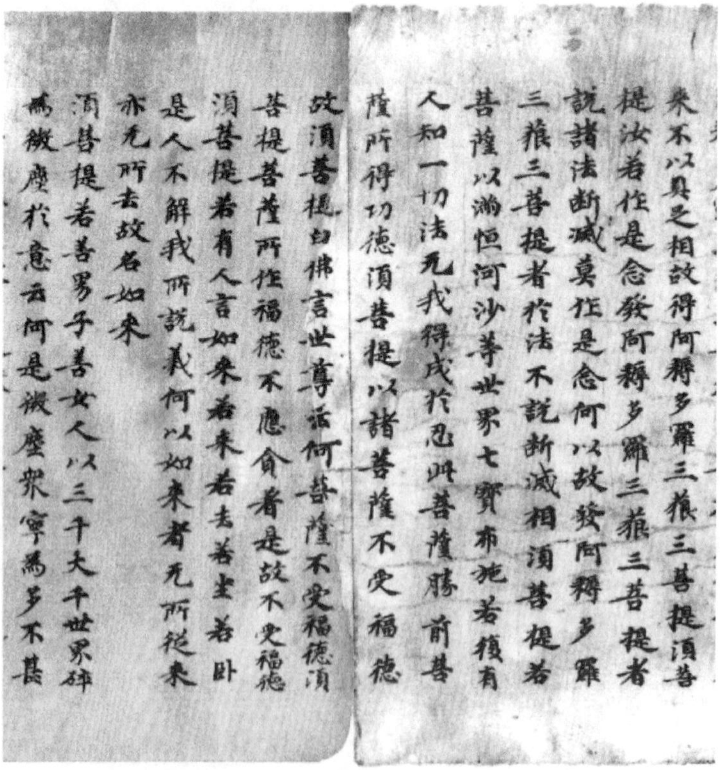
來不以具足相故得阿耨多羅三藐三菩提須菩
提汝若作是念發阿耨多羅三藐三菩提者
說諸法斷滅莫作是念何以故發阿耨多羅
三藐三菩提者於法不說斷滅相須菩提若
菩薩以滿恒河沙等世界七寶布施若復有
人知一切法无我得成於忍此菩薩勝前菩
薩所得功德須菩提以諸菩薩不受福德
故須菩提白佛言世尊云何菩薩不受福德須
菩提菩薩所作福德不應貪著是故不受福德
須菩提若有人言如來若來若去若坐若臥
是人不解我所說義何以故如來者无所從來
亦无所去故名如來
須菩提若善男子善女人以三千大千世界碎
爲微塵於意云何是微塵衆寧爲多不甚

羽375(局部)　　　　BD8283(局部)

圖 18　BD8283 號（局部）+羽 375 號（局部）綴合圖

“以諸菩薩不受福德/故”句前後相接,中無缺字。前號後紙1行,後號前紙28行,二號拼接,合成一紙凡28行,正與前號前紙完整一紙28行的用紙規格相合。又二號紙張皆染黄檗,紙高皆約25釐米,行款格式相同(皆有烏絲欄,滿行皆約17字,行距、字距、字體大小相近),書風字跡似同(比較二號共有的“不”、“何”、“以”、“人”、“須”、“菩”、“提”等字),可資參證。二號綴合後,所存内容參見《大正藏》T8/751C26—752C3。

又,上揭二號既可綴合,《國圖》條記目録稱前號爲7—8世紀唐寫本,而後號《秘笈》未作交代,或可據前號加以比定。

十九　BD15724號+津圖80號+BD15732號

(1) BD15724號(簡71484),見《國圖》144/173B—174A。卷軸裝,1紙。如圖19右部所示,前後皆缺,存29行,行約17字。楷書。有烏絲欄。原卷無題,《國圖》擬題“金剛般若波羅蜜經”。《國圖》條記目録稱原卷紙高27.3釐米,“與其他卷相比,多一上下邊欄”,爲7—8世紀唐寫本。

(2) 津圖80號(中散2057),見《津圖》315。卷軸裝,1紙。如圖19中部所示,前後皆缺,存9行(末行僅存5字右側殘筆),行約17字。楷書。有烏絲欄。原卷無題,《津圖》擬題“金剛般若波羅蜜經”。《津圖》條記目録稱原卷紙高27釐米,“上下邊外各有一道墨欄”,爲7—8世紀唐寫本。

(3) BD15732號(簡71484),見《國圖》144/178B。卷軸裝,1紙。如圖19左部所示,前缺尾全,存16行,行約17字。尾題“金剛般若經”。楷書。有烏絲欄。《國圖》擬題“金剛般若波羅蜜經”。《國圖》條記目録稱原卷紙高27釐米,“與其他卷相比,多一上下邊欄”,爲7—8世紀唐寫本。

按:據殘存文字推斷,上揭三號皆爲《金剛經》羅什譯本,且内容前後相承,可以綴合。綴合後如圖19所示,前二號内容於“甚多/世尊”句前後相連,中無缺字,二號接縫處蓋爲失粘所致脱落;後二號内容於“是/人解我所説義不”句前後相連,中無缺字,津圖80號末行所存殘筆恰可補全BD15732號首行的“人”、“我”、“説”、“是人”五字右側所缺。三號上下界欄外皆多一墨欄,天頭地脚處皆有波浪形規則污漬。諸相鄰二號接縫處邊緣大體吻合,上下界欄及其外的墨欄皆可對接,天頭地脚的污漬邊緣銜接自然。又三號紙高近同,行款格式相同(皆有烏絲欄,滿行皆約17字,行距、字距、字體大小相近),書風字跡似同(比較三號共有的“須”、“菩”、“提”、“世”、“尊”、“不”、“人”、“以”等字),可以參證。三號綴合後,所存内容參見《大正藏》T8/752A3—752C3。

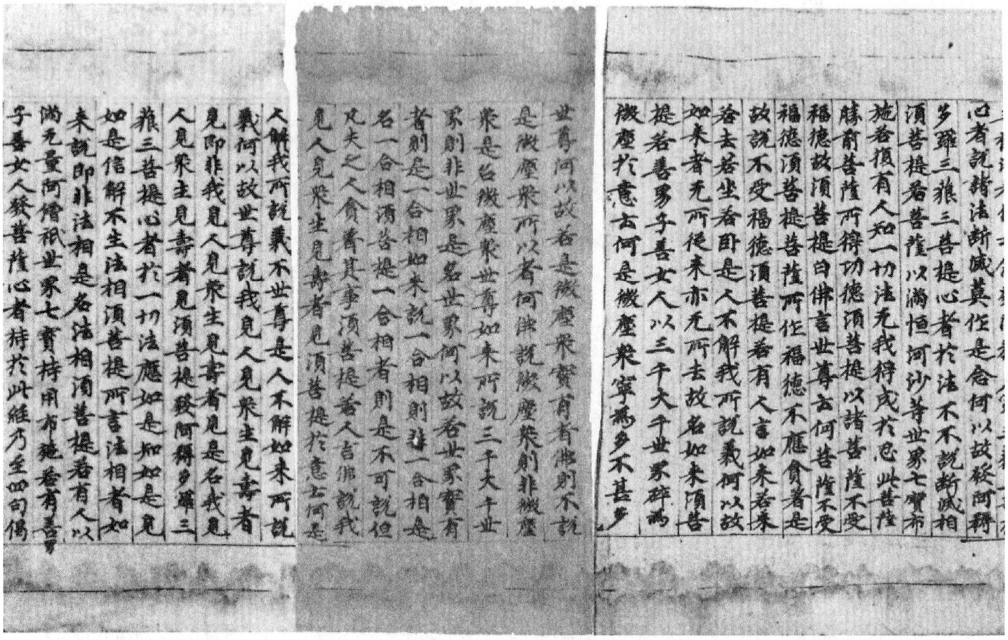

BD15732(局部)　　津圖80　　BD15724(局部)

圖 19　BD15724 號(局部)+津圖 80 號+BD15732 號(局部)綴合圖

二十　BD15789 號+津圖 7 號+BD15808 號+BD10023 號

(1) BD15789 號(簡 57894),見《國圖》144/232A。殘片。如圖 20 右下部所示,存 8 行(首行僅存 1 字左部殘筆,難以辨認),行存中下部 1—6 字。有烏絲欄。原卷無題,《國圖》擬題"金剛般若波羅蜜經(菩提留支本)"。《國圖》條記目録稱此卷隸楷字體,爲 6 世紀南北朝時期寫本。

(2) 津圖 7 號(中散 1984),見《津圖》271。卷軸裝殘片。如圖 20 右上部所示,存 11 殘行,行存中上部 5—11 字。有烏絲欄。原卷無題,《津圖》擬題"金剛般若波羅蜜經(菩提流支譯本)"。《津圖》條記目録稱原卷楷書,爲 6—7 世紀隋寫本。

(3) BD15808 號(簡 71483),見《國圖》144/241B。殘片。如圖 20 中部所示,存 5 行,行存中部 5—9 字(第 2 行空白無文字)。有烏絲欄。原卷無題,《國圖》擬題"金剛般若波羅蜜經(菩提留支本)"。《國圖》條記目録稱此卷隸楷字體,爲 6 世紀南北朝時期寫本。

(4) BD10023 號(L152),見《國圖》107/82A。殘片。如圖 20 左下部所示,存 16

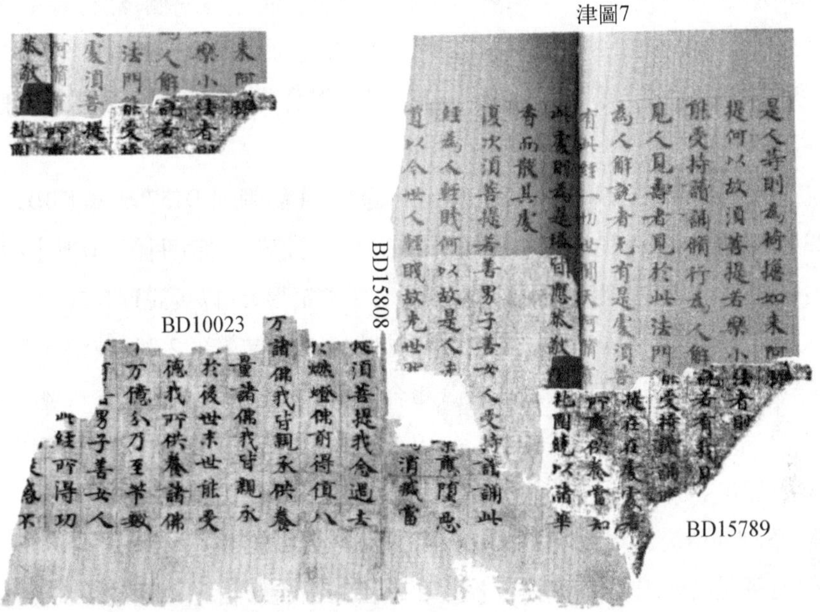

圖 20　BD15789 號+津圖 7 號+BD15808 號+BD10023 號綴合圖

行,行存下部 1—9 字(第 3 行空白無文字)。有烏絲欄。原卷無題,《國圖》擬題“金剛般若波羅蜜經(菩提留支本)”。《國圖》條記目録稱此卷隸楷字體,爲 5—6 世紀南北朝時期寫本。

按：上揭四號皆爲《金剛經》留支譯本殘片。據完整文本推算,滿行皆約 17 字。四號内容前後相接,可以綴合。綴合後如圖 20 所示(津圖 7 號圖版中部因書籍裝幀影響了與 BD15789 號的綴合效果,調整後的局部效果圖如圖 20 左上角所示)。津圖 7 號與 BD15789 號上下相接,綴合後第 2、5 行接縫處原本分屬二片的“阿”、“能”二字皆可拼合,第 3、4、6、7、8 行内容依次於“若樂小/法者”、“爲人解/説”、“須菩/提”、“一切世間天[人]阿脩羅/所應供養”、“作/禮圍繞”諸句前後相接,中無缺字;BD15808 號正可補入津圖 7 號左下角缺損處,銜接處邊緣及縱向烏絲欄密合無間,綴合後第 8 行接縫處原本分屬二號的“皆”、“作”二字皆復合爲一,第 10—12 行内容依次於“若/善男子善女人”、“何/以故”、“以今世人輕/賤故”句前後相連,中無缺字;BD15789 號與 BD10023 號接縫處原本分屬二片的“知”、“諸華”三字得成完璧;BD15808 號與 BD10023 號接縫處原本分屬二片的“持讀”二字皆復完整,綴合後第 11、12 行中部留白高度與所缺字數皆相符,依次爲“是人▨(先)/□□(世罪)/▨(業)”、“先世▨(罪)/

□□(業則)/▨(爲)消滅”。又四號行款格式相同(皆有烏絲欄,滿行皆約17字,行距、字距、字體大小相近),書風字跡似同(比較四號間交互出現的“是”、“人”、“有”、“我”、“者”、“應”、“受”等字),可以參證。四號綴合後,所存内容參見《大正藏》T8/755A6—755A27。

上揭四號既可綴合爲一,而《國圖》條記目録稱BD15789號、BD15808號、BD10023號三號爲5—6世紀南北朝時期隸楷寫本,《津圖》條記目録稱津圖7號爲6—7世紀隋楷書寫本,字體判斷及斷代不一,核之殘卷字形,或以後説近是。

上文我們共將51號(包括散藏26號、國圖藏18號、英藏2號、俄藏5號)敦煌本《金剛經》綴合爲20組(包括散藏與散藏綴合3組,散藏與國圖藏綴合12組,散藏與英藏綴合2組,散藏與俄藏綴合3組)。前19組爲羅什譯本,第20組爲留支譯本。

散藏敦煌本《金剛經》相對中、英、法、俄四大館藏而言,數量雖少,却也是敦煌本《金剛經》整理和研究不可或缺的組成部分。只有匯集、考定了散藏敦煌本《金剛經》,纔能完整地呈現出敦煌本《金剛經》收藏和存留的概貌。而且散藏敦煌文獻中往往存有一些文獻價值較高的寫本,如所有敦煌本《金剛經》中,首尾完整的僅54號却有11號出自散藏,羅什譯本十二分本僅9號却有2號出自散藏,留支譯本十二分本僅11號也有1號出自散藏。

散藏敦煌本《金剛經》殘卷的綴合,其意義是多方面的。首先,綴合後使得原本失散的“骨肉”得以團聚。如第一組把原本分屬國家圖書館和天津圖書館、天津藝術博物館的BD1404號+津圖91號+BD15728號+津藝213號綴合爲一,使得全卷首尾完整,得成完璧。又如第十九組,BD15724號、BD15732號二號行款相同,污漬、字跡相近,由此我們猜測此二號可能原屬同卷,但二號存文不直接相連,中間約缺8行,究竟是否爲同一寫卷之撕裂難以確定,後發現行款、污漬、字跡亦近同的散藏津圖80號,正是國圖二號中間缺失的8行,此三號綴合,則内容先後銜接無間,其爲同一卷之撕裂也就没有了疑問,原本分離的三個殘片也就得以連成了一體。

其次,有助於對殘卷的性質作出更準確的判斷。如第一組,《津藝》敍録稱津藝213號爲唐朝寫本,《國圖》條記目録、《津圖》釋文稱BD1404號、BD15728號、津圖91號皆爲9—10世紀歸義軍時期寫本,前者斷代過於寬泛,參考價值較弱,現在我們發現此四號可以按BD1404號+津圖91號+BD15728號+津藝213號的順序綴合爲一,則津藝213號也很有可能爲9—10世紀歸義軍時期寫本。又如第二十組,《國圖》條記目録稱BD15789號、BD15808號、BD10023號三號爲5—6世紀南北朝時期隸楷寫本,《津圖》條記目録稱津圖 7 號爲 6—7 世紀隋楷書寫本,字體判斷及斷代不一,現在我們發現此四號可以按 BD15789 號+津圖 7 號+BD15808 號+BD10023 號的順序完全綴合,則此四號必然抄寫於同一時期,其字體也必然相同,原來的判斷必有一誤。

再次,有助於證實散藏敦煌文獻的真實性。散藏敦煌文獻來源複雜,輾轉流傳的過程中不排除唯利是圖者摻入僞卷的情況,因此對於這批文獻的真實性特别需要謹慎判斷。若能綴合,尤其是散藏若能與可信度較高的中、英、法、俄四大館藏敦煌文獻的綴合,則基本可以判定確係出自敦煌藏經洞。如第二十組"BD15789 號+津圖 7 號+BD15808 號+BD10023 號"綴合,津圖 7 號可與三號國圖藏殘片綴合,且邊緣、殘字皆契合,其出自藏經洞應無可疑。

附録　本文涉及敦煌文獻簡稱與全稱對照表

《北大》——《北京大學藏敦煌文獻》(全 2 册),上海古籍出版社、北京大學圖書館編,上海古籍出版社,1995 年。

《大谷敦》——《大谷大學所藏敦煌古寫經》,野上俊静主編,京都: 大谷大學東洋學研究室,1965 年。

《大正藏》——《大正新脩大藏經》,高楠順次郎等編,東京: 大正一切經刊行會,1922—1934 年。

《俄藏》——《俄藏敦煌文獻》(全 17 册),俄羅斯科學院東方研究所聖彼得堡分所、俄羅斯科學出版社東方文學部、上海古籍出版社編,孟列夫、錢伯城主編,上海古籍出版社,1992—2001 年。

《鄂博録》——《湖北省博物館藏敦煌經卷概述》,王倚平、唐剛卯,《敦煌吐魯番研究》第 5 卷,2000 年,269—276 頁。

《方録》——《英國圖書館藏敦煌遺書目録(斯 6981 號~斯 8400 號)》,方廣錩,北京: 宗教文化出版社,2000 年。

《傅圖録》——《"中央"研究院歷史語言所傅斯年圖書館藏敦煌遺書》,方廣錩主編,臺北: 中研院歷史語言所,2013 年。

《甘藏》——《甘肅藏敦煌文獻》(全 6 册),甘肅藏敦煌文獻編委會、甘肅人民出版社、甘肅省文物局編,段文傑主編,蘭州: 甘肅人民出版社,1999 年。

《故宫録》——《故宫博物院藏敦煌吐魯番文獻目録》,王素、任昉、孟嗣徽,《敦煌研究》2006 年第 6 期,173—182 頁。

《國博》——《中國歷史博物館藏法書大觀》,楊文和主編,上海: 柳原書店、上海教育出版社,1999 年。

《國圖》——《國家圖書館藏敦煌遺書》(全 146 册),中國國家圖書館編,任繼愈主編,北京圖書館出版社,2005—2013 年。

《集録》——《中國古代寫本識語集録》,池田温編,東京: 東京大學東洋文化研究所,1990 年。

《加拿大録》——《加拿大維多利亞美術館藏敦煌寫經與佛畫》,王素,《敦煌吐魯番研究》第 12 卷,上海古籍出版社,2011 年,269—277 頁。

《津圖》——《天津圖書館古籍善本圖録　鑒賞圖録》,天津圖書館編,天津古籍出版社,2009 年。

《津文》——《天津市文物公司藏敦煌寫經》,天津市文物公司編,北京: 文物出版社,1998 年。

《津藝》——《天津市藝術博物館藏敦煌文獻》(全 7 册),上海古籍出版社、天津市藝術博物館編,上海古籍出版社,1996—1997 年。

《魯博録》——《山東博物館藏敦煌遺書敍録》,于芹,《敦煌研究》2012 年第 5 期,59—71 頁。

《羅藏録》——《普林斯頓所見羅氏藏敦煌吐魯番文書》,陳懷宇,《敦煌學》第 25 輯,2004 年 7 月,419—441 頁。

《旅博録》——《旅順博物館藏敦煌寫經目録及訂正》,王珍仁、孫慧珍,載敦煌研究院編《段文傑敦煌研究五十年紀念文集》,北京: 世界圖書出版公司北京公司,1996 年,323—327 頁。

《孟録》——《俄藏敦煌漢文寫卷敍録》(全 2 册),孟列夫主編,上海古籍出版社,1999 年。

《秘笈》——《敦煌秘笈》(全 9 册),日本武田科學振興財団影印杏雨書屋藏(原羽田亨藏)敦煌文獻,大阪: 武田科學振興財団,2009—2013 年。

《民間》——《世界民間藏中國敦煌文獻》(全 2 册),《世界民間藏中國敦煌文獻》編輯委員會,北京: 中國書店,2014 年。

《南圖録》——《南京圖書館所藏敦煌遺書目録》,方廣錩、徐憶農,《敦煌研究》1998 年第 4 期,134—143 頁。

《啓功》——《敦煌寫經殘片》,啓功編,北京師範大學出版社,2006 年。

《日藏(二)》——《日本公私收藏敦煌遺書敍録(二)》,施萍婷,《敦煌研究》1994 年第 3 期,90—107 頁。

《日藏(三)》——《日本公私收藏敦煌遺書敍録(三)》,施萍婷,《敦煌研究》1994 年第 3 期,51—70 頁。

《日藏(一)》——《日本公私收藏敦煌遺書敍録(一)——三井文庫所藏敦煌遺書》,施萍婷,《敦煌研究》1993 年第 2 期,74—91 頁。

《三井》——《三井文库別館蔵品圖録敦煌寫經——北三井家》,三井文庫編,京都: 株式會社便利堂,2004 年。

《散録》——《中國散藏敦煌文獻分類目録》,申國美編,北京圖書館出版社,2007 年。

《上博》——《上海博物館藏敦煌吐魯番文獻》(全 2 册),上海古籍出版社、上海博物館編,上海古籍出版社,1993 年。

《上圖》——《上海圖書館藏敦煌吐魯番文獻》(全 4 册),上海古籍出版社、上海圖書館編,上海古籍出版社,1999 年。

《沈曾植》——《唐人寫經集錦》,海日樓藏,彩照見林霄新浪博客《沈增(曾)植舊藏敦煌寫經殘片集》: http: //blog.sina.com.cn/s/blog_aff35b1b01016cn4.htm。

《石谷風》——《晉魏隋唐殘墨》,石谷風主編,合肥: 安徽美術出版社,1992 年。

《石谷風録》——《石谷風藏敦煌遺書殘卷内容小考》,李刈,《敦煌研究》2001 年第 4 期,第 134—137 頁。

《臺圖》——《"中央圖書館"所藏敦煌卷子》(全 6 册),潘重規編,臺北: 石門圖書公司,1976 年。

《務本堂》——《務本堂藏敦煌遺書》,方廣錩編,桂林: 廣西師範大學出版社,2013 年。

《湘圖録》——《湖南省圖書館藏敦煌寫經敍録》,劉雪平,《敦煌研究》2012 年第 5 期,70—72 頁。

《遺珍》——《中國文化遺産研究院藏西域文獻遺珍》,赫俊紅主編,北京: 中華書局,2011 年。
《渝博録》——《重慶市博物館藏敦煌吐魯番寫經目録》,楊銘,《敦煌研究》1996 年第 1 期,121—124 頁。
《翟録》——Lionel Giles(翟理斯). 1957. *Descriptive Catalogue of the Chinese Manuscripts from Tunhuang in the British Museum*, London: The Trustees of the British Museum.
《浙藏》——《浙藏敦煌文獻》(1 册),《浙藏敦煌文獻》編委會編,杭州: 浙江教育出版社,2000 年。
《中村》——《台東区立書道博物館所藏中村不折旧藏禹域墨書集成》(全 3 册),磯部彰編,東京: 株式會社二玄社,2005 年。
IDP——International Dunhuang Project(國際敦煌項目網站): http: //idp.bl.uk/

(作者單位: 羅慕君,浙江工業大學人文學院;張涌泉,浙江大學古籍所)

《敦煌吐魯番研究》第十八卷
2018 年,671—685 頁

敦煌本《大般若經》殘卷及背面胡語文獻綴合研究*

徐 浩

歷史上的敦煌,曾長期是中西交通的咽喉,胡漢雜居,四方輻輳,成爲中西文化交融的國際都會。西域各族形態各異的文化在敦煌綻放出異彩,由多種語言文字書寫的敦煌文獻便是這段歷史的光輝見證。敦煌文獻使用的文字以漢文爲主,又有藏文、梵文、于闐文、回鶻文、粟特文、突厥文等,多是久已失傳的民族古文字。其中,除了藏文因吐蕃統治者的提倡,大量用於佛經和世俗文書的書寫而獨立存在以外,其他胡語文獻大多依附於漢文文獻而存在,它們通常書寫於漢文佛經寫本的背面,與漢文寫經一起留存下來。因此,從正背面關係加以考察,對包括胡語文獻在内的敦煌殘卷加以綴合研究,這種方法不但可行,而且早已爲學者們所採用。

通過對現已刊佈的四千八百多號敦煌本漢文《大般若經》寫本的全面考察,我們發現,背面書寫有民族古文字的《大般若經》寫本共有 66 號,其中回鶻文寫本 34 號,于闐文寫本 21 號,藏文寫本 11 號,突厥文寫本 1 號(與于闐文文獻共存於 P.2892 背)。這些胡語文獻以佛經譯本等佛教文獻居多,如 P.2025 背的于闐文《善財王子須達拏譬喻經》[1]、P.2782 背的于闐文《妙法蓮華經綱要》、BD1 背的《藏文穢跡金剛類經典或儀軌(擬)》等。不過,世俗文書也爲數不少,如 P.2890 背的藏文《狩獵傷人賠償律》、BD4987 背的《藏文呈節兒狀稿(擬)》、P.2790 背的于闐文《于闐使臣上于闐朝廷書》、P.3072 背的回鶻文《摩尼教懺悔文》、P.3046 背的回鶻文《佚名氏于沙州書賬單》、

---

* 本文爲筆者主持的國家社科基金項目“敦煌《大般若經》漢文寫本綴合研究”(18BZJ012)、河南省科技廳科技攻關項目“敦煌寫本《大般若經》綴合修復與研究”(182102310989)的項目成果之一。承蒙匿名審稿專家對本文提出寶貴修改意見,並蒙楊富學先生惠賜相關研究成果,在此謹致謝忱。

〔1〕 文中所涉敦煌文獻的定名,均採自相應敦煌文獻圖録。對於某些定名,不同研究者有不同看法,這當然不排除敦煌文獻圖録有誤定的可能。如 P.2025 背的于闐文文獻,熊本裕和張廣達、榮新江都將其定名爲“《善財譬喻經》(Sudhana-avadāna)”,分見山口瑞鳳主編《講座敦煌 6・敦煌胡語文獻》,東京:大東出版社,1985 年,118 頁,及張、榮二氏合著《于闐史叢考》(增訂本),北京:中國人民大學出版社,2008 年,125 頁。

P.2956背的于闐文《抒情詩》、傅圖 50 號 B 背的《回鶻文漢文雙語文獻(擬)》、P.2892 背的《突厥于闐雙語詞彙表》等。這些胡語文獻,對於研究西域民族的政治、經濟、歷史、宗教、法律、文學、語言等,具有彌足珍貴的價值。

然而,上述文獻自莫高窟藏經洞開啓以後,便逐漸流散於世界各地的公私收藏機構,很多原本完整或相對完整的寫本四分五裂、身首異處,嚴重制約了相關研究工作的深入開展。爲此,本文在對 7 組正面抄有漢文《大般若經》的敦煌殘卷進行綴合的同時,也從正背面關係入手,對背面書寫的于闐文、回鶻文文獻加以綴合,希望在還原敦煌藏經洞寫卷原貌的同時,也爲相關胡語文獻的研究提供一些材料上的支持。不當之處,敬請方家指正[1]。

一　漢文《大般若經》寫本背面書寫于闐文文獻

1. S.6291…BD10734+P.2031+P.2788

(1) S.6291,見《寶藏》45/207B—208B,彩圖見 IDP 網站。2 紙(首紙爲護首)。正面如圖 1 - 1 右部所示,首全尾缺,存 15 行,行 17 字,末行僅存中部 1 字右側殘點(原字應係"外"字)。楷書。有烏絲欄。首題"大般若波羅蜜多經卷第二百廿七"。首紙背面包首題記署"□□□▨▨(大般若波羅)蜜多經卷第二□□□(百廿七),廿三",後 2 字係原卷所屬袟次。

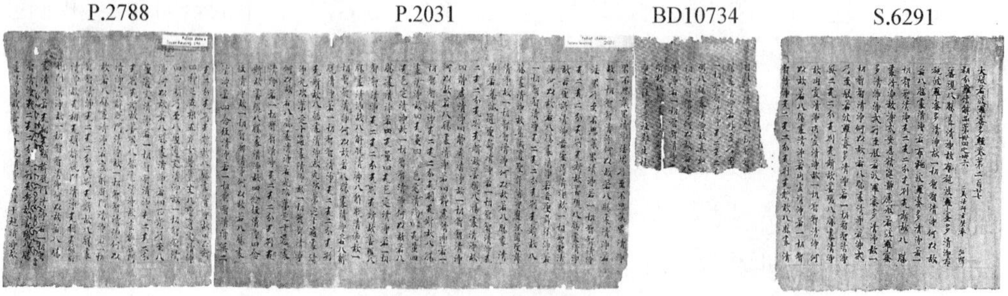

圖 1 - 1　S.6291…BD10734+P.2031+P.2788 正面綴合示意圖

[1] 文中徵引敦煌文獻用簡稱,《國圖》指《國家圖書館藏敦煌遺書》(北京圖書館出版社 2005—2012 年出版),《寶藏》指《敦煌寶藏》(臺北新文豐出版公司 1981—1986 年出版),《英圖》指《英國國家圖書館藏敦煌遺書》(廣西師範大學出版社 2011—2014 年出版),《法藏》指《法藏敦煌西域文獻》(上海古籍出版社 1995—2005 年出版),《俄藏》指《俄藏敦煌文獻》(上海古籍出版社 1992—2001 年出版),《傅圖》指《"中央"研究院歷史語言研究所傅斯年圖書館藏敦煌遺書》(臺灣中研院歷史語言研究所 2013 年出版,"傅圖"同時爲其敦煌文獻編號)。録文時原卷缺字用"□"表示,殘缺不全或模糊難辨者用"▨"表示。可直接綴合的卷號之間用"+"相接,不能直接綴合的卷號之間用"…"表示。爲凸顯綴合效果,圖版綴合處加點或保持一定縫隙以示意。由於回鶻文由上到下、自左至右書寫,于闐文從左到右、自上而下書寫,對於這些民族古文字,文中均按其自身的書寫特點加以表述。

（2）BD10734（L863），見《國圖》108/118B—119A。殘片。正面如圖 1－1 中右部所示，存漢文 9 行，每行存上部 7—11 字。楷書。有烏絲欄。背面如圖 1－2 上部所示，存于闐文 8 行，每行存右部殘文，首行右端亦殘，末行下部殘損。原卷無題，《國圖》將正面文獻擬題爲“大般若波羅蜜多經卷二二七”，背面文獻擬題爲“于闐文文獻”。《國圖》條記目録稱正面爲 8—9 世紀吐蕃統治時期寫本，背面爲 10 世紀歸義軍時期寫本。

（3）P.2031，彩圖見 IDP 網站。1 紙。正面如圖 1－1 中左部所示，首尾皆缺，存漢文 28 行，行 17 字。楷書。有烏絲欄。背面如圖 1－2 中部所示，存于闐文 23 行，首行上部殘損，末行下端略有殘損，第 11 行末至第 15 行中部已用筆劃去。原卷無題，《法藏》將正面文獻擬題爲“大般若波羅蜜多經卷第二百二十七”，背面文獻擬題爲“于闐使臣上本朝王廷表（于闐文）”。

（4）P.2788，彩圖見 IDP 網站。1 紙。正面如圖 1－1 左部所示，首缺尾殘，存漢文 14 行，行 17 字，末行中部左側殘損，倒數第 2、3 行間有于闐文 1 行。楷書。有烏絲欄。背面如圖 1－2 下部所示，存于闐文 12 行，首行僅存中部下端殘點。原卷無題，《法藏》將正面文獻擬題爲“大般若波羅蜜多經卷第二百二十七”，背面文獻擬題爲“于闐使臣上于闐朝廷書（于闐文）”。

按：上揭四號正面所抄内容前後相近或相接，行款、書風皆近，當可綴合。綴合後正面如圖 1－1 所示，前二號間仍有缺行，比勘完整文本，S.6291 末行“外”字上可擬補“净故外空内”5 字，“外”字下可擬補“空空空大空勝義空有爲空”11 字，BD10734 首行

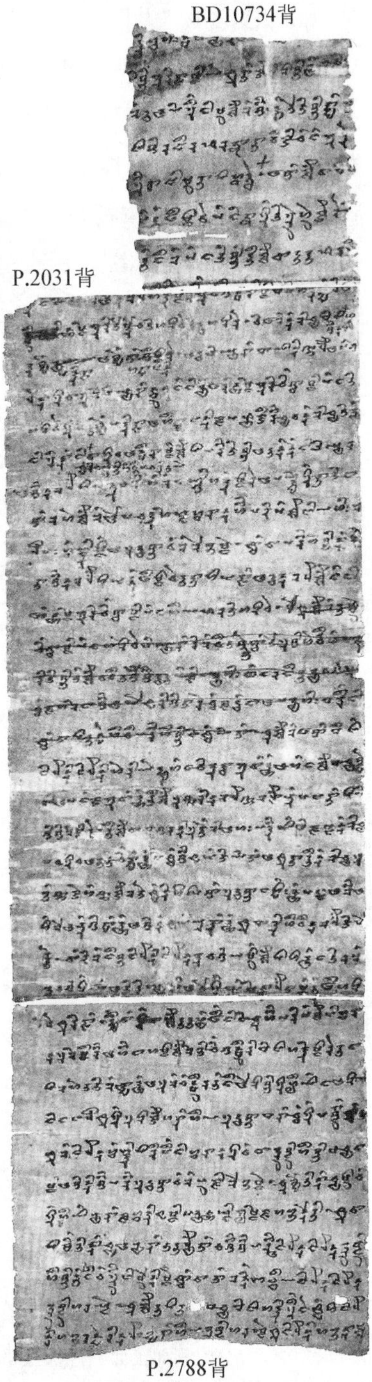

圖 1－2　**BD10734＋P. 2031＋P.2788背面綴合圖**

"☐☐☐☐☐(空无性自性)空☐(清)"7字上可擬補"空自性"3字,擬補後二號間仍缺2行34字(即"无爲空畢竟空无際空散空无變異空本性空自相空共相空一切法空不可得空无性");BD10734末行"離生性"下可擬補"法定法住實際虛空"8字,擬補後可與P.2031首行行首"界不思議界清净"連成"離生性、法定、法住、實際、虛空界、不思議界清净"句;P.2031末行行末"無二"與P.2788首行行首"無二分无別无斷故"相連成句,中無缺字。綴合復原後,S.6291所存15行經文,BD10734所存9行經文,再加上缺失的2行經文,正合於《大般若經》首紙26行的通例。又此四號行款格式相同(均有烏絲欄,滿行皆爲17字,行距相等,字體大小及字間距相近),書風相近(字體方正,用筆有力,粗細變換,虛實相間),書跡似同(比較表1所列例字),可證上揭四號確爲同一寫卷之撕裂。四號綴合後,所存內容始首題"大般若波羅蜜多經卷第二百廿七",訖"菩薩十地清净故一切智智清净"句前7字,相應文字參見《大正藏》T6/139A15—139C29。

表1　S.6291、北敦10734號、P.2031、P.2788 正面用字比對表

卷號 ＼ 例字	无	净	切	若	以	故
S.6291	无	净	切	若	以	故
BD10734	无	净	切	若	以	故
P.2031	无	净	切	若	以	故
P.2788	无	净	切	若	以	故

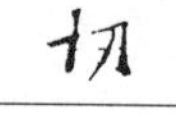

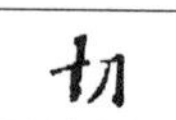

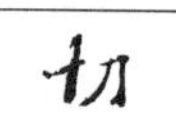

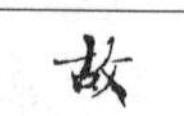

上揭四號正面的漢文《大般若經》既可綴合,則其背面的于闐文文獻亦必可綴合,其中後二號背面于闐文文獻日本學者熊本裕已加以綴合[1]。今可進而於 P.2031+P.2788前補綴 BD10734[2]。綴合後如圖1－2所示,三號間裂痕吻合,分屬相鄰二號間的殘字合成

---

〔1〕　熊本裕《有關 Thyai Paḍä-tsā 的兩件于闐語殘卷》("Two Khotanese Fragments concerning Thyai Paḍä-tsā"),《東京大學語言學論集》第11號,1991年,101頁。又,該文對於綴合後的 P.2031+P.2788 所抄內容進行了轉寫、翻譯和評注,可以參考。

〔2〕　在現存敦煌本《大般若經》卷二二七諸寫本中,只有 S.6291、BD10734、P.2031、P.2788 四號書跡相同,爲同一人所抄,所以不存在斯 6291 號與其他殘卷相綴的可能;又據 S.6291 卷尾與 BD10734 的殘損情況推測,S.6291 與 BD10734 應是同一寫卷之撕裂。之所以 S.6291 背面沒有于闐文字,可能與寫經背面胡語文獻的特點有關。背面的胡語文獻不如正面寫經那樣格式嚴整,而是具有隨意叢雜的特點,比如書寫時不自卷子首尾始(如 P.2998 背面僅中部書寫回鶻文文獻),不同書手、不同內容的文獻共存於一卷(如 P.2025 背面不同書手用于闐文書寫的信札殘文、情詩與《善財王子須達拏譬喻經》同處一卷),等等。因此,S.6291 與 BD10734 的相接處,可能就是該于闐文文獻的起始部分。

完璧。三號綴合後,背面所抄于闐文達到41行,更趨完整。又,關於該于闐文寫卷的定名,《國圖》較爲籠統,今既知三號爲同一人所寫,則其題名自宜統一,當以《法藏》爲是。

2. S.9225+S.9224

(1) S.9225,見IDP網站。殘片。正面如圖2-1右下部所示,存漢文12行,每行存下部1—10字。楷書。有烏絲欄。背面如圖2-2左上部所示,存于闐文12行,每行存左部殘文。原卷無題,IDP未定名。

(2) S.9224,見IDP網站。殘片,2紙。正面如圖2-1左上部所示,存漢文11行(首紙5行,次紙6行),各行存中上部2—12字。楷書。有烏絲欄。背面如圖2-2右下部所示,存于闐文11行,每行存右部殘文。原卷無題,IDP未定名。

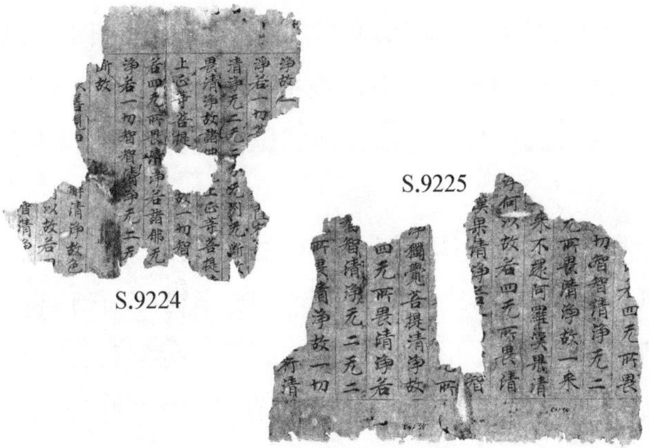

圖2-1　S.9225+S.9224正面綴合圖

圖2-2　S.9225+S.9224背面綴合圖

表2　S.9225與S.9224正面用字比對表

例字 / 卷號	无	清	净	若	所	畏
S.9225	无	清	净	若	所	畏
S.9224	无	清	净	若	所	畏

按：據殘存文句，可以推知上揭二號正面皆應爲《大般若經》卷二三五殘片，且正面所抄内容前後相接，行款、書風皆近，當可綴合。綴合後正面如圖 2－1 所示，S.9225 末行所存“▨（薩）行清”3 字之上可擬補“四无所畏清净故一切菩薩摩訶”13 字，擬補後可與 S.9224 首行行首所存“净”字連成“四无所畏清净故一切菩薩摩訶薩行清净”句。又此二號行款格式相同（均有烏絲欄，滿行皆約 17 字，行距相等，字體大小及字間距相近），書風相近（尖鋒入筆，字體方正），書跡似同（比較表 2 所列例字），可資參證。二號綴合後，所存内容始“何以故”句末字左下方殘畫，訖“□□□□▨（若一切智智）清▨（净）”句，相應文字參見《大正藏》T6/184A12—184B4。

上揭二號正面的漢文《大般若經》既可綴合，則其背面的于闐文文獻亦必可綴合，綴合後如圖 2－2 所示，S.9225 後 3 行所存文字與 S.9224 前 3 行所存文字分别相接，但二號間仍略有殘缺。綴合後，背面所存于闐文文獻達到 20 行。

3. P.5536+S.2471

（1）P.5536，見《法藏》34/208A—208B。1 紙。正面如圖 3－1 右部所示，首尾皆殘，存漢文 15 行，行 17 字，首行中部右側略有殘損，倒數第 2—6 行中部殘缺，倒數第 2 行上部左側亦殘，末行上殘。楷書。有烏絲欄。背面如圖 3－2 上部所示，存于闐文 11 行，第 7—10 行中部殘損，第 10 行右部下方亦殘，末行右部殘損。原卷無題，《法藏》將正面文獻擬題爲“大般若波羅蜜多經卷第四百八十七”，背面文獻擬題爲“于闐文佛教文獻”。

（2）S.2471，見《寶藏》20/30B—53B，彩圖見 IDP 網站。18 紙。正面前部如圖 3－1 左部所示，首殘尾全，存 470 行（首紙 2 行，末紙 20 行，其餘 16 紙皆 28 行），行 17 字，首行上下皆殘，次行下殘。楷書。有烏絲欄。尾題“大般若波羅蜜多經卷第四百八十七”。尾題後另有于闐文 2 行。背面前部如圖 3－2 下部所示，存于闐文 299 行，首行僅存右部下方殘字，次行左部殘損。《英國博物館藏敦煌漢文寫本注記目録》稱此爲于闐文文獻[1]。

按：上揭二號正面所抄内容前後相接，當可綴合。正面綴合後如圖 3－1 所示，銜接處裂痕吻合，原本分屬左右二號的“施亂心慳悋”[2] 5 字合成完璧，S.2471 次行行末“定心護戒”4 字與 P.5536 末行“令諸惡戒不”5 字及 S.2471 第 3 行行首“復現前”3 字

---

〔1〕 Lionel Giles, *Descriptive Catalogue of the Chinese Manuscripts from Tun-huang in the British Museum*, London: The trustees of the British Museum, 1957, p.11.

〔2〕 “悋”字右下方有鈎乙符號，表示“悋慳”二字當讀作“慳悋”。

S.2471　P.5536

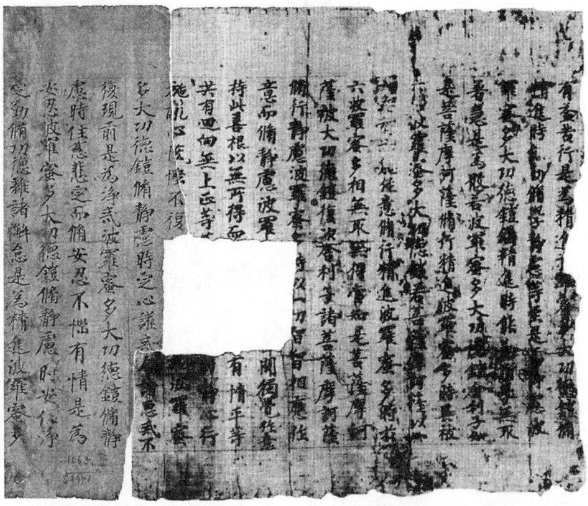

圖 3－1　P.5536+S.2471（局部）正面綴合圖

P.5536背

S.2471背

圖 3－2　P.5536+S.2471（局部）背面綴合圖

前後銜接，中無缺字。又此二號行款格式相同（均有烏絲欄，行皆 17 字，行距相等，字體大小及字間距相近），書風相近（横細豎粗，撇輕捺重），書跡似同（比較二號皆有的“不”、“波”、“羅”、“蜜”、“多”、“大”等字），可證此二號確爲同一寫卷之撕裂。二號正面綴合後，所存内容始“能勤脩學有益苦行”句後 4 字，訖尾題“大般若波羅蜜多經卷第四百八十七”，相應文字參見《大正藏》T7/472A25—477C14。

上揭二號正面的漢文《大般若經》既可綴合，則其背面的于闐文文獻亦必可綴合，綴合後如圖 3－2 所示，銜接處裂痕吻合，P.5536 倒數第 2 行右部所存上方殘字與 S.2471首行所存下方殘字復合爲一，P.5536 末行與 S.2471 次行左右銜接、連成完句[1]。二號綴合後，背面所書于闐文文獻達到 308 行，更趨完整。關於背面于闐文文獻的内容，榮新江認爲“P.5536 第一至十行，S.2471 第二十五至九十一行”爲于闐語《佛名經》，S.2471 第九十二行至卷尾爲《無量壽宗要經》于闐語譯本[2]。今既知上揭二號

〔1〕 關於 P.5536、S.2471 二號背面所抄文獻的關係，熊本裕指出 S.2471 前 25 行中出現的人名“Hūyī Kīmä-tcūnä”也見於 P.5536，見《講座敦煌 6・敦煌胡語文獻》，121 頁；張廣達、榮新江進而認爲 P.5536 背面文獻“其中提到的 Hūyī Kīmä-tcūnä 是 S.2471 佛教文獻的作者”，見《于闐史叢考》（增訂本），146 頁。惜均未明確將二號綴合起來。

〔2〕 季羨林主編《敦煌學大辭典》“于闐語佛名經”條及“無量壽宗要經于闐語譯本”條，上海辭書出版社，1998 年，501 頁；又《于闐史叢考》（增訂本），146 頁。

可以直接綴合,對於認識綴合處(即 P.5536 第 11 行與 S.2471 前 24 行)于闐文文獻的內容,當有所幫助。

二　漢文《大般若經》寫本背面書寫回鶻文文獻

1. Дх.12297+Дх.12377

(1) Дх.12297,見《俄藏》16/100A。殘片。正面如圖 4－1 上部所示,存漢文 8 行,每行存中上部 2—11 字。楷書。有烏絲欄。背面如圖 4－2 上部所示,存回鶻文 10 行,每行存中上部殘文。原卷無題,《俄藏》未定名。

(2) Дх.12377,見《俄藏》16/111A。殘片。正面如圖 4－1 下部所示,存漢文 4 行,每行存下部 2—7 字。楷書。有烏絲欄。背面如圖 4－2 下部所示,存回鶻文 5 行,每行存下部殘文。原卷無題,《俄藏》未定名。

Дх.12297R

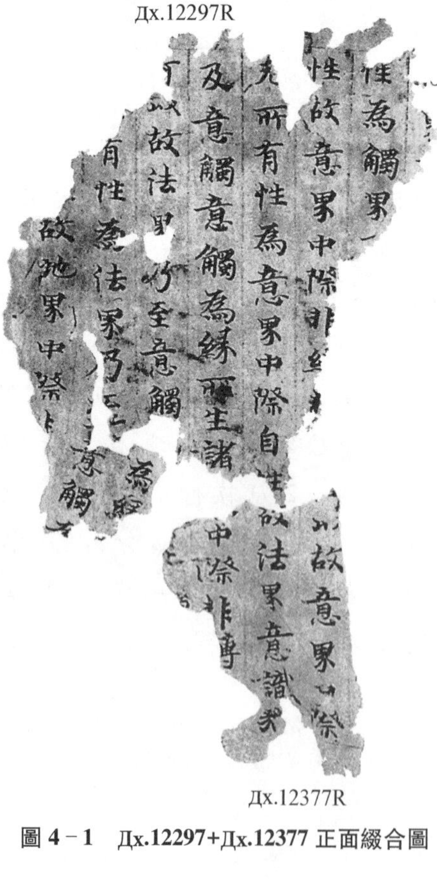

Дх.12377R

圖 4－1　Дх.12297+Дх.12377 正面綴合圖

Дх.12297V

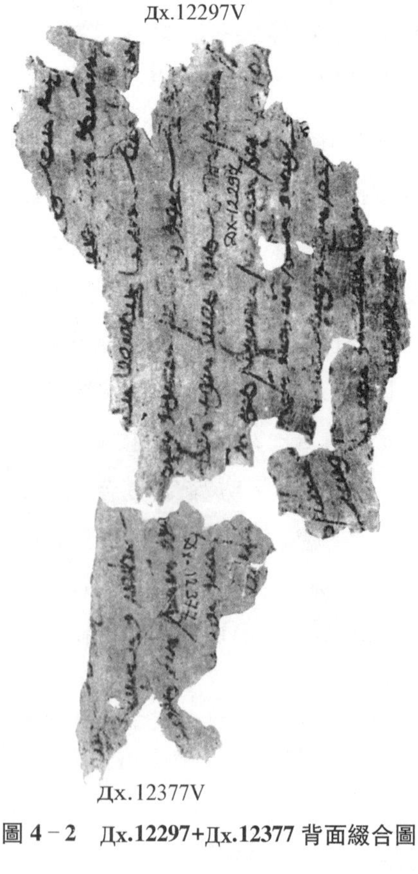

Дх.12377V

圖 4－2　Дх.12297+Дх.12377 背面綴合圖

按：據殘存文句，可以推知 Дx.12297、Дx.12377 正面皆應爲《大般若經》卷一八二殘片，且二號内容相接，行款、書風相近，當可綴合。綴合後正面如圖 4－1 所示，Дx.12297第 3 行行末“意界中際非▨▨（縛非）”7 字下可擬補“解”字，擬補後可與Дx.12377首行行首“▨▨（何以）故”句前後銜接；Дx.12297 第 4 行與Дx.12377次行相接處可連成“爲意界中際自性故”句，且原本分屬上下二片的“故”字復合爲一；Дx.12297第 5 行行末“意觸爲緣所生諸”7 字可與 Дx.12377 第 3 行“▨（受）中際▨▨（非縛）”5 字連成“意觸爲緣所生諸受中際非縛□□（非解）”句。又上揭二號行款格式相同（均有烏絲欄，滿行皆約 17 字，行距相等，字體大小及字間距相近，行間烏絲欄上下相貫），書風相近（結體方正，筆粗墨重），書跡似同（比較二片皆有的“故”、“意”、“法”、“界”、“中”、“際”等字），可證二號確爲同一寫卷之撕裂。二號綴合後，所存文字始“觸界乃至身觸爲緣所生諸受中際無所有性”句“界乃”2 字左側殘畫，訖“地界中際非縛非解”句前 5 字，相應文字參見《大正藏》T5/983C24—984A2。

上揭二號正面的漢文《大般若經》既可綴合，則其背面的回鶻文文獻亦必可綴合，綴合後如圖 4－2 所示，自左至右，Дx.12297 第 3、4、5 行與 Дx.12377 第 2、3、4 行上下銜接，相接處綴合後幾成整行。

2. Дx.12247+Дx.12039

（1）Дx.12247，見《俄藏》16/87A。殘片。正面如圖 5－1 上部所示，存漢文 3 行，每行存中部 3—6 字。楷書。有烏絲欄。背面如圖 5－2 下部所示，存回鶻文 6 殘行。原卷無題，《俄藏》未定名。

（2）Дx.12039，見《俄藏》16/26B。殘片。正面如圖 5－1 下部所示，存漢文 6 行，每行存下端 4、5 字。楷書。有烏絲欄。背面如圖 5－2 上部所示，存回鶻文 13 殘行。原卷無題，《俄藏》未定名。

按：據殘存文句，可以推知上揭二號正面所抄均應爲《大般若經》卷一八九殘片，且二號内容上下相接，行款、書風相近，當可綴合。綴合後正面如圖 5－1 所示，上下二片殘斷處缺約 3—4 字，Дx.12247 首行“智”字與 Дx.12039 第 4 行“者”字間可擬補“清净即命”4 字，Дx.12247 次行“道”字與 Дx.12039 第 5 行行首“相” 殘字間可擬補“相智一切”4 字，Дx.12247 末行“故”字與 Дx.12039 末行“净”字間可擬補“生者清”3 字，補足後該 3 行均相連成句，中無缺字。又上揭二號行款格式相同（行間皆有烏絲欄，滿行皆約 17 字，字體大小相似，字間距及行間距皆相近，行間烏絲欄上下相貫），書風相似（尖

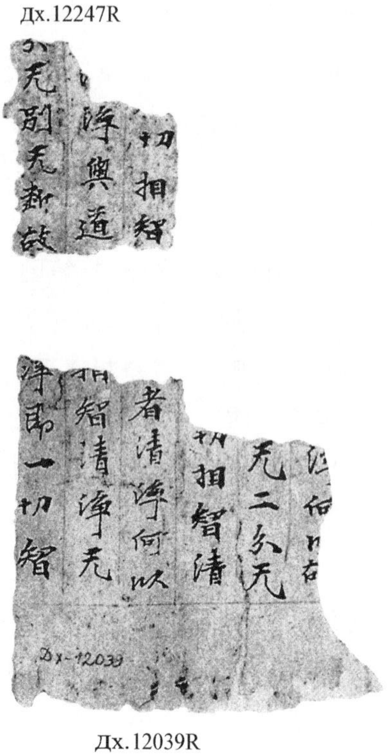

圖 5－1　Дx.12247+Дx.12039 正面綴合圖　　**圖 5－2　Дx.12247+Дx.12039 背面綴合圖**

鋒入筆,書寫隨意),書跡似同(比較二號皆有的“无”、“净”、“相”、“智”、“切”等字),可資參證。二號綴合後,所存文字始“一切智清净即命者清净”句末字左側殘字,訖“生者清净即一切智清净”句的“净即一切智”5 字,相應文字參見《大正藏》T5/1014B12—1014B17。

上揭二號正面的漢文《大般若經》既可綴合,則其背面的回鶻文文獻亦必可綴合,綴合後如圖 5－2 所示,背面回鶻文自上而下、自左至右書寫,Дx.12039 第 2—7 行分别與 Дx.12247 第 1—6 行依次銜接,綴合後所存内容更趨完整。

3. P.3046…S.201

(1) P.3046,見《法藏》21/143B—150A,彩圖見 IDP 網站。12 紙。正面後部如圖 6－1 右部所示,首尾皆殘,存漢文 298 行(首紙 1 行,末紙 17 行,其餘 10 紙皆 28 行),行 17 字,首行上端 1 字及下部殘損,末 2 行下殘。楷書。有烏絲欄。背面後部如圖 6－2 左部所示,存回鶻文 28 行,末 2 行下殘。原卷無題,《法藏》將正面文獻擬題爲“大般若波羅蜜多經卷第三百四十七”,背面文獻擬題爲“佚名氏於沙州書賬單(回鶻文)”。

（2） S. 201，見《英圖》3/287B—289B，彩圖見IDP網站。4紙。正面前部如圖6－1左部所示，首尾皆殘，存漢文70行（首紙1行，末紙13行，其餘2紙皆28行），行17字，首行僅存上部5字左側殘字，末3行上殘。楷書。有烏絲欄。背面前部如圖6－2右部所示，存回鶻文3行，首行僅存上端右部殘筆，次行下部左側殘損。原卷無題，《英國博物館藏敦煌漢文寫本注記目録》將正面文獻定作《大般若經》卷三四七，謂背面爲回鶻文兩行[1]。《英圖》條記目録稱正面文獻爲8—9世紀吐蕃統治時期寫本，背面文

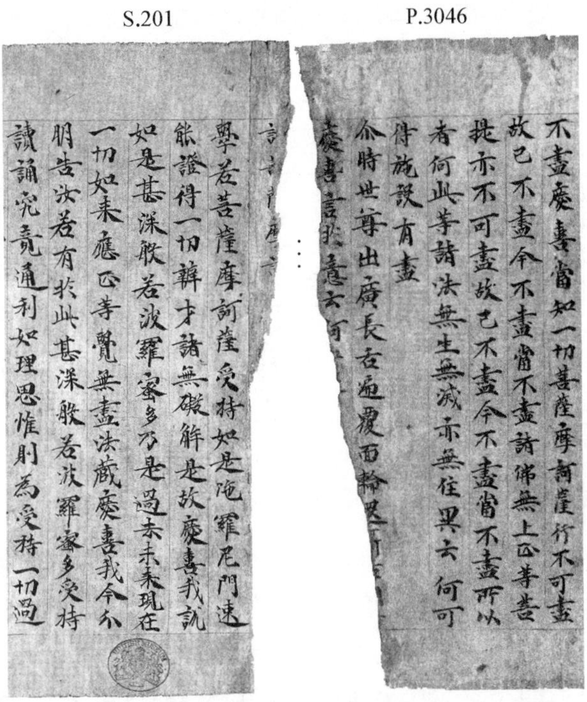

圖6－1　P.3046（局部）…S.201（局部）正面綴合示意圖

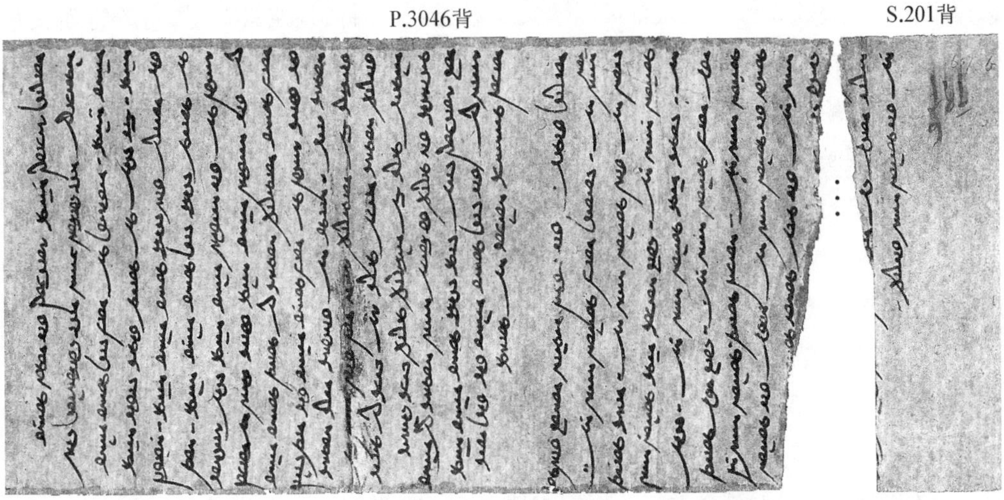

圖6－2　P.3046（局部）…S.201（局部）背面綴合示意圖

〔1〕 Lionel Giles, *Descriptive Catalogue of the Chinese Manuscripts from Tun-huang in the British Museum*, London: The trustees of the British Museum, 1957, p.9.

獻爲9—10世紀歸義軍時期寫本。

表3　P.3046與S.201正面用字比對表

例字 / 卷號	無	不	今	般	若	波
P.3046						
S.201						

按：上揭二號正面内容前後相承，行款、書風皆近，當可綴合。綴合後如圖6－1所示，二號間仍有缺行，比勘完整文本，其間約缺10行經文。P.3046末紙17行，S.201首紙1行，加上兩號間缺失的10行，綴合復原後正合於《大般若經》整紙28行之數。又此二號行款格式相同（均有烏絲欄，行皆17字，行距相等，字體大小及字間距相近），書風相近（撇輕捺重，書寫隨意），書跡似同（比較表3所列例字），可資參證。二號綴合後，所存文字始"則爲信受恭敬愛樂過去、未來、現在諸佛"句末字左側殘畫，訖"四無量、四無色定無盡故"句首字，相應文字參見《大正藏》T6/781B19—785C17。

上揭二號正面的漢文《大般若經》既可綴合，則其背面的回鶻文文獻亦必可綴合，綴合後如圖6－2所示，二號間雖缺若干行文字（此二號銜接處正面缺10行，背面回鶻文行距稍密，約缺12行），但綴合後回鶻文文獻達到31行，且兼具首尾，對於背面文獻的研究將大有幫助。P.3046背面回鶻文文獻爲寫於沙洲的記賬文書，文中言及絲綢、毛織物、銀器、麝香等物品的交易和奴隸的買賣，文中有"狗年"的紀年[1]。對於背面文獻的定名，《英圖》與《法藏》有異，今既知二號可以綴合，則其定名宜以《法藏》爲是。

4. 傅圖50號D…傅圖50號E

（1）傅圖50號D，見《傅圖》504B—505A。1紙，紙高25.4釐米。正面如圖7－1右部所示，首尾皆殘，存漢文16行，行17字，首行上下皆殘，第2、3行下殘，末行僅存上部1字右側殘畫。楷書。有烏絲欄。背面如圖7－2右部所示，存回鶻文25行，首行僅存下部右側殘字，末3行上下皆殘，倒數第4、5行上殘。卷面有水漬和黴斑。原卷無題，《傅圖》將正面文獻擬題爲"大般若波羅蜜多經卷三九二"，背面文獻擬題爲"回鶻文文獻"。《傅圖》條記目録稱該卷正背面文獻皆爲9—10世紀歸義軍時期寫本。

〔1〕 參李經緯《五件敦煌回鶻文遺書譯注》，《西北民族研究》1992年第2期，13—16頁；又姜伯勤《敦煌吐魯番文書與絲綢之路》，北京：文物出版社，1994年，267—268頁。P.3046背面回鶻文原文轉寫、疏證及譯文可參楊富學、牛汝極《沙州回鶻及其文獻》，蘭州：甘肅文化出版社，1995年，117—119頁。

（2）傅圖 50 號 E，見《傅圖》505B—506A。1 紙，紙高 25.2 釐米。正面如圖 7－1 左部所示，首尾皆殘，存漢文 14 行，行 17 字，首 3 行上下皆殘，第 4 行上殘，末行上端左側略殘。楷書。有烏絲欄。背面如圖 7－2 左部所示，存回鶻文 21 行，首行僅存右側殘

傅圖50號E　　傅圖50號D

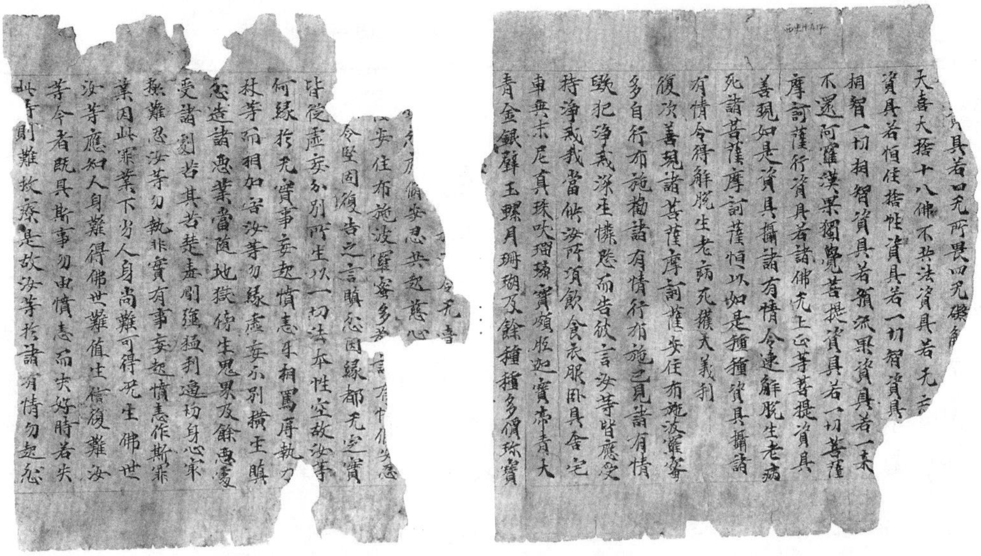

圖 7－1　傅圖 50 號 D…傅圖 50 號 E 正面綴合示意圖

傅圖50號E背　　傅圖50號D背

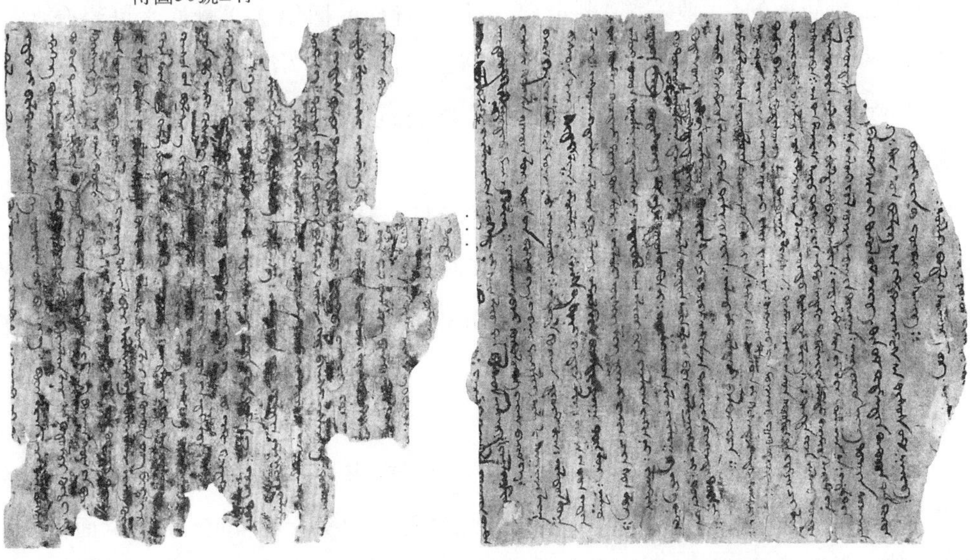

圖 7－2　傅圖 50 號 E…傅圖 50 號 D 背面綴合示意圖

字，末4行上下皆殘，倒5—7行下殘。卷面有水漬和黴斑。原卷無題，《傅圖》將正面文獻擬題爲“大般若波羅蜜多經卷三九二”，背面文獻擬題爲“回鶻文殘片”。《傅圖》條記目録稱正面文獻爲8—9世紀吐蕃統治時期寫本，背面文獻爲9—11世紀歸義軍時期寫本。

表4　傅圖50號D與傅圖50號E正面用字比對表

卷號＼例字	无	以	是	具	若	所
傅圖50號D						
傅圖50號E						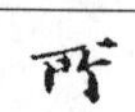

按：上揭二號正面所抄内容先後相近，行款、書風皆近，當可綴合。綴合後正面如圖7－1所示，二號間仍有缺行，比勘完整文本，其間約缺17行經文。又上揭二號行款格式相同（紙高相近，行間皆有烏絲欄，字體大小相似，字間距及行間距相近，行皆17字），書風相似（横細豎粗，撇輕捺重），書跡似同（比較表4所列例字），污跡相似（卷面均有水漬和黴斑），可資參證。二號綴合後，所存文字始“若佛十力資具”句“▨（資）具”2字，訖“是故汝等於諸有情勿起忿恚”句前11字，相應文字參見《大正藏》T6/1029A9—1029B26。

上揭二號正面的《大般若經》既可綴合，則其背面的回鶻文文獻亦必可綴合，綴合後如圖7－2所示，二號間仍有缺文（此二號銜接處正面缺17行，背面回鶻文字小行密，約缺28行）。但綴合後背面回鶻文文獻達到46行，更趨完整，爲進一步研究提供了更多的信息。

又，關於上揭二號的抄寫時間，《傅圖》條記目録稱傅圖50號D正背面皆爲9—10世紀歸義軍時期寫本，又謂傅圖50號E正面漢文寫經爲8—9世紀吐蕃統治時期寫本，背面回鶻文文獻爲9—11世紀歸義軍時期寫本，歧互不一。今既知此二號爲同一寫卷之撕裂，則《傅圖》斷代必然有誤，宜再斟酌。

上面我們運用現代綴合的方法，通過内容、行款、書風、書跡等不同角度的對比分析，在對7組正面抄有漢文《大般若經》的敦煌殘卷進行綴合的同時，也將背面書寫的胡語文獻一併加以綴合。這些綴合在使失散的“骨肉”得以團聚，進而復原敦煌藏經洞寫卷原貌的同時,也爲敦煌殘卷的定名、斷代等方面的研究提供了幫助。當一個殘卷或殘片得以與另一個或多個殘卷或殘片綴合後,原本孤立、模糊的信息便立即清晰起來,給進一步的研究帶來了很大的便利,這對於没有底本可依的世俗文獻特别是胡語世俗文獻來説更是如此。例如定名方面,在第 1 組中,BD10734 作爲孤立的小殘片,《國圖》僅據其所用文字,將背面文獻泛題爲"于闐文文獻",而後我們通過它與 P.2031 + P.2788 號的綴合,始知 BD10734 背面所抄也是于闐使臣上本朝王廷表(書)的一部分,也宜定名爲"于闐使臣上本朝王廷表(書)"。又如斷代方面,在第 7 組中,《傅圖》條記目録稱傅圖 50 號 D 爲 9—10 世紀歸義軍時期寫本,卻又認爲傅圖 50 號 E 正面漢文寫經爲 8—9 世紀吐蕃統治時期寫本,背面回鶻文文獻爲 9—11 世紀歸義軍時期寫本,通過綴合,我們發現它們本是同一人書寫的同一寫本,則《傅圖》條記目録前後抵觸的説法便難以成立。另外,綴合後殘卷篇幅更趨完整,對於胡語文獻内容方面的研究無疑會有所幫助,關於這方面的深入研究,我們誠摯期待專家賢達們不吝賜教。

(作者單位:河南財經政法大學)

《敦煌吐魯番研究》第十八卷
2018 年,687—694 頁

經典是怎樣煉成的
——重讀《中國 5—10 世紀的寺院經濟》

郝春文

謝和耐(Jacques Gernet)(1921—2018)是法國漢學一個時代的代表人物。他著述宏富,僅翻譯爲中文的著作就有《中國 5—10 世紀的寺院經濟》《中國社會史》《中國和基督教》《中國人的智慧: 社會與心理》《蒙元入侵前夜的中國日常生活》《明清間耶穌會士入華與中西匯通》等數種,其中至少有三種有兩個以上中文譯本。

《中國 5—10 世紀的寺院經濟》一般被中國學術界認爲是法國漢學界有關敦煌學的代表作之一。其實這部著作只是利用了一些敦煌文書,當然也涉及古代敦煌的一些與寺院經濟相關的問題。但從整體上看,敦煌資料和與敦煌有關的問題在這部著作中佔的比重不大。這部書的主題是用社會史的視角考察佛教與中國社會的互動,重點是

圖 1　法文版封面

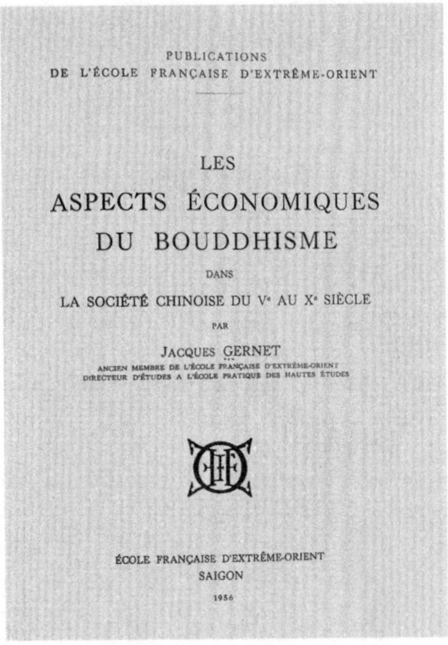

PUBLICATIONS
DE L'ÉCOLE FRANÇAISE D'EXTRÊME-ORIENT

LES
ASPECTS ÉCONOMIQUES
DU BOUDDHISME
DANS
LA SOCIÉTÉ CHINOISE DU Ve AU Xe SIÈCLE
PAR
JACQUES GERNET
ANCIEN MEMBRE DE L'ÉCOLE FRANÇAISE D'EXTRÊME-ORIENT
DIRECTEUR D'ÉTUDES A L'ÉCOLE PRATIQUE DES HAUTES ÉTUDES

ÉCOLE FRANÇAISE D'EXTRÊME-ORIENT
SAIGON
1956

圖 2　法文版内封

圖 3　英文版書影

分析經濟因素在其中起的作用。所以西方學術界將其看作是用社會學方法研究中國佛教史的著作。中文譯本將其書名翻譯爲“寺院經濟”也不夠準確。在我們的學術語境中,所謂寺院經濟,指的是僧團或者寺院自身的經濟,屬於佛教自身歷史的範疇;謝和耐先生所考察的則是經濟因素在佛教與中國社會互動中所起的作用,大大超越了佛教自身歷史的觀察視野。比較而言,該書英文版翻譯爲 *Buddhism in Chinese society: an economic history from the fifth to the tenth centuries*,就相對比較準確。

《中國5—10世紀的寺院經濟》是謝和耐先生的博士論文。根據英文版序言,此書撰寫於1951—1955年,於1956年由法國遠東學院在西貢出版,並於1974年在巴黎影印再版。1995年由哥倫比亞大學出版社出版英譯本。中譯本於1987年由甘肅人民出版社出版,譯者是耿昇先生。1994年由臺北新鼎文化出版社出版了該譯本的繁體字版(内容没有改動)。2004年上海古籍出版社出版了耿昇譯本的修

圖 4　甘肅教育出版社 1987 年版　　圖 5　臺北新鼎文化出版社 1994 年版

訂版,這一版不僅對内容做了全面修訂,並翻譯了謝和耐先生利用敦煌文書撰寫的三篇論文作爲該書的附録。

圖 6 上海古籍出版社 2004 年版

此書出版後得到了國際學術界的高度評價。著名漢學家蒲立本(E. Pulleyblank)於 1957 年在萊頓出版的《東方經濟社會史學報》第 1 卷第 1 期中發表書評,給予該書很高評價。美國著名漢學家芮沃壽(A.F. Wright)亦於 1957 年在《亞洲研究雜誌》中發表書評,稱此書"是一部具有劃時代意義的曠世傑作,這部著作將新的重大主題以及中國歷史重要階段在瞬間推上一個嶄新的研究境界","我深信謝和耐教授的傑出著作已使我們大大提前了能夠寫出一部具有現代西方學術研究水準的中國歷史專著的時間"。

以上讚譽只是這部著作剛剛出版後國際學術界的評價。但令人驚奇的是,這部書並没有像多數專著那樣隨著時光的流逝而逐漸被人忘記。它不僅在問世近二十年時重印,在出版三十年後陸續出版了三個版本的中文譯本,還在其刊出四十年時出版了英文譯本。在該書英文版的封底,按慣例會印一些專家或雜誌對該書的簡要評價。我們來看看該書出版四十年後西方學術界是怎樣評價的。普林斯頓大學講座教授太史文(Stephen F. Teiser)説:"此書至今仍然是佛教在中國社會之地位最全面和最具有原創性的研究。……在閲讀過程中,讀者可以得到當地宗教生活的精確圖像,關於不那麽正直的僧侣如何作爲乞丐、占卜師、魔術師、驅魔師和治療者生存的有趣細節,並且持續的對消費的熱情是如何在一個致力於不依附的宗教的核心中培養出來的。他在研究中表現出的對社會學的敏感和深厚的中國歷史素養,至今無人企及。"《中國評論》説:"在接受不同訓練的學者中,這是一本四十年來關於中國社會史研究最好的範例。"《太平洋事務》説:"這本書的價值在於它對原始資料的翻譯,它有益地提醒人們經濟動機和經濟活動在中國佛教發展史上的重要性。"《亞洲研究雜誌》説:"這本著作將作爲本世紀研究中國歷史的經典傳世,謝和耐關於中國佛教的研究没有過時。"我們都承認,西方學界對學術的評價是嚴肅的,在評價時也很少使用"最高級"形容詞,但對這本書,西方學界並没有吝嗇"most"、"best"、"classic"這樣很少使用的詞彙。

我不懂法文,該書的英文譯本和法文原著是我最近在普林斯頓大學東亞圖書館見到的。我最早接觸這部書讀的是中文譯本。但我是在此書的中文譯本正式出版前的1983年就看到了譯稿。那時導師寧可教授是中國敦煌吐魯番學會副會長兼秘書長,負責審查耿昇翻譯的《中國5—10世紀的寺院經濟》書稿,當時複印了一套供我們學習。部分是翻譯的原因,部分是由於當時學力有限,我當時並不能完全看懂這部書稿。儘管這樣,這部書稿還是給我耳目一新的感覺。其一是它討論的問題和觀察的視角,和我此前看到的佛教史著作大不一樣;其二是它别開生面的切入方法也給我留下了深刻的印象。比如該書導言是以《續高僧傳》記載的康居國商人將兩船貨物沉於揚子江中而發心出家的故事開頭,將這一充滿戲曲色彩的故事置於篇首,極大地增强了該書的趣味性。不像我們的同類專著那樣,開頭就板著面孔説大道理。

應該承認,這本書對我關於佛教的研究有很大的影響。自20世紀80年代以來,我陸陸續續做過一些有關中國佛教的研究,研究視角都是考察佛教與中國社會的互動,明顯受到了謝和耐先生的影響。

我和謝和耐先生只見過一面。那是在2000年4月,童丕先生邀我去法蘭西學院講學,演講那天也見到了謝和耐先生,我們還一起吃了午飯。謝和耐先生雖然是法國金石和美文學科唯一的院士,但也和大家一樣拿著個托盤排隊買飯,没有一點大學者的架子。他漢語説得很好, 我們相談甚歡,以至我忘記了與他合影留念。

得知謝和耐先生去世的消息以後,我感覺應該寫一點紀念文字,懷念這位對我的學術發展具有很大影響的前輩。於是決定重讀《中國5—10世紀的寺院經濟》一書,以撰寫讀後感的形式紀念這位著名的漢學家。

但是,在一本書出版60多年後,如何撰寫有關該書的評價文字,令我頗感躊躇。按一般的書評慣例,在指出被評著作所取得的成績的同時,肯定要指出其遺憾、缺點和錯誤。但這樣的模式似乎只適用於新書,書評帶有導引讀者的職責。而此書已經出版了一個多甲子,再對其進行指摘已經基本没有學術意義。考慮再三,我想重點談談該書是因爲哪些因素而具備了超越時代的價值,成爲傳世經典。

首先是視角新穎。

上文已經提到,西方學術界是把《中國5—10世紀的寺院經濟》定位爲研究中國社會史的範例。這是符合謝和耐先生的自我認知的。他在此書中文版序中説:“我採納的那種首先把佛教現象看作社會現象的社會學觀點至今仍不是論述中國寺院經濟的著作中普遍採納的出發點。”

近代以來,中國佛教和佛教文化已經成爲傳統文化的組成部分。很難想象,如果没有佛教和佛教文化,中國的文化將是怎樣一種樣態。佛教作爲一種異質文化,自漢代傳入中國以後,在很多方面改變了我們的社會;同時,我們的社會也在不斷改變著佛教。兩者互動的結果,是中國佛教的形成。雖然這種互動在大多數時期採取的都是漸進的方式,但也不乏變化明顯的時代。這樣一種互動及其導致的變化當然應該是歷史研究者所關注的重要内容。

但是,長期以來,國際佛學界包括中國學術界,都把研究重點放在了佛教自身歷史的研究,包括佛教經典的翻譯及其哲學思想的分析、佛教各教派的産生和發展變化、寺院經濟,等等。這樣一些研究當然是必要的,也很重要。但至少對歷史研究者而言,佛教在古代給中國社會帶來的變化無疑更值得關注。

但自1956年至今,陸續出版的有關中國佛教的著作達數百種,絶大多數都是關於佛教自身歷史的研究,考察佛教與中國社會的互動的論著仍然很少。即使是這爲數不多的研究中國佛教與社會關係的論著,也大多是將討論的問題限定在某一方面或某一時段。而《中國5—10世紀的寺院經濟》則是縱論幾個世紀的中國佛教,不但揭示了其興衰的脈絡,而且廣泛涉及這一長時段與經濟相關的所有重要事項,如寺院和僧尼的數量和佛圖户、僧祇户、寺户、常住百姓、梁户、碨户等寺院依附人口,以及對施捨、供物、常住、長生庫、無盡藏、經商、借貸、社邑等問題的探討。同類著作中最值得一提、影響也最大的當推許理和之《佛教征服中國》了。後者在方法和研究視角方面明顯受到前者的影響,亦屬考察佛教與中國社會互動的成功之作,但其時間範圍及深度、廣度仍難與前者比肩。也就是説,就研究視角而言,《中國5—10世紀的寺院經濟》一書,不僅在當年屬於獨樹一幟,至今仍爲同類著作的典範。

其二是充分佔有相關研究資料。

充分佔有與自己研究課題相關的研究資料,應該是對每一位嚴肅的史學工作者的基本要求。但對佛教史研究而言,真正做到這一點並非易事。原因在於佛教史研究者除了要像研究一般歷史問題那樣閱讀相關歷史資料外,還要閱讀數量巨大的佛教典籍,如果討論的問題涉及早期經典的淵源,還要參考梵、巴文典籍。而《中國5—10世紀的寺院經濟》在這方面亦爲我們樹立了典範。如他對佛教關於經商借貸和使用依附農等問題的考察,都是首先詳細比對《彌沙塞部和醯五分律》《四分律》《十誦律》《摩訶僧祇律》《根本説一切有部毗奈耶》等律部文獻和巴利文律藏的相關記載,説明各部律藏經文本身規定的差異,這樣的差異爲後來的僧團處理類似事項採取靈活態度留下了空間。另外,他還依據印度碑銘和公元5世紀以後中國求法僧人到印度所見所聞,説明印度僧團後來其實也採取更加靈活的態度。在此基礎上，他利用僧傳記載和敦煌、新疆地區出去的文書，以及碑刻資料，具體考察中國僧衆的商業和借貸活動。通過這樣的論證過程，把所討論的問題的印度傳統以及中國佛教徒對印度傳統的接受與揚棄經過全面展現給了讀者。作者在討論這些問題時，不僅相關傳世文獻被網羅殆盡，還利用了當時人較少使用的石刻資料和敦煌、新疆出土文書。刊佈的文書包括寺院賬目、寺户文書和一批借貸契約，並附録了十幾件文書的黑白圖版。這些在當時都是十分珍貴的資料。

直到現在，多數佛教史著作使用的資料仍然是以傳世典籍爲主。也就是說，在廣泛佔有研究資料方面，《中國5—10世紀的寺院經濟》對當代佛教史研究者仍然具有啓示意義。它告訴我們，一部優秀的學術著作光有新的研究視角和方法還不夠，在資料的利用方面也應該有所拓展，最好是向學術界提供一些新資料。

其三是提出了很多具有啓發性的新看法，這些新看法有很多成爲後繼者研究的嚮導，有的至今仍有進一步研究的價值。

如對中古時期社邑的研究，該書雖只用了一節的篇幅，但在30年後我從事這一課題研究時，仍可從他的論述中得到啓發。他關於傳統社邑在一定條件下可轉化爲佛教結社的觀點，就爲我具體考察從“邑”、“社”有别到“邑”、“社”不分的歷史現象提供了綫索。又如作者關於敦煌寺户的研究，在該書中所佔篇幅也不大。30年後，姜伯勤先生出版了《唐五代敦煌寺户制度》，這部敦煌學名著把這一課題的研究大大推進了一步。但如果仔細比較，後者的認識框架和研究思路，亦明顯受到了前者的啓發。又如對處置死亡僧尼遺産的探討，該書指出：“即使是當出家人無遺囑而身亡時，其世俗家庭也有法定之權佔有來自家庭的財産。”應該承認，作者當時依據的材料有限，但做出的判斷爲後來者發現的大量證據所證實。類似卓越的洞見在該書中還有很多。如他在分析寺院借貸契約基礎上，提出寺院對農民的借貸特别是對依附農的無息借貸實際上起到了近代農業銀行的作用。他依據經文的規定和實際事例，指出很多寺院對行旅而言具有旅館功能，屬於半公共性的服務機構。他還指出不少僧人是專業人員，靠占卜、巫術、醫療等專業技術生存。關於世俗百姓與寺院的關係，他認爲存在兩種關係，即經濟關係和宗教關係。中國寺院和佛教徒同時具備宗教性、經濟性和政治性，具體比重會有不同，等等。作者的這些認識和判斷，直至60年後的今天，仍然是充滿智慧的看法，有的則屬於不刊之論。

還有一些作者涉及的問題，雖然未能展開，但直到今天仍有重要研究價值。如他提出應重視研究齋會與鄉村社交的關係、寺院對古代荒地開墾所起的作用、寺院對改進農業技術所起的作用、寺院對促進手工業發展所起的作用、寺院對古代商業貿易的發展所起作用、寺院對促進土地私有化所起的作用、寺院與古代社會變革的關係,等等。以上每一個問題都值得作爲專題進行研究。

可見,《中國5—10世紀的寺院經濟》一書中充滿富有創造力的思想火花,很容易對有心的讀者形成强烈衝擊,從而碰撞出新的火花,激發出創作靈感。

作者的創造力除了源於良好的學術直覺能力、領悟力和敏鋭的觀察力外,還源於作者充分的理論準備。該書除了使用社會學的方法,也充分運用了其他學科的理論。如第二章開頭作者通過分析生産和消費的關係,從兩大部類平衡的角度討論佛教的影響;又如第五章作者運用了階級分析的方法。這些理論的運用使作者的分析更加有力,觀察更加透徹。

其四是通貫的長時段觀察和寬廣的學術視野。

從書名可以看出,謝和耐先生是將其觀察的時間範圍設定在中古時期的5—10世紀。之所以將時間設定在這一時間段,是因爲謝和耐先生認爲這是中國佛教發展的關鍵時期。至少對多數中國研究者而言,這應該是屬於長時段的研究了。但在具體考察中,他所涉及的時間往往會超出5—10世紀。如他對僧尼和寺院數字的統計,時間是自公元4世紀至13世紀。他對寺院依附人口的考察,則是始於印度佛教,止於中國的遼代。這樣一種長時段的考察當然有助於把握某一具體事項在歷史發展中的地位和作用,可以看到很多只局限於某一時代看不到東西。如他對敦煌寺户的探索就是將其放在整個中古時代寺院依附人口發展的鏈條中進行觀察的,所以他對寺户性質、地位的判斷就可以經受住時間的檢驗。

此書的考察不僅時間段長,更注重整體性,即將其考察的事項放到廣闊的大背景下觀察。如他從多個角度考察經濟因素對佛教與社會互動的作用和影響,就把經濟因素的整體影響成功展示出來了。通貫性的長時段觀察和注重整體性,使這部以資料見長的學術著作具有了具有很强的解釋色彩。

這部著作所具有的長時段和整體性特點值得中國學者深思。比較而言,中國學者多數是將自己的研究局限於某一朝代或某一方面。即使佛教史研究,也多是斷代的佛教史或佛教的某一專題。我們撰寫的通史,包括佛教通史,也都是由研究不同斷代的人分别撰寫,然後拼接成通史。現在已經有越來越多的人認識到,斷代史的相加絶不等於通史,它只是各斷代的集合體,難有通識。

當然,好的學術研究並不在於所涉研究時段的長短或研究領域的寬窄。長時段和短時段、整體性的研究與專題研究以後還會長期共存。但斷代研究或專題研究的缺陷也是顯而易見的。至少應該在中國學者中提倡做長時段通貫的整體性研究。

以上從四個方面簡要分析了《中國 5—10 世紀的寺院經濟》被國際學術界列爲學術經典的原因。孤立地看,這四條似乎都是老生常談。所以這裏必須强調,這四個方面是互爲依存的,如屋之四壁,地之四維,缺少其中任何一個方面,雖然也有可能成爲一部優秀的學術著作,但卻不能成爲學術經典。而我國目前的絶大部分著作應該説尚未達到這一水準。

《中國 5—10 世紀的寺院經濟》還提示我們,對於史學研究者而言,體現研究方法和研究路徑的創新主要是實踐問題,而不是理論問題。如同導演要用電影來表現自己的創新一樣,一個優秀的學者也主要應靠自己的學術成果來展示創新的理論和方法。對研究方法和研究路徑的探索,應該主要是史學理論研究者的事情。

還應該指出,方法和研究路徑的創新不是自己標榜的,而是别人評價的,特别是幾十年以後學術界給予的評價。現在史學界大談方法和理論的人太多,而創造出像謝和耐這樣被國際學術界公認的成果又太少,這是當今中國人文學界存在的重要問題之一,也是學術浮躁的表現。就以社會史研究佛教來説,其實是我國學者最早提出的。早在 20 世紀 30 年代初,何兹全先生就在陶希聖先生影響下用社會史的方法研究佛教史,比謝和耐先生早 20 多年。但我們卻直到今天也未能寫出像《中國 5—10 世紀的寺院經濟》這樣既有宏大構思又有扎實論證的經典性論著。直到何先生晚年,仍以未能完成《中國中世佛教寺院經濟》一書爲憾。這説明,從學術史來看,提出新的方法或研究視角固然很重要,但用自己的研究實踐創作出具有原創性的成果更爲重要。要使我們的學術走向世界,於今後者尤爲重要。

(作者單位:首都師範大學歷史學院)

《敦煌吐魯番研究》第十八卷
2018 年,695—714 頁

《敦煌吐魯番研究》第 1—17 卷分類目録

劉　屹編　林一琳續編

編者按：卷數和頁碼均用阿拉伯數字表示。卷數和頁碼間用"/"區隔,起止頁碼間用"-"區隔。文章按卷數、頁碼順序排列,論文在前,書評在後。導言頁碼與第一篇論文頁碼相同時,導言頁碼用兩位數表示。

A【目録與圖版】

書評：榮新江編著《英國圖書館藏敦煌漢文非佛教文獻殘卷目録(S.6981 - 13624)》(郝春文 01/359 - 368)

書評：俄羅斯科學院東方研究所聖彼得堡分所、俄羅斯科學出版社東方文學部、上海古籍出版社編《俄藏敦煌文獻》第1—5册(榮新江 01/368 - 373)

書評：上海古籍出版社、上海博物館編《上海博物館藏敦煌吐魯番文獻》(榮新江 01/373 - 376)

書評：饒宗頤編《法藏敦煌書苑精華》(劉濤 01/376 - 381)

書評：中國文物研究所、新疆(維吾爾)自治區博物館、武漢大學歷史系編《吐魯番出土文書》壹、貳(孟憲實 02/355 - 363)

書評：敦煌研究院編《敦煌書法庫》(劉濤 02/401 - 408)

書評：北京大學圖書館、上海古籍出版社《北京大學藏敦煌文獻》(劉屹 03/371 - 381)

書評：小田義久《大谷文書の研究》(陳國燦 03/381 - 391)

書評：榮新江《海外敦煌吐魯番文獻知見録》(王冀青 03/396 - 405)

書評：中國文物研究所、新疆(維吾爾)自治區博物館、武漢大學歷史系編《吐魯番出土文書》叁、肆(孟憲實 04/581 - 586)

書評：王素《吐魯番出土高昌文獻編年》(孟憲實 04/590 - 596)

書評：孟列夫主編，袁席箴、陳華平譯《俄藏敦煌漢文寫卷叙録》(柴劍虹 05/321 - 325)

書評：侯燦、楊代欣編《樓蘭漢文簡紙文書集成》(伊藤敏雄 05/325 - 332)

書評：楊文和編《中國歷史博物館藏法書大觀》第十一卷《晉唐寫經・晉唐文書》、吕長生編第十二卷《戰國秦漢唐宋元墨跡》(榮新江 05/332 - 337)

書評：李德範《敦煌道藏》(全五册)(劉屹 06/384 - 389)

書評：郝春文《英藏敦煌社會歷史文獻釋録》(第一卷)(趙和平 06/389 - 394)

書評：侯燦、吴美琳《吐魯番出土磚誌集注》(孟憲實 07/480 - 484)

書評：王卡《敦煌道教文獻研究——綜述・目録・索引》(劉屹 09/492 - 500)

《斯坦因第三次中亞考古所獲漢文文獻》(非佛經部分)勘誤(沙知 10/371 - 382)

書評：旅順博物館、龍谷大學編《旅順博物館藏新疆出土漢文佛經選粹》(榮新江 10/409 - 413)

書評：磯部彰編集《臺東區立書道博物館所藏中村不折旧藏禹域墨書集成》(梶浦晋 10/414 - 417)

書評：陳國燦、劉安志主編《吐魯番文書總目》(日本收藏卷)(王素 10/417 - 421)

書評：Seishi Karashima and Klaus Wille, ed., *Buddhist Manuscripts from Central Asia: The British Library Sanskrit Fragments*. (陳明 10/421 - 426)

書評：K. Kudara, *Chinese Buddhist Texts from the Berlin Turfan Collections*, vol.3(榮新江 10/426 - 430)

書評：榮新江、李肖、孟憲實主編《新獲吐魯番出土文獻》(王素 11/507 - 515)

書評：榮新江、李肖、孟憲實主編《新獲吐魯番出土文獻》上下二册(高田時雄撰，裴成國譯 12/507 - 516)

書評：郝俊紅主編《中國文化遺産研究院藏西域文獻遺珍》(趙和平 16/425 - 432)

書評：Iwao Kazushi, Sam van Schaik and Tsuguhito Takeuchi, *Old Tibetan Texts in The Stein Collection Or.8210: Studies in Old Tibetan Texts from Central Asia*, *vol.1*（*Studia Tibetica No.45*）（沈琛 16/444－454）

B【學術史】

斯坦因第四次中亞考察所獲漢文文書（王冀青 03/259－290）
北京圖書館藏敦煌遺書中近現代印鑒印主考（陳紅彦 03/291－308）
《敦煌零拾》札記（陳寅恪撰，榮新江整理 05/001－012）
“草創期的敦煌學”學術研討會綜述（郝春文 06/359－362）
盛衰與共，切磋增誼（柴劍虹 06/363－365）
他山之石，可以攻玉（趙和平 06/365－368）
“草創期的敦煌學”研討會散記（方廣錩 06/368－373）
伯希和、羅振玉與敦煌學之初始（孟憲實 07/001－012）
明治四十三年（1910）京都大學清國派遣員北京訪書始末（高田時雄 07/013－027）
日本外務省藏大谷探險隊外交記録介紹——以第三次大谷探險隊員橘瑞超下落不明問題爲中心（白須净真 07/028－051）
奥登堡在莫高窟（1914－1915）（府憲展 07/052－065）
許國霖與敦煌學（余欣 07/066－098）
驚沙撼大漠——向達的敦煌考察及其學術意義（榮新江 07/099－127）
評莫高窟土地廟藏經來源問題的探討（李正宇 07/128－137）
吐魯番出土敦煌文獻研究述略（王素、李方 07/179－191）
融貫中西　會通百家——讀《論饒宗頤》感言（柴劍虹 08/001－004）
略談選堂先生對於吐魯番學的貢獻（王素 08/013－021）
敦煌學應擴大研究範圍（饒宗頤口述，鄭煒明整理 09/001－005）
伯希和與裴景福的交往——以中法學者有關敦煌藏經洞最初研究爲中心（王楠 11/427－450）
内藤湖南的敦煌學（高田時雄 12/353－366）
一個維吾爾家庭與高昌故城的百年滄桑（徐婉玲、張銘心 12/485－499）
英國牛津大學藏斯坦因1907年敦煌莫高窟考古日記整理研究報告（王冀青 14/015－054）
段永恩生平考略（朱玉麒 14/055－077）
俞澤箴與京師圖書館敦煌遺書編目工作（劉波 14/079－094）
Wang Zhongmin’s Years in Paris（1934－1939）（Nathalie Monnet 14/095－102）
Foreign Travellers to Dunhuang, 1920－1960（Susan Whitfield 14/103－111）
俄羅斯科學院檔案館 C·Φ·奥登堡館藏中文文獻（波波娃 14/209－216）
書評：榮新江《鳴沙集——敦煌學學術史和方法論的探討》（趙和平 05/422－428）

書評：P. Koskikallio and A. Lehmuskallio(eds.), *C. G. Mannerheim in Central Asia 1906 – 1908*(榮新江 06/419 – 423)

書評：汪海嵐《〈泰晤士報〉上的斯坦因》(H. Wang, *Sir Aurel Stein in* The Times)(榮新江 07/496 – 499)

書評：汪海嵐《英國所藏斯坦因收集品手册》(H. Wang, *Handbook to the Stein Collections in the UK*; *Catalogue of the Collections of Sir Aurel Stein in the Library of the Hungarian Academy of Sciences*)(榮新江 07/499 – 504)

《敦煌餘録》序(周紹良 09/485 – 486)

書評：王冀青《斯坦因與日本敦煌學》(榮新江 09/512 – 518)

書評：劉進寶主編《百年敦煌學：歷史、現狀、趨勢》(上、下)(劉屹 12/501 – 507)

俄羅斯的敦煌學——評《敦煌學：第二個百年的研究視角與問題》及其他(榮新江 13/563 – 578)

C【宗教史與宗教文獻】

敦煌摩尼教《下部讚》寫本年代新探(虞萬里 01/037 – 046)

敦煌本《六祖壇經》是慧能的原本——《敦煌本禪籍校録》序(周紹良 01/301 – 311)

《法華經》胡漢諸本的傳譯(楊富學 03/023 – 044)

敦煌摩尼教《下部讚》經名考釋——兼論該經三首音譯詩(林悟殊 03/045 – 051)

吐魯番出土漢語文書中所見伊朗語地區宗教的蹤跡(張廣達 04/001 – 016)

中國人是如何皈依佛教的？——吐魯番墓葬揭示的信仰改變(韓森 04/017 – 037)

試論高昌國的佛教與佛教教團(姚崇新 04/039 – 080)

吐魯番出土金藏考——兼論一組吐魯番出土佛經殘片的年代(党寶海 04/103 – 125)

唐代西州的道教(榮新江 04/127 – 144)

摩尼教宗教符號“大法藥”研究(馬小鶴 04/145 – 163)

高昌回鶻景教研究(陳懷宇 04/165 – 214)

再論《太上妙法本相經》——以《東極真人問事品第九》爲主(山田俊 04/489 – 507)

唐代景教之法王與尊經考(吴其昱 05/013 – 058)

敦煌景教寫本 P.3847 之再研究(林悟殊 05/059 – 077)

敦煌 S.6310 號殘抄本綴合定名之誤(王卡 05/079 – 080)

《閻羅王授記經》綴補研考(張總 05/081 – 116)

古靈寶經的齋官制度與天師道及佛教的關係(王承文 06/055 – 080)

敦煌本《老子節解》殘頁考釋(王卡 06/081 – 100)

釋粟特文 'nδysn(記驗)——讀《吐魯番新出摩尼教文獻研究》筆記(馬小鶴 06/115 – 127)

《浙藏敦煌文獻》佛教資料考辨(宗舜 06/335 – 352)

敦煌佛教律儀文書研究的回顧(湛如 07/192 – 198)

D【漢語言文字】

敦煌本《楞嚴經音義》研究(張涌泉 08/287－295)
敦煌變文字詞釋證二則(趙家棟 11/407－410)
敦煌口語文獻的三個重要特性(袁賓、何小宛 11/411－426)
《生經·舅甥經》"不制"補説(陳明 12/137－144)
敦煌籍帳文書字詞箋釋(張小豔 12/463－483)
敦煌社邑文書詞語輯考(張小豔 13/097－124)
敦煌文獻與中國口語史研究——以太田辰夫《中國語歷史文法》爲中心(玄幸子 14/537－522)
敦煌本《開蒙要訓》三農具解析(鄧文寬 17/001－004)
《敦煌醫藥文獻真跡釋録》校讀記(張小豔 17/005－024)
敦煌寫卷避諱字形遞變現象初論(竇懷永 17/025－034)
書評：周祖謨編著《唐五代韻書輯存》(張涌泉 02/381－382)
書評：江藍生等《唐五代語言詞典》(張涌泉 04/621－624)

E【文學與文獻】

王梵志詩中的他人作品(項楚 01/091－100)
俄藏敦煌詩詞寫卷經眼録(一)(柴劍虹 01/101－110)
敦煌寫本唐人詩歌存佚互見綜考(徐俊 01/111－138)
敦煌所出北魏寫本《國語·周語》舊注殘葉跋(饒宗頤 01/297－300)
敦煌遺書散録二則(寧可 01/313－319)
《沙州都督府圖經》卷第三札記(李正宇 01/329－334)
《春秋後語》拾遺(李際寧 01/335－338)
俄藏敦煌詩詞寫卷經眼録(二)(柴劍虹 02/049－057)
敦煌寫本《清明日登張女郎神》詩釋證(張鴻勛 02/059－069)
敦煌李陵、蘇武故事流變發微(邵文實 02/071－086)
敦煌五十九首佚名氏詩歷史背景新探(陳國燦 02/087－100)
跋 P.2189《東都發願文》殘卷(孫曉林 02/331－335)
北圖藏殷 42《論語音義》殘卷跋(許建平 02/337－339)
敦煌藏文 P.t.1208、1211 號寫卷卷背的唐人詩鈔(柴劍虹 03/053－056)
敦煌寫本《李嶠雜詠注》校疏(徐俊 03/063－086)
《敦煌寫本書儀研究》訂補(趙和平 03/229－258)
談佛教的發願文(饒宗頤 04/477－487)
俄藏 Dx.11414+Dx.02947 前秦擬古詩殘本研究——兼論背面券契文書的地域和時代(徐俊 06/205－220)
唐詞、唐曲子及其相關問題——一桩敦煌學公案的學術史觀照(徐俊 07/138－155)

F【歷史與制度】

G【經濟與社會】

I【歷史地理】

J【紀念文】

K【中西交通】

L【術數與醫藥】

M【其他】

《敦煌吐魯番研究》第十八卷
2018年,715—725頁

《敦煌吐魯番研究》作者人名索引(第1—17卷)

林一翀

凡　　例

一、作者人名按姓氏拼音首字母順序排列。

二、後附該作者發表論文、書評的卷數和起止頁碼,皆用阿拉伯數字表示,"/"前數字表示卷數,起止頁碼間以"-"連接。如"01/003－008",指第一卷的第3頁至第8頁。後附字母表示分類,參閲分類目録,大寫字母後帶有r表示該文是書評或書評論文,如"A"爲目録與圖版類論文,"Ar"爲目録與圖版類書評或書評論文。

三、集體作者發表的文章,除非該卷目録明確標示具體作者負責部分的起始頁碼,一律以集體名稱指示文章歸屬。如"北京大學中國古代史研究中心"。

四、整理者及譯校者同視爲作者,但目録無名者索引不出。

五、導言與第一篇論文起始頁碼相同時,導言頁碼用兩位數表示,第一篇論文頁碼仍用三位數表示。

B

白化文:01/339－350(J)、05/360－361(Cr)、06/004－008(J)、07/156－173(A)、09/461－467(J)
白須净真:07/028－051(B)
白玉冬:17/380－388(Kr)
包　朗:15/409－425(C)
北京大學中國古代史研究中心:13/341－369(H)
編委會:01/001(M)
波波娃:14/209－216(B)

C

才　讓:14/145－163(C)
蔡淵迪:12/451－462(E)

曹　淩：16/021－034(C)

柴劍虹：01/101－110(E)、02/049－057(E)、03/053－056(E)、05/321－325(Ar)、06/363－365(B)、06/398－401(Er)、08/001－004(B)、09/469－472(J)、09/510－512(Hr)、11/499－504(J)、12/021－027(J)、16/001－011(E)、17/357－360(J)

車振華：09/473－476(J)

陳愛峰：15/201－215(H)

陳大爲：12/399－412(G)

陳國燦：02/087－100(E)、03/381－391(Ar)、04/465－476(F)、08/105－114(F)、09/123－141(F)

陳　昊：10/011－020(H)、10/207－220(L)、17/395－402(Lr)

陳紅彦：03/291－308(B)

陳懷宇：04/165－214(C)、08/366－371(Kr)、09/403－408(L)

陳菊霞：13/183－196(F)、15/111－120(H)

陳　明：04/624－628(Lr)、05/227－262(L)、07/311－326(K)、07/451－456(Cr)、08/137－166(K)、08/362－365(Kr)、09/505－510(Lr)、10/421－426(Ar)、11/391－405(C)、11/524－529(Cr)、12/137－144(D)、12/516－522(Cr)、13/305－320(K)、15/473－496(L)、16/432－438(Cr)

陳　楠：10/345－369(L)

陳尚君：05/381－388(Er)

陳寅恪：05/001－012(B)

陳于柱：11/199－211(C)、15/521－532(L)

程喜霖：13/203－226(F)

程毅中：13/001－007(E)

池田温：03/105－128(F)

D

戴　仁：08/127－135(K)

戴曉雲：14/479－487(C)

党寶海：04/103－125(C)

鄧文寬：01/395－409(Cr)、02/373－378(Cr)、03/097－103(D)、05/263－268(L)、06/023－026(J)、07/290－297(L)、08/167－206(L)、09/409－423(L)、09/486－492(Fr)、10/309－315(E)、11/369－389(E)、13/197－201(L)、15/497－504(L)、16/013－019(E)、17/005－024(D)、17/365－367(J)

鄧雯玥：17/087－101(F)

鄧小南：04/215－237(G)

荻原裕敏：13/371－386(H)、17/291－315(H)

竇懷永：17/025－034(D)

杜斗城：03/335－338(J)

段　晴：02/001－012(K)、09/007－022(K)、11/011－027(K)、11/029－044(K)、11/101－119(K)、12/001－014(J)、13/291－304(K)、14/113－125(K)

段真子：17/035－047(E)

F

方廣錩：02/383－389(E)、06/297－334(A)、06/368－373(B)、12/335－352(A)、13/525－547(A)、14/181－192(E)

馮培紅：09/245－294(F)、13/141－157(F)、14/233－244(F)、16/411－423(Kr)

馮其庸：03/019－021(I)、04/081－087(I)、07/438－442(J)、07/448－450(I)

Sarah E. Fraser：04/375－418(H)

伏俊璉：03/057－061(D)

府憲展：07/052－065(B)

G

高田時雄：03/183－190(G)、07/013－027(B)、10/397－407(J)、10/444－451(Kr)、12/353－366(B)、12/507－516(Ar)、14/137－143(C)

高海燕：17/263－289(H)

郜同麟：15/467－471(C)

葛曉音：04/509－527(H)

古麗比婭：02/397－401(Hr)、09/385－388(H)

関尾史郎：04/577－579(J)、09/111－122(G)、13/549－562(Hr)、14/223－231(G)

廣中智之：11/147－182(K)

郭　鋒：02/349－353(F)

郭俊葉：13/483－497(C)、15/095－109(H)

郭麗英：07/327－337(C)、07/443－447(J)、15/257－278(C)

郭熹微：06/008－013(J)

H

韓　森：04/017－037(C)

郝春文：01/359－368(Ar)、06/359－362(B)、07/456－462(Cr)、08/382－386(Er)、09/303－315(G)、12/01－04(J)、17/369－372(J)

Jens-Uwe Hartmann：12/085－098(C)

J

K

L

06/253－282(F)、07/179－191(B)、08/115－125(F)、09/187－217(F)、11/219－247(F)、13/241－262(I)、14/281－287(I)、17/388－395(Fr)

李際寧：01/335－338(E)、12/335－352(A)

李　軍：16/215－229(F)

李　肖：10/085－093(F)

李秀花：08/303－309(E)

李　穎：12/109－121(K)

李正宇：01/329－334(E)、02/249－257(F)、03/425－433(Ir)、05/217－225(F)、07/128－137(B)、09/339－352(G)、12/179－190(F)

梁麗玲：15/395－408(G)

林生海：17/157－169(C)

林世田：09/389－401(E)、11/489－498(A)

林悟殊：02/379－380(Cr)、03/045－051(C)、05/059－077(C)、05/361－366(Cr)、08/035－043(C)、13/441－455(C)、16/137－154(C)

劉安志：09/023－033(C)

劉　波：01/390－394(Hr)、14/079－094(B)

劉進寶：07/489－495(Gr)、08/387－394(Fr)

劉樂賢：06/101－113(L)、09/409－423(L)

劉　濤：01/376－381(Ar)、02/401－408(Ar)

劉　韜：17/317－341(H)、17/343－355(H)

劉文鎖：07/390－409(K)

劉　溪：16/337－351(C)

劉　屹：03/371－381(Ar)、06/384－389(Ar)、07/199－222(C)、07/463－468(Cr)、08/045－070(C)、08/374－378(Cr)、09/085－109(C)、09/492－500(Ar)、11/529－535(Cr)、11/571－585(A)、12/157－178(C)、12/501－507(Br)、13/457－473(C)、15/447－465(C)、16/103－123(C)、17/181－187(C)

劉子凡：16/201－213(F)

盧芳玉：17/143－155(C)

盧向前：01/195－229(G)、05/187－194(G)

魯多娃：09/379－384(H)、10/245－294(A)

陸　離：06/283－295(F)、09/219－244(G)

羅慕君：16/315－335(C)、17/103－141(C)

羅焱英：10/430－439(Cr)

落合俊典：07/174－178(A)

04/563－576(J)、04/586－590(Gr)、05/001－012(B)、05/332－337(Ar)、05/418－422(Er)、06/026－037(J)、06/221－241(F)、06/375－377(Kr)、06/419－423(Br)、07/099－127(B)、07/496－499(Br)、07/499－504(Br)、08/071－088(F)、09/143－167(F)、09/512－518(Br)、10/021－041(F)、10/409－413(Ar)、10/426－430(Ar)、11/001－009(K)、11/045－069(K)、11/147－182(K)、12/045－050(J)、13/563－578(Br)、13/579－588(Kr)、17/361－364(J)

S

薩仁高娃：11/489－498(A)、17/143－155(C)
沙　知：10/371－382(A)
山田俊：04/489－507(C)、04/612－616(Cr)
邵文實：02/071－086(E)
申國美：11/505－506(A)
沈　琛：16/438－444(Fr)、16/444－454(Ar)
沈睿文：07/474－480(Hr)
盛餘韻：04/323－373(H)
施萍婷：01/321－328(A)、02/313－330(A)、03/391－396(Lr)、08/359－361(Fr)
施謝捷：01/055－064(D)
施新榮：09/500－505(Fr)
石塚晴通：14/193－208(E)
時　光：11/071－099(K)
史　睿：03/414－419(Lr)、09/143－167(F)、10/115－130(F)
斯加夫：04/419－463(H)
孫繼民：02/231－247(F)、03/161－181(F)、06/243－251(F)、10/331－343(L)、14/349－353(I)
孫曉林：02/331－335(E)

T

太史文/Stephen F. Teiser：10/295－307(E)、14/355－377(E)
唐剛卯：05/269－276(A)
唐耕耦：02/259－284(G)
唐　煒：14/193－208(E)
唐　星：12/413－428(F)
天津圖書館歷史文獻部：08/311－358(A)

W

萬　翔：11/345－368(I)

武　敏：04/299－322(H)

X

項　楚：01/091－100(E)
蕭　旭：13/125－140(E)
新疆龜兹研究院：13/341－369(H)
徐　俊：01/111－138(E)、03/063－086(E)、05/367－381(Er)、06/205－220(E)、07/138－155(E)、08/297－302(E)、10/455－459(Er)、11/557－562(Er)
徐婉玲：12/485－499(B)
徐文堪：01/410－414(Kr)
徐自强：02/149－161(H)、14/001－013(H)
許建平：02/337－339(E)、05/337－343(Er)、07/223－240(E)、13/063－078(E)、14/489－498(E)、16/249－276(E)
玄幸子：14/537－522(D)

Y

閻步克：06/019－023(J)
顔廷亮：03/419－425(Er)、09/477－484(J)
楊寶玉：11/269－296(F)、12/229－243(F)、17/075－085(F)
楊　波：05/388－391(Kr)
楊富學：03/023－044(C)、05/281－286(J)、07/338－344(C)、15/409－425(C)
楊際平：02/215－230(G)、11/543－557(Gr)
楊　梅：11/183－198(C)
楊　銘：06/353－358(A)
楊秀清：15/369－393(G)
姚崇新：02/163－188(F)、04/039－080(C)、05/353－360(Cr)、15/321－342(C)、17/215－262(H)
姚瀟鶇：12/381－387(G)
伊斯拉菲爾·玉素甫：04/287－298(K)
伊藤敏雄：05/325－332(Ar)
游自勇：12/429－440(E)、16/297－313(E)、17/087－101(F)
余太山：01/381－389(Kr)
余　欣：07/066－098(B)、08/071－088(F)、09/353－377(L)、10/207－220(L)
虞萬里：01/037－046(C)
宇文卒：12/051－067(A)

袁　賓：11/411－426(D)

Z

曾　良：02/341－348(E)、08/259－266(E)、13/475－481(C)
湛　如：04/616－621(Cr)、07/192－198(C)
張德芳：12/191－195(F)
張廣達：03/339－370(Kr)、04/001－016(C)、05/287－315(J)、06/221－241(F)
張鴻勛：02/059－069(E)、09/449－460(E)、11/562－569(Er)
張惠明：10/221－243(H)、10/245－294(A)、15/157－179(H)
張景峰：15/121－137(H)
張　磊：16/337－351(C)
張銘心：05/117－146(F)、12/485－499(B)
張善慶：16/367－389(H)
張鐵山：12/099－108(K)、14/127－135(K)
張錫厚：01/421－424(Er)、02/389－397(Er)
張先堂：15/217－229(C)
張小剛：13/483－497(C)、15/095－109(H)
張小貴：10/383－395(J)、17/373－380(Kr)
張小豔：08/219－247(D)、12/463－483(D)、13/097－124(D)、15/279－320(C)、16/059－088(C)、17/005－024(D)
張新朋：17/049－057(E)
張永兵：10/001－009(H)
張永强：14/001－013(H)
張涌泉：01/425－434(Er)、02/381－382(Dr)、04/621－624(Dr)、08/287－295(D)、12/279－302(E)、13/009－028(E)、16/315－335(C)
張元林：12/245－267(H)
張　湛：11/071－099(K)
張　臻：11/562－569(Er)
張志清：09/389－401(E)
張子開：14/523－535(C)
張　總：05/081－116(C)、06/378－384(Hr)、15/053－093(H)
趙大瑩：11/297－334(F)
趙和平：03/229－258(E)、05/422－428(Br)、06/042－053(A)、06/365－368(B)、06/389－394(Ar)、08/378－382(Cr)、10/439－444(Cr)、11/516－524(Er)、12/029－039(J)、14/245－260(F)、16/

425－432(Ar)
趙家棟：11/407－410(D)
趙　晶：16/181－199(F)
趙平安：06/197－204(L)
趙聲良：15/001－016(H)
趙曉星：15/139－155(H)、16/391－402(H)
趙　洋：17/189－213(C)
趙　貞：08/207－218(L)、16/231－248(F)
鄭阿財：07/254－275(E)、08/267－285(D)、12/303－321(E)、13/029－045(E)、14/437－451(E)
鄭炳林：03/191－208(G)、07/381－389(F)
鄭會欣：08/023－030(A)
鄭煒明：09/001－005(B)
中國人民大學國學院西域歷史語言研究所：13/341－369(H)
周啓博：06/037－041(J)
周紹良：01/301－311(C)、09/485－486(Br)
周士琦：01/341－350(A)
朱鳳玉：07/276－289(E)、08/005－012(E)、10/317－329(E)、12/323－334(E)、13/047－061(E)、14/499－522(G)
朱國祥：14/127－135(K)
朱　雷：12/335－352(A)
朱麗雙：12/123－135(K)、16/089－102(K)
朱玉麒：10/043－056(E)、14/055－077(B)
Peter Zieme：12/069－084(K)
宗舜：06/335－352(C)

《敦煌吐魯番研究》第十八卷
2018年,727—737頁

新　書　目

常蓋心

《〈天盛律令〉與〈慶元條法事類〉比較研究》(西夏文獻文物研究叢書),劉雙怡、李華瑞著,北京:社會科學文獻出版社,2018年2月。

《2018敦煌學國際聯絡委員會通訊》,郝春文主編,上海古籍出版社,2018年7月。

《ひとまちくらし:地域再考》,[日]大手前大學地域·社會連攜室編,關西:大手前大學,2018年3月。

《八部衆像の成立と展開》,[日]水野さや著,東京:中央公論美術出版,2017年12月。

《碑誌與唐代政治史論稿》,黄樓著,北京:科學出版社,2017年8月。

《北朝——隋時期敦煌法華圖像研究》,張元林著,蘭州:甘肅教育出版社,2017年9月。

《北庭學研究》第1輯,北庭學研究院編,北京:中國文史出版社,2017年8月。

《北庭鎮志》,新疆維吾爾自治區吉木薩爾縣北庭鎮志編纂委員會編,北京:方志出版社,2016年10月。

《筆發江山氣　帳含桃李風:懷念藏學宗師王堯先生》,沈衛榮、徐忠良、任小波主編,上海遠東出版社,2017年1月。

《伯希和北京日記》,[法]保羅·伯希和著,桂林:廣西師範大學出版社,2017年10月。

《長安絲路東西風》,趙榮主編,西安:三秦出版社,2018年5月。

《出土唐宋石刻文獻與中古社會》,馬强著,成都:巴蜀書社,2018年7月。

《出土文獻》第十一輯,李學勤主編,上海:中西書局,2017年10月。

《出土文獻》第十二輯,李學勤主編,上海:中西書局,2018年4月。

《出土文獻研究》第十六輯,中國文化遺産研究院編,上海:中西書局,2017年9月。

《出土文獻與古典學重建論集》,復旦大學出土文獻與古文字研究中心編,上海:中西書局,2018年3月。

《出土文獻與中國古代文明研究論文集》,王子今著,北京:中國社會科學出版社,2017年10月。

《出土文獻綜合研究集刊》第5輯,西南大學出土文獻綜合研究中心、西南大學漢語言文獻研究所編,成都:巴蜀書社,2017年3月。

《出土文獻綜合研究集刊》第6輯,西南大學出土文獻綜合研究中心、西南大學漢語言文獻研究所編,成都：巴蜀書社,2017 年 9 月。
《慈悲清净：佛教與中古社會生活》,劉淑芬著,北京：商務印書館,2017 年 3 月。
《從波斯波利斯到長安西市》,[美] 樂仲迪著,毛鳴譯,敦煌研究院編,桂林：灕江出版社,2017 年 9 月。
《從長安到到川滇：秦蜀古道全程探行紀實》,王蓬著,西安：太白文藝出版社,2018 年 1 月。
《從長安到拉薩：2014 唐蕃古道考察紀行》,陝西省考古研究院、甘肅省文物考古研究所、青海省文物考古研究所、四川省文物考古研究院、西藏自治區文物保護研究所編,上海古籍出版社,2017 年 3 月。
《從長安到拉薩：唐蕃古道全程探行紀實》,王蓬著,西安：太白文藝出版社,2018 年 2 月。
《從長安到羅馬：漢唐絲綢全程探行紀實》,王蓬著,西安：太白文藝出版社,2018 年 2 月。
《大漢輝煌：絲綢之路的盛大開拓》,《大漢輝煌：絲綢之路的盛大開拓》編委會編,成都：電子科技大學出版社,2018 年 6 月。
《大唐之美：一帶一路背後的器用》,閻焰編,北京：文物出版社,2017 年 3 月。
《大唐衆經音義校注》,(唐) 釋玄應著,黄仁瑄注,北京：中華書局,2018 年 1 月。
《党項西夏史論》,周偉洲著,蘭州：甘肅文化出版社,2017 年 8 月。
《道藏書目提要》,潘雨廷著,上海古籍出版社,2017 年 4 月。
《道教経典の形成と仏教》,[日] 神塚淑子著,名古屋大學出版會,2017 年 10 月。
《道里邦國志》,[阿拉伯] 伊本・胡爾達兹比赫著,宋峴譯,北京：華文出版社,2017 年 8 月。
《地獄・法律・人間秩序：中古中國宗教、社會與國家》,陳登武著,臺北：臺灣師範大學出版中心,2017 年 6 月。
《東洋的近世：中國的文藝復興》,[日] 宮崎市定著,[日] 礪波護編,張學锋等譯,北京：中信出版社,2018 年 7 月。
《東洋的古代：從都市國家到秦漢帝國》,[日] 宮崎市定著,[日] 礪波護編,馬雲超等譯,北京：中信出版社,2018 年 7 月。
《敦煌壁畫五臺山圖》,敦煌研究院著,南京：江蘇鳳凰美術出版社,2018 年 6 月。
《敦煌的醫療與社會》,陳明著,北京：中國大百科全書出版社,2018 年 1 月。
《敦煌佛教與石窟營建》,王惠民著,蘭州：甘肅教育出版社,2017 年 9 月。
《敦煌古代工匠研究》,馬德著,北京：文物出版社,2018 年 4 月。
《敦煌漢簡校釋》,白軍鵬著,上海古籍出版社,2018 年 3 月。
《敦煌今昔——藏經洞百年祭》,裴健著,蘭州：甘肅文化出版社,2017 年 11 月。
《敦煌馬圈灣漢簡墨蹟精選》,張德芳、林濤主編,蘭州：甘肅文化出版社,2018 年 3 月。
《敦煌民族史探幽》,楊富學著,蘭州：甘肅文化出版社,2018 年 4 月。
《敦煌馬圈灣漢簡書法》,張德芳、王立翔主編,上海書畫出版社,2017 年 7 月。
《敦煌莫高窟第 14 窟・阿閦佛》,江蘇鳳凰美術出版社編,南京：江蘇鳳凰美術出版社,2018 年 4 月。

《敦煌莫高窟第14窟·大妙相菩薩》,江蘇鳳凰美術出版社編,南京:江蘇鳳凰美術出版社,2018年4月。

《敦煌莫高窟第14窟·供養菩薩》,江蘇鳳凰美術出版社編,南京:江蘇鳳凰美術出版社,2018年4月。

《敦煌莫高窟第14窟·觀音菩薩》,江蘇鳳凰美術出版社編,南京:江蘇鳳凰美術出版社,2018年4月。

《敦煌莫高窟第14窟·金剛母菩薩》,江蘇鳳凰美術出版社編,南京:江蘇鳳凰美術出版社,2018年4月。

《敦煌莫高窟第14窟·金剛薩埵》,江蘇鳳凰美術出版社編,南京:江蘇鳳凰美術出版社,2018年4月。

《敦煌莫高窟第14窟·千手千眼觀音》,江蘇鳳凰美術出版社編,南京:江蘇鳳凰美術出版社,2018年4月。

《敦煌莫高窟第14窟·如意輪觀音》,江蘇鳳凰美術出版社編,南京:江蘇鳳凰美術出版社,2018年4月。

《敦煌莫高窟第14窟·上首菩薩·二》,江蘇鳳凰美術出版社編,南京:江蘇鳳凰美術出版社,2018年4月。

《敦煌莫高窟第14窟·上首菩薩·一》,江蘇鳳凰美術出版社編,南京:江蘇鳳凰美術出版社,2018年4月。

《敦煌莫高窟第14窟·十一面觀音》,江蘇鳳凰美術出版社編,南京:江蘇鳳凰美術出版社,2018年4月。

《敦煌莫高窟第156窟·窟頂藻井》,江蘇鳳凰美術出版社編,南京:江蘇鳳凰美術出版社,2018年4月。

《敦煌莫高窟第158窟·飛天·二》,江蘇鳳凰美術出版社編,南京:江蘇鳳凰美術出版社,2018年4月。

《敦煌莫高窟第158窟·飛天·一》,江蘇鳳凰美術出版社編,南京:江蘇鳳凰美術出版社,2018年4月。

《敦煌莫高窟第158窟·金光明經變·樂舞》,江蘇鳳凰美術出版社編,南京:江蘇鳳凰美術出版社,2018年4月。

《敦煌莫高窟第158窟·思益梵天所問經變右側之菩薩》,江蘇鳳凰美術出版社編,南京:江蘇鳳凰美術出版社,2018年4月。

《敦煌莫高窟第158窟·思益梵天所問經變右側之菩薩·局部》,江蘇鳳凰美術出版社編,南京:江蘇鳳凰美術出版社,2018年4月。

《敦煌莫高窟第158窟·思益梵天所問經變左側之菩薩》,江蘇鳳凰美術出版社編,南京:江蘇鳳凰美術出版社,2018年4月。

《敦煌莫高窟第158窟・卧佛像》,江蘇鳳凰美術出版社編,南京:江蘇鳳凰美術出版社,2018年4月。

《敦煌莫高窟第322窟・窟頂藻井》,江蘇鳳凰美術出版社編,南京:江蘇鳳凰美術出版社,2018年4月。

《敦煌莫高窟第45窟・菩薩像》,江蘇鳳凰美術出版社編,南京:江蘇鳳凰美術出版社,2018年4月。

《敦煌莫高窟第57窟・美人菩薩》,江蘇鳳凰美術出版社編,南京:江蘇鳳凰美術出版社,2018年4月。

《敦煌莫高窟風沙危害及防治》,汪萬福著,北京:科學出版社,2018年5月。

《敦煌曲初探》,任二北著,太原:山西人民出版社、三晉出版社,2018年3月。

《敦煌曲校録》,任二北著,太原:山西人民出版社、三晉出版社,2018年3月。

《敦煌喪葬文書輯注》,劉傳啓著,成都:巴蜀書社,2017年9月。

《敦煌石窟多言語資料集成》,[日]松井太、荒川慎太郎編,東京:東京外國語大學アジア・アフリカ言語文化研究所,2017年7月。

《敦煌石窟寺研究》(修訂版),寧强著,蘭州:甘肅人民美術出版社,2018年1月。

《敦煌石窟藝術研究》,段文傑著,敦煌研究院編,蘭州:甘肅人民出版社,2017年9月。

《敦煌書法冷僻字釋讀》,姚建杭編著,杭州:西泠印社出版社,2018年1月。

《敦煌書法藝術研究》,馬國俊主編,北京:文物出版社,2017年9月。

《敦煌隋代石窟壁畫樣式與題材研究》,楊鬱如著,蘭州:甘肅教育出版社,2017年9月。

《敦煌吐魯番研究》第十七卷,饒宗頤主編,上海古籍出版社,2018年2月。

《敦煌文學與佛教文化》,王志鵬著,蘭州:甘肅文化出版社,2018年4月。

《敦煌舞術語詞典》,李婷婷主編,蘭州:甘肅人民出版社,2017年10月。

《敦煌寫本醫籍語言研究》,王亞麗著,北京:中央民族大學出版社,2017年8月。

《敦煌遺書及古代醫籍同名方集萃》,李廷保著,蘭州大學出版社,2018年5月。

《敦煌藝術十講》,趙聲良著,北京:文物出版社,2017年11月。

《敦煌願文的類型研究》,陳曉紅著,北京:九州出版社,2018年1月。

《敦煌哲學》第4輯,楊利民、范鵬編,蘭州:甘肅人民出版社,2017年9月。

《法藏敦煌古藏文抄經題記總録》,張延清著,北京:中國藏學出版社,2017年12月。

《法國國家圖書館藏敦煌藏文文獻》(21:1426—1451),西北民族大學、上海古籍出版社、法國國家圖書館編纂,上海古籍出版社,2017年10月。

《法國國家圖書館藏敦煌藏文文獻》(22:1452—1463),西北民族大學、上海古籍出版社、法國國家圖書館編纂,上海古籍出版社,2018年4月。

《法國國家圖書館藏敦煌藏文文獻》(23:1464—1471),西北民族大學、上海古籍出版社、法國國家圖書館編纂,上海古籍出版社,2018年4月。

《梵室殊嚴:敦煌莫高窟第361窟研究》,趙曉星著,蘭州:甘肅人民美術出版社,2018年1月。

《佛典流播與唐代文言小説》,俞曉紅著,北京:人民出版社,2017年2月。

《佛之主事們：殖民主義下的佛教研究》，［美］洛佩兹編，中國人民大學國學院西域歷史語言研究所譯，北京：中國人民大學出版社，2018 年 5 月。

《拂去塵沙：絲綢之路新疆段的歷史印記》，王瑟著，北京：生活・讀書・新知三聯書店，2018 年 4 月。

《甘肅藏敦煌藏文文獻：敦煌研究院卷》(1)，甘肅省文物局、敦煌研究院編，上海古籍出版社，2017 年 12 月。

《甘肅省第三届簡牘學國際學術研討會論文集》，張德芳主編，上海辭書出版社，2017 年 12 月。

《高昌石窟壁畫綫描集・吐峪溝石窟》，吐魯番學研究院、吐魯番博物館編，上海古籍出版社，2017 年 5 月。

《戈壁玄風：西域道教》，衡宗亮著，鄭州：中州古籍出版社，2017 年 6 月。

《古道西風：絲綢之路文化探秘》，武優善著，北京：中國鐵道出版社，2017 年 7 月。

《古突厥碑銘研究》，芮傳明著，北京：商務印書館，2017 年 6 月。

《歸義軍時期敦煌石窟考古研究》，沙武田著，蘭州：甘肅教育出版社，2017 年 9 月。

《龜兹尋幽：考古重建與視覺再現》，何恩之、魏正中著，王倩譯，上海古籍出版社，2017 年 12 月。

《國際漢學研究通訊》第 15 期，北京大學國際漢學家研修基地編，北京大學出版社，2017 年 11 月。

《國際漢學研究通訊》第 16 期，北京大學國際漢學家研修基地編，北京大學出版社，2018 年 7 月。

《國家圖書館與敦煌學》，劉波著，北京：國家圖書館出版社，2018 年 4 月。

《國外藏學研究》第一輯，王啓龍主編，上海古籍出版社，2017 年 9 月。

《國學研究》第三十九卷，袁行霈主編，北京大學出版社，2017 年 12 月。

《國學研究》第四十卷，袁行霈主編，北京大學出版社，2018 年 6 月。

《漢代外來文明研究》，石雲濤著，北京：中國社會科學出版社，2017 年 10 月。

《漢簡河西社會史料研究》，王子今著，北京：商務印書館，2017 年 2 月。

《漢晉道教儀式與古靈寶經研究》，王承文著，北京：中國社會科學出版社，2017 年 6 月。

《漢晉佛像綜合研究》，何志國著，上海人民出版社，2017 年 12 月。

《漢唐絲綢之路漆藝文化研究》，胡玉康著，西安：陝西師範大學出版社，2016 年 9 月。

《回鶻文佛教文獻研究》，楊富學著，上海古籍出版社，2017 年 4 月。

《回鶻文佛教文獻中的漢語借詞研究》，朱國祥、張鐵山著，蘭州：甘肅文化出版社，2018 年 4 月。

《簡帛》第十五輯，武漢大學簡帛研究中心編，上海古籍出版社，2017 年 11 月。

《簡帛研究》(2017 春夏卷)，鄔文玲主編，桂林：廣西師範大學出版社，2017 年 12 月。

《簡帛研究》(2017 秋冬卷)，鄔文玲主編，桂林：廣西師範大學出版社，2018 年 1 月。

《金銀器與草原絲綢之路研究》，張景明著，蘭州大學出版社，2017 年 10 月。

《錦程——中國絲綢與絲綢之路》，徐錚、金琳主編，杭州：浙江大學出版社，2017 年 10 月。

《晉唐佛教文學史》，李小榮著，北京：人民出版社，2017 年 8 月。

《経國と文章：漢魏六朝文學論》，［日］牧角悦子著，東京：汲古書院，2018 年 6 月。

《跨文化的想象：文獻、神話與歷史》，王邦維著，北京：中國大百科全書出版社，2017 年 5 月。

《歷代正史"經營西域人物事蹟"撰述資鑑》,馬曉娟著,北京: 社會科學文獻出版社,2017年12月。
《洛陽新獲墓誌二〇一五》,齊運通、楊建鋒編,北京: 中華書局,2017年2月。
《蒙古旅行》,[日] 鳥居龍藏著,戴玥、鄭春穎譯,北京: 商務印書館,2018年5月。
《蒙古族源與元朝帝陵綜合研究》第二輯,王巍、孟松林著,北京: 科學出版社,2017年11月。
《民族史視野下的北魏墓誌研究》,劉連香著,北京: 文物出版社,2017年3月。
《明代哈密吐魯番資料彙編》,陳高華著,北京: 商務印書館,2017年2月。
《莫高窟之外的敦煌石窟》,趙曉星著,蘭州: 甘肅人民美術出版社,2018年1月。
《尼雅遺址與于闐史研究》,孟凡人著,北京: 商務印書館,2017年9月。
《歐亞學刊》新6輯,余太山、李錦繡主編,北京: 商務印書館,2017年12月。
《欽定西域同文志》,(清) 傅恒等撰,烏魯木齊: 新疆文化出版社,2017年5月。
《全球化時代的佛教與絲綢之路研究——2016崇聖論壇論文集》(上下),崇化主編,北京: 宗教文化出版社,2017年8月。
《沙漠緑洲中的藝術奇葩——新疆和田地區〈十二木卡姆〉調查研究》,王建朝著,成都: 西南交通大學出版社,2017年7月。
《十二生肖守護佛: 莫高窟第14窟·阿彌陀佛·狗豬》,江蘇鳳凰美術出版社編,南京: 江蘇鳳凰美術出版社,2018年4月。
《十二生肖守護佛: 莫高窟第14窟·護法明王·雞》,江蘇鳳凰美術出版社編,南京: 江蘇鳳凰美術出版社,2018年4月。
《十二生肖守護佛: 莫高窟第14窟·普賢菩薩·龍蛇》,江蘇鳳凰美術出版社編,南京: 江蘇鳳凰美術出版社,2018年4月。
《十二生肖守護佛: 莫高窟第14窟·千手千眼觀世音菩薩·鼠》,江蘇鳳凰美術出版社編,南京: 江蘇鳳凰美術出版社,2018年4月。
《十二生肖守護佛: 莫高窟第217窟·虚空藏菩薩·牛虎》,江蘇鳳凰美術出版社編,南京: 江蘇鳳凰美術出版社,2018年4月。
《十二生肖守護佛: 莫高窟第57窟·大勢至菩薩·馬》,江蘇鳳凰美術出版社編,南京: 江蘇鳳凰美術出版社,2018年4月。
《十二生肖守護佛: 莫高窟第61窟·文殊菩薩·兔》,江蘇鳳凰美術出版社編,南京: 江蘇鳳凰美術出版社,2018年4月。
《十二生肖守護佛: 榆林窟第25窟·大日如來·羊猴》,江蘇鳳凰美術出版社編,南京: 江蘇鳳凰美術出版社,2018年4月。
《十六國疆域與政區研究》,魏俊傑著,上海: 復旦大學出版社,2018年5月。
《石窟藝術研究》第2輯,麥積山石窟藝術研究所編,北京: 文物出版社,2017年12月。
《誰調清管度新聲: 絲綢之路音樂文物》,河南博物院編,北京: 文物出版社,2017年6月。
《絲綢之路: 大西北遺珍》,李進增、陳永耘主編,北京: 文物出版社,2017年10月。

《絲綢之路：河西走廊生態與地域建築走向》，胡月文著，北京：中國建築工業出版社，2017 年 9 月。

《絲綢之路》，[美] 比爾·波特著，馬宏偉、吕長清譯，成都：四川文藝出版社，2017 年 7 月。

《絲綢之路彩陶暨嘉峪關歷史文化學術研討會論文集》，王硯主編，蘭州大學出版社，2017 年 7 月。

《絲綢之路的互動與共生學術研討會論文集》，萬明主編，北京：中國社會科學出版社，2018 年 7 月。

《絲綢之路考古》第 1 輯，羅豐主編，北京：科學出版社，2017 年 11 月。

《絲綢之路歷史文化薈萃：西域考古圖譜》，[日] 香川默識編，烏魯木齊：新疆美術攝影出版社，2017 年 2 月。

《絲綢之路錢幣鑒賞十六講》，林文君著，長沙：湖南美術出版社，2017 年 6 月。

《絲綢之路三千里》，安文華、馬東平著，北京：科學出版社，2017 年 11 月。

《絲綢之路上的詩人》，徐兆壽、閆倩著，北京：清華大學出版社，2017 年 12 月。

《絲綢之路上的味道》，巴陵著，成都：電子科技大學出版社，2018 年 6 月。

《絲綢之路研究》第一輯，李肖主編，北京：生活·讀書·新知三聯書店，2017 年 10 月。

《絲綢之路研究集刊》第二輯，陝西師範大學歷史文化學院、陝西歷史博物館編，北京：商務印書館，2018 年 5 月。

《絲綢之路與文明交往》，李永平著，西安：陝西師範大學出版社，2017 年 6 月。

《絲綢之路最早的東方起點：西漢長安城》，肖愛玲著，西安：陝西師範大學出版社，2017 年 6 月。

《絲瓷之路——古代中外關係史研究》(Ⅵ)，余太山、李錦繡主編，北京：商務印書館，2017 年 9 月。

《絲路歷史語言與吐火羅學論稿》，徐文堪著，杭州：浙江大學出版社，2017 年 1 月。

《絲路秘寶：阿富汗國家博物館珍品》，敦煌研究院編，北京：文化藝術出版社，2017 年 9 月。

《絲路明珠：敦煌石窟在威尼斯》，敦煌研究院編，北京：文化藝術出版社，2018 年 2 月。

《絲路文明》第 1 輯，劉進寶主編，上海古籍出版社，2017 年 2 月。

《絲路文明》第 2 輯，劉進寶主編，上海古籍出版社，2017 年 12 月。

《絲路文明的傳承與發展》，劉進寶、張涌泉主編，杭州：浙江大學出版社，2017 年 12 月。

《絲路遺珍：敦煌壁畫精品集》，許俊著，南昌：江西美術出版社，2018 年 3 月。

《絲路之綢：起源、傳播與交流》，趙豐主編，杭州：浙江大學出版社，2018 年 1 月。

《絲路之魂：敦煌·龜兹和麥積山石窟》，《絲路之魂：敦煌.龜兹和麥積山石窟》編輯委員會編著，北京：商務印書館、成都：四川人民出版社，2018 年 3 月。

《絲路之魂：天府之國與絲綢之路》，《絲路之魂：天府之國與絲綢之路》編輯委員會，成都：四川人民出版社，2017 年 4 月。

《四川散見唐宋佛道龕窟内容總録：達州卷》，四川省文物考古研究院編，北京：文物出版社，2017 年 1 月。

《四川散見唐宋佛道龕窟内容總録：自貢卷》，四川省文物考古研究院編，北京：文物出版社，2017 年 1 月。

《四川石窟及摩崖造像病害及其治理工程實踐》，何發亮等著，成都：西南交通大學出版社，2017 年

3月。

《探索西域文明：王炳華先生八十華誕祝壽論文集》，孟憲實、朱玉麒主編，上海：中西書局，2017年12月。

《探索中亞的史詩：張騫傳》，王海威著，温儒敏主編，長春出版社，2018年1月。

《唐代賓禮研究：亞洲視域中的外交信息傳遞》，王貞平著，上海：中西書局，2017年6月。

《唐代涉外法律及其比較研究：以外國人來華爲中心》，吕英亭著，北京：中國書籍出版社，2017年1月。

《唐代長安地區佛教造像的考古學研究》，冉萬里著，北京：科學出版社，2017年8月。

《唐代長安與西域文明》，向達著，上海：學林出版社，2017年8月。

《唐代行軍制度研究》（增訂本），孫繼民著，北京：中國社會科學出版社，2018年6月。

《唐史論叢》第24輯，杜文玉主編，西安：三秦出版社，2017年2月。

《唐史論叢》第25輯，杜文玉主編，西安：三秦出版社，2017年9月。

《唐史論叢》第26輯，杜文玉主編，西安：三秦出版社，2018年2月。

《唐宋佛學》，魏道儒著，北京：中國社會科學出版社，2017年5月。

《唐宋元時代中西通商史》，[日]桑原騭藏著，馮攸譯，鄭州：河南人民出版社，2018年6月。

《唐研究》第二十三卷，榮新江主編，北京大學出版社，2017年12月。

《唐與回鶻時期龜兹石窟壁畫研究》，劉韜著，北京：文物出版社，2017年8月。

《天山廊道：清代天山道路交通與驛傳研究》，王啓明著，西安：陝西師範大學出版社，2016年9月。

《天竺雲韻：〈雲使〉蒙古文譯本研究》，薩其仁貴著，上海古籍出版社，2018年6月。

《通向世界的絲綢之路》，楊共樂著，北京師範大學出版社，2017年7月。

《突厥汗國與隋唐關係史研究》，吴玉貴著，北京：商務印書館，2017年11月。

《突厥鐵勒史探微》，陳懇著，新北：花木蘭文化出版社，2017年4月。

《圖説敦煌二五四窟》，陳海濤、陳琦著，上海：生活·讀書·新知三聯書店，2017年12月。

《吐蕃絲綢之路》，張雲著，南京：江蘇人民出版社，2017年6月。

《吐谷渾資料輯録》，周偉洲編著，北京：商務印書館，2017年6月。

《吐魯番古代紡織品的保護與修復》，吐魯番學研究院等著，上海古籍出版社，2018年7月。

《吐魯番文獻合集：儒家經典卷》，王啓濤撰，成都：巴蜀書社，2017年7月。

《吐魯番學與西域史論稿》，施新榮著，杭州：浙江大學出版社，2018年2月。

《維吾爾族契約文書譯注》，張世才編著，烏魯木齊：新疆大學出版社，2017年9月。

《魏晉南北朝隋唐史資料》第35輯，武漢大學中國三至九世紀研究所編，上海古籍出版社，2017年8月。

《魏晉南北朝隋唐史資料》第36輯，武漢大學中國三至九世紀研究所編，上海古籍出版社，2017年12月。

《文選舊注輯存》，劉躍進著，徐華校，南京：鳳凰出版社，2017年10月。

《我思古人：古代銘刻與歷史考古研究》,趙超著,北京：社會科學文獻出版社,2018 年 7 月。

《五色四藩：多語文本中的内亞民族史研究》,烏雲畢力格著,上海古籍出版社,2017 年 6 月。

《五臺山信仰多文化、跨宗教的性格以及國際性影響力：第二次五臺山研討會論文集》,釋妙江、陳金華、釋寬廣、紀贇主編,臺北：新文豐出版公司,2018 年 6 月。

《西北邊塞漢簡編年》,胡永鵬編著,福州：福建人民出版社,2017 年 10 月。

《西北絲綢之路上的漢字流傳史》,馮雪俊著,西安：陝西師範大學出版社,2016 年 9 月。

《西部史學》第一輯,黄賢全、鄒芙都主編,重慶：西南師範大學出版社,2017 年 12 月。

《西夏番姓大族研究》,陳瑋著,蘭州：甘肅文化出版社,2017 年 8 月。

《西夏佛教文獻研究論集》,崔紅芬著,北京：宗教文化出版社,2017 年 8 月。

《西夏考古論稿》(二),牛達生著,蘭州：甘肅文化出版社,2018 年 4 月。

《西夏史探賾》,李華瑞著,蘭州：甘肅文化出版社,2017 年 8 月。

《西夏司法制度略論》(修訂版),姜歆著,南京：鳳凰出版社,2017 年 11 月。

《西夏文藏傳佛教史料——"大手印"法經典研究》,孫伯君、聶鴻音著,北京：中國藏學出版社,2018 年 5 月。

《西夏文字揭要》,賈常業著,蘭州：甘肅文化出版社,2017 年 7 月。

《西夏研究論文集》(增訂版),寧夏社會科學院西夏研究院編,南京：鳳凰出版社,2017 年 11 月。

《西夏與周邊民族關係》,杜建録著,蘭州：甘肅文化出版社,2017 年 7 月。

《西夏元史研究論稿》,陳廣恩著,北京：中國社會科學出版社,2017 年 11 月。

《西域春秋：翻開 2000 年的西域卷軸》,《西域春秋》編委會編,成都：電子科技大學出版社,2018 年 6 月。

《西域古佛寺——新疆古代地面佛寺研究》,林立著,北京：科學出版社,2018 年 6 月。

《西域簡史：講述西域三十六國的故事》,蕭綽著,海口：南海出版社,2017 年 8 月。

《西域考古記》,[英] 斯坦因著,向達譯,北京：中國旅遊出版社,2017 年 11 月。

《西域考古與藝術》,林梅村著,北京大學出版社,2017 年 11 月。

《西域歷史語言研究集刊》第 9 輯,沈衛榮主編,中國人民大學國學院西域歷史語言研究所編,北京：科學出版社,2017 年 9 月。

《西域歷史語言研究集刊》第 10 輯,沈衛榮主編,中國人民大學國學院西域歷史語言研究所編,北京：科學出版社,2018 年 6 月。

《西域使者張騫》,張大可、鄭之惠著,北京：商務印書館,2018 年 1 月。

《西域屯墾經濟與新疆發展研究》,張安福著,廣州：廣東人民出版社,2017 年 9 月。

《陝西石窟内容總録：銅川卷》,《陝西石窟内容總録》編纂委員會編,西安：陝西人民出版社,2017 年 12 月。

《陝西石窟内容總録：延安卷(上中下)》,《陝西石窟内容總録》編纂委員會編,西安：陝西人民出版社,2017 年 6 月。

《陝西石窟内容總録: 榆林卷(上中下)》,《陝西石窟内容總録》編纂委員會編,西安: 陝西人民出版社,2017 年 12 月。

《顯學中的敦煌學: 項楚敦煌學論集》,項楚著,北京: 生活・讀書・新知三聯書店,2018 年 5 月。

《新疆圖志・地圖》,(清) 王樹枏等著,朱玉麒等整理,上海古籍出版社,2017 年 6 月。

《新疆圖志・索引》,朱玉麒、劉子凡編,上海古籍出版社,2017 年 6 月。

《遺響千年——敦煌的影響》,柴劍虹、榮新江主編,劉進寶著,蘭州: 甘肅教育出版社,2007 年 12 月。

《異寶西來: 考古發現的絲綢之路舶來品研究》,葛嶷、齊東方主編,上海古籍出版社,2017 年 12 月。

《英藏敦煌社會歷史文獻釋録》第 15 卷,郝春文等編著,北京: 社會科學文獻出版社,2017 年 8 月。

《英藏敦煌社會歷史文獻釋録》第 1 卷(修訂版),郝春文等編著,北京: 社會科學文獻出版社,2018 年 6 月。

《英藏黑水城出土社會文書研究: 中古時期西北邊疆的歷史側影》,許生根著,北京: 新華出版社,2018 年 4 月。

《英國國家圖書館藏敦煌西域藏文文獻》(9),西北民族大學、上海古籍出版社、英國國家圖書館編纂,上海古籍出版社,2017 年 8 月。

《英國國家圖書館藏敦煌遺書》(41—50),方廣錩、[英] 吴芳思主編,桂林: 廣西師範大學出版社,2017 年 2 月。

《英國收藏新疆出土古藏文文獻敍録》,胡靜、楊銘編著,北京: 社會科學文獻出版社,2017 年 8 月。

《玉石之路踏查續記》,葉舒憲著,上海科學技術文獻出版社,2017 年 10 月。

《元代吐蕃地方行政體制研究》,張雲著,北京: 商務印書館,2017 年 11 月。

《元史及民族與邊疆研究集刊》第 33 輯,劉迎勝主編,上海古籍出版社,2017 年 12 月。

《再現敦煌: 壁畫藝術臨摹集》,高山著,南京: 江蘇鳳凰美術出版社,2018 年 2 月。

《藏傳佛教信仰與民俗》,才讓著,上海古籍出版社,2017 年 8 月。

《藏傳佛教在西域和中原的傳播: 大乘要道密集研究初編》,沈衛榮著,北京師範大學出版社,2017 年 1 月。

《藏漢佛教交流史研究》,朱麗霞著,北京: 中國社會科學出版社,2018 年 4 月。

《張騫探險之地》,[烏兹别克斯坦] 瑞德維拉扎著,高原譯,桂林: 灕江出版社,2017 年 9 月。

《紙中敦煌: 甘肅教育出版社敦煌與絲綢之路文化精品圖書影像》,王光輝主編,蘭州: 甘肅教育出版社,2017 年 11 月。

《中古喪葬藝術、禮俗與歷史研究》,崔世平著,北京: 中國社會科學出版社,2018 年 3 月。

《中國敦煌歷代服飾圖案》,常沙娜編著,北京: 清華大學出版社,2018 年 1 月。

《中國佛教儀式研究: 以齋供儀式爲中心》,侯沖著,上海古籍出版社,2018 年 6 月。

《中國佛教藝術史》,賴永海、王月清主編,南京大學出版社,2017 年 5 月。

《中國古代壁畫・唐代: 陝西歷史博物館藏》,陝西歷史博物館編,南寧: 廣西美術出版社,2017 年 8 月。

《中國古代壁畫藝術與數位化應用研究: 以四川地區佛寺壁畫爲例》,李雅梅著,北京: 高等教育出版社,2017 年 5 月。

《中國古典叢林散策: 中鉢雅量遺稿集》,[日] 中鉢雅量著,東京: 汲古書院,2018 年 4 月。

《中國古籍文化研究: 稲畑耕一郎教授退休記念論集》,[日] 早稲田大學中國古籍文化研究所編,東京: 東方書店,2018 年 3 月。

《中國南北朝時期佛教造像背光研究》,金建榮著,南京: 東南大學出版社,2016 年 12 月。

《中國石窟壁畫修復與保護》,黄駿著,杭州: 中國美術學院出版社,2017 年 5 月。

《中國絲綢之路上的墓室壁畫: 西部卷・甘肅分卷》,包豔、張騁傑著,南京: 東南大學出版社,2017 年 9 月。

《中國絲綢之路上的墓室壁畫: 西部卷・寧夏、青海、新疆分卷》,吴思佳著,南京: 東南大學出版社,2017 年 9 月。

《中國絲綢之路上的墓室壁畫: 中部卷・河南分卷》,姚義斌、段少華、郭振文著,南京: 東南大學出版社,2017 年 9 月。

《中國絲綢之路上的墓室壁畫: 中部卷・陝西分卷》,姚義斌著,南京: 東南大學出版社,2017 年 9 月。

《中國絲綢之路上的墓室壁畫: 總論卷》,汪小洋著,南京: 東南大學出版社,2017 年 9 月。

《中國西部考古記・西域考古記舉要》,[法] 色伽蘭、郭魯柏著,馮承鈞譯,鄭州: 中州古籍出版社,2017 年 10 月。

《中國西部民族文化通志・歷史卷》,趙永忠、陳燕著,昆明: 雲南人民出版社,2017 年 6 月。

《中國西部民族文化通志・生態卷》,崔明昆、趙文娟等編著,昆明: 雲南人民出版社,2017 年 6 月。

《中國西部民族文化通志・飲食卷》,秦瑩、張人仁、張宏勇主編,昆明: 雲南人民出版社,2017 年 6 月。

《中國西部民族文化通志・哲學卷》,李國文、陳燕主編,昆明: 雲南人民出版社,2017 年 6 月。

《中國西部民族文化通志・政治卷》,段爾煜主編,昆明: 雲南人民出版社,2017 年 6 月。

《周紹良批校〈敦煌變文集〉》,王重民等編,周紹良批校,北京: 國家圖書館出版社,2017 年 12 月。

《走上絲綢之路的中國文學》,中國社會科學院文學研究所編,北京: 社會科學文獻出版社,2017 年 7 月。

An Illustrated History of the Mandala: From Its Genesis to the Kalacakratantra, by Kimiaki Tanaka, Wisdom Publications, 2018.

Āzandnāmē: An Edition and Literary-Critical Study of the Manichaean-Sogdian Parable-Book, by Adam Benkato, Wiesbaden: Rcichert Verlag, 2017.

Dunhuang: A Photographic Journey, by Beautiful World Escapes, North Charleston: Create Space Independent Publishing, 2018.

Eurasian Empires in Antiquity and the Early Middle Ages: Contact and Exchange between the Graeco-Roman World, Inner Asia and China, Edited by Hyun Jin Kim, Frederik Juliaan Vervaet and Selim Ferruh Adali, Cambridge: Cambridge University Press, 2017.

Historia Dunhuang (*Polish*), by Chai Jianhong & Liu Jinbao, Toruń: Marszałek Publishing Group, 2017.

《敦煌吐魯番研究》稿約

本刊由中國敦煌吐魯番學會、首都師範大學歷史學院、香港大學饒宗頤學術館、北京大學東方學研究院合辦。每年出版一卷,編輯部設在首都師範大學歷史學院。

本刊以刊登研究敦煌吐魯番及相關地區出土文獻的中文論文爲主,也發表英文論文和書評。内容包括歷史、地理、藝術、考古、語言、文學、哲學、宗教、政治、法律、經濟、社會等各方面的傳統學術問題。本刊的特色是追求學風嚴謹、創新有據,倡導發表新史料、新書評和相關學術信息。

本刊爲國際性學術輯刊,園地公開,歡迎海内外學者賜稿。但書評采用編委會約稿形式,一般不接受投稿。本刊只登載未曾發表過的論文和書評等(網上首發亦視爲已發表),請勿一稿兩投。

來稿請附作者簡歷(包括姓名、工作單位及聯繫方式)。中文論文投稿需附英文題目及英文提要,其他語種投稿請附中文題目及提要。稿件最好用微軟 Windows 操作系統下的 Word 文檔或用 PDF 格式編輯(中文稿一律使用通行繁體字)。投稿請提供電子版(軟盤、光盤及電郵附件均可),並提供 A4 型紙單面隔行打印稿。注釋采用脚注。詳細書寫格式見後。

投稿一般要經過兩位編委審讀,編輯部負責將編委意見反饋給作者。投稿一經采用,論文作者可得到論文抽印本二十份及該卷本刊一册。書評作者及其他學術信息提供者,可得到該卷本刊一册。大陸地區作者,酌付稿酬。

論文、書評及新書作者或出版社寄贈本刊待評圖書,均請寄至:

100089　北京市海澱區西三環北路 83 號　首都師範大學歷史學院　游自勇 收

投稿或聯繫其他事宜,請使用下列電郵地址:Dunhuangturfan@163.com

稿件書寫格式

一、手寫稿件,務請使用橫格稿紙單面書寫;字體使用通行繁體字,除專論文章外,俗字、異體字請改用繁體字;引用西文,務請打字。歡迎使用電腦打字,請用 A4 型紙單面隔行打印。

二、請一律使用新式標點符號,除破折號、省略號各佔兩格外,其他標點均佔一格。書刊及論文題目均用《》,此點尤請海外撰稿人注意。

三、凡文稿中第一次提及中國帝王年號,須括加公元紀年;第一次提及外國人名,須附原名。中國年號、古籍卷、葉數,用中文數字,如貞觀十四年,《新唐書》卷五八,《西域水道記》葉三等。其他公曆、雜誌卷、期、號、頁等均用阿拉伯數字。引用敦煌文獻,用 S.、P.、Φ.、Дх.(以上編號簡寫後要加點)、千字文、大谷等縮略語等加阿拉伯數字形式。

四、注釋號碼用阿拉伯數字表示,作〔1〕、〔2〕、〔3〕……其位置放在標點符號前。再次徵引,用“同上”第幾頁或“同注〔1〕第幾頁”形式,不用合並注號方式。

五、注釋一律采用腳注形式;除常見的《舊唐書》《新唐書》《册府元龜》《資治通鑑》等外,引用古籍,應標明著者、版本、卷數、頁碼;引用專書及新印古籍,應標明著者、章卷數、出版地、出版者及出版年代、頁碼;引用期刊論文,應標明期刊名、年代卷次、頁碼;引用西文論著,依西文慣例,如 P. Demiéville, *Le concile de Lhasa*, Paris, 1952, pp.50-51. 注意:書刊名用斜體,論文名需加引號。

六、中文論文須提供大作的英文譯名及來稿字數。

七、來稿請寫明作者姓名、工作單位和職稱、詳細地址和郵政編碼,地址有變更時,請及時通知編輯部。

圖書在版編目(CIP)數據

敦煌吐魯番研究.第十八卷/郝春文主編;中國敦煌吐魯番學會等合辦. —上海:上海古籍出版社,2019.4

ISBN 978-7-5325-9141-1

Ⅰ.①敦… Ⅱ.①郝… ②中… Ⅲ.①敦煌學—文集 ②出土文物—文書—吐魯番市—文集 Ⅳ.①K870.64-53

中國版本圖書館 CIP 數據核字(2019)第 041708 號

書　　名　敦煌吐魯番研究(第十八卷)
主　　辦　中國敦煌吐魯番學會等
主　　編　郝春文
責任編輯　曾曉紅
出版發行　上海古籍出版社
　　　　　(上海瑞金二路 272 號　郵政編碼 200020)
　　　　　(1)網址:www.guji.com.cn
　　　　　(2)E-mail:guji1@guji.com.cn
　　　　　(3)易文網網址:www.ewen.co
印　　刷　上海市顓輝印刷廠
版　　次　2019 年 4 月第 1 版
　　　　　2019 年 4 月第 1 次印刷
規　　格　開本/787×1092 毫米　1/16
　　　　　印張 47　字數 840,000
國際書號　ISBN 978-7-5325-9141-1/K·2609
定　　價　198.00 元

樊錦詩《追憶饒宗頤先生的敦煌緣》彩圖（文見 P.1）

圖 1　2000 年饒宗頤在莫高窟參加敦煌學國際學術會時與樊錦詩握手（攝影：孫志軍）

圖 2　2010 年樊錦詩陪同饒宗頤先生參觀《莫高餘馥：饒宗頤敦煌畫展》（攝影：丁小勝）

圖 3　2014 年饒宗頤先生在香港文化博物館參觀敦煌展覽時與樊錦詩會談（攝影：張先堂）

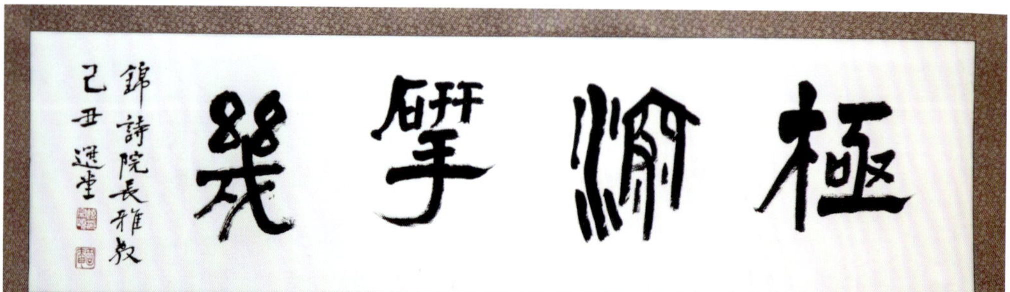

圖 4　2009 年饒宗頤先生爲樊錦詩題詞：極深研幾

圖 5　2000 年饒宗頤先生在莫高窟接受國家文物局和甘肅政府頒發
“敦煌文物保護研究特殊貢獻獎”(攝影：孫志軍)

張惠明《公元 6 世紀末至 8 世紀初于闐〈大品般若經〉圖像考》彩圖(文見 P.281)

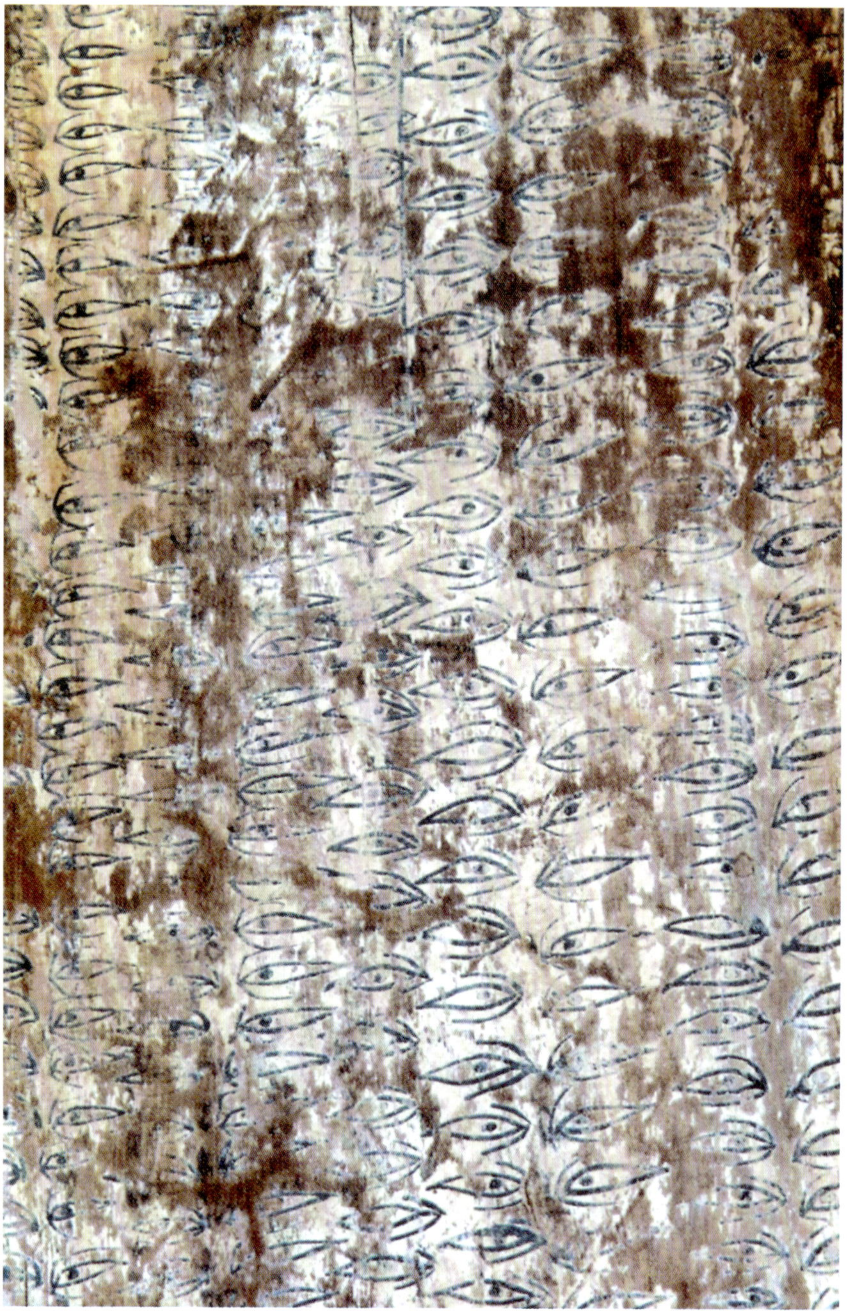

圖 1　第 06CDF：0027 號木板畫　正面

新疆和田策勒達瑪溝托普魯克墩 2 號佛寺出土　6 世紀末—8 世紀初

郭俊葉《于闐皇室與敦煌涅槃寺》彩圖（文見 P.406—408）

圖 5　涅槃寺東壁門上紅底墨書功德記，門兩側曹延禄、于闐公主及僧人供養像
（敦煌研究院提供，宋利良攝）

圖 6　涅槃寺東壁門上功德記“高聖建”三字

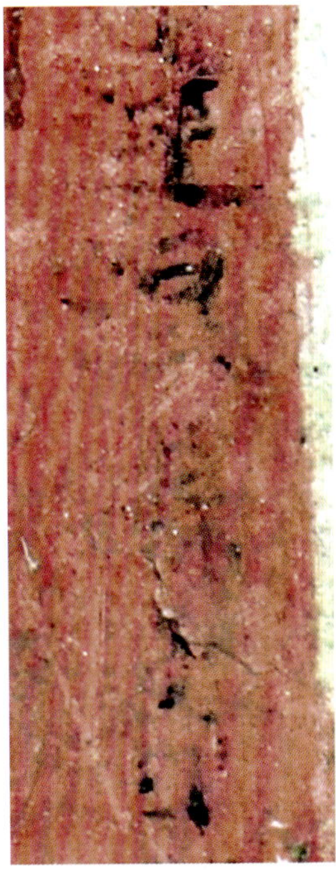

圖 7　涅槃寺東壁門上功德記“建涅槃寺”

圖 9　東壁門北南起第二身于闐公主供養像題名中的“故姬?”字

圖 10　塔内東壁門北側第一身僧人供養人題名“□主皇太子廣濟大師”